.e matin

05:00 *cinco horc*

07:05 *sete horas*

de)

08:10 *oito horas e uez*

09:15 *nove horas e um quarto*

10:20 *dez horas e vinte*

11:30 *onze horas e meia*

12:00 *meio-dia*

...torze horas
OU *duas horas (da tarde)*

15:45 *quinze horas e quarenta e cinco* OU *quatro horas menos um quarto*

17:23 *quinze horas e vinte e três* OU *cinco horas e vinte três*

La nuit

24:00 *meia-noite*

01:00 *uma hora (da manhã)*

Que horas são? / Tem horas?
Quelle heure est-il ? / Avez-vous l'heure ?

É uma hora.
l est une heure.

São cinco horas menos dez.
Il est cinq heures moins dix.

A que horas?
À quelle heure ?

Às três horas.
À trois heures.

Por volta das dez horas.
Aux environs de dix heures.

La date

/10/1975
:zasseis de Outubro de mil novecentos :tenta e cinco

Maio
primeiro de Maio

erça-feira, 4 de Junho
:rça-feira, quatro de Junho

de Abril de 1492
ês de Abril de mil quatrocentos e oventa e dois

70	*os anos setenta*
1900	*mil novecentos*
2008	*dois mil e oito*
52 a. C.	*cinquenta e dois antes de Cristo*
230 d. C.	*duzentos e trinta depois de Cristo*
o séc. I	*o século primeiro*
o séc. X	*o século décimo*
o séc. XI	*o século onze*

ue dia é hoje? OU **Em que dia estamos?**
uel jour sommes-nous ?

oje é o (dia) cinco de Fevereiro.
ous sommes le 5 février.

Em que ano?
En quelle année ?

Em dois mil e sete.
En 2007.

Au lecteur

Cette édition du dictionnaire Larousse français-portugais a été réalisée pour répondre aux besoins spécifiques des apprenants francophones.

Elle est en effet destinée aux débutants et aux « faux débutants » qui, dans le cadre d'un parcours scolaire ou d'autoapprentissage, veulent entreprendre ou reprendre l'étude de la langue portugaise.

Aboutissement d'un travail collectif visant à rendre toute la richesse de la langue, à l'écrit comme à l'oral, ce dictionnaire privilégie les expressions les plus courantes d'aujourd'hui et vous aide à fixer les bases du portugais au niveau du vocabulaire et de la grammaire. Il a été complètement remis à jour à la lumière des nouveaux programmes qui s'appuient sur le *Cadre européen commun de référence pour les langues* (CECR) du Conseil de l'Europe.

La contribution d'enseignants de portugais en contexte francophone a été précieuse, car elle a permis de prendre en compte les difficultés spécifiques de l'apprenant francophone.

Avec ses 100 000 mots, expressions et traductions, ses exemples de constructions grammaticales, ses tournures idiomatiques, ses indications de sens et collocations soulignant la ou les traductions appropriées, ce dictionnaire couvre le vocabulaire général ainsi que certains domaines très présents dans la vie de tous les jours, tels que les nouvelles technologies, la cuisine, le sport...

Il constitue votre premier dictionnaire de référence du portugais et, grâce à ses nombreux encadrés et à sa riche contextualisation, il vous deviendra vite indispensable dès que vous voudrez parler ou écrire en portugais. Il vous permettra de vous exprimer de manière simple et sans hésitation tout en évitant les contresens.

Sa présentation graphique permet une consultation aisée et efficace.

N'hésitez pas à nous faire part de vos observations, questions ou critiques éventuelles : cet ouvrage n'en sera que meilleur !

L'éditeur

© Larousse, 2012
21, rue du Montparnasse
75283 Paris Cedex 06
France
www.larousse.fr

Poche ISBN 978-2-03-591579-5
Poche Plus ISBN 978-2-03-591593-1

Direction de la publication
Carine Girac-Marinier

Direction éditoriale
Claude Nimmo

Édition
Giovanni Picci

Suivi éditorial
Marc Chabrier

Rédaction
Nathalie Da Silva, Mery Martinelli, Manuela Valente
avec Paloma Cabot, Odette De Barros, Xavier Truchet

pour la grammaire
Fernando de Sousa Santos

Informatique éditoriale
Dalila Abdelkader, Anna Bardon, Fabrice Jansen

Composition
APS

Fabrication
Marlène Delbeken

pour les éditions précédentes
Karina Barros, Delfina Bottin, Béatrice Cazalaà,
Isabelle Couté, Joaquim Brandão de Carvalho,
Isabel Dias, Daniela Estevada, Haci-Maria Farina-Dardy,
Marie-Madeleine Ferreira, Ruth Ferreira, Susanne Gniech,
Valérie Katzaros, Cristina Mendes, Anabela Neves, António Oliveira

Sommaire

abr	abréviation
adj	adjectif
ADMIN	administration
adj	adjectif, adjectival
adv	adverbe, adverbial
AÉRON	aéronautique
AGRIC	agriculture
ANAT	anatomie
ARCHÉOL	archéologie
ARCHIT	architecture
arg crime	argot milieu
arg mil	argot militaire
arg scol	argot scolaire
art	article
ASTROL	astrologie
ASTRON	astronomie
att	attributif
AUTO	automobile
aux	auxiliaire
BIOL	biologie
BOT	botanique
Br	Brésil
CHIM	chimie
CINÉ	cinéma
COMM	commerce
compar	comparatif
conj	conjonction, conjonctif
CONSTR	construction
COUT	couture
CULIN	cuisine
déf	défini
dém	démonstratif
DR	droit
ÉCON	économie
ÉLECTR	électricité
ÉLECTRON	électronique
euphém	euphémisme
excl	exclamatif
f	féminin
fam	familier
fig	figuré
FIN	finance
gén	généralement
GÉOGR	géographie
GÉOL	géologie
GÉOM	géometrie
GRAMM	grammaire
HIST	histoire
hum	humoristique
impers	impersonnel
indéf	indéfini
INFORM	informatique
injur	injurieux
insép	inséparable
interj	interjection
interr	interrogatif
inv	invariable
iron	ironique
LING	linguistique
litt	sens propre
LITTÉR	littérature
loc	locution
m	masculin
m ou f	masculin OU féminin - nom dont le genre est flottant : ex. un arobase OU une arobase

MATH	mathématiques
MÉD	médecine
MÉTÉOR	météorologie
mf	masculin et féminin - même forme pour le masculin et le féminin : ex. démocrate
MIL	militaire
MUS	musique
MYTHOL	mythologie
n	nom
NAUT	nautique
nm ou nf	nom dont le genre est flottant : ex. un arobase OU une arobase
nm, f	nom masculin, nom féminin - avec une désinence féminine : ex. menteur, euse
nmf	nom masculin et féminin - même forme pour le masculin et le féminin : ex. démocrate
npr	nom propre
num	numéral
péj	péjoratif
pers	personnel
PHILO	philosophie
PHYS	physique
pl	pluriel
POLIT	politique
Port	Portugal
poss	possessif
pp	participe passé
p prés	participe présent
préf	préfixe
prép	préposition, prépositionnel
pron	pronom
PSYCHO	psychologie
qqch	quelque chose
qqn	quelqu'un
rel	relatif
RELIG	religion
SCOL	scolaire
sép	séparable
sing	singulier
sout	soutenu
suj	sujet
superl	superlatif
TECHNOL	technologie
TÉLÉCOM	télécommunications
tfam	très familier
TV	télévision
TYPO	typographie
UNIV	université
v	verbe, verbal
vi	verbe intransitif
vp	verbe pronominal
vpi	verbe pronominal intransitif
vpt	verbe pronominal transitif
vt	verbe transitif
vulg	vulgaire
ZOOL	zoologie

Les noms de marque sont désignés dans ce dictionnaire par le symbole ©. Néanmoins, ni ce symbole, ni son absence, ne sont représentatifs du statut légal de la marque.

Table phonétique

	portugais	français	commentaires
[a]	p**á**, am**a**r	l**a**c, p**a**pillon, **â**me	
[ɐ]	**a**no, fad**a**		son a fermé
[ɐ̃]	maç**ã**, s**an**to		se prononce comme plante (son an ouvert)
[ai]	f**ai**xa, m**ais**		se prononce aï
[ɐi]	**ei**s, l**ei**te, r**ei**		se prononce éï (son fermé)
[ɐ̃i]	b**em**, m**ãe**		se prononce aï (son nasal)
[ɐ̃u]	c**ão**, m**ão**		se prononce aoum
[b]	ru**b**i, le**b**re		se prononce comme bébé
[b]	**b**rilho, **b**eijo	**b**ateau, a**b**eille	
[c]	**c**ão	**c**oq	
[d]	se**d**a, ver**d**e		son de obtenu en pointant légèrement la langue contre les incisives
[d]	**d**ia, pren**d**a	**d**alle, ron**d**e	
[dʒ]	gu**d**e (Br), bon**d**e (Br)		se prononce dj
[e]	l**e**r, m**ê**s	pa**y**s, **a**nnée	
[ə]	art**e**, val**e**	l**e**, j**e**	
[ɛ]	s**é**, s**e**ta, h**e**ra	b**e**c, **ai**me	
[ɛi]	hot**éi**s, past**éi**s		se prononce éï (son ouvert)
[ẽ]	l**e**nçol, s**em**pre		se prononce ē
[f]	**f**é, **f**ado	**f**ort, **ph**ysique	
[g]	**g**ato, **g**uia	**g**arder, di**g**ue	
[ǥ]	jo**g**o, bri**g**a		son gue étouffé, son entre gue et gw
[i]	**i**r, sino, h**i**no	f**i**lle, **î**le, s**y**stème	
[ĩ]	f**im**, pat**im**		se prononce comme puding
[j]	serei**a**, l**e**al	**y**eux, l**i**eu	
[ʒ]	ci**s**ne, an**j**o, **g**elo	rou**g**e, **j**eune	
[k]	bi**c**a, di**qu**e	co**q**, **qu**a-tre, **k**épi	
[l]	faro**l**, fi**l**me		se prononce comme lot
[ɫ]	fe**l**iz, co**l**a, **l**ata	**l**it, ha**ll**e	
[ʎ]	fo**lh**a, i**lh**a		se prononce comme lieu
[m]	**m**ar, **m**el	**m**ât, dra**m**e	
[n]	**n**ovo, **n**adar	**n**ager, trô**n**e	
[ɲ]	li**nh**a, so**nh**o	a**gn**eau, pei**gn**er	
[ŋ]	a**n**ca, bri**n**co	parki**ng**	
[ɔ]	n**o**ta, p**ó**	b**o**tte, aut**o**mne	
[o]	c**o**rvo, av**ô**	dr**ô**le, **au**be, **eau**	
[ɔi]	her**ói**, b**oi**na		se prononce oi comme dans coyote
[oi]	c**oi**sa, n**oi**te		se prononce oï

	portugais	français	commentaires		portugais	français	commentaires
[õ]	**on**de, **com**, h**on**ra		se prononce comme on dans monde	[ui]	c**ui**dado, az**uis**, f**ui**		se prononce oui
[õi]	Ver**õe**s, le**õe**s		se prononce oïn	[au]	n**au**, j**au**la		se prononce aou
[p]	**p**ão, **p**aís	**p**rendre, gri**pp**e		[ɛu]	r**éu**, v**éu**		se prononce éou
[r]	cu**r**a, a**r**		r légèrement roulé	[eu]	d**eu**s, s**eu**		se prononce eo
[ʀ]	**r**ádio, te**rr**a	a**rr**acher, sab**r**e		[iu]	r**iu**, sa**iu**, v**iu**		se prononce iou
[s]	**c**ima, de**ss**e, ca**ç**a	**c**ela, **s**avant		[ũ]	jej**um**, n**un**ca		se prononce oun
				[ũi]	r**uim**		se prononce ouïm (son nasal)
[ʃ]	no**z**, bi**s**, cai**x**a, **ch**á	**ch**arrue, **sch**éma		[v]	a**v**e, **v**ela	**v**oir, ri**v**e, **w**agon	
[t]	la**t**a, por**t**a	**th**éâtre, **t**emps		[w]	l**u**ar, q**u**adro, p**o**ema	**ou**est, **ou**i	
[tʃ]	proje**t**il (Br), garçone**t**e (Br)		se prononce tch	[x]	xeroca**r** (Br), frea**r** (Br)		son r qui ne se prononce pas en fin de mot
[u]	az**u**l, trib**o**	**ou**til, g**oû**t		[z]	bri**s**a, **z**elo	frai**s**e, **z**éro	

Le symbole ['] indique la syllabe accentuée en portugais. Lorsqu'il y a deux accents, notamment dans le cas d'un mot composé comme *limão-galego* [liˌmɐ̃ugaˈlegu] ou d'un adverbe comme *raramente* [ˌraɾɐˈmẽntə], le symbole [ˌ] indique le plus faible des deux.

Le symbole [(x)] en portugais du Brésil indique que le « *r* » final d'un mot se prononce légèrement, sauf lorsqu'il est suivi par un mot commençant par une voyelle: dans ce cas il se prononce [r].

Tous les mots français et portugais sont suivis d'une phonétique API. Les règles de prononciation données sont celles du portugais tel qu'il est parlé à Lisbonne, sauf pour les entrées brésiliennes notées *Br*, pour lesquelles on donne la prononciation du portugais de Rio de Janeiro.

Portugais du Brésil

Le portugais du Brésil est sensiblement différent de celui du Portugal. Nous en avons traité les principales variantes lexicales, mais les différences orthographiques et syntaxiques ne figurent pas toutes dans le dictionnaire car elles relèvent de règles générales.

Principales variantes orthographiques

► **gu** et **qu** font **gü** et **qü**.
bilingue (Port) **bilíngüe** (Br)

► La troisième personne du pluriel du passé simple des verbes en -ar perd l'accent aigu qui permet de distinguer cette forme de celle du présent en portugais du Portugal.
andámos (Port) **andamos** (Br)

► Les consonnes **cc** et **cç** deviennent **c** et **ç**.
accionar (Port) **acionar** (Br)
direcção (Port) **direção** (Br)

► En général, les consonnes **ct** deviennent **t**.
actor (Port) **ator** (Br)
exacto (Port) **exato** (Br)

► Les consonnes **bt** deviennent **t**.
subtil (Port) **sutil** (Br)

► Les consonnes **pç** et **pt** deviennent **ç** et **t**.
excepção (Port) **exceção** (Br)
óptimo (Port) **ótimo** (Br)

► Les consonnes **mn** deviennent **n**.
indemnização (Port)
indenização (Br)

► Les voyelles **oo** deviennent **ôo**.
zoo (Port) **zôo** (Br)

► En général, les voyelles **eia** deviennent **éia**.
assembleia (Port) **assembléia** (Br)
plateia (Port) **platéia** (Br)

► L'accent aigu devient un accent circonflexe quand il est placé sur un **e** ou sur un **o**.
begónia (Port) **begônia** (Br)
ténis (Port) **tênis** (Br)

Principales variantes syntaxiques

► De nombreux substantifs employés au pluriel au Portugal sont employés au singulier au Brésil.

calças *fpl* (Port)	**calça** *f* (Br)
calções *mpl* (Port)	**calção** *m* (Br)
cuecas *fpl* (Port)	**cueca** *f* (Br)
jeans *mpl* (Port)	**jeans** *m* (Br)

► La contraction de la préposition avec l'article ou le pronom est moins fréquente au Brésil qu'au Portugal.

da minha casa (Port)
de minha casa (Br)
no seu lugar (Port)
em seu lugar (Br)
pelos seus pais (Port)
por seus pais (Br)
noutro (Port)
em outro (Br)

► L'utilisation de la préposition varie sensiblement.

pagar uma bebida **a** alguém (Port)
pagar uma bebida **para** alguém (Br)
polvilhar algo com açúcar (Port)
polvilhar algo **de** açúcar (Br)

► Le portugais du Brésil utilise le gérondif dans la forme progressive du présent.

estava **a cantar** (Port)
estava **cantando** (Br)
estava **a chover** (Port)
estava **chovendo** (Br)

► En général, les pronoms personnels sont placés devant le verbe dans les phrases affirmatives.

eu chamo-**me** Cristina (Port)
eu **me** chamo Cristina (Br)
ele bateu-**lhe** (Port)
ele **lhe** bateu (Br)

Notes culturelles et grammaticales

S'exprimer

proposer son aide	exprimer son incrédulité
approuver quelqu'un	exprimer son indifférence
souhaiter bonne chance	exprimer une interdiction
faire des comparaisons	exprimer sa joie
exprimer sa compassion	exprimer une menace
indiquer qu'on n'a pas (tout) compris	donner un ordre
prendre congé	exprimer sa peur
donner et demander un conseil	faire les présentations
convaincre quelqu'un	faire une promesse
engager la conversation	faire une proposition
exprimer sa déception	rassurer quelqu'un
manifester son désaccord	réconforter quelqu'un
exprimer un désir	exprimer ses regrets
exprimer son étonnement	fixer un rendez-vous
présenter des excuses	demander un renseignement
accepter des excuses	saluer quelqu'un
féliciter quelqu'un	exprimer son soulagement
parler de ses goûts	émettre une supposition
demander l'heure	parler du temps qu'il fait
exprimer son incertitude	formuler des vœux

Listes de vocabulaire

Les animaux	Le magasin
Les arbres	La maison
Le bureau	Les métiers
Le corps humain	Les mois de l'année
Les couleurs	La nature
Les cris des animaux	L'ordinateur
L'école	Le repas
La famille	Les saisons
Les fleurs	Les sports
Les fruits	Le temps
Les instruments de musique	Les moyens de transports
Les jours de la semaine	La ville
Les légumes	

Notes culturelles et grammaticales

Notes culturelles

O 25 de Abril	A abolição da escravatura
Carlos Drummond de Andrade	Escritor
Os azulejos	O fado
Belém	A feijoada Os gaúchos
A bossa nova	A independência do Brasil
O Descobrimento do Brasil	Os Índios da Amazónia
Luís de Camões	Mosteiro dos Jerónimos
A capoeira	O 10 de Junho
O carnaval brasileiro	Os Mouros
O carnaval português	Os grandes navegadores
O castelo de Guimarães	Samba
O primeiro e segundo ciclo	José Saramago
A noite de consoada	Pastelaria
O Corcovado	Fernando Pessoa
A CPLP	Queima das fitas
Os Descobrimentos	Religão
O dia do Índio	Portugal na União Europeia
O sistema educativo português	

Notes grammaticales

apelar	empresário
atender	entender
atestar	escusar
atirar	garrafa
azar	gerar
banca	ordinário
bestial	paquete
blusa	paragem
camisola	portanto
chá	prender
chifre	puxar
cigarro	rato
confiar em	reparar
constipação	sobrenome
degrau	taça
demandar	vulgar
divisar	

Comment utiliser ce dictionnaire

ambiguidade [ẽmbigwi'đađə, *(Port)*], **ambigüidade** [ãmbigwi'dadʒi] *(Br)* *nf* ambiguïté *(f)*.

botar [bo'ta(x)] *vt* **1.** *fam (deitar fora)* jeter **2.** *(roupa)* mettre • **botar banca** *(Br)* *fam* jouer gros jeu.

colher¹ [ku'ʎer] *vt* cueillir.

colher² [ku'ʎɛr] (*pl* **-es** [-əʃ]) *nf* **1.** *(utensílio doméstico)* cuiller *(f)* **2.** *(quantidade)* cuillerée *(f)* • **colher de café** cuiller à café • **colher de chá** *(utensílio)* petite cuiller • *(quantidade)* cuiller à café • **colher de pau** cuiller en bois • **colher de sopa** cuiller à soupe.

DF *(Br)* (*abr écrite de* **Distrito Federal**) DF.

distrito [dəʃ'tritu] *nm* **1.** *(em Portugal)* ≃ département *(m)* **2.** *(no Brasil)* district *(m)* • **Distrito Federal** capitale *(f)* administrative, *nom donné à Brasília, capitale administrative du Brésil.*

drágea ['draʒjɐ] *nf (Br)* = **drageia**.

escanear [iʃka'nea(x)] *vt* INFORM scanner.

G.N.R. ■ *nf* (*abr de* **Guarda Nacional Republicana**) ≃ gendarmerie *(f)*. ■ *nm* ≃ gendarme *(m)*.

gaiola [gɐ'jɔlɐ] *nf* cage *(f)* *(à oiseaux)*.

guarda ['gwarđɐ] ■ *nmf* agent *(m)* de police. ■ *nf* garde *(f)* • **a Guarda Nacional Republicana** ≃ gendarmerie *(f)*.
■ **guardas** *nfpl* garde-corps *(m inv)*.

ideal [i'đjał] (*pl* **-ais** [-aiʃ]) ■ *adj* idéal(e). ■ *nm* idéal *(m)*.

jardineira [ʒɐrđi'nɐirɐ] *nf* jardinière *(f)* de légumes • ▷ **jardineiro**.
■ **jardineiras** *nfpl* salopette *(f)*.

liberto, ta [li'bɛrtu, -tɐ] *pp* ▷ **libertar**.

contraire ■ *nm* contrário *(m)*. ■ *adj* contrário(ria) • **contraire à** contrário a • **au contraire** pelo contrário.

crème *nf* creme *(m)* • **crème anglaise** *creme à base de leite e ovos* • **crème caramel** leite-creme *(m)* • **crème fraîche** natas *(fpl)* *(Port)*, creme *(m)* de leite *(Br)* • **crème glacée** gelado *(m)* • **crème pâtissière** creme de pasteleiro.

dépanneur, euse *nm, f* **1.** mecânico *(m)* **2.** *(Québec) (épicerie) mercearia aberta fora de horas.*

agrégation *nf concurso para o recrutamento de professores do ensino secundário e uni-*

Légendes :

- entrée
- indication du genre
- signalisation de la catégorie grammaticale
- pluriels qui présentent des difficultés
- signalisation précise des sens et des contextes
- explications lorsqu'il n'y a pas de traduction directe
- renvoi des variantes aux entrées principales
- information sur les domaines
- sigles, abréviations et acronymes en contexte
- précisions sur la traduction
- sous-entrées :
  - mots composés, locutions et pluriels ayant leur propre sens
  - verbes pronominaux
- équivalents culturels
- indications des variantes du portugais
- renvoi vers l'infinitif
- indication du féminin
- variantes régionales
- notes pour aider à expliquer en portugais des spécificités culturelles françaises

Français

Portugais

aA

a[1], **A** *nm inv (lettre)* a, A *(m)* • **prouver par a + b** demonstrar matematicamente • **de A à Z** de A a Z.
■ **A** ■ (*abr écrite de* **ampère**) A. ■ *nf inv* (*abr de* **autoroute**) A • **la circulation sur l'A13** a circulação na A13.

a[2] (*abr écrite de* **are**) a.

à *prép*

1. INTRODUIT UN COMPLÉMENT D'OBJET INDIRECT
• **penser à qqch** pensar em algo
• **donner qqch à qqn** dar algo a alguém
2. INDIQUE LE LIEU OÙ L'ON EST = em
• **j'habite à Paris** moro em Paris
• **rester à la maison** ficar em casa
• **il y a une piscine à deux kilomètres du village** há uma piscina a dois quilómetros da aldeia
3. INDIQUE LE LIEU OÙ L'ON VA
• **allons au théâtre** vamos ao teatro
• **il est parti à la pêche** ele foi à pesca
4. INDIQUE LE TEMPS
• **embarquement à 21h30** embarque às 21h30
• **au mois d'août** no mês de Agosto
• **le musée est à cinq minutes d'ici** o museu fica a cinco minutos daqui
• **à jeudi !** até quinta-feira!
5. INDIQUE LA MANIÈRE
• **à deux** a dois
• **à pied** a pé
• **écrire au crayon** escrever a lápis
• **à la française** à francesa
6. SUIVI D'UNE UNITÉ
• **un billet d'entrée à 8 euros** um ingresso a 8 euros
• **j'ai acheté une robe à 40 euros** comprei um vestido por 40 euros
• **être payé à l'heure** ser pago à hora
• **100 km à l'heure** 100 km à hora
7. INDIQUE LE BUT
• **le courrier à poster** a carta a pôr no correio
• **'maison à vendre'** 'casa à venda'
• **travail à faire** trabalho para fazer
8. INDIQUE UN MOYEN DE TRANSPORT = de
• **une promenade à vélo** um passeio de bicicleta
• **un voyage à dos d'âne** uma viagem de burro
9. INDIQUE L'APPARTENANCE = de
• **cet argent est à moi/à lui/à Isabelle** este dinheiro é meu/dele/da Isabelle
• **une amie à moi** uma amiga minha
• **à qui sont ces lunettes ?** de quem são estes óculos?
10. INDIQUE UNE CARACTÉRISTIQUE = de
• **le garçon aux yeux bleus** o rapaz de olhos azuis
• **un bateau à vapeur** um barco a vapor
• **un tissu à fleurs** um tecido florido.

AB[1] (*abr écrite de* **assez bien**) suficiente.

AB[2] (*abr de* **agriculture biologique**) agricultura *(f)* biológica.

abaisser *vt (manette)* abaixar.

abandon *nm* • **à l'abandon** ao abandono • **laisser qqch à l'abandon** deixar algo ao abandono.

abandonné, e *adj* abandonado(da).

abandonner ■ *vt* abandonar. ■ *vi* desistir.

abasourdi, e *adj* **1.** *(stupéfait)* embasbacado(da) **2.** *(étourdi)* aturdido(da).

abat-jour *nm inv* abajur *(m)*.

abats *nmpl* miúdos *(mpl)*.

abattement *nm* abatimento *(m)* • **abattement fiscal** abatimento fiscal.

abattoir *nm* matadouro *(m)*.

abattre *vt* abater.

abattu, e *adj (découragé)* abatido(da).

abbaye *nf* abadia *(f)*.

abbé *nm* abade *(m)*.

abbesse *nf* abadessa *(f)*.

abcès *nm* abcesso *(m)*.

abdiquer ■ *vt* abdicar de. ■ *vi* **1.** *(roi)* abdicar **2.** *(abandonner)* desistir.

abdomen *nm* abdómen *(m)*.

abdominaux *nmpl* abdominais *(mpl)* • **faire des abdominaux** fazer abdominais.

abdos *fam abrév de* **abdominaux**.

abeille *nf* abelha *(f)*.

aberrant, e *adj* aberrante.

abîme *nm* abismo *(m)*.

abîmer *vt* estragar.
■ **s'abîmer** *vp* estragar-se • **s'abîmer les yeux** estragar a vista.

abject, e *adj* abjecto(ta).

aboiements *nmpl* latidos *(mpl)*.

abolir *vt* abolir.

abominable *adj* abominável.

abondance *nf* abundância *(f)* • **en abondance** em abundância • **vivre dans l'abondance** nadar em dinheiro.

abondant, e *adj* abundante.

abonné, e *adj* & *nm, f* assinante • **être abonné à un journal** ser assinante de um jornal.

abonnement *nm* assinatura *(f)* *(subscrição)*.

abonner ■ **s'abonner à** *vp + prép (journal)* assinar.

abord ■ **d'abord** *adv* primeiro. ■ **abords** *nmpl* arredores *(mpl)*.

abordable *adj* acessível.

abordage *nm* **1.** *(assaut)* abordagem *(f)* **2.** *(collision)* abalroamento *(m)* • **à l'abordage !** ao ataque!

aborder *vt* & *vi* abordar.

aboutir *vi* dar resultado • **aboutir à** levar a.

aboyer *vi* ladrar.

abrasif, ive *adj* abrasivo(va).
■ **abrasif** *nm* abrasivo *(m)*.

abrégé *nm* • **en abrégé** em resumo.

abréger *vt* abreviar.

abreuvoir *nm* bebedouro *(m)*.

abréviation *nf* abreviatura *(f)*.

abri *nm* abrigo *(m)* • **à l'abri de** ao abrigo de.

Abribus *nm* abrigo *(m)* de autocarro, paragem *(f)* de autocarro.

abricot *nm* alperce *(m)*.

abricotier *nm* alperceiro *(m)*.

abriter ■ **s'abriter (de)** *vp + prép* abrigar-se (de).

abrupt, e *adj* abrupto(ta).

abruti, e ■ *adj* **1.** *fam (bête)* parvo(va) **2.** *(assommé)* embrutecido(da). ■ *nm, f fam* parvo *(m)*, -va *(f)*.

abrutir *vt* **1.** *(abêtir)* embrutecer **2.** *(accabler)* • **abrutir qqn de** sobrecarregar alguém de *OU* com.
■ **s'abrutir** *vp* **1.** *(s'épuiser)* desgastar-se **2.** *(s'abêtir)* embrutecer-se.

abrutissant, e *adj* embrutecedor(ra).

absence *nf* **1.** *(d'une personne)* ausência *(f)* **2.** *(manque)* falta *(f)*.

absent, e *adj* & *nm, f* ausente.

absenter ■ **s'absenter** *vp* ausentar-se.

absolu, e *adj* absoluto(ta).

absolument *adv* **1.** *(à tout prix)* absolutamente **2.** *(tout à fait)* completamente.

absorbant, e *adj* absorvente.

absorber *vt* absorver.

abstenir ■ **s'abstenir** *vp (de voter)* abster-se • **s'abstenir de faire qqch** abster-se de fazer algo.

abstention *nf* abstenção *(f)*.

abstinence *nf* abstinência *(f)* • **faire abstinence** abster-se de comer carne.

abstraction *nf* abstracção *(f)* • **faire abstraction de** abstrair-se de.

abstrait, e *adj* abstracto(ta).

absurde *adj* absurdo(da).

absurdité *nf* **1.** *(illogisme)* absurdo *(m)* **2.** *(stupidité)* disparate *(m)*.

abus *nm* abuso *(m)*.

abuser *vi* abusar • **abuser de** abusar de.

abusif, ive *adj* abusivo(va) • **mère abusive** mãe possessiva.

acabit *nm péj* • **de cet** *OU* **du même acabit** da mesma laia.

acacia *nm* acácia *(f)*.

académicien, enne *nm, f* *membro da Academia francesa de letras*.

académie *nf (zone administrative)* ≃ direcção *(f)* regional de educação • **l'Académie française** *a Academia francesa de letras*.

acajou *nm (bois)* mogno *(m)*.

acariâtre *adj* rabugento(ta).

accablant, e *adj* **1.** *(nouvelle)* desanimador(ra) **2.** *(soleil)* abrasador(ra) **3.** *(chaleur)* sufocante **4.** *(preuve, témoignage)* decisivo(va).

accabler *vt* deitar abaixo • **accabler qqn de** *(travail)* sobrecarregar alguém de *OU* com • *(reproches, injures)* cobrir alguém de.

accalmie *nf* acalmia *(f)*.

accaparer *vt (personne, conversation)* monopolizar.

accéder ■ **accéder à** *vp + prép (lieu)* aceder a.

accélérateur *nm* acelerador *(m)*.

accélération *nf* aceleração *(f)*.

accélérer *vi* acelerar.

accent *nm* **1.** *(intonation)* sotaque *(m)* **2.** *(signe graphique)* acento *(m)* • **mettre l'accent sur** pôr a tónica em • **accent aigu** acento agudo • **accent circonflexe** acento circunflexo • **accent grave** acento grave.

accentuation *nf* acentuação *(f)*.

accentuer *vt (mot)* acentuar.
■ **s'accentuer** *vp* acentuar-se.

acceptable *adj* aceitável.

accepter *vt* aceitar • **accepter de faire qqch** aceitar fazer algo.

acception *nf* acepção *(f)*.

accès *nm* acesso *(m)* • **donner accès à** dar acesso a • **'accès interdit'** 'acesso proibido' • **'accès aux trains'** *acesso às vias de caminhos-de-ferro*.

accessible *adj* acessível.

accession *nf (au pouvoir)* • **accession à** ascensão a • *(à la propriété)* acesso a.

accessoire *nm* acessório *(m)*.

accident *nm* acidente *(m)* • **accident de la route** acidente de viação • **accident du travail** acidente de trabalho • **accident de voiture** acidente de carro.

accidenté, **e** *adj* acidentado(da).

accidentel, **elle** *adj* acidental.

acclamer *vt* aclamar.

acclimatation *nf* aclimatização *(f)* • **acclimatation à** aclimatização a.

accolade *nf (signe graphique)* chaveta *(f)*.

accommodant, **e** *adj* conciliatório(ria).

accompagnateur, **trice** *nm, f* acompanhante *(mf)*.

accompagnement *nm* MUS acompanhamento *(m)*.

accompagner *vt* acompanhar.

accompli, **e** *adj* **1.** *(sportif, ménagère)* perfeito (ta) **2.** *(jeune fille)* prendado(da).

accomplir *vt* cumprir.

accord *nm* **1.** *(consentement, pacte)* acordo *(m)* **2.** MUS acorde *(m)* **3.** GRAMM concordância *(f)* • **d'accord !** está bem! • **se mettre d'accord** pôr-se de acordo • **être d'accord avec** estar de acordo com • **être d'accord pour faire qqch** estar de acordo para fazer algo.

accordéon *nm* acordeão *(m)*.

accorder *vt* MUS afinar • **accorder qqch à qqn** conceder algo a alguém.
■ **s'accorder** *vp* concordar • **s'accorder bien** *(couleurs, vêtements)* combinar bem.

accoster ◪ *vt (personne)* abordar. ◪ *vi* acostar.

accotement *nm* berma *(f)*.

accouchement *nm* parto *(m)* • **accouchement sous X** parto anónimo, parto de mãe incógnita.

accoucher *vi* dar à luz • **accoucher de jumeaux** dar à luz gémeos.

accouder ■ **s'accouder** *vp* apoiar os cotovelos.

accoudoir *nm* braço *(m) (de cadeira)*.

accouplement *nm* acasalamento *(m)*.

accoupler *vt* **1.** *(réunir)* agrupar **2.** *(animaux)* acasalar.
■ **s'accoupler** *vp* acasalar.

accourir *vi* acorrer.

accoutumer ■ **s'accoutumer à** *vp + prép* acostumar-se com.

accro *adj fam* viciado(da) • **accro à** viciado em.

accroc *nm (déchirure)* rasgão *(m)*.

accrochage *nm* **1.** *(accident)* embate *(m)* **2.** *fam (dispute)* pega *(f)*.

accroche *nf* slogan *(m)*.

accrocher *vt* **1.** *(remorque)* prender **2.** *(au mur, au porte-manteau)* pendurar **3.** *(à un clou)* rasgar **4.** *(heurter)* embater.
■ **s'accrocher** *vp fam (persévérer)* agarrar-se • **s'accrocher à** *(se tenir à)* agarrar-se a.

accroissement *nm* aumento *(m)*.

accroître *vt* aumentar.
■ **s'accroître** *vp* aumentar.

accroupir ■ **s'accroupir** *vp* acocorar-se.

accu *nm fam* bateria *(f)*.

accueil *nm* recepção *(f)*.

accueillant, **e** *adj* acolhedor(ra).

accueillir *vt* **1.** *(personne)* acolher **2.** *(nouvelle)* receber.

accumulation *nf* acumulação *(f)*.

accumuler *vt* acumular.
■ **s'accumuler** *vp* acumular-se.

accusation *nf* acusação *(f)*.

accusé, **e** ◼ *nm, f* réu *(m)*, ré *(f)*. ◼ *nm* • **accusé de réception** aviso *(m)* de recepção.

accuser *vt* acusar • **accuser qqn de qqch** acusar alguém de algo • **accuser qqn de faire qqch** acusar alguém de fazer algo.

acerbe *adj* acerbo(ba).

acéré, **e** *adj* afiado(da).

acharné, **e** *adj* encarniçado(da).

acharnement *nm* obstinação *(f)* • **avec acharnement** com afinco.

acharner ■ **s'acharner** *vp* • **s'acharner à faire qqch** obstinar-se a fazer algo • **s'acharner sur qqn** andar sempre em cima de alguém.

achat *nm* compra *(f)* • **faire des achats** fazer compras.

acheter *vt* comprar • **acheter qqch à qqn** comprar algo para alguém.

acheteur, **euse** *nm, f* comprador *(m)*, -ra *(f)*.

achèvement *nm* conclusão *(f)*.

achever *vt* **1.** *(terminer)* acabar **2.** *(tuer)* acabar com.
■ **s'achever** *vp* chegar ao fim.

acide ◼ *adj* ácido(da). ◼ *nm* ácido *(m)*.

acier *nm* aço *(m)* • **acier inoxydable** aço inoxidável.

acné *nf* acne *(f)*.

acolyte *nm* acólito *(m)*.

acompte *nm* sinal *(m)* *(entrada em dinheiro)*.

à-côté *nm* **1.** *(point accessoire)* questão *(f)* secundária **2.** *(gain d'appoint)* extra *(m)*.

à-coup *nm* sacão *(m)* • **par à-coups** *(travailler)* irregularmente • *(avancer)* aos arranques.

acoustique *nf* acústica *(f)*.

acquéreur *nm* comprador *(m)*.

acquérir *vt* adquirir.

acquiescer *vi* *(approuver)* aquiescer • **acquiescer à qqch** concordar com algo • **acquiescer d'un signe de tête** dizer sim com a cabeça.

acquisition *nf* aquisição *(f)* • **faire l'acquisition de** adquirir.

acquit *nm* recibo *(m)* • **pour acquit** pago • **par acquit de conscience** para descargo de consciência.

acquitter *vt* absolver.
■ **s'acquitter de** *vp + prép* **1.** *(dette)* saldar **2.** *(travail)* cumprir.

âcre *adj* *(odeur)* acre.

acrobate *nmf* acrobata *(mf)*.

acrobatie *nf* acrobacia *(f)*.

acrylique *nm* acrílico *(m)*.

acte *nm* **1.** acto *(m)* **2.** *(de naissance)* certidão *(f)* **3.** *(de réunion)* acta *(f)*.

acteur, **trice** *nm, f* actor *(m)*, -triz *(f)*.

actif, **ive** *adj* activo(va).

action *nf* acção *(f)*.

actionnaire *nmf* accionista *(mf)*.

actionner *vt* accionar.

activer *vt* *(feu)* avivar.
■ **s'activer** *vp* *(se dépêcher)* despachar-se.

activité *nf* actividade *(f)*.

actualiser *vt* actualizar.

actualité *nf* • **l'actualité** a actualidade • **d'actualité** actual.
■ **actualités** *nfpl* notícias *(fpl)*.

actuel, **elle** *adj* actual.

actuellement *adv* actualmente.

acupuncture *nf* acupunctura *(f)*.

adaptateur *nm* *(pour prise de courant)* adaptador *(m)*.

adaptation *nf* adaptação *(f)*.

adapter *vt* *(pour le cinéma, la télévision)* adaptar • **adapter qqch à** adaptar algo a.
■ **s'adapter** *vp* adaptar-se • **s'adapter à** adaptar-se a.

additif *nm* aditivo *(m)* • **'sans additif'** 'sem aditivos'.

addition *nf* **1.** *(calcul)* adição *(f)* **2.** *(note)* conta *(f)* • **faire une addition** fazer uma adição • **payer l'addition** pagar a conta • **l'addition, s'il vous plaît !** a conta, se faz favor!

additionner *vt* adicionar.
■ **s'additionner** *vp* adicionar-se.

adepte *nmf* adepto *(m)*, -ta *(f)*.

adéquat, **e** *adj* adequado(da).

adéquation *nf* adequação *(f)*.

adhérent, **e** *nm, f* aderente *(mf)*.

adhérer *vi* • **adhérer à** aderir a.

adhésif, **ive** *adj* adesivo(va).

adhésion *nf* adesão *(f)* • **adhésion à** adesão a.

adieu *nm* adeus *(m)* • **adieu !** adeus! • **faire ses adieux à qqn** despedir-se de alguém.

adjectif *nm* adjectivo *(m)*.

adjoint, **e** *nm, f* adjunto *(m)*, -ta *(f)*.

adjonction *nf* adição *(f)* • **sans adjonction de sel/sucre/conservateurs** sem adição de sal/açúcar/conservantes.

adjudant, **e** *nm, f* ≃ sargento-ajudante *(m)*.

adjuger *vt* **1.** *(aux enchères)* adjudicar **2.** *(décerner)* • **adjuger qqch à qqn** atribuir algo a alguém • **adjugé !** vendido!
■ **s'adjuger** *vp (se réserver)* atribuir-se.

admettre *vt* admitir.

administrateur, **trice** *nm, f* **1.** administrador *(m)*, -ra *(f)* **2.** INFORM gestor *(m)* da Web • **administrateur judiciaire** administrador judicial.

administratif, **ive** *adj* administrativo(va).

administration *nf* administração *(f)* • **l'Administration** a Administração.

administrer *vt* administrar.

admirable *adj* admirável.

admirateur, **trice** *nm, f* admirador *(m)*, -ra *(f)*.

admiratif, **ive** *adj* admirativo(va).

admiration *nf* admiração *(f)*.

admirer *vt* admirar.

admissible *adj* SCOL admitido(da) à prova oral.

admission *nf* admissão *(f)*.

ADN (*abr de* **acide désoxyribonucléique**) *nm* ADN *(m) (ácido desoxirribonucleico)*.

ado (*abr de* **adolescent**) *fam nmf* adolescente *(mf)*.

adolescence *nf* adolescência *(f)*.

adolescent, **e** *nm, f* adolescente *(mf)*.

adopter *vt* adoptar.

adoptif, **ive** *adj* adoptivo(va).

adoption *nf (d'un enfant)* adopção *(f)*.

adorable *adj* adorável.

adorer *vt* adorar.

adosser ■ **s'adosser** *vp* • **s'adosser à** *OU* **contre** encostar-se a *OU* contra.

adoucir *vt* **1.** *(linge)* amaciar **2.** *(traits, caractère)* suavizar.

adoucissant, **e** *adj* suavizante.
■ **adoucissant** *nm* amaciador *(m)*.

adresse *nf* **1.** *(domicile)* morada *(f)* **2.** *(habileté)* destreza *(f)* **3.** INFORM • **adresse (électronique)** endereço *(m)* electrónico • **adresse mail** *OU* **courriel** endereço electrónico • **adresse Web** website *(m)*.

adresser *vt* dirigir.
■ **s'adresser à** *vp + prép* **1.** *(parler à)* dirigir-se a **2.** *(concerner)* dizer respeito a.

adroit, **e** *adj* hábil.

ADSL (*abr de* **asymmetric digital subscriber line**) *nm* ADSL *(m)*, Internet *(f)* de banda larga.

aduler *vt* adular.

adulte *nmf* adulto *(m)*, -ta *(f)*.

adultère ■ *nm* adultério *(m)*. ■ *adj* adúltero (ra).

advenir *v impers* • **qu'advient-il de... ?** que é feito de...? • **quoi qu'il advienne** aconteça o que acontecer • **advienne que pourra** seja o que Deus quiser.

adverbe *nm* advérbio *(m)*.

adversaire *nmf* adversário *(m)*, -ria *(f)*.

adverse *adj* adversário(ria).

adversité *nf* adversidade *(f)*.

aération *nf* arejamento *(m)*.

aérer *vt* arejar.

aérien, **enne** *adj* aéreo(rea).

aérobic *nm* aeróbica *(f)*.

aérodrome *nm* aeródromo *(m)*.

aérodynamique *adj* aerodinâmico(ca).

aérogare *nf* aerogare *(f)*.

aéroglisseur *nm* aerodeslizador *(m)*.

aérogramme *nm* aerograma *(m)*.

aéronautique ■ *nf* aeronáutica *(f)*. ■ *adj* aeronáutico(ca).

aérophagie *nf* aerofagia *(f)*.

aéroport *nm* aeroporto *(m)*.

aérosol *nm* aerossol *(m)*.

aérospatial, e *adj* aerospacial.
■ **aérospatiale** *nf* indústria *(f)* aerospacial.

affable *adj* afável.

affaiblir *vt* **1.** *(rendre faible)* enfraquecer **2.** *(diminuer)* diminuir.
■ **s'affaiblir** *vp* **1.** *(personne)* debilitar-se **2.** *(vue, lumière)* diminuir **3.** *(son)* baixar.

affaire *nf* **1.** *(entreprise, marché)* negócio *(m)* **2.** *(question)* assunto *(m)* **3.** *(scandale)* caso *(m)* • **avoir affaire à qqn** lidar com alguém • **faire l'affaire** servir perfeitamente.
■ **affaires** *nfpl (objets)* coisas *(fpl)* • **les affaires** FIN os negócios • **occupe-toi de tes affaires** mete-te na tua vida.

affairé, e *adj* atarefado(da).

affaisser ■ **s'affaisser** *vp* **1.** *(personne)* abater-se **2.** *(sol)* ceder.

affaler ■ **s'affaler** *vp* deixar-se cair.

affamé, e *adj* esfomeado(da).

affecté, e *adj* afectado(da).

affecter *vt* afectar.

affectif, ive *adj* afectivo(va).

affection *nf (sentiment)* afecto *(m)*, afeição *(f)*.

affectueusement *adv* **1.** *(tendrement)* carinhosamente **2.** *(dans une lettre)* com carinho.

affectueux, euse *adj* carinhoso(osa).

affichage *nm* visualização *(f)* • **'affichage interdit'** 'é proibido afixar anúncios'.

affiche *nf* cartaz *(m)*.

afficher *vt (placarder)* afixar.

affilée ■ **d'affilée** *adv* de enfiada.

affinité *nf* afinidade *(f)* • **avoir des affinités (avec qqn)** ter afinidades (com alguém).

affirmatif, ive *adj* **1.** *(positif)* afirmativo(va) **2.** *(certain)* certo(ta).
■ **affirmatif** *adv* afirmativo.
■ **affirmative** *nf* afirmativa *(f)* • **dans l'affirmative** em caso afirmativo.

affirmation *nf* afirmação *(f)*.

affirmer *vt* afirmar.
■ **s'affirmer** *vp* afirmar-se.

affligé, e *adj* **1.** *(attristé)* angustiado(da) **2.** *(frappé)* • **être affligé de** *(maladie)* sofrer de • *(défaut)* ter.

affligeant, e *adj* aflitivo(va).

affluence *nf* afluência *(f)*.

affluent *nm* afluente *(m)*.

affolement *nm* pânico *(m) (Port)*, afobação *(f) (Br)*.

affoler *vt* afligir *(Port)*, afobar *(Br)*.
■ **s'affoler** *vp* afligir-se *(Port)*, afobar-se *(Br)*.

affranchir *vt (timbrer)* franquiar.

affranchissement *nm (timbre)* franquia *(f)*.

affreusement *adv (extrêmement)* horrivelmente.

affreux, euse *adj* horroroso(osa).

affrontement *nm* confronto *(m)*.

affronter *vt* enfrentar.
■ **s'affronter** *vp* enfrentar-se.

affût *nm* • **être à l'affût (de)** estar à espreita (de).

affûter *vt* afiar.

afin ■ **afin de** *prép* a fim de. ■ **afin que** *conj* para que.

africain, e *adj* africano(na).
■ **Africain, e** *nm, f* africano *(m)*, -na *(f)*.

Afrique *nf* • **l'Afrique** a África • **l'Afrique du Sud** a África do Sul.

agaçant, e *adj* irritante.

agacer *vt* irritar.

âge *nm* idade *(f)* • **quel âge as-tu ?** que idade tens? • **une personne d'un certain âge** uma pessoa de uma certa idade.

âgé, e *adj* idoso(osa) • **les enfants âgés de huit ans** as crianças de oito anos (de idade).

agence *nf* agência *(f)* • **agence de voyages** agência de viagens.

agencer *vt* **1.** *(combiner)* montar **2.** *(concevoir)* aproveitar **3.** *(organiser)* compor.
■ **s'agencer** *vp (se combiner)* montar-se.

agenda *nm* agenda *(f)* • **agenda électronique** agenda electrónica.

agenouiller ■ **s'agenouiller** *vp* ajoelhar-se.

agent, e *nm, f* • **agent (de police)** agente *(mf)* (de polícia) • **agent de change** corretor *(m)*, -ra *(f)* da Bolsa.

agglomération *nf* aglomeração *(f)* • **l'agglomération parisienne** a aglomeração parisiense.

agglutiner ■ **s'agglutiner** *vp* juntar-se.

aggraver *vt* agravar.
■ **s'aggraver** *vp* agravar-se.

agile *adj* ágil.

agilité *nf* agilidade *(f)*.

agir *vi* agir.
■ **s'agir** *v impers* • **il s'agit de** trata-se de.

agissements *nmpl* estratagemas *(mpl)*.

agitation *nf* agitação *(f)*.

agité, **e** *adj* **1.** *(personne)* irrequieto(ta) **2.** *(sommeil, mer)* agitado(da).

agiter *vt* agitar.
■ **s'agiter** *vp* **1.** *(mer)* agitar-se **2.** *(personne)* estar irrequieto(ta).

agneau *nm* cordeiro *(m)*.

agonie *nf* agonia *(f)*.

agoniser *vi* agonizar.

agrafe *nf* **1.** *(de bureau)* agrafo *(m)* **2.** *(de vêtement)* colchete *(m)*.

agrafer *vt* agrafar.

agrafeuse *nf* agrafador *(m)*.

agraire *adj* agrário(ria).

agrandir *vt* **1.** aumentar **2.** *(photo)* ampliar.
■ **s'agrandir** *vp* aumentar.

agrandissement *nm* *(photo)* ampliação *(f)*.

agréable *adj* agradável.

agréé, **e** *adj* autorizado(da).

agréer *vt sout* **1.** *(accepter)* aceitar **2.** *(convenir)* • **agréer à qqn** aprazer a alguém • **veuillez agréer mes salutations distinguées** *OU* **l'expression de mes sentiments distingués** com os nossos melhores cumprimentos.

agrégation *nf concurso para o recrutamento de professores do ensino secundário e universitário.*

agrès *nmpl* aparelhos *(mpl)* de ginástica.

agresser *vt* agredir.

agresseur *nm* agressor *(m)*, -ra *(f)*.

agressif, **ive** *adj* agressivo(va).

agression *nf* agressão *(f)*.

agressivité *nf* agressividade *(f)*.

agricole *adj* agrícola.

agriculteur, **trice** *nm, f* agricultor *(m)*, -ra *(f)*.

agriculture *nf* agricultura *(f)*.

agripper *vt* agarrar.
■ **s'agripper à** *vp + prép* agarrar-se a.

agronome *nm, f* agrónomo *(m)*, -ma *(f)*.

agrumes *nmpl* citrinos *(mpl)*.

aguets ■ **aux aguets** *loc adv* • **être/rester aux aguets** estar/ficar à espreita.

aguicher *vt* aliciar.

ah *interj* ah! • **ah ! ah !** ah! ah!

ahuri, **e** *adj* pasmado(da).

ahurissant, **e** *adj* surpreendente.

aide *nf* ajuda *(f)* • **appeler à l'aide** pedir ajuda • **à l'aide !** acudam! • **à l'aide de** com a ajuda de.

S'EXPRIMER...

proposer son aide
• **Queres/Quer ajuda?/Precisas/Precisa de ajuda?** / Puis-je t'/vous aider ?
• **Que é que eu posso fazer por ti/si?** / Que puis-je faire pour toi/vous ?
• **Se quiser, eu encarrego-me disso.** / Si vous voulez, je m'en charge.

aide-éducateur, **trice** *nm, f* SCOL auxiliar *(mf)* educativo, -a *(f)*.

aider *vt* ajudar • **aider qqn à faire qqch** ajudar alguém a fazer algo.
■ **s'aider de** *vp + prép* servir-se de.

aide-soignant, **e** *nm, f* auxiliar *(mf)* da acção médica.

aïe *interj* ai!

aigle *nm* águia *(f)*.

aigre *adj* **1.** *(goût)* azedo(da) **2.** *(remarque, ton)* amargo(ga).

aigre-doux, **aigre-douce** *adj* agridoce.

aigri, **e** *adj* amargurado(da).

aigu, **uë** *adj* **1.** agudo(da) **2.** *(pointu)* bicudo(da).

aiguillage *nm* **1.** *(manœuvre)* agulhagem *(f)* **2.** *(appareil)* agulha *(f)*.

aiguille *nf* **1.** agulha *(f)* **2.** *(de montre)* ponteiro *(m)* • **aiguille de pin** agulha de pinheiro • **aiguille à tricoter** agulha de tricô.

aiguiller *vt* **1.** *(un train)* mudar de linha **2.** *(personne, conversation)* encaminhar.

aiguillette *nf* • **aiguillettes de canard** *filetes de carne de pato preparados na frigideira.*

aiguiser *vt* aguçar.

ail *nm* alho *(m)*.

aile *nf* **1.** *(d'oiseau, d'avion)* asa *(f)* **2.** *(de bâtiment)* ala *(f)*.

aileron *nm* **1.** *(de requin)* barbatana *(f)* **2.** *(d'avion)* aileron *(m)*.

ailier *nm* ponta *(m)*.

ailleurs *adv* noutro sítio • **d'ailleurs** aliás.

aimable *adj* amável.

aimablement *adv* amavelmente.

aimant *nm* íman *(m)*.

aimer *vt* **1.** *(d'amour)* amar **2.** *(apprécier)* gostar de • **aimer (bien) qqch/faire qqch** gostar (muito) de algo/de fazer algo • **j'aimerais prendre du café** gostaria de tomar café • **j'aimerais qu'on m'offre des fleurs** gostaria que me oferecessem flores • **aimer mieux** gostar mais de.

aine *nf* virilha *(f)*.

aîné, e *adj* & *nm, f* mais velho(lha).

ainsi *adv* assim • **ainsi que** assim como • **et ainsi de suite** e assim por diante.

aïoli *nm* *molho de alho com azeite*.

air *nm* **1.** ar *(m)* **2.** *(musique)* melodia *(f)* • **avoir l'air (d'être) malade** ter ar (de estar) doente • **avoir l'air d'un clown** parecer um palhaço • **il a l'air de faire beau** parece que está bom tempo • **en l'air** *(en haut)* ao ar • **il a fichu sa carrière en l'air** *fam* a carreira dele foi ao ar • **prendre l'air** tomar ar • **air conditionné** ar condicionado.

aire *nf* área *(f)* • **aire de jeu** área de jogo • **aire de repos** área de serviço • **aire de stationnement** zona *(f)* de estacionamento.

airelle *nf* *(Québec)* arando *(m)*.

aisance *nf* **1.** *(facilité)* desembaraço *(m)* **2.** *(richesse)* abastança *(f)*.

aise *nf* • **à l'aise** à vontade • **être mal à l'aise** não estar à vontade.

aisé, e *adj* *(riche)* abastado(da).

aisément *adv* com facilidade.

aisselle *nf* axila *(f)*.

ajourner *vt* adiar.

ajout *nm* acrescento *(m)*.

ajouter *vt* • **ajouter qqch (à)** acrescentar algo (a) • **ajouter que** acrescentar que.

ajusté, e *adj* justo(ta).

ajuster *vt* ajustar.

alarmant, e *adj* alarmante.

alarme *nf* alarme *(m)* • **donner l'alarme** dar o alarme.

alarmer *vt* *(inquiéter)* alarmar.
■ **s'alarmer** *vp* alarmar-se.

albinos *adj* & *nmf* albino(na).

album *nm* álbum *(m)* • **album (de) photos** álbum de fotografias.

alcool *nm* álcool *(m)* • **sans alcool** sem álcool • **alcool à 90º** álcool etílico • **alcool à brûler** álcool metílico.

alcoolique *nmf* alcoólico *(m)*, -ca *(f)*.

alcoolisé, e *adj* alcoólico(ca) • **non alcoolisé** não alcoólico.

alcoolisme *nm* alcoolismo *(m)*.

Alcotest *nm* teste *(m)* de alcoolemia *(Port)*, teste *(m)* de dosagem alcoólica *(Br)*.

aléatoire *adj* aleatório(ria).

alentours *nmpl* arredores *(mpl)* • **aux alentours** *(près)* nos arredores • **aux alentours de** *(environ)* por volta de.

alerte ■ *adj* alerta. ■ *nf* alerta *(m)* • **donner l'alerte** dar o alerta.

alerter *vt* alertar.

algèbre *nf* álgebra *(f)*.

Alger *npr* Argel.

Algérie *nf* • **l'Algérie** a Argélia.

algérien, enne *adj* argelino(na).
■ **Algérien, enne** *nm, f* argelino *(m)*, -na *(f)*.

algues *nfpl* algas *(fpl)*.

alibi *nm* álibi *(m)*.

aliéné, e *adj* & *nm, f* alienado(da).

alignement *nm* alinhamento *(m)*.

aligner *vt* alinhar.
■ **s'aligner** *vp* alinhar-se.

aliment *nm* alimento *(m)*.

alimentaire *adj* **1.** *(produit, pension)* alimentar **2.** *(denrées, pâtes)* alimentício(cia) **3.** *(travail)* de subsistência.

alimentation *nf* **1.** *(nourriture)* alimentação *(f)* **2.** *(épicerie)* produtos *(mpl)* alimentares.

alimenter *vt* **1.** *(nourrir)* alimentar **2.** *(approvisionner)* abastecer.

alinéa *nm* alínea *(f)*.

Allah *nm* Alá *(m)*.

allaiter *vt* amamentar.

alléchant, e *adj* aliciante.

allécher *vt* aliciar.

allée *nf* alameda *(f)* • **allées et venues** idas *(fpl)* e vindas.

allégé, e *adj* *(aliment)* magro(gra).

allégorie *nf* alegoria *(f)*.

allégresse *nf* alegria *(f)*.

Allemagne *nf* • **l'Allemagne** a Alemanha.

allemand, **e** ■ *adj* alemão(ã). ■ *nm (langue)* alemão *(m)*.
■ **Allemand**, **e** *nm, f* alemão *(m)*, -ã *(f)*.

aller *nm* **1.** *(trajet)* ida *(f)* **2.** *(billet)* • **aller (simple)** ida (simples) • **aller-retour** bilhete *(m)* de ida e volta.

aller *vi*

1. SE DÉPLACER D'UN LIEU À UN AUTRE
• **aller au Portugal** ir a Portugal
• **pour aller à la cathédrale, s'il vous plaît ?** para ir até à catedral, se faz favor?
• **aller en vacances** ir de férias
• **j'irai le chercher à la gare** irei buscá-lo à estação
• **aller voir** ir ver
• **aller faire qqch** ir fazer algo

2. MENER À UN ENDROIT
• **où va ce chemin ?** aonde vai dar este caminho?
• **l'autoroute va jusqu'à Mâcon** a autoestrada vai até Mâcon

3. INDIQUE UN ÉTAT
• **comment allez-vous ?** como vai?
• **(comment) ça va? – ça va** tudo bem? – tudo bem
• **aller bien/mal** ir bem/mal

4. CONVENIR = servir
• **ces chaussures ne me vont pas** estes sapatos não me servem
• **aller bien/mal à qqn** ficar bem/mal a alguém
• **le rouge ne lui va pas** o vermelho não lhe fica bem
• **aller avec qqch** combinar com algo

5. EXPRIME LA MODÉRATION
• **allons, calmez-vous !** vamos, acalme-se!
• **allons, allons, tu ne penses quand même pas ce que tu dis !** ora, ora, não acreditas realmente naquilo que estás a dizer!

6. DANS DES EXPRESSIONS
• **allez !** vamos!

s'en aller *vp*

1. PARTIR = ir-se embora

2. SUJET : TACHE = sair
• **la tache d'encre ne s'en va pas !** a tinta não sai!

3. SUJET : COULEUR = desbotar
• **allez-vous en !** vá-se embora!

y aller *loc verbale*

1. PARTIR = ir-se embora
• **je m'en vais** vou-me embora
• **j'y vais** vou-me embora

2. SE DÉCIDER = lá ir
• **bon, j'y vais !** pronto, lá vou eu!

allergie *nf* alergia *(f)*.

allergique *adj* • **être allergique à** ser alérgico(ca) a.

aller-retour *nm (billet)* bilhete *(m)* de ida e volta.

alliage *nm* liga *(f)*.

alliance *nf* aliança *(f)*.

allié, **e** *nm, f* aliado *(m)*, -da *(f)*.

allier *vt* **1.** *(métaux)* ligar **2.** *fig* aliar.
■ **s'allier** *vp* • **s'allier (à)** aliar-se (a).

allô *interj* estou? *(Port)*, alô? *(Br)*

allocation *nf* subsídio *(m)* • **allocations familiales** abono *(m)* de família *(Port)*, salário-família *(m) (Br)*.

allocs (*abr de* **allocations familiales**) *nfpl* abono, abono de família.

allocution *nf* alocução *(f)*.

allonger *vt* **1.** *(vêtement)* descer a bainha **2.** *(bras, jambes)* esticar.
■ **s'allonger** *vp* **1.** *(devenir plus long)* alongar-se **2.** *(s'étendre)* estender-se.

allumage *nm* AUTO ignição *(f)*.

allume-cigares *nm inv* isqueiro *(m) (de automóvel)*.

allume-gaz *nm inv* isqueiro *(m) (de fogão a gás)*.

allumer *vt* **1.** *(feu, lumière)* acender **2.** *(gaz, radio)* ligar.
■ **s'allumer** *vp* acender-se.

allumette *nf* fósforo *(m)*.

allure *nf* **1.** *(apparence)* aspecto *(m)* **2.** *(vitesse)* velocidade *(f)* • **à toute allure** a todo o gás.

allusion *nf* alusão *(f)* • **faire allusion à** fazer alusão a.

alors *adv* então • **alors, tu viens ?** então, vens ou não? • **ça alors !** essa agora! • **et alors ?** *(et ensuite)* e então? • *(pour défier)* e depois? • **alors que** *(pendant que)* enquanto • *(bien que)* apesar de.

alouette *nf* cotovia *(f)*.

alourdir *vt* tornar pesado(da).

aloyau *nm* lombo *(m)* de vaca.

Alpes *nfpl* • **les Alpes** os Alpes.

alphabet *nm* alfabeto *(m)*.

alphabétique *adj* alfabético(ca) • **par ordre alphabétique** por ordem alfabética.

alphabétiser *vt* alfabetizar.

alpin *adj m* ▷ **ski**.

alpinisme *nm* alpinismo *(m)*.

alpiniste *nmf* alpinista *(mf)*.

Alsace *nf* • **l'Alsace** a Alsácia.

alter ego *nm inv* alter ego *(m)*.

altérer *vt* **1.** *(détériorer)* alterar **2.** *(fausser)* adulterar.
■ **s'altérer** *vp* alterar-se.

alternance *nf* alternância *(f)* • **en alternance** alternadamente.

alternatif *adj m* ▷ **courant**.

alternativement *adv* alternadamente.

alterner *vi* alternar.

altier, **ère** *adj* altivo(va).

altitude *nf* altitude *(f)* • **à 2 000 m d'altitude** a 2000 m de altitude.

aluminium *nm* alumínio *(m)*.

alvéole *nm* & *nf* alvéolo *(m)*.

amabilité *nf* amabilidade *(f)*.

amadouer *vt* lisonjear.

amaigrissant, **e** *adj* para emagrecer.

amalgame *nm* amálgama *(f)* • **il ne faut pas faire l'amalgame entre ces deux questions** estas duas questões não se podem misturar.

amande *nf* amêndoa *(f)*.

amandier *nm* amendoeira *(f)*.

amant *nm* amante *(m)*.

amarrer *vt* amarrar.

amas *nm* montão *(m)*.

amasser *vt* **1.** amontoar **2.** *(argent)* ajuntar.

amateur, **trice** *adj* & *nm, f* amador(ra) • **être amateur de** ser apreciador(ra) de.

Amazone *nm* • **l'Amazone** o Amazonas.

Amazonie *nf* • **l'Amazonie** a Amazónia.

ambassade *nf* embaixada *(f)*.

ambassadeur, **drice** *nm, f* embaixador *(m)*, -ra *(f)*.

ambiance *nf* **1.** *(atmosphère)* ambiente *(m)* **2.** *(entrain)* animação *(f)* • **d'ambiance** *(musique, éclairage)* de ambiente.

ambiant, **e** *adj* ambiente.

ambigu, **uë** *adj* ambíguo(gua).

ambiguïté *nf* ambiguidade *(f)* • **sans ambiguïté** sem ambiguidade.

ambitieux, **euse** *adj* ambicioso(osa).

ambition *nf* ambição *(f)*.

ambre *nm* • **ambre jaune** âmbar-amarelo *(m)* • **ambre gris** âmbar-cinzento *(m)*.

ambulance *nf* ambulância *(f)*.

ambulant *adj* ▷ **marchand**.

âme *nf* alma *(f)*.

amélioration *nf* melhoramento *(m)*.

améliorer *vt* melhorar.
■ **s'améliorer** *vp* melhorar.

amen *adv* RELIG amén • **dire amen à qqch** *fam* dizer amén a algo.

aménagé, **e** *adj* equipado(da).

aménagement *nm* **1.** *(d'un lieu)* arrumação *(f)* **2.** *(programme)* organização *(f)* • **aménagement du territoire** ordenamento do território.

aménager *vt* instalar.

amende *nf* multa *(f)*.

amendement *nm* **1.** POLIT emenda *(f)* **2.** *(de la terre)* estrumação *(f)*.

amener *vt* trazer • **amener qqn à faire qqch** levar alguém a fazer algo.

amer, **ère** *adj* amargo(ga).

américain, **e** *adj* americano(na).
■ **Américain**, **e** *nm, f* americano *(m)*, -na *(f)*.

Amérique *nf* • **l'Amérique** a América • **l'Amérique centrale** a América Central • **l'Amérique latine** a América Latina • **l'Amérique du Sud** a América do Sul.

amertume *nf* **1.** *(d'un aliment)* azedume *(m)* **2.** *(tristesse)* amargura *(f)*.

ameublement *nm* mobília *(f)*.

ami, **e** *nm, f* **1.** *(camarade)* amigo *(m)*, -ga *(f)* **2.** *(amant)* namorado *(m)*, -da *(f)* • **être (très) amis** ser (muito) amigos.

amiable *adj* amigável • **à l'amiable** amigável.

amiante *nm* amianto *(m)*.

amical, **e**, **aux** *adj* amistoso(osa).

amicalement *adv* **1.** amigavelmente **2.** *(dans une lettre)* com amizade.

amidon *nm* amido *(m)*.

amincir *vt* adelgaçar.

amincissant, e *adj* adelgaçante.

amitié *nf* amizade *(f)* • **amitiés** *(dans une lettre)* cumprimentos.

ammoniac *nm* amoníaco *(m)*.

amnésie *nf* amnésia *(f)*.

amnésique *adj* amnésico(ca).

amnistie *nf* amnistia *(f)*.

amoindrir *vt (réduire)* diminuir.
■ **s'amoindrir** *vp* diminuir.

amonceler ■ **s'amonceler** *vp* amontoar-se.

amont *nm* montante *(m)* • **en amont (de)** a montante (de).

amoral, e *adj* **1.** *(qui ignore la morale)* amoral **2.** *(débauché)* imoral.

amorcer *vt* dar início a.

amortir *vt* **1.** *(choc, son)* amortecer **2.** *(rentabiliser)* amortizar.

amortisseur *nm* amortecedor *(m)*.

amour *nm* amor *(m)* • **faire l'amour** fazer amor.

amoureux, euse ◼ *adj* apaixonado(da). ◼ *nmpl* namorados *(mpl)* • **être amoureux de qqn** estar apaixonado por alguém.

amour-propre *nm* amor-próprio *(m)*.

amovible *adj* removível.

amphétamine *nf* anfetamina *(f)*.

amphi *nm fam* anfiteatro *(m)*.

amphithéâtre *nm* anfiteatro *(m)*.

ample *adj* **1.** *(jupe)* largo(ga) **2.** *(geste)* amplo (pla).

amplement *adv* largamente.

ampleur *nf* **1.** amplidão *(f)* **2.** *(d'un vêtement)* largueza *(f)* • **prendre toute son ampleur** atingir o auge.

ampli *nm fam* amplificador *(m)*.

amplificateur *nm (de chaîne hi-fi)* amplificador *(m)*.

amplifier *vt* **1.** *(son)* amplificar **2.** *(phénomène)* ampliar.

amplitude *nf* amplitude *(f)*.

ampoule *nf* **1.** *(de lampe)* lâmpada *(f)* **2.** *(de médicament)* ampola *(f)* **3.** *(cloque)* bolha *(f)*.

amputation *nf* amputação *(f)*.

amputer *vt* **1.** amputar **2.** *(texte)* cortar.

amulette *nf* amuleto *(m)*.

amusant, e *adj* divertido(da).

amuse-gueule *nm inv* acepipe *(m)*.

amusement *nm* divertimento *(m)* • **avec amusement** com um ar divertido.

amuser *vt* divertir.
■ **s'amuser** *vp* divertir-se • **s'amuser à faire qqch** divertir-se a fazer algo.

amygdales *nfpl* amígdalas *(fpl)*.

an *nm* ano *(m)* • **il a neuf ans** ele tem nove anos (de idade).

anachronique *adj* anacrónico(ca).

anachronisme *nm* anacronismo *(m)*.

anagramme *nf* anagrama *(m)*.

anal, e *adj* anal.

analgésique ◼ *nm* analgésico *(m)*. ◼ *adj* analgésico(ca).

analogie *nf* analogia *(f)*.

analogue *adj* análogo(ga).

analphabète *adj* analfabeto(ta).

analyse *nf* análise *(f)* • **analyse (de sang)** análise (de sangue).

analyser *vt* analisar.

analyste *nmf* analista *(mf)*.

analyste-programmeur, euse *nmf* analista-programador *(m)*, -ra *(f)*.

ananas *nm* ananás *(m)*.

anarchie *nf* anarquia *(f)*.

anatomie *nf* anatomia *(f)*.

anatomique *adj* anatómico(ca).

ancestral, e *adj* ancestral.

ancêtre *nmf* **1.** *(parent)* antepassado *(m)*, -da *(f)* **2.** *(version précédente)* predecessor *(m)*, -ra *(f)*.

anchois *nm* anchova *(f)*.

ancien, enne *adj* antigo(ga).

ancienneté *nf (dans une entreprise)* antiguidade *(f)*.

ancre *nf* âncora *(f)* • **jeter l'ancre** lançar âncora • **lever l'ancre** levantar âncora.

Andorre *nf* • **l'Andorre** a Andorra.

andouille *nf* **1.** CULIN *chouriço de tripas de porco que se come frio, às rodelas* **2.** *fam (imbécile)* palerma *(mf)*.

andouillette *nf chouriço de tripas de porco que se come quente.*

âne *nm* **1.** *(animal)* burro *(m)* **2.** *(imbécile)* burro *(m)*, -a *(f)*.

anéantir *vt* arrasar.

anecdote *nf* anedota *(f)*.

anecdotique *adj* anedótico(ca).

anémie *nf* anemia *(f)*.

anémique *adj* anémico(ca).

anémone *nf* anémona *(f)*.

ânerie *nf* asneira *(f)*.

anesthésie *nf* anestesia *(f)* • **être sous anesthésie** estar sob anestesia • **anesthésie générale** anestesia geral • **anesthésie locale** anestesia local.

anesthésier *vt* anestesiar.

anesthésiste *nmf* anestesista *(mf)*.

ange *nm* anjo *(m)*.

angélique ◼ *adj* angélico(ca). ◼ *nf* angélica *(f)*.

angine *nf* anginas *(fpl)* • **angine de poitrine** angina de peito.

anglais, e ◼ *adj* inglês(esa). ◼ *nm (langue)* inglês *(m)*.
■ **Anglais, e** *nm, f* inglês *(m)*, -esa *(f)*.

angle *nm* **1.** *(coin)* canto *(m)* **2.** *(de rue)* esquina *(f)* **3.** *(géométrique)* ângulo *(m)* • **angle droit** ângulo recto.

Angleterre *nf* • **l'Angleterre** a Inglaterra.

anglophone *adj* & *nmf* anglófono(na).

anglo-saxon, onne *adj* anglo-saxónico(ca).
■ **Anglo-Saxon, onne** *nm, f* anglo-saxão *(m)*, -ã *(f)*.

angoissant, e *adj* angustiante.

angoisse *nf* angústia *(f)*.

angoissé, e *adj* angustiado(da).

Angola *nm* • **l'Angola** Angola.

angora *nm (laine)* angora *(m)*.

anguille *nf* enguia *(f)* • **anguilles au vert** *(Belgique) enguias com vinho branco, espinafres e natas.*

anguleux, euse *adj* anguloso(osa).

anicroche *nf (dispute)* pega *(f)*.

animal *nm* animal *(m)* • **animal domestique** animal doméstico.

animateur, trice *nm, f* **1.** *(de club, de groupe)* coordenador *(m)*, -ra *(f)* **2.** *(à la radio, la télévision)* apresentador *(m)*, -ra *(f)* *(Port)*, animador *(m)*, -ra *(f)* *(Br)*.

animation *nf* animação *(f)*.
■ **animations** *nfpl* actividades *(fpl)*.

animé, e *adj* animado(da).

LES ANIMAUX

- l'âne / o burro
- la baleine / a baleia
- le canard / o pato
- le cerf / o cervo
- le chat / o gato
- la chauve-souris / o morcego
- le cheval / o cavalo
- la chèvre / a cabra
- le chien / o cão
- le cochon / o porco
- le crocodile / o crocodilo
- le dauphin / o golfinho
- l'écureuil / o esquilo
- l'éléphant / o elefante
- la girafe / a girafa
- la grenouille / a rã
- l'hippopotame / o hipopótamo
- le kangourou / o canguru
- le lama / o lama
- le lapin / o coelho
- le lion / o leão
- le loup / o lobo
- le mouton / a ovelha
- l'oiseau / o pássaro
- l'ours / o urso
- le perroquet / o papagaio
- le pingouin / o pinguim
- le poisson / o peixe
- la poule / a galinha
- le requin / o tubarão
- le rhinocéros / o rinoceronte
- le serpent / a serpente
- le singe / o macaco
- la souris / o rato
- le tigre / o tigre
- la tortue / a tartaruga
- la tortue marine / a tartaruga marinha
- la vache / a vaca
- le zèbre / a zebra.

animer *vt* animar.
■ **s'animer** *vp* animar-se.

animosité *nf* animosidade *(f)*.

anis *nm* anis *(m)*.

ankyloser ■ **s'ankyloser** *vp* • **mes mains se sont ankylosées** tenho as mãos dormentes.

annales *nfpl* anais *(mpl)* • **rester dans les annales** ficar nos anais.

anneau *nm* **1.** *(bague)* anel *(m)* **2.** *(maillon)* argola *(f)*.
■ **anneaux** *nmpl* SPORT argolas *(fpl)*.

année *nf* ano *(m)* • **année bissextile** ano bissexto • **année scolaire** ano lectivo.

année-lumière *nf* ano-luz *(m)*.

annexe *nf* anexo *(m)*.

annexer *vt* anexar • **annexer qqch à** anexar algo a.
■ **s'annexer** *vp* **1.** *(s'attribuer)* anexar **2.** *(s'ajouter)* • **s'annexer à** juntar-se a.

annihiler *vt* aniquilar.
■ **s'annihiler** *vp* aniquilar-se.

anniversaire *nm* aniversário *(m)* • **anniversaire de mariage** aniversário de casamento.

annonce *nf* anúncio *(m)* • **(petites) annonces** (pequenos) anúncios.

annoncer *vt* anunciar.
■ **s'annoncer** *vp* • **s'annoncer bien** apresentar-se bem.

annonceur *nm* anunciante *(mf)*.

annoter *vt* anotar.

annuaire *nm* anuário *(m)* • **annuaire (téléphonique)** lista *(f)* telefónica *(Port)*, catálogo *(m)* de telefones *(Br)* • **annuaire électronique** lista *(f)* telefónica electrónica.

annuel, **elle** *adj* anual.

annulaire *nm* anular *(m)*.

annulation *nf* anulação *(f)*.

annuler *vt* **1.** anular **2.** INFORM repetir introdução.

anodin, **e** *adj* anódino(na).

anomalie *nf* anomalia *(f)*.

anonymat *nm* anonimato *(m)* • **garder l'anonymat** manter o anonimato.

anonyme *adj* anónimo(ma).

anorak *nm* anoraque *(m)*.

anorexie *nf* anorexia *(f)*.

anormal, **e**, **aux** *adj* anormal.

ANPE *nf* (*abr de* **Agence nationale pour l'emploi**), *agência nacional francesa do emprego*.

anse *nf* **1.** *(poignée)* asa *(f)* **2.** *(crique)* enseada *(f)*.

Antarctique *nm* • **l'(océan) Antarctique** o (oceano) Antárctico.

antécédent *nm* antecedente *(m)*.

antenne *nf* antena *(f)* • **antenne parabolique** antena parabólica.

antenne-relais *nf* *antenas das estações de base dos telefones móveis*.

antérieur, **e** *adj* anterior.

anthologie *nf* antologia *(f)*.

anthropologie *nf* antropologia *(f)*.

antiacarien *nm* anti-ácaros *(m)*.

anti-âge *adj* antienvelhecimento.

antibactérien, **enne** *adj* antibacteriano, bactericida.

antibiotique *nm* antibiótico *(m)*.

antibrouillard *nm* farol *(m)* de nevoeiro.

antibruit *adj inv* isolador acústico (isoladora acústica).

anticipé, **e** *adj* antecipado(da).

anticiper *vt* antecipar.

anticorps *nm* anticorpo *(m)*.

anticyclone *nm* anticiclone *(m)*.

antidépresseur ◼ *nm* antidepressivo *(m)*.
◼ *adj* antidepressivo(va).

antidote *nm* antídoto *(m)*.

antigel *nm* anticongelante *(m)*.

antillais, **e** *adj* antilhano(na).
■ **Antillais**, **e** *nm, f* antilhano *(m)*, -na *(f)*.

Antilles *nfpl* • **les Antilles** as Antilhas.

antilope *nf* antílope *(m)*.

antimite *nm* bola *(f)* de naftalina.

anti-mondialisation *adj inv* antimundialização.

anti-mondialiste *adj* antimundialista.

Antiope *npr* *sistema francês de videotexto televisivo*.

antipathie *nf* antipatia *(f)*.

antipathique *adj* antipático(ca).

antipode *nm* antípoda *(m)* • **être aux antipodes de** ficar nos antípodas de.

antiquaire *nmf* antiquário *(m)*, -ria *(f)*.

antique *adj* antigo(ga).

antiquité *nf* antiguidade *(f)* • **l'Antiquité** a Antiguidade.

antirides *adj inv* anti-rugas.

antirouille *adj inv* antiferruginoso(osa).

antisémite *adj* & *nmf* anti-semita.

antisémitisme *nm* anti-semitismo *(m)*.

antiseptique *adj* anti-séptico(ca).

antislash *nm* INFORM barra *(f)* invertida.

antithèse *nf* antítese *(f)*.

antitranspirant, **e** *adj* antitranspirante.

antiviral *nm* medicamento *(m)* antiviral.

antivirus *nm* INFORM anti-vírus *(m)*.

antivol *nm* dispositivo *(m)* anti-roubo.

anus *nm* ânus *(m)*.

anxiété *nf* ansiedade *(f)*.

anxieux, **euse** *adj* ansioso(osa).

AOC (*abr de* **appellation d'origine contrôlée**) ≃ DOC *(Denominação de Origem Controlada)*.

août *nm* Agosto *(m)* • **en août** em Agosto • **au mois d'août** no mês de Agosto • **début août** em princípios de Agosto • **fin août** em fins de Agosto • **le deux août** no dia dois de Agosto.

apaiser *vt* **1.** *(personne, colère)* apaziguar **2.** *(douleur)* aliviar.

apartheid *nm* apartheid *(m)*.

apathique *adj* apático(ca).

apatride *adj* & *nmf* apátrida.

APEC (*abr de* **association pour l'emploi des cadres**) *nf associação para o emprego dos executivos*.

apercevoir *vt* avistar.
■ **s'apercevoir** *vp* • **s'apercevoir de** aperceber-se de • **s'apercevoir que** aperceber-se que.

aperçu, **e** *nm* ideia *(f)* geral.

apéritif *nm* aperitivo *(m)*.

apesanteur *nf* ausência *(f)* de gravidade.

apeuré, **e** *adj* assustado(da).

aphone *adj* afónico(ca).

aphrodisiaque ◼ *nm* afrodisíaco *(m)*. ◼ *adj* afrodisíaco(ca).

aphte *nm* afta *(f)*.

apiculteur, **trice** *nm, f* apicultor *(m)*, -ra *(f)*.

apiculture *nf* apicultura *(f)*.

apitoyer ■ **s'apitoyer sur** *vp* + *prép* compadecer-se de.

ap. J.-C. (*abr écrite de* **après Jésus-Christ**) d. C *(depois de Cristo)*.

aplanir *vt* aplanar.

aplatir *vt* achatar.

aplomb *nm* *(culot)* descaramento *(m)* • **d'aplomb** *(vertical)* a prumo.

APN *nm abrév de* **appareil photo numérique**.

apocalypse *nf* **1.** RELIG • **l'Apocalypse** o Apocalipse **2.** *fig (catastrophe)* apocalipse *(m)*.

apogée *nm* apogeu *(m)* • **à l'apogée de** no apogeu de.

apolitique *adj* & *nmf* apolítico(ca).

apologie *nf* apologia *(f)* • **faire l'apologie de qqn/qqch** fazer a apologia de alguém/algo.

apostrophe *nf* apóstrofo *(m)* • **s apostrophe** s apóstrofo.

apothéose *nf* apoteose *(f)*.

apôtre *nm* apóstolo *(m)*.

apparaître *vi* **1.** *(se montrer)* aparecer **2.** *(sembler)* parecer.

appareil *nm* **1.** *(dispositif)* aparelho *(m)* **2.** *(poste téléphonique)* telefone *(m)* • **qui est à l'appareil ?** quem é que está ao telefone? • **appareil digestif** aparelho digestivo • **appareil ménager** electrodoméstico *(m)* • **appareil photo numérique** máquina *(f)* fotográfica digital.

appareillage *nm* **1.** *(équipement)* aparelhagem *(f)* **2.** NAUT largada *(f)*.

apparemment *adv* aparentemente.

apparence *nf* aparência *(f)*.

apparent, **e** *adj* aparente.

apparenter ■ **s'apparenter** *vp* • **s'apparenter à qqn** aparentar-se com alguém • **s'apparenter à qqch** assemelhar-se a algo.

apparition *nf* **1.** *(arrivée)* aparecimento *(m)* **2.** *(fantôme)* aparição *(f)*.

appartement *nm* apartamento *(m)*.

appartenir *vi* • **appartenir à** pertencer a.

appât *nm* isca *(f)*.

appauvrir *vt* empobrecer.
■ **s'appauvrir** *vp* **1.** *(personne)* ficar pobre **2.** *(sol, langue)* empobrecer.

appel *nm* **1.** chamada *(f)* **2.** *(cri)* apelo *(m)* • **faire l'appel** SCOL fazer a chamada • **faire appel à** apelar a • **appel de phares** sinal *(m)* de luzes.

appeler *vt* **1.** chamar **2.** *(au téléphone)* telefonar • **appeler à l'aide** pedir ajuda.
■ **s'appeler** *vp* chamar-se • **comment t'appelles-tu ?** como te chamas? • **je m'appelle...** (eu) chamo-me... • **on s'appelle ce soir ?** telefono-te esta noite?

appendicite *nf* apendicite *(f)*.

appesantir ■ **s'appesantir sur** *vp + prép* teimar em.

appétissant, **e** *adj* apetitoso(osa).

appétit *nm* apetite *(m)* • **avoir de l'appétit** ter apetite • **bon appétit !** bom apetite!

applaudir *vt* & *vi* aplaudir.

applaudissements *nmpl* aplausos *(mpl)*.

application *nf* aplicação *(f)*.

applique *nf (lampe)* aplique *(m)*.

appliqué, **e** *adj* aplicado(da).

appliquer *vt* aplicar.
■ **s'appliquer** *vp* aplicar-se.

appoint *nm* • **faire l'appoint** *pagar a quantia exacta* • **d'appoint** *(chauffage, lit)* adicional.

apport *nm* **1.** DR bem *(m)* **2.** FIN *(culturel)* contribuição *(f)* **3.** *(initial)* entrada *(f)*.

apporter *vt* trazer.

apposer *vt (signature)* apor.

appréciable *adj* apreciável.

appréciation *nf* apreciação *(f)*.

apprécier *vt* apreciar.

appréhender *vt* **1.** *(craindre)* recear **2.** *(arrêter)* prender • **appréhender de faire qqch** ter receio de fazer algo.

appréhension *nf* apreensão *(f)*.

apprendre *vt* **1.** *(étudier)* aprender **2.** *(nouvelle)* saber de • **apprendre qqch à qqn** *(discipline)* ensinar algo a alguém • *(nouvelle)* informar alguém de algo • **apprendre à faire qqch** aprender a fazer algo.

apprenti, **e** *nm, f* aprendiz *(m)*.

apprentissage *nm* aprendizagem *(f)*.

apprêter ■ **s'apprêter à** *vp + prép* aprontar-se a.

apprivoiser *vt* domesticar.

approbation *nf* aprovação *(f)*.

approche *nf* **1.** *(arrivée)* aproximação *(f)* **2.** *(d'un sujet)* abordagem *(f)* • **à l'approche de** *(d'un lieu)* ao aproximar-se de • *(d'un événement)* com a aproximação de.
■ **approches** *nfpl* proximidades *(fpl)*.

approcher ■ *vt* aproximar. ■ *vi* aproximar-se • **approcher qqch de** aproximar algo de • **approcher de** aproximar-se de.
■ **s'approcher** *vp* aproximar-se • **s'approcher de** aproximar-se de.

approfondir *vt* aprofundar.

approprié, **e** *adj* apropriado(da).

approuver *vt* aprovar.

> **S'EXPRIMER...**
> **approuver quelqu'un**
> • **Exactamente!** / Oui, exactement !
> • **Também acho!** / C'est aussi ce que je pense !/ je crois !
> • **Boa ideia!** / Bonne idée !
> • **Excelente ideia!** / C'est une excellente idée !
> • **Formidável!** / Merveilleux !

approvisionnement *nm* abastecimento *(m)*.

approvisionner ■ **s'approvisionner** *vp* • **s'approvisionner (en)** abastecer-se (de).

approximatif, **ive** *adj* aproximativo(va).

approximation *nf* aproximação *(f)*.

approximativement *adv* aproximadamente.

appt (*abr écrite de* **appartement**) apart. *(Port) (apartamento)*, apto *(Br) (apartamento)*.

appui-tête *nm* apoio *(m)* para a cabeça.

appuyer ■ *vt* apoiar. ■ *vi* • **appuyer sur** carregar em.
■ **s'appuyer** *vp* • **s'appuyer à** apoiar-se a.

âpre *adj* **1.** *(goût)* amargo(ga) **2.** *(ton)* ríspido (da) **3.** *(conflit, concurrence)* violento(ta).

après ■ *prép* depois de. ■ *adv* **1.** *(dans le temps)* depois **2.** *(dans l'espace, dans un classement)* a seguir • **après avoir fait** depois de ter feito • **après tout** afinal • **l'année d'après** no ano a seguir • **d'après moi** a meu ver.

après-demain *adv* depois de amanhã.

après-midi *nm inv* & *nf inv* tarde *(f)* • **l'après-midi** *(tous les jours)* à tarde.

après-rasage *nm* after-shave *(m) (Port)*, loção *(f)* após-barba *(Br)*.

après-shampooing *nm inv* creme *(m)* amaciador *(Port)*, creme *(m)* rinse *(Br)*.

après-ski *nm* après-ski *(m)*.

a priori ■ *adv* a priori. ■ *nm inv* a priori *(m inv)*.

à-propos *nm inv* pertinência *(f)*.

APS (*abr de* **Advanced Photo System**) *nm* APS.

apte *adj* • **apte à** apto(ta) a.

aptitudes *nfpl* aptidões *(fpl)*.

aquarelle *nf* aguarela *(f)*.

aquarium *nm* aquário *(m)*.

aquatique *adj* aquático(ca).

aqueduc *nm* aqueduto *(m)*.

Aquitaine *nf* • **l'Aquitaine** a Aquitânia.

AR 1. *abrév de* **aller-retour 2.** (*abr écrite de* **accusé de réception**) AR *(aviso de recepção)*.

arabe ■ *adj* árabe. ■ *nm (langue)* árabe *(m)*. ■ **Arabe** *nmf* árabe *(mf)*.

arabesque *nf* arabesco *(m)*.

Arabie *nf* • **l'Arabie** a Arábia • **l'Arabie Saoudite** a Arábia Saudita.

arachide *nf* amendoim *(m)*.

araignée *nf* aranha *(f)*.

arbitrage *nm* arbitragem *(f)*.

arbitraire *adj* arbitrário(ria).

arbitre *nm, f* árbitro *(m)*.

arbitrer *vt* arbitrar.

arboriculture *nf* arboricultura *(f)*.

arbre *nm* árvore *(f)* • **arbre fruitier** árvore de fruto • **arbre généalogique** árvore genealógica.

LES ARBRES

- l'abricotier / o alperceiro
- le bambou / o bambu
- le cerisier / a cerejeira
- le chêne / o carvalho
- l'érable / o bordo
- le hêtre / a faia
- l'olivier / a oliveira
- l'oranger / a laranjeira
- le palmier / a palmeira
- le pêcher / o pessegueiro
- le pin / o pinheiro
- le platane / o plátano
- le poirier / a pereira
- le pommier / a macieira
- le sapin / o abeto.

arbuste *nm* arbusto *(m)*.

arc *nm* arco *(m)*.

arcade *nf* arcada *(f)*.

arc-bouter ■ **s'arc-bouter** *vp* apoiar-se.

arc-en-ciel *nm* arco-íris *(m)*.

archaïque *adj* arcaico(ca).

archange *nm* arcanjo *(m)*.

arche *nf (voûte)* arco *(m)*.

archéologie *nf* arqueologia *(f)*.

archéologique *adj* arqueológico(ca).

archéologue *nmf* arqueólogo *(m)*, -ga *(f)*.

archet *nm* arco *(m)*.

archevêque *nm* arcebispo *(m)*.

archipel *nm* arquipélago *(m)*.

architecte *nmf* arquitecto *(m)*, -ta *(f)*.

architecture *nf* arquitectura *(f)*.

archiver *vt* arquivar.

archives *nfpl* arquivo *(m)*.

Arctique *nm* • **l'(océan) Arctique** o (oceano) Árctico.

ardemment *adv* ardentemente.

ardent, **e** *adj* ardente.

ardeur *nf* ardor *(m)*.

ardoise *nf* ardósia *(f)*.

ardu, **e** *adj* árduo(dua).

arènes *nfpl* arena *(f)*.

arête *nf* **1.** *(de poisson)* espinha *(f)* **2.** *(angle)* aresta *(f)*.

argent *nm* **1.** *(métal)* prata *(f)* **2.** *(monnaie)* dinheiro *(m)* • **argent liquide** dinheiro • **argent de poche** semanada *(f)*.

argenté, **e** *adj* prateado(da).

argenterie *nf* prataria *(f)*.

argentin, **e** *adj* argentino(na). ■ **Argentin**, **e** *nm, f* argentino *(m)*, -na *(f)*.

Argentine *nf* • **l'Argentine** a Argentina.

argile *nf* argila *(f)*.

argileux, **euse** *adj* argiloso(osa).

argot *nm* calão *(m)*.

argotique *adj* de calão.

argument *nm* argumento *(m)*.

argumenter *vt* & *vi* argumentar.

argus *nm* • **l'argus** *publicação que contém os preços de artigos em segunda mão.*

aride *adj* árido(da).

aristocratie *nf* aristocracia *(f)*.

arithmétique *nf* aritmética *(f)*.

armateur *nm* armador *(m)*.

armature *nf* armação *(f)*.

arme *nf* arma *(f)* • **arme à feu** arma de fogo.

armé, **e** *adj* armado(da) • **être armé de** estar armado com.

armée *nf* exército *(m)*.

armement *nm (armes)* armamento *(m)*.

Arménie *nf* • **l'Arménie** a Arménia.

armer *vt* **1.** armar **2.** *(appareil photo)* carregar.

armistice *nm* armistício *(m)*.

armoire *nf* armário *(m)* • **armoire à pharmacie** armário de remédios.

armoiries *nfpl* armas *(fpl)* de brasão.

armure *nf* armadura *(f)*.

arnaque *nf fam* aldrabice *(f)*.

arnaquer *vt fam* aldrabar.

aromate *nm* planta *(f)* aromática.

aromatique *adj* aromático(ca).

aromatisé, **e** *adj* aromatizado(da) • **aromatisé à** *(yaourt)* com aroma de.

arôme *nm* aroma *(m)*.

arpenter *vt* **1.** *(marcher)* percorrer (a passos largos) **2.** *(mesurer)* agrimensar.

arqué, **e** *adj* arqueado(da).

arracher *vt* arrancar • **arracher qqch à qqn** arrancar algo a alguém.

arrangeant, **e** *adj* conciliante.

arrangement *nm* **1.** *(disposition)* arrumação *(f)* **2.** *(accord)* entendimento *(m)* **3.** MUS arranjo *(m)*.

arranger *vt* **1.** *(organiser)* organizar **2.** *(résoudre, réparer)* arranjar • **ça m'arrange** dá-me jeito.
■ **s'arranger** *vp* **1.** *(se mettre d'accord)* entender-se **2.** *(s'améliorer)* ficar bem • **s'arranger pour faire qqch** desenrascar-se para fazer algo.

arrestation *nf* detenção *(f)*.

arrêt *nm* **1.** *(interruption)* fim *(m)* **2.** *(immobilisation, station)* paragem *(f)* • **arrêt d'autobus** paragem de autocarro *(Port)*, parada *(f)* de ônibus *(Br)* • **arrêt de travail** *(grève)* paralização *(f)* laboral • *(pour maladie)* baixa *(f)* • **sans arrêt** *(parler, travailler)* sem parar • **'arrêt interdit'** 'paragem proibida'.

arrêté *nm* liquidação *(f)* • **arrêté ministériel** portaria *(f)*.

arrêter ■ *vt* **1.** *(interrompre, immobiliser)* deter **2.** *(suspect)* prender. ■ *vi* **1.** parar **2.** INFORM encerrar • **arrêter de faire qqch** deixar de fazer algo • **arrête de parler !** pára de falar!
■ **s'arrêter** *vp* parar • **s'arrêter de faire qqch** parar de fazer algo.

arrhes *nfpl* entrada *(f) (em dinheiro)*.

arrière ■ *adj inv* atrás. ■ *nm* parte *(f)* de trás • **à l'arrière de** na parte de trás de • **en arrière** *(regarder, tomber)* para trás.

arriéré, **e** *adj péj (démodé)* atrasado(da).

arrière-boutique *nf* armazém *(m) (de uma loja)*.

arrière-goût *nm* ressaibo *(m)*.

arrière-grand-mère *nf* bisavó *(f)*.

arrière-grand-père *nm* bisavô *(m)*.

arrière-grands-parents *nmpl* bisavós *(mpl)*.

arrière-pensée *nf* segunda intenção *(f)*.

arrière-plan *nm* segundo plano *(m)* • **à l'arrière-plan** em segundo plano.

arrière-saison *nf* fim *(m)* de estação.

arrimer *vt* estivar.

arrivage *nm* chegada *(f) (de mercadorias)*.

arrivée *nf* chegada *(f)* • **'arrivées'** 'chegadas'.

arriver ■ *vi* **1.** *(train, personne)* chegar **2.** *(se produire)* acontecer. ■ *v impers* • **il arrive qu'il pleuve en été** pode acontecer que chova no Verão • **il m'arrive d'aller au cinéma** pode acontecer que vá ao cinema • **que t'est-il arrivé ?** o que é que te aconteceu? • **arriver à (faire) qqch** chegar a (fazer) algo.

arrivisme *nm péj* arrivismo *(m)*.

arriviste *nmf* arrivista *(mf)*.

arrogance *nf* arrogância *(f)*.

arrogant, **e** *adj* arrogante.

arrondir *vt* arredondar.

arrondissement *nm* bairro *(m)*.

arrosage *nm* rega *(f)*.

arroser *vt* regar.

arrosoir *nm* regador *(m)*.

Arrt *abrév de* **arrondissement**.

arsenal *nm* **1.** arsenal *(m)* **2.** *fam (matériel)* catrefada *(f)*.

arsenic *nm* arsénio *(m)*.

art *nm* • **l'art** a arte • **arts plastiques** artes *(fpl)* plásticas • **arts martiaux** artes marciais.

artère *nf* artéria *(f)*.

arthrite *nf* artrite *(f)*.

arthrose *nf* artrose *(f)*.

artichaut *nm* alcachofra *(f)*.

article *nm* artigo *(m)*.

articulation *nf* articulação *(f)*.

articulé, e *adj* articulado(da).

articuler *vt* & *vi* articular.

artifice *nm* ▷ **feu**.

artificiel, elle *adj* artificial.

artillerie *nf* artilharia *(f)*.

artisan, ane *nm, f* artesão *(m)*.

artisanal, e *adj* artesanal.

artisanat *nm* artesanato *(m)*.

artiste *nmf* artista *(mf)*.

artistique *adj* artístico(ca).

as *nm* ás *(m)*.

AS (*abr de* **association sportive**) *nf* associação *(f)* desportiva.

asc. *abrév de* **ascenseur**.

ascendant *nm* ascendente *(m)*.

ascenseur *nm* **1.** elevador *(m) (Port)*, ascensor *(m) (Br)* **2.** INFORM barra *(f)* de deslocamento *(Port)*, barra *(f)* de rolagem *(Br)*.

ascension *nf* ascensão *(f)* • **l'Ascension** a Ascensão.

aseptiser *vt* asseptizar.

asiatique *adj* asiático(ca).
■ **Asiatique** *nmf* asiático *(m)*, -ca *(f)*.

Asie *nf* • **l'Asie** a Ásia.

asile *nm* asilo *(m)*.

asocial, e ◪ *adj* associal. ◪ *nm, f* pessoa *(f)* associal.

aspect *nm* aspecto *(m)*.

asperge *nf* espargo *(m)* • **asperges à la flamande** *(Belgique) espargos com ovos cozidos picados*.

asperger *vt* borrifar.

aspérités *nfpl* asperezas *(fpl)*.

asphalte *nm* asfalto *(m)*.

asphyxier *vt* asfixiar.
■ **s'asphyxier** *vp* asfixiar-se.

aspirante *adj f* ▷ **hotte**.

aspirateur *nm* aspirador *(m)*.

aspirer *vt* aspirar.

aspirine *nf* aspirina® *(f)*.

assagir *vt* **1.** *(personne)* fazer (com) que ganhe juízo **2.** *(passion)* dominar.
■ **s'assagir** *vp (se calmer)* ganhar juízo, assentar.

assaillant, e *nm, f* assaltante *(mf)*.

assaillir *vt* assaltar • **assaillir qqn de questions** bombardear alguém com perguntas.

assainir *vt* **1.** *(logement, situation)* sanear **2.** *(eau)* purificar.

assaisonnement *nm* tempero *(m)*.

assaisonner *vt* temperar.

assassin *nm* assassino *(m)*, -na *(f)*.

assassinat *nm* assassínio *(m)*.

assassiner *vt* assassinar.

assaut *nm* assalto *(m)*.

assécher *vt* **1.** *(terre)* drenar **2.** *(réserve d'eau)* esvaziar.
■ **s'assécher** *vp* secar.

ASSEDIC, Assedic (*abr de* **Association pour l'emploi dans l'industrie et le commerce**) *nfpl organismo francês que atribui os subsídios de desemprego* • **toucher les ASSEDIC** receber o subsídio de desemprego.

assemblage *nm (ensemble)* ajuntamento *(m)*.

assemblée *nf* assembleia *(f)* • **l'Assemblée (nationale)** *a Assembleia nacional francesa*, ≃ a Assembleia da República.

assembler *vt* juntar.

assener *vt* desferir.

assentiment *nm* assentimento *(m)* • **donner son assentiment à** dar o seu assentimento a.

asseoir ■ **s'asseoir** *vp* sentar-se.

assermenté, e *adj* ajuramentado(da).

asservir *vt* subjugar.

assez *adv* **1.** *(suffisamment)* muito **2.** *(plutôt)* bastante • **il y a assez de pommes pour faire une tarte** *(suffisamment de)* há maçãs que cheguem para fazer uma tarte • **en avoir assez (de)** estar farto (de).

assidu, e *adj* assíduo(dua).

assiduité *nf* assiduidade *(f)* • **avec assiduité** com assiduidade.
■ **assiduités** *nfpl* • **poursuivre qqn de ses assiduités** *péj* & *sout* insinuar-se junto de alguém.

assiéger *vt* sitiar.

assiette *nf* prato *(m)* • **assiette de crudités** *prato de legumes crus servido com vinagre-*

ta • **assiette creuse** prato de sopa • **assiette à dessert** prato de sobremesa • **assiette plate** prato raso • **assiette valaisanne** *(Suisse) prato de carnes frias e de queijo típico da região de Valais.*

assigner *vt* **1.** *(fonds, tâche)* • **assigner qqch à qqn** destinar algo para alguém **2.** *(affecter)* • **assigner qqn à** designar alguém para **3.** DR • **assigner qqn en justice** citar alguém para comparecer em juízo.

assimiler *vt* **1.** *(comprendre)* assimilar **2.** *(comparer)* • **assimiler qqn/qqch à** associar alguém/algo a.

assis, **e** *adj* • **être assis** estar sentado.

assises *nfpl* • **(cour d')assises** Tribunal *(m)* criminal.

assistance *nf* assistência *(f)*.

assistant, **e** *nm, f* assistente *(mf)* • **assistante sociale** assistente social.

assister *vt* assistir • **assister à** *(concert)* assistir a • *(meurtre)* presenciar.

association *nf* associação *(f)* • **association humanitaire** associação humanitária.

associé, **e** ◼ *adj* associado(da). ◼ *nm, f* sócio *(m)*, -cia *(f)*.

associer *vt* associar.
◼ **s'associer** *vp* • **s'associer (à** *OU* **avec)** associar-se (a).

assombrir *vt* escurecer.
◼ **s'assombrir** *vp* escurecer.

assommer *vt* dar uma pancada na cabeça de.

assorti, **e** *adj* **1.** *(en harmonie)* que combina bem **2.** *(varié)* sortido(da).

assortiment *nm* sortido *(m)*.

assortir *vt* **1.** *(objets)* • **assortir qqch à** combinar algo com **2.** *(magasin)* abastecer.
◼ **s'assortir** *vp* combinar • **s'assortir de** vir acompanhado de.

assoupir ◼ **s'assoupir** *vp* adormecer.

assouplir *vt* tornar flexível.

assouplissant *nm* amaciador *(m)* (de roupa).

assouplissement *nm* exercícios *(mpl)* de flexibilidade.

assouplisseur = **assouplissant**.

assourdir *vt* **1.** *(rendre sourd)* ensurdecer **2.** *(abrutir)* maçar **3.** *(amortir)* abafar.

assourdissant, **e** *adj* ensurdecedor(ra).

assouvir *vt sout* **1.** *(appétit, passions)* saciar **2.** *(curiosité)* matar.

assumer *vt* assumir.

assurance *nf* **1.** *(contrat)* seguro *(m)* **2.** *(aisance)* segurança *(f)* • **assurance automobile** seguro automóvel • **assurance tous risques** seguro contra todos os riscos.

assurance-vie *nf* seguro *(m)* de vida.

assuré, **e** *adj* **1.** *(garanti)* assegurado(da) **2.** *(résolu)* seguro(ra).

assurer *vt* **1.** *(maison, voiture)* pôr no seguro **2.** *(fonction, tâche)* estar encarregado(da) de • **je t'assure que** asseguro-te que.
◼ **s'assurer** *vp* fazer um seguro • **s'assurer contre le vol** fazer um seguro contra o roubo • **s'assurer de** assegurar-se de • **s'assurer que** assegurar-se de que.

astérisque *nm* asterisco *(m)*.

asthmatique *adj* asmático(ca).

asthme *nm* asma *(f)*.

asticot *nm* minhoca *(f)*.

astiquer *vt* puxar o lustro a.

astre *nm* astro *(m)*.

astreignant, **e** *adj* exigente.

astreindre *vt* • **astreindre qqn à qqch** sujeitar alguém a algo • **astreindre qqn à faire qqch** obrigar alguém a fazer algo.
◼ **s'astreindre** *vp* • **s'astreindre à qqch** sujeitar-se a algo • **s'astreindre à faire qqch** obrigar-se a fazer algo.

astrologie *nf* astrologia *(f)*.

astrologue *nmf* astrólogo *(m)*, -ga *(f)*.

astronaute *nmf* astronauta *(mf)*.

astronome *nmf* astrónomo *(m)*, -ma *(f)*.

astronomie *nf* astronomia *(f)*.

astronomique *adj* astronómico(ca).

astuce *nf* astúcia *(f)*.

astucieux, **euse** *adj* astuto(ta).

atelier *nm* **1.** *(d'usine)* oficina *(f)* **2.** *(de peintre)* atelier *(m)* **3.** *(groupe de travail)* grupo *(m)*.

athée *adj* ateu (ateia).

athénée *nm (Belgique)* ≃ escola *(f)* secundária.

Athènes *npr* Atenas.

athlète *nmf* atleta *(mf)*.

athlétisme *nm* atletismo *(m)*.

Atlantique *nm* • **l'(océan) Atlantique** o (oceano) Atlântico.

atlas *nm* atlas *(m inv)*.

atmosphère *nf* atmosfera *(f)*.

atmosphérique *adj* atmosférico(ca).

atome *nm* átomo *(m)*.

atomique *adj* atómico(ca).

atomiseur *nm* atomizador *(m)*.

atout *nm* trunfo *(m)* • **atout pique** trunfo de espadas.

atroce *adj* atroz.

atrocité *nf* atrocidade *(f)*.

atrophier *vt* atrofiar.
■ **s'atrophier** *vp* atrofiar-se.

attabler ■ **s'attabler** *vp* sentar-se à mesa • **s'attabler devant qqch** instalar-se perante algo.

attachant, **e** *adj* amoroso(osa).

attache *nf (lien)* atilho *(m)*.
■ **attaches** *nfpl* **1.** *(poignets, chevilles)* pulsos *(mpl)* jarretes **2.** *(parenté, relations)* laços *(mpl)*.

attaché-case *nm* pasta *(f)* (de executivo).

attachement *nm* apego *(m)*.

attacher ◪ *vt* prender. ◪ *vi* agarrar-se • **attachez vos ceintures** apertem os cintos.
■ **s'attacher** *vp* prender-se • **s'attacher à qqn** apegar-se a alguém.

attaquant *nm* atacante *(m)*.

attaque *nf* ataque *(m)*.

attaquer *vt* atacar.
■ **s'attaquer à** *vp + prép* atirar-se a.

attarder ■ **s'attarder** *vp* demorar-se.

atteindre *vt* atingir.

atteinte *nf* ▷ **hors**.

attelage *nm* **1.** *(chevaux)* parelha *(f)* **2.** *(bœufs)* junta *(f)* **3.** *(arnachement)* atrelagem *(f)*.

atteler *vt* atrelar.

attelle *nf* tala *(f)*.

attendre ◪ *vt* **1.** *(personne, événement)* esperar **2.** *(espérer)* estar à espera de. ◪ *vi* esperar • **attendre un enfant** estar à espera de bebé • **attendre que** estar à espera que • **attendre qqch de** esperar algo de.
■ **s'attendre à** *vp + prép* estar à espera de.

attendrir *vt* enternecer.

attendrissant, **e** *adj* enternecedor(ra).

attentat *nm* atentado *(m)* • **attentat à la bombe** atentado à bomba.

attentat-suicide *nm* atentado *(m)* suicida • **impliqué dans l'organisation d'attentats-suicides au cours desquels plusieurs personnes ont été tuées** implicado na organização de atentados suicidas durante os quais morreram várias pessoas.

attente *nf* espera *(f)* • **en attente** em suspenso.

attenter ■ **attenter à** *vp + prép* atentar contra.

attentif, **ive** *adj* atento(ta).

attention *nf* atenção *(f)* • **attention !** cuidado! • **faire attention (à)** *(se concentrer)* prestar atenção (a) • *(être prudent)* ter cuidado (com).

attentionné, **e** *adj* atencioso(osa).

attentivement *adv* com atenção.

atténuer *vt* atenuar.

atterrir *vi* aterrar.

atterrissage *nm* aterragem *(f)* • **à l'atterrissage** no momento da aterragem.

attestation *nf* atestado *(m)*.

attester *vt* atestar • **attester que** *(certifier)* atestar que.

attirail *nm* tralha *(f)*.

attirance *nf* atracção *(f)* • **avoir** *OU* **éprouver de l'attirance pour qqn/qqch** sentir-se atraído por alguém/algo.

attirant, **e** *adj* atraente.

attirer *vt* atrair • **attirer l'attention de qqn** atrair a atenção de alguém.
■ **s'attirer** *vp* • **s'attirer des ennuis** arranjar problemas.

attiser *vt (feu)* atiçar.

attitré, **e** *adj* **1.** *(agréé)* titular **2.** *(habituel)* habitual.

attitude *nf* atitude *(f)*.

attraction *nf* atracção *(f)*.

attrait *nm* atractivo *(m)*.

attrape-nigaud *nm* marosca *(f) fam*.

attraper *vt* apanhar.

attrayant, **e** *adj* atractivo(va).

attribuer *vt* • **attribuer qqch à qqn** atribuir algo a alguém.

attrister *vt* entristecer.
■ **s'attrister** *vp* ficar triste.

attroupement *nm* tropel *(m)*.

attrouper ■ **s'attrouper** *vp* juntar-se.

aubaine *nf* sorte *(f)*.

aube *nf* alvorada *(f)* • **à l'aube** pela alvorada.

auberge *nf* pousada *(f)* • **auberge de jeunesse** pousada da juventude.

aubergine *nf* beringela *(f)*.

aubergiste *nmf* estalajadeiro *(m)*, -ra *(f)*.

auburn *adj inv (cheveux)* castanho avermelhado.

aucun, e ■ *adj* nenhum(ma). ■ *pron* nenhum(ma) • **sans aucun doute** sem dúvida alguma • **aucune idée !** não faço ideia! • **aucun des deux** nenhum dos dois • **aucun d'entre nous** nenhum de nós.

audace *nf* audácia *(f)*.

audacieux, euse *adj* audacioso(osa).

au-delà *adv* mais além • **au-delà de** para além de.

au-dessous *adv* **1.** *(dans l'espace)* por baixo **2.** *(dans une hiérarchie)* abaixo • **au-dessous de** *(dans l'espace)* por baixo de • *(dans une hiérarchie)* abaixo de.

au-dessus *adv* **1.** *(dans l'espace)* por cima **2.** *(dans une hiérarchie)* acima • **au-dessus de** *(dans l'espace)* por cima de • *(dans une hiérarchie)* acima de • **au-dessus de 1 000 euros** acima de 1 000 euros.

audience *nf* audiência *(f)*.

Audimat *nm* índice *(m)* de audiência.

audionumérique *adj* audiodigital.

audiovisuel, elle *adj* audiovisual.

audit *nm* auditoria *(f)*.

auditeur, trice *nm, f* ouvinte *(mf)*.

audition *nf* audição *(f)*.

auditoire *nm* auditório *(m)*.

auditorium *nm* auditório *(m) (sala)*.

auge *nf* gamela *(f) (de porcos)*.

augmentation *nf* aumento *(m)* • **augmentation (de salaire)** aumento (de salário) • **en augmentation** a aumentar.

augmenter *vt & vi* aumentar.

augure *nm* augúrio *(m)* • **c'est de bon/mauvais augure** é um bom/mau augúrio.

aujourd'hui *adv* **1.** hoje **2.** *(à notre époque)* hoje em dia • **d'aujourd'hui** de hoje.

auparavant *adv* **1.** *(d'abord)* antes de mais **2.** *(avant)* antes.

auprès ■ **auprès de** *prép* junto de.

auréole *nf (tache)* mancha *(f)*.

auriculaire ■ *adj* auricular. ■ *nm* dedo *(m)* auricular.

aurore *nf* aurora *(f)*.

ausculter *vt* auscultar.

aussi ■ *adv* **1.** *(également)* também • **j'ai faim ! – moi aussi !** tenho fome! – eu também! **2.** *(introduit une comparaison)* • **aussi... que** tanto *ou* tão... como • **il fait aussi chaud qu'à Lisbonne** está tanto calor como em Lisboa • **il est aussi intelligent que son frère** ele é tão inteligente como o irmão **3.** *(à ce point)* tão • **je n'ai jamais rien vu d'aussi beau** nunca vi nada tão bonito. ■ *conj (par conséquent)* por isso.

aussitôt *adv* logo • **aussitôt que** assim que.

austère *adj* austero(ra).

austérité *nf* austeridade *(f)*.

austral, e *adj* austral.

Australie *nf* • **l'Australie** a Austrália.

australien, enne *adj* australiano(na).

autant *adv*

1. EXPRIME LA COMPARAISON

• **autant que** tanto quanto

• **l'aller simple coûte presque autant que l'aller-retour** a ida simples custa quase tanto quanto a ida e volta

• **autant de... que** tanto... quanto

• **autant de femmes que d'hommes** tantas mulheres quanto homens

2. EXPRIME L'INTENSITÉ, LE NOMBRE ÉLEVÉ

• **je ne savais pas qu'il pleuvait autant ici** não sabia que aqui chovia tanto

• **autant de...** tanto...

• **autant de choses** tantas coisas

3. IL VAUT MIEUX

• **autant partir demain** é melhor partir amanhã

4. INTRODUIT UNE EXPLICATION, UN ARGUMENT

• **d'autant que** até porque

• **d'autant mieux que** tanto mais que

5. INDIQUE LA PRÉFÉRENCE

• **j'aime autant...** prefiro...

6. DANS DES EXPRESSIONS

• **pour autant que je sache** que eu saiba.

autarcie *nf* autarcia *(f)*.

autel *nm* altar *(m)*.

auteur *nm, f (aussi :* **auteure** *nf)* autor *(m)*, -ra *(f)*.

authentique *adj* autêntico(ca).

autisme *nm* autismo *(m)*.

auto *nf* automóvel *(m)* • **autos tamponneuses** carrinhos *(mpl)* de choque.

autobiographie *nf* autobiografia *(f)*.

autobronzant, e *adj* autobronzeador(ra). ■ **autobronzant** *nm* leite *(m)* autobronzeador.

autobus *nm* autocarro *(m)* *(Port)*, ônibus *(m)* *(Br)*.

autocar *nm* autocarro *(m)*.

autochtone *adj* & *nmf* autóctone.

autocollant *nm* autocolante *(m)*.

autocouchette(s) *adj inv* • **train autocouchette(s)** *comboio com couchettes que também transporta carros.*

autocritique *nf* autocrítica *(f)*.

autocuiseur *nm* panela *(f)* de pressão.

autodéfense *nf* autodefesa *(f)*.

autodidacte *adj* & *nmf* autodidacta.

auto-école *nf* escola *(f)* de condução.

autofocus ■ *adj* com focagem automática. ■ *nm máquina fotográfica com focagem automática.*

autographe *nm* autógrafo *(m)*.

automate *nm* autómato *(m)*.

automatique *adj* automático(ca).

automatiser *vt* automatizar.

automatisme *nm* automatismo *(m)*.

automne *nm* Outono *(m)* • **en automne** no Outono.

automobile *adj* automóvel.

automobiliste *nmf* automobilista *(mf)*.

autonettoyant, e *adj* com painel de autolimpeza.

autonome *adj* autónomo(ma).

autonomie *nf* *(indépendance)* autonomia *(f)*.

autopsie *nf* autópsia *(f)*.

autoradio *nm* auto-rádio *(m)*.

autorisation *nf* autorização *(f)*.

autoriser *vt* autorizar • **autoriser qqn à faire qqch** autorizar alguém a fazer algo.

autoritaire *adj* autoritário(ria).

autorité *nf* autoridade *(f)* • **les autorités** as autoridades.

autoroute *nf* auto-estrada *(f)* • **autoroute à péage** auto-estrada com portagem.

auto-stop *nm* boleia *(f)* *(Port)*, carona *(f)* *(Br)* • **faire de l'auto-stop** pedir boleia *(Port)*, pedir carona *(Br)*.

autour *adv* à volta • **tout autour** em toda a volta • **autour de** *(dans l'espace)* à volta de • *(environ)* por volta de.

autre ■ *adj* outro (outra) • **j'aimerais essayer une autre couleur** gostaria de experimentar outra cor • **une autre bouteille d'eau minérale, s'il vous plaît** outra garrafa de água mineral, se faz favor • **il n'y a rien d'autre à voir ici** não há mais nada para ver aqui • **veux-tu quelque chose d'autre ?** queres mais alguma coisa? • **les deux autres** os outros dois • **les autres passagers sont priés de descendre de l'appareil** pede-se aos demais passageiros que desçam do avião • **autre part** a outro lado • **d'autre part** por outro lado. ■ *pron* outro (outra) • **l'autre** o outro (a outra) • **un autre** um outro • **il ne se soucie pas des autres** ele não se preocupa com os outros • **d'une minute à l'autre** de um minuto para o outro • **entre autres** entre outras coisas • **j'aime les bons vins, entre autres ceux de Bordeaux** gosto dos bons vinhos, entre outros os de Bordéus ▷ **un**.

autrefois *adv* outrora.

autrement *adv* **1.** *(différemment)* doutra maneira **2.** *(sinon)* senão • **autrement dit** ou seja.

Autriche *nf* • **l'Autriche** a Áustria.

autrichien, enne *adj* austríaco(ca). ■ **Autrichien, enne** *nm, f* austríaco *(m)*, -ca *(f)*.

autruche *nf* avestruz *(f)*.

autrui *pron* outrem.

auvent *nm* alpendre *(m)*.

Auvergne *nf* ▷ **bleu**.

auxiliaire ■ *nmf* auxiliar *(mf)*. ■ *nm* GRAMM auxiliar *(m)*.

av. (*abr écrite de* **avenue**) av *(avenida)*.

avachi, e *adj* **1.** *(canapé, chaussures)* achatado(da) **2.** *(personne)* abatido(da).

aval *nm* *(d'un cours d'eau)* jusante *(f)* • **en aval (de)** a jusante (de).

avalanche *nf* avalanche *(f)*.

avaler *vt* engolir.

avance *nf* **1.** *(progression)* avanço *(m)* **2.** *(prêt)* adiantamento *(m)* • **à l'avance, d'avance** desde já • **en avance** adiantado(da).

avancement *nm* **1.** *(développement)* avanço *(m)* **2.** *(promotion)* promoção *(f)*.

avancer ■ *vt* **1.** *(rapprocher)* avançar **2.** *(anticiper, prêter)* adiantar. ■ *vi* **1.** avançar **2.** *(montre, pendule)* adiantar • **avancer de cinq minutes** adiantar cinco minutos.
■ **s'avancer** *vp* **1.** *(se rapprocher)* avançar **2.** *(partir devant)* ir à frente.

avant ■ *prép* antes de. ■ *adv* antes. ■ *nm* **1.** frente *(f)* **2.** SPORT avançado *(m)*. ■ *adj inv* da frente • **avant de faire qqch** antes de fazer algo • **avant que** antes que • **avant tout** *(surtout)* acima de tudo • *(d'abord)* antes de mais • **l'année d'avant** no ano anterior • **en avant** *(tomber)* para a frente • *(partir)* à frente.

avantage *nm* vantagem *(f)*.

avantager *vt* beneficiar.

avantageux, euse *adj* vantajoso(osa).

avant-bras *nm inv* antebraço *(m)*.

avant-centre *nm* avançado-centro *(m)*.

avant-dernier, ère *adj* & *nm, f* penúltimo (ma).

avant-garde *nf* vanguarda *(f)* • **d'avant-garde** de vanguarda.

avant-goût *nm* antegosto *(m)*.

avant-hier *adv* anteontem.

avant-première *nf* anteestreia *(f)*.

avant-projet *nm* anteprojecto *(m)*.

avant-propos *nm inv* prefácio *(m)*.

avant-veille *nf* antevéspera *(f)*.

avare *adj* & *nmf* avarento(ta).

avarice *nf* avareza *(f)*.

avarie *nf* avaria *(f)*.

avarié, e *adj* estragado(da).

avatar *nm* INFORM avatar *(m)*.

avec *prép* com • **avec élégance** com elegância • **et avec ça ?** e mais?

avenir *nm* futuro *(m)* • **à l'avenir** de hoje em diante • **d'avenir** de futuro.

aventure *nf* **1.** aventura *(f)* **2.** *(amoureuse)* caso *(m)*.

aventurer ■ **s'aventurer** *vp* aventurar-se.

aventureux, euse *adj* **1.** *(personne, caractère)* aventureiro(ra) **2.** *(projet)* arriscado(da).

aventurier, ère *nm, f* aventureiro *(m)*, -ra *(f)*.

avenue *nf* avenida *(f)*.

avérer ■ **s'avérer** *vp* revelar-se.

averse *nf* aguaceiro *(m)*.

aversion *nf* aversão *(f)* • **avoir de l'aversion pour qqch/qqn** ter aversão a algo/alguém.

avertir *vt* avisar • **avertir qqn de qqch** avisar alguém de algo.

avertissement *nm* **1.** aviso *(m)* **2.** SCOL *reprimenda escolar que precede sanção.*

aveu *nm* confissão *(f)*.

aveugle *adj* & *nmf* cego(ga).

aveuglément *adv* cegamente.

aveugler *vt* cegar.

aveuglette ■ **à l'aveuglette** *adv* às cegas.

aviateur, trice *nm, f* aviador *(m)*, -ra *(f)*.

aviation *nf* aviação *(f)*.

avide *adj* ávido(da) • **avide de** ávido de.

avidité *nf* avidez *(f)*.

avilir *vt* aviltar.
■ **s'avilir** *vp* aviltar-se.

avion *nm* avião *(m)* • **avion à réaction** avião a jacto • **'par avion'** 'por avião'.

aviron *nm* remo *(m)*.

avis *nm* **1.** *(opinion)* opinião *(f)* **2.** *(information)* aviso *(m)* • **changer d'avis** mudar de opinião • **à mon avis** na minha opinião • **avis de réception** aviso de recepção.
■ **avis de recherche** *nm* mandato de busca.

avisé, e *adj* sensato(ta).

aviser ■ *vt* • **aviser qqn de qqch** informar alguém de algo. ■ *vi* decidir.
■ **s'aviser** *vp* **1.** *(s'apercevoir)* • **s'aviser de** aperceber-se de **2.** *(oser)* • **s'aviser de faire qqch** ter a ousadia de fazer algo • **s'aviser que** aperceber-se que.

aviver *vt* avivar.

av. J.-C. *(abr écrite de* **avant Jésus-Christ***)* a. C *(antes de Cristo)*.

avocat[1] *nm (fruit)* abacate *(m)*.

avocat[2], **e** *nm, f (homme de loi)* advogado *(m)*, -da *(f)*.

avoine *nf* aveia *(f)*.

avoir *vt*

1. INDIQUE LA POSSESSION
 • **elle a une grande maison/beaucoup d'argent** ela tem uma grande casa/muito dinheiro
2. INDIQUE UN LIEN DE PARENTÉ
 • **j'ai deux frères et une sœur** tenho dois irmãos e uma irmã
3. INDIQUE UNE CARACTÉRISTIQUE
 • **avoir les cheveux bruns** ter cabelo castanho
 • **avoir de l'ambition** ser ambicioso
4. INDIQUE L'ÂGE
 • **quel âge as-tu ?** quantos anos tens?
 • **j'ai 13 ans** tenho 13 anos
5. INDIQUE UN ÉTAT PHYSIQUE OU MORAL
 • **avoir faim/soif** ter fome/sede
 • **avoir des remords** ter remorsos
6. EXPRIME UN DEVOIR
 • **avoir à faire qqch** ter de fazer algo
 • **j'ai à faire** tenho que fazer
 • **vous n'avez qu'à remplir ce formulaire** só tem de preencher este formulário
7. OBTENIR UN EXAMEN, UNE NOTE
 • **ça y est, j'ai mon bac !** pronto, passei no exame!
 • **il a eu son permis du premier coup** ele tirou a carta de condução logo da primeira vez
 • **il a eu 14 sur 20 en dictée** ele teve 14 no ditado
8. *fam* DUPER = enganar
 • **je t'ai bien eu !** enganei-te!
 • **se faire avoir** ser enganado
 • **30 euros pour un repas, je me suis vraiment fait avoir !** 30 euros por uma refeição, enganaram-me bem!
9. INDIQUE LE TEMPS
 • **vous en avez encore pour longtemps ?** ainda vai demorar muito?
10. SUIVI D'UNE UNITÉ
 • **nous en avons eu pour 30 euros** ficounos por 30 euros.

avoir *v aux*

• **j'ai terminé** acabei
• **hier, nous avons visité le château** ontem visitámos o castelo
• **j'aurai fini ce travail la semaine prochaine** na semana que vem terei terminado este trabalho.

il y a *v impers*

1. PRÉSENTATIF = há
 • **il y a un problème** há um problema
 • **y a-t-il des toilettes ici ?** há lavabos por aqui?
 • **qu'est-ce-qu'il y a ?** o que é que se passa?
 • **il n'y a qu'à revenir demain** só há que voltar amanhã
2. TEMPOREL = há
 • **il y a trois ans** há três anos
 • **il y a plusieurs années que nous venons ici** vimos aqui há vários anos.

avoisinant, e *adj* vizinho(nha) • **qqch d'avoisinant** algo do género.

avortement *nm* aborto *(m)*.

avorter *vi* abortar.

avorton *nm* aborto *(m)*.

avouer *vt* confessar.

avril *nm* Abril *(m)* • **en avril, au mois d'avril** em Abril, no mês de Abril • **début avril** em princípios de Abril • **fin avril** em fins de Abril • **le deux avril** no dia dois de Abril • **le premier avril** ≃ o dia das mentiras.

axe *nm* **1.** *(pivot)* eixo *(m)* **2.** *(routier, ferroviaire) importante via de comunicação* • **axe rouge** *via onde é especialmente proibido parar.*

axer *vt* • **axer qqch sur/autour de** centrar algo em/à volta de.

azimut ■ **tous azimuts** *loc adv* um pouco por todo o lado.

azote *nm* azoto *(m)*.

Azur ▷ **côte**.

b B

b, B *nm inv (lettre)* b, B *(m)*.
■ **B** (*abr écrite de* **bien**) bem.

BA (*abr écrite de* **bonne action**) *nf fam* boa acção *(f)*.

baba *nm* • **baba au rhum** *bolo esponjoso embebido em rum.*

babines *nfpl* beiços *(mpl)*.

babiole *nf* bugiganga *(f)*.

bâbord *nm* bombordo *(m)* • **à bâbord** a bombordo.

babouin *nm* babuíno *(m)*.

baby-foot *nm inv* matraquilhos *(mpl) (Port)*, pebolim *(m) (Br)*.

baby-sitter *nm, f* baby-sitter *(mf) (Port)*, babá *(f) (Br)*.

baby-sitting *nm* • **faire du baby-sitting** tomar conta de crianças.

bac *nm* **1.** *(récipient)* tina *(f)* **2.** *(bateau)* barca *(f)* **3.** *fam* (*abr de* **baccalauréat**) • **bac + 2/3/4/5** ≃ prova de aferição **4.** INFORM • **bac à papier** tabuleiro.

baccalauréat *nm exame final do ensino secundário francês.*

bâche *nf* toldo *(m)*.

bachelier, ère *nm, f detentor do certificado oficial de conclusão dos estudos secundários em França.*

bâcler *vt fam* atabalhoar.

bacon *nm* bacon *(m)*.

bactérie *nf* bactéria *(f)*.

badaud, e *nm, f* basbaque *(mf)*.

badge *nm* **1.** crachá *(m)* **2.** *(d'identité)* cartão *(m)* de identificação **3.** INFORM crachá *(m)*.

badgeuse *nf* leitor óptico.

badigeonner *vt (mur)* pincelar.

badiner *vi sout* brincar • **ne pas badiner avec qqch** não brincar com algo.

badminton *nm* badminton *(m)*.

BAFA (*abr de* **brevet d'aptitude aux fonctions d'animation**) *nm certificado atribuído a coordenadores de grupos de jovens.*

baffe *nf fam* tabefe *(m)*.

baffle *nm* coluna *(f) (de aparelhagem)*.

bafouiller *vi* tartamudear.

bagage *nm* bagagem *(f)* • **bagages** bagagens • **bagage à main** bagagem de mão.

bagarre *nf* zaragata *(f)*.

bagarrer ■ **se bagarrer** *vp* zaragatear.

bagarreur, euse *adj* zaragateiro(ra).

bagatelle *nf* **1.** *(gén)* bagatela *(f)* **2.** *(somme d'argent)* • **la bagatelle de** a módica quantia de **3.** *fam (sexe)* • **la bagatelle** marmelada *(f)*.

bagnard *nm* forçado *(m)*.

bagne *nm* **1.** *(prison)* campo *(m)* de trabalhos forçados **2.** *(sentence)* trabalhos *(mpl)* forçados **3.** *fig (situation)* tortura *(f)*.

bagnes *nm (Suisse) queijo de vaca utilizado sobretudo na fondue.*

bagnole *nf fam* carro *(m)*.

bague *nf* anel *(m)*.

baguette *nf* **1.** *(tige)* vara *(f)* **2.** *(de chef d'orchestre)* batuta *(f)* **3.** *(chinoise)* pauzinho *(m)* **4.** *(pain)* ≃ cacete *(m)*, baguete *(f)* • **baguette magique** varinha *(f)* de condão.

bahut *nm* **1.** *(buffet)* aparador *(m)* **2.** *(coffre)* baú *(m)* **3.** *fam (lycée)* escola *(f)*.

baie *nf* **1.** *(fruit)* baga *(f)* **2.** *(golfe)* baía *(f)* **3.** *(fenêtre)* vão *(m)* • **baie vitrée** vidraça *(f)*.

baignade *nf* banho *(m)* • **'baignade interdite'** 'é proibido tomar banho'.

baigner ■ *vt* **1.** *(bébé)* dar banho a **2.** *(suj : sueur, larmes)* banhar. ■ *vi* • **baigner dans** estar embebido(da).
■ **se baigner** *vp* tomar banho.

baigneur, euse *nm, f* banhista *(mf)*.
■ **baigneur** *nm* boneca *(f)* (de plástico).

baignoire *nf* banheira *(f)*.

bail *nm* contrato *(m)* de arrendamento.

bâillement *nm* bocejo *(m)*.

bâiller *vi* **1.** *(personne)* bocejar **2.** *(chaussure)* estar a pedir pão **3.** *(vêtement)* estar descaído(da).

bâillon *nm* mordaça *(f)*.

bâillonner *vt* amordaçar.

bain *nm* banho *(m)* • **prendre un bain** tomar um banho • **prendre un bain de soleil** tomar banhos de sol • **grand bain** piscina *(f)* para adultos • **petit bain** piscina *(f)* para crianças.

bain-marie *nm* banho-maria *(m)*.

baïonnette *nf* **1.** *(arme)* baioneta *(f)* **2.** *(d'ampoule)* casquilho *(m)* de encaixar.

baiser *nm* beijo *(m)*.

baisse *nf* baixa *(f)* • **en baisse** a baixar.

baisser *vt* & *vi* baixar.
■ **se baisser** *vp* baixar-se.

bajoues *nfpl* faceira *(f)*.

bal *nm* baile *(m)*.

balade *nf* passeata *(f)*.

balader ■ **se balader** *vp* passear.

baladeur *nm* walkman® *(m)*.

balafre *nf* cicatriz *(f)* *(no rosto)*.

balai *nm* *(pour nettoyer)* vassoura *(f)*.

balai-brosse *nm* escova *(f)* do chão.

balance *nf* balança *(f)*.
■ **Balance** *nf* Balança *(f)*.

balancer *vt* **1.** abanar **2.** *fam (jeter)* deitar fora.
■ **se balancer** *vp* baloiçar-se.

balancier *nm* *(de pendule)* pêndulo *(m)*.

balançoire *nf* baloiço *(m)* *(Port)*, gangorra *(f)* *(Br)*.

balayer *vt* varrer.

balayette *nf* mini-vassoura *(f)*.

balayeur, euse *nm, f* varredor *(m)* *(Port)*, gari *(mf)* *(Br)*.

balbutier *vi* balbuciar.

balcon *nm* **1.** *(terrasse)* varanda *(f)* **2.** *(au théâtre)* balcão *(m)*.

baleine *nf* **1.** *(animal)* baleia *(f)* **2.** *(de parapluie)* vareta *(f)*.

balise *nf* baliza *(f)*.

baliser ■ *vt* balizar. ■ *vi fam* apanhar um cagaço.

balivernes *nfpl* tretas *(fpl)*.

Balkans *nmpl* • **les Balkans** os Balcãs.

ballade *nf* balada *(f)*.

ballant, e *adj* • **les bras ballants** de braços pendentes.

balle *nf* **1.** SPORT bola *(f)* **2.** *(d'arme à feu)* bala *(f)* **3.** *fam (franc)* ≃ pau *(m)* • **balle à blanc** tiro *(m)* de pólvora seca.

ballerine *nf* **1.** *(chaussure)* sabrina *(f)* **2.** *(danseuse)* bailarina *(f)*.

ballet *nm* ballet *(m)*.

ballon *nm* **1.** balão *(m)* **2.** SPORT bola *(f)*.

ballonné, e *adj* inchado(da).

ballotter *vi* chocalhar.

balte *adj* báltico(ca) • **les pays Baltes** os países bálticos.

baluchon *nm* trouxa *(f)* • **faire son baluchon** *fam fig* fazer a trouxa.

balustrade *nf* balaustrada *(f)*.

bambin *nm* miúdo *(m)*.

bambou *nm* bambu *(m)*.

banal, e *adj* banal.

banalisé, e *adj* • **véhicule banalisé, voiture banalisée** *carro da polícia sem identificação.*

banalité *nf* banalidade *(f)* • **échanger des banalités** trocar trivialidades.

banane *nf* **1.** *(fruit)* banana *(f)* **2.** *(porte-monnaie)* *bolsa de cintura.*

bananier, ère *adj* das bananas.
■ **bananier** *nm* **1.** *(arbre)* bananeira *(f)* **2.** *(cargo)* *navio que transporta bananas.*

banc *nm* **1.** *(siège)* banco *(m)* **2.** *(de poissons)* cardume *(m)* • **banc public** banco público • **banc de sable** banco de areia.

bancaire *adj* bancário(ria).

bancal, e *adj* coxo(xa).

bandage *nm* ligadura *(f)* *(Port)*, atadura *(f)* *(Br)*.

bande *nf* **1.** *(de tissu, de papier)* tira *(f)* **2.** *(pansement)* ligadura *(f)* **3.** *(groupe)* banda *(f)* • **bande d'arrêt d'urgence** faixa *(f)* de paragem de urgência • **bande dessinée** banda desenhada *(Port)*, revista *(f)* em quadrinhos *(Br)* • **bande magnétique** fita *(f)* magnética • **bande originale** banda sonora original *(Port)*, trilha *(f)* sonora original *(Br)*.

bande-annonce *nf* trailer *(m)*.

bandeau *nm* **1.** *(dans les cheveux)* fita *(f)* **2.** *(sur les yeux)* venda *(f)*.

bander *vt* **1.** *(yeux)* vendar **2.** *(blessure)* pôr uma ligadura em.

banderole *nf* bandeirola *(f)*.

bande-son *nf* banda *(f)* sonora.

bandit *nm* bandido *(m)*, -da *(f)*.

bandoulière *nf* bandoleira *(f)* • **en bandoulière** a tiracolo.

banjo *nm* banjo *(m)*.

banlieue *nf* subúrbio *(m)* • **les banlieues** os subúrbios.

banlieusard, e *nm, f* habitante *(mf)* dos subúrbios.

bannir *vt* banir • **bannir qqch de** banir algo de.

banque *nf (agence)* banco *(m)*.

banqueroute *nf* **1.** *(faillite)* bancarrota *(f)* **2.** *fig (échec)* fracasso *(m)*.

banquet *nm* banquete *(m)*.

banquette *nf* **1.** *(de voiture)* banco *(m)* **2.** *(de restaurant)* banqueta *(f)*.

banquier, ère *nm, f* **1.** *(directeur)* banqueiro *(m)* **2.** *(employé)* bancário *(m)*.

banquise *nf* banquisa *(f)*.

baptême *nm* **1.** *(sacrement)* baptismo *(m)* **2.** *(réception)* baptizado *(m)* • **baptême de l'air** baptismo do ar.

baptiser *vt* baptizar.

bar *nm* **1.** *(café)* bar *(m)* **2.** *(comptoir)* balcão *(m)* • **bar à café** *(Suisse) bar onde não são servidas bebidas alcoólicas*.

baraque *nf* **1.** *(de jardin)* casinha *(f)* **2.** *(de fête foraine)* barraca *(f)* **3.** *fam (maison)* casa *(f)*.

baraqué, e *adj fam* entroncado(da).

baratin *nm fam* conversa *(f)* fiada.

baratiner *fam* ■ *vt* levar na conversa. ■ *vi* ter lábia.

barbare *adj* bárbaro(ra).

barbarie *nf* barbárie *(f)*.
■ **Barbarie** *npr* ▷ **orgue**.

barbe *nf* barba *(f)* • **barbe à papa** algodão *(m)* doce.

barbecue *nm* **1.** *(gril)* grelhador *(m)* **2.** *(repas)* churrasco *(m)*.

barbelé *nm* • **(fil de fer) barbelé** arame *(m)* farpado.

barbiturique *nm* barbitúrico *(m)*.

barboter *vi* chafurdar.

barbouillé, e *adj (malade)* • **être barbouillé** estar enjoado.

barbouiller *vt* borrar.

barbu *adj m* barbudo.

barder ■ *vt* CULIN lardear. ■ *vi fam* • **ça va barder** a coisa vai ficar feia • **être bardé de qqch** *fig* ter algo a dar com um pau.

barème *nm* tabela *(f)*.

baril *nm* barril *(m)*.

bariolé, e *adj* sarapintado(da).

barman *nm* barman *(m)*.

baromètre *nm* barómetro *(m)*.

baron, onne *nm, f* barão *(m)*, -ronesa *(f)*.

baroque ■ *adj* barroco(ca). ■ *nm* • **le baroque** o barroco.

barque *nf* barca *(f)*.

barquette *nf* **1.** *(tartelette) pequeno biscoito em forma de barquito* **2.** *(récipient)* embalagem *(f)*.

barrage *nm* barragem *(f)* • **barrage de police** barragem de polícia.

barre *nf* **1.** barra *(f)* **2.** NAUT roda *(f)* do leme **3.** INFORM • **barre de défilement** barra de deslocamento • **barre d'état** barra de estado.

barreau *nm* **1.** *(de prison)* grade *(f)* **2.** *(de chaise)* travessa *(f)*.

barrer *vt* **1.** *(rue, route)* barrar **2.** *(mot, phrase)* riscar **3.** NAUT manobrar a roda do leme de.

barrette *nf (à cheveux)* travessão *(m)*.

barricade *nf* barricada *(f)*.

barricader *vt* **1.** *(porte)* trancar **2.** *(rue)* barricar.
■ **se barricader** *vp* trancar-se.

barrière *nf* barreira *(f)*.

bar-tabac *nm bar onde também se vendem selos e tabaco*.

baryton *nm* barítono *(m)*.

bas, basse ■ *adj* **1.** baixo(xa) **2.** MUS grave. ■ *nm* **1.** *(partie inférieure)* parte *(f)* de baixo **2.** *(vêtement)* meia *(f)*. ■ *adv* baixo • **bas résille** meias de rede • **en bas** em baixo • **en bas de** em baixo de.

bas-côté *nm (de la route)* berma *(f)*.

bascule *nf* **1.** *(pour peser)* balança *(f)* **2.** *(jeu)* baloiço *(m)*.

basculer ■ *vt (appel)* passar. ■ *vi* tombar.

base *nf* base *(f)* • **à base de** à base de • **de base** de base • **base de données** base de dados.
■ **base de loisirs** *nf* complexo multidesportivo.

baser *vt* • **baser qqch sur** basear algo em.
■ **se baser sur** *vp* + *prép* basear-se em.

bas-fond *nm* baixio *(m)*.
■ **bas-fonds** *nmpl* **1.** *(de la société)* ralé *(f)* **2.** *(quartiers pauvres)* bairro *(m)* pobre.

basilic *nm* manjericão *(m)*.

basilique *nf* basílica *(f)*.

basket *nf (chaussure)* ténis *(mpl)*.

basket(-ball) *nm* basquetebol *(m)*.

basquaise *adj* ▷ **poulet**.

basque ◪ *adj* basco(ca). ◪ *nm (langue)* basco *(m)*.
■ **Basque** *nmf* basco *(m)*, -ca *(f)*.

basse-cour *nf* capoeira *(f)*.

bassement *adv* **1.** *(de façon mesquine)* • **être bassement intéressé** ter interesses baixos **2.** *(sans noblesse)* • **il nous a dénoncés bassement** foi muito baixo da parte dele ter-nos denunciado.

bassin *nm* **1.** *(plan d'eau)* tanque *(m)* **2.** ANAT bacia *(f)* • **le Bassin parisien** a Bacia parisiense • **grand bassin** piscina *(f)* para adultos • **petit bassin** piscina *(f)* para crianças.

bassine *nf* bacia *(f)*.

bassiste *nmf* baixista *(mf)*.

Bastille *nf* • **l'opéra Bastille** a ópera da Bastilha.

bastion *nm* bastião *(m)*.

baston *nf fam* pancada *(f)* da grossa.

bataille *nf* batalha *(f)*.

batailleur, **euse** *adj* batalhador(ra).

bataillon *nm* batalhão *(m)*.

bâtard, **e** *nm, f (chien)* rafeiro *(m)*, -ra *(f)* *(Port)*, vira-lata *(m)* *(Br)*.

bateau *nm* **1.** barco *(m)* **2.** *(sur le trottoir) inclinação do passeio frente às saídas de viaturas* • **bateau de pêche** barco de pesca • **bateau à voiles** barco à vela.

bateau-bus *nm* ferrie, ferribote • **prendre le bateau-bus** apanhar o ferrie.

bateau-mouche *nm barco que passeia turistas pelo rio Sena.*

batifoler *vi fam* **1.** *(jouer)* estar na galhofa **2.** *(flirter)* namoriscar.

bâtiment *nm* edifício *(m)* • **le bâtiment** *(activité)* a construção civil.

bâtir *vt* edificar.

bâtisse *nf* casarão *(m)*.

bâton *nm* pau *(m)* • **bâton de craie** giz *(m)*.

bâtonnet *nm* pauzinho *(m)* • **bâtonnet de glace** gelado *(m)*, ≃ perna *(m)* de pau *(Port)*, picolé *(m)* *(Br)*.

batracien *nm* batráquio *(m)*.

battant *nm (d'une porte)* batente *(m)*.

battement *nm* **1.** *(coup)* bater *(m)* **2.** *(intervalle)* intervalo *(m)* **3.** *(de cœur)* batida *(f)*.

batterie *nf* bateria *(f)* • **batterie de cuisine** trem *(m)* de cozinha.

batteur, **euse** ◪ *nm, f* MUS baterista *(mf)*. ◪ *nm (mélangeur)* batedeira *(f)*.

battre ◪ *vt* **1.** *(frapper)* bater **2.** *(vaincre)* vencer. ◪ *vi* bater • **battre des œufs en neige** bater as claras em castelo • **battre la mesure** marcar o compasso • **battre des mains** bater palmas.
■ **se battre** *vp* • **se battre (avec qqn)** lutar (com alguém).

baume *nm* bálsamo *(m)*.

bavard, **e** *adj* & *nm, f* tagarela.

bavardage *nm* tagarelice *(f)*.

bavarder *vi* tagarelar.

bavarois *nm* CULIN *sobremesa fria à base de gelatina, creme inglês e mousse de frutas.*

bave *nf* baba *(f)*.

baver *vi* babar • **en baver** *fam* suar.

bavette *nf* CULIN *filete de lombo de vaca.*

baveux, **euse** *adj (omelette)* mal passado (da).

bavoir *nm* babete *(m)*.

bavure *nf* **1.** *(tache)* borrão *(m)* **2.** *(erreur)* erro *(m)*.

bazar *nm* **1.** *(magasin)* bazar *(m)* **2.** *fam (lieu en désordre)* espelunca *(f)*.

bazarder *vt fam* deitar fora.

BCBG *adj* (*abr de* **bon chic bon genre**) beto (ta).

Bd (*abr écrite de* **boulevard**) Al *(alameda)*.

BD *nf fam* gibi *(m)* *(Br)* • *abrév de* **bande dessinée**.

beach-volley *nm* volei *(m)* de praia • **jouer au beach-volley** jogar volei de praia.

béant, **e** *adj* escancarado(da).

béat, e *adj* aparvalhado(da) *fam*.

beau, belle ◪ *adj* **1.** lindo(da) **2.** *(mauvais)* belo(la). ◪ *adv* • **il fait beau** está bom tempo • **j'ai beau essayer...** por mais que tente... • **c'est du beau travail !** *(sens ironique)* bonito serviço! • **un beau jour** um belo dia.

beaucoup *adv (aimer, manger)* muito • **il a lu beaucoup de livres** ele leu muitos livros • **beaucoup plus cher** muito mais caro • **elle fait beaucoup plus de fautes qu'avant** ela dá muito mais erros do que antes.

beauf *nm fam péj* piroso *(m)*.

beau-fils *nm* **1.** *(fils du conjoint)* enteado *(m)* **2.** *(gendre)* genro *(m)*.

beau-frère *nm* cunhado *(m)*.

beau-père *nm* **1.** *(père du conjoint)* sogro *(m)* **2.** *(conjoint de la mère)* padrasto *(m)*.

beauté *nf* **1.** *(qualité)* beleza *(f)* **2.** *(femme)* beldade *(f)*.

beaux-arts *nmpl* belas-artes *(fpl)*.
■ **Beaux-Arts** *nmpl* • **les Beaux-Arts** *escola de belas-artes em Paris*.

beaux-parents *nmpl* sogros *(mpl)*.

bébé *nm* bebé *(m)*.

bébé-éprouvette *nm* bebé *(m)* proveta.

bec *nm* bico *(m)* • **bec verseur** bico de vazar.

bec-de-lièvre *nm* lábio *(m)* leporino.

béchamel *nf* • **(sauce) béchamel** (molho) bechamel *(m)*.

bêche *nf* enxada *(f)*.

bêcher *vt* cavar.

bedaine *nf fam* pança *(f)*.

bée *adj f* • **bouche bée** boquiaberto(ta).

bégayer *vi* gaguejar.

bégonia *nm* begónia *(f)*.

bègue *adj* & *nmf* gago(ga).

beige *adj* & *nm* bege.

beigne *nm (Québec)* ≃ sonho *(m) (pastel)*.

beignet *nm* **1.** *(salé)* pastel *(m)* **2.** *(sucré)* ≃ filhó *(f)*.

bêler *vi* balir.

belette *nf* doninha *(f)*.

belge *adj* belga.
■ **Belge** *nmf* belga *(mf)*.

Belgique *nf* • **la Belgique** a Bélgica.

bélier *nm* carneiro *(m)*.
■ **Bélier** *nm* Carneiro *(m) (Port)*, Áries *(m) (Br)*.

belle-famille *nf* família *(f)* dos sogros.

belle-fille *nf* **1.** *(fille du conjoint)* enteada *(f)* **2.** *(conjointe du fils)* nora *(f)*.

Belle-Hélène *adj* ▻ **poire**.

belle-mère *nf* **1.** *(mère du conjoint)* sogra *(f)* **2.** *(conjointe du père)* madrasta *(f)*.

belle-sœur *nf* cunhada *(f)*.

belligérant, e *adj* & *nm, f* beligerante.

belliqueux, euse *adj* **1.** *(guerrier)* belicoso (osa) **2.** *(peuple)* guerreiro(ra) **3.** *(humeur)* agressivo(va).

belote *nf* bisca *(f)*.

bémol *adj* & *nm* bemol *(m)*.

bénédiction *nf* bênção *(f)* • **c'est une bénédiction !** louvado seja Deus! • **donner sa bénédiction à** *fig (une personne)* dar a sua bênção a • *(un projet)* aprovar.

bénéfice *nm* **1.** FIN lucro *(m)* **2.** *(avantage)* benefício *(m)*.

bénéficiaire ◪ *adj (marge)* de benefício. ◪ *nmf* beneficiário *(m)*, -ria *(f)*.

bénéficier ■ **bénéficier de** *vp* + *prép* beneficiar de.

bénéfique *adj* benéfico(ca).

Benelux *nm* • **le Benelux** o Benelux.

bénévole *adj* & *nmf* benévolo(la).

bénin, igne *adj* benigno(gna).

bénir *vt* **1.** *(foule)* abençoar **2.** *(pain)* benzer.

bénite *adj f* ▻ **eau**.

bénitier *nm* pia *(f)* de água benta.

benjamin, e *nm, f* mais novo *(m)*, mais nova *(f)*.

benne *nf* contentor *(m)*.

BEP *nm* (*abr de* **brevet d'études professionnelles**) *certificado de estudos profissionais*.

béquille *nf* **1.** MÉD muleta *(f)* **2.** *(de vélo, de moto)* descanso *(m)*.

berceau *nm (d'enfant)* berço *(m)*.

bercer *vt (un enfant)* embalar.

berceuse *nf (chanson)* canção *(f)* de embalar.

Bercy *npr* • **(le palais omnisports de Paris-) Bercy** *grande sala parisiense para desporto e concertos*.

béret *nm* boina *(f)*.

berge *nf* margem *(f)*.

berger, **ère** *nm, f* pastor *(m)*, -ra *(f)* • **berger allemand** pastor alemão.

bergerie *nf* curral *(m)*.

berlingot *nm* **1.** *(bonbon) caramelo de forma triangular* **2.** *(de lait, de Javel) embalagem de plástico flexível.*

berlue *nf fam* • **avoir la berlue** estar com visões.

bermuda *nm* bermudas *(fpl)*.

berner *vt* enganar.

besogne *nf* tarefa *(f)*.

besoin *nm* necessidade *(f)* • **avoir besoin de (faire) qqch** precisar de (fazer) algo • **faire ses besoins** fazer as necessidades.

bestial, **e** *adj* animalesco(ca).

bestiole *nf* animalejo *(m)*.

best-seller *nm* best-seller *(m)*.

bétail *nm* gado *(m)*.

bête ■ *adj* parvo(va). ■ *nf* bicho *(m)*.

bêtement *adv* estupidamente.

bêtise *nf* **1.** *(acte, parole)* parvoíce *(f)* *(Port)*, besteira *(f)* *(Br)* **2.** *(défaut)* parvoíce *(f)*.

béton *nm* betão *(m)*.

bette *nf* acelga *(f)*.

betterave *nf* beterraba *(f)*.

beugler *vi* **1.** *(bovin)* mugir **2.** *fig & péj (personne)* berrar.

beur *nmf pessoa de origem magrebina nascida em França.*

beurre *nm* manteiga *(f)*.

beurrer *vt* **1.** *(tartine)* barrar com manteiga **2.** *(plat)* untar.

beuverie *nf* beberete *(m)*.

biais *nm* • **en biais** em viés • **par le biais de** por meio de.

biaiser *vi* estar com rodeios.

bibande *adj* dual band.

bibelot *nm* bibelot *(m)*.

biberon *nm* biberão *(m)* *(Port)*, mamadeira *(f)* *(Br)* • **donner le biberon à** dar o biberão a *(Port)*, dar a mamadeira a *(Br)*.

Bible *nf* • **la Bible** a Bíblia.

bibliographie *nf* bibliografia *(f)*.

bibliothécaire *nmf* bibliotecário *(m)*, -ria *(f)*.

bibliothèque *nf* biblioteca *(f)*.

bicarbonate *nm* bicarbonato *(m)* • **bicarbonate de soude** bicarbonato de sódio.

biceps *nm* bíceps *(m inv)*.

biche *nf* corça *(f)*.

bicyclette *nf* bicicleta *(f)*.

bidet *nm* bidé *(m)*.

bidon ■ *nm* bidão *(m)*. ■ *adj inv fam* • **c'est du bidon** isso é uma treta.

bidonville *nm* bairro *(m)* da lata *(Port)*, favela *(f)* *(Br)*.

Biélorussie *nf* • **la Biélorussie** a Bielorrússia.

bien *adv*

1. DE FAÇON SATISFAISANTE = bem
• **avez-vous bien dormi ?** dormiu bem?

2. TRÈS
• **une personne bien sympathique** uma pessoa muito simpática
• **c'est une bien triste histoire** (ela) é bem triste, esta história

3. BEAUCOUP
• **bien des gens** muita gente
• **il a bien de la chance** ele tem muita sorte
• **je me suis bien amusé pendant ces vacances** diverti-me muito durante estas férias
• **bien mieux/plus** bem melhor/mais
• **j'espère bien que...** espero bem que...

4. AU MOINS
• **cela fait bien deux mois qu'il n'a pas plu** já não chove há uns bons dois meses

5. EFFECTIVEMENT = bem
• **c'est bien ce qu'il me semblait** bem me parecia
• **c'est bien ce que je disais** é mesmo o que eu dizia
• **mais oui, c'est bien lui !** sim sim, é mesmo ele!

6. DANS DES EXPRESSIONS
• **nous ferions bien de réserver à l'avance** faríamos bem em reservar com antecedência
• **(c'est) bien fait (pour toi) !** (foi) bem feito!

bien *adj inv*

1. DEVOIR, TRAVAIL = bom (boa)

2. BEAU = bonito(ta)

3. MORALEMENT
• **c'est une fille bien** é uma rapariga honesta

◆ **c'est bien, ce que tu as fait pour lui** é admirável o que fizeste por ele
◆ **j'ai trouvé son attitude très bien dans cette affaire** achei muito correcta a sua atitude neste caso

4. CONVENABLE
◆ **ça fait bien** fica bem
◆ **des gens bien** gente de boa posição social

5. EN BONNE SANTÉ, À L'AISE = bem
◆ **être/se sentir bien** andar/sentir-se bem.

bien *interj*

muito bem!

bien *nm*

bem *(m)*
◆ **c'est pour ton bien** é para teu bem
◆ **dire du bien de** dizer bem de
◆ **faire du bien à qqn** fazer bem a alguém.

biens *nmpl*

RICHESSES = bens *(mpl)*.

bien-être *nm inv* bem-estar *(m)*.

bienfaisant, **e** *adj* benéfico(ca).

bienfaiteur, **trice** *nm, f* benfeitor *(m)*, -ra *(f)*.

bien-fondé *nm* **1.** DR conformidade *(f)* **2.** *(pertinence)* fundamento *(m)*.

bienheureux, **euse** *adj* & *nm, f* bem-aventurado(da).

bientôt *adv* daqui a pouco tempo ◆ **à bientôt !** até logo!

bienveillant, **e** *adj* benevolente.

bienvenu, **e** *adj* bem vindo(da).

bienvenue *nf* ◆ **bienvenue !** bem vindo(da) ! ◆ **souhaiter la bienvenue à qqn** dar as boas vindas a alguém.

bière *nf* cerveja *(f)*.

bifteck *nm* bife *(m) (Port)*, bisteca *(f) (Br)*.

bifurcation *nf* bifurcação *(f)*.

bifurquer *vi* **1.** *(route)* bifurcar **2.** *(voiture)* virar.

bigamie *nf* bigamia *(f)*.

Bige® *adj inv* ◆ **billet Bige** *bilhete de comboio para estudantes que lhes permite circular pela Europa a um preço reduzido.*

bigorneau *nm* caramujo *(m)*.

bigoudi *nm* rolo *(m)* para o cabelo.

bijou *nm* **1.** jóia *(f)* **2.** *fig* maravilha *(f)*.

bijouterie *nf* joalharia *(f)*.

bijoutier, **ère** *nm, f* ourives *(mf inv)*.

Bikini® *nm* biquíni *(m)*.

bilan *nm* balanço *(m)* ◆ **faire le bilan (de)** fazer o balanço (de).

bilatéral, **e** *adj* bilateral.

bile *nf* bílis *(f)* ◆ **déverser sa bile** *fig* despejar o mau humor ◆ **se faire de la bile** *fam fig* arreliar-se.

bilingue *adj* bilingue.

billard *nm* bilhar *(m)*.

bille *nf* **1.** *(petite boule)* esfera *(f)* **2.** *(pour jouer)* berlinde *(m)*.

billet *nm* **1.** *(de transport)* bilhete *(m) (Port)*, passagem *(f) (Br)* **2.** *(de spectacle)* bilhete *(m) (Port)*, ingresso *(m) (Br)* ◆ **billet (de banque)** nota *(f)* ◆ **billet aller-retour** bilhete de ida e volta.

billetterie *nf* bilheteira *(f)* ◆ **billetterie automatique** *(de billets de train)* bilheteira automática ◆ *(de billets de banque)* multibanco *(m)*.

bimensuel, **elle** *adj* bimensal.

binaire *adj* binário(ria).

bio *adj inv* biológico(ca).

biochimie *nf* bioquímica *(f)*.

biodégradable *adj* biodegradável.

biographie *nf* biografia *(f)*.

biologie *nf* biologia *(f)*.

biologique *adj* biológico(ca).

biorythme *nm* biorritmo *(m)*.

bioterrorisme *nm* bioterrorismo *(m)*.

bis ■ *interj* bis! ■ *adv* bis ◆ **6 bis** 6 b.

biscornu, **e** *adj* **1.** *(objet)* de forma irregular **2.** *(idée) fam* estrambólico(ca).

biscotte *nf* tosta *(f)*.

biscuit *nm* biscoito *(m)* ◆ **biscuit salé** aperitivo *(m)*.

bise *nf* **1.** *(baiser)* beijo *(m)* **2.** *(vent)* nortada *(f)* ◆ **faire une bise à qqn** dar um beijo a alguém ◆ **grosses bises** *(dans une lettre)* muitos beijos.

bison *nm* bisonte *(m)* ◆ **Bison Futé** *organismo de informação rodoviária.*

bisou *nm fam* beijinho *(m)*.

bisque *nf sopa espessa de marisco com natas.*

bissextile *adj* ▷ **année**.

bistouri *nm* bisturi *(m)*.

bistro(t) *nm fam* bar *(m) (Port)*, botequim *(m) (Br)*.

bit *nm* INFORM bit *(m)*.

bitume *nm* alcatrão *(m)*.

bivouac *nm* bivaque *(m)*.

bizarre *adj* bizarro(a).

bizutage *nm práticas académicas aplicadas aos caloiros*, ≃ praxe *(f)*.

blabla, bla-bla *nm inv fam* blablablá *(m)*.

black-out *nm* **1.** *(panne de courant)* corte *(m)* de electricidade **2.** *(censure)* • **faire le black-out sur qqch** manter-se silencioso sobre algo.

blafard, e *adj* **1.** *(visage)* descorado(da) **2.** *(lumière)* baço(ça).

blague *nf fam* **1.** *(histoire drôle)* anedota *(f)* **2.** *(mensonge)* peta *(f)* **3.** *(farce)* partida *(f)* • **sans blague !** a sério?

blaguer *vi fam* estar a brincar.

blagueur, euse *fam adj* & *nm, f* brincalhão (lhona).

blaireau *nm* **1.** *(animal)* texugo *(m)* **2.** *(de rasage)* pincel *(m)* da barba **3.** *fam* parvo *(m)*, parvalhão *(m)*, palerma *(mf)*.

blâme *nm* **1.** *(désapprobation)* censura *(f)* **2.** *(sanction)* reprimenda *(f)*.

blâmer *vt* censurar.

blanc, blanche ◼ *adj* **1.** branco(ca) **2.** *(vierge)* em branco. ◼ *nm* **1.** *(couleur)* branco *(m)* **2.** *(espace)* espaço *(m)* em branco **3.** *(vin)* vinho *(m)* branco • **à blanc** *(chauffer)* até ficar branco • *(tirer)* com um tiro de pólvora seca • **blanc cassé** branco sujo • **blanc d'œuf** clara *(f)* do ovo • **blanc de poulet** peito *(m)* de frango.
■ **Blanc, Blanche** *nm, f* branco *(m)*, -ca *(f)*.

blancheur *nf* brancura *(f)*.

blanchiment *nm* • **blanchiment d'argent** branqueamento OU lavagem de dinheiro.

blanchir ◼ *vt* **1.** *(mur)* caiar **2.** *(linge)* lavar **3.** *(argent)* branquear. ◼ *vi (cheveux)* ficar grisalho.

blanchisserie *nf* lavandaria *(f)*.

blanquette *nf* **1.** *(plat) guisado de vitela, cordeiro ou frango com molho de vinho branco* **2.** *(vin) vinho branco espumoso* • **blanquette de veau** *guisado de vitela com molho de vinho branco.*

blasé, e *adj* enjoado(da).

blason *nm* brasão *(m)*.

blasphème *nm* blasfémia *(f)*.

blasphémer *vt* & *vi* blasfemar.

blatte *nf* barata *(f)*.

blazer *nm* blazer *(m)*.

blé *nm* trigo *(m)* • **blé d'Inde** *(Québec)* milho *(m)*.

blême *adj* macilento(ta).

blessant, e *adj* que magoa.

blessé, e *nm, f* ferido *(m)*.

blesser *vt* **1.** *(physiquement)* ferir *(Port)*, machucar *(Br)* **2.** *(vexer)* magoar.
■ **se blesser** *vp* magoar-se • **se blesser à la main** aleijar-se na mão.

blessure *nf* ferida *(f) (Port)*, machucado *(m) (Br)*.

blette = **bette**.

bleu, e ◼ *adj* **1.** azul **2.** *(steak)* mal passado (da). ◼ *nm* **1.** *(couleur)* azul *(m)* **2.** *(hématome)* nódoa *(f)* negra • **bleu (d'Auvergne)** *queijo azul da região de Auvergne* • **bleu ciel** azul-celeste • **bleu marine** azul-marinho • **bleu de travail** fato-macaco *(m)*.

bleuet *nm* **1.** centáurea-azul *(f)* **2.** *(Québec)* murtinho *(m)*.

blindé, e *adj* blindado(da).

blinder *vt* **1.** *(renforcer)* blindar **2.** *fam fig (endurcir)* endurecer.
■ **se blinder** *vp fam fig (s'endurcir)* ficar insensível.

blizzard *nm* blizzard *(m)*, *vento glacial acompanhado de tempestades de neve.*

bloc *nm* bloco *(m)* • **à bloc** ao máximo • **en bloc** *(acheter)* por atacado • *(nier)* tudo.

blocage *nm* **1.** *(des prix, des salaires)* congelamento *(m)* **2.** *(psychologique)* bloqueio *(m)*.

bloc-notes *nm* bloco *(m)* de notas.

blocus *nm* bloqueio *(m)*.

blond, e *adj* louro(ra).

blonde *nf* cigarro *(m)* louro • **(bière) blonde** cerveja *(f)* branca.

bloquer *vt* **1.** bloquear **2.** *(prix, salaires)* congelar.

blottir ■ **se blottir** *vp* encolher-se.

blouse *nf (d'élève, de médecin)* bata *(f)*.

blouson *nm* blusão *(m)*.

blues *nm* blues *(m inv)*.

bluff *nm* bluff *(m)*.

boat people *nmpl* boat people *(mpl)*.

bob *nm* chapéu *(m)* de pano.

bobard *nm fam (mensonge)* balela *(f)*.

bobine *nf* **1.** *(de fil)* carro *(m)* de linhas **2.** *(de film)* bobina *(f)*.

bobo *nmf* **1.** *(en langage enfantin)* ferida *(f) (Port)*, machucado *(m) (Br)* **2.** *abrév de* **Bourgeois bohème**.

bobsleigh *nm* bobsleigh *(m)*.

bocal *nm* **1.** *(de conserves)* frasco *(m)* **2.** *(à poissons)* aquário *(m)*.

body *nm* body *(m)*.

body-building *nm* musculação *(f)*.

bœuf *nm* **1.** *(animal)* boi *(m)* **2.** CULIN carne *(f)* de vaca • **bœuf bourguignon** *cozido de carne de vaca preparado com vinho tinto e toucinho*.

bof *interj* hã!

bohème *adj* & *nmf* boémio(mia).

bohémien, **enne** *nm, f* cigano *(m)*, -na *(f)*.

boire ■ *vt* **1.** *(avaler)* beber **2.** *(absorber)* absorver. ■ *vi* beber • **boire un coup** beber um copo.

bois ■ *nm* **1.** *(matière)* madeira *(f)* **2.** *(de chauffage)* lenha *(f)* **3.** *(forêt)* bosque *(m)*. ■ *nmpl (d'un cerf)* armação *(f)*.

boisé, **e** *adj* arborizado(da).

boiser *vt* arborizar.

boiseries *nfpl* revestimento *(m)* de madeira.

boisson *nf* bebida *(f)* • **la boisson** *(alcool)* o álcool.

boîte *nf* caixa *(f)* • **boîte d'allumettes** caixa de fósforos • **boîte de conserve** lata *(f)* de conserva • **boîte aux lettres** caixa do correio • **boîte (de nuit)** discoteca *(f) (Port)*, boate *(f) (Br)* • **boîte à outils** caixa de ferramentas • **boîte postale** apartado *(m)* • **boîte de vitesses** caixa de velocidades.

boiter *vi* coxear.

boiteux, **euse** *adj* coxo(xa).

boîtier *nm* **1.** *(de montre, de cassette)* caixa *(f)* **2.** *(d'appareil photo)* corpo *(m)*.

bol *nm* tigela *(f)*.

bolet *nm* boleto *(m) (cogumelo)*.

bolide *nm* bólide *(m)*.

Bolivie *nf* • **la Bolivie** a Bolívia.

bombardement *nm* bombardeamento *(m)*.

bombarder *vt* bombardear • **bombarder qqn de questions** *fam* bombardear alguém com perguntas.

bombe *nf* **1.** *(arme)* bomba *(f)* **2.** *(vaporisateur)* spray *(m)* • **bombe atomique** bomba atómica.

bomber *nm* casaco *(m)* de aviador.

bon, **bonne** ■ *adj* **1.** *(gén)* bom (boa) • **nous avons passé de très bonnes vacances** passámos umas férias muito boas • **connaissez-vous un bon garagiste dans les environs ?** conhece um bom mecânico nos arredores? • **être bon en qqch** ser bom em algo • **c'est bon pour la santé** é bom para a saúde • **il n'est bon à rien** ele não vale nada • **c'est bon à savoir** é bom saber • **votre carte d'autobus n'est plus bonne** o seu passe de autocarro já não é válido • **bonne année !** bom ano! • **bonnes vacances !** boas férias! **2.** *(correct)* certo (certa) • **est-ce le bon numéro ?** é o número certo? **3.** *(en intensif)* e tanto • **ça fait une bonne heure** faz uma hora e tanto • **ça fait deux bons kilos** pesa dois quilos e tanto **4.** *(dans des expressions)* • **bon !** *(d'accord)* está bem! • *(pour conclure)* bem! • **ah bon ?** ah é? • **c'est bon !** *(soit)* está bem! • **pour de bon** de vez. ■ *adv* • **il fait bon** está bom tempo • **sentir bon** cheirar bem • **tenir bon** resistir. ■ *nm* **1.** *(formulaire)* cupão *(m)* **2.** *(en cadeau)* vale *(m)* • **bon de commande** ordem *(f)* de encomenda • **bon de livraison** nota *(f)* de entrega.

bonbon *nm* rebuçado *(m)*.

bonbonne *nf* botija *(f)*.

bond *nm* salto *(m)*.

bondé, **e** *adj* a abarrotar.

bondir *vi* **1.** *(sauter)* saltar **2.** *fig (réagir)* pular.

bonheur *nm* **1.** *(état)* felicidade *(f)* **2.** *(chance, plaisir)* alegria *(f)*.

bonhomme *nm* **1.** *fam (homme)* homenzinho *(m)* **2.** *(silhouette)* boneco *(m)* • **bonhomme de neige** boneco de neve.

bonjour *interj* bom dia! • **dire bonjour à qqn** dizer bom dia a alguém.

bonne *nf* criada *(f)*.

bonnet *nm* gorro *(m)* • **bonnet de bain** touca *(f)* de banho.

bonsoir *interj* boa noite! • **dire bonsoir à qqn** dizer boa noite a alguém.

bonté *nf* bondade *(f)*.

bonus *nm* bónus *(m)*.

booléen, **enne** *adj* booleano (operador).

booster[1] *nm* incentivador, acelerador.

booster[2] *vt fam* estimular, incentivar.

bord *nm* borda *(f)* • **à bord (de)** a bordo (de) • **au bord (de)** à beira (de) • **au bord de la mer** à beira-mar.

bordeaux ■ *adj inv (couleur)* cor-de-vinho, bordeaux. ■ *nm* **1.** *(vin)* bordéus *(m)* **2.** *(couleur)* cor-de-vinho *(f)*, bordeaux *(m)*.

bordel *nm vulg* **1.** *(maison close)* bordel *(m)* **2.** *(désordre)* bandalheira *(f)*.

bordelaise *adj f* ▻ **entrecôte**.

border *vt* **1.** *(longer)* ladear **2.** *(enfant)* aconchegar a roupa de • **bordé de** ladeado de.

bordereau *nm* justificativa *(f)*.

bordure *nf* **1.** *(bord)* rebordo *(m)* **2.** *(liséré)* orla *(f)* • **en bordure de** na orla de.

borgne *adj* zarolho(lha).

borne *nf* marco *(m)* • **dépasser les bornes** *fig* passar dos limites.

borné, **e** *adj* tacanho(nha).

borner *vt* **1.** *(limiter)* demarcar **2.** *(restreindre)* moderar.
■ **se borner à** *vp + prép* limitar-se a.

Bosnie *nf* • **la Bosnie** a Bósnia.

bosquet *nm* pequeno bosque *(m)*.

bosse *nf* **1.** *(saillie)* bossa *(f)* **2.** *(au front)* galo *(m)* **3.** *(sur le dos)* corcunda *(f)*.

bosser *vi fam* dar no duro.

bossu, **e** *adj* corcunda.

botanique ■ *adj* botânico(ca). ■ *nf* botânica *(f)*.

botte *nf* **1.** *(chaussure)* bota *(f)* **2.** *(de légumes, foin)* molho *(m)*.

Bottin® *nm* lista *(f)* telefónica.

bottine *nf* botim *(m)*.

bouc *nm* **1.** *(animal)* bode *(m)* **2.** *(barbe)* barbicha *(f)*.

boucan *nm fam* vasqueiro *(m)*.

bouche *nf* boca *(f)* • **bouche d'égout** boca de esgoto • **bouche de métro** entrada *(f)* de metro.

bouché, **e** *adj* **1.** *(obstrué)* entupido(da) **2.** *(en bouteille)* engarrafado(da) **3.** *fam (obtus)* burro(a).

bouchée *nf* **1.** *(morceau)* bocado *(m)* **2.** *(au chocolat) guloseima coberta com chocolate* • **bouchée à la reine** *vol-au-vent recheado com carne branca.*

boucher[1] *vt* **1.** tapar **2.** *(évier)* entupir **3.** *(passage)* bloquear.

boucher[2], **ère** *nm, f* talhante *(mf)* *(Port)*, açougueiro *(m)*, -ra *(f)* *(Br)*.

boucherie *nf* talho *(m)* *(Port)*, açougue *(m)* *(Br)*.

bouchon *nm* **1.** *(de bouteille)* rolha *(f)* **2.** *(embouteillage)* engarrafamento *(m)* **3.** *(de pêche)* bóia *(f)*.

boucle *nf* **1.** *(de cheveux)* caracol *(m)* **2.** *(de fil)* volta *(f)* **3.** *(de ceinture)* fivela *(f)* **4.** *(circuit)* curva *(f)* fechada • **boucle d'oreille** brinco *(m)*.

bouclé, **e** *adj* encaracolado(da).

boucler ■ *vt* **1.** *(valise)* fechar **2.** *(ceinture)* apertar **3.** *fam (enfermer)* trancar. ■ *vi (cheveux)* encaracolar.

bouclier *nm* escudo *(m)*.

bouddhiste *adj* & *nmf* budista.

bouder *vi* amuar.

boudin *nm* rolo *(m)* • **boudin blanc** *morcela com carne branca, servida sobretudo no Natal*, ≃ farinheira *(f)* • **boudin noir** morcela *(f)*.

boue *nf* lama *(f)*.

bouée *nf* bóia *(f)* • **bouée de sauvetage** bóia salva-vidas.

boueux, **euse** *adj* enlameado(da) *(Port)*, barrento(ta) *(Br)*.

bouffant, **e** *adj (manches)* em balão.

bouffe *nf fam* comida *(f)*.

bouffée *nf* **1.** *(d'air)* lufada *(f)* **2.** *(de tabac)* baforada *(f)* • **avoir des bouffées de chaleur** ter calores • **avoir une bouffée d'angoisse** sentir uma angústia.

bouffer ■ *vi* ter muito volume. ■ *vt fam* comer • **faire bouffer** *(cheveux, chemise)* dar volume a.

bouffi, **e** *adj* inchado(da).

bougeoir *nm* palmatória *(f)* *(castiçal)*.

bougeotte *nf* • **avoir la bougeotte** *fam* ter bichos-carpinteiros.

bouger ■ *vt* mexer. ■ *vi* **1.** *(remuer, agir)* mexer-se **2.** *(changer)* mudar.

bougie *nf* vela *(f)*.

bougonner ■ *vt fam* dizer por entre dentes. ■ *vi* falar por entre dentes.

bouillabaisse *nf* ≃ caldeirada *(f)* de peixe.

bouillant, **e** *adj* a ferver.

bouillie *nf* **1.** *(pour bébé)* papa *(f)* **2.** *(pâte)* papa *(f)* *(Port)*, angu *(m)* *(Br)*.

bouillir *vi* **1.** *(liquide)* ferver **2.** *(aliment)* cozer **3.** *fig (personne)* estar a ferver.

bouilloire *nf* chaleira *(f)*.

bouillon *nm* caldo *(m)*.

bouillonner *vi* borbulhar.

bouillotte *nf* botija *(f)* de água quente.

boulanger, **ère** *nm, f* padeiro *(m)*, -ra *(f)*.

boulangerie *nf* padaria *(f)*.

boule *nf* **1.** bola *(f)* **2.** *(de pétanque)* ≃ chinquilho *(m)* • **boule de Bâle** *(Suisse) salsichão servido com molho vinagreta* • **jouer aux boules** ≃ jogar ao chinquilho.
■ **boules** *nfpl* • **avoir les boules** *fam* estar irritado, enervado, estar farto.

bouleau *nm* bétula *(f)*.

bouledogue *nm* buldogue *(m)*.

boulet *nm* bala *(f)*.

boulette *nf* bolinha *(f)* • **boulette de viande** almôndega *(f)*.

boulevard *nm* alameda *(f)* • **les grands boulevards** *alamedas parisienses que vão da praça da Madeleine à République*.

bouleversant, **e** *adj* transtornador(ra).

bouleversement *nm* **1.** reviravolta *(f)* **2.** *(émotion)* transtorno *(m)*.

bouleverser *vt* transtornar.

boulgour *nm* boulgour.

boulimie *nf* bulimia *(f)* • **être pris d'une boulimie de qqch** *fig* não parar de fazer algo.

boulon *nm* parafuso *(m)*.

boulot *nm fam* trabalho *(m)*.

boum *nf fam* festa *(f)*.

bouquet *nm* **1.** *(de fleurs)* ramo *(m)* **2.** *(crevette)* gamba *(f)* **3.** *(d'un vin)* aroma *(f)* **4.** • **bouquet numérique** TV pacote digital.

bouquin *nm fam* livro *(m)*.

bouquiner *fam vt* & *vi* ler.

bouquiniste *nmf* alfarrabista *(mf)*.

bourbeux, **euse** *adj* pantanoso(osa).

bourbier *nm* **1.** *(lieu)* lamaçal *(m)* **2.** *fig (situation)* embrulhada *(f)*.

bourde *nf fam* **1.** *(baliverne)* treta *(f)* **2.** *(erreur)* borrada *(f)*.

bourdon *nm* zângão *(m)*.

bourdonnement *nm* **1.** *(d'insecte)* zumbido *(m)* **2.** *(de moteur)* ruído *(m)* **3.** *(de voix)* burburinho *(m)* • **avoir des bourdonnements d'oreilles** ter um zumbido nos ouvidos.

bourdonner *vi* zumbir.

bourgeois, **e** *adj* & *nm, f* burguês(esa).

bourgeoisie *nf* burguesia *(f)*.

bourgeon *nm* rebento *(m)*.

bourgeonner *vi* rebentar.

Bourgogne *nf* • **la Bourgogne** a Borgonha.

bourguignon, **onne** *adj* ▷ **bœuf**, **fondue**.

bourrasque *nf* borrasca *(f)*.

bourratif, **ive** *adj* pesado(da).

bourré, **e** *adj fam* **1.** *(plein)* cheio (cheia) **2.** *vulg (ivre)* com os copos • **bourré de** cheio de.

bourreau *nm* carrasco *(m)*.

bourrelet *nm* **1.** *(isolant)* fita *(f)* adesiva isoladora **2.** *(de graisse)* pneu *(m)*.

bourrer *vt* **1.** *(remplir)* encher **2.** *fam (caler l'estomac)* empanturrar **3.** *fam (gaver)* • **bourrer qqn de** empanturrar alguém de *OU* com.
■ **se bourrer** *vp fam* **1.** *(se gaver)* • **se bourrer de** empanturrar-se de *OU* com **2.** *(se soûler)* enfrascar-se.

bourrique *nf* **1.** *(ânesse)* burra *(f)* **2.** *fam (personne)* casmurro *(m)*, -a *(f)* • **faire tourner qqn en bourrique** *fig* derreter os miolos a alguém.

bourru, **e** *adj* carrancudo(da).

bourse *nf* bolsa *(f)* • **la Bourse** a Bolsa.

boursier, **ère** *adj* **1.** *(étudiant)* bolseiro(ra) **2.** *(transaction)* bolsista.

boursouflé, **e** *adj* inchado(da).

bousculade *nf* empurrão *(m)*.

bousculer *vt* **1.** *(heurter)* empurrar **2.** *fig (presser)* apressar.

bouse *nf* • **bouse (de vache)** bosta *(f)* (de vaca).

bousiller *vt fam* **1.** *(bâcler)* atabalhoar **2.** *(abîmer)* espatifar.

boussole *nf* bússola *(f)*.

bout *nm* **1.** *(des doigts, d'un objet)* ponta *(f)* **2.** *(de la rue, du couloir)* fundo *(m)* **3.** *(morceau)* bocado *(m)* • **au bout de** *(dans l'espace)* no fundo de • *(à la fin de)* ao fim de • *(après)* ao cabo de • **être à bout** não aguentar mais.

boutade *nf* piada *(f)*.

boute-en-train *nm inv* brincalhão *(m)*, -lhona *(f)*.

bouteille *nf* garrafa *(f)* • **bouteille de gaz** garrafa de gás • **bouteille d'oxygène** garrafa de oxigénio.

boutique *nf* loja *(f)* • **boutique franche** OU **hors taxes** loja duty-free.

bouton *nm* **1.** botão *(m)* **2.** *(sur la peau)* borbulha *(f)*.

bouton-d'or *nm* botão-de-ouro *(m)*.

boutonner *vt* abotoar.

boutonnière *nf* casa *(f)* do botão.

bouture *nf* estaca *(f)* (de planta).

bovin, e *adj* bovino(na).
■ **bovin** *nm* bovino *(m)*.

bowling *nm* bowling *(m)*.

box *nm inv* **1.** *(garage)* garagem *(f)* privada **2.** *(d'écurie)* coxia *(f)*.

boxe *nf* boxe *(m)*, pugilismo *(m)*.

boxer *nm* boxer *(m)*.

boxeur, euse *nm, f* pugilista *(mf)*.

boyau *nm (de roue)* câmara-de-ar *(f)*.
■ **boyaux** *nmpl* ANAT tripas *(fpl)*.

boycotter *vt* boicotar.

BP (*abr écrite de* **boîte postale**) apartado *(m)*.

bracelet *nm* **1.** *(bijou)* pulseira *(f)* **2.** *(de montre)* bracelete *(f)*.

bracelet-montre *nm* relógio *(m)* de pulso.

braconner *vi* caçar furtivamente.

braconnier *nm* caçador *(m)* furtivo.

brader *vt* liquidar • **'on brade'** 'liquidação total'.

braderie *nf* liquidação *(f)*.

braguette *nf* braguilha *(f)*.

braille *nm* braille *(m)*.

braillement *nm péj* berro *(m)*.

brailler *vi fam* berrar.

braire *vi* **1.** *(âne)* zurrar **2.** *fam (brailler)* berrar.

braise *nf* brasa *(f)*.

bramer *vi* bramar.

brancard *nm* maca *(f)*.

brancardier, ère *nm, f* maqueiro *(m)*, -ra *(f)*.

branchages *nmpl* ramagem *(f)*.

branche *nf* **1.** ramo *(m)* **2.** *(de lunettes)* haste *(f)*.

branché, e *adj* **1.** *(à une prise)* ligado(da) (à corrente) **2.** *(à un réseau)* ligado(da) **3.** *fam (à la mode)* in.

branchement *nm* conexão *(f)*.

brancher *vt* ligar *(à corrente)*.

branchies *nfpl* guelras *(fpl)*.

brandade *nf* • **brandade (de morue)** ≃ bacalhau *(m)* à Zé do Pipo.

brandir *vt* agitar.

branlant, e *adj* a abanar.

braquage *nm* **1.** AUTO • **le braquage est difficile** virar tudo é difícil **2.** *(attaque)* assalto *(m)* à mão armada.

braquer ■ *vi (automobiliste)* virar tudo. ■ *vt (diriger)* apontar • **braquer qqch sur** apontar algo a.
■ **se braquer** *vp* obstinar-se.

bras *nm* braço *(m)* • **bras de mer** braço de mar.

brasier *nm* inferno *(m)* de chamas.

bras-le-corps ■ **à bras-le-corps** *loc adv* pela cintura.

brassard *nm* braçadeira *(f)*.

brasse *nf* bruços *(mpl)*.

brasser *vt* **1.** *(remuer)* remexer **2.** *(bière)* fabricar **3.** *(affaires, argent)* lidar com.

brasserie *nf* cervejaria *(f)*.

brassière *nf* **1.** *(pour bébé) camisola interior para bebé* **2.** *(Québec) (soutien-gorge)* soutien *(m)*.

bravade *nf* bravata *(f)*.

brave *adj* valente • **il est brave** é boa pessoa.

braver *vt* **1.** *(défier)* desafiar **2.** *(mépriser)* desprezar **3.** *(ignorer)* desrespeitar.

bravo *interj* bravo!

bravoure *nf* valentia *(f)*.

break *nm* **1.** canadiana *(f) (viatura)* **2.** *fam* pausa *(f)* **3.** SPORT break *(m)*.

brebis *nf* ovelha *(f)*.

brèche *nf* brecha *(f)*.

bredouille *adj* • **être** *ou* **rentrer bredouille** voltar com as mãos a abanar.

bredouiller *vi* tartamudear.

bref, **brève** ■ *adj* breve. ■ *adv* enfim.

Brésil *nm* • **le Brésil** o Brasil.

brésilien, **enne** *adj* brasileiro(ra).
■ **Brésilien**, **enne** *nm*, *f* brasileiro *(m)*, -ra *(f)*.

Bretagne *nf* • **la Bretagne** a Bretanha.

bretelle *nf* **1.** *(de vêtement)* alça *(f)* **2.** *(d'autoroute)* ramal *(m)* de acesso.
■ **bretelles** *nfpl* suspensórios *(mpl)*.

breton, **onne** ■ *adj* bretão(ã). ■ *nm (langue)* bretão *(m)*.
■ **Breton**, **onne** *nm*, *f* bretão *(m)*, -ã *(f)*.

brevet *nm* **1.** *(diplôme)* diploma *(m)* **2.** *(de pilote)* brevet *(m)* **3.** *(d'invention)* patente *(f)* • **brevet (des collèges)** *diploma de fim do ensino obrigatório*, ≃ diploma do 9° ano.

breveter *vt* registar a patente de • **faire breveter qqch** registar a patente de algo.

bribes *nfpl (de conversation)* fragmentos *(mpl)*.

bric-à-brac *nm inv* bricabraque *(m)*.

bricolage *nm* bricolage *(f)* • **faire du bricolage** bricolar.

bricole *nf* coisita *(f)*.

bricoler ■ *vt* arranjar. ■ *vi* bricolar.

bricoleur, **euse** *nm*, *f* amador *(m)*, -ra *(f)* de bricolage.

bride *nf* rédea *(f)*.

bridé, **e** *adj* • **avoir les yeux bridés** ter os olhos em bico.

bridge *nm* **1.** *(jeu)* bridge *(m)* **2.** *(appareil dentaire)* prótese *(f)* fixa.

brie *nm* queijo *(m)* Brie.

brièvement *adv* sucintamente, em poucas palavras.

brigade *nf* brigada *(f)*.

brigand *nm* bandido *(m)*, -da *(f)*.

briguer *vt sout* ambicionar.

brillamment *adv* brilhantemente.

brillant, **e** ■ *adj* brilhante. ■ *nm (diamant)* brilhante *(m)*.

briller *vi* brilhar.

brimer *vt (personne)* reprimir.

brin *nm (de laine)* fio *(m)* • **brin d'herbe** ervinha *(f)* • **brin de muguet** raminho *(m)* de lírios-do-vale.

brindille *nf* graveto *(m)*.

brio *nm* brio *(m)* • **avec brio** brilhantemente.

brioche *nf* brioche *(m)*.

brique *nf* **1.** *(d'argile)* tijolo *(m)* **2.** *(de lait, de jus de fruit)* pacote *(m)*.

briquer *vt fam* esfregar.

briquet *nm* isqueiro *(m)*.

brise *nf* brisa *(f)*.

brise-glace *nm inv* quebra-gelo *(m)*.

brise-lames *nm inv* quebra-mar *(m)*.

briser *vt* quebrar.

bristol *nm* cartolina *(f)*.

britannique *adj* britânico(ca).
■ **Britannique** *nmf* britânico *(m)*, -ca *(f)*.

brocante *nf* loja *(f)* de velharias.

brocanteur, **euse** *nm*, *f* antiquário *(m)*.

broche *nf* **1.** *(bijou)* broche *(m)* **2.** CULIN espeto *(m)*.

brochet *nm* lúcio *(m)*.

brochette *nf (plat)* espetada *(f)* *(Port)*, churrasquinho *(m)* *(Br)*.

brochure *nf* brochura *(f)*.

brocoli *nm* brócolos *(mpl)*.

broder *vt* bordar.

broderie *nf* bordado *(m)*.

bronches *nfpl* brônquios *(mpl)*.

bronchite *nf* bronquite *(f)*.

bronzage *nm* bronzeado *(m)*.

bronze *nm* bronze *(m)*.

bronzé, **e** *adj* bronzeado(da).

bronzer *vi* bronzear • **se faire bronzer** bronzear.

brosse *nf (pour nettoyer)* escova *(f)* • **en brosse** à escovinha • **brosse à cheveux** escova para o cabelo • **brosse à dents** escova de dentes.

brosser *vt* escovar • **se brosser les dents** escovar os dentes.

brouette *nf* carro *(m)* de mão.

brouhaha *nm* zunzum *(m)*.

brouillard *nm* nevoeiro *(m)*.

brouille *nf* zanga *(f)*.

brouillé *adj m* ▷ **œuf**.

brouiller *vt* **1.** *(idées)* baralhar **2.** *(liquide, vue)* turvar.
■ **se brouiller** *vp* **1.** *(se fâcher)* zangar-se **2.** *(idées)* ficar baralhado(da) **3.** *(vue)* turvar-se.

brouillon *nm* rascunho *(m)*.

broussailles *nfpl* mato *(m)*.

brousse *nf* mato *(m)*.

brouter *vt* pastar.

broutille *nf* ninharia *(f)*.

broyer *vt* moer.

bru *nf sout* nora *(f)*.

brucelles *nfpl (Suisse)* pinça *(f)*.

brugnon *nm* pêssego *(m)* careca.

bruine *nf* chuva *(f)* miudinha *(Port)*, garoa *(f)* *(Br)*.

bruit *nm* **1.** *(son)* ruído *(m)* **2.** *(vacarme)* barulho *(m)* • **faire du bruit** fazer barulho.

bruitage *nm* efeitos *(mpl)* sonoros.

brûlant, e *adj* **1.** *(liquide)* a escaldar **2.** *(aliment)* a ferver **3.** *(soleil)* escaldante.

brûlé *nm* • **ça sent le brûlé** cheira a queimado.

brûle-pourpoint ■ **à brûle-pourpoint** *adv* de chofre.

brûler ▪ *vt* **1.** *(carboniser)* queimar **2.** *(irriter)* fazer arder. ▪ *vi* **1.** *(flamber)* arder **2.** *(chauffer)* queimar • **brûler un feu rouge** passar com o semáforo vermelho.
■ **se brûler** *vp* queimar-se • **se brûler la main** queimar-se na mão.

brûlure *nf* **1.** *(blessure)* queimadura *(f)* **2.** *(sensation)* ardor *(m)* • **brûlures d'estomac** azia *(f)*.

brume *nf* bruma *(f)*.

brumeux, euse *adj* nebuloso(osa).

brun, e *adj* **1.** *(personne)* moreno(na) **2.** *(cheveux)* preto(ta) **3.** *(tabac)* escuro(ra).

brune *nf* cigarro *(m)* de tabaco escuro • **(bière) brune** cerveja *(f)* preta.

brunir ▪ *vt* **1.** *(peau)* queimar **2.** *(cheveux, bois)* escurecer **3.** *(métal)* brunir. ▪ *vi* **1.** *(peau)* queimar-se **2.** *(cheveux, bois)* escurecer.

Brushing® *nm* brushing *(m)*.

brusque *adj* brusco(ca).

brusquement *adv* bruscamente.

brusquer *vt* **1.** *(événement)* precipitar **2.** *(personne)* tratar de uma maneira brusca.

brut, e *adj* **1.** bruto(ta) **2.** *(cidre, champagne)* seco(ca).

brutal, e, aux *adj* **1.** brutal **2.** *(personne)* bruto (ta).

brutaliser *vt* brutalizar.

brutalité *nf* **1.** *(violence)* brutalidade *(f)* **2.** *(soudaineté)* brusquidão *(f)*.

brute *nf* bruto *(m)*, -ta *(f)*.

Bruxelles *npr* Bruxelas.

bruyant, e *adj* **1.** barulhento(ta) **2.** *(moteur)* ruidoso(osa).

bruyère *nf* urze *(f)*.

BTS *nm* (*abr de* **brevet de technicien supérieur**), *diploma de técnico superior*.

buanderie *nf (Québec)* lavandaria *(f)*.

Bucarest *npr* Bucareste.

buccal, e *adj* **1.** bucal **2.** *(voie)* oral.

bûche *nf* cavaca *(f)* • **bûche de Noël** tronco *(m)* de Natal.

bûcher[1] *nm* **1.** *(supplice)* fogueira *(f)* **2.** *(funéraire)* pira *(f)*.

bûcher[2] *vt* & *vi fam* estar a marrar.

bûcheron, onne *nm, f* lenhador *(m)*.

bucolique *adj* bucólico(ca).

Budapest *npr* Budapeste.

budget *nm* orçamento *(m)*.

budgétaire *adj* orçamental.

buée *nf* vapor *(m)* de água.

buffet *nm* **1.** *(meuble)* aparador *(m)* **2.** *(repas)* bufete *(m)* **3.** *(de gare)* cafetaria *(f)* • **buffet froid** bufete de pratos frios.

buffle *nm* búfalo *(m)*.

building *nm* arranha-céus *(m inv)*.

buisson *nm* arvoredo *(m)*.

buissonnière *adj f* ▷ **école**.

bulbe *nm* bolbo *(m)*.

Bulgarie *nf* • **la Bulgarie** a Bulgária.

bulldozer *nm* bulldozer *(m)*.

bulle *nf* **1.** *(de gaz)* bolha *(f)* **2.** *(de savon)* bola *(f)* **3.** INFORM • **bulle d'aide** descrição *(f)* • **faire des bulles** *(avec un chewing-gum)* fazer balões • *(de savon)* fazer bolas de sabão.

bulletin *nm* **1.** *(papier)* impresso *(m)* **2.** *(d'informations)* boletim *(m)* **3.** SCOL ficha *(f)* de informação • **bulletin météorologique**

boletim meteorológico • **bulletin de salaire** folha *(f)* de salário • **bulletin de vote** boletim de voto.

bulletin-réponse *nm* cupão *(m)*.

bungalow *nm* bangaló *(m)*.

bureau *nm* **1.** escritório *(m)* **2.** *(meuble)* secretária *(f)* • **bureau de change** agência *(f)* de câmbio *(Port)*, casa *(f)* de câmbio *(Br)* • **bureau de poste** estação *(f)* de correios *(Port)*, agência *(f)* de correios *(Br)* • **bureau de tabac** tabacaria *(f)* • **'bureau d'information'** 'informações'.

bureaucrate *nmf péj* burocrata *(mf)*.

bureaucratie *nf péj* **1.** *(pouvoir)* burocracia *(f)* **2.** *(fonctionnaires)* funcionalismo *(m)* (público).

bureautique *nf* burótica *(f)*.

buriné, e *adj* **1.** burilado(da) **2.** *fig (visage, traits)* marcado(da).

burlesque *adj* burlesco(ca).

bus *nm* autocarro *(m) (em cidade)*.

buste *nm* **1.** *(partie du corps)* tronco *(m)* **2.** *(statue)* busto *(m)*.

bustier *nm* top *(m)*.

but *nm* **1.** *(intention)* objectivo *(m)* **2.** *(destination)* fim *(m)* **3.** SPORT *(point)* golo *(m)* • **les buts** SPORT *(zone)* as balizas • **dans le but de** com o fim de.

butane *nm* gás *(m)* butano.

buté, e *adj* casmurro(a).

buter *vi* • **buter sur** OU **contre** *(objet)* tropeçar em • *(difficulté)* deparar com.
■ **se buter** *vp* obstinar-se.

LE BUREAU

- l'atlas / o atlas
- le bureau / a secretária
- le cahier / o caderno
- la chaise / a cadeira
- les ciseaux / as tesouras
- le classeur / a pasta/o dossier
- le clavier / o teclado
- la colle / a cola
- le compas / o compasso
- le crayon à papier / o lápis
- l'écran / o ecrã
- l'équerre / o esquadro
- la gomme / a borracha
- la lampe / a lâmpada
- le livre / o livro
- l'ordinateur / o computador
- la règle / a régua
- la souris / o rato
- le stylo bille / a esferográfica
- le stylo plume / a caneta de tinta permanente
- le taille-crayon / a afiadeira
- le tapis de souris / o tapete de rato
- le tiroir / a gaveta
- la trousse / o estojo
- l'unité centrale / a unidade central.

butin *nm* espólio *(m)*.

butiner *vt* & *vi* andar de flor em flor a colher o pólen.

butte *nf* outeiro *(m)*.

buvard *nm* mata-borrão *(m)*.

buvette *nf* bar *(m)*.

C

c, C *nm inv (lettre)* c, C *(m)*.
■ **c 1.** (*abr écrite de* **centime**) cêntimo *(m)* **2.** (*abr écrite de* **centi**) c.
■ **C** (*abr écrite de* **celsius, centigrade, coulomb**) C.

ça *pron* **1.** *(pour désigner)* isto **2.** *(objet lointain)* isso • **ça n'est pas facile** isso não é fácil • **ça va ? – ça va !** tudo bem? – tudo bem! • **comment ça ?** como assim? • **c'est ça** é isso mesmo.

cabane *nf* cabana *(f)*.

cabaret *nm* cabaré *(m)*.

cabillaud *nm* bacalhau *(m)* fresco.

cabine *nf* **1.** *(de bateau)* camarote *(m)* **2.** *(de téléphérique)* cabine *(f)* **3.** *(sur la plage)* barraca *(f)* • **cabine de douche** cabine de duche • **cabine d'essayage** cabine de provas • **cabine (de pilotage)** cabine (de pilotagem) • **cabine (téléphonique)** cabine (telefónica).

cabinet *nm* **1.** *(d'avocat)* escritório *(m)* **2.** *(de médecin)* consultório *(m)* • **cabinet de toilette** casa *(f)* de banho.
■ **cabinets** *nmpl* casa *(f)* de banho *(Port)*, privada *(f)* *(Br)*.

câble *nm* cabo *(m)* • **(télévision par) câble** televisão por cabo.

câblé, e *adj* que tem televisão por cabo.

cabosser *vt* amolgar.

cabotage *nm* cabotagem *(f)*.

cabrer ■ **se cabrer** *vp* **1.** *(cheval, avion)* empinar-se **2.** *fig (personne)* ofender-se.

cabri *nm* cabrito *(m)*.

cabriole *nf* cambalhota *(f)*.

caca *nm* • **faire caca** *fam* fazer cocó.

cacah(o)uète *nf* amendoim *(m)*.

cacao *nm* cacau *(m)*.

cachalot *nm* cachalote *(m)*.

cache-cache *nm inv* • **jouer à cache-cache** jogar às escondidas.

cachemire *nm* caxemira *(f)*.

cache-nez *nm inv* écharpe *(f)*.

cache-pot *nm inv* vaso *(m)* decorativo.

cacher *vt* **1.** esconder **2.** *(vue, soleil)* tapar.
■ **se cacher** *vp* esconder-se.

cachet *nm* **1.** *(comprimé)* comprimido *(m)* **2.** *(tampon)* carimbo *(m)* **3.** *(allure)* cunho *(m)*.

cacheter *vt* **1.** *(lettre, enveloppe)* fechar **2.** *(bouteille)* lacrar.

cachette *nf* esconderijo *(m)* • **en cachette** às escondidas.

cachot *nm* masmorra *(f)*.

cachotterie *nf* segredinhos *(mpl)* • **faire des cachotteries (à qqn)** andar com segredinhos (com alguém).

cachottier, ère *adj* que anda com segredinhos.

cacophonie *nf* cacofonia *(f)*.

cactus *nm* cacto *(m)*.

cadastre *nm* cadastro *(m)*.

cadavre *nm* cadáver *(m)* • **un cadavre d'animal** un animal morto.

Caddie® *nm* carrinho *(m)* (de supermercado).

cadeau *nm* prenda *(f)* • **faire un cadeau à qqn** dar uma prenda a alguém • **faire cadeau de qqch à qqn** presentear alguém com algo.

cadenas *nm* cadeado *(m)*.

cadenasser *vt* fechar com cadeado.
■ **se cadenasser** *vp* trancar-se.

cadence *nf* cadência *(f)* • **en cadence** cadenciadamente.

cadet, ette ◼ *adj* mais novo (mais nova).
◼ *nm, f* mais novo *(m)*, mais nova *(f)* *(Port)*, caçula *(mf)* *(Br)*.

cadran *nm* *(de montre, de tableau de bord)* mostrador *(m)* • **cadran solaire** relógio *(m)* de sol.

cadre *nm, f* **1.** *(bordure)* moldura *(f)*, caixilhom *(m)* **2.** *(tableau)* quadro *(m)* **3.** *(décor)* sítio *(m)* **4.** *(d'une entreprise)* executivo *(m)*, -va *(f)* **5.** *(de vélo)* quadro *(m) (de bicicleta)* • **dans le cadre de** *fig* no âmbito de.

cadrer ■ *vi* condizer. ■ *vt (une photo)* enquadrar • **ne pas cadrer avec qqch** não condizer com algo.

caduc *adj* caduco(ca).

cafard *nm* barata *(f)* • **avoir le cafard** *fam* estar em baixo.

café *nm* **1.** café *(m)* **2.** *(au café)* bica *(f) (Port)*, cafezinho *(m) (Br)* • **café crème** OU **au lait** café com leite, ≃ galão *(m) (Port)*, pingado *(m) (Br)* • **café épicé** *(Suisse) café com cravo e canela* • **café liégeois** *gelado de café com natas* • **café noir** café simples.

caféine *nf* cafeína *(f)* • **sans caféine** sem cafeína.

cafétéria *nf* cafetaria *(f)*.

café-théâtre *nm* café-teatro *(m)*.

cafetière *nf* cafeteira *(f)*.

cafouiller *vi* **1.** *fam (personne)* meter os pés pelas mãos **2.** *(moteur)* falhar.

cage *nf* **1.** *(à oiseau)* gaiola *(f)* **2.** *(aux fauves)* jaula *(f)* **3.** SPORT baliza *(f)* • **cage d'escalier** escadas.

cageot *nm* **1.** *(caisse)* caixa *(f)* (da fruta) **2.** *péj (femme)* canastrão *(m)*.

cagibi *nm* cubículo *(m)*.

cagnotte *nf* **1.** *(caisse commune)* fundo *(m)* comum **2.** *(au loto)* jackpot *(m)* **3.** *(aux cartes)* bolo *(m)* **4.** *(économies)* pé-de-meia *(m)*.

cagoule *nf* **1.** *(d'enfant)* gorro *(m)* capuz **2.** *(de gangster)* • **porter une cagoule** estar embuçado(da).

cahier *nm* caderno *(m)* • **cahier de brouillon** caderno de rascunho • **cahier de textes** *caderno onde os alunos da escola primária anotam os trabalhos de casa*.

cahute *nf* choça *(f)*.

caille *nf* codorniz *(f)*.

cailler *vi* **1.** *(lait)* coalhar **2.** *(sang)* coagular.

caillot *nm* coágulo *(m)*.

caillou *nm* pedra *(f)*.

caïman *nm* caimão *(m)*.

caisse *nf* caixa *(f)* • **caisse (enregistreuse)** caixa (registadora) • **caisse d'épargne** caixa de poupança • **caisse rapide** caixa-expresso *(f)*.

caissier, ère *nm, f* operador *(m)*, -ra *(f)* de caixa.

cajoler *vt* mimar.

cajou *nm* ▷ **noix**.

cake *nm* bolo *(m)* inglês.

calamar *nm* lula *(f)*.

calamité *nf* calamidade *(f)* • **calamité naturelle** catástrofe *(f)* natural.

calanque *nf* cala *(f)*.

calcaire ■ *nm* calcário *(m)*. ■ *adj* calcário (ria).

calciné, e *adj* calcinado(da).

calciner *vt* calcinar.

calcium *nm* cálcio *(m)*.

calcul *nm* **1.** cálculo *(m)* **2.** MÉD pedra *(f)* • **calcul mental** cálculo mental.

calculateur, trice *adj* & *nm, f (péj)* calculista *(mf)*.
■ **calculatrice** *nf* calculadora *(f)*.

calculer *vt* calcular.

calculette *nf* calculadora *(f)* de bolso.

cale *nf* calço *(m)*.

calé, e *adj fam (doué)* bom (boa) • **il est très calé** é um sabichão.

caleçon *nm* **1.** *(sous-vêtement)* boxer *(m)* **2.** *(pantalon)* calças *(fpl)* justas.

calembour *nm* trocadilho *(m)*.

calendrier *nm* calendário *(m)*.

cale-pied *nm* clipe *(m)* de pedal.

calepin *nm* canhenho *(m)*.

caler ■ *vt (stabiliser)* calçar. ■ *vi* **1.** *(voiture, moteur)* ir abaixo **2.** *fam (à table)* estar cheio (cheia).

calfeutrer *vt* calafetar.
■ **se calfeutrer** *vp* • **se calfeutrer chez soi** meter-se em casa.

calibre *nm* calibre *(m)* • **de gros calibre** de grande calibre.

califourchon ■ **à califourchon sur** *adv* às cavalitas em.

câlin *nm* mimo *(m)* • **faire un câlin à qqn** dar mimos a alguém.

calmant *nm* calmante *(m)*.

calmar = **calamar**.

calme ■ *adj* calmo(ma). ■ *nm* calma *(f)* • **du calme !** calma!

calmer *vt* **1.** *(douleur)* aliviar **2.** *(personne)* acalmar.
■ **se calmer** *vp* **1.** *(personne)* acalmar-se **2.** *(tempête)* amainar **3.** *(douleur)* aliviar.

calomnie *nf* calúnia *(f)*.

calorie *nf* caloria *(f)*.

calorique *adj* calórico(ca).

calotte *nf* **1.** *(bonnet)* solidéu *(m)* **2.** *fam (gifle)* tabefe *(m)*.
■ **calotte crânienne** *nf* calota *(f)* craniana.
■ **calotte glaciaire** *nf* calota *(f)* polar.

calque *nm* • **(papier-)calque** papel *(m)* vegetal.

calquer *vt* **1.** *(reproduire)* decalcar **2.** *(imiter)* copiar **3.** *(traduire littéralement)* • **calquer de** *ou* **sur** ser um decalque de • **calquer qqch sur** imitar algo.

calvados *nm aguardente de maçã.*

calvaire *nm* calvário *(m)*.

calvitie *nf* calvície *(f)*.

camarade *nmf* colega *(mf)* • **camarade de classe** colega de turma.

Cambodge *nm* • **le Cambodge** o Camboja.

cambouis *nm* óleo *(m)*.

cambré, e *adj* arqueado(da).

cambriolage *nm* assalto *(m)*.

cambrioler *vt* assaltar.

cambrioleur *nm* assaltante *(m)*.

caméléon *nm* camaleão *(m)*.

camélia *nm* camélia *(f)*.

camelote *nf péj* porcaria *(f)*.

camembert *nm* camembert *(m)*.

caméra *nf* câmara *(f)*.

cameraman *nm* operador *(m)*, -ra *(f)* de câmara.

Caméscope® *nm* câmara *(f)* de vídeo *(Port)*, filmadora *(f)* *(Br)*.

camion *nm* camião *(m)*.

camion-citerne *nm* camião-cisterna *(m)*.

camion-poubelle *nm* viatura *(f)* de recolha do lixo, camião *(m)* do lixo • **le camion-poubelle vient ramasser les déchets dans les villages** a viatura de recolha do lixo recolhe o lixo nas cidades.

camionnette *nf* carrinha *(f)*.

camionneur, euse *nm, f (chauffeur)* camionista *(m)*.

camisole ■ **camisole de force** *nf* camisa-de-forças *(f)*.

camomille *nf* **1.** *(plante)* camomila *(f)* **2.** *(tisane)* tisana *(f)* de camomila.

camouflage *nm* camuflagem *(f)*.

camp *nm* **1.** *(tentes)* acampamento *(m)* **2.** *(de joueurs, de sportifs)* campo *(m)* • **camp de vacances** campo de férias • **faire un camp (de vacances)** ir para um campo de férias.

campagnard, e ◼ *adj* **1.** *(de la campagne)* rural **2.** *(rustique)* rústico(ca). ◼ *nm, f* camponês *(m)*, -esa *(f)*.

campagne *nf* **1.** *(champs)* campo *(m)* **2.** *(électorale, publicitaire)* campanha *(f)*.

campement *nm* acampamento *(m)*.

camper *vi* acampar.

campeur, euse *nm, f* campista *(mf)*.

camping *nm* **1.** *(terrain)* parque *(m)* de campismo **2.** *(activité)* campismo *(m)* • **faire du camping** fazer campismo • **camping sauvage** campismo selvagem.

camping-car *nm* roulotte *(f)*.

Camping-Gaz® *nm inv* Camping-Gaz® *(m)*.

Canada *nm* • **le Canada** o Canadá.

canadien, enne *adj* canadiano(na).
■ **Canadien, enne** *nm, f* canadiano *(m)*, -na *(f)*.

canadienne *nf* **1.** *(veste)* samarra *(f)* **2.** *(tente)* canadiana *(f)*.

canaille ◼ *adj* maroto(ta). ◼ *nf* canalha *(m)*.

canal *nm* canal *(m)* • **Canal +** *canal de televisão privado sujeito a assinatura.*

canalisation *nf* canalização *(f)*.

canaliser *vt* canalizar.

canapé *nm* canapé *(m)* • **canapé convertible** sofá-cama *(m)*.

canapé-lit *nm* sofá-cama *(m)*.

canard *nm* **1.** *(animal)* pato *(m)* **2.** *(sucre) torrão de açúcar que se molha no café* • **canard laqué** *prato chinês à base de pato macerado em mel e assado* • **canard à l'orange** *pato com laranja.*

canari *nm* canário *(m)*.

cancer *nm* cancro *(m)* • **Cancer** Caranguejo *(m)* *(Port)*, Câncer *(m)* *(Br)*.

cancéreux, euse *adj* canceroso(osa).

cancérigène *adj* cancerígeno(na).

cancérologue *nmf* oncologista *(mf)*.

cancre *nm fam* cábula *(mf)*.

candidat, e *nm, f* candidato *(m)*, -ta *(f)*.

candidature *nf* candidatura *(f)* • **poser sa candidature (à)** apresentar a sua candidatura (a).

candide *adj* cândido(da).

caneton *nm* patinho *(m)*.

canette *nf* **1.** *(bouteille)* garrafa *(f)* **2.** *(boîte)* lata *(f)*.

canevas *nm* **1.** *(en couture)* talagarça *(f)* **2.** *(plan)* esqueleto *(m)*.

caniche *nm* caniche *(m)*.

canicule *nf* canícula *(f)*.

canif *nm* canivete *(m)*.

canine *nf* dente *(m)* canino.

caniveau *nm* valeta *(f)*.

canne *nf* bengala *(f)* • **canne à pêche** cana de pesca *(Port)*, vara *(f)* de pescar *(Br)*.

canneberge *nm (Québec)* arando *(m)*.

cannelle *nf* canela *(f)*.

cannelloni(s) *nmpl* canelones *(mpl)*.

cannette = **canette**.

cannibale *adj* & *nmf* canibal.

canoë *nm* canoagem *(f)* • **faire du canoë** fazer canoagem.

canoë-kayak *nm* kayak *(m)* • **faire du canoë-kayak** fazer canoagem.

canon *nm* **1.** *(arme)* canhão *(m)* **2.** *(d'une arme à feu)* cano *(m)* • **chanter en canon** cantar em cânone.

canoniser *vt* canonizar.

canot *nm* bote *(m)* • **canot pneumatique** bote pneumático • **canot de sauvetage** bote salva-vidas.

cantal *nm* queijo *(m)* de Cantal.

cantatrice *nf* cantora *(f)* de ópera.

cantine *nf (restaurant)* cantina *(f)*.

cantique *nm* cântico *(m)*.

canton *nm* **1.** *(en France)* ≃ freguesia *(f)* **2.** *(en Suisse)* cantão *(m)*.

cantonais *adj m* ▷ **riz**.

canular *nm fam* logro *(m)*.

caoutchouc *nm* borracha *(f)*.

cap *nm* **1.** *(pointe de terre)* cabo *(m)* **2.** NAUT rumo *(m)* • **mettre le cap sur** tomar o rumo de, rumar a.

CAP *nm* (*abr de* **Certificat d'aptitude professionnelle**), *diploma concedido aos alunos que optam pela via profissional.*

capable *adj* capaz • **être capable de faire qqch** ser capaz de fazer algo.

capacités *nfpl* capacidades *(fpl)*.

cape *nf* capa *(f)*.

CAPES, Capes (*abr de* **Certificat d'aptitude au professorat de l'enseignement du second degré**) *nm certificado de aptidão pedagógica para o ensino secundário.*

capillaire ◼ *adj* capilar. ◼ *nm* **1.** *(fougère)* avenca *(f)* **2.** *(vaisseau)* vaso *(m)* capilar.

capitaine *nm, f* capitão *(m)*, -ã *(f)*.

capital, e *adj* & *nm* capital.

capitale *nf* **1.** *(ville)* capital *(f)* **2.** *(lettre)* maiúscula *(f)*.

capitaliser ◼ **capitaliser sur** *v* + *prép* investir.

capitalisme *nm* capitalismo *(m)*.

capitonné, e *adj* acolchoado(da).

capituler *vi* capitular • **capituler devant qqn/qqch** capitular perante alguém/algo.

caporal, e *nm, f* cabo *(m)*.

capot *nm* capô *(m)*.

capote *nf* AUTO capota *(f)*.

capoter *vi (Québec) fam* passar-se dos carretos.

câpre *nf* alcaparra *(f)*.

caprice *nm* **1.** *(colère)* birra *(f)* **2.** *(envie)* capricho *(m)* • **faire un caprice** fazer uma birra.

capricieux, euse *adj* birrento(ta).

Capricorne *nm* Capricórnio *(m)*.

capsule *nf (de bouteille)* cápsula *(f)* • **capsule spatiale** cápsula espacial.

capter *vt (station de radio)* apanhar.

captivant, e *adj* cativante.

captiver *vt* cativar.

captivité *nf* cativeiro *(m)* • **en captivité** *(animal)* em cativeiro.

capture *nf* • **capture d'écran** INFORM captura *(f)* de ecrã.

capturer *vt* capturar.

capuche *nf* capuz *(m)*.

capuchon *nm* **1.** *(d'une veste)* capuz *(m)* **2.** *(d'un stylo)* tampa *(f)*.

Cap-vert *nm* • **les îles du Cap-vert** as ilhas de Cabo Verde.

caquelon *nm (Suisse) recipiente de barro ou metal no qual se prepara a fondue.*

car[1] *conj* pois.

car[2] *nm* autocarro *(m) (entre cidades).*

carabine *nf* carabina *(f).*

caractère *nm* **1.** carácter *(m)* **2.** *(tempérament)* feitio *(m)* • **avoir du caractère** *(personne)* ter personalidade • *(maison)* ter estilo • **avoir bon caractère** ter bom feitio • **avoir mauvais caractère** ter mau feitio • **caractères d'imprimerie** caracteres *(mpl)* de imprensa *(Port)*, letras *(fpl)* de fôrma *(Br).*

caractériser *vt* caracterizar. ■ **se caractériser** *vp* • **se caractériser par** caracterizar-se por.

caractéristique ■ *nf* característica *(f).* ■ *adj* • **caractéristique de** característico(ca) de.

carafe *nf* garrafa *(f).*

Caraïbes *nfpl* • **les Caraïbes** as Caraíbas.

carambolage *nm fam* choque *(m).*

caramel *nm* caramelo *(m).*

carapace *nf* carapaça *(f).*

carat *nm* quilate *(m)* • **18 carats** 18 quilates.

caravane *nf* caravana *(f).*

caravelle *nf* caravela *(f).*

carbonade *nf* • **carbonades flamandes** *(Suisse) ensopado de carne de vaca cozida com cerveja.*

carbone *nm* carbono *(m)* • **(papier) carbone** papel *(m)* químico.

carboniser *vt* **1.** *(consumer)* carbonizar **2.** *(laisser brûler)* esturrar.

carburant *nm* carburante *(m).*

carburateur *nm* carburador *(m).*

carcasse *nf* **1.** *(d'animal)* carcaça *(f)* **2.** *(de voiture)* carroçaria *(f).*

cardiaque *adj* cardíaco(ca).

cardigan *nm* casaco *(m)* de lã.

cardinal, e *adj* **1.** *(nombre)* cardinal **2.** *(point)* cardeal **3.** *(principal)* principal. ■ **cardinal** *nm* **1.** RELIG cardeal *(m)* **2.** *(nombre)* numeral *(m)* cardinal.

cardinaux *adj m pl* ▷ **point.**

cardiologue *nmf* cardiologista *(mf).*

carême *nm* **1.** RELIG Quaresma *(f)* **2.** *(jeûne)* abstinência *(f).*

carence *nf* carência *(f)* • **carence en** carência de.

caresse *nf* carícia *(f).*

caresser *vt* acariciar.

cargaison *nf* carregamento *(m).*

cargo *nm* cargueiro *(m).*

caricature *nf (dessin)* caricatura *(f).*

carie *nf* cárie *(f).*

carillon *nm* carrilhão *(m).*

carlingue *nf* carlinga *(f).*

carnage *nm* carnificina *(f).*

carnaval *nm* Carnaval *(m).*

carnet *nm* **1.** *(cahier)* caderno *(m)* **2.** *(de tickets)* módulo *(m)* **3.** *(de timbres)* carteira *(f)* • **carnet de timbres** carteira de selos • **carnet d'adresses** livro *(m)* de moradas • **carnet de chèques** livro *(m)* de cheques *(Port)*, talão *(m)* de cheques *(Br)* • **carnet de notes** ≃ ficha *(f)* de informação.

carnivore *adj* & *nm* carnívoro(ra).

carnotzet *nm (Suisse) local onde se servem pratos à base de queijo, como a raclette.*

carotte *nf* cenoura *(f).*

carpe *nf* carpa *(f).*

carpette *nf* tapete *(m).*

carré, e ■ *adj* quadrado(da). ■ *nm* **1.** *(forme géométrique)* quadrado *(m)* **2.** *(de chocolat)* quadradinho *(m)* **3.** *(d'agneau, de porc)* carré *(m)* • **deux mètres carrés** dois metros quadrados • **deux au carré** dois ao quadrado.

carreau *nm* **1.** *(vitre)* vidraça *(f)* **2.** *(sur le sol)* ladrilho *(m)* **3.** *(sur les murs)* azulejo *(m)* **4.** *(carré)* quadrado *(m)* **5.** *(aux cartes)* ouros *(mpl)* • **à carreaux** aos quadrados • *(tissu)* de xadrez.

carrefour *nm* cruzamento *(m).*

carrelage *nm* **1.** *(au mur)* azulejos *(mpl)* **2.** *(au sol)* ladrilhos *(mpl)*, tijoleira *(f).*

carrément *adv fam* **1.** *(franchement)* francamente **2.** *(très)* mesmo.

carrière *nf* **1.** *(de pierre)* pedreira *(f)* **2.** *(profession)* carreira *(f)* • **faire carrière dans qqch** fazer carreira em algo.

carriole *nf* carroça *(f)* pequena.

carrossable *adj* circulável.

carrosse *nm* coche *(m).*

carrosserie *nf* carroçaria *(f)*.

carrure *nf* largura *(f)* de ombros.

cartable *nm* pasta *(f)* escolar.

carte *nf* **1.** *(à jouer)* carta *(f)* **2.** *(document officiel)* cartão *(m)* **3.** *(plan)* mapa *(m)* **4.** *(de restaurant)* ementa *(f)* • **à la carte** à lista • **carte d'anniversaire** cartão de aniversário • **carte bancaire** cartão bancário • **Carte Bleue** ≃ cartão multibanco • **carte de crédit** cartão de crédito • **carte d'électeur** cartão de eleitor • **carte d'embarquement** cartão de embarque • **carte grise** livrete *(m)* • **carte (nationale) d'identité** bilhete *(m)* de identidade *(Port)*, cartão de identidade *(Br)* • **Carte Orange** ≃ passe *(m)* social • **carte postale** postal *(m)* *(Port)*, cartão postal *(Br)* • **carte téléphonique** *OU* **de téléphone** Credifone *(m)*, cartão telefónico • **carte de visite** cartão de visita • **carte de vœux** cartão/postal de Boas Festas.

cartilage *nm* cartilagem *(f)*.

cartomancien, **enne** *nm, f* cartomante *(mf)*.

carton *nm* **1.** cartão *(m)* **2.** *(boîte)* caixote *(m)* de papelão **3.** *fig* & SPORT • **carton jaune/rouge** cartão amarelo/vermelho.

cartonné, **e** *adj* **1.** de cartão **2.** *(livre)* encadernado(da).

carton-pâte *nm* pasta *(f)* de cartão.

cartouche *nf* **1.** *(munition)* cartucho *(m)* **2.** *(d'encre)* recarga *(f)* **3.** *(de cigarettes)* embalagem *(f)*.

cas *nm* caso *(m)* • **au cas où** no caso de • **dans ce cas** nesse caso • **en cas de** em caso de • **en tout cas** em todo o caso.

cascade *nf* **1.** *(chute d'eau)* cascata *(f)* **2.** *(au cinéma)* cena *(f)* perigosa.

cascadeur, **euse** *nm, f* duplo *(m)*.

case *nf* **1.** *(de damier, de mots croisés)* casa *(f)* **2.** *(de meuble)* escaninho *(m)* **3.** *(hutte)* cubata *(f)*.

caser *vt* **1.** *(placer)* enfiar **2.** *fam (trouver un emploi pour)* conseguir um emprego para **3.** *fam (marier)* arrumar.
■ **se caser** *vp fam* **1.** *(trouver un emploi)* arranjar emprego **2.** *(se marier)* arrumar-se.

caserne *nf* caserna *(f)* • **caserne des pompiers** quartel *(m)* dos bombeiros.

cash *nm* dinheiro *(m)* • **payer cash** pagar a dinheiro.

casier *nm* cacifo *(m)* • **casier à bouteilles** garrafeira *(f)* • **casier judiciaire** registo *(m)* criminal.

casino *nm* casino *(m)*.

casque *nm* **1.** *(de moto, d'ouvrier, de soldat)* capacete *(m)* **2.** *(écouteurs)* auscultadores *(mpl)*.
■ **casques bleus** *nmpl* • **les casques bleus** capacetes azuis.

casquette *nf* boné *(m)*.

casse ■ *nm fam* assalto *(m)*. ■ *nf* **1.** *(action de casser)* cacos *(mpl)* **2.** *fam (violence)* barulho *(m)* **3.** *(de voitures)* ferro-velho *(m)* **4.** *(en typographie)* caixa *(f)* • **haut/bas de casse** caixa alta/baixa.

casse-cou *nmf inv fam* temerário *(m)*, -ria *(f)*.

casse-croûte *nm inv fam* bucha *(f)*.

casse-noix *nm inv* quebra-nozes *(m inv)*.

casse-pieds *fam adj inv* & *nmf inv* chato (ta).

casser *vt* partir • **casser les oreilles à qqn** *fam* dar cabo dos ouvidos a alguém • **casser les pieds à qqn** *fam* chatear o juízo a alguém.
■ **se casser** *vp* partir-se • **se casser le bras** partir o braço • **se casser la figure** *fam* dar um trambolhão.

casserole *nf* panela *(f)*.

casse-tête *nm inv* quebra-cabeças *(m inv)*.

cassette *nf* cassete *(f)* • **cassette vidéo** cassete de vídeo *(Port)*, fita *(f)* (de vídeo) *(Br)*.

cassis *nm* cássis *(m)*.

cassoulet *nm* ≃ feijoada *(f)*.

cassure *nf* **1.** *(brisure)* fenda *(f)* **2.** *fig (rupture)* ruptura *(f)*.

casting *nm* **1.** *(entretien)* audição *(f)* **2.** *(d'un film)* distribuição *(f)* de papéis • **aller à un casting** ir a uma audição.

castor *nm* castor *(m)*.

cataclysme *nm* cataclismo *(m)*.

catalogue *nm* catálogo *(m)*.

cataloguer *vt* catalogar • **cataloguer qqn comme** *péj* classificar alguém de.

catalytique *adj* catalítico(ca).

catamaran *nm* catamarã *(m)*.

cataracte *nf* catarata *(f)*.

catastrophe *nf* catástrofe *(f)* • **catastrophe naturelle** catástrofe natural.

catastrophé, e *adj* preocupadíssimo(ma).

catastrophique *adj* catastrófico(ca).

catch *nm* luta *(f)* livre.

catéchisme *nm* catequese *(f)*.

catégorie *nf* categoria *(f)*.

catégorique *adj* categórico(ca).

cathédrale *nf* catedral *(f)*.

catholicisme *nm* catolicismo *(m)*.

catholique *adj* & *nmf* católico(ca).

catimini ■ **en catimini** *loc adv* à socapa.

cauchemar *nm* pesadelo *(m)*.

cause *nf* causa *(f)* • **à cause de** por causa de • **'fermé pour cause de...'** 'fechado para...'.

causer ■ *vt (provoquer)* causar. ■ *vi (parler)* conversar.

cautériser *vt* cauterizar.

caution *nf* **1.** *(paiement)* caução *(f)* **2.** *(personne)* fiador *(m)*, -ra *(f)*.

cautionner *vt* **1.** DR *(se porter garant)* caucionar **2.** *fig (appuyer)* apoiar.

cavalerie *nf* cavalaria *(f)*.

cavalier, ère ■ *nm, f* **1.** *(à cheval)* cavaleiro *(m)*, -ra *(f)* **2.** *(partenaire)* par *(m)*. ■ *nm (aux échecs)* cavalo *(m)*.

cave *nf* cave *(f)*.

caverne *nf* caverna *(f)*.

caviar *nm* caviar *(m)*.

cavité *nf* cavidade *(f)*.

CB® *abrév de* **Carte Bleue**®.

CCP (*abr écrite de* **compte chèque postal**) *nm conta corrente aberta nos Correios em França.*

CD *nm* (*abr de* **Compact Disc**) CD *(m)*.

CDD (*abr de* **contrat à durée déterminée**) *nm* • **elle est en CDD** ela tem um contrato a termo certo.

CDI *nm* **1.** (*abr de* **centre de documentation**), *biblioteca de uma escola secundária* **2.** (*abr de* **contrat à durée indéterminée**) • **il est en CDI** ela tem um contrato a termo incerto.

CD-I *nm* (*abr de* **Compact Disc intéractif**®) CD-i *(m) (Compact Disc interactivo®)*.

CD-ROM *nm* CD-ROM *(m)*.

ce, cette *adj*

1. DÉSIGNE UNE CHOSE PROCHE DANS L'ESPACE OU DANS LE TEMPS = este (esta)
• **cette nuit** esta noite
• **c'est ce lundi ou celui d'après ?** é nesta segunda-feira ou na outra?

2. DÉSIGNE UNE CHOSE ÉLOIGNÉE DANS L'ESPACE OU DANS LE TEMPS = esse (essa)
• **donne-moi ce livre** dá-me esse livro

3. DÉSIGNE UNE CHOSE TRÈS ÉLOIGNÉE DANS L'ESPACE OU DANS LE TEMPS = aquele (aquela)
• **cette année-là** naquele ano.

ce *pron*

1. POUR METTRE EN VALEUR
• **c'est mon frère** é o meu irmão
• **c'est moi !** sou eu!
• **ce sont mes chausssettes** são as minhas meias
• **c'est votre collègue qui m'a renseigné** foi o seu colega que me informou

2. DANS DES PHRASES INTERROGATIVES
• **est-ce bien là ?** é mesmo aqui?
• **qui est-ce ?** quem é?

3. DEVANT UN PRONOM RELATIF
• **ce que tu voudras** o que tu quiseres
• **ce qui nous intéresse, ce sont les paysages** o que nos interessa, são as paisagens
• **ce dont vous aurez besoin en camping** aquilo de que precisará no campismo

4. EN INTENSIF
• **ce qu'il fait chaud !** que calor que está!

CE *nm* (*abr de* **cours élémentaire**) • **CE1** ≃ segunda classe *(f)* (da escola primária) • **CE2** ≃ terceira classe *(f)* (da escola primária).

ceci *pron* isto • **ceci veut dire que** isto quer dizer que.

cécité *nf* cegueira *(f)*.

céder ■ *vt (laisser)* ceder. ■ *vi* **1.** *(ne pas résister)* ceder **2.** *(casser)* partir • **céder à** ceder a • **'cédez le passage'** 'ceder a passagem'.

cédérom *nm* INFORM cd-rom.

CEDEX *nm* CODEX *(m)*.

cédille *nf* cedilha *(f)* • **c cédille** c cedilha.

cèdre *nm* cedro *(m)*.

CEI *nf* (*abr de* **Communauté d'États indépendants**) CEI *(f) (Comunidade de Estados Independentes)*.

ceinture *nf* **1.** cintura *(f)* **2.** *(accessoire)* cinto *(m)* • **ceinture de sécurité** cinto de segurança.

ceinturon *nm* cinturão *(m)*.

cela *pron* isso • **cela ne fait rien** não faz mal • **comment cela ?** como assim? • **c'est cela** *(c'est exact)* é isso.

célèbre *adj* célebre.

célébrer *vt* celebrar.

célébrité *nf* celebridade *(f)*.

céleri *nm* aipo *(m)* • **céleri rémoulade** *aipo ralado servido frio com maionese.*

céleste *adj* celeste.

célibataire *adj* & *nmf* solteiro(ra).

Cellophane® *nf* celofane *(m)* • **sous Cellophane** envolvido em celofane.

cellulaire *adj* celular.

cellule *nf* **1.** célula *(f)* **2.** *(cachot)* cela *(f)*.

cellulite *nf* celulite *(f)*.

celui, **celle** *pron* aquele(ela) • **celui de devant** o da frente • **celui de Pierre** o do Pedro • **celui qui part à 13 h 30** aquele que parte às 13h30 • **ceux dont je t'ai parlé** aqueles de que te falei.

celui-ci, **celle-ci** *pron* **1.** *(dans l'espace)* este (esta) **2.** *(dont on vient de parler)* esse (essa).

celui-là, **celle-là** *pron* aquele(ela).

cendre *nf* cinza *(f)*.

cendrier *nm* cinzeiro *(m)*.

censé, **e** *adj* • **il est censé être à Paris** ele devia estar em Paris • **elle n'est pas censée le savoir** não é suposto ela saber isso.

censure *nf* censura *(f)*.

censurer *vt* censurar.

cent *num* cem • **pour cent** por cento.

centaine *nf* • **une centaine (de)** uma centena (de).

centenaire ■ *adj* & *nmf* centenário(ria). ■ *nm* centenário *(m)*.

centième *num* centésimo.

centilitre *nm* centilitro *(m)*.

centime *nm* cêntimo *(m)*, ≃ centavo *(m)*.

centimètre *nm* centímetro *(m)*.

central, **e** *adj* central.

centrale *nf* central *(f)* • **centrale nucléaire** central nuclear *(Port)*, usina *(f)* nuclear *(Br)*.

centraliser *vt* centralizar.

centre *nm* **1.** centro *(m)* **2.** *(point essentiel)* cerne *(m)* • **centre aéré** *centro de actividades ao ar livre para crianças* • **centre commercial** centro comercial.

centrer *vt* centrar.

centre-ville *nm* centro *(m)* da cidade.

centrifugeuse *nf* centrifugadora *(f)*.

centuple *nm* cêntuplo *(m)* • **au centuple** cem vezes mais.

cèpe *nm* boleto *(m)* *(cogumelo)*.

cependant *conj* no entanto.

céramique *nf* cerâmica *(f)*.

cercle *nm* círculo *(m)*.

cercueil *nm* caixão *(m)*.

céréale *nf* cereal *(m)* • **des céréales** cereais *(mpl)*.

cérémonie *nf* cerimónia *(f)*.

cerf *nm* cervo *(m)*.

cerfeuil *nm* cerefólio *(m)*.

cerf-volant *nm* papagaio *(m)* *(Port)*, pipa *(f)* *(Br)*.

cerise *nf* cereja *(f)*.

cerisier *nm* cerejeira *(f)*.

cerner *vt* **1.** *(ville, ennemi)* cercar **2.** *fig (problème)* delimitar.

cernes *nmpl* olheiras *(fpl)*.

certain, **e** *adj* & *pron* certo(ta) • **être certain de (faire) qqch** estar certo de (fazer) algo • **être certain que** estar certo de que • **un certain temps** um certo tempo • **un certain Jean** um chamado João.
■ **certains**, **certaines** *adj* & *pron* alguns (mas) • **certains pensent que...** certas pessoas pensam que....

certainement *adv* **1.** *(probablement)* certamente **2.** *(bien sûr)* com certeza.

certes *adv* **1.** *(bien sûr)* decerto **2.** *(il est vrai que)* é verdade que.

certificat *nm* certificado *(m)* • **certificat médical** atestado *(m)* médico • **certificat de scolarité** certificado *(m)* de escolaridade.

certifier *vt* certificar • **certifié conforme à l'original** autenticado conforme o original.

certitude *nf* certeza *(f)*.

cerveau *nm* cérebro *(m)*.

cervelas *nm* *espécie de salpicão.*

cervelle *nf* miolos *(mpl)*.

cervical, e *adj* cervical • **(vertèbre) cervicale** vértebra cervical.

CES *nm* (*abr écrite de* **collège d'enseignement secondaire**), *antigo nome dado às escolas preparatórias.*

césarienne *nf* cesariana *(f)*.

césars *nmpl prémio cinematográfico* césares *(mpl)*.

cesse *adv* sem cessar.

cesser *vi* cessar • **cesser de faire qqch** cessar de fazer algo.

cessez-le-feu *nm inv* cessar-fogo *(m)*.

cession *nf* **1.** cessão *(f)* **2.** *(d'un bail)* trespasse *(m)*.

c'est-à-dire *adv* quer dizer.

cétacé *nm* cetáceo *(m)*.

Cf. (*abr écrite de* **confer**) Cf.

chacun, e *pron* **1.** *(chaque personne)* cada um (cada uma) **2.** *(tout le monde)* cada qual • **chacun pour soi** cada um por si.

chagrin *nm* desgosto *(m)* • **avoir du chagrin** estar triste.

chahut *nm* chinfrim *(m)* • **faire du chahut** fazer chinfrim.

chahuter *vt* gozar com *fam*.

chaîne *nf* **1.** *(suite de maillons)* corrente *(f)* **2.** *(bijou)* fio *(m)* **3.** *(suite)* série *(f)* **4.** *(de télévision)* canal *(m)* **5.** *(d'hôtels, de restaurants)* cadeia *(f)* • **chaîne cablée/cryptée** canal do cabo, canal codificado • **à la chaîne** em cadeia • **chaîne (hi-fi)** aparelhagem *(f)* (de som) • **chaîne laser** aparelhagem laser • **chaîne de montagnes** cordilheira *(f)*. ■ **chaînes** *nfpl (de voiture)* correntes *(fpl)*.

chaînon *nm* elo *(m)* • **chaînon manquant** elo que falta.

chair ■ *nf (d'animal)* carne *(f)*. ■ *adj (couleur)* de pele • **chair à saucisse** carne picada • **en chair et en os** em carne e osso • **avoir la chair de poule** ficar com pele de galinha.

chaise *nf* cadeira *(f)* • **chaise longue** espreguiçadeira *(f)*.

châle *nm* xaile *(m)*.

chalet *nm* **1.** *(de bois)* chalé *(m)* **2.** *(Québec) (maison de campagne)* casa *(f)* de campo.

chaleur *nf* calor *(m)*.

chaleureux, euse *adj* caloroso(osa).

chaloupe *nf (Québec)* barca *(f)*.

chalumeau *nm* maçarico *(m)*.

chalutier *nm* arrastão *(m)*.

chamailler *vp* brigar.

chamailler ■ **se chamailler** *vp fam* bulhar.

chambre *nf* • **chambre (à coucher)** quarto *(m)* (de dormir) • **chambre à air** câmara-de-ar *(f)* • **chambre d'amis** quarto de hóspedes • **Chambre des députés** Câmara *(f)* dos deputados • **chambre double** quarto duplo • **chambre simple** quarto individual.

chameau *nm* camelo *(m)*.

chamois *nm* ▷ **peau**.

champ *nm* campo *(m) (Port)*, roça *(f) (Br)* • **champ de bataille** campo de batalha • **champ de courses** hipódromo *(m)*.

champagne *nm* champanhe *(m)*.

champêtre *adj* campestre.

champignon *nm* cogumelo *(m)* • **champignons à la grecque** cogumelos à grega • **champignon de Paris** champignon *(m)* de Paris.

champion, onne *nm, f* campeão *(m)*, -ã *(f)*.

championnat *nm* campeonato *(m)*.

chance *nf* **1.** *(sort favorable)* sorte *(f)* **2.** *(probabilité)* hipótese *(f)* • **avoir de la chance** ter sorte • **avoir des chances de faire qqch** ter hipóteses de fazer algo • **bonne chance !** boa sorte!

S'EXPRIMER...

souhaiter bonne chance

• **Boa sorte.** / Je te dis m...
• **Boa sorte.** / Bonne chance.
• **Desejo-te muitas felicidades.** / Je te souhaite plein de bonnes choses.
• **Espero que tudo corra pelo melhor./Espero que tudo dê certo.** *fam* / Je croise les doigts.

chanceler *vi* cambalear.

chancelier, ère *nm, f* chanceler *(m)*.

chanceux, euse *adj* sortudo(da).

chandail *nm* camisola *(f)* de lã.

Chandeleur *nf* • **la Chandeleur** a festa das Candeias.

chandelier *nm* castiçal *(m)*.

chandelle *nf* vela *(f)*.

change *nm (taux)* câmbio *(m)*.

changement *nm* mudança *(f)* • **changement de vitesse** alavanca *(f)* das mudanças.

changer ■ *vt* **1.** mudar **2.** *(argent)* trocar **3.** *(bébé)* mudar a fralda de. ■ *vi* mudar • **changer des euros en dollars** trocar euros em dólares • **changer de** mudar de.
■ **se changer** *vp (s'habiller)* trocar de roupa • **se changer en** transformar-se em.

chanson *nf* canção *(f)*.

chansonnier, **ère** *nm, f* cançonetista *(mf)*.

chant *nm* canto *(m)*.

chantage *nm* chantagem *(f)*.

chanter *vt* & *vi* cantar.

chanteur, **euse** *nm, f* cantor *(m)*, -ra *(f)*.

chantier *nm* obra *(f)*.

Chantilly *nf* • **(crème) Chantilly** chantilly *(m)*.

chantonner *vi* cantarolar.

chaos *nm* caos *(m)*.

chaotique *adj* caótico(ca).

chapeau *nm* chapéu *(m)* • **chapeau de paille** chapéu de palha.

chapelet *nm* **1.** RELIG rosário *(m)* **2.** *(succession)* enfiada *(f)*.

chapelle *nf* capela *(f)*.

chapelure *nf* pão *(m)* ralado.

chapiteau *nm (de cirque)* tenda *(f)*.

chapitre *nm* capítulo *(m)*.

chapon *nm* capão *(m)*.

chaque *adj* cada • **chaque mercredi** todas as quartas-feiras.

char *nm* **1.** *(de carnaval)* carro *(m)* alegórico **2.** *(Québec) (voiture)* carro *(m)* • **char (d'assaut)** tanque *(m)* • **char à voile** *prancha com rodas propulsada por uma vela.*

charabia *nm fam* algaraviada *(f)*.

charade *nf* charada *(f)*.

charbon *nm* carvão *(m)*.

charcuterie *nf* **1.** *(aliments)* charcutaria *(f) (Port)*, frios *(mpl) (Br)* **2.** *(magasin)* charcutaria *(f) (Port)*, casa *(f)* de frios *(Br)*.

charcutier, **ère** *nm, f* salsicheiro *(m)*, -ra *(f)*.

chardon *nm* cardo *(m)*.

charge *nf* **1.** *(cargaison)* carga *(f)* **2.** *fig (gêne)* fardo *(m)* **3.** *(responsabilité)* cargo *(m)* • **prendre qqch en charge** *(frais)* assumir algo • *(dossier)* encarregar-se de algo.
■ **charges** *nfpl (d'un appartement)* condomínio *(m)*.

chargé, **e** ■ *adj* **1.** pesado(da) **2.** *(encombré, couvert)* carregado(da) **3.** *(occupé)* cheio (cheia). ■ *nm, f* encarregado *(m)*, -da *(f)* • **(être) chargé de** *(encombré)* (estar) carregado com *ou* de • *(responsable)* (estar) encarregado de.

chargement *nm* carregamento *(m)*.

charger *vt* **1.** *(gén)* carregar **2.** *(appareil photo)* pôr o rolo em • **charger qqn de faire qqch** encarregar alguém de fazer algo.
■ **se charger de** *vp* + *prép* encarregar-se de.

chargeur *nm* carregador *(m)*.

chariot *nm* **1.** *(charrette)* carrinho *(m)* **2.** *(au supermarché)* carrinho *(m)* (de supermercado) **3.** *(de machine à écrire)* carreto *(m)*.

charisme *nm* carisma *(m)*.

charitable *adj* caridoso(osa).

charité *nf* caridade *(f)* • **demander la charité** pedir esmola.

charlatan *nm péj* charlatão *(m)*.

charlotte *nf* charlota *(f)*.

charmant, **e** *adj* encantador(ra).

charme *nm* encanto *(m)*.

charmer *vt* encantar.

charmeur, **euse** ■ *adj* encantador(ra). ■ *nm, f* sedutor *(m)*, -ra *(f)*.
■ **charmeur de serpents** *nm* encantador *(m)* de serpentes.

charnel, **elle** *adj* carnal.

charnier *nm* vala *(f)* comum.

charnière *nf* charneira *(f)*.

charnu, **e** *adj* carnudo(da).

charogne *nf* carcaça *(f)*.

charpente *nf* vigamento *(m)*.

charpentier *nm* carpinteiro *(m)*.

charrette *nf* carroça *(f)*.

charrue *nf* arado *(m)*.

charte *nf* carta *(f)*.

charter *nm* • **(vol) charter** (voo) charter *(m)*.

chas *nm* buraco *(m)* da agulha.

chasse *nf* caça *(f)* • **aller à la chasse** ir à caça • **tirer la chasse (d'eau)** puxar o autoclismo.
■ **chasse au trésor** *nf* caça ao tesouro.

chassé-croisé *nm* vaivém *(m)* • **le chassé-croisé des vacanciers** os veraneantes que se cruzam na estrada.

chasselas *nm (Suisse) casta de vinhos brancos.*

chasse-neige *nm inv* **1.** *(véhicule)* limpa-neves *(m inv)* **2.** *(au ski) posição de esquiador na qual os esquis convergem.*

chasser ◼ *vt* **1.** *(animal)* caçar **2.** *(personne)* mandar embora. ◼ *vi* caçar • **chasser qqn de** mandar alguém embora de.

chasseur *nm* caçador *(m)*.

châssis *nm* **1.** *(de voiture)* chassis *(m inv)* **2.** *(de fenêtre)* caixilho *(m)*.

chaste *adj* casto(ta).

chat, **chatte** *nm, f* **1.** gato *(m)*, -ta *(f)* **2.** INFORM conversa online, chat • **avoir un chat dans la gorge** *fam* ter pigarro.

châtaigne *nf* castanha *(f)*.

châtaignier *nm* castanheiro *(m)*.

châtain *adj* castanho(nha).

château *nm* castelo *(m)* • **château d'eau** depósito *(m)* de água • **château fort** castelo • **château gonflable** castelo insuflável.

châtiment *nm* castigo *(m)* • **châtiment corporel** castigo corporal.

chaton *nm* gatinho *(m)*, -nha *(f)*.

chatouiller *vt* fazer cócegas.

chatouilleux, **euse** *adj* que tem cócegas.

chaud, **e** ◼ *adj* quente. ◼ *nm* • **rester au chaud** ficar no quentinho • **il fait chaud** está calor • **avoir chaud** ter calor • **tenir chaud** agasalhar.

chaudière *nf* caldeira *(f)*.

chaudron *nm* caldeirão *(m)*.

chaudronnée *nf (Québec) caldo com diversos peixes do mar*, ≃ caldeirada *(f)* de peixe.

chauffage *nm* aquecimento *(m)* • **chauffage central** aquecimento central.

chauffant, **e** *adj* **1.** que aquece **2.** *(plaque, couverture)* eléctrico(ca).

chauffante *adj f* ▻ **plaque**.

chauffard *nm péj* • **c'est un chauffard** conduz como um doido.

chauffe-eau *nm inv* **1.** *(à gaz)* esquentador *(m)* **2.** *(électrique)* cilindro *(m)*.

chauffer *vt* & *vi* aquecer.

chauffeur *nm* motorista *(mf)* • **chauffeur de taxi** motorista de táxi.

chaumière *nf casa com telhado de colmo.*

chaussée *nf* pavimento *(m)* • **'chaussée déformée'** 'piso em mau estado'.

chausse-pied *nm* calçadeira *(f)*.

chausser *vi* • **chausser du 38** calçar 38. ◼ **se chausser** *vp* calçar-se.

chaussette *nf* meia *(f)*.

chausson *nm* **1.** *(pantoufle)* pantufa *(f)* **2.** CULIN empada *(f)* • **chausson aux pommes** *pastel de maçã* • **chaussons de danse** sapatos *(mpl)* de bailarina.

chaussure *nf* sapato *(m)* • **chaussures à talons** sapatos de salto alto • **chaussures de marche** botas *(fpl) (de montanha).*

chauve *adj* careca.

chauve-souris *nf* morcego *(m)*.

chauvin, **e** *adj* chauvinista.

chaux *nf* cal *(f)* • **blanchi à la chaux** caiado.

chavirer *vi* voltar-se.

chef *nm* **1.** *(directeur)* chefe *(mf)* **2.** *(cuisinier)* chefe *(m)* cozinheiro, chefe cozinheira *(f)* • **chef d'entreprise** empresário *(m)* -ria *(f)* • **chef d'État** chefe de Estado • **chef de gare** chefe-de-estação *(mf)* • **chef d'orchestre** maestro *(m)*.

chef-d'œuvre *nm* obra-prima *(f)*.

chef-lieu *nm* capital duma divisão administrativa.

chemin *nm* caminho *(m)* • **en chemin** a caminho • **chemin (d'accès)** INFORM caminho de acesso.

chemin de fer *nm* caminho-de-ferro *(m)* *(Port)*, estrada *(f)* de ferro, ferrovia *(f)* *(Br)*.

cheminée *nf* chaminé *(f)*.

cheminement *nm* **1.** *(de marcheurs)* avanço *(m)* **2.** *(des eaux)* progressão *(f)* **3.** *fig (d'une idée, de la pensée)* desenvolvimento *(m)*.

cheminer *vi* **1.** *(marcher)* caminhar **2.** *fig (évoluer)* progredir.

cheminot *nm* ferroviário *(m)*.

chemise *nf* **1.** *(vêtement)* camisa *(f)* **2.** *(en carton)* pasta *(f)* • **chemise de nuit** camisa de dormir.

chemisette *nf* **1.** *(d'homme, d'enfant)* camiseta *(f)* **2.** *(de femme)* blusa *(f)* de manga curta.

chemisier *nm* camiseiro *(m)*.

chêne *nm* carvalho *(m)*.

chenil *nm* **1.** *(pour chiens)* canil *(m)* **2.** *(Suisse) (objets sans valeur)* bugiganga *(f)*.

chenille *nf* lagarta *(f)*.

chèque *nm* cheque *(m)* • **chèque barré** cheque traçado • **chèque en blanc** cheque em branco • **chèque sans provision** cheque sem cobertura • **chèque de voyage** cheque de viagem.

Chèque-Restaurant® *nm* ticket-restaurante *(m)*.

chèque-vacances *nm* cheque-férias.

chéquier *nm* livro *(m)* de cheques.

cher, **chère** *adj* caro(ra) • **cher Monsieur/Laurent** caro senhor/Laurent • **coûter cher** custar caro.

chercher ◼ *vt* **1.** *(objet, personne)* procurar **2.** *(provoquer)* provocar. ◼ *vi* • **chercher à faire qqch** tentar fazer algo • **aller chercher qqch/qqn** ir buscar algo/alguém.

chercheur, **euse** *nm, f* pesquisador *(m)*, -ra *(f)*.

chéri, **e** ◼ *adj* querido(da). ◼ *nm, f* • **mon chéri** meu querido • **ma chérie** minha querida.

chétif, **ive** *adj* enfezado(da).

cheval *nm* cavalo *(m)* • **monter à cheval** montar a cavalo • **faire du cheval** andar a cavalo • **à cheval sur** *(chaise, branche)* a cavalo em, escarranchado(da) em • *(lieux, périodes)* entre.

chevalet *nm* cavalete *(m)*.

chevalier *nm* cavaleiro *(m)*.

chevaucher *vt* estar escarranchado(da) em.
◼ **se chevaucher** *vp* sobrepor-se.

chevelu, **e** *adj* cabeludo(da).

chevelure *nf* cabeleira *(f)*.

chevet *nm* ▷ **lampe, table**.

cheveu *nm* cabelo *(m)*.
◼ **cheveux** *nmpl* cabelo *(m)* • **se brosser les cheveux** pentear *OU* escovar o cabelo.

cheville *nf* **1.** ANAT tornozelo *(m)* **2.** *(en plastique)* cavilha *(f)*.

chèvre *nf* cabra *(f)*.

chevreau *nm* **1.** *(animal)* cabrito *(m)* **2.** *(peau)* pele *(f)* de cabrito.

chèvrefeuille *nm* madressilva *(f)*.

chevreuil *nm* veado *(m)*.

chevronné, **e** *adj* experiente.

chewing-gum *nm* pastilha *(f)* elástica *(Port)*, chiclete *(m) (Br)*.

chez *prép*

1. DANS LA MAISON, DANS LE CABINET DE
= em casa de
• **chez moi** em minha casa
• **aller chez le dentiste** ir ao dentista
2. DANS LE CARACTÈRE DE = em
• **ce que j'apprécie chez lui, c'est sa gentillesse** o que aprecio mais nele é a sua gentileza.

chic *adj* chique.

chiche *adj m* ▷ **pois**.

chicon *nm (Belgique)* endívia *(f)*.

chicorée *nf* chicória *(f)*.

chien, **chienne** *nm, f* cão *(m)*, cadela *(f)*.

chiffon *nm* farrapo *(m)* • **chiffon (à poussière)** pano *(m)* (do pó).

chiffonné, **e** *adj* **1.** *(tissu)* engelhado(da) **2.** *(contrarié)* aborrecido(da) **3.** *(fatigué)* abatido(da).

chiffonner *vt* amarrotar.

chiffre *nm* **1.** MATH número *(m)* **2.** *(montant)* valor *(m)*.

chiffrer ◼ *vt* **1.** *(évaluer)* calcular **2.** *(numéroter)* numerar **3.** *(message)* codificar. ◼ *vi* sair caro.
◼ **se chiffrer** *vp* • **se chiffrer à x euros** elevar-se a x euros.

chignon *nm* puxo *(m)*.

Chili *nm* • **le Chili** o Chile.

chimère *nf* quimera *(f)*.

chimie *nf* química *(f)*.

chimiothérapie *nf* quimioterapia *(f)*.

chimique *adj* químico(ca).

chimiste *nmf* químico *(m)*, -ca *(f)*.

chimpanzé *nm* chimpanzé *(m)*.

Chine *nf* • **la Chine** a China.

chinois, **e** ◼ *adj* chinês(esa). ◼ *nm (langue)* chinês *(m)*.
◼ **Chinois**, **e** *nm, f* chinês *(m)*, -esa *(f)*.

chiot *nm* cachorro *(m)*, -a *(f)*.

chipie *nf fam* queixinhas *(mf inv)*.

chipolata *nf* salsicha *(f)* fresca.

chips *nfpl* batatas *(fpl)* fritas *(de pacote)*.

chirurgie *nf* cirurgia *(f)* • **chirurgie esthétique** cirurgia estética.

chirurgien, enne *nm, f* cirurgião *(m)*, -ã *(f)*.

chlore *nm* cloro *(m)*.

chloroforme *nm* clorofórmio *(m)*.

chlorophylle *nf* clorofila *(f)*.

choc *nm* choque *(m)*.

chocolat *nm* **1.** (friandise) chocolate *(m)* **2.** (boisson) leite *(m)* com chocolate • **chocolat blanc** chocolate branco • **chocolat au lait** chocolate de leite • **chocolat liégeois** *gelado de chocolate com natas* • **chocolat noir** chocolate preto.

chocolatier *nm* loja *(f)* de chocolates.

chœsels *nmpl* (Belgique) *ensopado de carnes e miúdos cozidos com cerveja*.

choeur *nm* coro *(m)* • **en choeur** em coro.

choisir *vt* escolher.

choix *nm* escolha *(f)* • **avoir le choix** ter liberdade de escolha • **au choix** à escolha • **de premier/second choix** de primeira/segunda categoria.

choléra *nm* cólera *(f)* *(doença)*.

cholestérol *nm* colesterol *(m)*.

chômage *nm* desemprego *(m)* • **être au chômage** estar desempregado(da).

chômer ■ *vt* não trabalhar. ■ *vi* estar desempregado(da) • **ne pas chômer** *fam* não ter mãos a medir.

chômeur, euse *nm, f* desempregado *(m)*, -da *(f)*.

chope *nf* caneca *(f)*.

choquant, e *adj* chocante.

choquer *vt* chocar.

chorale *nf* coral *(m)*.

chorégraphie *nf* coreografia *(f)*.

choriste *nmf* corista *(mf)*.

chose *nf* coisa *(f)*.

chou *nm* couve *(f)* • **chou de Bruxelles** couve-de-Bruxelas *(f)* • **chou à la crème** *espécie de bolo fofo recheado com creme* • **chou rouge** couve roxa.

chouchou, oute ■ *nm, f fam* menino-bonito *(m)*, menina-bonita *(f)*. ■ *nm* elástico *(m)* para o cabelo.

choucroute *nf* • **choucroute (garnie)** *chucrute acompanhada de carne de porco e batatas cozidas*.

chouette ■ *nf* coruja *(f)*. ■ *adj fam* porreiro (ra).

chou-fleur *nm* couve-flor *(f)*.

choyer *vt sout* acarinhar.

chrétien, enne *adj* & *nm, f* cristão(ã).

christianisme *nm* cristianismo *(m)*.

chromé, e *adj* cromado(da).

chromes *nmpl* acessórios *(mpl)* cromados *(de um veículo)*.

chromosome *nm* cromossoma *(m)*.

chronique ■ *adj* crónico(ca). ■ *nf* crónica *(f)*.

chronologie *nf* cronologia *(f)*.

chronologique *adj* cronológico(ca).

chronomètre *nm* cronómetro *(m)*.

chronométrer *vt* cronometrar.

chrysalide *nf* crisálida *(f)*.

chrysanthème *nm* crisântemo *(m)*.

CHU *nm* (*abr de* **centre hospitalo-universitaire**) hospital *(m)* universitário.

chuchotement *nm* cochicho *(m)*.

chuchoter *vt* & *vi* cochichar.

chut *interj* chiu!

chute *nf* queda *(f)* • **chute d'eau** queda de água • **chute de neige** queda de neve.

ci *adv* • **ce livre-ci** este livro aqui • **ces jours-ci** estes últimos dias.

cible *nf* alvo *(m)*.

ciboulette *nf* cebolinho *(m)* (Port), cebolinha *(f)* (Br).

cicatrice *nf* cicatriz *(f)*.

cicatriser *vi* cicatrizar.

ci-dessous *adv* mais abaixo.

ci-dessus *adv* acima.

cidre *nm* sidra *(f)*.

Cie (*abr écrite de* **compagnie**) C^{ia} *(companhia)*.

ciel *nm* **1.** céu *(m)* **2.** (paradis) céu *(m)*.

cierge *nm* círio *(m)*.

cigale *nf* cigarra *(f)*.

cigare *nm* charuto *(m)*.

cigarette *nf* cigarro *(m)* • **cigarette filtre/sans filtre** cigarro com filtro/sem filtro • **cigarette russe** palito *(m)* de champanhe.

cigogne *nf* cegonha *(f)*.

ci-joint, e ■ *adj* anexo(xa). ■ *adv* em anexo.

cil *nm* pestana *(f)*.

cime *nf* cimo *(m)*.

ciment *nm* cimento *(m)*.

cimenter *vt* cimentar.

cimetière *nm* cemitério *(m)*.

cinéaste *nmf* cineasta *(mf)*.

ciné-club *nm* cine-clube *(m)*.

cinéma *nm* cinema *(m)*.

cinémathèque *nf* cinemateca *(f)*.

cinématographique *adj* cinematográfico (ca).

cinéphile *nmf* cinéfilo *(m)*, -la *(f)*.

cinglé, e *adj* & *nm, f fam* chanfrado(da).

cinq *num* cinco • **il a cinq ans** ele tem cinco anos • **il est cinq heures** são cinco horas • **le cinq janvier** no dia cinco de Janeiro • **page cinq** página cinco • **ils étaient cinq** eram cinco • **le cinq de pique** o cinco de espadas • **(au) cinq rue Lepic** (na) rua Lepic, número cinco.

cinquantaine *nf* • **une cinquantaine (de)** cerca de cinquenta • **avoir la cinquantaine** ter cerca de cinquenta anos.

cinquante *num* cinquenta.

cinquantième *num* quinquagésimo(ma).

cinquième ■ *num* quinto(ta). ■ *nf* **1.** SCOL ≃ sétimo ano *(m)* do ensino básico **2.** *(vitesse)* quinta *(f)*. ■ *nm* **1.** *(fraction)* quinto *(m)* **2.** *(étage)* quinto andar *(m)*.

cintre *nm* cabide *(m)*.

cintré, e *adj* cintado(da).

cipâte *nm (Québec) torta com camadas de batata e de carne.*

cirage *nm* graxa *(f)*.

circoncision *nf* circuncisão *(f)*.

circonférence *nf* circunferência *(f)*.

circonflexe *adj* ▷ **accent**.

circonstance *nf* **1.** *(gén)* circunstância *(f)* **2.** *(occasion)* ocasião *(f)* • **de circonstance** adequado(da) às circunstâncias • **circonstances atténuantes** circunstâncias atenuantes.

circuit *nm* **1.** *(piste automobile)* autódromo *(m)* **2.** *(trajet)* percurso *(m)* **3.** *(électrique)* circuito *(m)* • **circuit touristique** circuito turístico.

circulaire *adj* & *nf* circular.

circulation *nf* circulação *(f)*.

circuler *vi* **1.** circular **2.** *(électricité)* passar.

cire *nf* cera *(f)*.

ciré *nm* impermeável *(m)*.

cirer *vt* **1.** *(parquet)* encerar **2.** *(chaussure)* engraxar.

cirque *nm* circo *(m)*.

cirrhose *nf* cirrose *(f)*.

ciseaux *nmpl* • **(une paire de) ciseaux** uma tesoura.

ciseler *vt* cinzelar.

citadelle *nf* cidadela *(f)*.

citadin, e *nm, f* citadino *(m)*, -na *(f)*.

citation *nf* citação *(f)*.

cité *nf* **1.** *(ville)* cidade *(f)* **2.** *(groupe d'immeubles)* bairro *(m)* • **cité universitaire** cidade universitária.

citer *vt* citar.

citerne *nf* cisterna *(f)*.

citoyen, enne *nm, f* cidadão *(m)*, -ã *(f)*.

citron *nm* limão *(m)* • **citron vert** lima *(f)* *(Port)*, limão-galego *(m)* *(Br)*.

citronnade *nf* limonada *(f)*.

citronnier *nm* limoeiro *(m)*.

citrouille *nf* abóbora *(f)*.

civet *nm estufado de caça marinada em vinho tinto.*

civière *nf* maca *(f)*.

civil, e ■ *adj* civil. ■ *nm* civil *(m)* • **en civil** à paisana.

civilisation *nf* civilização *(f)*.

civilisé, e *adj* civilizado(da).

civique *adj* cívico(ca).

cl (*abr écrite de* **centilitre**) cl *(centilitro)*.

clafoutis *nm espécie de pudim com frutas.*

clair, e ■ *adj* **1.** claro(ra) **2.** *(pur)* límpido(da). ■ *adv* claro. ■ *nm* • **clair de lune** luar *(m)*.

clairement *adv* claramente.

clairière *nf* clareira *(f)*.

clairon *nm* clarim *(m)*.

clairsemé, e *adj* ralo(la).

clairvoyant, e *adj* sagaz.

clameur *nf* clamor *(m)*.

clan *nm* clã *(m)*.

clandestin, e *adj* clandestino(na).

clandestinité *nf* clandestinidade *(f)* • **dans la clandestinité** na clandestinidade.

clapier *nm* coelheira *(f)*.

claquage *nm* distensão *(f)* muscular.

claque *nf* estalada *(f)*.

claquement *nm* estalo *(m)*.

claquer ■ *vt (porte)* bater com. ■ *vi (volet, porte)* bater • **claquer des dents** bater os dentes • **claquer des doigts** estalar os dedos.
■ **se claquer** *vp* • **se claquer un muscle** ter uma distensão muscular.

claquettes *nfpl* **1.** *(chaussures)* sapatos *(mpl)* de sapateado **2.** *(danse)* sapateado *(m)*.

clarifier *vt* esclarecer.

clarinette *nf* clarinete *(m)*.

clarté *nf* **1.** *(lumière)* claridade *(f)* **2.** *(d'un raisonnement)* clareza *(f)*.

classe *nf* **1.** *(groupe d'élèves)* turma *(f)* **2.** *(salle)* sala *(f)* (de aula) **3.** *(en train, élégance)* classe *(f)* • **aller en classe** ir para as aulas • **première classe** primeira classe • **classe affaires** classe executiva • **classe de mer** *colónia escolar na praia* • **classe de neige** *colónia escolar na montanha* • **classe touriste** classe económica • **classe verte** *colónia escolar no campo*.

classement *nm* **1.** *(rangement)* arrumação *(f)* **2.** *(sportif)* classificação *(f)*.

classer *vt* **1.** *(dossiers)* arrumar **2.** *(grouper)* classificar.
■ **se classer** *vp* • **se classer premier** classificar-se em primeiro lugar.

classeur *nm* dossier *(m)*.

classification *nf* classificação *(f)*.

classique *adj* clássico(ca).

clause *nf* cláusula *(f)*.

claustrophobie *nf* claustrofobia *(f)*.

clavecin *nm* cravo *(m) (instrumento)*.

clavicule *nf* clavícula *(f)*.

clavier *nm* teclado *(m)*.

clé *nf* **1.** *(de porte, de voiture)* chave *(f)* **2.** *(outil)* chave-de-fendas *(f)* • **fermer qqch à clé** fechar algo à chave • **clé anglaise** *OU* **à molette** chave-inglesa *(f)* • **clé de contact** chave-de-ignição *(f)*.

clef = **clé**.

clément, e *adj* clemente.

clémentine *nf* clementina *(f) (Port)*, mexerica *(f) (Br)*.

clergé *nm* clero *(m)*.

cliché *nm* **1.** *(négatif)* negativo *(m)* **2.** *(photo)* fotografia *(f)* **3.** *(idée banale)* cliché *(m)*.

client, e *nm, f* cliente *(mf)*.

clientèle *nf* clientela *(f)*.

cligner *vi* • **cligner des yeux** piscar os olhos.

clignotant *nm* pisca-pisca *(m)*.

clignoter *vi* piscar.

climat *nm* clima *(m)*.

climatisation *nf* climatização *(f)*.

climatisé, e *adj* climatizado(da).

clin d'œil *nm* • **faire un clin d'œil à qqn** piscar o olho a alguém • **en un clin d'œil** num piscar de olhos.

clinique *nf* clínica *(f)*.

clip *nm* **1.** *(boucle d'oreille)* brinco *(m)* de mola **2.** *(film)* clipe *(m)*.

cliquable *adj* clicável.

cliquer *vi* INFORM clicar.

clitoris *nm* clítoris *(m)*.

clivage *nm* clivagem *(f)*.

clochard, e *nm, f* vagabundo *(m)*, -da *(f)*.

cloche *nf* sino *(m)* • **cloche à fromage** queijeira *(f)*.

cloche-pied ■ **à cloche-pied** *adv* ao pé coxinho.

clocher *nm* campanário *(m)*.

clochette *nf* campainha *(f)*.

cloison *nf* tabique *(m)*.

cloisonner *vt* **1.** *(pièce, maison)* dividir com tabiques **2.** *fig (fonctions, services)* compartimentar.

cloître *nm* claustro *(m)*.

clonage *nm* clonagem • **clonage thérapeutique** clonagem terapêutica.

cloporte *nm* bicho-de-conta *(m)*.

cloque *nf* bolha *(f)*.

clore *vt* **1.** *sout (porte, yeux)* fechar **2.** *(terrain)* vedar **3.** *(compte, débat)* encerrar.

clos, e *adj* **1.** *(fermé)* fechado(da) **2.** *(terminé)* encerrado(da).
■ **clos** *nm* **1.** *(terrain)* cerrado *(m)* **2.** *(vignoble)* vinhedo *(m)*.

clôture *nf (barrière)* vedação *(f)*.

clôturer *vt (champ, jardin)* vedar.

clou *nm* prego *(m)* • **clou de girofle** cravinho *(m)*.

■ **clous** *nmpl (passage piétons)* passadeira *(f)*.

clouer *vt* pregar.

clouté *adj m* ▷ **passage**.

clown *nm* palhaço *(m)*.

club *nm* clube *(m)*.

cm (*abr écrite de* **centimètre**) cm *(centímetro)*.

CM *nm* (*abr de* **cours moyen**) • **CM1** ≃ terceira classe *(f)* (do ensino primário) • **CM2** ≃ quarta classe *(f)* (do ensino primário).

coaguler *vi* coagular.

coalition *nf* coligação *(f)*.

cobaye *nm* cobaia *(f)*.

cobra *nm* cobra-capelo *(f)*.

Coca(-Cola)® *nm inv* Coca-Cola® *(f)*.

cocaïne *nf* cocaína *(f)*.

cocasse *adj* cómico(ca).

coccinelle *nf* joaninha *(f)*.

coccyx *nm* cóccix *(m inv)*.

cocher *vt* marcar com uma cruz.

cochon, **onne** ■ *nm, f fam péj (personne sale)* porco *(m)*, -ca *(f)*. ■ *nm* porco *(m)* • **cochon d'Inde** porco da Índia.

cochonnerie *nf fam* **1.** porcaria *(f)* **2.** *fig (obscénité)* indecência *(f)*.

cocktail *nm* cocktail *(m)*.

coco *nm* ▷ **noix**.

cocon *nm* casulo *(m)*.

cocorico *nm* cocorocó *(m)*.

cocotier *nm* coqueiro *(m)*.

cocotte *nf* panela *(f)* • **cocotte en papier** galinha *(f)* de papel.

Cocotte-Minute® *nf* panela *(f)* de pressão.

cocu, **e** *fam* ■ *nm, f* corno *(m)*. ■ *adj* cornudo.

code *nm* código *(m)* • **code confidentiel** código de acesso • **code postal** código postal • **code de la route** código da estrada.
■ **codes** *nmpl* AUTO médios *(mpl)*.

codé, **e** *adj* codificado(da).

code-barres *nm* código *(m)* de barras.

coefficient *nm* coeficiente *(m)*.

cœur *nm* **1.** ANAT *(gentillesse)* coração *(m)* **2.** *(centre)* centro *(m)* **3.** *(aux cartes)* copas *(fpl)* • **avoir bon cœur** ter bom coração • **de bon cœur** de boa vontade • **par cœur** de cor • **cœur d'artichaut** coração de alcachofra • **cœur de palmier** palmito *(m)*.

coffre *nm* **1.** *(de voiture)* porta-bagagens *(m inv)* **2.** *(malle)* mala *(f)*.

coffre-fort *nm* cofre-forte *(m)*.

coffret *nm* estojo *(m)*.

cognac *nm* conhaque *(m)*.

cogner *vi fam* bater.
■ **se cogner** *vp* bater • **se cogner la tête** bater com a cabeça.

cohabiter *vi* coabitar.

cohérence *nf* coerência *(f)*.

cohérent, **e** *adj* coerente.

cohésion *nf* coesão *(f)*.

cohue *nf* barafunda *(f)*.

coiffer *vt* pentear • **être coiffé de** usar (na cabeça).
■ **se coiffer** *vp* pentear-se.

coiffeur, **euse** *nm, f* cabeleireiro *(m)*, -ra *(f)*.

coiffure *nf* penteado *(m)*.

coin *nm* canto *(m)* • **au coin de** no canto de • **dans le coin** *(dans les environs)* por aqui.

coincer *vt* entalar.
■ **se coincer** *vp* ficar entalado(da) • **se coincer le doigt** entalar o dedo.

coïncidence *nf* coincidência *(f)*.

coïncider *vi* coincidir.

coing *nm* marmelo *(m)*.

col *nm* **1.** *(de vêtement)* gola *(f)* **2.** *(en montagne)* colo *(m)* • **col roulé** gola alta • **col en pointe** OU **en V** decote *(m)* em bico.

colère *nf* raiva *(f)* • **être en colère (contre qqn)** estar com raiva (contra alguém) • **se mettre en colère** irritar-se.

coléreux, **euse** *adj* colérico(ca).

colimaçon ■ **en colimaçon** *loc adv* • **escalier en colimaçon** escada de caracol.

colin *nm* pescada *(f)*.

colique *nf* cólica *(f)*.

colis *nm* • **colis (postal)** encomenda *(f)* (postal).

collaborateur, **trice** *nm, f* **1.** *(employé)* colaborador *(m)*, -ra *(f)* **2.** *péj (avec l'ennemi)* colaboracionista *(mf)*.

collaboration *nf* colaboração *(f)*.

collaborer *vi* colaborar • **collaborer à qqch** colaborar em algo.

collant, e ■ *adj* 1. *(adhésif)* colante 2. *(étroit)* justo(ta). ■ *nm* collants *(mpl)*.

colle *nf* 1. *(pâte)* cola *(f)* 2. *(devinette)* adivinha *(f)* 3. SCOL *(retenue)* castigo *(m)*.

collecte *nf* colecta *(f)*.

collectif, ive *adj* colectivo(va).

collection *nf* colecção *(f)*.

collectionner *vt* coleccionar.

collectionneur, euse *nm, f* coleccionador *(m)*, -ra *(f)*.

collectivité *nf* colectividade *(f)* • **collectivité territoriale** colectividade territorial • **les collectivités locales** as colectividades locais.

collège *nm* escola *(f)* preparatória.

collégien, enne *nm, f* aluno *(m)*, -na *(f)*.

collègue *nmf* colega *(mf)*.

coller *vt* 1. *(faire adhérer)* colar 2. *fam (donner)* pregar 3. SCOL *(punir)* castigar.

collier *nm* 1. *(bijou)* colar *(m)* 2. *(de chien)* coleira *(f)*.

colline *nf* colina *(f)*.

collision *nf* colisão *(f)*.

colloque *nm* colóquio *(m)*.

colmater *vt* colmatar.

colocataire *nmf* co-inquilino.

Cologne *npr* ▷ **eau**.

colombe *nf* pomba *(f)*.

Colombie *nf* • **la Colombie** a Colômbia.

colonel, elle *nm, f* coronel *(m)*.

colonial, e *adj* colonial.

colonialisme *nm* colonialismo *(m)*.

colonie *nf* colónia *(f)* • **colonie de vacances** colónia de férias.

colonne *nf* coluna *(f)* • **colonne vertébrale** coluna vertebral.

colorant *nm* corante *(m)* • **'sans colorants'** 'sem corantes'.

colorer *vt* colorir • **coloré de qqch** *fig* marcado por algo.

■ **se colorer** *vp* • **se colorer de** *fig* marcar-se por.

colorier *vt* colorir.

coloris *nm* colorido *(m)*.

colossal, e *adj* colossal.

colporter *vt* 1. *(une marchandise)* vender pelas ruas *(Port)*, mascatear *(Br)* 2. *(une information)* espalhar.

■ **se colporter** *vp* espalhar-se.

COM (*abr de* **Collectivités d'outre-mer**) *nmpl colectividades ultramarinas francesas*.

coma *nm* coma *(m)* • **être dans le coma** estar em coma.

comateux, euse *adj* comatoso(osa).

combat *nm* combate *(m)*.

combattant, e *nm, f* combatente *(mf)* • **ancien combattant** antigo combatente.

combattre ■ *vt* 1. *(ennemi)* combater 2. *(maladie, idées)* lutar contra. ■ *vi* 1. *(contre un ennemi)* combater 2. *(contre la maladie, des idées)* lutar.

combien *adv* • **combien de** quanto(ta) • **combien ça coûte ?** quanto custa?

combinaison *nf* 1. combinação *(f)* 2. *(de motard, skieur)* fato *(m)* • **combinaison de plongée** fato de mergulhador.

combine *nf fam* truque *(m)*.

combiné *nm* • **combiné (téléphonique)** auscultador *(m)*.

combiner *vt* combinar.

comble *nm* • **c'est un comble !** é o cúmulo! • **le comble de** o cúmulo de.

combler *vt* 1. *(boucher)* tapar 2. *(satisfaire)* satisfazer.

combustible *nm* combustível *(m)*.

comédie *nf* 1. *(film, pièce de théâtre)* comédia *(f)* 2. *fam (caprice)* fita *(f)* • **jouer la comédie** fazer fita • **comédie musicale** comédia musical.

comédien, enne *nm, f* 1. *(acteur)* actor *(m)*, -triz *(f)* 2. *(hypocrite)* fiteiro *(m)*, -ra *(f)*.

comestible *adj* comestível.

comète *nf* cometa *(m)* • **tirer des plans sur la comète** *fig* construir castelos no ar.

comique *adj* cómico(ca).

comité *nm* comité *(m)* • **comité d'entreprise** ≃ casa *(f)* do pessoal.

commandant *nm* comandante *(m)*.

commande *nf* 1. comando *(m)* 2. COMM *(achat)* encomenda *(f)* • **les commandes** *(d'un avion)* os comandos.

commander *vt* **1.** *(diriger)* comandar **2.** *(dans un bar)* mandar vir **3.** *(acheter)* encomendar **4.** TECHNOL accionar • **commander à qqn de faire qqch** mandar alguém fazer algo.

commanditaire ■ *nm, f* **1.** *(bailleur de fonds)* patrocinador *(m)*, -ra *(f)* **2.** *(associé)* comanditário *(m)*, -ria *(f)*. ■ *adj* comanditário(ria).

commando *nm* comando *(m) (forças especiais)*.

comme ■ *conj* **1.** *(gén)* como • **elle est blonde, comme sa mère** ela é loura como a mãe • **comme si rien ne s'était passé** como se nada tivesse acontecido • **comme vous voudrez** como queira • **comme il faut** *(correctement)* como deve ser • *(convenable)* decente • **les villes fortifiées comme Carcassonne** as cidades fortificadas como Carcassonne • **qu'est-ce que vous avez comme desserts ?** o que é que há como sobremesa? • **comme vous n'arriviez pas, nous sommes passés à table** como não chegavam, começámos a comer **2.** *(dans des expressions)* • **comme ça** assim • **comme ci comme ça** *fam* assim assim • **comme tout** *fam (très)* extremamente. ■ *adv (marque l'intensité)* como • **vous savez comme il est difficile de se loger ici** sabe como é difícil alojar-se cá • **comme c'est grand !** que grande!

commémorer *vt* comemorar.

commencement *nm* começo *(m)*.

commencer *vt* & *vi* começar • **commencer à faire qqch** começar a fazer algo • **commencer par qqch** começar por algo • **commencer par faire qqch** começar por fazer algo.

comment *adv* como • **comment ?** *(pour faire répéter)* como? • **comment tu t'appelles ?** como te chamas? • **comment allez-vous ?** como está?

commentaire *nm* **1.** comentário *(m)* **2.** *(d'un match)* relato *(m)* • **commentaire de texte** comentário de texto.

commentateur, **trice** *nm, f* comentador *(m)*, -ra *(f)* • **commentateur sportif** comentador desportivo.

commenter *vt* comentar.

commérage *nm fam* bisbilhotice *(f)*.

commerçant, **e** ■ *adj* comercial. ■ *nm, f* comerciante *(mf)*.

commerce *nm* **1.** *(activité)* comércio *(m)* **2.** *(boutique)* loja *(f)* • **commerce équitable** comércio equitativo • **commerce en ligne** INFORM comércio electrónico • **dans le commerce** nas lojas.

commercial, **e**, **aux** *adj* comercial.

commercialiser *vt* comercializar.

commettre *vt* cometer.

commissaire *nm* • **commissaire (de police)** comissário *(m)* (de polícia).

commissaire-priseur *nm* avaliador *(m)*, -ra *(f)* oficial.

commissariat *nm* • **commissariat (de police)** esquadra *(f) (Port)*, delegacia *(f)* (de polícia) *(Br)*.

commission *nf* **1.** comissão *(f)* **2.** *(message)* recado *(m)*.
■ **commissions** *nfpl (courses)* compras *(fpl)* • **faire les commissions** fazer as compras.

commode ■ *adj* cómodo(da). ■ *nf (meuble)* cómoda *(f)*.

commun, **e** *adj* comum • **mettre qqch en commun** reunir algo.

communal, **e** *adj* ≃ de freguesia.

communauté *nf* comunidade *(f)* • **la Communauté économique européenne** a Comunidade Económica Europeia.

commune *nf* ≃ freguesia *(f)*.

communication *nf* comunicação *(f)* • **communication (téléphonique)** ligação *(f)* (telefónica).

communier *vi* comungar.

communion *nf* comunhão *(f)*.

communiqué *nm* comunicado *(m)*.

communiquer *vt* & *vi* comunicar.

communisme *nm* comunismo *(m)*.

communiste *adj* & *nmf* comunista.

compact, **e** ■ *adj* compacto(ta). ■ *nm* • **(disque) compact** compacto *(m)*.

Compact Disc® *nm* CD *(m)*.

compagne *nf* **1.** *(camarade)* colega *(f)* **2.** *(dans un couple)* companheira *(f)*.

compagnie *nf* companhia *(f)* • **en compagnie de** em companhia de • **tenir compagnie à** fazer companhia a • **compagnie aérienne** companhia de aviação.

compagnon *nm* companheiro *(m)*.

comparable *adj* comparável • **comparable à** comparável a.

comparaison *nf* comparação *(f)*.

S'EXPRIMER...

faire des comparaisons

- **Está tanto calor como ontem.** / Il fait aussi chaud qu'hier.
- **Está menos calor que em Maio.** / Il fait moins chaud qu'au mois de mai.
- **Somos da mesma idade.** / Nous avons le même âge.
- **A bicicleta vermelha custa metade da azul.** / Le vélo rouge coûte moitié moins que le bleu.
- **Comparada contigo, a tua irmã é baixa.** / Par rapport à toi, ta sœur est petite.
- **Ela canta melhor do que eu.** / Elle chante mieux que moi.

comparaître *vi* comparecer.

comparer *vt* comparar • **comparer qqch à** *OU* **avec** comparar algo a *OU* com.

compartiment *nm* compartimento *(m)* • **compartiment fumeurs** compartimento para fumadores • **compartiment non-fumeurs** compartimento para não-fumadores.

compas *nm* **1.** MATH compasso *(m)* **2.** *(boussole)* bússola *(f)*.

compatible *adj* compatível.

compassion *nf sout* compaixão *(f)*.

S'EXPRIMER...

exprimer sa compassion

- **É mesmo pouca sorte!/Já é azar!** / C'est vraiment pas de chance !
- **Sinto muito.** / Je suis vraiment désolé.
- **Coitado/a (de ti)!** / Mon pauvre, ma pauvre !
- **Os meus sentidos pêsames.** / Toutes mes condoléances.

compatir *vi* compadecer.

compatriote *nmf* compatriota *(mf)*.

compensation *nf* compensação *(f)*.

compensé, e *adj* em cunha.

compenser *vt* compensar.

compère *nm* comparsa *(m)*.

compétence *nf* competência *(f)*.

compétent, e *adj* competente.

compétitif, ive *adj* competitivo(va).

compétition *nf* competição *(f)*.

complainte *nf* endecha *(f)*.

complément *nm* complemento *(m)*.

complémentaire *adj* complementar.

complet, ète *adj* **1.** *(entier)* completo(ta) **2.** *(plein)* cheio (cheia) **3.** *(aliment)* integral • **'complet'** *(parking)* 'completo' • *(théâtre)* 'esgotado'.

complètement *adv* completamente.

compléter *vt* completar.
■ **se compléter** *vp* completar-se.

complexe ◼ *adj* complexo(xa). ◼ *nm* complexo *(m)*.

complexé, e *adj* complexado(da).

complication *nf* complicação *(f)*.
■ **complications** *nfpl* MÉD complicações *(fpl)*.

complice *adj* & *nmf* cúmplice.

complicité *nf* cumplicidade *(f)*.

compliment *nm* elogio *(m)* • **faire un compliment à qqn** fazer um elogio a alguém.

complimenter *vt* congratular.

compliqué, e *adj* complicado(da).

compliquer *vt* complicar.
■ **se compliquer** *vp* complicar-se.

complot *nm* conspiração *(f)*.

comploter *vt* & *vi* conspirar.

comportement *nm* comportamento *(m)*.

comporter *vt* comportar.
■ **se comporter** *vp* comportar-se.

composant, e *adj* componente.
■ **composant** *nm* componente *(m)*.
■ **composante** *nf* componente *(f)*.

composer *vt* **1.** compor **2.** *(bouquet)* fazer **3.** *(code, numéro)* marcar *(Port)*, discar *(Br)* • **composé de** composto de *OU* por.
■ **se composer de** *vp* + *prép* compor-se de.

compositeur, trice *nm, f* compositor *(m)*, -ra *(f)*.

composition *nf* composição *(f)*.

composter *vt* validar • **'compostez votre billet'** 'valide o seu bilhete'.

compote *nf* compota *(f)* • **compote de pommes** compota de maçã.

compréhensible *adj* compreensível.

compréhensif, ive *adj* compreensivo(va).

compréhension *nf* compreensão *(f)*.

comprendre *vt* compreender.
■ **se comprendre** *vp (personnes)* compreender-se • **ça se comprend** é compreensível.

S'EXPRIMER...

indiquer qu'on n'a pas (tout) compris

• **Como? / Pardon ?**
• **Podes/Pode repetir, por favor? /** Tu peux/Vous pouvez répéter s'il te/vous plaît ?
• **Desculpa/e, não estou a compreender. /** Désolé, je ne comprends pas.
• **Como se escreve, por favor? /** Comment cela s'écrit-il, s'il te/vous plaît ?
• **Queres/Quer dizer que...? /** Tu veux/vous voulez dire que ... ?
• **O que queres/quer dizer com isso? /** Que veux-tu/voulez-vous dire par là ?
• **Entendi bem? /** Ai-je bien compris ?

compresse *nf* compressa *(f)*.
compresser *vt* comprimir.
comprimé *nm* comprimido *(m)*.
comprimer *vt* comprimir.
compris, e *adj (inclus)* incluído(da) • **non compris** não incluído • **tout compris** ao todo • **y compris** inclusive.
compromettre *vt* comprometer.
compromis, e *nm* compromisso *(m)*.
comptabilité *nf* contabilidade *(f)*.
comptable *nmf* contabilista *(mf)*.
comptant *adv* • **payer comptant** pagar a pronto.
compte *nm* conta *(f)* • **se rendre compte de** dar-se conta de • **se rendre compte que** dar-se conta que • **compte joint** conta conjunta, conta colectiva • **compte postal** *conta bancária aberta nos Correios em França* • **en fin de compte** afinal de contas • **tout compte fait** feitas as contas.
■ **comptes** *nmpl* contas *(fpl)* • **faire ses comptes** fazer as contas.
compte-chèques *nm* conta *(f)* corrente.
compte-gouttes *nm inv* conta-gotas *(m inv)*.
compter ▪ *vt* **1.** *(calculer)* contar **2.** *(inclure)* contar com. ▪ *vi* contar • **compter faire qqch** contar fazer algo.
■ **compter sur** *vp + prép* contar com.
compte-rendu *nm* relatório *(m)*.
compteur *nm* contador *(m)* • **compteur (kilométrique)** conta-quilómetros *(m inv)* • **compteur (de vitesse)** velocímetro *(m)*.
comptine *nf* canção *(f)* infantil.
comptoir *nm* balcão *(m)*.
comte, esse *nm, f* conde *(m)*, -dessa *(f)*.
con, conne *adj vulg* besta.
concave *adj* côncavo(va).
concéder *vt* conceder • **concéder qqch à qqn** conceder algo a alguém • **concéder que** admitir que.
concentration *nf* concentração *(f)*.
concentré, e ▪ *adj* concentrado(da). ▪ *nm* • **concentré de tomate** polpa *(f)* de tomate.
concentrer *vt* concentrar.
■ **se concentrer (sur)** *vp + prép* concentrar-se em.
concept *nm* conceito *(m)*.
conception *nf* concepção *(f)*.
concerner *vt* dizer respeito a.
concert *nm* concerto *(m)*.
concertation *nf* concertação *(f)*.
concerter *vt* preparar.
■ **se concerter** *vp* pôr-se de acordo.
concessionnaire *nm* concessionário *(m)*.
concevoir *vt* conceber.
concierge *nmf* porteiro *(m)*, -ra *(f) (Port)*, zelador *(m)*, -ra *(f) (Br)*.
concilier *vt* conciliar • **son honnêteté lui a concilié l'opinion publique** a sua honestidade valeu-lhe o apoio da opinião pública • **concilier qqch et** *OU* **avec qqch** conciliar algo com algo.
■ **se concilier** *vp* • **se concilier qqn** cair nas boas graças de alguém • **se concilier qqch** conseguir algo.
concis, e *adj* conciso(sa).
concision *nf* concisão *(f)*.
concluant, e *adj* concludente.
conclure *vt* concluir.
conclusion *nf* conclusão *(f)*.
concombre *nm* pepino *(m)*.
concordance *nf* concordância *(f)* • **concordance des temps** coesão *(f)* temporal.
concorder *vi* coincidir.

concourir *vi* concorrer.
■ **concourir à** *vp + prép* contribuir para.

concours *nm* concurso *(m)* • **concours de circonstances** cirunstâncias *(fpl)*.

concret, ète *adj* concreto(ta).

concrétiser *vt* concretizar.
■ **se concrétiser** *vp* concretizar-se.

concubinage *nm* concubinato *(m)*.

concurrence *nf* concorrência *(f)*.

concurrent, e *nm, f* concorrente *(mf)*.

condamnation *nf* condenação *(f)*.

condamné, e *adj & nm, f* condenado(da).

condamner *vt* **1.** *(accusé)* condenar **2.** *(porte, fenêtre)* tapar • **condamner qqn à** condenar alguém a.

condensateur *nm* condensador *(m)*.

condensation *nf* condensação *(f)*.

condensé, e *adj* condensado(da).

condenser *vt* condensar.
■ **se condenser** *vp* condensar-se.

condiment *nm* condimento *(m)*.

condition *nf* condição *(f)* • **à condition de** com a condição de • **à condition que** desde que.

conditionné *adj m* ▷ **air**.

conditionnel *nm* condicional *(m)*.

condoléances *nfpl* pêsames *(mpl)* • **présenter ses condoléances à qqn** dar os pêsames a alguém.

conducteur, trice *nm, f* condutor *(m)*, -ra *(f)*.

conduire ◪ *vt* **1.** *(véhicule)* conduzir **2.** *(accompagner)* acompanhar **3.** *(guider)* levar. ◪ *vi* **1.** *(automobiliste)* conduzir **2.** *(chemin, couloir)* ir dar a.
■ **se conduire** *vp* conduzir-se.

conduite *nf* **1.** *(attitude)* comportamento *(m)* **2.** *(tuyau)* conduta *(f)* • **conduite à gauche** condução *(f)* pela esquerda.

cône *nm* **1.** *(figure géométrique)* cone *(m)* **2.** *(glace)* corneto *(m)*.

confection *nf* confecção *(f)*.

confectionner *vt* confeccionar.

confédération *nf* confederação *(f)*.

conférence *nf* conferência *(f)*.

conférencier, ère *nm, f* conferencista *(mf)*.

confesser *vt* confessar.
■ **se confesser** *vp* confessar-se.

confession *nf* confissão *(f)*.

confettis *nmpl* papelinhos *(mpl)* (de Carnaval).

confiance *nf* confiança *(f)* • **avoir confiance en** ter confiança em • **faire confiance à** confiar em.

confiant, e *adj* confiante.

confidence *nf* confidência *(f)* • **faire des confidences à qqn** fazer confidências a alguém.

confident, e *nm, f* confidente *(mf)*.

confidentiel, elle *adj* confidencial.

confier *vt* confiar • **confier qqch à qqn** confiar algo a alguém.
■ **se confier (à)** *vp + prép* abrir-se (com).

confins ■ **aux confins de** *loc prép* nos confins de.

confirmation *nf* confirmação *(f)*.

confirmer *vt* confirmar.
■ **se confirmer** *vp* confirmar-se.

confiserie *nf* **1.** *(sucreries)* doçaria *(f)* **2.** *(magasin)* confeitaria *(f)*.

confiseur, euse *nm, f* confeiteiro *(m)*, -ra *(f)*.

confisquer *vt* tirar.

confit ◪ *adj m* ▷ **fruit**. ◪ *nm* • **confit de canard/d'oie** *conservas de pato ou de ganso cozidos na própria gordura.*

confiture *nf* doce *(m)* *(Port)*, geléia *(f)* *(Br)*.

conflit *nm* conflito *(m)*.

confondre *vt* confundir.

conforme *adj* conforme • **conforme à** em conformidade com.

conformément ■ **conformément à** *prép* de acordo com.

conformiste *adj & nmf* conformista.

confort *nm* conforto *(m)* • **'tout confort'** 'com todas as condições'.

confortable *adj* confortável.

confrère *nm* colega *(m)*.

confrontation *nf* confrontação *(f)*.

confronter *vt* confrontar.

confus, e *adj* **1.** *(compliqué)* confuso(sa) **2.** *(embarrassé)* embaraçado(da).

confusion *nf* **1.** confusão *(f)* **2.** *(honte)* embaraço *(m)*.

congé *nm* férias *(fpl)* • **être en congé** estar de férias • **congé (de) maladie** baixa *(f)* médica • **congés payés** férias pagas.
Voir encadré page suivante.

S'EXPRIMER...

prendre congé

- **Adeus!** / Au revoir !
- **Olá!** / Salut !
- **Até logo!** / À plus tard !
- **Até já!** / À tout à l'heure !
- **Até logo à noite!** / À ce soir !
- **Até terça(-feira)!** / À mardi !
- **Boa noite!** / Bonne nuit !
- **Desculpa/e, tenho de (me) ir embora.** / Désolé, il faut que je parte.
- **Estou com pressa.** / Je suis pressé.
- **Então até à próxima.** / Bon, à la prochaine.
- **Foi um prazer conhecer-te/conhecê-lo/la.** / C'était un plaisir de te/vous rencontrer.
- **Muito prazer em conhecer-te/conhecê-lo/la.** / J'ai été très content de faire ta/votre connaissance.
- **Boa sorte!** / Bon courage !
- **Boa viagem!** / Bon voyage !

congélateur *nm* **1.** congelador *(m) (Port)*, freezer *(m) (Br)* **2.** *(bahut)* arca *(f)* frigorífica.

congeler *vt* congelar.

congénital, **e** *adj* congénito(ta).

congère *nf* montículo *(m)* de neve.

congestion *nf* MÉD congestão *(f)*.

congolais *nm* bolo *(m)* de coco.

congrégation *nf* congregação *(f)*.

congrès *nm* congresso *(m)*.

conifère *nm* conífera *(f)*.

conjecture *nf* conjectura *(f)* • **se perdre en conjectures** perder-se em conjecturas.

conjoint, **e** *nm, f* cônjuge *(mf)*.

conjonction *nf* conjunção *(f)*.

conjonctivite *nf* conjuntivite *(f)*.

conjoncture *nf* conjuntura *(f)*.

conjugaison *nf* conjugação *(f)*.

conjugal, **e** *adj* conjugal.

conjuguer *vt (verbe)* conjugar.

connaissance *nf* **1.** *(savoir)* conhecimento *(m)* **2.** *(relation)* conhecido *(m)*, -da *(f)* • **avoir des connaissances en qqch** ter conhecimentos de algo • **faire la connaissance de qqn** travar conhecimento com alguém • **perdre connaissance** perder os sentidos.

connaisseur, **euse** *nm, f* conhecedor *(m)*, -ra *(f)*.

connaître *vt* **1.** conhecer **2.** *(leçon, adresse)* saber.

■ **s'y connaître (en)** *vp + prép* ser entendido(da) em.

connecter *vt* ligar.

connexion *nf* conexão *(f)*.

connu, **e** *adj* conhecido(da).

conquérant, **e** *adj & nm, f* conquistador (ra).

conquérir *vt* conquistar.

conquête *nf* conquista *(f)*.

consacrer *vt* consagrar • **consacrer qqch à** consagrar algo a.

■ **se consacrer à** *vp + prép* consagrar-se a.

consciemment *adv* conscientemente.

conscience *nf* consciência *(f)* • **avoir conscience de qqch** ter consciência de algo • **prendre conscience de qqch** tomar consciência de algo • **avoir mauvaise conscience** ter a consciência pesada.

consciencieux, **euse** *adj* consciencioso (osa).

conscient, **e** *adj* consciente • **être conscient de qqch** ter consciência de algo.

consécration *nf* consagração *(f)*.

consécutif, **ive** *adj* consecutivo(va) • **consécutif à** consecutivo a.

conseil *nm* conselho *(m)* • **demander conseil à qqn** pedir conselho a alguém.

S'EXPRIMER...

donner et demander un conseil

- **Que é que (eu) devo fazer?** / Qu'est ce que je dois faire ?
- **O que é que (tu) achas?** / Qu'en penses-tu?
- **Se eu fosse a ti, chamava um médico.** / Si j'étais toi, j'appellerais le médecin.
- **Era melhor ficares em casa.** / Tu ferais mieux de rester à la maison.

conseiller[1] *vt* aconselhar • **conseiller qqch à qqn** aconselhar algo a alguém • **conseiller à qqn de faire qqch** aconselhar alguém a fazer algo.

conseiller[2], **ère** *nm, f* conselheiro *(m)*, -ra *(f)* • **conseiller d'orientation** orientador *(m)* vocacional.

consentir ■ *vt* **1.** *(accorder)* • **consentir qqch à qqn** conceder algo a alguém **2.** *sout (accepter)* • **consentir que qqn fasse qqch** consentir que alguém faça algo. ■ *vi (accepter)* • **consentir (à)** consentir (em que).

conséquence *nf* consequência *(f)*.

conséquent ■ **par conséquent** *adv* por conseguinte.

conservateur *nm* conservante *(m)*.

conservation *nf* conservação *(f)*.

conservatoire *nm* conservatório *(m)*.

conserve *nf (boîte)* lata *(f)* de conserva.

conserver *vt* conservar.

considérable *adj* considerável.

considération *nf* consideração *(f)* • **prendre qqn/qqch en considération** tomar alguém/algo em consideração.

considérer *vt* considerar • **considérer que** considerar que • **il le considère comme un ami** ele considera-o um amigo • **je considère ce roman comme un chef-d'œuvre** considero este romance uma obra-prima.

consigne *nf* **1.** *(de gare)* depósito *(m)* de bagagem **2.** *(instructions)* instruções *(fpl)* • **consigne automatique** cacifo *(m)*.

consigné, **e** *adj* com depósito.

consistance *nf* consistência *(f)*.

consistant, **e** *adj* consistente.

consister *vi* consistir • **consister à faire qqch** consistir em fazer algo • **consister en** consistir em.

consœur *nf* colega *(f)*.

consolation *nf* consolação *(f)*.

console *nf* consola *(f)* • **console de jeux** consola de jogos.

consoler *vt* consolar.

consolider *vt* consolidar.

consommateur, **trice** *nm, f* **1.** *(acheteur)* consumidor *(m)*, -ra *(f)* **2.** *(dans un bar)* cliente *(mf)*.

consommation *nf* consumo *(m)*.

consommé *nm* consomé *(m)*.

consommer *vt* consumir • **'à consommer avant le...'** 'consumir de preferência antes de...'.

consonne *nf* consoante *(f)*.

conspiration *nf* conspiração *(f)* • **conspiration contre qqn/qqch** conspiração contra alguém/algo.

constamment *adv* constantemente.

constant, **e** *adj* constante.

constat *nm (d'accident)* • **constat (à l'amiable)** declaração *(f)* amigável de acidente automóvel.

constatation *nf* constatação *(f)*.

constater *vt* constatar.

constellation *nf* constelação *(f)*.

consterné, **e** *adj* consternado(da).

consterner *vt* consternar.

constipé, **e** *adj* • **être constipé** estar com prisão de ventre.

constituer *vt* constituir • **constitué de** constituído por.

constitution *nf* constituição *(f)*.

constitutionnel, **elle** *adj* constitucional.

constructeur, **trice** ■ *adj* construtor(ra). ■ *nm, f* **1.** *(gén)* construtor *(m)* **2.** *(de pièces détachées)* fabricante *(mf)*.

construction *nf* **1.** *(d'une maison, d'un bateau)* construção *(f)* **2.** *(bâtiment)* construção *(f)* civil.

construire *vt* construir.

consul, **e** *nm, f* cônsul *(m)*.

consulat *nm* consulado *(m)*.

consultation *nf* consulta *(f)*.

consulter *vt* consultar.

contact *nm* **1.** contacto *(m)* **2.** *(d'un moteur)* ignição *(f)* • **couper le contact** desligar a ignição • **entrer en contact avec** *(heurter)* ir contra • *(entrer en relation)* entrar em contacto com • **mettre le contact** ligar a ignição.

contacter *vt* contactar.

contagieux, **euse** *adj* **1.** *(maladie)* contagioso (osa) **2.** *(rire)* contagiante.

contaminer *vt* contaminar.

conte *nm* conto *(m)* • **conte de fées** conto de fadas.

contemplation *nf* contemplação *(f)* • **rester en contemplation devant qqch/qqn** ficar a contemplar algo/alguém.

contempler *vt* contemplar.

contemporain, **e** *adj* contemporâneo(nea).

contenance *nf* **1.** *(capacité)* capacidade *(f)* **2.** *(attitude)* postura *(f)* • **perdre contenance** perder a compostura.

contenir *vt* conter.

content, e *adj* contente • **être content de qqch** estar contente com algo • **être content de faire qqch** estar contente por fazer algo.

contenter *vt* contentar. ■ **se contenter de** *vp + prép* contentar-se com • **se contenter de qqch** contentar-se com algo • **se contenter de faire qqch** contentar-se em fazer algo.

contentieux *nm* contencioso *(m)*.

contenu, e *nm* conteúdo *(m)*.

contestation *nf* contestação *(f)*.

contester *vt* contestar.

contexte *nm* contexto *(m)*.

contigu, uë *adj* contíguo(gua) • **(être) contigu à** (ser) contíguo a.

continent *nm* continente *(m)*.

continental, e *adj* continental.

continu, e *adj* contínuo(nua).

continuel, elle *adj* constante.

continuellement *adv* constantemente.

continuer *vt* & *vi* continuar • **continuer à** *ou* **de faire qqch** continuar a fazer algo.

continuité *nf* continuidade *(f)*.

contorsionner ■ **se contorsionner** *vp* contorcer-se.

contour *nm* contorno *(m)*.

contourner *vt* contornar.

contraceptif, ive ■ *adj* contraceptivo(va). ■ *nm* contraceptivo *(m)*.

contraception *nf* contracepção *(f)*.

contracter *vt* **1.** contrair **2.** *(assurance)* fazer.

contradiction *nf* contradição *(f)*.

contradictoire *adj* contraditório(ria).

contraignant, e *adj* constrangedor(ra).

contraindre *vt* obrigar • **contraindre qqn à faire qqch** obrigar alguém a fazer algo.

contrainte *nf* **1.** *(obligation)* limitação *(f)* **2.** *(embarras)* constrangimento *(m)* **3.** TECHNOL pressão *(f)*.

contraire ■ *nm* contrário *(m)*. ■ *adj* contrário(ria) • **contraire à** contrário a • **au contraire** pelo contrário.

contrairement ■ **contrairement à** *prép* contrariamente a.

contrarier *vt* contrariar.

contrariété *nf* contrariedade *(f)*.

contraste *nm* contraste *(m)*.

contrat *nm* contrato *(m)*.

contravention *nf* multa *(f)*.

contre *prép* contra • **un sirop contre la toux** um xarope para a tosse • **par contre** pelo contrário.

contre-attaque *nf* contra-ataque *(m)*.

contrebande *nf* contrabando *(m)* • **passer qqch en contrebande** contrabandear algo.

contrebas ■ **en contrebas** *loc adv* em baixo. ■ **en contrebas de** *loc prép* • **en contrebas de qqch** na parte de baixo de algo.

contrebasse *nf* contrabaixo *(m)*.

contrecarrer *vt* opor-se a.

contrecœur ■ **à contrecœur** *adv* de má vontade.

contrecoup *nm* consequência *(f)*.

contre-courant ■ **à contre-courant** *loc adv* contra a corrente. ■ **à contre-courant de** *loc prép* • **aller à contre-courant de qqch** ir contra algo.

contredire *vt* contradizer.

contre-exemple *nm* exemplo *(m)* contrário.

contrefaçon *nf* falsificação *(f)*.

contre-indication *nf* contra-indicação *(f)*.

contre-jour ■ **à contre-jour** *adv* em contraluz.

contrepartie *nf* contrapartida *(f)* • **en contrepartie** em contrapartida.

contre-pied *nm inv* • **prendre le contre-pied de qqch** fazer exactamente o contrário de algo.

contreplaqué *nm* contraplacado *(m)*.

contrepoids *nm* contrapeso *(m)*.

contrepoison *nm* contraveneno *(m)*.

contrer *vt* **1.** opor-se a **2.** *(délinquance)* tentar acabar com.

contresens *nm* contra-senso *(m)* • **à contresens** contramão.

contretemps *nm* contratempo *(m)*.

contribuable *nmf* contribuinte *(mf)*.

contribuer ■ **contribuer à** *vp + prép* contribuir para.

contribution *nf* contribuição *(f)* • **contribution à** contribuição para • **mettre qqn à contribution** pôr alguém a trabalhar.
■ **contributions** *nfpl* contribuições *(fpl)* • **contributions directes/indirectes** impostos directos/indirectos.

contrôle *nm* **1.** controlo *(m)*, controle *(m)* **2.** SCOL teste *(m)* • **contrôle aérien** controlo aéreo • **contrôle des marchandises** controlo de mercadorias • **contrôle des passeports** controlo de passaportes • **contrôle d'identité** controlo de identidade • **contrôle parental** INFORM parental control *(m)*.

contrôler *vt* controlar.

contrôleur, **euse** *nm, f* revisor *(m)* • **contrôleur aérien** controlador m aéreo.

contrordre *nm* contra-ordem *(f)*.

controverse *nf* controvérsia *(f)*.

controversé, **e** *adj* controverso(sa).

contumace *nf* • **être condamné par contumace** ser condenado à revelia.

contusion *nf* contusão *(f)*.

convaincant, **e** *adj* convincente.

convaincre *vt* convencer • **convaincre qqn de qqch** convencer alguém de algo • **convaincre qqn de faire qqch** convencer alguém a fazer algo.

> S'EXPRIMER...
> **convaincre quelqu'un**
> • **Podes crer!/Acredita no que eu te digo!/Confia em mim!** / Fais-moi confiance !
> • **Acredite (em mim)!** / Croyez-moi !
> • **Não te hás-de/se há-de arrepender!** / Tu ne le regretteras pas !/Vous ne le regretterez pas !
> • **Deixa lá!/Não faças caso!/Não ligues!** / Laisse tomber !.
> • **Não sejas tão teimoso!** / Ne sois pas si têtu !

convalescence *nf* convalescência *(f)*.

convenable *adj* conveniente.

convenance *nf* **1.** *(disponibilité)* conveniência *(f)* **2.** *(affinité)* afinidade *(f)*.
■ **convenances** *nfpl* conveniências *(fpl)* • **à ma/sa convenance** à minha/sua conveniência.

convenir ■ **convenir à** *vp + prép* convir a.

convention *nf* convenção *(f)* • **convention collective** convenção colectiva.

conventionné, **e** *adj* ≃ da Caixa.

converger *vi* convergir.

conversation *nf* conversa *(f)*.

> S'EXPRIMER...
> **engager la conversation**
> • **Olha,...** / Écoute,...
> • **Diz-me (lá),...** / Dis donc,...
> • **Tem um momentinho?** / Vous avez un moment ?
> • **Desculpe, só uma pergunta.** / Excusez-moi, mais j'ai une question.

convertible *adj* ▷ **canapé**.

convertir *vt* converter • **convertir qqn à** converter alguém a • **convertir en** converter em.
■ **se convertir** *vp* • **se convertir à** converter-se a.

convexe *adj* convexo(xa).

conviction *nf* convicção *(f)* • **avoir la conviction que** ter a convicção de que.
■ **convictions** *nfpl* convicções *(fpl)*.

convier *vt* • **convier qqn à** convidar alguém para.

convive *nmf* conviva *(mf)*.

convivial, **e** *adj* **1.** *(réunion, assemblée)* convivial **2.** INFORM de fácil utilização.

convocation *nf* convocação *(f)*.

convoi *nm* coluna *(f)*.

convoiter *vt* cobiçar.

convoquer *vt* convocar.

convulsion *nf* convulsão *(f)*.

cookie *nm* **1.** *(petit gâteau)* queque *(m)*, cookie *(m)* **2.** INFORM cookie *(m)*.

coopération *nf* cooperação *(f)*.

coopérer *vi* cooperar • **coopérer à qqch** cooperar em algo.

coordonné, **e** *adj* combinado(da).

coordonnées *nfpl* • **laissez-moi vos coordonnées** deixe-me a sua morada e o seu número de telefone.

coordonner *vt* coordenar.

copain, **copine** *nm, f* **1.** *fam (ami)* amigo *(m)*, -ga *(f)* **2.** *(petit ami)* namorado *(m)*, -da *(f)*.

copie *nf* **1.** *(reproduction)* cópia *(f)* **2.** *(devoir)* trabalho *(m)* de casa **3.** *(feuille)* folha *(f)* **4.** INFORM • **copie d'écran** captura *(f)* de ecrã.

copier *vt* copiar • **copier (qqch) sur qqn** copiar (algo) por alguém.

copier-coller *vt* INFORM copiar-colar.

copieux, euse *adj* copioso(osa).

copilote *nm* co-piloto *(m)*.

coproduction *nf* co-produção *(f)*.

copropriété *nf* co-propriedade *(f)*.

coq *nm* galo *(m)* • **coq au vin** *frango com vinho tinto*.

coque *nf* **1.** *(de bateau)* casco *(m)* **2.** *(coquillage)* berbigão *(m)*.

coquelet *nm* galo *(m)* novo *(Port)*, galeto *(m)* *(Br)*.

coquelicot *nm* papoila *(f)*.

coqueluche *nf* MÉD tosse *(f)* convulsa.

coquet, ette *adj* janota.

coquetier *nm* oveiro *(m)*.

coquetterie *nf* coquetismo *(m)*.

coquillage *nm* **1.** *(crustacé)* marisco *(m)* **2.** *(coquille)* concha *(f)*.

coquille *nf* **1.** *(d'œuf, de noix)* casca *(f)* **2.** *(de mollusque)* concha *(f)* • **coquille Saint-Jacques** vieira *(f)*.

coquillettes *nfpl* cotovelinhos *(mpl)*.

coquin, e *adj* *(enfant)* maroto(ta).

cor *nm* **1.** *(instrument)* trompa *(f)* **2.** MÉD calo *(m)*.

corail *nm* coral *(m)* • **(train) Corail** ≃ comboio *(m)* alfa.

Coran *nm* Alcorão *(m)*.

corbeau *nm* corvo *(m)*.

corbeille *nf* **1.** cesto *(m)* **2.** INFORM reciclagem • **corbeille à papiers** cesto dos papéis.

corbillard *nm* carro m fúnebre.

corde *nf* corda *(f)* • **corde à linge** corda da roupa • **corde à sauter** corda de saltar • **cordes vocales** cordas vocais.

cordial, e *adj* cordial.

cordon *nm* **1.** *(petite corde)* cordão *(m)* **2.** *(électrique)* fio *(m)*.

cordon-bleu *nm* mestre-cozinheiro *(m)*.

cordonnerie *nf* • **aller à la cordonnerie** ir ao sapateiro.

cordonnier, ère *nm, f* sapateiro *(m)*.

Corée *nf* Coreia *(f)*.

coriace *adj* duro(ra).

coriandre *nf* coentro *(m)*.

cormoran *nm* alcatraz *(m)*.

corne *nf* **1.** *(d'animal)* corno *(m)* **2.** *(matière)* osso *(m)*.

corneille *nf* gralha *(f)*.

cornet *nm* **1.** *(de glace)* cone *(m)* **2.** *(de frites)* cartucho *(m)*.

cornettes *nfpl* *(Suisse)* massa *(f)* de pontinhas.

corniche *nf* **1.** *(falaise)* saliência *(f)* **2.** *(route)* estrada *(f)* à beira de precipícios **3.** *(moulure)* cornija *(f)*.

cornichon *nm* pepino *(m)* de conserva.

corporel, elle *adj* **1.** *(besoins, exercice)* físico (ca) **2.** *(odeur)* corporal **3.** DR corpóreo(rea).

corps *nm* **1.** corpo *(m)* **2.** *(élément, substance)* substância *(f)*.

corpulent, e *adj* corpulento(ta).

correct, e *adj* correcto(ta).

correcteur, trice ◼ *adj* corrector(ra). ◼ *nm, f* **1.** *(d'examen)* corrector *(m)*, -ra *(f)* **2.** *(dans l'édition)* revisor *(m)*, -ra *(f)*.

correction *nf* **1.** correcção *(f)* **2.** *(punition)* castigo *(m)*.

correspondance *nf* **1.** correspondência *(f)* **2.** *(train, métro)* correspondência *(f)* *(Port)*, baldeação *(f)* *(Br)* • **par correspondance** por correspondência.

correspondant, e ◼ *adj* correspondente. ◼ *nm, f* **1.** *(à qui on écrit)* correspondente *(mf)* **2.** *(au téléphone)* interlocutor *(m)*, -ra *(f)*.

correspondre *vi* **1.** *(coïncider)* corresponder **2.** *(écrire)* corresponder-se • **correspondre à** corresponder a.

corrida *nf* tourada *(f)*.

corridor *nm* corredor *(m)*.

corrigé *nm* solução *(f)*.

corriger *vt* **1.** *(erreur, examen)* corrigir **2.** *(défaut)* emendar.
◼ **se corriger** *vp* corrigir-se.

corroborer *vt* corroborar.

corrompre *vt* **1.** *(soudoyer)* subornar **2.** *(dépraver)* corromper **3.** *(gâter)* estragar.

LE CORPS HUMAIN

- l'artère / a artéria
- la bouche / a boca
- le bras / o braço
- le cerveau / o cérebro
- les cheveux / o cabelo
- la cheville / o tornozelo
- le cil / a pestana
- le cœur / o coração
- la colonne vertébrale / a coluna vertebral
- la côte / a costela
- le cou / o pescoço
- le coude / o cotovelo
- le crâne / o crânio
- la cuisse / a coxa
- la dent / o dente
- le doigt / o dedo
- le dos / as costas
- l'épaule / o ombro
- l'estomac / o estômago
- les fesses / as nádegas
- le foie / o fígado
- le front / a testa
- le genou / o joelho
- la hanche / a anca
- l'intestin / o intestino
- la jambe / a perna
- la joue / a bochecha
- la langue / a língua
- la mâchoire / a maxila
- la main / a mão
- le menton / o queixo
- le mollet / a barriga da perna
- le nez / o nariz
- le nombril / o umbigo
- l'œil / o olho
- l'œsophage / o esófago
- l'ongle / a unha
- l'oreille / a orelha
- l'orteil / o dedo do pé
- la paupière / a pálpebra
- le pied / o pé
- le poignet / o pulso
- la poitrine / o peito
- le poumon / o pulmão
- le rein / o rim
- le sourcil / a sobrancelha
- la taille / a cintura
- le talon / o calcanhar
- la tête / a cabeça
- la veine / a veia
- le ventre / a barriga
- la vertèbre / a vértebra.

corrosif, **ive** *adj* corrosivo(va).

corrosion *nf* corrosão *(f)*.

corruption *nf* corrupção *(f)* • **corruption de fonctionnaire** corrupção de funcionários.

corsage *nm* corpete *(m)*.

corse *adj* corso(sa).
■ **Corse** ▪ *nmf* corso *(m)*, -sa *(f)*. ▪ *nf* • **la Corse** a Córsega.

corsé, **e** *adj* **1.** forte **2.** *(vin)* encorpado(da).

cortège *nm* cortejo *(m)*.

corvée *nf* chatice *(f)* *(Port)*, maçada *(f)* *(Br)*.

cosmétique ▪ *nm* cosmético *(m)*. ▪ *adj* cosmético(ca).

cosmique *adj* cósmico(ca).

cosmonaute *nmf* cosmonauta *(mf)*.

cosmopolite *adj* cosmopolita.

cossu, **e** *adj* ricamente decorado(da).

Costa Rica *nm* • **le Costa Rica** a Costa Rica.

costaud, **e** *adj* **1.** *fam (musclé)* entroncado(da) **2.** *(solide)* sólido(da).

costume *nm* **1.** *(d'homme)* fato *(m)* **2.** *(de théâtre, de déguisement)* trajo *(m)*.

cotation *nf* cotação *(f)* • **cotation en Bourse** cotação na Bolsa.

côte *nf* **1.** *(pente)* encosta *(f)* **2.** ANAT costela *(f)* **3.** *(d'agneau, de porc, etc)* costeleta *(f)* **4.** *(bord de mer)* costa *(f)* • **côte à côte** lado a lado • **la Côte d'Azur** a Costa Azul *(francesa)*.

côté *nm* lado *(m)* • **de quel côté dois-je aller ?** para que lado devo ir? • **à côté** ao lado • **à côté de** ao lado de • **de l'autre côté (de)** do outro lado (de) • **de côté** de lado • **mettre qqch de côté** pôr algo de lado.

Côte-d'Ivoire *nf* • **la Côte-d'Ivoire** a Costa do Marfim.

côtelé *adj m* ▷ **velours**.

côtelette *nf* costeleta *(f)*.

côtier, **ère** *adj* costeiro(ra).

cotisation *nf* quota *(f)*.
■ **cotisations** *nfpl* descontos *(mpl)*.

cotiser *vi* **1.** *(à un club, un parti)* pagar uma quota **2.** *(à la Sécurité sociale)* descontar **3.** *(participer)* contribuir.
■ **se cotiser** *vp* cotizar-se.

coton *nm* algodão *(m)* • **coton (hydrophile)** algodão (hidrófilo).

Coton-Tige® *nm* cotonete *(m)*.

côtoyer *vt* **1.** *(fréquenter)* dar-se com **2.** *(longer)* costear.

cou *nm* pescoço *(m)*.

couchage *nm* ▷ **sac**.

couchant *adj m* ▷ **soleil**.

couche *nf* **1.** *(épaisseur)* camada *(f)* **2.** *(de bébé)* fralda *(f)*.

couche-culotte *nf* fralda *(f)* descartável.

coucher ■ *vt* deitar. ■ *vi (dormir)* dormir • **être couché** estar deitado • **coucher avec qqn** *fam* dormir com alguém.
■ **se coucher** *vp* **1.** *(personne)* deitar-se **2.** *(soleil)* pôr-se.

couchette *nf* cama *(f)*, couchette *(f)*.

coucou ■ *nm* **1.** *(oiseau)* cuco *(m)* **2.** *(horloge)* relógio *(m)* de cuco. ■ *interj* cucu!

coude *nm* **1.** ANAT cotovelo *(m)* **2.** *(courbe)* curva *(f)*.

cou-de-pied *nm* peito *(m)* do pé.

coudre *vt* & *vi* coser.

couette *nf (édredon)* edredão *(m)*.
■ **couettes** *nfpl fam (coiffure)* puxos *(mpl)*.

couffin *nm* **1.** *(cabas)* seira *(f)* **2.** *(berceau)* alcofa *(f)*.

cougnou *nm (Belgique) brioche com a forma do Menino Jesus comido no Natal.*

couler ■ *vi* **1.** *(liquide, rivière)* correr **2.** *(bateau)* afundar-se. ■ *vt (bateau)* afundar.

couleur *nf* **1.** *(teinte)* cor *(f)* **2.** *(de cartes)* naipe *(m)* • **de quelle couleur est... ?** de que cor é... ?

LES COULEURS

- blanc / branco
- bleu / azul
- bleu ciel / azul-celeste
- bordeaux / bordeaux
- gris / cinzento
- jaune / amarelo
- marron / castanho
- mauve / roxo
- noir / preto
- orange / cor de laranja
- rose / cor-de-rosa
- rose vif / fuschia
- rouge / vermelho
- vert / verde
- vert clair / verde claro
- vert foncé / verde escuro
- violet / violeta.

couleuvre *nf* cobra *(f)*.

coulis *nm puré de legumes, de fruta ou de mariscos.*

coulisser *vi* deslizar.

coulisses *nfpl* bastidores *(mpl)*.

couloir *nm* **1.** *(d'appartement)* corredor *(m)* **2.** *(de bus)* corredor *(m)* de circulação.

coup *nm*

1. CHOC PHYSIQUE
• **donner un coup à qqn** dar uma pancada a alguém
• **donner un coup de coude à qqn** dar uma cotovelada a alguém
• **coup de couteau** facada *(f)*
• **coup de feu** tiro *(m)*
• **coup de pied** pontapé *(m)*
• **coup de poing** murro *(m)*
• **coup de soleil** queimadura *(f)* (solar)

2. AVEC UN INSTRUMENT
• **passer un coup de balai** dar uma varredela
• **coup de marteau** martelada *(f)*
• **coup de peigne** penteadela *(f)*
• **coup de crayon** traço *(m)*

3. *fam* CHOC MORAL, ACTION MALHONNÊTE
• **coup dur** aborrecimento *(m)*
• **ça m'a fait un coup au cœur** aquilo foi um choque para mim
• **faire un coup à qqn** pregar um golpe baixo a alguém

4. BRUIT
• **il y a eu un coup sec** houve um estampido
• **coup de sonnette** toque *(m)* (de campainha)
• **les douze coups de minuit** as doze badaladas da meia-noite

5. JEU = jogada *(f)*
• **le dernier coup de la partie** a última jogada

6. AU FOOTBALL
• **coup franc** livre *(m)*

7. AU RUGBY
• **coup franc** golpe *(m)* livre

8. *fam* FOIS
• **du premier coup** à primeira
• **ça marche à tous les coups** funciona sempre
• **j'ai tout bu d'un (seul) coup** bebi tudo de um (só) trago

9. EXPRIME LA SOUDAINETÉ
• **coup de chance** golpe de sorte
• **coup de foudre** amor *(m)* à primeira vista
• **coup de vent** rajada *(f)* de vento

10. EXPRIME LA RAPIDITÉ
• **coup de fil** *ou* **de téléphone** chamada *(f)* telefónica
• **donner un coup de main à qqn** dar uma mão a alguém
• **jeter un coup d'œil (à)** dar uma olhadela (a)
• **passer en coup de vent** fazer uma visita rápida
11. DANS DES EXPRESSIONS
• **tout à coup** de repente
• **du coup,...** resultado,...
• **tenir le coup** aguentar
• **valoir le coup** *fam* valer a pena
• **boire un coup** *fam* beber um copo.

sur le coup *loc prép*
no momento, no instante
• **sur le coup, je suis resté(e) bouche bée** no momento, fiquei boquaberto(a).

coupable *adj* & *nmf* culpado(da) • **coupable de qqch** culpado de algo.

coupant, **e** *adj* cortante.

coupe *nf* **1.** taça *(f)* **2.** *(de cheveux, de vêtements)* corte *(m)* • **à la coupe** *(fromage, etc)* à fatia.

coupe-ongles *nm inv* corta-unhas *(m inv)*.

coupe-papier *nm inv* corta-papel *(m)*.

couper *vt* & *vi* cortar • **couper la route à qqn** cortar a estrada a alguém.
■ **se couper** *vp* cortar-se • **se couper le doigt** cortar-se no dedo.

couple *nm* casal *(m)*.

couplet *nm* estrofe *(f)*.

coupole *nf* cúpula *(f)*.

coupon *nm* **1.** *(reste de tissu)* retalho *(m)* **2.** *(rouleau d'étoffe)* peça *(f)* **3.** FIN cupão *(m)* **4.** *(billet)* senha *(f)*.

coupure *nf* corte *(m)* • **coupure de courant** corte de electricidade • **coupure de journal** recorte *(m)* de jornal.

couque *nf (Belgique)* **1.** *(biscuit)* bolacha *(f)* **2.** *(pain d'épices)* pão-de-mel *(m)* **3.** *(brioche)* brioche *(m)*.

cour *nf* **1.** *(d'immeuble, de ferme)* pátio *(m)* **2.** *(tribunal)* tribunal *(m)* **3.** *(d'un roi)* corte *(f)* • **cour (de récréation)** recreio *(m)*.

courage *nm* coragem *(f)* • **bon courage !** coragem!

courageux, **euse** *adj* corajoso(osa).

couramment *adv* **1.** *(fréquemment)* frequentemente **2.** *(parler)* fluentemente.

courant, **e** ■ *adj (fréquent)* comum. ■ *nm* corrente *(f)* • **être au courant (de)** estar ao corrente (de) • **courant d'air** corrente de ar • **courant alternatif** corrente alterna • **courant continu** corrente contínua.

courbaturé, **e** *adj* partido(da).

courbatures *nfpl* dores *(fpl)* musculares.

courbe ■ *adj* curvo(va). ■ *nf (ligne arrondie)* curva *(f)*.

courber *vt* **1.** *(plier)* curvar **2.** *(pencher)* dobrar.

coureur, **euse** *nm, f* corredor *(m)*, -ra *(f)* • **coureur automobile** corredor de automóveis • **coureur cycliste** ciclista *(mf)* • **coureur à pied** corredor.

courge *nf* abóbora *(f)*.

courgette *nf* courgette *(f)*, abobrinha *(f)*.

courir *vt* & *vi* correr.

couronne *nf* **1.** coroa *(f)* **2.** *(de fleurs)* coroa *(f)* de flores.

couronner *vt* **1.** *(roi)* coroar **2.** *fig (récompenser)* laurear • **être couronné de succès** ser coroado de sucesso.

courriel *nm* INFORM correio *(m)* electrónico.

courrier *nm* correio *(m)*.

courroie *nf* correia *(f)*.

cours *nm* **1.** *(leçon)* aula *(f)* **2.** *(d'une monnaie, d'une marchandise)* cotação *(f)* • **cours particuliers** aulas particulares, explicações • **au cours de** ao longo de • **en cours** em curso • **cours d'eau** curso *(m)* de água.

course *nf* **1.** corrida *(f)* **2.** *(démarche)* volta *(f)*.
■ **courses** *nfpl (achats)* compras *(fpl)* • **faire les courses** fazer as compras.

coursier, **ère** *nm, f* estafeta *(mf)*.

court, **e** ■ *adj* curto(ta). ■ *nm (de tennis)* campo *(m)* de ténis *(Port)*, quadra *(f)* de tênis *(Br)*. ■ *adv* • **des cheveux coupés court** cabelo cortado curto • **s'habiller court** vestir saias curtas • **être à court de** estar com falta de.

court-bouillon *nm* caldo *(m)*.

court-circuit *nm* curto-circuito *(m)*.

courtier, **ère** *nm, f* corretor *(m)*, -ra *(f)*.

court-métrage *nm* curta-metragem *(f)*.

courtois, **e** *adj* cortês.

courtoisie *nf* cortesia *(f)*.

couscous *nm* cuscuz *(m)*.

cousin, **e** *nm, f* primo *(m)*, -ma *(f)* • **cousin germain** primo direito.

coussin *nm* almofada *(f)*.

coût *nm* custo *(m)*.

couteau *nm* faca *(f)*.

coûter *vt* & *vi* custar • **combien ça coûte ?** quanto custa?

coûteux, **euse** *adj* dispendioso(osa).

coutume *nf* costume *(m)*.

couture *nf* costura *(f)*.

couturier, **ère** *nm, f* costureiro *(m)*, -ra *(f)* • **grand couturier** grande costureiro.

couvée *nf* ninhada *(f)*.

couvent *nm* convento *(m)*.

couver *vt* & *vi* chocar.

couvercle *nm* **1.** *(de casserole)* testo *(m)* **2.** *(de bocal)* tampa *(f)*.

couvert, **e** ◪ *nm* talher *(m)*. ◪ *adj* **1.** *(ciel)* encoberto(ta) **2.** *(marché, parking)* coberto(ta) **3.** *(vêtu)* agasalhado(da) • **bien couvert** bem agasalhado • **couvert de** coberto de • **mettre le couvert** pôr a mesa.

couverture *nf* **1.** *(de lit)* cobertor *(m)* **2.** *(de livre)* capa *(f)*.

couveuse *nf* **1.** *(pour bébés)* incubadora *(f)* **2.** *(poule)* galinha *(f)* choca **3.** *(pour œufs)* chocadeira *(f)*.

couvre-feu *nm* recolher *(m)* obrigatório.

couvrir *vt* **1.** *(mettre un couvercle sur)* tapar **2.** *(livre, cahier)* forrar • **couvrir qqch de** encher algo de.
■ **se couvrir** *vp* **1.** *(ciel)* encobrir-se **2.** *(s'habiller)* agasalhar-se • **se couvrir de** cobrir-se de.

covoiturage *nm* partilha de viaturas.

cow-boy *nm* cow-boy *(m)*.

CP *nm* (*abr de* **cours préparatoire**) ≃ pré-primária *(f)*.

crabe *nm* caranguejo *(m)*.

crachat *nm* escarro *(m)*.

cracher ◪ *vi* cuspir. ◪ *vt* deitar fora.

crachin *nm* chuva *(f)* molha tolos OU molha parvos *fam*.

craie *nf* **1.** *(matière)* greda-branca *(f)* **2.** *(pour écrire au tableau)* giz *(m)*.

craindre *vt* **1.** *(redouter)* temer **2.** *(être sensible à)* ser sensível a • **je crains de ne pouvoir venir** receio não poder vir.

crainte *nf* receio *(m)* • **de crainte que** com receio de que.

craintif, **ive** *adj* receoso(osa).

cramique *nm (Belgique) brioche com passas.*

crampe *nf* cãibra *(f)*.

cramponner ■ **se cramponner (à)** *vp + prép* agarrar-se (a).

crampons *nmpl (de foot, de rugby)* pitões *(mpl)*.

cran *nm* **1.** *(de ceinture)* furo *(m)* **2.** *(entaille)* corte *(m)* **3.** *fam (courage)* peito *(m)* • **(couteau à) cran d'arrêt** navalha *(f)* de ponta em mola.

crâne *nm* crânio *(m)*.

crâner *vi fam* armar-se.

crânien, **enne** *adj* craniano(na).

crapaud *nm* sapo *(m)*.

crapule *nf* crápula *(m)*.

craquement *nm* estalido *(m)*.

craquer ◪ *vi* **1.** *(faire un bruit)* estalar **2.** *(casser)* rachar **3.** *(nerveusement)* ir-se abaixo. ◪ *vt (allumette)* acender.

crasse *nf* sujidade *(f)*.

crasseux, **euse** *adj* sebento(ta).

cratère *nm* cratera *(f)*.

cravache *nf* pingalim *(m)*.

cravate *nf* gravata *(f)*.

crawl *nm* crawl *(m)*.

crayon *nm* lápis *(m)* • **crayon de couleur** lápis de cor.

créancier, **ère** *nm, f* credor *(m)*, -ra *(f)*.

créateur, **trice** *adj* & *nm, f* criador(ra).

créatif, **ive** *adj* criativo(va).

création *nf* criação *(f)*.

créature *nf* criatura *(f)*.

crèche *nf* **1.** *(garderie)* infantário *(m)* **2.** RELIG presépio *(m)*.

crédible *adj* credível.

crédit *nm* crédito *(m)* • **acheter qqch à crédit** comprar algo a prestações.

créditer *vt* creditar.

créditeur, **trice** *adj* & *nm, f* credor(ra).

crédule *adj* crédulo(la).

créer *vt* criar.

crémaillère *nf* • **pendre la crémaillère** *fig festejar a instalação em casa nova.*

crème *nf* creme *(m)* • **crème anglaise** *creme à base de leite e ovos* • **crème caramel** leite-creme *(m)* • **crème fraîche** natas *(fpl)* *(Port)*, creme *(m)* de leite *(Br)* • **crème glacée** gelado *(m)* • **crème pâtissière** creme de pasteleiro.

crémerie *nf* leitaria *(f)*.

crémeux, **euse** *adj* cremoso(osa).

créneau *nm* • **faire un créneau** estacionar entre dois veículos.
■ **créneaux** *nmpl (de château)* ameias *(fpl)*.

créole ■ *nm (langue)* crioulo *(m)*. ■ *adj* crioulo(la).
■ **créoles** *nfpl* argolas *(fpl) (brincos)*.

crêpe *nf* crepe *(m)* • **crêpe bretonne** *crepe que quando é salgado é frequentemente feito com farinha de trigo-sarraceno*.

crêperie *nf restaurante cuja especialidade são os crepes*.

crépi *nm* reboco *(m)*.

crépiter *vi* crepitar.

crépu, **e** *adj* crespo(pa).

crépuscule *nm* crepúsculo *(m)* • **au crépuscule** ao crepúsculo.

cresson *nm* agrião *(m)*.

Crète *nf* • **la Crète** Creta *(f)*.

crête *nf* **1.** *(de montagne)* cume *(m)* **2.** *(de coq)* crista *(f)*.

crétin, **e** *fam adj & nm, f* cretino(na).

cretons *nmpl (Québec) paté de porco*.

creuser *vt* escavar • **ça creuse !** *fam* isto dá fome!
■ **se creuser** *vp* • **se creuser la tête** *OU* **la cervelle** *fam* dar voltas à cabeça *OU* ao miolo.

creux, **creuse** ■ *adj* oco (oca). ■ *nm* cavidade *(f)*.

crevaison *nf* furo *(m)*.

crevant, **e** *adj fam* estafante.

crevasse *nf* fenda *(f)*.

crevé, **e** *adj fam* estafado(da).

crever ■ *vt* **1.** *(percer)* furar **2.** *fam (fatiguer)* estafar. ■ *vi* **1.** *(exploser)* rebentar **2.** *(avoir une crevaison)* ter um furo **3.** *fam (mourir)* esticar o pernil.

crevette *nf* **1.** gamba *(f)* **2.** *(petite)* camarão *(m)* • **crevette grise** camarão-negro *(m)* • **crevette rose** camarão-rosa *(m)*.

cri *nm* grito *(m)* • **pousser un cri** dar um grito.

LES CRIS DES ANIMAUX

- l'âne brait / o burro zurra
- le canard cancane / o pato grasna
- le cerf brame / o cervo brama
- le chat miaule / o gato mia
- le cheval hennit / o cavalo relincha
- la chèvre béguète / a cabra bala
- le chien aboie / o cão ladra
- le cochon grogne / o porco grunhe
- l'éléphant barrit / o elefante brame
- la grenouille coasse / a rã coaxa
- l'hirondelle gazouille / a andorinha chilreia
- le lion rugit / o leão ruge
- le loup hurle / o lobo uiva
- le mouton bêle / a ovelha bala
- l'oiseau chante / o pássaro canta
- la poule glousse / a galinha cacareja
- le serpent siffle / a serpente assobia
- la vache mugit / a vaca muge.

criard, **e** *adj* **1.** *(voix)* esganiçado(da) **2.** *(couleur)* berrante.

criblé, **e** *adj* • **criblé de** *(troué de)* crivado de • *(parsemé de)* cheio de • **être criblé de dettes** estar crivado de dívidas.

cric *nm* macaco *(m) (ferramenta)*.

cricket *nm* críquete *(m)*.

crier *vt & vi* gritar.

crime *nm* crime *(m)*.

criminel, **elle** *nm, f* criminoso *(m)*, -osa *(f)*.

crinière *nf (de lion)* juba *(f)*.

crique *nf* enseada *(f)*.

criquet *nm* gafanhoto *(m)*.

crise *nf* **1.** crise *(f)* **2.** *(de rire)* ataque *(m)* • **crise cardiaque** ataque cardíaco • **crise de foie** crise de fígado • **crise de nerfs** crise de nervos.

crispé, **e** *adj* **1.** *(personne, sourire)* crispado(da) **2.** *(poing)* fechado(da).

crisper *vt* **1.** *(contracter)* crispar **2.** *(agacer)* irritar.
■ **se crisper** *vp* **1.** *(se contracter)* crispar-se **2.** *(s'irriter)* ficar crispado(da).

crisser *vi* chiar.

cristal *nm* cristal *(m)*.

cristallin, e *adj* cristalino(na).
■ **cristallin** *nm* cristalino *(m)*.

critère *nm* critério *(m)*.

critique ◼ *adj* & *nmf* crítico(ca). ◼ *nf* crítica *(f)*.

critiquer *vt* criticar.

croasser *vi* crocitar.

Croatie *nf* • **la Croatie** a Croácia.

croc *nm* presa *(f)* *(dente)*.

croche *nf* colcheia *(f)*.

croche-pied *nm* • **faire un croche-pied à qqn** passar uma rasteira a alguém.

crochet *nm* **1.** *(pour accrocher)* gancho *(m)* **2.** *(tricot)* croché *(m)* **3.** *fig (détour)* desvio *(m)*.

crochu, e *adj* adunco(ca).

crocodile *nm* crocodilo *(m)*.

croire ◼ *vt* **1.** *(personne, histoire)* acreditar em **2.** *(penser)* achar. ◼ *vi* • **croire à** acreditar em • **croire en** acreditar em.
■ **se croire** *vp* • **il se croit intelligent** ele julga-se inteligente • **on se croirait au Moyen Âge** até parece que estamos na Idade Média.

croisade *nf* cruzada *(f)*.

croisement *nm* cruzamento *(m)*.

croiser *vt* **1.** cruzar **2.** *(personne)* cruzar-se com.
■ **se croiser** *vp* cruzar-se • **j'ai croisé son regard** os nossos olhares cruzaram-se.

croisière *nf* cruzeiro *(m)*.

croissance *nf* crescimento *(m)*.

croissant *nm* **1.** *(pâtisserie)* croissant *(m)* **2.** *(de lune)* meia-lua *(f)*.

croître *vi* crescer.

croix *nf* cruz *(f)* • **en croix** em forma de cruz.

Croix-Rouge *nf* • **la Croix-Rouge** a Cruz Vermelha.

croque-madame *nm inv* *tosta mista com ovo estrelado*.

croque-monsieur *nm inv* *tosta mista*.

croque-mort *nm* *fam* cangalheiro *(m)*.

croquer ◼ *vt* *(manger)* trincar. ◼ *vi* *(craquer)* estalar.

croquette *nf* croquete *(m)* • **croquettes pour chiens** biscoitos *(mpl)* para cães.

croquis *nm* esboço *(m)* • **faire un croquis** fazer um esboço.

cross *nm inv* **1.** *(à pied)* corrida *(f)* **2.** *(à moto)* motocross *(m)* **3.** *(discipline)* corta-mato *(m)*.

crotte *nf* excremento *(m)*.

crottin *nm* **1.** *(d'animal)* esterco *(m)* **2.** *(fromage)* *pequeno queijo de cabra que pode ser servido quente*.

crouler *vi* **1.** *(être surchargé)* • **crouler sous le poids** abater com o peso **2.** *(s'effondrer)* vir abaixo • **crouler sous le travail** *fig* estar com trabalho até ao pescoço.

croupir *vi* estagnar.

croustade *nf* empada *(f)*.

croustillant, e *adj* estaladiço(ça).

croûte *nf* **1.** crosta *(f)* **2.** *(de pain)* côdea *(f)* • **croûte au fromage** *(Suisse)* *fatia de pão com queijo gratinado e vinho branco*.

croûton *nm* **1.** *(pain frit)* pedaço *(m)* de pão frito **2.** *(extrémité du pain)* ponta *(f)* do pão.

croyance *nf* crença *(f)*.

croyant, e *adj* crente.

CRS *(abr de* **Compagnie républicaine de sécurité***)* *nm* ≃ polícia *(f)* de choque.

cru, e ◼ *adj* cru (crua). ◼ *nm* *(vin)* colheita *(f)*.

cruauté *nf* crueldade *(f)*.

crucial, e *adj* crucial.

crudités *nfpl* legumes *(mpl)* crus.

crue *nf* cheia *(f)* • **être en crue** estar a encher.

cruel, elle *adj* cruel.

crustacés *nmpl* crustáceos *(mpl)*.

Cuba *npr* Cuba.

cube *nm* cubo *(m)* • **mètre cube** metro *(m)* cúbico.

cueillette *nf* colheita *(f)*.

cueillir *vt* colher.

cuiller = **cuillère**.

cuillère *nf* colher *(f)* • **cuillère à café** colher de café • **petite cuillère** colherzinha *(f)* • **cuillère à soupe** colher de sopa.

cuillerée *nf* colherada *(f)*.

cuir *nm* couro *(m)*.

cuire *vt* & *vi* cozer • **faire cuire** cozer.

cuisine *nf* cozinha *(f)* • **faire la cuisine** cozinhar.

cuisiner *vt* & *vi* cozinhar.

cuisinier, **ère** *nm, f* cozinheiro *(m)*, -ra *(f)*.

cuisinière *nf (fourneau)* fogão *(m)* • ▻ **cuisinier**.

cuisse *nf* **1.** ANAT coxa *(f)* **2.** *(de volaille)* perna *(f)* • **cuisses de grenouille** coxas de rã.

cuisson *nf* cozedura *(f)*.

cuit, **e** *adj* cozido(da) • **bien cuit** bem cozido.

cuivre *nm (métal)* cobre *(m)*.

cul *nm vulg* cu *(m)*.

culasse *nf* ▻ **joint**.

cul-de-sac *nm* **1.** *(voie)* beco *(m)* sem saída **2.** *fam fig (projet)* buraco *(m)* sem saída.

culinaire *adj* culinário(ria).

culminer *vi (surplomber)* elevar-se • **culminer à** *(s'élever à)* elevar-se a • *fig* ascender a.

culot *nm* **1.** *fam (toupet)* lata *(f)* **2.** *(fond)* fundo *(m)* metálico **3.** *(dépôt)* sarro *(m)* • **avoir le culot de faire qqch** *fam* ter a lata de fazer algo • **avoir du culot** *fam* ter lata.

culotte *nf* cuecas *(fpl) (de senhora)* • **culotte de cheval** *(vêtement)* calções *(mpl)* de montar.

culpabilité *nf* culpa *(f)*.

culte *nm* culto *(m)*.

cultivateur, **trice** *nm, f* cultivador *(m)*, -ra *(f)*.

cultivé, **e** *adj* **1.** *(plante, terre)* cultivado(da) **2.** *fig (personne)* culto(ta).

cultiver *vt* cultivar.
■ **se cultiver** *vp* cultivar-se.

culture *nf* cultura *(f)*.
■ **cultures** *nfpl* terras *(fpl)* de cultivo.

culturel, **elle** *adj* cultural.

cumin *nm* cominho *(m)*.

cumul *nm* acumulação *(f)*.

cumuler *vt* acumular.

cupide *adj* cúpido(da).

cure *nf* **1.** cura *(f)* **2.** *(du curé)* curato *(m)* • **cure d'amaigrissement** cura de emagrecimento • **cure de désintoxication** cura de desintoxicação • **cure de sommeil** cura de sono • **cure thermale** cura termal.

curé *nm* padre *(m)*.

cure-dents *nm inv* palito *(m)*.

curieux, **euse** ■ *adj* curioso(osa). ■ *nmpl (spectateurs)* curiosos *(mpl)*.

curiosité *nf* curiosidade *(f)*.

curry *nm* caril *(m)*.

cutanée *adj f* ▻ **éruption**.

cuve *nf* cuba *(f)*.

cuvette *nf* bacia *(f)*.

CV *nm* **1.** (*abr de* **curriculum vitae**) c.v. *(m)* **2.** AUTO (*abr écrite de* **cheval fiscal**) cv *(cavalo-vapor)*.

cyanure *nm* cianeto *(m)*.

cybercrime *nm* INFORM cybercrime *(m)*.

cyclable *adj* ▻ **piste**.

cycle *nm* ciclo *(m)*.

cyclique *adj* cíclico(ca).

cyclisme *nm* ciclismo *(m)*.

cycliste ■ *adj* de ciclismo. ■ *nmf* ciclista *(mf)*. ■ *nm (short)* calções *(mpl)* de ciclista.

cyclone *nm* ciclone *(m)*.

cygne *nm* cisne *(m)*.

cylindre *nm* cilindro *(m)*.

cymbale *nf* címbalo *(m)*.

cynique *adj* cínico(ca).

cyprès *nm* cipreste *(m)*.

d

d, D *nm inv (lettre)* d, D *(m)*.
■ **d** (*abr écrite de* **déci**) d.

DAB *nm* (*abr de* **distributeur automatique de billets**) MB *(m) (Multibanco)*.

dactylo *nm, f (secrétaire)* dactilógrafa *(f)*.

daigner *vi* • **daigner faire qqch** dignar-se a fazer algo • **ne pas daigner faire qqch** não se dignar a fazer algo.

daim *nm* **1.** *(animal)* gamo *(m)* **2.** *(peau)* camurça *(f)*.

dalle *nf* laje *(f)*.

daltonien, **enne** *adj & nm, f* daltónico(ca).

dame *nf* **1.** *(femme)* senhora *(f)* **2.** *(aux cartes)* dama *(f)*.
■ **dames** *nfpl (jeu)* damas *(fpl)*.

damier *nm (de dames)* tabuleiro *(m)*.

dandiner ■ **se dandiner** *vp* bambolear-se.

Danemark *nm* • **le Danemark** a Dinamarca.

danger *nm* perigo *(m)* • **être en danger** estar em perigo.

dangereux, **euse** *adj* perigoso(osa).

danois, **e** ■ *adj* dinamarquês(esa). ■ *nm (langue)* dinamarquês *(m)*.
■ **Danois**, **e** *nm, f* dinamarquês *(m)*, -esa *(f)*.

dans *prép* **1.** *(gén)* em • **je vis dans le sud de la France** vivo no sul de França • **nous allons en vacances dans les Alpes** vamos de férias para os Alpes • **vous allez dans la mauvaise direction** vai na direcção errada • **lancer le ballon dans les buts** atirar a bola à baliza • **dans ma jeunesse** na minha juventude **2.** *(indique la provenance)* de • **choisissez un dessert dans notre sélection du jour** escolha uma sobremesa da nossa selecção do dia **3.** *(indique le moment à venir)* dentro de • **dans combien de temps arrivons-nous ?** chegamos dentro de quanto tempo? • **le spectacle commence dans cinq minutes** o espectáculo começa dentro de cinco minutos **4.** *(indique une approximation)* • **ça doit coûter dans les 50 euros** deve custar cerca de 50 euros.

danse *nf* • **la danse** a dança • **une danse** uma dança • **danse classique/moderne** dança clássica/moderna.

danser *vt & vi* dançar.

danseur, **euse** *nm, f* **1.** *(de salon)* dançarino *(m)*, -na *(f)* **2.** *(classique)* bailarino *(m)*, -na *(f)*.

dard *nm* ferrão *(m)*.

darne *nf* posta *(f)* (de peixe).

date *nf* data *(f)* • **date limite** data limite • **date de naissance** data de nascimento • **'date limite de consommation'** 'data limite de consumo' • **'date limite de vente'** 'data limite de venda'.

dater *vt & vi* datar • **dater de** datar de.

datte *nf* tâmara *(f)*.

dattier *nm* tamareira *(f)*.

daube *nf* • **(bœuf en) daube** carne *(m)* de vaca estufada.

dauphin *nm (animal)* golfinho *(m)*.

dauphine *nf* ▷ **pomme**.

dauphinois *adj m* ▷ **gratin**.

daurade *nf* dourada *(f)*.

davantage *adv* mais • **davantage de** mais.

de *prép*

1. INDIQUE L'APPARTENANCE
• **la porte du salon** a porta da sala
• **le frère de Pierre** o irmão do Pierre

2. INDIQUE LA PROVENANCE, UN POINT DE DÉPART DANS L'ESPACE
• **d'où êtes-vous ? – de Bordeaux** de onde é? – de Bordéus
• **de Paris à Tokyo** de Paris a Tóquio

3. INDIQUE UN POINT DE DÉPART DANS LE TEMPS
• **de la mi-août à début septembre** de meados de Agosto ao início de Setembro

4. INDIQUE UNE CARACTÉRISTIQUE
• **une statue de pierre** uma estátua de pedra
• **une bouteille d'eau minérale** uma garrafa de água mineral

5. SUIVI D'UNE UNITÉ
• **des billets de 100 euros** notas de 100 euros
• **l'avion de 7 h 20** o avião das 7h20
• **un jeune homme de 25 ans** um rapaz de 25 anos
6. INTRODUIT UN COMPLÉMENT D'OBJET INDIRECT
• **parler de qqch** falar de algo
• **arrêter de faire qqch** deixar de fazer algo
7. INDIQUE UNE PARTIE D'UN ENSEMBLE
• **plusieurs de ces œuvres sont des copies** muitas destas obras são cópias
• **la moitié du temps/de nos clients** metade do tempo/dos nossos clientes
• **le meilleur de nous tous** o melhor de nós todos
8. INDIQUE LA CAUSE
• **je meurs de faim !** estou a morrer de fome!
9. INDIQUE LA MANIÈRE
• **regarder qqn du coin de l'œil** olhar para alguém pelo canto do olho
• **d'un air distrait** com um ar distraído
10. INDIQUE LE MOYEN = com
• **saluer qqn d'un mouvement de tête** cumprimentar alguém com um aceno de cabeça.

de *art partitif*

• **je voudrais du vin/du lait** queria vinho/leite
• **ils n'ont pas d'enfants** eles não têm filhos.

dé *nm* dado *(m)* • **dé (à coudre)** dedal *(m)*.

dealer[1] *nm* passador *(m)*.

dealer[2] *vt fam* passar.

déballer *vt* **1.** *(affaires)* desempacotar **2.** *(cadeau)* desembrulhar.

débandade *nf* debandada *(f)*.

débarbouiller ■ **se débarbouiller** *vp* lavar (a cara).

débardeur *nm* camisola *(f)* de alças.

débarquement *nm* desembarque *(m)*.

débarquer *vt* & *vi* desembarcar.

débarras *nm* arrecadação *(f)* • **bon débarras !** *fam* bons ventos o levem!

débarrasser *vt* **1.** *(désencombrer)* limpar **2.** *(table)* levantar *(Port)*, tirar *(Br)* • **débarrasser qqn de qqch** *(vêtement, paquets)* arrumar algo de alguém.
■ **se débarrasser de** *vp + prép* **1.** *(vêtement, paquets)* arrumar **2.** *(travail)* ver-se livre de **3.** *(personne)* desembaraçar-se de.

débat *nm* debate *(m)*.

débattre *vt* & *vi* debater • **débattre (de) qqch** debater algo.
■ **se débattre** *vp* debater-se.

débauche *nf* deboche *(m)* • **une débauche de qqch** um festival de algo.

débaucher *vt* **1.** *(corrompre)* debochar **2.** *(licencier)* despedir **3.** *(déconcentrer)* distrair.

débile ■ *nmf* débil *(mf)* mental. ■ *adj fam (idiot)* estúpido(da).

débit *nm* débito *(m)* • **débit immédiat/différé** débito imediato ou automático, débito deferido.

débiter *vt* **1.** *(compte)* debitar **2.** *(arbre)* cortar **3.** *péj (banalité)* despejar.

débiteur, **trice** *adj* devedor(ra).

déblayer *vt* desobstruir.

débloquer *vt* desbloquear.

déboires *nmpl* dissabor *(m)*.

déboiser *vt* desflorestar.
■ **se déboiser** *vp* ficar desarborizado(da).

déboîter ■ *vt* desencaixar. ■ *vi* sair da fila.
■ **se déboîter** *vp* • **se déboîter l'épaule** deslocar o ombro.

débordé, **e** *adj* • **être débordé (de travail)** estar sobrecarregado (de trabalho).

déborder *vi* transbordar.

débouché *nm* saída *(f)*.

déboucher *vt* **1.** *(bouteille)* desarrolhar **2.** *(nez, tuyau)* desentupir.
■ **déboucher sur** *vp + prép* **1.** *(rue)* ir dar a **2.** *(négociations)* levar a.

débourser *vt* desembolsar.

debout *adv* **1.** *(sur ses pieds)* em pé **2.** *(verticalement, réveillé)* de pé • **se mettre debout** pôr-se de pé • **tenir debout** ficar de pé.

déboutonner *vt* desabotoar.

débraillé, **e** *adj* desleixado(da).

débrancher *vt* desligar.

débrayer *vi* desembraiar.

débris *nmpl* cacos *(mpl)*.

débrouillard, **e** *adj* & *nm, f fam* desenrascado(da).

débrouiller *fam* ■ **se débrouiller** *vp* desenrascar-se • **se débrouiller pour faire qqch** desenrascar-se para fazer algo.

débroussailler *vt* desbravar.

débuguer *vt* = **déboguer**.

début *nm* começo *(m)* • **au début (de)** no começo (de).

débutant, **e** *nm, f* principiante *(mf)*.

débuter *vi* **1.** começar **2.** *(acteur)* estrear-se.

décacheter *vt* abrir.

décadence *nf* decadência *(f)*.

décaféiné, **e** *adj* descafeinado(da).

décalage *nm* diferença *(f)* • **décalage horaire** diferença horária.

décalcomanie *nf* decalcomania *(f)*.

décaler *vt* **1.** *(dans l'espace)* deslocar **2.** *(avancer)* antecipar **3.** *(retarder)* adiar.

décalquer *vt* decalcar.

décamper *vi fam* fugir a sete pés.

décapant *nm* decapante *(m)*.

décaper *vt* decapar.

décapiter *vt* decapitar.

décapotable *nf* • **(voiture) décapotable** (carro) descapotável *(m)*.

décapsuler *vt* abrir.

décapsuleur *nm* abre-cápsulas *(m inv)*.

décédé, **e** *adj* falecido(da).

décéder *vi sout* falecer.

déceler *vt* **1.** *(repérer)* detectar **2.** *(révéler)* revelar.

décembre *nm* Dezembro *(m)* • **en décembre** em Dezembro • **au mois de décembre** no mês de Dezembro • **début décembre** em princípios de Dezembro • **fin décembre** em fins de Dezembro • **le deux décembre** no dia dois de Dezembro.

décemment *adv* **1.** *(convenablement)* decentemente **2.** *(raisonnablement)* • **je ne peux décemment pas l'accuser** não é decente da minha parte acusá-lo.

décence *nf* decência *(f)*.

décennie *nf* decénio *(m)*.

décent, **e** *adj* decente.

décentralisation *nf* descentralização *(f)*.

déception *nf* decepção *(f)*.

S'EXPRIMER...

exprimer sa déception

• **Que pena!** / Quel dommage !
• **É pena que o concerto tenha sido anulado.** / Dommage que le concert soit annulé.
• **Que pouca sorte !/Que azar!** / C'est vraiment pas de chance !
• **Não estava à espera disso/desta/duma coisa destas.** / Je ne m'attendais pas à ça.
• **Nunca o julguei capaz de uma coisa dessas.** / Je n'aurais jamais cru ça de lui.

décerner *vt (prix)* outorgar.

décès *nm* falecimento *(m)*.

décevant, **e** *adj* decepcionante.

décevoir *vt* decepcionar.

déchaîné, **e** *adj* **1.** *(mer)* encapelado(da) **2.** *(vent)* forte **3.** *(passions)* desenfreado(da) **4.** *(personne)* eléctrico(ca).

déchaîner *vt* desencadear.
■ **se déchaîner** *vp* **1.** *(personne)* soltar-se **2.** *(colère, tempête)* desencadear-se.

déchanter *vi* desencantar-se.

décharge *nf* **1.** *(d'ordures)* lixeira *(f)* **2.** *(électrique)* descarga *(f)*.

décharger *vt* descarregar.

déchausser *vt* descalçar.
■ **se déchausser** *vp* **1.** *(personne)* descalçar-se **2.** *(dent)* descarnar.

déchéance *nf* **1.** *(déclin)* decadência *(f)* **2.** *(d'un souverain)* deposição *(f)* **3.** *(d'un droit)* prescrição *(f)*.

déchets *nmpl* resíduos *(mpl)*.

déchiffrer *vt* decifrar.

déchiqueter *vt* estilhaçar.

déchirant, **e** *adj* dilacerante.

déchirer *vt* rasgar.
■ **se déchirer** *vp* rasgar-se.

déchirure *nf* rasgão *(m)* • **déchirure musculaire** distensão *(f)* muscular.

déci *nm (Suisse) copo de vinho de 10 cl.*

décibel *nm* decibel *(m)*.

décidé, **e** *adj* decidido(da) • **c'est décidé** está decidido.

décidément *adv* decididamente.

décider *vt* decidir • **décider qqn (à faire qqch)** convencer alguém (a fazer algo) • **décider de faire qqch** decidir fazer algo. ■ **se décider** *vp* decidir-se • **se décider à faire qqch** decidir-se a fazer algo.

décimal, e, aux *adj* decimal.

décimer *vt* dizimar.

décisif, ive *adj* decisivo(va).

décision *nf* decisão *(f)*.

déclamer *vt* declamar.

déclaration *nf* **1.** *(orale)* declaração *(f)* **2.** *(de vol, de perte)* participação *(f)* • **déclaration d'impôts** declaração de impostos • **déclaration sur l'honneur** pacto *(m)* de honra.

déclarer *vt* declarar • **rien à déclarer** nada a declarar.
■ **se déclarer** *vp (se déclencher)* declarar-se.

déclencher *vt* accionar.

déclic *nm* **1.** *(bruit)* estalido *(m)* **2.** *fig (illumination)* luz *(f)*.

déclin *nm* **1.** *(diminution)* decréscimo *(m)* **2.** *(de popularité, civilisation)* declínio *(m)* **3.** *(du jour)* crepúsculo *(m)*.

décliner ◼ *vi* **1.** *(santé, jour)* declinar **2.** *(quantité)* decrescer. ◼ *vt* **1.** GRAMM declinar **2.** *(énoncer)* enumerar **3.** *sout (refuser)* declinar • **décliner une invitation** declinar um convite • **décliner toute responsabilité** declinar toda e qualquer responsabilidade.
■ **se décliner** *vp* declinar-se.

déco (*abr de* **décoration**) *fam nf* decoração *(m)*.

décoction *nf* decocção *(f)*.

décoder *vt* descodificar.

décoiffer *vt* despentear.

décollage *nm* descolagem *(f)*.

décollé, e *adj* descolado(da) • **oreilles décollées** orelhas de abano *fam*.

décoller *vt* & *vi* descolar.
■ **se décoller** *vp* descolar-se.

décolleté, e ◼ *adj* decotado(da). ◼ *nm* decote *(m)*.

décolorer *vt* descolorar.

décombres *nmpl* escombros *(mpl)*.

décommander *vt* desmarcar.
■ **se décommander** *vp* desistir.

décomposé, e *adj* **1.** *(pourri)* decomposto(osta) **2.** *(personne)* desfigurado(da).

décomposer *vt* • **décomposer qqch en** decompor algo em.
■ **se décomposer** *vp (pourrir)* decompor-se.

décompresser *vt* & *vi fam* INFORM descomprimir.

décompte *nm* desconto *(m)* • **faire le décompte de qqch** contar algo.

déconcentrer ■ **se déconcentrer** *vp* desconcentrar-se.

déconcerter *vt* desconcertar.

décongeler *vt* descongelar.

déconnecter *vt* desligar • **être déconnecté** *fam* estar por fora.
■ **se déconnecter** *vp* desconectar-se.

déconseiller *vt* • **déconseiller qqch à qqn** desaconselhar algo a alguém • **déconseiller à qqn de faire qqch** desaconselhar alguém a fazer algo.

décontenancer *vt* embaraçar.
■ **se décontenancer** *vp* desmanchar-se.

décontracté, e *adj* descontraído(da).

décor *nm* **1.** *(paysage)* paisagem *(f)* **2.** *(de théâtre)* cenário *(m)* **3.** *(d'une pièce)* decoração *(f)*.

décorateur, trice *nm, f* decorador *(m)*, -ra *(f)*.

décoratif, ive *adj* decorativo(va).

décoration *nf* **1.** *(d'une pièce)* decoração *(f)* **2.** *(médaille)* condecoração *(f)*.

décorer *vt* **1.** *(pièce, objet)* decorar **2.** *(soldat)* condecorar.

décortiquer *vt* **1.** *(noix, crabe)* descascar **2.** *fig (texte)* esmiuçar.

découcher *vi* dormir fora de casa.

découdre *vt* descoser.
■ **se découdre** *vp* descoser-se.

découler ■ **découler de** *vp* + *prép* resultar de.

découpage *nm* **1.** *(action, jeu)* recorte *(m)* **2.** *(administratif)* divisão *(f)* **3.** *(d'un film)* guião *(m)* técnico **4.** *(d'un texte)* divisão *(f)* em partes.

découper *vt* **1.** *(gâteau)* cortar **2.** *(viande)* trinchar **3.** *(images, photos)* recortar.

découragé, e *adj* desencorajado(da).

découragement *nm* desânimo *(m)*.

décourager *vt* desencorajar.
■ **se décourager** *vp* desencorajar-se.

décousu, **e** *adj* **1.** *(vêtement, ourlet)* descosido (da) **2.** *(raisonnement, conversation)* desconexo(xa).

découvert, **e** *nm* saldo *(m)* negativo.

découverte *nf* descoberta *(f)*.

découvrir *vt* descobrir.
■ **se découvrir** *vp* descobrir-se.

décret *nm* decreto *(m)*.

décréter *vt* • **décréter (que)** decretar (que).

décrire *vt* descrever.

décrocher *vt* tirar • **décrocher (le téléphone)** levantar (o auscultador).
■ **se décrocher** *vp* cair.

décrue *nf* baixa *(f)* (do nível das águas).

décrypter *vt* decifrar.

déçu, **e** *adj* desiludido(da).

décupler *vt* & *vi* decuplicar.

dédaigner *vt (mépriser)* desdenhar.

dédaigneux, **euse** *adj* desdenhoso(osa).

dédain *nm* desdém *(m)*.

dédale *nm* **1.** *(labyrinthe)* dédalo *(m)* **2.** *fig (confusion)* labirinto *(m)*.

dedans ■ *adv* dentro. ■ *nm* interior *(m)* • **en dedans** dentro.

dédicace *nf* dedicatória *(f)*.

dédicacer *vt* • **dédicacer qqch à qqn** dedicar algo a alguém.

dédier *vt* • **dédier qqch à qqn** dedicar algo a alguém.

dédommagement *nm* **1.** *(indemnité)* indemnização *(f)* **2.** *(compensation)* compensação *(f)*.

dédommager *vt* indemnizar.

déduction *nf* **1.** *(soustraction)* subtracção *(f)* **2.** *(conclusion)* dedução *(f)*.

déduire *vt* • **déduire qqch (de)** *(soustraire)* subtrair algo (de) • *(conclure)* deduzir algo (de).

déesse *nf* deusa *(f)*.

défaillance *nf* **1.** *(incapacité)* falha *(f)* **2.** *(malaise)* desfalecimento *(m)* • **défaillance cardiaque** colapso *(m)* cardíaco.

défaillant, **e** *adj* deficiente.

défaillir *vi* **1.** *(s'évanouir)* desfalecer **2.** *sout (mémoire)* falhar.

défaire *vt* desfazer.
■ **se défaire** *vp* desfazer-se.

défaite *nf* derrota *(f)*.

défaitiste *adj* & *nmf* derrotista *(mf)*.

défaut *nm* defeito *(m)* • **à défaut de** na falta de.

défavorable *adj* desfavorável.

défavoriser *vt* desfavorecer.

défection *nf* **1.** *(absence)* ausência *(f)* **2.** *(abandon)* deserção *(f)*.

défectueux, **euse** *adj* defeituoso(osa).

défendre *vt* defender • **défendre qqch à qqn** proibir algo a alguém • **défendre à qqn de faire qqch** proibir alguém de fazer algo.
■ **se défendre** *vp* defender-se.

défense *nf* defesa *(f)* • **prendre la défense de qqn** tomar a defesa de alguém • **'défense de déposer des ordures'** 'proibido vazar lixo' • **'défense d'entrer'** 'proibida a entrada'.

défenseur *nm* defensor *(m)*, -ra *(f)* • **le défenseur des droits des enfants** defensor dos direitos das crianças.

défensif, **ive** *adj* defensivo(va).
■ **défensive** *nf* • **être sur la défensive** estar na defensiva.

déferlement *nm* **1.** *(de vagues)* rebentação *(f)* **2.** *fig (d'enthousiasme)* explosão *(f)* **3.** *(de gens)* irrupção *(f)*.

défi *nm* desafio *(m)* • **lancer un défi à qqn** lançar um desafio a alguém.

défiance *nf* desconfiança *(f)*.

déficit *nm* défice *(m)*.

déficitaire *adj* deficitário(ria).

défier *vt* desafiar • **défier qqn de faire qqch** desafiar alguém a fazer algo.

défigurer *vt* desfigurar.

défilé *nm* **1.** *(de mode, du 14 Juillet)* desfile *(m)* **2.** *(gorges)* desfiladeiro *(m)*.

défiler *vi* desfilar.

défini, **e** *adj* definido(da).

définir *vt* definir.

définitif, **ive** *adj* definitivo(va) • **en définitive** afinal.

définition *nf* definição *(f)*.

définitivement *adv* definitivamente.

défiscaliser *vt* isentar de impostos.

déflation *nf* deflação *(f)*.

défoncer *vt* **1.** *(porte, voiture)* arrombar **2.** *(route)* deteriorar **3.** *(terrain)* cavar fundo.

déformation *nf* deformação *(f)* • **déformation professionnelle** deformação profissional.

déformé, e *adj* **1.** *(vêtement)* deformado(da) **2.** *(route)* em mau estado.

déformer *vt* deformar.

défouler ■ **se défouler** *vp* descarregar.

défraîchi, e *adj* desbotado(da).

défrayer *vt* custear • **défrayer la chronique** ser notícia.

défricher *vt* desbravar.

défunt, e ■ *adj* **1.** *(décédé)* finado(da) **2.** *sout* & *fig (disparu)* fanado(da). ■ *nm, f* defunto *(m)*, -ta *(f)*.

dégager *vt* **1.** *(déblayer)* desobstruir **2.** *(odeur)* exalar **3.** *(fumée)* deitar • **dégager qqn/qqch de** tirar alguém/algo de.
■ **se dégager** *vp* **1.** *(se libérer)* libertar-se **2.** *(ciel)* desanuviar-se • **se dégager de** *(se libérer de)* desembaraçar-se de • *(odeur)* exalar • *(fumée)* sair de.

dégainer ■ *vt* sacar de. ■ *vi* sacar da pistola.

dégarni, e *adj* calvo(va).

dégât *nm* estrago *(m)* • **dégâts matériels** danos materiais • **faire des dégâts** fazer estragos.

dégel *nm* degelo *(m)*.

dégeler ■ *vt (atmosphère)* descontrair. ■ *vi* **1.** *(lac)* degelar **2.** *(surgelé)* descongelar.

dégénérer *vi* degenerar.

dégivrage *nm* limpeza *(f)* do gelo.

dégivrer *vt* **1.** *(pare-brise)* limpar o gelo de **2.** *(réfrigérateur)* descongelar.

dégivreur *nm* desembaciador *(m)*.

dégonfler *vt* esvaziar.
■ **se dégonfler** *vp* **1.** esvaziar-se **2.** *fam* acobardar-se.

dégouliner *vi* pingar.

dégourdi, e *adj* desembaraçado(da).

dégourdir ■ **se dégourdir** *vp* • **se dégourdir les jambes** desentorpecer as pernas.

dégoût *nm* nojo *(m)*.

dégoûtant, e *adj* nojento(ta).

dégoûter *vt* meter nojo a • **dégoûter qqn de** fazer com que alguém fique com aversão a • **être dégoûté de** ficar com aversão a.

dégrader *vt* **1.** degradar **2.** *(destituer)* desgraduar **3.** *(avilir)* rebaixar.
■ **se dégrader** *vp* **1.** *(se détériorer, empirer)* degradar-se **2.** *(s'avilir)* rebaixar-se.

dégrafer *vt* **1.** *(papiers)* desagrafar **2.** *(vêtement)* desacolchetar.

degré *nm* grau *(m)*.

dégressif, ive *adj* degressivo(va).

dégringoler *vi* desabar.

déguerpir *vi* pôr-se a andar.

dégueulasse *adj fam* nojento(ta).

dégueuler *vi fam* vomitar.

déguisement *nm* disfarce *(m)*.

déguiser *vt* disfarçar.
■ **se déguiser** *vp* disfarçar-se • **se déguiser en** disfarçar-se de.

dégustation *nf* prova *(f)*.

déguster *vt (goûter)* provar.

dehors ■ *adv* fora. ■ *nm* exterior *(m)* • **jeter** *ou* **mettre qqn dehors** pôr alguém na rua • **en dehors** para fora • **en dehors de** *(à l'extérieur de)* fora de • *(sauf)* fora.

déjà *adv* já.

déjeuner ■ *nm* **1.** *(à midi)* almoço *(m)* **2.** *(petit déjeuner)* pequeno-almoço *(m)*. ■ *vi* **1.** *(à midi)* almoçar **2.** *(le matin)* tomar o pequeno-almoço.

déjouer *vt* fazer abortar.

délabré, e *adj* degradado(da).

délacer *vt* desatar.

délai *nm* prazo *(m)*.

délaisser *vt* **1.** *(abandonner)* abandonar **2.** *(négliger)* desleixar.

délasser *vt* descansar.

délation *nf* delação *(f)*.

délavé, e *adj* desbotado(da).

délayer *vt* diluir.

Delco® *nm* distribuidor *(m)*.

délecter ■ **se délecter** *vp* • **se délecter de qqch** deleitar-se com algo.

délégation *nf* delegação *(f)*.

délégué, e *nm, f* delegado *(m)*, -da *(f)*.

délibération *nf* deliberação *(f)*.
■ **délibérations** *nfpl* deliberações *(fpl)*.

délibéré, e *adj* deliberado(da).

délibérément *adv* deliberadamente.

délicat, e *adj* **1.** delicado(da) **2.** *(exigeant)* difícil.

délicatement *adv* delicadamente.

délicatesse *nf* delicadeza *(f)*.

délice *nm* **1.** *(régal)* delícia *(f)* **2.** *(plaisir)* deleite *(m)*.
■ **délices** *nfpl* delícias *(fpl)*.

délicieux, **euse** *adj* delicioso(osa).

délimiter *vt* delimitar.

délinquance *nf* delinquência *(f)* • **délinquance juvénile** delinquência juvenil.

délinquant, **e** *nm, f* delinquente *(mf)*.

délire *nm* delírio *(m)* • **en délire** em delírio.

délirer *vi* delirar.

délit *nm* delito *(m)*.

délivrance *nf* **1.** *(libération)* libertação *(f)* **2.** *(soulagement)* alívio *(m)*.

délivrer *vt* **1.** *(prisonnier)* soltar **2.** *(autorisation, reçu)* entregar.

déloger *vt* desalojar.

déloyal, **e**, **aux** *adj* desleal.

delta *nm (de rivière)* delta *(m)*.

deltaplane *nm* asa-delta *(f)*.

déluge *nm* dilúvio *(m)*.

déluré, **e** *adj* **1.** *(malin)* espevitado(da) **2.** *péj (dévergondé)* atrevido(da).

démagogie *nf* demagogia *(f)*.

demain *adv* amanhã • **à demain !** até amanhã! • **demain matin/soir** amanhã de manhã/à noite.

demande *nf* **1.** *(réclamation)* pedido *(m)* **2.** *(formulaire)* requerimento *(m)* • **'demandes d'emploi'** 'pedidos de emprego'.

demandé, **e** *adj* procurado(da) • **être très demandé** *(article)* ter muita procura • *(personne)* ser muito solicitado.

demander *vt* **1.** *(interroger sur)* perguntar **2.** *(exiger)* pedir **3.** *(nécessiter)* precisar • **demander qqch à qqn** *(interroger)* perguntar algo a alguém • *(exiger)* pedir algo a alguém • **demander à qqn de faire qqch** pedir a alguém para fazer algo.
■ **se demander** *vp* perguntar-se.

demandeur, **euse** *nm, f* • **demandeur d'emploi** desempregado *(m)*.

démangeaison *nf* comichão *(f)* • **avoir des démangeaisons** ter comichão.

démanger *vt* fazer comichão.

démaquillant *nm* **1.** *(pour les yeux)* desmaquilhante *(m)* **2.** *(pour le visage)* leite *(m)* de limpeza.

démaquiller *vt* desmaquilhar.
■ **se démaquiller** *vp* desmaquilhar-se.

démarche *nf* **1.** *(allure)* modo *(m)* de andar **2.** *(administrative)* trâmites *(mpl)* • **faire des démarches pour...** dar passos para....

démarrage *nm* arranque *(m)*.

démarrer *vi* **1.** *(partir)* arrancar **2.** *(commencer)* começar.

démarreur *nm* motor *(m)* de arranque.

démasquer *vt* desmascarar.

démêlant, **e** *adj* amaciador(ra).
■ **démêlant** *nm* creme *(m)* amaciador.

démêlé *nm* altercação *(f)* • **avoir des démêlés avec la justice** ter problemas com a justiça.

démêler *vt* desemaranhar.

déménagement *nm* mudança *(f)* de casa.

déménager ◼ *vi* mudar de casa. ◼ *vt* mudar de sítio.

déménageur *nm* **1.** *(patron)* empresa *(f)* de mudanças **2.** *(employé)* empregado *(m)*, -da *(f)* da empresa de mudanças.

démence *nf* demência *(f)*.

démener ■ **se démener** *vp* **1.** *(bouger)* agitar-se **2.** *(faire des efforts)* esforçar-se.

dément, **e** *adj* **1.** demente **2.** *fam* incrível.

démenti *nm* desmentido *(m)* • **apporter un démenti à qqch** desmentir algo.

démentir *vt* desmentir.

démesuré, **e** *adj* desmedido(da).

démettre *vt* **1.** MÉD deslocar **2.** *(destituer)* • **démettre qqn de ses fonctions** demitir alguém das suas funções.
■ **se démettre** *vp* • **se démettre qqch** deslocar algo.

demeurant ■ **au demeurant** *adv* não obstante.

demeure *nf* mansão *(f)*.

demeurer *vi* **1.** *sout (habiter)* residir **2.** *(rester)* ficar.

demi, **e** ◼ *adj* meio (meia). ◼ *nm* imperial *(f)* • **cinq heures et demie** cinco (horas) e meia • **un demi-kilo de** meio quilo de • **à demi fermé** entreaberto.

demi-cercle *nm* semicírculo *(m)* • **en demi-cercle** em semicírculo.

demi-finale *nf* meia-final *(f)*.

demi-frère *nm* meio-irmão *(m)*.

demi-heure *nf* meia hora *(f)*.

démilitariser *vt* desmilitarizar.

demi-litre *nm* meio litro *(m)*.

déminer *vt* desminar.

demi-pension *nf* **1.** *(à l'hôtel)* meia-pensão *(f)* **2.** *(à l'école)* semi-internato *(m)*.

demi-pensionnaire *nmf* semi-interno *(m)*, -na *(f)*.

demi-saison *nf* • **de demi-saison** de meia estação.

demi-sœur *nf* meia-irmã *(f)*.

démission *nf* demissão *(f)* • **donner sa démission** apresentar a demissão.

démissionner *vi* demitir-se.

demi-tarif *nm* meio-bilhete *(m)*.

demi-tour *nm* meia volta *(f)* • **faire demi-tour** dar meia volta.

démocratie *nf* democracia *(f)*.

démocratique *adj* democrático(ca).

démodé, e *adj* fora de moda.

démographie *nf* demografia *(f)*.

demoiselle *nf* menina *(f)* • **demoiselle d'honneur** dama *(f)* de honor.

démolir *vt* demolir.

démolition *nf* demolição *(f)* • **en démolition** em demolição.

démon *nm* **1.** RELIG demónio *(m)* **2.** *(enfant)* diabito *(m)*.

démonstratif, ive *adj* demonstrativo(va).

démonstration *nf* demonstração *(f)*.

démonter *vt* desmontar.

démontrer *vt* demonstrar.

démoralisant, e *adj* desmoralizador(ra).

démoraliser *vt* desmoralizar.

démordre *vi* • **ne pas en démordre** não dar o braço a torcer.

démouler *vt (gâteau)* desenformar.

démuni, e *adj (pauvre)* desprovido(da).

dénaturer *vt* **1.** *(propos, faits)* deturpar **2.** *(goût)* alterar.

dénicher *vt (trouver)* desencantar.

dénigrer *vt* denegrir.

dénivellation *nf* desnível *(m)*.

dénombrer *vt* **1.** contar **2.** *(habitants)* recensear.

dénoncer *vt (coupable)* denunciar.

dénoter *vt* denotar.

dénouement *nm* desenlace *(m)*.

dénouer *vt* desfazer.

dénoyauter *vt* descaroçar.

denrée *nf* género *(m)* (alimentício).

dense *adj* denso(sa).

densité *nf* densidade *(f)* • **densité de population** densidade populacional • **double/haute densité** dupla/alta densidade.

dent *nf* dente *(m)* • **dent de lait** dente de leite • **dent de sagesse** dente do siso.

dentaire *adj* dentário(ria).

dentelle *nf* renda *(f)*.

dentier *nm* dentadura *(f)* postiça.

dentifrice *nm* pasta *(f)* de dentes.

dentiste *nmf* dentista *(mf)*.

dentition *nf* dentição *(f)*.

dénuder *vt* **1.** *(dos, épaules)* descobrir **2.** *(fil, os)* descarnar.
■ **se dénuder** *vp* desnudar-se.

dénuement *nm* • **vivre dans le dénuement** viver desprovido de tudo.

Denver *npr* ▷ **sabot**.

déodorant *nm* desodorizante *(m)*.

dépénaliser *vt* DR despenalizar.

déontologie *nf* deontologia *(f)*.

dépannage *nm* conserto *(m)* • **service de dépannage** serviço de reboque.

dépanner *vt* **1.** *(voiture, appareil ménager)* consertar **2.** *fig (aider)* fazer um jeito a.

dépanneur, euse *nm, f* **1.** mecânico *(m)* **2.** *(Québec) (épicerie) mercearia aberta fora de horas*.

dépanneuse *nf* reboque *(m)*.

dépareillé, e *adj* **1.** *(service)* incompleto(ta) **2.** *(gant, chaussette)* solto(ta).

départ *nm* partida *(f)* • **au départ** no início • **'départs'** 'partidas'.

départager *vt* desempatar.

département *nm* **1.** *(division administrative)* ≃ distrito *(m)* **2.** *(service)* repartição *(f)*.

départementale *nf* • **(route) départementale** ≃ estrada *(f)* distrital.

dépassé, e *adj* ultrapassado(da).

dépassement *nm (sur la route)* ultrapassagem *(f)*.

dépasser ■ *vt* **1.** ultrapassar **2.** *(passer devant)* passar diante de. ■ *vi* ultrapassar.

dépaysement *nm* mudança *(f)* (de ares).

dépayser *vt* **1.** *(changer de cadre)* proporcionar uma mudança de ares **2.** *(désorienter)* desorientar.
■ **se dépayser** *vp* mudar de ares.

dépêche *nf* despacho *(m)* • **dépêche diplomatique** despacho diplomático.

dépêcher ■ **se dépêcher** *vp* despachar-se • **se dépêcher de faire qqch** despachar-se a fazer algo.

dépendance *nf* dependência *(f)*.
■ **dépendances** *nfpl* dependências *(fpl)*.

dépendre *vi* • **dépendre de** depender de • **ça dépend** depende.

dépens ■ **aux dépens de** *prép* às custas de.

dépense *nf* despesa *(f)*.

dépenser *vt* gastar.
■ **se dépenser** *vp (physiquement)* desgastar-se.

dépensier, **ère** *adj* gastador(ra).

dépérir *vi* **1.** definhar **2.** *(affaire)* decair.

dépêtrer *fam* ■ **se dépêtrer de** *vp + prép* livrar-se de.

déphasé, **e** *adj* desfasado(da).

dépistage *nm* rastreio *(m)*.

dépit *nm* despeito *(m)* • **en dépit de** apesar de.

dépité, **e** *adj* despeitado(da).

déplacement *nm* deslocação *(f)* • **en déplacement** em viagem.

déplacer *vt* **1.** *(objet)* deslocar **2.** *(rendez-vous)* adiar.
■ **se déplacer** *vp* deslocar-se.

déplaire ■ **déplaire à** *vp + prép* • **ça me déplaît** isto desagrada-me.

déplaisant, **e** *adj* desagradável.

dépliant *nm* folheto *(m)*.

déplier *vt* **1.** *(papier)* desdobrar **2.** *(chaise)* abrir.
■ **se déplier** *vp* abrir-se.

déploiement *nm* **1.** desdobramento *(m)* **2.** *(d'une aile)* abertura *(f)* • **faire un grand déploiement de...** demonstrar bastante....

déplorable *adj* deplorável.

déployer *vt (ailes, carte)* abrir.

déportation *nf* deportação *(f)* • **en déportation** durante a sua deportação.

déporter *vt* **1.** *(prisonnier)* deportar **2.** *(dévier)* desviar.

déposer *vt* **1.** *(poser)* pôr **2.** *(un paquet, en voiture)* deixar **3.** *(argent)* depositar.
■ **se déposer** *vp* depositar-se.

dépositaire *nmf* depositário *(m)*.

déposition *nf* depoimento *(m)*.

dépôt *nm* **1.** depósito *(m)* **2.** *(de bus)* estação *(f)*.

dépotoir *nm* lixeira *(f)*.

dépouille *nf* **1.** *(peau)* pele *(f)* **2.** *(corps humain)* despojos *(mpl)* • **dépouille mortelle** despojos OU restos mortais.

dépouiller *vt* despojar.

dépourvu, **e** *adj* • **dépourvu de** desprovido de • **prendre qqn au dépourvu** apanhar alguém de surpresa.

dépoussiérer *vt* **1.** *(nettoyer)* limpar o pó de **2.** *fig (rajeunir)* limpar as teias de aranha de.

dépressif, **ive** *adj* depressivo(va).

dépression *nf* depressão *(f)* • **dépression (nerveuse)** depressão nervosa.

déprimant, **e** *adj* deprimente.

déprimé, **e** *adj* deprimido(da).

déprimer ■ *vt* deprimir. ■ *vi* andar deprimido(da).

depuis ■ *prép* desde. ■ *adv* desde então • **je travaille ici depuis trois ans** trabalho aqui há três anos • **depuis quand est-il marié ?** desde quando é que ele é casado? • **depuis que** desde que.

député, **e** *nm, f* deputado *(m)*.

déraciner *vt* arrancar pela raiz.

dérailler *vi (train)* descarrilar.

dérailleur *nm* carrete *(m)*.

dérangement *nm (gêne)* incómodo *(m)* • **en dérangement** avariado(da).

déranger *vt* **1.** *(gêner)* incomodar **2.** *(objets, affaires)* desordenar • **ça vous dérange si... ?** incomoda-o se... ?
■ **se déranger** *vp* incomodar-se.

dérapage *nm* derrapagem *(f)*.

déraper *vi* **1.** *(voiture)* derrapar **2.** *(personne, lame)* escorregar.

dérégler *vt* desregular.
■ **se dérégler** *vp* desregular-se.

dérision *nf* escárnio *(m)* • **tourner qqch en dérision** meter algo a ridículo.

dérisoire *adj* irrisório(ria).

dérive *nf* deriva *(f)* • **aller à la dérive** andar à deriva.

dériver *vi* andar à deriva.

dermatologue *nmf* dermatologista *(mf)*.

dernier, **ère** *adj* & *nm, f* último(ma) • **la semaine dernière** a semana passada • **en dernier** por último • **arriver en dernier** chegar em último lugar.

dernièrement *adv* ultimamente.

dérober *vt sout* furtar.
■ **se dérober** *vp* **1.** *(personne)* • **se dérober à qqch** furtar-se a algo **2.** *(sol)* fugir debaixo dos pés.

dérogation *nf* licença *(f)*.

déroulement *nm* **1.** *(bobine)* desenrolamento *(m)* **2.** *fig (d'événement)* desenrolar *(m)*.

dérouler *vt* desenrolar.
■ **se dérouler** *vp* desenrolar-se.

dérouter *vt* **1.** *(surprendre)* desconcertar **2.** *(dévier)* despistar.

dès *prép* desde • **dès que** logo que.

désabusé, **e** *adj* desiludido(da).

désaccord *nm* desacordo *(m)* • **être en désaccord avec** estar em desacordo com.

S'EXPRIMER...

manifester son désaccord

• **Não estou (de maneira nenhuma) de acordo contigo.** / Je ne suis (absolument) pas d'accord avec toi.
• **Tenho uma opinião diferente.** / Je suis d'un autre avis.
• **Disparate!** / N'importe quoi !
• **Não estás/está a falar a sério?** / Tu n'es/Vous n'êtes quand même pas sérieux ?
• **Não é verdade.** / Ce n'est pas vrai.
• **Receio bem que não se possam comparar esses dois casos.** / J'ai bien peur qu'on ne puisse pas comparer ces deux cas.

désaccordé, **e** *adj* desafinado(da).

désaffecté, **e** *adj* abandonado(da).

désagréable *adj* desagradável.

désaltérer ■ **se désaltérer** *vp* beber.

désamorcer *vt* **1.** *(une arme)* desactivar **2.** *fig (un complot)* desmantelar.

désappointé, **e** *adj* desapontado(da).

désapprouver *vt* desaprovar.

désarçonner *vt* **1.** atirar ao chão **2.** *fig* atrapalhar.

désarmant, **e** *adj* que desarma.

désarmement *nm* desarmamento *(m)*.

désarmer *vt (malfaiteur)* desarmar.

désarroi *nm* aflição *(f)*.

désastre *nm* desastre *(m)*.

désastreux, **euse** *adj* desastroso(osa).

désavantage *nm* desvantagem *(f)*.

désavantager *vt* prejudicar.

désavantageux, **euse** *adj* desvantajoso (osa).

descendant, **e** *nm, f* descendente *(mf)*.

descendre ◪ *vt* **1.** *(aux avoir) (rue, escalier)* descer **2.** *(transporter)* levar (para baixo). ◪ *vi (aux être)* descer • **descendre de** *(voiture, vélo)* descer de • *(ancêtres)* descender de.

descente *nf* descida *(f)* • **descente de lit** tapete *(m)* de quarto.

descriptif, **ive** *adj* descritivo(va).
■ **descriptif** *nm* nota *(f)* descritiva.

description *nf* descrição *(f)*.

désemparé, **e** *adj* desamparado(da).

désenfler *vi* desinchar.

déséquilibre *nm* desequilíbrio *(m)* • **en déséquilibre** em desequilíbrio.

déséquilibré, **e** *nm, f* desequilibrado *(m)*, -da *(f)*.

déséquilibrer *vt* desequilibrar.

désert, **e** ◪ *adj* deserto(ta). ◪ *nm* deserto *(m)*.

déserter *vi* desertar.

déserteur *nm* desertor *(m)*.

désertique *adj* desértico(ca).

désespéré, **e** *adj* desesperado(da).

désespérer ◪ *vt* **1.** *(décourager)* desesperar **2.** *(perdre espoir)* • **désespérer que qqch arrive** perder a esperança de que algo aconteça. ◪ *vi* desesperar • **désespérer de qqn/qqch** *sout* perder a esperança em alguém/algo • **désespérer de faire qqch** perder a esperança de fazer algo.
■ **se désespérer** *vp* desesperar.

désespoir *nm* desespero *(m)*.

déshabiller *vt* despir.
■ **se déshabiller** *vp* despir-se.

désherbant *nm* herbicida *(m)*.

désherber *vt* *arrancar as ervas daninhas de*.

déshérité, e ◼ *adj* **1.** *(privé d'héritage)* deserdado(da) **2.** *(pauvre)* desfavorecido(da). ◼ *nm, f (pauvre)* desfavorecido *(m)*, -da *(f)*.

déshériter *vt* deserdar.

déshonneur *nm* desonra *(f)*.

déshonorer *vt* desonrar.

déshydraté, e *adj* **1.** *(aliment)* liofilizado(da) **2.** *fig (assoiffé)* desidratado(da).

déshydrater *vt* desidratar.
■ **se déshydrater** *vp* desidratar-se.

désigner *vt* designar.

désillusion *nf* desilusão *(f)*.

désinfectant *nm* desinfectante *(m)*.

désinfecter *vt* desinfectar.

désinstaller *vt* INFORM desinstalar.

désintégrer *vt* desintegrar.
■ **se désintégrer** *vp* desintegrar-se.

désintéressé, e *adj* desinteressado(da).

désintéresser ■ **se désintéresser de** *vp + prép* desinteressar-se de.

désintoxication *nf* desintoxicação *(f)*.

désinvolte *adj* desenvolto(olta).

désinvolture *nf* desenvoltura *(f)* • **avec désinvolture** com desenvoltura.

désir *nm* desejo *(m)*.

> **S'EXPRIMER...**
>
> **exprimer un désir**
>
> • **Gostava muito de ir ao cinema.** / J'aimerais bien aller au cinéma.
> • **Tenho mesmo vontade de comprar aquela camisola.** / J'ai vraiment envie de m'acheter ce pull.
> • **Se ao menos estivesse um pouco mais de calor!** / Si seulement il faisait un peu plus chaud !
> • **Apetece-me imenso tomar um banho quente.** / J'ai très envie d'un bain chaud.
> • **Gostava tanto que vocês se pudessem conhecer!** / J'aimerais tellement que vous puissiez faire connaissance !

désirer *vt* desejar • **vous désirez ?** o que deseja? • **laisser à désirer** deixar a desejar.

désister ■ **se désister** *vp* desistir.

désobéir *vi* desobedecer • **désobéir à** desobedecer a.

désobéissant, e *adj* desobediente.

désobligeant, e *adj* indelicado(da).

désodorisant *nm* purificador *(m)* do ar.

désœuvré, e *adj* • **se sentir désœuvré** sentir-se um inútil.

désolant, e *adj* desolador(ra).

désolé, e *adj* **1.** *(personne, sourire)* desolado (da) **2.** *(paysage)* desolador(ra) • **je suis désolé de ne pas pouvoir venir** lamento não poder vir.

désopilant, e *adj* hilariante.

désordonné, e *adj* desordenado(da).

désordre *nm* desordem *(f)* • **être en désordre** estar em desordem.

désorienté, e *adj (déconcerté)* desorientado (da).

désormais *adv* daqui em diante.

désosser *vt* **1.** *(viande)* desossar **2.** *fig (voiture, mécanisme)* desmontar.

despote ◼ *nm* déspota *(m)*. ◼ *adj* despótico (ca).

DESS (*abr de* **diplôme d'études supérieures spécialisées**) *nm diploma de pós-graduação*.

dessaler ◼ *vt* • **faire dessaler** pôr de molho. ◼ *vi fam* NAUT *(chavirer)* virar-se.

dessécher *vt* secar.
■ **se dessécher** *vp* secar.

desserrer *vt* **1.** *(vis, ceinture)* desapertar **2.** *(dents)* descerrar **3.** *(poing)* abrir **4.** *(frein)* destravar.

dessert *nm* sobremesa *(f)*.

desservir *vt* **1.** *(ville, gare)* servir **2.** *(table)* levantar **3.** *(nuire à)* prejudicar.

dessin *nm* desenho *(m)* • **dessin animé** desenho animado.

dessinateur, trice *nm, f* desenhador *(m)*, -ra *(f)*.

dessiner *vt* desenhar.

dessous ◼ *adv* por baixo. ◼ *nm* parte *(f)* de baixo • **les voisins du dessous** os vizinhos de baixo • **en dessous** em baixo • **en dessous de** abaixo de.

dessous-de-plat *nm inv* descanso *(m)*.

dessus ■ *adv* em cima. ■ *nm* parte *(f)* de cima • **les voisins du dessus** os vizinhos de cima • **avoir le dessus** ficar por cima.

dessus-de-lit *nm inv* colcha *(f)*.

destin *nm* destino *(m)* • **le destin** o destino.

destinataire *nmf* destinatário *(m)*, -ria *(f)*.

destination *nf* destino *(m)* • **arriver à destination** chegar ao destino • **à destination de** com destino a.

destiné, e *adj* • **être destiné à qqn** estar dirigido a alguém • **être destiné à qqn/qqch** ser destinado a alguém/algo • **être destiné à faire qqch** estar destinado para fazer algo.

destinée *nf* destino *(m)*.

destiner *vt* **1.** *(consacrer)* • **destiner qqch à qqn/qqch** destinar algo para alguém/algo **2.** *(vouer)* • **destiner qqn à qqch** destinar alguém para algo.
■ **se destiner** *vp* • **se destiner à** destinar-se a.

destituer *vt* destituir.

destruction *nf* destruição *(f)*.

désuet, ète *adj* que está em desuso.

détachable *adj* destacável.

détachant *nm* tira-nódoas *(m inv)* *(Port)*, tira-manchas *(m inv)* *(Br)*.

détacher *vt* **1.** soltar **2.** *(ceinture)* desapertar **3.** *(découper)* recortar **4.** *(nettoyer)* tirar as nódoas de.
■ **se détacher** *vp* desprender-se • **se détacher de qqn** separar-se de alguém.

détail *nm* pormenor *(m)* • **au détail** a retalho • **en détail** em pormenor.

détaillant, e *nm, f* retalhista *(mf)*.

détaillé, e *adj* **1.** *(récit)* pormenorizado(da) **2.** *(facture)* detalhado(da).

détaler *vi* fugir.

détartrant *nm* antitártaro *(m)*.

détaxe *nf* **1.** *(suppression)* supressão *(f)* de uma taxa **2.** *(ristourne)* redução *(f)* de uma taxa.

détaxé, e *adj* free-tax.

détecter *vt* detectar.

détecteur, trice *adj* que detecta.
■ **détecteur** *nm* detector *(m)* • **détecteur de fumée** detector de fumo.

détective *nm, f* detective *(mf)*.

déteindre *vi* desbotar • **déteindre sur** tingir.

détendre *vt* **1.** *(corde, élastique)* esticar **2.** *(personne, atmosphère)* descontrair.
■ **se détendre** *vp* **1.** *(corde, élastique)* esticar-se **2.** *(se décontracter)* descontrair-se.

détendu, e *adj* *(décontracté)* descontraído (da).

détenir *vt* **1.** *(fortune, secret, record)* possuir **2.** *(poder)* deter.

détente *nf* **1.** distensão *(f)* **2.** *(repos)* descanso *(m)* **3.** POLIT desanuviamento *(m)* • **être dur à la détente** *fig* ser de compreensão lenta.

détention *nf* detenção *(f)* • **détention préventive** prisão *(f)* preventiva.

détenu, e *nm, f* detido *(m)*, -da *(f)*.

détergent *nm* detergente *(m)*.

détérioration *nf* deterioração *(f)*.

détériorer *vt* deteriorar.
■ **se détériorer** *vp* deteriorar-se.

détermination *nf* determinação *(f)*.

déterminé, e *adj* determinado(da).

déterminer *vt* determinar • **déterminer qqn à faire qqch** incitar alguém a fazer algo.

déterrer *vt* desenterrar.

détestable *adj* detestável.

détester *vt* detestar.

détonateur *nm* detonador *(m)*.

détonation *nf* detonação *(f)*.

détour *nm* • **faire un détour** fazer um desvio.

détournement *nm* desvio *(m)* • **détournement d'avion** desvio de um avião • **détournement de mineur** desvio de menores.

détourner *vt* desviar • **détourner qqn de** desviar alguém de.
■ **se détourner** *vp* desviar-se • **se détourner de** desinteressar-se de.

détraqué, e *adj* **1.** escangalhado(da) **2.** *fam* doido(da).

détresse *nf* **1.** *(sentiment)* aflição *(f)* **2.** *(situation)* miséria *(f)* • **en détresse** *(bateau, avion)* em perigo.

détriment ■ **au détriment de** *loc prép* em detrimento de.

détritus *nmpl* detritos *(mpl)*.

détroit *nm* estreito *(m)*.

détromper *vt* desenganar.
■ **se détromper** *vp* desenganar-se • **détrompez-vous** aí é que você se engana.

détrôner *vt* destronar.

détruire *vt* destruir.

dette *nf* dívida *(f)*.

DEUG *nm diploma que se obtém depois de dois anos de estudos universitários,* ≃ Bacharelato *(m)*.

deuil *nm* luto *(m)* • **être en deuil** estar de luto.

deux *num* dois (duas) • **à deux** a dois • **deux points** dois pontos • **il a deux ans** ele tem dois anos • **le deux janvier** no dia dois de Janeiro • **page deux** página dois • **ils étaient deux** eram dois • **le deux de pique** o dois de espadas • **(au) deux rue Lepic** (na) rua Lepic, número dois.

deuxième ■ *num* segundo(da). ■ *nm (étage)* segundo andar *(m)*.

deux-pièces *nm* **1.** *(maillot de bain)* biquíni *(m)* **2.** *(appartement)* ≃ T2 *(m)*.

deux-roues *nm* veículo *(m)* de duas rodas.

dévaler ■ *vt* descer a correr. ■ *vi* resvalar.

dévaliser *vt* roubar.

dévaloriser *vt* desvalorizar.
■ **se dévaloriser** *vp* desvalorizar-se.

dévaluer *vt* & *vi* desvalorizar.
■ **se dévaluer** *vp* desvalorizar-se.

devancer *vt* preceder.

devanture *nf* montra *(f)*.

dévaster *vt* devastar.

développement *nm* **1.** *(physique, économique)* desenvolvimento *(m)* **2.** *(de photos)* revelação *(f)* • **développement durable** desenvolvimento sustentável.

développer *vt* **1.** desenvolver **2.** *(photo)* revelar • **faire développer des photos** mandar revelar fotografias.
■ **se développer** *vp* desenvolver-se.

développeur *nm* INFORM promotor *(m)*, promotor-chave *(m)* de software.

devenir *vi* tornar-se.

dévergondé, e *adj* & *nm, f* desavergonhado(da).

déverser *vt* despejar.
■ **se déverser** *vp* **1.** *(couler)* desaguar **2.** *(tomber)* entornar-se.

déviation *nf* desvio *(m)*.

dévier *vt* desviar.

deviner *vt* **1.** *(imaginer)* adivinhar **2.** *(apercevoir)* entrever.

devinette *nf* adivinha *(f)* • **jouer aux devinettes** fazer adivinhas.

devis *nm* orçamento *(m)*.

dévisager *vt* encarar *(olhar)*.

devise *nf* divisa *(f)*.

deviser *vt (Suisse)* orçar.

dévisser *vt* **1.** *(vis)* desaparafusar **2.** *(couvercle)* desenroscar.

dévitaliser *vt* desvitalizar.

dévoiler *vt (secret, intentions)* desvendar.

devoir ■ *vt* **1.** *(gén)* dever • **devoir qqch à qqn** dever algo a alguém • **vous devriez essayer le ski nautique** deveria experimentar o esqui aquático • **j'aurais dû/je n'aurais pas dû l'écouter** eu deveria tê-lo/eu não deveria tê-lo escutado • **ça doit coûter cher** deve custar muito dinheiro • **le temps devrait s'améliorer cette semaine** o tempo deveria melhorar esta semana • **nous devions partir hier, mais...** deveríamos ter partido ontem, mas... **2.** *(exprime l'obligation)* • **devoir faire qqch** ter de fazer algo. ■ *nm* dever *(m)* • **devoir sur table** exame *(m)*.
■ **devoirs** *nmpl* SCOL deveres *(mpl)* • **faire ses devoirs** fazer os deveres • **devoirs de vacances** trabalhos *(mpl)* de casa para as férias.

dévolu *nm* • **jeter son dévolu sur qqn/qqch** deitar olho comprido a alguém/algo.

dévorer *vt* devorar.

dévoué, e *adj* dedicado(da).

dévouement *nm* dedicação *(f)*.

dévouer ■ **se dévouer** *vp* dedicar-se • **se dévouer pour faire qqch** oferecer-se para fazer algo.

devra ▷ **devoir**.

dextérité *nf* destreza *(f)* • **avec dextérité** com destreza.

dézipper *vt* INFORM descomprimir.

diabète *nm* diabetes *(m)*.

diabétique *adj* diabético(ca).

diable *nm* diabo *(m)*.

diabolique *adj* diabólico(ca).

diabolo *nm (boisson) gasosa com xarope* • **diabolo menthe** *gasosa com xarope de menta.*

diadème *nm* diadema *(f).*

diagnostic *nm* diagnóstico *(m).*

diagnostiquer *vt* diagnosticar.

diagonal, **e** *adj* diagonal.
■ **diagonale** *nf* diagonal *(f)* • **en diagonale** em diagonal • **lire en diagonale** ler na diagonal.

dialecte *nm* dialecto *(m).*

dialogue *nm* diálogo *(m).*

dialoguer *vi* dialogar.

diamant *nm* **1.** *(pierre)* diamante *(m)* **2.** *(d'un électrophone)* agulha *(f).*

diamètre *nm* diâmetro *(m).*

diapositive *nf* diapositivo *(m).*

diarrhée *nf* diarreia *(f).*

dictateur *nm* ditador *(m)*, -ra *(f).*

dictature *nf* ditadura *(f).*

dictée *nf* ditado *(m).*

dicter *vt* ditar.

dictionnaire *nm* dicionário *(m).*

dicton *nm* ditado *(m).*

dièse *nm* sustenido *(m).*

diesel ■ *nm* **1.** *(moteur)* motor *(m)* a gasóleo **2.** *(voiture)* carro *(m)* a gasóleo. ■ *adj* a gasóleo.

diététique *adj* dietético(ca).

dieu *nm* deus *(m).*
■ **Dieu** *nm* Deus *(m)* • **mon Dieu !** meu Deus!

diffamation *nf* difamação *(f).*

différé, **e** ■ *adj* diferido(da). ■ *nm* programa *(m)* transmitido em diferido • **en différé** em diferido.

différence *nf* diferença *(f).*

différencier *vt* • **différencier qqch de** diferenciar algo de.
■ **se différencier** *vp* • **se différencier de** ser diferente de.

différent, **e** *adj* diferente • **différent de** diferente de.
■ **différents**, **es** *adj* vários(rias).

différer *vt* & *vi* diferir • **différer de** diferir de.

difficile *adj* difícil.

difficilement *adv* dificilmente.

difficulté *nf* dificuldade *(f)* • **avoir des difficultés à faire qqch** ter dificuldades em fazer algo • **en difficulté** em dificuldade.

difforme *adj* disforme.

diffuser *vt* difundir.

diffusion *nf* difusão *(f).*

digérer *vt* digerir.

digeste *adj* fácil de digerir.

digestif, **ive** ■ *adj* digestivo(va). ■ *nm* digestivo *(m).*

digestion *nf* digestão *(f).*

Digicode® *nm código numérico que permite aceder a um prédio.*

digital, **e**, **aux** *adj* digital.

digne *adj* digno(gna) • **digne de** digno de.

dignité *nf* dignidade *(f)* • **se draper dans sa dignité** *fig* refugiar-se na sua dignidade.

digue *nf* dique *(m).*

dilapider *vt* delapidar.

dilater *vt* dilatar.
■ **se dilater** *vp* dilatar-se.

dilemme *nm* dilema *(m).*

diluer *vt* diluir.

dimanche *nm* domingo *(m)* • **nous sommes** *OU* **c'est dimanche** é domingo • **dimanche 13 septembre** domingo, 13 de Setembro • **nous sommes partis dimanche** nós fomos embora no domingo • **dimanche dernier** no domingo passado • **dimanche prochain** no domingo que vem • **dimanche matin** no domingo de manhã • **le dimanche** aos domingos • **à dimanche !** até domingo!

dimension *nf* dimensão *(f)* • **à** *OU* **en trois dimensions** a três dimensões.

diminuer *vt* & *vi* diminuir.

diminutif *nm* diminutivo *(m).*

diminution *nf* diminuição *(f).*

dinde *nf* perua *(f)* • **dinde aux marrons** peru *(m)* com castanhas.

dindon *nm* peru *(m)* • **être le dindon de la farce** *fig* ser o bobo da festa.

dîner ■ *nm* **1.** *(repas du soir)* jantar *(m)* **2.** *(repas du midi)* almoço *(m).* ■ *vi* **1.** *(le soir)* jantar **2.** *(le midi)* almoçar.

dingue *fam* ■ *adj* **1.** *(fou)* chanfrado(da) **2.** *(incroyable)* louco(ca). ■ *nmf* chanfrado *(m)*, -da *(f).*

diplomate ◼ *adj* & *nmf* diplomata. ◼ *nm* *pudim de bolacha com licores, frutos secos e creme inglês.*

diplomatie *nf* diplomacia *(f)*.

diplôme *nm* diploma *(m)*.

dire *vt* **1.** *(gén)* dizer • **dire la vérité** dizer a verdade • **dire à qqn que/pourquoi** dizer a alguém que/porque é que • **comment dit-on « de rien » en portugais ?** como se diz « de rien » em português? • **on ne dit pas..., on dit...** não se diz..., diz-se... • **on dit que...** diz-se que... • **dire à qqn de faire qqch** dizer a alguém que faça algo • **qu'est-ce que vous en dites ?** o que é que me diz? • **que dirais-tu de... ?** o que me dirias de...? • **on dirait un champ de bataille** parece um campo de batalha • **dire que j'étais à 2 mètres du président** quando penso que estava a 2 metros do presidente **2.** *(dans des expressions)* • **à vrai dire,...** para dizer a verdade,... • **ça ne me dit rien** não me diz nada • **cela dit,...** mesmo assim,... • **dis donc !** *fam* caramba! **3.** *(au fait)* olha lá... • **disons...** digamos....
◼ **se dire** *vp* dizer para consigo • **je me suis dit...** disse para comigo....

direct, e ◼ *adj* directo(ta). ◼ *nm* • **en direct (de)** em directo (de).

directement *adv* directamente.

directeur, trice *nm, f* director *(m)*, -ra *(f)*.

direction *nf* direcção *(f)* • **en direction de** na direcção de • **'toutes directions'** 'outras direcções'.

directive *nf* directiva *(f)*.

dirigeant, e *nm, f* dirigente *(mf)*.

diriger *vt* dirigir • **diriger qqch sur** dirigir algo a.
◼ **se diriger vers** *vp* + *prép* dirigir-se para.

discerner *vt* discernir.

disciple *nm* discípulo *(m)*.

discipline *nf* disciplina *(f)*.

discipliné, e *adj* disciplinado(da).

disc-jockey *nm* disc-jóquei *(mf)*.

disco *nf fam local onde se podem requisitar discos.*

discorde *nf* discórdia *(f)*.

discothèque *nf* discoteca *(f)*.

discours *nm* discurso *(m)*.

discréditer *vt* desacreditar.
◼ **se discréditer** *vp* desacreditar-se.

discret, ète *adj* discreto(ta).

discrètement *adv* discretamente.

discrétion *nf* discrição *(f)*.

discrimination *nf* discriminação *(f)*.

discriminatoire *adj* discriminatório(ria).

discussion *nf* conversa *(f)*.

discutable *adj* discutível.

discuter *vi* **1.** *(parler)* conversar **2.** *(protester)* discutir • **discuter de qqch (avec qqn)** conversar sobre algo (com alguém).

disgrâce *nf* desgraça *(f)* *(desfavor)* • **tomber en disgrâce** cair em desgraça.

disjoncteur *nm* disjuntor *(m)*.

disloquer *vt* **1.** *(membre)* deslocar **2.** *(machine)* desarticular **3.** *fig (démembrer)* desagregar.
◼ **se disloquer** *vp* **1.** deslocar-se **2.** *fig (empirer)* desagregar-se.

disparaître *vi* desaparecer.

disparité *nf* disparidade *(f)*.

disparition *nf* **1.** desaparecimento *(m)* **2.** *(d'une espèce)* extinção *(f)*.

disparu, e *nm, f* desaparecido *(m)*, -da *(f)*.

dispatcher *vt* **1.** repartir **2.** *(courrier)* distribuir.

dispensaire *nm* dispensário *(m)*.

dispense *nf* dispensa *(f)*.

dispenser *vt* • **dispenser qqn de qqch** dispensar alguém de algo.

disperser *vt* dispersar.

disponible *adj* disponível.

disposé, e *adj* • **être disposé à faire qqch** estar disposto a fazer algo.

disposer *vt* dispor.
◼ **disposer de** *vp* + *prép* dispor de.
◼ **se disposer à** *vp* + *prép* dispor-se a.

dispositif *nm* dispositivo *(m)*.

disposition *nf* disposição *(f)* • **prendre ses dispositions** tomar providências • **à la disposition de qqn** à disposição de alguém.

disproportionné, e *adj* desproporcionado (da).

dispute *nf* disputa *(f)*.

disputer *vt* disputar.
◼ **se disputer** *vp* **1.** discutir **2.** *(enfants)* brigar.

disquaire *nmf* vendedor *(m)*, -ra *(f)* de discos.

disqualification *nf* desclassificação *(f)*.

disqualifier *vt* desclassificar.

disque *nm* disco *(m)* • **disque laser** disco laser • **disque dur** disco duro.

disquette *nf* disquete *(f)*.

dissemblable *adj* dissemelhante.

disséminer *vt* disseminar.

disséquer *vt* dissecar.

dissertation *nf* dissertação *(f)*.

dissident, e *adj* & *nm, f* dissidente.

dissimuler *vt* dissimular.

dissipé, e *adj* distraído(da).

dissiper ■ **se dissiper** *vp* **1.** *(brouillard)* dissipar-se **2.** *(élève)* distrair-se.

dissocier *vt* dissociar.

dissolvant *nm* **1.** *(à peinture)* dissolvente *(m)* **2.** *(à ongles)* acetona *(f)*.

dissoudre *vt* dissolver.

dissuader *vt* • **dissuader qqn de faire qqch** dissuadir alguém de fazer algo.

dissuasion *nf* dissuasão *(f)*.

distance *nf* distância *(f)* • **à une distance de 20 km, à 20 km de distance** a uma distância de 20 km, a 20 km de distância • **à distance** à distância.

distancer *vt* distanciar.

distant, e *adj* **1.** *(éloigné)* • **distant de 10 km** que fica a 10 km **2.** *(froid)* distante.

distiller *vt* & *vi* destilar.

distinct, e *adj* distinto(ta).

distinctement *adv* distintamente.

distinction *nf* • **faire une distinction entre** fazer uma distinção entre.

distingué, e *adj* distinto(ta).

distinguer *vt* distinguir.
■ **se distinguer de** *vp* + *prép* distinguir-se de.

distraction *nf* distracção *(f)*.

distraire *vt* distrair.
■ **se distraire** *vp* distrair-se.

distrait, e *adj* distraído(da).

distribuer *vt* distribuir.

distributeur *nm* **1.** *(de boissons)* máquina *(f)* de bebidas **2.** *(de billets de train)* máquina *(f)* de bilhetes de comboio **3.** *(de cigarettes)* máquina *(f)* de cigarros • **distributeur (automatique) de billets** caixa *(m)* automático multibanco.

distribution *nf* **1.** *(de prix)* entrega *(f)* **2.** *(de rôles, du courrier)* distribuição *(f)*.

DIU (*abr de* **dispositif intra-utérin**) *nm* MÉD Dispositivo *(m)* Intra-uterino.

divaguer *vi* divagar.

divan *nm* divã *(m)*.

diverger *vi* divergir.

divers, es *adj* **1.** *(variés)* diversos(sas) **2.** *(plusieurs)* vários(rias) • **les divers droite/gauche** POLIT os pequenos partidos.

diversifier *vt* diversificar.
■ **se diversifier** *vp* diversificar-se.

diversion *nf* diversão *(f)* • **créer une** *ou* **faire diversion** criar uma diversão.

diversité *nf* diversidade *(f)*.

divertir *vt* divertir.
■ **se divertir** *vp* divertir-se.

divertissement *nm* divertimento *(m)*.

divin, e *adj* divino(na).

divinité *nf* divindade *(f)*.

diviser *vt* dividir.

division *nf* divisão *(f)*.

divorce *nm* divórcio *(m)*.

divorcé, e *adj* & *nm, f* divorciado(da).

divorcer *vi* divorciar-se.

divulguer *vt* divulgar.

dix *num* dez • **il a dix ans** ele tem dez anos • **il est dix heures** são dez horas • **le dix janvier** no dia dez de Janeiro • **page dix** página dez • **ils étaient dix** eram dez • **le dix de pique** o dez de espadas • **(au) dix rue Lepic** (na) rua Lepic, número dez.

dix-huit *num* dezoito • **il a dix-huit ans** ele tem dezoito anos • **il est dix-huit heures** são dezoito horas • **le dix-huit janvier** no dia dezoito de Janeiro • **page dix-huit** página dezoito • **ils étaient dix-huit** eram dezoito • **(au) dix-huit rue Lepic** (na) rua Lepic, número dezoito.

dix-huitième *num* décimo oitavo (décima oitava).

dixième ▪ *num* décimo (décima). ▪ *nm* **1.** *(fraction)* décimo *(m)* **2.** *(étage)* décimo andar *(m)*.

dix-neuf *num* dezanove • **il a dix-neuf ans** ele tem dezanove anos • **il est dix-neuf heures** são dezanove horas • **le dix-neuf janvier** no dia dezanove de Janeiro • **page**

dix-neuf página dezanove • **ils étaient dix-neuf** eram dezanove • **(au) dix-neuf rue Lepic** (na) rua Lepic, número dezanove.

dix-neuvième *num* décimo nono (décima nona).

dix-sept *num* dezassete • **il a dix-sept ans** ele tem dezassete anos • **il est dix-sept heures** são dezassete horas • **le dix-sept janvier** no dia dezassete de Janeiro • **page dix-sept** página dezassete • **ils étaient dix-sept** eram dezassete • **(au) dix-sept rue Lepic** (na) rua Lepic, número dezassete.

dix-septième *num* décimo sétimo (décima sétima).

dizaine *nf* • **une dizaine (de)** uma dezena (de).

DJ *nm* (*abr de* **disc-jockey**) DJ *(mf)* *(disc-jóquei)*.

docile *adj* dócil.

docks *nmpl* docas *(fpl)*.

docteur *nm, f* *(aussi :* **docteure** *nf)* doutor *(m)*, -ra *(f)*.

doctrine *nf* doutrina *(f)*.

document *nm* documento *(m)*.

documentaire *nm* documentário *(m)*.

documentaliste *nmf* documentalista *(mf)*.

documentation *nf* documentação *(f)*.

documenter *vt* **1.** *(un exposé)* documentar **2.** *(une personne)* fornecer documentação a.
■ **se documenter** *vp* documentar-se.

dodo *nm* oó *(m)* • **faire dodo** fazer oó.

dodu, **e** *adj* **1.** *(gras)* gordo(da) **2.** *fam (grassouillet)* gorducho(cha).

dogme *nm* dogma *(m)*.

doigt *nm* dedo *(m)* • **doigt de pied** dedo do pé • **à deux doigts de** por um triz.

doive ▷ **devoir**.

dollar *nm* dólar *(m)*.

domaine *nm* **1.** *(propriété)* domínio *(m)* **2.** *(secteur)* área *(f)*.

dôme *nm* *(toit)* cúpula *(f)*.

domestique ◼ *adj* doméstico(ca). ◼ *nmf* criado *(m)*, -da *(f)*.

domicile *nm* domicílio *(m)* • **à domicile** ao domicílio.

domicilié, **e** *adj* domiciliado(da).

domination *nf* **1.** *(autorité)* dominação *(f)* **2.** *(influence)* domínio *(m)*.

dominer *vt* & *vi* dominar.

dominos *nmpl* dominó *(m)*.

dommage *nm* • **(quel) dommage !** (que) pena! • **c'est dommage de...** é pena... • **c'est dommage que** é pena que.
■ **dommages** *nmpl* danos *(mpl)*.

dompter *vt* domar.

dompteur, **euse** *nm, f* domador *(m)*, -ra *(f)*.

DOM-TOM *nmpl antigo nome para designar os departamentos e territórios ultramarinos franceses* • = **DROM**, **POM**, **COM**.

don *nm* dom *(m)*.

donation *nf* doação *(f)*.

donc *conj* **1.** *(par conséquent)* por isso **2.** *(pour reprendre)* pois • **viens donc !** vem lá!

donjon *nm* torre *(f)* de menagem.

donné, **e** *adj* dado(da) • **c'est pas donné** *fam* não é nada barato.
■ **étant donné que** *loc conj* dado que.

données *nfpl* dados *(mpl)*.

donner *vt* dar • **donner qqch à qqn** dar algo a alguém • **donner à manger à qqn** dar de comer a alguém • **donner chaud** dar calor • **donner soif** dar sede.
■ **donner sur** *vp + prép* dar para.

dont *pron rel*

1. COMPLÉMENT DU VERBE
• **la région dont je parle est très montagneuse** a região da qual falo é bastante montanhosa
• **c'est le camping dont on nous a parlé** é o parque de campismo de que nos falaram
• **je n'aime pas la façon dont il nous regarde** não gosto da maneira como ele nos olha
• **ce n'est pas l'endroit dont j'avais rêvé** não é o sítio com que tinha sonhado

2. COMPLÉMENT DE L'ADJECTIF
• **le travail dont je suis le plus satisfait...** o trabalho com que estou mais satisfeito...
• **l'établissement dont ils sont responsables** o estabelecimento pelo qual eles são responsáveis

3. COMPLÉMENT D'UN NOM DE PERSONNE
= do qual (da qual)
• **un homme dont on m'a parlé** um homem do qual me falaram

4. COMPLÉMENT DU NOM : EXPRIME L'APPARTENANCE = cujo (cuja)
• **c'est un pays dont la principale industrie est le tourisme** é um país cuja principal indústria é o turismo

5. PARMI LESQUELS
• **nous avons passé plusieurs jours au Portugal, dont trois à la plage** passámos vários dias em Portugal, três dos quais na praia
• **certaines personnes, dont moi, pensent que...** algumas pessoas, de entre as quais eu, pensam que....

dopage *nm* doping *(m)*.

doper *vt* dopar.
■ **se doper** *vp* dopar-se.

doré, e ■ *adj* **1.** dourado(da) **2.** *(aliment)* tostado(da). ■ *nm (Québec)* lúcio *(m)*.

dorénavant *adv* doravante.

dorin *nm (Suisse) nome genérico dos vinhos brancos do cantão de Vaud.*

dorloter *vt* mimar.

dormir *vi* dormir.

dortoir *nm* dormitório *(m)*.

dorure *nf* **1.** *(ornement)* dourado *(m)* **2.** *(processus)* douramento *(m)*.

dos *nm* **1.** costas *(fpl)* **2.** *(d'une feuille)* verso *(m)* • **au dos (de)** no verso (de) • **de dos (à)** de costas (para) • **dos crawlé** *(natation)* costas.

dosage *nm* dosagem *(f)*.

dos-d'âne *nm inv* lomba *(f)*.

dose *nf* dose *(f)*.

doser *vt* dosear.

dossard *nm* número *(m)* (na camisola do desportista).

dossier *nm* **1.** *(d'un siège)* costas *(fpl)* **2.** *(documents)* dossier *(m)* **3.** INFORM pasta • **dossier d'inscription** ficha de inscrição.

doté, e *adj* • **doté de** dotado com.

douane *nf* alfândega *(f) (Port)*, aduana *(f) (Br)*.

douanier, ère *nm, f* guarda-fiscal *(m) (Port)*, aduaneiro *(m) (Br)*.

doublage *nm* dobragem *(f)*.

double ■ *adj* dobro. ■ *nm* **1.** *(copie)* cópia *(f)* **2.** *(partie de tennis)* pares *(mpl)*. ■ *adv* a dobrar • **le double (de)** o dobro (de) • **avoir qqch en double** ter dois exemplares de algo • **mettre qqch en double** pôr dois exemplares de algo.

double-clic *nm* INFORM duplo clique *(m)*.

double-cliquer *vt* INFORM clicar duas vezes.

doublé, e *adj* **1.** *(vêtement)* forrado(da) **2.** *(film)* dobrado(da).

doubler ■ *vt* **1.** *(multiplier)* duplicar **2.** *(vêtement)* forrar **3.** AUTO ultrapassar **4.** *(film)* dobrar. ■ *vi* **1.** *(augmenter)* duplicar **2.** AUTO ultrapassar.

doublure *nf (d'un vêtement)* forro *(m)*.

doucement *adv* **1.** *(bas)* baixinho **2.** *(lentement)* devagar.

douceur *nf* **1.** suavidade *(f)* **2.** *(gentillesse)* doçura *(f)* • **en douceur** devagar.

douche *nf* duche *(m)* • **prendre une douche** tomar um duche • *fig* apanhar uma molha.

doucher ■ **se doucher** *vp* tomar um duche.

douchette *nf* leitor de código de barras manual, leitor de mão.

doudoune *nf* blusão *(m)* de penas.

doué, e *adj* dotado(da) • **être doué pour** *ou* **en qqch** ter jeito para algo.

douille *nf* **1.** *(d'une ampoule)* casquilho *(m)* **2.** *(d'une cartouche)* cartucho *(m) (invólucro)* **3.** *(d'un cylindre)* encaixe *(m)*.

douillet, ette *adj* **1.** *(personne)* medricas **2.** *(lit)* fofo(fa).

douleur *nf* dor *(f)*.

douloureux, euse *adj* **1.** *(opération, souvenir)* doloroso(osa) **2.** *(partie du corps)* dorido(da).

doute *nm* dúvida *(f)* • **avoir un doute (sur)** ter uma dúvida (sobre) • **sans doute** sem dúvida.

douter *vt* • **duvidar douter que** duvidar que.
■ **douter de** *vp* + *prép* duvidar de.
■ **se douter** *vp* • **se douter de** suspeitar de • **se douter que** suspeitar que.

douteux, euse *adj* duvidoso(osa).

doux, douce *adj* **1.** doce **2.** *(au toucher)* macio(cia) **3.** *(temps)* ameno(na).

douzaine *nf* • **une douzaine (de)** *(douze)* uma dúzia (de) • *(environ douze)* uma dezena (de).

douze *num* doze • **il a douze ans** ele tem doze anos • **le douze janvier** no dia doze de Janeiro • **page douze** página doze • **ils étaient douze** eram doze • **(au) douze rue Lepic** (na) rua Lepic, número doze.

douzième ■ *num* décimo segundo (décima segunda). ■ *nm (étage)* décimo segundo andar *(m)*.

doyen, enne *nm, f* decano *(m)*.

draconien, **enne** *adj* draconiano(na).

dragée *nf* amêndoa *(f)* *(drageia)*.

dragon *nm* *(animal)* dragão *(m)*.

draguer *vt* *fam* *(personne)* engatar *(Port)*, paquerar *(Br)*.

dragueur, **euse** *nm, f* *fam* engatatão *(m)*, -tona *(f)*.
■ **dragueur de mines** *nm* draga-minas *(m inv)*.

drainer *vt* **1.** *(terrain, plaie)* drenar **2.** *fig* *(capitaux, main-d'œuvre)* atrair.

dramatique ◪ *adj* dramático(ca). ◪ *nf* *obra dramática difundida na televisão ou na rádio*.

dramatiser *vt* dramatizar.

dramaturge *nmf* dramaturgo *(m)*, -ga *(f)*.

drame *nm* drama *(m)*.

drap *nm* lençol *(m)* ◆ **drap housse** lençol capa.

drapeau *nm* bandeira *(f)*.

dresser *vt* **1.** *(mettre debout)* erguer **2.** *(animal)* domesticar **3.** *(plan, procès-verbal)* levantar.
■ **se dresser** *vp* erguer-se.

dribbler *vi* & *vt* driblar.

drogue *nf* ◆ **la drogue** a droga.

drogué, **e** *nm, f* drogado *(m)*, -da *(f)*.

droguer ■ **se droguer** *vp* drogar-se.

droguerie *nf* drogaria *(f)*.

droit, **e** ◪ *adj* **1.** direito(ta) **2.** *(sans détour)* recto(ta). ◪ *adv* a direito. ◪ *nm* direito *(m)* ◆ **droit sur lui** direito a ele ◆ **tout droit** em frente ◆ **droits d'inscription** direitos de inscrição, propinas *(fpl)* ◆ **le droit** o direito ◆ **avoir le droit de faire qqch** ter o direito de fazer algo ◆ **avoir droit à qqch** ter direito a algo.

droite *nf* ◆ **la droite** a direita ◆ **à droite (de)** à direita (de) ◆ **de droite** da direita.

droitier, **ère** *adj* destro(tra).

drôle *adj* **1.** *(amusant)* engraçado(da) **2.** *(bizarre)* esquisito(ta) ◆ **un drôle de bonhomme** um homem esquisito.

drôlement *adv* *fam* mesmo.

DROM (*abr de* **Départements et Régions d'Outre-Mer**) *nmpl* *departamentos e regiões ultramarinos franceses*.

dromadaire *nm* dromedário *(m)*.

drugstore *nm* *centro comercial que vende sobretudo produtos de beleza, medicamentos e jornais*.

duc, **duchesse** *nm, f* duque *(m)*, -quesa *(f)*.

duel *nm* duelo *(m)*.

duffle-coat *nm* parka *(f)*.

dûment *adv* devidamente.

dune *nf* duna *(f)*.

duo *nm* duo *(m)*.

dupe ◪ *adj* trouxa. ◪ *nf* trouxa *(mf)* ◆ **être/ne pas être dupe** ser/não ser trouxa.

duplex *nm* dúplex *(m inv)*.

duplicata *nm* duplicado *(m)*.

dupliquer *vt* duplicar.

dur, **e** ◪ *adj* **1.** duro(ra) **2.** *(difficile)* difícil. ◪ *adv* **1.** *(travailler)* arduamente **2.** *(frapper)* com força.

durant *prép* durante.

durcir *vi* endurecer.
■ **se durcir** *vp* endurecer.

durée *nf* duração *(f)*.

durement *adv* **1.** *(violemment)* violentamente **2.** *(péniblement)* duramente **3.** *(sévèrement)* de uma maneira dura.

durer *vi* durar.

dureté *nf* dureza *(f)*.

duvet *nm* **1.** *(plumes)* penugem *(f)* **2.** *(sac de couchage)* saco-cama *(m)*.

dynamique *adj* dinâmico(ca).

dynamisme *nm* dinamismo *(m)*.

dynamite *nf* dinamite *(f)*.

dynamo *nf* dínamo *(m)*.

dynastie *nf* dinastia *(f)*.

dyslexique *adj* disléxico(ca).

e E

e, E ■ *nm inv (lettre)* e, E *(m)*. ■ *(abr écrite de* **est**) E. *(Este)*.

eau *nf* água *(f)* • **eau bénite** água benta • **eau de Cologne** água-de-colónia *(f)* • **eau gazeuse** água com gás • **eau minérale** água mineral • **eau oxygénée** água oxigenada • **eau potable/non potable** água potável/não potável • **eau plate** água sem gás • **eau du robinet** água da torneira.

eau-de-vie *nf* aguardente *(f)*.

ébahi, e *adj* atónito(ta).

ébats *nmpl sout* folia *(f)* • **ébats amoureux** jogos *(mpl)* amorosos.

ébauche *nf* esboço *(m)*.

ébaucher *vt* esboçar.

ébène *nf* ébano *(m)*.

ébéniste *nmf* marceneiro *(m)*, -ra *(f)*.

éberlué, e *adj* pasmado(da).

éblouir *vt* **1.** *(aveugler)* ofuscar **2.** *(charmer)* deslumbrar.

éblouissant, e *adj* **1.** *(aveuglant)* ofuscante **2.** *(admirable)* deslumbrante.

éborgner *vt* • **éborgner qqn** deixar alguém zarolho(lha).

éboueur *nm* homem *(m)* do lixo.

ébouillanter *vt (brûler)* escaldar.

éboulement *nm* desmoronamento *(m)*.

éboulis *nm* **1.** *(rochers)* monte *(m)* de pedras **2.** *(terre)* monte *(m)* de terra.

ébouriffé, e *adj* esguedelhado(da).

ébrécher *vt* rachar.

ébriété *nf* embriaguez *(f)*.

ébrouer ■ **s'ébrouer** *vp (se secouer)* sacudir-se.

ébruiter *vt* divulgar.

ébullition *nf* ebulição *(f)* • **porter qqch à ébullition** levar algo à ebulição.

écaille *nf* **1.** *(de poisson)* escama *(f)* **2.** *(d'huître)* concha *(f)* **3.** *(matière)* tartaruga *(f)*.

écailler *vt* escamar.

■ **s'écailler** *vp* descascar.

écarlate *adj* **1.** *(tissu)* escarlate **2.** *(visage)* vermelho(lha).

écarquiller *vt* • **écarquiller les yeux** arregalar os olhos.

écart *nm* **1.** *(distance)* distância *(f)* **2.** *(différence)* diferença *(f)* • **faire un écart** desviar-se • **à l'écart (de)** *(loin)* desviado (de) • *(agitation, affaire)* afastado (de) • **grand écart** espargata *(f)*.

écarter *vt* **1.** afastar **2.** *(ouvrir)* abrir.

ecchymose *nf* equimose *(f)*.

écervelé, e *adj & nm, f* estouvado(da).

échafaud *nm* cadafalso *(m)*.

échafaudage *nm* andaime *(m)*.

échalote *nf* chalota *(f)*.

échancré, e *adj* cavado(da).

échange *nm* **1.** *(troc)* troca *(f)* **2.** SCOL intercâmbio *(m)* **3.** *(au tennis)* passe *(m)* • **en échange (de)** em troca (de).

échanger *vt* trocar • **échanger qqch contre** trocar algo por.

échangeur *nm* trevo *(m) (em auto-estrada)*.

échantillon *nm* amostra *(f)*.

échappatoire *nf* escapatória *(f)*.

échappement *nm* ▷ **pot**.

échapper ■ **échapper à** *vp + prép* escapar a • **ça m'a échappé** escapou-me • **ça m'a échappé des mains** escapou-me das mãos. ■ **s'échapper** *vp* escapar-se • **s'échapper de** escapar-se de.

écharde *nf* farpa *(f)*.

écharpe *nf (cache-nez)* écharpe *(f)* • **en écharpe** a tiracolo.

échasse *nf* **1.** *(de berger)* andas *(fpl)* **2.** *(oiseau)* alcaravão *(m)* **3.** *fam (jambe)* perna *(f)* alta.

échassier *nm* pernalta *(f)*.

échauffement *nm (sportif)* aquecimento *(m)*.

échauffer ■ **s'échauffer** *vp (sportif)* fazer o aquecimento.

échéance *nf* vencimento *(m)* • **à longue échéance** a longo prazo • **à courte** *ou* **brève échéance** a curto prazo.

échéant *adj* • **le cas échéant** se for esse o caso.

échec *nm* fracasso *(m)* • **échec !** xeque! • **échec et mat !** xeque-mate!
■ **échecs** *nmpl* xadrez *(m)*.

échelle *nf* **1.** *(pour grimper)* escada *(f)* **2.** *(sur une carte)* escala *(f)* • **faire la courte échelle à qqn** ajudar alguém a subir com as mãos.
■ **échelle de Richter** *nf* Escala *(f)* de Richter.

échelon *nm* **1.** *(d'échelle)* degrau *(m)* **2.** *(grade)* escalão *(m)*.

échelonner *vt* escalonar.
■ **s'échelonner** *vp* escalonar-se.

échevelé, **e** *adj* desgrenhado(da).

échine *nf* lombo *(m)*.

échiquier *nm* tabuleiro *(m)* de xadrez.

écho *nm* eco *(m)*.

échographie *nf* ecografia *(f)*.

échouer *vi* falhar.
■ **s'échouer** *vp* encalhar.

éclabousser *vt* salpicar.

éclaboussure *nf* salpico *(m)*.

éclair *nm* **1.** *(d'orage)* relâmpago *(m)* **2.** *(gâteau)* éclair *(m)*.

éclairage *nm* iluminação *(f)*.

éclaircie *nf* aberta *(f)*.

éclaircir *vt* clarear.
■ **s'éclaircir** *vp* **1.** *(ciel)* clarear **2.** *fig (mystère)* esclarecer-se.

éclaircissement *nm (explication)* esclarecimento *(m)*.

éclairer *vt* **1.** *(pièce)* iluminar **2.** *(à la bougie)* alumiar **3.** *fig (personne)* esclarecer.
■ **s'éclairer** *vp* **1.** *(visage)* iluminar-se **2.** *fig (mystère)* esclarecer-se.

éclaireur, **euse** *nm, f (scout)* batedor *(m)*, -ra *(f)* • **partir en éclaireur** *fig* abrir o caminho.

éclat *nm* **1.** *(de verre)* vidro *(m)* **2.** *(d'une lumière)* clarão *(m)* • **éclats de rire** gargalhadas *(fpl)* • **éclats de voix** gritaria *(f)*.

éclatant, **e** *adj* deslumbrante.

éclater *vi* rebentar • **éclater de rire** desatar a rir • **éclater en sanglots** desatar a chorar.

éclectique *adj* ecléctico(ca).

éclipse *nf* eclipse *(m)*.

éclipser *vt* eclipsar.
■ **s'éclipser** *vp fam (s'esquiver)* eclipsar-se.

éclore *vi* **1.** *(fleur)* desabrochar **2.** *(œuf)* eclodir.

éclosion *nf* eclosão *(f)*.

écluse *nf* comporta *(f)*.

écœurant, **e** *adj* **1.** *(aliment)* enjoativo(va) **2.** *(spectacle, comportement)* chocante.

écœurer *vt* enjoar.

école *nf* escola *(f)* • **aller à l'école** ir à escola • **faire l'école buissonnière** fazer gazeta *fam* • **l'école publique** escola pública.

L'ÉCOLE

- le bureau / a secretária
- le calendrier / o calendário
- la cantine / a cantina
- le cartable / a mochila
- la carte / o mapa
- la chaise / a cadeira
- la classe / a sala de aula
- la corbeille à papier / o cesto dos papéis
- la cour / o recreio
- la craie / o giz
- l'élève / o aluno/a aluna
- le/la professeur(e) / o professor/a professora
- le tableau / o quadro.

écolier, **ère** *nm, f* aluno *(m)*, -na *(f)*.

écologie *nf* ecologia *(f)*.

écologique *adj* ecológico(ca).

écologiste *nmf* ecologista *(mf)*.

économie *nf* economia *(f)*.
■ **économies** *nfpl* economias *(fpl)* • **faire des économies** fazer economias.

économique *adj* económico(ca).

économiser *vt* economizar.

économiste *nmf* economista *(mf)*.

écoper ◪ *vt* **1.** NAUT despejar a água de **2.** *fam (d'une sanction)* • **écoper de** apanhar com.
◪ *vi fam* pagar as favas.

écorce *nf* casca *(f)*.

écorcher ■ **s'écorcher** *vp* esfolar-se • **s'écorcher le genou** esfolar o joelho.

écorchure *nf* esfoladela *(f)*.

écossais, **e** *adj* escocês(esa).
■ **Écossais**, **e** *nm, f* escocês *(m)*, -esa *(f)*.

Écosse *nf* • **l'Écosse** a Escócia.

écosser *vt* descascar.

écosystème *nm* ecossistema *(m)*.

écouler ■ **s'écouler** *vp* **1.** *(temps)* passar **2.** *(liquide)* escorrer.

écouter *vt* ouvir.

écouteur *nm* auscultador *(m)* • **écouteurs** auscultadores *(mpl)*.

écran *nm* **1.** *(de cinéma, de télévision)* ecrã *(m)* **2.** *(de fumée, d'arbres)* cortina *(f)* • **(crème) écran total** protecção *(f)* total • **le grand écran** o grande ecrã • **le petit écran** o pequeno ecrã.

écrasant, **e** *adj* esmagador(ra).

écraser *vt* **1.** *(aplatir)* pisar **2.** *(une personne)* atropelar **3.** *(un animal)* esborrachar **4.** *(vaincre)* derrotar • **se faire écraser** ser atropelado(da).
■ **s'écraser** *vp* despenhar-se.

écrémé, **e** *adj* magro(gra) • **demi-écrémé** meio-gordo.

écrevisse *nf* lagostim *(m)*.

écrier ■ **s'écrier** *vp* exclamar.

écrin *nm* guarda-jóias *(m inv)*.

écrire *vt* & *vi* escrever • **écrire à qqn** escrever a alguém.
■ **s'écrire** *vp* **1.** *(correspondre)* corresponder-se **2.** *(s'épeler)* escrever-se.

écrit, **e** *nm* • **par écrit** por escrito.

écriteau *nm* letreiro *(m)*.

écriture *nf* escrita *(f)*.

écrivain *nm, f* *(aussi :* **écrivaine** *nf)* escritor *(m)*, -ra *(f)*.

écrou *nm* porca *(f)* *(peça)*.

écrouer *vt* encarcerar.

écrouler ■ **s'écrouler** *vp* **1.** *(mur)* desabar **2.** *(coureur)* sucumbir.

écru, **e** *adj* *(couleur)* cru.

ecsta *fam nm* *(abr de* **ecstasy***)* ecstasy.

écueil *nm* escolho *(m)*.

écuelle *nf* gamela *(f)*.

écume *nf* espuma *(f)*.

écumoire *nf* escumadeira *(f)*.

écureuil *nm* esquilo *(m)*.

écurie *nf* cavalariça *(f)*.

écusson *nm* emblema *(m)*.

eczéma *nm* eczema *(m)*.

édenté, **e** *adj* desdentado(da).

EDF *(abr de* **Electricité de France***)* *nf* ≃ EDP *(f)* *(Electricidade de Portugal)*.

édifice *nm* edifício *(m)*.

édifier *vt* **1.** *(bâtir)* edificar **2.** *(une théorie)* elaborar **3.** *sout (renseigner)* elucidar.

Édimbourg *npr* Edimburgo.

éditer *vt* editar.

éditeur, **trice** *nm, f* editor *(m)*, -ra *(f)*.

édition *nf* edição *(f)*.

éditorial *nm* editorial *(m)*.

édredon *nm* edredão *(m)*.

éducateur, **trice** *adj* & *nm, f* educador(ra) • **éducateur spécialisé** educador especializado.

éducatif, **ive** *adj* educativo(va).

éducation *nf* educação *(f)* • **éducation physique** educação física.

édulcorant *nm* • **édulcorant (de synthèse)** adoçante *(m)*.

éduquer *vt* educar.

effacé, **e** *adj* apagado(da).

effacer *vt* **1.** *(tableau, mot)* apagar **2.** *(bande magnétique, chanson)* desgravar.
■ **s'effacer** *vp* apagar-se.

effaceur *nm* *caneta de feltro que apaga tinta.*

effarant, **e** *adj* assombroso(osa).

effaroucher *vt* **1.** *(effrayer)* espantar **2.** *(intimider)* amedrontar.

effectif *nm* efectivo *(m)*.

effectivement *adv* **1.** *(réellement)* realmente **2.** *(en effet)* efectivamente.

effectuer *vt* efectuar.

efféminé, **e** *adj* efeminado(da).

effervescent, **e** *adj* efervescente.

effet *nm* efeito *(m)* • **faire de l'effet** fazer efeito • **en effet** com efeito • **effet secondaire** efeito secundário • **effets spéciaux** efeitos especiais.

efficace *adj* **1.** *(médicament, mesure)* eficaz **2.** *(personne, travail)* eficiente.

efficacité *nf* **1.** *(d'une mesure)* eficácia *(f)* **2.** *(d'une personne)* eficiência *(f)*.

effigie *nf* efígie *(f)*.

effilé, **e** *adj* 1. *(frange)* escadeado(da) 2. *(doigts)* esguio(guia).

effilocher ■ **s'effilocher** *vp* desfiar-se.

effleurer *vt* tocar ao de leve.

effluve *nm* eflúvio *(m)*.

effondrement *nm* 1. *(écroulement)* desabamento *(m)* 2. *(abattement)* desfalecimento *(m)* 3. *fig (chute)* queda *(f)*.

effondrer ■ **s'effondrer** *vp* 1. *(mur)* desmoronar-se 2. *(personne)* definhar 3. *fig (moralement)* ir-se abaixo.

efforcer ■ **s'efforcer de** *vp* + *prép* esforçar-se por.

effort *nm* esforço *(m)* • **faire des efforts (pour faire qqch)** fazer um esforço (para fazer algo).

effraction *nf* arrombamento *(m)*.

effrayant, **e** *adj* assustador(ra).

effrayer *vt* assustar.

effréné, **e** *adj* desenfreado(da).

effriter ■ **s'effriter** *vp* esboroar-se.

effroi *nm* pavor *(m)*.

effronté, **e** *adj* & *nm, f* descarado(da).

effroyable *adj* pavoroso(osa).

effusion *nf* efusão *(f)* • **sans effusion de sang** sem derramamento de sangue.

égal, **e**, **aux** *adj* 1. *(identique)* igual 2. *(régulier)* uniforme • **ça m'est égal** tanto me faz • **égal à** igual a.

également *adv (aussi)* igualmente.

égaler *vt* 1. MATH ser 2. *(être à la hauteur de)* igualar.

égaliser ◼ *vt* 1. *(cheveux)* aparar 2. *(sol)* nivelar. ◼ *vi* SPORT empatar.

égalité *nf* 1. *(des citoyens)* igualdade *(f)* 2. *(au tennis)* empate *(m)* • **être à égalité** estar empatado(da).

égard *nm* • **à l'égard de** com respeito a.

égarer *vt* extraviar.
■ **s'égarer** *vp* 1. *(se perdre)* extraviar-se 2. *(sortir du sujet)* desviar-se do assunto.

égayer *vt* alegrar.

égide *nf* égide *(f)* • **sous l'égide de** sob a égide de.

église *nf* igreja *(f)* • **l'Église** a Igreja.

égocentrique *adj* & *nmf* egocêntrico(ca).

égoïsme *nm* egoísmo *(m)*.

égoïste *adj* & *nmf* egoísta.

égorger *vt* degolar.

égosiller ■ **s'égosiller** *vp* esganiçar-se.

égouts *nmpl* esgotos *(mpl)*.

égoutter *vt* escorrer.

égouttoir *nm* 1. *(à légumes)* coador *(m)* 2. *(à vaisselle)* escorredor *(m)*.

égratigner *vt* arranhar.
■ **s'égratigner** *vp* arranhar-se • **s'égratigner le genou** arranhar o joelho.

égratignure *nf* arranhão *(m)*.

égrener *vt* 1. *(maïs)* debulhar 2. *(raisin)* esbagoar.

Égypte *nf* • **l'Égypte** o Egipto.

égyptien, **enne** *adj* egípcio(cia).

eh *interj* ei! • **eh bien** ora bem.

éjaculation *nf* ejaculação *(f)* • **éjaculation précoce** ejaculação precoce.

éjectable *adj* ejectável.

élaboré, **e** *adj* elaborado(da).

élaguer *vt* 1. *(arbre)* podar 2. *fig (texte)* encurtar.

élan *nm* impulso *(m)* • **prendre de l'élan** ganhar impulso.

élancé, **e** *adj* esguio(guia).

élancer ■ **s'élancer** *vp* lançar-se.

élargir *vt* 1. alargar 2. *(connaissances)* aumentar.
■ **s'élargir** *vp* 1. *(route, vêtement)* alargar-se 2. *(connaissances)* aumentar.

élastique ◼ *adj* elástico(ca). ◼ *nm* elástico *(m)*.

électeur, **trice** *nm, f* eleitor *(m)*, -ra *(f)*.

élections *nfpl* eleições *(fpl)*.

électoral, **e** *adj* eleitoral.

électricien, **enne** *nm, f* electricista *(mf)*.

électricité *nf* electricidade *(f)* • **électricité statique** electricidade estática.

électrique *adj* eléctrico(ca).

électrocardiogramme *nm* electrocardiograma *(m)*.

électrochoc *nm* electrochoque *(m)*.

électrocuter ■ **s'électrocuter** *vp* electrocutar-se.

électrode *nf* eléctrodo *(m)*.

électroencéphalogramme *nm* electroencefalograma *(m)*.

électrogène *adj* electrogéneo(nea).

électroménager *nm* electrodoméstico *(m)*.

électron *nm* electrão *(m)*.

électronicien, **enne** *nm, f* especialista *(mf)* em electrónica.

électronique ■ *adj* electrónico(ca). ■ *nf* electrónica *(f)*.

électrophone *nm* gira-discos *(m inv)*.

électuaire *nm (Suisse)* geleia *(f)*.

élégance *nf* elegância *(f)*.

élégant, **e** *adj* elegante.

élément *nm* **1.** elemento *(m)* **2.** *(de cuisine)* móvel *(m)*.

élémentaire *adj* elementar.

éléphant *nm* elefante *(m)*.

élevage *nm* criação *(f)*.

élevé, **e** *adj* elevado(da) • **bien élevé** bem-educado • **mal élevé** mal-educado.

élève *nmf* aluno *(m)*, -na *(f)*.

élever *vt* **1.** criar **2.** *(niveau, voix)* levantar.
■ **s'élever** *vp* elevar-se • **s'élever à** elevar-se a.

éleveur, **euse** *nm, f* criador *(m)*, -ra *(f)*.

éligible *adj* elegível.

élimination *nf* eliminação *(f)* • **procéder par élimination** proceder por eliminação de hipóteses.

éliminatoire ■ *adj* eliminatório(ria). ■ *nf* eliminatória *(f)*.

éliminer *vt* & *vi* eliminar.

élire *vt* eleger.

élite *nf* elite *(f)* • **d'élite** de elite.

élitiste *adj* elitista.

elle *pron* ela • **elle-même** ela própria.
■ **elles** *pron* elas • **elles-mêmes** elas próprias.

ellipse *nf* elipse *(f)*.

élocution *nf* elocução *(f)*.

éloge *nm* elogio *(m)* • **faire l'éloge de qqn/qqch** elogiar alguém/algo • **couvrir qqn d'éloges** cobrir alguém de elogios.

éloigné, **e** *adj* afastado(da) • **éloigné de** *(loin de)* afastado de • *(différent de)* diferente de.

éloigner *vt* afastar.
■ **s'éloigner (de)** *vp* + *prép* afastar-se (de).

élongation *nf* distensão *(f)*.

éloquent, **e** *adj* eloquente.

élu, **e** *nm, f* eleito *(m)*, -ta *(f)*.

élucider *vt* elucidar.

élucubration *nf (gén pl) péj* lucubração *(f)*.

éluder *vt* evitar.

Élysée *nm* • **(le palais de) l'Élysée** (o palácio do) Eliseu, *residência do Presidente da República francesa*.

émail *nm* esmalte *(m)*.
■ **émaux** *nmpl* bijutaria *(f)* esmaltada.

émanation *nf* emanação *(f)*.

émanciper *vt* emancipar.
■ **s'émanciper** *vp* **1.** *(se libérer)* emancipar-se **2.** *fam (se dévergonder)* sair da casca.

émaner *vi* emanar.

emballage *nm* embalagem *(f)*.

emballer *vt* **1.** *(paquet)* embalar **2.** *(cadeau)* embrulhar **3.** *fam (enthousiasmer)* entusiasmar.

embarcadère *nm* embarcadouro *(m)*.

embarcation *nf* embarcação *(f)*.

embardée *nf* guinada *(f)* • **faire une embardée** dar uma guinada.

embargo *nm* embargo *(m)*.

embarquement *nm* embarque *(m)* • **'embarquement immédiat'** 'embarque imediato'.

embarquer ■ *vt* **1.** embarcar **2.** *fam* ficar com. ■ *vi* embarcar.
■ **s'embarquer** *vp* embarcar • **s'embarquer dans** meter-se em.

embarras *nm* embaraço *(m)* • **mettre qqn dans l'embarras** embaraçar alguém.

embarrassant, **e** *adj* embaraçoso(osa).

embarrasser *vt* **1.** *(encombrer)* atravancar **2.** *(gêner)* embaraçar.
■ **s'embarrasser de** *vp* + *prép* atravancar-se de.

embaucher *vt* empregar.

embaumer ■ *vt* **1.** *(un cadavre)* embalsamar **2.** *(parfumer)* perfumar. ■ *vi (sentir)* exalar um perfume a.

embellir ■ *vt* embelezar. ■ *vi* ficar mais bonito(ta).

embêtant, **e** *adj* aborrecido(da).

embêtement *nm fam* chatice *(f)*.

embêter *vt* aborrecer.
■ **s'embêter** *vp* aborrecer-se.

emblée ■ **d'emblée** *loc adv* logo.

emblème *nm* emblema *(m)*.

emboîter *vt* encaixar.
■ **s'emboîter** *vp* encaixar-se.

embonpoint *nm* gordura *(f)* • **prendre de l'embonpoint** engordar.

embouché, e *adj fam* • **mal embouché** com mau feitio.

embouchure *nf* foz *(f)*.

embourber ■ **s'embourber** *vp* atolar-se.

embout *nm* ponteira *(f)*.

embouteillage *nm* engarrafamento *(m)*.

emboutir *vt* **1.** *(voiture)* chocar com **2.** TECHNOL bater.

embranchement *nm* **1.** *(carrefour)* entroncamento *(m)* **2.** *(d'autoroute)* ramal *(m)*.

embraser *vt* **1.** *(incendier)* incendiar **2.** *sout (éclairer)* iluminar **3.** *fig & sout (d'amour)* inflamar.
■ **s'embraser** *vp* **1.** *(prendre feu)* incendiar-se **2.** *sout (s'éclairer)* iluminar-se **3.** *fig & sout (d'amour)* inflamar-se.

embrasser *vt* beijar.
■ **s'embrasser** *vp* beijar-se.

embrasure *nf* vão *(m)*.

embrayage *nm* embraiagem *(f)*.

embrayer *vi* carregar na embraiagem.

embrouiller *vt* **1.** *(fil, cheveux)* emaranhar **2.** *(histoire, idées, personne)* baralhar.
■ **s'embrouiller** *vp* baralhar-se.

embruns *nmpl* salpicos *(mpl) (das vagas)*.

embryon *nm* embrião *(m)*.

embûche *nf* armadilha *(f)*.

embuer *vt (vitre)* embaciar • **yeux embués de larmes** com os olhos rasos de água.

embuscade *nf* emboscada *(f)*.

éméché, e *adj* tocado(da).

émeraude ▪ *nf* esmeralda *(f)*. ▪ *adj inv* verde-esmeralda.

émerger *vi* emergir.

émérite *adj* emérito(ta).

émerveillé, e *adj* maravilhado(da).

émerveiller *vt* maravilhar.
■ **s'émerveiller** *vp* maravilhar-se • **s'émerveiller de** maravilhar-se com.

émetteur *nm* emissor *(m)*.

émettre *vt* emitir.

émeute *nf* motim *(m)*.

émietter *vt* esmigalhar.

émigrer *vi* emigrar.

émincé *nm fatias finas* • **émincé de veau à la zurichoise** *(Suisse) cozido de vitela com natas e vinho branco.*

éminent, e *adj* eminente.

émir *nm* emir *(m)*.

émissaire ▪ *nm* emissário *(m)*. ▪ *adj* • **bouc émissaire** bode expiatório.

émission *nf* programa *(m)*.

emmagasiner *vt* armazenar.

emmailloter *vt* **1.** *(bébé)* pôr a fralda a **2.** *(membre blessé)* enfaixar.

emmanchure *nf* cava *(f) (de manga)*.

emmêler *vt* emaranhar.
■ **s'emmêler** *vp* **1.** *(fil, cheveux)* ficar embrulhado(da) **2.** *(souvenirs, dates)* misturar-se.

emménager *vi* instalar-se (numa nova habitação).

emmener *vt* levar.

emmental *nm* queijo *(m)* emmental.

emmerder *vt fam* chatear.
■ **s'emmerder** *vp fam* chatear-se.

emmitoufler ■ **s'emmitoufler** *vp* agasalhar-se.

emoticon *nm* INFORM emoticon *(m)*, ícone *(f)* de emoção.

émotif, ive *adj* emotivo(va).

émotion *nf* emoção *(f)*.

émouvant, e *adj* comovente.

émouvoir *vt* comover.

empaillé, e *adj* empalhado(da).

empailler *vt* empalhar.

empaler *vt* • **empaler qqn sur qqch** empalar alguém em algo.
■ **s'empaler** *vp* • **s'empaler sur qqch** ficar empalado(da) em algo.

empaqueter *vt* empacotar.

emparer ■ **s'emparer de** *vp + prép* apoderar-se de.

empêchement *nm* impedimento *(m)* • **avoir un empêchement** ter um impedimento.

empêcher *vt* impedir • **empêcher qqn/qqch de faire qqch** impedir alguém/algo de fazer algo • **(il) n'empêche que** no entanto.
■ **s'empêcher de** *vp + prép* deixar de.

empereur *nm* imperador *(m)*.

empester ■ *vt* empestar. ■ *vi* feder.

empêtrer ■ **s'empêtrer dans** *vp* + *prép* enredar-se em.

emphase *nf péj* ênfase *(f)*.

empiéter *vi* **1.** • **empiéter sur qqch** *(territoire)* invadir algo • *(ligne)* pisar algo **2.** *fig (liberté)* usurpar parte de algo.

empiffrer ■ **s'empiffrer (de)** *vp* + *prép fam* empanturrar-se (de).

empiler *vt* empilhar.
■ **s'empiler** *vp* amontoar-se.

empire *nm* império *(m)*.

empirer *vi* piorar.

emplacement *nm* **1.** *(endroit)* local *(m)* **2.** *(de parking)* lugar *(m)* • **'emplacement réservé'** 'reservado'.

emplette *nf (gén pl)* compra *(f)* • **faire des emplettes** fazer umas compritas.

emploi *nm* emprego *(m)* • **l'emploi** o emprego • **emploi du temps** horário *(m)*.

employé, **e** *nm, f* empregado *(m)*, -da *(f)* • **employé de bureau** empregado de escritório.

employer *vt* empregar.

employeur, **euse** *nm, f* patrão *(m)*, -troa *(f)*.

empocher *vt fam* embolsar.

empoigner *vt* empunhar.

empoisonnement *nm* envenenamento *(m)*.

empoisonner *vt* envenenar.

emporté, **e** *adj* arrebatado(da).

emporter *vt* levar • **à emporter** para levar • **l'emporter sur** levar vantagem sobre.
■ **s'emporter** *vp* descontrolar-se.

empoté, **e** *fam adj* & *nm, f* atado(da).

empreinte *nf* **1.** *(de pas)* pegada *(f)* **2.** *(de pneu)* marca *(f)* • **empreintes digitales** impressões *(fpl)* digitais.

empresser ■ **s'empresser** *vp* • **s'empresser de faire qqch** apressar-se a fazer algo.

emprise *nf* influência *(f)* • **sous l'emprise de** sob a influência de.

emprisonner *vt* aprisionar.

emprunt *nm* empréstimo *(m)*.

emprunter *vt* **1.** *(argent, objet)* pedir emprestado(da) **2.** *(itinéraire)* ir por • **emprunter qqch à qqn** pedir algo emprestado a alguém.

ému, **e** *adj* comovido(da).

émulsion *nf* emulsão *(f)*.

en *prép*

1. INDIQUE LE TEMPS
• **en été** no Verão
• **en 2005** em 2005

2. INDIQUE LE LIEU OÙ L'ON EST
• **être en classe** estar na sala de aula
• **habiter en Angleterre** morar na Inglaterra

3. INDIQUE LE LIEU OÙ L'ON VA = a
• **aller en ville/en Dordogne** ir à cidade/à Dordonha
• **aller en Irlande/en France** ir à Irlanda/a França

4. INDIQUE LA MANIÈRE
• **s'habiller en noir** vestir-se de preto
• **ça se dit « custard » en anglais** diz-se « custard » em inglês

5. INDIQUE LE MOYEN DE TRANSPORT = de
• **voyager en avion/voiture** viajar de avião/de carro

6. INDIQUE LA MATIÈRE = de
• **un pull en laine** um casaco de lã

7. INDIQUE UN ÉTAT
• **être en vacances** estar de férias
• **'en réparation'** 'para consertar'

8. SUIVI D'UNE UNITÉ
• **en dix minutes** em dez minutos
• **combien ça fait en euros ?** quanto custa em euros?

9. INDIQUE LA TAILLE
• **auriez-vous celles-ci en 38/en plus petit ?** teria o número 38 destas?/um número mais pequeno?
• **nous avons ce modèle en taille S** temos este modelo em tamanho S

10. DEVANT UN PARTICIPE PRÉSENT, INDIQUE LA SIMULTANÉITÉ
• **en arrivant à Paris** ao chegar a Paris
• **partir en courant** partir a correr
• **on ne parle pas en mangeant !** não se fala quando se come!

en *pron*

1. REMPLACE UN NOM PRÉCÉDÉ DE LA PRÉPOSITION « DE »
• **j'en viens** venho de lá
• **je vous en remercie** agradeço-lhe por isso

• **n'en parlons plus** não falemos mais nisso
• **j'en rêve la nuit** sonho com isso à noite
• **je suis parti en vacances et j'en garde un excellent souvenir** estive de férias e tenho uma excelente lembrança delas
• **elle est bien ta maison ! – ma foi, j'en suis assez fier** a tua casa é bonita! – na verdade, estou muito contente com ela

2. REMPLACE UN NOM PRÉCÉDÉ D'UN ARTICLE PARTITIF
• **en reprendrez-vous ?** quer mais?

encadrement *nm* **1.** *(de tableau)* moldura *(f)* **2.** *(de porte)* guarnição *(f)* **3.** *(de personnes)* enquadramento *(m)* **4.** *(du crédit, des prix)* controlo *(m)*.

encadrer *vt* emoldurar.

encaisser *vt* **1.** *(argent)* receber **2.** *fam (coups)* apanhar **3.** *fam (critique, insulte)* engolir **4.** *(mettre en caisse)* encaixotar • **encaisser un chèque** levantar um cheque • **ne pas pouvoir encaisser qqn** *fam fig* não ir com a cara de alguém.

encart *nm folheto que se insere numa publicação* • **encart publicitaire** folheto publicitário.

encastrer *vt* embutir.

enceinte ■ *adj f* grávida. ■ *nf* **1.** *(haut-parleur)* coluna *(f) (Port)*, caixa *(f)* de som *(Br)* **2.** *(d'une ville)* muralha *(f)*.

encens *nm* incenso *(m)*.

encenser *vt* **1.** *fig (flatter)* enaltecer **2.** *(brûler de l'encens dans)* queimar incenso em.

encercler *vt* **1.** *(personne, ville)* cercar **2.** *(mot)* rodear.

enchaînement *nm* encadeamento *(m)*.

enchaîner *vt* **1.** *(attacher)* acorrentar **2.** *(idées, phrases)* encadear.
■ **s'enchaîner** *vp* encadear-se.

enchanté, e *adj* encantado(da) • **enchanté (de faire votre connaissance) !** prazer em conhecê-lo!

enchanter *vt* encantar.

enchères *nfpl* leilão *(m)* • **vendre qqch aux enchères** leiloar algo.

enclave *nf* enclave *(m)*.

enclencher *vt* desencadear.

enclin, e *adj* • **(être) enclin à qqch/à faire qqch** (ser) propenso a algo/a fazer algo.

enclos *nm* recinto *(m)*.

enclume *nf* bigorna *(f)*.

encoche *nf* corte *(m)*.

encoignure *nf* **1.** *(coin)* canto *(m)* **2.** *(meuble)* cantoneira *(f)*.

encolure *nf (de vêtement)* colarinho *(m)*.

encombrant, e *adj* que ocupa muito espaço.

encombrements *nmpl* engarrafamentos *(mpl)*.

encombrer *vt (gêner)* estorvar • **encombré de** atravancado de.

encontre ■ **à l'encontre de** *loc prép* contra • **aller à l'encontre de** ir contra.

encore *adv*

1. TOUJOURS
• **elle dort encore** ela ainda está a dormir
• **il n'est pas encore arrivé** ainda não

2. DE NOUVEAU = outra vez
• **j'ai encore oublié mes clefs !** esqueci-me outra vez das chaves!
• **encore une fois** outra vez

3. EN PLUS = mais
• **encore un peu de légumes ?** um pouco mais de legumes?
• **il reste encore une centaine de kilomètres** ainda faltam cem quilómetros
• **reste encore un peu** fica mais um pouco

4. MARQUE LE RENFORCEMENT
• **c'est encore plus cher ici** aqui é ainda mais caro.

encouragement *nm* encorajamento *(m)*.

encourager *vt* encorajar • **encourager qqn à faire qqch** encorajar alguém a fazer algo.

encourir *vt sout* incorrer em.

encrasser *vt* sujar.

encre *nf* tinta *(f)* • **encre de Chine** tinta da China.

encyclopédie *nf* enciclopédia *(f)*.

encyclopédique *adj* enciclopédico(ca).

endetter ■ **s'endetter** *vp* endividar-se.

endiablé, e *adj* endiabrado(da).

endiguer *vt* **1.** *(un fleuve)* represar **2.** *fig (réprimer)* refrear.

endive *nf* endívia *(f)*.

endoctriner *vt* doutrinar.

endolori, e *adj* dolorido(da).

endommager *vt* danificar.

endormi, e *adj* adormecido(da).

endormir *vt* adormecer.
■ **s'endormir** *vp* adormecer.

endosser *vt* **1.** *(vêtement)* vestir **2.** DR & FIN endossar **3.** *fig (responsabilité)* tomar.

endroit *nm* **1.** *(lieu)* sítio *(m)* **2.** *(côté)* direito *(m)* • **à l'endroit** do direito.

enduire *vt (couvrir)* • **enduire qqch de** untar algo com.
■ **s'enduire** *vp* • **s'enduire de** untar-se com.

enduit *nm* reboco *(m)*.

endurance *nf* resistência *(f)*.

endurant, e *adj* resistente.

endurcir ■ **s'endurcir** *vp* endurecer-se.

endurer *vt* aguentar.

énergie *nf* energia *(f)*.

énergique *adj* enérgico(ca).

énergumène *nmf* energúmeno *(m)*.

énerver *vt* enervar.
■ **s'énerver** *vp* enervar-se.

enfance *nf* infância *(f)*.

enfant *nmf* **1.** *(jeune)* criança *(f)* **2.** *(descendant)* filho *(m)*, -lha *(f)* • **enfant de chœur** menino *(m)* de coro.

enfantin, e *adj* infantil.

enfer *nm* inferno *(m)*.

enfermer *vt* fechar.

enfiler *vt* enfiar.

enfin *adv* **1.** *(finalement)* enfim **2.** *(en dernier)* por fim.

enflammer ■ **s'enflammer** *vp* inflamar-se.

enfler *vi* inchar.

enfoncer *vt* **1.** *(clou)* pregar **2.** *(porte)* arrombar **3.** *(aile de voiture)* amolgar.
■ **s'enfoncer** *vp* • **s'enfoncer dans** *(bateau)* afundar-se em • *(forêt, ville)* adentrar-se por.

enfouir *vt* enterrar.

enfourcher *vt* montar em.

enfourner *vt* enformar.

enfreindre *vt* infringir.

enfuir ■ **s'enfuir** *vp* fugir.

enfumé, e *adj* cheio (cheia) de fumo.

enfumer *vt* encher de fumo.

engagement *nm* **1.** *(promesse)* compromisso *(m)* **2.** SPORT lançamento *(m)*.

engager *vt* **1.** *(salarié, domestique)* contratar **2.** *(conversation, négociations)* entabular.
■ **s'engager** *vp* alistar-se • **s'engager à faire qqch** comprometer-se a fazer algo • **s'engager dans** meter-se por.

engelure *nf* frieira *(f)*.

engendrer *vt* **1.** *sout (procréer)* engendrar **2.** *fig (produire)* dar origem a.

engin *nm* engenho *(m)*.

englober *vt* englobar.

engloutir *vt* **1.** *(nourriture)* tragar **2.** *(submerger)* submergir.

engouement *nm* entusiasmo *(m)*.

engouffrer ■ **s'engouffrer dans** *vp + prép* **1.** *(personne)* enfiar-se em **2.** *(vent, eau)* meter-se por.

engourdi, e *adj* entorpecido(da).

engrais *nm* adubo *(m)*.

engraisser *vt* & *vi* engordar.

engrenage *nm* engrenagem *(f)*.

engueuler *vt fam* dar um raspanete a • **se faire engueuler** levar um raspanete.
■ **s'engueuler** *vp fam* berrar um com o outro.

énième, nième *adj fam* milésimo(ma).

énigmatique *adj* enigmático(ca).

énigme *nf* enigma *(m)*.

enivrer *vt* embriagar.
■ **s'enivrer** *vp* • **s'enivrer de (qqch)** embriagar-se (com).

enjambée *nf* passada *(f)* • **à grandes enjambées** a passos largos.

enjamber *vt* **1.** *(flaque, fossé)* passar por cima de **2.** *(suj : pont)* atravessar.

enjeu *nm* o que está em jogo.

enjoindre *vt sout* • **enjoindre à qqn de faire qqch** ordenar a alguém que faça algo.

enjoliver *vt* embelezar.

enjoliveur *nm* tampão *(m)* (de roda de automóvel).

enjoué, e *adj* jovial.

enlacer *vt* **1.** *(personne)* abraçar **2.** *(entourer)* pôr os braços à volta de.
■ **s'enlacer** *vp* abraçar-se.

enlaidir *vt* desfear.

enlèvement *nm* rapto *(m)*.

enlever *vt* **1.** tirar **2.** *(kidnapper)* raptar.
■ **s'enlever** *vp* sair.

enliser ■ **s'enliser** *vp* atolar-se.

enneigé, **e** *adj* coberto(ta) de neve.

ennemi, **e** *nm, f* inimigo *(m)*, -ga *(f)*.

ennui *nm* **1.** *(lassitude)* tédio *(m)* **2.** *(problème)* aborrecimento *(m)* • **avoir des ennuis** ter aborrecimentos.

ennuyé, **e** *adj* aborrecido(da).

ennuyer *vt* aborrecer.
■ **s'ennuyer** *vp* aborrecer-se.

ennuyeux, **euse** *adj* **1.** *(lassant)* maçador(ra) **2.** *(contrariant)* aborrecido(da).

énorme *adj* enorme.

énormément *adv* muito • **énormément d'argent** muito dinheiro • **énormément de monde** muita gente.

enquête *nf* **1.** *(policière)* investigação *(f)* **2.** *(sondage)* inquérito *(m)*.

enquêter *vi* • **enquêter (sur)** investigar.

enragé, **e** *adj* raivoso(osa) • **il est enragé de football** é doido por futebol.

enrager *vi* enraivecer • **faire enrager qqn** enraivecer alguém.

enrayer *vt* parar.
■ **s'enrayer** *vp (arme)* encravar.

enregistrement *nm* gravação *(f)* • **enregistrement des bagages** check-in *(m)*.

enregistrer *vt* **1.** *(disque, cassette, données)* gravar **2.** *(par écrit)* registar **3.** *(bagages)* fazer o check-in.

enrhumé, **e** *adj* constipado(da).

enrhumer ■ **s'enrhumer** *vp* constipar-se.

enrichir *vt* enriquecer.
■ **s'enrichir** *vp* enriquecer.

enrobé, **e** *adj* • **enrobé de** coberto de.

enrôler *vt* recrutar.
■ **s'enrôler** *vp* alistar-se.

enroué, **e** *adj* rouco(ca).

enrouler *vt* enrolar.
■ **s'enrouler** *vp* enrolar-se • **s'enrouler autour de** enrolar-se à volta de.

ensabler *vt* **1.** *(un bateau)* encalhar **2.** *(terrain)* cobrir de areia.
■ **s'ensabler** *vp* **1.** cobrir-se de areia **2.** *(véhicule)* atolar-se (na areia) **3.** *(bateau)* encalhar.

enseignant, **e** *nm, f* professor *(m)*, -ra *(f)*.

enseigne *nf* letreiro *(m)* • **enseigne lumineuse** letreiro luminoso.

enseignement *nm* ensino *(m)* • **enseignement privé** ensino privado.

enseigner *vt* & *vi* ensinar • **enseigner qqch à qqn** ensinar algo a alguém.

ensemble ◼ *adv* • **ils travaillent ensemble** eles trabalham juntos • **elles jouent ensemble** elas brincam juntas. ◼ *nm* conjunto *(m)* • **l'ensemble de** o conjunto de • **dans l'ensemble** no conjunto.

ensevelir *vt* sepultar.

ensoleillé, **e** *adj* soalheiro(ra).

ensoleillement *nm* • **heures/jours d'ensoleillement** horas/dias de sol.

ensorceler *vt* enfeitiçar.

ensuite *adv* **1.** *(plus tard)* em seguida **2.** *(plus loin)* depois.

ensuivre ■ **s'ensuivre** *vp* • **il s'en est suivit...** daí resultou... • **et tout ce qui s'ensuit** e tudo o mais. ■ **il s'ensuit que** *v impers* daí que.

entaille *nf* **1.** *(fente)* entalha *(f)* **2.** *(blessure)* golpe *(m)*.

entailler *vt* fazer um golpe profundo em.
■ **s'entailler** *vp* • **s'entailler le doigt/la main** fazer um golpe profundo no dedo/na mão.

entamer *vt* **1.** *(pain, bouteille)* encetar **2.** *(discussion)* entabular.

entartrer *vt* cobrir de tártaro.
■ **s'entartrer** *vp* cobrir-se de tártaro.

entasser *vt* **1.** *(mettre en tas)* amontoar **2.** *(serrer)* apertar.
■ **s'entasser** *vp* apertar.

entendre *vt* ouvir • **entendre dire que** ouvir dizer que • **entendre parler de** ouvir falar de.
■ **s'entendre** *vp* entender-se • **s'entendre bien avec qqn** entender-se bem com alguém.

entendu, **e** *adj* combinado(da) • **(c'est) entendu !** (está) combinado! • **bien entendu** com certeza.

entente *nf* entendimento *(m)*.

entériner *vt* ratificar.

enterrement *nm* enterro *(m)*.

enterrer *vt* enterrar.

en-tête *nm* cabeçalho *(m)* • **papier à en-tête** papel timbrado.

entêté, **e** ◼ *adj* cabeçudo(da) *fam.* ◼ *nm, f* cabeça-dura *(mf)*.

entêter ■ **s'entêter** *vp* obstinar-se • **s'entêter à faire qqch** obstinar-se a fazer algo.

enthousiasme *nm* entusiasmo *(m)*.

enthousiasmer *vt* entusiasmar.
■ **s'enthousiasmer pour** *vp + prép* entusiasmar-se por.

enthousiaste *adj* entusiasta.

enticher ■ **s'enticher** *vp* • **s'enticher de qqch/qqn** ficar obcecado(da) com algo/alguém.

entier, **ère** *adj* **1.** inteiro(ra) **2.** *(lait)* gordo (da) • **dans le monde entier** no mundo inteiro • **pendant des journées entières** durante dias a fio • **en entier** por inteiro.

entièrement *adv* inteiramente.

entité *nf* entidade *(f)*.

entonner *vt* entoar.

entonnoir *nm* funil *(m)*.

entorse *nf* entorse *(f)* • **se faire une entorse** torcer o tornozelo.

entortiller *vt* torcer.

entourage *nm* meio *(m)*.

entourer *vt* cercar • **entouré de** cercado por.

entracte *nm* intervalo *(m)* *(no teatro ou no cinema)*.

entraide *nf* entreajuda *(f)*.

entraider ■ **s'entraider** *vp* entreajudar-se.

entrailles *nfpl* entranhas *(fpl)*.

entrain *nm* • **avec entrain** com vigor • **plein d'entrain** cheio de vigor.

entraînant, **e** *adj* mexido(da).

entraînement *nm* treino *(m)*.

entraîner *vt* **1.** *(emporter, emmener)* arrastar **2.** *(provoquer)* provocar **3.** SPORT treinar.
■ **s'entraîner** *vp* treinar-se • **s'entraîner à faire qqch** treinar-se a fazer algo.

entraîneur, **euse** *nm, f* treinador *(m)*, -ra *(f)*.

entrave *nf* entrave *(m)*.

entraver *vt* entravar.

entre *prép* entre • **entre amis** entre amigos • **l'un d'entre nous** um de nós.

entrebâiller *vt* entreabrir.

entrechoquer ■ **s'entrechoquer** *vp* bater um no outro.

entrecôte *nf* bife *(m)* do acém • **entrecôte à la bordelaise** *bife com molho de vinho tinto*.

entrée *nf* entrada *(f)* • **'entrée gratuite'** 'entrada grátis' • **'entrée interdite'** 'entrada proibida' • **'entrée libre'** 'entrada livre'.

entrefaites *nfpl* • **sur ces entrefaites** e nisto.

entrejambe *nm* entrepernas *(m inv)*.

entremets *nm* sobremesa *(f)*.

entreposer *vt* armazenar.

entrepôt *nm* armazém *(m)*.

entreprendre *vt* empreender.

entrepreneur, **euse** *nm, f* empreiteiro *(m)*.

entreprise *nf* empresa *(f)*.

entrer ■ *vi (aux être)* entrar. ■ *vt (aux avoir)* entrar • **entrez !** entre! • **entrer dans** *(pièce)* entrar em • *(foncer dans)* chocar com.

entre-temps *adv* entretanto.

entretenir *vt* **1.** *(maison)* manter **2.** *(plante)* cuidar de.
■ **s'entretenir** *vp* • **s'entretenir (de qqch) avec qqn** tratar (de algo) com alguém.

entretien *nm* **1.** *(d'un vêtement, d'une machine)* manutenção *(f)* **2.** *(conversation)* conversa *(f)*.

entre-tuer ■ **s'entre-tuer** *vp* matar-se um ao outro.

entrevoir *vt* entrever.
■ **s'entrevoir** *vp* entrever-se.

entrevue *nf* entrevista *(f)*.

entrouvert, **e** *adj* entreaberto(ta).

entrouvrir *vt* entreabrir.
■ **s'entrouvrir** *vp* entreabrir-se.

énumération *nf (liste)* enumeração *(f)*.

énumérer *vt* enumerar.

envahir *vt* invadir.

envahissant, **e** *adj* invasor(ra).

envahisseur *nm* invasor *(m)*.

enveloppe *nf* envelope *(m)*.

envelopper *vt* envolver.

envenimer *vt* **1.** *(blessure)* infectar **2.** *fig (querelle)* envenenar.
■ **s'envenimer** *vp* **1.** *(s'infecter)* infectar-se **2.** *fig (se détériorer)* ficar envenenado(da).

envergure *nf* envergadura *(f)*.

envers ■ *prép* para com. ■ *nm* verso *(m)* • **à l'envers** ao contrário.

envie *nf* **1.** *(désir)* vontade *(f)* **2.** *(jalousie)* inveja *(f)* • **avoir envie de qqch** ter vontade de algo • **avoir envie de faire qqch** ter vontade de fazer algo.

envier *vt* invejar.

envieux, **euse** *adj* & *nm, f* invejoso(osa).

environ *adv* cerca de.
■ **environs** *nmpl* arredores *(mpl)* • **aux environs de** *(heure, nombre)* por volta de • *(lieu)* nos arredores de • **dans les environs** nos arredores.

environnant, **e** *adj* circunvizinho(nha).

environnement *nm* ambiente *(m)*.

envisager *vt* **1.** *(considérer)* considerar **2.** *(prévoir)* contar • **envisager de faire qqch** contar fazer algo.

envoi *nm (colis)* envio *(m)*.

envol *nm* **1.** *(d'un oiseau)* voo *(m)* **2.** *(d'un avion)* descolagem *(f)* • **prendre son envol** levantar voo.

envoler ■ **s'envoler** *vp* **1.** *(oiseau, avion)* levantar voo **2.** *(feuilles)* voar.

envoûter *vt* enfeitiçar.

envoyé, **e** *nm, f* enviado *(m)*, -da *(f)* • **envoyé spécial** enviado especial.

envoyer *vt* **1.** mandar **2.** *(balle, objet)* atirar.

épagneul *nm* épagneul *(m)*.

épais, **épaisse** *adj* **1.** *(large)* grosso(ossa) **2.** *(dense)* espesso(a).

épaisseur *nf* espessura *(f)*.

épaissir *vi* engrossar.
■ **s'épaissir** *vp (brouillard)* adensar-se.

épancher ■ **s'épancher** *vp* desabafar.

épanoui, **e** *adj* **1.** *(expression)* radiante **2.** *(fleur)* viçoso(osa) **3.** *(corps)* desenvolvido (da).

épanouir ■ **s'épanouir** *vp* **1.** *(fleur)* desabrochar **2.** *(visage)* alegrar-se.

épargne *nf* poupança *(f)*.

épargner *vt* poupar • **épargner qqch à qqn** poupar algo a alguém.

éparpiller *vt* espalhar.
■ **s'éparpiller** *vp* espalhar-se.

épars, **e** *adj sout* disperso(sa).

épatant, **e** *adj* espantoso(osa).

épater *vt* espantar.

épaule *nf* ombro *(m)* • **épaule d'agneau** pá *(f)* de borrego.

épauler *vt* **1.** *(une personne)* apoiar **2.** *(un fusil)* encostar ao ombro.

épaulette *nf* **1.** *(décoration)* patente *(f)* **2.** *(rembourrage)* ombreira *(f) (de vestido)*.

épave *nf* destroços *(mpl)*.

épée *nf* espada *(f)*.

épeler *vt* soletrar.

éperon *nm* espora *(f)*.

éphémère ■ *adj* efémero(ra). ■ *nm* efeméride *(f)*.

épi *nm* **1.** *(de blé, de maïs)* espiga *(f)* **2.** *(de cheveux)* redemoinho *(m)*.

épice *nf* especiaria *(f)*.

épicé, **e** *adj* picante.

épicer *vt* **1.** *(plat)* temperar **2.** *(récit)* apimentar.

épicerie *nf* **1.** *(denrées)* produtos *(mpl)* alimentares **2.** *(magasin)* mercearia *(f) (Port)*, quitanda *(f) (Br)* • **épicerie fine** *loja de produtos alimentares de qualidade superior*.

épicier, **ère** *nm, f* merceeiro *(m)*, -ra *(f)*.

épidémie *nf* epidemia *(f)*.

épiderme *nm* epiderme *(f)*.

épier *vt* espiar.

épilepsie *nf* epilepsia *(f)*.

épiler *vt* depilar.

épiloguer *vi* • **épiloguer sur** continuar a discutir sobre.

épinards *nmpl* espinafres *(mpl)*.

épine *nf* espinho *(m)*.

épineux, **euse** *adj* espinhoso(osa).

épingle *nf* alfinete *(m)* • **épingle à cheveux** gancho *(m)* do cabelo • **épingle à nourrice** alfinete-de-ama *(m)*.

épingler *vt* prender com alfinete.

épique *adj* épico(ca).

épisode *nm* episódio *(m)*.

épisodique *adj* episódico(ca).

épithète ■ *adj* adjunto adnominal. ■ *nf* epíteto *(m)*.

éploré, **e** *adj* choroso(osa).

épluche-légumes *nm inv* descascador *(m)* de legumes.

éplucher *vt* descascar.

épluchures *nfpl* cascas *(fpl)*.

éponge *nf* esponja *(f)*.

éponger *vt* enxugar.

épopée *nf* epopeia *(f)*.

époque *nf* época *(f)*.

épouser *vt* casar com.

épousseter *vt* limpar o pó de.

époustouflant, **e** *adj fam* espantoso(osa).

épouvantable *adj* pavoroso(osa).

épouvantail *nm* espantalho *(m)*.

épouvante *nf* ▻ **film**.

épouvanter *vt* apavorar.

époux, **épouse** *nm, f* esposo *(m)*, -sa *(f)*.

éprendre ■ **s'éprendre** *vp* • **s'éprendre de qqn** enamorar-se de alguém.

épreuve *nf* prova *(f)*.

éprouvant, **e** *adj* penoso(osa).

éprouver *vt* **1.** *(ressentir)* sentir **2.** *(faire souffrir)* afectar.

éprouvette *nf* proveta *(f)*.

EPS *nf* (*abr de* **éducation physique et sportive**) educação *(f)* física.

épuisant, **e** *adj* esgotante.

épuisé, **e** *adj* **1.** *(fatigué)* exausto(ta) **2.** *(livre)* esgotado(da).

épuisement *nm* esgotamento *(m)* • **jusqu'à épuisement des stocks** até ao esgotamento dos stocks.

épuiser *vt* **1.** *(fatiguer)* extenuar **2.** *(ressources)* esgotar.

épuisette *nf* **1.** *(filet)* rede-fole *(f)* **2.** *(à crevettes)* camaroeiro *(m)*.

équateur *nm* equador *(m)*.

équation *nf* equação *(f)*.

équatorial, **e** *adj* equatorial.

équerre *nf* esquadro *(m)*.

équestre *adj* equestre.

équilatéral, **e** *adj* equilateral.

équilibre *nm* equilíbrio *(m)* • **en équilibre** em equilíbrio • **perdre l'équilibre** perder o equilíbrio.

équilibré, **e** *adj* equilibrado(da).

équilibrer *vt* equilibrar.
■ **s'équilibrer** *vp* equilibrar-se.

équilibriste *nmf* equilibrista *(mf)*.

équipage *nm* tripulação *(f)*.

équipe *nf* **1.** *(sportive)* equipa *(f)* *(Port)*, time *(m)* *(Br)* **2.** *(de travail)* equipa *(f)*.

équipement *nm* equipamento *(m)*.

équiper *vt* equipar.
■ **s'équiper (de)** *vp + prép* equipar-se (com).

équipier, **ère** *nm, f* **1.** SPORT parceiro *(m)*, -ra *(f)* **2.** NAUT tripulante *(mf)*.

équitable *adj* equitativo(va).

équitation *nf* equitação *(f)* • **faire de l'équitation** fazer equitação.

équité *nf* equidade *(f)*.

équivalent, **e** ■ *adj* equivalente. ■ *nm* equivalente *(m)*.

équivaloir *vi* • **ça équivaut à (faire)...** equivale a (fazer)....

équivalu *pp* ▻ **équivaloir**.

équivoque ■ *adj* equívoco(ca). ■ *nf* equívoco *(m)* • **sans équivoque** inequívoco(ca).

érable *nm* bordo *(m)*.

éradiquer *vt* erradicar.

érafler *vt* arranhar.

éraflure *nf* arranhadela *(f)*.

éraillé, **e** *adj* rouco(ca).

ère *nf* era *(f)*.

érection *nf* erecção *(f)* • **en érection** em erecção.

éreintant, **e** *adj* extenuante.

éreinté, **e** *adj* extenuado(da).

ériger *vt* erigir • **ériger qqn en qqch** *fig* fazer passar alguém por algo.
■ **s'ériger** *vp* • **s'ériger en** arvorar-se em.

ermite *nm* ermita *(mf)*.

érogène *adj* erógeno(na).

érosion *nf* erosão *(f)*.

érotique *adj* erótico(ca).

erreur *nf* erro *(m)* • **faire une erreur** fazer um erro.

ersatz *nm* sucedâneo *(m)*.

érudit, **e** *adj* & *nm, f* erudito(ta).

éruption *nf* erupção *(f)* • **éruption cutanée** erupção cutânea.

ESB (*abr de* **Encéphalopathie Spongiforme Bovine**) *nf* BSE *(f)* *(bovine spongiform encephalopathy)*, EEB *(f)* *(Encefalopatia Espongiforme Bovina)*.

escabeau *nm* pequeno escadote *(m)*.

escalade *nf* escalada *(f)*.

escalader *vt* **1.** *(mur)* trepar **2.** *(montagne)* escalar.

Escalator® *nm* escadas *(fpl)* rolantes.

escale *nf* escala *(f)* • **faire escale (à)** fazer escala (em) • **vol sans escale** voo sem escala.

escalier *nm* escada *(f)* • **les escaliers** as escadas • **escalier roulant** escadas rolantes.

escalope *nf* escalope *(m)*.

escamotable *adj* retráctil.

escapade *nf* escapadela *(f)*.

escargot *nm* caracol *(m)*.

escarpé, e *adj* escarpado(da).

escarpin *nm* escarpim *(m)*.

escavèche *nm (Belgique) peixe frito com molho escabeche.*

escient *nm* • **parler à bon/mauvais escient** dizer algo conveniente/inconveniente.

esclaffer ■ **s'esclaffer** *vp* rir às gargalhadas.

esclandre *nm sout* escândalo *(m)* • **faire un esclandre** fazer um escândalo.

esclavage *nm* **1.** *(système)* escravatura *(f)* **2.** *(obligation)* escravidão *(f)*.

esclave *nmf* escravo *(m)*, -va *(f)*.

escompte *nm* desconto *(m)*.

escorte *nf* escolta *(f)*.

escorter *vt* escoltar.

escrime *nf* esgrima *(f)*.

escroc *nm* vigarista *(mf)*.

escroquer *vt* vigarizar • **escroquer qqch à qqn** extorquir algo a alguém.

escroquerie *nf* **1.** *(vol)* burla *(f)* **2.** *fig (abus)* vigarice *(f)*.

espace *nm* espaço *(m)* • **en l'espace de** no espaço de • **espaces verts** espaços verdes • **espace fumeurs/non-fumeurs** espaço para fumadores/para não-fumadores.

espacer *vt* espaçar.

espadon *nm* espadarte *(m)*.

espadrille *nf* alpercata *(f)*.

Espagne *nf* • **l'Espagne** a Espanha.

espagnol, e ■ *adj* espanhol(la). ■ *nm (langue)* espanhol *(m)*.
■ **Espagnol, e** *nm, f* espanhol *(m)*, -la *(f)*.

espèce *nf* espécie *(f)* • **une espèce de** uma espécie de • **espèce d'imbécile !** *fam* parvalhão! • **espèce en voie de disparition** espécie em vias de extinção.
■ **espèces** *nfpl* dinheiro *(m)* • **en espèces** a dinheiro.

espérer *vt* esperar • **espérer faire (qqch)** esperar fazer (algo) • **j'espère (bien) !** espero (bem) que sim!

espiègle *adj* travesso(a).

espion, onne *nm, f* espião *(m)*, -ã *(f)*.

espionnage *nm* espionagem *(f)* • **film/roman d'espionnage** filme/livro de espionagem.

espionner *vt* espionar.

esplanade *nf* esplanada *(f)*.

espoir *nm* esperança *(f)*.

esprit *nm* **1.** *(pensée, fantôme)* espírito *(m)* **2.** *(humour)* graça *(f)* **3.** *(caractère)* génio *(m)*.

Esquimau, aude *nm, f* esquimó *(mf)* • **Esquimau**® esquimó *(m)*.

esquinter *vt fam* **1.** *(abîmer)* dar cabo de **2.** *(blesser)* esmurrar.

esquisse *nf* esboço *(m)*.

esquisser *vt* esboçar.

esquiver *vt* esquivar.
■ **s'esquiver** *vp* esquivar-se.

essai *nm* **1.** ensaio *(m)* **2.** *(tentative)* tentativa *(f)*.

essaim *nm* enxame *(m)*.

essayage *nm* ▷ **cabine**.

essayer *vt* **1.** experimentar **2.** *(tenter)* tentar • **essayer de faire qqch** tentar fazer algo.

essence *nf* gasolina *(f)* • **essence sans plomb** gasolina sem chumbo.

essentiel, elle ■ *adj* essencial. ■ *nm* • **l'essentiel** o essencial.

esseulé, e *adj sout* só.

essieu *nm* eixo *(m)*.

essor *nm* **1.** *(développement)* desenvolvimento *(m)* **2.** *(envol)* voo *(m)* **3.** *fig* desenvolver-se • **en plein essor** em pleno desenvolvimento • **prendre son essor** levantar voo.

essorage *nm* centrifugação *(f)*.

essorer *vt* enxugar.

essoufflé, e *adj* sem fôlego.

essuie-glace *nm* limpa-pára-brisas *(m inv)* *(Port)*, limpador *(m)* de pára-brisas *(Br)*.

essuie-mains *nm inv* toalha *(f) (para as mãos)*.

essuie-tout *nm inv* rolo *(m)* de cozinha.

essuyer *vt* limpar.
■ **s'essuyer** *vp* limpar-se • **s'essuyer les mains** limpar as mãos.

est *adj inv* & *nm inv* este • **à l'est (de)** a leste (de) • **l'Est** *(les pays de l'Est)* o Leste • *(l'Est de la France)* o Leste da França.

estampe *nf* estampa *(f)*.

est-ce que *adv* • **est-ce qu'il est là ?** ele está? • **est-ce qu'il sera là ?** será que ele estará lá? • **est-ce que tu as mangé ?** já comeste? • **comment est-ce que ça s'est passé ?** como é que aconteceu?

esthète *adj* & *nmf* esteta.

esthéticienne *nf* esteticista *(f)*.

esthétique *adj* estético(ca).

estimation *nf* estimação *(f)*.

estime *nf* estima *(f)* • **avoir de l'estime pour qqn** ter estima por alguém.

estimer *vt* estimar • **estimer que** estimar que.

estivant, **e** *nm, f* veranista *(mf)*.

estomac *nm* estômago *(m)*.

estomper *vt* **1.** *(contour)* esbater **2.** *(douleur)* atenuar.
■ **s'estomper** *vp* **1.** *(contour)* esbater-se **2.** *(douleur)* atenuar-se.

estrade *nf* estrado *(m)*.

estragon *nm* estragão *(m)*.

estropié, **e** *adj* & *nm, f* estropiado(da).

estuaire *nm* estuário *(m)*.

esturgeon *nm* esturjão *(m)*.

et *conj* e • **et après ?** e depois? • **je l'aime bien, et toi ?** eu gosto dele, e tu? • **vingt et un** vinte e um.

étable *nf* estábulo *(m)*.

établi *nm* banca *(f)* de trabalho.

établir *vt* estabelecer.
■ **s'établir** *vp* **1.** estabelecer-se **2.** *(emménager)* instalar-se.

établissement *nm* *(organisme)* estabelecimento *(m)* • **établissement scolaire** estabelecimento escolar.

étage *nm* **1.** *(d'un bâtiment)* andar *(m)* **2.** *(couche)* camada *(f)* • **au premier étage** no primeiro andar • **à l'étage** no andar de cima.

étagère *nf* **1.** *(planche)* prateleira *(f)* **2.** *(meuble)* estante *(f)*.

étain *nm* estanho *(m)*.

étal *nm* *(sur les marchés)* banca *(f)*.

étalage *nm* *(vitrine)* montra *(f)*.

étalagiste *nmf* decorador *(m)*, -ra *(f)* de montras.

étaler *vt* **1.** *(nappe, carte)* estender **2.** *(beurre, confiture)* barrar **3.** *(paiements)* repartir **4.** *(connaissances, richesse)* ostentar.
■ **s'étaler** *vp* *(se répartir)* estender-se.

étalon *nm* **1.** *(cheval)* garanhão *(m)* **2.** *(mesure)* estalão *(m)*.

étanche *adj* estanque.

étang *nm* lago *(m)*.

étape *nf* **1.** *(période)* etapa *(f)* **2.** *(lieu)* paragem *(f)* • **faire étape à** parar em.

état *nm* estado *(m)* • **en état (de marche)** pronto a funcionar • **en bon état** em bom estado • **en mauvais état** em mau estado • **état civil** *(d'une personne)* estado civil • **état d'esprit** estado de espírito.
■ **État** *nm* Estado *(m)*.

état-major *nm* estado-maior *(m)*.

États-Unis *nmpl* • **les États-Unis** os Estados Unidos.

étau *nm* torno *(m)*.

étayer *vt* **1.** *(mur, plafond)* escorar **2.** *fig (démonstration)* apoiar.

etc. (*abr écrite de* **et cetera**) etc.

et cetera *adv* et caetera.

été *nm* Verão *(m)* • **en été** no Verão.

éteindre *vt* **1.** apagar **2.** *(ordinateur)* desligar.
■ **s'éteindre** *vp* apagar-se.

étendard *nm* estandarte *(m)*.

étendre *vt* estender.
■ **s'étendre** *vp* estender-se.

étendu, **e** *adj* *(grand)* extenso(sa).

étendue *nf* **1.** *(surface)* extensão *(f)* **2.** *fig (importance)* alcance *(m)*.

éternel, **elle** *adj* eterno(na).

éterniser *vt* eternizar.
■ **s'éterniser** *vp* **1.** *(se prolonger)* eternizar-se **2.** *fam (rester)* ficar a criar raízes.

éternité *nf* eternidade *(f)* • **cela fait une éternité que...** há uma eternidade que....

éternuement *nm* espirro *(m)*.

éternuer *vi* espirrar.

éther *nm* éter *(m)*.

éthique ▪ *nf* ética *(f)*. ▪ *adj* ético(ca).

ethnie *nf* etnia *(f)*.

ethnologie *nf* etnologia *(f)*.

étinceler *vi* cintilar.

étincelle *nf* faísca *(f)*.

étiqueter *vt* **1.** *(produit)* etiquetar **2.** *fig & péj (personne)* rotular.

étiquette *nf* etiqueta *(f)*.

étirer *vt* esticar.
■ **s'étirer** *vp (personne)* espreguiçar-se.

étoffe *nf* estofo *(m)*.

étoffer *vt* dar corpo a.
■ **s'étoffer** *vp* ganhar corpo.

étoile *nf* estrela *(f)* • **hôtel deux/trois étoiles** hotel de duas/três estrelas • **dormir à la belle étoile** dormir ao relento • **étoile de mer** estrela-do-mar *(f)*.

étoilé, **e** *adj* estrelado(da).

étonnant, **e** *adj* espantoso(osa).

étonné, **e** *adj* admirado(da).

étonnement *nm* admiração *(f)* • **au grand étonnement de** para grande admiração de.

S'EXPRIMER...

exprimer son étonnement
• **Mas que surpresa!** / Quelle surprise !
• **Quem diria ?/havia de dizer?** / Qui l'eût cru ?
• **Que coincidência!** / Quelle coïncidence !
• **Acho (isso) estranho.** / Ça m'étonne.
• **Que estranho!** / Comme c'est curieux !
• **Parece impossível!** / Jamais je n'aurais cru ça.

étonner *vt* admirar • **ça m'étonnerait (que)** seria de admirar (que) • **tu m'étonnes !** *fam* a quem o dizes!
■ **s'étonner** *vp* • **s'étonner que** admirar-se que.

étouffant, **e** *adj* sufocante.

étouffée ■ **à l'étouffée** *loc adv* • **faire cuire à l'étouffée** estufar.

étouffer ▪ *vt* **1.** *(personne, animal)* sufocar **2.** *(bruit)* abafar. ▪ *vi* sufocar.
■ **s'étouffer** *vp* sufocar.

étourderie *nf* descuido *(m)* • **faire une étourderie** descuidar-se.

étourdi, **e** *adj (distrait)* descuidado(da).

étourdir *vt* **1.** *(assommer)* aturdir **2.** *(donner le vertige à)* estontear.

étourdissement *nm* tontura *(f)*.

étrange *adj* estranho(nha).

étranger, **ère** ▪ *adj* **1.** *(ville, coutume)* estrangeiro(ra) **2.** *(inconnu)* estranho(nha). ▪ *nm, f* **1.** *(d'un autre pays)* estrangeiro *(m)*, -ra *(f)* **2.** *(inconnu)* estranho *(m)*, -nha *(f)*. ▪ *nm* • **à l'étranger** no estrangeiro.

étrangler *vt* estrangular.
■ **s'étrangler** *vp* engasgar-se.

être *vi*

1. POUR DÉCRIRE, INDIQUER L'ORIGINE = ser
• **il est très sympa** ele é muito simpático
• **je suis architecte** eu sou arquitecto
• **d'où êtes-vous ?** de onde é você?

2. POUR DÉSIGNER UNE SITUATION, UN ÉTAT = estar
• **nous serons à Naples/à la maison à partir de demain** estaremos em Nápoles/em casa a partir de amanhã
• **être content/en forme** estar contente/em forma

3. POUR DONNER LA DATE
• **quel jour sommes-nous ?** que dia é hoje?
• **c'est jeudi** é quinta-feira
• **nous sommes le 26 août 2006** estamos a 26 de Agosto de 2006

4. ALLER
• **j'ai été trois fois en Écosse** estive três vezes na Escócia

5. POUR EXPRIMER L'APPARTENANCE
• **être à qqn** ser de alguém
• **cette voiture est à vous ?** este carro é seu?
• **c'est à Daniel** é do Daniel.

être *v impers*

1. POUR DÉSIGNER LE MOMENT
• **il est 8 heures** são oito horas
• **il est tard** é tarde

2. AVEC UN ADJECTIF OU UN PARTICIPE PASSÉ
• **il est difficile de savoir si...** é difícil saber se...
• **il est recommandé de réserver à l'avance** é recomendável reservar com antecedência.

être *v aux*

1. POUR FORMER LE PASSÉ COMPOSÉ
• **nous sommes partis hier** partimos ontem

• **je suis née en 1976** nasci em 1976
• **tu t'es coiffé ?** tu penteaste-te?
2. POUR FORMER LE PASSIF = ser
• **le train a été retardé** o comboio foi retardado.

être *nm*

CRÉATURE = ser *(m)*
• **être humain** ser humano.

étreindre *vt* **1.** *(serrer, embrasser)* abraçar **2.** *fig (tenailler)* apertar.
■ **s'étreindre** *vp* abraçar-se.

étreinte *nf* **1.** *(enlacement)* abraço *(m)* **2.** *(pression)* aperto *(m)*.

étrenner *vt* estrear.

étrennes *nfpl* **1.** *(pour les enfants)* prenda *(f)* **2.** *(pour la concierge)* broas *(fpl)* de Natal.

étrier *nm* estribo *(m)*.

étriper *vt* **1.** *(animal)* estripar **2.** *fam (tuer)* apertar o pescoço a.
■ **s'étriper** *vp fam* matar-se.

étriqué, **e** *adj* **1.** *(veste)* apertado(da) **2.** *(appartement)* exíguo(gua) **3.** *(mesquin)* limitado (da).

étroit, **e** *adj* **1.** *(rue, siège)* estreito(ta) **2.** *(vêtement)* apertado(da) • **être étroit d'esprit** ter vista curta • **être à l'étroit** estar apertado.

étude *nf* **1.** estudo *(m)* **2.** *(salle d'école)* sala *(f)* de estudo **3.** *(de notaire)* cartório *(m)*.
■ **études** *nfpl* estudos *(mpl)* • **faire des études (de)** tirar um curso (de).

étudiant, **e** *adj* & *nm, f* estudante.

étudier *vt* & *vi* estudar.

étui *nm* estojo *(m)*.

étuve *nf* estufa *(f)*.

étymologie *nf* etimologia *(f)*.

eucalyptus *nm* eucalipto *(m)*.

euh *interj* hum!

euphémisme *nm* eufemismo *(m)* • **par euphémisme** eufemisticamente.

euphorie *nf* euforia *(f)*.

eurochèque *nm* Eurocheque® *(m)*.

eurodevise *nf* eurodivisa *(f)*.

Europe *nf* • **l'Europe** a Europa • **l'Europe de l'Est** a Europa de Leste.

européen, **enne** *adj* europeu(peia).
■ **européennes** *nfpl* POLIT europeias.
■ **Européen**, **enne** *nm, f* europeu *(m)*, -peia *(f)*.

euthanasie *nf* eutanásia *(f)*.

euthanasier *vt* eutanasiar.

eux *pron* eles • **eux-mêmes** eles próprios.

évacuer *vt* evacuar.

évader ■ **s'évader** *vp* • **s'évader (de)** evadir-se (de).

évaluation *nf* avaliação *(f)*.

évaluer *vt* avaliar.

évangéliser *vt* evangelizar.

évangile *nm* **1.** RELIG Evangelho *(m)* **2.** *fig (référence)* Bíblia *(f)*.
■ **Évangile** *nm (livre)* Evangelho *(m)* • **l'Évangile selon Saint Jean** o Evangelho segundo São João.

évanouir ■ **s'évanouir** *vp* **1.** *(avoir un malaise)* desmaiar **2.** *(disparaître)* esvanecer.

évaporer ■ **s'évaporer** *vp* evaporar-se.

évasé, **e** *adj* com roda.

évasif, **ive** *adj* evasivo(va).

évasion *nf* evasão *(f)*.

éveil *nm* **1.** *(du dormeur)* acordar *(m)* **2.** *(de l'intelligence, de l'amour)* despertar *(m)* • **en éveil** alerta.

éveillé, **e** *adj (vif)* esperto(ta).

éveiller *vt* despertar.
■ **s'éveiller** *vp (sensibilité, curiosité)* despertar.

événement *nm* acontecimento *(m)*.

éventail *nm* leque *(m)*.

éventrer *vt* **1.** *(personne, animal)* esventrar **2.** *(mur)* abrir um buraco em **3.** *(sac)* rasgar.

éventualité *nf* eventualidade *(f)* • **parer à toute éventualité** estar preparado para qualquer eventualidade.

éventuel, **elle** *adj* eventual.

éventuellement *adv* eventualmente.

évêque *nm* bispo *(m)*.

évertuer ■ **s'évertuer** *vp* • **s'évertuer à faire qqch** esforçar-se por fazer algo.

évidemment *adv* evidentemente.

évidence *nf* **1.** evidência *(f)* **2.** *fig (souligner)* evidenciar • **à l'évidence** como é óbvio • **mettre en évidence** pôr em sítio bem visível • **se rendre à l'évidence** enfrentar a realidade.

évident, e *adj* evidente • **c'est pas évident !** *(pas facile)* não é nada fácil!

évider *vt* tirar o interior a.

évier *nm* lava-louça *(m)*.

évincer *vt* • **évincer qqn (de)** excluir alguém (de).

évitement *nm (Belgique)* desvio *(m)*.

éviter *vt* evitar • **éviter qqch à qqn** evitar algo a alguém • **éviter de faire qqch** evitar fazer algo.

évocateur, trice *adj* **1.** *(suggestif)* evocativo(va) **2.** *(geste, regard)* significativo(va) • **évocateur de qqch** que evoca algo.

évolué, e *adj* evoluído(da).

évoluer *vi* evoluir.

évolution *nf* evolução *(f)*.

évoquer *vt* evocar.

ex- *préf* ex-.

exacerber *vt* exacerbar.

exact, e *adj* **1.** exacto(ta) **2.** *(heure)* certo(ta) **3.** *(ponctuel)* pontual • **c'est exact** está certo.

exactement *adv* exactamente.

exactitude *nf* **1.** *(précision)* exactidão *(f)* **2.** *(ponctualité)* pontualidade *(f)*.

ex aequo *adj inv* ex aequo.

exagération *nf* exagero *(m)*.

exagéré, e *adj* exagerado(da).

exagérer *vt & vi* exagerar.

exalté, e *adj* exaltado(da).

examen *nm* exame *(m)* • **examen blanc** *simulação de exame não classificado.*

examinateur, trice *nm, f* examinador *(m)*, -ra *(f)*.

examiner *vt* examinar.

exaspérer *vt* exasperar.

exaucer *vt* atender a, ouvir.

excédent *nm* excedente *(m)* • **excédent de bagages** excesso *(m)* de bagagens.

excéder *vt* **1.** *(dépasser)* exceder **2.** *(énerver)* exasperar.

excellence *nf* excelência *(f)* • **par excellence** por excelência.
■ **Excellence** *nf* • **son Excellence** Sua Excelência.

excellent, e *adj* excelente.

excentré *adj* • **c'est très excentré** fica muito afastado do centro.

excentrique *adj* excêntrico(ca).

excepté *prép* excepto.

exception *nf* excepção *(f)* • **faire une exception** fazer uma excepção • **à l'exception de** com excepção de • **sans exception** sem excepção.

exceptionnel, elle *adj* excepcional.

excès ■ *nm* excesso *(m)*. ■ *nmpl* • **faire des excès** cometer excessos • **excès de vitesse** excesso de velocidade.

excessif, ive *adj* excessivo(va).

excitant, e ■ *adj (projet, idée)* excitante. ■ *nm* excitante *(m)*.

excitation *nf* excitação *(f)*.

exciter *vt* excitar.

exclamation *nf* exclamação *(f)*.

exclamer ■ **s'exclamer** *vp* exclamar.

exclure *vt* excluir.

exclusif, ive *adj* **1.** *(droit, interview)* exclusivo(va) **2.** *(personne)* exclusivista.

exclusion *nf* exclusão *(f)* • **à l'exclusion de** excluindo.

exclusivement *adv* **1.** *(uniquement)* exclusivamente **2.** *(non inclus)* exclusive.

exclusivité *nf* **1.** *(d'un film)* exclusividade *(f)* **2.** *(d'une interview)* exclusivo *(m)* • **en exclusivité** em exclusivo.

excommunier *vt* excomungar.

excrément *nm (gén pl)* excremento *(m)*.

excroissance *nf* excrescência *(f)*.

excursion *nf* excursão *(f)*.

excuse *nf (prétexte)* desculpa *(f)*.
■ **excuses** *nfpl* • **faire des excuses à qqn** pedir desculpa a alguém.

S'EXPRIMER...

présenter des excuses

• **Desculpa! Desculpe!** / Excuse-moi ! Excusez-moi !
• **Desculpa/Desculpe!/Com licença!** / Pardon !
• **Desculpe incomodá-lo/Peço desculpa pelo atraso.** / Je suis désolé de vous déranger/d'être en retard.
• **Peço (imensa) desculpa.** / Je suis (vraiment) désolé.

S'EXPRIMER...

accepter des excuses

- **Por amor de Deus!** / Je t'en prie./Je vous en prie.
- **Não faz mal.** / Ca ne fait rien.
- **Não tem importância.** / Ce n'est pas grave.
- **São coisas que acontecem.** / Ce sont des choses qui arrivent.
- **Acontece a qualquer um.** / Cela peut arriver à tout le monde.

excuser *vt* desculpar • **excusez-moi** desculpe.
■ **s'excuser** *vp* desculpar-se • **s'excuser de faire qqch** pedir desculpa por fazer algo • **il s'est excusé de son retard** ele pediu desculpa por chegar atrasado.

exécrable *adj* abominável.

exécuter *vt* executar.

exécutif, **ive** *adj* executivo(va).
■ **exécutif** *nm* executivo *(m)*.

exécution *nf (meurtre)* execução *(f)*.

exemplaire *nm* exemplar *(m)*.

exemple *nm* exemplo *(m)* • **par exemple** por exemplo.

exempté, **e** *adj* dispensado(da) • **être exempté de** ser dispensado de.

exercer *vt* **1.** exercer **2.** *(voix, mémoire)* exercitar.
■ **s'exercer** *vp* exercitar-se • **s'exercer à faire qqch** exercitar-se a fazer algo.

exercice *nm* exercício *(m)* • **faire de l'exercice** fazer exercício.

exhaustif, **ive** *adj* exaustivo(va).

exhiber *vt péj* exibir.
■ **s'exhiber** *vp péj* exibir-se.

exhibitionniste *nmf* exibicionista *(mf)*.

exhorter *vt* • **exhorter qqn à qqch/à faire qqch** exortar alguém a algo/a fazer algo.

exhumer *vt* **1.** *(cadavre)* exumar **2.** *(trésor)* desenterrar **3.** *fig (passé)* desenterrar.

exigeant, **e** *adj* exigente.

exigence *nf* exigência *(f)*.

exiger *vt* exigir.

exigu, **ë** *adj* exíguo(gua).

exil *nm* exílio *(m)* • **en exil** no exílio.

exiler ■ **s'exiler** *vp* exilar-se.

existence *nf* existência *(f)*.

exister *vi* existir • **il existe plusieurs possibilités** *(il y a)* existem várias possibilidades.

exode *nm* êxodo *(m)* • **exode rural** êxodo rural.

exonération *nf* isenção *(f)*.

exorbitant, **e** *adj* exorbitante.

exorciser *vt* exorcizar.

exotique *adj* exótico(ca).

expansif, **ive** *adj* expansivo(va).

expansion *nf* expansão *(f)*.

expatrier ■ **s'expatrier** *vp* expatriar-se.

expédier *vt* **1.** *(envoyer)* expedir **2.** *péj (bâcler)* despachar.

expéditeur, **trice** *nm, f* remetente *(mf)*.

expéditif, **ive** *adj* expedito(ta).

expédition *nf* expedição *(f)*.

expérience *nf* experiência *(f)* • **expérience (professionnelle)** experiência (profissional).

expérimental, **e** *adj* experimental.

expérimenté, **e** *adj* experiente.

expert, **e** *nm, f* perito *(m)*, -ta *(f)* • **expert en** perito(ta) em.

expert-comptable, **experte-comptable** *nm, f* técnico *(m)*, -ca *(f)* de contas.

expertise *nf* peritagem *(f)*.

expertiser *vt* avaliar.

expiration *nf* expiração *(f)* • **date d'expiration** data de expiração • **arriver à expiration** chegar a expiração.

expirer *vi* expirar.

explicatif, **ive** *adj* explicativo(va).

explication *nf* explicação *(f)* • **explication de texte** explicação de texto.

explicite *adj* explícito(ta).

expliquer *vt* explicar • **expliquer qqch à qqn** explicar algo a alguém.
■ **s'expliquer** *vp* **1.** justificar-se **2.** *(se disputer)* ter uma altercação.

exploit *nm* façanha *(f)*.

exploitant, **e** *nm, f* explorador *(m)*, -ra *(f)* • **exploitant agricole** explorador agrícola.

exploitation *nf* exploração *(f)* • **exploitation (agricole)** exploração (agrícola) *(Port)*, fazenda *(f)* *(Br)*.

exploiter *vt* explorar.

explorateur, **trice** *nm, f* explorador *(m)*, -ra *(f)*.

exploration *nf (découverte)* exploração *(f)*.

explorer *vt* explorar.

exploser *vi* explodir.

explosif, **ive** ◼ *adj (situation)* explosivo(va). ◼ *nm* explosivo *(m)*.

explosion *nf* explosão *(f)*.

exportateur, **trice** *adj* & *nm, f* exportador (ra).

exportation *nf* exportação *(f)*.

exporter *vt* exportar.

exposant, **e** *nm, f* expositor *(m)*, -ra *(f)*. ■ **exposant** *nm* expoente *(m)*.

exposé, **e** ◼ *adj* exposto(ta). ◼ *nm* exposição *(f)* oral • **exposé au sud** orientado para o sul • **bien exposé** bem orientado.

exposer *vt* expor • **exposer qqn/qqch à qqch** expor alguém/algo a algo. ■ **s'exposer à** *vp* + *prép* expor-se a.

exposition *nf* exposição *(f)*.

exprès[1] ◼ *adj inv* urgente. ◼ *nm* • **par exprès** ≃ por correio expresso.

exprès[2] *adv* de propósito • **faire exprès de faire qqch** fazer algo de propósito.

express *nm* **1.** *(café)* = **expresso 2.** • **(train) express** comboio *(m)* rápido.

expressément *adv* expressamente.

expressif, **ive** *adj* expressivo(va).

expression *nf* expressão *(f)* • **expression écrite/orale** expressão escrita/oral.

expresso *nm* bica *(f) (Port)*, cafezinho *(m) (Br)*.

exprimer *vt (idée, sentiment)* exprimir. ■ **s'exprimer** *vp (parler)* exprimir-se.

exproprier *vt* expropriar.

expulser *vt* expulsar.

exquis, **e** *adj* requintado(da).

extasier ■ **s'extasier** *vp* extasiar-se • **s'extasier devant qqn/qqch** extasiar-se com algo/alguém.

extensible *adj (vêtement)* extensível.

exténué, **e** *adj* extenuado(da).

extérieur, **e** ◼ *adj* **1.** *(escalier, boulevard)* exterior **2.** *(commerce, politique)* externo(na) **3.** *(gentillesse, calme)* por fora. ◼ *nm* exterior *(m)* • **à l'extérieur** *(dehors)* lá fora • SPORT fora • **à l'extérieur de** fora de.

extérioriser *vt* exteriorizar.

externaliser *vt* externalizar.

exterminer *vt* exterminar.

externe *adj* & *nmf* externo(na).

extincteur *nm* extintor *(m)*.

extinction *nf* • **avoir une extinction de voix** perder a voz.

extirper *vt* **1.** *(mal, erreur)* • **extirper (de)** extirpar (de) **2.** *(plante, réponse)* arrancar (de) **3.** *(blessé)* tirar (de). ■ **s'extirper** *vp* • **s'extirper de** tirar-se de.

extorquer *vt* **1.** • **extorquer qqch à qqn** *(de l'argent)* extorquir algo a alguém **2.** *(des aveux)* arrancar algo a alguém.

extra ◼ *adj inv* **1.** *(qualité)* extra **2.** *fam (formidable)* extraordinário(ria). ◼ *préf (très)* extra.

extradition *nf* extradição *(f)*.

extraire *vt* extrair • **extraire qqch de** extrair algo de • **extraire qqn de** tirar alguém de.

extrait *nm* **1.** MUS excerto *(m)* **2.** *(de compte, de livre, de film)* extracto *(m)*.

extraordinaire *adj* extraordinário(ria).

extrapoler *vt* & *vi* extrapolar.

extraterrestre *adj* & *nmf* extraterrestre.

extravagant, **e** *adj* extravagante.

extraverti, **e** *adj* & *nm, f* extrovertido(da).

extrême ◼ *adj* extremo(ma). ◼ *nm* extremo *(m)* • **l'Extrême-Orient** o Extremo Oriente.

extrêmement *adv* extremamente.

extrémiste *adj* & *nmf* extremista.

extrémité *nf* extremidade *(f)*.

exubérant, **e** *adj* exuberante.

exulter *vi* exultar.

f F

f, F *nm inv* **1.** *(lettre)* f, F *(m)* **2.** *(appartement)* T • **un F3** um T3.
■ **F 1.** *abrév de* **femme**, **féminin 2.** (*abr écrite de* **Fahrenheit**) F **3.** (*abr écrite de* **franc**) f.f.

fable *nf* fábula *(f)*.

fabricant, **e** *nm, f* fabricante *(mf)*.

fabrication *nf* fabricação *(f)*.

fabriquer *vt* fabricar • **mais qu'est-ce que tu fabriques ?** *fam* mas o que é que andas a fazer?

fabuleux, **euse** *adj* fabuloso(osa).

fac *nf fam* faculdade *(f)*.

façade *nf* fachada *(f)*.

face *nf* **1.** lado *(m)* **2.** *(visage)* rosto *(m)* • **faire face à** *(être devant)* ficar em frente a • *(affronter)* fazer frente a • **de face** de frente • **en face (de)** em frente (a) • **face à face** cara a cara.

face-à-face *nm inv* frente a frente *(m)*.

facétie *nf* gracejo *(m)*.

facette *nf* faceta *(f)*.

fâché, **e** *adj* zangado(da).

fâcher *vt* zangar.
■ **se fâcher** *vp* zangar-se • **se fâcher avec/contre qqn** zangar-se com alguém.

fâcheux, **euse** *adj* lamentável.

facile *adj* **1.** fácil **2.** *(personne)* dócil.

facilement *adv* **1.** *(aisément)* facilmente **2.** *(au moins)* pelo menos.

facilité *nf* facilidade *(f)*.
■ **facilités** *nfpl* • **facilités de paiement** facilidades *(fpl)* de pagamento.

faciliter *vt* facilitar.

façon *nf* modo *(m)* • **de façon (à ce) que** de modo a *OU* que • **de toute façon** de qualquer modo • **non merci, sans façon** muito obrigado, mas não.
■ **façons** *nfpl* modos *(mpl)* • **faire des façons** fazer cerimónia.

facteur, **trice** ■ *nm, f* carteiro *(m)*. ■ *nm* factor *(m)*.

factice *adj* factício(cia).

facture *nf* factura *(f)*.

facturer *vt* facturar.

facturette *nf* recibo *(m)*, *recibo que se guarda quando se efectua um pagamento com cartão de crédito.*

facultatif, **ive** *adj* facultativo(va).

faculté *nf* faculdade *(f)*.

fade *adj* **1.** *(aliment)* insosso(ossa) **2.** *(couleur)* apagado(da).

fagot *nm* feixe *(m)* de lenha.

fagoté, **e** *adj fam* arranjado(da).

faible ■ *adj* fraco(ca). ■ *nm* • **avoir un faible pour** ter um fraquinho por.

faiblement *adv* **1.** *(crier, appeler)* baixinho **2.** *(augmenter)* ligeiramente.

faiblesse *nf* fraqueza *(f)*.

faiblir *vi* enfraquecer.

faïence *nf* faiança *(f)*.

faille *nf* falha *(f)*.

faillir *vi* • **il a failli tomber** por pouco caía.

faillite *nf* falência *(f)* • **faire faillite** falir, ir à falência.

faim *nf* fome *(f)* • **avoir faim** ter fome.

fainéant, **e** *adj* & *nm, f* mandrião(driona).

faire *vt*

1. RÉALISER, PRODUIRE
• **c'est lui qui a fait cette chanson ?** foi ele que compôs esta canção?
• **faire un rêve** ter um sonho
2. EFFECTUER UNE TÂCHE
• **faire les comptes** fazer as contas
• **faire son lit** fazer a cama
• **faire la vaisselle** lavar a louça
• **faire les carreaux** limpar os vidros
3. S'OCCUPER À, ENTREPRENDRE
• **faire une promenade** dar um passeio
• **que faites-vous comme métier ?** qual é a sua profissão?

4. SPORT, MUSIQUE, DISCIPLINE
• **faire des études** estudar
• **je fais de l'aérobic tous les soirs** pratico aeróbica todas as noites
• **faire du piano** tocar piano

5. PROVOQUER, CAUSER
• **faire mal à qqn** magoar alguém
• **faire de la peine à qqn** causar tristeza a alguém
• **ma jambe me fait horriblement mal** a minha perna dói-me terrivelmente
• **faire sensation** causar sensação
• **ça ne fait rien** não tem importância
• **ça ne lui fait rien du tout** não produz efeito nenhum nele
• *fam* **qu'est-ce que ça peut te faire ?** o que tens tu a ver com isso?

6. IMITER
• **faire l'imbécile** fazer-se de parvo
• **faire celui qui ne comprend pas** fingir que não compreende

7. PARCOURIR = percorrer
• **nous avons fait 150 km en deux heures** percorremos 150 km em duas horas
• **faire du 150 (à l'heure)** andar a 150 km por hora

8. AVEC DES MESURES
• **les pièces font 3 m de haut** as divisões medem 3 m de altura
• **ça fait plus de 2 kg** pesa mais de dois kg
• **je fais 1,68 m** meço 1,68 m
• **je fais du 40** calço o 40

9. MATH
• **10 et 3 font 13** 10 mais 3, são 13

10. FAIRE SANS CESSE
• **ne faire que** não parar de

11. FAIRE SEULEMENT
• **ne faire que** não fazer mais do que

12. RANGER, POSER
• **qu'est-ce que j'ai fait de mes clefs ?** o que é que eu fiz das minhas chaves?

faire *vi*

1. AGIR = fazer
• **vas-y, mais fais vite** anda lá, mas despacha-te
• **vous feriez mieux de...** seria melhor que...
• **faites comme chez vous** faça como se estivesse em sua casa

2. AVOIR L'AIR
• **faire jeune/vieux** parecer jovem/velho.

faire *v impers*

1. CLIMAT, TEMPÉRATURE
• **il fait chaud/-2ºC** está calor/estão 2 graus negativos

2. EXPRIME LA DURÉE
• **ça fait trois jours que nous avons quitté Rouen** já saímos de Rouen há três dias
• **ça fait longtemps que je n'ai pas eu de ses nouvelles** já não tenho notícias dele há muito tempo
• **ça fait dix ans que j'habite ici** já moro aqui há 10 anos.

faire *v aux*

1. INDIQUE QUE L'ON PROVOQUE UNE ACTION
• **faire reculer les passants** fazer com que os transeuntes recuem
• **une histoire à faire dresser les cheveux sur la tête** uma história de pôr os cabelos em pé
• **faire tomber qqch** deixar cair algo

2. INDIQUE QUE L'ON COMMANDE UNE ACTION = mandar
• **faire nettoyer un vêtement** mandar limpar uma peça de roupa
• **faire repeindre la maison** mandar pintar outra vez a casa.

faire *v substitut*

fazer
• **on lui a conseillé de réserver mais il ne l'a pas fait** ele foi aconselhado a reservar, mas não o fez.

se faire *vp*

1. ÊTRE CONVENABLE, À LA MODE
• **ça se fait** C'EST CONVENABLE = isso faz-se
• C'EST À LA MODE = está na moda
• **ça ne se fait pas** CE N'EST PAS CONVENABLE = isso não se faz • CE N'EST PAS À LA MODE = não se usa

2. AVOIR, PROVOQUER
• **se faire des amis** fazer amigos
• **se faire mal** magoar-se
• **se faire du souci** preocupar-se
• **se faire des illusions** ter ilusões

3. AVEC UN INFINITIF = ser
• **se faire opérer** ser operado
• **je me suis fait arrêter par la police** fui preso pela polícia
• **se faire faire un costume sur mesure** mandar fazer um fato sob medida

4. DEVENIR
• **se faire beau** pôr-se bonito
• **se faire vieux** tornar-se velho
• **il se fait tard** faz-se tarde

5. DANS DES EXPRESSIONS
• **comment se fait-il que... ?** como é possível que...?
• **ne pas s'en faire** não se preocupar.

se faire à *vp + prép*

S'HABITUER À

• **il s'est très bien fait à sa nouvelle vie** ele acostumou-se muito bem à sua nova vida

• **je n'arrive pas à me faire à son sens de l'humour** não consigo acostumar-me com o seu sentido de humor.

faire-part *nm inv* **1.** *(annonce)* participação *(f)* **2.** *(invitation)* convite *(m)*.

faisable *adj* viável.

faisan *nm* faisão *(m)*.

faisceau *nm* feixe *(m)* • **faisceau lumineux** feixe luminoso.

fait, e ■ *adj* **1.** *(réalisé)* feito(ta) **2.** *(fromage)* amanteigado(da). ■ *nm* feito *(m)* • **(c'est) bien fait !** (é) bem feito! • **faits divers** *rubrica de um jornal composta por pequenas notícias insólitas* • **au fait** a propósito • **du fait de** por causa de • **en fait** de facto • **prendre qqn sur le fait** apanhar alguém em flagrante.

fait-tout *nm inv* caçarola *(f)*.

falaise *nf* falésia *(f)*.

fallacieux, euse *adj* falacioso(osa).

falloir *v impers* • **il faut du courage pour faire ça** é preciso coragem para fazer isso • **il faut y aller** OU **que nous y allions** temos de ir embora • **il me faut deux kilos d'oranges** preciso de dois quilos de laranjas • **il me faut y retourner** tenho de lá voltar.

falsifier *vt* falsificar.

famé, e *adj* • **mal famé** mal-afamado.

fameux, euse *adj* **1.** *(célèbre)* famoso(osa) **2.** *(très bon)* delicioso(osa).

familial, e *adj* familiar.

familiariser *vt* • **familiariser qqn avec qqch** familiarizar alguém com algo.
■ **se familiariser** *vp* • **se familiariser avec qqch** familiarizar-se com algo.

familiarité *nf* familiaridade *(f)*.

familier, ère *adj* **1.** familiar **2.** *(impertinent)* insolente.

famille *nf* família *(f)* • **en famille** em família • **famille monoparentale** família monoparental • **famille recomposée** família recomposta.

LA FAMILLE

• l'arrière-grand-mère / a bisavó
• l'arrière-grand-père / o bisavô
• le beau-frère / o cunhado
• le beau-père (père du conjoint) / o sogro
• la belle-mère (mère du conjoint) / a sogra
• la belle-sœur / a cunhada
• le cousin / o primo
• la cousine / a prima
• le demi-frère / o meio-irmão
• la demi-sœur / a meia-irmã
• la famille recomposée / a família recomposta
• la fille / a filha
• le fils / o filho
• le frère / o irmão
• la grand-mère / a avó
• le grand-père / o avô
• la mère / a mãe
• l'oncle / o tio
• le père / o pai
• la soeur / a irmã
• la tante / a tia.

famine *nf* fome *(f)* • **crier famine** *fig* queixar-se da miséria.

fan *nmf fam* fã *(mf)*.

fanatique *adj & nmf* fanático(ca).

fanatisme *nm* fanatismo *(m)*.

fané, e *adj* **1.** *(fleur)* murcho(cha) **2.** *(couleur, tissu)* desbotado(da).

faner ■ **se faner** *vp* murchar.

fanfare *nf* fanfarra *(f)*.

fanfaron, onne *adj* fanfarrão(rrona).

fantaisie *nf* fantasia *(f)* • **bijou fantaisie** jóia de fantasia.

fantaisiste *adj & nmf* fantasista.

fantastique *adj* fantástico(ca).

fantôme *nm* fantasma *(m)*.

faon *nm* enho *(m)*.

far *nm* • **far breton** *bolo de manteiga com ameixas pretas*.

farce *nf* **1.** *(plaisanterie)* partida *(f)* **2.** CULIN recheio *(m)* • **faire une farce à qqn** pregar uma partida a alguém.

farceur, euse *nm, f* brincalhão *(m)*, -lhona *(f)*.

farci, e *adj* recheado(da).

fard *nm* • **fard à joues** blush *(m)* • **fard à paupières** sombra *(f)*.

fardeau *nm* fardo *(m)*.

farder *vt* **1.** *(visage)* pintar **2.** *(vérité)* dissimular.
■ **se farder** *vp* pintar-se.

farfelu, e *adj* extravagante.

farfouiller *vi fam* remexer.

farine *nf* farinha *(f)* • **farine animale** farinha animal.

farouche *adj* **1.** *(animal, enfant)* bravio(via) **2.** *(haine, lutte)* selvagem.

fascicule *nm* fascículo *(m)*.

fascinant, e *adj* fascinante.

fasciner *vt* fascinar.

fascisme *nm* fascismo *(m)*.

faste ■ *nm* fausto *(m)*. ■ *adj* • **jour faste** dia favorável.

fastidieux, euse *adj* fastidioso(osa).

fatal, e *adj* fatal.

fatalement *adv* fatalmente.

fataliste *adj* fatalista.

fatalité *nf* fatalidade *(f)*.

fatigant, e *adj* **1.** *(activité)* cansativo(va) **2.** *(personne)* aborrecido(da).

fatigue *nf* cansaço *(m)*.

fatigué, e *adj* cansado(da) • **être fatigué de (faire) qqch** estar cansado de (fazer) algo.

fatiguer *vt* cansar.
■ **se fatiguer** *vp* cansar-se • **se fatiguer à faire qqch** cansar-se a fazer algo.

faubourg *nm* arredores *(mpl)*.

fauché, e *adj fam* teso(sa).

faucher *vt* **1.** *(blé)* ceifar **2.** *(piéton, cycliste)* atropelar **3.** *fam (voler)* fanar.

faucille *nf* foice *(f)*.

faucon *nm* falcão *(m)*.

faufiler ■ **se faufiler** *vp* esgueirar-se.

faune *nf* fauna *(f)*.

faussaire *nmf* falsificador *(m)*, -ra *(f)*.

fausser *vt* **1.** *(résultat)* falsear **2.** *(clef, mécanisme)* entortar.

faute *nf* **1.** *(erreur)* falta *(f)* **2.** *(responsabilité)* culpa *(f)* • **c'est (de) ma faute** a culpa é minha • **faute de** por falta de.

fauteuil *nm* **1.** *(siège)* poltrona *(f)* **2.** *(de cinéma, de théâtre)* assento *(m)* • **fauteuil à bascule** cadeira *(f)* de baloiço • **fauteuil roulant** cadeira *(f)* de rodas.

fautif, ive ■ *adj* **1.** *(coupable)* culpado(da) **2.** *(erroné)* errado(da) **3.** *(défectueux)* deficiente. ■ *nm, f* culpado *(m)*, -da *(f)*.

fauve *nm* fera *(f)*.

faux, fausse ■ *adj* falso(sa). ■ *adv* • **chanter faux** desafinar • **fausse note** nota desafinada • **faux numéro** número errado.

faux-filet *nm* bife *(m)* de vaca *(Port)*, contrafilé *(m)* *(Br)*.

faux-fuyant *nm* evasiva *(f)*.

faveur *nf* favor *(m)* • **en faveur de** a favor de.

favorable *adj* favorável • **être favorable à** ser favorável a.

favori, ite *adj* favorito(ta).

favoriser *vt* favorecer.

fax *nm* fax *(m)*.

faxer *vt* enviar por fax.

fébrile *adj* febril.

fécond, e *adj* fecundo(da) • **(être) fécond en qqch** (estar) recheado de algo.

fécondation *nf* fecundação *(f)* • **fécondation in vitro** fecundação in vitro.

féculent *nm* hidrato *(m)* de carbono.

fédéral, e, aux *adj* *(Suisse)* federal.

fédération *nf* federação *(f)*.

fée *nf* fada *(f)*.

féerique *adj* feérico(ca).

feignant, e *adj fam* mandrião(driona).

feindre *vt* fingir • **elle feint de ne pas entendre** ela finge não ouvir *ou* que não está a ouvir.

feinte *nf* **1.** fingimento *(m)* **2.** *(au football)* finta *(f)*.

fêlé, e *adj* **1.** *(fendu)* rachado(da) **2.** *fam (fou)* • **être fêlé** *fam* ter um parafuso a menos.

fêler ■ **se fêler** *vp* rachar-se.

félicitations *nfpl* parabéns *(mpl)*.

féliciter *vt* felicitar.

félin *nm* felino *(m)*.

fêlure *nf* racha *(f)*.

femelle *nf* fêmea *(f)*.

féminin, e *adj* feminino(na).

S'EXPRIMER... féliciter quelqu'un

- **Deixa-me felicitar-te/Deixe-me felicitá-lo/la pelo teu/seu exame. /** Tu permets/vous permettez que je te/vous félicite pour ton/votre examen ?
- **Parabéns pela carta de condução! /** Félicitations pour ton permis !

féministe *adj & nmf* feminista.

féminité *nf* feminidade *(f)*.

femme *nf* mulher *(f)* • **femme de chambre** *(d'un hôtel)* empregada *(f)* de quarto • **femme de ménage** mulher a dias • **bonne femme** *fam* mulherzinha *(f)*.

fémur *nm* fémur *(m)*.

fendant *nm (Suisse) vinho branco da região de Valais.*

fendre *vt* rachar.

fenêtre *nf* janela *(f)*.

fenouil *nm* **1.** *(plante)* funcho *(m)* **2.** *(condiment)* erva-doce *(f)*.

fente *nf* fenda *(f)*.

féodal, **e** *adj* feudal.

fer *nm* ferro *(m)* • **fer à cheval** ferradura *(f)* • **fer forgé** ferro forjado • **fer à repasser** ferro de engomar.

féra *nm (Suisse) peixe fino do Lago Leman.*

fer-blanc *nm* folha-de-flandres *(f)*.

férié *adj m* ▻ **jour**.

ferme ◪ *adj* firme. ◪ *nf* quinta *(f) (Port)*, fazenda *(f) (Br)* • **ferme auberge** *quinta que também oferece serviços de hospedagem.*

fermé, **e** *adj* fechado(da).

fermement *adv* com firmeza.

fermentation *nf* fermentação *(f)*.

fermenter *vi* fermentar.

fermer ◪ *vt* **1.** fechar **2.** *(électricité, radio)* apagar. ◪ *vi* fechar • **fermer qqch à clef** fechar algo à chave • **ça ne ferme pas** não fecha.
■ **se fermer** *vp* fechar-se.

fermeté *nf* firmeza *(f)*.

fermeture *nf* **1.** *(d'un magasin)* encerramento *(m)* **2.** *(mécanisme)* fecho *(m)* • **fermeture Éclair** fecho *(m) (Port)*, zíper *(m) (Br)* • **'fermeture annuelle'** 'encerramento anual'.

fermier, **ère** *nm, f* agricultor *(m)*, -ra *(f) (Port)*, fazendeiro *(m)*, -ra *(f) (Br)*.

fermoir *nm* fecho *(m)*.

féroce *adj* feroz.

ferraille *nf* ferro-velho *(m)*.

ferrée *adj f* ▻ **voie**.

ferroviaire *adj* ferroviário(ria).

ferry *nm* ferry *(m)*.

fertile *adj* fértil.

fertilité *nf* fertilidade *(f)*.

féru, **e** *adj sout* • **être féru de qqch** ter uma paixão por algo.

fervent, **e** *adj* **1.** *(chrétien, démocrate)* fervoroso(osa) **2.** *(amoureux)* ardente.

ferveur *nf* fervor *(m)*.

fesse *nf* nádega *(f)*.
■ **fesses** *nfpl* nádegas *(fpl) (Port)*, bunda *(f) (Br)*.

fessée *nf* palmada *(f) (Port)*, tapa *(f) (Br)*.

festin *nm* festim *(m)*.

festival *nm* festival *(m)*.

festivités *nfpl* festividades *(fpl)*.

fêtard, **e** *nm, f fam* pândego *(m)*, -ga *(f)*.

fête *nf* **1.** festa *(f)* **2.** *(jour du saint) dia de festa do santo cujo nome se possui* • **faire la fête** festejar • **bonne fête !** parabéns! • **fête foraine** feira *(f)* popular • **fête des Mères** dia *(m)* da Mãe • **la fête de la Musique** *festa consagrada à música, que se realiza no dia 21 de Junho, em França* • **fête nationale** feriado *(m)* nacional • **fête des Pères** dia *(m)* do Pai.
■ **fêtes** *nfpl* • **les fêtes (de fin d'année)** as festas (do Ano Novo).

fêter *vt* festejar.

fétiche *nm* fetiche *(m)*.

fétide *adj* fétido(da).

fétu *nm* • **fétu (de paille)** palhinha *(f)*.

feu *nm* **1.** *(flammes)* fogo *(m)* **2.** *(de véhicule, de circulation)* luz *(f)* • **avez-vous du feu ?** tem lume? • **faire du feu** acender uma fogueira • **mettre le feu à** pôr fogo a • **à feu doux** a lume brando • **feu d'artifice** fogo-de-artifício *(m)* • **feu de camp** fogueira *(f)* • **feu rouge** luz vermelha • **feux arrière** luzes de trás • **feux de croisement** luzes médias OU de cruzamento • **feux de recul** faróis *(mpl)* de marcha atrás • **feux de signalisation** OU **tricolores** semáforos *(mpl)* • **au feu !** fogo! • **en feu** a arder.

feuillage *nm* folhagem *(f)*.

feuille *nf* folha *(f)* • **feuille morte** folha seca.

feuilleté, e ■ *adj* ▷ **pâte**. ■ *nm* folhado *(m)*.

feuilleter *vt* folhear.

feuilleton *nm* telenovela *(f)*.

feutre *nm* **1.** *(stylo)* caneta *(f)* de feltro **2.** *(chapeau)* chapéu *(m)* de feltro.

feutré, e *adj* **1.** *(tricot)* feltrante **2.** *(bruit, pas)* abafado(da) **3.** *(bourrelet)* guarnecido(da) com feltro.

feutrine *nf* papel *(m)* de veludo.

fève *nf* fava *(f)*.

février *nm* Fevereiro *(m)* • **en février** em Fevereiro • **au mois de février** no mês de Fevereiro • **début février** em princípios de Fevereiro • **fin février** em fins de Fevereiro • **le deux février** no dia dois de Fevereiro.

fiable *adj* **1.** *(machine)* fiável **2.** *(personne)* de confiança.

fiançailles *nfpl* noivado *(m)*.

fiancé, e *nm, f* noivo *(m)*, -va *(f)*.

fiancer ■ **se fiancer** *vp* ficar noivo(va).

fibre *nf* fibra *(f)*.

ficeler *vt* atar.

ficelle *nf* **1.** *(corde)* cordel *(m)* *(Port)*, barbante *(m)* *(Br)* **2.** *(pain)* *espécie de cacete muito fino*.

fiche *nf* **1.** *(de carton, de papier)* ficha *(f)* **2.** TECHNOL tomada *(f)* • **fiche de paie** recibo *(m)* de vencimento.

ficher *vt* **1.** *(renseignement, suspect)* fichar **2.** *(planter)* cravar **3.** *fam (faire)* fazer **4.** *fam (mettre)* pregar • **mais qu'est-ce qu'il fiche ?** *fam* mas o que é que ele anda a fazer? • **fiche-moi la paix !** *fam* deixa-me em paz! • **ficher le camp** *fam* pirar-se.
■ **se ficher de** *vp* + *prép fam* estar a gozar com • **je m'en fiche** *fam* estou-me nas tintas.

fichier *nm* ficheiro *(m)*.

fichu, e *adj fam* • **c'est fichu** *(raté)* está tudo estragado • *(cassé, abîmé)* está estragado • **être bien fichu** ser bem feito • **être mal fichu** estar adoentado.

fictif, ive *adj* fictício(cia).

fiction *nf* ficção *(f)*.

fidèle *adj* fiel.

fidéliser *vt* conservar.

fidélité *nf* fidelidade *(f)*.

fief *nm* **1.** *(féodal)* feudo *(m)* **2.** *fig (électoral)* baluarte *(m)*.

fier[1], **fière** *adj* orgulhoso(osa) • **être fier de** estar orgulhoso de.

fier[2] ■ **se fier** *vp* + *prép* • **se fier à** fiar-se em.

fierté *nf* orgulho *(m)*.

fièvre *nf* febre *(f)* • **avoir de la fièvre** ter febre • **fièvre aphteuse** febre aftosa.

fiévreux, euse *adj* febril.

fig. *(abr écrite de* **figure**) fig *(figura)*.

figé, e *adj* **1.** *(sauce)* coalhado(da) **2.** *(personne)* petrificado(da).

figer ■ **se figer** *vp* **1.** *(sauce)* espessar **2.** *(huile)* coalhar **3.** *(personne)* ficar petrificado(da).

fignoler *vt fam* aprimorar.

figue *nf* figo *(m)*.

figuier *nm* figueira *(f)*.

figurant, e *nm, f* figurante *(mf)*.

figure *nf* **1.** *(visage)* rosto *(m)* **2.** *(schéma)* figura *(f)*.

figuré, e *adj* figurado(da).
■ **figuré** *nm* • **au figuré** no sentido figurado.

figurer *vi* constar.
■ **se figurer** *vp* • **se figurer que** imaginar que.

figurine *nf* figurinha *(f)*.

fil *nm* **1.** *(du téléphone)* fio *(m)* **2.** *(à coudre)* linha *(f)* • **fil de fer** arame *(m)*.

filament *nm* filamento *(m)*.

filandreux, euse *adj* com nervos.

filature *nf* **1.** *(usine)* fábrica *(f)* de fiação **2.** *(fabrication)* fiação *(f)* **3.** *(poursuite)* • **prendre qqn en filature** seguir alguém de perto.

file *nf* fila *(f)* • **file (d'attente)** fila (de espera) • **à la file** em fila • **en file (indienne)** em fila (indiana).

filer ■ *vt* romper. ■ *vi* **1.** *(aller vite)* ir-se embora **2.** *fam (partir)* cavar • **filer qqch à qqn** *fam* passar algo a alguém.

filet *nm* **1.** *(de pêche, au tennis)* rede *(f)* **2.** *(de poisson, de bœuf)* filete *(m)* **3.** *(d'eau)* fio *(m)* • **filet américain** *(Belgique)* bife *(m)* tártaro • **filet à bagages** porta-bagagens *(m inv)* • **filet mignon** lombo *(m)* de vaca.

filial, e *adj* filial.

■ **filiale** *nf* filial *(f)*.

filière *nf* área *(f)*.

filiforme *adj* filiforme.

fille *nf* **1.** *(enfant)* menina *(f)* **2.** *(femme)* rapariga *(f)* **3.** *(descendante)* filha *(f)*.

fillette *nf* menina *(f)*.

filleul, **e** *nm, f* afilhado *(m)*, -da *(f)*.

film *nm* **1.** *(de cinéma, de télévision)* filme *(m)* **2.** *(plastique)* película *(f)* aderente • **film d'horreur** *OU* **d'épouvante** filme de terror • **film vidéo** vídeo *(m)*.

filmer *vt* filmar.

filon *nm* **1.** *(de mine)* filão *(m)* **2.** *fam fig (situation lucrative)* mina *(f)* de ouro.

fils *nm* filho *(m)*.

filtre *nm* filtro *(m)* • **filtre parental** INFORM filtro parental.

filtrer *vt* filtrar.

fin, **e** ■ *adj* fino(na). ■ *nf* fim *(m)* • **fin juillet** no fim de Julho • **à la fin (de)** no fim (de).

final, **e**, **als** *OU* **aux** *adj* final.

finale *nf* final *(f)*.

finalement *adv* **1.** finalmente **2.** *(en définitive)* afinal.

finaliste *nmf* finalista *(mf)*.

finalité *nf* finalidade *(f)*.

finance *nf* • **la finance** as finanças • **les finances** as finanças.

financement *nm* financiamento *(m)*.

financer *vt* financiar.

financier, **ère** ■ *adj* financeiro(ra). ■ *nm (gâteau) pequeno bolo de amêndoas e frutas cristalizadas* • **sauce financière** *molho de vinho da madeira e essência de trufas.*

finesse *nf* fineza *(f)*.

finir *vt* & *vi* acabar • **finir bien** acabar bem • **finir de faire qqch** acabar de fazer algo • **finir par faire qqch** acabar por fazer algo.

finition *nf* acabamento *(m)*.

finlandais, **e** ■ *adj* finlandês(esa). ■ *nm* = **finnois**.

■ **Finlandais**, **e** *nm, f* finlandês *(m)*, -esa *(f)*.

Finlande *nf* • **la Finlande** a Finlândia.

finnois, **e** *nm* finlandês *(m)*, -esa *(f)*.

fioriture *nf* floreado *(m)*.

fioul *nm* fuel *(m)*.

firmament *nm sout* firmamento *(m)*.

firme *nf* firma *(f)*.

fisc *nm* fisco *(m)*.

fiscal, **e** *adj* fiscal.

fiscalité *nf* fiscalidade *(f)*.

fissure *nf (dans un mur)* fissura *(f)*.

fissurer ■ **se fissurer** *vp* rachar.

fixation *nf (de ski)* fixador *(m)* • **faire une fixation sur qqch** ter uma fixação por algo.

fixe *adj* fixo(xa).

fixer *vt* fixar.

flacon *nm* frasco *(m)*.

flageolet *nm* feijão *(m)* branco.

flagrant, **e** *adj* flagrante • **(en) flagrant délit** (em) flagrante delito.

flair *nm (d'un chien)* faro *(m)* • **avoir du flair** *fig (de l'intuition)* ter faro.

flairer *vt* **1.** *(sentir)* farejar **2.** *fig (deviner)* pressentir.

flamand, **e** ■ *adj* flamengo(ga). ■ *nm (langue)* flamengo *(m)*.

flambant, **e** *adj* • **flambant neuf** *fig* novinho em folha.

flambé, **e** *adj* flambado(da).

flambeau *nm* archote *(m)* • **se passer le flambeau** *fig* passar o testemunho.

flamber *vi* **1.** *(brûler)* arder **2.** CULIN flambar.

flamboyant, **e** *adj* **1.** *(ciel, regard)* brilhante **2.** *(style)* flamejante.

flamiche *nf (Belgique) tarte de alhos franceses ou queijo.*

flamme *nf* chama *(f)* • **en flammes** em chamas.

flan *nm* pudim *(m)* flan.

flanc *nm* flanco *(m)*.

flancher *vi* **1.** *fam* ir-se abaixo **2.** *(mémoire)* falhar.

flanelle *nf* flanela *(f)*.

flâner *vi* deambular.

flanquer *vt* **1.** *(entourer)* flanquear **2.** *fam (gifle)* assentar **3.** *(dehors, par terre)* atirar.

flaque *nf* poça *(f)*.

flash *nm* **1.** *(d'appareil photo)* flash *(m)* **2.** *(d'information)* notícia *(f)* de última hora.

flash-back *nm inv* flash-back *(m)*.

flasher *vi fam* • **flasher sur qqch/qqn** ficar apanhadinho(nha) por algo/alguém • **faire flasher qqn** virar a cabeça a alguém.

flasque ■ *adj* flácido(da). ■ *nf* garrafinha *(f)*.

flatter *vt* lisonjear.

flatteur, euse ■ *adj* **1.** *(élogieux)* lisonjeiro(ra) **2.** *(qui embellit)* favorecido(da). ■ *nm, f* lisonjeador *(m)*, -ra *(f)*.

fléau *nm (catastrophe)* flagelo *(m)*.

flèche *nf* **1.** *(signe)* seta *(f)* **2.** *(d'arc)* flecha *(f)*.

fléchette *nf* dardo *(m)*.

fléchir *vt* & *vi* dobrar.

flegme *nm* fleuma *(f)*.

flemmard, e *nm, f fam* mandrião *(m)*, -driona *(f)*.

flemme *nf fam* preguiça *(f)* • **avoir la flemme (de faire qqch)** ter preguiça (de fazer algo).

flétri, e *adj* murcho(cha).

flétrir *vt* murchar.
■ **se flétrir** *vp* **1.** *(fleur)* murchar **2.** *fig (visage)* encher-se de rugas.

fleur *nf* flor *(f)* • **fleur d'oranger** CULIN flor de laranjeira • **à fleurs** às flores • **en fleur(s)** em flor.

LES FLEURS

- le chardon / o cardo
- le coquelicot / a papoila
- le géranium / a sardinheira
- l'iris / o íris
- le lilas / o lilás
- la marguerite / o malmequer
- le muguet / o lírio-do-vale
- l'œillet / o cravo
- l'orchidée / a orquídea
- la rose / a rosa
- le tournesol / o girassol
- la tulipe / a túlipa
- la violette / a violeta.

fleuri, e *adj* florido(da).

fleurir *vi* florir.

fleuriste *nmf* florista *(mf)*.

fleuron *nm* **1.** *(ornement)* florão *(m)* **2.** *fig (joyau)* peça *(f)* mais preciosa.

fleuve *nm* rio *(m)*.

flexible *adj* flexível.

flic *nm fam* chui *(m)*.

flinguer *vt fam* **1.** *(tuer)* dar um tiro em **2.** *(casser)* espatifar.
■ **se flinguer** *vp fam* dar um tiro nos miolos.

flipper *nm* flippers *(mpl)*.

flirter *vi* namoriscar.

flocon *nm* • **flocon de neige** floco *(m)* de neve • **flocons d'avoine** flocos *(mpl)* de aveia.

flop *nm fam* fiasco *(m)*.

flore *nf* flora *(f)*.

florissant, e *adj* **1.** *(santé)* perfeito(ta) **2.** *(économie)* florescente.

flot *nm* **1.** *(de sang)* fluxo *(m)* **2.** *(de paroles)* chorrilho *(m)*.

flottante *adj f* ▷ **île**.

flotte *nf* **1.** *(de navires)* frota *(f)* **2.** *fam (pluie)* chuva *(f)* **3.** *fam (eau)* água *(f)*.

flottement *nm* **1.** *(relâchement)* desleixo *(m)* **2.** *(indécision)* hesitação *(f)* **3.** *(de drapeau, monnaie)* flutuação *(f)*.

flotter *vi* **1.** *(sur l'eau)* flutuar **2.** *(au vent)* esvoaçar.

flotteur *nm* **1.** *(de pêche)* bóia *(f)* **2.** *(d'hydravion)* flutuador *(m)*.

flou, e *adj* **1.** *(photo)* desfocado(da) **2.** *(idée, souvenir)* impreciso(sa).

flouer *vt* enganar.

fluctuer *vi* variar.

fluet, ette *adj* **1.** *(personne)* franzino(na) **2.** *(voix)* fino(na).

fluide ■ *adj* fluido(da). ■ *nm* fluido *(m)*.

fluo *adj inv* fluorescente.

fluor *nm* flúor *(m)*.

fluorescent, e *adj* fluorescente.

flûte ■ *nf* **1.** *(pain) espécie de cacete delgado* **2.** *(verre)* copo *(m)* de champanhe. ■ *interj fam* ora bolas! • **flûte (à bec)** flauta *(f)* de Bizel.

flûtiste *nmf* flautista *(mf)*.

fluvial, e *adj* fluvial.

flux *nm* fluxo *(m)* • **le flux et le reflux** o fluxo e o refluxo • **un flux de qqch** *(paroles, etc)* um chorrilho de algo • **flux migratoire** *(sociologie)* fluxo migratório.

FM (*abr de* **Fréquence modulée**) *nf* FM *(f)*.

FNAC *nf cadeia de lojas que vendem livros, discos, aparelhagens, etc.*

fœtus *nm* feto *(m)*.

foi *nf* fé *(f)* • **bonne/mauvaise foi** boa/má fé.

foie *nm* fígado *(m)* • **foie gras** foie-gras *(m)*, *paté de fígado de pato ou de ganso* • **foie de veau** fígado de vitela.

foin *nm* feno *(m)*.

foire *nf* feira *(f)*.

fois *nf* vez *(f)* • **une/deux/trois fois (par jour)** uma/duas/três vezes (por dia) • **3 fois 2** 3 vezes 2 • **à la fois** ao mesmo tempo • **des fois** às vezes • **une fois que** assim que • **une fois pour toutes** de uma vez por todas.

folie *nf* loucura *(f)* • **faire une folie** cometer uma loucura.

folklore *nm* folclore *(m)*.

folklorique *adj* folclórico(ca).

follement *adv* **1.** *(déraisonnablement)* loucamente **2.** *(excessivement)* extremamente.

foncé, **e** *adj* escuro(ra).

foncer *vi* **1.** *(s'assombrir)* escurecer **2.** *fam (aller vite)* açapar • **foncer dans** chocar com • **foncer sur** atirar-se a.

foncier, **ère** *adj* **1.** *(impôt)* predial **2.** *(fondamental)* inato(ta).

foncièrement *adv* por natureza.

fonction *nf* função *(f)* • **la fonction publique** a função pública • **de fonction** de serviço • **en fonction de** em função de.

fonctionnaire *nmf* funcionário *(m)*, -ria *(f)*.

fonctionnel, **elle** *adj (pratique)* funcional.

fonctionnement *nm* funcionamento *(m)*.

fonctionner *vi* funcionar • **faire fonctionner qqch** pôr algo a funcionar.

fond *nm* **1.** fundo *(m)* **2.** *(d'une photo, d'un tableau)* plano *(m)* de fundo • **au fond, dans le fond** no fundo • **au fond de** no fundo de • **à fond** *(respirer)* fundo • *(pousser)* com força • *(rouler)* a todo o gás • **fond d'artichaut** fundo de alcachofra • **fonds de pension** FIN fundos de pensões • **fond de teint** base *(f)*.
■ **fond d'écran** *nm* INFORM ecrã de fundo.

fondamental, **e**, **aux** *adj* fundamental.

fondant, **e** ■ *adj* tenro(ra). ■ *nm* • **fondant au chocolat** *bolo de chocolate de consistência mole*.

fondateur, **trice** *nmf* fundador *(m)*, -ra *(f)*.

fondation *nf* fundação *(f)*.
■ **fondations** *nfpl* alicerces *(mpl)*.

fondé, **e** *adj (justifié)* fundado(da) • **être fondé à faire qqch** *(autorisé)* estar autorizado a fazer algo.
■ **fondé de pouvoir** *nm* procurador *(m)*, -ra *(f)*.

fondement *nm* fundamento *(m)* • **sans fondement** sem fundamento.

fonder *vt* fundar.
■ **se fonder sur** *vp* + *prép* basear-se em.

fondre *vi* derreter • **fondre en larmes** desfazer-se em lágrimas.

fonds *nmpl* fundos *(mpl)*.

fondue *nf* • **fondue bourguignonne** fondue *(f)* de carne • **fondue parmesan** *queijo fundido contendo parmesão que é de seguida panado e frito* • **fondue savoyarde** fondue *(f)* de queijo.

fontaine *nf* fonte *(f)*.

fonte *nf* **1.** *(métal)* ferro *(m)* fundido **2.** *(des neiges)* degelo *(m)*.

foot(ball) *nm* futebol *(m)*.

footballeur, **euse** *nm, f* futebolista *(mf)*.

footing *nm* jogging *(m)* • **faire un footing** fazer jogging.

forage *nm* perfuração *(f)*.

forain, **e** ■ *adj* ▷ **fête**. ■ *nm* feirante *(mf)*.

force *nf* força *(f)* • **forces** forças *(fpl)* • **de force** à força • **à force de crier, il n'a plus de voix** tanto gritou que perdeu a voz.

forcément *adv* forçosamente • **pas forcément** não necessariamente.

forcer ■ *vt* forçar. ■ *vi* **1.** *(faire un effort physique)* esforçar-se **2.** *(sur une serrure, en appuyant)* forçar • **forcer qqn à faire qqch** forçar alguém a fazer algo.
■ **se forcer** *vp* • **se forcer (à faire qqch)** forçar-se (a fazer algo).

forêt *nf* floresta *(f)*.

forêt-noire *nf bolo de chocolate com natas e cerejas* floresta *(f)* negra.

forfait *nm* taxa *(f)* fixa • **déclarer forfait** desistir.

forfaitaire *adj* fixo(xa).

forgé *adj m* ▷ **fer**.

forger *vt* forjar.

forgeron *nm* ferreiro *(m)*.

formaliser *vt* formalizar.

■ **se formaliser** *vp* ◆ **se formaliser (de qqch)** ofender-se (com algo).

formalité *nf* formalidade *(f)* ◆ **les formalités d'usage** as formalidades habituais.

format *nm* formato *(m)*.

formatage *nm* formatação *(f)*.

formater *vt* formatar.

formateur, **trice** *adj* & *nm, f* formador(ra).

formation *nf* formação *(f)* ◆ **formation en alternance** formação em alternância.

forme *nf* forma *(f)* ◆ **en forme de** em forma de ◆ **être en (pleine) forme** estar em (grande) forma.

formel, **elle** *adj* formal.

former *vt* formar.
■ **se former** *vp* formar-se.

Formica® *nm* fórmica *(f)*.

formidable *adj* formidável.

formulaire *nm* formulário *(m)*.

formule *nf* **1.** *(équation)* fórmula *(f)* **2.** *(de restaurant)* ementa *(f)*.

formuler *vt* formular.

fort, **e** ◪ *adj* **1.** forte **2.** *(doué)* bom (boa). ◪ *adv* **1.** *(parler)* alto **2.** *(pousser)* com força ◆ **fort en maths** ser bom em matemática ◆ **sentir fort** ter um cheiro forte.

forteresse *nf* fortaleza *(f)*.

fortifiant, **e** *adj* fortificante.
■ **fortifiant** *nm* fortificante *(m)*.

fortifications *nfpl* fortificações *(fpl)*.

fortifier *vt* **1.** *(ville, église)* fortificar **2.** *(sujet : médicament)* fortalecer.

fortiori ■ **a fortiori** *loc adv* com mais razão.

fortuit, **e** *adj* fortuito(ta).

fortune *nf* fortuna *(f)* ◆ **faire fortune** fazer fortuna.

forum *nm* fórum *(m)*.

fosse *nf* **1.** fossa *(f)* **2.** *(tombe)* cova *(f)*.

fossé *nm* fosso *(m)*.

fossette *nf* covinha *(f)*.

fossile *nm* fóssil *(m)*.

fou, **folle** ◪ *adj* **1.** *(dément)* doido(da) **2.** *(extraordinaire)* louco(ca). ◪ *nm, f* doido *(m)*, -da *(f)*. ◪ *nm (aux échecs)* bispo *(m)* ◆ **(avoir le) fou rire** (ter um) ataque de riso.

foudre *nf* faísca *(f)*.

foudroyant, **e** *adj* fulminante.

foudroyer *vt* fulminar.

fouet *nm* **1.** *(lanière)* chicote *(m)* **2.** CULIN batedor *(m)* de varas ◆ **de plein fouet** com toda a força.

fouetter *vt* **1.** *(frapper)* chicotear **2.** CULIN bater.

fougère *nf* feto *(m)*.

fougue *nf* fogosidade *(f)*.

fouille *nf* revista *(f) (busca)*.
■ **fouilles** *nfpl* escavações *(fpl)*.

fouiller ◪ *vt* revistar. ◪ *vi* ◆ **fouiller dans** mexer em.

fouillis *nm* barafunda *(f)*.

fouine *nf* fuinha *(f)*.

fouiner *vi fam* bisbilhotar.

foulard *nm* lenço *(m)* de pescoço.

foule *nf* multidão *(f)*.

foulée *nf* pernada *(f)* ◆ **dans la foulée** *fig* de caminho.

fouler ■ **se fouler** *vp* ◆ **se fouler la cheville** torcer o tornozelo.

foulure *nf* entorse *(f)*.

four *nm* forno *(m)*.

fourbe *sout adj* traiçoeiro(ra).

fourche *nf* **1.** *(instrument)* forquilha *(f)* **2.** *(carrefour)* bifurcação *(f)* **3.** *(Belgique) (temps libre)* tempo *(m)* livre.

fourchette *nf* **1.** *(pour manger)* garfo *(m)* **2.** *(de prix)* tabela *(f)*.

fourchu, **e** *adj (cheveux)* espigado(da).

fourgon *nm* **1.** *(camion)* carrinha *(f)* **2.** *(wagon)* furgão *(m)*.

fourgonnette *nf* furgoneta *(f)*.

fourmi *nf* formiga *(f)* ◆ **avoir des fourmis dans les jambes** estar com formigueiro nas pernas.

fourmilière *nf* formigueiro *(m)*.

fournaise *nf fig* forno *(m)*.

fourneau *nm* forno *(m)*.

fournée *nf* fornada *(f)*.

fournir *vt* **1.** *(marchandises, preuve, argument)* fornecer **2.** *(effort)* fazer ◆ **fournir qqch à qqn** fornecer algo a alguém ◆ **fournir qqn en qqch** abastecer alguém de algo.

fournisseur, **euse** *nm, f* fornecedor *(m)*, -ra *(f)*.

fournitures *nfpl* material *(m)*.

fourré, e *adj* **1.** *(vêtement)* forrado(da) **2.** CULIN recheado(da).

fourreau *nm* **1.** *(d'épée)* bainha *(f)* **2.** *fig (robe) vestido de noite justo ao corpo.*

fourrer *vt* **1.** rechear **2.** *fam* enfiar.
■ **se fourrer** *vp fam* enfiar-se.

fourre-tout *nm inv (sac)* saco *(m)*.

fourrière *nf* **1.** *(pour voitures)* parque *(m)* de viaturas rebocadas **2.** *(pour animaux)* canil *(m)* municipal.

fourrure *nf* **1.** *(peau)* pele *(f)* **2.** *(vêtement)* casaco *(m)* de peles.

fourvoyer ■ **se fourvoyer** *vp sout* **1.** *(s'égarer)* enganar-se no caminho **2.** *(se tromper)* estar a ir pelo mau caminho.

foutre *vt fam* **1.** *(mettre)* pôr **2.** *(donner)* • **ça m'a foutu la trouille** apanhei um cagaço • **il lui a foutu une baffe** espetou-lhe uma bofetada **3.** *(faire)* • **ne rien foutre de la journée** não mexer uma palha todo o santo dia • **foutre qqn dehors** *OU* **à la porte** pôr alguém no olho da rua • **j'en ai rien à foutre** estou-me cagando para isso.
■ **se foutre** *vp fam* **1.** *(se mettre)* meter-se **2.** *(se moquer de)* • **se foutre de qqn/qqch** gozar com alguém/algo **3.** *(ignorer)* • **je m'en fous** quero lá saber.

foutu, e *adj fam* **1.** *(caractère)* maldito(ta) **2.** *(conçu, perdu)* • **bien foutu** bem feito(ta) **3.** *(gâché)* estragado(da) **4.** *(capable)* • **être foutu de faire qqch** ser bem capaz de fazer algo • **il est foutu** ele está feito ao bife • **c'est foutu** é tarde demais.

foyer *nm* **1.** *(d'une cheminée)* lareira *(f)* **2.** *(domicile)* lar *(m)* **3.** *(pour délinquants)* casa *(f)* de correcção **4.** *(pour travailleurs)* casa **5.** *(pour étudiants)* residência *(f)* • **femme/mère au foyer** doméstica *(f)*.

fracas *nm* estrondo *(m)*.

fracasser ■ **se fracasser** *vp* despedaçar-se.

fraction *nf* fracção *(f)*.

fracture *nf* fractura *(f)*.

fracturer *vt* arrombar.
■ **se fracturer** *vp* • **se fracturer le crâne** ter um traumatismo craniano.

fragile *adj* frágil.

fragiliser *vt* debilitar.

fragment *nm* fragmento *(m)*.

fraîcheur *nf* frescura *(f)*.

frais, fraîche ◪ *adj* fresco(ca). ◪ *nmpl* despesas *(fpl)*, gastos *(mpl)*. ◪ *nm* • **mettre qqch au frais** pôr algo ao fresco • **prendre le frais** tomar ar fresco • **il fait frais** está fresco • **'servir frais'** *(boissons)* 'servir fresco' • *(plats)* 'servir frio'.

fraise *nf* morango *(m)*.

fraisier *nm* **1.** *(plante)* morangueiro *(m)* **2.** *(gâteau) bolo leve com kirsh, camadas de creme e morangos.*

framboise *nf* framboesa *(f)*.

framboisier *nm* **1.** *(plante)* framboeseiro *(m)* **2.** *(gâteau)* bolo *(m)* de framboesa.

franc, franche ◪ *adj* franco(ca). ◪ *nm* franco *(m)* • **franc suisse** franco suíço.

français, e ◪ *adj* francês(esa). ◪ *nm (langue)* francês *(m)*.
■ **Français, e** *nm, f* francês *(m)*, -esa *(f)*.

France *nf* • **la France** a França • **France 2** *canal televisivo estatal* • **France 3** *canal televisivo estatal com programas regionais* • **France Télécom** *companhia nacional francesa de telecomunicações*, ≃ Portugal Telecom.

franchement *adv* **1.** *(honnêtement)* francamente **2.** *(très)* realmente.

franchir *vt* transpor.

franchise *nf* **1.** *(honnêteté)* franqueza *(f)* **2.** *(d'assurance, de location automobile)* franquia *(f)*.

franc-jeu *nm* • **jouer franc-jeu** fazer jogo limpo.

franc-maçonnerie *nf* franco-maçonaria *(f)*.

francophone *adj* francófono(na).

francophonie *nf* francofonia *(f)*.

franc-parler *nm* • **avoir son franc-parler** falar sem rodeios.

frange *nf* franja *(f)* • **à franges** com franjas.

frangipane *nf* **1.** *(crème)* creme *(m)* de amêndoa **2.** *(gâteau) bolo de massa folhada recheado com creme de amêndoa.*

franquette ■ **à la bonne franquette** *adv* sem cerimónia.

frappant, e *adj (ressemblance)* impressionante.

frappé, e *adj (frais)* gelado(da).

frapper ◪ *vt* **1.** bater **2.** *(impressionner)* marcar **3.** *(sujet : maladie, catastrophe)* abater-se sobre. ▪ *vi* bater • **frapper (à la porte)** bater (à porta) • **frapper dans ses mains** bater palmas.

frasques *nfpl* loucuras *(fpl)*.

fraternité *nf* fraternidade *(f)*.

fraude *nf* fraude *(f)* • **passer qqch en fraude** contrabandear algo.

frauder ▪ *vt* defraudar. ▪ *vi* cometer uma fraude.

frayer *vi sout (fréquenter)* • **frayer avec qqn** dar-se com alguém.
■ **se frayer** *vp* • **se frayer un chemin (à travers)** abrir caminho (através de).

frayeur *nf* terror *(m)*.

fredonner *vt* trautear.

freezer *nm* congelador *(m)*.

frein *nm* travão *(m)* • **frein à main** travão de mão.

freinage *nm* travagem *(f)*.

freiner *vt* & *vi* travar *(Port)*, frear *(Br)*.

frelaté, e *adj* adulterado(da).

frêle *adj* **1.** *(construction, personne)* frágil **2.** *fig (espoir, voix)* fraco(ca).

frelon *nm* vespão *(m)*.

frémir *vi* bulir.

frêne *nm* freixo *(m)*.

fréquence *nf* frequência *(f)*.

fréquent, e *adj* frequente.

fréquentation *nf* **1.** *(d'un endroit)* frequentação *(f)* **2.** *(d'une personne)* companhia *(f)*.
■ **fréquentations** *nfpl (relations)* companhias *(fpl)* • **avoir de mauvaises fréquentations** andar com más companhias.

fréquenté, e *adj* frequentado(da) • **très/peu fréquenté** muito/pouco frequentado • **mal fréquenté** mal frequentado.

fréquenter *vt* frequentar.

frère *nm* irmão *(m)*.

fresque *nf* fresco *(m) (Port)*, afresco *(m) (Br)*.

fret *nm* frete *(m)*.

frétiller *vi* **1.** *(poisson)* estar aos saltos **2.** *(queue d'un chien)* abanar **3.** *fig (personne)* • **frétiller de joie** pular de alegria.

friable *adj* friável.

friand *nm* pastel *(m)* recheado.

friandise *nf* guloseima *(f)*.

fric *nm fam* massa *(f) (Port)*, tutu *(m) (Br)*.

fricassée *nf* fricassé *(m)*.

friche *nf* **1.** baldio *(m)* **2.** *fig (intelligence, capacités)* desaproveitado(da) • **en friche** *(champ)* baldio.

frictionner *vt* friccionar.

Frigidaire® *nm* frigorífico *(m) (Port)*, geladeira *(f) (Br)*.

frigide *adj* frígido(da).

frigo *nm fam* frigorífico *(m)*.

frigorifié, e *adj fam* enregelado(da).

frileux, euse *adj* friorento(ta).

frimer *vi fam* armar-se em bom.

frimeur, euse *nm, f fam* • **être un vrai frimeur** estar sempre a armar-se em bom.

fringale *nf fam* larica *(f)*.

fripé, e *adj* engelhado(da).

fripes *nfpl* • **les fripes** a roupa em segunda mão.

fripouille *nf fam* patife *(m)*.

frire ▪ *vt* fritar. ▪ *vi* fritar • **faire frire** fritar.

frise *nf* friso *(m)*.

frisé, e *adj* **1.** *(cheveux)* frisado(da) **2.** *(pessoa)* de cabelo frisado.

frisée *nf* alface *(f)* frisada.

friser *vi* frisar • **friser naturellement** ter o cabelo frisado.

frisson *nm* arrepio *(m)* • **avoir des frissons** arrepiar-se.

frissonner *vi* arrepiar-se.

frit, e *adj* frito(ta).

frites *nfpl* • **(pommes) frites** batatas *(fpl)* fritas.

friteuse *nf* fritadeira *(f)*.

friture *nf* **1.** *(huile)* óleo *(m)* para fritar **2.** *(poissons) pequenos peixes fritos* **3.** *(parasites)* zumbido *(m)*.

frivole *adj* frívolo(la).

froid, e ▪ *adj* frio (fria). ▪ *nm* frio *(m)*. ▪ *adv* • **avoir froid** ter frio • **il fait froid** está frio • **prendre froid** apanhar frio.

froidement *adv* friamente.

froisser *vt* **1.** *(papier, tissu)* amarrotar **2.** *fig (vexer)* magoar.
■ **se froisser** *vp* **1.** *(vêtement)* amarrotar-se **2.** *fig (se vexer)* ofender-se.

frôler *vt* roçar.

fromage *nm* queijo *(m)* • **fromage blanc** *queijo fresco com natas comido à sobremesa* • **fromage de tête** *paté de cabeça de porco com geleia.*

fromager, **ère** ■ *adj* do queijo. ■ *nm, f* queijeiro *(m)*, -ra *(f)*.

fronce *nf* prega *(f)*.

froncer *vt* franzir • **froncer les sourcils** franzir as sobrancelhas.

fronde *nf* fisga *(f)*.

front *nm* **1.** ANAT testa *(f)* **2.** *(des combats)* frente *(f)* **3.** *(locution)* • **de front** *(de face)* de frente • *(côte à côte)* lado a lado • *(en même temps)* simultaneamente.

frontal, **e** *adj* frontal.

frontalier, **ère** ■ *adj* fronteiriço(ça). ■ *nm, f* habitante *(mf)* de uma região fronteiriça.

frontière *nf* fronteira *(f)*.

frottement *nm* fricção *(f)*.

frotter ■ *vt* **1.** *(tache, meuble)* esfregar **2.** *(allumette)* riscar. ■ *vi* esfregar.

fruit *nm* fruto *(m)* • **fruit de la passion** maracujá *(m)* • **fruits confits** frutas cristalizadas • **fruits de mer** mariscos *(m)* • **fruits secs** frutos secos.

fruité, **e** *adj* **1.** *(alcool)* com sabor a fruta **2.** *(parfum)* com cheiro a fruta.

fruitier *adj m* ▷ **arbre**.

frustrer *vt (décevoir)* frustrar • **frustrer qqn de qqch** privar alguém de algo.

fugace *adj* fugaz.

fugitif, **ive** *adj* & *nm, f* fugitivo(va).

fugue *nf* • **faire une fugue** fugir de casa.

fuir *vi* **1.** *(s'échapper)* fugir **2.** *(robinet, eau)* pingar.

fuite *nf* fuga *(f)* • **être en fuite** andar fugido • **prendre la fuite** pôr-se em fuga.

fulgurant, **e** *adj* fulgurante.

fulminer ■ *vi* **1.** *(personne)* invectivar **2.** *(chimie)* explodir. ■ *vt sout* invectivar • **fulminer contre qqn** invectivar contra alguém.

fumé, **e** *adj* **1.** CULIN defumado(da) **2.** *(verre)* fumado(da).

fumée *nf* fumo *(m) (Port)*, fumaça *(f) (Br)*.

fumer ■ *vt (cigarette)* fumar. ■ *vi* **1.** *(personne)* fumar **2.** *(liquide)* fumegar.

fumette *fam nf* fumar charros, fumar ganzas.

LES FRUITS

- l'abricot / o alperce
- l'airelle / o arando
- l'ananas / o ananás
- l'avocat / o abacate
- la banane / a banana
- le cassis / o cássis
- la cerise / a cereja
- le citron / o limão
- le citron vert / a lima
- la clementine / a clementina
- la figue / o figo
- la fraise / o morango
- la framboise / a framboesa
- le fruit de la passion / o maracujá
- la goyave / a goiaba
- la grenade / a romã
- la groseille / a groselha
- le kiwi / o kiwi
- la mangue / a manga
- le melon / o melão
- la mûre / a amora
- la myrtille / o mirtilo
- la noix de coco / o coco
- l'orange / a laranja
- la pastèque / a melancia
- la pêche / o pêssego
- la poire / a pêra
- la pomme / a maçã
- la prune / a ameixa
- le raisin / as uvas.

fumeur, **euse** *nm, f* fumador *(m)*, -ra *(f) (Port)*, fumante *(mf) (Br)*.

fumier *nm* estrume *(m)*.

fumiste *nmf* **1.** *fam (paresseux)* mandrião *(m)*, -driona *(f)* **2.** *(pas sérieux)* baldas *(mf inv)*.

fumoir *nm* **1.** *(pour fumeur)* sala *(f)* reservada aos fumadores **2.** *(pour poisson)* defumadouro *(m)*.

funambule *nmf* funâmbulo *(m)*.

funèbre *adj* ▷ **pompe**.

funérailles *nfpl sout* exéquias *(fpl)*.

funeste *adj* funesto(ta).

funiculaire *nm* funicular *(m)*.

fur ■ **au fur et à mesure** *adv* à medida • **au fur et à mesure que** à medida que.

fureter *vi* farejar *(bisbilhotar)*.

fureur *nf* furor *(m)* • **faire fureur** fazer furor.

furieux, **euse** *adj* furioso(osa).

furoncle *nm* furúnculo *(m)*.

furtif, **ive** *adj* furtivo(va).

fusain *nm* **1.** *(crayon)* carvão *(m)* **2.** *(dessin)* desenho *(m)* a carvão **3.** *(arbre)* evónimo *(m)*.

fuseau *nm (pantalon)* calças *(fpl)* fuseau • **fuseau horaire** fuso *(m)* horário.

fusée *nf* **1.** *(spatiale)* foguetão *(m)* **2.** *(de feu d'artifice)* foguete *(m)*.

fuselé, **e** *adj* afusado(da).

fuser *vi* **1.** *(rires)* irromper de todos os lados **2.** *(applaudissements)* chover.

fusible *nm* fusível *(m)*.

fusil *nm* espingarda *(f)*.

fusillade *nf* fuzilada *(f)*.

fusiller *vt* fuzilar • **fusiller qqn du regard** *fam* fulminar alguém com o olhar.

fusion *nf* **1.** fusão *(f)* **2.** *fig (communion)* comunhão *(f)* • **en fusion** em fusão.

fusionnel, **elle** *adj* fusional.

fusionner ◼ *vt* fundir. ◼ *vi* fundir-se • **fusionner avec** fundir-se com.

futé, **e** *adj* esperto(ta).

futile *adj* fútil.

futur, **e** ◼ *adj* futuro(ra). ◼ *nm* futuro *(m)*.

futuriste *adj* futurista.

fuyant, **e** *adj* **1.** *(perspective)* fugente **2.** *(front)* recuado(da) **3.** *(regard)* fugidio(dia).

fuyard, **e** *adj* & *nm, f* fugitivo(va).

g

g, G *nm inv (lettre)* g, G *(m)*.
■ **g** 1. *(abr écrite de* **gauche***)* E.[do], esq. 2. *(abr écrite de* **gramme***)* g.
■ **G** *(abr écrite de* **giga***)* G.

gabarit *nm* gabarito *(m)*.

Gabon *nm* • **le Gabon** o Gabão.

gâcher *vt* 1. *(détruire)* estragar 2. *(gaspiller)* desperdiçar.

gâchette *nf (détente)* gatilho *(m)*.

gâchis *nm (gaspillage)* desperdício *(m)*.

gadget *nm* 1. *(objet)* coisita *(f)* 2. *(invention)* engenhoca *(f)*.

gadoue *nf fam* lama *(f)*.

gaffe *nf fam* • **faire une gaffe** cometer uma gafe • **faire gaffe (à)** *fam* ter cuidado com.

gaffer *vi fam* meter água.

gag *nm* 1. *(effet)* partida *(f)* 2. *(plaisanterie)* piada *(f)*.

gage *nm* 1. *(dans un jeu)* castigo *(m)* 2. *(assurance, preuve)* prova *(f)*.

gageure *nf sout* desafio *(m)*.

gagnant, e ■ *adj* premiado(da). ■ *nm, f* vencedor *(m)*, -ra *(f)*.

gagne-pain *nm inv* ganha-pão *(m)*.

gagner ■ *vt* 1. ganhar 2. *(atteindre)* chegar a. ■ *vi* ganhar • **(bien) gagner sa vie** ganhar (bem) a vida.

gai, e *adj* alegre.

gaiement *adv* alegremente.

gaieté *nf* alegria *(f)*.

gain *nm* ganho *(m)*.
■ **gains** *nmpl* ganhos *(mpl)*.

gaine *nf* 1. *(étui)* estojo *(m)* 2. *(sous-vêtement)* cinta *(f)*.

gala *nm* gala *(f)*.

galant *adj m* galante.

galanterie *nf* 1. *(courtoisie)* galantaria *(f)* 2. *(flatterie)* galanteio *(m)*.

galaxie *nf* galáxia *(f)*.

gale *nf* sarna *(f)*.

galerie *nf* 1. *(passage couvert)* galeria *(f)* 2. *(à bagages)* grade *(f)* • **galerie (d'art)** galeria (de arte) • **galerie marchande** centro *(m)* comercial.

galet *nm* seixo *(m)*.

galette *nf* 1. *(gâteau)* tarte *(f)* 2. *(crêpe) crepe espesso de farinha de sarraceno* • **galette bretonne** *bolacha com muita manteiga* • **galette des Rois** *tarte recheada com massa de amêndoa*.

galipette *nf fam* cambalhota *(f)* • **faire des galipettes** dar cambalhotas.

Galles ▷ **pays**.

gallois, e *adj* galês(esa).
■ **Gallois, e** *nm, f* galês *(m)*, -esa *(f)*.

galon *nm* galão *(m)*.

galop *nm* • **aller/partir au galop** ir/partir a galope.

galoper *vi* 1. *(cheval)* galopar 2. *(personne)* correr.

galvauder *vt* 1. *(réputation)* manchar 2. *(talent)* gastar 3. *(expression)* usar demasiado.

gambader *vi* saltitar.

gambas *nfpl* gambas *(fpl)*.

gamelle *nf* lancheira *(f)*.

gamin, e *nm, f fam* miúdo *(m)*, -da *(f)*.

gamme *nf* 1. MUS escala *(f)* 2. *(choix)* gama *(f)*.

ganglion *nm* gânglio *(m)*.

gangrène *nf* gangrena *(f)*.

gangster *nm* gangster *(m)*.

gant *nm* luva *(f)* • **gant de toilette** luva de banho.

garage *nm* 1. *(d'une maison)* garagem *(f)* 2. *(de réparation)* oficina *(f)*.

garagiste *nmf* 1. *(propriétaire)* dono *(m)* da oficina 2. *(mécanicien)* mecânico *(m)*.

garantie *nf* garantia *(f)* • **(bon de) garantie** garantia • **être sous garantie** estar na garantia • **appareil sous garantie** aparelho com garantia.

garantir *vt* garantir • **garantir qqch à qqn** garantir algo a alguém • **garantir à qqn que** garantir a alguém que.

garçon *nm* **1.** *(enfant)* menino *(m)* **2.** *(jeune homme)* rapaz *(m)* • **garçon (de café)** empregado *(m)* (de café).

garçonnet *nm* rapazinho *(m)*.

garçonnière *nf* cortiço *(m) (para encontros amorosos)*.

garde[1] *nm* guarda *(m)* • **garde du corps** guarda-costas *(m inv)*.

garde[2] *nf* **1.** *(personne)* guarda *(f)* **2.** *(d'un endroit)* vigilância *(f)* **3.** *(faire attention)* • **mettre qqn en garde (contre)** prevenir alguém (contra) • **prendre garde (à)** ter cuidado com • **prendre garde de ne pas faire qqch** ter cuidado em não fazer algo • **de garde** de serviço • **monter la garde** montar a guarda • **garde alternée des enfants** guarda alternada.

garde-à-vous *nm inv* sentido *(m)* • **se mettre au garde-à-vous** pôr-se em sentido.

garde-barrière *nmf* guarda-barreira *(mf)*.

garde-boue *nm inv* guarda-lamas *(m inv)*.

garde-chasse *nm* **1.** guarda-florestal *(m)* **2.** *(de propriété privée)* guarda *(m)* da caça.

garde-fou *nm* guardas *(fpl)*.

garder *vt* **1.** guardar **2.** *(aliment)* conservar **3.** *(enfant, malade)* tomar conta de **4.** *(lieu, prisonnier)* vigiar.
■ **se garder** *vp* conservar-se.

garderie *nf* infantário *(m)*.

garde-robe *nf* guarda-roupa *(m)*.

gardien, enne *nm, f* **1.** guarda *(m)* **2.** *(d'immeuble)* porteiro *(m)*, -ra *(f)* • **gardien de but** guarda-redes *(m inv) (Port)*, goleiro *(m) (Br)* • **gardien de nuit** guarda-nocturno *(m)*.

gare ◪ *nf* estação *(f)*. ◪ *interj* • **gare à toi !** tem cuidado! • **entrer en gare** entrar na estação • **gare maritime** gare *(f)* marítima • **gare routière** estação rodoviária.

garer *vt* estacionar.
■ **se garer** *vp* estacionar.

gargariser ■ **se gargariser** *vp* gargarejar • **se gargariser de qqch** *fig & péj* deleitar-se com algo.

gargouille *nf* gárgula *(f)*.

gargouiller *vi* **1.** *(tuyau)* gorgolejar **2.** *(estomac) fam* roncar.

garnement *nm* peste *(f)*.

garni, e *adj (plat)* guarnecido(da).

garnir *vt* • **garnir qqch de** *(équiper)* equipar algo com • *(décorer)* guarnecer algo com.

garniture *nf* **1.** *(légumes)* acompanhamento *(m)* **2.** *(décoration)* enfeite *(m)*.

garrot *nm* **1.** *(pansement, torture)* garrote *(m)* **2.** *(d'un cheval)* cernelha *(f)*.

gars *nm fam* tipo *(m)*.

gas-oil *nm* = **gazole**.

gaspillage *nm* desperdício *(m)*.

gaspiller *vt* desperdiçar.

gastro-entérite *nf* gastroenterite *(f)*.

gastronomie *nf* gastronomia *(f)*.

gastronomique *adj* gastronómico(ca).

gâté, e *adj* **1.** *(enfant)* mimado(da) **2.** *(fruit, dent)* estragado(da).

gâteau *nm* bolo *(m)* • **gâteau marbré** bolo mármore • **gâteau sec** bolacha *(f)*.

gâter *vt* mimar.
■ **se gâter** *vp* **1.** *(fruit, dent)* estragar-se **2.** *(temps, situation)* deteriorar-se.

gâteux, euse *adj* caquéctico(ca).

gauche ◪ *adj* **1.** *(main, côté)* esquerdo(da) **2.** *(maladroit)* desajeitado(da). ◪ *nf* • **la gauche** a esquerda • **à gauche (de)** à esquerda (de) • **de gauche** *(du côté gauche)* da esquerda • POLIT de esquerda.

gaucher, ère *adj* canhoto(ota).

gauchiste *adj & nmf* esquerdista.

gaufre *nf* gofre *(m)*.

gaufrette *nf* bolacha *(f)* baunilha.

gaulliste *adj & nmf* gaulista.

gaver *vt fam* • **gaver qqn de qqch** empanturrar alguém com algo.
■ **se gaver de** *vp + prép* empanturrar-se de.

gaz *nm inv* gás *(m)*.

gaze *nf (pour pansements)* gaze *(f)*.

gazelle *nf* gazela *(f)*.

gazette *nf (Belgique) pastel de damasco ou maçã*.

gazeux, euse *adj* com gás.

gazinière *nf* fogão *(m)* a gás.

gazoduc *nm* gasoduto *(m)*.

gazole *nm* gasóleo *(m)*.

gazon *nm* **1.** *(herbe)* relva *(f)* **2.** *(terrain)* relvado *(m)*.

gazouiller *vi* **1.** *(oiseau)* chilrear **2.** *(bébé)* palrar.

GB (*abr écrite de* **Grande-Bretagne**) GB *(Grã-Bretanha)*.

geai *nm* gaio *(m)*.

géant, **e** *adj* & *nm*, *f* gigante.

geindre *vi* **1.** *(gémir)* gemer **2.** *péj (pleurnicher)* lamuriar-se.

gel *nm* **1.** *(glace)* gelo *(m)* **2.** *(baisse des températures)* geada *(f)* **3.** *(pour cheveux, dentifrice)* gel *(m)*.

gélatine *nf* gelatina *(f)*.

gelée *nf* **1.** *(glace)* geada *(f)* **2.** *(de fruits)* geleia *(f)* • **en gelée** com geleia.

geler *vt* & *vi* gelar • **il gèle** está a cair geada.

gélule *nf* gélula *(f)*.

Gémeaux *nmpl* Gémeos *(mpl)*.

gémir *vi* gemer.

gémissement *nm* gemido *(m)*.

gênant, **e** *adj* **1.** *(qui met mal à l'aise)* embaraçoso(osa) **2.** *(incommode)* aborrecido(da) • **être gênant** *(encombrant)* estar a estorvar.

gencive *nf* gengiva *(f)*.

gendarme *nm*, *f* guarda *(mf)*.

gendarmerie *nf* **1.** *(gendarmes)* ≃ Guarda *(f)* Nacional Republicana **2.** *(bureau)* posto *(m)* da guarda.

gendre *nm* genro *(m)*.

gène *nm* gene *(m)*.

gêne *nf* **1.** *(physique)* dificuldade *(f)* **2.** *(embarras)* embaraço *(m)*.

généalogie *nf* genealogia *(f)*.

généalogique *adj* ▻ **arbre**.

gêner *vt* **1.** *(déranger)* incomodar **2.** *(encombrer)* estorvar **3.** *(embarrasser)* embaraçar • **ça vous gêne si... ?** incomoda-o se...?
■ **se gêner** *vp* • **il ne se gêne pas (pour)** não está com cerimónias (para).

général, **e** ■ *adj* geral. ■ *nm* general *(m)* • **en général** em geral.

généralement *adv* geralmente.

généralisation *nf* generalização *(f)*.

généraliser *vt* generalizar.
■ **se généraliser** *vp* **1.** generalizar-se **2.** *(infection)* alastrar-se.

généraliste *nmf* • **(médecin) généraliste** clínico *(m)* geral.

généralité *nf* generalidade *(f)*.
■ **généralités** *nfpl* generalidades *(fpl)*.

génération *nf* geração *(f)*.

générer *vt* gerar.

généreux, **euse** *adj* generoso(osa).

générique *nm* genérico *(m)*.

générosité *nf* generosidade *(f)*.

genèse *nf* génese *(f)*.
■ **Genèse** *nf* • **la Genèse** o Génesis.

genêt *nm* giesta *(f)*.

génétique *adj* genético(ca).

Genève *npr* Genebra.

génial, **e** *adj* **1.** *(brillant)* genial **2.** *fam (excellent)* fantástico(ca).

génie *nm* **1.** *(don)* talento *(m)* **2.** *(personne)* génio *(m)*.

génisse *nf* vitela *(f)*.

génital, **e** *adj* genital.

génitif *nm* genitivo *(m)*.

génocide *nm* genocídio *(m)*.

génoise *nf* *massa leve para bolos.*

génotype *nm* genótipo.

genou *nm* joelho *(m)* • **être à genoux** estar ajoelhado • **se mettre à genoux** ajoelhar-se.

genouillère *nf* joelheira *(f)*.

genre *nm* género *(m)* • **un genre de** uma espécie de.

gens *nmpl* pessoas *(fpl)*.

gentil, **ille** *adj* **1.** *(aimable)* gentil **2.** *(sage)* sossegado(da).

gentillesse *nf* gentileza *(f)*.

gentiment *adv* **1.** *(aimablement)* amavelmente **2.** *(sagement)* sossegadamente **3.** *(Suisse) (tranquillement)* tranquilamente.

géographe *nmf* geógrafo *(m)*, -fa *(f)*.

géographie *nf* geografia *(f)*.

géologie *nf* geologia *(f)*.

géologue *nmf* geólogo *(m)*, -ga *(f)*.

géomètre *nmf* **1.** *(spécialiste de géométrie)* geómetra *(mf)* **2.** *(technicien)* topógrafo *(m)*, -fa *(f)*.

géométrie *nf* geometria *(f)*.

gérance *nf* gerência *(f)*.

géranium *nm* **1.** sardinheira *(f)* **2.** *(famille)* gerânio *(m)*.

gérant, e *nm, f* gerente *(mf)*.

gerbe *nf* **1.** *(de blé)* molho *(m)* **2.** *(d'étincelles)* girândola *(f)* **3.** *(de fleurs)* ramo *(m)*.

gercé, e *adj* gretado(da).

gerçure *nf* **1.** *(des lèvres)* cieiro *(m)* **2.** *(des mains)* frieira *(f)*.

gérer *vt* gerir.

germain, e *adj* ▷ **cousin**.

germe *nm* **1.** *(de pomme de terre, d'oignon)* grelo *(m)* **2.** *(de maladie)* germe *(m)*.

germer *vi* **1.** *(plante)* rebentar **2.** *(pomme de terre)* grelar.

gésier *nm* moela *(f)*.

gestation *nf* gestação *(f)* • **en gestation** *fig (projet)* em fase de elaboração.

geste *nm* gesto *(m)*.

gesticuler *vi* gesticular.

gestion *nf* gestão *(f)*.

ghetto *nm* gueto *(m)*.

gibelotte *nf* *ensopado de coelho com vinho branco, toucinho, cebolinhas e cogumelos*.

gibier *nm* caça *(f)*.

giboulée *nf* aguaceiro *(m)*.

gicler *vi* esguichar.

gifle *nf* bofetada *(f)* *(Port)*, tapa *(m)* *(Br)*.

gifler *vt* esbofetear.

gigantesque *adj* gigantesco(ca).

gigolo *nm* gigolo *(m)*.

gigot *nm* perna *(f)* *(de carneiro)*.

gigoter *vi fam* espernear • **arrête de gigoter !** está quieto!

gilet *nm* **1.** *(pull)* casaco *(m)* **2.** *(sans manches)* colete *(m)* • **gilet de sauvetage** colete salva-vidas.

gin *nm* gim *(m)*.

gingembre *nm* gengibre *(m)*.

girafe *nf* girafa *(f)*.

giratoire *adj* ▷ **sens**.

girofle *nm* ▷ **clou**.

girouette *nf* cata-vento *(m)*.

gisement *nm* jazigo *(m)*.

gitan, e *nm, f* cigano *(m)*, -na *(f)*.

gîte *nm (de bœuf)* chambão *(m)* • **gîte d'étape** estalagem *(f)* • **gîte (rural)** casa *(f)* de turismo rural.

givre *nm* geada *(f)*.

givré, e *adj* coberto(ta) de geada • **orange givrée** *casca de laranja inteira recheada com gelado*.

glace *nf* **1.** *(eau gelée)* gelo *(m)* **2.** *(crème glacée)* gelado *(m)* **3.** *(miroir)* espelho *(m)* **4.** *(vitre)* vidraça *(f)* **5.** *(de voiture)* vidro *(m)*.

glacé, e *adj* gelado(da).

glacer *vt* **1.** gelar **2.** *(intimider)* estarrecer.

glacial, e *adj* glacial.

glacier *nm* **1.** *(de montagne)* glaciar *(m)* **2.** *(marchand)* gelataria *(f)*.

glacière *nf* geleira *(f)* isotérmica.

glaçon *nm* cubo *(m)* de gelo.

glaïeul *nm* gladíolo *(m)*.

glaire *nf* muco *(m)*.

glaise *nf* barro *(m)*.

gland *nm* bolota *(f)*.

glande *nf* glândula *(f)*.

glaner *vt* **1.** *(aux champs)* • **glaner du blé** respigar **2.** *fig (informations)* recolher.

glapir *vi* ganir.

glas *nm* dobre *(m)* • **sonner le glas** dobrar os sinos.

glauque *adj* **1.** *(eau, yeux)* esverdeado(da) **2.** *fam (air, regard)* sinistro(tra) **3.** *fam (ambiance)* sórdido(da).

glissade *nf* escorregadela *(f)*.

glissant, e *adj* escorregadio(dia).

glissement *nm* **1.** *(action)* deslizamento *(m)* **2.** *fig (déplacement)* desvio *(m)* • **glissement de sens** alteração *(f)* de sentido • **glissement de terrain** desabamento *(m)* de terra.

glisser ■ *vt* deslizar. ■ *vi* **1.** *(en patinant)* deslizar **2.** *(déraper, être glissant)* escorregar **3.** INFORM • **faire glisser** arrastar.
■ **se glisser** *vp* penetrar.

glissière *nf* corrediça *(f)* • **à glissière** corrediço(ça) • **glissière de sécurité** rail *(m)* de protecção.

global, e *adj* global.

globalement *adv* globalmente.

globe *nm* globo *(m)* • **le globe (terrestre)** o globo (terrestre).

globule *nm* glóbulo *(m)* • **globule blanc/rouge** glóbulo branco/vermelho.

gloire *nf* glória *(f)*.

glorieux, **euse** *adj* glorioso(osa).

glossaire *nm* glossário *(m)*.

gloussement *nm* **1.** *(de poule)* cacarejo *(m)* **2.** *(rire)* riso *(m)* (à socapa).

glousser *vi* cacarejar.

glouton, **onne** *adj* glutão *(m)*, -tona *(f)*.

gluant, **e** *adj* viscoso(osa).

glucide *nm* glucídio *(m)*.

glycine *nf* glicínia *(f)*.

GO (*abr écrite de* **grandes ondes**) LW *(low wages)*.

goal *nm* guarda-redes *(m inv)*.

gobelet *nm* copo *(m)*.

gober *vt* engolir.

goéland *nm* gaivota *(f)*.

goinfre *nmf fam* comilão *(m)*, -lona *(f)*.

golf *nm* **1.** *(sport)* golfe *(m)* **2.** *(terrain)* campo *(m)* de golfe • **golf miniature** mini-golfe *(m)*.

golfe *nm* golfo *(m)*.

gomme *nf (à effacer)* borracha *(f)*.

gommer *vt (effacer)* apagar.

gond *nm* dobradiça *(f)*.

gondole *nf* gôndola *(f)*.

gondoler ■ **se gondoler** *vp (se déformer)* arquear-se.

gonflé, **e** *adj* **1.** *(enflé)* inchado(da) **2.** *fam (audacieux)* descarado(da).

gonfler ■ *vt* encher. ■ *vi* **1.** *(partie du corps)* inchar **2.** *(pâte)* levedar.

gong *nm* gongo *(m)*.

gorge *nf* **1.** ANAT garganta *(f)* **2.** *(gouffre)* desfiladeiro *(m)*.

gorgée *nf* gole *(m)*.

gorger *vt* **1.** *(gaver)* • **gorger qqn de qqch** empanturrar alguém com algo **2.** *(remplir)* • **gorger qqch de qqch** saturar algo com algo.
■ **se gorger** *vp* • **se gorger de qqch** *(se gaver)* empanturrar-se com algo • *(se remplir)* saturar-se com algo.

gorille *nm* gorila *(m)*.

gosier *nm* goela *(f)*.

gosse *nmf fam* puto *(m)*.

gothique *adj* gótico(ca).

gouache *nf* guache *(m)*.

goudron *nm* alcatrão *(m)*.

goudronner *vt* alcatroar.

gouffre *nm* abismo *(m)*.

goujat *nm fam* grosseirão *(m)*.

goulot *nm* gargalo *(m)* • **boire au goulot** beber pelo gargalo.

goulu, **e** *adj* & *nm, f* glutão(tona).

gourd, **e** *adj* dormente.

gourde *nf* cantil *(m)*.

gourdin *nm* cacete *(m)*.

gourmand, **e** *adj* guloso(osa).

gourmandise *nf* gulosice *(f)* • **des gourmandises** guloseimas *(fpl)*.

gourmet *nm* gastrónomo *(m)*.

gourmette *nf* pulseira *(f)*.

gousse *nf* • **gousse d'ail** dente *(m)* de alho • **gousse de vanille** vagem *(f)* de baunilha.

goût *nm* gosto *(m)* • **avoir bon goût** *(aliment)* saber bem • *(personne)* ter bom gosto.

S'EXPRIMER...

parler de ses goûts

• **Gosto de peixe.** / J'aime le poisson.
• **Gosto muito de truta.** / J'aime beaucoup la truite.
• **Adoro salmão fumado.** / J'adore le saumon fumé.
• **Detesto carne crua.** / Je déteste la viande crue.
• **Isso mete-me nojo.** / Cela me dégoûte.
• **Gosto (muito) de nadar.** / J'aime (bien) nager.
• **Prefiro dançar.** / Je préfère danser.
• **O que eu prefiro acima de tudo é ouvir música.** / Ce que je préfère par dessus tout, c'est écouter de la musique.
• **Detesto levantar-me cedo!** / Je déteste me lever tôt !

goûter ■ *nm* lanche *(m)*. ■ *vt* provar. ■ *vi* lanchar • **goûter à qqch** provar algo.

goutte *nf* gota *(f)* • **goutte à goutte** gota a gota.
■ **gouttes** *nfpl* gotas *(fpl)*.

goutte-à-goutte *nm inv* sistema *(m)* de soro.

gouttelette *nf* gotinha *(f)*.

gouttière *nf* caleira *(f)*.

gouvernail *nm* leme *(m)*.

gouvernement *nm* governo *(m)*.

gouverner *vt* governar.

gouverneur, e *nm, f* governador *(m)*, -ra *(f)*.

GPS (*abr de* **Global Positioning System**) *nm* GPS *(m)*.

grâce *nf* graça *(f)*.
■ **grâce à** *prép* graças a.

gracier *vt* agraciar.

gracieusement *adv* **1.** *(avec grâce)* graciosamente **2.** *(gratuitement)* de graça.

gracieux, euse *adj* gracioso(osa).

grade *nm* grau *(m)*.

gradins *nmpl* bancadas *(fpl) (Port)*, arquibancada *(f) (Br)*.

gradué, e *adj* **1.** *(verre, règle)* graduado(da) **2.** *(Belgique) (diplômé)* diplomado(da).

graduel, elle *adj* gradual.

graff (*abr de* **graffiti**) *nm* graff *(m) (gráfito)*.

graffiti(s) *nmpl* grafito *(m)*.

grain *nm* **1.** grão *(m)* **2.** *(de poussière)* partícula *(f)* **3.** *(de raisin)* bago *(m)* • **grain de beauté** sinal *(m)*.

graine *nf* semente *(f)*.

graisse *nf* **1.** *(matière grasse)* gordura *(f)* **2.** *(bourrelets)* banha *(f)* **3.** *(lubrifiant)* lubrificante *(m)*.

graisser *vt* olear.

graisseux, euse *adj* engordurado(da).

grammaire *nf* gramática *(f)*.

grammatical, e *adj* gramatical.

gramme *nm* grama *(m)*.

grand, e ■ *adj* **1.** grande **2.** *(en taille)* alto(ta). ■ *adv* • **grand ouvert** aberto de par em par • **il est grand temps de** já é tempo de • **grand frère** irmão mais velho • **grand magasin** loja *(f)* • **grande surface** hipermercado *(m)* • **les grandes vacances** as férias grandes.

grand-chose *pron* • **ce n'est pas grand-chose** não é grande coisa.

Grande-Bretagne *nf* • **la Grande-Bretagne** a Grã-Bretanha.

grandeur *nf* **1.** *(taille)* tamanho *(m)* **2.** *(importance)* grandeza *(f)* • **grandeur nature** de tamanho natural.

grandir *vi* **1.** *(en taille)* crescer **2.** *(en importance)* aumentar.

grand-mère *nf* avó *(f)*.

grand-père *nm* avô *(m)*.

grand-rue *nf* rua *(f)* principal.

grands-parents *nmpl* avós *(mpl)*.

grange *nf* palheiro *(m)*.

granit(e) *nm* granito *(m)*.

granulé *nm* grânulo *(m) (medicamento)*.

granuleux, euse *adj* granuloso(osa).

graphique *nm* gráfico *(m)*.

graphologie *nf* grafologia *(f)*.

grappe *nf* cacho *(m)*.

grappiller ■ *vt* **1.** *(cueillir)* colher aqui e acolá **2.** *fig (prendre)* recolher aqui e acolá. ■ *vi fig* ir buscar a.

grappin *nm* • **elle lui a mis le grappin dessus** *fig & péj* ela deitou-lhe a mão.

gras, grasse ■ *adj* **1.** *(aliment)* gorduroso(osa) **2.** *(taché)* engordurado(da) **3.** *(cheveux)* oleoso(osa) **4.** *(personne, crème)* gordo(da). ■ *nm* **1.** *(graisse)* gordura *(f)* **2.** *(caractères d'imprimerie)* • **en gras** em negrito • **faire la grasse matinée** levantar-se tarde.

gras-double *nm* dobrada *(f)*.

gratifier *vt* gratificar • **gratifier qqn de qqch** gratificar alguém com algo.

gratin *nm* • **gratin de pommes de terre** batatas *(fpl)* gratinadas • **gratin dauphinois** *batatas gratinadas com natas ou leite*.

gratiné, e *adj* **1.** CULIN gratinado(da) **2.** *fam (difficile)* puxado(da) **3.** *fam (remarquable)* • **comme imbécile, il est gratiné !** é cá um imbecil! **4.** *fam (grivois)* picante.
■ **gratinée** *nf* *sopa de cebola com queijo gratinado*.

gratiner *vi* • **faire gratiner qqch** gratinar algo.

gratis *adv* grátis.

gratitude *nf* gratidão *(f)*.

gratte-ciel *nm inv* arranha-céus *(m inv)*.

gratter *vt* **1.** *(peau)* coçar **2.** *(peinture, tache)* raspar **3.** *(sujet : vêtement)* fazer comichão.
■ **se gratter** *vp* coçar-se.

gratuit, e *adj* gratuito(ta).

gratuitement *adv* gratuitamente.

gravats *nmpl* entulho *(m)*.

grave *adj* **1.** grave **2.** *(visage)* sério(a).

gravement *adv* gravemente.

graver *vt* gravar.

graveur *nm* INFORM gravador (de CD-ROM).

gravier *nm* cascalho *(m)*.

gravillon *nm* cascalho *(m)* miúdo.

gravir *vt* trepar.

gravité *nf* gravidade *(f)*.

graviter *vi* gravitar • **graviter dans** gravitar em • **graviter autour de qqn/qqch** gravitar à volta de alguém/algo.

gravure *nf* gravura *(f)*.

gré *nm* • **de mon plein gré** de minha livre vontade • **de gré ou de force** quer queira quer não • **bon gré mal gré** a bem ou a mal.

grec, **grecque** ■ *adj* grego(ga). ■ *nm (langue)* grego *(m)*.
■ **Grec**, **Grecque** *nm, f* grego *(m)*, -ga *(f)*.

Grèce *nf* • **la Grèce** a Grécia.

greffe *nf* transplante *(m)*.

greffer *vt* transplantar.

greffier, **ière** *nm, f* escrivão *(m)*, -vã *(f)*.

grêle *nf* granizo *(m)*.

grêler *v impers* • **il grêle** está a cair granizo.

grêlon *nm* pedra *(f) (de granizo)*.

grelot *nm* guizo *(m)*.

grelotter *vi* tiritar.

grenade *nf* **1.** *(fruit)* romã *(f)* **2.** *(arme)* granada *(f)*.

grenadine *nf* xarope *(m)* de romã.

grenat *adj inv* grená.

grenier *nm* sótão *(m)*.

grenouille *nf* rã *(f)*.

grésiller *vi* **1.** *(huile)* crepitar **2.** *(radio)* zumbir.

grève *nf* greve *(f)* • **être/se mettre en grève** estar/entrar em greve • **grève de la faim** greve de fome.

grever *vt* sobrecarregar • **grever qqch de** sobrecarregar algo com.

gréviste *nmf* grevista *(mf)*.

gribouillage *nm* gatafunho *(m)*.

gribouiller *vt* gatafunhar.

grief *nm* razão *(f)* de queixa • **faire grief à qqn de qqch** censurar alguém por causa de algo.

grièvement *adv* gravemente.

griffe *nf* **1.** *(de chat, de chien)* unha *(f)* **2.** *(d'aigle)* garra *(f)* **3.** *(Belgique) (éraflure)* arranhadela *(f)*.

griffer *vt* arranhar.

griffonner *vt* rabiscar.

grignoter *vt* petiscar.

gril *nm* grelha *(f)*.

grillade *nf* grelhado *(m)*.

grillage *nm* rede *(f)*.

grille *nf* **1.** grelha *(f)* **2.** *(d'un jardin)* cancela *(f)* **3.** *(tableau)* tabela *(f)*.

grillé, **e** *adj (ampoule)* fundido(da).

grille-pain *nm inv* torradeira *(f)*.

griller *vt* **1.** grelhar **2.** *(pain)* torrar • **griller un feu rouge** *fam* passar com o vermelho aceso.

grillon *nm* grilo *(m)*.

grimace *nf* careta *(f)* • **faire des grimaces** fazer caretas.

grimpant, **e** *adj* • **plante grimpante** trepadeira *(f)*.

grimper *vt* & *vi* subir • **grimper aux arbres** trepar às árvores.

grincement *nm* rangido *(m)*.

grincer *vi* ranger.

grincheux, **euse** *adj* rabugento(ta).

griotte *nf* ginja *(f)*.

grippe *nf* gripe *(f)* • **avoir la grippe** estar com gripe.

grippé, **e** *adj* engripado(da).

gripper *vi* **1.** *(un mécanisme)* gripar **2.** *fig (un processus)* emperrar.
■ **se gripper** *vp* **1.** *(se bloquer)* gripar **2.** *fig (mal fonctionner)* bloquear-se.

gris, **e** ■ *adj* **1.** *(couleur)* cinzento(ta) **2.** *(cheveux)* grisalho(lha) **3.** *(ciel, temps)* encoberto (ta). ■ *nm* cinzento *(m)*.

grisonner *vi* começar a ficar grisalho(lha).

grive *nf* tordo *(m)*.

grivois, **e** *adj* picante.

Groenland *nm* • **le Groenland** a Gronelândia.

grog *nm* grogue *(m)*.

grognement *nm* **1.** *(de personne)* resmungo *(m)* **2.** *(du cochon)* grunhido *(m)*.

grogner *vi* **1.** *(cochon)* grunhir **2.** *(chien)* rosnar **3.** *(personne)* resmungar.

grognon, onne *adj* resmungão *(m)*, -gona *(f)*.

groin *nm* focinho *(m)*.

grommeler ■ *vi* falar por entre dentes. ■ *vt* dizer por entre dentes.

grondement *nm* estrondo *(m)*.

gronder ■ *vt* ralhar a. ■ *vi (tonnerre)* ressoar • **je me suis fait gronder par ma mère** a minha mãe ralhou-me.

groom *nm* groom *(m)*.

gros, grosse ■ *adj* **1.** *(en taille)* gordo(da) **2.** *(important)* importante **3.** *(épais)* espesso(a). ■ *adv* **1.** *(écrire)* em letras grandes **2.** *(gagner)* muito. ■ *nm* • **en gros** *(environ)* por alto • COMM por atacado • **le gros lot** a sorte grande • **gros mot** palavrão *(m)* • **gros titre** manchete *(f)*.

groseille *nf* groselha *(f)* • **groseille à maquereau** groselha espinhosa.

grossesse *nf* gravidez *(f)*.

grosseur *nf* **1.** *(épaisseur)* grossura *(f)* **2.** MÉD caroço *(m)*.

grossier, ère *adj* **1.** *(impoli)* grosseiro(ra) **2.** *(approximatif)* aproximado(da) **3.** *(erreur)* crasso(a).

grossièrement *adv* **1.** *(sommairement)* por alto **2.** *(vulgairement)* grosseiramente.

grossièreté *nf* **1.** *(d'une personne, de paroles)* grosseria *(f)* **2.** *(parole)* asneira *(f)*.

grossir ■ *vt* aumentar. ■ *vi* engordar • **faire grossir** engordar.

grossiste *nmf* grossista *(mf)*.

grosso modo *adv* grosso modo.

grotesque *adj* grotesco(ca).

grotte *nf* gruta *(f)*.

grouiller ■ **grouiller de** *vp* + *prép* fervilhar de.

groupe *nm* grupo *(m)* • **en groupe** em grupo • **groupe sanguin** grupo sanguíneo.

grouper *vt* agrupar.
■ **se grouper** *vp* agrupar-se.

gruau *nm (Québec) papa de flocos de aveia.*

grue *nf (de chantier)* grua *(f)*.

grumeau *nm* grumo *(m)*.

gruyère *nm* queijo *(m)* gruyère.

guacamole *nm* guacamole.

Guadeloupe *nf* • **la Guadeloupe** a Guadalupe.

guadeloupéen, enne *adj* guadalupense.

Guatemala *nm* • **le Guatemala** a Guatemala.

guédille *nm (Québec) sandes de frango ou ovos.*

guenille *nf* farrapo *(m)*.

guenon *nf* macaca *(f)*.

guépard *nm* lobo-tigre *(m)*.

guêpe *nf* vespa *(f) (Port)*, marimbondo *(m) (Br)*.

guêpier *nm* vespeiro *(m)* • **aller se fourrer dans un guêpier** *fig* ir-se meter num ninho de vespas.

guère *adv* • **elle ne mange guère** ela não come quase nada.

guéridon *nm* mesa *(f)* de pé-de-galo.

guérilla *nf* guerrilha *(f)*.

guérir *vt* & *vi* curar.

guérison *nf* cura *(f)*.

guerre *nf* guerra *(f)* • **être en guerre** estar em guerra • **guerre mondiale** guerra mundial • **guerre bactériologique/biologique/chimique** guerra bactereológica/química • **guerre atomique/nucléaire** guerra atómica/nuclear • **guerre de religion** guerra religiosa.

guerrier *nm* guerreiro *(m)*.

guet *nm* • **faire le guet** estar de guarda.

guet-apens *nm* ratoeira *(f)* • **tomber dans un guet-apens** cair numa ratoeira.

guetter *vt* espreitar.

gueule *nf* **1.** *(d'animal)* boca *(f)* **2.** *vulg (visage)* focinho *(m)* • **avoir la gueule de bois** *fam* estar com uma ressaca.

gueuler *vi vulg* berrar.

gueuze *nf (Belgique)* gueuse *(f)*, *cerveja forte com fermentação dupla.*

gui *nm* visco *(m)*.

guichet *nm* guiché *(m)* • **guichet automatique (de banque)** caixa *(m)* automática multibanco.

guichetier, ère *nm, f* funcionário *(m)*, -ria *(f)*.

guide ■ *nmf* guia *(mf)*. ■ *nm* guia *(m)* • **guide touristique** guia turístico.

guider *vt* guiar.

guidon *nm* guiador *(m)*.

guignol *nm* fantoches *(mpl)*.

guillemets *nmpl* aspas *(fpl)* • **entre guillemets** entre aspas.

guilleret, **ette** *adj* alegre.

guillotine *nf* guilhotina *(f)*.

guimauve *nf* *doce feito de raíz de alteia com gelatina ou goma arábica.*

guindé, **e** *adj* afectado(da).

guirlande *nf* **1.** *(de Noël)* fita *(f)* **2.** *(de fleurs)* grinalda *(f)*.

guise *nf* • **en guise de** à laia de.

guitare *nf* guitarra *(f)* *(Port)*, violão *(m)* *(Br)* • **guitare électrique** guitarra eléctrica.

guitariste *nmf* guitarrista *(mf)*.

Guyane *nf* • **la Guyane (française)** a Guiana (francesa).

gymnase *nm* ginásio *(m)*.

gymnastique *nf* ginástica *(f)* • **faire de la gymnastique** fazer ginástica.

gynécologue *nmf* ginecologista *(mf)*.

gyrophare *nm* luz *(f)* rotativa.

h H

h, H *nm inv (lettre)* h, H *(m)*.
■ **h** (*abr écrite de* **heure, hecto**) h.
■ **H** **1.** *abrév de* **homme** **2.** (*abr écrite de* **hydrogène**) H.

habile *adj* **1.** *(manuellement)* hábil **2.** *(intellectuellement)* esperto(ta).

habileté *nf* **1.** *(manuelle)* habilidade *(f)* **2.** *(intellectuelle)* esperteza *(f)*.

habillé, e *adj* **1.** *(personne)* vestido(da) **2.** *(tenue)* elegante.

habillement *nm (couture)* vestuário *(m)*.

habiller *vt* **1.** *(personne)* vestir **2.** *(meuble)* cobrir.
■ **s'habiller** *vp* **1.** *(mettre des vêtements)* vestir-se **2.** *(élégamment)* vestir-se a rigor • **s'habiller bien/mal** vestir-se bem/mal.

habitant, e *nm, f* **1.** habitante *(mf)* **2.** *(Québec)* camponês *(m)*, -esa *(f)* • **loger chez l'habitant** ficar em casa de uma família.

habitation *nf* habitação *(f)*.

habiter ■ *vt* morar em. ■ *vi* morar.

habits *nmpl* roupa *(f)*.

habitude *nf* hábito *(m)* • **avoir l'habitude de faire qqch** ter o hábito de fazer algo • **d'habitude** de costume • **comme d'habitude** como de costume.

habitué, e *nm, f* cliente *(mf)* habitual.

habituel, elle *adj* habitual.

habituellement *adv* habitualmente.

habituer *vt* • **habituer qqn à (faire) qqch** habituar alguém a (fazer) algo • **être habitué à (faire) qqch** estar habituado a (fazer) algo.
■ **s'habituer à** *vp + prép* • **s'habituer à (faire) qqch** habituar-se a (fazer) algo.

hache *nf* machado *(m)*.

hacher *vt* picar.

hachis *nm* picado *(m)* • **hachis Parmentier** ≃ empadão *(m)* de carne.

hachoir *nm* **1.** *(lame)* picador *(m)* de meia-lua **2.** *(électrique)* picadora *(f)*.

hachures *nfpl* tracejado *(m)*.

haddock *nm espécie de bacalhau fumado*.

haie *nf* **1.** *(d'arbustes)* sebe *(f)* **2.** SPORT barreiras *(fpl)*.

haine *nf* ódio *(m)*.

haïr *vt* odiar.

Haïti *npr* Haiti.

hâle *nm* bronzeado *(m)*.

hâlé, e *adj* ligeiramente bronzeado(da).

haleine *nf* hálito *(m)*.

haleter *vi* arquejar.

hall *nm* **1.** *(d'une maison)* hall *(m) (Port)*, saguão *(m) (Br)* **2.** *(d'une gare)* átrio *(m)*.

halle *nf* mercado *(m)*.

hallucination *nf* alucinação *(f)*.

halo *nm* **1.** *(de lumière)* halo *(m)* **2.** *fig (de gloire)* auréola *(f)*.

halogène *nm* • **(lampe) halogène** candeeiro *(m)* de halogéneo.

halte *nf* paragem *(f)* • **faire halte** fazer uma paragem.

halte-garderie *nf espécie de creche que abriga crianças durante o dia por curtos espaços de tempo*.

haltère *nm* haltere *(m)*.

hamac *nm* rede *(f) (de dormir)*.

hamburger *nm* hambúrguer *(m)*.

hameau *nm* casal *(m) (povoação)*.

hameçon *nm* anzol *(m)*.

hamster *nm* hámster *(m)*.

hanche *nf* anca *(f)*.

handball *nm* andebol *(m)*.

handicap *nm* **1.** *(infirmité)* deficiência *(f)* **2.** *(désavantage)* desvantagem *(f)*.

handicapé, e ■ *adj* **1.** *(infirme)* deficiente **2.** *(désavantagé)* prejudicado(da). ■ *nm, f* deficiente *(mf)*.

hangar *nm* hangar *(m)*.

hanneton *nm* besouro *(m)*.

hanté, **e** *adj* assombrado(da).

hanter *vt* **1.** *(fantôme)* assombrar **2.** *fig (obséder)* perseguir **3.** *fam (fréquenter)* andar por.

happer *vt* **1.** apanhar **2.** *(sujet : animal)* abocanhar.

harcèlement *nm* assédio *(m)* • **harcèlement moral** assédio moral.

harceler *vt* assediar.

hardi, **e** *adj* ousado(da) *(Port)*, afoito(ta) *(Br)*.

harem *nm* harém *(m)*.

hareng *nm* arenque *(m)* • **hareng saur** arenque defumado.

hargne *nf* rabugice *(f)*.

hargneux, **euse** *adj* enraivecido(da).

haricot *nm* feijão *(m)* • **haricot blanc** feijão branco • **haricot vert** feijão-verde *(m)*.

harmonica *nm* harmónica *(f)*.

harmonie *nf* harmonia *(f)*.

harmonieux, **euse** *adj* harmonioso(osa).

harmoniser *vt* harmonizar.

harnacher *vt* arrear.

harnais *nm* **1.** *(d'alpiniste)* equipamento *(m)* **2.** *(de cheval)* arreios *(mpl)*.

harpe *nf* harpa *(f)*.

harpon *nm* arpão *(m)*.

hasard *nm* acaso *(m)* • **au hasard** ao acaso • **à tout... ? hasard** será que por acaso...? • **par hasard** por acaso.

hasarder *vt* arriscar.
■ **se hasarder** *vp* arriscar-se • **se hasarder à faire qqch** arriscar-se a fazer algo.

hasardeux, **euse** *adj* arriscado(da).

haschisch *nm* haxixe *(m)*.

hâte *nf* pressa *(f)* • **à la hâte, en hâte** à pressa • **sans hâte** sem pressa • **avoir hâte de faire qqch** ter pressa de fazer algo.

hâter *vt* apressar.
■ **se hâter** *vp (se dépêcher)* apressar-se • **se hâter de faire qqch** apressar-se a fazer algo.

hausse *nf* subida *(f)* • **être en hausse** estar a subir.

hausser *vt* **1.** *(ton)* elevar **2.** *(prix)* subir • **hausser les épaules** encolher os ombros.

haut, **e** ■ *adj* alto(ta). ■ *nm* parte *(f)* de cima. ■ *adv* alto • **tout haut** em voz alta • **haut la main** por muitos • **de haut en bas** de alto a baixo • **en haut** em cima • **en haut de** em cima de • **la pièce fait 3 mètres de haut** a divisão tem 3 metros de altura • **avoir des hauts et des bas** ter altos e baixos.

hautain, **e** *adj* altivo(va).

hautbois *nm* oboé *(m)*.

haut de gamme ■ *loc adj* de topo de gama. ■ *nm inv* topo *(m)* de gama.

haute-fidélité *nf* alta-fidelidade *(f)*.

hauteur *nf* **1.** *(taille)* altura *(f)* **2.** *(altitude)* altitude *(f)* **3.** *(colline)* elevação *(f)* • **être à la hauteur** estar à altura.

haut-le-cœur *nm inv* náusea *(f)*.

haut-parleur *nm* altifalante *(m) (Port)*, alto-falante *(m) (Br)*.

hebdomadaire ■ *adj* semanal. ■ *nm* semanário *(m)*.

hébergement *nm* alojamento *(m)*.

héberger *vt* alojar.

hécatombe *nf* hecatombe *(f)*.

hectare *nm* hectare *(m)*.

hégémonie *nf* hegemonia *(f)*.

hein *interj fam* • **tu ne lui diras pas, hein ?** tu não lhe vais dizer, vais? • **hein?** *(pour faire répéter)* hã? • *(de surprise)* ah!

hélas *interj* infelizmente!

héler *vt* chamar.

hélice *nf* hélice *(f)*.

hélicoptère *nm* helicóptero *(m)*.

héliport *nm* heliporto *(m)*.

helvétique *adj* helvético(ca).

hématome *nm* hematoma *(m)*.

hémisphère *nm* hemisfério *(m)* • **l'hémisphère Nord/Sud** o hemisfério Norte/Sul.

hémophile *adj* & *nmf* hemofílico(ca).

hémorragie *nf* hemorragia *(f)*.

hémorroïdes *nfpl* hemorróidas *(fpl)*.

hennir *vi* relinchar.

hennissement *nm* relincho *(m)*.

hépatite *nf* hepatite *(f)* • **hépatite C** hepatite C.

herbe *nf* erva *(f)* • **fines herbes** ervas aromáticas • **mauvaises herbes** ervas daninhas.

herboriste *nmf* ervanário *(m)*.

héréditaire *adj* hereditário(ria).

hérésie *nf* heresia *(f)*.

hérisser ■ **se hérisser** *vp* eriçar-se.

hérisson *nm* ouriço-cacheiro *(m)*.

héritage *nm* herança *(f)*.

hériter *vt* herdar.
■ **hériter de** *vp + prép* • **hériter de qqch** herdar algo • **hériter de qqn** receber uma herança de alguém.

héritier, ère *nm, f* herdeiro *(m)*, -ra *(f)*.

hermétique *adj* hermético(ca).

hernie *nf* hérnia *(f)*.

héroïne *nf (drogue)* heroína *(f)* • ▷ **héros**.

héroïque *adj* heróico(ca).

héroïsme *nm* heroísmo *(m)*.

héron *nm* garça *(f)* real.

héros, héroïne *nm, f* herói *(m)*, heroína *(f)*.

herve *nm (Belgique) queijo mole de vaca da região de Liège*.

hésitation *nf* hesitação *(f)*.

hésiter *vi* hesitar • **hésiter à faire qqch** hesitar em fazer algo.

hétéroclite *adj* variado(da).

hétérogène *adj* heterogéneo(nea).

hétérosexuel, elle *adj & nm, f* heterossexual.

hêtre *nm* faia *(f)*.

heure *nf* hora *(f)* • **quelle heure est-il ? – il est quatre heures** que horas são? – são quatro horas • **il est trois heures vingt** são três e vinte • **à quelle heure part le train ? – à deux heures** a que horas parte o comboio? – às duas horas • **c'est l'heure de...** são horas de... • **de bonne heure** cedo • **être à l'heure** *(personne, train)* chegar a horas • *(montre)* estar certo • **heures de bureau** horário *(m)* de trabalho • **l'heure d'été/d'hiver** hora de Verão/de Inverno • **passer l'heure d'été/d'hiver** passar à hora de Verão/de Inverno • **heures d'ouverture** período *(m)* de funcionamento • **heures de pointe** horas de ponta *(Port)*, rush *(m) (Br)*.

heureusement *adv* felizmente.

heureux, euse *adj* feliz.

heurt *nm* **1.** *(choc)* pancada *(f)* **2.** *(désaccord, friction)* desavença *(f)* • **se dérouler sans heurts** correr bem.

heurter *vt* **1.** *(frapper)* embater em **2.** *(vexer)* chocar.
■ **se heurter à** *vp + prép* deparar com.

hexagonal, e *adj (français)* francês(esa).

hexagone *nm* hexágono *(m)* • **l'Hexagone** a França.

S'EXPRIMER...

demander l'heure

- **Que horas são?** / Quelle heure est-il ?
- **São quatro horas.** / Il est quatre heures.
- **São quatro (horas) e cinco.** / Il est quatre heures cinq.
- **São quatro (horas) e um quarto.** / Il est quatre heures et quart.
- **São quatro (horas) e meia.** / Il est quatre heures et demie.
- **São cinco (horas) menos um quarto.** / Il est cinq heures moins le quart.
- **São quatro (horas) e vinte e cinco.** / Il est quatre heures vingt-cinq.
- **São quatro (horas) e trinta e cinco.** / Il est quatre heures trente-cinq.

hiberner *vi* hibernar.

hibou *nm* mocho *(m)*.

hideux, euse *adj* hediondo(da).

hier *adv* ontem • **hier après-midi** ontem à tarde.

hiérarchie *nf* hierarquia *(f)*.

hiéroglyphes *nmpl* hieróglifos *(mpl)*.

hi-fi *nf inv* aparelhagens *(fpl)* hi-fi.

hilarant, e *adj* hilariante.

hilare *adj* • **être hilare** rir a bom rir.

hindou, e *adj & nm, f* hinduísta.

hippodrome *nm* hipódromo *(m)*.

hippopotame *nm* hipopótamo *(m)*.

hirondelle *nf* andorinha *(f)*.

hirsute *adj* hirsuto(ta).

hisser *vt* içar.

histoire *nf* **1.** *(passé, récit)* história *(f)* **2.** *(mensonge)* mentira *(f)* • **faire des histoires** criar problemas • **histoire drôle** piada *(f)*.

historique *adj* histórico(ca).

hit-parade *nm* top *(m)*.

hiver *nm* Inverno *(m)* • **en hiver** no Inverno.

HLM (*abr de* **Habitation à loyer modéré**) *nm inv* & *nf inv* ≃ habitação *(f)* a renda controlada.

hobby *nm* hobby *(m)*.

hochepot *nm (Belgique) cozido à flamenga*.

hocher *vt* • **hocher la tête** *(pour accepter)* anuir • *(pour refuser)* abanar a cabeça.

hochet *nm* guizo *(m)*.

hockey *nm* hóquei *(m)* • **hockey sur glace** hóquei sobre o gelo.

hold-up *nm inv* assalto *(m)* à mão armada.

hollandais, e ◼ *adj* holandês(esa). ◼ *nm (langue)* holandês *(m)*.
◼ **Hollandais, e** *nm, f* holandês *(m)*, -esa *(f)*.

hollande *nm* queijo *(m)* holandês.

Hollande *nf* • **la Hollande** a Holanda.

holocauste *nm* holocausto *(m)*.

homard *nm* lavagante *(m)* • **homard à l'américaine** *lavagante com molho de vinho branco, conhaque e tomates* • **homard Thermidor** *carne de lavagante grelhada servida com a carapaça*.

homéopathe *adj* & *nmf* homeopata *(mf)*.

homéopathie *nf* homeopatia *(f)*.

homicide ◼ *nm* homicídio *(m)*. ◼ *adj* homicida • **homicide volontaire/involontaire** homicídio voluntário/involuntário.

hommage *nm* • **en hommage à** em homenagem a • **rendre hommage à** prestar homenagem a.

homme *nm* homem *(m)* • **homme d'affaires** homem de negócios • **homme politique** político *(m)* • **l'homme de la rue** cidadão comum.

homogène *adj* homogéneo(nea).

homologue ◼ *nm* homólogo *(m)*. ◼ *adj* homólogo(ga).

homonyme *nm* homónimo *(m)*.

homophobe *adj* homófobo.

homosexuel, elle *adj* & *nm, f* homossexual.

Hongrie *nf* • **la Hongrie** a Hungria.

honnête *adj* **1.** *(personne)* honesto(ta) **2.** *(salaire, résultats)* decente.

honnêtement *adv* honestamente.

honnêteté *nf* honestidade *(f)*.

honneur *nm* honra *(f)* • **en l'honneur de** em honra de • **faire honneur à** *(repas)* fazer honras a.

honorable *adj* **1.** *(acte, résultat)* honroso(osa) **2.** *(personne)* honrado(da) • **notre honorable directeur** o nosso excelentíssimo director.

honoraires *nmpl* honorários *(mpl)*.

honorer *vt* **1.** honrar **2.** *(gratifier)* • **honorer qqn de qqch** honrar alguém com algo.
◼ **s'honorer** *vp* • **s'honorer de** ter a honra de.

honte *nf* vergonha *(f)* • **avoir honte (de)** ter vergonha (de) • **faire honte à qqn** envergonhar alguém.

honteux, euse *adj* **1.** *(personne, air)* envergonhado(da) **2.** *(affaire)* vergonhoso(osa).

hôpital *nm* hospital *(m)*.

hoquet *nm* • **avoir le hoquet** estar com soluços.

horaire *nm* horário *(m)* • **'horaires d'ouverture'** 'período de funcionamento'.

horizon *nm* horizonte *(m)* • **à l'horizon** no horizonte.

horizontal, e, aux *adj* horizontal.

horloge *nf* relógio *(m)* • **l'horloge parlante** o serviço horário.

horloger, ère *nm, f* relojoeiro *(m)*.

horlogerie *nf* relojoaria *(f)*.

hormis *prép sout* excepto, salvo.

hormone *nf* hormona *(f)*.

hormonothérapie *nf* MÉD hormonoterapia.

horodateur *nm* parquímetro *(m)*.

horoscope *nm* horóscopo *(m)*.

horreur *nf* horror *(m)* • **quelle horreur !** que horror! • **avoir horreur de (faire) qqch** detestar (fazer) algo.

horrible *adj* horrível.

horriblement *adv* horrivelmente.

horrifié, e *adj* horrorizado(da).

horrifier *vt* horrorizar.

horripiler *vt* exasperar.

hors *prép* **1.** • **hors de** fora de • **hors jeu** fora de jogo • **hors saison** fora de época • **'hors service'** 'fora de serviço' **2.** *(en panne)* 'avariado' • **hors taxes** *(prix)* sem IVA • **hors d'atteinte, hors de portée** fora de alcance • **hors d'haleine** sem fôlego • **hors de prix** excessivamente caro • **hors de**

question fora de questão • **être hors de soi** estar fora de si • **être hors sujet** fugir ao tema • **hors d'usage** fora de serviço.

hors-bord *nm inv* lancha *(f)* com motor de fora da borda.

hors-d'œuvre *nm inv* entrada *(f)*.

hors-série ■ *adj inv* fora de série. ■ *nm* edição *(m)* especial, fora *(f)* de série.

hors-la-loi *nmf inv* fora-da-lei *(mf)*.

hortensia *nm* hortênsia *(f)*.

horticulture *nf* horticultura *(f)*.

hospice *nm* asilo *(m)*.

hospitalier, **ère** *adj* **1.** *(accueillant)* hospitaleiro(ra) **2.** *(des hopitaux)* hospitalar.

hospitaliser *vt* hospitalizar.

hospitalité *nf* hospitalidade *(f)*.

hostie *nf* hóstia *(f)*.

hostile *adj* hostil.

hostilité *nf* hostilidade *(f)*.

hot dog *nm* cachorro *(m)* quente.

hôte, **esse** ■ *nm, f* anfitrião *(m)*, -ã *(f)*. ■ *nm* *(qui est reçu)* hóspede *(mf)*.

hôtel *nm* **1.** *(auberge)* hotel *(m)* **2.** *(château)* palacete *(m)* • **hôtel de ville** câmara *(f)* municipal.

hôtellerie *nf* **1.** *(hôtel)* hospedaria *(f)* **2.** *(activité)* hotelaria *(f)*.

hôtesse *nf* *(d'accueil)* recepcionista *(f)* • **hôtesse de l'air** hospedeira *(f)* (de bordo) *(Port)*, aeromoça *(f)* *(Br)*.

hotte *nf* *(panier)* cesto *(m)* • **hotte (aspirante)** exaustor *(m)*.

houille *nf* hulha *(f)*.

houle *nf* ondulação *(f)*.

houlette *nf sout* • **sous la houlette de qqn** sob a direcção de alguém.

hourra *interj* hurra!

houspiller *vt* repreender.

housse *nf* capa *(f)* • **housse de couette** capa de edredão.

houx *nm* azevinho *(m)*.

hovercraft *nm* hovercraft *(m)* *(Port)*, aerobarco *(m)* *(Br)*.

HT *adj* (*abr écrite de* **hors taxes**) s/IVA *(sem Imposto sobre o Valor Acrescentado)*.

hublot *nm* **1.** *(de bateau)* vigia *(f)* **2.** *(d'avion)* janela *(f)*.

huées *nfpl* apupos *(mpl)*.

huer *vt* apupar.

huile *nf* óleo *(m)* • **huile d'arachide** óleo de amendoim • **huile d'olive** azeite *(m)* • **huile solaire** óleo bronzeador *(Port)*, óleo de bronzear *(Br)*.

huiler *vt* **1.** *(mécanisme)* olear **2.** *(moule)* untar.

huileux, **euse** *adj* oleoso(osa).

huissier, **ère** *nm* oficial *(m)* de diligências.

huit *num* oito • **il a huit ans** ele tem oito anos • **il est huit heures** são oito horas • **le huit janvier** no dia oito de Janeiro • **page huit** página oito • **ils étaient huit** eram oito • **le huit de pique** o oito de espadas • **(au) huit rue Lepic** (na) rua Lepic, número oito.

huitaine *nf* • **une huitaine (de jours)** cerca de oito (dias).

huitième ■ *num* oitavo(va). ■ *nm* **1.** *(fraction)* oitavo *(m)* **2.** *(étage)* oitavo andar *(m)*.

huître *nf* ostra *(f)*.

humain, **e** ■ *adj* humano(na). ■ *nm* humano *(m)*.

humanitaire ■ *adj* humanitário(ria). ■ *nm* humanitário.

humanité *nf* humanidade *(f)*.

humble *adj* humilde.

humecter *vt* humedecer.

humeur *nf* humor *(m)* • **être de bonne/mauvaise humeur** estar de bom humor/mau humor.

humide *adj* húmido(da).

humidificateur *nm* humidificador *(m)*.

humidité *nf* humidade *(f)*.

humiliant, **e** *adj* humilhante.

humiliation *nf* humilhação *(f)*.

humilier *vt* humilhar.

humoristique *adj* humorístico(ca).

humour *nm* humor *(m)* • **avoir de l'humour** ter sentido de humor.

huppé, **e** *adj* da alta roda.

hurlement *nm* **1.** *(de chien)* uivo *(m)* **2.** *(de personne)* berro *(m)*.

hurler *vi* **1.** *(chien)* uivar **2.** *(personne)* berrar **3.** *(vent)* assobiar.

hutte *nf* cabana *(f)*.

hybride *adj & nmf* híbrido(da).

hydratant, **e** *adj* hidratante.

hydrater *vt* hidratar.

hydraulique ■ *adj* hidráulico(ca). ■ *nf* hidráulica *(f)*.

hydravion *nm* hidroavião *(m)*.

hydrocarbure *nm* hidrocarboneto *(m)*.

hydroélectrique *adj* hidroeléctrico(ca).

hydrogène *nm* hidrogénio *(m)*.

hydrophile *adj* ▷ **coton**.

hyène *nf* hiena *(f)*.

hygiène *nf* higiene *(f)*.

hygiénique *adj* higiénico(ca).

hymne *nm* *(religieux)* cântico *(m)* • **hymne national** hino *(m)* nacional.

hyper- *préf fam* • **hyper-sympa** super simpático.

hypermarché *nm* hipermercado *(m)*.

hypermétrope *adj* & *nmf* hipermetrope.

hypertension *nf* hipertensão *(f)* *(Port)*, pressão *(f)* alta *(Br)*.

hypnotiser *vt* hipnotizar.

hypocondriaque *adj* & *nmf* hipocondríaco (ca).

hypocrisie *nf* hipocrisia *(f)*.

hypocrite *adj* & *nmf* hipócrita.

hypoglycémie *nf* hipoglicemia *(f)*.

hypotension *nf* tensão *(f)* arterial baixa • **faire de l'hypotension** ter a tensão arterial baixa.

hypothèque *nf* hipoteca *(f)*.

hypothéquer *vt* **1.** hipotecar **2.** *fig* *(l'avenir)* comprometer.

hypothèse *nf* hipótese *(f)*.

hystérique *adj* histérico(ca).

i I

i, I *nm inv (lettre)* i, I *(m)*.

iceberg *nm* icebergue *(m)*.

ici *adv* aqui • **d'ici là** daqui até lá • **d'ici peu** daqui a pouco • **par ici** por aqui.

icône *nf* ícone *(m)*.

idéal, e ■ *adj* ideal. ■ *nm* ideal *(m)* • **l'idéal, ce serait...** o ideal seria....

idéaliste *adj* & *nmf* idealista.

idée *nf* ideia *(f)* • **avoir une idée de** ter uma ideia de.

identifiant *nm* INFORM informação *(m)* de autenticação, sistema *(f)* de autenticação.

identifier *vt* identificar.
■ **s'identifier à** *vp* + *prép* identificar-se com.

identique *adj* • **identique (à)** idêntico(ca) (a).

identité *nf* identidade *(f)*.

idéologie *nf* ideologia *(f)*.

idiomatique *adj* idiomático(ca).

idiot, e *adj* & *nm, f* idiota.

idiotie *nf* idiotice *(f)*.

idole *nf* ídolo *(m)*.

idylle *nf* idílio *(m)*.

idyllique *adj* idílico(ca).

igloo *nm* iglu *(m)*.

ignoble *adj* ignóbil.

ignorance *nf* ignorância *(f)* • **dans l'ignorance de qqch** na ignorância de algo.

ignorant, e *adj* & *nm, f* ignorante.

ignorer *vt* ignorar.

il *pron* ele • **il pleut** está a chover.
■ **ils** *pron* eles.

île *nf* ilha *(f)* • **île flottante** farófias *(fpl)* • **l'île Maurice** a ilha Maurícia • **les îles Anglo-Normandes** as ilhas Anglo-Normandas.

Île-de-France *nf região de Paris.*

illégal, e *adj* ilegal.

illégalité *nf* ilegalidade *(f)* • **dans l'illégalité** na ilegalidade.

illégitime *adj* **1.** *(union, enfant)* ilegítimo(ma) **2.** *(crainte, prétention)* infundado(da).

illettré, e *adj* & *nm, f* analfabeto(ta).

illicite *adj* ilícito(ta).

illimité, e *adj* ilimitado(da).

illisible *adj* ilegível.

illogique *adj* ilógico(ca).

illuminer *vt* iluminar.
■ **s'illuminer** *vp* iluminar-se.

illusion *nf* ilusão *(f)* • **se faire des illusions** iludir-se.

illusionniste *nmf* ilusionista *(mf)*.

illusoire *adj* ilusório(ria).

illustration *nf* ilustração *(f)*.

illustre *adj* ilustre.

illustré, e ■ *adj* ilustrado(da). ■ *nm* jornal *(m)* ilustrado.

illustrer *vt* ilustrar.

îlot *nm* ilhéu *(m)*.

image *nf* imagem *(f)*.

imagerie *nf* imagiologia *(f)* • **imagerie médicale** imagiologia médica.

imaginaire *adj* imaginário(ria).

imagination *nf* imaginação *(f)* • **avoir de l'imagination** ter imaginação.

imaginer *vt* imaginar.
■ **s'imaginer** *vp* **1.** *(soi-même)* imaginar-se **2.** *(scène, personne)* imaginar • **s'imaginer que** imaginar que.

imbattable *adj* imbatível.

imbécile *nmf* imbecil *(mf)*.

imberbe *adj* imberbe.

imbiber *vt* • **imbiber qqch de** embeber algo em.

imbroglio *nm* imbróglio *(m)*.

imbu, **e** *adj* • **être imbu de qqch** estar imbuído de algo • **être imbu de soi-même** ser convencido.

imbuvable *adj* intragável *(bebida)*.

imitateur, **trice** *nm, f* imitador *(m)*, -ra *(f)*.

imitation *nf* imitação *(f)* • **imitation cuir** imitação de couro.

imiter *vt* imitar.

immangeable *adj* intragável *(comida)*.

immatriculation *nf* matrícula *(f)*.

immédiat, **e** *adj* imediato(ta).

immédiatement *adv* imediatamente.

immense *adj* imenso(sa).

immergé, **e** *adj* imerso(sa).

immeuble *nm* prédio *(m)*.

immigration *nf* imigração *(f)* • **immigration clandestine** imigração clandestina.

immigré, **e** ◪ *adj* imigrado(da). ◪ *nm, f* imigrante *(mf)*.

imminent, **e** *adj* iminente.

immiscer ■ **s'immiscer** *vp* • **s'immiscer dans qqch** imiscuir-se em algo.

immobile *adj* imóvel.

immobilier, **ère** ◪ *adj* imobiliário(ria). ◪ *nm* • **l'immobilier** o sector imobiliário.

immobiliser *vt* imobilizar.

immonde *adj* imundo(da).

immoral, **e** *adj* imoral.

immortaliser *vt* imortalizar.

immortel, **elle** *adj* imortal.

immuable *adj* imutável.

immuniser *vt* imunizar.

immunité *nf* imunidade *(f)* • **immunité diplomatique/parlementaire** imunidade diplomática/parlamentar.

impact *nm* impacto *(m)*.

impair, **e** *adj* ímpar.

imparable *adj* **1.** *(coup)* imparável **2.** *(argument)* irrefutável.

impardonnable *adj* imperdoável.

imparfait, **e** ◪ *adj* imperfeito(ta). ◪ *nm* imperfeito *(m)*.

impartial, **e** *adj* imparcial.

impasse *nf* beco *(m)* sem saída • **faire une impasse sur qqch** não estudar algo.

impassible *adj* impassível.

impatience *nf* impaciência *(f)*.

impatient, **e** *adj* impaciente • **être impatient de faire qqch** estar impaciente por fazer algo.

impatienter ■ **s'impatienter** *vp* impacientar-se.

impeccable *adj* impecável.

impensable *adj* impensável.

imper *nm* impermeável *(m)*.

impératif, **ive** ◪ *adj* imperativo(va). ◪ *nm* GRAMM imperativo *(m)*.

impératrice *nf* imperatriz *(f)*.

imperceptible *adj* imperceptível.

imperfection *nf* imperfeição *(f)*.

impérial, **e** *adj* imperial.

impérialisme *nm* **1.** *(d'un État)* imperialismo *(m)* **2.** *fig (domination)* império *(m)*.

imperméabiliser *vt* impermeabilizar.

imperméable *adj* & *nm* impermeável.

impersonnel, **elle** *adj (neutre)* impessoal.

impertinent, **e** *adj* impertinente.

imperturbable *adj* imperturbável.

impétueux, **euse** *adj* impetuoso(osa).

impitoyable *adj* impiedoso(osa).

implacable *adj* implacável.

implanter *vt* implantar.
■ **s'implanter** *vp* implantar-se.

implication *nf* • **implication (dans)** implicação *(f)* (em).
■ **implications** *nfpl* implicações *(fpl)*.

implicite *adj* implícito(ta).

impliquer *vt (entraîner)* implicar • **impliquer qqn dans** implicar alguém em.
■ **s'impliquer dans** *vp* + *prép* implicar-se em.

implorer *vt* implorar.

impoli, **e** *adj* mal-educado(da).

impopulaire *adj* impopular.

import *nm (Belgique)* montante *(m)*.

importance *nf* importância *(f)*.

important, **e** *adj* importante.

importation *nf* importação *(f)*.

importer *vt* & *vi* importar • **peu importe** pouco importa • **n'importe comment** *(mal)* de qualquer maneira • **n'importe quel** qualquer • **n'importe qui** qualquer pessoa.

importuner *vt* importunar.

imposable *adj* tributável, isento fiscal, tributário.

imposant, e *adj* imponente.

imposer *vt* tributar • **imposer qqch à qqn** impor algo a alguém.
■ **s'imposer** *vp* impor-se.

impossible *adj* impossível • **il est impossible que** é impossível que • **il est impossible de faire qqch** é impossível fazer algo.

imposteur *nm* impostor *(m)*, -ra *(f)*.

impôt *nm* imposto *(m)*.

impotent, e *adj* & *nm, f* inutilizado(da).

impraticable *adj* intransitável.

imprécis, e *adj* impreciso(sa).

imprégner *vt* impregnar • **imprégner qqch de** impregnar algo de.
■ **s'imprégner de** *vp* impregnar-se de.

imprésario *nm* empresário *(m)* *(agente)*.

impression *nf* impressão *(f)* • **avoir l'impression que** ter a impressão que • **avoir l'impression de faire qqch** ter a impressão de fazer algo.

impressionnant, e *adj* impressionante.

impressionner *vt* impressionar.

impressionnisme *nm* impressionismo *(m)*.

imprévisible *adj* imprevisível.

imprévu, e ■ *adj* imprevisto(ta). ■ *nm* • **sauf imprévu j'arriverai à 18 h** salvo algo contrário chegarei às 18 horas.

imprimante *nf* impressora *(f)*.

imprimé, e ■ *adj* estampado(da). ■ *nm* **1.** impresso *(m)* **2.** *(publicitaire)* folheto *(m)*.

imprimer *vt* imprimir.

imprimerie *nf* **1.** *(métier)* imprensa *(f)* **2.** *(lieu)* tipografia *(f)*.

impromptu, e *adj* improvisado(da).
■ **impromptu** *adv* de improviso.

imprononçable *adj* impronunciável.

impropre *adj* impróprio(pria) • **impropre à** impróprio para.

improviser *vt* & *vi* improvisar.

improviste ■ **à l'improviste** *adv* de improviso.

imprudence *nf* imprudência *(f)*.

imprudent, e *adj* imprudente.

impudique *adj* impudico(ca).

impuissant, e *adj* *(sans recours)* impotente.

impulsif, ive *adj* impulsivo(va).

impulsion *nf* impulso *(m)* • **sous l'impulsion de** *(effet)* impulsionado por • **sous l'impulsion de qqn** *(influence)* impulsionado por alguém.

impunément *adv* impunemente.

impunité *nf* impunidade *(f)* • **en toute impunité** impunemente.

impureté *nf* impureza *(f)*.

imputer *vt* • **imputer qqch à qqn/qqch** imputar algo a alguém/algo.

inabordable *adj* *(prix)* inacessível.

inacceptable *adj* inaceitável.

inaccessible *adj* inacessível.

inachevé, e *adj* inacabado(da).

inactif, ive *adj* inactivo(va).

inaction *nf* inacção *(f)*.

inadapté, e *adj* **1.** *(personne)* inadaptado(da) **2.** *(objet)* inadequado(da).

inadmissible *adj* inadmissível.

inadvertance *nf* *sout* inadvertência *(f)* • **par inadvertance** por inadvertência.

inaliénable *adj* inalienável.

inanimé, e *adj* inanimado(da).

inanition *nf* • **tomber/mourir d'inanition** desfalecer/morrer de inanição.

inaperçu, e *adj* • **passer inaperçu** passar despercebido.

inapte *adj* inapto(ta) • **inapte à faire qqch** inapto para fazer algo • **inapte à qqch** inapto para algo.

inattaquable *adj* **1.** *(imprenable, irréprochable)* inatacável **2.** *(irréfutable)* incontestável.

inattendu, e *adj* inesperado(da).

inattention *nf* distracção *(f)* • **faute d'inattention** erro *(m)* de distracção.

inaudible *adj* inaudível.

inauguration *nf* inauguração *(f)*.

inaugurer *vt* inaugurar.

inavouable *adj* inconfessável.

incalculable *adj* incalculável.

incandescent, e *adj* incandescente.

incantation *nf* encantamento *(m)*.

incapable ■ *nmf* incapaz *(mf)*. ■ *adj* • **être incapable de faire qqch** ser incapaz de fazer algo.

incapacité *nf* incapacidade *(f)* • **être dans l'incapacité de faire qqch** estar na incapacidade de fazer algo.

incarcération *nf* encarceramento *(m)*.

incarner *vt* encarnar.

incartade *nf* descambadela *(f)*.

incassable *adj* inquebrável.

incendie *nm* incêndio *(m)*.

incendier *vt* incendiar.

incertain, **e** *adj* incerto(ta).

incertitude *nf* incerteza *(f)*.

S'EXPRIMER...

exprimer son incertitude

• **Achas que sim?** / Tu crois vraiment ?
• **Não tenho tanto a certeza./Não me parece.** / Je n'en suis pas si sûr.
• **Quem sabe, talvez ele tenha mudado de opinião.** / Qui sait, il a peut-être changé d'avis.
• **Não sei ao certo.** / Je ne sais pas vraiment.
• **Pergunto-me a mim mesmo se fiz bem.** / Je me demande si j'ai bien agi.

incessamment *adv* brevemente.

incessant, **e** *adj* incessante.

inceste *nm* incesto *(m)*.

inchangé, **e** *adj* inalterado(da).

incident *nm* incidente *(m)*.

incinérer *vt* incinerar.

inciser *vt* fazer uma incisão em.

incisif, **ive** *adj* incisivo(va).
■ **incisive** *nf* incisivo *(m)*.

inciter *vt* • **inciter qqn à faire qqch** incitar alguém a fazer algo.

incivilité *nf (manque de courtoisie)* incivismo.

inclinable *adj* reclinável.

incliné, **e** *adj* inclinado(da).

incliner *vt* inclinar.
■ **s'incliner** *vp* inclinar-se • **s'incliner devant** inclinar-se perante.

inclure *vt* incluir.

inclus, **e** *adj* incluído(da) • **jusqu'au 15 inclus** até ao dia quinze inclusive.

incognito ■ *adv* incógnito(ta). ■ *nm* incógnito *(m)* • **garder l'incognito** ficar incógnito(ta).

incohérent, **e** *adj* incoerente.

incollable *adj* **1.** *(riz)* que fica solto **2.** *fam (qui sait tout)* imbatível.

incolore *adj* incolor.

incomber *vi* • **incomber à qqn** incumbir a alguém.

incommoder *vt* incomodar.

incomparable *adj* incomparável.

incompatible *adj* incompatível.

incompétent, **e** *adj* incompetente.

incomplet, **ète** *adj* incompleto(ta).

incompréhensible *adj* incompreensível.

incompris, **e** *adj* & *nm, f* incompreendido (da).

inconcevable *adj* inconcebível.

inconditionnel, **elle** *nm, f* • **un inconditionnel de** um apaixonado por.

incongru, **e** *adj* incôngruo(grua).

inconnu, **e** ■ *adj* & *nm, f* desconhecido(da). ■ *nm* • **l'inconnu** o desconhecido.

inconsciemment *adv* inconscientemente.

inconscient, **e** ■ *adj* inconsciente. ■ *nm* • **l'inconscient** o inconsciente.

inconsidéré, **e** *adj* **1.** *(propos, geste)* irreflectido(da) **2.** *(usage)* imoderado(da).

inconsolable *adj* inconsolável.

incontestable *adj* incontestável.

incontinent, **e** *adj* & *nm, f* incontinente.

incontournable *adj* inelutável.

incontrôlable *adj* **1.** incontrolável **2.** *(activités)* que não pode ser controlado(da).

inconvénient *nm* inconveniente *(m)*.

incorporer *vt* misturar • **incorporer qqch à** misturar algo com.

incorrect, **e** *adj* incorrecto(ta).

incorrection *nf* incorrecção *(f)*.

incorrigible *adj* incorrigível.

incorruptible *adj* incorruptível.

incrédule *adj* incrédulo(la).

increvable *adj* **1.** *(ballon)* que não rebenta **2.** *(pneu)* que não fura **3.** *fam fig (mécanisme)* a toda a prova **4.** *fam fig (personne)* que tem muita genica.

S'EXPRIMER...

exprimer son incrédulité

• **Não pode ser!** / Ce n'est pas possible !
• **A sério?** / Vraiment ?
• **Não me digas/diga!** / C'est pas vrai !
• **É mesmo incrível!** / C'est vraiment incroyable !
• **Quem diria?/havia de dizer?** / Qui l'eût cru ?
• **É inconcebível!** / C'est inimaginable !

incriminer *vt* **1.** *(personne)* incriminar **2.** *(conduite)* condenar.

incroyable *adj* incrível.

incroyant, **e** *adj* & *nm, f* descrente.

incrusté, **e** *adj* • **incrusté de** *(décoré de)* com incrustações de.

incruster ■ **s'incruster** *vp* *(tache, saleté)* incrustar-se.

incubation *nf* incubação *(f)*.

inculpé, **e** *nm, f* arguido *(m)*, -da *(f)*.

inculper *vt* inculpar • **inculper qqn de qqch** inculpar alguém de algo.

inculquer *vt* • **inculquer qqch à qqn** inculcar algo a alguém.

inculte *adj* inculto(ta).

incurable *adj* incurável.

incursion *nf* incursão *(f)* • **incursion dans** *fig* incursão por.

incurvé, **e** *adj* encurvado(da).

Inde *nf* • **l'Inde** a Índia.

indécent, **e** *adj* indecente.

indéchiffrable *adj* indecifrável.

indécis, **e** *adj* indeciso(sa).

indécision *nf* indecisão *(f)*.

indéfini, **e** *adj* indefinido(da).

indéfiniment *adv* indefinidamente.

indélébile *adj* indelével.

indemne *adj* ileso(sa) • **sortir indemne de** sair ileso de.

indemniser *vt* indemnizar.

indemnité *nf* indemnização *(f)* • **indemnité de chômage** subsídio *(m)* de desemprego.

indémodable *adj* que nunca passará de moda • **ce style est indémodable** este estilo nunca passará de moda.

indéniable *adj* inegável.

indépendamment ■ **indépendamment de** *prép (à part)* independentemente de.

indépendance *nf* independência *(f)*.

indépendant, **e** *adj* independente • **être indépendant de** *(sans relation avec)* ser independente de.

indescriptible *adj* indescritível.

index *nm* **1.** *(doigt)* indicador *(m)* **2.** *(d'un livre)* índice *(m)*.

indexer *vt* **1.** *(salaires)* • **indexer qqch sur qqch** indexar algo a algo **2.** *(livre)* indexar.

indicateur *adj m* ▷ **poteau**.

indicatif ■ *nm* indicativo *(m)*. ■ *adj m* • **à titre indicatif** a título indicativo.

indication *nf* indicação *(f)* • **'indications'** *(sur un médicament)* 'indicações'.

indice *nm* **1.** *(preuve)* indício *(m)* **2.** *(taux)* índice *(m)*.

indien, **enne** *adj* **1.** *(d'Inde)* indiano(na) **2.** *(d'Amérique)* índio(dia).
■ **Indien**, **enne** *nm, f* **1.** *(d'Inde)* indiano *(m)*, -na *(f)* **2.** *(d'Amérique)* índio *(m)*, -dia *(f)*.

indifféremment *adv* **1.** *(sans distinction)* indistintamente **2.** *(sans préférence, selon le cas)* tanto... como....

indifférence *nf* indiferença *(f)*.

S'EXPRIMER...

exprimer son indifférence

• **Tanto se me dá (como se me deu)./É-me completamente indiferente.** / Ça m'est complètement égal.
• **Isso não é comigo!** / Mais ça ne me regarde pas !
• **Pouca sorte!** / C'est pas de chance !
• **Pouco importa.** / Peu importe.
• **Isso é contigo/consigo.** / Ça te/vous regarde.
• **Como queiras/queira...** / Si tu veux/vous voulez...

indifférent, **e** *adj* indiferente • **ça m'est indifférent** é-me indiferente.

indigène *nmf* indígena *(mf)*.

indigent, **e** *adj* & *nmf* indigente.

indigeste *adj* indigesto(ta).

indigestion *nf* indigestão *(f)*.

indignation *nf* indignação *(f)*.

indigne *adj* indigno(gna) • **être indigne de** ser indigno de.

indigné, **e** *adj* indignado(da).

indigner ■ **s'indigner** *vp* • **s'indigner de qqch** indignar-se com algo.

indigo *adj inv* & *nm* índigo.

indiquer *vt* indicar • **indiquer qqn/qqch à qqn** indicar alguém/algo a alguém.

indirect, **e** *adj* indirecto(ta).

indirectement *adv* indirectamente.

indiscipliné, **e** *adj* indisciplinado(da).

indiscret, **ète** *adj* indiscreto(ta).

indiscrétion *nf* indiscrição *(f)*.

indiscutable *adj* indiscutível.

indispensable *adj* indispensável.

indistinct, **e** *adj* indistinto(ta).

individu *nm* indivíduo *(m)*.

individualiste *adj* individualista.

individuel, **elle** *adj* individual.

indolent, **e** *adj* indolente.

indolore *adj* indolor.

indomptable *adj* indomável.

Indonésie *nf* • **l'Indonésie** a Indonésia.

indu, **e** *adj* indevido(da).

indubitable *adj* indubitável • **il est indubitable que** é indubitável que.

induire *vt* induzir • **induire qqn en erreur** induzir alguém em erro • **en induire que** induzir que.

indulgence *nf* indulgência *(f)* • **avec indulgence** com indulgência.

indulgent, **e** *adj* indulgente.

industrialisé, **e** *adj* industrializado(da).

industrie *nf* indústria *(f)*.

industriel, **elle** *adj* industrial.

inédit, **e** *adj* inédito(ta).

inefficace *adj* ineficaz.

inégal, **e**, **aux** *adj* **1.** *(longueur, chances)* desigual **2.** *(terrain)* acidentado(da) **3.** *(travail, résultats)* irregular.

inégalé, **e** *adj* inigualado(da).

inégalité *nf* desigualdade *(f)*.

inéluctable *adj* inelutável.

ineptie *nf* inépcia *(f)* • **dire des inepties** dizer imbecilidades.

inépuisable *adj* inesgotável.

inerte *adj* inerte.

inertie *nf* inércia *(f)*.

inespéré, **e** *adj* inesperado(da).

inestimable *adj* inestimável.

inévitable *adj* inevitável.

inexact, **e** *adj* inexacto(ta).

inexcusable *adj* imperdoável.

inexistant, **e** *adj* inexistente.

inexorable *adj* inexorável.

inexplicable *adj* inexplicável.

inexpliqué, **e** *adj* inexplicado(da).

inexprimable *adj* inexprimível.

in extremis *adv* in extremis.

inextricable *adj* inextricável.

infaillible *adj* infalível.

infâme *adj* infame.

infantile *adj* infantil.

infarctus *nm* enfarte *(m)*.

infatigable *adj* incansável.

infect, **e** *adj* infecto(ta).

infecter ■ **s'infecter** *vp* infectar.

infectieux, **euse** *adj* infeccioso(osa).

infection *nf* **1.** MÉD infecção *(f)* **2.** *(odeur)* fedor *(m)*.

inférieur, **e** *adj* inferior • **inférieur à** inferior a.

infériorité *nf* inferioridade *(f)*.

infernal, **e**, **aux** *adj* infernal.

infesté, **e** *adj* • **infesté de** infestado de.

infester *vt* infestar • **(être) infesté de** (estar) infestado de.

infidèle *adj* infiel.

infiltration *nf* infiltração *(f)*.

infiltrer ■ **s'infiltrer** *vp* infiltrar-se.

infime *adj* ínfimo(ma).

infini, **e** ■ *adj* infinito(ta). ■ *nm* infinito *(m)* • **à l'infini** até ao infinito.

infiniment *adv* extremamente • **je vous remercie infiniment** estou-lhe extremamente grato.

infinité *nf* infinidade *(f)*.

infinitif *nm* infinitivo *(m)*.

infirme *adj* & *nmf* inválido(da).

infirmerie *nf* enfermaria *(f)*.

infirmier, **ère** *nm, f* enfermeiro *(m)*, -ra *(f)*.

infirmité *nf* enfermidade *(f)*.

inflammable *adj* inflamável.

inflammation *nf* inflamação *(f)*.

inflation *nf* inflação *(f)*.

inflationniste *adj* inflacionista.

inflexible *adj* inflexível.

infliger *vt* • **infliger qqch à qqn** infligir algo a alguém.

influençable *adj* influenciável.

influence *nf* influência *(f)* • **avoir de l'influence sur qqn** ter influência sobre alguém.

influencer *vt* influenciar.

influent, **e** *adj* influente.

informaticien, **enne** *nm, f* técnico *(m)*, -ca *(f)* de informática.

information *nf* informação *(f)*.
■ **informations** *nfpl* notícias *(fpl)*.

informatique ◪ *adj* informático(ca). ◪ *nf* informática *(f)*.

informatisé, **e** *adj* informatizado(da).

informatiser *vt* informatizar.
■ **s'informatiser** *vp* informatizar-se.

informe *adj* informe.

informel, **elle** *adj* informal.

informer *vt* • **informer qqn de/que** informar alguém de/que.
■ **s'informer (de)** *vp + prép* informar-se (sobre).

infos *nfpl fam* notícias *(fpl)*.

infraction *nf* infracção *(f)* • **être en infraction** estar a cometer uma infracção.

infranchissable *adj* intransponível.

infrarouge ◪ *adj* infravermelho(lha). ◪ *nm* infravermelho *(m)*.

infrastructure *nf* infra-estrutura *(f)* • **infrastructure hôtelière** infra-estrutura hoteleira.

infructueux, **euse** *adj* infrutífero(ra).

infuser ◪ *vt* infundir. ◪ *vi* • **laisser infuser** deixar em infusão.

infusion *nf* infusão *(f)*.

ingénier ■ **s'ingénier** *vp* • **s'ingénier à faire qqch** esforçar-se por fazer algo.

ingénieur *nm (aussi :* **ingénieure** *nf)* engenheiro *(m)*, -ra *(f)*.

ingénieux, **euse** *adj* engenhoso(osa).

ingéniosité *nf* engenho *(m)*.

ingénu, **e** ◪ *adj* **1.** *(candide)* ingénuo(nua) **2.** *péj (trop candide)* bacoco(ca). ◪ *nm, f* ingénuo *(m)*, -nua *(f)* • **jouer les ingénus** *(au théâtre)* fazer de ingénuo • *(dans la vie)* fazer-se de ingénuo.

ingrat, **e** *adj* **1.** *(personne)* ingrato(ta) **2.** *(visage, physique)* desgracioso(osa).

ingratitude *nf* ingratidão *(f)*.

ingrédient *nm* ingrediente *(m)* • **'ingrédients'** 'ingredientes'.

ingurgiter *vt* **1.** *(avaler)* engolir **2.** *fam fig (des connaissances)* empinar.

inhabité, **e** *adj* **1.** *(région)* inabitado(da) **2.** *(logement)* desabitado(da).

inhabituel, **elle** *adj* que não é habitual.

inhérent, **e** *adj* • **être inhérent à** ser inerente a.

inhumain, **e** *adj* desumano(na).

inhumer *vt* inumar.

inimaginable *adj* inimaginável.

inimitable *adj* inimitável.

ininflammable *adj* não inflamável.

inintelligible *adj* ininteligível.

inintéressant, **e** *adj* desinteressante.

ininterrompu, **e** *adj* ininterrupto(ta).

initial, **e** *adj* inicial.

initiale *nf* inicial *(f)*.

initiation *nf* iniciação *(f)*.

initiative *nf* iniciativa *(f)* • **prendre l'initiative de faire qqch** tomar a iniciativa de fazer algo.

initié, **e** *adj* & *nm, f* iniciado(da).

initier *vt* • **initier qqn à qqch** iniciar alguém em algo.
■ **s'initier** *vp* • **s'initier à qqch** iniciar-se em algo.

injecté, **e** *adj* • **injecté (de sang)** injectado (de sangue).

injecter *vt* injectar.

injection *nf* injecção *(f)*.

injoignable *adj* incontactável, incomunicável.

injure *nf* injúria *(f)*.

injurier *vt* injuriar.

injurieux, **euse** *adj* injurioso(osa).

injuste *adj* injusto(ta).

injustice *nf* injustiça *(f)*.

injustifié, **e** *adj* injustificado(da).

inlassable *adj* **1.** *(infini)* inesgotável **2.** *(infatigable)* incansável.

inné, **e** *adj* inato(ta).

innocence *nf* inocência *(f)*.

innocent, **e** *adj* & *nm, f* inocente.

innocenter *vt* inocentar.

innombrable *adj* inumerável.

innover *vi* inovar.

inoccupé, **e** *adj* desocupado(da).

inoculer *vt* inocular.

inodore *adj* inodoro(ra).

inoffensif, **ive** *adj* inofensivo(va).

inondation *nf* inundação *(f)*.

inonder *vt* inundar.

inoubliable *adj* inesquecível.

inouï, **e** *adj* **1.** *(vitesse, dextérité)* incrível **2.** *(histoire, événement)* inaudito(ta).

Inox® *nm* inox *(m)*.

inoxydable *adj* inoxidável.

inquiet, **iète** *adj* inquieto(ta).

inquiétant, **e** *adj* inquietante.

inquiéter *vt* inquietar.
■ **s'inquiéter** *vp* inquietar-se.

inquiétude *nf* inquietação *(f)*.

insalubre *adj* insalubre.

insaturé, **e** *adj* insaturado(a).

inscription *nf* inscrição *(f)*.

inscrire *vt* inscrever.
■ **s'inscrire** *vp* inscrever-se • **s'inscrire à** inscrever-se em.

insecte *nm* insecto *(m)*.

insecticide *nm* insecticida *(m)*.

insécurité *nf* insegurança *(f)*.

insémination *nf* inseminação *(f)* • **insémination artificielle** inseminação artificial.

insensé, **e** *adj* inacreditável.

insensible *adj* **1.** insensível **2.** *(léger)* imperceptível • **être insensible à qqch** ser insensível a algo.

insensiblement *adv* imperceptivelmente.

inséparable *adj* inseparável.

insérer *vt* inserir.

insidieux, **euse** *adj* insidioso(osa).

insigne *nm* insígnia *(f)*.

insignifiant, **e** *adj* insignificante.

insinuer *vt* insinuar.

insipide *adj* insípido(da).

insistance *nf* insistência *(f)* • **avec insistance** com insistência.

insister *vi* insistir • **insister sur** insistir em.

insolation *nf* insolação *(f)*.

insolence *nf* insolência *(f)*.

insolent, **e** *adj* insolente.

insolite *adj* insólito(ta).

insoluble *adj* *(problème)* sem solução.

insomnie *nf* insónia *(f)* • **avoir des insomnies** ter insónias.

insonorisé, **e** *adj* insonorizado(da).

insonoriser *vt* insonorizar.

insouciant, **e** *adj* despreocupado(da).

insoumis, **e** *adj* **1.** *(caractère, peuple)* insubmisso(a) **2.** *(soldat)* refractário(ria).
■ **insoumis** *nm* *(soldat)* refractário *(m)*.

insoupçonné, **e** *adj* insuspeito(ta).

insoutenable *adj* **1.** *(rythme, théorie)* insustentável **2.** *(insupportable)* insuportável.

inspecter *vt* inspeccionar.

inspecteur, **trice** *nm, f* inspector *(m)*, -ra *(f)*.

inspiration *nf* inspiração *(f)*.

inspiré, **e** *adj* inspirado(da) • **avoir été bien inspiré de faire qqch** só fazer bem em fazer algo.

inspirer *vt* & *vi* inspirar • **inspirer qqch à qqn** inspirar algo a alguém • **ça ne m'inspire pas** *fig* não me apetece.
■ **s'inspirer de** *vp* + *prép* inspirar-se em.

instable *adj* instável.

installation *nf* instalação *(f)*.

installer *vt* instalar.
■ **s'installer** *vp* **1.** instalar-se **2.** *(commerçant, docteur)* estabelecer-se.

instance *nf* **1.** *(autorité)* instância *(f)* **2.** *(insistance)* • **sur les instances de qqn** perante a insistência de alguém • **en instance** pendente • **être en instance de divorce** estar com o divórcio pendente.

instant *nm* instante *(m)* • **il sort à l'instant** ele está mesmo agora a sair • **pour l'instant** por enquanto.

instantané, **e** *adj* instantâneo(nea).

instar ■ **à l'instar de** *loc prép* à semelhança de.

instaurer *vt* instaurar.

instigateur, **trice** *nm, f* instigador *(m)*, -ra *(f)*.

instinct *nm* instinto *(m)*.

instinctif, **ive** *adj* instintivo(va).

instituer *vt* instituir.
■ **s'instituer** *vp (se créer)* estabelecer-se.

institut *nm* instituto *(m)* • **institut de beauté** instituto de beleza.

instituteur, **trice** *nm, f* professor *(m)*, -ra *(f)* da escola primária.

institution *nf* instituição *(f)*.

instructif, **ive** *adj* instrutivo(va).

instruction *nf* instrução *(f)*.
■ **instructions** *nfpl* instruções *(fpl)*.

instruire ■ **s'instruire** *vp* instruir-se.

instruit, **e** *adj* instruído(da).

instrument *nm* instrumento *(m)* • **instrument (de musique)** instrumento (de música).

LES INSTRUMENTS DE MUSIQUE

- la batterie / a bateria
- la clarinette / o clarinete
- la contrebasse / o contrabaixo
- la cymbale / o címbalo
- la flûte à bec / a flauta de bizel
- la flûte traversière / a flauta transversal
- la guitare / a guitarra
- l'harmonica / a harmónica
- le piano / o piano
- le saxophone / o saxofone
- le tambourin / o tamboril
- le trombone / o trombone
- la trompette / o trompete
- le violoncelle / o violoncelo
- le violon / o violino
- le xylophone / o xilofone.

instrumentaliser *vt* instrumentalizar.

insu ■ **à l'insu de** *loc prép* • **faire qqch à l'insu de qqn** fazer algo sem que alguém dê por ela • **à mon/son insu** sem eu/ele dar por ela.

insuffisance *nf* insuficiência *(f)* • **insuffisance cardiaque/rénale** insuficiência cardíaca/renal.

insuffisant, **e** *adj* insuficiente.

insuffler *vt* insuflar.

insulaire *adj* & *nmf* insular.

insuline *nf* insulina *(f)*.

insulte *nf* insulto *(m)*.

insulter *vt* insultar.

insupportable *adj* insuportável.

insurger ■ **s'insurger** *vp* • **s'insurger contre qqn/qqch** insurgir-se contra alguém/algo.

insurmontable *adj (difficulté)* insuperável.

insurrection *nf* insurreição *(f)*.

intact, **e** *adj* intacto(ta).

intarissable *adj* **1.** *(source)* inesgotável **2.** *(personne)* • **être intarissable** nunca mais se calar.

intégral, **e**, **aux** *adj* integral.

intègre *adj* **1.** *(personne)* íntegro(gra) **2.** *(vie)* honesto(ta).

intégré, **e** *adj* integrado(da).

intégrer *vt* integrar.
■ **s'intégrer** *vp* • **(bien) s'intégrer** integrar-se (bem).

intégrisme *nm* integralismo *(m)*.

intellectuel, **elle** *adj* & *nm, f* intelectual.

intelligence *nf* inteligência *(f)*.

intelligent, **e** *adj* inteligente.

intempéries *nfpl* intempéries *(fpl)*.

intempestif, **ive** *adj* intempestivo(va).

intendance *nf* **1.** *(service, bureau)* intendência *(f)* **2.** *fig (questions matérielles)* administração *(f)*.

intense *adj* intenso(sa).

intensif, **ive** *adj* intensivo(va).

intensifier ■ **s'intensifier** *vp* intensificar-se.

intensité *nf* intensidade *(f)*.

intenter *vt* • **intenter un procès contre** OU **à qqn** intentar uma acção contra alguém.

intention *nf* intenção *(f)* • **avoir l'intention de faire qqch** ter intenção de fazer algo • **intention de vote** intenção de voto.

intentionné, **e** *adj* • **bien/mal intentionné** bem/mal intencionado.

intentionnel, **elle** *adj* intencional.

interactif, **ive** *adj* interactivo(va).

intercalaire *nm* separador *(m)*.

intercaler *vt* intercalar.

intercéder *vi* • **intercéder en faveur de** interceder a favor de.

intercepter *vt* interceptar.

interchangeable *adj* permutável.

interclasse *nm* intervalo *(m)*.

interdiction *nf* proibição *(f)* • **'interdiction de fumer'** 'proibido fumar'.

S'EXPRIMER...

exprimer une interdiction

• **Proibido fumar** / Interdit de fumer

• **É rigorosamente proibido correr à volta do lago.** / Il est strictement interdit de courir autour du bassin.

• **Nem pensar!** / Il n'en est pas question !

• **Não vou nessa!** / Ca ne marche pas avec moi !

• **Não admito isso!** / Je n'accepterai pas ça !

interdire *vt* proibir • **interdire à qqn de faire qqch** proibir alguém de fazer algo.

interdit, **e** ◼ *adj* proibido(da). ◼ *nm* • **interdit bancaire** bloqueio da conta • **il est interdit de...** é proibido... • **je suis interdit bancaire** a minha conta está bloqueada.

intéressant, **e** *adj* interessante.

intéressé, **e** ◼ *adj* **1.** *(concerné, motivé)* interessado(da) **2.** *péj (pour un profit)* interesseiro(ra). ◼ *nm, f* interessado *(m)*, -da *(f)* • **le principal intéressé** o principal interessado.

intéresser *vt* interessar • **intéresser qqn** interessar a alguém.
■ **s'intéresser à** *vp + prép* interessar-se por.

intérêt *nm* interesse *(m)* • **avoir intérêt à faire qqch** ter interesse em fazer algo • **tu as intérêt à rentrer tôt sinon...** é melhor chegares cedo senão... • **dans l'intérêt de** no interesse de.
■ **intérêts** *nmpl* juros *(mpl)*.

interface *nf* **1.** INFORM interface *(f)* **2.** *(intermédiaire)* ligação *(f)* • **interface graphique** interface gráfica.

interférer *vi* interferir • **interférer avec qqch** interferir com algo.

intérieur, **e** ◼ *adj* **1.** *(interne)* interior **2.** *(national)* interno(na). ◼ *nm* interior *(m)* • **à l'intérieur (de)** no interior (de).

intérim *nm* **1.** *(période)* • **assurer l'intérim** assegurar o ínterim **2.** *(travail temporaire)* emprego *(m)* temporário • **par intérim** interino(na) • **faire de l'intérim, travailler en intérim** ter um emprego temporário.

intérioriser *vt* interiorizar.

interligne *nm* entrelinha *(f)*.

interlocuteur, **trice** *nm, f* interlocutor *(m)*, -ra *(f)*.

interloquer *vt* deixar pasmado(da).

intermède *nm* intermédio *(m)*.

intermédiaire ◼ *adj* intermediário(ria). ◼ *nmf* intermediário *(m)*, -ria *(f)*. ◼ *nm* • **par l'intermédiaire de** por intermédio de.

interminable *adj* interminável.

intermittence *nf* • **par intermittence** intermitentemente.

intermittent, **e** *nm, f* • **les intermittents du spectacle** « intermitentes » do espectáculo.

internat *nm (école)* colégio *(m)* interno.

international, **e** *adj* internacional.

interne *adj* & *nmf* interno(na).

interner *vt (malade)* internar.

interpeller *vt (appeler)* interpelar.

Interphone® *nm* interfone *(m)*.

interposer *vt* **1.** *(placer entre)* • **interposer qqch entre... et...** interpor algo entre... e... **2.** *fig (faire intervenir)* interpor.
■ **s'interposer** *vp* intervir • **s'interposer dans** interpor-se em • **s'interposer entre... et...** interpor-se entre... e....

interprétation *nf (explication)* interpretação *(f)* • **interprétation simultanée** interpretação simultânea.

interprète *nmf* intérprete *(mf)*.

interpréter *vt* interpretar.

interrogation *nf* interrogação *(f)* • **interrogation (écrite)** prova *(f)* (escrita).

interrogatoire *nm* interrogatório *(m)*.

interroger *vt* interrogar • **interroger qqn sur** interrogar alguém sobre.

interrompre *vt* interromper.

interrupteur *nm* interruptor *(m)*.

interruption *nf* interrupção *(f)*.

intersection *nf* intersecção *(f)*.

intervalle *nm* intervalo *(m)* • **à deux jours d'intervalle** com dois dias de intervalo.

intervenant, **e** *nm, f* interveniente *(mf)*.

intervenir *vi* intervir.

intervention *nf* intervenção *(f)*.

intervertir *vt* inverter.

interview *nf* entrevista *(f)*.

interviewer *vt* entrevistar.

intestin *nm* intestino *(m)*.

intestinal, **e** *adj* intestinal.

intime *adj* íntimo(ma).

intimider *vt* intimidar.

intimité *nf* intimidade *(f)*.

intitulé *nm* título *(m)*.

intituler *vt* intitular.
■ **s'intituler** *vp* intitular-se.

intolérable *adj* intolerável.

intolérant, **e** *adj* intolerante.

intonation *nf* **1.** *(inflexion)* entoação *(f)* **2.** *(en phonétique & MUS)* intonação *(f)*.

intoxication *nf* • **intoxication alimentaire** intoxicação *(f)* alimentar.

intoxiquer *vt* intoxicar.
■ **s'intoxiquer** *vp* intoxicar-se.

intraduisible *adj* intraduzível.

intransigeant, **e** *adj* intransigente.

intransitif, **ive** *adj* intransitivo(va).

intraveineux, **euse** *adj* intravenoso(osa).

intrépide *adj* intrépido(da).

intrigue *nf* enredo *(m)*.

intriguer *vt* intrigar.

introduction *nf* introdução *(f)*.

introduire *vt* introduzir.
■ **s'introduire** *vp* introduzir-se.

introuvable *adj* impossível de encontrar.

introverti, **e** *adj & nm, f* introvertido(da).

intrus, **e** *nm, f* intruso *(m)*, -sa *(f)*.

intrusion *nf* intrusão *(f)*.

intuitif, **ive** ■ *adj* intuitivo(va). ■ *nm, f* pessoa *(f)* intuitiva.

intuition *nf* intuição *(f)*.

inusable *adj* • **c'est inusable** não se gasta.

inusité, **e** *adj* inusitado(da).

in utero *loc adj & loc adv* in útero.

inutile *adj* inútil.

inutilisable *adj* • **c'est inutilisable** não se pode utilizar.

invalide *nmf* inválido *(m)*, -da *(f)*.

invariable *adj* invariável.

invasion *nf* invasão *(f)*.

invendable *adj* invendável.

invendu *nm* artigo *(m)* não vendido.

inventaire *nm* inventário *(m)* • **faire l'inventaire de qqch** fazer o inventário de algo.

inventer *vt* inventar.

inventeur, **trice** *nm, f* inventor *(m)*, -ra *(f)*.

invention *nf* invenção *(f)*.

inverse *nm* inverso *(m)* • **à l'inverse** pelo contrário • **à l'inverse de** ao contrário de.

inversement *adv* inversamente • **et inversement** e inversamente.

inverser *vt* inverter.

invertébré, **e** *adj* invertebrado(da).
■ **invertébré** *nm* invertebrado *(m)*.

investir *vt* investir.
■ **s'investir dans** *vp + prép* dedicar-se, investir-se.

investissement *nm* investimento *(m)*.

invétéré, **e** *adj* inveterado(da).

invincible *adj* **1.** *(gén)* invencível **2.** *(difficulté, fatigue)* insuperável.

invisible *adj* invisível.

invitation *nf* convite *(m)*.

invité, **e** *nm, f* convidado *(m)*, -da *(f)*.

inviter *vt* convidar • **inviter qqn à faire qqch** convidar alguém a fazer algo.

invivable *adj* **1.** *(personne, situation)* insuportável **2.** *(lieu)* inabitável.

involontaire *adj* involuntário(ria).

invoquer *vt* invocar.

invraisemblable *adj* inverosímil.

iode *nm* ▻ **teinture**.

ion *nm* ião *(m)*.

Irak *nm* • **l'Irak** o Iraque.

Iran *nm* • **l'Iran** o Irão.

irascible *adj* irascível.

iris *nm* íris *(f inv)*.

irlandais, e *adj* irlandês(esa).
■ **Irlandais, e** *nm, f* irlandês *(m)*, -esa *(f)*.

Irlande *nf* • **l'Irlande du Nord** a Irlanda do Norte • **la République d'Irlande** a República da Irlanda.

IRM (*abr de* **Imagerie par résonance magnétique**) *nm* MÉD RM *(f) (Rossonância Magnética)*, IRM *(f) (Imagem por RM)*.

ironie *nf* ironia *(f)*.

ironique *adj* irónico(ca).

irradier ▪ *vi* irradiar. ▪ *vt* expor a radiações.

irrationnel, elle *adj* irracional.

irrécupérable *adj* irrecuperável.

irréductible *adj* & *nmf* irredutível.

irréel, elle *adj* irreal.

irréfutable *adj* irrefutável.

irrégulier, ère *adj* irregular.

irrémédiable *adj* irremediável.

irremplaçable *adj* insubstituível.

irréparable *adj* **1.** *(moteur, vêtement)* que não tem conserto **2.** *(erreur)* irreparável.

irrépressible *adj sout* irreprimível.

irréprochable *adj* irrepreensível.

irrésistible *adj* irresistível.

irrespirable *adj (air)* irrespirável.

irresponsable ▪ *nmf* irresponsável *(mf)*. ▪ *adj* **1.** *(immature, léger)* irresponsável **2.** DR inimputável.

irréversible *adj* irreversível.

irrigation *nf* irrigação *(f)*.

irriguer *vt* irrigar.

irritable *adj* irritável.

irritation *nf* irritação *(f)*.

irriter *vt* irritar.

irruption *nf* irrupção *(f)* • **faire irruption dans** *(lieu)* irromper por • *(vie)* entrar de repente em.

islam *nm* • **l'islam** o Islão.

islamique *adj* islâmico(ca).

isolant, e ▪ *adj* isolador(ra). ▪ *nm* isolador *(m)*.

isolation *nf* isolação *(f)*.

isolé, e *adj* isolado(da).

isoler *vt* isolar.
■ **s'isoler** *vp* isolar-se.

isotherme *adj* isotérmico(ca).

Israël *npr* Israel.

israélien, enne *adj* israelita.
■ **Israélien, enne** *nm, f* israelita *(mf)*.

issu, e *adj* • **être issu de** *(famille)* vir de • *(processus, théorie)* resultar de.

issue *nf (sortie)* saída *(f)* • **'voie sans issue'** 'estrada sem saída' • **'issue de secours'** 'saída de emergência'.

isthme *nm* istmo *(m)*.

Italie *nf* • **l'Italie** a Itália.

italien, enne ▪ *adj* italiano(na). ▪ *nm (langue)* italiano *(m)*.
■ **Italien, enne** *nm, f* italiano *(m)*, -na *(f)*.

italique *nm* itálico *(m)*.

itinéraire *nm* itinerário *(m)* • **itinéraire bis** itinerário secundário, *itinerário alternativo para facilitar a circulação*.

ivoire *nm* marfim *(m)*.

ivre *adj* embriagado(da).

ivresse *nf* embriaguez *(f)* • **ivresse de qqch** *fig* embriaguez de algo.

ivrogne *nmf* bêbedo *(m)*, -da *(f)*.

J

j, J *nm inv (lettre)* j, J *(m)*.
■ **J 1.** (*abr écrite de* **joule**) J **2.** (*abr écrite de* **jour**) d.

jachère *nf* • **en jachère** em pousio.

jacinthe *nf* jacinto *(m)*.

jade *nm* jade *(m)*.

jadis *adv* outrora.

jaguar *nm* jaguar *(m)*.

jaillir *vi* **1.** *(eau)* jorrar **2.** *(source)* brotar.

jalon *nm* baliza *(f)* • **poser les (premiers) jalons de qqch** *fig* lançar os alicerces de algo.

jalonner *vt* **1.** balizar **2.** *(succès)* estar marcado por • **être jalonné de** *(arbres, piquets)* estar ladeado de.

jalousie *nf* **1.** inveja *(f)* **2.** *(amoureuse)* ciúme *(m)*.

jaloux, ouse *adj* **1.** *(possessif)* ciumento(ta) **2.** *(envieux)* invejoso(osa) • **être jaloux de** estar com inveja de • *(en amour)* ter ciúmes de.

jamais *adv* nunca • **je ne vais jamais au théâtre** nunca vou ao teatro • **je ne reviendrai jamais plus** nunca mais volto • **c'est le plus long voyage que j'aie jamais fait** foi a viagem mais longa que já fiz • **plus que jamais** mais do que nunca • **si jamais...** se por acaso....

jambe *nf* perna *(f)*.

jambon *nm* fiambre *(m)* • **jambon blanc** fiambre *(m)* • **jambon cru** presunto *(m)*.

jambonneau *nm* presunto *(m)* York.

jante *nf* jante *(f)*.

janvier *nm* Janeiro *(m)* • **en janvier** em Janeiro • **au mois de janvier** no mês de Janeiro • **début janvier** em princípios de Janeiro • **fin janvier** em fins de Janeiro • **le quinze janvier** no dia quinze de Janeiro.

Japon *nm* • **le Japon** o Japão.

japonais, e ■ *adj* japonês(esa). ■ *nm (langue)* japonês *(m)*.
■ **Japonais, e** *nm, f* japonês *(m)*, -esa *(f)*.

japper *vi* latir.

jardin *nm* jardim *(m)* • **jardin d'enfants** infantário *(m)* • **jardin public** jardim público.

jardinage *nm* jardinagem *(f)*.

jardinier, ère *nm, f* jardineiro *(m)*, -ra *(f)*.

jardinière *nf* jardineira *(f)* • **jardinière de légumes** jardineira.

jargon *nm* **1.** *(langage spécialisé)* gíria *(f)* **2.** *fam (charabia)* algaravia *(f)*.

jarret *nm* • **jarret de veau** jarrete *(m)* de vitela.

jaser *vi* dar à língua.

jasmin *nm* jasmim *(m)*.

jauge *nf* indicador *(m)* • **jauge d'essence** indicador do nível de combustível.

jauger *vt* avaliar.

jaune ■ *adj* amarelo(la). ■ *nm* amarelo *(m)* • **jaune d'œuf** gema *(f)* do ovo.

jaunir *vi* amarelecer.

jaunisse *nf* icterícia *(f)*.

java *nf* INFORM java *(f)* • **faire la java** *fam fig* andar na boa vai ela.

Javel® *nf* • **(eau de) Javel** lixívia *(f)*.

javelot *nm* dardo *(m)*.

jazz *nm* jazz *(m)*.

je *pron* eu.

jean *nm* calças *(fpl)* de ganga.

Jeep® *nf* jipe *(m)*.

jérémiades *nfpl fam* choradeiras *(fpl)*.

jerrican *nm* jerrican *(m)*.

jersey *nm* jersey *(m)*.

jésuite *nm* jesuíta *(m)*.

Jésus-Christ *nm* Jesus Cristo • **après Jésus-Christ** depois de Cristo • **avant Jésus-Christ** antes de Cristo.

jet[1] *nm* jacto *(m)* • **jet d'eau** repuxo *(m)*.

jet[2] *nm* avião *(m)* a jacto.

jet-set *nf* Jet7 *(f)*.

jetable *adj* • **un rasoir jetable** uma lâmina de deitar fora.

jetée *nf* quebra-mar *(m)*.

jeter *vt* **1.** *(lancer)* atirar **2.** *(mettre à la poubelle)* deitar fora.
■ **se jeter** *vp* • **se jeter dans** *(rivière)* desaguar em • **se jeter sur** atirar-se a.

jeton *nm* ficha *(f)*.

jeu *nm* **1.** jogo *(m)* **2.** *(au tennis)* partida *(f)* • **le jeu** *(au casino)* o jogo • **jeu de cartes** *(distraction)* partida de cartas • *(paquet)* baralho *(m)* • **jeu d'échecs** jogo de xadrez • **jeu de mots** trocadilho *(m)* • **jeu de société** jogo de tabuleiro • **jeu vidéo** jogo de vídeo • **les Jeux olympiques** os Jogos Olímpicos.

jeudi *nm* quinta-feira *(f)* • **nous sommes** *ou* **c'est jeudi** é quinta-feira • **jeudi 13 août** quinta-feira, 13 de Agosto • **nous sommes partis jeudi** nós fomos embora na quinta-feira • **jeudi dernier** na quinta-feira passada • **jeudi prochain** na quinta-feira que vem • **jeudi matin** na quinta-feira de manhã • **le jeudi** às quintas-feiras • **à jeudi !** até quinta-feira!

jeun ■ **à jeun** *adj* em jejum.

jeune *adj* & *nmf* jovem • **jeune fille** jovem *(f)* • **jeune homme** jovem *(m)* • **les jeunes** os jovens.

jeûne *nm* jejum *(m)*.

jeûner *vi* jejuar.

jeunesse *nf* juventude *(f)*.

jingle *nm* jingle *(m)*.

joaillier, **ère** *nm, f* joalheiro *(m)*.

job *nm fam* emprego *(m)*.

jockey *nmf* jóquei *(m)*.

jogging *nm* **1.** *(vêtement)* fato *(m)* de treino **2.** *(course)* jogging *(m)* • **faire du jogging** fazer jogging.

joie *nf* alegria *(f)*.

joindre *vt* **1.** *(relier)* juntar **2.** *(contacter)* contactar • **joindre qqch à** juntar algo a • **joindre un fichier à un message électronique** INFORM anexar um ficheiro a uma mensagem electrónica.
■ **se joindre à** *vp* + *prép* juntar-se a.

joint, **e** *nm* **1.** TECHNOL junta *(f)* **2.** *fam (drogue)* charro *(m)* **3.** *(do motor)* • **joint de culasse** junta da cabeça.

S'EXPRIMER...

exprimer sa joie

• **Foi bom termo-nos encontrado.** / Je suis content que nous nous soyons vus.
• **Estou contentíssimo(a) com a ideia de ir para / de férias.** / Je me réjouis à l'avance de partir en vacances.
• **Alegra-me muito saber que estás melhor.** / Ça me fait plaisir que tu ailles mieux.
• **Que prazer em te ver!** / Quel plaisir de te voir !
• **Mas que surpresa tão boa!** / Quelle bonne surprise !

joker *nm* joker *(m) (Port)*, curinga *(m) (Br)*.

joli, **e** *adj* bonito(ta) • **jolie mentalité !** linda mentalidade!

jonc *nm* junco *(m)*.

joncher *vt* juncar • **être jonché de qqch** estar juncado de algo.

jonction *nf* junção *(f)*.

jongler *vi* **1.** *(avec des balles)* fazer malabarismos **2.** *fig (avec des difficultés)* brincar.

jongleur, **euse** *nm, f* malabarista *(mf)*.

jonquille *nf* junquilho *(m)*.

joual *nm (Québec) dialecto franco-canadiano falado na região do Quebeque*.

joue *nf* bochecha *(f)*.

jouer ■ *vi* **1.** *(enfant)* brincar **2.** *(musicien)* tocar **3.** *(acteur)* representar. ■ *vt* **1.** *(carte)* jogar **2.** *(somme)* apostar **3.** *(rôle, pièce)* representar **4.** *(mélodie, sonate)* tocar • **jouer à** *(tennis, foot)* jogar • *(cartes)* jogar a • **jouer de** *(instrument)* tocar • **jouer un rôle dans qqch** *fig* desempenhar um papel em algo • **la porte a joué** a porta empenou.

jouet *nm* brinquedo *(m)*.

joueur, **euse** *nm, f* jogador *(m)*, -ra *(f)* • **être mauvais joueur** ser mau perdedor • **joueur de cartes** jogador de cartas • **joueur de flûte** tocador *(m)* de flauta • **joueur de foot** jogador de futebol.

joufflu, **e** *adj* bochechudo(da).

joug *nm* jugo *(m)*.

jouir *vi* atingir o orgasmo • **jouir de** *(apprécier)* gozar • *(bénéficier de)* usufruir de.

jour *nm* dia *(m)* • **il fait jour** é de dia • **jour de l'an** dia do Ano Novo • **jour férié** feriado *(m)* • **jour ouvrable** dia útil • **huit jours** oito dias • **quinze jours** quinze dias • **de jour** de dia • **du jour au lendemain** de um dia para o outro • **de nos jours** hoje em dia • **être à jour** estar em dia • **mettre qqch à jour** pôr algo em dia.

LES JOURS DE LA SEMAINE

- lundi / segunda-feira
- mardi / terça-feira
- mercredi / quarta-feira
- jeudi / quinta-feira
- vendredi / sexta-feira
- samedi / sábado
- dimanche / domingo.

journal *nm* jornal *(m)* • **journal (intime)** diário *(m)* • **journal télévisé** telejornal *(m)*.

journalier, **ère** *adj* diário(ria).

journalisme *nm* jornalismo *(m)*.

journaliste *nmf* jornalista *(mf)*.

journée *nf* dia *(m)* • **dans la journée** durante o dia • **toute la journée** o dia todo.

jovial *adj* jovial.

joyau *nm* jóia *(f)*.

joyeux, **euse** *adj* feliz • **joyeux anniversaire !** parabéns! • **joyeux Noël !** feliz Natal!

jubiler *vi fam* estar na maior.

judéo-chrétien, **enne** *adj* judaico-cristão (ã).

judiciaire *adj* judicial.

judicieux, **euse** *adj* judicioso(osa).

judo *nm* judo *(m)*.

juge *nm, f* **1.** *(magistrat)* juiz *(m)*, juíza *(f)* **2.** SPORT árbitro *(m)* • **juge d'enfants** juiz de menores.

jugement *nm* **1.** *(procès, opinion)* julgamento *(m)* **2.** *(condamnation, sentence)* sentença *(f)* **3.** *(discernement)* juízo *(m)* • **le Jugement dernier** o Juízo Final • **jugement de valeur** juízo de valor.

jugeote *nf fam* tininho *(m)* • **manquer de jugeote** *fam* não ter tininho nenhum.

juger *vt* julgar.

juif, **ive** *adj* judeu(dia).
■ **Juif**, **ive** *nm, f* judeu *(m)*, -dia *(f)*.

juillet *nm* Julho *(m)* • **en juillet, au mois de juillet** em Julho, no mês de Julho • **début juillet** em princípios de Julho • **fin juillet** em fins de Julho • **le deux juillet** no dia dois de Julho • **le 14 Juillet** o 14 de Julho, *feriado nacional francês*.

juin *nm* Junho *(m)* • **en juin, au mois de juin** em Junho, no mês de Junho • **début juin** em princípios de Junho • **fin juin** em fins de Junho • **le cinq juin** no dia cinco de Junho.

juke-box *nm inv* juke-box *(f)*.

julienne *nf* juliana *(f)*.

jumeau, **elle** ◼ *adj* *(maisons)* geminado(da). ◼ *nm, f* gémeo *(m)*, -mea *(f)* • **frère jumeau** irmão gémeo.

jumelé, **e** *adj* geminado(da) • **'ville jumelée avec...'** 'cidade geminada com...'.

jumeler *vt* geminar.

jumelles *nfpl* binóculos *(mpl)*.

jument *nf* égua *(f)*.

jungle *nf* selva *(f)*.

junior *adj inv* júnior.

junte *nf* junta *(f)*.

jupe *nf* saia *(f)* • **jupe droite** saia direita • **jupe plissée** saia com pregas.

jupe-culotte *nf* saia-calça *(f)*.

jupon *nm* saiote *(m)*.

juré, **e** *adj* jurado(da) • **ennemi juré** inimigo jurado.
■ **juré** *nm* jurado *(m)*.

jurer ◼ *vi* jurar. ◼ *vt* • **jurer (à qqn) que** jurar (a alguém) que • **jurer de faire qqch** jurar fazer algo.

juridique *adj* jurídico(ca).

jurisprudence *nf* jurisprudência *(f)* • **faire jurisprudence** fazer jurisprudência.

juriste *nmf* jurista *(mf)*.

juron *nm* palavrão *(m)*.

jury *nm* júri *(m)*.

jus *nm* **1.** *(de fruit)* sumo *(m)* *(Port)*, suco *(m)* *(Br)* **2.** *(de viande)* molho *(m)* • **jus d'orange** sumo de laranja.

jusque ■ **jusqu'à** *prép* • **allez jusqu'à l'église** vá até à igreja • **jusqu'à ce que je parte** até eu me ir embora • **jusqu'à présent** até hoje. ■ **jusqu'ici** *adv* até aqui. ■ **jusque-là** *adv* **1.** *(dans l'espace)* até ali **2.** *(dans le temps)* até lá.

justaucorps *nm* fato *(m)* de ginástica.

juste *adj* **1.** *(équitable)* justo(ta) **2.** *(addition, raisonnement)* correcto(ta) **3.** *(note, voix)* afinado (da) **4.** *(vêtement)* apertado(da) **5.** *(seulement)* só **6.** *(exactement)* precisamente • **au juste** ao certo • **chanter juste** cantar afinadamente • **être juste** mal dar.

justement *adv* precisamente.

justesse ■ **de justesse** *adv* por pouco.

justice *nf* justiça *(f)*.

justificatif, **ive** *adj* justificativo(va). ■ **justificatif** *nm* justificativa *(f)*.

justification *nf* justificação *(f)*.

justifier *vt* justificar. ■ **se justifier** *vp* justificar-se.

jute *nm* • **(toile de) jute** (tecido de) juta *(f)*.

juteux, **euse** *adj* sumarento(ta).

juvénile *adj* juvenil.

juxtaposer *vt* justapor.

K

k, K *nm inv (lettre)* k, K *(m)*.

K7 *nf* (*abr écrite de* **cassette**) K7 *(f)*.

kaki *adj inv* cor de barro.

kaléidoscope *nm* caleidoscópio *(m)*.

kamikaze *nm* kamikaze *(m)*.

kangourou *nm* canguru *(m)*.

karaoké *nm* karaokê *(m)*.

karaté *nm* karaté *(m)*.

kart *nm* kart *(m)*.

karting *nm* karting *(m)*.

kayak *nm* **1.** *(bateau)* canoa *(f)* **2.** *(sport)* canoagem *(f)*.

képi *nm* quépi *(m)*.

kermesse *nf* quermesse *(f)*.

kérosène *nm* querosene *(m)*.

ketchup *nm* ketchup *(m)*.

kg (*abr écrite de* **kilogramme**) kg *(quilograma)*.

kidnapper *vt* raptar.

kilo(gramme) *nm* quilo(grama) *(m)*.

kilométrage *nm* quilometragem *(f)* • **kilométrage illimité** quilometragem ilimitada.

kilomètre *nm* quilómetro *(m)* • **100 kilomètres à l'heure** 100 quilómetros à hora.

kilowatt *nm* quilowatt *(m)*.

kilt *nm* kilt *(m)*.

kiné *fam* (*abr de* **kinésithérapeute**) *nmf* fisioterapeuta *(mf)*.

kinésithérapeute *nmf* fisioterapeuta *(mf)*.

kiosque *nm* quiosque *(m)* • **kiosque à journaux** quiosque de jornais *(Port)*, banca *(f)* de jornais *(Br)*.

kir *nm aperitivo composto por vinho branco e licor de cássis* • **kir royal** *aperitivo composto por champanhe e licor de cássis*.

kirsch *nm* aguardente *(f)* de cereja.

kit *nm* kit *(m)* • **en kit** em kit • **kit mains libres** *(pour téléphone)* kit mãos livres.

kitchenette *nf* kitchenette *(f)*.

kiwi *nm (fruit)* kiwi *(m)*.

Klaxon® *nm* buzina *(f)*.

klaxonner *vi* buzinar.

Kleenex *nm* lenço *(m)* de papel.

kleptomane *adj* cleptomaníaco(ca).

km (*abr écrite de* **kilomètre**) km *(quilómetro)*.

km/h (*abr écrite de* **kilomètre par heure**) km/h *(quilómetro por hora)*.

K.-O. *adj inv* KO.

kosovar, e *adj* Kosovar.

kouglof *nm brioche com passas e amêndoas originário da Alsácia*.

krach *nm* crash *(m)* • **krach boursier** crash bolsista.

K-way® *nm inv* kispo® *(m)*.

kyrielle *nf* aranzel *(m)*.

kyste *nm* quisto *(m)*.

L

l, L *nm inv (lettre)* l, L *(m)*.
■ **l** *(abr écrite de* **litre***)* l *(litro)*.

là *adv* ali • **par là** por ali • **cette fille-là** aquela rapariga • **ce jour-là** nesse dia.

là-bas *adv* ali.

label *nm* rótulo *(m)*.

laboratoire *nm* laboratório *(m)*.

laborieux, euse *adj* laborioso(osa).

labourer *vt* lavrar.

labyrinthe *nm* labirinto *(m)*.

lac *nm* lago *(m)*.

lacer *vt* atar.

lacérer *vt* lacerar.

lacet *nm* **1.** *(de chaussures)* atacador *(m)* **2.** *(virage)* curva *(f)*.

lâche ■ *adj* **1.** *(peureux)* cobarde **2.** *(nœud, corde)* largo(ga). ■ *nmf* cobarde *(mf)*.

lâcher ■ *vt* **1.** soltar **2.** *(desserrer)* largar. ■ *vi* largar.

lâcheté *nf* cobardia *(f)*.

lacrymogène *adj* lacrimogénio(nia).

lacune *nf* lacuna *(f)*.

là-dedans *adv* **1.** *(lieu)* ali dentro **2.** *(dans cela)* nisto tudo.

là-dessous *adv* **1.** *(lieu)* ali debaixo **2.** *(dans cette affaire)* por detrás disto.

là-dessus *adv* **1.** *(lieu)* ali por cima **2.** *(à ce sujet)* acerca disto.

lagon *nm* lagoa *(f)*.

lagune *nf* laguna *(f)*.

là-haut *adv* ali em cima.

laid, e *adj* feio (feia).

laideur *nf* fealdade *(f)*.

lainage *nm* casaco *(m)* de lã • **les lainages** as lãs.

laine *nf* lã *(f)* • **en laine** de lã.

laïque *adj* laico(ca).

laisse *nf* trela *(f)* • **tenir un chien en laisse** segurar um cão pela trela.

laisser ■ *vt* deixar. ■ *v aux* • **laisser qqn faire qqch** deixar alguém fazer algo • **laisser tomber** *(objet)* deixar cair • *fig (projet, personne)* abandonar.
■ **se laisser** *vp* deixar-se • **se laisser aller** desleixar-se • **se laisser faire** *(par lâcheté)* deixar que aconteça • *(se laisser tenter)* deixar-se levar.

laisser-aller *nm inv* desleixo *(m)*.

laisser-passer *nm inv* passe *(m)*.

lait *nm* leite *(m)* • **lait démaquillant** leite desmaquilhante • **lait de toilette** leite de toilette • **au lait** com leite.

laitage *nm* lacticínio *(m)*.

laitier *adj m* ▷ **produit**.

laiton *nm* latão *(m)*.

laitue *nf* alface *(f)*.

laïus *nm fam* espiche *(m)* • **faire un laïus** fazer um espiche.

lambeau *nm* farrapo *(m)*.

lambic *nm (Belgique) cerveja forte à base de frumento e malte.*

lambris *nm* lambril *(m)*.

lame *nf* **1.** lâmina *(f)* **2.** *(vague)* onda *(f)* • **lame de rasoir** lâmina de barbear.

lamelle *nf* fatia *(f)*.

lamentable *adj* lamentável.

lamentation *nf* lamentação *(f)*.

lamenter ■ **se lamenter** *vp* lamentar-se.

lampadaire *nm* **1.** *(dans un appartement)* candeeiro *(m) (Port)*, luminária *(f)* de pé *(Br)* **2.** *(dans la rue)* lampadário *(m)*.

lampe *nf* candeeiro *(m) (Port)*, luminária *(f)*, abajur *(m) (Br)* • **lampe de chevet** candeeiro de cabeceira • **lampe de poche** lanterna *(f)* de bolso.

lampion *nm* lampião *(m)*.

lance *nf* lança *(f)* • **lance d'incendie** mangueira *(f)*.

lancée *nf* • **sur sa/ma lancée** na sua/minha lançada.

lance-flammes *nm inv* lança-chamas *(m inv)*.

lancement *nm* lançamento *(m)*.

lance-pierres *nm inv* fisga *(f)*.

lancer *vt* **1.** *(jeter)* atirar **2.** *(produit, mode)* lançar.
■ **se lancer** *vp* **1.** *(se jeter)* atirar-se **2.** *(oser)* lançar-se • **se lancer dans qqch** meter-se em algo.

lancinant, e *adj* **1.** *(douleur, souvenir)* lancinante **2.** *(musique)* enfadonho(nha).

landau *nm* carrinho *(m)* de bebé.

lande *nf* planície *(f)*.

langage *nm* linguagem *(f)*.

lange *nm* fralda *(f)* (de pano).

langer *vt* mudar a fralda a.

langoureux, euse *adj* lânguido(da).

langouste *nf* lagosta *(f)*.

langoustine *nf* lagostim *(m)*.

langue *nf* língua *(f)* • **langue étrangère** língua estrangeira • **langue maternelle** língua materna • **langue officielle** língua oficial • **langue vivante** língua viva.

langue-de-chat *nf* línguas-de-gato *(fpl)*.

languette *nf (de chaussures)* lingueta *(f)*.

languir *vi* **1.** *littéraire (personne, animal)* • **languir de** penar de **2.** *sout (manquer d'énergie)* esmorecer **3.** *(attendre)* • **faire languir qqn** fazer esperar alguém.
■ **se languir** *vp* ter saudades.

lanière *nf (de cuir)* correia *(f)*.

lanterne *nf (lampe)* lanterna *(f)* • **les lanternes** AUTO *(feu de position)* os mínimos.

laper *vt & vi* beber com a língua.

lapider *vt* apedrejar.

lapin *nm* coelho *(m)*.

lapsus *nm* lapso *(m)* • **faire un lapsus** cometer um lapso.

laque *nf* **1.** *(pour coiffer)* laca *(f) (Port)*, laquê *(m) (Br)* **2.** *(peinture)* laca *(f)*.

laqué *adj m* ▷ **canard**.

larcin *nm sout* furto *(m)*.

lard *nm* toucinho *(m)*.

lardon *nm* tira *(f)* de toucinho.

large ■ *adj* **1.** largo(ga) **2.** *(généreux)* generoso(osa) **3.** *(tolérant)* aberto(ta). ■ *nm* alto mar *(m)*. ■ *adv* por alto • **ça fait 2 mètres de large** mede dois metros de largura • **au large de** à altura de.

largement *adv* **1.** *(amplement)* largamente **2.** *(au minimum)* pelo menos.

largeur *nf* largura *(f)*.

larguer *vt* largar • **sa femme l'a largué** *fam* a mulher largou-o.

larme *nf* lágrima *(f)* • **être en larmes** estar lavado em lágrimas.

larmoyant, e *adj* lacrimoso(osa).

larve *nf* larva *(f)*.

laryngite *nf* laringite *(f)*.

larynx *nm* laringe *(f)*.

las, lasse *sout adj* **1.** *(fatigué)* fatigado(da) **2.** *(dégoûté, ennuyé)* enfastiado(da) • **être las de qqch/de faire qqch** estar cansado de algo/de fazer algo.

lasagne(s) *nfpl* lasanha *(f)*.

lascar *nm* **1.** *fam* malandro *(m)* **2.** *(enfant)* maroto *(m)*.

lascif, ive *adj* lascivo(va).

laser *nm* laser *(m)*.

lassant, e *adj* cansativo(va).

lasser *vt* cansar.
■ **se lasser de** *vp + prép* cansar-se de.

lassitude *nf sout* lassidão *(f)*.

lasso *nm* laço *(m)*.

latent, e *adj* latente.

latéral, e, aux *adj* lateral.

latex *nm* látex *(m)*.

latin *nm* latim *(m)*.

latitude *nf* latitude *(f)*.

latte *nf* ripa *(f)*.

lauréat, e *nm, f* laureado *(m)*, -da *(f)*.

laurier *nm* **1.** *(arbuste)* loureiro *(m)* **2.** *(condiment)* louro *(m)*.

lavable *adj* lavável.

lavabo *nm* pia *(f)*.
■ **lavabos** *nmpl* casa *(f)* de banho.

lavage *nm* lavagem *(f)*.

lavande *nf* lavanda *(f)*.

lave-glace *nm* lava-pára-brisas *(m inv)*.

lave-linge *nm inv* máquina *(f)* de lavar roupa.

laver *vt* lavar.

■ **se laver** *vp* lavar-se • **se laver les dents** lavar os dentes • **se laver les mains** lavar as mãos.

laverie *nf* • **laverie (automatique)** lavandaria *(f)* (automática).

lavette *nf* esfregona *(f)*.

laveur, **euse** *nm, f* lavador *(m)*, -ra *(f)* • **laveur de carreaux/de voitures** lavador de vidros/de carros.

lave-vaisselle *nm inv* máquina *(f)* de lavar louça.

lavoir *nm* lavadouro *(m)*.

laxatif *nm* laxante *(m)*.

laxisme *nm* laxismo *(m)*.

layette *nf* enxoval *(m)* de recém-nascido.

le, **la** *art déf*

1. POUR DÉTERMINER UN GROUPE NOMINAL
• **le lac** o lago
• **la fenêtre** a janela
• **l'homme** o homem
• **les livres** os livros
• **les roses** as rosas
• **j'adore le thé** adoro chá

2. INDIQUE LA POSSESSION
• **se laver les mains** lavar as mãos
• **brosse-toi les cheveux** penteia o cabelo
• **j'ai levé les yeux** levantei os olhos

3. DÉSIGNE LE MOMENT
• **le matin/le samedi, j'aime bien faire un footing** gosto de fazer jogging de manhã/aos sábados
• **Bruxelles, le 9 juillet 2006** Bruxelas, 9 de Julho de 2006

4. CHAQUE
• **les pommes font 2 euros le kilo** as maçãs custam 2 euros o quilo
• **c'est 40 euros la nuit** são 40 euros por noite
• **6 euros l'un, 10 euros les deux** 6 euros cada um, dois por 10 euros.

le *pron*

1. DÉSIGNE UNE PERSONNE, UNE CHOSE, UN ANIMAL
• **regarde-le/la** olha para ele/ela
• **laissez-les nous** deixem-os connosco

2. REPREND UN MOT OU UNE PHRASE
• **si tu ne le fais pas tout de suite, je me fâche!** se não o fizeres imediatamente, zango-me!
• **je l'avais entendu dire** eu tinha ouvido dizer isso.

leader ■ *nm* líder *(m)*. ■ *adj* • **être leader** ser o líder do mercado.

lèche-bottes *nmf inv fam* lambe-botas *(mf inv)*.

lécher *vt* lamber.

lèche-vitrines *nm inv fam* • **faire du lèche-vitrines** andar a ver as montras.

leçon *nf* **1.** *(cours, devoirs)* aula *(f)* **2.** *(conclusion)* lição *(f)* • **faire la leçon à qqn** pregar um sermão a alguém.

lecteur, **trice** ■ *nm, f* leitor *(m)*, -ra *(f)*. ■ *nm* leitor *(m)* • **lecteur de cassettes** leitor de cassetes • **lecteur laser** OU **de CD** leitor de CDs.

lecture *nf* leitura *(f)*.

légal, **e**, **aux** *adj* legal.

légaliser *vt* **1.** *(rendre légal)* legalizar **2.** *(certifier)* autenticar *(Port)*, legalizar *(Br)*.

légendaire *adj* lendário(ria).

légende *nf* **1.** *(conte)* lenda *(f)* **2.** *(d'une photo, d'un schéma)* legenda *(f)*.

léger, **ère** *adj* **1.** leve **2.** *(café, cigarette)* fraco (ca) **3.** *(peu important)* ligeiro(ra) • **à la légère** irreflectidamente.

légèrement *adv* **1.** *(un peu)* ligeiramente **2.** *(s'habiller)* à fresquinha.

légèreté *nf* **1.** *(faible poids)* leveza *(f)* **2.** *(insouciance)* despreocupação *(f)*.

légiférer *vi* legislar.

légionnaire *nm* legionário *(m)*.

légionnellose *nf* MÉD legionelose *(f)*.

législatif, **ive** *adj* legislativo(va).
■ **législatif** *nm* legislativo *(m)*.
■ **législatives** *nfpl* • **les législatives** as legislativas.

législation *nf* legislação *(f)*.

légitime *adj* legítimo(ma) • **légitime défense** legítima defesa.

léguer *vt* legar.

légume *nm* legume *(m)* • **légumes verts** legumes verdes.
Voir encadré page suivante.

leitmotiv *nm* leitmotiv *(m)*.

lendemain *nm* • **le lendemain (de)** no dia a seguir • **le lendemain matin** na manhã seguinte.

lent, **e** *adj* lento(ta).

lentement *adv* lentamente.

LES LÉGUMES

- l'ail / o alho
- l'artichaut / a alcachofra
- l'asperge / o espargo
- l'aubergine / a beringela
- la betterave / a beterraba
- le brocoli / o brócolo
- la carotte / a cenoura
- le céleri / o aipo
- le champignon / o cogumelo
- le chou de Bruxelles / a couve-de-Bruxelas
- le chou-fleur / a couve-flor
- le concombre / o pepino
- la courgette / a abobrinha
- les épinards / os espinafres
- le germe de soja / a semente de soja
- le haricot vert / o feijão-verde
- la laitue / a alface
- le maïs / o milho
- le navet / o nabo
- l'oignon / a cebola
- le petit pois / a ervilha
- le poireau / o alho-porro
- le poivron / o pimento
- la pomme de terre / a batata
- le potiron / a abóbora
- le radis / o rabanete
- la tomate / o tomate.

lenteur *nf* lentidão *(f)*.

lentille *nf* **1.** *(légume)* lentilha *(f)* **2.** *(verre de contact)* lente *(f)*.

léopard *nm* leopardo *(m)*.

lèpre *nf* lepra *(f)*.

lequel, **laquelle** *pron* **1.** o qual (a qual) **2.** *(interrogatif)* qual • **l'homme auquel j'ai parlé/duquel on m'a parlé** o homem a quem falei/de quem me falaram • **lequel veux-tu ?** qual queres?

léser *vt* lesar.

lésiner *vi* • **ne pas lésiner sur** não poupar em.

lésion *nf* lesão *(f)*.

lessive *nf* **1.** *(poudre, liquide)* detergente *(m) (para a roupa)* **2.** *(linge)* roupa *(f)* por lavar • **faire la lessive** lavar a roupa.

lessiver *vt* **1.** *(nettoyer)* lavar **2.** *fam (fatiguer)* deixar de rastos.

lest *nm* lastro *(m)* • **lâcher du lest** largar lastro • *fig* fazer concessões.

leste *adj (agile)* ágil.

léthargie *nf* letargia *(f)*.

lettre *nf* **1.** *(de l'alphabet)* letra *(f)* **2.** *(courrier)* carta *(f)* • **en toutes lettres** por extenso • **lettre de motivation** carta de motivação.

leucémie *nf* leucemia *(f)*.

leur *adj* dele (dela) • **ils ont vendu leur maison** eles venderam a casa deles • **je vais leur montrer le chemin** vou mostrar-lhes o caminho • **tu devrais le leur renvoyer** deverias mandar-lhes isso de volta.
■ **le leur**, **la leur** *pron* o deles (a deles) • **je préfère la leur** prefiro a deles • **cet argent est le leur** este é o dinheiro deles.

leurrer *vt* iludir.
■ **se leurrer** *vp* iludir-se.

levain *nm* fermento *(m)*.

levant *adj m* ▷ **soleil**.

levé, **e** *adj* levantado(da).

levée *nf (du courrier)* recolha *(f)*.

lever ◼ *vt* levantar. ◼ *nm* levantar *(m)* • **le lever du jour** o amanhecer • **le lever du soleil** o nascer do sol.
■ **se lever** *vp* **1.** *(personne)* levantar-se **2.** *(jour)* amanhecer **3.** *(soleil)* nascer **4.** *(temps)* clarear.

levier *nm* alavanca *(f)* • **levier de vitesse** alavanca das mudanças.

lévitation *nf* levitação *(f)*.

lèvre *nf* lábio *(m)*.

lévrier *nm* galgo *(m)*.

levure *nf* fermento *(m)* em pó.

lexique *nm* léxico *(m)*.

lézard *nm* lagarto *(m)*.

lézarder ■ **se lézarder** *vp* rachar-se.

liaison *nf* **1.** ligação *(f)* **2.** *(amoureuse)* relação *(f)* • **être en liaison avec** estar em contacto com.

liane *nf* liana *(f) (Port)*, cipó *(m) (Br)*.

liasse *nf* maço *(m)*.

Liban *nm* • **le Liban** o Líbano.

libellule *nf* libélula *(f)*, libelinha *(f)*.

libéral, **e**, **aux** *adj* liberal.

libéraliser *vt* liberalizar.

libéralisme *nm* liberalismo *(m)*.

libération *nf* libertação *(f)*.

libérer *vt* libertar.
■ **se libérer** *vp* libertar-se.

liberté *nf* liberdade *(f)* • **en liberté** *(animaux)* em liberdade.

libertin, **e** *nm, f* libertino *(m)*, -na *(f)*.

libido *nf* libido *(f)*.

libraire *nmf* livreiro *(m)*, -ra *(f)*.

librairie *nf* livraria *(f)*.

libre *adj* livre • **être libre de faire qqch** ser livre de fazer algo.

libre-échange *nm* livre-câmbio *(m)*.

librement *adv* livremente.

libre-service *nm* self-service *(m)*.

licence *nf* **1.** autorização *(f)* **2.** *(diplôme)* *diploma universitário que se obtém depois de três anos de estudos*, ≃ Licenciatura *(f)*.

licencié, **e** *adj* & *nm, f* licenciado(da).

licenciement *nm* despedimento *(m)*.

licencier *vt* despedir • **se faire licencier** despedir, ser despedido.

licorne *nf* unicórnio *(m)*.

lie *nf* **1.** *(dépôt)* pé *(m)* (em vinho) **2.** *fig* & *sout* *(rebut)* ralé *(f)*.

liège *nm* cortiça *(f)*.

liégeois *adj m* ▻ **café**. ▻ **chocolat**.

lien *nm* **1.** *(ruban, sangle)* laço *(m)* **2.** *(relation)* vínculo *(m)*.

lier *vt* **1.** ligar **2.** *(attacher)* atar • **lier conversation avec qqn** meter conversa com alguém.
■ **se lier** *vp* • **se lier (d'amitié) avec qqn** fazer amizade com alguém.

lierre *nm* hera *(f)*.

liesse *nf* • **en liesse** jubiloso(osa).

lieu *nm* lugar *(m)* • **avoir lieu** ter lugar, realizar-se • **au lieu de** em vez de.

lieutenant, **e** *nm, f* tenente *(m)*.

lièvre *nm* lebre *(f)*.

lifting *nm* operação *(f)* plástica ao rosto.

ligament *nm* ligamento *(m)*.

ligne *nf* **1.** linha *(f)* **2.** *(téléphonique)* ligação *(f)* • **garder la ligne** manter a linha • **aller à la ligne** abrir parágrafo • **ligne blanche** linha contínua • **(en) ligne droite** (em) linha recta • **'grandes lignes'** *principais eixos ferroviários*.

lignée *nf* linhagem *(f)*.

ligoter *vt* atar.

ligue *nf* liga *(f)*.

liguer ■ **se liguer** *vp* aliar-se • **se liguer contre qqn** aliar-se contra alguém.

lilas *nm* lilás *(m)*.

limace *nf* lesma *(f)*.

limande *nf* solha *(f)*.

lime *nf* lima *(f)* • **lime à ongles** lima das unhas.

limer *vt* limar.

limitation *nf* limitação *(f)* • **limitation de vitesse** limite *(m)* de velocidade.

limite ◼ *nf* limite *(m)*. ◼ *adj* limite • **à la limite** em último caso.

limiter *vt* limitar.
■ **se limiter à** *vp* + *prép* limitar-se a.

limitrophe *adj* limítrofe • **être limitrophe de** ser limítrofe com.

limoger *vt* destituir.

limon *nm* limo *(m)*.

limonade *nf* gasosa *(f)*.

limpide *adj* **1.** *(eau)* límpido(da) **2.** *(raisonnement)* claro(ra).

lin *nm* linho *(m)*.

linceul *nm* mortalha *(f)*.

linéaire *adj* linear.

linge *nm* roupa *(f)* • **linge de maison** roupa branca.

lingerie *nf* **1.** *(sous-vêtements)* lingerie *(f)* **2.** *(local)* loja *(f)* de lingerie.

lingette *nf* toalhete *(m)* • **lingette antibactérienne** toalhetes antibacterianos.

lingot *nm* • **lingot (d'or)** lingote *(m)* (de ouro).

linguistique ◼ *nf* linguística *(f)*. ◼ *adj* linguístico(ca).

lino(léum) *nm* oleado *(m)*.

lion *nm* leão *(m)*.
■ **Lion** *nm* Leão *(m)*.

lipide *nm* lípido *(m)*.

liqueur *nf* licor *(m)*.

liquidation *nf* • **'liquidation totale'** 'liquidação total'.

liquide ◼ *adj* líquido(da). ◼ *nm* líquido *(m)* • **(argent) liquide** dinheiro *(m)* • **payer en (argent) liquide** pagar a dinheiro • **liquide de frein** óleo *(m)* dos travões • **liquide vaisselle** detergente para a louça.

liquider *vt* liquidar.

liquidité *nf* liquidez *(f)*.

■ **liquidités** *nfpl* liquidez *(f)*.

lire *vt* & *vi* ler.

lis *nm* açucena *(f)*.

Lisbonne *nf* Lisboa.

liseré *nm* debrum *(m)*.

liseron *nm* campainha *(f)* *(flor)*.

lisible *adj* legível.

lisière *nf* orla *(f)*.

lisse *adj* liso(sa).

lisser *vt* alisar.

liste *nf* lista *(f)* • **liste d'attente** lista de espera • **être sur liste d'attente** estar na lista de espera • **(être sur) liste rouge** estar na condição de confidencialidade.

listériose *nf* MÉD listeriose.

listing *nm* listagem *(f)*.

lit *nm* **1.** *(pour dormir)* cama *(f)* **2.** *(d'une rivière)* leito *(m)* • **aller au lit** ir para a cama • **lit de camp** cama de acampamento • **lit double, grand lit** cama de casal • **lit simple, lit à une place, petit lit** cama de solteiro • **lits jumeaux** camas iguais • **lits superposés** beliche *(m)*.

litanie *nf* ladainha *(f)*.

litchi *nm* lichia *(f)*.

literie *nf* *estrados e colchões*.

litière *nf* areia *(f)* para gatos.

litige *nm* litígio *(m)*.

litigieux, **euse** *adj* litigioso(osa).

litre *nm* litro *(m)*.

littéraire *adj* literário(ria).

littéral, **e** *adj* literal.

littérature *nf* literatura *(f)*.

littoral *nm* litoral *(m)*.

livide *adj* lívido(da).

living, living-room *nm* sala *(f)* de estar.

livraison *nf* entrega *(f)* • **livraison à domicile** entrega ao domicílio • **'livraison des bagages'** 'recolha de bagagem'.

livre[1] *nm* livro *(m)* • **livre de français** livro de francês.

livre[2] *nf* **1.** *(demi-kilo)* meio-quilo *(m)* **2.** *(monnaie)* libra *(f)* • **livre sterling** libra esterlina.

livrer *vt* entregar.

livret *nm* caderneta *(f)* • **livret (de caisse) d'épargne** caderneta de poupança • **livret de famille** ≃ cédula *(f)* • **livret scolaire** caderneta do aluno.

livreur, **euse** *nm, f* **1.** estafeta *(mf)* **2.** *(de meubles)* carregador *(m)*.

lobby *nm* lobby *(m)*.

lobe *nm* lóbulo *(m)*.

local, **e**, **aux** ■ *adj* local. ■ *nm* local *(m)*.

localiser *vt* localizar.

locataire *nmf* inquilino *(m)*, -na *(f)*.

location *nf* **1.** aluguer *(m)* **2.** *(d'un billet)* reservação *(f)* • **'location de voitures'** 'aluguer de viaturas'.

location-vente *nf* locação *(f)* financeira imobiliária.

locomotive *nf* locomotiva *(f)*.

locution *nf* locução *(f)*.

loft *nm* *sótão convertido em apartamento*.

loge *nf* **1.** *(de concierge)* casa *(f)* do porteiro **2.** *(d'acteur)* camarim *(m)*.

logement *nm* **1.** *(hébergement)* alojamento *(m)* **2.** *(appartement)* casa *(f)* • **le logement** o imobiliário.

loger ■ *vt* alojar. ■ *vi* morar.
■ **se loger** *vp* alojar-se.

logiciel *nm* INFORM software *(m)*.

logique ■ *adj* lógico(ca). ■ *nf* lógica *(f)*.

logiquement *adv* logicamente.

logistique ■ *nf* logística *(f)*. ■ *adj* logístico (ca).

logo *nm* logotipo *(m)*.

loi *nf* lei *(f)* • **la loi** a lei.

loin *adv* longe • **au loin** ao longe • **de loin** de longe • **loin de** longe de • **loin de là** longe disso.

lointain, **e** ■ *adj* **1.** longínquo(qua) **2.** *(hautain)* distante. ■ *nm* • **dans le lointain** ao longe.

loir *nm* arganaz *(m)* • **dormir comme un loir** dormir como uma pedra.

Loire *nf* • **la Loire** *(fleuve)* o Loire.

loisirs *nmpl* tempos *(mpl)* livres.

Londonien, **enne** *nm, f* londrino *(m)*, -na *(f)*.

Londres *npr* Londres.

long, **longue** *adj* **1.** *(dans l'espace)* comprido (da) **2.** *(dans le temps)* longo(ga) • **ça fait 10**

mètres de long mede 10 metros de comprimento • **le long de** ao longo de • **de long en large** de um lado para o outro • **à la longue** com o tempo.

longeole *nf (Suisse) salsicha defumada típica de Genebra.*

longer *vt* ladear.

longitude *nf* longitude *(f)*.

longtemps *adv* muito tempo.

longuement *adv* longamente.

longueur *nf* **1.** *(d'une route, d'une table)* comprimento *(m)* **2.** *(d'un voyage, d'un discours)* duração *(f)* **3.** RADIO • **longueur d'onde** comprimento de onda **4.** SPORT • **saut en longueur** salto em comprimento • **à longueur de journée** todo o dia.

longue-vue *nf* óculo *(m)*.

look *nm fam* visual *(m)* • **avoir un look** ter um visual.

lopin *nm* pequena parcela *(f)* • **lopin de terre** pequena parcela de terreno.

loquace *adj* loquaz • **(être) peu loquace** (ser) pouco loquaz.

loque *nf* farrapo *(m)* • **en loques** em farrapos.

loquet *nm* trinco *(m)*.

lorraine *adj f* ▷ **quiche**.

lors ■ **lors de** *prép* durante.

lorsque *conj* quando.

losange *nm* losango *(m)*.

lot *nm* **1.** *(de loterie)* prémio *(m)* **2.** COMM lote *(m)*.

loterie *nf* lotaria *(f)*.

loti, e *adj* • **être bien/mal loti** ser favorecido/desfavorecido.

lotion *nf* loção *(f)*.

lotissement *nm* lote *(m)*.

loto *nm (national)* ≃ totoloto *(m)* • **le loto sportif** ≃ o totobola.

lotte *nf* lota *(f)* • **lotte à l'américaine** lota à americana.

louange *nf* louvor *(m)* • **chanter les louanges de qqn** *fig* tecer louvores a alguém.

louche ■ *adj* **1.** *(bizarre)* esquisito(ta) **2.** *(personne)* duvidoso(osa). ■ *nf* concha *(f)* (de sopa).

loucher *vi* ser vesgo(ga).

louer *vt* **1.** *(maison)* arrendar **2.** *(voiture, télévision)* alugar • **'à louer'** 'aluga-se'.

loufoque *adj fam* **1.** *(histoire)* espatafúrdio (dia) **2.** *(personne)* adoidado(da).

loup *nm* lobo *(m)*.

loupe *nf* lupa *(f)*.

louper *vt* **1.** *fam (examen)* chumbar em **2.** *(train)* perder.

lourd, e ■ *adj* **1.** pesado(da) **2.** *(sans finesse)* grosseiro(ra) **3.** *(dépenses, traitement)* importante **4.** *(temps)* abafado(da). ■ *adv* • **peser lourd** pesar muito.

lourdement *adv* **1.** *(tomber)* pesadamente **2.** *(se tromper)* redondamente.

lourdeur *nf* • **avoir des lourdeurs d'estomac** ter o estômago pesado.

louve *nf* loba *(f)*.

louveteau *nm* **1.** *(animal)* lobinho *(m)* **2.** *(scout)* lobito *(m)*.

louvoyer *vi* **1.** NAUT bordejar **2.** *fig (biaiser)* andar com rodeios.

Louvre *nm* • **le Louvre** o museu do Louvre.

loyal, e, aux *adj* leal.

loyauté *nf* lealdade *(f)*.

loyer *nm* renda *(f) (Port)*, aluguer *(m) (Br)*.

lubie *nf* veneta *(f)*.

lubrifiant *nm* lubrificante *(m)*.

lubrifier *vt* lubrificar.

lubrique *adj* lúbrico(ca).

lucarne *nf* clarabóia *(f)*.

lucide *adj* lúcido(da).

lucratif, ive *adj* lucrativo(va).

ludique *adj* lúdico(ca).

lueur *nf* **1.** *(lumière)* clarão *(m)* **2.** *(de bougie)* luz *(f)* **3.** *(dans le regard)* brilho *(m)*.

luge *nf* trenó *(m)* • **faire de la luge** andar de trenó.

lugubre *adj* lúgubre.

lui *pron*

1. DÉSIGNE UNE PERSONNE, UN ANIMAL

• **j'en ai eu moins que lui** tive menos que ele

• **c'est lui qui nous a renseignés** foi ele que nos informou

2. POUR RENFORCER LE SUJET

• **et lui, qu'est-ce qu'il en pense ?** e ele, o que é que ele acha?

• **c'est lui-même qui l'a dit** foi ele próprio quem o disse
• **il se contredit lui-même** ele contradiz-se a ele próprio
3. COMPLÉMENT D'OBJET INDIRECT = lhe
• **dites-le lui tout de suite** diga-lho imediatamente
• **je lui ai serré la main** dei-lhe um aperto de mão.

luire *vi* luzir.

luisant, **e** *adj* reluzente.

lumbago *nm* lumbago *(m)*.

lumière *nf* luz *(f)*.

luminaire *nm* artigo *(m)* de iluminação.

lumineux, **euse** *adj* **1.** *(éclairé)* luminoso(osa) **2.** *(teint, sourire)* resplandecente **3.** *(explication)* claro(ra).

luminosité *nf* luminosidade *(f)*.

lunatique *adj* temperamental.

lunch *nm* bufete *(m)*.

lundi *nm* segunda-feira *(f)* • **nous sommes** *OU* **c'est lundi** é segunda-feira • **lundi 13 septembre** segunda-feira, 13 de Setembro • **nous sommes partis lundi** nós fomos embora na segunda-feira • **lundi dernier** na segunda-feira passada • **lundi prochain** na segunda-feira que vem • **lundi matin** na segunda-feira de manhã • **le lundi** às segundas-feiras • **à lundi !** até segunda-feira!

lune *nf* lua *(f)* • **lune de miel** lua de mel • **pleine lune** lua cheia.

lunette *nf* luneta *(f)* • **lunette arrière** vidro *(m)* de trás (do carro).

■ **lunettes** *nfpl* óculos *(mpl)* • **lunettes de soleil** óculos de sol.

luron *nm fam* • **joyeux luron** galhofeiro *(m)*.

lusophone *adj* lusófono(na).

lustre *nm* lustre *(m)*.

lustrer *vt* **1.** *(faire briller)* dar brilho a **2.** *(user)* coçar.

luth *nm* alaúde *(m)*.

lutin *nm* duende *(m)*.

lutte *nf* luta *(f)*.

lutter *vi* lutar • **lutter contre** lutar contra.

luxation *nf* luxação *(f)*.

luxe *nm* luxo *(m)* • **de (grand) luxe** de luxo.

Luxembourg *nm* • **le Luxembourg** o Luxemburgo.

Luxembourgeois, **e** *nm, f* luxemburguês *(m)*, -esa *(f)*.

luxueux, **euse** *adj* luxuoso(osa).

luxure *nf* luxúria *(f)*.

luzerne *nf* luzerna *(f)*.

lycée *nm* escola *(f)* secundária • **lycée professionnel** escola profissional.

lycéen, **enne** *nm, f* aluno *(m)*, -na *(f)* da escola secundária.

Lycra® *nm* lycra® *(f)*.

lyncher *vt* linchar.

lynx *nm* lince *(m)*.

Lyon *npr* Lyon.

lyophilisé, **e** *adj* liofilizado(da).

lyre *nf* lira *(f)*.

lyrique *adj* lírico(ca).

m M

m, M *nm inv (lettre)* m, M *(m)*.
■ **m** (*abr écrite de* **mètre, milli**) m *(metro, milli)*.
■ **M 1.** (*abr écrite de* **mile (marin)**) mi (marítima) **2.** (*abr écrite de* **méga**) M **3.** (*abr écrite de* **Monsieur**) Sr. *(Senhor)* **4.** (*abr écrite de* **million**) milhão.

macabre *adj* macabro(bra).

macadam *nm* macadame *(m)*.

macaron *nm (gâteau)* suspiro *(m)* recheado.

macaronis *nmpl* macarrão *(m)*.

macédoine *nf* • **macédoine (de légumes)** macedónia *(f)* de legumes • **macédoine de fruits** macedónia *(f)* de frutas.

macérer *vi* macerar.

mâche *nf* erva-benta *(f)*.

mâcher *vt* mastigar.

machin *nm fam* coisa *(f)*.

machinal, e, aux *adj* maquinal.

machination *nf* maquinação *(f)*.

machine *nf* máquina *(f)* • **machine à coudre** máquina de costura • **machine à écrire** máquina de escrever • **machine à laver** máquina de lavar • **machine à sous** slot-machine *(f)*.

machine-outil *nf* máquina-ferramenta *(f)*.

machiniste *nm, f (d'autobus)* motorista *(mf)* • **'faire signe au machiniste'** faça sinal ao motorista.

machisme *nm péj* machismo *(m)*.

mâchoire *nf* maxila *(f)*.

mâchonner *vt* **1.** *(mâcher lentement)* mastigar lentamente **2.** *(mordiller)* morder.

maçon *nm* pedreiro *(m)*.

maçonnerie *nf* alvenaria *(f)*.

macro *nf* INFORM macro *(mf)* (instrução).

madame *nf* • **madame X** a senhora *ou* dona X • **bonjour madame/mesdames !** bom dia minha senhora/minhas senhoras! • **Madame,** *(dans une lettre)* Exma. Senhora, • **Madame !** *(pour appeler le professeur)* Senhora professora!

madeleine *nf* madalena *(f)*.

mademoiselle *nf* • **mademoiselle X** menina X • **bonjour mademoiselle/mesdemoiselles !** bom dia menina/meninas! • **Mademoiselle,** *(dans une lettre)* Exma. Senhora, • **Mademoiselle !** *(pour appeler le professeur)* Senhora professora!

madère *nm* ▷ **sauce**.

maf(f)ia *nf* máfia *(f)* • **la Maf(f)ia** a Máfia.

magasin *nm* loja *(f)* • **en magasin** em armazém.

LE MAGASIN

- l'ascenseur / o elevador
- le billet / a nota
- le billet de 10 euros / a nota de 10 euros
- la cabine d'essayage / a cabine de provas
- la caisse / a caixa
- le cintre / o cabide
- la clé / a chave
- le/la cliente / o/a cliente
- l'escalator / as escadas rolantes
- la monnaie / o troco
- la pièce / a moeda
- le porte-feuilles / a carteira
- le porte-monnaie / o porta-moedas
- le téléphone portable / o telemóvel.

magazine *nm* revista *(f)*.

Maghreb *nm* • **le Maghreb** o Magrebe.

Maghrébin, e *nm, f* habitante *(mf)* do Magrebe.

magicien, enne *nm, f* mágico *(m)*, -ca *(f)*.

magie *nf* magia *(f)*.

magique *adj* mágico(ca).

magistral, e *adj* **1.** *(excellent, doctoral)* magistral **2.** *(très fort)* fenomenal.

magistrat, **e** *nm, f* magistrado *(m)*.

magistrature *nf* magistratura *(f)*.

magnat *nm* magnata *(mf)*.

magnésium *nm* magnésio *(m)*.

magnétique *adj* magnético(ca).

magnétisme *nm* magnetismo *(m)*.

magnétophone *nm* gravador *(m)*.

magnétoscope *nm* vídeo *(m)*.

magnifique *adj* magnífico(ca).

magot *nm fam* pé-de-meia *(m)*.

magret *nm* • **magret (de canard)** filete *(m)* de carne de pato.

mai *nm* Maio *(m)* • **en mai** em Maio • **au mois de mai** no mês de Maio • **début mai** em princípios de Maio • **fin mai** em fins de Maio • **le dix mai** no dia dez de Maio • **le premier mai** o dia 1 de Maio.

maigre *adj* magro(gra).

maigreur *nf* magreza *(f)*.

maigrir *vi* emagrecer.

mail *nm* INFORM e-mail *(m)*, mail *(m)*.

mailing *nm* mailing *(m)*.

maille *nf* malha *(f)*.

maillon *nm* elo *(m)*.

maillot *nm* **1.** fato *(m)* **2.** *(de football)* camisola *(f)* • **maillot (de bain) (une pièce)** fato de banho *(Port)*, maiô *(m) (Br)* • **maillot (de bain) deux pièces** biquini • **maillot jaune** *(cyclisme)* camisola amarela • **maillot de corps** camisola interior • **maillot jaune** *(du Tour de France)* camisola amarela.

main *nf* mão *(f)* • **à main gauche** do lado esquerdo • **se donner la main** dar a mão um ao outro • **fait (à la) main** feito à mão • **mains libres** *(téléphone, kit)* mãos livres • **prendre qqch en main** encarregar-se de algo.

main-d'œuvre *nf* mão-de-obra *(f)*.

mainmise *nf* • **avoir la mainmise sur qqch** controlar algo.

maint, **e** *adj sout* • **maintes fois** inúmeras vezes.

maintenance *nf* manutenção *(f)*.

maintenant *adv* agora.

maintenir *vt* manter.
■ **se maintenir** *vp* manter-se.

maire *nmf* Presidente *(mf)* da Câmara *(Port)*, prefeito *(m) (Br)*.

mairie *nf (bâtiment)* câmara *(f)* municipal *(Port)*, prefeitura *(f) (Br)*.

mais *conj* mas • **mais non !** claro que não!

maïs *nm* milho *(m)*.

maison ■ *nf* casa *(f)*. ■ *adj inv* caseiro(ra) • **à la maison** em casa • **maison de campagne** casa de campo • **maison des jeunes et de la culture** *centro cultural para jovens*.

LA MAISON

- l'allée / a alameda
- le balcon / o balcão
- le bureau / o escritório
- la cave / a cave
- la chambre / o quarto
- la cheminée (extérieure) / a chaminé
- la cheminée (intérieure) / a chaminé
- le couloir / o corredor
- la cuisine / a cozinha
- la douche / o duche
- l'entrée / a entrada
- l'entrée (extérieure) / a entrada
- l'escalier / as escadas
- la fenêtre / a janela
- le garage / a garagem
- le grenier / o sótão
- le massif de fleurs / o maciço de flores
- le mur (extérieur) / o muro
- la pelouse / a relva
- la porte / a porta
- la salle à manger / a sala de jantar
- la salle de bains / a casa de banho
- le salon / o salão
- le store / o estore
- la terrasse / o terraço
- les toilettes / a casa de banho
- le toit / o telhado
- le volet / a persiana.

maître, **esse** *nm, f* dono *(m)*, -na *(f)* • **maître (d'école)** professor *(m)* • **maître d'hôtel** chefe *(m)* de mesa *(Port)*, maître *(m) (Br)* • **maître nageur** nadador *(m)* salvador.

maîtresse *nf (amie)* amante *(f)* • ▷ **maître**.

maîtrise *nf (diplôme)* ≃ mestrado *(m)*.

maîtriser *vt* dominar.

majesté *nf* majestade *(f)* • **Sa/Votre Majesté** Sua/Vossa Majestade.

majestueux, **euse** *adj* majestoso(osa).

majeur, e ■ *adj* **1.** *(adulte)* maior de idade **2.** *(principal)* principal. ■ *nm* dedo *(m)* médio • **la majeure partie (de)** a maior parte (de).

majoration *nf* majoração *(f)*.

majorer *vt* aumentar.

majorette *nf* majorette *(f)*.

majoritaire *adj* maioritário(ria).

majorité *nf* **1.** *(âge)* maioridade *(f)* **2.** *(plus grand nombre)* maioria *(f)* • **en majorité** em maioria • **la majorité de** a maioria de.

majuscule *nf* maiúscula *(f)*.

mal ■ *nm (contraire du bien)* mal *(m)*. ■ *adv* mal • **avoir mal** doer • **avoir mal au cœur** estar enjoado • **j'ai mal aux dents** doem-me os dentes • **j'ai mal au dos** doem-me as costas • **j'ai mal à la gorge** dói-me a garganta • **j'ai mal à la tête** dói-me a cabeça • **j'ai mal au ventre** dói-me a barriga • **ça fait mal** isso magoa • **faire mal à qqn** aleijar alguém • **se faire mal** aleijar-se • **se donner du mal (pour faire qqch)** esforçar-se (por fazer algo) • **mal de gorge** dor *(f)* de garganta • **mal de mer** enjoo *(m)* • **maux de tête** dores *(mpl)* de cabeça • **mal à l'aise** pouco à vontade, intimidado • **être/se sentir mal à l'aise** sentir-se pouco à vontade • **il n'est pas mal** *fam* não está nada mal • **pas mal de** *fam* bastante • **pas mal de voitures** bastantes carros.

malade ■ *adj* **1.** doente **2.** *(sur un bateau)* enjoado(da). ■ *nmf* doente *(mf)* • **malade mental** doente mental.

maladie *nf* doença *(f)* • **maladie contagieuse** doença contagiosa • **maladie héréditaire** doença hereditária • **maladie sexuellement transmissible** doença sexualmente transmissível.

maladresse *nf* falta *(f)* de jeito.

maladroit, e *adj* **1.** *(personne, geste)* desajeitado(da) **2.** *(réponse, expression)* despropositado(da).

malaise *nm* **1.** MÉD indisposição *(f)* **2.** *(angoisse)* mal-estar *(m)* • **avoir un malaise** desmaiar.

malaudition *nf* MÉD surdez, perda da audição.

malaxer *vt* amassar.

malbouffe *nf fam* comida hipercalórica OU de plástico, *fast-food denominado "junk food"*.

malchance *nf* má sorte *(f)*.

malchanceux, euse *adj* & *nm, f* azarado (da).

mâle *adj* & *nm* macho.

malédiction *nf* maldição *(f)*.

maléfique *adj sout* maléfico(ca).

malencontreux, euse *adj* infeliz.

malentendant, e *adj* & *nm, f* deficiente auditivo.

malentendu *nm* mal-entendido *(m)*.

malfaiteur *nm* malfeitor *(m)*, -ra *(f)*.

malfamé, e *adj* mal-afamado(da).

malformation *nf* deformação *(f)* congénita.

malfrat *nm fam* vigarista *(mf)*.

malgré *prép* apesar de • **malgré tout** apesar de tudo.

malheur *nm* **1.** *(malchance)* infelicidade *(f)* **2.** *(événement)* desgraça *(f)*.

malheureusement *adv* infelizmente.

malheureux, euse *adj* infeliz.

malhonnête *adj* desonesto(ta).

malhonnêteté *nf* desonestidade *(f)*.

Mali *nm* • **le Mali** o Mali.

malice *nf* malícia *(f)* • **sans malice** sem malícia.

malicieux, euse *adj* malicioso(osa).

malin, igne *adj (habile, intelligent)* esperto(ta).

malingre *adj* enfezado(da).

malle *nf* mala *(f) (baú)*.

malléable *adj* maleável.

mallette *nf* pasta *(f)*.

malmener *vt* maltratar.

malnutrition *nf* má nutrição *(f)*.

malotru, e *nm, f* • **quel malotru !** que bruto!

malpoli, e *adj* malcriado(da).

malsain, e *adj* doentio(tia).

malt *nm* malte *(m)*.

maltraiter *vt* maltratar.

malus *nm* agravamento *(m)*.

malveillant, e *adj* malévolo(la).

malversation *nf* malversação *(f)*.

malvoyant, e *adj* & *nm, f* deficiente visual.

maman *nf* mamã *(f)*.

mamelle *nf* teta *(f)*.

mamie *nf fam* vovó *(f)*.

mammifère *nm* mamífero *(m)*.

mammographie *nf* mamografia *(f)*.

mammouth *nm* mamute *(m)*.

manager *nm* manager *(m)*.

manche ■ *nf* **1.** *(de vêtement)* manga *(f)* **2.** *(de jeu, de match)* parte *(f)*. ■ *nm* cabo *(m)* • **à manches courtes/longues** de manga curta/comprida.

Manche *nf* • **la Manche** o Canal da Mancha.

manchette *nf (d'une manche)* punho *(m)* da camisa.

manchot, e *adj* maneta.

mandarine *nf* tangerina *(f)*.

mandat *nm (postal)* vale *(m)* postal.

mandataire *nmf* mandatário *(m)*, -ria *(f)*.

mandibule *nf* mandíbula *(f)*.

mandoline *nf* bandolim *(m)*.

manège *nm* **1.** *(attraction)* carrossel *(m)* **2.** *(d'équitation)* picadeiro *(m)*.

manette *nf* alavanca *(f)* • **manette de jeux** joystick *(m)*.

manga *nm* manga *(f)*.

manganèse *nm* manganésio *(m)*.

mangeoire *nf* manjedoura *(f)*.

manger *vt* & *vi* comer • **donner à manger à qqn** dar de comer a alguém.

mangue *nf* manga *(f) (fruto)*.

maniable *adj* manejável.

maniaque *adj* maníaco(ca).

manie *nf* mania *(f)*.

manier *vt* manejar.

manière *nf* maneira *(f)* • **de manière à** de maneira a • **de toute manière** de qualquer maneira.
■ **manières** *nfpl (attitude)* modos *(mpl)* • **faire des manières** estar com cerimónias.

maniéré, e *adj* de modos afectados.

manif *nf fam* manifestação *(f)*.

manifestant, e *nm, f* manifestante *(mf)*.

manifestation *nf* **1.** *(défilé)* manifestação *(f) (Port)*, passeata *(f) (Br)* **2.** *(culturelle)* manifestação *(f)*.

manifester *vt* & *vi* manifestar.
■ **se manifester** *vp* manifestar-se.

manigancer *vt* tramar.

manioc *nm* mandioca *(f)*.

manipulation *nf* **1.** manipulação *(f)* **2.** *(d'un outil)* manejo *(m)*.

manipuler *vt* **1.** manipular **2.** *(outil)* manejar.

manivelle *nf* manivela *(f)*.

mannequin *nm* **1.** *(de défilé)* modelo *(mf)* **2.** *(de vitrine)* manequim *(m)*.

manœuvre *nf* manobra *(f)*.

manœuvrer *vt* & *vi* manobrar.

manoir *nm* solar *(m)*.

manquant, e *adj* que falta.

manque *nm* • **le manque de** a falta de.

manquer ■ *vt* **1.** *(train, occasion)* perder **2.** *(cible)* falhar. ■ *vi* **1.** *(échouer)* falhar **2.** *(être absent)* faltar • **elle nous manque** temos saudades *OU* sentimos falta dela • **il me manque dix euros** faltam-me dez euros • **manquer de qqch** ter falta de algo • **il a manqué (de) se faire écraser** por pouco era atropelado.

mansarde *nf* mansarda *(f)*.

mansardé, e *adj* no sótão.

mansuétude *nf sout* mansuetude *(f)*.

manteau *nm* casaco *(m)* (comprido).

manucure *nmf* manicura *(f)*.

manuel, elle ■ *adj* manual. ■ *nm* manual *(m)*.

manufacturé, e *adj* manufacturado(da).

manuscrit *nm* manuscrito *(m)*.

manutention *nf* armazenagem *(f)*.

manutentionnaire *nmf* condutor *(m)*, -ra *(f)* de empilhadora.

mappemonde *nf* **1.** *(carte)* mapa-múndi *(m)* **2.** *(globe)* globo *(m)*.

maquereau *nm* cavala *(f)*.

maquette *nf* maquete *(f)*.

maquillage *nm* maquilhagem *(f)*.

maquiller ■ **se maquiller** *vp* maquilhar-se.

maquis *nm* **1.** *(végétation)* matagal *(m)* **2.** *(lieu de la Résistance)* maquis *(m)* • **prendre le maquis** passar à clandestinidade.

maraîcher, ère ■ *adj* hortense. ■ *nm, f* hortelão *(m)*, horteloa *(f)*.

marais *nm* pântano *(m)*.

marasme *nm* marasmo *(m)*.

marathon *nm* maratona *(f)*.

marbre *nm* mármore *(m)*.

marbré, e *adj m* ▷ **gâteau**.

marchand, **e** *nm, f* vendedor *(m)*, -ra *(f)* • **marchand ambulant** vendedor ambulante • **marchand de fruits et légumes** *OU* **de primeurs** vendedor de fruta • **marchand de journaux** vendedor de jornais.

marchander *vi* regatear.

marchandise *nf* mercadoria *(f)*.

marche *nf* **1.** *(à pied)* passeio *(m)* **2.** *(d'escalier)* degrau *(m)* **3.** *(fonctionnement)* funcionamento *(m)* • **marche silencieuse** marcha silenciosa • **marche arrière** AUTO marcha *(f)* atrás *(Port)*, marcha à ré *(Br)* • **en marche** *(machine)* em funcionamento • *(train)* em andamento • *(troupes)* em marcha.

marché *nm* **1.** *(lieu de vente)* mercado *(m)* **2.** *(contrat)* trato *(m)* • **faire son marché** ir ao mercado • **marché couvert** mercado coberto • **marchés financiers** mercados financeiros • **marché aux puces** feira *(f)* da ladra • **bon marché** barato(ta) • **par-dessus le marché** ainda por cima.

marchepied *nm* estribo *(m)*.

marcher *vi* **1.** *(à pied)* andar **2.** *(fonctionner)* funcionar **3.** *(bien fonctionner)* correr • **faire marcher qqch** pôr algo a funcionar • **faire marcher qqn** *fam* meter-se com alguém.

mardi *nm* terça-feira *(f)* • **mardi gras** Terça-feira de Carnaval • **nous sommes** *OU* **c'est mardi** é terça-feira • **mardi 18 septembre** terça-feira, 18 de Setembro • **nous sommes partis mardi** nós fomos embora na terça-feira • **mardi dernier** na terça-feira passada • **mardi prochain** na terça-feira que vem • **mardi matin** na terça-feira de manhã • **le mardi** às terças-feiras • **à mardi !** até terça-feira!

mare *nf* poça *(f)*.

marécage *nm* pântano *(m)*.

marécageux, **euse** *adj* **1.** *(terrain)* pantanoso (osa) **2.** *(plante)* que cresce nos pântanos.

maréchal, **e** *nm, f* marechal *(m)*, -la *(f)*.

marée *nf* maré *(f)* • **(à) marée basse** (durante a) maré-baixa • **(à) marée haute** (durante a) maré-alta.

marelle *nf* macaca *(f) (jogo)*.

margarine *nf* margarina *(f)*.

marge *nf* margem *(f)*.

marginal, **e**, **aux** *nm, f* marginal *(mf)*.

marguerite *nf* malmequer *(m)*.

mari *nm* marido *(m)*.

mariage *nm* casamento *(m)*.

marié, **e** ■ *adj* casado(da). ■ *nm, f* noivo *(m)*, -va *(f)* • **jeunes mariés** recém-casados *(mpl)*.

marier ■ **se marier** *vp* casar.

marijuana *nf* marijuana *(f)*.

marin, **e** ■ *adj* **1.** *(courant, carte, météo)* marítimo(ma) **2.** *(animal)* marinho(nha). ■ *nm* marinheiro *(m)*.

marine ■ *adj inv* & *nm* azul-marinho. ■ *nf* marinha *(f)*.

mariner *vi* marinar.

marinière *nf* ▻ **moule**.

marionnette *nf* marionete *(f)*.

maritime *adj* marítimo(ma).

mark *nm* marco *(m)*.

marketing *nm* marketing *(m)*.

marmaille *nf* canalhada *(f)*.

marmelade *nf* doce *(m)* de laranja.

marmite *nf* panela *(f)*.

marmonner *vt* falar por entre dentes.

marmotte *nf* marmota *(f)*.

Maroc *nm* • **le Maroc** Marrocos *(mpl)*.

marocain, **e** *adj* marroquino(na). ■ **Marocain**, **e** *nm, f* marroquino *(m)*, -na *(f)*.

maroquinerie *nf* marroquinaria *(f)*.

marquant, **e** *adj* marcante.

marque *nf* **1.** marca *(f)* **2.** *(nombre de points)* resultado *(m)*.

marqué, **e** *adj* **1.** *(différence, tendance)* acentuado(da) **2.** *(traits, visage)* marcado(da).

marquer ■ *vt* **1.** marcar **2.** *(écrire)* anotar. ■ *vi* *(stylo)* escrever.

marqueur *nm* marcador *(m)*.

marquis, **e** *nm, f* marquês *(m)*, -esa *(f)*.

marraine *nf* madrinha *(f)*.

marrant, **e** *adj* *fam* engraçado(da).

marre *adv* • **en avoir marre (de)** *fam* estar farto(ta) (de).

marrer ■ **se marrer** *vp* **1.** *fam (rire)* fartar-se de rir **2.** *(s'amuser)* divertir-se.

marron ■ *adj inv* castanho(nha). ■ *nm* **1.** *(fruit)* castanha *(f)* **2.** *(couleur)* castanho *(m)* • **marron glacé** *bombom requintado de castanha coberta com açúcar*.

marronnier *nm* castanheiro *(m)*.

mars *nm* Março *(m)* • **en mars, au mois de mars** em Março, no mês de Março • **début mars** em princípios de Março • **fin mars** em fins de Março • **le six mars** no dia seis de Março.

Marseille *npr* Marselha.

marteau *nm* TECHNOL martelo *(m)* • **marteau piqueur** *OU* **pneumatique** TECHNOL martelo pneumático.

marteler *vt* martelar.

martial, **e** *adj* marcial.

martien, **enne** *adj* marciano(na). ■ **Martien**, **enne** *nm, f* marciano *(m)*, -na *(f)*.

martiniquais, **e** *adj* martinicano(na).

Martinique *nf* • **la Martinique** a Martinica.

martyr, **e** *adj* & *nm, f* mártir.

martyre *nm (douleur, peine)* martírio *(m)*.

martyriser *vt* martirizar.

marxisme *nm* marxismo *(m)*.

mascara *nm* rímel® *(m)*.

mascarade *nf* mascarada *(f)*.

mascotte *nf* mascote *(f)*.

masculin, **e** ◪ *adj* masculino(na). ◪ *nm* masculino *(m)*.

masochisme *nm* masoquismo *(m)*.

masque *nm* máscara *(f)*.

masquer *vt* tapar.

massacre *nm* massacre *(m)*.

massacrer *vt* massacrar.

massage *nm* massagem *(f)*.

masse *nf* **1.** *(bloc)* massa *(f)* **2.** *(outil)* maça *(f)* • **une masse** *OU* **des masses de** um monte *OU* montes de • **une arrivée en masse** uma chegada em massa.

masser *vt* **1.** *(dos, personne)* massajar **2.** *(grouper)* agrupar. ■ **se masser** *vp* agrupar-se.

masseur, **euse** *nm, f* massagista *(mf)*.

massif, **ive** ◪ *adj* maciço(ça). ◪ *nm* maciço *(m)* • **le Massif central** o Maciço Central.

massivement *adv* em peso.

massue *nf* maça *(f)*.

mastic *nm* mastique *(m)*.

mastiquer *vt (mâcher)* mastigar.

masturbation *nf* masturbação *(f)*.

mat, **e** ◪ *adj* mate. ◪ *adj m inv (aux échecs)* mate.

mât *nm* mastro *(m)*.

match *nm* jogo *(m)* • **faire match nul** empatar a zero.

matelas *nm* colchão *(m)* • **matelas pneumatique** colchão pneumático.

matelassé, **e** *adj* acolchoado(da).

matelot *nm* marinheiro *(m)*.

mater *vt* reprimir.

matérialiser ■ **se matérialiser** *vp* materializar-se.

matérialiste *adj* & *nmf* materialista.

matériau *nm* material *(m)*. ■ **matériaux** *nmpl* **1.** *(dans le bâtiment)* materiais *(mpl)* **2.** *(documents)* material *(m)* • **matériaux de construction** materiais de construção.

matériel, **elle** ◪ *adj* material. ◪ *nm* **1.** *(outillage)* material *(m)* **2.** INFORM hardware *(m)* • **matériel de camping** material de campismo.

maternel, **elle** *adj* **1.** *(femme, amour)* maternal **2.** *(grands-parents)* materno(na).

maternelle *nf* • **(école) maternelle** jardim-de-infância *(m)*.

maternité *nf* maternidade *(f)*.

mathématicien, **enne** *nm, f* matemático *(m)*, -ca *(f)*.

mathématiques *nfpl* matemática *(f)*.

maths *nfpl fam* matemática *(f)*.

matière *nf* **1.** matéria *(f)* **2.** *(matériau)* material *(m)* **3.** SCOL disciplina *(f)* • **matière première** matéria-prima *(f)* • **matières grasses** gordura *(f)*.

Matignon *npr* • **(l'hôtel) Matignon** *residência do primeiro-ministro francês*.

matin *nm* manhã *(f)* • **le matin** de manhã.

matinal, **e**, **aux** *adj* **1.** *(réveil)* matinal **2.** *(personne)* madrugador(ra).

matinée *nf* **1.** *(matin)* manhã *(f)* **2.** *(spectacle)* matinée *(f)*.

matraque *nf* cassetete *(m)*.

matraquer *vt* matraquear.

matricule ◪ *nm* número *(m)* de matrícula. ◪ *nf* registo *(m)*.

matrimonial, **e** *adj* matrimonial.

maturité *nf* **1.** *(d'un fruit)* maturação *(f)* **2.** *(d'une personne)* maturidade *(f)* **3.** *(d'une idée)* amadurecimento *(m)*.

maudire *vt* amaldiçoar.

maudit, e *adj* maldito(ta).

Maurice ▷ **île**.

mausolée *nm* mausoléu *(m)*.

maussade *adj* aborrecido(da).

mauvais, e *adj* **1.** mau (má) **2.** *(faux)* errado (da) • **il fait mauvais** está mau tempo • **être mauvais en qqch** ser fraco em algo.

mauve *adj* lilás.

mauviette *nf fam* lingrinhas *(mf inv)*.

max. (*abr écrite de* **maximum**) máximo.

maxillaire *nm* maxilar *(m)*.

maximal, e *adj* **1.** *(température)* máximo(ma) **2.** *(degré)* mais alto(ta).

maxime *nf* máxima *(f)*.

maximum ■ *nm* máximo *(m)*. ■ *adj* máximo(ma) • **au maximum** no máximo.

mayonnaise *nf* maionese *(f)*.

mazout *nm* fuel *(m)*.

me *pron* me • **je me lève** levanto-me.

méandre *nm* meandro *(m)*.

mec *nm fam* gajo *(m)*.

mécanicien, enne *nm, f* mecânico *(m)*, -ca *(f)*.

mécanique ■ *adj* mecânico(ca). ■ *nf* **1.** *(mécanisme)* mecanismo *(m)* **2.** *(automobile)* mecânica *(f)*.

mécanisme *nm* mecanismo *(m)*.

mécène *nm* mecenas *(mf inv)*.

méchamment *adv* com maldade.

méchanceté *nf* maldade *(f)*.

méchant, e *adj* mau (má).

mèche *nf* **1.** *(de cheveux)* madeixa *(f)* **2.** *(de lampe)* mecha *(f)* **3.** *(d'explosif)* rastilho *(m)*.

méchoui *nm comida típica do Norte de África que consiste em carne de carneiro assada.*

méconnaissable *adj* irreconhecível.

méconnu, e *adj* desconhecido(da).

mécontent, e *adj* descontente.

médaille *nf* medalha *(f)*.

médaillon *nm* medalhão *(m)*.

médecin *nm* médico *(mf)*, -ca *(f)* • **médecin traitant** médico de família.

médecine *nf* medicina *(f)*.

médias *nmpl* mass media *(mpl)*, meios *(mpl)* de comunicação social.

médiateur, trice *adj* & *nm, f* mediador(ra). ■ **médiateur** *nm* árbitro *(m)*. ■ **médiatrice** *nf* mediatriz *(f)*.

médiathèque *nf* mediateca *(f)*.

médiatique *adj (personnalité)* mediático(ca).

médiatiser *vt* mediatizar.

médical, e, aux *adj* médico(ca).

médicament *nm* medicamento *(m)*.

médicinal, e *adj* medicinal.

médiéval, e, aux *adj* medieval.

médiocre *adj* medíocre.

médire *vi* maldizer • **médire de qqn** dizer mal de alguém.

médisant, e *adj* maldizente.

méditation *nf* meditação *(f)*.

méditer *vt* & *vi* meditar.

Méditerranée *nf* • **la (mer) Méditerranée** o (mar) Mediterrâneo.

méditerranéen, enne *adj* mediterrânico (ca).

médium *nm, f* **1.** *(personne)* médium *(mf)* **2.** MUS som *(m)* médio.

méduse *nf* medusa *(f)*.

méduser *vt* deixar atónito(ta).

meeting *nm* **1.** POLIT comício *(m)* **2.** SPORT encontro *(m)*.

méfait *nm* malefício *(m)*.

méfiance *nf* desconfiança *(f)*.

méfiant, e *adj (personne, regard)* desconfiado (da) *(Port)*, ressabiado(da) *(Br)*.

méfier ■ **se méfier** *vp* desconfiar • **se méfier de** desconfiar de.

mégalomane *adj* & *nmf* megalómano(na).

megaoctet *nm* INFORM megabyte *(m)*.

mégapole *nf* megalópole *(f)*.

mégarde ■ **par mégarde** *loc adv* inadvertidamente.

mégot *nm* beata *(f)*.

meilleur, e *adj* & *nm, f* melhor.

mél *nm* INFORM correio electrónico.

mélancolie *nf* melancolia *(f)*.

mélange *nm* mistura *(f)*.

mélanger *vt* **1.** *(mêler)* misturar **2.** *(confondre)* baralhar.

Melba *adj inv* ▷ **pêche**.

mêlée *nf* formação *(f)*.

mêler *vt* misturar • **mêler qqn à qqch** envolver alguém em algo.
■ **se mêler** *vp* • **se mêler à qqch** misturar-se com algo • **se mêler de qqch** meter-se em algo.

mélo *fam nm* dramalhão *(m)*.

mélodie *nf* melodia *(f)*.

mélodieux, **euse** *adj* melodioso(osa).

mélodrame *nm* melodrama *(m)*.

mélomane *adj* & *nmf* melómano(na).

melon *nm* **1.** meloa *(f)* **2.** *(d'Espagne)* melão *(m)*.

membrane *nf* membrana *(f)*.

membre *nm* membro *(m)*.

mémé *nf fam* vovó *(f)*.

même *adj*

1. IDENTIQUE
• **nous avons les mêmes places qu'à l'aller** temos os mesmos lugares do que na ida
• **j'ai le même pull que toi** tenho um pulôver igual ao teu
2. SERT À RENFORCER
• **c'est cela même** é isso mesmo
• **cette fille, c'est la gentillesse même** esta rapariga é a gentileza em pessoa.

même *pron*

INDIQUE LA RESSEMBLANCE, L'IDENTITÉ
• **le/la même (que)** o mesmo/a mesma (que)
• **j'ai le même !** tenho um igual!

même *adv*

1. SERT À RENFORCER
• **même les sandwichs sont chers ici** até as sandes são caras aqui
• **il n'y a même pas de cinéma** nem sequer há cinema
• **j'irai même si tu restes** irei mesmo se ficares
2. EXPRIME UNE GRADATION
• **c'est étonnant, incroyable même** é surpreendente, é mesmo incrível
3. EXACTEMENT = mesmo
• **c'est aujourd'hui même** é hoje mesmo
4. EXPRIME LA CAPACITÉ
• **être à même de faire qqch** ser capaz de fazer algo
5. POUR FAIRE UNE COMPARAISON
• **faire de même** fazer o mesmo
• **de même que** do mesmo modo que
6. EXPRIME LA RÉCIPROCITÉ
• **bon appétit ! – vous de même** bom apetite! – igualmente.

mémento *nm* memento *(m)*.

mémoire *nf* memória *(f)* • **de mémoire** de cor • **mémoire morte** memória ROM • **mémoire vive** memória RAM.

mémorable *adj* memorável.

menaçant, **e** *adj* ameaçador(ra).

menace *nf* ameaça *(f)*.

S'EXPRIMER...

exprimer une menace
• **Se não acabar imediatamente com essa barulheira, chamo a polícia!** / Si vous n'arrêtez pas ce tapage immédiatement, j'appelle la police !
• **Deixe essa senhora em paz, senão chamo a polícia!** / Laissez cette femme tranquille ou j'appelle la police !
• **Estou-te a prevenir, era melhor acabares já com isso.** / Je te préviens, tu ferais mieux d'arrêter tout de suite.
• **Agora já chega!** / Maintenant, cela suffit !

menacer *vt* & *vi* ameaçar • **la pluie menace** o tempo ameaça chuva • **menacer de faire qqch** ameaçar fazer algo.

ménage *nm* **1.** *(rangement)* limpeza *(f)* **2.** *(famille)* lar *(m)* **3.** *(couple)* casal *(m)* • **faire le ménage** fazer a limpeza.

ménager[1] *vt* poupar.

ménager[2], **ère** *adj* doméstico(ca).

ménagère *nf* faqueiro *(m)*.

ménagerie *nf* *conjunto de animais para exposição.*

mendiant, **e** ■ *nm, f* mendigo *(m)*, -ga *(f)*.
■ *nm bolacha com frutos secos.*

mendier *vi* pedir esmola.

mener ■ *vt* **1.** *(conduire)* ir dar a **2.** *(accompagner)* levar **3.** *(diriger)* dirigir. ■ *vi* SPORT ir à frente (de).

menhir *nm* menir *(m)*.

méningite *nf* meningite *(f)*.

ménopause *nf* menopausa *(f)*.

menottes *nfpl* algemas *(fpl)*.

mensonge *nm* mentira *(f)*.

mensualité *nf* mensalidade *(f)*.

mensuel, **elle** ■ *adj* mensal. ■ *nm* jornal *(m)* mensal.

mensurations *nfpl* medidas *(fpl)*.

mental, **e**, **aux** *adj* mental.

mentalité *nf* mentalidade *(f)*.

menteur, **euse** *nm, f* mentiroso *(m)*, -osa *(f)*.

menthe *nf* **1.** *(feuilles, plante)* hortelã *(f)* **2.** *(parfum)* menta *(f)* • **menthe à l'eau** *refresco de menta.*

mention *nf* distinção *(f)* • **'rayer les mentions inutiles'** 'riscar o que não interessa'.

mentionner *vt* mencionar.

mentir *vi* mentir.

menton *nm* queixo *(m)*.

menu, **e** ■ *adj* pequeno(na). ■ *adv* fino. ■ *nm* menu *(m)* • **menu gastronomique** menu gastronómico • **menu touristique** ementa *(f)* turística.

menuisier, **ère** *nm, f* carpinteiro *(m)*.

méprendre ■ **se méprendre** *vp sout* • **se méprendre sur qqch/qqn** enganar-se acerca de algo/alguém • **à s'y méprendre** que até confunde.

mépris *nm* desprezo *(m)*.

méprisable *adj* desprezível.

méprisant, **e** *adj* desprezador(ra).

mépriser *vt* desprezar.

mer *nf* mar *(m)* • **en mer** no mar • **la mer du Nord** o mar do Norte.

mercantile *adj péj* mercantil.

mercerie *nf (boutique)* retrosaria *(f)*.

merci *interj* obrigado(da) • **merci beaucoup !** muito obrigado! • **merci de ...** obrigado por....

mercredi *nm* quarta-feira *(f)* • **nous sommes** OU **c'est mercredi** é quarta-feira • **mercredi 5 septembre** quarta-feira, 5 de Setembro • **nous sommes partis mercredi** nós fomos embora na quarta-feira • **mercredi dernier** na quarta-feira passada • **mercredi prochain** na quarta-feira que vem • **mercredi matin** na quarta-feira de manhã • **le mercredi** às quartas-feiras • **à mercredi !** até quarta-feira!

mercure *nm* mercúrio *(m)*.

merde ■ *interj vulg* merda! ■ *nf vulg* merda *(f)*.

mère *nf* mãe *(f)* • **mère biologique** MÉD mãe biológica.

merguez *nf salsicha picante típica do Norte de África.*

méridien *nm* meridiano *(m)*.

méridional, **e**, **aux** *adj* meridional.

meringue *nf* suspiro *(m)*.

mérite *nm* mérito *(m)* • **avoir du mérite** ter mérito.

mériter *vt* merecer.

merlan *nm* badejo *(m)*.

merle *nm* melro *(m)*.

merlu *nm* pescada *(f)*.

merveille *nf* **1.** maravilha *(f)* **2.** *(beignet)* ≃ orelha-de-abade *(f)*.

merveilleux, **euse** *adj* maravilhoso(osa).

mésange *nf* chapim *(m)* • **mésange bleue** chapim-azul • **mésange charbonnière** chapim-carvoeiro.

mésaventure *nf* desventura *(f)*.

mesquin, **e** *adj* mesquinho(nha).

message *nm* **1.** mensagem *(f)* **2.** *(écrit, sur répondeur)* recado *(m)*.

messager, **ère** *nm, f* mensageiro *(m)*, -ra *(f)*.

messagerie *nf* • **messagerie électronique** *serviço de recados electrónico.*

messe *nf* missa *(f)*.

messie *nm* messias *(m inv)*. ■ **Messie** *nm* • **le Messie** o Messias.

mesure *nf* **1.** medida *(f)* **2.** *(rythme)* cadência *(f)* • **mesure de sécurité** medida(s) de segurança • **sur mesure** à medida • **dans la mesure du possible** na medida do possível • **(ne pas) être en mesure de faire qqch** (não) poder fazer algo.

mesuré, **e** *adj* moderado(da).

mesurer *vt* medir • **il mesure 1,80 m** mede 1,80 m.

métabolisme *nm* metabolismo *(m)*.

métal *nm* metal *(m)*.

métallique *adj* metálico(ca).

métallisé, **e** *adj* metalizado(da).

métallurgie *nf* metalurgia *(f)*.

métamorphose *nf* metamorfose *(f)*.

métaphore *nf* metáfora *(f)*.

métayer, **ère** *nm, f* caseiro *(m)*, -ra *(f)*.

météo *nf* • **la météo** o tempo • **météo marine** meteorologia *(f)* marítima • **les prévisions météo** previsões metereológicas.

météore *nm* meteoro *(m)*.

météorologique *adj* meteorológico(ca).

méthane *nm* metano *(m)*.

méthode *nf* método *(m)*.

méthodique *adj* metódico(ca).

méticuleux, **euse** *adj* meticuloso(osa).

métier *nm* profissão *(f)*.

LES MÉTIERS

- l'acteur/l'actrice / o actor/a actriz
- l'architecte / o arquitecto/a arquitecta
- l'artiste peintre / o pintor/a pintora
- l'avocat/avocate / o advogado/a advogada
- le banquier/la banquière / o banqueiro
- le coiffeur/la coiffeuse / o cabeleireiro/a cabeleireira
- le facteur/la factrice / o carteiro
- l'ingénieur / o engenheiro/a engenheira
- le/la journaliste / o/a jornalista
- le juge / o juiz
- le mécanicien/la mécanicienne / o mecânico
- le/la médecin / o médico/a médica
- le/la photographe / o fotógrafo/a fotógrafa
- le pilote / o/a piloto
- le policier/la policière / o/a polícia
- le pompier / o bombeiro
- le/la professeur(e) / o professor/a professora
- la trousse / o estojo
- le vendeur/la vendeuse / o vendedor/a vendedora.

métis, **isse** *nm, f* mestiço *(m)*, -ça *(f)*.

mètre *nm* **1.** *(mesure)* metro *(m)* **2.** *(ruban)* fita *(f)* métrica.

métro *nm* metro *(m)* • **métro aérien** metro de superfície.

métropole *nf* metrópole *(f)*.

mets *nm sout* iguaria *(f)*.

metteur, **euse** *nm, f* • **metteur en scène** encenador *(m)*, -ra *(f)*.

mettre *vt*

1. PLACER, POSER = pôr
• **j'ai mis mes affaires dans le placard** pus as minhas coisas no armário
• **mettre qqch debout** pôr algo em pé

2. VÊTEMENT = vestir
• **mettre une écharpe** pôr uma écharpe
• **mettre un pull** vestir uma camisola
• **qu'est-ce que tu mets pour aller au théâtre ?** que fato vestes para ir ao teatro?

3. TEMPS = levar
• **nous avons mis deux heures par l'autoroute** levámos duas horas pela auto-estrada

4. ARGENT = gastar
• **combien voulez-vous mettre ?** quanto pretende gastar?
• **je ne mettrai pas plus de 50 euros pour une robe** não gastarei mais de 50 euros num vestido

5. DÉCLENCHER = ligar
• **mettre le chauffage** ligar o aquecimento
• **mettre le contact** ligar o contacto
• **mettre le réveil** pôr o despertador a tocar

6. DANS UN ÉTAT DIFFÉRENT
• **mettre qqn en colère** enfurecer alguém
• **mettre qqch en marche** pôr algo a funcionar

7. PAR ÉCRIT = dizer
• **il a mis par écrit tout ce qu'il pensait** disse (por escrito) tudo o que ele pensava.

se mettre *vp*

1. SE PLACER = pôr-se
• **se mettre debout** pôr-se de pé
• **se mettre au lit** ir para a cama
• **mets-toi sur cette chaise** senta-te nesta cadeira

2. DANS UN ÉTAT DIFFÉRENT
• **se mettre en colère** enfurecer-se
• **se mettre d'accord** pôr-se de acordo

3. MAQUILLAGE
• **elle s'est mis du rouge à lèvres** ela pôs batom
4. COMMENCER
• **se mettre à faire qqch** pôr-se a fazer algo
• **se mettre au travail** pôr-se a trabalhar
• **s'y mettre** pôr mãos à obra.

meuble *nm* móvel *(m)*.

meublé *nm* apartamento *(m)* mobilado.

meubler *vt* mobilar.

meugler *vi* mugir.

meule *nf (de foin)* meda *(f)*.

meunier, **ère** *nm, f* moleiro *(m)*, -ra *(f)*.

meunière *nf* ▷ **sole**.

meurtre *nm* assassínio *(m)*.

meurtrier, **ère** *nm, f* assassino *(m)*, -na *(f)*.

meurtrière *nf* seteira *(f)* • ▷ **meurtrier**.

meurtrir *vt* magoar.

meurtrissure *nf* **1.** *(blessure)* ferida *(f)* **2.** *(sur un fruit)* golpe *(m)*.

meute *nf* matilha *(f)*.

mexicain, **e** *adj* mexicano(na).
■ **Mexicain**, **e** *nm, f* mexicano *(m)*, -na *(f)*.

Mexique *nm* • **le Mexique** o México.

mezzanine *nf* mezanino *(m)*.

mi- *préf* meio (meia) • **à la mi-mars** em meados de Março • **à mi-chemin** a meio do caminho • **à mi-hauteur** a meia altura • **à mi-jambes** até ao meio das pernas.

miauler *vi* miar.

mi-bas *nm inv* mini-meias *(fpl)*.

miche *nf pão grande*.

mi-clos, **e** *adj* semicerrado(da).

micro *nm* micro *(m)*.

microbe *nm* micróbio *(m)*.

microclimat *nm* microclima *(m)*.

microcosme *nm* microcosmo *(m)*.

micro-informatique *nf* microinformática *(f)*.

micro-ondes *nm inv* • **(four à) micro-ondes** (forno) microondas *(m)*.

micro-ordinateur *nm* microcomputador *(m)*.

microprocesseur *nm* microprocessador *(m)*.

microscope *nm* microscópio *(m)*.

microscopique *adj* microscópico(ca).

midi *nm* meio-dia *(m)* • **à midi** ao meio-dia • **le Midi** o Sul da França.

mie *nf* miolo *(m)*.

miel *nm* mel *(m)*.

mielleux, **euse** *adj* meloso(osa).

mien ■ **le mien**, **la mienne** *pron* o meu (a minha).

miette *nf* migalha *(f)* • **en miettes** em migalhas.

mieux *adv* & *adj* melhor • **c'est ce qu'il fait le mieux** é o que ele faz melhor • **le mieux situé des deux hôtels** o mais bem situado dos dois hotéis • **aller mieux** estar melhor • **ça vaut mieux** é melhor • **de mieux en mieux** cada vez melhor • **c'est le mieux des deux/de tous** *(le plus beau)* é o melhor dos dois/de todos • **c'est le mieux** *(la meilleure chose à faire)* é o melhor.

mièvre *adj* amaneirado(da).

mignon, **onne** *adj* querido(da).

migraine *nf* enxaqueca *(f)*.

migrateur, **trice** *adj* migrador(ra).

mijoter *vi* cozer a lume brando.

milice *nf* milícia *(f)*.

milieu *nm* meio *(m)* • **au milieu (de)** no meio (de).

militaire *adj* & *nmf* militar.

militant, **e** *nm, f* militante *(mf)*.

militer *vi* militar • **militer pour qqn/qqch** militar a favor de alguém/por algo • **militer contre qqn/qqch** militar contra alguém/algo.

milk-shake *nm* batido *(m)*.

mille *num* mil.

mille-feuille *nm* mil-folhas *(m inv)*.

millénaire ■ *nm* milénio *(m)*. ■ *adj* milenário(ria).

mille-pattes *nm inv* centopeia *(f)*.

millésime *nm* **1.** *(date)* data *(f)* **2.** *(vin)* vintage *(m)*.

milliard *nm* • **um milliard de** mil milhões de.

milliardaire *nmf* multimilionário *(m)*, -ria *(f)*.

millier *nm* milhar *(m)* • **des milliers de** milhares de.

milligramme *nm* miligrama *(m)*.

millilitre *nm* mililitro *(m)*.

millimètre *nm* milímetro *(m)*.

millimétré, **e** *adj* milimétrico(ca).

million *nm* milhão *(m)*.

millionnaire *nmf* milionário *(m)*, -ria *(f)*.

mime *nm* **1.** *(acteur)* mimo *(m)* **2.** *(art)* mímica *(f)*.

mimer *vt* mimar.

mimétisme *nm* mimetismo *(m)*.

mimique *nf* **1.** *(grimace)* careta *(f)* **2.** *(expression)* mímica *(f)*.

mimosa *nm* mimosa *(f)*.

min (*abr écrite de* **minute**) min *(minuto)*.

min. (*abr écrite de* **minimum**) mínimo *(m)*.

minable *adj fam* medíocre • **c'est minable** está uma porcaria *fam*.

mince ■ *adj* **1.** *(personne)* magro(gra) **2.** *(tissu, tranche)* fino(na). ■ *interj* raios! *fam*

minceur *nf* **1.** *(de personne)* gracilidade *(f)* **2.** *(finesse)* finura *(f)* **3.** *fig (insuffisance)* magreza *(f)*.

mincir *vi* emagrecer.

mine *nf* **1.** mina *(f)* **2.** *(visage)* cara *(f)* • **avoir bonne/mauvaise mine** estar com bom/mau aspecto • **faire mine de faire qqch** fingir fazer algo.

miner *vt* **1.** minar **2.** *fig* consumir.

minerai *nm* minério *(m)*.

minéral, **e**, **aux** ■ *adj* mineral. ■ *nm* mineral *(m)*.

minéralogie *nf* mineralogia *(f)*.

minéralogique *adj* ▷ **plaque**.

mineur, **e** ■ *nm, f (enfant)* menor *(mf)*. ■ *nm (ouvrier)* mineiro *(m)*.

miniature ■ *adj* em miniatura. ■ *nf* miniatura *(f)* • **en miniature** em miniatura.

minibar *nm* **1.** *(de train)* bar *(m)* **2.** *(d'hôtel)* mini-bar *(m)*.

minibus *nm* autocarro *(m)* pequeno.

minichaîne *nf* aparelhagem *(f)* mini.

minidisque *nm* minidisco *(m)*.

minier, **ère** *adj* mineiro(ra).

minijupe *nf* mini-saia *(f)*.

minimal, **e** *adj* **1.** *(température)* mínimo(ma) **2.** *(degré)* mais baixo(xa).

minime ■ *nmf* infantil *(mf)*. ■ *adj* mínimo(ma).

minimiser *vt* minimizar.

minimum ■ *adj* mínimo(ma). ■ *nm* mínimo *(m)* • **au minimum** no mínimo.

ministère *nm* ministério *(m)*.

ministériel, **elle** *adj* ministerial.

ministre *nm, f* ministro *(m)*, ministra *(f)*.

Minitel® *nm rede francesa de videotexto*.

minoritaire *adj* minoritário(ria).

minorité *nf* minoria *(f)*.

minuit *nm* meia-noite *(f)*.

minuscule *adj* minúsculo(la).

minute *nf* minuto *(m)*.

minuter *vt* cronometrar.

minuterie *nf* temporizador *(m)*.

minuteur *nm* conta-minutos *(m inv)*.

minutie *nf* minúcia *(f)* • **avec minutie** com minúcia.

minutieux, **euse** *adj* minucioso(osa).

mirabelle *nf* ameixa *(f)* mirabela.

miracle *nm* milagre *(m)*.

miraculeux, **euse** *adj* **1.** *(surnaturel)* miraculoso(osa) **2.** *(extraordinaire)* milagroso(osa).

mirage *nm* miragem *(f)*.

mirifique *adj* mirífico(ca).

miroir *nm* espelho *(m)*.

miroiter *vi* espelhar • **faire miroiter qqch à qqn** *fig* acenar com algo a alguém.

misanthrope ■ *nmf* misantropo *(m)*. ■ *adj* misantrópico(ca).

mise *nf* aposta *(f)* • **mise en plis** permanente *(f)* • **mise en scène** encenação *(f)*.

miser ■ **miser sur** *vp* + *prép* **1.** *(au jeu)* apostar em **2.** *(compter sur)* contar com.

misérable *adj* miserável.

misère *nf (pauvreté)* miséria *(f)*.

miséricorde *nf* misericórdia *(f)*.

misogyne ■ *nmf* misógino *(m)*. ■ *adj* misógino.

missile *nm* míssil *(m)*.

mission *nf* missão *(f)*.

missionnaire *nmf* missionário *(m)*, -ria *(f)*.

missive *nf* missiva *(f)*.

mistral *nm* mistral *(m)*.

mitaine *nf* mitene *(f)*.

mite *nf* traça *(f)*.

mi-temps *nf inv* **1.** *(moitié d'un match)* parte *(f)* **2.** *(pause)* intervalo *(m)* • **travailler à mi-temps** trabalhar em part-time.

miteux, euse *adj* **1.** *(personne)* pelintra **2.** *(hôtel, quartier)* reles.

mitigé, e *adj* mitigado(da).

mitonner ■ *vt* **1.** CULIN apurar **2.** *fig (préparer)* cozinhar. ■ *vi* CULIN ir apurando.

mitoyen, enne *adj* **1.** *(mur)* meio (meia) **2.** *(maisons)* pegado(da) • **la maison mitoyenne de la nôtre** a casa de paredes meias com a nossa.

mitrailler *vt* **1.** metralhar **2.** *fam tirar fotografias em série de.*

mitraillette *nf* arma *(f)* automática.

mitrailleuse *nf* metralhadora *(f)*.

mixage *nm* mistura *(f)*.

mixe(u)r *nm* varinha *(f)* mágica.

mixer *vt* triturar.

mixte *adj (école, équipe)* misto(ta).

mixture *nf* **1.** mistura *(f)* **2.** *péj (mélange)* mistela *(f)*.

MJC (*abr de* **maison des jeunes et de la culture**) *nf centro cultural para jovens.*

ml (*abr écrite de* **millilitre**) ml *(mililitro)*.

Mlle (*abr écrite de* **mademoiselle**) Menina.

mm (*abr écrite de* **millimètre**) mm *(milímetro)*.

Mme (*abr écrite de* **madame**) Sra.

mnémotechnique *adj* mnemotécnico(ca).

mobile ■ *adj* **1.** *(cloison, pièce)* móvel **2.** *(regard)* vivaz **3.** *(visage)* expressivo(va). ■ *nm* móbil *(m)*.

mobilier *nm* mobiliário *(m)*.

mobiliser *vt* mobilizar.

Mobylette® *nf* motocicleta *(f)*.

mocassin *nm* mocassim *(m)*.

moche *adj fam* feio (feia).

modalité *nf* modalidade *(f)* • **modalités de paiement** modalidades de pagamento.

mode ■ *nf* moda *(f)*. ■ *nm* modo *(m)* • **à la mode** na moda • **mode d'emploi** modo de usar.

modèle *nm* modelo *(m)* • **modèle réduit** modelo reduzido.

modeler *vt* moldar.

modélisme *nm* modelismo *(m)*.

modem *nm* modem *(m)*.

modération *nf* moderação *(f)* • **'à consommer avec modération'** 'consumir com moderação'.

modéré, e *adj* moderado(da).

modérer *vt* moderar.
■ **se modérer** *vp* moderar-se.

moderne *adj* moderno(na).

moderniser *vt* modernizar.

modeste *adj* modesto(ta).

modestie *nf* modéstia *(f)*.

modification *nf* modificação *(f)*.

modifier *vt* modificar.

modique *adj* módico(ca).

modulation *nf* • **modulation de fréquence** frequência *(f)* modulada.

module *nm* **1.** *(élément)* módulo *(m)* **2.** *(à l'université)* opção *(f)*.

moduler *vt* modular.

moelle *nf* medula *(f)* • **moelle épinière** medula espinal.

moelleux, euse *adj* fofo(fa).

mœurs *nfpl* costumes *(mpl)*.

mohair *nm* mohair *(m)*.

moi *pron* **1.** *(objet direct, indirect)* -me **2.** *(après prép ou comparaison)* mim **3.** *(pour insister)* eu • **il est à moi** é meu • **moi-même** eu próprio(pria) • **regarde-moi** olha para mim • **donne-le-moi** dá-mo • **c'est pour moi** é para mim • **il est comme moi** ele é como eu • **moi je crois que...** eu acho que...

moindre *adj* menor • **le moindre ...** o menor...

moine *nm* monge *(m)*.

moineau *nm* pardal *(m)*.

moins ■ *adv* menos • **moins ancien (que)** menos antigo (do que) • **moins vite (que)** menos rápido (do que) • **c'est la nourriture qui coûte le moins** é a comida o mais barato • **la ville la moins intéressante que nous ayons visitée** a cidade menos interessante que visitámos • **fatiguez-vous le moins possible** canse-se o menos possível • **ils ont accepté de gagner moins** eles aceitaram ganhar menos • **moins de** *(une quantité inférieure de)* menos • *(en deçà de)* menos de • **moins de viande/touristes** menos carne/turistas • **en moins de dix minutes** em menos de dez minutos • **à moins d'un imprévu** a menos que haja um imprevisto • **à moins de rouler** *OU* **que nous roulions toute la nuit...** a menos que viajemos a noite inteira... • **au moins** pelo menos • **de** *OU* **en moins** a menos • **j'ai deux ans de moins qu'elle** tenho dois anos a menos que ela • **de moins en moins** cada vez menos • **moins tu y penseras, mieux ça ira** quanto menos pensares nisso, melhor. ◼ *prép* **1.** *(pour indiquer l'heure, soustraire)* menos • **il est trois heures moins le quart** são três (horas) menos um quarto *(Port)*, são quinze (minutos) para as três (horas) *(Br)* **2.** *(pour indiquer la température)* • **il fait moins 2°C** estão 2 graus negativos.

mois *nm* mês *(m)* • **au mois de...** no mês de...

LES MOIS DE L'ANNÉE

- janvier / Janeiro
- février / Fevereiro
- mars / Março
- avril / Abril
- mai / Maio
- juin / Junho
- juillet / Julho
- août / Agosto
- septembre / Setembro
- octobre / Outubro
- novembre / Novembro
- décembre / Dezembro.

moisi, **e** ◼ *adj* bolorento(ta). ◼ *nm* bolor *(m)* • **sentir le moisi** cheirar a mofo.

moisir *vi* ganhar bolor.

moisissure *nf (moisi)* bolor *(m)*.

moisson *nf* ceifa *(f)*.

moissonner *vt* ceifar.

moissonneuse *nf* ceifeira *(f)*.

moissonneuse-batteuse *nf* ceifeira-debulhadora *(f)*.

moite *adj* húmido(da).

moitié *nf* metade *(f)* • **dormir à moitié** estar meio a dormir • **la moitié de** a metade de • **à moitié** a meio • *(faire qqch)* pela metade • **à moitié cassé** estragado • **à moitié plein** meio cheio • **à moitié prix** a metade do preço.

moka *nm (gâteau)* *bolo de massa leve com camadas de creme e café*, ≃ bolo *(m)* de bolacha.

molaire *nf* molar *(m)*.

molécule *nf* molécula *(f)*.

mollement *adv* molemente.

mollet *nm* barriga *(f)* da perna.

molletonné, **e** *adj* acolchoado(da).

mollir *vi* **1.** *(physiquement)* ficar mole **2.** *(matière)* amolecer **3.** NAUT abrandar **4.** *(moralement)* fraquejar.

mollusque *nm* molusco *(m)*.

môme *nmf fam* miúdo *(m)*, -da *(f)*.

moment *nm* momento *(m)* • **c'est le moment de...** é altura de... • **au moment où** no momento em que • **du moment que** desde que • **en ce moment** neste momento • **par moments** às vezes • **pour le moment** por agora.

momentané, **e** *adj* momentâneo(nea).

momentanément *adv* momentaneamente.

momie *nf* múmia *(f)*.

mon, **ma** *adj* meu (minha).

monacal, **e** *OU* **aux** *adj* monacal.

Monaco *npr* Mónaco.

monarchie *nf* monarquia *(f)*.

monarque *nm* monarca *(m)*.

monastère *nm* mosteiro *(m)*.

mondain, **e** *adj* mundano(na).

mondanités *nfpl* **1.** *(événements mondains)* vida *(f)* social **2.** *(comportements, paroles)* cerimónias *(fpl)*.

monde *nm* mundo *(m)* • **il y a du monde** *OU* **beaucoup de monde** está aqui muita gente • **tout le monde** toda a gente *(Port)*, todo (o) mundo *(Br)*.

mondial, **e**, **aux** *adj* mundial.

mondialement *adv* mundialmente.

mondialiste *adj* mundialista.

monétaire *adj* monetário(ria).

mongolien, **enne** *adj* & *nm, f* mongolóide.

moniteur, **trice** ◼ *nm, f* **1.** *(de colonie)* monitor *(m)*, -ra *(f)* **2.** *(d'auto-école)* instrutor *(m)*, -ra *(f)*. ◼ *nm* monitor *(m)*.

monnaie *nf* **1.** *(argent)* dinheiro *(m)* **2.** *(devise)* moeda *(f)* **3.** *(pièces)* trocos *(mpl)* • **vous avez la monnaie de 20 euros ?** pode-me destrocar 20 euros? • **faire de la monnaie** destrocar dinheiro • **rendre la monnaie à qqn** dar o troco a alguém.

monnayer *vt* **1.** *(vendre)* fazer dinheiro com **2.** *fig (acheter)* comprar.

monoculture *nf* monocultura *(f)*.

monologue *nm* monólogo *(m)*.

monoparental, **e** *adj* monoparental.

monopole *nm* monopólio *(m)* • **avoir le monopole de** ter o monopólio de • **monopole d'État** monopólio do Estado.

monopoliser *vt* monopolizar.

monoski *nm* monoesqui *(m)*.

monotone *adj* monótono(na).

monotonie *nf* monotonia *(f)*.

monsieur *nm* senhor *(m)* • **monsieur X** o senhor X • **bonjour monsieur/messieurs !** bom dia meu senhor/meus senhores! • **Monsieur,** *(dans une lettre)* Exmo. Senhor, • **Monsieur !** *(pour appeler le professeur)* Senhor professor!

monstre ■ *nm* monstro *(m)*. ■ *adj fam* descomunal.

monstrueux, **euse** *adj* monstruoso(osa).

mont *nm* monte *(m)* • **le mont Blanc** o Mont Blanc • **le Mont Saint-Michel** o Monte Saint-Michel.

montage *nm* montagem *(f)*.

montagne *nf* montanha *(f)* • **à la montagne** na montanha • **montagnes russes** montanha-russa *(f)*.

montagneux, **euse** *adj* montanhoso(osa).

montant, **e** ■ *adj* **1.** *(marée)* a encher **2.** *(col)* alto(ta). ■ *nm* **1.** *(somme)* montante *(m)* **2.** *(d'une fenêtre)* caixilho *(m)* **3.** *(d'une échelle)* banzo *(m)*.

monte-charge *nm inv* monta-cargas *(m inv)*.

montée *nf* subida *(f)*.

monter ■ *vi (aux être)* subir. ■ *vt* **1.** *(aux avoir)* montar **2.** *(escalier, côte)* subir **3.** *(porter en haut)* levar para cima **4.** *(son, chauffage, prix)* aumentar **5.** *(coup)* preparar **6.** CULIN bater • **monter les blancs en neige** bater as claras em castelo • **ça monte** é a subir • **monter à bord (d'un avion)** subir a bordo (de um avião) • **monter à cheval** montar a cavalo • **monter en voiture** entrar para o carro • **monter sur une échelle** subir a uma escada.

■ **se monter à** *vp + prép* elevar-se a.

monticule *nm* montículo *(m)*.

montre *nf* relógio *(m)* de pulso.

montrer *vt* mostrar • **montrer qqch à qqn** mostrar algo a alguém • **montrer qqch/qqn du doigt** apontar com o dedo para algo/alguém.

■ **se montrer** *vp* mostrar-se • **se montrer courageux** mostrar-se corajoso.

monture *nf* **1.** *(de lunettes)* armação *(f)* **2.** *(cheval)* montada *(f)*.

monument *nm* monumento *(m)* • **monument aux morts** monumento aos mortos em combate.

monumental, **e** *adj* **1.** *(grand, énorme)* monumental **2.** *fig (impressionnant)* espantoso (osa).

moquer ■ **se moquer de** *vp + prép* **1.** *(plaisanter)* gozar com, fazer pouco de **2.** *(ignorer)* querer lá saber de *fam* • **je m'en moque** quero lá saber disso *fam*.

moquerie *nf* gozo *(m)*.

moques *nfpl (Belgique) rodelas de massa perfumadas com cravo e cobertas com açúcar cristalizado.*

moquette *nf* alcatifa *(f)*.

moqueur, **euse** *adj* trocista.

moral, **e**, **aux** ■ *adj* moral. ■ *nm* moral *(m)* *(Port)*, astral *(m)* *(Br)* • **avoir le moral** estar bem disposto • **avoir le moral à zéro** estar deprimido, estar de rastos.

morale *nf* moral *(f)* • **faire la morale à qqn** dar uma lição de moral a alguém.

moralement *adv* moralmente.

moralisateur, **trice** *adj* moralizador(ra).

moralité *nf* **1.** moralidade *(f)* **2.** *(enseignement)* moral *(f)* da história.

moratoire ■ *nm* moratória *(f)*. ■ *adj* de mora.

morbide *adj* mórbido(da).

morceau *nm* **1.** *(partie)* pedaço *(m)* **2.** *(de musique)* trecho *(m)* • **morceau de sucre** torrão *(m)* de açúcar • **en mille morceaux** em mil pedaços.

morceler *vt* fragmentar.

■ **se morceler** *vp* fragmentar-se.

mordiller *vt* mordiscar.

mordre *vt* morder • **mordre (sur)** pisar.

morfondre ■ **se morfondre** *vp* estar a morrer de tédio.

morgue *nf* **1.** *(attitude)* altivez *(f)* **2.** *(lieu)* morgue *(f)*.

moribond, **e** *adj* moribundo(da).

morille *nf cogumelo esponjoso comestível.*

morose *adj* **1.** *(triste)* macambúzio(zia) **2.** *(tendu)* marcado(da) pela apatia.

morphine *nf* morfina *(f).*

morphologie *nf* morfologia *(f).*

mors *nm* freio *(m).*

morse *nm* **1.** *(animal)* morsa *(f)* **2.** *(code)* morse *(m).*

morsure *nf* mordedela *(f).*

mort, e ■ *adj* **1.** morto(ta) **2.** *(piles, radio)* gasto(ta). ■ *nm, f* morto *(m)*, -ta *(f).* ■ *nf* morte *(f)* • **être mort de peur** *fig* estar morto de medo • **être en danger de mort** correr perigo de morte.

mortadelle *nf* mortadela *(f).*

mortalité *nf* mortalidade *(f)* • **mortalité infantile** mortalidade infantil.

mort-aux-rats *nf inv* mata-ratos *(m inv).*

mortel, elle *adj* **1.** *(qui peut mourir)* mortal **2.** *(qui tue)* mortífero(ra).

mortuaire *adj* **1.** fúnebre **2.** *(chapelle)* mortuário(ria).

morue *nf* bacalhau *(m).*

mosaïque *nf* mosaico *(m).*

Moscou *npr* Moscovo.

mosquée *nf* mesquita *(f).*

mot *nm* **1.** *(terme)* palavra *(f)* **2.** *(message)* mensagem *(f)* • **mot à mot** à letra • **mot de passe** senha *(f)* • **mots croisés** palavras cruzadas • **avoir le dernier mot** ter a última palavra.

motard *nm, f* **1.** *(motocycliste)* motoqueiro *(m)* **2.** *(gendarme, policier)* polícia *(m)* da brigada motorizada.

motel *nm* motel *(m).*

moteur *nm* motor *(m).*

motif *nm* motivo *(m).*

motion *nf* moção *(f)* • **motion de censure** moção de censura.

motivation *nf* motivação *(f).*

motivé, e *adj* motivado(da).

moto *nf* moto *(f).*

motocross *nm* motocross *(m).*

motocycliste *nmf* motociclista *(mf).*

motorisé, e *adj* motorizado(da) • **être motorisé** *fam* ter carro.

motte *nf* **1.** *(de terre)* torrão *(m)* **2.** *(de beurre)* porção *(f)* **3.** *(de gazon)* tufo *(m).*

mou, molle *adj* mole.

mouche *nf* mosca *(f).*

moucher ■ **se moucher** *vp* assoar-se.

moucheron *nm* mosquito *(m).*

mouchoir *nm* lenço *(m)* • **mouchoir en papier** lenço de papel.

moudre *vt* moer.

moue *nf* beicinho *(m)* • **faire la moue** fazer beicinho.

mouette *nf* gaivota *(f).*

moufle *nf* luva *(f) (com um só dedo).*

mouillé, e *adj* molhado(da).

mouiller *vt* molhar.
■ **se mouiller** *vp* **1.** molhar-se **2.** *fam* queimar-se.

mouillette *nf pedaço de pão com manteiga que se empapa em ovo quente.*

moulage *nm* moldagem *(f).*

moulant, e *adj* justo(ta).

moule[1] *nm* **1.** *(industriel)* molde *(m)* **2.** *(à pâtisserie)* forma *(f)* • **moule à gâteau** forma para bolos.

moule[2] *nf* mexilhão *(m)* • **moules marinière** *mexilhões cozidos em vinho branco.*

mouler *vt* **1.** *(statue)* moldar **2.** *(sujet : vêtement)* apertar.

moulin *nm* moinho *(m)* • **moulin à café** moinho de café • **moulin à poivre** moinho de pimenta • **moulin à vent** moinho de vento.

moulinet *nm* molinete *(m).*

Moulinette® *nf* picadora *(f).*

moulu, e *adj* moído(da).

moulure *nf* moldura *(f).*

mourant, e *adj* moribundo(da).

mourir *vi* **1.** *(décéder)* morrer **2.** *(disparaître)* extinguir-se • **mourir de faim** morrer de fome • **mourir d'envie de faire qqch** estar morto por fazer algo.

moussaka *nf carne moída e rodelas de beringela gratinadas* moussaka *(f).*

moussant, e *adj* de espuma.

mousse *nf* **1.** *(bulles)* espuma *(f)* **2.** *(plante)* musgo *(m)* **3.** CULIN mousse *(f)* • **mousse à raser** espuma de barbear • **mousse au chocolat** mousse de chocolate.

mousseline ■ *nf* musselina *(f).* ■ *adj inv* • **purée** OU **pommes mousseline** puré de batata muito leve • **sauce mousseline** *molho à base de gemas de ovo, de manteiga e natas batidas.*

mousser *vi* fazer espuma.

mousseux, **euse** ■ *adj* cremoso(osa). ■ *nm* • **du (vin) mousseux** espumante *(m)*.

mousson *nf* monção *(f)*.

moustache *nf* bigode *(m)* • **des moustaches** bigodes.

moustachu, **e** *adj* com bigode.

moustiquaire *nf* mosquiteiro *(m)*.

moustique *nm* melga *(f)* *(Port)*, pernilongo *(m)* *(Br)*.

moutarde *nf* mostarda *(f)*.

mouton *nm* carneiro *(m)*.

mouvance *nf* • **dans la mouvance du parti** na esfera de influência do partido.

mouvants *adj m pl* ▷ **sable**.

mouvement *nm* movimento *(m)*.

mouvementé, **e** *adj* movimentado(da).

moyen, **enne** ■ *adj* **1.** médio(dia) **2.** *(passable)* mais ou menos. ■ *nm* meio *(m)* • **il n'y a pas moyen de** não há meio de • **moyen de transport** meio de transporte • **au moyen de qqch** *(d'une action)* através de algo • *(d'un objet)* com a ajuda de algo.
■ **moyens** *nmpl* **1.** *(ressources)* posses *(fpl)* **2.** *(capacités)* capacidades *(fpl)* • **avoir les moyens de faire qqch** ter posses para fazer algo • **perdre ses moyens** perder a calma.

Moyen Âge *nm* • **le Moyen Âge** a Idade Média.

moyenne *nf* média *(f)* • **en moyenne** em média.

Moyen-Orient *nm* • **le Moyen-Orient** o Médio Oriente.

mue *nf* muda *(f)*.

muer *vi* **1.** *(animal)* estar na muda **2.** *(voix, personne)* mudar.

muet, **muette** *adj* mudo(da).

mufle *nm* besta *(f)* *fam*.

mugir *vi* mugir.

muguet *nm* lírio-do-vale *(m)*.

mule *nf* **1.** *(animal)* mula *(f)* **2.** *(chaussure)* chinela *(f)*.

mulet *nm* mulo *(m)*.

mulot *nm* rato-do-campo *(m)*.

multicolore *adj* multicolor.

multicoque *adj* & *nm* multicasco *(Br)*.

multilatéral, **e** *adj* multilateral.

multinational *nf* multinacional *(f)*.

multiple ■ *adj* múltiplo(pla). ■ *nm* múltiplo *(m)*.

multiplication *nf* multiplicação *(f)*.

multiplier *vt* multiplicar • **2 multiplié par 9** 2 multiplicado por 9.
■ **se multiplier** *vp* multiplicar-se.

multipropriété *nf* time-sharing *(m)*, direito *(m)* real de habitação periódica.

multirisque *adj* multirrisco.

multitude *nf* • **une multitude de** uma multidão de.

municipal, **e**, **aux** *adj* municipal.

municipalité *nf* municipalidade *(f)*.

munir *vt* • **munir qqn/qqch de** munir alguém/algo de.
■ **se munir de** *vp* + *prép* munir-se de.

munitions *nfpl* munições *(fpl)*.

muqueuse *nf* mucosa *(f)*.

mur *nm* **1.** parede *(f)* **2.** *(extérieur)* muro *(m)* • **faire le mur** *fig* escapulir-se • **mur du son** barreira *(f)* de som.

mûr, **e** *adj* *(fruit)* maduro(ra).

muraille *nf* muralha *(f)*.

mural, **e**, **aux** *adj* mural.

mûre *nf* amora *(f)*.

murer *vt* entaipar.

mûrier *nm* amoreira *(f)*.

mûrir *vi* amadurecer.

murmure *nm* murmúrio *(m)*.

murmurer *vi* murmurar.

muscade *nf* • **(noix) muscade** noz-moscada *(f)*.

muscadet *nm* *vinho branco seco da região de Nantes.*

muscat *nm* **1.** *(raisin)* uva *(f)* moscatel **2.** *(vin)* moscatel *(m)*.

muscle *nm* músculo *(m)*.

musclé, **e** *adj* musculoso(osa), musculado(da).

muscler *vt* desenvolver os músculos de.
■ **se muscler** *vp* • **se muscler (qqch)** desenvolver os músculos (de algo).

musculaire *adj* muscular.

musculation *nf* musculação *(f)*.

muse *nf* musa *(f)*.
■ **Muse** *nf* Musa *(f)*.

museau *nm* **1.** *(de chien, de renard)* focinho *(m)* **2.** CULIN *paté de cabeça de porco.*

musée *nm* museu *(m)*.

museler *vt* **1.** *(animal)* açaimar **2.** *fig (empêcher de s'exprimer)* amordaçar.

muselière *nf* açaime *(m)*.

musical, **e**, **aux** *adj* musical.

music-hall *nm* **1.** *(théâtre)* teatro *(m)* de variedades **2.** *(spectacle)* espectáculo *(m)* de variedades.

musicien, **enne** *nm, f* músico *(m)*.

musique *nf* música *(f)* • **musique de chambre** música de câmara • **musique classique** música clássica • **musique de film** música de filme.

musulman, **e** *adj* & *nm, f* muçulmano(na).

mutant, **e** *adj* mutante.
■ **mutant** *nm* mutante *(m)*.

mutation *nf (d'un employé)* transferência *(f)*.

muter *vt* transferir.

mutiler *vt* mutilar.

mutinerie *nf* motim *(m)*.

mutisme *nm* mutismo *(m)*.

mutualité *nf* mutualidade *(f)*.

mutuel, **elle** *adj* mútuo(tua).

mutuelle *nf* seguro *(m)* complementar.

mutuellement *adv* mutuamente.

mycose *nf* micose *(f)*.

myopathie *nf* miopatia *(f)*.

myope *adj* míope.

myosotis *nm* miosótis *(m inv)*.

myrtille *nf* mirtilo *(m)*.

mystère *nm* mistério *(m)* • **Mystère**® *gelado redondo de baunilha e merengue coberto com pedaços de amêndoa.*

mystérieusement *adv* misteriosamente.

mystérieux, **euse** *adj* misterioso(osa).

mysticisme *nm* misticismo *(m)*.

mystique *adj* & *nmf* místico(ca).

mythe *nm* mito *(m)*.

mythique *adj* mítico(ca).

mythologie *nf* mitologia *(f)*.

mythomane *adj* & *nmf* mitómano(na).

N

n, N *nm inv (lettre)* n, N *(m)*.
■ **N 1.** *(abr écrite de* **newton***)* N *(Newton)* **2.** *(abr écrite de* **nord***)* N. *(Norte)*.

nacre *nf* madrepérola *(f)*.

nage *nf* • **à la nage** a nado • **en nage** banhado em suor.

nageoire *nf* barbatana *(f)*.

nager *vt & vi* nadar.

nageur, **euse** *nm, f* nadador *(m)*, -ra *(f)*.

naïf, **naïve** *adj* ingénuo(nua).

nain, **e** *adj & nm, f* anão (anã) • **nain de jardin** anão de jardim.

naissance *nf* nascimento *(m)*.

naissant, **e** *adj* nascente.

naître *vi* nascer • **je suis né le... à...** eu nasci no dia... em...

naïveté *nf* ingenuidade *(f)*.

nana *nf fam* miúda *(f)*.

nanti, **e** *nm, f* rico *(m)*, -ca *(f)* • **les nantis** os ricos.

nappe *nf* **1.** *(linge)* toalha *(f)* (de mesa) **2.** *(souterraine)* lençol *(m)* **3.** *(en mer)* mancha *(f)* **4.** *(de brouillard)* cortina *(f)*.

nappé, **e** *adj* • **nappé de** coberto de.

napper *vt* cobrir.

napperon *nm* napperon *(m)*.

narcissisme *nm* narcisismo *(m)*.

narguer *vt* fazer inveja a.

narine *nf* narina *(f)*.

narrateur, **trice** *nm, f* narrador *(m)*, -ra *(f)*.

nasal, **e** *adj* nasal.

naseaux *nmpl* ventas *(fpl)*.

natal, **e** *adj* natal.

natalité *nf* natalidade *(f)*.

natation *nf* natação *(f)* • **faire de la natation** praticar natação.

natif, **ive** *adj* • **natif de** natural de.

nation *nf* nação *(f)*.

national, **e**, **aux** *adj* nacional.

nationale *nf* • **(route) nationale** (estrada) nacional *(f)*.

nationaliser *vt* nacionalizar.

nationalisme *nm* nacionalismo *(m)*.

nationalité *nf* nacionalidade *(f)*.

natte *nf* **1.** *(tresse)* trança *(f)* **2.** *(tapis)* esteira *(f)*.

naturaliser *vt* naturalizar.

nature ■ *nf* natureza *(f)*. ■ *adj inv* **1.** *(yaourt)* natural **2.** *(omelette, thé)* simples • **nature morte** natureza morta.

LA NATURE

- la campagne / o campo
- le champ / o campo
- la colline / a colina
- la falaise / a falésia
- la ferme / a quinta
- la forêt / a floresta
- l'île / a ilha
- la mer / o mar
- la montagne / a montanha
- la plage / a praia
- la plaine / a planície
- la rivière / o rio
- le rocher / o rochedo
- la vallée / o vale
- le volcan / o vulcão.

naturel, **elle** *adj & nm* natural.

naturellement *adv* naturalmente.

naturisme *nm* naturismo *(m)*.

naturiste *nmf* naturista *(mf)*.

naufrage *nm* naufrágio *(m)* • **faire naufrage** naufragar.

naufragé, **e** *nm, f* náufrago *(m)*, -ga *(f)*.

nauséabond, **e** *adj* nauseabundo(da).

nausée *nf* náusea *(f)* • **avoir la nausée** estar agoniado.

nautique *adj* náutico(ca).

naval, **e** *adj* naval.

navarin *nm guisado de carneiro com legumes.*

navet *nm* **1.** *(légume)* nabo *(m)* **2.** *fam (mauvais film)* fiasco *(m)*.

navette *nf* **1.** *(d'aéroport)* navette *(f)* de transporte **2.** *(spatiale)* vaivém *(m)* espacial • **faire la navette (entre)** ir e vir (entre).

navigable *adj* navegável.

navigateur, trice *nm, f* navegador *(m)*, -ra *(f)*.

navigation *nf* navegação *(f)* • **naviguer sur Internet** INFORM navegar na Internet • **navigation de plaisance** navegação de recreio.

naviguer *vi* navegar.

navire *nm* navio *(m)*.

navré, e *adj* • **je suis navré** sinto muito.

nazisme *nm* nazismo *(m)*.

NB (*abr écrite de* **nota bene**) NB.

ne não • ▷ **jamais**, **pas**, **personne**, **plus**, **que**, **rien**.

néanmoins *adv* todavia.

néant *nm* nada *(m)* • **réduire qqch à néant** reduzir algo a nada • **'néant'** *num impresso, indica que não há nenhuma particularidade a assinalar.*

nécessaire ■ *adj* necessário(ria). ■ *nm* **1.** *(ce qui est indispensable)* necessário *(m)* **2.** *(ustensiles)* estojo *(m)* • **il est nécessaire de faire qqch** é necessário fazer algo • **nécessaire de toilette** estojo de toilette.

nécessité *nf* necessidade *(f)*.

nécessiter *vt* necessitar de.

nécessiteux, euse *nm, f* necessitado *(m)*, -da *(f)*.

nécrologique *adj* necrológico(ca).

nectar *nm* néctar *(m)* • **nectar d'abricot/de pêche** néctar de alperce/de pêssego.

nectarine *nf* pêssego *(m)* careca.

néerlandais, e ■ *adj* neerlandês(esa). ■ *nm (langue)* neerlandês *(m)*.
■ **Néerlandais, e** *nm, f* neerlandês *(m)*, -esa *(f)*.

nef *nf* nave *(f)*.

néfaste *adj* nefasto(ta).

négatif, ive ■ *adj* negativo(va). ■ *nm* negativo *(m)*.

négation *nf* negação *(f)*.

négligé, e *adj* desleixado(da).
■ **négligé** *nm* **1.** *(laisser-aller)* desleixo *(m)* **2.** *(peignoir)* roupão *(m)*.

négligeable *adj* desprezável.

négligence *nf* negligência *(f)* • **par négligence** por descuido.

négligent, e *adj* negligente.

négliger *vt* negligenciar.

négoce *nm* negócio *(m)*.

négociant, te *nm, f* • **négociant en vins** negociante *(mf)* de vinhos.

négociation *nf* negociação *(f)* • **négociations au sommet** negociações ao mais alto nível • **négociations de paix** negociações de paz.

négociations *nfpl* negociações *(fpl)*.

négocier ■ *vt* **1.** *(discuter de)* negociar **2.** *(virage)* dar bem. ■ *vi* negociar.

neige *nf* neve *(f)*.

neiger *v impers* • **il neige** está a nevar.

neigeux, euse *adj* coberto(ta) de neve.

nénuphar *nm* nenúfar *(m)*.

néologisme *nm* neologismo *(m)*.

néon *nm (tube)* néon *(m)*.

néophyte *nmf* neófito *(m)*, -ta *(f)*.

nerf *nm* nervo *(m)* • **du nerf !** *(fig)* coragem! • **être à bout de nerfs** estar à beira de um ataque de nervos.

nerveusement *adv* nervosamente.

nerveux, euse *adj* nervoso(osa).

nervosité *nf* nervosismo *(m)*.

n'est-ce pas *adv* não é?

net, nette ■ *adj* **1.** nítido(da) **2.** *(propre)* limpo(pa) **3.** *(prix, salaire)* líquido(da). ■ *adv* **1.** *(se casser)* ao meio **2.** *(s'arrêter)* de repente.

netéconomie *nf* neteconomia *(f)*, economia *(f)* digital.

nettement *adv* **1.** *(clairement)* claramente **2.** *(beaucoup, très)* muito.

netteté *nf* nitidez *(f)*.

nettoyage *nm (ménage)* limpeza *(f)* • **nettoyage à sec** limpeza a seco.

nettoyer *vt* limpar • **faire nettoyer un vêtement** mandar limpar uma peça de roupa.

neuf, neuve ■ *adj* novo (nova). ■ *num* nove • **remettre qqch à neuf** renovar algo • **quoi de neuf ?** quais são as novidades? • **il a neuf ans** ele tem nove anos • **il est neuf**

heures são nove horas • **le neuf janvier** no dia nove de Janeiro • **page neuf** página nove • **ils étaient neuf** eram nove • **le neuf de pique** o nove de espadas • **(au) neuf rue Lepic** (na) rua Lepic, número nove.

neurodégénératif, **ive** *adj* MÉD neurodegenerativa.

neurologie *nf* neurologia *(f)*.

neutraliser *vt* neutralizar.

neutralité *nf* neutralidade *(f)*.

neutre *adj* neutro(tra).

neutron *nm* neutrão *(m)*.

neuvième ■ *num* nono(na). ■ *nm* **1.** *(fraction)* nono *(m)* **2.** *(étage)* nono andar *(m)*.

neveu *nm* sobrinho *(m)*.

névrose *nf* neurose *(f)*.

névrosé, **e** *adj* neurótico(ca).

nez *nm* nariz *(m)* • **se trouver nez à nez avec qqn** encontrar-se cara a cara com alguém.

NF (*abr écrite de* **norme française**) norma francesa.

ni *conj* • **ni... ni** nem...nem • **je n'aime ni la guitare ni le piano** não gosto nem de guitarra nem de piano • **ni l'un ni l'autre ne sont français** nem um nem outro são franceses • **elle n'est ni mince ni grosse** ela não é nem magra nem gorda.

niais, **e** *adj* pateta.

niche *nf* **1.** *(à chien)* casota *(f)* **2.** *(dans un mur)* nicho *(m)*.

nicher *vi* **1.** *(oiseaux)* fazer o ninho **2.** *fam (habiter)* morar.
■ **se nicher** *vp* meter-se.

nickel ■ *nm* níquel *(m)*. ■ *adj inv fam (impeccable)* nos trinques.

niçoise *adj f* ▷ **salade**.

nicotine *nf* nicotina *(f)*.

nid *nm* ninho *(m)*.

nid-de-poule *nm* buraco *(m)* (na estrada).

nièce *nf* sobrinha *(f)*.

nier *vt* negar • **nier avoir fait qqch** negar ter feito algo • **nier que** negar que.

Nil *nm* • **le Nil** o Nilo.

n'importe ▷ **importer**.

nippon, **one** *adj* nipónico(ca).
■ **Nippon**, **one** *nm, f* japonês *(m)*, -esa *(f)*.

nitrate *nm* nitrato *(m)*.

niveau *nm* nível *(m)* • **au niveau de** ao nível de • **niveau d'huile** nível do óleo • **niveau de vie** nível de vida.

niveler *vt* nivelar.

n° (*abr écrite de* **numéro**) n°.

noble *adj* & *nmf* nobre.

noblesse *nf (nobles)* nobreza *(f)*.

noce *nf* boda *(f)* • **noces d'or** bodas de ouro.

nocif, **ive** *adj* nocivo(va).

noctambule *adj* & *nmf* noctívago(ga).

nocturne ■ *adj* nocturno(na). ■ *nf (d'un magasin)* abertura *(f)* nocturna.

Noël ■ *nm* Natal *(m)*. ■ *nf* • **la Noël** *(jour)* o dia de Natal • *(période)* o Natal.

nœud *nm* **1.** nó *(m)* **2.** *(ruban)* laço *(m)* • **nœud papillon** laço *(m) (gravata)*.

noir, **e** ■ *adj* **1.** *(couleur)* preto(ta) **2.** *(sombre)* escuro(ra). ■ *nm* **1.** *(couleur)* preto *(m)* **2.** *(obscurité)* escuro *(m)* • **il fait noir** está escuro • **dans le noir** no escuro.
■ **Noir**, **e** *nm, f* negro *(m)*, -gra *(f)*.

noircir *vt* & *vi* escurecer.

noisetier *nm* aveleira *(f)*.

noisette ■ *nf* avelã *(f)*. ■ *adj inv* cor de avelã • **une noisette de beurre** um bocadinho de manteiga.

noix *nf* **1.** *(fruit)* noz *(f)* **2.** *(morceau)* um pouco • **noix de cajou** acaju *(m) (Port)*, castanha *(f)* de caju *(Br)* • **noix de coco** coco *(m)*.

nom *nm* **1.** *(de personne, de chose)* nome *(m)* **2.** GRAMM substantivo *(m)* • **nom commun** substantivo comum • **nom de famille** apelido *(m) (Port)*, sobrenome *(m) (Br)* • **nom de jeune fille** apelido de solteira • **nom propre** nome próprio.

nomade *nmf* nómada *(mf)*.

nombre *nm* número *(m)* • **un grand nombre de** um grande número de.

nombreux, **euse** *adj* numeroso(osa) • **peu nombreux** pouco numeroso.

nombril *nm* umbigo *(m)*.

nominal, **e** *adj* nominal.

nomination *nf* nomeação *(f)*.

nommer *vt* **1.** *(appeler)* chamar **2.** *(à un poste)* nomear.
■ **se nommer** *vp* chamar-se.

non *adv* não • **non ?** não? • **non plus** também não • **non seulement... , mais...** não só... mas....

nonante *num (Belgique & Suisse)* noventa.

nonchalant, e *adj* indolente.

non-fumeur, euse *nm, f* não-fumador *(m)*, -ra *(f) (Port)*, não-fumante *(mf) (Br)*.

non-lieu *nm* improcedência *(f)* • **bénéficier d'un non-lieu** ser absolvido por falta de provas • **rendre un non-lieu** pronunciar o arquivamento dos autos por falta de provas.

non-sens *nm inv* **1.** *(absurdité)* absurdo *(m)* **2.** *(contresens)* contra-senso *(m)*.

non-violence *nf* não-violência *(f)*.

non-voyant, e *nm, f* cego *(m)*, -ga *(f)*.

nord *adj inv & nm inv* norte • **au nord (de)** a norte (de).

nord-est *adj inv & nm inv* nordeste • **au nord-est (de)** a nordeste (de).

nordique *adj* **1.** nórdico(ca) **2.** *(Québec)* do norte do Canadá.

nord-ouest *adj inv & nm inv* noroeste • **au nord-ouest (de)** a noroeste (de).

normal, e, aux *adj* normal • **ce n'est pas normal** *(pas juste)* não é justo.

normale *nf* • **la normale** o normal.

normalement *adv* normalmente.

normaliser *vt* normalizar.
■ **se normaliser** *vp* normalizar-se.

normand, e *adj* normando(da).

Normandie *nf* • **la Normandie** a Normandia.

norme *nf* norma *(f)*.

Norvège *nf* • **la Norvège** a Noruega.

norvégien, enne ◪ *adj* norueguês(esa). ◪ *nm (langue)* norueguês *(m)*.
■ **Norvégien, enne** *nm, f* norueguês *(m)*, -esa *(f)*.

nosocomial, e *adj* nosocomial.

nostalgie *nf* nostalgia *(f)* • **avoir la nostalgie de** ter saudades de.

notable *adj & nm* notável.

notaire *nm* notário *(m)*.

notamment *adv* nomeadamente.

note *nf* nota *(f)* • **prendre des notes** tirar apontamentos • **note de frais** despesas, encargos, gastos.

noter *vt* **1.** notar **2.** *(écrire)* anotar.

notice *nf (mode d'emploi)* instruções *(fpl)* de uso.

notifier *vt* • **notifier qqch à qqn** notificar algo a alguém.

notion *nf* noção *(f)* • **avoir des notions de** ter umas noções de.

notoire *adj* notório(ria).

notoriété *nf* notoriedade *(f)*.

notre *adj* nosso(a).

nôtre ■ **le nôtre, la nôtre** *pron* o nosso (a nossa).

nouer *vt* **1.** *(lacet, cravate)* fazer o nó de **2.** *(cheveux)* apertar.

noueux, euse *adj* nodoso(osa).

nougat *nm* ≃ torrão *(m)* de alicante.

nougatine *nf pasta dura feita com caramelo e amêndoas.*

nouilles *nfpl* **1.** *(type de pâtes)* cotovelos *(mpl)* **2.** *fam (pâtes)* massa *(f)*.

nourrice *nf* ama *(f)*.

nourrir *vt* **1.** *(alimenter)* alimentar **2.** *(entretenir)* manter.
■ **se nourrir (de)** *vp + prép* alimentar-se (de).

nourrissant, e *adj* nutritivo(va).

nourrisson *nm* bebé *(m)* de mama.

nourriture *nf (régime alimentaire)* alimentação *(f)*.

nous *pron* **1.** -nos **2.** *(sujet)* nós • **nous-mêmes** nós próprios(prias) • **il nous en a parlé** ele falou-nos disso • **ils nous regardent** eles estão a olhar para nós • **ils nous ont vus** eles viram-nos • **nous nous sommes habillés** nós vestimo-nos • **nous nous sommes parlés** nós falámos um com o outro • **nous sommes sœurs** nós somos irmãs.

nouveau, elle ◪ *adj* novo (nova). ◪ *nm, f* **1.** *(dans une classe)* aluno *(m)* novo, aluna *(f)* nova **2.** *(dans un club)* membro *(m)* novo • **rien de nouveau** nada de novo • **le nouvel an** o Ano Novo • **à** *OU* **de nouveau** de novo.

nouveau-né, e *nm, f* recém-nascido *(m)*, -da *(f)*.

nouveauté *nf* novidade *(f)*.

nouvelle *nf* **1.** *(information)* notícia *(f)* **2.** *(roman)* novela *(f)* • **les nouvelles** as notícias • **avoir des nouvelles de qqn** ter notícias de alguém.

Nouvelle-Calédonie *nf* • **la Nouvelle-Calédonie** a Nova Caledónia.

Nouvelle-Zélande *nf* • **la Nouvelle-Zélande** a Nova Zelândia.

novateur, **trice** *adj* inovador(ra).

novembre *nm* Novembro *(m)* • **en novembre, au mois de novembre** em Novembro, no mês de Novembro • **début novembre** em princípios de Novembro • **fin novembre** em fins de Novembro • **le trois novembre** no dia três de Novembro.

novice *adj* & *nmf* noviço(ça).

noyade *nf* afogamento *(m)*.

noyau *nm* **1.** *(de fruit)* caroço *(m)* **2.** *(petit groupe)* núcleo *(m)*.

noyé, **e** *nm, f* afogado *(m)*, -da *(f)*.

noyer ■ *nm* nogueira *(f)*. ■ *vt* afogar. ■ **se noyer** *vp* afogar-se.

NPI (*abr de* **nouveaux pays industriels**) *nmpl* NPI *(mpl) (Novos Países Industrializados)*.

nu, **e** *adj* **1.** *(personne, jambes)* nu (nua) *(Port)*, pelado(da) *(Br)* **2.** *(pièce)* vazio(zia) **3.** *(arbre)* despido(da) • **pieds nus** descalço(ça) • **tout nu** nu em pêlo • **à l'œil nu** a olho nu • **nu-tête** em cabelo.

nuage *nm* nuvem *(f)*.

nuageux, **euse** *adj* nublado(da), enevoado (da).

nuance *nf* **1.** *(teinte)* matiz *(f)* **2.** *(différence)* nuance *(f)*.

nucléaire *adj* nuclear.

nudisme *nm* nudismo *(m)*.

nudiste *nmf* nudista *(mf)*.

nuée *nf* **1.** *(multitude)* • **une nuée de** *(insectes)* uma nuvem de • *(touristes)* uma multidão de **2.** *sout (gros nuage)* nuvem *(f)* negra.

nues *nfpl* • **tomber des nues** *fig* cair das nuvens.

nuire ■ **nuire à** *vp + prép* prejudicar.

nuisible *adj* nocivo(va) • **nuisible à** nocivo para.

nuit *nf* noite *(f)* • **la nuit** à noite • **bonne nuit !** boa noite! • **il fait nuit** é de noite • **passer une nuit blanche** *(ne pas se coucher)* fazer uma directa • *(ne pas trouver le sommeil)* passar uma noite em branco • **de nuit** *(travail, poste)* nocturno(na) • *(travailler, voyager)* de noite.

nul, **nulle** *adj* **1.** péssimo(ma) **2.** *fam* zero à esquerda • **être nul en qqch** ser uma nulidade em algo • **nulle part** em lado nenhum.

nullité *nf* **1.** *(médiocrité* & DR*)* nulidade *(f)* **2.** *péj (personne)* zero *(m)* à esquerda.

numérique *adj* digital.

numéro *nm* número *(m)* • **numéro de compte** número de conta • **numéro d'immatriculation** número de matrícula • **numéro de poste** número de posto • **numéro de téléphone** número de telefone • **numéro vert** chamada *(f)* grátis.

numéroter *vt* numerar • **place numérotée** lugar numerado.

nu-pieds *nm inv* chinelo *(m)*.

nuptial, **e** *adj* nupcial.

nuque *nf* nuca *(f)*.

nutritif, **ive** *adj* nutritivo(va).

nutritionniste *adj* & *nmf* nutricionista *(mf)*.

Nylon® *nm* nylon *(m)*.

nymphomane ■ *nf* ninfomaníaca *(f)*. ■ *adj* ninfomaníaco(ca).

O

o, O *nm inv (lettre)* o, O *(m)*. ■ **O** (*abr écrite de* **ouest**) O. *(Oeste)*.

oasis *nf* oásis *(m)*.

obéir *vi* obedecer • **obéir à** obedecer a.

obéissance *nf* obediência *(f)* • **devoir obéissance à qqn** dever obediência a alguém.

obéissant, e *adj* obediente.

obèse *adj* obeso(sa).

obésité *nf* obesidade *(f)*.

objecteur *nm* • **objecteur de conscience** objector *(m)* de consciência.

objectif, ive ◪ *adj* objectivo(va). ◪ *nm* 1. *(but)* objectivo *(m)* 2. *(d'appareil photo)* objectiva *(f)*.

objection *nf* objecção *(f)*.

objectivité *nf* objectividade *(f)*.

objet *nm* 1. objecto *(m)* 2. *(but)* finalidade *(f)* 3. *(d'une recherche, d'un débat)* assunto *(m)* • **(bureau des) objets trouvés** (secção de) perdidos e achados • **objets de valeur** objectos de valor.

obligation *nf* obrigação *(f)*.

obligatoire *adj* obrigatório(ria).

obligé, e *adj fam* inevitável • **être obligé de faire qqch** ser obrigado a fazer algo.

obliger *vt* • **obliger qqn à faire qqch** obrigar alguém a fazer algo.

oblique *adj* oblíquo(qua).

obliquer *vi* obliquar.

oblitérer *vt (ticket)* validar.

obnubiler *vt* obnubilar • **être obnubilé par qqn/qqch** estar obcecado com alguém/algo.

obscène *adj* obsceno(na).

obscénité *nf* obscenidade *(f)*.

obscur, e *adj* obscuro(ra).

obscurantisme *nm* obscurantismo *(m)*.

obscurcir ■ **s'obscurcir** *vp* obscurecer-se.

obscurité *nf* obscuridade *(f)*.

obsédé, e ◪ *adj* obcecado(da). ◪ *nm, f* • **obsédé (sexuel)** tarado *(m)* (sexual).

obséder *vt* obcecar.

obsèques *nfpl sout* exéquias *(fpl)*.

observateur, trice *adj* observador(ra).

observation *nf* observação *(f)*.

observatoire *nm* observatório *(m)*.

observer *vt* observar.

obsession *nf* obsessão *(f)*.

obsolète *adj* obsoleto(ta).

obstacle *nm* obstáculo *(m)*.

obstination *nf* obstinação *(f)*.

obstiné, e *adj* obstinado(da).

obstiner ■ **s'obstiner** *vp* obstinar-se • **s'obstiner à faire qqch** obstinar-se a fazer algo.

obstruer *vt* obstruir.

obtempérer *vi* • **obtempérer à qqch** obtemperar a algo.

obtenir *vt* obter.

obtention *nf* obtenção *(f)*.

obturateur *nm (d'appareil photo)* obturador *(m)*.

obtus, e *adj* obtuso(sa).

obus *nm* obus *(m)*.

OC (*abr écrite de* **ondes courtes**) OC *(ondas curtas)*.

occasion *nf* 1. *(chance)* oportunidade *(f)* 2. *(bonne affaire)* pechincha *(f)* • **avoir l'occasion de faire qqch** ter oportunidade de fazer algo • **à l'occasion de** pela ocasião de • **d'occasion** em segunda mão.

occasionnel, elle *adj* ocasional.

occasionner *vt sout* ocasionar.

Occident *nm* • **l'Occident** o Ocidente.

occidental, e, aux *adj* ocidental.

occulte *adj* oculto(ta).

occulter *vt* ocultar.

occupation *nf* ocupação *(f)*.

occupé, **e** *adj* ocupado(da) • **ça sonne occupé** está ocupado.

occuper *vt* ocupar • **ça l'occupe** isso entretém-no.
■ **s'occuper** *vp* entreter-se • **s'occuper de** tratar de.

occurrence ■ **en l'occurrence** *adv* neste caso.

océan *nm* oceano *(m)*.

Océanie *nf* • **l'Océanie** a Oceânia.

océanique *adj* oceânico(ca).

ocre *adj inv* ocre.

octane *nm* • **indice d'octane** índice *(m)* de octana.

octante *num (Belgique & Suisse)* oitenta.

octave *nf* oitava *(f)*.

octet *nm* INFORM byte *(m)*.

octobre *nm* Outubro *(m)* • **en octobre, au mois d'octobre** em Outubro, no mês de Outubro • **début octobre** em princípios de Outubro • **fin octobre** em fins de Outubro • **le cinq octobre** no dia cinco de Outubro.

octroyer *vt* outorgar • **octroyer qqch à qqn** outorgar algo a alguém.
■ **s'octroyer** *vp* outorgar-se.

oculaire ◪ *nm* ocular *(f)*. ◪ *adj* ocular.

oculiste *nmf* oculista *(mf)*.

odeur *nf* cheiro *(m)*.

odieux, **euse** *adj* odioso(osa).

odorant, **e** *adj* cheiroso(osa).

odorat *nm* olfacto *(m)*.

œdème *nm* edema *(m)* • **œdème pulmonaire** edema pulmonar.

œil *nm* olho *(m)* • **à l'œil** *fam* de borla • **avoir qqn à l'œil** *fam* ter alguém debaixo de olho • **mon œil !** *fam* morde aqui para ver se eu deixo!

œillet *nm* **1.** *(fleur)* cravo *(m)* **2.** *(de chaussure)* buraco *(m)*.

œnologue *nmf* enologista *(mf)*.

œsophage *nm* esófago *(m)*.

œuf *nm* ovo *(m)* • **œuf à la coque** ovo quente • **œuf dur** ovo cozido • **œuf de Pâques** ovo de Páscoa • **œuf poché** ovo escalfado • **œuf sur le plat** ovo estrelado • **œufs brouillés** ovos mexidos • **œufs à la neige** *doce frio à base de leite creme e claras de ovo cobertas com caramelo.*

œuvre *nf* obra *(f)* • **mettre qqch en œuvre** pôr algo em prática • **œuvre d'art** obra de arte.

offense *nf* ofensa *(f)*.

offenser *vt* ofender.

offensif, **ive** *adj* ofensivo(va).
■ **offensive** *nf* ofensiva *(f)* • **lancer une offensive** lançar uma ofensiva • **passer à l'offensive** passar à ofensiva • **prendre l'offensive** tomar a ofensiva.

office *nm* **1.** *(organisme)* organismo *(m)* **2.** *(messe)* ofício *(m)* • **faire office de** servir de • **office de tourisme** posto *(m)* de turismo • **d'office** de ofício.

officialiser *vt* oficializar.

officiel, **elle** *adj* oficial.

officiellement *adv* oficialmente.

officier *nm (militaire)* oficial *(m)*.

officieux, **euse** *adj* oficioso(osa).

offrande *nf* oferenda *(f)*.

offre *nf* oferta *(f)* • **offres d'emploi** ofertas de emprego • **'offre spéciale'** 'oferta especial'.

offrir *vt* • **offrir qqch à qqn** oferecer algo a alguém • **offrir à qqn de faire qqch** propor a alguém que faça algo • **offrir de faire qqch** propor-se a fazer algo.
■ **s'offrir** *vp* oferecer a si próprio.

offusquer *vt* ofender.
■ **s'offusquer** *vp* ofender-se • **s'offusquer de** ofender-se com.

ogre *nm* papão *(m)*.

oie *nf* ganso *(m)*.

oignon *nm* **1.** *(légume)* cebola *(f)* **2.** *(de fleur)* bolbo *(m)* • **petits oignons** cebolinhas *(fpl)*.

oiseau *nm* pássaro *(m)*.

oisif, **ive** *adj* ocioso(osa).

oisillon *nm* passarinho *(m)*.

oisiveté *nf* ociosidade *(f)*.

OK *interj* OK!

ola *nf* olá, onda • **faire la ola** fazer o olá.

oléoduc *nm* oleoduto *(m)*.

oligarchie *nf* oligarquia *(f)*.

olive *nf* azeitona *(f)* • **olive noire/verte** azeitona preta/verde.

olivier *nm* oliveira *(f)*.

olympique *adj* olímpico(ca).

ombilical, **e** *adj* umbilical.

omble (chevalier) *nm (Suisse) peixe fino especialmente do lago Leman.*

ombragé, **e** *adj* sombreado(da).

ombre *nf* sombra *(f)* • **à l'ombre (de)** à sombra (de) • **ombres chinoises** sombras chinesas • **ombre à paupières** sombra (para os olhos).

ombrelle *nf* sombrinha *(f)*.

omelette *nf* omelete *(f)* • **omelette norvégienne** *sobremesa de massa leve com licor, coberta com gelado de baunilha e merengue.*

omettre *vt sout* omitir • **omettre de faire qqch** esquecer-se de fazer algo.

omission *nf* omissão *(f)*.

omnibus *nm* • **(train) omnibus** ≃ comboio *(m)* regional.

omniprésent, **e** *adj* omnipresente.

omnivore ■ *nm* omnívoro *(m)*. ■ *adj* omnívoro(ra).

omoplate *nf* omoplata *(f)*.

on *pron*

1. DÉSIGNE UNE PERSONNE INDÉTERMINÉE
• **on a frappé** bateram à porta

2. DÉSIGNE LES GENS, L'ESPÈCE HUMAINE
• **autrefois, on vivait mieux** antigamente, vivia-se melhor

3. NOUS
• **on s'en va** vamos embora

4. DÉSIGNE LE LOCUTEUR
• **on ne sait jamais** nunca se sabe.

oncle *nm* tio *(m)*.

onctueux, **euse** *adj* untuoso(osa).

onde *nf* onda *(f)* • **grandes ondes** ondas longas • **ondes courtes/moyennes** ondas curtas/médias.

ondée *nf* pancada *(f)* de água.

ondulé, **e** *adj (cheveux)* ondulado(da).

onduler *vt* & *vi* ondular.

onéreux, **euse** *adj sout* oneroso(osa).

ongle *nm* unha *(f)*.

onomatopée *nf* onomatopeia *(f)*.

ONU *nf* (*abr de* **Organisation des Nations Unies**) ONU *(f)*.

onze *num* onze • **il a onze ans** ele tem onze anos • **il est onze heures** são onze horas • **le onze janvier** no dia onze de Janeiro • **page onze** página onze • **ils étaient onze** eram onze • **(au) onze rue Lepic** (na) rua Lepic, número onze.

onzième ■ *num* décimo primeiro (décima primeira). ■ *nm (étage)* décimo primeiro andar *(m)*.

opaque *adj* opaco(ca).

opéra *nm* ópera *(f)*.

opérateur, **trice** *nm, f (au téléphone)* telefonista *(mf)*.

opération *nf* operação *(f)*.

opérationnel, **elle** *adj* operacional.

opérer *vt* & *vi* operar • **se faire opérer (de)** ser operado (a).

opérette *nf* opereta *(f)*.

ophtalmologiste *nmf* oftalmologista *(mf)*.

Opinel® *nm navalha com cabo de madeira.*

opinion *nf* opinião *(f)* • **l'opinion (publique)** a opinião pública.

opium *nm* ópio *(m)*.

opportun, **e** *adj* oportuno(na).

opportuniste *adj* oportunista.

opportunité *nf* oportunidade *(f)*.

opposant, **e** ■ *adj* da oposição. ■ *nm, f* opositor *(m)*, -ra *(f)* • **opposant à** opositor a.

opposé, **e** ■ *adj* **1.** oposto(osta) **2.** *(opinion)* contrário(ria). ■ *nm* • **l'opposé** o oposto • **opposé à** *(inverse)* oposto a • *(hostile à)* contra • **à l'opposé de** *(du côté opposé à)* do lado oposto a • *(contrairement à)* contrariamente a.

opposer *vt* opor.
■ **s'opposer** *vp* opor-se • **s'opposer à** opor-se a.

opposition *nf* oposição *(f)* • **faire opposition (à un chèque)** cancelar (um cheque).

oppresser *vt* oprimir.

oppresseur *nm* opressor *(m)*, -ra *(f)*.

oppression *nf* opressão *(f)*.

opprimé, **e** *adj* & *nm, f* oprimido(da).

opprimer *vt* oprimir.

opter *vi* • **opter pour qqch/qqn** optar por algo/alguém • **opter entre qqch et qqch** optar entre algo e algo.

opticien, **enne** *nm, f* oculista *(mf)*.

optimal, **e** *adj* óptimo(ma).

optimiser *vt* optimizar.

optimisme *nm* optimismo *(m)*.

optimiste *adj* & *nmf* optimista.

option *nf* opção *(f)*.

optionnel, **elle** *adj* opcional.

optique ■ *adj* óptico(ca). ■ *nf (point de vue)* óptica *(f)*.

opulence *nf* opulência *(f)* • **vivre** *ou* **nager dans l'opulence** nadar em dinheiro.

or ■ *conj* porém. ■ *nm* ouro *(m)* • **en or** de ouro.

orage *nm* trovoada *(f)*.

orageux, **euse** *adj* de trovoada.

oral, **e**, **aux** ■ *adj* oral. ■ *nm* oral *(f)* • **'voie orale'** 'via oral'.

oralement *adv* oralmente.

orange ■ *adj inv* cor-de-laranja. ■ *nm* cor-de-laranja *(f)*. ■ *nf* laranja *(f)*.

orangeade *nf* laranjada *(f)*.

oranger *nm* ▷ **fleur**.

oranger *nm* laranjeira *(f)*.

Orangina® *nm* ≃ Sumol® *(m)*.

orang-outan *nm* orangotango *(m)*.

orateur, **trice** *nm, f* orador *(m)*, -ra *(f)*.

orbite *nf* órbita *(f)*.

orchestre *nm* orquestra *(f)*.

orchestrer *vt* orquestrar.

orchidée *nf* orquídea *(f)*.

ordinaire ■ *adj* **1.** *(normal)* do costume **2.** *(banal)* vulgar. ■ *nm* gasolina *(f)* normal • **sortir de l'ordinaire** sair do vulgar • **d'ordinaire** de costume.

ordinateur *nm* computador *(m)*.

ordonnance *nf (médicale)* receita *(f)* (médica).

ordonné, **e** *adj* arrumado(da).

ordonner *vt* **1.** *(commander)* ordenar **2.** *(ranger)* arrumar • **ordonner à qqn de faire qqch** ordenar a alguém que faça algo.

ordre *nm* ordem *(f)* • **donner l'ordre (à qqn) de faire qqch** dar ordem (a alguém) para fazer algo • **jusqu'à nouvel ordre** até nova ordem • **en ordre** em ordem • **mettre de l'ordre dans qqch** pôr ordem em algo • **dans l'ordre** por ordem • **à l'ordre de** à ordem de.

ordures *nfpl* lixo *(m)*.

orée ■ **à l'orée de** *loc prép* na orla de.

oreille *nf* orelha *(f)*.

L'ORDINATEUR

- l'adresse Internet / o endereço Internet
- le clavier / o teclado
- la connexion ADSL / a ligação ADSL
- la connexion Internet / a ligação Internet
- le courriel / o e-mail
- le dossier / a pasta
- l'écran / o ecrã
- l'écran plat / o ecrã plano
- le fichier / o ficheiro
- le fournisseur d'accès / o provedor de acesso
- l'imprimante / a impressora
- le logiciel / o software
- le modem / o modem
- le moteur de recherche / o motor de pesquisa
- l'ordinateur / o computador
- l'ordinateur portable / o computador portátil
- le réseau / a rede
- le scanner / o scanner
- le site internet / o sítio Internet
- la souris / o rato
- le tapis de souris / o tapete de rato
- l'unité centrale / a unidade central.

oreiller *nm* almofada *(f)*.

oreillons *nmpl* papeira *(f)*.

orfèvrerie *nf* ourivesaria *(f)*.

organe *nm* órgão *(m)*.

organigramme *nm* organigrama *(m)*.

organique *adj* orgânico(ca).

organisateur, **trice** *nm, f* organizador *(m)*, -ra *(f)*.

organisation *nf* organização *(f)*.

organisé, **e** *adj* organizado(da).

organiser *vt* organizar.
■ **s'organiser** *vp* organizar-se.

organisme *nm* organismo *(m)*.

orgasme *nm* orgasmo *(m)*.

orge *nf* ▷ **sucre**.

orgie *nf* orgia *(f)* • **faire une orgie de qqch** *fig* empanturrar-se com algo.

orgue *nm* órgão *(m)* • **orgue de Barbarie** realejo *(m)*.

orgueil *nm* orgulho *(m)*.

S'EXPRIMER...

donner un ordre

• **Silêncio!** / Silence !
• **Está/Esteja quieto !/Pare/pára com isso !** / Arrête/arrêtez !
• **Ouviste ?/Ouviu?** / Compris ?
• **Recue/Chegue-se para trás, se faz favor.** / Reculez-vous, s'il vous plaît !
• **Deixa/Pousa esse caixote aqui!** / Pose ce carton ici !

orgueilleux, **euse** *adj* orgulhoso(osa).

Orient *nm* • **l'Orient** o Oriente.

oriental, **e**, **aux** *adj* oriental.

orientation *nf* orientação *(f)*.

orienter *vt* orientar.
■ **s'orienter** *vp* orientar-se • **s'orienter vers** *(se tourner vers)* orientar-se em direcção a • SCOL orientar-se para.

orifice *nm* orifício *(m)*.

originaire *adj* • **originaire de** oriundo(da) de.

original, **e**, **aux** ■ *adj* original. ■ *nm, f* excêntrico *(m)*, -ca *(f)*. ■ *nm* original *(m)*.

originalité *nf* originalidade *(f)*.

origine *nf* origem *(f)* • **être à l'origine de qqch** estar na origem de algo • **à l'origine** no início • **d'origine** *(ancien)* de origem • **pays d'origine** país de origem.

ORL *nmf* (*abr de* **oto-rhino-laryngologiste**) otorrino *(otorrinolaringologista)* *(mf)*.

orme *nm* olmo *(m)*.

ornement *nm* adorno *(m)*.

orner *vt* adornar • **orner qqch de** adornar algo com.

ornière *nf* cova *(f)*.

orphelin, **e** *nm, f* órfão *(m)*, -ã *(f)*.

orphelinat *nm* orfanato *(m)*.

Orsay *npr* • **le musée d'Orsay** *museu parisiense dedicado à arte do século XIX*.

orteil *nm* dedo *(m)* do pé • **gros orteil** dedo grande do pé *(Port)*, dedão *(m)* *(Br)*.

orthodontiste *nmf* ortodontista *(m)*.

orthodoxe *adj* & *nmf* ortodoxo(xa) • **peu orthodoxe** pouco ortodoxo.

orthographe *nf* ortografia *(f)*.

orthophoniste *nmf* terapeuta *(mf)* da fala.

ortie *nf* urtiga *(f)*.

os *nm* osso *(m)*.

oscariser *vt* oscarizar.

oscillation *nf* oscilação *(f)*.

osciller *vi* oscilar.

osé, **e** *adj* atrevido(da).

oseille *nf* azedas *(fpl)*.

oser *vt* atrever-se • **oser faire qqch** atrever-se a fazer algo.

osier *nm* vime *(m)*.

ossature *nf* **1.** ANAT ossatura *(f)* **2.** *fig (structure)* estrutura *(f)*.

ossements *nmpl* ossadas *(fpl)*.

ostensible *adj* ostensivo(va).

ostéopathe *nmf* osteopata *(mf)*.

ostréiculture *nf* ostreicultura *(f)*.

otage *nmf* refém *(mf)* • **prendre qqn en otage** tomar alguém como refém.

OTAN (*abr de* **Organisation du traité de l'Atlantique Nord**) *nf* NATO *(f)* *(North Atlantic Treaty Organization)*.

otarie *nf* otária *(f)*.

ôter *vt* tirar • **ôter qqch à qqn** tirar algo a alguém • **ôter qqch de qqch** tirar algo de algo • **3 ôté de 10 égale 7** 10 menos 3 dá 7.

otite *nf* otite *(f)*.

oto-rhino(-laryngologiste) *nmf* otorrinolaringologista *(mf)*.

ou *conj* ou • **c'est l'un ou l'autre** é um ou o outro • **ou bien** ou então • **ou... ou** ou… ou.

où *adv*

1. INDIQUE LE LIEU, L'ORIGINE
• **où habitez-vous ?** onde mora?
• **par où faut-il passer ?** é preciso ir por onde?
• **d'où êtes-vous ?** donde é você?

2. SUIVI D'UN INFINITIF : INDIQUE LE BUT, LA FINALITÉ
• **nous ne savons pas où dormir/où aller** não sabemos onde dormir/aonde ir.

où *pron*

1. SENS SPATIAL = onde
• **le village où j'habite** a aldeia onde vivo
• **le pays d'où je viens** o país de onde venho
• **les endroits où nous sommes allés** os sítios aonde fomos

- **la ville par où nous venons de passer** a cidade por onde acabámos de passar
2. SENS EMPOREL = em que
- **le jour où...** o dia em que...
- **juste au moment où...** mesmo no instante em que....

ouate *nf* algodão *(m)* em rama.

oubli *nm* esquecimento *(m)*.

oublier *vt* **1.** esquecer-se de **2.** *(omettre)* esquecer-se • **oublier de faire qqch** esquecer-se de fazer algo.

oubliettes *nfpl* masmorra *(f)*.

ouest *adj inv* & *nm inv* oeste • **à l'ouest (de)** a oeste (de).

ouf *interj* ufa!

oui *adv* sim.

ouï-dire *nm inv* boato *(m)* • **par ouï-dire** por ouvir dizer.

ouïe *nf* ouvido *(m)*.
■ **ouïes** *nfpl* guelras *(fpl)*.

ouragan *nm* furacão *(m)*.

ourlet *nm* bainha *(f)*.

ours *nm* urso *(m)* • **ours en peluche** urso de peluche.

oursin *nm* ouriço-do-mar *(m)*.

ourson *nm* ursozinho *(m)*.

outil *nm* **1.** ferramenta *(f)* **2.** *fig* instrumento *(m)* • **boîte** *OU* **caisse à outils** caixa de ferramentas.

outillage *nm* ferramentas *(fpl)*.

outrage *nm* ultraje *(m)* • **outrage aux bonnes mœurs** ofensa aos bons costumes.

outrance *nf* exagero *(m)* • **à outrance** em excesso.

outre *prép* além de • **en outre** além disso • **outre mesure** por aí além.

outré, **e** *adj* indignado(da).

outre-Atlantique *adv* além-Atlântico.

outre-Manche *adv* do outro lado do Canal da Mancha.

outremer *adj inv* ultramar.

outre-mer *adv* no ultramar.

outrepasser *vt* exceder.

ouvert, **e** *adj* aberto(ta) • **'ouvert le lundi'** 'aberto às segundas-feiras'.

ouvertement *adv* abertamente.

ouverture *nf* abertura *(f)* • **ouverture d'esprit** abertura de espírito.

ouvrable *adj* ▷ **jour**.

ouvrage *nm* obra *(f)*.

ouvre-boîtes *nm inv* abre-latas *(m inv)* *(Port)*, abridor *(m)* de lata *(Br)*.

ouvre-bouteilles *nm inv* saca-rolhas *(m inv)* *(Port)*, abridor *(m)* de garrafa *(Br)*.

ouvreur, **euse** *nm, f* arrumador *(m)*, -ra *(f)*.

ouvrier, **ère** *adj* & *nm, f* operário(ria).

ouvrir *vt* & *vi* abrir.
■ **s'ouvrir** *vp* **1.** *(porte)* abrir-se **2.** *(fleur)* desabrochar.

ovaire *nm* ovário *(m)*.

ovale *adj* oval.

ovation *nf* ovação *(f)* • **faire une ovation à qqn** ovacionar alguém.

ovationner *vt* ovacionar.

overbooking *nm* overbooking *(m)*, excesso *(m)* de reservas.

overdose *nf* overdose *(f)*.

OVNI (*abr de* **objet volant non identifié**) *nm* OVNI *(m)* *(objecto volante não identificado)*.

oxyde *nm* óxido *(m)* • **oxyde de carbone** óxido de carbono.

oxyder *vt* oxidar.
■ **s'oxyder** *vp* oxidar-se.

oxyder ■ **s'oxyder** *vp* oxidar-se.

oxygène *nm* oxigénio *(m)*.

oxygénée *adj f* ▷ **eau**.

ozone *nm* ozono *(m)*.

P

p, P *nm inv (lettre)* p, P *(m)*.
■ **p** (*abr écrite de* **page**) pág., p.

pacemaker *nm* pacemaker *(m)*.

pachyderme *nm* paquiderme *(m)*.

pacifique *adj* pacífico(ca) • **l'océan Pacifique** o oceano Pacífico • **le Pacifique** o Pacífico.

pacifiste *adj* & *nmf* pacifista.

pack *nm (de bouteilles)* pack *(m)*.

packaging *nm* embalagem *(f)*.

pacotille *nf* pacotilha *(f)* • **de pacotille** de pacotilha.

PACS (*abr de* **Pacte civil de solidarité**) *nm* união *(f)* de facto.

pacsé, e *nm ou nf fam* • **pacsés** unidos de facto.

pacser ■ **se pacser** *fam vp* assinar um PACS.

pacte *nm* pacto *(m)*.

pactiser *vi* • **pactiser avec** pactuar com.

pactole *nm* • **ramasser le pactole** fazer uma fortuna.

paella *nf* ≃ arroz *(m)* à valenciana.

pagaie *nf* pangaia *(f)*.

pagaille *nf fam* bagunça *(f)* • **en pagaille** *(en quantité)* aos pontapés • **être en pagaille** *(chambre)* estar uma bagunça.

pagayer *vi* remar *(com remo de pá larga e haste curta)*.

page *nf* **1.** página *(f)* **2.** INFORM • **page précédente** página anterior, pagina precedente • **page suivante** página seguinte • **page Web** página Web • **page de garde** guarda *(f)* • **les pages jaunes** as páginas amarelas.

pagne *nm* tanga *(f)*.

pagode *nf* pagode *(m)*.

paie = **paye**.

paiement *nm* pagamento *(m)*.

païen, enne *adj* & *nm, f* pagão(ã).

paillasson *nm* tapete *(m)* para limpar os pés.

paille *nf* **1.** *(de blé)* palha *(f)* **2.** *(pour boire)* palhinha *(f)*.

paillette *nf* lantejoula *(f)*.

pain *nm* pão *(m)* • **pain au chocolat** pão de chocolate • **pain complet** pão integral • **pain doré** *(Québec)* = **pain perdu** • **pain d'épice** ≃ broa *(f)* doce • **pain de mie** pão de forma • **pain perdu** ≃ rabanadas *(fpl)* • **pain aux raisins** caracol *(m)*.

pair, e ◼ *adj* par. ◼ *nm* • **jeune fille au pair** jovem au pair.

paire *nf* par *(m)*.

paisible *adj* sossegado(da).

paître *vi* pastar.

paix *nf* paz *(f)* • **avoir la paix** ter paz • **laisser qqn en paix** deixar alguém em paz.

Pakistan *nm* • **le Pakistan** o Paquistão.

pakistanais, e *adj* paquistanês(esa).

palace *nm* hotel *(m)* de luxo.

palais *nm* **1.** *(résidence)* palácio *(m)* **2.** ANAT céu-da-boca *(m)* • **Palais de justice** Palácio da Justiça.

pâle *adj* pálido(da).

palette *nf* **1.** *(de peintre)* paleta *(f)* **2.** *(viande)* pá *(f)*.

pâleur *nf* palidez *(f)*.

palier *nm* patamar *(m)*.

pâlir *vi* empalidecer.

palissade *nf* paliçada *(f)*.

palliatif, ive *adj* paliativo(va).
■ **palliatif** *nm* paliativo *(m)*.

pallier *vt* paliar.

palmarès *nm* **1.** *(de victoires)* quadro *(m)* de honra **2.** *(de chansons)* top *(m)*.

palme *nf* barbatana *(f)* *(de nadador)*.

palmé, e *adj* espalmado(da).

palmier *nm* **1.** *(arbre)* palmeira *(f)* **2.** *(gâteau)* palmier *(m)*.

palmipède *adj* & *nm* palmípede.

palombe *nf* pombo *(m)* bravo *OU* torcaz.

palourde *nf* amêijoa *(f)*.

palper *vt* apalpar.

palpitant, e *adj* empolgante.

palpitation *nf* palpitação *(f)*.

palpiter *vi* palpitar.

paludisme *nm* paludismo *(m)*.

pamphlet *nm* panfleto *(m)*.

pamplemousse *nm* toranja *(f)*.

pan *nm* **1.** *(de mur)* parte *(f)* **2.** *(de chemise)* fralda *(f)*.

panache *nm* **1.** *(de plumes, de fumée)* penacho *(m)* **2.** *(éclat)* brilho *(m)* • **avoir du panache** ter classe.

panaché *nm* • **(demi) panaché** panaché *(m)*.

panaris *nm* panarício *(m)*.

pan-bagnat *nm* *sandes de alface, tomates, anchovas, ovo cozido, atum ou frango.*

pancarte *nf* letreiro *(m)*.

pancréas *nm* pâncreas *(m inv)*.

pané, e *adj* panado(da).

paner *vt* panar.

panier *nm* **1.** cesto *(m)* **2.** *(point)* ponto *(m)* • **panier à provisions** cesto das compras.

panier-repas *nm* merenda *(f)*.

panique *nf* pânico *(m)*.

paniquer ■ *vt* assustar. ■ *vi* entrar em pânico, assustar-se.

panne *nf* avaria *(f)* • **être en panne** *(voiture)* estar avariado(da) • *(voyageurs)* ter uma avaria • **tomber en panne** ter uma avaria • **panne d'électricité** *OU* **de courant** corte *(m)* de electricidade • **avoir une panne d'essence** *OU* **sèche** ficar sem gasolina • **'en panne'** 'avariado'.

panneau *nm* **1.** *(d'indication)* tabuleta *(f)* **2.** *(de bois, de verre)* painel *(m)* • **panneau publicitaire** cartaz *(m)* publicitário *(Port)*, outdoor *(m)* *(Br)* • **panneau de signalisation** sinal *(m)* de trânsito, placa *(f)* de sinalização.

panoplie *nf* *(déguisement)* disfarce *(m)* infantil.

panorama *nm* panorama *(m)*.

panoramique *adj* panorâmico(ca).

pansement *nm* penso *(m)* • **pansement adhésif** penso rápido.

panser *vt* **1.** *(une plaie)* ligar **2.** *(un cheval)* tratar de.

pantacourt *nm* calça *(m)* corsário.

pantalon *nm* calças *(fpl)*.

panthère *nf* pantera *(f)*.

pantin *nm* marionete *(f)*.

pantoufle *nf* pantufa *(f)*.

PAO (*abr de* **Publication assistée par ordinateur**) *nf* publicação *(f)* assistida por computador.

paon *nm* pavão *(m)*.

papa *nm* papá *(m)*.

pape *nm* papa *(m)*.

paperasse *nf* papelada *(f)*.

papet *nm* *(Suisse)* • **papet vaudois** *cozido com alhos franceses, batatas e salsichas de couve e de fígado de porco, típico do cantão de Vaud.*

papeterie *nf* **1.** *(magasin)* papelaria *(f)* **2.** *(usine)* fábrica *(f)* de papel.

papi *nm* vovô *(m)*.

papier *nm* papel *(m)* • **papier aluminium** papel de alumínio • **papier cadeau** papel de embrulho para prendas • **papier d'emballage** papel de embrulho • **papier à en-tête** papel timbrado • **papier hygiénique** *OU* **toilette** papel higiénico • **papier à lettres** papel de carta • **papier peint** papel de parede • **papier de verre** lixa *(f)* • **papiers (d'identité)** documentos *(mpl)* (de identidade).

papier-calque *nm* papel *(m)* vegetal.

papillon *nm* borboleta *(f)* • **(brasse) papillon** mariposa *(f)* *(estilo de natação)*.

papillote *nf* • **en papillote** *embrulhado numa folha de alumínio.*

papoter *vi* *fam* tagarelar.

paprika *nm* colorau *(m)*.

paquebot *nm* paquete *(m)* *(navio)*.

pâquerette *nf* margarida *(f)*.

Pâques *nm* Páscoa *(f)*.

paquet *nm* **1.** *(colis)* embrulho *(m)* **2.** *(de cigarettes)* maço *(m)* **3.** *(de chewing-gum)* pacote *(m)* **4.** *(de cartes)* baralho *(m)* • **je vous fais un paquet-cadeau ?** quer que embrulhe?

par *prép*

1. INDIQUE LE LIEU
• **passer par** passar por
• **par endroits** aqui e ali
2. INDIQUE LE TEMPS
• **par moments** por vezes
3. INDIQUE LA MANIÈRE
• **regarder par le trou de la serrure/la fenêtre** espreitar pelo buraco da fechadura/pela janela
4. INDIQUE LA CAUSE
• **faire qqch par intérêt/amitié** fazer algo por interesse/amizade
5. INDIQUE LA DISTRIBUTION
• **deux comprimés par jour** dois comprimidos por dia
• **25 euros par personne** 25 euros por pessoa
• **deux par deux** dois a dois
6. INDIQUE LE MOYEN
• **voyager par (le) train** viajar de comboio
• **par correspondance** por correspondência
7. DANS DES EXPRESSIONS
• **par-ci par-là** aqui e ali.

parabole *nf* parábola *(f)*.

parabolique *adj* ▻ **antenne**.

paracétamol *nm* paracetamol *(m)*.

parachute *nm* pára-quedas *(m inv)*.

parachutiste *nmf* pára-quedista *(mf)*.

parade *nf (défilé)* parada *(f)*.

paradis *nm* paraíso *(m)*.

paradoxal, **e**, **aux** *adj* paradoxal.

paradoxe *nm* paradoxo *(m)*.

paraffine *nf* parafina *(f)*.

parages *nmpl* • **dans les parages** por aqui • **il est dans les parages** ele anda por aí.

paragraphe *nm* parágrafo *(m)*.

Paraguay *nm* • **le Paraguay** o Paraguai.

paraître *vi* **1.** *(sembler)* parecer **2.** *(apparaître)* aparecer **3.** *(livre)* ser publicado(da) • **il paraît que** parece que.

parallèle ◼ *adj* paralelo(la). ◼ *nm* paralelo *(m)* • **parallèle à** paralelo a.

parallélisme *nm* paralelismo *(m)*.

paralyser *vt* paralisar.

paralysie *nf* paralisia *(f)*.

paramédical, **e** *adj* paramédico(ca).

paramètre *nm* parâmetro *(m)*.

parano (*abr de* **paranoïaque**) *adj fam* paranóico(ca).

paranoïaque *adj* paranóico(ca).

parapente *nm* parapente *(m)*.

parapet *nm* parapeito *(m)*.

parapher *vt* rubricar.

paraphrase *nf* paráfrase *(f)*.

paraplégique *adj* paraplégico(ca).

parapluie *nm* guarda-chuva *(m)*.

parasite *nm* parasita *(m)*.
■ **parasites** *nmpl* interferência *(f)*.

parasol *nm* guarda-sol *(m)*.

paratonnerre *nm* pára-raios *(m inv)*.

paravent *nm* pára-vento *(m)*.

parc *nm* parque *(m)* • **parc d'attractions** parque de diversões • **parc de stationnement** parque de estacionamento • **parc zoologique** jardim *(m)* zoológico.
■ **parc des Princes** *npr* Parque dos Príncipes.

parcelle *nf* parcela *(f)*.

parce que *conj* porque.

parchemin *nm* pergaminho *(m)*.

parcmètre *nm* parquímetro *(m)*.

parcourir *vt* **1.** percorrer **2.** *(livre, article)* ler por alto.

parcours *nm* percurso *(m)* • **parcours santé** *percurso desportivo sinalizado num parque*.

par-derrière *adv* & *prép* por trás.

par-dessous *adv* & *prép* por baixo.

pardessus *nm* sobretudo *(m)*.

par-dessus *adv* & *prép* por cima.

par-devant *adv* & *prép* perante.

pardon *nm* perdão *(m)* • **demander pardon à qqn** pedir desculpas a alguém • **pardon !** desculpe!

pardonner *vt* perdoar • **pardonner (qqch) à qqn** perdoar (algo) a alguém • **pardonner à qqn d'avoir fait qqch** perdoar alguém por ter feito algo.

pare-balles *adj inv* à prova de bala.

pare-brise *nm inv* pára-brisas *(m inv)*.

pare-chocs *nm inv* pára-choques *(m inv)*.

pareil, **eille** ◼ *adj* igual. ◼ *adv fam* igual • **une somme pareille** uma tal quantia.

parent, e *nm, f* familiar *(m)* • **les parents** os pais.

parenté *nf* **1.** *(lien familial, rapport)* parentesco *(m)* **2.** *(ensemble de la famille)* parentes *(mpl)*.

parenthèse *nf* parêntese *(m)* • **entre parenthèses** *(mot)* entre parênteses • *(d'ailleurs)* aliás.

parer *vt (éviter)* aparar.

paresse *nf* preguiça *(f)*.

paresser *vi* preguiçar.

paresseux, euse *adj & nm, f* preguiçoso (osa).

parfait, e ■ *adj* perfeito(ta). ■ *nm sobremesa à base de natas, geralmente com sabor a café.*

parfaitement *adv* perfeitamente.

parfois *adv* às vezes.

parfum *nm* **1.** perfume *(m)* **2.** *(goût)* aroma *(m)*.

parfumé, e *adj* perfumado(da).

parfumer *vt* **1.** *(pièce, mouchoir)* perfumar **2.** *(aliment)* aromatizar • **parfumé au citron** com sabor a limão.
■ **se parfumer** *vp* perfumar-se.

parfumerie *nf* perfumaria *(f)*.

pari *nm* aposta *(f)* • **faire un pari** fazer uma aposta.

paria *nm* pária *(m)*.

parier *vt & vi* apostar • **je (te) parie que...** aposto (contigo) que... • **parier sur** apostar em.

Paris *npr* Paris.

paris-brest *nm inv pastel recheado com caramelo e coberto com amêndoas raladas.*

parisien, enne *adj* parisiense.
■ **Parisien, enne** *nm, f* parisiense *(mf)*.

parité *nf* paridade *(f)*.

parjure ■ *adj & nmf* perjuro(ra). ■ *nm* perjúrio *(m)*.

parka *nm & nf* parka *(f)*.

parking *nm* parque *(m)* de estacionamento.

parlante *adj f* ▻ **horloge**.

parlement *nm* parlamento *(m)*.

parlementaire *adj & nmf* parlamentar *(mf)*.

parlementer *vi* parlamentar.

parler *vt & vi* falar • **parler à qqn de** falar a alguém de.

parloir *nm* parlatório *(m)*.

Parmentier ▻ **hachis**.

parmesan *nm* parmesão *(m)*.

parmi *prép* entre.

parodie *nf* paródia *(f)*.

paroi *nf* **1.** *(mur)* parede *(f)* **2.** *(montagne)* rocha *(f)* **3.** *(d'un objet)* lado *(m) (interior)*.

paroisse *nf* paróquia *(f)*.

paroissien, enne *nm, f* paroquiano *(m)*, -na *(f)*.

parole *nf* palavra *(f)* • **adresser la parole à qqn** dirigir a palavra a alguém • **couper la parole à qqn** cortar a palavra a alguém • **prendre la parole** tomar a palavra • **tenir (sa) parole** cumprir o prometido.
■ **paroles** *nfpl* letra *(f)*.

paroxysme *nm* paroxismo *(m)*.

parquer *vt* fechar.

parquet *nm (plancher)* parquet *(m)*.

parrain *nm* padrinho *(m)*.

parrainer *vt* patrocinar.

parsemer *vt* • **parsemer qqch de qqch** espalhar algo por algo.

part *nf* **1.** *(de gâteau)* fatia *(f)* **2.** *(d'un héritage)* parte *(f)* • **prendre part à** participar em • **à part** *(sauf)* tirando • **de la part de** da parte de • **d'une part..., d'autre part...** por um lado..., por outro lado... • **autre part** noutro sítio • **nulle part** em lado nenhum • **quelque part** algures.

partage *nm* partilha *(f)*.

partager *vt* partilhar.
■ **se partager** *vp* • **se partager qqch** partilhar algo.

partance *nf* • **en partance pour** com destino a.

partant, e *adj* • **être partant pour faire qqch** concordar em fazer algo • **je suis partante!** por mim tudo bem!

partenaire *nmf* **1.** *(au jeu)* parceiro *(m)*, -ra *(f)* **2.** *(à la danse)* par *(m)* **3.** *(en affaires)* sócio *(m)*, -cia *(f)*.

partenariat *nm* parceria *(f)*.

parterre *nm* **1.** *fam (sol)* chão *(m)* **2.** *(de fleurs)* canteiro *(m)* **3.** *(au théâtre)* plateia *(f)*.

parti *nm* partido *(m)* • **prendre parti pour** tomar o partido de • **tirer parti de qqch** tirar partido de algo • **parti pris** ideia *(f)* preconcebida.

partial, **e**, **aux** *adj* parcial.

partialité *nf* parcialidade *(f)*.

participant, **e** *nm, f* concorrente *(mf)*.

participation *nf* participação *(f)*.

participe *nm* particípio *(m)* • **participe passé/présent** particípio passado/presente.

participer ■ **participer à** *vp + prép* participar em.

particularité *nf* particularidade *(f)*.

particule *nf* partícula *(f)*.

particulier, **ère** *adj* particular • **en particulier** *(surtout)* particularmente.

particulièrement *adv* particularmente.

partie *nf* **1.** *(part, élément)* parte *(f)* **2.** *(au jeu, en sport)* partida *(f)* • **en partie** em parte • **faire partie de** fazer parte de • **ce n'est que partie remise** encontro adiado.

partiel, **elle** *adj* parcial.

partiellement *adv* parcialmente.

partir *vi* **1.** partir **2.** *(moteur)* arrancar **3.** *(tache)* sair • **être bien/mal parti** começar bem/mal • **partir de** partir de • **à partir de** a partir de.

partisan, **e** ■ *nm, f* partidário *(m)*, -ria *(f)*. ■ *adj* • **être partisan de qqch** ser partidário (ria) de algo.

partition *nf* partitura *(f)*.

partout *adv* em todo o lado.

parure *nf* **1.** *(de bijoux)* conjunto *(m)* **2.** *(de linge)* jogo *(m)*.

parution *nf* publicação *(f)*.

parvenir ■ **parvenir à** *vp + prép* chegar a • **parvenir à faire qqch** conseguir fazer algo.

parvis *nm* adro *(m)*.

pas[1] *adv* não • **je n'aime pas les épinards** não gosto de espinafres • **elle ne dort pas encore** ela ainda não está a dormir • **je n'ai pas terminé** não acabei • **il n'y a pas de train pour Oxford aujourd'hui** não há comboio para Oxford hoje • **les passagers sont priés de ne pas fumer** pede-se aos passageiros que não fumem • **tu viens ou pas ?** vens ou não? • **elle a aimé l'exposition, moi pas** *OU* **pas moi** ela gostou da exposição, eu não • **c'est un endroit pas très agréable** não é um sítio lá muito agradável • **non, pas du tout** não, de modo algum • **pas tellement** nem por isso • **pas possible !** não é possível!

pas[2] *nm* passo *(m)* • **à deux pas de** a dois passos de • **pas à pas** passo a passo • **sur le pas de la porte** na porta.

pashmina *nm* pashmina *(f)*.

passable *adj* **1.** *(performance)* razoável **2.** *(résultat)* suficiente.

passage *nm* passagem *(f)* • **être de passage** estar de passagem • **passage clouté** *OU* **(pour) piétons** passadeira *(f)* • **passage à niveau** passagem de nível • **passage protégé** *entroncamento ou cruzamento com estrada sem prioridade* • **passage souterrain** passagem subterrânea • **'premier passage'** *horário do primeiro autocarro.*

passager, **ère** *adj & nm, f* passageiro(ra) • **passager clandestin** passageiro clandestino.

passant, **e** ■ *nm, f* transeunte *(mf)*. ■ *nm* anel *(m)*.

passe *nf* passe *(m)*.

passé, **e** ■ *adj* **1.** *(terminé)* passado(da) **2.** *(décoloré)* descorado(da). ■ *nm* passado *(m)*.

passe-droit *nm* favor *(m)* ilícito.

passe-partout *nm inv* *(clé)* chave *(f)* mestra.

passe-passe *nm inv* • **tour de passe-passe** truque *(m)* de prestidigitação.

passeport *nm* passaporte *(m)*.

passer *vi*

1. FAIRE UNE HALTE RAPIDE
• **passer par** passar por
• **passer voir qqn** passar para ver alguém
• **je ne fais que passer** estou de passagem

2. DISPARAÎTRE
• **ta douleur est-elle passée ?** a dor passou-te?

3. DANS LA CLASSE SUPÉRIEURE
• **je passe en 3e** vou para o 9° ano

4. À LA TÉLÉ, À LA RADIO, AU CINÉMA
• **qu'est-ce qui passe cette semaine au théâtre ?** o que é que está em cartaz no teatro esta semana?
• **cet écrivain est passé à la télévision** este escritor foi à televisão

5. VITESSE
• **passer en seconde** meter a segunda

6. DANS DES EXPRESSIONS
• **passons !** passemos adiante!
• **en passant** de passagem.

passer *vt*

1. TEMPS
• **nous avons passé l'après-midi à chercher un hôtel** passámos a tarde à procura de um hotel
2. OBJET
• **passer qqch à qqn** passar algo a alguém
3. MALADIE
• **passer qqch à qqn** pegar algo a alguém
4. AU JEU
• **passer son tour** passar a vez
5. AU TÉLÉPHONE
• **je vous le passe** já lho passo
6. OBSTACLE = ultrapassar
7. RIVIÈRE = atravessar
8. VITESSE = meter
9. FILTRER = coar.

passer pour *vp + prép*

passar por
• **se faire passer pour** fazer-se passar por.

se passer *vp*

1. ARRIVER = passar-se
• **qu'est-ce qui se passe ?** o que é que se passa?
2. SE DÉROULER
• **se passer bien/mal** correr bem/mal
3. CRÈME, EAU = pôr
• **se passer de l'huile solaire sur les jambes** pôr óleo de bronzear nas pernas
• **se passer de l'eau sur le visage** passar a cara por água.

se passer de *vp + prép*

privar-se de.

passerelle *nf* **1.** *(pont)* ponte *(f)* **2.** *(d'embarquement, sur un bateau)* pontão *(m)* de embarque.

passe-temps *nm inv* passatempo *(m)*.

passible *adj* • **passible de** passível de.

passif, ive ■ *adj* passivo(va). ■ *nm* GRAMM passiva *(f)*.

passion *nf* paixão *(f)*.

passionnant, e *adj* apaixonante.

passionné, e *adj* apaixonado(da) • **passionné de musique** apaixonado por música.

passionner *vt* apaixonar.
■ **se passionner pour** *vp + prép* apaixonar-se por.

passoire *nf* passador *(m)*.

pastel *adj inv* pastel.

pastèque *nf* melancia *(f)*.

pasteurisé, e *adj* pasteurizado(da).

pastille *nf* pastilha *(f)*.

pastis *nm* anis *(m)*.

patate *nf fam* batata *(f)* • **patates pilées** *(Québec)* puré *(m)* de batata.

patauger *vi* chafurdar.

pâte *nf* massa *(f)* • **pâte d'amandes** massa de amêndoa • **pâte brisée** massa quebrada • **pâte feuilletée** massa folhada • **pâte de fruits** doce *(m)* de fruta *(Port)*, jujuba *(f)* *(Br)* • **pâte sablée** massa amanteigada • **pâte à modeler** plasticina *(f)*.
■ **pâtes** *nfpl* massa *(f)*.

pâté *nm* **1.** *(charcuterie)* paté *(m)* **2.** *(de sable)* bolo *(m)* de areia **3.** *(tache)* borrão *(m)* • **pâté chinois** *(Québec)* *picadinho de carne com batatas e milho gratinado* • **pâté de maisons** quarteirão *(m)*.

pâtée *nf* comida *(f)* *(para cães)*.

paternalisme *nm* paternalismo *(m)*.

paternel, elle *adj* **1.** paterno(na) **2.** *(amour)* paternal.

paternité *nf* paternidade *(f)*.

pâteux, euse *adj* pastoso(osa).

pathétique ■ *nm* patético *(m)*. ■ *adj* patético(ca).

pathologie *nf* patologia *(f)*.

patiemment *adv* pacientemente.

patience *nf* paciência *(f)* • **prendre son mal en patience** ter paciência.

patient, e ■ *adj* paciente. ■ *nm, f* paciente *(mf)*.

patienter *vi* pacientar.

patin *nm* • **patins à glace** patins *(mpl)* *(para o gelo)* • **patins à roulettes** patins *(mpl)* *(de rodas)*.

patinage *nm* patinagem *(f)* *(Port)*, patinação *(f)* *(Br)* • **patinage artistique** patinagem artística.

patiner *vi* patinar.

patineur, euse *nm, f* patinador *(m)*, -ra *(f)*.

patinoire *nf* rinque *(m)* de patinagem.

pâtisserie *nf* **1.** *(magasin)* pastelaria *(f)* **2.** *(gâteau)* doce *(m)* • **la pâtisserie** a doçaria.

pâtissier, ère *nm, f* pasteleiro *(m)*, -ra *(f)*.

patois *nm* patoá *(m)*.

patrie *nf* pátria *(f)*.

patrimoine *nm* património *(m)*.

patriote *nmf* patriota *(mf)*.

patriotique *adj* patriótico(ca).

patron, onne ■ *nm, f* patrão *(m)*, -troa *(f)*. ■ *nm* molde *(m)*.

patronal, e *adj* **1.** *(intérêt, organisation)* patronal **2.** *(fête)* do santo padroeiro.

patronat *nm* patronato *(m)*.

patrouille *nf* patrulha *(f)*.

patrouiller *vi* patrulhar.

patte *nf* **1.** *(d'animal)* pata *(f)* **2.** *(languette)* lingueta *(f)* **3.** *(favori)* suíça *(f)*.

pâturage *nm* pasto *(m)*.

pâture *nf* pasto *(m)* • **jeter qqn en pâture aux lions** atirar alguém aos leões.

paume *nf* palma *(f)*.

paumé, e *fam* ■ *adj* perdido(da). ■ *nm, f* desgraçado *(m)*, -da *(f)*.

paumer *vt fam* perder.
■ **se paumer** *vp fam* perder-se.

paupière *nf* pálpebra *(f)*.

paupiette *nf* *pequeno rolo de carne recheado*.

pause *nf* pausa *(f)* • **'pause'** 'pausa'.

pause-café *nf* pausa *(f)* para o café.

pauvre *adj* **1.** *(sans argent)* pobre **2.** *(malheureux)* coitado(da).

pauvreté *nf* pobreza *(f)*.

pavaner ■ **se pavaner** *vp* pavonear-se.

pavé, e ■ *adj* pavimentado(da). ■ *nm* paralelo *(m)* • **pavé numérique** INFORM teclado *(m)* numérico.

pavillon *nm* pavilhão *(m)*.

pavot *nm* dormideira *(f)*.

payant, e *adj* a pagar.

paye *nf* salário *(m)*.

payer *vt* pagar • **bien/mal payé** bem/mal pago • **payer qqch à qqn** *fam* oferecer algo a alguém • **'payez ici'** 'pague aqui'.

pays *nm* país *(m)* • **les gens du pays** *(de la région)* as pessoas da região • **de pays** regional • **le pays de Galles** o País de Gales.

paysage *nm* paisagem *(f)*.

paysagiste ■ *nmf* paisagista *(mf)*. ■ *adj* paisagístico(ca).

paysan, anne *nm, f* camponês *(m)*, -esa *(f)*.

Pays-Bas *nmpl* • **les Pays-Bas** os Países Baixos.

PC *nm* **1.** (*abr de* **Parti communiste**) PC *(m)* *(Partido Comunista)* **2.** (*abr de* **ordinateur**) PC *(m)*.

PCV *nm* • **appeler en PCV** fazer uma chamada a cobrar.

P-DG *nmf* (*abr de* **président-directeur général**) Presidente *(mf)* geral.

péage *nm* portagem *(f)* *(Port)*, pedágio *(m)* *(Br)*.

peau *nf* **1.** pele *(f)* **2.** *(de fruit)* casca *(f)* • **peau de chamois** camurça *(f)*.

péché *nm* pecado *(m)*.

pêche *nf* **1.** *(fruit)* pêssego *(m)* **2.** *(activité)* pesca *(f)* • **aller à la pêche (à la ligne)** ir à pesca (com cana) • **pêche en mer** pesca em alto mar • **pêche Melba** *sobremesa de pêssego servida com gelado de baunilha e chantilly*.

pécher *vi* pecar • **pécher par** pecar por.

pêcher ■ *vt & vi* pescar. ■ *nm* pessegueiro *(m)*.

pêcheur, euse *nm, f* pescador *(m)*, -ra *(f)*.

pédagogie *nf (qualité)* pedagogia *(f)*.

pédagogue ■ *nmf* pedagogo *(m)*, -ga *(f)*. ■ *adj* pedagógico(ca).

pédale *nf* pedal *(m)*.

pédaler *vi* pedalar.

pédalier *nm* pedaleiro *(m)*.

Pédalo® *nm* gaivota *(f)*.

pédant, e *adj* pedante.

pédéraste *nm* pederasta *(m)*.

pédestre *adj* ▷ **randonnée**.

pédiatre *nmf* pediatra *(mf)*.

pédicure *nmf* calista *(mf)*.

pedigree *nm* pedigree *(m)*.

pédopsychiatre *nmf* pedopsiquiatra *(mf)*.

peigne *nm* **1.** *(pour démêler)* pente *(m)* **2.** *(pour retenir)* travessa *(f)*.

peigner *vt* pentear.
■ **se peigner** *vp* pentear-se.

peignoir *nm* roupão *(m)* • **peignoir de bain** roupão de banho.

peindre *vt* pintar • **peindre qqch en blanc** pintar algo de branco.

peine *nf* **1.** *(tristesse)* tristeza *(f)* **2.** *(effort)* dificuldade *(f)* **3.** *(sanction)* pena *(f)* • **avoir de**

la peine estar triste ◆ **avoir de la peine à faire qqch** custar a alguém fazer algo ◆ **faire de la peine à qqn** entristecer alguém ◆ **ce n'est pas la peine (de)** não vale a pena ◆ **valoir la peine** valer a pena ◆ **sous peine de** sob pena de ◆ **peine de mort** pena de morte ◆ **il l'a à peine regardé** ele mal olhou para ela.

peiner ◼ *vt* afligir. ◼ *vi* ver-se negro(gra).

peintre *nmf* pintor *(m)*, -ra *(f)*.

peinture *nf* **1.** *(matière)* tinta *(f)* **2.** *(œuvre d'art)* quadro *(m)* **3.** *(art)* pintura *(f)*.

péjoratif, **ive** *adj* pejorativo(va).

pelage *nm* pelagem *(f)*.

pêle-mêle *adv* a monte.

peler *vt* & *vi* pelar.

pèlerin *nm* peregrino *(m)*, -na *(f)*.

pèlerinage *nm* peregrinação *(f)*.

pélican *nm* pelicano *(m)*.

pelle *nf* pá *(f)*.

pellicule *nf* **1.** *(de film, de photos)* rolo *(m)* **2.** *(couche)* película *(f)*.
◼ **pellicules** *nfpl* caspa *(f)*.

pelote *nf* novelo *(m)*.

peloton *nm (de cyclistes)* pelotão *(m)*.

pelotonner ◼ **se pelotonner** *vp* aconchegar-se.

pelouse *nf* relva *(f)* ◆ **'pelouse interdite'** 'é proibido pisar a relva'.

peluche *nf (jouet)* peluche *(m)* ◆ **animal en peluche** animal de peluche.

pelure *nf* casca *(f)*.

pénal, **e** *adj* penal.

pénaliser *vt* penalizar.

penalty *nm* penalty *(m)*.

penchant *nm* ◆ **avoir un penchant pour** ter um fraco por.

pencher ◼ *vt* inclinar. ◼ *vi* estar inclinado (da) ◆ **pencher pour** estar inclinado para.
◼ **se pencher** *vp* debruçar-se.

pendant *prép* durante ◆ **pendant que** enquanto.

pendentif *nm* pingente *(m)*.

penderie *nf* guarda-fatos *(m inv)*.

pendre ◼ *vt* **1.** *(suspendre)* pendurar **2.** *(condamné)* enforcar. ◼ *vi* pender.
◼ **se pendre** *vp* enforcar-se.

pendule *nf* relógio *(m)* de parede.

pénétrer *vi* ◆ **pénétrer dans** penetrar em.

pénible *adj* **1.** penoso(osa) **2.** *fam (agaçant)* maçador(ra).

péniche *nf* lanchão *(m)*.

pénicilline *nf* penicilina *(f)*.

péninsule *nf* península *(f)*.

pénis *nm* pénis *(m inv)*.

pénitence *nf* penitência *(f)*.

pénombre *nf* penumbra *(f)*.

pense-bête *nm* sinal *(m) (para se recordar)*.

pensée *nf* **1.** pensamento *(m)* **2.** *(fleur)* amor-perfeito *(m)*.

penser *vt* & *vi* pensar ◆ **qu'est-ce que tu en penses ?** o que pensas acerca disso? ◆ **penser faire qqch** pensar fazer algo ◆ **penser à** pensar em ◆ **penser à faire qqch** lembrar-se de fazer algo.

pensif, **ive** *adj* pensativo(va).

pension *nf* **1.** *(hôtel)* pensão *(f)* **2.** *(allocation)* abono *(m)* ◆ **être en pension** estar num colégio interno ◆ **pension complète** pensão completa ◆ **pension de famille** pensão residencial.

pensionnaire *nmf* pensionista *(mf)*.

pensionnat *nm* pensionato *(m)*.

pente *nf* encosta *(f)* ◆ **en pente** inclinado (da).

Pentecôte *nf* Pentecostes *(m)*.

pénurie *nf* penúria *(f)*.

people *adj* celebridades.

pépé *nm fam* vovô *(m)*.

pépin *nm* **1.** *(graine)* pevide *(f)* **2.** *fam (ennui)* sarilho *(m) (Port)*, amolação *(f) (Br)*.

pépinière *nf* viveiro *(m)*.

pépite *nf* pepita *(f)*.

perçant, **e** *adj* **1.** *(cri)* agudo(da) **2.** *(vue)* penetrante.

percepteur, **trice** *nm, f* cobrador *(m)*, -ra *(f)* de impostos.

perceptible *adj* perceptível.

perception *nf* **1.** *(sensation)* percepção *(f)* **2.** *(recouvrement)* cobrança *(f)* **3.** *(bureau)* repartição *(f)* de finanças.

percer ◼ *vt* **1.** furar **2.** *(mystère)* elucidar. ◼ *vi (dent)* nascer.

perceuse *nf* berbequim *(m)*.

percevoir *vt* **1.** *(son, nuance)* distinguir **2.** *(argent)* receber.

perche *nf (tige)* vara *(f)*.

percher ■ **se percher** *vp* empoleirar-se.

perchoir *nm* poleiro *(m)*.

percussions *nfpl* instrumentos *(mpl)* de percussão.

percuter *vt* esbarrar com.

perdant, **e** *nm, f* perdedor *(m)*, -ra *(f)*.

perdre *vt* & *vi* perder • **perdre qqn de vue** perder alguém de vista.
■ **se perdre** *vp* perder-se.

perdreau *nm* perdigoto *(m)*.

perdrix *nf* perdiz *(f)*.

perdu, **e** *adj (village, coin)* perdido(da).

père *nm* **1.** *(parent)* pai *(m)* **2.** *(religieux)* padre *(m)* • **le père Noël** o Pai Natal.

péremptoire *adj* peremptório(ria).

perfection *nf* perfeição *(f)*.

perfectionné, **e** *adj* aperfeiçoado(da).

perfectionnement *nm* aperfeiçoamento *(m)*.

perfectionner *vt* aperfeiçoar.
■ **se perfectionner** *vp* aperfeiçoar-se.

perfide *adj* pérfido(da).

perforer *vt* perfurar.

performance *nf (d'un sportif)* performance *(f)* • **performances** *(d'un ordinateur, d'une voiture)* capacidades *(fpl)*.

performant, **e** *adj* **1.** *(personne)* eficiente **2.** *(machine, entreprise)* com um bom desempenho **3.** *(technique)* eficaz.

perfusion *nf* perfusão *(f)*.

périph *fam (abr de* **périphérique***) nm (abr de* **périphérique***)* periférico *(m)*.

péril *nm* perigo *(m)* • **en péril** em perigo.

périlleux, **euse** *adj* perigoso(osa).

périmé, **e** *adj* caducado(da).

périmètre *nm* perímetro *(m)*.

période *nf* período *(m)* • **période blanche/bleue** *período durante o qual se pode comprar um bilhete de comboio com 20 %/50 % de redução,* ≃ dia *(m)* azul • **période rouge** *período durante o qual não há reduções nos bilhetes de comboio.*

périodique ■ *adj* periódico(ca). ■ *nm* periódico *(m)*.

péripéties *nfpl* peripécias *(fpl)*.

périphérie *nf* periferia *(f)*.

périphérique ■ *adj* periférico(ca). ■ *nm* periférico *(m)* • **le (boulevard) périphérique** a estrada periférica.

périphrase *nf* perífrase *(f)*.

périple *nm* **1.** *(navigation)* périplo *(m)* **2.** *(voyage)* viagem *(f)*.

périr *vi sout* perecer.

périssable *adj* perecível.

perle *nf* pérola *(f)*.

permanence *nf* **1.** abertura *(f)* **2.** *(bureau)* escritório *(m)* **3.** SCOL sala *(f)* de estudo • **de permanence** de serviço • **en permanence** permanentemente.

permanent, **e** *adj* permanente.

permanente *nf* permanente *(f)*.

perméable *adj* permeável.

permettre *vt* permitir • **permettre à qqn de faire qqch** *(autoriser)* permitir a alguém que faça algo • *(rendre possible)* permitir a alguém de fazer algo.
■ **se permettre** *vp* • **se permettre de faire qqch** permitir-se fazer algo • **pouvoir se permettre de faire qqch** poder dar-se ao luxo de fazer algo.

permis, **e** *nm* licença *(f)* • **il est permis de...** é permitido... • **permis à points** carta de condução por pontos • **permis de conduire** carta *(f)* de condução *(Port)*, carteira *(f)* de motorista *(Br)* • **permis de pêche** licença de pesca.

permission *nf* **1.** *(autorisation)* permissão *(f)* **2.** MIL licença *(f)* • **demander la permission de faire qqch** pedir autorização para fazer algo.

permuter *vt* & *vi* permutar.

perpendiculaire *adj* perpendicular.

perpétrer *vt sout* perpetrar.

perpétuel, **elle** *adj* perpétuo(tua).

perpétuer *vt* perpetuar.
■ **se perpétuer** *vp* perpetuar-se.

perpétuité *nf* perpetuidade *(f)* • **à perpétuité** a prisão perpétua.

perplexe *adj* perplexo(xa).

perquisition *nf* busca *(f)*.

perron *nm* **1.** *(escalier)* escadaria *(f)* **2.** *(plate-forme)* patamar *(m)*.

perroquet *nm* papagaio *(m)*.

perruche *nf* periquito *(m)*.

perruque *nf* peruca *(f)*.

persécuter *vt* perseguir.

persécution *nf* perseguição *(f)*.

persévérant, e *adj* perseverante.

persévérer *vi* perseverar.

persienne *nf* persiana *(f)*.

persil *nm* salsa *(f)* *(Port)*, cheiro-verde *(m)* *(Br)*.

persillé, e *adj* **1.** *(au persil)* com salsa **2.** *(fromage)* com manchas esverdeadas.

persistant, e *adj* persistente.

persister *vi* persistir • **persister à faire qqch** persistir em fazer algo.

perso *fam adj* (*abr de* **personnel**) pessoal.

personnage *nm* personagem *(m & f)* • **personnage principal** personagem principal.

personnaliser *vt* personalizar.

personnalité *nf* personalidade *(f)*.

personne ■ *nf* pessoa *(f)*. ■ *pron* ninguém • **il n'y a personne** não está cá ninguém • **en personne** em pessoa • **par personne** por pessoa *OU* cabeça • **personne âgée** pessoa idosa.

personnel, elle ■ *adj* pessoal. ■ *nm* pessoal *(m)*.

personnellement *adv* pessoalmente.

personnifier *vt* personificar.

perspective *nf* perspectiva *(f)*.

perspicace *adj* perspicaz.

persuader *vt* persuadir • **persuader qqn de faire qqch** persuadir alguém a fazer algo.

persuasif, ive *adj* persuasivo(va).

perte *nf* perda *(f)* • **perte de temps** perda de tempo.

pertinent, e *adj* pertinente.

perturbation *nf* perturbação *(f)*.

perturber *vt* perturbar.

pervenche ■ *adj inv* azul violeta. ■ *nf* **1.** *(fleur)* pervinca *(f)* **2.** *fam (contractuelle) polícia de trânsito cujo uniforme é azul violeta e que se encarrega de fazer cumprir as regras de estacionamento.*

pervers, e ■ *adj* perverso(sa). ■ *nm, f* pessoa *(f)* perversa.

perversion *nf* perversão *(f)*.

pervertir *vt* perverter.

pesant, e *adj* pesado(da).

pesanteur *nf* gravidade *(f)*.

pèse-personne *nm inv* balança *(f)* *(de casa de banho)*.

peser *vt & vi* pesar • **peser lourd** pesar muito.

pessimisme *nm* pessimismo *(m)*.

pessimiste *adj & nmf* pessimista.

peste *nf* peste *(f)*.

pestilentiel, elle *adj sout* pestilento(ta).

pétale *nm* pétala *(f)*.

pétanque *nf* ≃ chinquilho *(m)*.

pétard *nm* bomba *(f)* de Carnaval.

péter *vi* **1.** *fam (se casser)* pifar **2.** *(personne)* peidar-se • **péter les plombs** *OU* **un boulon** *fam* descontrolar-se, perder a cabeça.

pétillant, e *adj* **1.** *(vin, eau)* com borbulhas **2.** *(yeux)* cintilante.

pétiller *vi* **1.** *(champagne)* borbulhar **2.** *(yeux)* cintilar.

petit, e ■ *adj* pequeno(na). ■ *nm* cria *(f)* • **petit à petit** pouco a pouco • **petit ami** namorado *(m)* • **petite amie** namorada *(f)* • **petit déjeuner** pequeno-almoço *(m)* *(Port)*, café *(m)* da manhã *(Br)* • **petit pain** pãozinho *(m)* • **petit pois** ervilha *(f)* *(Port)*, petit-pois *(m)* *(Br)* • **petit pot** frasco *(m)* de comida (para bebé).

petit-beurre *nm biscoito de forma rectangular feito à base de manteiga.*

petite-fille *nf* neta *(f)*.

petit-fils *nm* neto *(m)*.

petit-four *nm pastel pequenino doce ou salgado.*

pétition *nf* petição *(f)*.

petits-enfants *nmpl* netos *(mpl)*.

petit-suisse *nm queijinho fresco.*

pétrifier *vt* petrificar.

pétrir *vt* **1.** *(malaxer, palper)* amassar **2.** *fig & sout (façonner)* modelar.

pétrole *nm* petróleo *(m)*.

pétrolier *nm* petroleiro *(m)*.

pétrolifère *adj* petrolífero(ra).

peu ■ *adv* **1.** *(gén)* pouco • **j'ai peu voyagé** viajei pouco • **ils sont peu nombreux** eles são pouco numerosos • **peu après** pouco depois • **il y a peu** há bocado • **sous** *OU* **d'ici peu** dentro de *OU* daqui a pouco **2.** *(avec un nom)* • **peu de gens** pouca gente • **peu de temps** pouco tempo • **peu de livres** poucos livros **3.** *(dans des expressions)* • **à**

peu près mais ou menos • **peu à peu** pouco a pouco. ■ *nm* • **un peu** um pouco • **un (tout) petit peu** um pouquinho • **un peu de** um pouco de.

peuple *nm* povo *(m)*.

peuplement *nm* **1.** *(action)* povoamento *(m)* **2.** *(démographie)* população *(f)*.

peupler *vt* povoar.

peuplier *nm* choupo *(m)*.

peur *nf* medo *(m)* • **avoir peur** ter medo • **avoir peur de qqch** ter medo de algo • **faire peur (à)** meter medo (a).

S'EXPRIMER...

exprimer sa peur

• **Tenho medo das aranhas.** / J'ai peur des araignées.
• **Tenho muito medo de que haja mais atentados.** / J'ai très peur qu'il y ait de nouveaux attentats.
• **Estou preocupado(a) contigo.** / Je me fais du souci pour toi.

peureux, **euse** *adj* medroso(osa).

peut-être *adv* talvez • **peut-être qu'elle ne viendra pas** talvez ela não venha.

phalange *nf* falange *(f)*.

phallus *nm* falo *(m)*.

pharaon *nm* faraó *(m)*.

phare *nm* farol *(m)*.

pharmaceutique *adj* farmacêutico(ca).

pharmacie *nf* **1.** *(magasin)* farmácia *(f)* **2.** *(armoire)* armário *(m)* de farmácia.

pharmacien, **enne** *nm, f* farmacêutico *(m)*, -ca *(f)* *(Port)*, boticário *(m)*, -ria *(f)* *(Br)*.

pharynx *nm* faringe *(f)*.

phase *nf* fase *(f)* • **phase terminale** MÉD fase terminal.

phénoménal, **e**, **aux** *adj* fenomenal.

phénomène *nm* fenómeno *(m)*.

philatélie *nf* filatelia *(f)*.

philosophe *adj* & *nmf* filósofo(fa) • **être très philosophe** tomar as coisas com filosofia.

philosophie *nf* filosofia *(f)*.

phobie *nf* fobia *(f)*.

phonétique *adj* fonético(ca).

phoque *nm* foca *(f)*.

phosphate *nm* fosfato *(m)*.

phosphore *nm* fósforo *(m)* *(corpo simples)*.

phosphorescent, **e** *adj* fosforescente.

photo *nf* **1.** *(image)* foto *(f)* **2.** *(art)* fotografia *(f)* • **prendre qqn/qqch en photo** tirar fotos a alguém/algo • **prendre une photo (de)** tirar uma foto (a).

photocopie *nf* fotocópia *(f)* *(Port)*, xerox *(m)* *(Br)*.

photocopier *vt* fotocopiar *(Port)*, xeroxar *(Br)*.

photocopieuse *nf* fotocopiadora *(f)*.

photoélectrique *adj* fotoeléctrico(ca).

photogénique *adj* fotogénico(ca).

photographe *nmf* fotógrafo *(m)*, -fa *(f)*.

photographie *nf* fotografia *(f)*.

photographier *vt* fotografar.

Photomaton® *nm* photomaton® *(m)*.

phrase *nf* frase *(f)*.

physicien, **enne** *nm, f* físico *(m)*, -ca *(f)*.

physionomie *nf* fisionomia *(f)*.

physionomiste *adj* • **être physionomiste** ter memória para caras.

physique ■ *adj* físico(ca). ■ *nf* física *(f)*. ■ *nm* físico *(m)*.

physiquement *adv* fisicamente.

piailler *vi* **1.** *(oiseau)* piar **2.** *fam (enfant)* berrar.

pianiste *nmf* pianista *(mf)*.

piano *nm* piano *(m)*.

pic *nm* *(montagne)* pico *(m)* • **à pic** *(descendre, couler)* a pique • *fig (tomber, arriver)* mesmo a calhar.

pichet *nm* jarro *(m)*.

pickpocket *nm* carteirista *(m)*.

picorer *vt* debicar.

picotement *nm* picadas *(fpl)*.

picoter *vt* picar.

pie *nf* pega *(f)* *(ave)*.

pièce *nf* **1.** *(argent)* moeda *(f)* **2.** *(salle)* assoalhada *(f)* **3.** *(sur un vêtement)* remendo *(m)* **4.** *(morceau)* retalho *(m)* • **20 euros pièce** 20 euros cada • **(maillot de bain) une pièce** fato *(m)* de banho • **pièce d'identité** documento *(m)* de identidade • **pièce de monnaie** moeda • **pièce montée** *bolo em forma de pirâmide, montado com pastéis recheados com creme que se serve em grandes oca-*

siões • **pièce de rechange** peça *(f)* (de substituição) • **pièce (de théâtre)** peça *(f)* de teatro.

pied *nm* **1.** *(ANAT)* pé *(m)* **2.** *(d'une montagne)* sopé *(m)* • **à pied** a pé • **au pied de** junto a • *(d'une montagne)* no sopé de • **avoir pied** ter pé • **mettre sur pied** montar.

pied-à-terre *nm inv* casa *(f)*.

piédestal *nm* pedestal *(m)* • **mettre qqn sur un piédestal** *fig* pôr alguém num pedestal.

pied-noir, **e** *adj dos franceses que viviam na Argélia antes da sua independência.* ■ **pied-noir** *nmf francês que vivia na Argélia antes da sua independência.*

piège *nm* **1.** *(pour animaux)* armadilha *(f)* **2.** *fig (tromperie)* esparrela *(f)*.

piéger *vt* **1.** *(animal)* caçar com armadilha **2.** *(tromper)* fazer cair na esparrela **3.** *(voiture, valise)* armadilhar.

pierre *nf* pedra *(f)* • **pierre précieuse** pedra preciosa.

piétiner ■ *vt* espezinhar. ■ *vi* **1.** *(foule)* não avançar **2.** *fig (enquête)* estar parado(da).

piéton, **onne** ■ *nm, f* peão *(m)* *(pessoa)*. ■ *adj* = **piétonnier**.

piétonnier, **ère** *adj* reservado(da) aos peões.

piètre *adj* bastante medíocre.

pieu *nm* estaca *(f)*.

pieuvre *nf* polvo *(m)*.

pieux, **euse** *adj* **1.** *(personne)* piedoso(osa) **2.** *(image)* sagrado(da).

pigeon *nm* pombo *(m)*.

pigment *nm* pigmento *(m)*.

pilaf *nm* ▷ **riz**.

pile ■ *nf* pilha *(f)*. ■ *adv* mesmo a tempo • **jouer qqch à pile ou face** jogar algo a caras ou coroas • **pile ou face ?** cara ou coroa? • **s'arrêter pile** estacar • **3 heures pile** 3 horas em ponto.

piler ■ *vt* esmagar. ■ *vi fam* travar bruscamente.

pilier *nm* pilar *(m)*.

pillard, **e** *nm, f* saqueador *(m)*, -ra *(f)*.

piller *vt* pilhar.

pilonner *vt* **1.** *(écraser)* esmagar (com pilão) **2.** MIL bombardear intensamente.

pilotage *nm* pilotagem *(f)* • **pilotage automatique** pilotagem automática.

pilote *nm, f* piloto *(mf)*.

piloter *vt* pilotar.

pilotis *nm* estacaria *(f)* *(Port)*, palafita *(f)* *(Br)*.

pilule *nf* pílula *(f)* • **prendre la pilule** tomar a pílula.

piment *nm (condiment)* piripiri *(m)* • **piment doux** pimento *(m)* • **piment rouge** malagueta *(f)*.

pimenté, **e** *adj* apimentado(da).

pin *nm* **1.** *(arbre)* pinheiro *(m)* **2.** *(bois)* pinho *(m)*.

pinard *nm fam* pinga *(f)*.

pince *nf* **1.** *(outil)* alicate *(m)* **2.** *(de crabe)* pinça *(f)* **3.** *(de vêtement)* prega *(f)* • **pince à cheveux** mola *(f)* (para o cabelo) • **pince à épiler** pinça (para depilar) • **pince à linge** mola *(f)* da roupa.

pinceau *nm* pincel *(m)*.

pincée *nf* pitada *(f)*.

pincer *vt* **1.** *(serrer)* beliscar **2.** *fam (coincer)* entalar.

pingouin *nm* pinguim *(m)*.

ping-pong *nm* pingue-pongue *(m)*.

pin's *nm inv* pin *(m)*.

pintade *nf* galinha-d'angola *(f)*.

pinte *nf (Suisse) (café)* café *(m)*.

pioche *nf* picareta *(f)*.

piocher *vi* ir ao baralho.

pion *nm* peão *(m)* *(de jogo)*.

pionnier, **ère** *nm, f* pioneiro *(m)*, -ra *(f)*.

pipe *nf* cachimbo *(m)*.

pipeline *nm* **1.** *(de pétrole)* oleoduto *(m)* **2.** *(de gaz)* gasoduto *(m)*.

pipi *nm fam* • **faire pipi** fazer chichi.

piquant, **e** ■ *adj* picante. ■ *nm* espinho *(m)*.

pique ■ *nf (remarque)* boca *(f)*. ■ *nm* espadas *(fpl)*.

pique-assiette *nm péj* papa-jantares *(mf inv)*.

pique-nique *nm* piquenique *(m)*.

pique-niquer *vi* fazer um piquenique.

piquer *vt* & *vi* picar.

piquet *nm* estaca *(f)*.

piqueur *adj m* ▷ **marteau**.

piqûre *nf* **1.** *(d'insecte)* picada *(f)* **2.** MÉD injecção *(f)* • **piqûre de rappel** MÉD advertência • *fam fig* advertência, chamada de atenção.

piratage *nm* piratagem *(f)*.

pirate *adj* & *nm* pirata • **pirate de l'air** pirata do ar.

pirater *vt* piratear.

pire ■ *adj* pior. ■ *nm* • **le pire** o pior.

pirogue *nf* piroga *(f)*.

pirouette *nf* pirueta *(f)*.

pis *nm* úbere *(m)*.

pisciculture *nf* piscicultura *(f)*.

piscine *nf* piscina *(f)*.

pissenlit *nm* dente-de-leão *(m)*.

pisser *vi fam* mijar.

pistache *nf* pistácio *(m)*.

piste *nf* pista *(f)* • **piste (d'atterrissage)** pista (de aterragem) • **piste cyclable** pista obrigatória para velocípedes • **piste de danse** pista de dança • **jeu de piste** jogo de pistas • **piste verte** pista verde *(muito fácil)* • **piste bleue** pista azul *(fácil)* • **piste rouge** pista vermelha *(difícil)* • **piste noire** pista preta *(muito difícil)*.

pistil *nm* pistilo *(m)*.

pistolet *nm* pistola *(f)*.

piston *nm* pistão *(m)*, êmbolo *(m)*.

pistonner *vt fam* • **pistonner qqn** arranjar um emprego a alguém • **se faire pistonner** *fig* meter cunha.

pithiviers *nm tarte folhada recheada com creme de amêndoa*.

pitié *nf* piedade *(f)* • **avoir pitié de qqn** ter piedade de alguém • **faire pitié à qqn** provocar piedade em alguém.

pitoyable *adj* **1.** *(triste)* lastimoso(osa) **2.** *(méprisable)* lastimável.

pitre *nm* palhaço *(m)* • **faire le pitre** fazer palhaçadas.

pitrerie *nf (gén pl)* palhaçada *(f)*.

pittoresque *adj* pitoresco(ca).

pivot *nm* pivô *(m)*.

pivoter *vi* girar.

pizza *nf* pizza *(f)*.

pizzeria *nf* pizzaria *(f)*.

placard *nm* armário *(m)*.

placarder *vt* afixar.

place *nf* **1.** lugar *(m)* **2.** *(d'une ville)* praça *(f)* **3.** *(de théâtre)* bilhete *(m)* **4.** *(emploi)* emprego *(m)* • **changer qqch de place** mudar algo de lugar • **à la place de** em vez de • **sur place** no mesmo sítio • **place assise/debout** lugar sentado/de pé.
■ **sur place** *loc adv* no próprio local.

placement *nm* investimento *(m)*.

placenta *nm* placenta *(f)*.

placer *vt* **1.** *(mettre)* pôr **2.** *(argent)* investir.
■ **se placer** *vp* **1.** *(se mettre)* pôr-se **2.** *(se classer)* situar-se.

plafond *nm* **1.** *(d'une salle)* tecto *(m)* **2.** *(limite)* plafond *(m)*.

plafonner *vi* atingir o limite máximo.

plafonnier *nm* lâmpada *(f)* de tecto.

plage *nf* **1.** *(de sable)* praia *(f)* **2.** *(de disque)* faixa *(f)* • **plage arrière** tablete *(f)* da bagageira.

plagiat *nm* plágio *(m)*.

plagier *vt* plagiar.

plaider ■ *vt* defender. ■ *vi* defender uma causa • **plaider contre qqn** defender uma causa contra alguém • **plaider pour qqn** *(avocat)* defender a causa de alguém • *(jouer en faveur de)* abonar em favor de alguém.

plaidoirie *nf* defesa *(f)*.

plaie *nf* ferida *(f)*.

plaindre *vt* lastimar.
■ **se plaindre** *vp* queixar-se • **se plaindre de** queixar-se de.

plaine *nf* planície *(f)*.

plain-pied ■ **de plain-pied** ■ *adv* **1.** *(pièce)* ao mesmo nível **2.** *fig (directement)* directamente. ■ *adj* • **une maison de plain-pied** uma casa térrea.

plainte *nf* **1.** *(gémissement)* queixume *(m)* **2.** *(en justice)* queixa *(f)* • **porter plainte** apresentar queixa.

plaintif, ive *adj* queixoso(osa).

plaire *vi* agradar • **plaire à qqn** agradar a alguém • **s'il vous/te plaît** se faz favor/fazes favor.
■ **se plaire** *vp* sentir-se bem.

plaisance *nf* ▷ **navigation**. ▷ **port**.

plaisanter *vi* brincar.

plaisanterie *nf* brincadeira *(f)*.

plaisir *nm* prazer *(m)* • **faire plaisir à qqn** agradar a alguém • **avec plaisir !** com muito gosto!

plan *nm* **1.** plano *(m)* **2.** *(d'une maison, d'un bâtiment)* planta *(f)* • **au premier/second**

plan no primeiro/segundo plano • **plan d'eau** lago *(m)* • **plan d'épargne** plano poupança • **plan vigipirate** plano Vigipirate.

planche *nf* tábua *(f)* • **faire la planche** boiar • **planche à roulettes** skate *(m)* • **planche à voile** prancha *(f)* de windsurf.

plancher *nm* **1.** *(d'une voiture)* chão *(m)* **2.** *(d'une maison)* soalho *(m)*.

plancton *nm* plâncton *(m)*.

planer *vi* planar.

planétaire *adj* planetário(ria).

planétarium *nm* planetário *(m)*.

planète *nf* planeta *(m)*.

planeur *nm* planador *(m)*.

planifier *vt* planificar.

planning *nm* planificação *(f)*.

plant *nm* **1.** *(jeune plante)* pé *(m)* *(de planta)* **2.** *(culture)* plantio *(m)*.

plantaire *adj* plantar.

plantation *nf* plantação *(f)* • **des plantations** uma plantação.

plante *nf* planta *(f)* • **plante des pieds** planta dos pés • **plante grasse** planta carnuda • **plante verte** planta de interior.

planter *vt* **1.** *(graines)* plantar **2.** *(enfoncer)* espetar.

plaque *nf* **1.** placa *(f)* **2.** *(de verglas)* camada *(f)* **3.** *(de chocolat)* tablete *(f)* **4.** *(de beurre)* pacote *(m)* **5.** *(tache)* mancha *(f)* • **plaque chauffante** placa eléctrica • **plaque d'immatriculation** *OU* **minéralogique** matrícula *(f)*.

plaqué, e *adj* • **plaqué or/argent** com banho de ouro/de prata.

plaquer *vt* **1.** *(aplatir)* achatar **2.** *(au rugby)* placar.

plaquette *nf* **1.** *(de beurre)* pacote *(m)* **2.** *(de chocolat)* tablete *(f)* • **plaquette de frein** calço *(m)* de travão.

plastifié, e *adj* plastificado(da).

plastique *nm* plástico *(m)* • **sac en plastique** saco de plástico.

plat, e ■ *adj* **1.** *(terrain)* plano(na) **2.** *(poitrine)* achatado(da) **3.** *(chaussure)* raso(sa) **4.** *(eau)* sem gás. ■ *nm* **1.** prato *(m)* **2.** *(récipient)* travessa *(f)* • **à plat** *(pneu)* vazio(zia) • *(batterie)* gasto(ta) • *fam (fatigué)* arrasado(da) • **à plat ventre** de barriga para baixo • **plat cuisiné** prato já cozinhado • **plat du jour** prato do dia • **plat de résistance** prato principal.

platane *nm* plátano *(m)*.

plateau *nm* **1.** *(de cuisine)* bandeja *(f)* **2.** *(plaine)* planalto *(m)* **3.** *(de télévision, de cinéma)* estúdio *(m)* • **plateau à fromages** prato *(m)* para o queijo • **plateau de fromages** prato *(m)* de queijos.

plateau-repas *nm* *refeição servida num tabuleiro.*

plate-bande *nf* platibanda *(f)*.

plate-forme *nf* plataforma *(f)*.

platine *nf* • **platine cassette** leitor *(m)* de cassetes *(Port)*, toca-fitas *(m inv)* *(Br)* • **platine laser** leitor *(m)* de CDs.

platonique *adj* platónico(ca).

plâtre *nm* gesso *(m)*.

plâtrer *vt* engessar.

plausible *adj* plausível.

play-back *nm inv* play-back *(m)*.

plébiscite *nm* *(Suisse)* referendo *(m)*.

plein, e ■ *adj* **1.** *(rempli)* cheio (cheia) **2.** *(complet)* completo(ta). ■ *nm* • **faire le plein (d'essence)** atestar • **plein de** *(rempli de)* cheio de • *fam (beaucoup de)* muito • **en plein air** ao ar livre • **en plein devant moi** mesmo à minha frente • **en pleine forme** em grande forma • **en pleine nuit** a meio da noite • **en plein milieu** mesmo no meio • **pleins phares** máximos *(mpl)* • **pleins pouvoirs** plenos poderes • **travailler à plein temps** trabalhar a tempo inteiro.

plénitude *nf sout* plenitude *(f)*.

pleurer *vi* chorar.

pleureur *adj m* ▷ **saule**.

pleurnicher *vi* choramingar.

pleurs *nmpl sout* pranto *(m)* • **être en pleurs** estar em lágrimas.

pleuvoir ■ *vi* chover. ■ *v impers* • **il pleut** está a chover • **il pleut à verse** está a chover a cântaros.

Plexiglas® *nm* plexiglás *(m)*.

pli *nm* **1.** *(d'un papier, d'une carte)* dobra *(f)* **2.** *(d'une jupe)* prega *(f)* **3.** *(d'un pantalon)* vinco *(m)* **4.** *(aux cartes)* vaza *(f)* • **(faux) pli** vinco.

pliant, e ■ *adj* dobrável. ■ *nm* cadeira *(f)* dobrável.

plier ■ *vt* **1.** dobrar **2.** *(lit)* fechar. ■ *vi* dobrar-se.

plinthe *nf* rodapé *(m)*.

plissé, **e** *adj* pregueado(da).

plisser *vt* **1.** *(papier)* dobrar **2.** *(tissu)* preguear **3.** *(yeux)* semicerrar.

plomb *nm* **1.** chumbo *(m)* **2.** *(fusible)* fusível *(m)*.

plombage *nm* chumbo *(m)*.

plomberie *nf* canalização *(f)*.

plombier *nm* canalizador *(m)*.

plombières *nf gelado de baunilha guarnecido com pedaços de fruta cristalizada.*

plonge *nf* • **faire la plonge** lavar pratos num restaurante.

plongeant, **e** *adj* **1.** *(décolleté)* muito decotado(da) **2.** *(vue)* de cima.

plongée *nf* • **plongée (sous-marine)** mergulho *(m)*.

plongeoir *nm* prancha *(f)* de saltos.

plongeon *nm* mergulho *(m)*.

plonger *vt* & *vi* mergulhar.
■ **se plonger dans** *vp* + *prép* absorver-se em.

plongeur, **euse** *nm, f* mergulhador *(m)*, -ra *(f)*.

ployer *vt* & *vi sout* vergar.

pluie *nf* chuva *(f)*.

plumage *nm* plumagem *(f)*.

plume *nf* pena *(f)*.

plumer *vt* **1.** *(une volaille)* depenar **2.** *fam (personne)* deixar liso(sa).

plupart *nf* • **la plupart (de)** a maior parte (de) • **la plupart du temps** na maior parte do tempo.

pluriel *nm* plural *(m)*.

plus *adv* & *prép* mais • **plus intéressant (que)** mais interessante (do que) • **plus simplement (que)** de forma mais simples (do que) • **c'est ce qui me plaît le plus ici** é o que mais me agrada aqui • **l'hôtel le plus confortable où nous ayons logé** o hotel mais confortável onde ficámos • **le plus souvent** as mais das vezes • **fais le plus vite possible** despacha-te o mais rápido possível • **parle-lui le plus patiemment possible** fala com ele da maneira mais paciente possível • **je ne veux pas dépenser plus** não quero gastar mais • **plus d'argent/de vacances** mais dinheiro/férias • **plus de la moitié** mais de metade • **un peu plus de glace** um pouco mais de gelado • **je ne regarde plus la télé** já não vejo mais televisão • **je n'en veux plus, merci** não quero mais, obrigado • **de plus** *(en supplément)* a mais • *(d'autre part)* além do mais • **il a deux ans de plus que moi** ele tem dois anos a mais (do) que eu • **de plus en plus (de)** cada vez mais • **en plus** *(en supplément)* a mais • *(d'autre part)* além do mais • **en plus de** para além de • **plus ou moins** mais ou menos • **plus tu y penseras, pire ce sera** quanto mais pensares nisso, pior será.

plusieurs *adj* & *pron* vários(rias).

plus-que-parfait *nm* pretérito *(m)* mais-que-perfeito.

plus-value *nf* mais-valia *(f)*.

plutôt *adv* **1.** *(de préférence)* antes **2.** *(assez)* bastante • **plutôt que (de) faire qqch** em vez de fazer algo.

pluvieux, **euse** *adj* chuvoso(osa).

PME (*abr de* **petite et moyenne entreprise**) *nf* PME *(f) (empresa pequena e média)*.

PMI (*abr de* **petite et moyenne industrie**) *nf* PMI *(f) (indústria pequena e média)*.

PMU *nm* **1.** *(système) jogo de apostas hípicas* **2.** *(bar) bar onde se fazem apostas hípicas.*

pneu *nm* pneu *(m)*.

pneumatique *adj* ▷ **canot**. ▷ **matelas**.

pneumonie *nf* pneumonia *(f)*.

PO (*abr écrite de* **petites ondes**) OC *(ondas curtas)*.

poche *nf* bolso *(m)* • **de poche** de bolso.

poché, **e** *adj* inchado(da).

pocher *vt* CULIN escalfar.

pochette *nf* **1.** bolsa *(f)* **2.** *(de disque)* capa *(f)* **3.** *(mouchoir)* lenço *(m)* do casaco.

podium *nm* pódio *(m)*.

poêle[1] *nm* fogão *(m)* de sala • **poêle à mazout** fogão de sala a fuel.

poêle[2] *nf* • **poêle (à frire)** frigideira *(f)*.

poème *nm* poema *(m)*.

poésie *nf* poesia *(f)*.

poète *nm* poeta *(m)*.

poètesse *nf* poeta *(m)*.

poétique *adj* poético(ca).

poids *nm* peso *(m)* • **perdre/prendre du poids** perder/ganhar peso • **poids lourd** veículo *(m)* pesado.

poignard *nm* punhal *(m)*.

poignarder *vt* apunhalar.

poignée *nf* **1.** *(de porte)* maçaneta *(f)* **2.** *(de valise)* asa *(f)* **3.** *(de sable, de bonbons)* punhado *(m)* • **une poignée de** um punhado de • **poignée de main** aperto *(m)* de mão.

poignet *nm* **1.** ANAT pulso *(m)* **2.** *(de vêtement)* punho *(m)*.

poil *nm* pêlo *(m)* • **à poil** *fam* nu em pêlo • **au poil** *fam* de trás da orelha.

poilu, e *adj* peludo(da).

poinçon *nm* **1.** *(outil)* punção *(m)* **2.** *(sceau)* contraste *(m)*.

poinçonner *vt* picar.

poing *nm* punho *(m)*.

point *nm* ponto *(m)* • **point de côté** pontada *(f)* • **point de départ** ponto de partida • **point d'exclamation** ponto de exclamação • **point faible** ponto fraco • **point final** ponto final • **point (final) !** e ponto final! • **point d'interrogation** ponto de interrogação • **(au) point mort** (em) ponto morto • **point de repère** ponto de referência • **points cardinaux** pontos cardeais • **points de suspension** reticências *(fpl)* • **points (de suture)** pontos (de sutura) • **à point** no ponto • **au point** perfeito(ta) • **au point** *OU* **à tel point que** ao ponto de *OU* a tal ponto que • **mal en point** num estado lastimável • **être sur le point de faire qqch** estar prestes a fazer algo.

point de vue *nm* ponto *(m)* de vista.

pointe *nf* **1.** *(extrémité)* ponta *(f)* **2.** *(clou)* prego *(m)* • **sur la pointe des pieds** na ponta dos pés • **de pointe** de ponta • **en pointe** em bico.

■ **pointes** *nfpl* sapatos *(mpl)* de ballet.

pointer ■ *vt* apontar. ■ *vi* marcar o ponto.

pointillé *nm* picotado *(m)*.

pointu, e *adj* **1.** *(couteau)* pontiagudo(da) **2.** *(nez)* bicudo(da).

pointure *nf* número *(m)* • **quelle est votre pointure ?** que número calça?

point-virgule *nm* ponto *(m)* e vírgula.

poire *nf* pêra *(f)* • **poire Belle-Hélène** *pêra de conserva coberta com chocolate quente e servida com gelado de baunilha.*

poireau *nm* alho *(m)* francês.

poirier *nm* pereira *(f)*.

pois *nm* *(rond)* bola *(f)* • **à pois** às bolas • **pois chiche** grão-de-bico *(m)*.

poison *nm* veneno *(m)* • **poisons du lac** *(Suisse) peixes do Lago Leman (sobretudo percas).*

poisse *nf* *fam* • **quelle poisse !** que azar! • **porter la poisse (à qqn)** dar azar (a alguém).

poisseux, euse *adj* peganhento(ta).

poisson *nm* peixe *(m)* • **poisson d'avril !** hoje é o dia das mentiras! • **faire un poisson d'avril à qqn** pregar uma partida a alguém no dia das mentiras • **poisson rouge** peixinho vermelho.

■ **Poissons** *nmpl* Peixes *(mpl)*.

poissonnerie *nf* peixaria *(f)*.

poissonnier, ère *nm, f* peixeiro *(m)*, -ra *(f)*.

poitrine *nf* **1.** peito *(m)* **2.** *(de porc)* toncinho *(m)*.

poivre *nm* pimenta *(f)*.

poivré, e *adj* apimentado(da).

poivrier *nm* pimenteira *(f)*.

poivrière *nf* = **poivrier**.

poivron *nm* pimento *(m)*.

poker *nm* póquer *(m)*.

polaire ■ *adj* polar. ■ *nf (textile) (vêtement)* polar.

Polaroid® *nm* **1.** *(appareil)* Polaroid® *(f)* **2.** *(photo)* fotografia *(f)* Polaroid.

pôle *nm* pólo *(m)* • **pôle Nord/Sud** pólo Norte/Sul.

polémique ■ *nf* polémica *(f)*. ■ *adj* polémico(ca).

poli, e *adj* **1.** *(bien élevé)* educado(da) **2.** *(verre, bois)* polido(da).

police *nf* polícia *(f)* • **police d'assurance** apólice *(f)* de seguros • **police secours** *polícia que se encarrega de dar os primeiros socorros.*

policier, ère ■ *adj* policial. ■ *nm* polícia *(mf)* *(Port)*, policial *(mf)* *(Br)*.

poliment *adv* educadamente.

polio (*abr de* **poliomyélite**) *nf* poliomielite *(f)*.

polir *vt* polir.

politesse *nf* cortesia *(f)*.

politicien, enne *nm, f* político *(m)*.

politique ■ *adj* político(ca). ■ *nf* política *(f)* • **un homme/une femme politique** homem político/mulher política.

politiser *vt* politizar.

pollen *nm* pólen *(m)*.

pollué, **e** *adj* poluído(da).

polluer *vt* poluir.

pollution *nf* poluição *(f)*.

polo *nm (vêtement)* polo *(m)*.

polochon *nm* travesseiro *(m)*.

Pologne *nf* • **la Pologne** a Polónia.

polonais, **e** *adj* polaco(ca).
■ **polonais** *nm (langue)* polaco *(m)*.
■ **Polonais**, **e** *nm, f* polaco *(m)*, -ca *(f)*.

polycopié *nm* sebenta *(f) (Port)*, apostila *(f) (Br)*.

polyester *nm* poliéster *(m)*.

polygamie *nf* poligamia *(f)*.

polyglotte *adj* & *nmf* poliglota.

Polynésie *nf* • **la Polynésie** a Polinésia • **la Polynésie française** a Polinésia francesa.

polysémique *adj* polissémico(ca).

polystyrène *nm* esferovite *(m) (Port)*, isopor *(m) (Br)*.

Polytechnique *nf* • **l'école Polytechnique** *escola de engenharia parisiense de grande prestígio*.

polyvalent, **e** *adj* polivalente.

POM (*abr de* **Pays d'outre-mer**) *nmpl territórios ultramarinos franceses*.

pommade *nf* pomada *(f)*.

pomme *nf* **1.** *(fruit)* maçã *(f)* **2.** *(de douche)* chuveiro *(m)* **3.** *(d'arrosoir)* ralo *(m)* • **tomber dans les pommes** *fam* ter um fanico • **pomme de pin** pinha *(f)* • **pommes dauphine** *bolinhas de puré de batata* • **pommes noisettes** *bolinhas de batata coradas*.

pomme de terre *nf* batata *(f)*.

pommette *nf* maçaneta *(f)*.

pommier *nm* macieira *(f)*.

pompe *nf* bomba *(f)* • **pompe à essence** bomba de gasolina • **pompe à vélo** bomba de bicicleta • **pompes funèbres** agência *(f)* funerária.

pomper *vt* **1.** *(air)* aspirar **2.** *(eau)* tirar com uma bomba.

pompier *nm* bombeiro *(m)*.

pompiste *nmf* abastecedor *(m)*, -ra *(f)*.

pompon *nm* pompom *(m)*.

pomponner *vt* embonecar.
■ **se pomponner** *vp* embonecar-se.

poncer *vt* lixar.

ponceuse *nf* lixadeira *(f)*.

ponction *nf* **1.** MÉD punção *(f)* **2.** *fig (prélèvement)* corte *(m)*.

ponctualité *nf* pontualidade *(f)*.

ponctuation *nf* pontuação *(f)*.

ponctuel, **elle** *adj* pontual.

pondre *vt* pôr *(ovos)*.

poney *nm* pónei *(m)*.

pont *nm* ponte *(f)* • **faire le pont** fazer ponte.

pont-levis *nm* ponte *(f)* levadiça.

ponton *nm* pontão *(m)*.

pop *adj inv* & *nf* pop.

pop-corn *nm inv* pipoca *(f)*.

populaire *adj* popular.

populariser *vt* popularizar.

popularité *nf* popularidade *(f)*.

population *nf* população *(f)*.

porc *nm* porco *(m)*.

porcelaine *nf (matériau)* porcelana *(f)*.

porche *nm* **1.** *(d'une église)* pórtico *(m)* **2.** *(d'un immeuble)* alpendre *(m)*.

porcherie *nf* **1.** *(bâtiment)* pocilga *(f)* **2.** *péj (lieu sale)* chiqueiro *(m)*.

pore *nm* poro *(m)*.

poreux, **euse** *adj* poroso(osa).

pornographie *nf* pornografia *(f)*.

pornographique *adj* pornográfico(ca).

port *nm* porto *(m)* • **port de pêche** porto de pesca • **port de plaisance** marina *(f)* • **'port payé'** 'porte pago'.

portable *adj* portátil.

portail *nm* **1.** *(porte)* portão *(m)* **2.** INFORM portal *(m)*.

portant, **e** *adj* • **être bien/mal portant** estar bem/mal de saúde • **à bout portant** à queima-roupa.

portatif, **ive** *adj* portátil.

porte *nf* porta *(f)* • **mettre qqn à la porte** pôr alguém na rua • **porte (d'embarquement)** porta (de embarque) • **porte d'entrée** porta da entrada.

porte-à-porte *nm inv* venda *(f)* de porta em porta • **faire du porte-à-porte** vender de porta em porta.

porte-avions *nm inv* porta-aviões *(m inv)*.

porte-bagages *nm inv* bagageira *(f)*.

porte-bébé *nm* porta-bebé *(m)*.

porte-bonheur *nm inv* amuleto *(m)*.

porte-clefs = **porte-clés**.

porte-clés *nm inv* porta-chaves *(m inv)*.

porte-documents *nm inv* pasta *(f)*.

portée *nf* **1.** *(d'un son, d'une arme)* alcance *(m)* **2.** *(d'une femelle)* ninhada *(f)* **3.** MUS pauta *(f)* • **à la portée de qqn** *(intellectuelle)* ao alcance de alguém • **à portée de (la) main** ao alcance da mão • **à portée de voix** ao alcance da voz.

porte-fenêtre *nf* porta *(f)* envidraçada.

portefeuille *nm* carteira *(f)*.

porte-jarretelles *nm inv* cinto *(m)* de ligas.

portemanteau *nm* cabide *(m)*.

porte-monnaie *nm inv* porta-moedas *(m inv)*.

porte-parole *nmf inv* porta-voz *(mf)*.

porter ◪ *vt* **1.** levar **2.** *(vêtement, lunettes)* trazer **3.** *(nom, date, marque)* ter **4.** *fig (responsabilité)* arcar com. ◪ *vi* surtir efeito • **porter bonheur/malheur** dar sorte/azar • **porter sur** tratar de.
■ **se porter** *vp* • **se porter bien** andar bom (boa) • **se porter mal** andar mal.

porte-savon *nm* saboneteira *(f)*.

porte-serviette *nm* toalheiro *(m)*.

porteur, **euse** *nm, f* **1.** *(de bagages)* carregador *(m)*, -ra *(f)* **2.** *(d'une maladie)* portador *(m)*, -ra *(f)*.

portier, **ère** *nm, f* porteiro *(m)*, -a *(f)*.

portière *nf* porta *(f)*.

portillon *nm* portinhola *(f)* • **portillon automatique** porta *(f)* automática.

portion *nf* porção *(f)*.

portique *nm* suporte *(m)* metálico.

porto *nm* vinho *(m)* do Porto.

portrait *nm* retrato *(m)*.

portrait-robot *nm* retrato *(m)* robô.

portuaire *adj* portuário(ria).

portugais, **e** ◪ *adj* português(esa). ◪ *nm* *(langue)* português *(m)*.
■ **Portugais**, **e** *nm, f* português *(m)*, -esa *(f)*.

Portugal *nm* • **le Portugal** Portugal *(m)*.

pose *nf* **1.** *(d'une moquette, d'une vitre)* colocação *(f)* **2.** *(attitude)* pose *(f)* • **prendre la pose** fazer pose.

posé, **e** *adj* pausado(da).

poser ◪ *vt* **1.** *(objet)* pousar **2.** *(installer)* instalar **3.** *(question)* fazer **4.** *(problème)* pôr. ◪ *vi* fazer pose.
■ **se poser** *vp* pousar.

positif, **ive** *adj* positivo(va).

position *nf* posição *(f)*.

posologie *nf* posologia *(f)*.

posséder *vt* possuir.

possessif, **ive** *adj* possessivo(va).

possibilité *nf* possibilidade *(f)* • **avoir la possibilité de faire qqch** ter a possibilidade de fazer algo.
■ **possibilités** *nfpl* **1.** *(financières)* posses *(fpl)* **2.** *(intellectuelles)* faculdades *(fpl)*.

possible ◪ *adj* possível. ◪ *nm* • **faire son possible (pour faire qqch)** fazer o possível (para fazer algo) • **le plus de... possible** o maior número possível de... • *(d'argent, d'eau)* a maior quantidade de... possível • **dès que possible, le plus tôt possible** logo que possível, o mais cedo possível • **si possible** se possível.

postal, **e**, **aux** *adj* postal.

poste[1] *nm* **1.** *(emploi)* posto *(m)* **2.** *(de ligne téléphonique)* extensão *(f)* • **poste (de police)** posto (de polícia) • **poste de radio** rádio *(m)* • **poste de télévision** televisão *(f)*.

poste[2] *nf* correios *(mpl)* • **poste restante** posta-restante *(f)*.

poster[1] *vt (lettre)* pôr no correio.

poster[2] *nm* poster *(m)*.

postérieur, **e** ◪ *adj* posterior. ◪ *nm* traseiro *(m)*.

posteriori ■ **a posteriori** *loc adv* a posteriori.

postériorité *nf* posteridade *(f)*.

posthume *adj* póstumo(ma).

postiche ◪ *nm* **1.** *(perruque)* cabeleira *(f)* postiça **2.** *(barbe)* barba *(f)* postiça. ◪ *adj (faux)* postiço(ça).

postier, **ère** *nm, f* empregado *(m)*, -da *(f)* dos correios.

postillonner *vi* lançar perdigotos.

post-scriptum *nm inv* post-scriptum *(m inv)*.

postuler ■ *vi* • **postuler à qqch** concorrer a algo. ■ *vt* postular.

posture *nf* postura *(f)*.

pot *nm* frasco *(m)* • **pot d'échappement** tubo *(m)* de escape • **pot de fleurs** vaso *(m)* • **pot à lait** leiteira *(f)*.

potable *adj* ▷ **eau**.

potage *nm* sopa *(f)*.

potager *nm* • **(jardin) potager** horta *(f)*.

potassium *nm* potássio *(m)*.

pot-au-feu *nm inv* ≃ cozido *(m)* à portuguesa.

pot-de-vin *nm* luvas *(fpl)* *(dinheiro)*.

poteau *nm* poste *(m)* • **poteau indicateur** poste indicador.

potée *nf* *cozido à base de couve*, ≃ cozido *(m)* à portuguesa.

potentiel, **elle** ■ *adj* potencial. ■ *nm* potencial *(m)*.

poterie *nf* **1.** *(art)* olaria *(f)* **2.** *(objet)* peça *(f)* de barro.

potier, **ère** *nm, f* oleiro *(m)*, -ra *(f)*.

potin *nm fam* mexerico *(m)*.

potion *nf* poção *(f)*.

potiron *nm* abóbora-menina *(f)*.

pot-pourri *nm* flores *(fpl)* secas.

pou *nm* piolho *(m)*.

poubelle *nf* **1.** *(à ordures)* caixote *(m)* do lixo **2.** INFORM reciclagem • **mettre qqch à la poubelle** pôr algo no lixo.

pouce *nm* polegar *(m)*.

pouding *nm* *bolo à base de pão ensopado e passas* • **pouding de cochon** *(Québec)* *bolo de carne e de fígado de porco*.

poudre *nf* **1.** *(substance)* pó *(m)* **2.** *(maquillage)* pó-de-arroz *(m)* **3.** *(explosif)* pólvora *(f)* • **en poudre** em pó.

poudreux, **euse** *adj* leve.

pouf *nm* puf *(m)*.

pouffer *vi* • **pouffer (de rire)** estourar (de riso).

poulailler *nm* galinheiro *(m)*, capoeira *(f)*.

poulain *nm* potro *(m)*.

poule *nf* galinha *(f)* • **poule au pot** *galinha recheada cozida com legumes*.

poulet *nm* frango *(m)* • **poulet basquaise** *frango salteado com tomate, pimentão e alhos*.

poulie *nf* roldana *(f)*.

poulpe *nm* polvo *(m)*.

pouls *nm* pulso *(m)* • **prendre le pouls à qqn** medir OU tirar o pulso a alguém.

poumon *nm* pulmão *(m)*.

poupe *nf* popa *(f)* • **avoir le vent en poupe** *fig* ir de vento em popa.

poupée *nf* boneca *(f)*.

pouponnière *nf* berçário *(m)*.

pour *prép*

1. INDIQUE LE BUT
• **pour faire qqch** para fazer algo
• **pour que** para que
• **pour rien** INUTILEMENT = para nada
• **pour rien** GRATUITEMENT = de graça
• **faire qqch pour de l'argent** fazer algo por dinheiro

2. INDIQUE LA DESTINATION, LE DESTINATAIRE
• **le vol pour Londres** o voo para Londres
• **partir pour Lisbonne** partir para Lisboa
• **c'est pour vous** é para si

3. INDIQUE LA CAUSE = por
• **pour avoir fait qqch** por ter feito algo
• **elle a été hospitalisée pour un cancer** ela foi hospitalizada em virtude de um cancro

4. INDIQUE LA DURÉE = por
• **pour longtemps** por muito tempo
• **pour toujours** para sempre

5. SUIVI D'UN PRIX
• **je voudrais pour cinq euros de bonbons** queria cinco euros de bombons
• **nous en avons eu pour 120 euros** ficou-nos por 120 euros

6. EN CE QUI CONCERNE
• **pour moi, il a tort** para mim, ele não tem razão
• **et pour le loyer, qu'est-ce que je fais ?** e quanto à renda de casa, o que é que eu faço?

7. À LA PLACE DE = por
• **signe pour moi** assina por mim

8. EN FAVEUR DE
• **être pour (qqch)** ser a favor (de algo)

9. ENVERS = por
• **avoir de la sympathie pour qqn** ter simpatia por alguém.

pourboire *nm* gorjeta *(f)*.

pourcentage *nm* percentagem *(f)*.

pourchasser *vt* acossar.

pourparlers *nmpl* conversações *(fpl)*.

pourquoi *adv* • **je ne sais pas pourquoi il n'est pas rentré** não sei porque é que ele não voltou • **il le sait et il te dira pourquoi** ele sabe-o e dir-te-á porquê • **c'est pourquoi...** é por isso que... • **pourquoi pas ?** porque não?

pourri, e *adj* **1.** *(fruit, légume)* podre **2.** *(personne)* corrupto(ta) **3.** *(enfant)* estragado(da) com mimos.

pourrir *vi* apodrecer.

pourriture *nf* podre *(m)*.

poursuite *nf* perseguição *(f)* • **se lancer à la poursuite de qqn** lançar-se na perseguição de alguém.
■ **poursuites** *nfpl* acção *(f)*.

poursuivre *vt* **1.** *(voleur)* perseguir **2.** DR intentar uma acção contra **3.** *(continuer)* prosseguir.
■ **se poursuivre** *vp* prosseguir.

pourtant *adv* no entanto.

pourtour *nm* **1.** *(circonférence)* perímetro *(m)* **2.** *(abords)* • **sur le pourtour de qqch** à volta de algo.

pourvoir *vt* **1.** *(munir)* • **pourvoir qqn/qqch de** dotar alguém/algo de *ou* com **2.** *(subvenir)* • **pourvoir à** prover a.
■ **se pourvoir** *vp* **1.** *(se munir)* prover-se **2.** DR apelar.

pourvu ■ **pourvu que** *conj* **1.** *(condition)* desde que **2.** *(souhait)* oxalá.

pousse *nf* **1.** *(croissance)* crescimento *(m)* **2.** *(bourgeon)* rebento *(m)* **3.** *(d'ail)* grelo *(m)* • **pousses de bambou** rebentos de bambu.

pousse-pousse *nm inv (Suisse)* cadeirinha *(f)* de bebé.

pousser ■ *vt* **1.** empurrar **2.** *(déplacer)* afastar **3.** *(cri)* dar. ■ *vi* **1.** empurrar **2.** *(plante)* crescer • **pousser qqn à faire qqch** levar alguém a fazer algo • **faire pousser qqch** fazer crescer algo • **'poussez'** 'empurre'.
■ **se pousser** *vp* empurrar-se.

poussette *nf* cadeirinha *(f)* de bebé.

poussière *nf* **1.** *(sur un meuble)* pó *(m)* **2.** *(sur la route)* poeira *(f)*.

poussiéreux, euse *adj* **1.** *(vêtement)* empoeirado(da) **2.** *(meuble)* cheio (cheia) de pó.

poussin *nm* pintainho *(m)*.

poutine *nf (Québec) batatas fritas recobertas com bolinhas de queijo e molho picante.*

poutre *nf* **1.** *(de toit)* viga *(f)* **2.** *(de gymnastique)* barra *(f)*.

poutrelle *nf* vigota *(f)*.

pouvoir *nm*

poder *(m)*
• **le pouvoir** o poder
• **les pouvoirs publics** os poderes públicos.

pouvoir *vt*

poder
• **pouvoir faire qqch** poder fazer algo
• **pourriez-vous... ?** podia...?
• **je fais ce que je peux** faço o que posso
• **tu aurais pu faire ça avant !** podias ter feito isso antes!
• **je n'en peux plus**
FATIGUE = já não posso mais
NOURRITURE = já não posso comer mais
• **je n'y peux rien** não posso fazer nada
• **attention, tu pourrais te blesser** tem cuidado, podes magoar-te.

se pouvoir *vp*

• **il se peut que...** é possível que...
• **ça se pourrait (bien)** é bem possível (que sim).

pragmatique *adj* pragmático(ca).

prairie *nf* pradaria *(f)*.

praline *nf* **1.** *(confiserie) amêndoa torrada coberta com açúcar* **2.** *(Belgique) (chocolat)* bombom *(m)* de chocolate.

praliné, e *adj com sabor a avelã.*

praticable *adj* **1.** *(route)* transitável **2.** *(sport, plan)* praticável.

praticien, enne *nm, f* médico *(m)*, -ca *(f)*.

pratiquant, e *adj* praticante.

pratique ■ *adj* prático(ca). ■ *nf* prática *(f)*.

pratiquement *adv (presque)* praticamente.

pratiquer *vt* praticar.

pré *nm* prado *(m)*.

préalable ■ *nm* condição *(f)* prévia. ■ *adj* prévio(via) • **préalable à** anterior a • **au préalable** previamente.

préambule *nm* preâmbulo *(m)*.

préau *nm* recreio *(m)*.

préavis *nm* pré-aviso *(m)*.

précaire *adj* precário(ria).

précariser *vt* precarizar.

précaution *nf* precaução *(f)* • **prendre des précautions** tomar precauções • **avec précaution** com precaução.

précédent, **e** *adj* precedente.

précéder *vt* preceder.

prêcher ▪ *vt* 1. RELIG pregar 2. *(recommander)* • **prêcher qqch (à qqn)** *fig* recomendar algo (a alguém). ▪ *vi* pregar.

précieux, **euse** *adj* precioso(osa).

précipice *nm* precipício *(m)*.

précipitation *nf* precipitação *(f)*.
■ **précipitations** *nfpl* precipitação *(f)*.

précipiter *vt* precipitar.
■ **se précipiter** *vp* precipitar-se • **se précipiter dans/vers/sur** precipitar-se para dentro de/em direcção de/sobre.

précis, **e** *adj* preciso(sa) • **à cinq heures précises** às cinco (horas) em ponto.

précisément *adv* 1. *(gén)* precisamente 2. *(avec précision)* com precisão 3. *(dans une réponse)* exactamente.

préciser *vt* precisar.
■ **se préciser** *vp* concretizar-se.

précision *nf* precisão *(f)*.

précoce *adj* precoce.

préconçu, **e** *adj* preconcebido(da).

préconiser *vt* preconizar • **préconiser de faire qqch** aconselhar que alguém faça algo • **préconiser que qqn fasse qqch** aconselhar que alguém faça algo.

précurseur *adj* & *nm* precursor(ra).

prédateur, **trice** *adj* predador(ra).
■ **prédateur** *nm* predador *(m)*.

prédécesseur *nm* predecessor *(m)*.

prédiction *nf* previsão *(f)*.

prédilection *nf* predilecção *(f)* • **avoir une prédilection pour qqch/qqn** ter uma predilecção especial por algo/alguém • **de prédilection** predilecto(ta).

prédire *vt* adivinhar.

prédisposition *nf* • **prédisposition à** predisposição para.

prédominer *vi* predominar.

préfabriqué, **e** *adj* pré-fabricado(da).

préface *nf* prefácio *(m)*.

préfecture *nf* 1. *(bâtiment)* ≃ governo *(m)* civil 2. *(ville)* ≃ capital *(f)* de distrito.

préférable *adj* preferível.

préféré, **e** *adj* & *nm, f* preferido(da).

préférence *nf* preferência *(f)* • **de préférence** de preferência.

préférentiel, **elle** *adj* preferencial.

préférer *vt* preferir • **préférer faire qqch** preferir fazer algo • **je préférerais qu'elle s'en aille** eu preferia que ela se fosse embora.

préfet *nm* ≃ governador *(m)*, governadora *(f)* civil.

préfixe *nm* prefixo *(m)*.

préhistoire *nf* pré-história *(f)*.

préhistorique *adj* pré-histórico(ca).

préjudice *nm* prejuízo *(m)* • **porter préjudice à qqn** prejudicar alguém.

préjugé *nm* *péj* preconceito *(m)*.

prélèvement *nm* 1. *(d'argent)* levantamento *(m)* 2. *(de sang)* recolha *(f)*.

prélever *vt* 1. *(somme, part)* levantar 2. *(sang)* tirar.

préliminaire *adj* preliminar.
■ **préliminaires** *nmpl* preliminares *(mpl)*.

prématuré, **e** ▪ *adj* prematuro(ra). ▪ *nm* bebé *(m)* prematuro.

préméditation *nf* premeditação *(f)* • **avec préméditation** premeditadamente.

prémédité, **e** *adj* premeditado(da).

premier, **ère** *adj* & *nm, f* primeiro(ra) • **en premier** em primeiro lugar • **le premier de l'an** o dia um de Janeiro • **Premier ministre** primeiro-ministro *(m)*.

première *nf* 1. SCOL ≃ décimo primeiro ano *(m)* do ensino secundário 2. *(vitesse, en train)* primeira *(f)* • **voyager en première (classe)** viajar em primeira (classe).

premièrement *adv* primeiro.

prémisse *nf* premissa *(f)*.

prémonition *nf* premonição *(f)*.

prémunir *vt* • **prémunir qqn contre** precaver alguém contra.
■ **se prémunir** *vp* precaver-se • **se prémunir contre** precaver-se contra.

prendre *vt*

1. DANS SA MAIN = pegar
• **prendre un livre** pegar num livro
2. ACHETER = ficar com
• **j'ai pris la robe rouge** fiquei com o vestido vermelho
3. EMPORTER = levar
• **prends un parapluie !** leva um guarda-chuva!
4. ALLER CHERCHER
• **passer prendre qqn** ir buscar alguém
• **prendre un auto-stoppeur** dar boleia a alguém
5. ENLEVER
• **prendre qqch à qqn** tirar algo a alguém
6. REPAS, BOISSON = tomar
• **qu'est-ce que vous prendrez ?** o que é que toma?
• **prendre un verre** tomar um copo
7. SUIVRE UN ITINÉRAIRE
• **quelle route dois-je prendre ?** por que estrada é que devo ir?
8. UTILISER UN MOYEN DE TRANSPORT
• **prendre l'avion/le train** apanhar o avião/o comboio
9. ATTRAPER, SURPRENDRE = apanhar
• **se faire prendre** ser apanhado
10. AIR, TON
• **elle a pris un air innocent** ela fez-se de inocente
• **ne prends pas ton air de martyre !** não te faças de mártir!
11. CONSIDÉRER
• **prendre qqn pour** PAR ERREUR = tomar alguém por
12. PHOTO = tirar
• **je l'ai pris en photo** tirei-lhe uma fotografia
13. POIDS = engordar
• **j'ai pris deux kilos** engordeé dois quilos
14. DANS DES EXPRESSIONS
• **qu'est-ce qui te prend ?** o que é que tens?

prendre *vi*

1. SAUCE, CIMENT = ficar consistente
• **la mayonnaise n'a pas pris** a maionese não ficou consistente
• **attention, le ciment prend très vite !** cuidado, o cimento puxa rápido!
2. FEU, INCENDIE
• **prendre feu** incendiar-se
3. SE DIRIGER
• **prenez à droite** vire à direita.

se prendre *vp*

1. SE CONSIDÉRER
• **se prendre pour** tomar-se por
2. S'ATTAQUER À
• **s'en prendre à qqn** descarregar em alguém
3. INDIQUE UNE MANIÈRE D'AGIR
• **s'y prendre bien** dar-se bem
• **s'y prendre mal** fazer algo mal.

prénom *nm* nome *(m)* (de baptismo).

préoccupation *nf* preocupação *(f)*.

préoccupé, e *adj* preocupado(da).

préoccuper *vt* preocupar.
■ **se préoccuper de** *vp + prép* preocupar-se com.

préparatifs *nmpl* preparativos *(mpl)*.

préparation *nf* **1.** *(d'un repas)* confecção *(f)* **2.** *(d'un départ)* preparação *(f)*.

préparatoire *adj* **1.** *(travail)* preparatório(ria) **2.** *(classe) que visa preparar os alunos para o ingresso nas escolas superiores francesas.*

préparer *vt* preparar.
■ **se préparer** *vp* preparar-se • **se préparer à faire qqch** preparar-se para fazer algo.

préposition *nf* preposição *(f)*.

préretraite *nf* reforma *(f)* anticipada.

prérogative *nf* prerrogativa *(f)*.

près *adv* • **de près** de perto • **tout près** aqui perto • **près de** perto de • *(presque)* cerca de.

présage *nm* presságio *(m)*.

présager *vt* pressagiar.

presbytère *nm* presbitério *(m)*, residência *(f)* paroquial.

prescription *nf* **1.** DR prescrição *(f)* **2.** MÉD receita *(f)*.

prescrire *vt* receitar.

préséance *nf* precedência *(f)*.

préselectionner *vt* pré-seleccionar.

présence *nf* presença *(f)* • **en présence de** em presença de.

présent, e ◼ *adj* presente. ◼ *nm* presente *(m)* • **à présent (que)** agora (que).

présentable *adj* apresentável.

présentateur, trice *nm, f* apresentador *(m)*, -ra *(f)*.

présentation *nf* apresentação *(f)*.
■ **présentations** *nfpl* • **faire les présentations** fazer as apresentações.

S'EXPRIMER...

faire les présentations
• **Permita-me que me apresente :** *(formel)*/**Eu sou o/a [+ prénom + nom]** *(informel)* / Je me présente : je m'appelle…
• **Chamo-me Schmidt.** / Je m'appelle Schmidt.
• **Apresento-te a Sr.a D. [+ prénom +] Thomas** / Je te présente Mme Thomas.
• **Muito prazer!** / Enchanté!
• **Muito prazer em conhecê-lo/la.** / Ravi de faire votre connaissance !

présenter *vt* apresentar • **présenter qqn à qqn** apresentar alguém a alguém.
■ **se présenter** *vp* **1.** apresentar-se **2.** *(occasion, difficulté)* surgir • **se présenter bien/mal** apresentar-se bem/mal.

présentoir *nm* expositor *(m)*.

préservatif *nm* preservativo *(m)*.

préserver *vt* preservar • **préserver qqn/qqch de** preservar alguém/algo de.

président, **e** *nm, f* presidente *(mf)* • **le président de la République** o Presidente da República.

présidentiel, **elle** *adj* presidencial.

présider *vt* presidir a.

présomption *nf* • **présomption d'innocence** DR presunção *(m)* de inocência.

presque *adv* quase • **il n'y a presque pas de neige** não há quase neve nenhuma.

presqu'île *nf* península *(f)*.

pressant, **e** *adj* urgente.

presse *nf (journaux)* imprensa *(f)* • **presse à sensation** imprensa sensacionalista.

pressé, **e** *adj* **1.** *(voyageur)* apressado(da) **2.** *(urgent)* urgente **3.** *(citron, orange)* espremido(da) • **être pressé de faire qqch** estar com pressa de fazer algo.

presse-citron *nm inv* espremedor *(m)*.

pressentiment *nm* pressentimento *(m)*.

pressentir *vt* **1.** *(une chose)* pressentir **2.** *(une personne)* auscultar.

presse-papiers *nm inv* pisa-papéis *(m inv)*.

presse-purée *nm inv* passe-vite *(m)*.

presser ■ *vt* **1.** *(fruit)* espremer **2.** *(bouton)* carregar em **3.** *(faire se dépêcher)* apressar. ■ *vi* • **le temps presse** o tempo urge • **rien ne presse** não há pressa.
■ **se presser** *vp* apressar-se.

pressing *nm* lavandaria *(f)*.

pression *nf* **1.** pressão *(f)* **2.** *(bouton)* mola *(f)* de pressão • **(bière) pression** fino *(m)*.

pressurisé, **e** *adj* pressurizado(da).

prestataire *nmf* • **prestataire (de service)** prestador *(m)* de serviços.

prestidigitateur, **trice** *nm, f* prestidigitador *(m)*, -ra *(f)*.

prestige *nm* prestígio *(m)*.

prestigieux, **euse** *adj* **1.** *(magnifique)* prodigioso(osa) **2.** *(réputé)* prestigioso(osa).

présumé, **e** *adj* presumível • **… ou présumé tel** … ou presumido como tal • **être présumé coupable/innocent** ser presumido culpado/inocente.

présumer ■ *vt* presumir. ■ *vi* • **présumer de qqch** sobrestimar algo • **présumer que** presumir que.

prêt, **e** ■ *adj* pronto(ta). ■ *nm* empréstimo *(m)* • **prêt bancaire** empréstimo bancário • **être prêt à faire qqch** estar pronto a fazer algo.

prêt-à-porter *nm* pronto-a-vestir *(m inv)*.

prétendre *vt* • **prétendre que** afirmar que • **il prétend qu'il est le meilleur** ele pretende ser o melhor.

prétentieux, **euse** *adj* pretensioso(osa).

prétention *nf* pretensão *(f)*.

prêter *vt* emprestar • **prêter qqch à qqn** emprestar algo a alguém • **prêter attention à** prestar atenção a.

prétérit *nm* pretérito *(m)*.

prétexte *nm* pretexto *(m)* • **sous prétexte que** com o pretexto que.

prétexter *vt* dar como pretexto.

prétimbré, **e** *adj* pré-selado.

prêtre *nm* padre *(m)*.

preuve *nf* prova *(f)* • **faire preuve de** dar provas de • **faire ses preuves** *(méthode)* dar provas de eficácia • *(employé)* dar provas de eficiência.

prévaloir *vi sout* prevalecer.

prévenir *vt* prevenir.

préventif, **ive** *adj* preventivo(va).

prévention *nf* prevenção *(f)* • **prévention routière** prevenção rodoviária.

prévisible *adj* previsível.

prévision *nf* previsão *(f)* • **en prévision de** em previsão de • **prévisions météo(rologiques)** previsões meteorológicas.

prévoir *vt* prever • **comme prévu** como previsto.

prévoyant, **e** *adj* precavido(da).

prier *vt* & *vi* rezar • **prier qqn de faire qqch** pedir a alguém para fazer algo • **les passagers sont priés d'attacher leur ceinture** é favor apertarem os cintos • **suivez-moi, je vous prie** siga-me se faz favor • **je peux fumer ? – je vous en prie !** posso fumar? – faça favor! • **merci – je vous en prie** obrigado – ora essa.

prière *nf* oração *(f)* • **'prière de ne pas fumer'** 'é favor não fumar'.

primaire *adj* primário(ria).

prime *nf* **1.** *(d'assurance)* prémio *(m)* **2.** *(de salaire)* gratificação *(f)* • **en prime** *(avec un achat)* com a oferta de.

primer ■ *vi* ser mais importante. ■ *vt* **1.** *(être supérieur à)* ser mais importante do que **2.** *(récompenser)* premiar • **primer sur** ser mais importante do que.

primeurs *nfpl frutos ou legumes temporãos.*

primevère *nf* primavera *(m)*, pão-e-queijo *(m)*.

primitif, **ive** *adj* primitivo(va).

primordial, **e**, **aux** *adj* primordial.

prince *nm* príncipe *(m)*.

princesse *nf* princesa *(f)*.

principal, **e**, **aux** ■ *adj* principal. ■ *nm* director *(m)*, directora *(f) (de um colégio)* • **le principal** *(l'essentiel)* o principal.

principalement *adv* principalmente.

principe *nm (règle de conduite)* princípio *(m)* • **en principe** em princípio.

printanier, **ère** *adj* primaveril.

prion *nm (en biologie, médecine)* prião.

printemps *nm* Primavera *(f)*.

priori ▷ **a priori**.

prioritaire *adj* prioritário(ria).

priorité *nf* prioridade *(f)* • **priorité à droite** prioridade à direita • **laisser la priorité** ceder a prioridade • **'vous n'avez pas la priorité'** deve ceder a prioridade.

prise *nf* **1.** *(à la pêche)* peixe *(m)* **2.** *(point d'appui)* apoio *(m)* • **prise (de courant)** *(dans le mur)* tomada *(f)* • *(fiche)* ficha *(f)* • **prise multiple** tomada múltipla • **prise de sang** análise *(f)* de sangue • **se faire faire une prise de sang** ir tirar sangue.

prisé, **e** *adj* apreciado(da).

prison *nf* prisão *(f)* • **en prison** na prisão.

prisonnier, **ère** *nm, f* prisioneiro *(m)*, -ra *(f)*.

privation *nf* privação *(f)*.
■ **privations** *nfpl* privações *(fpl)*.

privatisation *nf* privatização *(f)*.

privatiser *vt* privatizar.

privé, **e** *adj* privado(da) • **en privé** em privado.

priver *vt* • **priver qqn de qqch** privar alguém de algo.
■ **se priver** *vp* privar-se • **se priver de qqch** privar-se de algo.

privilège *nm* privilégio *(m)*.

privilégié, **e** *adj* **1.** privilegiado(da) **2.** *(matériellement)* abastado(da).

prix *nm* **1.** *(d'un produit)* preço *(m)* **2.** *(récompense)* prémio *(m)* • **à tout prix** custe o que custar.

probabilité *nf* probabilidade *(f)*.

probable *adj* provável.

probablement *adv* provavelmente.

problème *nm* problema *(m)*.

procédé *nm* **1.** *(méthode)* procedimento *(m)* **2.** *(de fabrication)* processo *(m)*.

procéder *vi* proceder • **procéder à** proceder a • **procéder de** *sout* proceder de • **procédons par ordre** vamos por ordem.

procédure *nf* processo *(m)*.

procès *nm* processo *(m)*.

processeur *nm* INFORM processador *(m)*.

procession *nf* procissão *(f)* • **en procession** em procissão.

processus *nm* processo *(m)*.

procès-verbal *nm* **1.** *(contravention)* multa *(f)* **2.** *(acte officiel)* acta *(f)*.

prochain, **e** *adj* próximo(ma) • **la semaine prochaine** na semana que vem.

prochainement *adv* brevemente.

proche *adj* • **être proche** *(dans le temps)* estar próximo(ma) • *(dans l'espace)* estar perto

• **être proche de** *(lieu, but)* estar perto de • *(personne, ami)* ser chegado(da) de • **le Proche-Orient** o Próximo Oriente.

Proche-Orient *nm* • **le Proche-Orient** o Próximo Oriente.

proclamer *vt* proclamar.

procuration *nf* procuração *(f)*.

procréation *nf* procriação *(f)* • **procréation médicalement assistée** Procriação Medicamente Assistida.

procurer ■ **se procurer** *vp* obter.

procureur, **e** *nm, f* procurador *(m)*, -a *(f)* • **procureur général** magistrado *(m)* do Ministério Público • **procureur de la République** procurador *(m)* da República.

prodige *nm* prodígio *(m)* • **un prodige de la technique** um prodígio da tecnologia.

prodigieux, **euse** *adj* prodigioso(osa).

prodiguer *vt* **1.** *(donner)* não poupar **2.** *sout* *(gaspiller)* prodigalizar • **prodiguer qqch à qqn** prestar algo a alguém.

producteur, **trice** *nm, f* produtor *(m)*, -ra *(f)*.

productif, **ive** *adj* produtivo(va).

production *nf (de marchandises)* produção *(f)*.

productivité *nf* produtividade *(f)*.

produire *vt* produzir.
■ **se produire** *vp* ocorrer.

produit, **e** *nm* produto *(m)* • **produits de beauté** produtos de beleza • **produits laitiers** lacticínios *(mpl)*.

proéminent, **e** *adj* proeminente.

prof *nmf fam* prof *(mf)*.

profane *adj* & *nmf* **1.** *(non religieux)* profano (na) **2.** *(novice)* leigo(ga).

profaner *vt* profanar.

proférer *vt* proferir.

professeur *nm (aussi :* **professeure** *nf)* professor *(m)*, -ra *(f)* • **professeur d'anglais/de piano** professor de inglês/de piano.

profession *nf* profissão *(f)* • **profession libérale** profissão liberal.

professionnel, **elle** *adj* & *nm, f* profissional.

profil *nm* perfil *(m)* • **de profil** de perfil • **profil utilisateur** INFORM perfil do utilizador.

profit *nm* **1.** *(avantage)* proveito *(m)* **2.** *(d'une entreprise)* lucro *(m)* • **tirer profit de qqch** tirar proveito de algo.

profitable *adj* proveitoso(osa) • **être profitable à qqn** ser proveitoso para alguém.

profiter *vi* **1.** *(jouir de)* • **profiter de qqch** aproveitar algo **2.** *(abuser de)* • **profiter de qqn** aproveitar-se de alguém **3.** *(tirer parti de)* • **profiter de qqch pour faire qqch** aproveitar algo para fazer algo **4.** *(servir)* • **profiter à qqn** dar jeito a alguém • **en profiter** aproveitar • **il en a profité pour le lui dire** aproveitou para lho dizer.

profiterole *nf* profiterole *(m)*, *bolinha de massa recheada com gelado de baunilha*.

profond, **e** *adj* profundo(da).

profondément *adv* profundamente.

profondeur *nf* profundidade *(f)* • **à 10 mètres de profondeur** a 10 metros de profundidade.

profusion *nf (abondance)* • **une profusion de** uma profusão de • **à profusion** com abundância.

programmable *adj* programável.

programmateur *nm* programador *(m)*.

programme *nm* programa *(m)*.

programmer *vt* programar.

programmeur, **euse** *nm, f* programador *(m)*, -ra *(f)*.

progrès *nm* progresso *(m)* • **en progrès** a progredir • **faire des progrès** fazer progressos.

progresser *vi* progredir.

progressif, **ive** *adj* progressivo(va).

progression *nf* **1.** *(essor)* aumento *(m)* **2.** *(avancée)* progressão *(f)* **3.** *(développement)* propagação *(f)*.

progressivement *adv* progressivamente.

prohiber *vt sout* proibir.

proie *nf* presa *(f)*.

projecteur *nm* projector *(m)*.

projectile *nm* projéctil *(m)*.

projection *nf (de films, de diapositives)* projecção *(f)*.

projectionniste *nmf* projeccionista *(mf)*.

projet *nm* projecto *(m)*.

projeter *vt* projectar • **projeter de faire qqch** planear fazer algo.

proliférer *vi* proliferar.

prologue *nm* prólogo *(m)*.

prolongation *nf* prolongamento *(m)*.
■ **prolongations** *nfpl* prolongamentos *(mpl)*.

prolongement *nm* prolongamento *(m)* • **dans le prolongement de** no prolongamento de.

prolonger *vt* prolongar.
■ **se prolonger** *vp* prolongar-se.

promenade *nf* passeio *(m)* • **faire une promenade** dar um passeio.

promener *vt* passear.
■ **se promener** *vp* passear.

promesse *nf* promessa *(f)*.

S'EXPRIMER...

faire une promesse
• **Prometido! /** C'est promis !
• **Podes contar comigo. /** Tu peux compter sur moi.
• **Vou tratar disso. /** Je vais m'en occuper.
• **De acordo, não há problema (nenhum)! /** Pas de problème, ça marche !

prometteur, euse *adj* prometedor(ra).

promettre *vt* • **promettre qqch à qqn** prometer algo a alguém • **il lui a promis d'aller le voir** ele prometeu-lhe que o ia visitar • **c'est promis !** está prometido! • **ça promet !** *fam* isto promete!

promiscuité *nf* falta *(f)* de privacidade.

promoteur, trice *nm, f* **1.** *(constructeur)* imobiliária *(f)* **2.** *(novateur)* promotor *(m)*, -ra *(f)*.

promotion *nf* promoção *(f)* • **en promotion** em promoção.

promouvoir *vt* promover.

prompt, e *adj* rápido(da) • **prompt à faire qqch** rápido a fazer algo.

promulguer *vt* promulgar.

prôner *vt sout* preconizar.

pronom *nm* pronome *(m)*.

pronominal, e *adj* pronominal.

prononcer *vt* pronunciar.
■ **se prononcer** *vp (un médecin, un jury, une cour)* pronunciar, pronunciar-se.

prononciation *nf* pronunciação *(f)*.

pronostic *nm* prognóstico *(m)*.

propagande *nf* propaganda *(f)*.

propager *vt* propagar.
■ **se propager** *vp* propagar-se.

prophète, prophétesse *nm, f* **1.** *(d'un culte)* profeta *(m)*, -tisa *(f)* **2.** *fig (médium)* adivinho *(m)*, -nha *(f)*.

prophétie *nf* profecia *(f)*.

propice *adj* propício(cia).

proportion *nf* proporção *(f)*.

proportionnel, elle *adj* • **proportionnel à** proporcional a.

propos ■ *nmpl* palavras *(fpl)*. ■ *nm* • **à propos,...** a propósito,... • **à propos de** a respeito de.

proposer *vt* propor • **proposer à qqn de faire qqch** propor a alguém fazer algo.

proposition *nf* proposta *(f)*.

S'EXPRIMER...

faire une proposition
• **Proponho que vamos todos juntos ao cinema. /** Je propose que nous allions tous ensemble au cinéma.
• **Apetece-te/Apetece-lhe ir ao restaurante? /** As-tu/Avez-vous envie d'aller au restaurant ?
• **E se fôssemos nadar? /** Et si on allait nager ?
• **Queres/quer visitar um museu? /** Voudrais-tu/Voudriez-vous aller au musée ?

propre *adj* **1.** próprio(pria) **2.** *(linge, pièce)* limpo(pa) • **avec ma propre voiture** com o meu próprio carro.

proprement *adv* decentemente • **à proprement parler** a bem dizer.

propreté *nf* limpeza *(f)*.

propriétaire *nmf* **1.** *(d'un chien, d'une voiture)* dono *(m)*, -na *(f)* **2.** *(d'une maison)* proprietário *(m)*, -ria *(f)*.

propriété *nf* propriedade *(f)* • **'propriété privée'** 'propriedade privada'.

propulser *vt* **1.** *(moteur)* propulsionar **2.** *(fusée, personne)* lançar.
■ **se propulser** *vp* **1.** *(avancer)* propulsionar-se **2.** *fig (atteindre)* saltar.

prorata ■ **au prorata de** *loc prép* em proporção de.

prose *nf* prosa *(f)*.

prospecter *vt* **1.** *(région, sol)* prospectar **2.** *(clientèle)* arranjar.

prospectus *nm* prospecto *(m)*.

prospère *adj* próspero(ra).

prospérité *nf* prosperidade *(f)*.

prostate *nf* próstata *(f)*.

prosterner ■ **se prosterner** *vp* prostrar-se • **se prosterner devant qqn/qqch** prostrar-se perante alguém/algo.

prostituée *nf* prostituta *(f)*.

prostituer ■ **se prostituer** *vp* prostituir-se.

prostitution *nf* prostituição *(f)*.

protagoniste *nmf* protagonista *(mf)*.

protection *nf* protecção *(f)*.

protectionnisme *nm* proteccionismo *(m)*.

protège-cahier *nm* capa *(f)* *(para cadernos)*.

protège-poignets *nm inv* protector *(m)* pulso, suporte *(m)* de pulso.

protéger *vt* proteger • **protéger qqn de** *OU* **contre qqch** proteger alguém de *OU* contra algo.
■ **se protéger de** *vp* + *prép* proteger-se de.

protéine *nf* proteína *(f)*.

protestant, **e** *adj* & *nm, f* protestante.

protestation *nf* protesto *(m)*.

protester *vi* protestar.

prothèse *nf* prótese *(f)*.

protide *nm* prótido *(m)*.

protocole *nm* protocolo *(m)*.

prototype *nm* protótipo *(m)*.

prouesse *nf* proeza *(f)*.

prouver *vt* provar.

provenance *nf* proveniência *(f)* • **en provenance de** procedente de.

provençal, **e** *adj* provençal.

Provence *nf* • **la Provence** a Provença • **herbes de Provence** ervas de Provence.

provenir ■ **provenir de** *vp* + *prép* provir de.

proverbe *nm* provérbio *(m)*.

providence *nf* providência *(f)*.
■ **Providence** *nf* Providência *(f)*.

province *nf* província *(f)* • **la province** *(hors Paris)* a província.

provincial, **e**, **aux** ■ *adj* provinciano(na).
■ *nm* • **le provincial** *(Québec)* *o governo de uma província*.

proviseur, **e** *nm, f* presidente *(mf)* do conselho directivo.

provisions *nfpl* **1.** provisões *(fpl)* **2.** *(achats)* compras *(fpl)*.

provisoire *adj* provisório(ria).

provocant, **e** *adj* provocante.

provocation *nf* provocação *(f)*.

provoquer *vt* provocar.

proxénète *nmf* proxeneta *(mf)*.

proximité *nf* • **à proximité (de)** nas proximidades (de) • **de proximité** de proximidade.

prudemment *adv* com prudência.

prudence *nf* prudência *(f)* • **avec prudence** com prudência.

prudent, **e** *adj* prudente.

prune *nf* ameixa *(f)*.

pruneau *nm* ameixa *(f)* seca.

prunier *nm* ameixeira *(f)* • **secouer qqn comme un prunier** *fig* apertar bem com alguém.

PS *nm* (*abr de* **post-scriptum, parti socialiste**) PS *(m)* *(Partido Socialista)*, P.S. *(m)* *(post-scriptum)*.

pseudonyme *nm* pseudónimo *(m)*.

psychanalyse *nf* psicanálise *(f)*.

psychanalyste *nmf* psicanalista *(mf)*.

psychiatre *nmf* psiquiatra *(mf)*.

psychique *adj* psíquico(ca).

psychologie *nf* psicologia *(f)*.

psychologique *adj* psicológico(ca).

psychologue *nmf* psicólogo *(m)*, -ga *(f)*.

psychose *nf* psicose *(f)*.

psychosomatique *adj* psicossomático(ca).

psychothérapie *nf* psicoterapia *(f)*.

PTT (*abr de* **Poste, télégraphe et téléphone**) *nfpl* *antiga designação dos Correios franceses*, ≃ CTT *(mpl)*.

puanteur *nf* fedor *(m)*.

pub[1] *nm* pub *(m)*.

pub[2] *nf* *fam* publicidade *(f)*.

puberté *nf* puberdade *(f)*.

pubis *nm* púbis *(f)*.

public, ique ■ *adj* público(ca). ■ *nm* público *(m)*, plateia *(f)* • **en public** em público.

publication *nf* publicação *(f)*.

publicitaire *adj* publicitário(ria).

publicité *nf* publicidade *(f)*.

publier *vt* publicar.

puce *nf* **1.** *(insecte)* pulga *(f)* **2.** INFORM chip *(m)*.

puceau *fam nm* rapaz *(m)* virgem.

pucelle *fam nf* donzela *(f)*.

pudding = **pouding**.

pudeur *nf* pudor *(m)*.

pudique *adj* pudico(ca).

puer ■ *vi* feder. ■ *vt* tresandar a.

puéricultrice *nf* puericultora *(f)*.

puéril, e *adj* pueril.

puis *adv* depois.

puiser *vt (de l'eau)* tirar • **puiser dans** *(emprunter)* recorrer a • *(se servir)* ir buscar a.

puisque *conj* já que.

puissance *nf* **1.** potência *(f)* **2.** *(pouvoir)* poder *(m)*.

puissant, e *adj* **1.** *(influent)* poderoso(osa) **2.** *(fort)* potente.

puits *nm (à eau)* poço *(m)*.

pull *nm* pulôver *(m)*.

pull-over = **pull**.

pulmonaire *adj* pulmonar.

pulpe *nf* polpa *(f)*.

pulsation *nf* pulsação *(f)*.

pulsion *nf* pulsão *(f)*.

pulvérisateur *nm* pulverizador *(m)*.

pulvériser *vt* pulverizar.

puma *nm* puma *(m)*.

punaise *nf* **1.** *(insecte)* percevejo *(m)* **2.** *(clou)* pionés *(m)*.

punch[1] *nm (boisson)* ponche *(m)*.

punch[2] *nm fam (énergie)* speed *(m)*.

punching-ball *nm* punching-ball *(m)*.

punir *vt* **1.** *(coupable, crime)* punir **2.** *(élève, enfant)* castigar.

punition *nf* castigo *(m)*.

pupille *nf* pupila *(f)*.

pupitre *nm* **1.** *(bureau)* carteira *(f)* **2.** *(à musique)* estante *(f) (de música)*.

pur, e *adj* puro(ra).

purée *nf* puré *(m)* • **purée (de pommes de terre)** puré (de batata).

purement *adv* puramente • **purement et simplement** pura e simplesmente.

pureté *nf* pureza *(f)*.

purgatoire *nm* **1.** RELIG purgatório *(m)* **2.** *fig (châtiment)* inferno *(m)*.

purger *vt* **1.** purgar **2.** *(radiateur, tuyau)* esvaziar.

purifier *vt* purificar.

puritain, e *adj* & *nm, f* puritano(na).

pur-sang *nm inv* puro-sangue *(m inv)*.

pus *nm* pus *(m)*.

putain *nf vulg (prostituée)* puta *(f)* • **putain d'ordinateur, il ne marche pas !** *fig* este raio de computador não funciona! • **putain de porte, elle n'ouvre pas !** *fig* esta puta desta porta não abre! • **putain !** foda-se!

putsch *nm* golpe *(m)* de Estado militar.

puzzle *nm* puzzle *(m)*.

PV *nm* (*abr de* **procès-verbal**) multa *(f)*.

PVC (*abr de* **polyvinylchloride**) *nm* PVC *(m) (policloreto de vinila)*.

Pygmée *nmf* pigmeu *(m)*, -meia *(f)*.

pyjama *nm* pijama *(m)*.

pylône *nm* poste *(m)*.

pyramide *nf* pirâmide *(f)*.
■ **Pyramide du Louvre** *npr* Pirâmide do Louvre.

Pyrénées *nfpl* • **les Pyrénées** os Pireneus.

Pyrex® *nm* pírex® *(m)*.

pyromane *nmf* pirómano *(m)*, -na *(f)*.

python *nm* pitão *(m)*, píton *(m)*.

q Q

q, Q *nm inv (lettre)* q, Q *(m)*.

QCM (*abr de* **questionnaire à choix multiple**) *nm* teste *(m)* de escolha múltipla.

QG (*abr de* **quartier général**) *nm* quartel-general *(m)*.

QI *nm* (*abr de* **quotient intellectuel**) Q.I. *(m) (quociente intelectual)*.

quad *nm (moto)* quad *(m)*, Moto4 *(m)*, Motoquatro *(m)*.

quadra *fam nmf* (*abr de* **quadragénaire**) quadragenário *(m)*, -a *(f)*.

quadragénaire *nmf* quadragenário *(m)*, -ria *(f)*.

quadrilatère *nm* quadrilátero *(m)*.

quadrillé, e *adj* quadriculado(da).

quadriller *vt* **1.** *(du papier)* quadricular **2.** *(une ville)* esquadrinhar.

quadrupède *nm* quadrúpede *(m)*.

quadruple *nm* • **le quadruple (de)** o quádruplo (de).

quadrupler *vt* & *vi* quadruplicar.

quai *nm* cais *(m inv)*.

qualificatif, ive *adj* qualificativo(va).
■ **qualificatif** *nm* qualificativo *(m)*.

qualification *nf* qualificação *(f)*.

qualifié, e *adj* qualificado(da).

qualifier *vt* • **qualifier qqn/qqch de** qualificar alguém/algo de.
■ **se qualifier** *vp* qualificar-se.

qualité *nf* qualidade *(f)* • **de (bonne) qualité** de (boa) qualidade.

quand *conj* & *adv* quando • **quand même** mesmo assim • **quand même !** até que enfim! • *(exprime l'indignation)* realmente! • **je me demande quand il va arriver** pergunto-me quando é que ele vai chegar.

quant ■ **quant à** *prép* quanto a.

quantifier *vt* quantificar.

quantité *nf* quantidade *(f)* • **une quantité** *OU* **des quantités de** uma quantidade de.

quarantaine *nf* quarentena *(f)* • **une quarantaine (de)** cerca de quarenta • **avoir la quarantaine** ter cerca de quarenta anos.

quarante *num* quarenta.

quarantième *num* quadragésimo(ma).

quart *nm* quarto *(m)* • **cinq heures et quart** cinco (horas) e um quarto • **cinq heures moins le quart** um quarto para as cinco • **un quart d'heure** um quarto de hora.

quartier *nm* **1.** *(portion)* bocado *(m)* **2.** *(d'une ville)* bairro *(m)*.

quart-monde *nm* quarto-mundo *(m)*.

quartz *nm* quartzo *(m)* • **montre à quartz** relógio de quartzo.

quasiment *adv* quase.

quatorze *num* catorze • **il a quatorze ans** ele tem catorze anos • **il est quatorze heures** são catorze horas • **le quatorze janvier** no dia catorze de Janeiro • **page quatorze** página catorze • **ils étaient quatorze** eram catorze • **(au) quatorze rue Lepic** (na) rua Lepic, número catorze.

quatorzième *num* décimo quarto (décima quarta).

quatrain *nm* quadra *(f)*.

quatre *num* quatro • **monter les escaliers quatre à quatre** subir as escadas de quatro em quatro • **à quatre pattes** de gatas • **il a quatre ans** ele tem quatro anos • **il est quatre heures** são quatro horas • **le quatre janvier** no dia quatro de Janeiro • **page quatre** página quatro • **ils étaient quatre** eram quatro • **le quatre de pique** o quatro de espadas • **(au) quatre rue Lepic** (na) rua Lepic, número quatro.

quatre-quarts *nm inv* pão-de-ló *(m)*.

quatre-quatre *nm inv* veículo *(m)* com tracção às quatro rodas.

quatre-vingt = **quatre-vingts**.

quatre-vingt-dix *num* noventa.

quatre-vingt-dixième *num* nonagésimo (ma).

quatre-vingtième *num* octogésimo(ma).

quatre-vingts *num* oitenta.

quatrième ◼ *num* quarto(ta). ◼ *nf* **1.** SCOL ≃ oitavo ano *(m)* do ensino básico **2.** *(vitesse)* quarta *(f)*.

quatuor *nm* quarteto *(m)*.

que *conj*

1. INTRODUIT UNE SUBORDONNÉE
• **voulez-vous que je ferme la fenêtre ?** quer que feche a janela?
• **je sais que tu es là** eu sei que estás aí

2. INTRODUIT UNE HYPOTHÈSE
• **que nous partions aujourd'hui ou demain...** que nós partamos hoje ou amanhã...

3. DANS UNE COMPARAISON
• **il est plus jeune que moi** é mais novo que eu
• **je suis aussi grand(e) qu'elle** sou tão grande como ela

4. REMPLACE UNE AUTRE CONJONCTION
• **comme il pleut et que je n'ai pas de parapluie...** como está a chover e como não tenho guarda-chuva...

5. EXPRIME UNE RESTRICTION
• **je n'ai qu'une sœur** só tenho uma irmã.

que *pron rel*

1. DÉSIGNE UNE PERSONNE
• **la personne qu'ils voient là-bas** a pessoa que eles vêem acolá

2. DÉSIGNE UNE CHOSE
• **le train que nous prenons part dans 10 minutes** o comboio que nós vamos apanhar parte dentro de 10 minutos
• **les livres qu'il m'a prêtés** os livros que ele me emprestou.

que *pron interr*

1. INTRODUIT UNE INTERROGATION DIRECTE
• **qu'a-t-il dit ?** o que disse ele?
• **qu'est-ce qu'il a dit ?** o que é que ele disse?
• **qu'est-ce qui ne va pas ?** o que é que não está bem?

2. INTRODUIT UNE INTERROGATION INDIRECTE
• **je ne sais plus que faire** já não sei o que fazer.

que *adv*

DANS UNE EXCLAMATION
• **que c'est beau !** que bonito!
• **qu'est-ce que c'est beau !** que bonito que é!

Québec *nm* • **le Québec** o Quebeque.

québécois, e *adj* do Quebeque.
■ **Québécois, e** *nm, f* habitante *(mf)* do Quebeque.

quel, quelle ◼ *adj* **1.** *(interrogatif)* qual **2.** *(exclamatif)* que **3.** *(avec "que")* • **tous les Français quels qu'ils soient** todos os franceses quem quer que sejam • **quel que soit le temps...** qualquer que seja o tempo.... ◼ *pron interr* qual • **quel est ton vin préféré ?** qual é o teu vinho preferido? • **quels amis comptez-vous aller voir ?** quais são os amigos que tem a intenção de ir visitar? • **quelle est la vendeuse qui vous a conseillé ?** qual foi a vendedora que o aconselhou? • **quelle heure est-il ?** que horas são? • **quel beau temps !** que tempo óptimo! • **quel est le plus intéressant des deux musées ?** qual dos dois museus é o mais interessante?

quelconque *adj* • **si pour une raison quelconque, tu dois t'absenter...** se por uma razão qualquer te devas ausentar... • **une personne quelconque** uma pessoa qualquer.

quelque *adj* **1.** *(un peu de)* algum (alguma) **2.** *(avec "que")* qualquer • **dans quelque temps** dentro de algum tempo • **quelque route que je prenne** qualquer que seja a estrada pela qual eu siga.
■ **quelques** *adj* **1.** *(plusieurs)* alguns (algumas) **2.** *(dans des expressions)* • **50 euros et quelques** 50 e tantos euros • **il est midi et quelques** é meio-dia e picos • **j'ai quelques lettres à écrire** tenho algumas cartas para escrever • **j'ai quelques vieux livres à donner** tenho alguns livros para dar.

quelque chose *pron* alguma coisa • **il y a quelque chose de bizarre** há alguma coisa de esquisito.

quelquefois *adv* às vezes.

quelque part *adv* em algum lado.

quelques-uns, quelques-unes *pron* alguns (algumas).

quelqu'un *pron* alguém.

quémander *vt* pedinchar.

qu'en-dira-t-on *nm inv* • **le qu'en-dira-t-on** o que as pessoas vão dizer.

quenelle *nf rolo cozido, geralmente de peixe.*

querelle *nf* querela *(f)* • **chercher querelle à qqn** provocar alguém.

quereller ■ **se quereller** *vp sout* discutir.

question *nf* **1.** *(interrogation)* pergunta *(f)* **2.** *(sujet)* questão *(f)* • **l'affaire en question** o assunto em questão • **il est question de qqch** fala-se de algo • **il est question de faire qqch** fala-se de fazer algo • **(il n'en est) pas question !** nem pensar! • **remettre qqch en question** pôr algo em questão.

questionnaire *nm* questionário *(m)*.

questionner *vt* questionar.

quête *nf (d'argent)* colecta *(f)* • **faire la quête** fazer a colecta.

quêter *vi* colectar.

quetsche *nf* ameixa *(f)* preta.

queue *nf* **1.** *(d'un animal, avion)* cauda *(f)* **2.** *(d'un train, d'un peloton)* parte *(f)* de trás **3.** *(file d'attente)* fila *(f)* • **faire la queue** pôr-se na bicha • **à la queue leu leu** em fila indiana • **faire une queue de poisson à qqn** atravessar-se na frente do carro de alguém.

queue-de-cheval *nf* rabo-de-cavalo *(m)*.

qui *pron rel*

1. SUJET = que
• **les passagers qui doivent changer d'avion** os passageiros que devem mudar de avião
• **la route qui mène à Calais** a estrada que vai até Calais

2. COMPLÉMENT D'OBJET DIRECT = quem
• **tu vois qui je veux dire** estás a ver a quem me refiro
• **invite qui tu veux** convida quem quiseres

3. COMPLÉMENT D'OBJET INDIRECT
• **la personne à qui j'ai parlé** a pessoa com quem falei

4. QUICONQUE
• **qui que ce soit** quem quer que seja

5. DANS DES EXPRESSIONS
• **qui plus est,...** ainda por cima...

qui *pron interr*

1. SUJET
• **qui êtes-vous ?** quem é você?
• **je voudrais savoir qui viendra** gostaria de saber quem virá

2. COMPLÉMENT D'OBJET DIRECT
• **qui demandez-vous ?** com quem deseja falar?
• **qui est-ce que vous demandez ?** com quem é que deseja falar?
• **dites-moi qui vous demandez** diga-me com quem é que deseja falar

3. COMPLÉMENT D'OBJET INDIRECT
• **à qui dois-je m'adresser ?** a quem é que me devo dirigir?

quiche *nf* • **quiche (lorraine)** *tarte confeccionada com ovos, natas e bocadinhos de toucinho.*

quiconque *pron* quem quer que seja que.

quiétude *nf sout* quietude *(f)*.

quignon *nm fam* naco *(m)*.

quille *nf* **1.** *(de jeu)* fito *(m)* **2.** *(d'un bateau)* quilha *(f)*.

quincaillerie *nf (boutique)* loja *(f)* de ferragens.

quinine *nf* quinino *(m)*.

quinquagénaire *nmf* quinquagenário *(m)*, -ria *(f)*.

quinquennal, e *adj* quinquenal.

quinquennat *nm* mandato *(m)* presidencial para cinco anos, mandato *(m)* quinquenal.

quintal *nm* quintal *(m) (medida)*.

quinte *nf* • **quinte de toux** ataque *(m)* de tosse.

quintuple *nm* • **le quintuple (de)** o quíntuplo (de).

quinzaine *nf (deux semaines)* quinzena *(f)* • **une quinzaine (de)** uma quinzena (de).

quinze *num* quinze • **il a quinze ans** ele tem quinze anos • **il est quinze heures** são quinze horas • **le quinze janvier** no dia quinze de Janeiro • **page quinze** página quinze • **ils étaient quinze** eram quinze • **(au) quinze rue Lepic** (na) rua Lepic, número quinze.

quinzième *num* décimo quinto (décima quinta).

quiproquo *nm* quiproquó *(m)*.

quittance *nf* recibo *(m)*.

quitte *adj* • **nous sommes quittes** estamos quites • **quitte à y aller à pied** nem que tenhamos de lá ir a pé.

quitter *vt* **1.** deixar **2.** INFORM sair • **ne quittez pas** *(au téléphone)* não desligue.
■ **se quitter** *vp* **1.** despedir-se **2.** *(pour toujours)* separar-se.

qui-vive *nm inv* • **être sur le qui-vive** estar de sobreaviso.

quoi *pron interr*

1. COMPLÉMENT D'OBJET DIRECT = que
• **je ne sais pas quoi dire** não sei (o) que dizer
• *fam* **c'est quoi ?** o que é?

2. APRÈS UNE PRÉPOSITION
• **de quoi avez-vous besoin ?** de que é que precisa?
• **à quoi penses-tu ?** estás a pensar em quê?
• **à quoi bon ?** para quê?
• **sur quoi est-ce que je peux écrire ?** onde posso escrever?

3. *fam* EXCLAMATIF
• **allez, quoi !** anda lá!

4. DANS DES EXPRESSIONS
• *fam* **quoi ?** o quê?
• **quoi de neuf ?** o que há de novo?
• *fam* **tu viens ou quoi ?** vens ou quê?
• **si tu as besoin de quoi que ce soit, fais-moi signe** se precisares do que quer que seja, avisa-me
• **j'irai quoi qu'il dise** eu irei, independentemente do que ele diga
• **quoi qu'il en soit,...** seja como for,...

quoi *pron rel*

• **avoir de quoi manger/vivre** ter de que comer/viver
• **avez-vous de quoi écrire ?** tem com que escrever?
• **merci – il n'y a pas de quoi** obrigado – não tem de quê
• **ce à quoi je pense** aquilo em que penso
• **sans quoi** senão.

quoique *conj* embora.

quota *nm* quota *(f)*.

quotidien, **enne** ◼ *adj* quotidiano(na). ◼ *nm* *(journal)* diário *(m)*.

quotient *nm* quociente *(m)* • **quotient intellectuel** quociente de inteligência.

rR

r, R *nm inv (lettre)* r, R *(m)*.
■ **r** (*abr écrite de* **rue**) r. *(rua)*.

rabâcher *vt fam* repisar.

rabais *nm* desconto *(m)*.

rabaisser *vt* rebaixar.

rabat *nm* **1.** *(de poche)* pala *(f)* **2.** *(d'enveloppe)* dobra *(f)*.

rabat-joie *nm inv* desmancha-prazeres *(mf inv)*.

rabattre *vt* **1.** *(replier)* dobrar **2.** *(gibier)* levantar.
■ **se rabattre** *vp (automobiliste)* encostar ◆ **se rabattre sur** conformar-se com.

rabbin *nm* rabino *(m)*.

rabot *nm* plaina *(f)*.

raboter *vt* aplainar.

rabougri, e *adj* enfezado(da).

raccommoder *vt* remendar.

raccompagner *vt* acompanhar.

raccord *nm* ligação *(f)*.

raccordement *nm* ligação *(f)*.

raccorder *vt* ligar ◆ **raccorder qqch à qqch** ligar algo a algo.
■ **se raccorder** *vp* ◆ **se raccorder par qqch** ter ligação através de algo ◆ **se raccorder à qqch** ter ligação com algo.

raccourci *nm* atalho *(m)* ◆ **raccourci clavier** INFORM atalhos de teclado.

raccourcir ■ *vt* encurtar. ■ *vi* diminuir.

raccrocher ■ *vt* pendurar outra vez. ■ *vi (au téléphone)* desligar.

race *nf* raça *(f)* ◆ **de race** de raça.

rachat *nm* **1.** *(transaction)* compra *(f)* **2.** RELIG redenção *(f)*.

racheter *vt* comprar mais ◆ **racheter qqch à qqn** comprar algo a alguém.

rachitique *adj* raquítico(ca).

racial, e, aux *adj* racial.

racine *nf* **1.** raiz *(f)* **2.** INFORM nó *(m)*, raiz *(f)* ◆ **racine carrée** raiz quadrada.

racisme *nm* racismo *(m)*.

raciste *adj* racista.

racket *nm* extorsão *(f)*.

raclée *nf fam* tareia *(f)*.

racler *vt* raspar.
■ **se racler** *vp* ◆ **se racler la gorge** aclarar a garganta.

raclette *nf prato típico suíço à base de queijo fundido.*

racoler *vt* **1.** *péj (attirer)* arranjar **2.** *(suj : prostituée)* engatar.

racoleur, euse *adj péj* aliciador(ra).

racontars *nmpl fam* mexericos *(mpl)*.

raconter *vt* contar ◆ **raconter qqch à qqn** contar algo a alguém ◆ **raconter à qqn que** *(décrire)* contar a alguém que ◆ *péj (prétendre)* andar por aí a dizer a alguém que.

radar *nm* radar *(m)*.

radeau *nm* jangada *(f)*.

radiateur *nm* **1.** *(de chauffage)* aquecedor *(m)* **2.** *(d'automobile)* radiador *(m)*.

radiations *nfpl* radiações *(fpl)*.

radical, e, aux ■ *adj* radical. ■ *nm* radical *(m)*.

radicaliser *vt* radicalizar.
■ **se radicaliser** *vp* radicalizar-se.

radier *vt* **1.** *(d'une liste)* riscar **2.** *(d'une profession)* expulsar.

radieux, euse *adj* **1.** *(soleil)* radioso(osa) **2.** *(sourire)* radiante.

radin, e *adj fam* forreta.

radio *nf* **1.** rádio *(m)* **2.** MÉD radiografia *(f)* ◆ **à la radio** na rádio ◆ **radio locale/privée/libre** rádio local/privada/pirata.

radioactif, ive *adj* radioactivo(va).

radioactivité *nf* radioactividade *(f)*.

radiocassette *nf* rádio *(m)*.

radiodiffuser *vt* radiodifundir.

radiographie *nf* radiografia *(f)*.

radiologue *nmf* radiologista *(mf)*.

radio-réveil *nm* rádio-despertador *(m)*.

radiotélévisé, e *adj transmitido em simultâneo pela rádio e pela televisão.*

radis *nm* rabanete *(m)*.

radium *nm* rádio *(m) (metal)*.

radius *nm* rádio *(m) (osso)*.

radoter *vi* disparatar.

radoucir ■ **se radoucir** *vp* suavizar-se.

rafale *nf* rajada *(f)*.

raffermir *vt* fortalecer.

raffinage *nm* refinação *(f)*.

raffiné, e *adj* **1.** *(personne, manières)* requintado(da) **2.** *(sucre, pétrole)* refinado(da).

raffinement *nm* requinte *(m)*.

raffiner *vt* refinar.

raffinerie *nf* refinaria *(f)*.

raffoler ■ **raffoler de** *vp + prép* ser doido (da) por.

raffut *nm fam* barulheira *(f)* • **faire du raffut** *fig* armar uma confusão.

rafistoler *vt fam* consertar.

rafle *nf* **1.** *fam (vol)* roubo *(m)* **2.** *(de police)* rusga *(f)*.

rafler *vt fam (emporter)* açambarcar.

rafraîchir *vt* **1.** *(atmosphère, boisson)* refrescar **2.** *(vêtement, coiffure)* retocar.
■ **se rafraîchir** *vp* **1.** *(boire)* refrescar-se **2.** *(temps)* arrefecer.

rafraîchissant, e *adj* refrescante.

rafraîchissement *nm* refresco *(m)*.

rage *nf* raiva *(f)* • **rage de dents** forte dor *(m)* de dentes.

rager *vi fam* ficar com raiva.

ragots *nmpl fam* boatos *(mpl) (Port)*, fofocas *(fpl) (Br)*.

ragoût *nm* guisado *(m)*.

raid *nm* raid *(m)* • **raid aérien** raid aéreo.

raide ■ *adj* **1.** *(corde, cheveux)* liso(sa) **2.** *(personne, démarche)* rígido(da) **3.** *(pente)* íngreme. ■ *adv* • **tomber raide mort** cair morto.

raidir *vt* endurecer.
■ **se raidir** *vp* ficar rígido(da).

raie *nf* **1.** risca *(f)* **2.** *(poisson)* raia *(f)*.

raillerie *nf sout* escárnio *(m)*.

rails *nmpl* carris *(mpl)*.

rainure *nf* ranhura *(f)*.

raisin *nm* uva *(f)* • **raisins secs** passas *(fpl)*.

raison *nf* razão *(f)* • **à raison de** na proporção de • **avoir raison (de faire qqch)** ter razão (em fazer algo) • **en raison de** por causa de.

raisonnable *adj* razoável.

raisonnement *nm* raciocínio *(m)*.

raisonner ■ *vi* raciocinar. ■ *vt* chamar à razão.

rajeunir ■ *vi* rejuvenescer. ■ *vt* • **rajeunir qqn** rejuvenescer alguém.

rajouter *vt* acrescentar.

râle *nm* estertor *(m)*.

ralenti *nm* **1.** *(d'un moteur)* ralenti *(m)* **2.** *(au cinéma)* câmara *(f)* lenta • **au ralenti** *(fonctionner)* a uma velocidade reduzida • *(passer une scène)* em câmara lenta.

ralentir ■ *vt* **1.** *(mouvement)* abrandar **2.** *(véhicule)* afrouxar. ■ *vi* afrouxar.

ralentissement *nm* **1.** *(freinage)* afrouxamento *(m)* **2.** *(embouteillage)* abrandamento *(m)* **3.** *(diminution)* diminuição *(f)*.

râler *vi fam* mandar vir.

râleur, euse *nm, f fam* resmungão *(m)*, -gona *(f)*.

rallier *vt* **1.** *(rassembler, convaincre)* reunir **2.** *(rejoindre)* voltar para.
■ **se rallier** *vp* reunir-se • **se rallier à** aderir a.

rallonge *nf* **1.** *(de table)* tábua *(f)* **2.** *(électrique)* extensão *(f)*.

rallonger ■ *vt* **1.** *(vêtement)* descer a bainha de **2.** *(parcours, voyage)* prolongar. ■ *vi (jours)* aumentar.

rallumer *vt* reacender.

rallye *nm* rali *(m)*.

RAM (*abr de* **Random Access Memory**) *nf inv* INFORM RAM *(f)*.

ramadan *nm* ramadão *(m)*.

ramassage *nm* • **ramassage scolaire** transporte *(m)* escolar.

ramasser *vt* apanhar.

rambarde *nf* grades *(fpl)*.

rame *nf* remo *(m)* • **une rame (de métro)** um metro.

rameau *nm* ramo *(m)*.
■ **Rameaux** *nmpl* • **les Rameaux** Domingo *(m)* de Ramos.

ramener *vt* **1.** *(raccompagner)* levar **2.** *(souvenir, pain)* trazer **3.** *(amener de nouveau)* trazer de volta • **ramener à** *(baisser)* reduzir a.

ramequin *nm* **1.** *(récipient) pequeno recipiente de barro utilizado para cozinhar no forno* **2.** CULIN pastel *(m)* de queijo.

ramer *vi* remar.

ramification *nf* ramificação *(f)*.

ramollir *vt* amolecer.
■ **se ramollir** *vp* amolecer.

ramoner *vt* limpar.

ramoneur *nm* limpa-chaminés *(m inv)*.

rampe *nf* **1.** *(d'escalier)* corrimão *(m)* **2.** *(d'accès)* rampa *(f)*.

ramper *vi* rastejar.

rampon *nm (Suisse)* valerianela *(f)*.

rance *adj* rançoso(osa).

ranch *nm* rancho *(m) (quinta)*.

rancir *vi* ficar rançoso(osa).

rancœur *nf* rancor *(m)*.

rançon *nf* resgate *(m)*.

rancune *nf* rancor *(m)* • **sans rancune !** sem ressentimentos!

rancunier, **ère** *adj* rancoroso(osa).

rando *fam nf* (*abr de* **randonnée**) passeio.

randonnée *nf* passeio *(m)* • **faire de la randonnée (pédestre)** dar passeios (a pé).

randonneur, **euse** *nm, f* caminhante *(mf)*.

rang *nm* **1.** *(rangée)* fila *(f)* **2.** *(place)* posição *(f)* • **se mettre en rangs** pôr-se em fila.

rangé, **e** *adj* arrumado(da).

rangée *nf* fila *(f)*.

rangement *nm (placard)* arrumação *(f)* • **faire du rangement** dar uma arrumação.

ranger *vt* arrumar.
■ **se ranger** *vp (en voiture)* encostar.

ranimer *vt* **1.** *(blessé)* reanimar **2.** *(feu)* atiçar.

rap *nm* rap *(m)*.

rapace *nm* ave *(f)* de rapina.

rapatrier *vt* repatriar.

râpe *nf* **1.** ralador *(m)* **2.** *(plate)* raspador *(m)* **3.** *(Suisse) fam* forreta *(mf)*.

râpé, **e** *adj* **1.** CULIN ralado(da) **2.** *(usagé)* coçado(da) **3.** *fam (raté)* • **c'est râpé !** já é tarde demais!

râper *vt* **1.** *(fromage)* ralar **2.** *(carottes)* raspar.

rapetisser *vi* minguar.

râpeux, **euse** *adj* **1.** *(rugueux)* áspero(ra) **2.** *(vin)* carrascão(ã).

raphia *nm* ráfia *(f)*.

rapide *adj* rápido(da).

rapidement *adv* rapidamente.

rapidité *nf* rapidez *(f)*.

rapiécer *vt* remendar.

rappel *nm* aviso *(m)* • **'rappel'** 'atenção'.

rappeler *vt* **1.** *(faire revenir)* chamar de volta **2.** *(au téléphone)* telefonar mais tarde • **rappeler qqch à qqn** *(redire)* relembrar algo a alguém • *(évoquer)* lembrar algo a alguém.
■ **se rappeler** *vp* lembrar-se.

rapport *nm* **1.** *(compte-rendu)* relatório *(m)* **2.** *(point commun)* ligação *(f)* • **par rapport à** em relação a.
■ **rapports** *nmpl* relações *(fpl)*.

rapporter ◼ *vt* **1.** trazer **2.** *(rendre)* devolver **3.** *(argent)* render. ◼ *vi* **1.** *(être avantageux)* dar lucro **2.** *(répéter)* contar.
■ **se rapporter à** *vp + prép* referir-se a.

rapprochement *nm* **1.** *(contact, réconciliation)* aproximação *(f)* **2.** *(comparaison)* ligação *(f)* • **faire le rapprochement** fazer a ligação.

rapprocher *vt* aproximar.
■ **se rapprocher** *vp* aproximar-se • **se rapprocher de** aproximar-se de.

rapt *nm* rapto *(m)*.

raquette *nf* **1.** *(de tennis, de ping-pong)* raquete *(f)* **2.** *(pour la neige)* raquete *(f)* de neve.

rare *adj* raro(ra).

raréfier *vt* rarefazer.
■ **se raréfier** *vp* rarefazer-se.

rarement *adv* raramente.

ras, **e** ◼ *adj* **1.** *(très court)* curtinho(nha) **2.** *(verre, cuillère)* raso(sa). ◼ *adv* • **(à) ras** rente • **au ras de** rente a • **à ras bord** até cima • **en avoir ras le bol** *fam* estar pelos cabelos.

rasade *nf* copo *(m)* cheio.

raser *vt* **1.** *(barbe, personne)* fazer a barba a **2.** *(cheveux)* rapar **3.** *(frôler)* roçar.
■ **se raser** *vp* barbear-se.

ras-le-bol *nm inv fam* • **en avoir ras-le-bol** já estar pelos cabelos.

rasoir *nm* gilete *(f)* • **rasoir électrique** máquina *(f)* de barbear.

rassasié, **e** *adj* saciado(da).

rassasier *vt* saciar.

rassemblement *nm* **1.** ajuntamento *(m)* **2.** MIL toque *(m)* de reunir.

rassembler *vt* juntar.
■ **se rassembler** *vp* juntar-se.

rasseoir ■ **se rasseoir** *vp* tornar a sentar-se.

rasséréner *vt sout* sossegar.

rassis, e *adj* duro(ra).

rassurant, e *adj* tranquilizante.

rassurer *vt* tranquilizar.

> S'EXPRIMER...
> **rassurer quelqu'un**
> • **Vai correr bem, vais ver.** / Tu verras, ça va aller.
> • **Não te preocupes./Não te rales** *fam* / Ne t'en fais pas
> • **(Isso) não tem importância!** / Ce n'est pas grave !
> • **O que é que podia ter acontecido?** / Que veux-tu qu'il se soit passé ?

rat *nm* ratazana *(f)*.

ratatiné, e *adj* **1.** *(pomme)* engelhado(da) **2.** *(personne)* definhado(da).

ratatouille *nf guisado de beringelas, courgettes e tomates típico da Provença.*

rate *nf* baço *(m)*.

râteau *nm* ancinho *(m)*.

rater ◼ *vt* **1.** *(cible)* falhar **2.** *(examen)* reprovar em **3.** *(train)* perder. ◼ *vi* fracassar.

ratifier *vt* ratificar.

ration *nf* ração *(f)*.

rationaliser *vt* racionalizar.

rationnel, elle *adj* racional.

rationnement *nm* racionamento *(m)*.

rationner *vt* racionar.

ratisser *vt* limpar com o ancinho.

RATP (*abr de* **Régie Autonome des Transports Parisiens**) *nf companhia de transportes parisienses.*

rattacher *vt* • **rattacher qqch à** *(attacher)* voltar a prender algo a • *(relier)* ligar algo a • **rattacher ses lacets** apertar os atacadores.

ratte *nf (pomme de terre)* batata nova.

rattrapage *nm* recuperação *(f)*.

rattraper *vt* **1.** apanhar **2.** *(retard)* recuperar.
■ **se rattraper** *vp* **1.** *(se retenir)* agarrar-se **2.** *(d'une erreur)* corrigir-se **3.** *(sur le temps perdu)* recuperar.

rature *nf* rasura *(f)*.

rauque *adj* rouco(ca).

ravager *vt* arrasar.

ravages *nmpl* • **faire des ravages** fazer estragos.

ravalement *nm* restauração *(f)*.

ravaler *vt (façade)* restaurar.

ravi, e *adj* encantado(da).

ravigoter *vt fam* revigorar.

ravin *nm* ravina *(f)*.

ravioli(s) *nmpl* raviolis *(mpl)*.

ravir *vt* **1.** *(charmer)* encantar **2.** *sout (arracher)* • **ravir qqch à qqn** arrebatar algo a alguém • **être ravi de qqch/de faire qqch** estar encantado com algo/por fazer algo • **je suis ravi qu'il vienne** estou encantado com o facto de ele vir • **à ravir** ás mil maravilhas.

raviser ■ **se raviser** *vp* mudar de ideias.

ravissant, e *adj* encantador(ra).

ravisseur, euse *nm, f* raptor *(m)*, -ra *(f)*.

ravitaillement *nm* **1.** *(action)* abastecimento *(m)* **2.** *(provisions)* provisões *(fpl)*.

ravitailler *vt* abastecer • **se ravitailler** abastecer-se.

raviver *vt* reavivar.

rayé, e *adj* **1.** *(tissu)* às riscas **2.** *(disque, verre)* riscado(da).

rayer *vt* riscar.

rayon *nm* **1.** raio *(m)* **2.** *(de grand magasin)* secção *(f)* • **rayons X** raios X.

rayonnage *nm* prateleiras *(fpl)*.

rayonnant, e *adj* radiante • **rayonnant de** radiante de.

rayonnement *nm* **1.** radiação *(f)* **2.** *fig (éclat)* esplendor *(m)* **3.** *fig (bonheur)* irradiação *(f)*.

rayonner *vi* irradiar • **rayonner autour de** deslocar-se nos arredores de.

rayure *nf* **1.** *(sur un tissu)* risca *(f)* **2.** *(sur un disque, du verre)* risco *(m)* • **à rayures** às riscas.

raz(-)de(-)marée *nm inv* maremoto *(m)*.

razzia *nf* razia *(f)* • **faire une razzia sur qqch** *fam* fazer uma razia em algo.

réacheminer *vt* encaminhar.

réacteur *nm* reactor *(m)*.

réaction *nf* reacção *(f)*.

réactionnaire *adj* & *nmf péj* reaccionário (ria).

réactualiser *vt* reactualizar.

réadapter *vt* readaptar.
■ **se réadapter** *vp* • **se réadapter à qqch** readaptar-se a algo.

réaffirmer *vt* reafirmar.

réagir *vi* reagir.

réalisable *adj* realisável.

réalisateur, **trice** *nm, f* realizador *(m)*, -ra *(f)*.

réaliser *vt* **1.** realizar **2.** *(comprendre)* dar-se conta de.
■ **se réaliser** *vp* realizar-se.

réaliste *adj* realista.

réalité *nf* realidade *(f)* • **en réalité** na realidade • **réalité virtuelle** realidade virtual.

réanimation *nf* reanimação *(f)*.

réanimer *vt* reanimar.

rébarbatif, **ive** *adj* rebarbativo(va).

rebelle *adj* & *nmf* rebelde • **être rebelle à** ser rebelde a.

rebeller ■ **se rebeller** *vp* rebelar-se.

rébellion *nf* **1.** *(collective)* rebelião *(f)* **2.** *(individuelle)* rebeldia *(f)*.

reboiser *vt* rearborizar.

rebondir *vi* saltar.

rebondissement *nm* novo acontecimento *(m)*.

rebord *nm* parapeito *(m)*.

reboucher *vt* tapar de novo.

rebours ■ **à rebours** *loc adv* **1.** *(brosser, caresser)* a contrapelo **2.** *fig (faire, comprendre)* ao contrário.

rebrousse-poil ■ **à rebrousse-poil** *adv (caresser)* em sentido contrário.

rebrousser *vt* • **rebrousser chemin** voltar atrás.

rébus *nm jogo onde desenhos representam sílabas de palavras.*

récalcitrant, **e** *adj* recalcitrante.

recaler *vt fam* chumbar.

récapituler *vt* recapitular.

recel *nm* receptação *(f)*.

receleur, **euse** *nm, f* receptador *(m)*, -ra *(f)*.

récemment *adv* recentemente.

recensement *nm* censo *(m)*.

recenser *vt* recensear.

récent, **e** *adj* recente.

récépissé *nm* recibo *(m)*.

récepteur *nm* receptor *(m)*.

réception *nf* recepção *(f)*.

réceptionner *vt* receber.

réceptionniste *nmf* recepcionista *(mf)*.

récession *nf* recessão *(f)*.

recette *nf* receita *(f)*.

receveur, **euse** *nm, f* cobrador *(m)* • **receveur des postes** chefe *(mf)* dos correios.

recevoir *vt* **1.** receber **2.** *(balle, coup)* levar **3.** *(candidat)* aprovar.

rechange ■ **de rechange** *adj* **1.** *(vêtement, solution)* de reserva **2.** *(pneu)* sobresselente.

réchapper *vi* • **réchapper de** escapar de • **en réchapper** escapar desta.

recharge *nf* recarga *(f)*.

rechargeable *adj* recarregável.

recharger *vt* recarregar.

réchaud *nm* fogão *(m)* • **réchaud à gaz** fogão a gás.

réchauffement *nm* sobreaquecimento *(m)* • **réchauffement de la planète** aquecimento global do planeta.

réchauffer *vt* aquecer.
■ **se réchauffer** *vp* aquecer • **se réchauffer les mains** aquecer as mãos.

rêche *adj* áspero(ra).

recherche *nf* pesquisa *(f)* • **faire des recherches** pesquisar • **être à la recherche de** andar à procura de.

rechercher *vt* procurar.

rechute *nf* recaída *(f)*.

rechuter *vi* ter uma recaída.

récidiver *vi* reincidir.

récif *nm* recife *(m) (Port)*, arrecife *(m) (Br)*.

récipient *nm* recipiente *(m)*.

réciproque *adj* recíproco(ca).

réciproquement *adv* reciprocamente • **et réciproquement** e vice-versa.

récit *nm* **1.** narração *(f)* **2.** *(genre)* narrativa *(f)*.

récital *nm* recital *(m)*.

récitation *nf* declamação *(f)*.

réciter *vt* recitar.

réclamation *nf* reclamação *(f)*.

réclame *nf* anúncio *(m)* • **en réclame** em promoção.

réclamer *vt* reclamar.

réclusion *nf* reclusão *(f)* • **réclusion à perpétuité** prisão perpétua.

recoiffer *vt* tornar a pentear. ■ **se recoiffer** *vp* pentear-se outra vez, voltar a pentear-se.

recoin *nm* recanto *(m)*.

recoller *vt* colar.

récolte *nf* colheita *(f)*.

récolter *vt* **1.** *(fruits)* colher **2.** *(céréales)* apanhar.

recommandation *nf* recomendação *(f)*.

recommandé, e ◼ *adj* registado(da). ◼ *nm* • **envoyer qqch en recommandé** mandar algo registado.

recommander *vt* recomendar. ■ **se recommander** *vp (Suisse)* insistir.

recommencer ◼ *vt* recomeçar. ◼ *vi* recomeçar • **recommencer à faire qqch** voltar a fazer algo.

récompense *nf* recompensa *(f)*.

récompenser *vt* recompensar.

réconciliation *nf* reconciliação *(f)*.

réconcilier *vt* reconciliar. ■ **se réconcilier** *vp* reconciliar-se.

reconduire *vt* acompanhar.

réconfort *nm* reconforto *(m)* • **chercher réconfort dans** procurar consolação em.

réconfortant, e *adj* reconfortante.

réconforter *vt* reconfortar.

S'EXPRIMER...

réconforter quelqu'un

- **Não te preocupes./Não te rales** *(fam.)* / Ne t'en fais pas.
- **Força!** / Du nerf !
- **Não te deixes ir abaixo.** / Ne te laisse pas aller.
- **Boa sorte!** / Bon courage !

reconnaissance *nf* reconhecimento *(m)*.

reconnaissant, e *adj* grato(ta).

reconnaître *vt* reconhecer.

reconquête *nf* reconquista *(f)*.

reconsidérer *vt* reconsiderar.

reconstituer *vt* reconstituir.

reconstruire *vt* reconstruir.

reconversion *nf* reconversão *(f)*.

reconvertir ■ **se reconvertir** *vp* mudar de ramo.

recopier *vt* tornar a copiar.

record *nm* recorde *(m)*.

recoucher ■ **se recoucher** *vp* tornar a deitar-se.

recoudre *vt* **1.** tornar a coser **2.** *(bouton)* pregar.

recoupement *nm* verificação *(f)* • **par recoupement** por reconstituição.

recourbé, e *adj* encurvado(da).

recourir *vi* • **recourir à qqn/qqch** recorrer a alguém/algo.

recours *nm* • **avoir recours à** recorrer a.

recouvrir *vt* cobrir • **recouvrir qqch de** cobrir algo com.

recracher *vt* cuspir.

récréation *nf* recreio *(m)*.

récrimination *nf* recriminação *(f)*.

recroqueviller ■ **se recroqueviller** *vp* **1.** *(personne)* encolher-se **2.** *(feuille)* encarquilhar-se.

recrudescence *nf* recrudescência *(f)*.

recrutement *nm* recrutamento *(m)*.

recruter *vt* recrutar.

rectangle *nm* rectângulo *(m)*.

rectangulaire *adj* rectangular.

rectifier *vt* rectificar.

rectiligne *adj* rectilíneo(nea).

recto *nm* recto *(m)* • **recto verso** dos dois lados.

rectorat *nm* reitoria *(f)*.

rectum *nm* recto *(m)*.

reçu, e *nm* recibo *(m)*.

recueil *nm* colectânea *(f)*.

recueillir *vt* recolher. ■ **se recueillir** *vp* meditar.

recul *nm* coice *(m) (de arma)* • **prendre du recul** ganhar balanço.

reculer ◼ *vt* **1.** *(dans l'espace)* recuar **2.** *(date)* adiar. ◼ *vi* recuar.

reculons ■ **à reculons** *adv* às arrecuas.

récupération *nf* recuperação *(f)*.

récupérer ■ *vt* **1.** *(reprendre)* reaver **2.** *(pour réutiliser)* recuperar **3.** *(heures, journées de travail)* compensar. ■ *vi (sportif)* recuperar.

récurer *vt* esfregar.

récuser *vt* **1.** DR recusar **2.** *(refuser)* rejeitar.

recyclage *nm* reciclagem *(f)*.

recycler *vt (déchets)* reciclar.

rédacteur, **trice** *nm, f* redactor *(m)*, -ra *(f)* • **rédacteur en chef** redactor-chefe *(m)*.

rédaction *nf* redacção *(f)*.

redéfinir *vt* redefinir.

redemander *vt* tornar a pedir.

redémarrer *vt* INFORM reiniciar.

redescendre *vi* tornar a descer.

redevable *adj* • **être redevable de qqch à qqn** dever algo a alguém.

redevance *nf* taxa *(f)*.

rédhibitoire *adj* **1.** *(prix)* proibitivo(va) **2.** *(condition, obstacle)* impeditivo(va).

rediffusion *nf (émission)* reposição *(f)*.

rédiger *vt* redigir.

redimensionner *vt* INFORM redimensionar.

redire *vt* tornar a dizer.

redistribuer *vt* redistribuir.

redonner *vt* • **redonner qqch à qqn** *(rendre)* devolver algo a alguém • *(donner à nouveau)* voltar a dar algo a alguém.

redoublant, **e** *nm, f* repetente *(mf)*.

redoubler ■ *vt* reprovar. ■ *vi* **1.** SCOL reprovar **2.** *(pluie)* intensificar-se.

redoutable *adj* temível.

redouter *vt* temer.

redoux *nm* aumento *(m)* de temperatura.

redressement *nm* recuperação *(f)*.

redresser ■ *vt* **1.** *(relever)* levantar **2.** *(remettre droit)* endireitar. ■ *vi* endireitar o carro.
■ **se redresser** *vp* endireitar-se.

réduction *nf* **1.** redução *(f)* **2.** *(sur un prix)* redução *(f) (Port)*, abatimento *(m) (Br)*.

réduire *vt (transformer* & INFORM*)* reduzir • **réduire la fenêtre** INFORM reduzir a janela • **réduire qqch en miettes** fazer algo em fanicos • **réduire qqch en poudre** reduzir algo a pó.

réduit, **e** *adj* reduzido(da).

réécrire *vt* reescrever.

rééducation *nf* reeducação *(f)*.

réel, **elle** *adj* real.

réellement *adv* realmente.

rééquilibrer *vt* reequilibrar.

réévaluer *vt* reavaliar.

réexaminer *vt* reexaminar.

réexpédier *vt* reexpedir.

refaire *vt* refazer.

réfectoire *nm* refeitório *(m)*.

référence *nf* referência *(f)* • **faire référence à** fazer referência a.

référendum *nm* referendo *(m) (Port)*, plebiscito *(m) (Br)*.

référer *vi* • **en référer à qqn** consultar alguém.
■ **se référer** *vp* • **se référer à qqn/qqch** *(se rapporter à)* referir-se a alguém/algo • *(recourir à)* recorrer a alguém/algo.

refermer *vt* fechar.
■ **se refermer** *vp* fechar-se.

réfléchi, **e** *adj* reflexo(xa).

réfléchir *vt* & *vi* reflectir.
■ **se réfléchir** *vp* reflectir-se.

reflet *nm* reflexo *(m)*.

refléter *vt* reflectir.
■ **se refléter** *vp* reflectir-se.

réflexe *nm* reflexo *(m)*.

réflexion *nf* **1.** *(pensée)* reflexão *(f)* **2.** *(remarque)* observação *(f)* **3.** *(critique)* reparo *(m)*.

refluer *vi* **1.** *(liquide)* refluir **2.** *(foule)* retroceder.

reflux *nm* refluxo *(m)*.

réforme *nf* reforma *(f) (modificação)*.

réformé, **e** *nm* • **les réformés ne font pas leur service** os que são dispensados não vão à tropa.

réformer *vt* **1.** *(transformer)* reformar **2.** MIL dispensar.

refoulé, **e** *adj* recalcado(da).

refouler *vt* **1.** *(foule)* fazer recuar **2.** *(sentiment)* recalcar **3.** *(larmes)* conter.

réfractaire *adj* refractário(ria) • **être réfractaire à** ser refractário a.

refrain *nm* refrão *(m)*.

refréner *vt* refrear.
■ **se refréner** *vp* refrear-se.

réfrigérateur *nm* frigorífico *(m)*.

refroidir ■ *vt* **1.** *(aliment)* arrefecer **2.** *(décourager)* desanimar. ■ *vi* arrefecer.

■ **se refroidir** *vp* arrefecer.

refroidissement *nm* **1.** *(de la température)* arrefecimento *(m)* **2.** *(rhume)* constipação *(f)* *(Port)*, resfriado *(m)* *(Br)*.

refuge *nm* refúgio *(m)*.

réfugié, e *nm, f* refugiado *(m)*, -da *(f)*.

réfugier ■ **se réfugier** *vp* refugiar-se.

refus *nm* recusa *(f)*.

refuser *vt* recusar • **refuser qqch à qqn** recusar algo a alguém • **refuser de faire qqch** recusar-se a fazer algo.

réfuter *vt* refutar.

regagner *vt* **1.** *(reprendre)* recuperar **2.** *(rejoindre)* voltar para.

regain *nm* *(activité, intérêt)* • **un regain de** uma recrudescência de • **connaître un regain de jeunesse** rejuvenescer.

régal *nm* regalo *(m)*.

régaler ■ **se régaler** *vp* regalar-se.

regard *nm* olhar *(m)*.

regarder *vt* **1.** *(observer)* olhar para **2.** *(concerner)* dizer respeito a • **ça ne te regarde pas** isso não te diz respeito.

régate *nf* regata *(f)*.

régénérer *vt* regenerar.
■ **se régénérer** *vp* regenerar-se.

régenter *vt péj* querer mandar em tudo.

reggae *nm* reggae *(m)*.

régie *nf* régie *(f)*.

régime *nm* **1.** *(alimentaire)* dieta *(f)* **2.** *(d'un moteur & POLIT)* regime *(m)* **3.** *(de bananes)* cacho *(m)* • **être/se mettre au régime** estar de/começar a fazer dieta.

régiment *nm* regimento *(m)*.

région *nf* região *(f)*.

régional, e, aux *adj* regional.

régir *vt* reger.

régisseur, euse *nm, f* **1.** *(intendant)* administrador *(m)*, -ra *(f)* **2.** *(de cinéma, théâtre)* responsável *(mf)* pela régie.

registre *nm* *(livre)* registo *(m)*.

réglable *adj* regulável.

réglage *nm* regulação *(f)*.

règle *nf* **1.** *(instrument)* régua *(f)* **2.** *(loi)* regra *(f)* • **être en règle** estar em ordem • **en règle générale** em regra geral • **règles du jeu** regras do jogo.

■ **règles** *nfpl* menstruação *(f)*, período *(m)*.

règlement *nm* **1.** *(lois)* regulamento *(m)* **2.** *(paiement)* pagamento *(m)*.

réglementaire *adj* regulamentar.

réglementation *nf* regulamentação *(f)*.

réglementer *vt* regulamentar.

régler *vt* **1.** *(appareil, moteur)* afinar **2.** *(payer)* pagar **3.** *(problème)* resolver.

réglisse *nf* alcaçuz *(m)*.

règne *nm* reinado *(m)*.

régner *vi* reinar.

regonfler *vt* **1.** *(pneu, ballon)* tornar a encher **2.** *fam (personne)* dar ânimo a.

regorger ■ **regorger de** *vp + prép* estar repleto(ta) de.

régresser *vi* regredir.

regret *nm* pesar *(m)* • **avoir des regrets de** arrepender-se de.

S'EXPRIMER...

exprimer ses regrets

• **(Isso) faz-me muita pena./Tenho muita pena.** / Ça me fait beaucoup de peine.
• **Infelizmente não consegui entrar em contacto com ele.** / Je n'ai malheureusement pas pu le joindre.
• **É mesmo pena já não nos podermos encontrar.** / C'est vraiment dommage que nous ne puissions plus nous voir.

regrettable *adj* lamentável.

regretter *vt* **1.** *(erreur, décision)* lamentar **2.** *(personne)* sentir falta de • **regretter de faire qqch** lamentar fazer algo • **regretter que** lamentar que.

regrouper *vt* reagrupar.
■ **se regrouper** *vp* reagrupar-se.

régulariser *vt* regularizar.

régulier, ère *adj* regular.

régulièrement *adv* regularmente.

réhabiliter *vt* **1.** reabilitar **2.** *(rénover)* restaurar.
■ **se réhabiliter** *vp* reabilitar-se.

rehausser *vt* **1.** *(mur, maison)* aumentar **2.** *(prestige, tenue)* realçar.

rein *nm* rim *(m)*.
■ **reins** *nmpl* rins *(mpl)*.

réincarnation *nf* reencarnação *(f)*.

réincarner ■ **se réincarner** *vp* reincarnar-se.

reine *nf* **1.** rainha *(f)* **2.** *(aux cartes)* dama *(f)*.

réinsertion *nf* reinserção *(f)*.

réintégrer *vt* **1.** *(rejoindre)* regressar a **2.** DR reintegrar.

rejaillir *vi* **1.** *(liquide)* esguichar **2.** *fig (faire tache)* • **rejaillir sur qqn** manchar o bom nome de alguém.

rejet *nm* **1.** *(refus & MÉD)* rejeição *(f)* **2.** *(jeune pousse)* rebento *(m)*.

rejeter *vt* **1.** *(renvoyer)* rejeitar **2.** *(refuser)* recusar.

rejoindre *vt* **1.** *(personne)* ir ter com **2.** *(lieu)* chegar a.

réjouir ■ **se réjouir** *vp* alegrar-se • **se réjouir de qqch** alegrar-se com algo • **se réjouir de faire qqch** alegrar-se por fazer algo.

réjouissant, e *adj* alegre.

relâcher *vt* soltar.
■ **se relâcher** *vp* **1.** *(corde)* soltar-se **2.** *(discipline)* relaxar-se.

relais *nm* **1.** *(auberge)* albergue *(m)* **2.** SPORT estafeta *(f)* • **prendre le relais de qqn** substituir alguém • **relais routier** restaurante *(m)* à beira da estrada.

relance *nf* **1.** *(reprise)* retoma *(f)* **2.** *(au jeu)* parada *(f)*.

relancer *vt* **1.** *(balle)* voltar a lançar **2.** *(solliciter)* voltar a contactar com **3.** INFORM lançar de novo.

relatif, ive *adj* relativo(va) • **relatif à** relativo a.

relation *nf* relação *(f)* • **être/entrer en relation(s) avec qqn** estar/entrar em contacto com alguém.

relativement *adv* relativamente.

relativiser *vt* tornar relativo(va).

relax *adj fam* **1.** *(décontracté)* nas calmas **2.** *(détendu)* descontraído(da).

relaxant, e *adj* relaxante.

relaxation *nf* relaxamento *(m)*.

relaxer ■ **se relaxer** *vp* relaxar-se.

relayer *vt* revezar.
■ **se relayer** *vp* • **se relayer (pour faire qqch)** revezar-se (para fazer algo).

reléguer *vt* relegar.

relent *nm péj* **1.** *(odeur)* mau cheiro *(m)* **2.** *fig (trace)* vestígio *(m)*.

relevé, e ■ *adj* picante. ■ *nm* • **relevé de compte** número *(m)* de identificação bancária.

relève *nf* revezamento *(m)* • **prendre la relève** *(médecin)* revezar • *(garde)* render • *fig (successeur)* continuar o trabalho.

relever *vt* **1.** *(tête, col)* levantar **2.** *(remarquer)* notar **3.** *(épicer)* temperar **4.** *(remettre debout)* levantar.
■ **se relever** *vp* levantar-se.

relief *nm* relevo *(m)* • **en relief** em relevo.

relier *vt* ligar.

religieuse *nf pequeno bolo redondo recheado com creme de café ou de chocolate* • ▷ **religieux**.

religieux, euse ■ *adj* **1.** *(fête)* religioso(osa) **2.** *(musique)* litúrgico(ca). ■ *nm, f* religioso *(m)*, -osa *(f)*.

religion *nf* religião *(f)*.

relique *nf* relíquia *(f)*.

relire *vt* reler.

reliure *nf (couverture)* encadernação *(f)*.

reluire *vi* reluzir • **faire reluire qqch** fazer com que algo reluza.

remake *nm* remake *(m)*, nova versão *(f)*.

remaniement *nm* remodelação *(f)* • **remaniement ministériel** remodelação ministerial.

remanier *vt* modificar.

remarquable *adj* notável.

remarque *nf* observação *(f)*.

remarquer *vt* reparar • **remarque,...** repára,... • **se faire remarquer** dar nas vistas.

rembobiner *vt* rebobinar.

rembourré, e *adj* **1.** *(fauteuil)* estofado(da) **2.** *(veste)* acolchoado(da).

remboursement *nm* reembolso *(m)*.

rembourser *vt* reembolsar • **se faire rembourser** reembolsar.

remède *nm* remédio *(m)*.

remédier ■ **remédier à** *vp + prép* remediar.

remémorer ■ **se remémorer** *vp sout* recordar-se de.

remerciements *nmpl* agradecimentos *(mpl)* • **avec tous mes remerciements** com os meus agradecimentos.

remercier *vt* agradecer • **remercier qqn de** *OU* **pour qqch** agradecer a alguém algo • **remercier qqn d'avoir fait qqch** agradecer a alguém por ter feito algo.

remettre *vt* **1.** *(reposer)* repor **2.** *(vêtement)* tornar a vestir **3.** *(retarder)* adiar • **remettre qqch à qqn** entregar algo a alguém • **remettre qqch en état** consertar algo.
■ **se remettre** *vp* restabelecer-se • **se remettre à faire qqch** pôr-se a fazer algo • **se remettre de qqch** restabelecer-se de algo.

remise *nf* **1.** *(abri)* arrecadação *(f)* **2.** *(rabais)* desconto *(m)* • **faire une remise à qqn** fazer um desconto a alguém.

remix *nm* MUS remix.

remontant *nm* tónico *(m)*.

remontée *nf* • **remontées mécaniques** teleféricos *(mpl)*.

remonte-pente *nm* ascensor *(m)* de montanha.

remonter ■ *vt* **1.** *(aux avoir) (mettre plus haut)* pôr mais para cima **2.** *(côte, escalier)* tornar a subir **3.** *(moteur, pièces)* tornar a montar **4.** *(montre)* dar corda a. ■ *vi (aux être)* tornar a subir • **remonter à** *(dater de)* remontar a.

remords *nm* remorso *(m)*.

remorque *nf* reboque *(m)*.

remorquer *vt* rebocar.

remorqueur *nm* rebocador *(m)*.

rémoulade *nf* ▷ **céleri**.

remous *nm* redemoinho *(m)*.

rempart *nm* muralha *(f)*.

remparts *nmpl* muralhas *(fpl)*.

remplaçant, e *nm, f* **1.** *(de sportif)* suplente *(mf)* **2.** *(d'enseignant)* substituto *(m)*, -ta *(f)*.

remplacement *nm* substituição *(f)* • **faire des remplacements** assegurar substituições.

remplacer *vt* substituir • **remplacer qqn/qqch par** substituir alguém/algo por.

remplir *vt* **1.** *(verre, salle)* encher **2.** *(questionnaire)* preencher • **remplir qqch de** encher algo de.
■ **se remplir (de)** *vp + prép* encher-se de.

remporter *vt* **1.** *(reprendre)* tornar a levar **2.** *(gagner)* ganhar.

remuant, e *adj* irrequieto(ta).

remue-ménage *nm inv* desarrumação *(f)*.

remuer *vt* **1.** *(bouger)* remexer **2.** *(mélanger)* mexer **3.** *(émouvoir)* transtornar.

rémunération *nf* remuneração *(f)*.

rémunérer *vt* remunerar.

renaissance *nf* renascimento *(m)* • **la Renaissance** o Renascimento.

renaître *vi* renascer • **renaître à** renascer para.

rénal, e *adj* **1.** renal **2.** *(calcul)* nos rins.

renard *nm* raposa *(f)*.

renchérir *vi* **1.** *(surenchérir)* • **renchérir sur qqch** aumentar algo **2.** *sout (augmenter)* encarecer.

rencontre *nf* encontro *(m)* • **aller à la rencontre de qqn** ir ao encontro de alguém.

rencontrer *vt* **1.** *(par hasard)* encontrar **2.** *(faire la connaissance de)* conhecer **3.** *(équipe adverse)* enfrentar.
■ **se rencontrer** *vp* **1.** *(par hasard)* encontrar-se **2.** *(faire connaissance)* conhecer-se.

rendement *nm* rendimento *(m)*.

rendez-vous *nm* encontro *(m)* • **rendez-vous chez moi à 14 h** encontro marcado às 14h em minha casa • **avoir rendez-vous avec qqn** ter encontro marcado com alguém • **donner rendez-vous à qqn** marcar um encontro com alguém • **prendre rendez-vous** *OU* **se donner rendez-vous** marcar um encontro • *(chez le médecin)* marcar uma consulta.

S'EXPRIMER...

fixer un rendez-vous

• **Quando é que nos encontramos?** / Quand nous retrouvons-nous ?
• **Onde é que nos encontramos?** / Où nous donnons-nous rendez-vous ?
• **Queres/Quer marcar encontro para esta noite?** / Veux-tu/Voulez-vous qu'on se donne rendez-vous pour ce soir ?
• **Tens/Tem que fazer amanhã?** / As-tu/Avez-vous déjà prévu quelque chose demain ?

rendormir ■ **se rendormir** *vp* tornar a adormecer.

rendre ■ *vt* **1.** devolver **2.** *(santé)* restituir **3.** *(faire devenir)* deixar. ■ *vi (vomir)* deitar fo-

ra • **rendre la pareille** pagar na mesma moeda • **rendre visite à qqn** visitar alguém.
■ **se rendre** *vp* render-se • **se rendre à** *sout* dirigir-se a • **se rendre utile** ser útil • **se rendre malade** ficar doente.

renégocier *vt* renegociar.

rênes *nfpl* rédeas *(fpl)*.

renfermé, e ◼ *adj (caractère)* reservado(da). ◼ *nm* • **sentir le renfermé** cheirar a mofo.

renfermer *vt* conter.

renflouer *vt* **1.** *(un bâteau)* desencalhar **2.** *fig (une entreprise, une personne)* emprestar dinheiro a.
■ **se renflouer** *vp fam fig* encher os bolsos.

renfoncement *nm* recôncavo *(m)*.

renforcer *vt* **1.** reforçar **2.** *fig* aumentar.

renforts *nmpl* reforços *(mpl)*.

renfrogné, e *adj* carrancudo(da).

rengaine *nf* lengalenga *(f)*.

renier *vt* renegar.

renifler *vi* fungar.

renne *nm* rena *(f)*.

renom *nm* renome *(m)* • **de grand renom** de grande renome.

renommé, e *adj* famoso(osa).

renommée *nf* fama *(f)*.

renoncer ■ **renoncer à** *vp + prép* **1.** *(abandonner)* desistir de **2.** *(refuser)* renunciar a • **renoncer à faire qqch** desistir de fazer algo • *(refuser)* renunciar a fazer algo.

renouer ◼ *vt* reatar. ◼ *vi* • **renouer avec qqn** reatar com alguém.

renouveau *nm* renovação *(f)*.

renouvelable *adj* renovável.

renouveler *vt* renovar.
■ **se renouveler** *vp* repetir-se.

renouvellement *nm* renovação *(f)*.

rénovation *nf* restauração *(f)*.

rénover *vt* restaurar.

renseignement *nm* informação *(f)* • **les renseignements** as informações.

renseigner *vt* • **renseigner qqn (sur)** informar alguém (sobre).
■ **se renseigner (sur)** *vp + prép* informar-se (sobre).

rentabiliser *vt* rentabilizar.

S'EXPRIMER...

demander un renseignement

• **Desculpe,.../Por favor,...** / Excusez-moi, s'il vous plaît !
• **Podia-me dizer onde é a praça do mercado?** / Pouvez- vous me dire où se trouve la place du marché ?
• **Sabe a que horas parte o comboio para Munique?** / Savez-vous à quelle heure part le train pour Munich ?
• **Que horas são, por favor?** / Quelle heure est-il s'il vous plaît ?
• **Até que horas estão abertos hoje?** / Jusqu'à quelle heure êtes vous ouverts aujourd'hui ?
• **Tem por acaso 10 euros trocados?** / Auriez-vous la monnaie de 10 euros ?

rentabilité *nf* rentabilidade *(f)* • **seuil de rentabilité** ponto *(m)* de equilíbrio.

rentable *adj* rentável.

rente *nf* rendimento *(m)*.

rentier, ère *nm, f* • **être un rentier** viver dos seus rendimentos.

rentrée *nf* • **rentrée (d'argent)** entrada *(f)* (de dinheiro) • **rentrée (des classes)** início *(m)* das aulas.

rentrer ◼ *vi* **1.** *(aux être) (entrer)* entrar **2.** *(chez soi)* regressar **3.** *(être contenu)* caber. ◼ *vt* **1.** *(aux avoir)* meter **2.** *(dans la maison)* entrar • **rentrer dans** chocar com • **rentrer le ventre** meter a barriga para dentro.
■ **se rentrer** *vp* • **se rentrer dedans** *fam* estampar-se.

renverse ■ **à la renverse** *adv* de costas.

renversement *nm* **1.** inversão *(f)* **2.** *(d'un régime)* derrubamento *(m)*.

renverser *vt* **1.** *(liquide)* entornar **2.** *(piéton)* atropelar **3.** *(gouvernement)* derrubar • **se faire renverser** ser atropelado (a).
■ **se renverser** *vp* entornar-se.

renvoi *nm* **1.** *(d'un élève)* expulsão *(f)* **2.** *(d'un salarié)* despedimento *(m)* **3.** *(rot)* arroto *(m)*.

renvoyer *vt* **1.** *(balle, lettre)* devolver **2.** *(image, rayon)* reflectir **3.** *(élève)* expulsar **4.** *(salarié)* despedir.

réorganisation *nf* reorganização *(f)*.

réorganiser *vt* reorganizar.

réouverture *nf* reabertura *(f)*.

repaire *nm* covil *(m)*.

répandre *vt* **1.** *(renverser)* derramar **2.** *(nouvelle)* espalhar.
■ **se répandre** *vp* **1.** *(liquide)* derramar-se **2.** *(nouvelle, maladie)* espalhar-se.

répandu, e *adj* corrente.

réparateur, trice *nm, f* reparador *(m)*, -ra *(f)*.

réparation *nf* reparação *(f)* • **en réparation** no conserto.

réparer *vt* reparar • **faire réparer qqch** mandar reparar algo.

repartie *nf* réplica *(f)* • **avoir de la repartie** ter resposta pronta.

repartir *vi* **1.** *(partir)* voltar a partir **2.** *(rentrer)* voltar.

répartir *vt* repartir.

répartition *nf* partilha *(f)*.

repas *nm* refeição *(f)*.

repassage *nm* • **faire du repassage** passar a ferro.

repasser ■ *vt (aux avoir)* passar a ferro. ■ *vi (aux être)* voltar.

repêchage *nm* repescagem *(f)*.

repêcher *vt* **1.** *(retirer de l'eau)* repescar **2.** *(à un examen)* puxar a nota de.

repeindre *vt* tornar a pintar.

repentir *nm* arrependimento *(m)*.
■ **se repentir** *vp* arrepender-se • **se repentir de qqch/d'avoir fait qqch** arrepender-se de algo/de ter feito algo.

répercussions *nfpl* repercussões *(fpl)*.

répercuter *vt* **1.** *(son)* repercutir **2.** *(ordre)* transmitir • **répercuter qqch sur** repercutir algo em.
■ **se répercuter** *vp* repercutir-se • **se répercuter sur** repercutir-se em.

repère *nm* referência *(f)*.

repérer *vt* encontrar.
■ **se repérer** *vp* orientar-se.

répertoire *nm* **1.** *(carnet)* agenda *(f)* **2.** *(d'un acteur, d'un musicien)* repertório *(m)* **3.** INFORM directoria *(f)*.

répertorier *vt* repertoriar.

répéter *vt* **1.** repetir **2.** *(rôle, œuvre)* ensaiar.
■ **se répéter** *vp (se reproduire)* repetir-se.

répétitif, ive *adj* repetitivo(va).

LE REPAS

- l'assiette / o prato
- la bière / a cerveja
- le café / o café
- la carafe d'eau / uma caneca de água
- la charcuterie / a charcutaria
- les couverts / os talheres
- les crudités / os legumes crus
- le dessert / a sobremesa
- l'eau du robinet / a água da torneira
- l'eau gazeuse / a água com gás
- l'eau minérale / a água mineral
- l'eau plate / a água sem gás
- l'entrée / a entrada
- la forêt noire / o bolo Floresta Negra
- le fromage / o queijo
- les fruits / a fruta
- le gâteau / o bolo
- le gâteau d'anniversaire / o bolo de aniversário
- le jus de pomme / o sumo de maçã
- le jus d'orange / o sumo de laranja
- les légumes / os legumes
- le pain / o pão
- le plat / o prato
- le plateau / a bandeja
- le plateau de fromages / o prato de queijos
- la tarte / a tarta
- le thé / o chá
- la tisane / a tisana
- le verre / o copo
- la viande / a carne
- le vin / o vinho
- le yaourt / o iogurte.

répétition *nf* **1.** *(dans un texte)* repetição *(f)* **2.** *(au théâtre)* ensaio *(m)* • **répétition générale** ensaio geral.

répit *nm* sossego *(m)* • **sans répit** sem parar.

replacer *vt* repor.

repli *nm* **1.** *(d'un ourlet, d'une rivière)* dobra *(f)* **2.** MIL retirada *(f)* **3.** *(recul)* recuo *(m)*.

replier *vt* dobrar.

réplique *nf* réplica *(f)*.

répliquer *vt* & *vi* replicar.

replonger ■ *vt* • **replonger qqch/qqn dans** tornar a mergulhar algo/alguém em. ■ *vi* mergulhar de novo.

■ **se replonger** *vp* • **se replonger dans** mergulhar de novo em.

répondeur *nm* • **répondeur (téléphonique** *ou* **automatique)** atendedor *(m)* de chamadas *(Port)*, secretária *(f)* eletrônica *(Br)*.

répondre ■ *vi* **1.** *(à une question, à une lettre)* responder **2.** *(freins)* obedecer. ■ *vt* responder • **répondre à qqn** responder a alguém.

réponse *nf* resposta *(f)*.

report *nm* **1.** *(renvoi)* • **report de qqch (à)** adiamento de algo (para) **2.** *(transcription)* transcrição *(f)*.

reportage *nm* reportagem *(f)*.

reporter[1] *nmf* repórter *(mf)* • **grand reporter** grande repórte.

reporter[2] *vt* **1.** *(rapporter)* devolver **2.** *(date, réunion)* adiar.

repos *nm* repouso *(m)* • **c'est mon jour de repos** é o meu dia de folga.

reposant, e *adj* repousante.

reposer *vt* repor.
■ **se reposer** *vp* repousar-se.

repositionnable *adj* reposicionável • **étiquettes repositionnables** etiquetas autocolantes.

repoussant, e *adj* repulsivo(va).

repousser ■ *vt* **1.** *(faire reculer)* repelir **2.** *(retarder)* adiar. ■ *vi* voltar a crescer.

répréhensible *adj* repreensível.

reprendre *vt* **1.** *(revenir chercher)* vir buscar **2.** *(objet donné)* levar **3.** *(activité)* recomeçar **4.** *(prisonnier)* recapturar **5.** *(se resservir)* repetir **6.** *(corriger)* emendar • **reprendre sa place** retomar o seu lugar • **reprendre son souffle** retomar fôlego.
■ **se reprendre** *vp* **1.** *(se ressaisir)* recompor-se **2.** *(se corriger)* retractar-se.

représailles *nfpl* represálias *(fpl)*.

représentant, e *nm, f* representante *(mf)* • **représentant (de commerce)** caixeiro *(m)* viajante.

représentatif, ive *adj* representativo(va).

représentation *nf* representação *(f)*.

représenter *vt* representar.

répression *nf* repressão *(f)*.

réprimander *vt* repreender.

réprimer *vt* reprimir.

reprise *nf* **1.** *(couture)* remendo *(m)* **2.** *(économique)* retoma *(f)* **3.** *(d'un appareil, d'une voiture)* troca *(f)* • **à plusieurs reprises** por várias vezes.

repriser *vt* remendar.

réprobateur, trice *adj* reprovador(ra).

reproche *nm* censura *(f)*.

reprocher *vt* • **reprocher qqch à qqn** censurar algo a alguém.

reproduction *nf* reprodução *(f)*.

reproduire *vt* reproduzir.
■ **se reproduire** *vp* **1.** *(avoir de nouveau lieu)* voltar a acontecer **2.** *(animaux)* reproduzir-se.

reptile *nm* réptil *(m)*.

repu, e *adj* saciado(da).

république *nf* república *(f)*.

répudier *vt* repudiar.

répugnant, e *adj* repugnante.

répulsion *nf* **1.** *(sentiment)* repulsa *(f)* **2.** *(phénomène physique)* repulsão *(f)*.

réputation *nf* reputação *(f)*.

réputé, e *adj* reputado(da).

requérir *vt* necessitar.

requête *nf* **1.** *sout (prière)* pedido *(m)* **2.** DR requerimento *(m)* **3.** INFORM selecção *(f)* • **à** *ou* **sur la requête de qqn** a pedido de alguém.

requin *nm* tubarão *(m)*.

requis, e *adj* requisitado(da).

réquisitionner *vt* **1.** *(biens)* requisitar **2.** *fam fig (demander l'aide de)* recrutar.

RER (*abr de* **Réseau express régional**) *nm* *rede parisiense de comboios rápidos.*

rescapé, e *nm, f* sobrevivente *(mf)*.

rescousse *nf* • **appeler qqn à la rescousse** pedir socorro a alguém • **aller à la rescousse de qqn** ir em socorro de alguém.

réseau *nm* rede *(f)*.

réservation *nf* reserva *(f)*.

réserve *nf* reserva *(f)* • **en réserve** de reserva.

réservé, e *adj* reservado(da).

réserver *vt* reservar • **réserver qqch à qqn** reservar algo para alguém.
■ **se réserver** *vp* guardar-se.

réservoir *nm* depósito *(m)*.

résidence *nf* residência *(f)* • **résidence secondaire** residência secundária.

résidentiel, elle *adj* residencial.

résider *vi sout* residir.

résidu *nm* resíduo *(m)*.
■ **résidus** *nmpl* resíduos *(mpl)*.

résigner ■ **se résigner** *vp* resignar-se • **se résigner à qqch** resignar-se com algo • **se résigner à faire qqch** resignar-se a fazer algo.

résilier *vt* rescindir.

résine *nf* resina *(f)*.

résistance *nf* resistência *(f)*.

résistant, e *adj* & *nm, f* resistente.

résister ■ **résister à** *vp* + *prép* resistir a.

résolu, e *adj* determinado(da).

résolument *adv* resolutamente.

résolution *nf (décision)* resolução *(f)*.

résonner *vi* ressoar.

résorber *vt* **1.** *(faire disparaître)* acabar com **2.** MÉD reabsorver.
■ **se résorber** *vp* **1.** *(disparaître)* desaparecer **2.** MÉD reabsorver-se.

résoudre *vt* resolver.

respect *nm* respeito *(m)*.

respectable *adj* **1.** *(honorable)* respeitável **2.** *(important)* considerável.

respecter *vt* respeitar.

respectif, ive *adj* respectivo(va).

respectueux, euse *adj* respeitador(ra) • **être respectueux de** mostrar-se respeitador de.

respiration *nf* respiração *(f)*.

respiratoire *adj* respiratório(ria).

respirer *vt* & *vi* respirar.

resplendissant, e *adj* resplandecente • **resplendissant de** radiante de • **être resplendissant de santé** estar a vender saúde.

responsabiliser *vt* tornar responsável.

responsabilité *nf* responsabilidade *(f)*.

responsable *adj* & *nmf* responsável • **être responsable de qqch** ser responsável por algo.

resquiller *vi fam* **1.** *(dans le bus)* andar de borla **2.** *(au spectacle)* entrar de borla.

ressaisir ■ **se ressaisir** *vp* dominar-se.

ressasser *vt* **1.** *(ruminer)* cismar em, remoer **2.** *(rabâcher)* repisar.

ressemblance *nf* semelhança *(f)*.

ressemblant, e *adj* parecido(da).

ressembler ■ **ressembler à** *vp* + *prép* parecer-se com. ■ **se ressembler** *vp* ser parecido(da).

ressemeler *vt* pôr meias solas.

ressentiment *nm* ressentimento *(m)*.

ressentir *vt* sentir.

resserrer *vt* apertar.
■ **se resserrer** *vp* ficar mais estreito(ta).

resservir *vt* & *vi* voltar a servir.
■ **se resservir** *vp* • **se resservir (de)** *(plat)* voltar a servir-se (de).

ressort *nm* mola *(f)*.

ressortir *vi* **1.** *(sortir à nouveau)* tornar a sair **2.** *(se détacher)* sobressair.

ressortissant, e *nm, f* nacional *(mf)*.

ressource *nf* recurso *(m)* • **il a de la ressource** *fig* é um homem de recursos.
■ **ressources** *nfpl* recursos *(mpl)* • **être sans ressources** não ter recursos • **ressources naturelles** recursos naturais.

ressusciter *vi* ressuscitar.

restant, e ■ *adj* ▷ **poste**. ■ *nm* restante *(m)*.

restaurant *nm* restaurante *(m)* • **restaurant universitaire** restaurante universitário.

restaurateur, trice *nm, f* **1.** CULIN dono *(m)*, -na *(f)* de um restaurante **2.** *(de tableaux)* restaurador *(m)*, -ra *(f)*.

restauration *nf* restauração *(f)*.

restaurer *vt* restaurar.

reste *nm* resto *(m)* • **un reste de** um resto de • **les restes** os restos.

rester *vi* **1.** *(dans un lieu)* ficar **2.** *(subsister)* restar **3.** *(continuer à être)* permanecer • **il n'en reste que deux** só restam dois.

restituer *vt* restituir.

resto *nm fam* restaurante *(m)* • **les restos du cœur** ≃ sopa *(f)* dos pobres.

restreindre *vt* restringir.

restreint, e *adj* restrito(ta).

restriction *nf* restrição *(f)* • **sans restriction** sem restrições.
■ **restrictions** *nfpl* restrições *(fpl)*.

restructuration *nf* reestruturação *(f)*.

résultat *nm* resultado *(m)*.

résulter ■ **résulter de** *vp* + *prép* resultar de • **il en résulte que** daí resulta que.

résumé *nm* resumo *(m)* • **en résumé** em resumo.

résumer *vt* resumir.

résurgence *nf* **1.** *(d'une rivière)* ressurgência *(f)* **2.** *fig (d'une doctrine)* ressurgimento *(m)*.

rétablir *vt* restabelecer.
■ **se rétablir** *vp* restabelecer-se.

rétablissement *nm* restabelecimento *(m)*.

retard *nm* atraso *(m)* • **avoir du retard** estar atrasado • **avoir une heure de retard** estar com uma hora de atraso • **être en retard (sur)** estar atrasado (em relação a).

retardataire *nmf* retardatário *(m)*, -ria *(f)*.

retarder *vi* • **ma montre retarde (de cinq minutes)** o meu relógio atrasa (cinco minutos).

retenir *vt* **1.** *(empêcher de partir)* reter **2.** *(empêcher de tomber)* segurar **3.** *(empêcher d'agir)* deter **4.** *(réserver)* reservar **5.** *(se souvenir de)* fixar • **retenir son souffle** reter a respiração • **je retiens 1** *(dans une opération)* e vai 1.
■ **se retenir** *vp* • **se retenir (à qqch)** agarrar-se (a algo) • **se retenir (de faire qqch)** conter-se (para não fazer algo).

retentir *vi* ressoar • **la salle retentit d'applaudissements** os aplausos ressoavam na sala • **retentir sur qqch** *fig* reflectir-se em algo.

retentissant, e *adj* **1.** *(sonore)* retumbante **2.** *(éclatant, frappant)* estrondoso(osa).

retenue *nf* **1.** SCOL castigo *(m)* **2.** *(dans une opération)* número *(m)* que vai.

réticence *nf* relutância *(f)* • **avec/sans réticence** com/sem relutância.

réticent, e *adj* reticente.

rétine *nf* retina *(f)*.

retirer *vt* **1.** *(extraire)* tirar **2.** *(vêtement)* despir **3.** *(argent, billet, colis, bagages)* levantar • **retirer qqch à qqn** tirar algo a alguém • *(permis)* apreender algo a alguém.

retomber *vi* **1.** *(tomber à nouveau)* voltar a cair **2.** *(après un saut)* cair **3.** *(pendre)* vir até • **retomber malade** ficar outra vez doente.

rétorquer *vt* retorquir • **rétorquer à qqn que** retorquir a alguém que.

retors, e *adj* manhoso(osa).

retouche *nf* retoque *(m)*.

retour *nm* **1.** volta *(f)* **2.** *(d'une personne)* regresso *(m)* • **être de retour** estar de regresso • **au retour** na volta.

retourner ■ *vt* **1.** *(aux avoir) (mettre à l'envers)* virar do avesso **2.** *(renvoyer)* devolver. ■ *vi* *(aux être)* voltar para.
■ **se retourner** *vp* **1.** *(voiture, bateau)* virar-se **2.** *(tourner la tête)* voltar-se para trás.

retracer *vt* **1.** *(tracer de nouveau)* tornar a traçar **2.** *(raconter)* reconstituir.

rétracter *vt* **1.** *(contracter)* encolher **2.** *sout (nier)* retractar.
■ **se rétracter** *vp* **1.** *(se contracter)* retrair-se **2.** *(se dédire)* retractar-se.

retrait *nm* levantamento *(m)* • **faire un retrait** levantamento, fazer um levantamento.

retraite *nf* reforma *(f)* *(Port)*, aposentadoria *(f)* *(Br)* • **être à la retraite** estar reformado • **prendre sa retraite** reformar-se • **retraite complémentaire** pensão complementar.

retraité, e *nm, f* reformado *(m)*, -da *(f)*.

retransmission *nf* *(à la radio)* retransmissão *(f)*.

rétrécir *vi* encolher.
■ **se rétrécir** *vp* ficar mais estreito(ta).

rétribution *nf* retribuição *(f)*.

rétro ■ *adj inv* antiquado(da). ■ *nm fam* retrovisor *(m)*.

rétroactif, ive *adj* retroactivo(va).

rétrograder *vi* meter uma mudança inferior.

rétroprojecteur *nm* retroprojector *(m)*.

rétrospective *nf* retrospectiva *(f)*.

rétrospectivement *adv* retrospectivamente.

retrousser *vt* arregaçar.

retrouvailles *nfpl* reencontro *(m)*.

retrouver *vt* **1.** *(objet perdu)* encontrar **2.** *(personne perdue de vue)* reencontrar **3.** *(rejoindre)* ir ter com.
■ **se retrouver** *vp* **1.** encontrar-se **2.** *(dans une situation, un lieu)* dar consigo.

rétroviseur *nm* retrovisor *(m)*.

réunification *nf* reunificação *(f)*.

réunion *nf* reunião *(f)* • **la Réunion** a ilha da Reunião.

Réunionnais, e *nmf* habitante *(mf)* da ilha da Reunião.

réunir *vt* reunir.
■ **se réunir** *vp* reunir-se.

réussi, e *adj* bom (boa) • **être réussi** correr bem.

réussir ◼ *vi* **1.** *(tentative)* correr bem **2.** *(socialement, professionnellement)* sair-se bem. ◼ *vt* • **j'ai réussi la photo/le repas** a fotografia/a comida saiu bem • **réussir (à) un examen** passar num exame • **réussir à faire qqch** conseguir fazer algo • **réussir à qqn** fazer bem a alguém.

réussite *nf* **1.** *(succès)* êxito *(m)* **2.** *(jeu)* paciência *(f)*.

réutiliser *vt* reutilizar.

revaloriser *vt* revalorizar.

revanche *nf* desforra *(f)* • **en revanche** em compensação.

rêve *nm* sonho *(m)*.

rêvé, e *adj* ideal.

réveil *nm* despertador *(m)* • **à son réveil** ao despertar.

réveiller *vt* acordar.
■ **se réveiller** *vp* **1.** *(sortir du sommeil)* acordar **2.** *(douleur, souvenir)* despertar.

réveillon *nm* **1.** *(repas du 24 décembre)* consoada *(f)* **2.** *(repas du 31 décembre)* jantar *(m)* da passagem de ano **3.** *(fête du 24 décembre)* festa *(f)* de Natal **4.** *(fête du 31 décembre)* réveillon *(m)*.

réveillonner *vi* **1.** *(faire un repas le 24 décembre)* consoar **2.** *(faire un repas le 31 décembre)* jantar na passagem de ano **3.** *(participer à la fête du 24 décembre)* festejar o Natal **4.** *(participer à la fête du 31 décembre)* festejar a passagem de ano.

révélateur, trice *adj* revelador(ra).

révélation *nf* revelação *(f)*.

révéler *vt* revelar.
■ **se révéler** *vp* *(s'avérer)* revelar-se.

revenant, e *nm, f* alma *(f)* do outro mundo.

revendeur, euse *nm, f* revendedor *(m)*, -ra *(f)*.

revendication *nf* reivindicação *(f)*.

revendiquer *vt* reivindicar.

revendre *vt* revender.

revenir *vi* **1.** *(venir à nouveau)* regressar **2.** *(d'où l'on arrive)* voltar (para trás) • **faire revenir qqch** refogar algo • **revenir cher** ficar caro • **ça nous est revenu à 2000 euros** isto ficou-nos por 2000 euros • **ça me revient maintenant** agora me lembro • **ça revient au même** vai dar no mesmo • **je n'en reviens pas** custa-me a crer • **revenir sur sa décision** voltar atrás • **revenir sur ses pas** voltar para trás.

revenu, e *nm* rendimento *(m)*.

rêver ◼ *vi* **1.** *(en dormant)* sonhar **2.** *(être distrait)* sonhar acordado(da). ◼ *vt* • **rêver que** sonhar que • **rêver de** sonhar com • **rêver de faire qqch** sonhar fazer algo.

réverbération *nf* reverberação *(f)*.

réverbère *nm* candeeiro *(m)* (de iluminação pública).

rêverie *nf* devaneio *(m)*.

revers *nm* **1.** *(d'une pièce)* coroa *(f)* **2.** *(de la main)* costas *(fpl)* **3.** *(d'une veste, d'un pantalon)* avesso *(m)* **4.** SPORT esquerda *(f)*.

réversible *adj* reversível.

revêtement *nm* revestimento *(m)*.

rêveur, euse *adj* sonhador(ra).

revirement *nm* mudança *(f)* • **revirement de situation** reviravolta *(f)*.

réviser *vt* *(leçons)* rever • **faire réviser sa voiture** mandar o carro à revisão.

révision *nf* *(d'une voiture)* revisão *(f)*.
■ **révisions** *nfpl* revisões *(fpl)*.

révisionnisme *nm* revisionismo *(m)*.

revoir *vt* **1.** *(retrouver)* voltar a ver **2.** *(leçons)* rever • **au revoir !** adeus!

révoltant, e *adj* revoltante.

révolte *nf* *(émeute)* revolta *(f)*.

révolter *vt* revoltar.
■ **se révolter** *vp* revoltar-se.

révolu, e *adj* **1.** *(qui n'existe plus)* volvido(da) **2.** *(complet)* feito(ta).

révolution *nf* revolução *(f)* • **la Révolution (française)** a Revolução francesa.

révolutionnaire *adj & nmf* revolucionário (ria).

revolver *nm* revólver *(m)*.

révoquer *vt* **1.** *(destituer)* destituir **2.** *(annuler)* revogar.

revue *nf* revista *(f)* • **passer qqch en revue** passar algo em revista.

rez-de-chaussée *nm inv* rés-do-chão *(m inv)*.

rhabiller *vt* tornar a vestir.

■ **se rhabiller** *vp* tornar a vestir-se • **tu peux aller te rhabiller** *fam fig* não dás uma para a caixa.

rhésus *nm* rhesus *(m)* • **rhésus positif/négatif** rhesus positivo/negativo.

rhétorique *nf* retórica *(f)*.

Rhin *nm* • **le Rhin** o Reno.

rhinocéros *nm* rinoceronte *(m)*.

rhino-pharyngite *nf* rinofaringite *(f)*.

Rhône *nm* • **le Rhône** o Ródano.

rhubarbe *nf* ruibarbo *(m)*.

rhum *nm* rum *(m)*.

rhumatismes *nmpl* reumatismo *(m)* • **avoir des rhumatismes** ter reumatismo.

rhume *nm* constipação *(f) (Port)*, resfriado *(m) (Br)* • **avoir un rhume** estar com uma constipação • **rhume des foins** febre-dos-fenos *(f)*.

ribambelle *nf* • **une ribambelle de qqch** uma catrefada de algo.

ricaner *vi* fazer chacota *fam*.

riche ■ *adj* rico(ca). ■ *nmf* • **les riches** os ricos • **riche en** rico em.

richesse *nf* riqueza *(f)*.
■ **richesses** *nfpl* riquezas *(fpl)*.

ricocher *vi* ricochetear.

ricochet *nm* • **faire des ricochets** fazer ricochete.

ride *nf* ruga *(f)*.

ridé, e *adj* **1.** *(personne)* enrugado(da) **2.** *(pomme)* engelhado(da).

rideau *nm* **1.** cortina *(f)* **2.** *(au théâtre)* pano *(m)*.

ridicule *adj* ridículo(la).

ridiculiser *vt* ridiculizar.
■ **se ridiculiser** *vp* ridicularizar-se.

rien *pron* nada • **ne... rien** não... nada • **je ne fais rien le dimanche** não faço nada ao domingo • **ça ne fait rien** não faz mal • **de rien** de nada • **pour rien** *(gratuitement)* a troco de nada • *(inutilement)* para nada • **rien d'intéressant** nada de interessante • **rien du tout** nada de nada • **rien que** só.

rigide *adj* rígido(da).

rigole *nf* **1.** *(caniveau)* rego *(m)* **2.** *(eau)* riacho *(m)*.

rigoler *vi* **1.** *fam (rire)* rir **2.** *(s'amuser)* divertir-se **3.** *(plaisanter)* estar a brincar.

rigolo, ote *adj* **1.** *fam (amusant)* engraçado(da) **2.** *(bizarre)* esquisito(ta).

rigoureux, euse *adj* rigoroso(osa).

rigueur *nf* rigor *(m)* • **être de rigueur** ser de rigor • **tenir rigueur de qqch à qqn** guardar rancor a alguém por algo • **à la rigueur** quando muito.

rillettes *nfpl* *paté de carne de porco frita em banha.*

rime *nf* rima *(f)*.

rimer *vi* rimar • **rimer avec** rimar com • **ça ne rime à rien** *fig* isso não tem sentido.

rinçage *nm* enxaguadela *(f)*.

rincer *vt* enxaguar.

ring *nm* **1.** *(de boxe)* ringue *(m)* **2.** *(Belgique) (route)* estrada *(f)* de circunvalação.

riposter *vi* **1.** *(en paroles)* replicar **2.** *(militairement)* ripostar.

rire ■ *nm* riso *(m)*. ■ *vi* **1.** *(de joie)* rir **2.** *(s'amuser)* rir-se • **rire aux éclats** rir às gargalhadas • **tu veux rire ?** estás a brincar? • **pour rire** a brincar.

ris *nmpl* • **ris de veau** moleja *(f)* de vitela.

risée *nf* troça *(f)* • **être la risée de** ser alvo de troça de.

risotto *nm* risotto *(m)*.

risque *nm* risco *(m)*.

risqué, e *adj* arriscado(da).

risquer *vt* arriscar.
■ **risquer de** *vp* + *prép* correr o risco de • **il risque de ne pas venir** pode ser que ele não venha.

rissolé, e *adj* dourado(da).

rite *nm* rito *(m)*.

rituel, elle *adj* ritual.
■ **rituel** *nm* ritual *(m)*.

rivage *nm* costa *(f)*.

rival, e, aux *adj* & *nm, f* rival.

rivaliser *vi* • **rivaliser avec qqn/qqch** rivalizar com alguém/algo • **rivaliser de** *fig* rivalizar em.

rivalité *nf* rivalidade *(f)*.

rive *nf* margem *(f)* • **la rive gauche/droite** *(à Paris) bairros parisienses situados respectivamente na margem esquerda e na margem direita do Sena.*

river *vt* **1.** *(fixer)* • **river qqch à** pregar algo a **2.** *(assembler)* rebitar • **être rivé à** estar colado a.

riverain, **e** *nm, f* *(d'une rue)* morador *(m)*, -ra *(f)* • **'sauf riverains'** 'excepto moradores'.

rivet *nm* rebite *(m)*.

rivière *nf* rio *(m)*.

riz *nm* arroz *(m)* • **riz cantonais** arroz xau-xau • **riz au lait** arroz-doce *(m)* • **riz pilaf** ≃ arroz branco • **riz sauvage** *(Québec)* arroz selvagem.

rizière *nf* arrozal *(m)*.

RMI *nm* (*abr de* **revenu minimum d'insertion sociale**), *subsídio de inserção social concedido às pessoas sem recursos.*

RMiste *nmf pessoa que beneficia do subsídio de inserção social.*

RN *nf* (*abr de* **route nationale**) EN *(f)* *(estrada nacional)*.

robe *nf* **1.** *(vêtement de femme)* vestido *(m)* **2.** *(d'un cheval)* pêlo *(m)* • **robe de chambre** robe *(m)* • **robe du soir** vestido de noite.

robinet *nm* torneira *(f)*.

robot *nm* **1.** *(industriel)* robô *(m)* **2.** *(ménager)* robô *(m)* de cozinha.

robotique *nf* robótica *(f)*.

robuste *adj* robusto(ta).

roc *nm* rochedo *(m)*.

rocade *nf* estrada *(f)* de circunvalação.

rocaille *nf* **1.** rocalha *(f)* **2.** *(jardin) jardim composto por rochas e plantas.*

rocambolesque *adj* rocambolesco(ca).

roche *nf* rocha *(f)*.

rocher *nm* **1.** *(bloc, matière)* rochedo *(m)* **2.** *(au chocolat) bombom de chocolate redondo coberto com bocadinhos de avelã.*

rocheux, **euse** *adj* rochoso(osa).

rock *nm* rock *(m)*.

rodage *nm* rodagem *(f)*.

rodé, **e** *adj* **1.** AUTO *que já terminou a fase de rodagem* **2.** *fig (personne)* que conhece os cantos à casa.

rôder *vi* **1.** *(par ennui)* vaguear **2.** *(pour attaquer)* rondar.

rôdeur, **euse** *nm, f* vadio *(m)*, -dia *(f)*.

rœsti *nmpl* *(Suisse) tortilhas de batatas raladas.*

rogne *nf fam* mau humor • **être/se mettre en rogne** estar/ficar de mau humor.

rogner *vt* **1.** *(couper)* aparar **2.** *(diminuer)* • **rogner sur** cortar em.

rognons *nmpl* rins *(mpl)* *(de animal)*.

roi *nm* rei *(m)* • **la fête des Rois** o dia de Reis.

Roland-Garros *npr* • **(le tournoi de) Roland-Garros** (o torneio de) Roland Garros.

rôle *nm* papel *(m)* • **jeu de rôle** representação de papéis.

ROM *nf* INFORM (*abr de* **read only memory**) ROM *(f)*.

romain, **e** *adj* romano(na).

roman, **e** ■ *adj* românico(ca). ■ *nm* romance *(m)* • **roman policier** romance policial.

romancier, **ère** *nm, f* romancista *(mf)*.

romanesque *adj* romanesco(ca).

roman-feuilleton *nm* **1.** *(à épisodes)* folhetim *(m)* **2.** *fig (sans fin)* telenovela *(f)*.

roman-photo *nm* fotonovela *(f)*.

romantique *adj* romântico(ca).

romantisme *nm* romantismo *(m)*.

romarin *nm* rosmaninho *(m)*.

rompre *vi* romper o namoro.

rompu, **e** *adj* • **être rompu à** ter muita prática em.

romsteck *nm* bife *(m)* de lombo de vaca.

ronces *nfpl* silvas *(fpl)*.

rond, **e** ■ *adj* **1.** redondo(da) **2.** *(gros)* forte. ■ *nm* círculo *(m)* • **en rond** em círculo.

ronde *nf* *(de policiers)* ronda *(f)*.

rondelle *nf* **1.** *(tranche)* rodela *(f)* **2.** TECHNOL anilha *(f)*.

rondeur *nf* **1.** *(forme)* redondeza *(f)* **2.** *(partie charnue)* curva *(f)* **3.** *(du caractère)* franqueza *(f)*.

rond-point *nm* rotunda *(f)*.

ronflement *nm* ronco *(m)*.

ronfler *vi* ressonar.

ronger *vt* **1.** *(os)* roer **2.** *(suj : rouille)* corroer. ■ **se ronger** *vp* • **se ronger les ongles** roer as unhas.

ronronner *vi* ronronar.

roquefort *nm* queijo *(m)* Roquefort.

ROR *nm* (*abr de* **rougeole oreillons rubéole**) VASPR *(m)* (vacina contra o sarampo, papeira e rubéola), SPR *(m)*.

rosace *nf* *(vitrail)* rosácea *(f)*.

rosbif *nm* rosbife *(m)*.

rose ■ *adj* & *nm* cor-de-rosa. ■ *nf (fleur)* rosa *(f)*.

rosé, e ■ *adj* rosado(da). ■ *nm* rosé *(m)*.

roseau *nm* junco *(m)*.

rosée *nf* orvalho *(m)*.

rosier *nm* roseira *(f)*.

rossignol *nm* rouxinol *(m)*.

Rossini ▷ **tournedos**.

rot *nm* arroto *(m)*.

rotation *nf* rotação *(f)*.

roter *vi* arrotar.

rôti *nm* assado *(m)*.

rôtie *nf (Québec)* torrada *(f)*.

rotin *nm* rotim *(m)*.

rôtir ■ *vt* estar a assar. ■ *vi* assar.

rôtisserie *nf* churrascaria *(f)*.

rôtissoire *nf (électrique)* assadeira *(f)*.

rotonde *nf* **1.** *(bâtiment)* rotunda *(f)* **2.** *(dans un autobus) parte de trás de certos autocarros ao ar livre.*

rotule *nf* rótula *(f)*.

rouage *nm (gén pl)* **1.** *(d'un mécanisme)* rodagem *(f)* **2.** *fig (de l'État)* máquina *(f)* (administrativa).

rouble *nm* rublo *(m)*.

roucouler *vi* arrulhar.

roue *nf* roda *(f)* • **roue de secours** pneu *(m)* sobresselente *(Port)*, estepe *(m) (Br)* • **(la) grande roue** roda gigante.

rouer *vt* • **rouer qqn de coups** espancar alguém.

rouge ■ *adj* **1.** vermelho(lha) **2.** *(fer)* em brasa. ■ *nm* **1.** *(couleur)* vermelho *(m)* **2.** *(vin)* tinto *(m)* • **le feu est passé au rouge** o semáforo ficou vermelho • **rouge à lèvres** batom *(m)*.

rouge-gorge *nm* pintarroxo *(m)*.

rougeole *nf* sarampo *(m)*.

rougeur *nf* **1.** *(teinte, de la peau)* vermelhidão *(f)* **2.** *(du visage)* rubor *(m)*.
■ **rougeurs** *nfpl* manchas *(fpl)* vermelhas.

rougir *vi* corar.

rouille *nf* **1.** *(du fer)* ferrugem *(f)* **2.** *(sauce) molho de alho e pimenta vermelha para acompanhar pratos de peixe.*

rouillé, e *adj* enferrujado(da).

rouiller *vi* enferrujar.

roulade *nf* cambalhota *(f)*.

roulant *adj m* ▷ **fauteuil**. ▷ **tapis**.

rouleau *nm* **1.** rolo *(m)* **2.** *(vague)* vaga *(f)* • **rouleau à pâtisserie** rolo da massa • **rouleau de printemps** crepe *(m)* chinês.

roulement *nm* turno *(m)* • **roulement à billes** rolamento *(m)* • **roulement de tambour** rufo *(m)*.

rouler ■ *vt* enrolar. ■ *vi* **1.** circular **2.** *(balle, caillou)* rolar • **rouler les r** enrolar os erres • **'roulez au pas'** 'circule devagar'.
■ **se rouler** *vp* rebolar-se.

roulette *nf* rodinha *(f)* • **la roulette** a roleta.

roulis *nm* balanço *(m)*.

roulotte *nf* roulotte *(f)*.

Roumanie *nf* • **la Roumanie** a Roménia.

rousseur *nf* ▷ **tache**.

roussi *nm* • **ça sent le roussi** cheira a chamusco.

routage *nm* distribuição *(f)*.

route *nf* estrada *(f)* • **mettre qqch en route** pôr algo em andamento • **se mettre en route** pôr-se a caminho • **route départementale** estrada nacional • **'route barrée'** 'estrada cortada ao trânsito'.

routier, ère ■ *adj* **1.** *(carte)* da estrada **2.** *(transports)* rodoviário(ria). ■ *nm* **1.** *(camionneur)* camionista *(m)* **2.** *(restaurant)* restaurante *(m)* à beira da estrada.

routine *nf péj* rotina *(f)*.

routinier, ère *adj* rotineiro(ra).

roux, rousse ■ *adj* **1.** ruivo(va) **2.** *(arbre, chat)* amarelado(da). ■ *nm, f* ruivo *(m)*, -va *(f)*.

royal, e, aux *adj* **1.** *(famille, pouvoir)* real **2.** *(cadeau)* sumptuoso(osa) **3.** *(pourboire)* fabuloso(osa).

royalement *adv* **1.** *(vivre, traiter)* magnificamente **2.** *fig (se moquer)* extremamente **3.** *(offrir)* nobremente.

royaliste *adj* & *nmf* monarquista.

royaume *nm* reino *(m)*.

Royaume-Uni *nm* • **le Royaume-Uni** o Reino Unido.

royauté *nf* realeza *(f)*.

RPR (*abr de* **Rassemblement pour la République**) *nm* HIST *partido político francês de direita.*

RTT (*abr de* **réduction du temps de travail**) *nf* RTT *(f) (redução do tempo de trabalho).*

ruade *nf* coice *(m).*

ruban *nm* fita *(f)* • **ruban adhésif** fita-cola *(f)*, fita *(f)* adesiva.

rubéole *nf* rubéola *(f).*

rubis *nm* rubi *(m).*

rubrique *nf* **1.** *(catégorie)* categoria *(f)* **2.** *(de journal)* rubrica *(f).*

ruche *nf* colmeia *(f).*

rude *adj* **1.** *(climat)* rigoroso(osa) **2.** *(travail)* penoso(osa) **3.** *(voix)* áspero(ra).

rudesse *nf* rudeza *(f).*

rudimentaire *adj* rudimentar.

rue *nf* rua *(f)* • **rue piétonne** *OU* **piétonnière** rua pedonal.

ruée *nf* corrida *(f).*

ruelle *nf* ruela *(f).*

ruer *vi* escoicinhar.
■ **se ruer** *vp* • **se ruer dans/sur** atirar-se a.

rugby *nm* râguebi *(m).*

rugir *vi* rugir.

rugueux, euse *adj* rugoso(osa).

ruine *nf* ruína *(f)* • **en ruine** em ruínas • **tomber en ruine** ficar em ruínas.
■ **ruines** *nfpl* ruínas *(fpl).*

ruiné, e *adj* arruinado(da).

ruiner *vt* arruinar.
■ **se ruiner** *vp* arruinar-se.

ruineux, euse *adj* ruinoso(osa).

ruisseau *nm* ribeiro *(m) (Port)*, ribeirão *(m) (Br).*

ruisseler *vi (liquide)* correr • **ruisseler de** estar banhado em.

rumeur *nf* rumor *(m).*

ruminer *vi* ruminar.

rupture *nf* **1.** *(de relations diplomatiques)* ruptura *(f)* **2.** *(d'une relation amoureuse)* rompimento *(m).*

rural, e, aux *adj* rural.

ruse *nf* **1.** *(habileté)* astúcia *(f)* **2.** *(procédé)* artimanha *(f).*

rusé, e *adj* astuto(ta).

russe ■ *adj* russo(a). ■ *nm (langue)* russo *(m).*
■ **Russe** *nmf* russo *(m)*, -a *(f).*

Russie *nf* • **la Russie** a Rússia.

Rustine® *nf* remendo *(m) (em câmara-de-ar).*

rustique *adj* rústico(ca).

rythme *nm* ritmo *(m).*

rythmer *vt* ritmar.

S

s, S *nm inv (lettre)* s, S *(m)*.
■ **s** (*abr écrite de* **seconde**) sec.
■ **S** (*abr écrite de* **sud**) S. *(Sud)*.

SA *nf* (*abr de* **société anonyme**) SA *(f)*.

sabbatique *adj* sabático(ca).

sable *nm* areia *(f)* • **sables mouvants** areia movediça.

sablé, e ■ *adj* • **pâte sablée** *massa à base de farinha, ovos e açúcar, muito friável.* ■ *nm* bolo *(m)* seco.

sablier *nm* ampulheta *(f)*.

sablonneux, euse *adj* arenoso(osa).

sabot *nm* **1.** *(de cheval, de vache)* casco *(m)* **2.** *(chaussure)* tamanco *(m)* • **sabot de Denver** *dispositivo utilizado pela polícia para bloquear as rodas de um veículo mal estacionado.*

sabotage *nm* sabotagem *(f)*.

saboter *vt* **1.** *(faire échouer)* sabotar **2.** *fig (bâcler)* fazer depressa e mal.

sabre *nm* sabre *(m)*.

sac *nm* saco *(m)* • **sac de couchage** saco-cama *(m)* • **sac à dos** mochila *(f)* • **sac à main** carteira *(f)* • **sac (en) plastique** saco de plástico • **sac poubelle** saco do lixo.

saccadé, e *adj* **1.** *(gestes)* brusco(ca) **2.** *(respiration)* entrecortado(da).

saccager *vt* saquear.

sacerdoce *nm* sacerdócio *(m)*.

sachet *nm* saco *(m)* • **sachet de thé** saquinho *(m)* de chá • **soupe en sachet** sopa instantânea.

sacoche *nf* sacola *(f)*.

sac-poubelle *nm* saco *(m)* do lixo.

sacré, e *adj* **1.** *(temple, texte)* sagrado(da) **2.** *(musique, art)* sacro(cra) • **c'est un sacré menteur !** *fam (maudit)* é um mentiroso dos diabos! • *fam (important, excellent)* é um mentiroso extraordinário.

sacrement *nm* sacramento *(m)* • **les derniers sacrements** os últimos sacramentos.

sacrifice *nm (effort)* sacrifício *(m)*.

sacrifier *vt (renoncer à)* sacrificar.
■ **se sacrifier** *vp* sacrificar-se.

sacrilège *nm* sacrilégio *(m)*.

sacristie *nf* sacristia *(f)*.

sadique *adj* sádico(ca).

safari *nm* safari *(m)*.

safran *nm* açafrão *(m)*.

saga *nf* saga *(f)*.

sage *adj* **1.** *(avisé)* sensato(ta) **2.** *(obéissant)* bem-comportado(da).

sage-femme *nf* parteira *(f)*.

sagesse *nf* **1.** *(raison)* sabedoria *(f)* **2.** *(prudence)* sensatez *(f)*.

Sagittaire *nm* Sagitário *(m)*.

saignant, e *adj (viande)* mal-passado(da).

saignement *nm* • **saignement de nez** hemorragia *(f)* nasal.

saigner *vi* sangrar • **saigner du nez** deitar sangue pelo nariz.

saillant, e *adj* saliente.

saillie *nf (avancée)* saliência *(f)* • **en saillie** saliente.

sain, e *adj* **1.** *(physiquement)* sadio(dia) **2.** *(mentalement)* são (sã) **3.** *(nourriture, climat)* saudável • **sain et sauf** são e salvo.

saint, e *adj* & *nm, f* santo(ta) • **la Saint-François** o dia de São Francisco.

sainteté *nf* santidade *(f)* • **Sa Sainteté** Sua Santidade.

saint-honoré *nm inv bolo rodeado de pastéis com creme.*

Saint-Jacques ▷ **coquille**.

Saint-Michel ▷ **mont**.

Saint-Père *nm* • **le Saint-Père** o Santo Padre.

Saint-Sylvestre *nf* • **la Saint-Sylvestre** a noite de São Silvestre.

saisie *nf* **1.** DR penhora *(f)* **2.** INFORM introdução *(f)* de dados • **erreur de saisie** erro de introdução de dados.

saisir *vt* **1.** *(prendre)* apanhar **2.** *(occasion)* agarrar **3.** *(comprendre)* alcançar **4.** DR *(biens)* penhorar **5.** INFORM introduzir em.

saisissant, e *adj* surpreendente.

saison *nf* **1.** estação *(f)* **2.** *(période)* época *(f)* • **basse saison** época baixa • **haute saison** época alta.

LES SAISONS

- l'automne / o Outono
- l'été / o Verão
- l'hiver / o Inverno
- le printemps / a Primavera.

saisonnier, ère ■ *adj* sazonal. ■ *nm, f* trabalhador *(m)*, -ra *(f)* sazonal.

salade *nf* **1.** *(verte)* alface *(f)* **2.** *(plat en vinaigrette)* salada *(f)* • **salade composée** salada composta • **champignons en salade** salada de cogumelos • **salade de fruits** salada de fruta • **salade mêlée** *(Suisse)* salada mista • **salade mixte** salada mista • **salade niçoise** *salada com tomates, batatas, anchovas e ovo*.

saladier *nm* saladeira *(f)*.

salaire *nm* salário *(m)*.

salami *nm* salame *(m)*.

salant *adj m* • **marais salant** salina *(f)*.

salarial, e *adj* salarial • **masse salariale** massa salarial.

salarié, e *nm, f* assalariado *(m)*, -da *(f)*.

salaud *nm vulg* cabrão *(m)*.

sale *adj* **1.** *(linge, mains, etc)* sujo(ja) **2.** *fam (temps, histoire)* horrível **3.** *fam (mentalité)* deturpado(da).

salé, e ■ *adj* salgado(da). ■ *nm* • **petit salé aux lentilles** *carne de porco salgada servida com lentilhas*.

saler *vt* **1.** *(plat)* salgar **2.** *(chaussée)* pôr sal em.

saleté *nf* **1.** sujidade *(f)* **2.** *(chose sale) fam* porcaria *(f)*.

salière *nf* saleiro *(m)*.

salir *vt* sujar.
■ **se salir** *vp* sujar-se.

salissant, e *adj* que se suja facilmente.

salive *nf* saliva *(f)*.

saliver *vi* **1.** salivar **2.** *fig* crescer água na boca.

salle *nf* sala *(f)* • **salle d'attente** sala de espera • **salle de bains** casa *(f)* de banho *(Port)*, banheiro *(m) (Br)* • **salle de classe** sala de aula • **salle d'embarquement** sala de embarque • **salle à manger** sala de jantar • **salle d'opération** sala de operações.

salon *nm* salão *(m)* • **salon de coiffure** salão de cabeleireira • **salon de thé** salão de chá *(Port)*, confeitaria *(f) (Br)*.

salope *nf vulg* cabra *(f)*.

saloperie *nf fam* porcaria *(f)*.

salopette *nf* **1.** *(d'ouvrier)* fato-macaco *(m)* **2.** *(en jean, etc)* macacão *(m)*.

salsifis *nmpl* cercefi *(m)*.

saltimbanque *nmf* saltimbanco *(m)*.

salubre *adj* salubre.

saluer *vt* **1.** cumprimentar **2.** *(dire au revoir à)* despedir-se de **3.** MIL fazer continência a.

S'EXPRIMER...

saluer quelqu'un

- **Olá!** / Salut !
- **Bom dia!** / Bonjour ! *(le matin)*
- **Bom dia!** / Bonjour ! *(après dix heures)*
- **Como estás? está?** / Comment vas-tu ? allez-vous ?
- **Boa noite!** / Bonsoir !

salut ■ *nm* **1.** *(pour dire bonjour)* cumprimento *(m)* **2.** *(de la tête)* aceno *(m)* de cabeça **3.** *(pour dire au revoir)* despedida *(f)* **4.** MIL continência *(f)*. ■ *interj fam* **1.** *(bonjour)* olá! *(Port)*, oi! *(Br)* **2.** *(au revoir)* adeus!

salutaire *adj* salutar.

salutation *nf* saudação *(f)*.
■ **salutations** *nfpl* • **salutations distinguées** respeitosos cumprimentos • **avec mes sincères salutations** com os melhores cumprimentos.

salve *nf* **1.** *(d'arme à feu)* salva *(f)* **2.** *(d'applaudissements)* salva *(f)* (de palmas).

samaritain *nm (Suisse)* socorrista *(m)*.

samedi *nm* sábado *(m)* • **nous sommes** *OU* **c'est samedi** é sábado • **samedi 13 septembre** sábado, 13 de Setembro • **nous sommes partis samedi** nós fomos embora no sábado • **samedi dernier** no sábado passado • **samedi prochain** no sábado que vem

• **samedi matin** no sábado de manhã • **le samedi** aos sábados • **à samedi !** até sábado!

SAMU *nm serviço médico de urgências* • **le SAMU social** ≃ Cruz Vermelha Portuguesa.

sanction *nf* sanção *(f)*.

sanctionner *vt* sancionar.

sanctuaire *nm* santuário *(m)*.

sandale *nf* sandália *(f)*.

sandwich *nm* sandes *(f inv)*.

sandwicherie *nf* sanduíche-bar.

sang *nm* sangue *(m)* • **en sang** a sangrar • **se faire du mauvais sang** apoquentar-se.

sang-froid *nm inv* sangue-frio *(m)*.

sanglant, e *adj* **1.** *(couvert de sang)* ensanguentado(da) **2.** *(meurtrier)* sangrento(ta).

sangle *nf* correia *(f)*.

sanglier *nm* javali *(m)*.

sanglot *nm* soluço *(m)*.

sangloter *vi* soluçar.

sangria *nf* sangria *(f)*.

sangsue *nf* **1.** *(animal)* sanguessuga *(f)* **2.** *fam fig (personne importune)* melga *(f)* **3.** *fig (personne avide)* chaga *(f)*.

sanguin *adj m* ▻ **groupe**.

sanguinaire *adj* sanguinário(ria).

sanguine *nf (orange)* laranja *(f)* sanguínea.

Sanisette® *nf casa de banho pública automática*.

sanitaire *adj* sanitário(ria).
■ **sanitaires** *nmpl* sanitários *(mpl)*.

sans *prép* sem • **sans faire qqch** sem fazer algo • **sans que personne ne s'en rende compte** sem que ninguém dê por isso.

sans-abri *nmf inv* sem-abrigo *(mf inv)*.

sans-emploi *nmf inv* desempregado *(m)*, -da *(f)*.

sans-gêne ■ *adj inv* descarado(da). ■ *nm inv* à vontade *(m)*.

santé *nf* saúde *(f)* • **en bonne/mauvaise santé** de boa/má saúde • **(à ta) santé !** saúde!

saoul, e = **soûl**.

saouler = **soûler**.

saphir *nm* **1.** *(pierre)* safira *(f)* **2.** *(d'un électrophone)* agulha *(f)*.

sapin *nm* abeto *(m)* • **sapin de Noël** árvore *(f)* de Natal.

sarcasme *nm* sarcasmo *(m)*.

sarcastique *adj* sarcástico(ca).

sardine *nf* sardinha *(f)*.

SARL *nf* (*abr de* **société à responsabilité limitée**) SARL *(f) (sociedade anónima de responsabilidade limitada)*.

sarrasin *nm* trigo-sarraceno *(m)*.

sas *nm* **1.** *(de décompression)* câmara *(f)* **2.** *(d'écluse)* represa *(f)*.

satellite *nm* satélite *(m)* • **satellite artificiel** satélite artificial • **satellite météorologique** satélite metereológico • **satellite de télécommunications** satélite de telecomunicações, satélite de radiodifusão directa.

satiété *nf* saciedade *(f)* • **à satiété** com fartura.

satin *nm* cetim *(m)*.

satiné, e *adj* acetinado(da).

satire *nf* sátira *(f)*.

satirique *adj* satírico(ca).

satisfaction *nf* satisfação *(f)*.

satisfaire *vt* satisfazer.
■ **se satisfaire de** *vp + prép* contentar-se com.

satisfaisant, e *adj* satisfatório(ria).

satisfait, e *adj* satisfeito(ta) • **être satisfait de** estar satisfeito com.

saturation *nf* saturação *(f)*.

saturé, e *adj* saturado(da).

satyre *nm* sátiro *(m)*.

sauce *nf* molho *(m)* • **en sauce** com molho • **sauce blanche** molho branco • **sauce chasseur** *molho de cogumelos, vinho branco e tomate* • **sauce madère** *molho de vinho da madeira* • **sauce tartare** molho tártaro • **sauce tomate** molho de tomate.

saucer *vt* molhar o pão em.

saucisse *nf* salsicha *(f)* • **saucisse sèche** chouriço *(m)*.

saucisson *nm* paio *(m)*.

sauf, sauve ■ *adj* ▻ **sain**. ■ *prép* menos • **sauf erreur** salvo erro.

sauge *nf* salva *(f)*.

saugrenu, e *adj* escanifobético(ca) *fam*.

saule *nm* salgueiro *(m)* • **saule pleureur** salgueiro-chorão *(m)*.

saumon ■ *nm* salmão *(m)*. ■ *adj inv* • **(rose) saumon** salmão • **saumon fumé** salmão defumado.

sauna *nm* sauna *(f)*.

saupoudrer *vt* • **saupoudrer qqch de** polvilhar algo com.

saur *adj m* ▷ **hareng**.

saut *nm* salto *(m)* • **faire un saut chez qqn** dar um pulo a casa de alguém • **saut en hauteur** salto em altura • **saut en longueur** salto em comprimento • **saut périlleux** salto mortal.

saute *nf* • **saute d'humeur** mudança *(f)* de humor.

sauté, e ■ *adj* salteado(da). ■ *nm* • **sauté de veau** *carne de vitela salteada*.

saute-mouton *nm inv* • **jouer à saute-mouton** jogar ao eixo.

sauter ■ *vi* **1.** rebentar **2.** *(bondir)* saltar. ■ *vt* **1.** saltar **2.** *(classe)* passar • **sauter son tour** passar a sua vez • **faire sauter qqch** *(faire exploser)* fazer explodir algo • CULIN saltear algo.

sauterelle *nf* gafanhoto *(m)*.

sautiller *vi* saltitar.

sauvage ■ *adj* **1.** selvagem **2.** *(enfant, caractère)* insociável. ■ *nmf* **1.** *(barbare)* selvagem *(mf)* **2.** *(personne farouche)* pessoa *(f)* insociável.

sauvagerie *nf* **1.** *(férocité)* selvajaria *(f)* **2.** *(insociabilité)* descortesia *(f)*.

sauvegarde *nf* salvaguarda *(f)* • **sauvegarde automatique** salvaguarda automática.

sauvegarder *vt* salvaguardar.

sauver *vt* salvar • **sauver qqn/qqch de qqch** salvar alguém/algo de algo.
■ **se sauver** *vp* escapar.

sauvetage *nm* salvamento *(m)*.

sauveteur *nm* salvador *(m)*, -ra *(f)*.

SAV *nm* (*abr de* **service après-vente**) serviço *(m)* pós-venda.

savant, e ■ *adj* sábio(bia). ■ *nm* cientista *(mf)*.

savarin *nm bolo embebido em rum com natas ao centro*.

saveur *nf* sabor *(m)*.

savoir *vt* saber • **savoir faire qqch** saber fazer algo • **je n'en sais rien** não faço ideia • **on ne sait jamais** nunca se sabe.

savoir-faire *nm inv* know-how *(m)*.

savoir-vivre *nm inv* saber viver *(m)*.

savon *nm* sabão *(m)* • **savon de Marseille** sabão de Marselha.

savonner *vt* ensaboar.

savonnette *nf* sabonete *(m)*.

savourer *vt* saborear.

savoureux, euse *adj (aliment)* saboroso (osa).

savoyarde *adj f* ▷ **fondue**.

saxophone *nm* saxofone *(m)*.

saxophoniste *nmf* saxofonista *(mf)*.

sbrinz *nm (Suisse) queijo duro de vaca, geralmente ralado*.

scabreux, euse *adj* escabroso(osa).

scalpel *nm* escalpelo *(m)*.

scandale *nm* escândalo *(m)* • **faire du** OU **un scandale** fazer (um) escândalo • **faire scandale** causar um escândalo.

scandaleux, euse *adj* escandaloso(osa).

scandaliser *vt* escandalizar.
■ **se scandaliser** *vp* escandalizar-se.

scandinave *adj* escandinavo(va).

Scandinavie *nf* • **la Scandinavie** a Escandinávia.

scanner *nm* scanner *(m)*.

scaphandre *nm* escafandro *(m)*.

scarole *nf* escarola *(f)*.

sceau *nm* **1.** *(cachet)* selo *(m)* **2.** *fig (marque)* cunho *(m)* • **sous le sceau du secret** *fig* sob condição de guardar segredo.

sceller *vt (cimenter)* selar.

scénario *nm* cenário *(m)*.

scénariste *nmf* argumentista *(mf)*.

scène *nf* **1.** cena *(f)* **2.** *(estrade)* palco *(m)* • **faire une scène (à qqn)** fazer uma cena (a alguém) • **mettre qqch en scène** encenar algo.

sceptique *adj* céptico(ca).

sceptre *nm* ceptro *(m)*.

schéma *nm* esquema *(m)*.

schématique *adj* esquemático(ca).

schématiser *vt* **1.** *(présenter en schéma)* esquematizar **2.** *péj (généraliser)* generalizar.

schisme *nm* cisma *(m)*.

schizophrène *adj* esquizofrénico(ca).

schublig *nm (Suisse) tipo de salsicha*.

sciatique *nf* ciática *(f)*.

scie *nf* serra *(f)*.

sciemment *adv* conscientemente.

science *nf* ciência *(f)* • **sciences naturelles** ciências naturais.

science-fiction *nf* ficção *(f)* científica.

scientifique ◼ *adj* científico(ca). ◼ *nmf* cientista *(mf)*.

scier *vt* serrar.

scinder *vt* cindir • **scinder en** cindir em. ◼ **se scinder** *vp* cindir-se • **se scinder en** cindir-se em.

scintiller *vi* cintilar.

scission *nf* cisão *(f)*.

sciure *nf* serradura *(f)*.

sclérose *nf* esclerose *(f)* • **sclérose en plaques** esclerose em placas.

scolaire *adj* escolar.

scolarité *nf* escolaridade *(f)*.

scoop *nm* **1.** *(journalistique)* cacha *(f)* jornalística **2.** *(nouvelle incroyable)* bomba *(f)*.

scooter *nm* scooter *(f)* • **scooter des mers** mota *(f)* de água, jet ski *(m)*.

score *nm* pontuação *(f)*.

scorpion *nm* escorpião *(m)*. ◼ **Scorpion** *nm* Escorpião *(m)*.

scotch *nm* scotch *(m)*.

Scotch® *nm* fita-cola *(f inv)*.

scotché, **e** *fam fig adj* agarrado, colado • **être scotché devant la télévision** *fam* estar colado frente à televisão, agarrado à televisão.

scotcher *vt* colar com fita-cola.

scout, **e** *nm, f* escuteiro *(m)*, -ra *(f)*.

script *nm* **1.** *(écriture)* letra *(f)* de imprensa **2.** *(scénario)* guião *(m)*.

scrupule *nm* escrúpulo *(m)*.

scrupuleux, **euse** *adj* escrupuloso(osa).

scruter *vt* escrutar.

scrutin *nm* escrutínio *(m)*.

sculpter *vt* esculpir.

sculpteur *nm* escultor *(m)*, -ra *(f)*.

sculpture *nf* escultura *(f)*.

SDF *nmf* (*abr de* **sans domicile fixe**) pessoa *(f)* sem domicílio fixo.

se *pron* **1.** *(gén)* -se • **elle se regarde dans le miroir** ela olha-se no espelho • **se faire mal** magoar-se • **se regarder** olhar-se • **ils s'écrivent toutes les semaines** eles escrevem-se todas as semanas • **se décider** decidir-se • **se mettre à faire qqch** pôr-se a fazer algo • **ce produit se vend bien/partout** este produto vende-se bem/em todo o lado **2.** *(à valeur de possessif)* • **se laver les mains** lavar as mãos • **se couper le doigt** cortar-se no dedo.

séance *nf* sessão *(f)* • **séance tenante** na hora.

seau *nm* balde *(m)* • **seau à champagne** balde do gelo.

sec, **sèche** *adj* **1.** seco(ca) **2.** *(whisky)* puro(ra) • **à sec** seco(ca) • **au sec** em sítio seco • **d'un coup sec** com um golpe seco.

sécateur *nm* tesoura *(f)* de podar.

sécession *nf* secessão *(f)* • **faire sécession** separar-se.

séchage *nm* secagem *(f)*.

sèche-cheveux *nm inv* secador *(m)* de cabelo.

sèche-linge *nm inv* máquina *(f)* de secar.

sèchement *adv* secamente.

sécher ◼ *vt* **1.** *(linge, peau, cheveux)* secar **2.** *fam (cours)* faltar a. ◼ *vi* **1.** *(linge, peinture, cheveux)* estar a secar **2.** *fam (à un examen)* bloquear.

sécheresse *nf* seca *(f)*.

séchoir *nm* • **séchoir (à cheveux)** secador *(m) (de cabelo)* • **séchoir (à linge)** estendal *(m)* • *(électrique)* máquina *(f)* de secar.

second, **e** *adj* segundo(da).

secondaire *adj* secundário(ria).

seconde *nf* **1.** *(unité de temps)* segundo *(m)* **2.** SCOL ≃ décimo ano *(m)* do ensino secundário **3.** *(vitesse)* segunda *(f)* • **voyager en seconde (classe)** viajar em segunda classe.

seconder *vt* secundar.

secouer *vt* **1.** *(agiter)* sacudir **2.** *(bouleverser)* abalar **3.** *(inciter à agir)* picar.

secourir *vt* socorrer.

secourisme *nm* socorrismo *(m)*.

secouriste *nmf* socorrista *(mf)*.

secours *nm* socorro *(m)* • **appeler au secours** pedir socorro • **au secours !** socorro! • **secours d'urgence** socorro de emergência • **premiers secours** primeiros socorros.

secousse *nf* **1.** *(en voiture, train)* abanão *(m)* **2.** *(sismique)* tremor *(m)*.

secret, ète ■ *adj* secreto(ta). ■ *nm* segredo *(m)* • **en secret** em segredo.

secrétaire ■ *nmf* secretário *(m)*, -ria *(f)*. ■ *nm (meuble)* secretária *(f)*.

secrétariat *nm* **1.** *(bureau)* secretaria *(f)* **2.** *(métier)* secretariado *(m)*.

sectaire *adj* sectário(ria) *(intolerante)*.

secte *nf* seita *(f)*.

secteur *nm* sector *(m)* • **fonctionner sur secteur** funcionar a electricidade.

section *nf* **1.** *(portion)* secção *(f)* **2.** *(de ligne d'autobus)* zona *(f)*.

sectionner *vt* seccionar.

Sécu *nf fam* • **la Sécu** a Segurança Social.

séculaire *adj* secular.

sécuriser *vt* sossegar.

sécurité *nf* segurança *(f)* • **en sécurité** em segurança • **la sécurité routière** a segurança nas estradas • **la Sécurité sociale** a Segurança Social.

sédatif *nm* sedativo *(m)*.

sédentaire *adj* & *nmf* sedentário(ria).

sédiment *nm* sedimento *(m)*.

séduire *vt* seduzir.

séduisant, e *adj* sedutor(ra).

segment *nm* segmento *(m)*.

segmenter *vt* segmentar.

ségrégation *nf* segregação *(f)*.

seigle *nm* centeio *(m)*.

seigneur *nm* senhor *(m)* • **le Seigneur** o Senhor.

sein *nm* seio *(m)* • **au sein de** no seio de.

Seine *nf* • **la Seine** *(fleuve)* o Sena.

séisme *nm* sismo *(m)*.

seize *num* dezasseis • **il a seize ans** ele tem dezasseis anos • **il est seize heures** são dezasseis horas • **le seize janvier** no dia dezasseis de Janeiro • **page seize** página dezasseis • **ils étaient seize** eram dezasseis • **(au) seize rue Lepic** (na) rua Lepic, número dezasseis.

seizième *num* décimo sexto (décima sexta).

séjour *nm* estadia *(f)* • **(salle de) séjour** sala *(f)* de estar.

séjourner *vi* ficar.

sel *nm* sal *(m)* • **sels de bain** sais de banho.

sélection *nf* selecção *(f)*.

sélectionner *vt* seleccionar.

self-service *nm* **1.** *(restaurant)* self-service *(m)* **2.** *(station-service)* estação *(f)* de serviço.

selle *nf* **1.** *(de cheval)* sela *(f)* **2.** *(de vélo)* selim *(m)*.

seller *vt* selar.

selon *prép* segundo • **nous sortirons ou nous resterons selon qu'il fera beau ou pas** saímos ou ficamos conforme fizer bom ou mau tempo.

semaine *nf* semana *(f)* • **en semaine** durante a semana.

sémantique ■ *nf* semântica *(f)*. ■ *adj* semântico(ca).

semblable *adj* semelhante • **semblable à** semelhante a.

semblant *nm* • **faire semblant** fazer de conta • **il fait semblant de travailler** ele faz de conta que está a trabalhar.

sembler *vi* parecer • **il semble que...** parece que... • **il me semble que...** parece-me que....

semelle *nf* **1.** *(de chaussure)* sola *(f)* **2.** *(intérieure)* palmilha *(f)*.

semence *nf* **1.** *(graine)* semente *(f)* **2.** *(sperme)* sémen *(m)*.

semer *vt* **1.** *(graines)* semear **2.** *(se débarrasser de)* despistar.

semestre *nm* semestre *(m)*.

semestriel, elle *adj* semestral.

séminaire *nm* seminário *(m)*.

semi-remorque *nm* semi-reboque *(m)*.

semis *nm* sementeira *(f)*.

semoule *nf* sêmola *(f)*.

sempiternel, elle *adj* mesmo(ma) de sempre.

sénat *nm* senado *(m)*.

sénateur, trice *nm, f* senador *(m)*, -a *(f)*.

Sénégal *nm* • **le Sénégal** o Senegal.

sénile *adj* senil.

senior *adj (tourisme, clientèle, menu)* sénior.

sens *nm* sentido *(m)* • **dans le sens (inverse) des aiguilles d'une montre** no sentido (inverso) dos ponteiros de um relógio • **en sens inverse** em sentido contrário • **avoir du bon sens** ter bom-senso • **sens giratoire** sentido giratório • **sens interdit** sentido proibido • **(rue à) sens unique** sentido único • **sens dessus dessous** de pernas para o ar.

sensation *nf* sensação *(f)* • **faire sensation** fazer sensação.

sensationnel, **elle** *adj (formidable)* sensacional.

sensibiliser *vt* sensibilizar.

sensibilité *nf* sensibilidade *(f)*.

sensible *adj* **1.** sensível **2.** *(perceptible)* perceptível • **sensible à** sensível a.

sensiblement *adv* sensivelmente.

sensoriel, **elle** *adj* sensorial.

sensualité *nf* sensualidade *(f)*.

sensuel, **elle** *adj* sensual.

sentence *nf* sentença *(f)*.

senteur *nf sout* odor *(m)*.

sentier *nm* carreiro *(m)*.

sentiment *nm* **1.** *(impression)* impressão *(f)* **2.** *(émotion)* sentimento *(m)* • **sentiments dévoués** *OU* **respectueux** *(à l'écrit)* com os melhores cumprimentos.

sentimental, **e**, **aux** *adj* sentimental.

sentinelle *nf* sentinela *(f)*.

sentir *vt* **1.** sentir **2.** *(odeur)* cheirar **3.** *(avoir une odeur de)* cheirar a • **sentir bon** cheirar bem • **sentir mauvais** cheirar mal • **ne pas pouvoir sentir qqn** *fam* não poder com alguém.
■ **se sentir** *vp* • **se sentir mal** sentir-se mal • **se sentir bizarre** sentir-se esquisito.

séparation *nf* separação *(f)*.

séparatiste *nmf* separatista *(mf)*.

séparément *adv* separadamente.

séparer *vt* separar • **séparer qqn/qqch de** separar alguém/algo de.
■ **se séparer** *vp* separar-se • **se séparer de qqn** *(conjoint)* separar-se de alguém • *(employé)* despedir alguém.

sept *num* sete • **il a sept ans** ele tem sete anos • **il est sept heures** são sete horas • **le sept janvier** no dia sete de Janeiro • **page sept** página sete • **ils étaient sept** eram sete • **le sept de pique** o sete de espadas • **(au) sept rue Lepic** (na) rua Lepic, número sete.

septante *num (Belgique & Suisse)* setenta.

septembre *nm* Setembro *(m)* • **en septembre, au mois de septembre** em Setembro, no mês de Setembro • **début septembre** em princípios de Setembro • **fin septembre** em fins de Setembro • **le deux septembre** no dia dois de Setembro.

septennat *nm* septenato *(m)*.

septième ■ *num* sétimo(ma). ■ *nm* **1.** *(fraction)* sétimo *(m)* **2.** *(étage)* sétimo andar *(m)*.

sépulture *nf* sepultura *(f)*.

séquelles *nfpl* sequelas *(fpl)*.

séquence *nf (de film)* sequência *(f)*.

séquestrer *vt* **1.** *(enfermer)* sequestrar **2.** DR pôr em sequestro.

séré *nm (Suisse) tipo de queijo fresco*.

serein, **e** *adj* sereno(na).

sérénité *nf* serenidade *(f)*.

sergent *nm* sargento *(m)*.

série *nf* série *(f)* • **série (télévisée)** série (televisiva).

sérieusement *adv* **1.** seriamente **2.** *(sans plaisanter)* a sério.

sérieux, **euse** ■ *adj* sério(ria). ■ *nm* • **avec sérieux** *(travailler)* a sério • **garder son sérieux** ficar sério • **prendre qqch au sérieux** levar algo a sério.

serin *nm* canário *(m)*.

seringue *nf* seringa *(f)*.

serment *nm* juramento *(m)* • **prêter serment** prestar juramento • **sous serment** sob juramento.

sermon *nm* sermão *(m)*.

séronégatif, **ive** *adj* seronegativo(va).

séropositif, **ive** *adj* seropositivo(va).

serpent *nm* cobra *(f)*.

serpenter *vi* serpentear.

serpentin *nm (de fête)* serpentina *(f)*.

serpillière *nf* serapilheira *(f)*.

serre *nf* estufa *(f) (para plantas)*.

serré, **e** *adj* apertado(da).

serrer *vt* **1.** apertar **2.** *(dans ses bras)* abraçar **3.** *(poings, dents)* cerrar • **serrer la main à qqn** dar um aperto de mão a alguém • **'serrez à droite'** 'desvie-se para a direita'.

■ **se serrer** *vp* apertar-se • **se serrer contre qqn** aconchegar-se contra alguém.

serre-tête *nm inv* bandelete *(f)*.

serrure *nf* fechadura *(f)*.

serrurier *nm* serralheiro *(m)*.

sérum *nm* soro *(m)* • **sérum physiologique** soro fisiológico.

servante *nf* criada *(f)*.

serveur, **euse** *nm, f* empregado *(m)*, -da *(f)* de mesa *(Port)*, garçom *(m)*, garçonete *(f)* *(Br)*.

serviable *adj* prestável.

service *nm* **1.** serviço *(m)* **2.** *(faveur)* favor *(m)* • **faire le service** servir *(à mesa)* • **rendre service à qqn** fazer um favor a alguém • **être de service** estar de serviço • **premier/deuxième service** primeiro/segundo serviço • **service après-vente** serviço pós-venda • **service militaire** serviço militar • **'service compris/non compris'** 'serviço incluído/não incluído'.

serviette *nf (cartable)* pasta *(f)* • **serviette hygiénique** penso *(m)* higiénico • **serviette (de table)** guardanapo *(m)* • **serviette (de toilette)** toalha *(f)*.

serviette-éponge *nf* toalha *(f)* em turco.

servile *adj* servil.

servir ■ *vt* **1.** servir **2.** *(client)* atender. ■ *vi* servir • **servir qqch à qqn** servir algo a alguém • **qu'est-ce que je vous sers ?** o que é que lhe sirvo? • **servir à (faire) qqch** servir para (fazer) algo • **ça ne sert à rien d'insister** não adianta nada insistir • **ce livre de grammaire a beaucoup servi** este livro de gramática foi muito usado • **servir (à qqn) de qqch** servir (a alguém) de algo • **à toi de servir** *(aux cartes)* é a tua vez de dar • **'servir frais'** 'servir frio'.

■ **se servir** *vp* servir-se.

■ **se servir de** *vp + prép* servir-se de.

serviteur *nm* servo *(m)*.

sésame *nm (graines)* sésamo *(m)*.

session *nf* **1.** *(assemblée)* sessão *(f)* **2.** *(d'examen)* época *(f)*.

set *nm* set *(m)* • **set (de table)** jogo *(m)* (de mesa).

seuil *nm* entrada *(f)*.

seul, **e** ■ *adj* **1.** só **2.** *(unique)* único(ca). ■ *nm, f* • **le seul** o único • **un seul** só um • **(tout) seul** sozinho.

seulement *adv* **1.** *(uniquement)* só **2.** *(mais)* só que • **non seulement... mais encore** *OU* **en plus** não só... mas também *OU* como também • **si seulement...** se ao menos....

sève *nf* seiva *(f)*.

sévère *adj* **1.** *(professeur, regard, sentence)* severo(ra) **2.** *(vêtements, aspect)* austero(ra) **3.** *(échec, pertes)* grave.

sévérité *nf* severidade *(f)*.

sévices *nmpl* sevícias *(fpl)*.

sévir *vi* **1.** *(punir)* castigar **2.** *(épidémie, crise)* fazer estragos.

sevrer *vt* desmamar.

sexe *nm* sexo *(m)*.

sexiste *adj* sexista.

sexologue *nmf* sexologista *(mf)*, sexólogo *(m)*, -ga *(f)*.

sex-shop *nm* sex-shop *(f)*.

sexualité *nf* sexualidade *(f)*.

sexuel, **elle** *adj* sexual.

sexy *adj inv fam* sexy.

seyant, **e** *adj* que fica bem.

Seychelles *nfpl* • **les Seychelles** as Seicheles.

shampo(o)ing *nm* champô *(m)*.

shit *fam nm* hax *(m)*.

short *nm* calções *(mpl)*.

show *nm* espectáculo *(m)*.

show-business *nm* mundo *(m)* do espectáculo.

si ■ *conj* se • **si tu veux, on y va** se tu quiseres nós vamos • **ce serait bien si vous pouviez** seria óptimo se vocês pudessem • **si j'avais su...** se eu soubesse... • **(et) si on allait à la piscine ?** (e) se fôssemos à piscina? • **si seulement tu m'en avais parlé avant !** se ao menos me tivesses falado disso antes! • **dites-moi si vous venez** digame se vem ou não • **si..., c'est que...** se..., é porque.... ■ *adv* **1.** *(tellement)* tão • **si... que** tão... que • **ce n'est pas si facile que ça** não é assim tão fácil • **si bien que** de tal modo que **2.** *(oui)* sim.

siamois, **e** *adj* siamês(esa) • **frères siamois** irmãos siameses • **sœurs siamoises** irmãs siamesas.

SICAV (*abr de* **Société d'investissements à capital variable**) *nf inv (titre)* fundo *(m)* de investimento.

SIDA *nm* SIDA *(f) (Port)*, AIDS *(m) (Br)*.

side-car *nm* side-car *(m)*.

sidéré, **e** *adj* siderado(da).

sidérurgie *nf* siderurgia *(f)*.

siècle *nm* século *(m)* • **au vingtième siècle** no século vinte.

siège *nm* **1.** *(chaise, fauteuil)* assento *(m)* **2.** *(aux élections)* lugar *(m)* **3.** *(d'une banque, d'une association)* sede *(f)*.

siéger *vi* **1.** *(personne)* ter assento **2.** *(tenir séance)* reunir-se **3.** *(se situer)* ter a sua sede **4.** *(mal)* residir.

sien ■ **le sien**, **la sienne** *pron* o seu (a sua).

sieste *nf* sesta *(f)* • **faire la sieste** fazer a sesta.

sifflement *nm* assobio *(m)*.

siffler ■ *vi* assobiar. ■ *vt* **1.** assobiar **2.** *(chien)* assobiar a **3.** *(femme)* mandar um assobio a.

sifflet *nm* **1.** *(instrument)* apito *(m)* **2.** *(au spectacle)* assobio *(m)*.

sigle *nm* sigla *(f)*.

signal *nm* sinal *(m)* • **signal d'alarme** sinal de alarme.

signalement *nm* descrição *(f)*.

signaler *vt* assinalar.

signalétique *adj* de identificação.

signalisation *nf* sinalização *(f)*.

signataire *nmf* signatário *(m)*, -ria *(f)*.

signature *nf* assinatura *(f)*.

signe *nm* sinal *(m)* • **faire signe à qqn (de faire qqch)** fazer sinal a alguém (para fazer algo) • **c'est bon/mauvais signe** é bom/mau sinal • **faire le signe de croix** benzer-se • **signe du zodiaque** signo do Zodíaco.

signer *vt* & *vi* assinar.
■ **se signer** *vp* benzer-se.

signet *nm* marcador *(m) (de livro)*.

significatif, **ive** *adj* significativo(va).

signification *nf* significado *(m)*.

signifier *vt* significar.

silence *nm* silêncio *(m)* • **en silence** em silêncio.

silencieux, **euse** *adj* silencioso(osa).

silex *nm* sílex *(m)*.

silhouette *nf* silhueta *(f)*.

sillage *nm* **1.** NAUT esteira *(f)* **2.** *fig (d'une personne)* rasto *(m)*.

sillon *nm* sulco *(m)*.

sillonner *vt* sulcar.

silo *nm* silo *(m)*.

simagrées *nfpl péj* fitas *(fpl)* • **faire des simagrées** fazer fitas.

similaire *adj* similar.

similitude *nf* similitude *(f)*.

simple *adj* simples.

simplement *adv* simplesmente.

simplicité *nf* simplicidade *(f)*.

simplifier *vt* simplificar.

simpliste *adj péj* simplista.

simulacre *nm* simulacro *(m)*.

simulateur *nm* simulador *(m)*.

simulation *nf* simulação *(f)*.

simuler *vt* simular.

simultané, **e** *adj* simultâneo(nea).

simultanément *adv* simultaneamente.

sincère *adj* sincero(ra).

sincèrement *adv* sinceramente.

sincérité *nf* sinceridade *(f)*.

sine qua non *loc adj inv* • **condition sine qua non** condição sine qua non.

singe *nm* macaco *(m)*.

singer *vt* **1.** *(imiter)* arremedar **2.** *(feindre)* imitar.

singulariser *vt* singularizar.
■ **se singulariser** *vp* singularizar-se.

singulier *nm* singular *(m)*.

sinistre ■ *adj* sinistro(tra). ■ *nm (catastrophe)* sinistro *(m)*.

sinistré, **e** *adj* & *nm, f* sinistrado(da).

sinon *conj* senão.

sinueux, **euse** *adj* sinuoso(osa).

sinus *nm* **1.** ANAT seio *(m) (cavidade óssea)* **2.** MATH seno *(m)*.

sinusite *nf* sinusite *(f)*.

siphon *nm* sifão *(m)*.

sirène *nf (d'alarme, de police)* sirene *(f)*.

sirop *nm* xarope *(m)* • **sirop d'érable** xarope de ácer • **sirop de fruits** xarope de fruta.

siroter *vt* bebericar.

site *nm* local *(m)* • **site touristique** local turístico.

situation *nf* situação *(f)*.

situé, **e** *adj* situado(da) • **bien/mal situé** bem/mal situado.

situer ■ **se situer** *vp* situar-se.

six ■ *adj* seis. ■ *nm* seis *(m)* • **il a six ans** ele tem seis anos • **il est six heures** são seis horas • **le six janvier** no dia seis de Janeiro • **page six** página seis • **ils étaient six** eram seis • **le six de pique** o seis de espadas • **(au) six rue Lepic** (na) rua Lepic, número seis.

sixième ■ *adj* & *pron* sexto(ta). ■ *nf* SCOL ≃ sexto ano *(m)* do ensino básico. ■ *nm* **1.** *(fraction)* sexto *(m)* **2.** *(étage)* sexto andar *(m)*.

Skaï® *nm* napa *(f)*.

skateboard *nm* skate *(m)*.

sketch *nm* sketch *(m)*.

ski *nm* esqui *(m)* • **faire du ski** fazer esqui • **ski alpin** esqui alpino • **ski de fond** esqui de fundo • **ski nautique** esqui aquático.

skier *vi* esquiar.

skieur, **euse** *nm, f* esquiador *(m)*, -ra *(f)*.

skipper *nm* **1.** *(capitaine)* capitão *(m)*, -ã *(f)* **2.** *(barreur)* timoneiro *(m)*, -ra *(f)*.

slalom *nm* slalon *(m)*.

slave ■ *adj* eslavo(va). ■ *nm (langue)* eslavo *(m)*.
■ **Slave** *nmf* eslavo *(m)*, -va *(f)*.

slip *nm* cuecas *(fpl)* • **slip de bain** calções *(mpl)* de banho *(Port)*, sunga *(f) (Br)*.

slogan *nm* slogan *(m)*.

slow *nm* slow *(m)*.

SMIC (*abr de* **salaire minimum de croissance**) *nm* salário *(m)* mínimo.

smoking *nm* smoking *(m)*.

snack *nm* snack-bar *(m)*.

snack-bar = **snack**.

SNCF (*abr de* **Société nationale des chemins de fer français**) *nf* ≃ CP *(f)*, *companhia francesa de caminhos-de-ferro*.

snob *adj* & *nmf* snobe.

snober *vt* desprezar.

snobisme *nm* snobismo *(m)*.

sobre *adj* sóbrio(bria).

sobriété *nf* sobriedade *(f)*.

sociable *adj* sociável.

social, **e**, **aux** *adj* social.

socialisme *nm* socialismo *(m)*.

socialiste *adj* & *nmf* socialista.

sociétaire *nmf* societário *(m)*, -ria *(f)*.

société *nf* sociedade *(f)*.

sociologie *nf* sociologia *(f)*.

sociologue *nmf* sociólogo *(m)*, -ga *(f)*.

socle *nm* pedestal *(m)*.

socquette *nf* soquete *(m)*.

soda *nm* gasosa *(f)*.

sodium *nm* sódio *(m)*.

sœur *nf* irmã *(f)*.

sofa *nm* sofá *(m)*.

soi *pron* si • **en soi** em si • **cela va de soi** é evidente.

soi-disant ■ *adj inv* suposto(ta). ■ *adv* supostamente.

soie *nf* seda *(f)*.

soif *nf* sede *(f)* • **avoir soif** ter sede • **ça (me) donne soif** dá(-me) sede.

soigné, **e** *adj* **1.** *(minutieux, élégant)* cuidado (da) **2.** *fam (carabiné)* das boas.

soigner *vt* **1.** cuidar de **2.** *(malade, maladie)* curar.

soigneusement *adv* cuidadosamente.

soigneux, **euse** *adj* cuidadoso(osa).

soin *nm* cuidado *(m)* • **prendre soin de qqch** ter cuidado com algo • **prendre soin de faire qqch** ter o cuidado de fazer algo.
■ **soins** *nmpl* cuidados *(mpl)* • **premiers soins** primeiros cuidados.

soir *nm* noite *(f)* • **le soir** à noite.

soirée *nf* **1.** *(soir)* noite *(f)* **2.** *(réception)* recepção *(f)*.

soit *conj* • **soit... soit** quer... quer.

soixante *num* sessenta.

soixante-dix *num* setenta.

soixante-dixième *num* septuagésimo(ma).

soixantième *num* sexagésimo(ma).

soja *nm* soja *(f)*.

sol *nm* **1.** *(d'une maison)* chão *(m)* **2.** *(dehors, terrain)* solo *(m)*.

solaire *adj* solar.

solarium *nm* solário *(m)*.

soldat *nm* soldado *(m)*.

solde *nm* saldo *(m)* • **en solde** em saldo.
■ **soldes** *nmpl* saldos *(mpl)*.

soldé, **e** *adj* saldado(da).

solder *vt* saldar.
■ **se solder** *vp* • **se solder par** saldar-se por.

sole *nf* linguado *(m)* • **sole meunière** *linguado cozinhado numa frigideira com manteiga e limão e servido com esse molho.*

soleil *nm* sol *(m)* • **il y a du soleil** está sol • **au soleil** ao sol • **au soleil levant/couchant** ao nascer/pôr do Sol.

solennel, **elle** *adj* solene.

solfège *nm* solfejo *(m)*.

solidaire *adj* solidário(ria) • **être solidaire de qqn** ser solidário para com alguém.

solidarité *nf* solidariedade *(f)*.

solide *adj* **1.** *(matériau, construction)* sólido(da) **2.** *(personne, santé)* robusto(ta).

solidifier ■ **se solidifier** *vp* solidificar-se.

solidité *nf* solidez *(f)*.

soliste *nmf* solista *(mf)*.

solitaire *adj* & *nmf* solitário(ria).

solitude *nf* solidão *(f)*.

solliciter *vt* **1.** *(suj : mendiant)* mendigar **2.** *(entrevue, faveur)* solicitar.

sollicitude *nf* solicitude *(f)*.

solo *nm* solo *(m)* • **en solo** a solo.

solstice *nm* • **solstice d'hiver/d'été** solstício *(m)* de Inverno/de Verão.

soluble *adj* solúvel.

solution *nf* solução *(f)*.

solvable *adj* solvente.

solvant *nm* dissolvente *(m)*.

sombre *adj* **1.** *(ciel, pièce)* sombrio(bria) **2.** *(couleur)* escuro(ra) **3.** *(visage, humeur, avenir)* triste.

sombrer *vi* **1.** *(bateau)* soçobrar **2.** *fig (personne)* • **sombrer dans** *(folie, oubli)* cair em • *(sommeil)* mergulhar em.

sommaire ■ *adj* sumário(ria). ■ *nm* sumário *(m)*.

sommation *nf* **1.** *(assignation)* notificação *(f)* **2.** *(ordre)* aviso *(m)*.

somme ■ *nf* **1.** MATH soma *(f)* **2.** *(d'argent)* quantia *(f)*. ■ *nm* • **faire un somme** dormir um bocado *(Port)*, tirar um cochilo *(Br)* • **faire la somme de** fazer a soma de • **en somme** em suma • **somme toute** no fim de contas.

sommeil *nm* sono *(m)* • **avoir sommeil** ter sono.

sommelier, **ère** *nm, f* copeiro *(m)*, -ra *(f)*.

sommet *nm* cimo *(m)*.

sommier *nm* estrado *(m)*.

sommité *nf* sumidade *(f)*.

somnambule *adj* & *nmf* sonâmbulo(la).

somnifère *nm* sonífero *(m)*.

somnoler *vi* dormitar.

somptueux, **euse** *adj* sumptuoso(osa).

son[1], **sa** *adj* seu (sua).

son[2] *nm* **1.** *(bruit)* som *(m)* **2.** *(de blé)* farelo *(m)* • **son et lumière** espectáculo de som e luz.

sonate *nf* sonata *(f)*.

sondage *nm* sondagem *(f)*.

sonde *nf* MÉD sonda *(f)*.

sonder *vt* sondar.

songe *nm sout* sonho *(m)* • **en songe** em sonhos.

songer ■ **songer à** *vp* + *prép (envisager de)* pensar em.

songeur, **euse** *adj* pensativo(va).

sonner ■ *vi* tocar. ■ *vt* **1.** *(cloche)* tocar **2.** *(suj : horloge)* dar.

sonnerie *nf* **1.** campainha *(f)* **2.** *(son de cloches)* repique *(m)*.

sonnet *nm* soneto *(m)*.

sonnette *nf* campainha *(f)* • **sonnette d'alarme** *(dans un train)* campainha de alarme.

sono *nf fam* aparelhagem *(f)*.

sonore *adj* sonoro(ra).

sonorisation *nf* sonorização *(f)*.

sonorité *nf* sonoridade *(f)*.

Sopalin® *nm* papel de cozinha.

sophistiqué, **e** *adj* sofisticado(da).

soporifique ■ *adj* **1.** *(qui endort)* soporífico (ca) **2.** *fig (ennuyeux)* bom para dormir. ■ *nm* soporífero *(m)*.

soprano ■ *nm (voix)* soprano *(m)*. ■ *nmf (personne)* soprano *(mf)*.

sorbet *nm* gelado *(m)*.

sorcellerie *nf* bruxaria *(f)*.

sorcier, **ère** *nm, f* bruxo *(m)*, -xa *(f)*.

sordide *adj (crime, affaire)* sórdido(da).

sort *nm* **1.** sorte *(f)* **2.** *(malédiction)* praga *(f)* • **tirer au sort** tirar à sorte.

sorte *nf* espécie *(f)* • **une sorte de** uma espécie de • **de (telle) sorte que** *(afin que)* de maneira que • **en quelque sorte** de certa forma.

sortie *nf* **1.** saída *(f)* **2.** *(excursion)* passeio *(m)* • **'sortie de secours'** 'saída de emergência' • **'sortie de véhicules'** 'saída de viaturas'.

sortilège *nm* sortilégio *(m)*.

sortir ◼ *vi* **1.** *(aux être)* sair **2.** *(aller au cinéma, au restaurant)* sair (à noite). ◼ *vt* **1.** *(aux avoir)* *(chien)* passear **2.** *(livre, film)* sair • **sortir de** sair de • *(école, université)* vir de.
◼ **s'en sortir** *vp fam* safar-se.

SOS (*abr de* **Save our souls**) *nm* SOS *(m)* • **SOS Médecins** *organismo de urgências médicas* • **SOS-Racisme** SOS Racismo.

sosie *nm* sósia *(mf)*.

sottise *nf* burrice *(f)*.

sou *nm* • **ne plus avoir un sou** já não ter um tostão.
◼ **sous** *nmpl fam* dinheiro *(m)*.

souche *nf* **1.** *(d'arbre)* cepo *(m)* **2.** *(de carnet)* talão *(m)* de recibo.

souci *nm* preocupação *(f)* • **se faire du souci (pour)** preocupar-se (com).

soucier ◼ **se soucier de** *vp + prép* preocupar-se com.

soucieux, **euse** *adj* preocupado(da).

soucoupe *nf* pires *(m inv)* • **soucoupe volante** disco *(m)* voador.

soudain, **e** ◼ *adj* repentino(na). ◼ *adv* de repente.

souder *vt* soldar.

soudoyer *vt* subornar.

soudure *nf* soldadura *(f)*.

souffle *nm* sopro *(m)* • **un souffle d'air** *ou* **de vent** uma aragem • **être à bout de souffle** estar ofegante.

soufflé *nm* soufflé *(m)*.

souffler ◼ *vt* soprar. ◼ *vi* **1.** *(expirer)* expirar **2.** *(haleter)* ofegar **3.** *(vent)* soprar • **souffler qqch à qqn** *(à un examen)* dizer baixo algo a alguém.

soufflet *nm* fole *(m)*.

souffrance *nf* sofrimento *(m)*.

souffrant, **e** *adj sout* indisposto(osta).

souffre-douleur *nm inv* • **c'est leur souffre-douleur** ele é um boneco nas mãos deles.

souffrir *vi* sofrer • **souffrir de** *(maladie)* sofrer de • *(chaleur, froid)* sofrer com.

soufre *nm* enxofre *(m)*.

souhait *nm* desejo *(m)* • **à tes souhaits !** santinho!

souhaitable *adj* desejável.

souhaiter *vt* • **souhaiter que** desejar que • **souhaiter faire qqch** desejar fazer algo • **souhaiter bonne chance à qqn** desejar boa sorte a alguém • **souhaiter bon anniversaire à qqn** dar os parabéns a alguém.

souiller *vt sout* conspurcar.

souillon *nf péj* estafermo *(m)*.

soûl, **e** *adj* embriagado(da).

soulagement *nm* alívio *(m)*.

S'EXPRIMER...

exprimer son soulagement

• **Felizmente vamos chegar a horas.** / Heureusement, on sera à l'heure
• **Ufa, a jarra não se partiu!** / Ouf, le vase n'est pas cassé !
• **Até que enfim (que chegaste)!** / Te voilà enfin !
• **Graças a Deus,...** / Je suis vraiment soulagé que....

soulager *vt* aliviar.

soûler ◼ **se soûler** *vp* embriagar-se.

soulèvement *nm* levantamento *(m)*.

soulever *vt* **1.** levantar **2.** *(enthousiasme, protestations)* originar.
◼ **se soulever** *vp* **1.** *(se redresser)* levantar-se **2.** *(se rebeller)* revoltar-se.

soulier *nm* sapato *(m)*.

souligner *vt* sublinhar.

soumettre *vt* • **soumettre qqn à qqch** submeter alguém a algo • **soumettre qqch à qqn** submeter algo a alguém.
◼ **se soumettre à** *vp + prép* submeter-se a.

soumis, **e** *adj* submisso(a).

soupape *nf* válvula *(f)*.

soupçon *nm* suspeita *(f)*.

soupçonner *vt* suspeitar.

soupçonneux, **euse** *adj* desconfiado(da).

soupe *nf* sopa *(f)* • **soupe à l'oignon** sopa de cebola • **soupe de légumes** sopa de legumes.

souper ■ *nm* **1.** *(dernier repas)* ceia *(f)* **2.** *(dîner)* jantar *(m)*. ■ *vi* **1.** *(très tard)* cear **2.** *(dîner)* jantar.

soupeser *vt* pesar.

soupière *nf* terrina *(f)*.

soupir *nm* suspiro *(m)* • **pousser un soupir** dar um suspiro.

soupirail *nm* respiradouro *(m)*.

soupirant *nm* pretendente *(m)*.

soupirer *vi* suspirar.

souple *adj* flexível.

souplesse *nf* flexibilidade *(f)*.

source *nf* **1.** *(d'eau)* nascente *(f)* **2.** *(de chaleur, de lumière)* fonte *(f)*.

sourcil *nm* sobrancelha *(f)*.

sourciller *vi* pestanejar • **sans sourciller** sem pestanejar.

sourd, **e** *adj* surdo(da).

sourdine *nf* surdina *(f)* • **en sourdine** *(sans bruit)* em surdina • *(secrètement)* pela calada.

sourd-muet, **sourde-muette** *nm, f* surdo-mudo *(m)*, surda-muda *(f)*.

souriant, **e** *adj* sorridente.

souricière *nf* ratoeira *(f)*.

sourire ■ *nm* sorriso *(m)*. ■ *vi* sorrir.

souris *nf* rato *(m)*.

sournois, **e** *adj* dissimulado(da).

sous *prép* debaixo de • **sous enveloppe** num envelope • **sous peu** dentro em breve.

sous-bois *nm* vegetação *(f)* rasteira.

souscription *nf* subscrição *(f)*.

souscrire ■ *vt* subscrever. ■ *vi* • **souscrire à qqch** subscrever algo.

sous-développé, **e** *adj* subdesenvolvido (da).

sous-directeur, **trice** *nm, f* subdirector *(m)*, -ra *(f)*.

sous-ensemble *nm* subconjunto *(m)*.

sous-entendre *vt* subentender.

sous-entendu *nm* subentendido *(m)*.

sous-équipé, **e** *adj* mal equipado(da).

sous-estimer *vt* subestimar.

sous-jacent, **e** *adj* subjacente.

sous-louer *vt* subarrendar.

sous-marin, **e** ■ *adj* submarino(na). ■ *nm* **1.** submarino *(m)* **2.** *(Québec)* CULIN *sandes longa de carne pastrami, servida com batatas fritas e salada.*

sous-préfecture *nf subdivisão administrativa francesa.*

sous-pull *nm* camisola *(f)*.

sous-répertoire *nm* INFORM sub-directórios.

soussigné, **e** *adj* • **je soussigné** eu abaixo assinado.

sous-sol *nm (d'une maison)* cave *(f)*.

sous-titre *nm* **1.** *(d'un film)* legenda *(f)* **2.** *(d'un livre)* subtítulo *(m)*.

sous-titré, **e** *adj* legendado(da).

soustraction *nf* subtracção *(f)*.

soustraire *vt* subtrair.

sous-traitance *nf* subcontratação *(f)*.

sous-traitant, **e** *adj* subcontratado(da). ■ **sous-traitant** *nm* subempreiteiro *(m)*.

sous-verre *nm inv* caixilho *(m)*.

sous-vêtements *nmpl* roupa *(f)* interior.

soutane *nf* sotaina *(f)*.

soute *nf* paiol *(m)* • **soute à bagages** porta-bagagem *(m)*.

soutenance *nf* defesa *(f)*.

soutenir *vt* **1.** *(porter)* suster **2.** *(défendre)* apoiar • **soutenir que** suster que.

souterrain, **e** ■ *adj* subterrâneo(nea). ■ *nm* subterrâneo *(m)*.

soutien *nm* apoio *(m)*.

soutien-gorge *nm* soutien *(m)*.

soutirer *vt* • **soutirer qqch à qqn** subtrair algo a alguém.

souvenir *nm* lembrança *(f)*. ■ **se souvenir de** *vp + prép* lembrar-se de.

souvent *adv* **1.** *(fréquemment)* amiúde **2.** *(généralement)* geralmente.

souverain, **e** *nm, f* soberano *(m)*, -na *(f)*.

souveraineté *nf* **1.** soberania *(f)* **2.** *(économique)* supremacia *(f)*.

soviétique *adj* soviético(ca).

soyeux, **euse** *adj* sedoso(osa).

SPA (*abr de* **Société protectrice des animaux**) *nf* SPA *(f)* *(Sociedade de Protecção dos Animais)*.

spacieux, **euse** *adj* espaçoso(osa).

spaghetti(s) *nmpl* esparguete *(m)*.

sparadrap *nm* penso *(m) (Port)*, esparadrapo *(m) (Br)*.

spasme *nm* espasmo *(m)*.

spatial, **e**, **aux** *adj* espacial.

spatule *nf* espátula *(f)*.

spätzli *nm (Suisse) pedaços de massa fervida, geralmente servidos como acompanhamento de carne.*

spécial, **e**, **aux** *adj* **1.** *(particulier)* especial **2.** *(bizarre)* esquisito(ta).

spécialement *adv* especialmente • **pas spécialement** não especialmente.

spécialisé, **e** *adj* especializado(da).

spécialiser *vt* especializar.
■ **se spécialiser** *vp* especializar-se • **se spécialiser dans** especializar-se em.

spécialiste *nmf* especialista *(mf)*.

spécialité *nf* especialidade *(f)*.

spécificité *nf* especificidade *(f)*.

spécifier *vt* especificar.

spécifique *adj* específico(ca).

spécimen *nm* espécime *(m)*.

spectacle *nm* espectáculo *(m)*.

spectaculaire *adj* espectacular.

spectateur, **trice** *nm, f* espectador *(m)*, -ra *(f)*.

spectre *nm* espectro *(m)*.

spéculation *nf* especulação *(f)*.

spéculer *vi* • **spéculer sur** especular sobre.

speculo(o)s *nmpl (Belgique) bolacha seca em forma de boneco, feita com açúcar amarelo e canela.*

speed *adj fam* speed.

spéléologie *nf* espeleologia *(f)*.

spermatozoïde *nm* espermatozóide *(m)*.

sperme *nm* esperma *(m)*.

sphère *nf* esfera *(f)*.

sphérique *adj* esférico(ca).

spirale *nf* espiral *(f)* • **en spirale** em espiral.

spirituel, **elle** *adj* **1.** *(de l'âme)* espiritual **2.** *(personne, remarque)* engraçado(da).

spiritueux *nm* bebida *(f)* espirituosa.

splendide *adj* esplêndido(da).

sponsor *nm* patrocinador *(m)*, patrocinadora *(f)*.

sponsoriser *vt* patrocinar.

spontané, **e** *adj* espontâneo(nea).

spontanéité *nf* espontaneidade *(f)*.

sporadique *adj* esporádico(ca).

sport *nm* desporto *(m)* • **sports d'hiver** desportos de Inverno.

LES SPORTS

- l'athlétisme / o atletismo
- le base-ball / o basebol
- la boxe / o pugilismo, a boxe
- le basket-ball / o basquetebol
- la course / a corrida
- l'équitation / a equitação
- l'escrime / a esgrima
- le football / o futebol
- le football américain / o futebol americano
- le golf / o golfe
- le hockey sur glace / o hóquei sobre gelo
- le judo / o judo
- le kayak / a canoagem
- la natation / a natação
- le patinage sur glace / a patinagem no gelo
- la planche à voile / o windsurf
- le rugby / o râguebi
- le ski / o esqui
- le tennis / o ténis
- le tennis de table / o ténis de mesa
- la voile / a vela
- le volley-ball / o voleibol.

sportif, **ive** ■ *adj* desportivo(va). ■ *nm, f* desportista *(mf)*.

spot *nm* holofote *(m)* • **spot publicitaire** spot *(m)* publicitário.

sprint *nm* sprint *(m)*.

square *nm* **1.** parque *(m)* **2.** *(en ville)* praceta *(f)*, jardim *(m)* público.

squash *nm* squash *(m)*.

squatter¹ *nm* ocupante *(mf)* ilegal.

squatter² *vt* ocupar ilegalmente.

squelette *nm* esqueleto *(m)*.

squelettique *adj* **1.** *(corps)* esquelético(ca) **2.** *fig (peu fourni)* limitado(da) **3.** *fig (peu développé)* pobre.

St (*abr écrite de* **saint**) S *(são)*.

stabiliser *vt* estabilizar.
■ **se stabiliser** *vp* estabilizar-se.

stable *adj* estável.

stade *nm* **1.** *(de sport)* estádio *(m)* **2.** *(période)* estado *(m)*.

stage *nm* estágio *(m)* • **faire un stage** fazer um estágio.

stagiaire *nmf* estagiário *(m)*, -ria *(f)*.

stagner *vi* estagnar.

stalactite *nf* estalactite *(f)*.

stalagmite *nf* estalagmite *(f)*.

stand *nm* stand *(m)*.

standard ◪ *adj inv* standard. ◪ *nm (téléphonique)* PBX *(m)*.

standardiste *nmf* telefonista *(mf)*.

star *nf* estrela *(f)*.

starter *nm* starter *(m) (Port)*, afogador *(m) (Br)*.

start-up *nf inv* start(-)up *(f)*.

station *nf* estação *(f)* • **station balnéaire** estação balnear • **station de sports d'hiver** OU **de ski** estação de desportos de Inverno • **station de taxis** praça *(f)* de táxis *(Port)*, ponto *(m)* de táxi *(Br)* • **station thermale** termas *(fpl) (Port)*, estância *(f)* hidromineral *(Br)*.

stationnaire *adj* estacionário(ria).

stationnement *nm* estacionamento *(m)* • **'stationnement payant'** 'estacionamento a pagar'.

stationner *vi* estacionar.

station-service *nf* estação *(f)* de serviço.

statique *adj* ▻ **électricité**.

statistiques *nfpl* estatísticas *(fpl)*.

statue *nf* estátua *(f)*.

statuer *vi* • **statuer (sur)** decidir.

statuette *nf* estatueta *(f)*.

statu quo *nm inv* statu quo *(m inv)*.

statut *nm* estatuto *(m)*.

Ste (*abr écrite de* **sainte**) Sta *(santa)*.

Sté (*abr écrite de* **société**) sociedade *(f)*.

steak *nm* bife *(m)* • **steak frites** bife com batatas fritas • **steak haché** hambúrger *(m)* • **steak tartare** bife tártaro.

sténo *nf* estenografia *(f)*.

sténodactylo *nf* estenodactilógrafa *(f)*.

stéréo ◪ *adj inv* estéreo. ◪ *nf* • **en stéréo** em estéreo.

stérile *adj* **1.** *(femme, homme)* estéril **2.** *(milieu, compresse)* esterilizado(da).

stérilet *nm* DIU *(m)*, dispositivo *(m)* intrauterino, diafragma *(m)*.

stériliser *vt* esterilizar.

sterling *adj* ▻ **livre**.

sternum *nm* esterno *(m)*.

steward *nm* comissário *(m)* de bordo.

stimulant, **e** *adj* estimulante.
■ **stimulant** *nm* **1.** *(remontant)* estimulante *(m)* **2.** *(motivation)* estímulo *(m)*.

stimuler *vt* estimular.

stipuler *vt* • **stipuler qqch** estipular algo • **stipuler que** estipular que.

stock *nm* stock *(m)* • **en stock** em stock.

stocker *vt* armazenar.

stoïque *adj* estóico(ca).

stop ◪ *nm* **1.** *(panneau)* stop *(m)* **2.** *(phare)* luz *(f)* de travagem. ◪ *interj* alto! • **faire du stop** pedir boleia.

stopper *vt* & *vi* parar.

store *nm* **1.** *(extérieur)* toldo *(m)* **2.** *(intérieur)* estore *(m)*.

STP (*abr écrite de* **s'il te plaît**) sff (se faz favor).

strabisme *nm* estrabismo *(m)*.

strapontin *nm* assento *(m)* dobradiço.

stratagème *nm* estratagema *(m)*.

stratégie *nf* estratégia *(f)*.

stress *nm* stress *(m)*.

stressé, **e** *adj* tenso(sa).

stresser ◪ *vi* ficar tenso(sa). ◪ *vt* deixar tenso(sa).

stretching *nm* stretching *(m)*.

strict, **e** *adj* severo(ra).

strictement *adv (absolument)* estritamente.

strident, **e** *adj* estridente.

strié, **e** *adj* estriado(da).

strip-tease *nm* strip-tease *(m)*.

strophe *nf* estrofe *(f)*.

structure *nf* estrutura *(f)*.

studieux, **euse** *adj* estudioso(osa).

studio *nm* **1.** *(logement)* estúdio *(m)* *(Port)*, conjugado *(m)* *(Br)* **2.** *(de cinéma, de photo)* estúdio *(m)*.

stupéfaction *nf* estupefacção *(f)*.

stupéfait, **e** *adj* estupefacto(ta).

stupéfiant, **e** ■ *adj* espantoso(osa). ■ *nm* estupefaciente *(m)*.

stupide *adj* estúpido(da).

stupidité *nf* **1.** *(caractère)* estupidez *(f)* **2.** *(parole)* parvoíce *(f)*.

style *nm* estilo *(m)* • **meuble de style** móvel de estilo.

styliste *nmf* estilista *(mf)*.

stylo *nm* caneta *(f)* • **stylo (à) bille** esferográfica *(f)* • **stylo (à) plume** caneta de tinta permanente.

stylo-feutre *nm* caneta *(f)* de feltro.

suave *adj* suave.

subalterne *adj* & *nmf* subalterno(na).

subconscient, **e** *adj* subconsciente.
■ **subconscient** *nm* subconsciente *(m)*.

subir *vt* **1.** sofrer **2.** *(opération)* fazer.

subit, **e** *adj* súbito(ta).

subitement *adv* subitamente.

subjectif, **ive** *adj* subjectivo(va).

subjonctif *nm* conjuntivo *(m)* *(Port)*, subjuntivo *(m)* *(Br)*.

subjuguer *vt* subjugar.

sublime *adj* sublime.

submerger *vt* **1.** *(suj : eau)* submergir **2.** *(suj : travail, responsabilités)* encher.

subordonné, **e** *adj* & *nm, f* subordinado (da).
■ **subordonnée** *nf* subordinada *(f)*.

subsidiaire *adj* subsidiário(ria).

subsister *vi* subsistir.

substance *nf* substância *(f)*.

substantiel, **elle** *adj* substancial.

substantif, **ive** *adj* substantivado(da).
■ **substantif** *nm* substantivo *(m)*.

substituer *vt* • **substituer qqch à qqch** substituir algo por algo.
■ **se substituer à** *vp + prép* substituir.

subterfuge *nm* subterfúgio *(m)*.

subtil, **e** *adj* subtil.

subtiliser *vt* surripiar.

subtilité *nf* subtileza *(f)*.

subvenir ■ **subvenir à** *vp + prép* fazer face a • **subvenir aux besoins de qqn** fazer face às necessidades de alguém.

subvention *nf* subvenção *(f)*.

subventionner *vt* subvencionar.

subversif, **ive** *adj* subversivo(va).

succéder ■ **succéder à** *vp + prép* suceder a. ■ **se succéder** *vp* suceder-se.

succès *nm* sucesso *(m)* • **avoir du succès** ter sucesso.

successeur *nm* sucessor *(m)*.

successif, **ive** *adj* sucessivo(va).

succession *nf* sucessão *(f)*.

succinct, **e** *adj* **1.** *(discours)* sucinto(ta) **2.** *(repas)* ligeiro(ra).

succomber *vi* sucumbir • **succomber à** sucumbir a.

succulent, **e** *adj* suculento(ta).

succursale *nf* sucursal *(f)*.

sucer *vt* **1.** *(un bonbon)* chupar **2.** *(son pouce)* chuchar em.

sucette *nf* **1.** *(bonbon)* chupa-chupa *(m)* **2.** *(de bébé)* chupeta *(f)*.

sucre *nm* **1.** *(produit)* açúcar *(m)* **2.** *(morceau)* torrão *(m)* de açúcar • **sucre en morceaux** açúcar em cubos • **sucre d'orge** açúcar mascavo • **sucre en poudre** açúcar • **sucre roux** OU **brun** açucar amarelo.

sucré, **e** *adj* **1.** *(fruit)* doce **2.** *(yaourt, café)* açucarado(da).

sucrer *vt* açucarar.

sucreries *nfpl* doces *(mpl)*.

Sucrette® *nf* adoçante *(m)*, sacarina *(f)*.

sucrier *nm* açucareiro *(m)*.

sud *adj inv* & *nm inv* sul • **au sud (de)** a sul (de).

sud-africain, **e**, **s** *adj* sul-africano(na).

sud-est *adj inv* & *nm inv* sudeste • **au sud-est (de)** a sudeste de.

sud-ouest *adj inv* & *nm inv* sudoeste • **au sud-ouest (de)** a sudoeste de.

Suède *nf* • **la Suède** a Suécia.

suédois, **e** ■ *adj* sueco(ca). ■ *nm* *(langue)* sueco *(m)*.
■ **Suédois**, **e** *nm, f* sueco *(m)*, -ca *(f)*.

suer *vi* suar.

sueur *nf* suor *(m)* • **être en sueur** estar (todo) transpirado • **avoir des sueurs froides** ter suores frios.

suffire *vi (être assez)* bastar • **ça suffit !** basta! • **suffire à qqn** bastar a alguém • **il suffit de qqch pour** basta algo para • **il (te) suffit de faire qqch** basta fazer(es) algo.

suffisamment *adv* bastante • **suffisamment de** bastante • **suffisamment de livres** bastantes livros • **il n'y a pas suffisamment de gens** não há pessoas que cheguem.

suffisant, **e** *adj* suficiente.

suffixe *nm* sufixo *(m)*.

suffocant, **e** *adj* sufocante.

suffoquer *vi* sufocar.

suffrage *nm* sufrágio *(m)* • **suffrage universel/indirect** sufrágio universal/indirecto.

suggérer *vt* sugerir • **suggérer à qqn de faire qqch** sugerir a alguém que faça algo.

suggestif, **ive** *adj* sugestivo(va).

suggestion *nf* sugestão *(f)*.

suicidaire *adj* suicida.

suicide *nm* suicídio *(m)*.

suicider ■ **se suicider** *vp* suicidar-se.

suie *nf* fuligem *(f)*.

suinter *vi* ressumar.

suisse *adj* suíço(ça).
■ **Suisse** ◪ *nmf* suíço *(m)*, -ça *(f)*. ◪ *nf* • **la Suisse** a Suíça.

suite *nf* **1.** *(série, succession)* série *(f)* **2.** *(d'une histoire, d'un film)* continuação *(f)* • **à la suite** de seguida • **à la suite de** *(à cause de)* por causa de • **de suite** de seguida • **par suite de** devido a.
■ **suites** *nfpl* repercussões *(fpl)*.

suivant, **e** ◪ *adj* & *nm, f* seguinte. ◪ *prép* segundo • **au suivant !** o seguinte!

suivre *vt* **1.** seguir **2.** *(succéder à)* seguir-se a **3.** *(cours)* assistir a • **suivi de** seguido de • **faire suivre** ao cuidado de • **'à suivre'** 'continua'.

sujet *nm* **1.** *(thème)* assunto *(m)* **2.** GRAMM sujeito *(m)* **3.** *(d'un roi)* súbdito *(m)* • **au sujet de** a propósito de.

Sup de Co (*abr de* **École Supérieure de Commerce**) *nf* Instituto Superior de Comércio.

super ◪ *adj inv fam (formidable)* porreiro(ra). ◪ *nm (carburant)* gasolina *(f)* super.

super- *préf fam* super-.

superbe *adj* espectacular.

supercherie *nf* trapaça *(f)*.

supérette *nf* mini-mercado *(m)*.

superficie *nf* superfície *(f)*.

superficiel, **elle** *adj* superficial.

superflu, **e** *adj* supérfluo(flua).

supérieur, **e** ◪ *adj* superior. ◪ *nm, f* superior *(m)*, -ra *(f)* • **supérieur à** superior a.

supériorité *nf* superioridade *(f)*.

superlatif *nm* superlativo *(m)*.

supermarché *nm* supermercado *(m)*.

superposer *vt* sobrepor.

superproduction *nf* superprodução *(f)*.

superpuissance *nf* superpotência *(f)*.

superstitieux, **euse** *adj* supersticioso(osa).

superstition *nf* superstição *(f)*.

superviser *vt* supervisionar.

supplanter *vt* suplantar.

suppléant, **e** *adj* & *nm, f* suplente.

supplément *nm* suplemento *(m)* • **en supplément** em suplemento.

supplémentaire *adj* suplementar.

supplice *nm* suplício *(m)*.

supplier *vt* • **supplier qqn (de faire qqch)** suplicar a alguém (que faça algo).

support *nm* suporte *(m)*.

supportable *adj* suportável.

supporter[1] *vt* **1.** suportar **2.** *(soutenir)* suster.

supporter[2] *nm* adepto *(m)*, -ta *(f) (Port)*, torcedor *(m)*, -ra *(f) (Br)*.

supposer *vt* supor • **à supposer que...** supondo que...

supposition *nf* suposição *(f)*.
Voir encadré page suivante.

suppositoire *nm* supositório *(m)*.

suppression *nf* supressão *(f)*.

supprimer *vt* **1.** *(faire disparaître)* suprimir **2.** *(tuer)* eliminar **3.** INFORM limpar.

suprématie *nf* supremacia *(f)*.

suprême *nm* • **suprême de volaille** *peito de frango com molho*.

sur *prép* **1.** *(dessus)* em, em cima de • **sur la table** em cima da mesa **2.** *(au-dessus de)* sobre **3.** *(indique la direction)* a • **tournez sur la droite** vire à direita • **on remonte sur Paris**

voltamos para Paris **4.** *(indique la distance)* ao longo de • **'travaux sur 10 kilomètres'** 'obras ao longo dos próximos 10 quilómetros' **5.** *(au sujet de)* sobre • **un dépliant sur l'Auvergne** um folheto sobre a Auvergne **6.** *(dans une mesure)* por • **un mètre de large sur deux mètres de long** um metro de largura por dois metros de comprimento **7.** *(dans une proportion)* em • **9 personnes sur 10** 9 em cada 10 pessoas • **un jour sur deux** um em cada dois dias.

S'EXPRIMER...

émettre une supposition

• **Suponho que ele está de viagem.** / Je suppose qu'il est en voyage.
• **Talvez ele tenha feito de propósito.** / Peut-être qu'il l'a fait exprès.
• **Se não me engano,/Se não estou em erro,/pouco falta para o aniversário dele/dela.** / Si je ne m'abuse, c'est bientôt son anniversaire.
• **Ela vem com certeza amanhã./Ela há-de vir amanhã.** / Elle viendra sans doute demain.

sûr, **e** *adj* **1.** *(sans danger)* seguro(ra) **2.** *(digne de confiance)* de confiança • **je suis sûre de réussir/qu'il viendra** tenho certeza que vou conseguir/que ele vem • **je suis sûre de lui** tenho confiança nele • **être sûr de soi** estar seguro de si.

surbooking *nm* reservas *(fpl)* em excesso.

surcharge *nf* **1.** *(de travail, de ratures)* sobrecarga *(f)* **2.** *(de poids)* excesso *(m)* de peso **3.** *(d'ornements)* superabundância *(f)*.

surcharger *vt* sobrecarregar.

surchauffé, **e** *adj* sobreaquecido(da).

surchemise *nf* camisa *(f)* aos quadrados.

surcroît *nm* acréscimo *(m)* • **de** *OU* **par surcroît** *sout* além disso.

surdité *nf* surdez *(f)*.

surdoué, **e** *adj* sobredotado(da).

sureffectif *nm* • **être en sureffectif** ter pessoal a mais.

surélever *vt* aumentar a altura de • **surélever une maison** acrescentar um andar a uma casa.

sûrement *adv* certamente • **sûrement pas !** certamente que não!

surenchère *nf* **1.** DR sobrelanço *(m)* **2.** *fig (exagération)* redobramento *(m)* • **faire de la surenchère** prometer mundos e fundos.

surendetté, **e** *adj* bastante endividado(da).

surestimer *vt* sobrestimar.

sûreté *nf* • **mettre qqch en sûreté** pôr algo a salvo.

surexcité, **e** *adj* irrequieto(ta).

surf *nm* surf *(m)*.

surface *nf* superfície *(f)*.

surfait, **e** *adj* supervalorizado(da).

surgelé, **e** ◘ *adj* ultracongelado(da). ◘ *nm* ultracongelado *(m)*.

surgir *vi* surgir.

surimi *nm* surimi *(m)*.

sur-le-champ *adv* imediatamente.

surlendemain *nm* • **le surlendemain** dois dias depois.

surligner *vt* marcar (com marcador fluorescente).

surligneur *nm* marcador *(m)* (de feltro).

surmenage *nm* esgotamento *(m)*.

surmené, **e** *adj* esgotado(da).

surmené, **e** *adj* estafado(da).

surmonter *vt* superar.

surnaturel, **elle** *adj* sobrenatural.

surnom *nm* alcunha *(f)*.

surnommer *vt* apelidar.

surpasser *vt* superar.
■ **se surpasser** *vp* superar-se.

surpeuplé, **e** *adj* superpovoado(da).

surplace *nm* • **faire du surplace** *fig* marcar passo.

surplomber *vt* dominar.

surplus *nm* excedente *(m)*.

surprenant, **e** *adj* surpreendente.

surprendre *vt* surpreender.

surpris, **e** *adj* surpreendido(da) • **je suis surpris de le voir ici** surpreende-me vê-lo aqui.

surprise *nf* surpresa *(f)* • **faire une surprise à qqn** fazer uma surpresa a alguém • **par surprise** de surpresa.

surréalisme *nm* surrealismo *(m)*.

surréservation *nf* = **surbooking**.

sursaut *nm* • **se réveiller en sursaut** acordar em sobressalto.

sursauter *vi* sobressaltar-se.

sursis *nm* **1.** *(délai)* prorrogação *(f)* **2.** DR pena *(f)* suspensa • **6 mois avec sursis** 6 meses com pena suspensa.

surtaxe *nf* sobretaxa *(f)*.

surtout *adv* sobretudo • **surtout, fais bien attention !** sobretudo, tem muito cuidado! • **surtout que** sobretudo porque.

surveillance *nf* vigilância *(f)* • **être sous surveillance** estar sob vigilância.

surveillant, e *nm, f* auxiliar *(mf)* da acção educativa.

surveiller *vt* **1.** *(observer)* vigiar **2.** *(prendre soin de)* cuidar de.
■ **se surveiller** *vp (faire un régime)* cuidar-se.

survenir *vi* sobrevir.

survêtement *nm* fato *(m)* de treino.

survie *nf* sobrevivência *(f)*.

survivant, e *nm, f* sobrevivente *(mf)*.

survivre *vi* sobreviver • **survivre à** sobreviver a.

survol *nm* **1.** *(vol au-dessus de)* sobrevoo *(m)* **2.** *fig (examen rapide)* vista *(f)* de olhos.

survoler *vt* sobrevoar.

sus ■ **en sus** *adv* a mais.

susceptible *adj* susceptível • **être susceptible de faire qqch** ser capaz de fazer algo.

susciter *vt* suscitar.

suspect, e *adj* & *nm, f* suspeito(ta).

suspecter *vt* suspeitar de.

suspendre *vt* suspender.

suspens ■ **en suspens** *loc adv* em suspenso.

suspense *nm* suspense *(m)*.

suspension *nf* **1.** *(d'une voiture)* suspensão *(f)* **2.** *(lampe)* candeeiro *(m)* de tecto.

suture *nf* ▷ **point**.

svelte *adj* esbelto(ta).

SVP (*abr écrite de* **s'il vous plaît**) s.f.f *(se faz favor)*.

sweat-shirt *nm* sweat-shirt *(f)*.

syllabe *nf* sílaba *(f)*.

symbole *nm* símbolo *(m)*.

symbolique *adj* simbólico(ca).

symboliser *vt* simbolizar.

symétrie *nf* simetria *(f)*.

symétrique *adj* simétrico(ca).

sympa *adj fam* fixe.

sympathie *nf* • **éprouver** *OU* **avoir de la sympathie pour qqn** sentir *OU* ter simpatia por alguém.

sympathique *adj* simpático(ca).

sympathiser *vi* simpatizar • **ils ont sympathisé** eles simpatizaram um com o outro.

symphonie *nf* sinfonia *(f)*.

symphonique *adj* sinfónico(ca).

symptomatique *adj* sintomático(ca).

symptôme *nm* sintoma *(m)*.

synagogue *nf* sinagoga *(f)*.

synchronisé, e *adj* sincronizado(da).

synchroniser *vt* sincronizar.

syncope *nf* MÉD síncope *(f)*.

syndic *nm* **1.** *(personne)* administrador *(m)*, -ra *(f)* de condomínio **2.** *(entreprise)* empresa *(f)* gestora de condomínios.

syndical, e, aux *adj (mouvement, revendications)* sindical.

syndicaliste *nmf* sindicalista *(mf)*.

syndicat *nm* sindicato *(m)* • **syndicat d'initiative** centro *(m)* de turismo.

syndiqué, e *adj* sindicalizado(da).

syndrome *nm* síndrome *(f)* • **syndrome immunodéficitaire acquis** Síndrome de Imuno-deficiência Adquirida.

synergie *nf* sinergia *(f)*.

synonyme *nm* sinónimo *(m)*.

syntaxe *nf* sintaxe *(f)*.

synthèse *nf* síntese *(f)*.

synthétique ◪ *adj* sintético(ca). ◪ *nm* tecido *(m)* sintético.

synthétiseur *nm* sintetizador *(m)*.

systématique *adj* sistemático(ca).

système *nm* sistema *(m)* • **système d'exploitation** sistema operacional • **système monétaire européen** Sistema Monetário Europeu.

t T

t, T *nm inv (lettre)* t, T *(m inv)*.

ta ▻ **ton** *(adj)*.

tabac *nm* **1.** *(plante, produit)* tabaco *(m)* **2.** *(magasin)* tabacaria *(f)*.

tabagie *nf (Québec)* tabacaria *(f)*.

tabagisme *nm* tabagismo *(m)*.

table *nf* **1.** *(meuble)* mesa *(f)* **2.** *(tableau)* quadro *(m)* • **mettre la table** pôr a mesa • **être/se mettre à table** estar à/ir para a mesa • **à table !** para a mesa! • **table de chevet** *OU* **de nuit** mesa-de-cabeceira *(f)* • **table à langer** mesa de vestir • **table des matières** índice *(m)* • **table d'opération** mesa de operações • **table d'orientation** plano *(m)* de orientação • **table à repasser** tábua *(f)* de passar a ferro.

tableau *nm* **1.** *(peinture, grille)* quadro *(m)* **2.** *(panneau)* painel *(m)* • **tableau de bord** painel de instrumentos • **tableau (noir)** quadro (preto).

tabler *vi* • **tabler sur** contar com.

tablette *nf* prateleira *(f)* • **tablette de chocolat** tablete *(f)* de chocolate.

tableur *nm* folha *(f)* de cálculo.

tablier *nm* avental *(m)*.

tabou, e *adj* tabu.
■ **tabou** *nm* tabu *(m)*.

taboulé *nm prato libanês à base de trigo partido, tomate, salsa e hortelã.*

tabouret *nm* mocho *(m)*, banco *(m)*.

tache *nf* mancha *(f)* • **taches de rousseur** sardas *(fpl)*.

tâche *nf* tarefa *(f)*.

tacher *vt* manchar.

tâcher ◪ *vi* • **je vais tâcher de finir ce soir** vou ver se acabo esta noite. ◪ *vt* • **tâche que ça ne se reproduise plus** vê lá se isto não se repete.

tacheté, e *adj* manchado(da).

tacite *adj* tácito(ta).

taciturne *adj* taciturno(na).

tact *nm* tacto *(m)*.

tactique *nf* táctica *(f)*.

tag *nm* grafito *(m)*.

tagine *nm prato à base de carne, sobretudo de carneiro, típico do Norte de África.*

taguer *vt* desenhar grafitos em.

taie *nf* • **taie d'oreiller** fronha *(f)* (de almofada).

taille *nf* **1.** *(dimension)* tamanho *(m)* **2.** *(mensuration)* medida *(f)* **3.** *(partie du corps)* cintura *(f)*.

taille-crayon *nm* afiadeira *(f) (Port)*, apontador *(m) (Br)*.

tailler *vt* **1.** *(arbre)* podar **2.** *(tissu)* cortar **3.** *(crayon)* afiar.

tailleur *nm* **1.** *(couturier)* alfaiate *(m)* **2.** *(vêtement)* fato *(m)* de saia e casaco • **s'asseoir en tailleur** sentar-se com as pernas cruzadas.

taillis *nm* mata *(f)* (de corte).

tain *nm* aço *(m) (para espelhos)*.

taire ■ **se taire** *vp* calar-se • **tais-toi !** cala-te!

talc *nm* pó *(m)* de talco.

talent *nm* talento *(m)*.

talentueux, euse *adj* talentoso(osa).

talisman *nm* talismã *(m)*.

talkie-walkie *nm* walkie-talkie *(m)*.

talon *nm* **1.** *(du pied)* calcanhar *(m)* **2.** *(d'une chaussure)* salto *(m)* **3.** *(d'un chèque)* talão *(m)* • **talons hauts** saltos altos • **talons plats** saltos baixos *OU* rasos.

talonner *vt* **1.** *(suivre)* ir no encalço de **2.** *(harceler)* atormentar.

talus *nm* talude *(m)*.

tambour *nm (instrument)* tambor *(m)*.

tambourin *nm* tamboril *(m) (Port)*, pandeiro *(m) (Br)*.

tambouriner ■ *vt* tamborilar. ■ *vi* • **tambouriner sur/à/contre** tamborilar em/a/contra.

tamis *nm* peneira *(f)*.

Tamise *nf* • **la Tamise** o Tamisa.

tamisé, e *adj* ténue.

tamiser *vt* peneirar.

tampon *nm* **1.** *(cachet)* carimbo *(m)* **2.** *(de tissu, de coton)* pano *(m)* • **tampon (hygiénique)** tampão *(m)*.

tamponner *vt* **1.** *(document)* carimbar **2.** *(heurter)* bater em **3.** *(plaie)* limpar ao de leve.

tamponneuse *adj f* ▷ **auto**.

tam-tam *nm* tantã *(m)*.

tandem *nm* *(vélo)* tandem *(m)*.

tandis ■ **tandis que** *conj* **1.** *(pendant que)* enquanto **2.** *(alors que)* ao passo que.

tangent, e *adj* **1.** MATH tangente **2.** *(juste)* à tangente.
■ **tangente** *nf* tangente *(f)*.

tango *nm* tango *(m)*.

tanguer *vi* baloiçar.

tanière *nf* **1.** *(d'ours)* caverna *(f)* **2.** *(de renard)* covil *(m)* **3.** *fig (de personne)* toca *(f)*.

tank *nm* tanque *(m)*.

tanner *vt* **1.** *(peau)* curtir **2.** *fam (embêter)* azucrinar o juízo a.

tant *adv* **1.** *(tellement)* tanto • **il l'aime tant (que)** ele ama-a tanto (que) • **tant de... (que)** tanto... (que) • **tant de gens (que)** tanta gente (que) **2.** *(autant)* • **tant que** tanto quanto • **tant qu'il peut** tanto quanto pode **3.** *(temporel)* • **tant que nous resterons ici** enquanto ficarmos aqui **4.** *(dans des expressions)* • **en tant que** como • **on est arrivés à finir tant bien que mal** conseguimos acabar como pudémos • **tant mieux** ainda bem • **tant pis** pouco importa • **tant pis pour lui** pior para ele.

tante *nf* tia *(f)*.

tantôt *adv* • **tantôt... tantôt** ora... ora.

taon *nm* moscardo *(m)*.

tapage *nm* algazarra *(f)*.

tape *nf* palmada *(f)*.

tape-à-l'œil ■ *adj inv fam* espampanante. ■ *nm inv* fachada *(f)*.

tapenade *nf* *condimento à base de azeitonas, anchovas e alcaparras trituradas com azeite e ervas aromáticas.*

taper *vt* **1.** *(frapper)* bater **2.** *(code)* marcar • **taper (qqch) à la machine** bater (algo) à máquina • **taper des pieds** bater com os pés no chão • **taper sur** bater em.

tapioca *nm* tapioca *(f)*.

tapis *nm* **1.** carpete *(f)* **2.** *(d'escalier)* passadeira *(f)* • **tapis roulant** tapete rolante • **tapis de sol** *lona que cobre o chão de uma tenda de campismo.*

tapisser *vt* forrar.

tapisserie *nf* **1.** *(à l'aiguille, arts décoratifs)* tapeçaria *(f)* **2.** *(papier peint)* papel *(m)* de parede.

tapoter *vt* dar pancadinhas em.

taquin, e *adj* arreliador(ra).

taquiner *vt* arreliar.

tarama *nm* *ovas de peixe misturadas com miolo de pão, azeite e sumo de limão.*

tard *adv* tarde • **plus tard** *(après, dans l'avenir)* mais tarde • **à plus tard !** até logo! • **au plus tard** o mais tardar.

tarder *vi* • **elle ne va pas tarder (à arriver)** ela não vai tardar (a chegar) • **tarder à faire qqch** tardar a fazer algo • **il me tarde de partir** estou ansioso por partir.

tardif, ive *adj* tardio(dia).

tare *nf* **1.** *(d'une balance, d'une personne)* tara *(f)* **2.** *(d'une société, d'un système)* defeito *(m)*.

tarif *nm* **1.** *(liste des prix)* tabela *(f)* de preços **2.** *(prix)* tarifa *(f)* • **tarif plein** preço *(m)* normal • **tarif réduit** preço *(m)* reduzido • **à tarif réduit** tarifa reduzida.

tarir *vi* secar.

tarot *nm* *(jeu)* tarô *(m)*.

tartare *adj* ▷ **sauce**, ▷ **steak**.

tarte *nf* tarte *(f)* • **tarte aux fraises** tarte de morango • **tarte au maton** *(Belgique)* *tarte de leite coalhado com amêndoas* • **tarte au sucre** *(Belgique)* tarte de açúcar • **tarte Tatin** *tarte de maçã caramelizada.*

tartelette *nf* pequena tarte *(f)*.

tartiflette *nf* tartiflette.

tartine *nf* fatia *(f)* de pão (com manteiga ou compota).

tartiner *vt* barrar • **fromage/pâte à tartiner** queijo/creme de barrar.

tartre *nm* **1.** *(sur les dents)* tártaro *(m)* **2.** *(calcaire)* calcário *(m)*.

tas *nm* monte *(m)* • **mettre qqch en tas** amontoar algo • **un** *OU* **des tas de** *fam* um monte *OU* montes de.

tasse *nf* chávena *(f)* • **boire la tasse** engolir água • **tasse à café** chávena para o café • **tasse à thé** chávena para o chá.

tasser *vt* apertar.
■ **se tasser** *vp* **1.** *(s'affaisser)* abater **2.** *(dans une voiture)* apertar-se.

tâter *vt* apalpar.
■ **se tâter** *vp* hesitar.

tâtonner *vi* tactear.

tâtons ■ **à tâtons** *adv* às apalpadelas.

tatouage *nm* tatuagem *(f)*.

tatouer *vt* tatuar.

taudis *nm* **1.** *(logement misérable)* pardieiro *(m)* **2.** *fig* & *péj (maison ou pièce mal tenue)* chiqueiro *(m)*.

taule *nf fam (prison)* pildra *(f)*.

taupe *nf* toupeira *(f)*.

taureau *nm* touro *(m)*.
■ **Taureau** *nm* Touro *(m)*.

tauromachie *nf* tauromaquia *(f)*.

taux *nm* taxa *(f)* • **taux de change** taxa de câmbio.

taverne *nf (Québec)* café *(m)*.

taxe *nf* imposto *(m)* • **taxe d'habitation** IMI *(m)* (Imposto Municipal sobre Imóveis) • **toutes taxes comprises** com IVA.

taxer *vt* lançar um imposto sobre.

taxi *nm* táxi *(m)*.

Tchécoslovaquie *nf* • **la Tchécoslovaquie** a Checoslováquia.

te *pron* -te.

technicien, **enne** *nm, f* técnico *(m)*, -ca *(f)*.

technico-commercial, **e** *adj* • **un ingénieur technico-commercial** um técnico de vendas.

technique ◼ *adj* técnico(ca). ◼ *nf* técnica *(f)*.

technocrate *nm péj* tecnocrata *(m)*.

technologie *nf* tecnologia *(f)*.

technologique *adj* tecnológico(ca).

tee-shirt *nm* T-shirt *(f) (Port)*, camiseta *(f) (Br)*.

teindre *vt* tingir • **se faire teindre (les cheveux)** pintar o cabelo.

teint, **e** *nm* tez *(f)*.

teinte *nf* cor *(f)*.

teinter *vt* pintar.

teinture *nf* tinta *(f)* • **teinture d'iode** tintura *(f)* de iodo.

teinturerie *nf* tinturaria *(f)*.

teinturier, **ère** *nm, f* tintureiro *(m)*, -ra *(f)*.

tel, **telle** *adj* **1.** *(semblable)* tal **2.** *(si grand)* tanto (tanta) • **tel que** tal como • **tel quel** tal e qual • **tel ou tel** tal ou tal.

tél. (*abr écrite de* **téléphone**) tel.

télé *nf fam* televisão *(f)* • **à la télé** na televisão.

télécharger *vt* INFORM telecarregar.

téléachat *nm* telecompra *(f)*.

télécabine *nf* teleférico *(m)*.

Télécarte® *nf* Credifone® *(m)*.

télécommande *nf* telecomando *(m)*.

télécommunications *nfpl* telecomunicações *(fpl)*.

téléconférence *nf* teleconferência *(f)*.

télécopie *nf* fax *(m) (documento)*.

télécopieur *nm* fax *(m) (aparelho)*.

téléfilm *nm* telefilme *(m)*.

télégramme *nm* telegrama *(m)* • **télégramme téléphoné** telegrama por telefone *(Port)*, telegrama fonado *(Br)*.

téléguidé, **e** *adj* teleguiado(da).

téléguider *vt* **1.** *(un engin)* teleguiar **2.** *fig (une opération)* comandar à distância.

télématique *nf* telemática *(f)*.

téléobjectif *nm* teleobjectiva *(f)*.

télépathie *nf* telepatia *(f)*.

téléphérique *nm* teleférico *(m)*.

téléphone *nm* telefone *(m) (Port)*, fone *(m) (Br)* • **au téléphone** ao telefone • **téléphone à carte** telefones públicos a cartão • **téléphone mobile** telemóvel *(m)* • **téléphone portable** telemóvel • **téléphone sans fil** telefone sem fio • **téléphone de voiture** telemóvel *(m) (versão fixa)*.

téléphoner *vi* telefonar • **téléphoner à qqn** telefonar a alguém.

téléphonique *adj* ▷ **cabine**. ▷ **carte**.

téléréalité *nf* reality show *(m)*.

télescope *nm* telescópio *(m)*.

télescoper ■ **se télescoper** *vp* enfaixar-se.

télescopique *adj* telescópico(ca).

télésiège *nm* teleférico *(m)*.

téléski *nm* telesqui *(m)*.

téléspectateur, trice *nm, f* telespectador *(m)*, -ra *(f)*.

télévente *nf* televenda *(f)*.

télévisé, e *adj* televisivo(va).

téléviseur *nm* televisor *(m)*.

télévision *nf* televisão *(f)* • **à la télévision** na televisão • **télévision par satellite** televisão por satélite.

télévision-réalité *nf* TV • **une émission de télévision-réalité** uma emissão de reality show.

télex *nm inv* telex *(m)*.

tellement *adv* **1.** *(tant)* tanto **2.** *(si)* tão • **tellement de** tanto (tanta) • **pas tellement** nem tanto.

téméraire *adj* temerário(ria).

témoignage *nm* testemunho *(m)*.

témoigner *vi* testemunhar.

témoin *nm* **1.** *(spectateur)* testemunha *(f)* **2.** SPORT testemunho *(m)* • **être témoin de** ser testemunha de.

tempe *nf* têmpora *(f)*.

tempérament *nm* temperamento *(m)*.

température *nf* **1.** *(niveau de chaleur)* temperatura *(f)* **2.** *(fièvre)* febre *(f)*.

tempérer *vt* **1.** *(adoucir)* temperar **2.** *(atténuer)* atenuar **3.** *fig (calmer)* moderar.

tempête *nf* tempestade *(f)*.

temple *nm* templo *(m)*.

tempo *nm* tempo *(m)*.

temporaire *adj* temporário(ria).

temporairement *adv* temporariamente.

temps *nm* tempo *(m)* • **avoir le temps de faire qqch** ter tempo de fazer algo • **il est temps de/que** está na hora de • **à temps** a tempo • **de temps en temps** de tempos a tempos • **en même temps** ao mesmo tempo • **à temps complet** a tempo inteiro • **à temps partiel** em part-time • **un temps partiel** tempo parcial.

S'EXPRIMER...

parler du temps qu'il fait

• **Como é que está o tempo?** / Quel temps fait-il ?
• **Está bom tempo.** / Il fait beau.
• **Está sol.** / Le soleil brille.
• **Está mau tempo.** / Il fait mauvais.
• **O céu/tempo está encoberto e vai chover com certeza.** / Le temps est couvert et il va sûrement pleuvoir.
• **Está calor/muito calor/frio.** / Il fait chaud/très chaud/froid.
• **O que é que a meteorologia prevê?** / Quelles sont les prévisions météo ?
• **A meteorologia prevê neve para amanhã.** / La météo annonce de la neige pour demain.

LE TEMPS

• le brouillard / o nevoeiro
• l'éclair / o relâmpago
• la grêle / o granizo
• la neige / a neve
• le nuage / a nuvem
• l'orage / a trovoada
• la pluie / a chuva
• le soleil / o sol
• le vent / o vento.

tenace *adj* **1.** tenaz **2.** *(colle)* resistente **3.** *(tache)* difícil de sair **4.** *(odeur, maladie)* persistente.

tenailler *vt* atazanar.

tenailles *nfpl* tenazes *(fpl)*.

tendance *nf* tendência *(f)* • **avoir tendance à faire qqch** ter tendência a fazer algo.

tendeur *nm* esticador *(m)*.

tendinite *nf* inflamação *(f)* dos tendões.

tendon *nm* tendão *(m)*.

tendre ◪ *adj* terno(na). ◪ *vt* esticar • **tendre qqch à qqn** estender algo a alguém • **tendre la main à qqn** estender a mão a alguém • **tendre l'oreille** prestar atenção • **tendre un piège à qqn** armar uma armadilha a alguém.
■ **se tendre** *vp* esticar-se.

tendresse *nf* ternura *(f)*.

tendu, e *adj* tenso(sa).

ténèbres *nfpl sout* trevas *(fpl)*.

teneur *nf* teor *(m)* • **teneur en** teor de.

tenir *vt*

1. À LA MAIN, DANS SES BRAS = segurar
2. GARDER = manter
 • **tenir un plat au chaud** manter um prato quente
3. PROMESSE, ENGAGEMENT = cumprir
4. MAGASIN, BAR = ter
5. DANS DES EXPRESSIONS
 • **tiens !, tenez !** toma!, tome!
 • **tiens !** EXPRIME LA SURPRISE = olha!

tenir *vi*

1. RÉSISTER = resistir
 • **la neige n'a pas tenu** a neve derreteu
2. RESTER = ficar
 • **tenir debout** ficar direito
 • **tu ne tiens plus debout** DE FATIGUE = tu já não te aguentas em pé
3. ÊTRE CONTENU = caber.

tenir à *vp + prép*

ÊTRE ATTACHÉ À
 • **tenir à qqch** dar valor a algo
 • **tenir à qqn** ser apegado a alguém
 • **tenir à faire qqch** fazer questão de fazer algo.

tenir de *vp + prép*

RESSEMBLER À = sair a.

se tenir *vp*

1. AVOIR LIEU = realizar-se
2. S'ACCROCHER = segurar-se
 • **se tenir à** segurar-se a
3. ÊTRE, RESTER = ficar
 • **se tenir droit** ficar direito
 • **se tenir tranquille** ficar quieto
4. SE COMPORTER
 • **bien/mal se tenir** comportar-se bem/mal.

tennis ◼ *nm* ténis *(m inv)*. ◼ *nfpl* ténis *(mpl)*, sapatilhas *(fpl)* • **tennis de table** ténis de mesa.

ténor ◼ *adj* tenor. ◼ *nm* **1.** *(chanteur)* tenor *(m)* **2.** *fig (vedette)* vulto *(m)*.

tension *nf* tensão *(f)* • **avoir de la tension** ter a tensão alta.

tentaculaire *adj* tentacular.

tentacule *nm* tentáculo *(m)*.

tentant, e *adj* tentador(ra).

tentation *nf* tentação *(f)*.

tentative *nf* tentativa *(f)*.

tente *nf* tenda *(f)*.

tenter *vt* tentar • **tenter de faire qqch** tentar fazer algo.

tenue *nf* roupa *(f)* • **tenue de soirée** traje *(m)* de noite.

ter *adv indica que há 3 números iguais numa rua* • **11 ter** 11 c.

TER *(abr de* **Train Express Régional**) *nm* Comboios *(m)* Regionais e Inter-Regionais.

Tergal® *nm* terilene *(m)*.

terme *nm* termo *(m)* • **à court terme** a curto prazo • **à long terme** a longo prazo.

terminaison *nf* terminação *(f)*.

terminal *nm* terminal *(m)*.

terminale *nf* ≃ décimo segundo ano *(m)* do ensino secundário.

terminer *vt* terminar.
◼ **se terminer** *vp* terminar.

terminologie *nf* terminologia *(f)*.

terminus *nm* término *(m)*.

termite *nf* térmita *(f)*.

terne *adj* baço(ça).

ternir *vt* **1.** *(salir)* sujar **2.** *fig (flétrir)* denegrir.
◼ **se ternir** *vp (se salir)* ficar baço(ça).

terrain *nm* terreno *(m)* • **terrain de camping** parque *(m)* de campismo • **terrain de foot** campo *(m)* de futebol • **terrain de jeux** campo de jogos • **terrain vague** terreno baldio.

terrasse *nf* **1.** *(d'une maison, d'un appartement)* terraço *(m)* **2.** *(de café)* esplanada *(f)*.

terrasser *vt* **1.** *(vaincre)* derrubar **2.** *(venir à bout de)* erradicar **3.** *fig (foudroyer)* abalar.

terre *nf* **1.** terra *(f)* **2.** *(argile)* barro *(m)* • **la Terre** a Terra • **par terre** no chão.

terreau *nm* terriço *(m)*.

terre-plein *nm* terrapleno *(m)* • **terre-plein central** separador *(m)*.

terrestre *adj* terrestre.

terreur *nf* terror *(m)*.

terrible *adj* **1.** *(catastrophe, accident)* terrível **2.** *fam (excellent)* extraordinário(ria) • **pas terrible** *fam* não é nada de especial.

terriblement *adv* terrivelmente • **il a eu terriblement peur** ele sentiu um medo terrível • **il a terriblement changé** ele mudou muitíssimo.

terrien, enne ◼ *adj* • **un propriétaire terrien** um latifundiário. ◼ *nm, f* terráqueo *(m)*, -quea *(f)*.

terrier *nm (de lapin)* toca *(f)*.

terrifier *vt* aterrar.

terrine *nf* **1.** *(récipient) recipiente para o paté* **2.** CULIN paté *(m)* caseiro.

territoire *nm* território *(m)*.

territorial, **e** *adj* territorial.

terroriser *vt* aterrorizar.

terrorisme *nm* terrorismo *(m)*.

terroriste *nmf* terrorista *(mf)*.

tertiaire ■ *adj* terciário(ria). ■ *nm* sector *(m)* terciário.

test *nm* teste *(m)* • **test de dépistage** teste de despistagem.

testament *nm* testamento *(m)*.

tester *vt* testar.

testicule *nm* testículo *(m)*.

tétanos *nm* tétano *(m)*.

têtard *nm* girino *(m)*.

tête *nf* **1.** ANAT cabeça *(f)* **2.** *(visage)* cara *(f)* **3.** *(partie avant)* frente *(f)* • **de tête** *(wagon)* da frente • **être en tête** estar à frente • **faire la tête** amuar • **en tête à tête** a sós • **tête de liste** cabeça de lista • **tête de série** cabeça de série • **tête de veau** cabeça de vitela.

tête-à-queue *nm inv* reviravolta *(f)*.

tête-à-tête *nm inv* encontro *(m)* a sós • **en tête-à-tête** a sós.

tête-bêche *adv* • **les enfants ont dormi tête-bêche** as crianças dormiram um com os pés para cima e outro com os pés para baixo.

tétée *nf* mamada *(f)*.

téter *vi* mamar.

tétine *nf* **1.** *(de biberon)* tetina *(f)* **2.** *(sucette)* chupeta *(f)*.

têtu, **e** *adj* teimoso(osa).

texte *nm* texto *(m)*.

textile *nm* têxtil *(m)*.

texto *nm (SMS)* enviar, mensagens de texto, receber texto.

texture *nf* textura *(f)*.

TF1 (*abr de* **Télévision française 1**) *npr canal privado da televisão francesa.*

TGV (*abr de* **Train à grande vitesse**) *nm comboio francês de alta velocidade.*

thalassothérapie *nf* talassoterapia *(f)*.

théâtral, **e**, **aux** *adj* teatral.

théâtre *nm* teatro *(m)*.

théière *nf* bule *(m)* do chá.

thématique *adj* temático(ca).

thème *nm* **1.** *(d'une exposition, d'un film)* tema *(m)* **2.** *(traduction)* retroversão *(f)*.

théologie *nf* teologia *(f)*.

théorème *nm* MATH teorema *(m)*.

théorie *nf* teoria *(f)* • **en théorie** em teoria.

théorique *adj* teórico(ca).

théoriquement *adv (normalement)* teoricamente.

thérapie *nf* terapia *(f)* • **thérapie génique** terapia génica.

thermal, **e**, **aux** *adj* termal.

Thermidor *nm* ▷ **homard**.

thermomètre *nm* termómetro *(m)*.

Thermos® *nf* • **(bouteille) Thermos** termo *(m)*.

thermostat *nm* termóstato *(m)*.

thèse *nf* tese *(f)*.

thon *nm* atum *(m)*.

thorax *nm* tórax *(m)*.

thym *nm* tomilho *(m)*.

thyroïde *nf* tiróide *(f)*.

tibia *nm* tíbia *(f)*.

tic *nm* **1.** *(mouvement)* tique *(m)* **2.** *(habitude)* mania *(f)*.

ticket *nm* bilhete *(m)* • **ticket de caisse** talão *(m)* das compras • **ticket de métro** bilhete de metro.

tiède *adj* morno (morna).

tien ■ **le tien**, **la tienne** *pron* o teu (a tua) • **à la tienne !** à tua!

tiercé *nm jogo de apostas hípicas.*

tiers *nm* terço *(m)*.

tiers-monde *nm* terceiro mundo *(m)*.

tige *nf* **1.** *(de plante)* caule *(m)* **2.** *(de métal, de bois)* vara *(f)*.

tigre *nm* tigre *(m)*.

tigresse *nf* **1.** *(animal)* tigre *(m)* fêmea **2.** *fig (femme)* fera *(f)*.

tilleul *nm* **1.** *(arbre)* tília *(f)* **2.** *(tisane)* chá *(m)* de tília.

tilsit *nm (Suisse) queijo mole de vaca.*

timbale *nf* **1.** *(gobelet)* copo *(m)* de metal **2.** CULIN timbale *(m)*.

timbre(-poste) *nm* selo *(m)* (do correio).

timbrer *vt* pôr um selo em.

timide *adj* tímido(da).

timidité *nf* timidez *(f)*.

tinter *vi* tilintar.

tir *nm* tiro *(m)* • **tir à l'arc** tiro ao arco • **tir de roquette** tiro de missil, tiro de roquete.

tirage *nm* sorteio *(m)* • **tirage au sort** sorteio *(m)*.

tirailler *vt* puxar • **être tiraillé entre** sentir-se dividido entre.

tire-bouchon *nm* saca-rolhas *(m inv)*.

tirelire *nf* mealheiro *(m)*.

tirer ▪ *vt* **1.** *(gén)* puxar **2.** *(tiroir, rideau)* abrir **3.** *(trait)* traçar **4.** *(avec une arme)* disparar **5.** *(sortir)* • **tirer qqn/qqch de** tirar alguém/algo de • **tirer une conclusion de qqch** tirar uma conclusão de algo • **tirer la langue à qqn** pôr a língua de fora a alguém • **les numéros du loto sont tirés tous les samedis à 20 h** os números do totoloto são sorteados todos os sábados às 20 h. ▪ *vi* **1.** *(gén)* atirar • **tirer sur** atirar em **2.** *(vers soi, vers le bas, etc)* • **tirer sur qqch** puxar algo.
■ **se tirer** *vp fam (s'en aller)* pirar-se.
■ **s'en tirer** *vp* **1.** *(se débrouiller) fam* desenrascar-se **2.** *(survivre)* escapar.

tiret *nm* travessão *(m)*.

tirette *nf (Belgique)* fecho *(m)*.

tireur, **euse** *nm, f* atirador *(m)*, -ra *(f)* • **tireur d'élite** excelente atirador.

tiroir *nm* gaveta *(f)*.

tiroir-caisse *nm* caixa *(f)* registradora.

tisane *nf* tisana *(f)*.

tisonnier *nm* atiçador *(m)*.

tisser *vt* tecer.

tissu *nm* tecido *(m)*.

titre *nm* título *(m)* • **titre de transport** bilhete *(m)*.

tituber *vi* cambalear.

titulaire *adj* & *nmf* titular.

titulariser *vt* tornar titular.

toast *nm* torrada *(f)* • **porter un toast à qqn** brindar à saúde de alguém.

toboggan *nm* escorrega *(m)*.

toc *nm* fantasia *(f)* • **en toc** de fantasia.

TOC *nmpl* MÉD (*abr de* **troubles obsessionnels compulsifs**) Perturbações obsessivo-compulsivas.

toi *pron* **1.** *(objet direct)* te **2.** *(après prép)* ti **3.** *(après comparaison, pour insister)* tu • **lève-toi** levanta-te • **toi-même** *(sujet)* tu • *(objet)* ti próprio.

toile *nf* **1.** *(tissu)* lona *(f)* **2.** *(tableau)* tela *(f)* • **toile d'araignée** teia *(f)* de aranha.

toilette *nf* traje *(m)* • **faire sa toilette** lavar-se.
■ **toilettes** *nfpl* casa *(f)* de banho *(Port)*, banheiro *(m)*, toalete *(m) (Br)*.

toiser *vt* olhar de alto a baixo.
■ **se toiser** *vp* olhar-se de alto a baixo.

toit *nm* tecto *(m)*.

toiture *nf* telhado *(m)*.

tôle *nf* chapa *(f)* • **tôle ondulée** chapa ondulada.

tolérant, **e** *adj* tolerante.

tolérer *vt* tolerar.

tollé *nm* onda *(f)* de protestos • **soulever un tollé général** provocar uma onda geral de protestos.

tomate *nf* tomate *(m)* • **tomates farcies** tomates recheados.

tombe *nf* campa *(f)*.

tombeau *nm* túmulo *(m)* • **rouler à tombeau ouvert** *fig* andar à doida.

tombée *nf* • **à la tombée de la nuit** ao cair da noite.

tomber *vi* **1.** cair **2.** *(date, fête)* calhar • **ça tombe bien !** calha bem! • **laisser tomber** *(études, projet)* desistir de • *(ami)* abandonar • **tomber amoureux** apaixonar-se • **tomber malade** adoecer • **tomber en panne** avariar-se.

tombola *nf* tômbola *(f)*.

tome *nm* tomo *(m)*.

tomme *nf* **1.** *(de savoie) queijo de leite de vaca* **2.** *(Suisse)* • **tomme vaudoise** *queijo de vaca com cominhos*.

ton[1], **ta** *adj* o teu (a tua).

ton[2] *nm* tom *(m)*.

tonalité *nf* tonalidade *(f)*.

tondeuse *nf* • **tondeuse (à gazon)** máquina *(f)* de cortar relva.

tondre *vt* **1.** *(gazon)* cortar **2.** *(cheveux)* rapar.

tongs *nfpl* chinelos *(mpl) (de meter o dedo)*.

tonifier *vt* tonificar.

tonique *adj* tónico(ca) • **accent tonique** acento tónico.

tonne *nf* tonelada *(f)*.

tonneau *nm* **1.** *(de vin)* pipa *(f)* **2.** *(grand)* tonel *(m)* • **faire des tonneaux** capotar.

tonnelle *nf* caramanchão *(m)*.

tonnerre *nm* trovão *(m)* • **coup de tonnerre** trovão *(m)*.

tonus *nm* tónus *(m)*.

top model *nmf* top(-)model *(mf)*.

top modèle *nf* top(-)model *(f)*.

topographie *nf* topografia *(f)*.

toque *nf* **1.** *(coiffure)* gorro *(m)* **2.** *(de cuisinier)* chapéu *(m)* **3.** *(cuisinier)* cozinheiro *(m)*, -ra *(f)*.

torche *nf* tocha *(f)* • **torche électrique** lanterna *(f)*.

torchon *nm* pano *(m)* *(da cozinha)*.

tordre *vt* torcer.
■ **se tordre** *vp* • **se tordre la cheville** torcer o tornozelo • **se tordre de douleur** contorcer-se de dor • **se tordre de rire** partir-se a rir.

tordu, **e** *adj* & *nm, f fam* destrambelhado (da).

tornade *nf* tornado *(m)*.

torpeur *nf* torpor *(m)*.

torpille *nf* **1.** MIL torpedo *(m)* **2.** *(poisson)* tremelga *(f)*.

torréfaction *nf* torrefacção *(f)*.

torrent *nm* torrente *(f)* • **il pleut à torrents** está a chover a cântaros.

torrentiel, **elle** *adj* torrencial.

torride *adj* tórrido(da).

torsade *nf* • **pull à torsades** camisola *(f)* com torcidos.

torse *nm* tronco *(m)* • **torse nu** tronco nu.

tort *nm* • **avoir tort** não ter razão • **avoir tort (de faire qqch)** fazer mal (em fazer algo) • **causer** *OU* **faire du tort à qqn** causar prejuízo a alguém, prejudicar alguém • **donner tort à qqn** não dar razão a alguém • **être dans son tort, être en tort** ter a culpa • **à tort** sem razão • **parler à tort et à travers** falar a torto e a direito.

torticolis *nm* torcicolo *(m)*.

tortiller *vt* contorcer.
■ **se tortiller** *vp* contorcer-se.

tortionnaire *nmf* torcionário *(m)*, -ria *(f)*.

tortue *nf* tartaruga *(f)*.

tortueux, **euse** *adj* tortuoso(osa).

torture *nf* tortura *(f)*.

torturer *vt* torturar.

tôt *adv* **1.** *(de bonne heure)* cedo **2.** *(vite)* rápido • **tôt ou tard** mais cedo ou mais tarde • **au plus tôt** o quanto antes.

total, **e**, **aux** ■ *adj* total. ■ *nm* total *(m)*.

totalement *adv* totalmente.

totaliser *vt* totalizar.

totalitaire *adj* totalitário(ria).

totalitarisme *nm* totalitarismo *(m)*.

totalité *nf* • **la totalité de** a totalidade de • **en totalité** *(rembourser)* na totalidade.

toubib *nmf fam* médico *(m)*, -ca *(f)*.

touchant, **e** *adj* tocante.

touche *nf* **1.** *(de piano, d'ordinateur, de téléphone)* tecla *(f)* **2.** SPORT *(ligne)* linha *(f)*.

toucher *vt* **1.** *(entrer en contact avec)* tocar **2.** *(argent, chèque)* receber **3.** *(cible)* atingir **4.** *(émouvoir)* comover • **toucher à** *(objet)* tocar em • *(nourriture)* provar.
■ **se toucher** *vp* tocar-se.

touffe *nf* tufo *(m)*.

toujours *adv* **1.** *(tout le temps)* sempre **2.** *(encore)* ainda • **pour toujours** para sempre.

toupie *nf* pião *(m)*.

tour *nm* volta *(f)* • **faire un tour** dar uma volta • **faire le tour de qqch** dar uma volta a algo • **jouer un tour à qqn** pregar uma partida a alguém • **c'est ton tour (de faire qqch)** é a tua vez (de fazer algo) • **à tour de rôle** à vez • **le Tour (de France)** a Volta à França (em bicicleta) • **tour de magie** truque *(m)* de magia.

tour *nf* torre *(f)* • **tour de contrôle** torre de controlo • **la Tour Eiffel** a Torre Eiffel.

tourbillon *nm* turbilhão *(m)*.

tourbillonner *vi* revolutear.

tourelle *nf* torrinha *(f)*.

tourisme *nm* turismo *(m)* • **faire du tourisme** fazer turismo.

touriste *nmf* turista *(mf)*.

touristique *adj* turístico(ca).

tourmente *nf sout* tormenta *(f)*.

tourmenté, e *adj* **1.** *(personne)* atormentado (da) **2.** *(mer, période)* turbulento(ta).

tourmenter *vt* atormentar.
■ **se tourmenter** *vp* atormentar-se.

tournage *nm* filmagens *(fpl)*.

tournant *nm* curva *(f)*.

tourne-disque *nm* gira-discos *(m inv) (Port)*, toca-discos *(m inv) (Br)*.

tournedos *nm* filete *(m)* de lombo de vaca • **tournedos Rossini** *filete de lombo de vaca com paté e trufas*.

tournée *nf* **1.** *(d'un chanteur)* digressão *(f)* **2.** *(du facteur)* volta *(f)* **3.** *(au bar)* rodada *(f)*.

tourner ■ *vt* **1.** *(clé, manivelle)* dar a **2.** *(sauce, soupe, salade)* mexer **3.** *(tête, regard, page)* virar **4.** *(film)* filmar. ■ *vi* **1.** *(manège, roue)* girar **2.** *(route)* virar **3.** *(moteur, machine)* estar em andamento **4.** *(lait)* azedar **5.** *(acteur)* entrar • **tournez à gauche/droite** vire à esquerda/direita • **tourner autour de** andar à volta de • **avoir la tête qui tourne** ter a cabeça que anda à roda • **mal tourner** *(affaire)* acabar mal.
■ **se tourner** *vp* virar-se • **se tourner vers** *(dans l'espace)* virar-se para • *fig (activité)* dedicar-se a.

tournesol *nm* girassol *(m)*.

tournevis *nm* chave-de-fendas *(f)*.

tourniquet *nm (du métro)* torniquete *(m)*.

tournis *nm fam (vertige)* • **avoir le tournis** ter a cabeça a andar à roda • **donner le tournis à qqn** pôr a cabeça a andar à roda.

tournoi *nm* torneio *(m)*.

tournoyer *vi* revolutear.

tournure *nf (expression)* expressão *(f)*.

tourte *nf* tarte *(f)* folhada.

tourteau *nm* **1.** *(crabe)* sapateira *(f)* **2.** *(aliment pour bétail)* bagaço *(m)*.

tourterelle *nf* rola *(f)*.

tourtière *nf (Québec) torta de carne moída e cebola*.

Toussaint *nf* • **la Toussaint** o dia de Todos os Santos.

tousser *vi* tossir.

tout, e *adj*

1. AVEC UN SUBSTANTIF SINGULIER = todo (toda)
• **tout le vin** o vinho todo
• **tout un gâteau** o bolo inteiro
• **toute la journée** o dia todo
• **toute la famille** toda a família
• **tout le monde** toda a gente *(Port)*, todo (o) mundo *(Br)*
• **tout le temps** o tempo todo

2. AVEC UN SUBSTANTIF PLURIEL = todos (todas)
• **tous les gâteaux** todos os bolos
• **toutes les maisons** todas as casas
• **tous les trois** os três
• **toutes les deux** as duas
• **tous les deux ans** de dois em dois anos

3. AVEC UN PRONOM DÉMONSTRATIF = tudo
• **tout ça** *OU* **cela** tudo isto, isto tudo

4. N'IMPORTE QUEL
• **tout homme a le droit de...** todos os homens têm direito a...
• **à toute heure du jour ou de la nuit** a qualquer hora do dia ou da noite
• **'déjeuner servi à toute heure'** 'almoço servido a todas as horas'.

tout *adv*

1. TRÈS, COMPLÈTEMENT = muito
• **tout jeune** muito jovem
• **tout près** muito perto
• **ils étaient tout seuls** eles estavam sozinhos
• **tout en haut** bem lá em cima

2. AVEC UN GÉRONDIF, EXPRIME LA SIMULTANÉITÉ
• **tout en marchant** ao mesmo tempo que andava

3. DANS DES EXPRESSIONS
• **tout à coup** de repente
• **tout à fait** perfeitamente
• **tout à l'heure** AVANT = há bocado
• **tout à l'heure** APRÈS = daqui a bocado
• **à tout à l'heure !** até logo!
• **tout de suite** imediatamente
• **pas du tout** de modo nenhum
• **il n'est pas du tout sympathique** ele não é mesmo nada simpático.

tout *pron*

1. AU SINGULIER : LA TOTALITÉ = tudo
• **je t'ai tout dit** disse-te tudo
• **c'est tout** é tudo
• **ce sera tout ?** DANS UN MAGASIN = mais alguma coisa?
• **en tout** ao todo

2. AU PLURIEL : TOUT LE MONDE
• **ils voulaient tous la voir** eles queriam todos vê-la.

tout *nm*

1. INDIQUE LA TOTALITÉ
• **le tout** ao todo

2. EXPRIME L'IMPORTANCE
• **le tout est de...** o importante é....

tout-à-l'égout *nm inv* rede *(f)* de esgotos.

toutefois *adv* todavia.

tout-petit *nm* pequenino *(m)*, -na *(f)*.

tout-terrain *adj* todo-o-terreno.

toux *nf* tosse *(f)*.

toxicomane *nmf* toxicómano *(m)*, -na *(f)*.

toxine *nf* toxina *(f)*.

toxique *adj* tóxico(ca).

TP (*abr de* **travaux pratiques**) *nmpl* trabalhos *(mpl)* práticos.

trac *nm* • **avoir le trac** estar nervoso(osa).

traçabilité *nf* traçabilidade.

tracas *nm* preocupação *(f)*.

tracasser *vt* inquietar.
■ **se tracasser** *vp* inquietar-se.

trace *nf* **1.** *(de pas)* pegada *(f)* **2.** *(de sang)* vestígio *(m)*.

tracé *nm* traçado *(m)*.

tracer *vt* traçar.

tract *nm* panfleto *(m)*.

tractations *nfpl* negociações *(fpl)* secretas.

tracteur *nm* *(agricole)* tractor *(m)*.

tradition *nf* tradição *(f)*.

traditionnel, elle *adj* tradicional.

traducteur, trice *nm, f* tradutor *(m)*, -ra *(f)*.

traduction *nf* tradução *(f)*.

traduire *vt* traduzir.

trafic *nm* **1.** *(circulation)* tráfego *(m)* **2.** *(commerce)* tráfico *(m)*.

trafiquant, e *nm, f* traficante *(mf)*.

trafiquer ◼ *vt* **1.** *(vin)* falsificar **2.** *(moteur)* mexer em **3.** *fam (manigancer)* andar a tramar. ◼ *vi* traficar.

tragédie *nf* *(épisode dramatique)* tragédia *(f)*.

tragi-comédie *nf* tragicomédia *(f)*.

tragique *adj* trágico(ca).

trahir *vt* trair.
■ **se trahir** *vp* trair-se.

trahison *nf* traição *(f)*.

train *nm* comboio *(m)* *(Port)*, trem *(m)* *(Br)* • **être en train de faire qqch** estar a fazer algo • **train d'atterrissage** trem *(m)* de aterragem • **train de banlieue** comboio dos subúrbios • **train-couchettes** comboio com carruagens-cama • **train rapide** comboio rápido.

traîne *nf* cauda *(f)* • **être à la traîne** estar atrás.

traîneau *nm* trenó *(m)*.

traînée *nf* *(trace)* rasto *(m)*.

traîner ◼ *vt* arrastar. ◼ *vi* **1.** *(par terre)* arrastar-se **2.** *(prendre du temps, s'attarder)* demorar **3.** *péj (affaires, dans la rue, dans les bars)* andar por aí.
■ **se traîner** *vp* arrastar-se.

train-train *nm inv* rotina *(f)*.

traire *vt* ordenhar.

trait *nm* traço *(m)* • **d'un trait** *(boire)* de um trago • **trait d'union** hífen *(m)*.
■ **traits** *nmpl* traços *(mpl)*.

traite *nf* • **d'une (seule) traite** de uma (só) vez.

traité *nm* tratado *(m)*.

traitement *nm* tratamento *(m)* • **traitement de texte** processamento *(m)* de texto.

traiter *vt* **1.** tratar **2.** *(affaire)* tratar de • **traiter qqn de qqch** chamar algo a alguém.
■ **traiter de** *vp* + *prép* tratar de.

traiteur *nm* *comércio de pratos já preparados.*

traître *nm* traidor *(m)*.

trajectoire *nf* trajectória *(f)*.

trajet *nm* trajecto *(m)*.

trame *nf* trama *(f)*.

trampoline *nm* trampolim *(m)*.

tramway *nm* eléctrico *(m)* *(Port)*, bonde *(m)* *(Br)*.

tranchant, e ◼ *adj* cortante. ◼ *nm* gume *(m)*.

tranche *nf* **1.** *(morceau)* fatia *(f)* **2.** *(d'un livre)* lombada *(f)*.

tranchée *nf* trincheira *(f)*.

trancher ◼ *vt* *(couper)* cortar. ◼ *vi* **1.** *(décider)* decidir **2.** *(ressortir)* sobressair.

tranquille *adj* **1.** *(endroit)* tranquilo(la) **2.** *(enfant)* sossegado(da) • **laisser qqn/qqch tranquille** deixar algo/alguém em paz • **rester tranquille** ficar sossegado • **soyez tranquille** *(ne vous inquiétez pas)* fique tranquilo.

tranquillisant *nm* tranquilizante *(m)*.

tranquilliser *vt* tranquilizar.
■ **se tranquilliser** *vp* tranquilizar-se.

tranquillité *nf* tranquilidade *(f)* • **en toute tranquillité** na maior das tranquilidades.

transaction *nf (bancaire)* transacção *(f)*.

transat ■ *nm* espreguiçadeira *(f)*. ■ *nf* NAUT regata *(f) (disputada no oceano Atlântico)*.

transe *nf* • **être en transe** ficar em transe • *fig* ficar extasiado(da).

transférer *vt* transferir.

transfert *nm* transferência *(f)*.

transfigurer *vt* transfigurar.

transformateur *nm* transformador *(m)*.

transformation *nf* transformação *(f)*.

transformer *vt* transformar • **transformer qqch en qqch** transformar algo em algo.
■ **se transformer** *vp* transformar-se • **se transformer en qqch** transformar-se em algo.

transfuge *nmf* trânsfuga *(mf)*.

transfusion *nf* • **transfusion (sanguine)** transfusão *(f)* (de sangue).

transgresser *vt* transgredir.

transistor *nm (radio)* transistor *(m)*.

transit *nm* • **passagers en transit** passageiros com ligação para.

transiter *vi* **1.** *(marchandises)* passar em trânsito **2.** *(voyageurs)* estar em trânsito • **transiter par** transitar por.

translucide *adj* translúcido(da).

transmettre *vt* • **transmettre qqch à qqn** transmitir algo a alguém.
■ **se transmettre** *vp* transmitir-se.

transmissible *adj* transmissível.

transmission *nf* transmissão *(f)*.

transparent, e *adj* transparente.

transpercer *vt* traspassar.

transpiration *nf* transpiração *(f)*.

transpirer *vi* transpirar.

transplanter *vt (plante)* transplantar.

transport *nm* transporte *(m)* • **les transports (en commun)** os transportes (públicos).

transporter *vt* transportar.

transporteur *nm* transportador *(m)*, transportadora *(f)* • **transporteur routier** transportador rodoviário.

transposer *vt* transpor.

transsexuel, elle *adj & nm, f* transsexual.

LES MOYENS DE TRANSPORTS

- l'autobus / o autocarro
- l'avion / o avião
- le bateau / o barco
- la bicyclette/le vélo / a bicicleta
- le camion / o camião
- la camionnette / a carrinha
- l'hélicoptère / o helicóptero
- le métro / o metro
- la Mobylette / a motocicleta
- le monospace / o monovolume
- la moto / a moto
- les rollers / os patins em linha
- le scooter / a scooter
- le train / o comboio
- le tramway / o eléctrico
- la trottinette / a trotinete
- la voiture / o carro.

transvaser *vt* transvasar.

transversal, e, aux *adj* transversal.

trapèze *nm (de cirque)* trapézio *(m)*.

trapéziste *nmf* trapezista *(mf)*.

trappe *nf* alçapão *(m)*.

trapu, e *adj* atarracado(da).

traquer *vt* **1.** *(animal, personne)* acossar **2.** *fig (erreur)* andar à cata de.

traumatiser *vt* traumatizar.

traumatisme *nm* traumatismo *(m)* • **traumatisme crânien** traumatismo craniano.

travail *nm* trabalho *(m)*.
■ **travaux** *nmpl* **1.** *(agricoles)* trabalhos *(mpl)* **2.** *(ménagers)* tarefas *(fpl)* **3.** *(de construction)* obras *(fpl)* • **travaux pratiques** trabalhos *(mpl)* práticos • **'travaux'** 'obras na estrada'.

travailler ■ *vi* trabalhar. ■ *vt* **1.** *(matière scolaire, passage musical)* estudar **2.** *(bois, pierre)* trabalhar.

travailleur, euse *adj & nm, f* trabalhador (ra) • **travailleur émigré** trabalhador emigrado • **travailleur indépendant** trabalhador por conta própria.

traveller's check *nm* cheque *(m)* de viagem.

traveller's cheque = **traveller's check**.

travers *nm* • **à travers** através de • **de travers** de lado • **aller de travers** *fig* estar a dar para o torto • **avaler de travers** engasgar-se • **être en travers (de)** estar atravessado em • **travers de porc** costeletas *(fpl)* de porco.

traversée *nf (en bateau)* travessia *(f)*.

traverser *vt* & *vi* atravessar.

traversin *nm* travesseiro *(m)*.

travesti, e *adj* • **bal travesti** baile de máscaras.
■ **travesti** *nm* travesti.

trébucher *vi* tropeçar.

trèfle *nm* **1.** *(plante)* trevo *(m)* **2.** *(aux cartes)* paus *(mpl)*.

treillis *nm* **1.** *(clôture)* rede *(f)* decorativa **2.** *(toile)* linhagem *(f)* **3.** MIL camuflado *(m)*.

treize *num* treze • **il a treize ans** ele tem treze anos • **il est treize heures** são treze horas • **le treize janvier** no dia treze de Janeiro • **page treize** página treze • **ils étaient treize** eram treze • **(au) treize rue Lepic** (na) rua Lepic, número treze.

treizième *num* décimo terceiro (décima terceira).

trekking *nm* caminhada *(f)* em alta montanha.

tréma *nm* trema *(m)*.

tremblant, e *adj* trémulo(la) • **être tremblant de froid** estar a tremer de frio • **être tout tremblant** estar todo a tremer.

tremblement *nm* • **tremblement de terre** tremor *(m)* de terra • **tremblements** *(frissons)* arrepios *(mpl)*.

trembler *vi* tremer • **trembler de peur/froid** tremer de medo/frio.

trémousser ■ **se trémousser** *vp* mexer-se.

trempé, e *adj (mouillé)* encharcado(da).

tremper *vt* & *vi* molhar • **faire tremper qqch** pôr algo de molho.

tremplin *nm* trampolim *(m)*.

trentaine *nf* • **une trentaine de** uma trintena de • **avoir la trentaine** andar pelos trinta (anos).

trente *num* trinta.

trente-trois-tours *nm inv* trinta e três rotações *(m)*.

trentième *num* trigésimo(ma).

trépied *nm* **1.** *(support)* tripé *(m)* **2.** *(meuble)* tripeça *(f)*.

très *adv* muito • **avoir très peur/faim** ter muito medo/muita fome • **très malade** muito doente • **très bien** muito bem.

trésor *nm* tesouro *(m)*.

trésorerie *nf* tesouraria *(f)*.

trésorier, ère *nm* tesoureiro *(m)*, -ra *(f)*.

tresse *nf* **1.** trança *(f)* **2.** *(Suisse)* CULIN pão *(m)* trançado.

tresser *vt* entrançar.

tréteau *nm* cavalete *(m)*.

treuil *nm* guindaste *(m)*.

trêve *nf* • **trêve de...** basta de....

tri *nm* • **faire un tri parmi** fazer uma selecção entre • **tri sélectif (des ordures ménagères)** colecta ou recolha selectiva.

triangle *nm* triângulo *(m)*.

triangulaire *adj* triangular.

triathlon *nm* triatlo *(m)*.

tribord *nm* estibordo *(m)* • **à tribord** a estibordo.

tribu *nf* tribo *(f)*.

tribunal *nm* tribunal *(m)*.

tribune *nf* tribuna *(f)*.

tributaire *adj* • **être tributaire de qqch/qqn** depender de algo/alguém.

tricher *vi* **1.** *(au jeu)* fazer batota *fam* **2.** *(à un examen)* copiar.

tricherie *nf* **1.** *(au jeu)* batota *(f) fam* **2.** *(tromperie)* trapaça *fam (f)*.

tricheur, euse *nm, f* batoteiro *(m)*, -ra *(f) fam*.

tricolore *adj* **1.** *(à trois couleurs)* tricolor **2.** *(équipe, drapeau)* francês(esa).

tricot *nm* **1.** *(ouvrage)* tricô *(m)* **2.** *(pull)* camisola *(f)* de malha • **tricot de corps** camisola *(f)* interior.

tricoter *vt* & *vi* tricotar.

tricycle *nm* triciclo *(m)*.

trier *vt* **1.** *(sélectionner)* seleccionar **2.** *(classer)* classificar.

trilingue *adj* trilingue.

trimestre *nm* trimestre *(m)*.

trimestriel, elle *adj* trimestral.

tringle *nf* varão *(m)* • **tringle à rideaux** varão para cortinados.

trinquer *vi* brindar.

trio *nm* trio *(m)*.

triomphal, e *adj* triunfal.

triomphe *nm* triunfo *(m)*.

triompher *vi* triunfar • **triompher de** *(adversaire)* vencer.

tripes *nfpl* CULIN tripas *(fpl)*.

triple ■ *adj* **1.** *(exemplaire)* triplicado **2.** *(dose)* triplo(pla). ■ *nm* • **le triple (de)** o triplo (de).

tripler *vt* & *vi* triplicar.

triplés *nmpl* trigémeos *(mpl)*.

tripoter *vt (objet) fam* mexer em.

triste *adj* triste.

tristesse *nf* tristeza *(f)*.

trivial, e *adj* **1.** *(banal)* trivial **2.** *péj (vulgaire)* grosseiro(ra).

troc *nm (échange)* troca *(f)*.

trognon *nm (de pomme, de poire)* caroço *(m)*.

trois *num* três • **il a trois ans** ele tem três anos • **il est trois heures** são três horas • **le trois janvier** no dia três de Janeiro • **page trois** página três • **ils étaient trois** eram três • **le trois de pique** o três de espadas • **(au) trois rue Lepic** (na) rua Lepic, número três.

troisième ■ *num* terceiro(ra). ■ *nf* **1.** SCOL ≃ nono ano *(m)* do ensino básico **2.** *(vitesse)* terceira *(f)*. ■ *nm (étage)* terceiro andar *(m)*.

trois-quarts *nm* casaco *(m)* 3/4.

trombe *nf* • **des trombes d'eau** trombas *(fpl)* de água • **en trombe** *fig* de rompão.

trombone *nm* **1.** *(agrafe)* clipe *(m)* **2.** MUS trombone *(m)*.

trompe *nf (d'éléphant)* tromba *(f)*.

trompe-l'œil *nm inv* **1.** *(peinture)* trompe-l'œil *(m inv)* **2.** *(apparence trompeuse)* fogo de vista • **en trompe-l'œil** em trompe-l'œil.

tromper *vt* enganar.
■ **se tromper** *vp* enganar-se • **se tromper de** enganar-se de.

trompette *nf* trompete *(m)*.

trompettiste *nmf* trompetista *(mf)*.

trompeur, euse *adj* enganador(ra).

tronc *nm* • **tronc (d'arbre)** tronco *(m)* (de árvore).

tronçon *nm* troço *(m)*.

tronçonneuse *nf* motoserra *(f)*.

trône *nm* trono *(m)*.

trôner *vi* **1.** *(siéger sur un trône)* tronar **2.** *(être à la place d'honneur, en évidence)* dominar **3.** *fig (faire l'important)* julgar-se rei e senhor.

trop *adv* demais • **trop de travail** trabalho a mais • **de** *OU* **en trop** a mais.

trophée *nm* troféu *(m)*.

tropical, e, aux *adj* tropical.

tropique *nm* trópico *(m)* • **le tropique du Cancer/du Capricorne** o trópico de Câncer/de Capricórnio.
■ **tropiques** *nmpl* os trópicos *(mpl)*.

trop-plein *nm* **1.** excesso *(m)* **2.** *(déversoir)* desaguadoiro *(m)*.

trot *nm* trote *(m)* • **au trot** a trote.

trotter *vi* trotar.

trotteuse *nf* ponteiro *(m)* dos segundos.

trottinette *nf* trotinete *(f)*.

trottoir *nm* passeio *(m) (de uma rua)*.

trou *nm* buraco *(m)* • **avoir un trou de mémoire** ter uma falha de memória.

troublant, e *adj* **1.** *(déconcertant)* espantoso (osa) **2.** *(femme, décolleté)* perturbador(ra).

trouble ■ *adj* turvo(va). ■ *adv* • **voir trouble** ter a vista turva.

troubler *vt* **1.** *(liquide, vue)* turvar **2.** *(silence, sommeil, réunion)* perturbar **3.** *(esprit, raison)* transtornar **4.** *(inquiéter)* inquietar **5.** *(émouvoir)* emocionar.
■ **se troubler** *vp* **1.** *(eau, vue)* ficar turvo(va) **2.** *(s'inquiéter)* atrapalhar-se.

trouer *vt* esburacar.

trouille *nf fam* • **avoir la trouille** estar borrado(da) de medo *fam*.

troupe *nf (de théâtre)* companhia *(f)* de teatro.

troupeau *nm* rebanho *(m)*.

trousse *nf* estojo *(m)* • **trousse de secours** estojo de primeiros socorros • **trousse de toilette** estojo de toilette.

trousseau *nm (de clefs)* molho *(m)* de chaves.

trouvaille *nf* achado *(m)*.

trouver *vt* achar • **je trouve que** acho que.
■ **se trouver** *vp* encontrar-se • **se trouver mal** sentir-se mal.

truand *nm* mafioso *(m)*.

truc *nm* **1.** *fam (objet)* coisa *(f)* **2.** *(astuce)* truque *(m)*.

trucage *nm* trucagem *(f)*.

truffe *nf* **1.** *(d'un animal)* focinho *(m)* **2.** *(champignon)* trufa *(f)* • **truffe (en chocolat)** *bolinha de chocolate com manteiga.*

truffer *vt* **1.** CULIN trufar **2.** *fig (remplir)* • **truffer qqch de** rechear algo de *OU* com.

truie *nf* porca *(f) (animal)*.

truite *nf* truta *(f)* • **truite aux amandes** truta com amêndoas.

truquage = **trucage**.

truquer *vt* **1.** *(dés)* viciar **2.** *(élections)* falsificar os resultados de.

T-shirt = **tee-shirt**.

tsigane *adj* cigano(na).
■ **Tsigane** *nmf* cigano *(m)*, -na *(f)*.

TSVP (*abr écrite de* **tournez s'il vous plaît**) v.s.f.f *(vire se faz favor)*.

TTC *adj* (*abr de* **toutes taxes comprises**) c/ IVA *(com Imposto sobre o Valor acrescentado)*.

tu *pron* tu.

tuba *nm* tubo *(m) (de mergulho)*.

tube *nm* **1.** tubo *(m)* **2.** *fam (musique)* êxito *(m)*.

tuberculose *nf* tuberculose *(f)*.

tuer *vt* matar.
■ **se tuer** *vp* matar-se.

tuerie *nf* chacina *(f)*.

tue-tête ■ **à tue-tête** *adv* a altos berros.

tueur, euse *nm, f* **1.** *(meurtrier)* assassino *(m)*, -na *(f)* **2.** *(dans un abattoir)* magarefe *(m)* • **tueur à gages** assassino profissional.

tuile *nf* telha *(f)* • **tuile aux amandes** biscoito *(m)* de amêndoa.

tulipe *nf* túlipa *(f)*.

tulle *nm* tule *(m)*.

tumeur *nf* tumor *(m)*.

tumulte *nm* **1.** *(bruit)* tumulto *(m)* **2.** *sout (agitation)* desordem *(f)*.

tuner *nm* rádio *(m)*.

tunique *nf* túnica *(f)*.

Tunisie *nf* • **la Tunisie** a Tunísia.

tunisien, enne *adj* tunisiano(na).
■ **Tunisien, enne** *nm, f* tunisiano *(m)*, -na *(f)*.

tunnel *nm* túnel *(m)* • **le tunnel sous la Manche** o túnel do Canal da Mancha.

turban *nm* turbante *(m)*.

turbine *nf* turbina *(f)*.

turbo ■ *adj inv* turbo. ■ *nf* turbo *(m)*.

turbot *nm* pregado *(m)*.

turbulences *nfpl* turbulência *(f)*.

turbulent, e *adj* turbulento(ta).

turc, turque *adj* turco(ca).

Turquie *nf* • **la Turquie** a Turquia.

turquoise ■ *adj inv* azul-turquesa. ■ *nf* turquesa *(f)*.

tutelle *nf* tutela *(f)*.

tuteur, trice *nm, f* tutor *(m)*, -ra *(f)*.
■ **tuteur** *nm* estaca *(f) (para uma planta)*.

tutoyer *vt* tratar por tu.
■ **se tutoyer** *vp* tratar-se por "tu".

tutu *nm* tutu *(m)*.

tuyau *nm* tubo *(m)* • **tuyau d'arrosage** mangueira *(f)* • **tuyau d'échappement** tubo de escape.

tuyauterie *nf* tubagem *(f)*.

TV (*abr écrite de* **télévision**) TV *(f) (televisão)*.

TVA *nf* (*abr de* **taxe sur la valeur ajoutée**) ICM/S *(m) (Br) (Imposto sobre circulação de mercadorias e prestação de serviços)*, IVA *(m) (Port) (Imposto sobre o Valor acrescentado)*.

tweed *nm* tweed *(m)*.

tympan *nm* tímpano *(m)*.

type *nm* tipo *(m)*.

typé, e *adj* tipificado(da).

typhon *nm* tufão *(m)*.

typique *adj* típico(ca).

typographie *nf* tipografia *(f)*.

tyran *nm* tirano *(m)*, -na *(f)*.

tyrannique *adj* tirânico(ca).

tyranniser *vt* tiranizar.

U

u, U *nm inv (lettre)* u, U *(m)*.

UDF (*abr de* **Union pour la démocratie française**) *nf partido político francês de direita.*

ulcère *nm* úlcera *(f)*.

ULM (*abr de* **Ultra-léger motorisé**) *nm* ultraleve *(m)*.

ultérieur, e *adj* ulterior.

ultérieurement *adv* ulteriormente.

ultimatum *nm* ultimato *(m)*.

ultime *adj* último(ma).

ultra- *préf* ultra-.

ultramoderne *adj* ultramoderno(na).

ultrason *nm* ultra-som *(m)*.

ultraviolet, ette *adj* ultravioleta.
■ **ultraviolet** *nm* raio *(m)* ultravioleta.

UMP *nf* POLIT (*abr de* **Union pour un mouvement populaire**) *partido político francês de direita.*

un, une ◪ *art indéf* um (uma) • **un homme** um homem • **une femme** uma mulher • **une pomme** uma maçã • **des voitures** (uns) carros • **des valises** (umas) malas. ◪ *pron* um (uma) • **(l')un de mes amis/des plus intéressants** um dos meus amigos/dos mais interessantes • **l'un l'autre** um ao outro • **l'un..., l'autre...** um..., o outro... • **l'un et l'autre** tanto um como o outro • **l'un ou l'autre** um ou outro • **ni l'un ni l'autre** nem um nem outro. ◪ *num* um • **il a un an** ele tem um ano • **(au) un rue Lepic** (na) rua Lepic, número um.

unanime *adj* unânime.

unanimité *nf* unanimidade *(f)* • **à l'unanimité** por unanimidade.

uni, e *adj* **1.** *(tissu, couleur)* liso(sa) **2.** *(famille, couple)* unido(da).

uniforme ◪ *adj* uniforme. ◪ *nm* **1.** *(civil)* uniforme *(m)* **2.** *(militaire)* farda *(f)*.

uniformiser *vt* uniformizar.

union *nf* união *(f)* • **l'Union européenne** a União Europeia • **l'Union soviétique** a União Soviética.

unique *adj* único(ca).

uniquement *adv* unicamente.

unir *vt* unir.
■ **s'unir** *vp* unir-se.

unisson *nm* • **à l'unisson** em uníssono.

unitaire *adj* unitário(ria).

unité *nf* **1.** unidade *(f)* **2.** COMM artigo *(m)* • **à l'unité** por unidade • **unité centrale** unidade central.

univers *nm* universo *(m)*.

universel, elle *adj* universal.

universitaire *adj* universitário(ria).

université *nf* universidade *(f)*.

Untel, Unetelle *nm, f* fulano *(m)*, -na *(f)*.

uranium *nm* urânio *(m)*.

urbain, e *adj* urbano(na).

urbaniser *vt* urbanizar.
■ **s'urbaniser** *vp* urbanizar-se.

urbanisme *nm* urbanismo *(m)*.

urgence *nf* **1.** *(d'une action)* urgência *(f)* **2.** MÉD emergência *(f)* • **d'urgence** de urgência • **(service des) urgences** (serviço das) urgências.

urgent, e *adj* urgente.

urgentiste *nmf* MÉD urgentista *(mf)*.

urine *nf* urina *(f)*.

uriner *vi* urinar.

urinoir *nm* urinol *(m)*.

urne *nf* urna *(f)*.

urticaire *nf* urticária *(f)*.

USA (*abr de* **United States of America**) *nmpl* • **les USA** os EUA.

usage *nm* uso *(m)* • **'usage externe'** 'uso externo' • **'usage interne'** 'uso interno'.

usagé, e *adj (ticket)* usado(da).

usager, ère *nm, f* utente *(mf)*.

usé, **e** *adj* gasto(ta).

user *vt* gastar.
■ **s'user** *vp* gastar-se.

usine *nf* fábrica *(f)*.

USP *nf* MÉD (*abr écrite de* **unité de soins palliatifs**) Unidade de Cuidados Paliativos.

ustensile *nm* utensílio *(m)*.

usufruit *nm* usufruto *(m)*.

usure *nf* **1.** *(détérioration, affaiblissement)* desgaste *(m)* **2.** *(intérêt)* usura *(f)*.

usurpateur, **trice** *nm, f* usurpador *(m)*, -ra *(f)*.

usurper *vt* usurpar.

utérus *nm* útero *(m)*.

utile *adj* útil.

utilisateur, **trice** *nm, f* utilizador *(m)*, -ra *(f)*.

utilisation *nf* utilização *(f)*.

utiliser *vt* utilizar.

utilitaire ■ *adj* utilitário(ria). ■ *nm* utilitário *(m)*.

utilité *nf* • **être d'une grande utilité** ser de uma grande utilidade.

utopie *nf* utopia *(f)*.

UV *nmpl* (*abr de* **ultraviolets**) U.V. *(mpl)* *(ultravioleta)*.

V

v, V *nm inv (lettre)* v, V *(m)*.

v. (*abr écrite de* **verset, voir**) v.

vacances *nfpl* férias *(fpl)* • **être/partir en vacances** estar/ir de férias • **prendre des vacances** tirar férias • **vacances scolaires** férias escolares.

vacancier, **ère** *nm, f* **1.** pessoa *(f)* que está de férias **2.** *(d'été)* veraneante *(mf)*.

vacant, **e** *adj* **1.** *(libre)* vago(ga) **2.** *(inoccupé)* desocupado(da).

vacarme *nm* barulhão *(m)*.

vacataire *adj* temporário(ria).

vacation *nf* **1.** *(travail) desempenho de uma função durante um certo espaço de tempo* **2.** *(rémunération)* honorários *(mpl)*.

vaccin *nm* vacina *(f)*.

vaccination *nf* vacinação *(f)*.

vacciner *vt* • **vacciner qqn contre qqch** vacinar alguém contra algo.

vache ▪ *nf* vaca *(f)*. ▪ *adj fam (méchant)* ordinário(ria).

vachement *adv fam* à brava *(Port)*, à beça *(Br)* • **c'est vachement bien** *fam* é giríssimo.

vacherin *nm* **1.** *(gâteau) bolo gelado com camadas de merengue e chantilly* **2.** *(Suisse) (fromage) queijo cremoso de vaca*.

vaciller *vi* **1.** *(personne)* vacilar **2.** *(lumière)* tremeluzir **3.** *(mémoire)* falhar.

va-et-vient *nm inv* • **faire le va-et-vient entre** fazer o trajecto entre.

vagabond, **e** ▪ *adj* errante. ▪ *nm, f* vagabundo *(m)*, -da *(f)*.

vagin *nm* vagina *(f)*.

vague ▪ *adj* vago(ga). ▪ *nf* onda *(f)* • **vague de chaleur** onda de calor.

vaguement *adv* vagamente.

vain, **e** *adj* vão (vã) • **en vain** em vão.

vaincre *vt* vencer.

vaincu, **e** *nm, f (équipe, sportif)* perdedor *(m)*, -ra *(f)*.

vainement *adv* em vão.

vainqueur *nm* vencedor *(m)*, -ra *(f)*.

vaisseau *nm (veine)* vaso *(m)* • **vaisseau spatial** nave *(f)* espacial.

vaisselle *nf* louça *(f)* • **faire la vaisselle** lavar a louça.

valable *adj* válido(da).

valet *nm (aux cartes)* valete *(m)*.

valeur *nf* valor *(m)*.

valide *adj* válido(da).

valider *vt (ticket)* validar.

validité *nf* validade *(f)* • **date limite de validité** prazo de validade.

valise *nf* mala *(f)* • **faire ses valises** fazer as malas.

vallée *nf* vale *(m)*.

vallon *nm* pequeno vale *(m)*.

vallonné, **e** *adj* sulcado(da) por vales.

valoir ▪ *vi* **1.** *(coûter)* custar **2.** *(avoir comme qualité)* valer. ▪ *v impers* • **il vaut mieux faire qqch** é melhor fazer algo • **il vaut mieux que tu restes** é melhor ficares • **ça vaut combien ?** quanto custa? • **ça vaut la peine (de faire qqch)** vale a pena (fazer algo).

valoriser *vt* valorizar.

valse *nf* valsa *(f)*.

valve *nf* válvula *(f)*.

vampire *nm* vampiro *(m)*.

vandale *nm* vândalo *(m)*.

vandalisme *nm* vandalismo *(m)*.

vanille *nf* baunilha *(f)*.

vanité *nf* vaidade *(f)*.

vaniteux, **euse** *adj* vaidoso(osa).

vanne *nf* **1.** *(dispositif)* comporta *(f)* **2.** *fam (remarque)* boca *(f)*.

vantard, **e** *adj fam* • **être vantard** ser um gabarola.

vanter ▪ **se vanter** *vp* gabar-se.

vapeur *nf* barco *(m)* a vapor • **à vapeur** a vapor • **(à la) vapeur** a vapor.

vaporisateur *nm* vaporizador *(m)*.

vaporiser *vt* vaporizar.

varappe *nf* escalada *(f)*.

variable *adj* variável.

variante *nf* variante *(f)*.

variation *nf* **1.** variação *(f)* **2.** *(de température)* mudança *(f)*.

varicelle *nf* varicela *(f)*.

varices *nfpl* varizes *(fpl)*.

varié, **e** *adj* variado(da) • **hors-d'œuvre variés** entradas variadas.

varier *vt* & *vi* variar.

variété *nf* variedade *(f)* • **variétés** variedades *(fpl)*.

variole *nf* varíola *(f)*.

vase ■ *nf* lodo *(m)*. ■ *nm* vaso *(m)*.

vaseline *nf* vaselina *(f)*.

vaste *adj* vasto(ta).

Vatican *nm* • **le Vatican** o Vaticano.

vautour *nm* abutre *(m)*.

veau *nm* **1.** *(animal)* bezerro *(m)* **2.** CULIN vitela *(f)*.

vecteur *nm* vector *(m)*.

vécu, **e** *adj* vivido(da).

vedette *nf* **1.** *(acteur, sportif)* vedeta *(f)* **2.** *(bateau)* lancha *(f)*.

végétal, **e**, **aux** ■ *adj* vegetal. ■ *nm* vegetal *(m)*.

végétarien, **enne** *adj* & *nm, f* vegetariano (na).

végétation *nf* vegetação *(f)*.
■ **végétations** *nfpl* MÉD adenóides *(fpl)*.

végéter *vi péj* & *fig* vegetar.

véhémence *nf* veemência *(f)*.

véhicule *nm* veículo *(m)*.

veille *nf* véspera *(f)*.

veillée *nf* serão *(m)*.

veiller *vi* velar • **veiller à faire qqch** procurar fazer algo • **veiller à ce que** fazer com que • **veiller sur qqn** cuidar de alguém.

veilleur *nm* • **veilleur de nuit** guarda-nocturno *(m)*.

veilleuse *nf* **1.** *(lampe)* lamparina *(f)* **2.** AUTO mínimos *(mpl)* OU luzes de presença **3.** *(flamme)* piloto *(m)*.

veinard, **e** *adj* & *nm, f fam* sortudo(da).

veine *nf* veia *(f)* • **avoir de la veine** *fam* ter sorte.

Velcro® *nm* velcro® *(m)*.

véliplanchiste *nmf* windsurfista *(mf)*.

vélo *nm* bicicleta *(f)* • **faire du vélo** andar de bicicleta • **vélo de course** bicicleta de corrida • **vélo tout terrain** bicicleta todo terreno.

vélodrome *nm* velódromo *(m)*.

vélomoteur *nm* velocípede *(m)* com motor.

velours *nm* veludo *(m)* • **velours côtelé** bombazina *(f)*.

velouté *nm* • **velouté d'asperges** *sopa cremosa de espargos*.

vénal, **e** *adj* venal.

vendanges *nfpl* vindimas *(fpl)*.

vendeur, **euse** *nm, f* vendedor *(m)*, -ra *(f)*.

vendre *vt* vender • **vendre qqch à qqn** vender algo a alguém • **'à vendre'** 'vende-se'.

vendredi *nm* sexta-feira *(f)* • **nous sommes** OU **c'est vendredi** é sexta-feira • **vendredi 18 septembre** sexta-feira, 18 de Setembro • **nous sommes partis vendredi** nós fomos embora na sexta-feira • **vendredi dernier** na sexta-feira passada • **vendredi prochain** na sexta-feira que vem • **vendredi matin** na sexta-feira de manhã • **le vendredi** às sextas-feiras • **à vendredi !** até sexta-feira! • **vendredi saint** Sexta-Feira Santa.

vénéneux, **euse** *adj* venenoso(osa).

vénérable *adj* venerável.

vénérer *vt* venerar.

vénérien, **enne** *adj* venéreo(rea).

vengeance *nf* vingança *(f)*.

venger ■ **se venger** *vp* vingar-se.

venimeux, **euse** *adj* venenoso(osa).

venin *nm* veneno *(m)*.

venir *vi* vir • **venir de** vir de • **venir de faire qqch** acabar de fazer algo • **faire venir qqn** mandar vir alguém.

vent *nm* vento *(m)* • **vent d'ouest** vento de oeste.

vente *nf* venda *(f)* • **être/mettre qqch en vente** estar/pôr algo à venda • **vente par correspondance** venda pelo correio • **ven-**

te aux enchères leilão *(m)* • **vente par téléphone** venda por telefone • **vente en ligne** venda em linha, venda on-line.

ventilateur *nm* ventoinha *(f)*.

ventilation *nf* ventilação *(f)*.

ventouse *nf* ventosa *(f)*.

ventre *nm* barriga *(f)*.

ventriloque *nmf* ventríloquo *(m)*, -qua *(f)*.

ver *nm* **1.** verme *(m)* **2.** *(de fruit)* bicho *(m)* • **ver luisant** pirilampo *(m)* *(Port)*, vaga-lume *(m)* *(Br)* • **ver (de terre)** minhoca *(f)*.

véranda *nf* marquise *(f)*.

verbal, e *adj* verbal.

verbe *nm* verbo *(m)*.

verdict *nm* veredicto *(m)*.

verdoyant, e *adj* verdejante.

verdure *nf* verdura *(f)*.

véreux, euse *adj* com bicho.

verge *nf* pénis *(m inv)*.

verger *nm* pomar *(m)*.

vergeture *nf* estria *(f)*.

verglacé, e *adj* coberto(ta) de gelo.

verglas *nm* gelo *(m)* *(na estrada)*.

véridique *adj* verídico(ca).

vérification *nf* verificação *(f)*.

vérifier *vt* verificar.

véritable *adj* verdadeiro(ra).

véritablement *adv* **1.** *(réellement)* de facto **2.** *(absolument)* verdadeiramente.

vérité *nf* verdade *(f)* • **dire la vérité** dizer a verdade.

vermicelle *nm* aletria *(f)*.

vermine *nf* **1.** *(parasites)* parasitas *(mpl)* **2.** *fig & péj (personne)* corja *(f)*.

verni, e *adj* envernizado(da).

vernir *vt* envernizar.

vernis *nm* verniz *(m)* • **vernis à ongles** verniz das unhas.

vernissage *nm* **1.** *(action de vernir)* envernizamento *(m)* **2.** *(réception)* inauguração *(f)*.

verre *nm* **1.** copo *(m)* **2.** *(matière)* vidro *(m)* • **boire** OU **prendre un verre** beber OU tomar um copo • **verre à pied** cálice *(m)* • **verre à vin** copo para o vinho • **verres de contact** lentes *(fpl)* de contacto.

verrière *nf* vidraça *(f)*.

verrou *nm* ferrolho *(m)*.

verrouiller *vt* aferrolhar.

verrue *nf* verruga *(f)*.

vers ◼ *nm* verso *(m)*. ◼ *prép* **1.** *(direction)* em direcção a **2.** *(époque)* lá para.

Versailles *npr* • **le château de Versailles** o palácio de Versalhes.

versant *nm* encosta *(f)*.

versatile *adj* imprevisível.

verse ◼ **à verse** *adv* a cântaros.

Verseau *nm* Aquário *(m)*.

versement *nm* **1.** *(d'argent)* pagamento *(m)* **2.** *(crédit)* prestação *(f)* **3.** *(à la banque)* depósito *(m)*.

verser *vt* **1.** *(liquide)* deitar **2.** *(argent)* dar **3.** *(à la banque)* depositar.

verseur *adj m* ▷ **bec**.

version *nf* versão *(f)* • **(en) version française** (em) versão francesa • **(en) version originale** (em) versão original.

verso *nm* verso *(m)* *(página)*.

vert, e ◼ *adj* verde. ◼ *nm* verde *(m)*.

vertébrale *adj f* ▷ **colonne**.

vertèbre *nf* vértebra *(f)*.

vertébré, e *adj* vertebrado(da).

vertical, e, aux *adj* vertical.

vertige *nm* • **avoir le vertige** ter vertigens.

vertigineux, euse *adj* vertiginoso(osa).

vertu *nf* virtude *(f)* • **de petite vertu** de moral duvidosa • **en vertu de** em virtude de.

verve *nf* verve *(f)*.

verveine *nf* **1.** *(plante)* verbena *(f)* **2.** *(infusion)* chá *(m)* de verbena.

vésicule *nf* vesícula *(f)*.

vessie *nf* bexiga *(f)*.

veste *nf* casaco *(m)*.

vestiaire *nm* **1.** *(d'un musée, d'un théâtre)* vestiário *(m)* **2.** *(d'un stade, d'une piscine)* balneário *(m)*.

vestibule *nm* vestíbulo *(m)*.

vestiges *nmpl* vestígios *(mpl)*.

veston *nm* casaco *(m)* *(Port)*, paletó *(m)* *(Br)*.

vétéciste *nmf* betetista.

vêtements *nmpl* roupa *(f)*.

vétéran *nm* **1.** MIL veterano *(m)* **2.** *(ancien)* veterano *(m)*, -na *(f)*.

vétérinaire *nmf* veterinário *(m)*, -ria *(f)*.

vêtir *vt* vestir.
■ **se vêtir** *vp* vestir-se.

veto *nm* veto *(m)* • **mettre son veto** vetar • *fig* opor-se.

vétuste *adj* vetusto(ta).

veuf, **veuve** *adj* & *nm, f* viúvo(va).

vexant, **e** *adj* que ofende.

vexer *vt* ofender.
■ **se vexer** *vp* ofender-se.

VF (*abr de* **version française**) *nf* versão *(f)* francesa.

via *prép* via.

viable *adj* viável.

viaduc *nm* viaduto *(m)* *(Port)*, elevado *(m)* *(Br)*.

viager, **ère** *adj* vitalício(cia).
■ **viager** *nm* renda *(f)* vitalícia • **en viager** em troca de uma renda vitalícia.

viande *nf* carne *(f)* • **viande séchée des Grisons** *(Suisse) carne de vaca seca e salgada.*

vibration *nf* vibração *(f)*.

vibrer *vi* vibrar.

vibreur *nm (de téléphone)* vibrador, opção de toque por vibração, vibracall.

vice *nm* vício *(m)*.

vice-président, **e** *nm, f* vice-presidente *(mf)*.

vice versa *adv* vice versa.

vicié, **e** *adj* viciado(da).

vicieux, **euse** *adj* **1.** *(pervers)* depravado(da) **2.** *(cercle)* vicioso(osa).

victime *nf* vítima *(f)* • **être victime de** ser vítima de.

victoire *nf* vitória *(f)*.

victorieux, **euse** *adj* vitorioso(osa).

vidange *nf (d'une auto)* mudança *(f)* de óleo.

vidanger *vt* esvaziar.

vide ■ *adj* vazio(zia). ■ *nm* **1.** *(espace)* vazio *(m)* **2.** *(absence d'air)* vácuo *(m)* • **sous vide** *(aliment)* a vácuo • **vide juridique** DR vazio jurídico.

vidéo ■ *adj inv* de vídeo. ■ *nf* **1.** *(appareils)* vídeo *(m)* **2.** *(film)* cassete *(f)* de vídeo.

vidéocassette *nf* videocassete *(f)*.

vidéodisque *nm* videodisco *(m)*.

vide-ordures *nm inv* conduta *(f)* do lixo.

vidéoprojecteur *nm* video projector.

vidéothèque *nf* videoteca *(f)*.

vide-poches *nm inv compartimento para objectos nas portas do carro.*

vider *vt* **1.** esvaziar **2.** *(poulet, poisson)* limpar.
■ **se vider** *vp* esvaziar-se.

videur *nm* segurança *(m)*.

vie *nf* vida *(f)* • **en vie** em vida.

vieillard *nm* velho *(m)*.

vieillesse *nf* velhice *(f)*.

vieillir ■ *vi* envelhecer. ■ *vt* • **ça le vieillit** isso faz com que ele pareça mais velho.

vieillissement *nm* envelhecimento *(m)*.

vierge *adj (cassette)* virgem.
■ **Vierge** *nf (signe du zodiaque)* Virgem *(f)*.

Vietnam *nm* • **le Vietnam** o Vietname.

vieux, **vieille** *adj* velho(lha) • **il est vieux jeu** ele é à antiga • **salut, mon vieux/ma vieille !** *fam* olá meu/minha!

vif, **vive** *adj* **1.** vivo(va) **2.** *(geste)* apressado (da).

vigilant, **e** *adj* atento(ta).

vigile *nm* vigia *(m)*.

vigne *nf* vinha *(f)*.

vigneron, **onne** *nm, f* vinhateiro *(m)*, -ra *(f)*.

vignette *nf* **1.** *(automobile)* selo *(m)* **2.** *(de médicament)* vinheta *(f)*.

vignoble *nm* vinhedo *(m)*.

vigoureux, **euse** *adj* vigoroso(osa).

vigueur *nf* • **les prix en vigueur** os preços em vigor • **entrer en vigueur** entrar em vigor.

VIH, V.I.H. (*abr de* **Virus d'Immunodéficience Humaine**) VIH (Vírus de Imunodeficiência Humana).

vilain, **e** *adj* **1.** *(méchant)* mau (má) **2.** *(laid)* feio (feia).

villa *nf* vivenda *(f)*.

village *nm* aldeia *(f)*.

ville *nf* cidade *(f)* • **aller en ville** ir à cidade.

Villette *nf* • **(le parc de) la Villette** *centro cultural a norte de Paris que inclui um museu de ciências e tecnologia.*

vin *nm* vinho *(m)* • **vin blanc** vinho branco • **vin doux** vinho doce • **vin rosé** vinho rosé • **vin rouge** vinho tinto • **vin sec** vinho seco • **vin de table** vinho de mesa.

vinaigre *nm* vinagre *(m)*.

LA VILLE

- l'ambulance / a ambulância
- l'arrêt de bus / a paragem de autocarro
- la boutique / a loja
- la chaussée / a calçada
- le cinéma / o cinema
- le feu / o semáforo
- le grand magasin / o grande armazém
- l'hôpital / o hospital
- l'immeuble / o prédio
- le kiosque à journaux / o quiosque de jornais
- la mairie / a câmara
- le parking / o parque de estacionamento
- le passage piétons / a passadeira
- le piéton / o peão
- la place / a praça
- la rue / a rua
- la station de taxis / a praça de táxis
- le taxi / o táxi
- le trottoir / o passeio
- les vitrines / as montras.

vinaigrette *nf* vinagreta *(m)*.

vingt *num* vinte • **il a vingt ans** ele tem vinte anos • **il est vingt heures** são vinte horas • **le vingt janvier** no dia vinte de Janeiro • **page vingt** página vinte • **ils étaient vingt** eram vinte • **(au) vingt rue Lepic** (na) rua Lepic, número vinte.

vingtaine *nf* • **une vingtaine (de)** cerca de vinte.

vingtième *num* vigésimo(ma).

vinicole *adj* vinícola.

viol *nm* violação *(f)*.

violation *nf* violação *(f)* *(infracção)*.

violemment *adv* com violência.

violence *nf* violência *(f)* • **violence routière** condução agressiva.

violent, **e** *adj* violento(ta).

violer *vt* violar.

violet, **ette** ■ *adj* violeta. ■ *nm* violeta *(m)*.

violette *nf* violeta *(f)*.

violon *nm* violino *(m)*.

violoncelle *nm* violoncelo *(m)*.

violoniste *nmf* violinista *(mf)*.

vipère *nf* víbora *(f)*.

virage *nm* curva *(f)*.

viral, **e** *adj* viral.

virée *nf fam* giro *(m)* • **faire une virée** dar uma volta.

virement *nm* transferência *(f)* • **virement automatique** levantamento automático.

virer *vt* transferir.

virginité *nf* **1.** *(physique)* virgindade *(f)* **2.** *fig (candeur)* pureza *(f)*.

virgule *nf* vírgula *(f)*.

viril, **e** *adj* viril.

virilité *nf* virilidade *(f)*.

virtuelle *adj f* ▷ **réalité**.

virtuose *nmf* virtuoso *(m)*.

virulent, **e** *adj* virulento(ta).

virus *nm* vírus *(m)*.

vis *nf* parafuso *(m)*.

visa *nm* visto *(m)*.

visage *nm* rosto *(m)*.

vis-à-vis ■ **vis-à-vis de** *prép (envers)* com respeito a.

viscéral, **e** *adj* visceral.

viscères *nmpl* vísceras *(fpl)*.

viscose *nf* viscose *(f)*.

viser *vt* **1.** *(cible)* apontar a **2.** *(concerner)* dizer respeito a.

viseur *nm* **1.** *(de carabine)* mira *(f)* **2.** *(d'appareil photo)* visor *(m)*.

visibilité *nf* visibilidade *(f)*.

visible *adj* visível.

visiblement *adv* visivelmente.

visière *nf* pala *(f)*.

vision *nf* visão *(f)*.

visionnaire *adj* & *nmf* visionário(ria).

visionner *vt* visionar.

visionneuse *nf* projector *(m)*.

visite *nf* visita *(f)* • **rendre visite à qqn** fazer uma visita a alguém • **visite guidée** visita guiada • **visite médicale** visita médica.

visiter *vt* visitar.

visiteur, **euse** *nm, f* **1.** *(touriste)* visitante *(mf)* **2.** *(invité)* visita *(f)*.

vison *nm* **1.** *(animal)* visão *(m)* **2.** *(fourrure, manteau)* vison *(m)*.

visqueux, **euse** *adj* viscoso(osa).

visser *vt* aparafusar.

visualiser *vt* visualizar.

visuel, elle *adj* visual.

vital, e, aux *adj* vital.

vitalité *nf* vitalidade *(f)*.

vitamine *nf* vitamina *(f)*.

vitaminé, e *adj* vitaminado(da).

vite *adv* depressa.

vitesse *nf* **1.** *(rapidité)* velocidade *(f)* **2.** TECHNOL *(d'une voiture, d'un vélo)* mudança *(f)* *(Port)*, marcha *(f)* *(Br)* • **à toute vitesse** a toda a velocidade.

viticole *adj* vitícola.

viticulteur, trice *nm, f* viticultor *(m)*, -ra *(f)*.

vitrail *nm* vitral *(m)*.

vitre *nf* vidro *(m)*.

vitré, e *adj* envidraçado(da).

vitrifier *vt* **1.** *(parquet)* envernizar **2.** *(matériau)* vitrificar.

vitrine *nf* montra *(f)* • **en vitrine** na montra • **faire les vitrines** ver as montras.

vivacité *nf* vivacidade *(f)*.

vivant, e *adj* **1.** *(en vie)* vivo(va) **2.** *(animé)* animado(da).

vive *interj* viva!

vivement ◼ *adv* energicamente. ◼ *interj* • **vivement demain !** oxalá amanhã chegue depressa!

vivisection *nf* vivissecção *(f)*.

vivre *vt* & *vi* viver.

VO *nf* (*abr de* **version originale**) • **en VO** em VO, em versão original.

vocabulaire *nm* vocabulário *(m)*.

vocales *adj f pl* ▷ **corde**.

vocalise *nf* • **faire des vocalises** fazer vocalizos.

vocation *nf* vocação *(f)* • **avoir pour vocation de faire qqch** ter como missão fazer algo.

vociférer *vt* & *vi* vociferar • **vociférer contre qqn** vociferar contra alguém.

vodka *nf* vodka *(f)*.

vœu *nm* votos *(mpl)* • **meilleurs vœux !** votos de boas festas!

S'EXPRIMER...

formuler des vœux

• **Boa sorte!** / Bonne chance !
• **Diverte-te!/Divirta-se muito!** / Amuse-toi bien !/Amusez-vous bien !
• **Feliz aniversário!/Parabéns!** / Bon anniversaire !
• **Feliz Natal!** / Joyeux Noël !
• **Bom Ano Novo!** / Bonne année !

vogue *nf* fama *(f)* • **en vogue** em voga.

voici *prép* • **voici votre clef** aqui está a sua chave • **voici ma fille** aqui está a minha filha • **le voici** ei-lo.

voie *nf* via *(f)* • **en voie de** em vias de • **voie ferrée** via-férrea *(f)* • **'voie sans issue'** 'beco sem saída' • **'par voie orale'** 'por via oral'.

voilà *prép* • **voilà ce qui s'est passé** eis o que aconteceu • **voilà Pierre** aqui está o Pierre.

voile ◼ *nm* véu *(m)*. ◼ *nf* vela *(f)* • **faire de la voile** andar de barco à vela.

voilé, e *adj* *(roue)* torto (torta).

voilier *nm* veleiro *(m)*.

voir *vt* ver • **ça n'a rien à voir (avec)** não tem nada a ver (com) • **voyons !** olha lá! • **faire voir qqch à qqn** mostrar algo a alguém.
◼ **se voir** *vp* ver-se.

voire *adv* e mesmo.

voirie *nf* **1.** *(administration)* ≃ ministério *(m)* dos transportes **2.** *(réseau)* *vias de comunicações estatais* **3.** *(décharge)* aterro *(m)* sanitário.

voisin, e *adj* & *nm, f* vizinho(nha).

voisinage *nm* **1.** *(entourage, voisins)* vizinhança *(f)* **2.** *(environs)* vizinhanças *(fpl)*.

voiture *nf* **1.** *(automobile)* carro *(m)* **2.** *(wagon)* carruagem *(f)* • **voiture de sport** carro de desporto.

voix *nf* **1.** *(organe)* voz *(f)* **2.** *(vote)* voto *(m)* • **à voix basse/haute** em voz baixa/alta.

vol *nm* **1.** *(délit)* roubo *(m)* **2.** *(trajet en avion)* voo *(m)* **3.** *(groupe d'oiseaux)* bando *(m)* • **attraper qqch au vol** apanhar algo no ar • **à vol d'oiseau** em linha recta • **en vol** durante o voo • **vol charter** voo charter • **vol régulier** voo regular.

volage *adj* *sout* volúvel.

volaille *nf* **1.** ave *(f)* **2.** *(collectif)* aves *(fpl)*.

volant *nm* **1.** *(de voiture)* volante *(m)* **2.** *(de nappe)* franja *(f)* **3.** *(de badminton)* volante *(m)* *(Port)*, peteca *(f)* *(Br)* • **à volants** *(jupe)* com folhos.

volante *adj f* ▷ **soucoupe**.

volatiliser ■ **se volatiliser** *vp* volatilizar-se.

vol-au-vent *nm inv* vol-au-vent *(m)*.

volcan *nm* vulcão *(m)*.

volcanique *adj* vulcânico(ca).

volée *nf* **1.** *(de coups)* sova *(f)* **2.** *fam (gifle)* lamparina *(f)* • **à la volée** *(en sport)* no ar.

voler ◼ *vt* roubar. ◼ *vi* **1.** *(oiseau, avion)* voar **2.** *(commettre un vol)* roubar.

volet *nm* **1.** *(de fenêtre)* persiana *(f)* *(Port)*, veneziana *(f)* *(Br)* **2.** *(d'imprimé)* folha *(f)*.

voleur, **euse** *nm, f* ladrão *(m)*, ladra *(f)*.

volière *nf* aviário *(m)*.

volley(-ball) *nm* voleibol *(m)*.

volontaire *adj* & *nmf* voluntário(ria).

volontairement *adv* voluntariamente.

volontariat *nm* voluntariado *(m)*.

volonté *nf* vontade *(f)* • **bonne/mauvaise volonté** boa/má vontade.

volontiers *adv* com muito gosto.

volt *nm* volt *(m)*.

volte-face *nf inv* **1.** *(demi-tour)* meia-volta *(f)* **2.** *(revirement)* volte-face *(m)*.

voltige *nf* **1.** *(au trapèze)* volteio *(m)* **2.** *(à cheval)* acrobacia *(f)* **3.** *(en avion)* acrobacia *(f)* aérea • **haute voltige** acrobacia • *fig (tour de force)* malabarismo *(m)*.

voltiger *vi* **1.** *(acrobate)* fazer acrobacias **2.** *(voleter, flotter)* esvoaçar.

volume *nm* volume *(m)*.

volumineux, **euse** *adj* voluminoso(osa).

volupté *nf* volúpia *(f)*.

voluptueux, **euse** *adj* voluptuoso(osa).

vomi *nm fam* vomitado *(m)*.

vomir *vt* & *vi* vomitar.

vomitif, **ive** ◼ *adj* emético(a). ◼ *nm* emético *(m)*.

vorace *adj* voraz.

voracité *nf* voracidade *(f)*.

vote *nm* voto *(m)*.

voter *vi* votar.

votre *adj* **1.** o vosso (a vossa) **2.** *(en vouvoyant une personne)* o seu (a sua).

vôtre ■ **le vôtre**, **la vôtre** *pron* **1.** *(collectif)* o vosso (a vossa) **2.** *(de vouvoiement)* o seu (a sua) • **à la vôtre !** à vossa!

vouer *vt* • **vouer qqn à** *(destiner à)* predestinar alguém para • **vouer qqch à qqn** *(sentiment)* votar algo a alguém • **vouer qqch à** *(vie, temps)* consagrar algo a • **être voué à** estar condenado a.
■ **se vouer** *vp* • **se vouer à qqch** dedicar-se a algo.

vouloir *vt* querer • **voulez-vous boire quelque chose ?** quer beber alguma coisa? • **vouloir que** querer que • **si tu veux** se quiseres • **sans le vouloir** sem querer • **je voudrais...** eu queria... • **que me voulez-vous ?** que quer de mim? • **je veux bien** sim, quero • **veuillez vous asseoir** queira sentar-se • **ne pas vouloir de qqn/qqch** não querer alguém/algo • **en vouloir à qqn** estar ressentido(da) com alguém • **vouloir dire** querer dizer • **si on veut** é possível.
■ **s'en vouloir** *vp* • **s'en vouloir (de faire qqch)** arrepender-se (de ter feito algo).

vous *pron*

1. SUJET, POUR TUTOYER PLUSIEURS PERSONNES = vocês
2. SUJET, POUR VOUVOYER UNE PERSONNE = o senhor (a senhora)
3. SUJET, POUR VOUVOYER PLUSIEURS PERSONNES = os senhores (as senhoras)
4. OBJET DIRECT, POUR TUTOYER PLUSIEURS PERSONNES = -vos
5. OBJET DIRECT, POUR VOUVOYER UNE PERSONNE = -o (-a)
6. OBJET DIRECT, POUR VOUVOYER PLUSIEURS PERSONNES = -vos
7. OBJET INDIRECT, POUR TUTOYER PLUSIEURS PERSONNES = -vos
8. OBJET INDIRECT, POUR VOUVOYER UNE PERSONNE = -lo (-la)
9. OBJET INDIRECT, POUR VOUVOYER PLUSIEURS PERSONNES = -los (-las)
10. APRÈS PRÉPOSITION, COMPARATIF POUR TUTOYER PLUSIEURS PERSONNES = vocês
11. APRÈS PRÉPOSITION, COMPARATIF POUR VOUVOYER UNE PERSONNE = o senhor (a senhora)
12. APRÈS PRÉPOSITION, COMPARATIF POUR VOUVOYER PLUSIEURS PERSONNES = os senhores (as senhoras)
13. RÉFLÉCHI = -se
14. RÉCIPROQUE = se •
• **vous-même** si próprio
• **vous-mêmes** vocês próprios.

voûte *nf* abóbada *(f)*.

voûté, e *adj* curvado(da).

voûter *vt* abobadar.
■ **se voûter** *vp* curvar-se.

vouvoyer *vt* tratar por você.
■ **se vouvoyer** *vp* tratar-se por "você".

voyage *nm* viagem *(f)* • **bon voyage !** boa viagem! • **partir en voyage** fazer uma viagem • **voyage de noces** viagem de núpcias • **voyage organisé** viagem organizada.

voyager *vi* viajar.

voyageur, euse *nm, f* viajante *(mf)*.

voyance *nf* vidência *(f)*.

voyant, e ■ *adj* vistoso(osa). ■ *nm* • **voyant lumineux** indicador *(m)* luminoso.

voyelle *nf* vogal *(f)*.

voyeur, euse *nm, f* mirone *(m)*.

voyou *nm* arruaceiro *(m)*, -ra *(f)*.

vrac *nm* • **en vrac** *(en désordre)* ao monte • *(sans emballage)* avulso.

vrai, e *adj* **1.** *(exact)* verdade **2.** *(véritable)* verdadeiro(ra) • **à vrai dire** para dizer a verdade.

vraiment *adv* mesmo.

vraisemblable *adj* verosímil.

vraisemblance *nf* verosimilhança *(f)* • **selon toute vraisemblance** ao que tudo indica.

vrille *nf* **1.** *(de plante)* gavinha *(f)* **2.** *(outil)* verruma *(f)*.

vrombir *vi* vibrar.

vrombissement *nm* barulho *(m)*.

VTT *nm* (*abr de* **vélo tout terrain**) BTT *(f)* *(bicicleta todo o terreno)*.

vu, e ■ *prép* dado(da). ■ *adj* • **être bien/mal vu (de qqn)** ser bem/mal visto (aos olhos de alguém) • **vu que** visto que.

vue *nf* vista *(f)* • **avec vue sur...** com vista sobre... • **connaître qqn de vue** conhecer alguém de vista • **en vue de faire qqch** com a intenção de fazer algo • **à vue d'œil** a olhos vistos.

vulgaire *adj* **1.** *(grossier)* ordinário(ria) **2.** *(quelconque)* vulgar.

vulgairement *adv* **1.** *(grossièrement)* de uma maneira vulgar **2.** *(couramment)* vulgarmente.

vulgarisation *nf* vulgarização *(f)*.

vulgariser *vt* vulgarizar.

vulgarité *nf* vulgaridade *(f)*.

vulnérable *adj* vulnerável.

W

w, W *nm inv (lettre)* w, W *(m)*.

wagon *nm* carruagem *(f)*.

wagon-lit *nm* vagão-cama *(m)*.

wagon-restaurant *nm* vagão-restaurante *(m)*.

Walkman® *nm* walkman® *(m)*.

wallon, onne *adj* valão(lona). ■ **Wallon, onne** *nm, f* valão *(m)*, -lona *(f)*.

Washington *npr* Washington.

water-polo *nm* pólo *(m)* aquático.

waters *nmpl* sanitários *(mpl)*.

waterzoi *nm (Belgique) ensopado de peixe ou de frango com carne*.

watt *nm* watt *(m)*.

W-C *nmpl* WC *(mpl)*.

web, Web *nm* • **le web** a web *(f)*.

webcam *nf* câmara *(f)* videoconferência, Webcam *(f)*.

webmestre *nmf* INFORM gestor *(m)* da Web, webmaster *(m)*.

week-end *nm* fim-de-semana *(m)* • **bon week-end !** bom fim-de-semana!

western *nm* western *(m)*.

whisky *nm* uísque *(m)*.

white-spirit *nm* aguarrás *(f)*.

X

x, X *nm inv* **1.** *(lettre)* x, X *(m)* **2.** *(forme, algèbre)* x *(m)*.
■ **X** *nm inv* *(chiffre romain)* X.

xénophobie *nf* xenofobia *(f)*.

xérès *nm* xerez *(m)*.

xylophone *nm* xilofone *(m)*.

yY

y[1], **Y** *nm inv (lettre)* y, Y *(m)*.

y[2] *adv*

1. INDIQUE UN LIEU
• **va voir sur la table si les clefs y sont** vai ver em cima da mesa se as chaves lá estão
• **j'y vais demain** vou lá amanhã
• **nous y resterons une semaine** ficaremos aqui uma semana

2. INDIQUE UN OBJET, UNE CHOSE
• **mets-y du sel** põe sal.

y *pron*

= isso
• **pensez-y** (RÉFLÉCHISSEZ-Y) pense nisso
• **pensez-y** (SOUVENEZ-VOUS EN) lembre-se disso
• **que veux-tu que j'y fasse ?** o que queres tu que eu faça?
• **n'y comptez pas** não conte com isso.

yacht *nm* iate *(m)*.

yaourt *nm* iogurte *(m)*.

yen *nm* iene *(m)*.

yiddish *adj inv* & *nm inv* yiddish *(m inv)*.

yoga *nm* ioga *(m)*.

yoghourt = **yaourt**.

Yougoslavie *nf* • **la Yougoslavie** a Jugoslávia.

Yo-Yo® *nm inv* iô-iô *(m)*.

Z

z, Z *nm inv (lettre)* z, Z *(m)*.

zapper *vi* mudar constantemente de canal.

zèbre *nm* zebra *(f)*.

zèle *nm* zelo *(m)* • **faire du zèle** *péj* mostrar-se excessivamente zeloso.

zen *adj inv* zen.

zénith *nm* zénite *(m)*.

zéro *nm* zero *(m)*.

zeste *nm* casca *(f)*.

zigzag *nm* ziguezague *(m)* • **en zigzag** *(route)* em ziguezague • *(marcher)* aos ziguezagues.

zigzaguer *vi* **1.** *(route)* ziguezaguear **2.** *(voiture)* andar aos ziguezagues.

zinc *nm* **1.** *(matière)* zinco *(m)* **2.** *fam (comptoir)* balcão *(m)* **3.** *fam (avion)* avião *(m)*.

zipper *vt* INFORM zipar.

Guide pratique

Grammaire

Conjugaison des verbes portugais 31

Guide de communication

Au Portugal

Au Brésil

La correspondance

Grammaire du portugais

Accent tonique et accent graphique

Accent tonique

Tous les mots portugais à plusieurs syllabes ont une syllabe très fortement accentuée par rapport aux autres. Cette syllabe est appelée **syllabe tonique**. Elle peut être :

- la dernière (**palavras agudas** ou **oxítonas**) : **cantar**, **maçã**, **jornal**, **comeu** ;
- l'avant-dernière (**palavras graves** ou **paroxítonas**) : **cinema**, **trabalho**, **caderno** ;
- ou l'antépénultième (**palavras esdrúxulas** ou **proparoxítonas**) : **lágrima**, **catástrofe**.

Accent graphique

La syllabe tonique ne porte pas d'accent écrit dans les cas suivants :

– 1. **palavras graves** ou **paroxítonas** terminées par **-a(s)**, **-e(s)**, **-o(s)**, **-am**, **-em**, **-ens** ; c'est le cas de la plupart des mots portugais. Ils ne portent pas d'accent graphique sur l'avant-dernière syllabe (tonique) : **rosas**, **quadros**, **paragens**, **dançam** (voir encore cas 3 et 4) ;

– 2. **palavras agudas** ou **oxítonas** terminées par **-l**, **-n**, **-r**, **-x**, **-z**, **-i**, **-u** ou par des diphtongues : **papel**, **jornal**, **controlar**, **sagaz**, **colibri**, **urubu**, **amou**, **apareceu** ;

La syllabe tonique porte un accent écrit dans ces cas précis :

– 3. **palavras esdrúxulas** ou **proparoxítonas.** Ces mots portent toujours un accent graphique, aigu (marquant l'ouverture de la voyelle) ou circonflexe (indiquant sa fermeture) : **estômago**, **água**, **ídolo**, **cómodo** [Port], **cômodo** [Br] ;

– 4. **palavras graves** ou **paroxítonas** portant un accent graphique pour contrarier la règle 1 (**cantará**, **avó**, **ninguém**, **maré**, **japonês**) ou la règle 2 (**fácil**, **túnel**, **abdómen**, **lápis**, **ágeis**) ;

– 5. pour signaler les diphtongues (**éi**, **éu**, **ói**) toniques ouvertes au Portugal et au Brésil : **heróico**, **bóia**, **chapéu** ;

– 6. pour distinguer des mots homographes : **demos** (*nous avons donné*, indicatif) / **dêmos** (*nous donnions*, subjonctif) ; **ás** (*un as*) / **as** (*les*, article défini) ; **pára** (verbe) / **para** (prép.) ;

– 7. pour les monosyllabes toniques, comportant une voyelle ouverte ou semi-ouverte : **pôs** (*amis*) / **má** (*mauvaise*) ; **dó** (*pitié*) / **mês** (*mois*) ; **lá** (*là*) / **dá** (*donne*).

Le portugais n'utilise que deux accents graphiques : l'accent aigu (´) et l'accent circonflexe (ˆ).

Le **til** (*tilde* = ~) n'est pas vraiment un accent, mais plutôt une représentation graphique particulière. Cependant, quand il apparaît dans un mot, il sert généralement d'accent et marque la syllabe tonique : **limão**, **terão**, **avião**.

Contrairement au français, les mots portugais ne portent qu'un seul accent. Il est cependant possible de trouver des mots avec un tilde et un autre accent graphique, mais c'est celui-ci qui marque l'accent tonique : **órgão** (*organe*, *orgue*) ; **zângão** (*bourdon*).

L'accent grave (`), inusité à présent, sert uniquement à marquer la contraction de la préposition **a** avec l'article défini (**a**, **as**) ou avec les démonstratifs (**aquele**, **aquela**...) et il est de ce fait circonscrit à quelques mots : **à**, **às**, **àquele**, **àquela**, **àqueles**, **àquelas**, **àquilo**.

Adjectif

Le genre et le nombre

L'adjectif s'accorde en genre et en nombre avec le nom.

Les règles de formation du féminin et du pluriel sont les mêmes que pour le nom (voir Nom).

Les adjectifs terminés en **-a**, **-e**, **-l**, **-m**, **-r**, **-s**, **-z** n'ont qu'une seule forme pour le masculin et le féminin (invariables en genre) : **careca**, **triste**, **azul**, **comum**, **melhor**, **simples**, **feliz** :

A saia azul é mais simples e mais bonita. *La jupe bleue est plus simple et plus belle.*

Esta máquina é melhor e mais eficaz. *Cette machine est meilleure et plus efficace.*

Mais : **espanhol / espanhola**.

Le féminin des adjectifs **bom** et **mau** est **boa** et **má** :

A Rita é uma boa colega, pronta a ajudar nos bons e maus momentos. *Rita est une bonne camarade, prête à aider dans les bons comme dans les mauvais moments.*

L'adjectif **só** (pluriel **sós**) est invariable en genre ; mais **sozinho(s)** (diminutif) a une forme féminine : **sozinha(s)** :

A minha avó sentia-se só e cansada. *Ma grand-mère se sentait très seule et fatiguée.*

Dans les adjectifs composés, le premier élément reste invariable ; seul le dernier élément prend la forme du pluriel :

músicas afro-brasileiras *musiques afro-brésiliennes* ;

tratados luso-franceses *traités luso-français.*

Les degrés des adjectifs

Comparatif d'égalité : **tão... como** :

Elas são tão desportistas como eles. *Elles sont aussi sportives qu'eux.*

Comparatif de supériorité : **mais... (do) que** :

Ele é mais novo que ela. *Il est plus jeune qu'elle.*

Comparatif d'infériorité : **menos... (do) que** :

Estão menos atentos que os outros. *Ils sont moins attentifs que les autres.*

Superlatif absolu : **muito** + adj. / adj. + **-íssimo** :

muito elegante/elegantíssimo *très élégant.*

Superlatif relatif : **o mais** + adj. / **o menos** + adj :

o mais / o menos sorridente *le plus / le moins souriant.*

Quelques superlatifs d'un usage très courant ont des formes directement dérivées du latin : **amicíssimo** (**amigo**) (= *très ami*), **antiquíssimo** (**antigo**) (= *très ancien*), **facílimo** (**fácil**) (= *très facile*), **dificílimo** (**difícil**) (= *très difficile*), **simplicíssimo** (**simples**) (= *très simple*) :

Eles são amicíssimos. *Ils sont très amis.*

Os testes de química foram facílimos. *Les tests de chimie ont été très faciles.*

Quatre adjectifs ont des formes spéciales pour le comparatif et le superlatif :

	COMPARATIVO DE SUPERIORIDADE	SUPERLATIVO ABSOLUTO	SUPERLATIVO RELATIVO
bom	melhor	óptimo	o melhor
mau	pior	péssimo	o pior
grande	maior	máximo	o maior / o máximo
pequeno	menor	mínimo	o menor / o mínimo

Muito pequeno / O mais pequeno sont des formes utilisées exclusivement en Portugais du Portugal.

On ne répète pas l'article si le superlatif suit un nom déterminé :

A Sílvia é a jovem mais loira da turma. *Sylvie est la jeune fille la plus blonde de la classe.*

Adjectifs – Les couleurs

Les adjectifs indiquant une couleur suivent les mêmes règles que les adjectifs et les noms :

o chapéu cinzento *le chapeau gris* ;

a bicicleta cinzenta *la bicyclette grise* ;

o dicionário verde *le dictionnaire vert* ;

a camisa verde *la chemise verte.*

Les adjectifs **(cor-de-)rosa**, **(cor-de-)laranja**, **violeta** et **antracite** sont invariables en genre et en nombre :

os autocarros (cor-de-)laranja *les bus orange* ;

as camisolas violeta *les pulls violet* ;

as calças antracite *les pantalons anthracite.*

Les adjectifs composés qui indiquent une couleur restent invariables :

vestidos azul-escuro *robes bleu foncé* ;

carros desportivos vermelho-vivo *voitures de sport rouge vif* ;

campos amarelo-dourado *champs jaune doré.*

Les couleurs s'emploient généralement avec le verbe **ser**, exceptées quelques situations où on emploie **estar** :

As paredes são pretas. *Les murs sont noirs.*

As paredes estão pretas, precisamos de pintá-las de branco. *Les murs sont noirs, il faut les peindre en blanc.*

Laura, estás vermelha! Tens febre? *Laura, tu es rouge! Tu as de la fièvre?*

Adverbe

Adverbes de manière

Les adverbes terminés en **-mente** se forment en ajoutant le suffixe **-mente** au féminin des adjectifs :

súbito → súbita → subitamente.

Si l'adjectif est invariable en genre (**feliz**, **prudente**, **simples**, **alegre**, **evidente**...), on ajoute le suffixe **-mente** comme pour les précédents, sans aucune autre modification :

alegre → alegremente, **prudente → prudentemente**, **evidente → evidentemente.**

Si l'adjectif porte un accent graphique, celui-ci disparaît, car la syllabe tonique de l'adverbe ainsi formé est **-men-** :

rápido → rapidamente, **frágil → fragilmente** (tous les adverbes en **-mente** sont accentués sur l'avant-dernière syllabe, voir accent règle 1).

Mais :

sã → sãmente (*sainement*), et

vã → vãmente (*vainement*), car le **til** n'est pas vraiment un accent (voir accent).

Lorsque deux ou plusieurs adverbes se suivent, seul le dernier prend la forme en **-mente**, et ceux qui sont devant se présentent comme des adjectifs au féminin singulier :

Ela ollhava atenta, triste e ansiosamente. *Elle regardait attentivement, tristement et anxieusement.*

Comme les adjectifs, certains adverbes admettent des degrés. C'est le cas, entre autres, de **cedo**, **tarde**, **longe**, **perto**, **devagar**. On obtient des formes superlatives de ces adverbes, avec les suffixes **-inho** ou **-íssimo** :

Ele chegou tardíssimo a casa. *Il est arrivé très tard à la maison.*

Vem cedinho. *Arrive le plus tôt possible.*

O professor explicou devagarinho. *Le professeur expliqua très lentement.*

Le comparatif et le superlatif relatif de supériorité des adverbes **bem** et **mal** sont identiques à ceux des adjectifs **bom** et **mau** : **melhor**, **pior**.

Agora, a saúde do Pedro vai melhor. *Maintenant la santé de Pierre va mieux.*

Cependant, devant un participe, on doit utiliser les formes **mais bem**, **mais mal** :

Estes textos estão mais bem apresentados que os outros. *Ces textes sont mieux présentés que les autres.*

Adverbes de lieu

Le système de certains adverbes de lieu est très différent du système français. Il est lié à celui des démonstratifs (voir démonstratifs) et est associé à l'espace proche du locuteur, proche du récepteur ou éloigné.

	PROCHE DU LOCUTEUR (EU / NÓS)	PROCHE DU RÉCEPTEUR (TU / VÓS, VOCÊS)	ÉLOIGNÉ
adverbes de lieu	aqui	aí	ali lá, acolá, além

Adverbe et adjectif – « muito » et « pouco »

Muito et **pouco**, quand ils sont des adverbes quantitatifs, restent invariables. Ils précèdent des adverbes, des adjectifs ou des verbes.

Ele lia o texto muito lentamente. *Il lisait le texte très lentement.*

A paisagem era muito linda. *Le paysage était très beau.*

Quand ils sont des adjectifs de quantité, **muito** et **pouco** s'accordent en genre et en nombre avec le mot qui suit et ils précèdent des noms.

Recebi muitos telefonemas no dia do meu aniversário. *J'ai reçu beaucoup de coups de fil le jour de mon anniversaire.*

Ela tinha muita coisa que fazer. *Elle avait beaucoup de choses à faire.*

Article

L'article défini et indéfini

	article défini		article indéfini	
	SINGULIER	PLURIEL	SINGULIER	PLURIEL
masculin	o	os	um	uns
féminin	a	as	uma	umas

Pour les formes contractées, voir Prépositions contractées.

L'article défini

L'article défini s'emploie :

- devant le prénom ou le nom de famille (langage familier) :

  A Carolina saiu com o Pedro. *Caroline est sortie avec Pierre.*

  Encontrei a Sofia à entrada do cinema. *J'ai rencontré Sofia à l'entrée du cinéma.*

- généralement devant les noms de ville, si l'origine du nom est un nom commun :

  o Porto (*le port*),

  o Rio de Janeiro (*le fleuve de...*),

  a Baía (*la baie*).

- devant un nom qui indique l'heure ou l'âge, s'il s'agit d'un complément circonstanciel introduit par la préposition **a** :

O comboio chega às dez e um quarto. *Le train arrive à dix heures et quart.*

Ao domingo, a Ana sai com os amigos. *Le dimanche, Ana sort avec ses amis.*

- devant les pronoms et les adjectifs possessifs (Portugal) :

o meu primo *mon cousin,*

a nossa avó *notre grand-mère,*

Este telemóvel não é o meu. *Ce portable n'est pas à moi.*

On n'emploie pas d'article défini devant le mot **casa** quand il a le sens de « chez » :
Tenho uma grande biblioteca em casa. *J'ai une grande bibliothèque chez moi.*

L'article indéfini

Le pluriel **uns, umas** peut être omis pour exprimer une notion de partitif :

Enviei-lhe uma mensagem urgente. *Je lui ai envoyé un message urgent.*

Enviei-lhe mensagens. *Je lui ai envoyé des messages.*

Comi um queijo delicioso. *J'ai mangé un fromage délicieux.*

Comi queijo de ovelha. *J'ai mangé du fromage de brebis.*

L'usage explicite du pluriel **uns, umas** peut exprimer une valeur approximative :

Esperei uns bons dez minutos. *J'ai attendu une bonne dizaine de minutes.*

O Porto fica a uns trezentos quilómetros de Lisboa. *Porto est à environ trois cents kilomètres de Lisbonne.*

Concordance des temps

Lorsqu'il s'agit de l'antériorité, la règle de concordance des temps s'applique de manière souple en portugais. Le français emploie des formes composées pour exprimer l'antériorité.

Bien que courantes, le portugais a tendance à préférer des formes simples pour exprimer l'antériorité quand le sens de la phrase est clair :

Há imenso tempo que não comia chocolate! (... que não tinha comido...) *Il y a longtemps que je n'avais pas mangé du chocolat !*

Imagina que ele descobria a verdade! (... que tinha descoberto...) *Imagine qu'il ait découvert la vérité !*

Cependant, la règle de concordance des temps s'applique de manière stricte quand le verbe de la subordonnée est au subjonctif :

- 1. Si la proposition principale est au présent ou au futur de l'indicatif, la subordonnée est au subjonctif (présent, imparfait, ou futur) :

Acabarás o trabalho quando tiveres tempo. *Tu finiras le travail quand tu auras le temps.*

Foi necessário que ela me ajudasse. *Il a fallu qu'elle m'aide.*

Quando estiver pronta, chamo-te. *Lorsque je serai prête, je t'appellerai.*

Lamento que não tivesses vindo à festa. *Je regrette que tu ne sois pas venu à la fête.*

- 2. Si la principale est au passé ou au conditionnel, la subordonnée est à l'imparfait ou au plus-que-parfait du subjonctif.

Consegui que ela me telefonasse! *J'ai réussi à ce qu'elle m'appelle!*

Teria sido óptimo, se tivesses vindo connosco. *Cela aurait été très bien si tu étais venu(e) avec nous.*

Condition

On peut exprimer la condition par une proposition au subjonctif introduite par la conjonction **se**.

1. Condition réalisable dans le présent ou dans le futur :

se + futur du subjonctif → la principale est au présent ou au futur de l'indicatif.

Se tivermos tempo, ainda vamos/iremos à biblioteca. *Si nous avons le temps, nous passerons encore à la bibliothèque.*

2. Condition irréalisable dans le présent :

se + imparfait du subjonctif → la principale est à l'imparfait de l'indicatif ou au conditionnel.

Se estivesse bom tempo, íamos/iríamos à piscina. *S'il faisait beau (ce n'est pas le cas), on irait à la piscine.*

3. Condition irréalisable dans le passé :

se + plus-que-parfait du subjonctif → la principale est au plus-que-parfait de l'indicatif ou au conditionnel passé.

Se tivesse lido o romance tinha/teria participado no debate. *Si j'avais lu le roman, j'aurai participé au débat.*

Conditionnel

Quelle que soit sa valeur, de mode (éventualité, expression atténuée d'un ordre ou d'un souhait, hypothèse peu probable) ou de temps (futur du prétérit), le conditionnel, au Portugal, tend à disparaître de la langue parlée (registre familier) ; il est largement remplacé par l'imparfait de l'indicatif :

Gostaria/Gostava de falar com a Isabel. *J'aimerais parler à Isabelle.*

Se tivesse dinheiro, iria/ia viajar. *Si j'avais de l'argent, je ferais un voyage.*

Seria/Era melhor gravar a música. *Il vaudrait mieux enregistrer la musique.*

Disse-me que chegaria/chegava por volta das nove e meia. *Il m'a dit qu'il arriverait vers neuf heures trente.*

Démonstratifs

Adjectifs et pronoms. Indicateurs de lieu associés

adjectifs et pronoms		pronoms			adverbes de lieu
MASC.	FÉM.	MASC.	FÉM.	INVARIABLES	ASSOCIÉS
este(s)	esta(s)			isto	aqui
esse(s)	essa(s)	o(s)	a(s)	isso	aí
aquele(s)	aquela(s)			aquilos	ali, lá, acolá, além

Les démonstratifs indiquent la situation d'un être ou d'un objet dans l'espace ou dans le temps, en relation avec les locuteurs (voir adverbes de lieu).

Este(s), **esta(s)**, **isto** indiquent ce qui est proche du locuteur (**eu** / **nós**). L'adverbe qui lui correspond est **aqui**.

Este livro que está aqui é da Teresa. *Le livre qui est ici est à Teresa.*

Esse(s), **essa(s)**, **isso** indiquent ce qui est proche de la personne à qui s'adresse le locuteur (**tu** / **vós** / **você(s)**). L'adverbe correspondant est **aí**.

Esse livro que você tem aí é um romance extraordinário. *Le livre que vous avez là est un roman extraordinaire.*

Aquele(s), **aquela(s)**, **aquilo** indiquent ce qui est éloigné à la fois du locuteur et de son interlocuteur. Les adverbes correspondant sont **ali**, **acolá**, **além**.

Sabes quem é aquele rapaz que está ali? *Tu sais qui est ce garçon qui est là-bas?*

Les démonstratifs servent aussi à :

- rappeler ce qui a été dit précédemment :

  Isso é simplesmente inacreditável. *Cela (ce que tu viens de dire) est tout simplement incroyable.*

- ou à mettre en relief ce qui va être dit :

  Diz-lhe isto : que não me telefone mais. *Dis lui ceci : qu'il (elle) ne m'appelle plus.*

O, **a**, **os**, **as** sont considérés comme des pronoms démonstratifs lorsqu'ils précèdent **que** ou **de** et peuvent être remplacés par **aquele(s)**, **aquela(s)**, **aquilo**.

Fiz tudo o (aquilo) que queria. *J'ai fait tout ce que je voulais.*

Diminutifs et augmentatifs (noms et adjectifs)

Ils sont d'un usage très fréquent en portugais. Ils peuvent exprimer la grande ou la petite taille d'un être ou d'un objet, mais aussi, selon les contextes, des valeurs affectives ou intellectuelles telles que l'affection, le mépris, l'ironie, ou la disproportion.

Formation

Les augmentatifs se forment en ajoutant certains suffixes (**-ão**, **-ona**, **-aço**, **-alhão**, **-zarrão**, **-orra** et d'autres encore) aux noms, aux adjectifs ou aux verbes :

palavra → palavrão ; carro → carrão ; homem → homenzarrão ;
mulher → mulherão → mulherona ; cabeça → cabeçorra ; gato → gatarrão ;
comer → comilão ; beber → beberrola ; boca → bocarra ; amigo → amigalhaço ;
rico → ricaço ; faca → facão → facalhão ; corpo → corpanzil ; dente → dentuça.

Les diminutifs se forment aussi en ajoutant des suffixes aux radicaux, en leur donnant ainsi des valeurs affectives très complexes. Les suffixes plus couramment utilisés sont : **-zinho** / **-zito*** / **-inho** / **-ito*** / **-eto** / **-eco** / **-ola** / **-ico** /...
[* seulement au Portugal]

pé → pezinho ; avô → avozinho ; carro → carrinho → carrito ;
livro → livrinho → livrozinho → livreco ; aldeia → aldeiazinha → aldeola ;
depressa → depressinha ; nada → nadinha ; bem → benzinho ;
criança → criançola ; namoro → namorico ; sino → sineta ; má → mazinha → mazita.

Emploi

Les suffixes augmentatifs servent à exprimer la grandeur ou la grosseur, mais très souvent en ajoutant une valeur élogieuse ou, le plus souvent péjorative.

Le suffixe **-ão** est le plus courant :

um homem valentão *un homme très courageux* ;

um rapaz mentirosão *un grand menteur* ;

uns vozeirões incríveis *de grosses voix incroyables.*

Le pluriel des augmentatifs en **-ão** est toujours **-ões**. Avec le suffixe **-ão** les mots deviennent masculins, même si le mot d'origine est féminin :

as paredes/os paredões *des murs énormes* ;

a mulher/o mulherão *une grosse/belle femme* **(dépendant de l'intonation).**

Les suffixes diminutifs expriment la petitesse, mais très souvent en ajoutant une valeur affective, d'attendrissement ou d'ironie.

Les suffixes **-zinho** et **-inho** sont les plus courants :

Ele usa uma barbicha simpática. *Il porte une barbiche sympathique.*

Tenho um telemóvel pequenino. *J'ai un tout petit (téléphone) portable.*

Ele deu-lhe uma palavrinha. *Il lui a touché un petit mot.*

Particularités - Emploi de « -zinho » et « -inho »

Les raisons du choix de **-zinho** et **-inho** ne sont pas toujours évidentes ; cependant, quelques règles d'usage s'imposent :

- 1. Quand le mot d'origine se termine par **-s** ou **-z** on emploie **-inho** :

  (Rapaz) O rapazinho veio brincar. *Le petit garçon est venu jouer.*

  (Pires) Quebrei um piresinho. *J'ai cassé une petite soucoupe.*

- 2. Le choix de **-zinho** respecte l'individualité morphologique du mot d'origine, donc de ses particularités de pluriel :

  (Cão/cães) Tenho dois cãezinhos castanhos. *J'ai deux petits chiens marron.*

L'usage des suffixes diminutifs avec d'autres classes grammaticales (adverbes ou locutions adverbiales, interjections) est admis dans la langue parlée :

adeusinho *au revoir* ;

até loguinho *à tout à l'heure* ;

caludinha! *chut!*;
pertinho *très près*;
falar baixinho *parler très bas*;
depressinha *très vite*;
devagarinho *lentement / doucement.*

Être

Le verbe « être » se traduit en portugais par **ser**, **estar** ou **ficar**. D'une façon générale, **ser** exprime l'existence, **estar** l'état et **ficar** le résultat d'une action.

1. On emploie toujours SER

Ser exprime une qualité permanente, essentielle ; il annonce des caractéristiques définissantes. On emploie toujours **ser** :

- devant un nom ou un pronom attribut :

  A águia é uma ave magnífica. *L'aigle est un oiseau magnifique.*

  O meu professor é aquele. *C'est lui (là-bas qui est) mon professeur.*

- pour définir, identifier, classer :

  A água é um bem precioso. *L'eau est un bien précieux.*

  O João é professor, é um democrata. *Jean est professeur, c'est un démocrate.*

  Os golfinhos são brincalhões. *Les dauphins sont joueurs.*

  Annick é de Brest/é francesa. *Annick est de Brest/Elle est française.*

  Ela é corajosa. *Elle est courageuse.*

- pour dire l'heure :

  São oito horas. *Il est huit heures.*

  É meio-dia. *Il est midi.*

- dans les formes d'insistance ou de mise en relief : **ser... que** (**fui... que**, **foi... que**, etc.) :

  É o Miguel que traz a música. *C'est Miguel qui apporte la musique.*

  Foi a nós que eles escreveram. *C'est à nous qu'ils ont écrit.*

- pour former la voix passive des verbes d'action :

  Este anel foi comprado pela minha avó. *Cette bague a été achetée par ma grand-mère.*

2. On emploie SER ou FICAR

- pour situer ce qui a une place fixe, qui ne peut être déplacé :

  A casa dele é/fica no centro da cidade. *Sa maison est dans le centre-ville.*

  O hotel é/fica fora da cidade. *L'hôtel est en dehors de la ville.*

  Mais :

  O hotel está/fica situado num bairro tranquilo. *L'hôtel est situé dans un quartier tranquille.*

3. *On emploie toujours ESTAR*

- avec un infinitif précédé de la préposition **a** (Portugal), ou avec un gérondif (régionalisme ou portugais du Brésil) :

Estão a dormir/estão dormindo. *Ils sont en train de dormir.*

- avec un adverbe de manière : **bem**, **melhor**, **mal**, **pior**, **assim** :

Estou bem aqui. *Je suis bien ici.*

O João está muito mal. *Jean va très mal.*

- pour situer dans l'espace un être ou un objet pouvant se déplacer ou être déplacé :

A televisão está na sala. *La télévision est dans la salle.*

Estamos à entrada do cinema. *Nous sommes à l'entrée du cinéma.*

- devant un adjectif ou un participe passé pour exprimer un état ou une situation susceptible de changer :

A sopa está fria. *La soupe est froide.*

Os alunos estão sentados. *Les élèves sont assis.*

A Isabel está furiosa. *Isabelle est furieuse.*

4. *On peut employer SER ou ESTAR*

- pour exprimer le temps : **ser** définit la date, le jour, le mois, la saison :

O Natal é em Dezembro. *Noël est en décembre.*

Hoje é o dia 18 de Maio. *Aujourd'hui c'est le 18 mai.*

- **estar** sert à se situer dans le temps (dans l'usage, avec le pronom sujet **nós**) :

Hoje estamos a 20 de Dezembro. *Aujourd'hui on est le 20 décembre.*

Dentro de quinze dias, estaremos em 2007. *Dans quinze jours, nous serons en 2007.*

- devant certains adjectifs ou participes passés mais avec une nuance, voire un changement important de sens :

ser vivo *être vif* ;

estar vivo *être vivant* ;

ser bonita *être jolie* ;

estar bonita *être plus jolie que d'habitude* ;

ser nervoso *être nerveux* ;

estar nervoso *être énervé* ;

ser indeciso *être indécis de nature* ;

estar indeciso *être indécis dans un contexte donné* ;

ser doente *être malade* [maladie chronique] ;

estar doente *être malade* [maladie occasionnelle].

5. *On emploie FICAR*

- pour exprimer le résultat d'une action :

Ontem apanhei frio e fiquei doente. *Hier, j'ai pris froid et je suis tombé malade.*

Viu-a e ficou apaixonado. *Il l'a vue et il en est tombé amoureux.*

- pour situer un objet qui ne peut être déplacé, voir 2.

Futur du Subjonctif

Ce temps, propre au portugais, est couramment utilisé. Il permet d'envisager dans le futur (proche ou éloigné) une action ou un état comme hypothétiques et cependant réalisables.

Il s'emploie dans des propositions relatives introduites respectivement par des pronoms relatifs : **quem**, **que**, **onde**, etc. :

Ganhará [futur de l'indicatif] a corrida quem chegar [futur du subj.] primeiro. *Gagnera la course celui qui arrivera le premier.*

Quem quiser [futur du subj.], poderá [futur de l'indicatif] vir à festa. *Celui qui voudra, pourra venir à la fête.*

ou dans des propositions conjonctives introduites par des conjonctions de subordination : **se**, **quando**, **como**, etc.

Le verbe de la principale est, soit au présent ou au futur de l'indicatif, soit à l'impératif :

Quando fores [futur du subj.] a Chaves, telefona [impératif] à Rita. *Quand tu iras à Chaves, téléphone à Rita.*

Se conduzires [futur du subj.] devagar, venho [prés. de l'indicatif] contigo. *Si tu conduis doucement, je viendrai avec toi.*

Faz [impératif] o que puderes [futur du subj.]. *Fais ce que tu pourras.*

On retrouve aussi ce temps dans des locutions indéfinies avec une valeur de propositions concessives (idée de restriction avec la répétition du verbe) :

Digam o que disserem [futur du subj.] continuo a trabalhar no meu ritmo. *Quoi qu'on dise, je continue à travailler à mon rythme.*

Aconteça o que acontecer [futur du subj.] não saio daqui. *Quoi qu'il arrive, je ne sors pas d'ici.*

Infinitif

Il existe deux infinitifs en portugais :

1. Un infinitif personnel, invariable, comme en français. On l'utilise pour exprimer de façon générale, une action ou un état :

Saber escrever correctamente é fundamental. *Savoir écrire correctement est fondamental.*

On l'utilise dans des formes verbales complexes avec des verbes auxiliaires de temps, aspect ou mode :

Vou tomar banho. *Je vais prendre un bain.*

Continua a nevar na serra. *Il neige toujours en montagne.*

Ela não pode sair agora. *Elle ne peut pas sortir maintenant.*

On l'utilise aussi dans des propositions complétives elliptiques à caractère générique :

Fumar faz muito mal à saúde. *Fumer nuit gravement à la santé.*

Enfin, on l'emploie dans des subordonnées circonstancielles quand le sujet est exprimé seulement dans la principale :

Nós fomos a Faro para ver o espectáculo dos Madredeus. *Nous sommes allés à Faro pour assister au spectacle de Madredeus.*

Eles tomaram um duche antes de sair. *Ils ont pris une douche avant de sortir.*

Dans ces cas, il est aussi possible d'utiliser l'infinitif personnel (voir ci-dessous).

2. Un infinitif avec un sujet, forme propre au portugais, que l'on peut conjuguer aux différentes personnes : c'est l'infinitif personnel. On l'utilise :

- dans des subordonnées circonstancielles, avec ou sans sujet exprimé, introduites par **para/a fim de** avec un sens de but (plus fréquent qu'avec **para que** + subjonctif) :

  Trouxemos este filme para o vermos hoje à noite. *On a pris ce film pour le regarder ce soir.*

- dans des subordonnées temporelles commencées par **depois de/antes de/até** :

  Antes de sairmos, telefonamos à Marta. *Avant de sortir, on téléphonera à Marta.*

  Depois de fazer o teste*, ele foi ao bar. *Après avoir fait son test, il est parti au bar.*

  Ouviremos música até chegarmos a Lisboa. *On écoutera de la musique jusqu'à ce qu'on arrive à Lisbonne.*

* Le portugais préfère utiliser l'infinitif simple, quand le français emploie un infinitif composé.

Ces deux infinitifs ont chacun une forme simple et une forme composée :
vir/ter vindo; **fazeres/teres feito**, la deuxième indiquant que l'action ou l'état appartient au passé (mais le portugais utilise plutôt la forme simple).

É pena não vires ao cinema. *C'est dommage que tu ne viennes pas au cinéma.*

Foi pena não teres vindo ao cinema. *C'est dommage que tu ne sois pas venu au cinéma.*

Ces deux infinitifs prennent fréquemment une valeur nominale :

ao anoitecer *à la tombée de la nuit*;

Ao andar de bicicleta, ele magoou-se. *Il s'est blessé en faisant du vélo.*

O facto de termos apresentado o diaporama valorizou o nosso trabalho. *Le fait que nous ayons présenté le diaporama a valorisé notre travail.*

L'emploi de l'infinitif personnel n'obéit pas, dans une large mesure, à des règles très précises. Il y a des cas, en effet, où le locuteur a le choix d'exprimer une action ou un état à l'infinitif, en insistant ou non, sur sa relation avec un sujet.

Son emploi est cependant obligatoire :

- quand l'infinitif a un sujet et qu'il dépend d'expressions verbales impersonnelles : **é melhor**, **é útil**, **é bom**, **é preferível**... :

  É útil consultarmos mais frequentemente os dicionários. *Il est utile que nous consultions plus souvent les dictionnaires.*

- quand l'infinitif a un sujet différent de celui du verbe qui le précède et dont il est le complément direct :

  Acho conveniente fazeres este trabalho. *Je pense qu'il est souhaitable que tu fasses ce travail.*

D'une façon générale, l'infinitif personnel apporte à la phrase une plus grande concision et il remplace avantageusement le subjonctif présent, surtout dans l'emploi de la 1re personne du pluriel.

Ele aconselhou-nos a virmos de metro para chegarmos cedo e não perdemos o início do filme.

au lieu de

Ele aconselhou-nos a que venhamos de metro para que cheguemos cedo e não percamos o início do filme. *Il nous a conseillé de venir en métro pour que nous arrivions à l'heure et ne rations pas le début du film.*

Nom

En général, sont masculins les noms qui se terminent en **-o** atone et féminins ceux qui finissent en **-a** atone :

o livro *le livre*;

a casa *la maison*;

o espelho *le miroir*;

a mesa *la table.*

Mais certains noms terminés en **-a** sont masculins :

o dia *le jour*;

o planeta *la planète*;

o clima *le climat*;

o problema *le problème.*

Quelques mots de même origine que leurs équivalents français ont un genre différent :

a árvore *l'arbre*;

a unha *l'ongle*;

o dente *la dent*;

o tomate *la tomate*;

a viagem *le voyage*;

a bagagem *le bagage*;

a coragem *le courage*;

o armário *l'armoire.*

Certains noms ne suivent pas ces règles générales et présentent au féminin des formes très irrégulières, voire des formes dont le radical est complètement différent :

o rapaz/a rapariga *le garçon/la fille*;

o cão/a cadela *le chien/la chienne*;

o pai/a mãe *le père/la mère*;

o homem/a mulher *l'homme/la femme*;

o cavalo/a égua *le cheval/la jument.*

Formation du féminin : règles générales

Les noms terminés en **-o** ont au féminin une terminaison en **-a** :

lobo/loba, papagaio/papagaia, pombo/pomba.

Les noms terminés en **-l**, **-r**, **-s** forment leur féminin par l'ajout d'un **-a** :

espanhol/espanhola, cantor/cantora, professor/professora, português/portuguesa.

Les noms terminés en **-a**, **-e** gardent la même forme au féminin :

dentista, pianista, economista, estudante, comerciante, presidente.

Les noms terminés en **-ão** ont le féminin en **-ã**, **-oa**, **-ona** :

irmão/irmã, bretão/bretã, leão/leoa, solteirão/solteirona.

Formation du pluriel

Règle générale : on ajoute un **-s** aux mots singuliers :

disco/discos, problema/problemas.

Les mots qui se terminent en **-ão** forment leur pluriel de trois façons (selon leur origine latine) : **-ão/-ões**, **-ão/-ães**, **-ão/-ãos**.

leão/leões *lion/lions* ;

pão/pães *pain/pains* ;

mão/mãos *main/mains.*

> Le pluriel des augmentatifs en **-ão** est toujours **-ões** comme signalé précédemment (voir **augmentatif**).

Aux mots qui se terminent en **-r**, **-z**, **-n**, on ajoute **-es** :

mar/mares *mer/mers* ;

rapaz/rapazes *garçon/garçons* ;

abdómen/abdómenes *abdomen/abdomens.*

Les mots qui se terminent en **-s** forment le pluriel de deux façons :

- s'il s'agit de **palavras agudas** ou **oxítonas** (voir **accent**), ils suivent la règle générale : pluriel avec l'ajout de **-s** :
  ananás/ananases, **gás/gases**, **português/portugueses** ;
- s'il s'agit de **palavras graves** (voir **accent**), ils restent invariables :

  um atlas/dois atlas *un atlas/deux atlas* ;

  um lápis/dois lápis *un crayon/deux crayons.*

Les mots qui se terminent en **-al**, **-el**, **-ol**, **-ul** changent le **-l** en **-is** :

animal/animais *animal/animaux* ;

formidável/formidáveis *formidable/formidables* ;

caracol/caracóis *escargot/escargots* ;

azul/azuis *bleu/bleus.*

Les mots qui se terminent en **-il** forment le pluriel de deux façons :

- s'il s'agit de **palavras agudas** ou **oxítonas** (voir **accent**), le **-l** change en **-is** (comme ceux du cas précédent) :

  barril/barris *barril(s)* ;

  funil/funis *entonnoir(s).*
- s'il s'agit de **palavras graves** (voir **accent**), ils font le pluriel en **-eis** : **projéctil/projécteis**, **fértil/férteis**.

Les mots qui se terminent en **-m** forment le pluriel en changeant le **-m** en **-ns** :

homem/homens *homme(s)* ;

viagem/viagens *voyage(s).*

Pluriel des noms composés

On doit considérer plusieurs cas :

- verbe + nom. Le verbe ne change pas, le nom est au pluriel :

guarda-chuva/guarda-chuvas *parapluie(s)* ;

- nom + nom. Les deux noms changent au pluriel :

couve-flor/couves-flores *chou-fleur/choux-fleurs* ;

Si un des noms restreint l'autre, celui qui restreint ne change pas :
um navio-escola/dois navios escola *un bateau école/deux bateaux école*.

- nom + adjectif. Les deux mots sont au pluriel :
  guarda-nocturno/guardas-nocturnos *un/deux gardien(s) de nuit* ;
- si le nom composé intègre la préposition **de**, seul le nom avant la préposition change :
  chapéu-de-sol/chapéus-de-sol *parasol(s)*.

Le pluriel des noms composés est dans certains cas un terrain un peu instable dans la langue portugaise ; en cas de doute, la consultation d'un bon dictionnaire s'impose.

Prépositions contractées

Les prépositions **a**, **de**, **em**, **por** peuvent se contracter avec les articles (définis et indéfinis), certains pronoms personnels, pronoms et adjectifs démonstratifs, et certains adverbes de lieu qui les suivent, tous commencés par une voyelle :

	ARTICLES DÉFINIS	ARTICLES INDÉFINIS	DÉMONSTRATIFS	ADVERBES DE LIEU	PRONOMS
a	ao, à, aos, às		àquele, àquela, àqueles, àquelas, àquilo	aonde	
de	do, da, dos, das	dum, duma, duns, dumas	deste, desta, destes, disto, desse, dessa, desses, dessas, disso, daquele, daquela, daqueles, daquelas, daquilo	donde, daqui, dali, daí	dele, dela, deles, delas, dalguém, doutro, doutra, doutros, doutras, dalgum, dalguma, dalguns, dalgumas

	ARTICLES DÉFINIS	ARTICLES INDÉFINIS	DÉMONSTRATIFS	ADVERBES DE LIEU	PRONOMS
em (n-)	no, na, nos,nas	num, numa, nums, numas	neste, nesta, nestes, nestas, nisto, nesse, nessa, nesses, nessas, nisso naquele, naquela, naqueles, naquelas, naquilo		nele, nela, neles, nelas, noutro, noutra, noutros, noutras, nalgum, nalguma, nalguns, nalgumas
por (pel-)	pelo, pela, pelos, pelas				

Cette contraction ne peut pas se faire si ces mots font partie du sujet d'une proposition infinitive.

O facto de ele comer demasiado agravou a situação. *Le fait qu'il mange trop a aggravé la situation.*

Ponho a comida no frigorífico no caso de alguém querer comer. *Je mets la nourriture au frigo au cas ou quelqu'un voudrait manger.*

Les contractions présentées dans le tableau ne sont pas obligatoires, mais elles se font presque sans exceptions.

Prétérit parfait simple et prétérit parfait composé

Le prétérit parfait simple (**pretérito perfeito simples**) fait référence à une action (complètement) achevée dans le passé. En français, il se traduit par le passé simple ou le passé composé, selon l'éloignement dans le temps.

Eles chegaram domingo à tarde. *Ils sont arrivés (arrivèrent) dimanche après-midi.*

Eles encontraram a Carolina à saída do cinema. *Ils rencontrèrent (ont rencontré) Caroline à la sortie du cinéma.*

Le **pretérito perfeito composto** apporte des nuances : il situe une action ou un événement dans un passé proche ou éloigné mais qui est toujours en relation avec le moment présent.

Il a aussi souvent une valeur de durée ou de répétition. Il peut se traduire en français par un présent ou un passé composé, mais ces nuances-là doivent être précisées d'après le contexte :

Eles têm encontrado a Carolina à saída do cinema. *Ils ont souvent rencontré Caroline à la sortie du cinéma.*

Ultimamente, tenho trabalhado no romance que escrevo. *Actuellement, je travaille sur le roman que je suis en train d'écrire.*

Pronoms personnels

Pronoms personnels sujets

Les pronoms personnels remplacent les noms et indiquent les personnes du discours.

eu	**tu**	**você**	**ele**	**ela**
nós	**vós**	**vocês**	**eles**	**elas**

L'emploi du pronom personnel sujet n'est pas obligatoire. Une des caractéristiques de la langue portugaise est l'effacement du sujet, car dans la plupart du temps la terminaison verbale indique la personne.

escolho *je choisis;*

escolhem *ils (elles) choisissent.*

Son utilisation n'est pourtant pas ressentie comme une redondance.

L'emploi est cependant nécessaire pour éviter l'ambiguïté.

O director falou com o Pedro e comigo e quer que eu organise a reunião.
Le directeur nous a parlé à Pierre et à moi, il veut que j'organise la réunion.

L'absence de sujet créerait une ambiguïté.

En ce qui concerne l'usage de **vós**, voir Tutoiement et vouvoiement.

Pronoms personnels compléments d'objet direct

me	**te**	**o**	**a**
nos	**vos**	**os**	**as**

Contrairement à **vós**, limité à certaines régions et registres (voir Tutoiement et vouvoiement), **vos** est employé couramment en portugais et sert à effacer une possible ambiguïté :

Meninas, o director escolheu-as como representantes do liceu. [phrase ambiguë]

Meninas, o director escolheu-vos como representantes do liceu.
Les filles, le directeur vous a choisies comme représentantes du lycée.

Pronoms personnels compléments d'objet indirect

Sans préposition (atones)

me	**te**	**lhe**
nós	**vos**	**lhes**

Avec préposition (toniques)

mim	**ti**		**ele**	**ela**	**si**
nós	**vós**	**vocês**	**eles**	**elas**	

Ne pas confondre **nos, vos** (compléments direct ou indirects sans préposition) avec **nós, vós** (pronoms sujet et compléments indirects avec préposition).

Pronoms personnels compléments - place

En portugais du Portugal, ils sont placés, suivant les cas, avant le verbe (proclise), après le verbe (enclise) ou encore au milieu du verbe (cas du futur et du conditionnel).

1. En règle générale, ils sont placés après le verbe :

   Nós dissemos-lhe a verdade. *Nous lui avons dit la vérité.*

   Eles encontraram-se em frente ao cinema. *Ils se sont rencontrés en face du cinéma.*

   Ils sont reliés au verbe par un trait d'union :

   Ela piscou-lhe o olho. *Elle lui a fait un clin d'œil.*

   Si le verbe est à un temps composé, les pronoms viennent après l'auxiliaire :

   Eles tinham-se falado durante um mês. *Ils s'étaient parlés pendant un mois.*

   Si le pronom est complément d'un verbe modal + infinitif, le pronom vient, en règle générale, après l'infinitif :

   Pude pedir-lhe um autógrafo! *J'ai pu lui demander un autographe !*

2. Ils sont placés avant le verbe dans ces cas précis :

   - quand le verbe est précédé d'une forme négative :

     Nós não o encontrámos na biblioteca. *Nous ne l'avons pas rencontré dans la bibliothèque.*

     Nenhum livro me agradou. *Aucun bouquin ne m'a plu.*

   - quand le pronom complément se trouve dans une phrase subordonnée :

     Fiquei apaixonado quando a vi! *Je suis tombé amoureux quand je l'ai vue !*

     Damos-lhe o livro se a virmos! *Nous lui donnerons le livre si nous la voyons !*

   - quand le verbe est précédé d'un mot interrogatif ou exclamatif :

     Quem a viu hoje? *Qui l'a vue aujourd'hui ?*

     Como me sinto cansado, depois do jogo! *Qu'est-ce que je me sens fatigué après le match !*

   - quand le verbe est précédé d'un pronom ou adjectif indéfini :

     Alguém o ouviu cantar no espectáculo? *Quelqu'un l'a entendu chanter pendant le spectacle ?*

   - quand le verbe est précédé de ces adverbes ou locutions adverbiales : **ainda**, **apenas**, **até**, **bastante**, **bem**, **já**, **muitas vezes**, **quase**, **raramente**, **sempre**, **só**, **também**, **talvez**,... :

     Ainda me lembro do que me disseste. *Je me souviens encore de ce que tu m'as dit.*

     Raramente saio aos domingos. *Je sors rarement le dimanche.*

Pronoms personnels compléments – cas de « o, a, os, as » après le verbe

Quand les pronoms **o**, **a**, **os**, **as** suivent le verbe dont ils sont compléments, ils subissent quelques transformations si le verbe se termine :

- par un son nasal, alors une consonne nasale est ajoutée au début de ces pronoms :

  Viram-nas sair do recreio. *On les a vues sortir de la cour.*

Vão-no convidar a participar no debate. *Ils vont l'inviter à participer au débat.*

- par un **-s**, alors le **s** tombe et les pronoms prennent un **l** :

Tu rega-las de manha cedo. *Tu les arroses tôt le matin.*

- par un **-z** ou un **-r**, alors le **-z** et le **-r** tombent, en laissant un accent et les pronoms prennent un **-l** :

Ele fá-lo com rapidez. *Il le fait rapidement.*

Vou convidá-la. *Je vais l'inviter.*

Não posso vê-lo neste estado. *Je ne peux pas le voir dans cet état.*

Vamos pô-las na prateleira. *Nous allons les mettre sur l'étagère.*

Pronoms personnels compléments contractés

Quand deux pronoms personnels sont compléments d'objet d'un même verbe, ils se contractent en gardant toujours le même ordre (objet direct avant l'objet indirect) selon le tableau suivant :

me + o, a, os, as	mo, ma, mos, mas
te + o, a, os, as	to, ta, tos, tas
lhe/lhes + o, a	lho, lha, lhos, lhas

Ele emprestou-mos ontem. *Il me les a prêtés hier.*

Devolvi-lhos no dia seguinte. *Je les lui ai rendus le lendemain.*

Nos et **vos** peuvent se contracter aussi avec **o**, **a**, **os**, **as** dans les formes **no-lo**, **no-la**... et **vo-lo**, **vo-la**... ; cet usage est devenu assez rare.

Digo-vo-lo amanhã. *Je vous le dis demain.*

Répondre oui et non

Réponse affirmative

On peut répondre affirmativement par simple répétition du verbe :

Encontraste o livro? – Encontrei. *Tu as trouvé le livre? – Oui.*

Ides ao cinema? – Vamos. *Vous allez au cinéma? – Oui.*

On peut également employé simplement l'adverbe **sim**.

Sinon, on peut utiliser toute une série de formes renforcées en ayant recours à des répétitions ou à des adverbes :

Viste o Pedro? Vi./Vi, vi./Sim./Sim, sim./Vi, sim/Sim, vi./Vi, pois./Pois vi.

Réponse négative

On peut répondre négativement par un simple adverbe de négation, en règle générale **não** :

Comes queijo? – Não. *Tu manges du fromage? – Non.*

Vês televisão? – Nunca. *Tu regardes la télé? – Jamais.*

Comme pour les réponses affirmatives, il est possible aussi pour une réponse négative d'utiliser toute une série de formes renforcées :

Viste o Pedro? Não./Não, não./Não, não vi./Não vi, não.

Et on peut aussi marquer la négation avec **lá**. Après **não**, **lá** sert à amplifier encore la négation :

Podíamos ir à piscina... – Tenho lá tempo! *On pourrait aller à la piscine. – Je n'ai pas le temps !*

Sabes onde está a Carolina? – Sei lá. *Tu sais où est Carolina ? – Je n'en sais rien.*

Subjonctif

Le subjonctif est très utilisé en portugais aussi bien dans la langue écrite que dans la langue parlée. Il dépend de l'intention du locuteur. Celui-ci l'utilise pour exprimer une idée incertaine, douteuse, hypothétique, éventuelle, voire irréelle ou absurde.

Dans des propositions indépendantes

Dans des propositions indépendantes, il peut s'employer, pour exprimer un souhait ou une éventualité, après **talvez** (*peut-être*) placé avant le verbe ou **oxalá** (*pourvu que*) :

Talvez te diga afinal a verdade toda. *Je te dirai peut-être toute la vérité.*

Talvez tivéssemos sido injustos para com ele. *Peut-être avons-nous été injustes envers lui.*

Oxalá ela possa acabar tudo aquilo que tinha programado. *Pourvu qu'elle puisse terminer tout ce qu'elle avait programmé.*

Oxalá ele tivesse recebido a carta. *Pourvu qu'il ait reçu la lettre.*

Dans des propositions subordonnées

Le subjonctif est cependant surtout employé dans des propositions subordonnées complétives.

- Lorsqu'elles sont introduites par **que** et que le verbe de la principale exprime la volonté, le souhait, l'ordre :

Queremos que venhas connosco à festa. *Nous voulons que tu viennes avec nous à la fête.*

Espero que consigas terminar tudo a tempo. *J'espère que tu réussiras à tout terminer à temps.*

Disse-me que fosse falar com o director. *Il m'a dit d'aller parler au directeur.*

En français, avec « espérer que », on emploie l'indicatif.

- Lorsqu'elles sont situées après certains verbes à la forme négative : **achar** (*trouver*), **pensar** (*penser*), **julgar** (*croire, juger, trouver*), **crer** (*croire*) (exprimant ainsi le doute et l'incertitude) :

Ela não pensa que isso possa acontecer. *Elle ne pense pas que cela puisse arriver.*

Não creio que o exame seja fácil. *Je ne crois pas que l'examen soit facile.*

Nunca julguei que o acidente fosse tão grave. *Je n'ai jamais cru que l'accident soit (fût) si grave.*

Même avec **julgar** et **pensar** au passé, on peut utiliser le subjonctif (à la place du conditionnel) :

Pensei que já não viesses! *J'ai cru que tu ne viendrais plus !*

- Lorsqu'elles sont placées après certains verbes qui servent à exprimer une appréciation, des sentiments, la crainte :

  Receio que seja demasiado tarde para lhe telefonar. *Je crains qu'il ne soit trop tard pour l'appeler.*

  Lamento que tenhas perdido um anel tão bonito! *Je regrette que tu aies perdu une si belle bague !*

  Estou admirado que tenhas progredido tanto em português! *Je suis étonné que tu aies fait autant de progrès en portugais !*

- Et enfin, après quelques expressions impersonnelles :

  ser possível/impossível *être possible/impossible* ;

  ser bom/mau *être bien/pas bien* ;

  ser necessário *être nécessaire* ;

  ser preferível *être préférable* ;

  É possível que tenhas sorte! *Il se peut que tu aies de la chance !*

  É preferível que vistas o sobretudo. *Il vaut mieux que tu mettes le manteau.*

  É bom que consultes um médico. *Il est convenable que tu voies un médecin.*

dans les subordonnées relatives

On emploie aussi le subjonctif dans les subordonnées relatives lorsqu'elles sont :

- introduites par un pronom relatif et exprimant une hypothèse, une éventualité. L'antécédent est normalement une expression indéfinie et la proposition relative ajoute une idée de restriction :

  Procuramos alguém que saiba falar português. *On cherche quelqu'un qui sache parler portugais.*

- introduites par **quem, de quem, que, de que, quanto, quanta**,… et exprimant l'hypothèse, le doute ou l'incertitude dans le futur (voir futur du subjonctif) :

  Gravarei todos os discos que me emprestares. *J'enregistrerai tous les disques que tu me prêteras.*

  Quem quiser pode sair. *Ceux qui voudront pourront sortir.*

Dans les subordonnées conjonctives

Le portugais emploie aussi le subjonctif dans les subordonnées conjonctives qui expriment :

- la concession après : **embora, se bem que, por mais que, ainda que**,… (*quoique*) :

  Vou sair, se bem que esteja frio. *Je vais sortir, bien qu'il fasse froid.*

  Por mais que a Luísa se esforce, nunca conseguirá dançar como a Paula. *Luísa a beau faire des efforts, elle ne réussira jamais à danser comme Paula.*

- le temps lorsque l'événement est au futur (voir futur du subjonctif) :

Quando terminares os trabalhos de casa, podes ir ter com os teus amigos. *Tu peux rejoindre tes amis, lorsque tu auras terminé tes devoirs.*

- la fin :

  Ela emprestou-me algum dinheiro para que eu pudesse comprar um bolo. *Elle m'a prêté un peu d'argent pour que je puisse acheter un gâteau.*

- la condition (voir l'expression de la condition).

Tutoiement et vouvoiement

Tutoiement

Quand on s'adresse à une ou plusieurs personnes, entre familiers, amis ou proches, on emploie **tu** ou **vocês** (dans ce dernier cas, le verbe est à la 3ᵉ personne du pluriel). **Vocês** n'est pas un pronom mais en assume véritablement les fonctions.

Eh, malta, vocês sabem a última? *Hé, les gars, vous savez la dernière?*

Cependant, **vocês** peut coexister dans le nord du Portugal avec le pronom **vós**. Certains considèrent ce dernier comme un régionalisme, d'autres comme une variante cultivée ; il est néanmoins d'un usage vivace.

Présent dans la langue écrite soignée, le pronom **vós** appartient aussi au discours religieux ou politique.

Vós só dizeis disparates!/Vocês só dizem disparates! *Vous ne dites que des bêtises!*

Vouvoiement

Lorsqu'on s'adresse à une personne que l'on vouvoie, on emploie **você** (le verbe étant à la 3ᵉ personne du singulier). Il s'agit d'un vouvoiement familier entre personnes du même milieu socioculturel ou adressé, dans l'ordre hiérarchique, à un subordonné par son supérieur :

Carlos, você quer vir comigo ao teatro? *Carlos, vous voulez venir avec moi au théâtre?*

L'usage de **você** est considéré actuellement comme relevant d'un traitement peu élégant. De ce fait, bien des personnes n'apprécient guère d'être traitées par **você**. Leurs interlocuteurs utilisent donc d'autres formes, notamment le nom ou le prénom, ou encore **o senhor/a senhora**, **o(a) menino(a)** :

Senhor Gouveia, traga-me uma ficha de inscrição, por favor. *Monsieur Gouveia, apportez-moi un dossier d'inscription, s'il vous plaît.*

Tia Luísa, quer outro gelado? *Tante Luísa, vous voulez une autre glace?*

A menina Gisela já lavou as mãos? *Mademoiselle Gisela, vous êtes-vous déjà lavé les mains?*

On a recours aussi à la 3ᵉ personne du singulier ou du pluriel mais sans sujet :

Pode trazer-me uma salada de tomate? *Pouvez-vous m'apporter une salade de tomates?*

Desejam um bilhete de ida e volta ou uma ida simples? *Souhaitez-vous un billet aller/retour ou un aller simple?*

O Senhor pode dizer-me onde é a estação de caminho de ferro, por favor?
Pouvez-vous me dire où est la gare, s'il vous plaît?

Vossa(s) Excelência(s)/Excelentíssimo Senhor Presidente (le verbe étant toujours à la 3e personne du singulier ou du pluriel) sont des formules de politesse cérémonieuse utilisées dans des situations très protocolaires et dans les lettres officielles ou commerciales.

Conjugaisons des verbes portugais

	1 ter	2 ser
indicatif présent	eu tenho tu tens ele tem nós temos vós tendes eles têm	eu sou tu és ele é nós somos vós sois eles são
indicatif imparfait	eu tinha tu tinhas ele tinha nós tínhamos vós tínheis eles tinham	eu era tu eras ele era nós éramos vós éreis eles eram
indicatif parfait simple	eu tive tu tiveste ele teve nós tivemos vós tivestes eles tiveram	eu fui tu foste ele foi nós fomos vós fostes eles foram
indicatif parfait composé	eu tenho tido tu tens tido ele tem tido nós temos tido vós tendes tido eles têm tido	eu tenho sido tu tens sido ele tem sido nós temos sido vós tendes sido eles têm sido
indicatif plus-que-parfait	eu tinha tido tu tinhas tido ele tinha tido nós tínhamos tido vós tínheis tido eles tinham tido	eu tinha tido tu tinhas tido ele tinha tido nós tínhamos tido vós tínheis tido eles tinham tido
indicatif futur simple	eu terei tu terás ele terá nós teremos vós tereis eles terão	eu serei tu serás ele será nós seremos vós sereis eles serão
indicatif futur composé	eu terei tido tu terás tido ele terá tido nós teremos tido vós tereis tido eles terão tido	eu terei sido tu terás sido ele terá sido nós teremos sido vós tereis sido eles terão sido
conditionnel simple	eu teria tu terias ele teria nós teríamos vós teríeis eles teriam	eu seria tu serias ele seria nós seríamos vós seríeis eles seriam

	1 ter	2 ser
conditionnel composé	eu teria tido tu terias tido ele teria tido nós teríamos tido vós teríeis tido eles teriam tido	eu teria sido tu terias sido ele teria sido nós teríamos sido vós teríeis sido eles teriam sido
impératif affirmatif	tem tenha tenhamos tende tenham	sê seja sejamos sede sejam
impératif négatif	não tenhas não tenha não tenhamos não tenhais não tenham	não sejas não seja não sejamos não sejais não sejam
subjonctif présent	(que) eu tenha (que) tu tenhas (que) ele tenha (que) nós tenhamos (que) vós tenhais (que) eles tenham	(que) eu seja (que) tu sejas (que) ele seja (que) nós sejamos (que) vós sejais (que) eles sejam
subjonctif imparfait	(que) eu tivesse (que) tu tivesses (que) ele tivesse (que) nós tivéssemos (que) vós tivésseis (que) eles tivessem	(que) eu fosse (que) tu fosses (que) ele fosse (que) nós fôssemos (que) vós fôsseis (que) eles fossem
subjonctif parfait	(que) eu tenha tido (que) tu tenhas tido (que) ele tenha tido (que) nós tenhamos tido (que) vós tenhais tido (que) eles tenham tido	(que) eu tenha sido (que) tu tenhas sido (que) ele tenha sido (que) nós tenhamos sido (que) vós tenhais sido (que) eles tenham sido
subjonctif plus-que-parfait	(que) eu tivesse tido (que) tu tivesses tido (que) ele tivesse tido (que) nós tivéssemos tido (que) vós tivésseis tido (que) eles tivessem tido	(que) eu tivesse sido (que) tu tivesses sido (que) ele tivesse sido (que) nós tivéssemos sido (que) vós tivésseis sido (que) eles tivessem sido
subjonctif futur	(quando) eu tiver (quando) tu tiveres (quando) ele tiver (quando) nós tivermos (quando) vós tiverdes (quando) eles tiverem	(quando) eu for (quando) tu fores (quando) ele for (quando) nós formos (quando) vós fordes (quando) eles forem

	1 ter	2 ser
infinitif impersonnel composé	ter tido	ter sido
infinitif personnel simple	ter teres ter termos terdes terem	ser seres ser sermos serdes serem
infinitif personnel composé	ter tido teres tido ter tido termos tido terdes tido terem tido	ter sido teres sido ter sido termos sido terdes sido terem sido
gérondif simple	tendo	sendo
gérondif composé	tendo tido	tendo sido
participe	tido	sido

Les formes en gras signalent les transformations morpho-phonétiques subies par le verbe et par le pronom.

	3 andar	4 viver
indicatif présent	eu ando tu andas ele anda nós andamos vós andais eles andam	eu vivo tu vives ele vive nós vivemos vós viveis eles vivem
indicatif imparfait	eu andava tu andavas ele andava nós andávamos vós andáveis eles andavam	eu vivia tu vivias ele vivia nós vivíamos vós vivíeis eles viviam
indicatif parfait simple	eu andei tu andaste ele andou nós andámos vós andastes eles andaram	eu vivi tu viveste ele viveu nós vivemos vós vivestes eles viveram
indicatif parfait composé	eu tenho andado tu tens andado ele tem andado nós temos andado vós tendes andado eles têm andado	eu tenho vivido tu tens vivido ele tem vivido nós temos vivido vós tendes vivido eles têm vivido

	3 andar	4 viver
indicatif plus-que-parfait	eu tinha andado	eu tinha vivido
	tu tinhas andado	tu tinhas vivido
	ele tinha andado	ele tinha vivido
	nós tínhamos andado	nós tínhamos vivido
	vós tínheis andado	vós tínheis vivido
	eles tinham andado	eles tinham vivido
indicatif futur simple	eu andarei	eu viverei
	tu andarás	tu viverás
	ele andará	ele viverá
	nós andaremos	nós viveremos
	vós andareis	vós vivereis
	eles andarão	eles viverão
indicatif futur composé	eu terei andado	eu terei vivido
	tu terás andado	tu terás vivido
	ele terá andado	ele terá vivido
	nós teremos andado	nós teremos vivido
	vós tereis andado	vós tereis vivido
	eles terão andado	eles terão vivido
conditionnel simple	eu andaria	eu viveria
	tu andarias	tu viverias
	ele andaria	ele viveria
	nós andaríamos	nós viveríamos
	vós andaríeis	vós viveríeis
	eles andariam	eles viveriam
conditionnel composé	eu teria andado	eu teria vivido
	tu terias andado	tu terias vivido
	ele teria andado	ele teria vivido
	nós teríamos andado	nós teríamos vivido
	vós teríeis andado	vós teríeis vivido
	eles teriam andado	eles teriam vivido
impératif affirmatif	anda	vive
	ande	viva
	andemos	vivamos
	andai	vivei
	andem	vivam
impératif négatif	não andes	não vivas
	não ande	não viva
	não andemos	não vivamos
	não andeis	não vivais
	não andem	não vivam
subjonctif présent	(que) eu ande	(que) eu viva
	(que) tu andes	(que) tu vivas
	(que) ele ande	(que) ele viva
	(que) nós andemos	(que) nós vivamos
	(que) vós andeis	(que) vós vivais
	(que) eles andem	(que) eles vivam

	3 andar	4 viver
subjonctif imparfait	(que) eu andasse (que) tu andasses (que) ele andasse (que) nós andássemos (que) vós andásseis (que) eles andassem	(que) eu vivesse (que) tu vivesses (que) ele vivesse (que) nós vivêssemos (que) vós vivêsseis (que) eles vivessem
subjonctif parfait	(que) eu tenha andado (que) tu tenhas andado (que) ele tenha andado (que) nós tenhamos andado (que) vós tenhais andado (que) eles tenham andado	(que) eu tenha vivido (que) tu tenhas vivido (que) ele tenha vivido (que) nós tenhamos vivido (que) vós tenhais vivido (que) eles tenham vivido
subjonctif plus-que-parfait	(que) eu tivesse andado (que) tu tivesses andado (que) ele tivesse andado (que) nós tivéssemos andado (que) vós tivésseis andado (que) eles tivessem andado	(que) eu tivesse vivido (que) tu tivesses vivido (que) ele tivesse vivido (que) nós tivéssemos vivido (que) vós tivésseis vivido (que) eles tivessem vivido
subjonctif futur	(quando) eu andar (quando) tu andares (quando) ele andar (quando) nós andarmos (quando) vós andardes (quando) eles andarem	(quando) eu viver (quando) tu viveres (quando) ele viver (quando) nós vivermos (quando) vós viverdes (quando) eles viverem
infinitif impersonnel composé	ter andado	ter vivido
infinitif personnel	andar andares andar andarmos andardes andarem	viver viveres viver vivermos viverdes viverem
gérondif simple	andando	vivendo
gérondif composé	tendo andado	tendo vivido
participe	andado	vivido

5 partir

indicatif présent eu parto tu partes ele parte nós partimos vós partis eles partem	**indicatif imparfait** eu partia tu partias ele partia nós partíamos vós partíeis eles partiam
indicatif parfait simple eu parti tu partiste ele partiu nós partimos vós partistes eles partiram	**indicatif parfait composé** eu tenho partido tu tens partido ele tem partido nós temos partido vós tendes partido eles têm partido

5 partir

indicatif plus-que-parfait
eu tinha partido
tu tinhas partido
ele tinha partido
nós tínhamos partido
vós tínheis partido
eles tinham partido

indicatif futur simple
eu partirei
tu partirás
ele partirá
nós partiremos
vós partireis
eles partirão

indicatif futur composé
eu terei partido
tu terás partido
ele terá partido
nós teremos partido
vós tereis partido
eles terão partido

conditionnel simple
eu partiria
tu partirias
ele partiria
nós partiríamos
vós partiríeis
eles partiriam

conditionnel composé
eu teria partido
tu terias partido
ele teria partido
nós teríamos partido
vós teríeis partido
eles teriam partido

impératif affirmatif
parte
parta
partamos
parti
partam

impératif négatif
não partas
não parta
não partamos
não partais
não partam

subjonctif présent
(que) eu parta
(que) tu partas
(que) ele parta
(que) nós partamos
(que) vós partais
(que) eles partam

subjonctif imparfait
(que) eu partisse
(que) tu partisses
(que) ele partisse
(que) nós partíssemos
(que) vós partísseis
(que) eles partissem

subjonctif parfait
(que) eu tenha partido
(que) tu tenhas partido
(que) ele tenha partido
(que) nós tenhamos partido
(que) vós tenhais partido
(que) eles tenham partido

subjonctif plus-que-parfait
(que) eu tivesse partido
(que) tu tivesses partido
(que) ele tivesse partido
(que) nós tivéssemos partido
(que) vós tivésseis partido
(que) eles tivessem partido

subjonctif futur
(quando) eu partir
(quando) tu partires
(quando) ele partir
(quando) nós partirmos
(quando) vós partirdes
(quando) eles partirem

infinitif impersonnel composé
ter partido

infinitif personnel simple
partir
partires
partir
partirmos
partirdes
partirem

5 partir	
gérondif simple	**gérondif composé**
partindo	tendo partido
participe	
partido	

	6 prevenir	7 dormir	8 seguir
indicatif présent	eu previno	eu durmo	eu sigo
	tu prevines	tu dormes	tu segues
	ele previne	ele dorme	ele segue
	nós prevenimos	nós dormimos	nós seguimos
	vós prevenis	vós dormis	vós seguis
	eles previnem	eles dormem	eles seguem
impératif affirmatif	previne	dorme	segue
	previna	durma	siga
	previnamos	durmamos	sigamos
	preveni	dormi	segui
	previnam	durmam	sigam
impératif négatif	não previnas	não durmas	não sigas
	não previna	não durma	não siga
	não previnamos	não durmamos	não sigamos
	não previnais	não durmais	não sigais
	não previnam	não durmam	não sigam
subjonctif présent	(que) eu previna	(que) eu durma	(que) eu siga
	(que) tu previnas	(que) tu durmas	(que) tu sigas
	(que) ele previna	(que) ele durma	(que) ele siga
	(que) nós previnamos	(que) nós durmamos	(que) nós sigamos
	(que) vós previnais	(que) vós durmais	(que) vós sigais
	(que) eles previnam	(que) eles durmam	(que) eles sigam

Ainsi se conjuguent : *agredir, progredir, transgredir*
Ainsi se conjuguent : *cobrir, engolir, tossir*. Les *o* toniques sont ouverts.
Ainsi se conjuguent : *conseguir* et *prosseguir*.

	9 servir	10 subir
indicatif présent	eu sirvo	eu subo
	tu serves	tu sobes
	ele serve	ele sobe
	nós servimos	nós subimos
	vós servis	vós subis
	eles servem	eles sobem
impératif affirmatif	serve	sobe
	sirva	suba
	sirvamos	subamos
	servi	subi
	sirvam	subam
impératif négatif	não sirvas	não subas
	não sirva	não suba
	não sirvamos	não subamos
	não sirvais	não subais
	não sirvam	não subam

	9 servir	10 subir
subjonctif présent	(que) eu sirva	(que) eu suba
	(que) tu sirvas	(que) tu subas
	(que) ele sirva	(que) ele suba
	(que) nós sirvamos	(que) nós subamos
	(que) vós sirvais	(que) vós subais
	(que) eles sirvam	(que) eles subam

Ainsi se conjuguent : *sentir, mentir, vestir, repetir, sugerir*. Les *e* toniques sont ouverts.
Ainsi se conjuguent : *fugir, acudir, sacudir*. Les *o* toniques sont ouverts.

	11 passear	12 odiar	13 sair
indicatif présent	eu passeio	eu odeio	eu saio
	tu passeias	tu odeias	tu sais
	ele passeia	ele odeia	ele sai
	nós passeamos	nós odiamos	nós saímos
	vós passeais	vós odiais	vós saís
	eles passeiam	eles odeiam	eles saem
indicatif imparfait	eu passeava	eu odiava	eu saía
	tu passeavas	tu odiavas	tu saías
	ele passeava	ele odiava	ele saía
	nós passeávamos	nós odiávamos	nós saíamos
	vós passeáveis	vós odiáveis	vós saíeis
	eles passeavam	eles odiavam	eles saíam
indicatif parfait	eu passeei	eu odiei	eu saí
	tu passeaste	tu odiaste	tu saíste
	ele passeou	ele odiou	ele saiu
	nós passeámos	nós odiámos	nós saíamos
	vós passeastes	vós odiastes	vós saístes
	eles passearam	eles odiaram	eles saíram
impératif affirmatif	-	-	-
	passeia	odeia	sai
	passeie	odeie	saia
	passeemos	odiemos	saiamos
	passeai	odiai	saí
	passeiem	odeiem	saiam
impératif négatif	-	-	-
	não passeies	não passeies	não saias
	não passeie	não passeie	não saia
	não passeemos	não passeemos	não saiamos
	não passeeis	não passeeis	não saiais
	não passeiem	não passeiem	não saiam
subjonctif présent	(que) eu passeie	(que) eu odeie	(que) eu saia
	(que) tu passeies	(que) tu odeies	(que) tu saias
	(que) ele passeie	(que) ele odeie	(que) ele saia
	(que) nós passeemos	(que) nós odiemos	(que) nós saiamos
	(que) vós passeeis	(que) vós odieis	(que) vós saiais
	(que) eles passeiem	(que) eles odeiem	(que) eles saiam

	11 passear	12 odiar	13 sair
subjonctif imparfait	(que) eu passeasse	(que) eu odiasse	(que) eu saísse
	(que) tu passeasses	(que) tu odiasses	(que) tu saísses
	(que) ele passeasse	(que) ele odiasse	(que) ele saísse
	(que) nós passeássemos	(que) nós odiássemos	(que) nós saíssemos
	(que) vós passeásseis	(que) vós odiásseis	(que) vós saísseis
	(que) eles passeassem	(que) eles odiassem	(que) eles saíssem
subjonctif futur	(quando) eu passear	(quando) eu passear	(quando) eu sair
	(quando) tu passeares	(quando) tu passeares	(quando) tu saíres
	(quando) ele passear	(quando) ele passear	(quando) ele sair
	(quando) nós passearmos	(quando) nós passearmos	(quando) nós sairmos
	(quando) vós passeardes	(quando) vós passeardes	(quando) vós sairdes
	(quando) eles passearem	(quando) eles passearem	(quando) eles saírem

Quand le *e* qui précède la terminaison est tonique on ajoute un *i* entre les deux.
Les verbes en *-iar* sont généralement réguliers, mais *odiar, incendiar, ansiar* et *remediar* suivent le modèle de *passear*.
Ainsi se conjuguent : *cair, distrair, contrair*. Le *i* de la terminaison est maintenu dans toute la conjugaison, sauf à la 3ᵉ personne du pluriel du présent de l'indicatif.

14 diluir	
indicatif présent	**impératif affirmatif**
eu diluo	-
tu diluis	dilui
ele dilui	dilua
nós diluímos	diluamos
vós diluís	diluí
eles diluem	diluam
impératif négatif	**subjonctif présent**
-	(que) eu dilua
não diluas	(que) tu diluas
não dilua	(que) ele dilua
não diluamos	(que) nós diluamos
não diluais	(que) vós diluais
não diluam	(que) eles diluam

Ainsi se conjuguent : *concluir, influir, distribuir, retribuir*. Le *i* de la terminaison est maintenu à la 2ᵉ et 3ᵉ personnes du présent de l'indicatif et à la 2ᵉ personne de l'impératif.

	15 dar	16 estar	17 caber
indicatif présent	eu dou	eu estou	eu caibo
	tu dás	tu estás	tu cabes
	ele dá	ele está	ele cabe
	nós damos	nós estamos	nós cabemos
	vós dais	vós estais	vós cabeis
	eles dão	eles estão	eles cabem
indicatif imparfait	eu dava	eu estava	eu cabia
	tu davas	tu estavas	tu cabias
	ele dava	ele estava	ele cabia
	nós dávamos	nós estávamos	nós cabíamos
	vós dáveis	vós estáveis	vós cabíeis
	eles davam	eles estavam	eles cabiam

	15 dar	16 estar	17 caber
indicatif parfait	eu dei tu deste ele deu nós demos vós destes eles deram	eu estive tu estiveste ele esteve nós estivemos vós estivestes eles estiveram	eu coube tu coubeste ele coube nós coubemos vós coubestes eles couberam
impératif affirmatif	dá dê demos dai dêem	está esteja estejamos estai estejam	**inexistant**
impératif négatif	não dês não dê não demos não deis não dêem	não estejas não esteja não estejamos não estejais não estejam	**inexistant**
subjonctif présent	(que) eu dê (que) tu dês (que) ele dê (que) nós demos (que) vós deis (que) eles dêem	(que) eu esteja (que) tu estejas (que) ele esteja (que) nós estejamos (que) vós estejais (que) eles estejam	(que) eu caiba (que) tu caibas (que) ele caiba (que) nós caibamos (que) vós caibais (que) eles caibam
subjonctif imparfait	(que) eu desse (que) tu desses (que) ele desse (que) nós déssemos (que) vós désseis (que) eles dessem	(que) eu estivesse (que) tu estivesses (que) ele estivesse (que) nós estivéssemos (que) vós estivésseis (que) eles estivessem	(que) eu coubesse (que) tu coubesses (que) ele coubesse (que) nós coubéssemos (que) vós coubésseis (que) eles coubessem
subjonctif futur	(quando) eu der (quando) tu deres (quando) ele der (quando) nós dermos (quando) vós derdes (quando) eles derem	(quando) eu estiver (quando) tu estiveres (quando) ele estiver (quando) nós estivermos (quando) vós estiverdes (quando) eles estiverem	(quando) eu couber (quando) tu couberes (quando) ele couber (quando) nós coubermos (quando) vós couberdes (quando) eles couberem
infinitif personnel	dar dares dar darmos dardes darem	estar estares estar estarmos estardes estarem	caber caberes caber cabermos caberdes caberem
participe	dado	estado	cabido

	18 dizer	19 fazer	20 haver
indicatif présent	eu digo tu dizes ele diz nós dizemos vós dizeis eles dizem	eu faço tu fazes ele faz nós fazemos vós fazeis eles fazem	eu hei tu hás ele há nós havemos vós haveis eles hão

	18 dizer	19 fazer	20 haver
indicatif imparfait	eu dizia tu dizias ele dizia nós dizíamos vós dizíeis eles diziam	eu fazia tu fazias ele fazia nós fazíamos vós fazíeis eles faziam	eu havia tu havias ele havia nós havíamos vós havíeis eles haviam
indicatif parfait	eu disse tu disseste ele disse nós dissemos vós dissestes eles disseram	eu fiz tu fizeste ele fez nós fizemos vós fizestes eles fizeram	eu houve tu houveste ele houve nós houvemos vós houvestes eles houveram
indicatif parfait composé	eu tenho dito tu tens dito ele tem dito nós temos dito vós tendes dito eles têm dito	eu tenho feito tu tens feito ele tem feito nós temos feito vós tendes feito eles têm feito	eu tenho havido tu tens havido ele tem havido nós temos havido vós tendes havido eles têm havido
indicatif futur	eu direi tu dirás ele dirá nós diremos vós direis eles dirão	eu farei tu farás ele fará nós faremos vós fareis eles farão	eu houvera tu houveras ele houvera nós houvéramos vós houvéreis eles houveram
conditionnel	eu diria tu dirias ele diria nós diríamos vós diríeis eles diriam	eu faria tu farias ele faria nós faríamos vós faríeis eles fariam	eu haveria tu haverias ele haveria nós haveríamos vós haveríeis eles haveriam
subjonctif présent	(que) eu diga (que) tu digas (que) ele diga (que) nós digamos (que) vós digais (que) eles digam	(que) eu faça (que) tu faças (que) ele faça (que) nós façamos (que) vós façais (que) eles façam	(que) eu haja (que) tu hajas (que) ele haja (que) nós hajamos (que) vós hajais (que) eles hajam
subjonctif imparfait	(que) eu dissesse (que) tu dissesses (que) ele dissesse (que) nós disséssemos (que) vós dissésseis (que) eles dissessem	(que) eu fizesse (que) tu fizesses (que) ele fizesse (que) nós fizéssemos (que) vós fizésseis (que) eles fizessem	(que) houvesse
subjonctif plus-que-parfait	(que) eu tivesse dito (que) tu tivesses dito (que) ele tivesse dito (que) nós tivéssemos dito (que) vós tivésseis dito (que) eles tivessem dito	(que) eu tivesse feito (que) tu tivesses feito (que) ele tivesse feito (que) nós tivéssemos feito (que) vós tivésseis feito (que) eles tivessem feito	(que) tivesse havido

	18 dizer	19 fazer	20 haver
subjonctif futur	(quando) eu disser	(quando) eu fizer	(quando) eu houver
	(quando) tu disseres	(quando) tu fizeres	(quando) tu houveres
	(quando) ele disser	(quando) ele fizer	(quando) ele houver
	(quando) nós dissermos	(quando) nós fizermos	(quando) nós houvermos
	(quando) vós disserdes	(quando) vós fizerdes	(quando) vós houverdes
	(quando) eles disserem	(quando) eles fizerem	(quando) eles houverem

Le verbe *haver* au sens de *exister* est impersonnel et ne s'emploie qu'à la 3e personne du singulier. *Haver-de + infinitif* s'emploie presque exclusivement au présent et à l'imparfait de l'indicatif, et se conjugue à toutes les personnes

	21 ler	22 perder	23 poder
indicatif présent	eu leio	eu perco	eu posso
	tu lês	tu perdes	tu podes
	ele lê	ele perde	ele pode
	nós lemos	nós perdemos	nós podemos
	vós ledes	vós perdeis	vós podeis
	eles lêem	eles perdem	eles podem
indicatif imparfait	eu lia	eu perdia	eu podia
	tu lias	tu perdias	tu podías
	ele lia	ele perdía	ele podia
	nós líamos	nós perdíamos	nós podíamos
	vós líeis	vós perdíeis	vós podíeis
	eles liam	eles perdiam	eles podiam
indicatif parfait	eu li	eu perdi	eu pude
	tu leste	tu perdeste	tu pudeste
	ele leu	ele perdeu	ele pôde
	nós lemos	nós perdemos	nós pudemos
	vós lestes	vós perdestes	vós pudestes
	eles leram	eles perderam	eles puderam
impératif			inusité
impératif affirmatif	-	-	**inexistant**
	lê	perde	
	leia	perca	
	leiamos	percamos	
	lede	perdei	
	leiam	percam	
impératif négatif	-	-	**inexistant**
	não leias	não perca	
	não leia	não perca	
	não leiamos	não percamos	
	não leiais	não percais	
	não leiam	não percam	
subjonctif présent	(que) eu leia	(que) eu perca	(que) eu possa
	(que) tu leias	(que) tu percas	(que) tu possas
	(que) ele leia	(que) ele perca	(que) ele possa
	(que) nós leiamos	(que) nós percamos	(que) nós possamos
	(que) vós leiais	(que) vós percais	(que) vós possais
	(que) eles leiam	(que) eles percam	(que) eles possam

	21 ler	22 perder	23 poder
subjonctif imparfait	(que) eu lesse	(que) eu perdesse	(que) eu pudesse
	(que) tu lesses	(que) tu perdesses	(que) tu pudesses
	(que) ele lesse	(que) ele perdesse	(que) ele pudesse
	(que) nós lêssemos	(que) nós perdêssemos	(que) nós pudéssemos
	(que) vós lêsseis	(que) vós perdêsseis	(que) vós pudésseis
	(que) eles lessem	(que) eles perdessem	(que) eles pudessem
subjonctif futur	(quando) eu ler	(quando) eu perder	(quando) eu puder
	(quando) tu leres	(quando) tu perderes	(quando) tu puderes
	(quando) ele ler	(quando) ele perder	(quando) ele puder
	(quando) nós lermos	(quando) nós perdermos	(quando) nós pudermos
	(quando) vós lerdes	(quando) vós perderdes	(quando) vós puderdes
	(quando) eles lerem	(quando) eles perderem	(quando) eles puderem
infinitif personnel	ler	perder	poder
	leres	perderes	poderes
	ler	perder	poder
	lermos	perdermos	podermos
	lerdes	perderdes	poderdes
	lerem	perderem	poderem

	24 pôr	25 querer	26 saber
indicatif présent	eu ponho	eu quero	eu sei
	tu pões	tu queres	tu sabes
	ele põe	ele quer	ele sabe
	nós pomos	nós queremos	nós sabemos
	vós pondes	vós quereis	vós sabeis
	eles põem	eles querem	eles sabem
indicatif imparfait	eu punha	eu queria	eu sabia
	tu punhas	tu querias	tu sabias
	ele punha	ele queria	ele sabia
	nós púnhamos	nós queríamos	nós sabíamos
	vós púnheis	vós queríeis	vós sabíeis
	eles punham	eles queriam	eles sabiam
indicatif parfait	eu pus	eu quis	eu soube
	tu puseste	tu quiseste	tu soubeste
	ele pôs	ele quis	ele soube
	nós pusemos	nós quisemos	nós soubemos
	vós pusestes	vós quisestes	vós soubestes
	eles puseram	eles quiseram	eles souberam
impératif		inusité	
impératif affirmatif	-	-	-
	põe	quer	sabe
	ponha	queira	saiba
	ponhamos	queiramos	saibamos
	ponde	querei	sabei
	ponham	queiram	saibam

	24 pôr	25 querer	26 saber
impératif négatif	-	-	-
	não ponhas	não queiras	não saibas
	não ponha	não queira	não saiba
	não ponhamos	não queiramos	não saibamos
	não ponhais	não queirais	não saibais
	não ponham	não queiram	não saibam
subjonctif présent	(que) eu ponha	(que) eu queira	(que) eu saiba
	(que) tu ponhas	(que) tu queiras	(que) tu saibas
	(que) ele ponha	(que) ele queira	(que) ele saiba
	(que) nós ponhamos	(que) nós queiramos	(que) nós saibamos
	(que) vós ponhais	(que) vós queirais	(que) vós saibais
	(que) eles ponham	(que) eles queiram	(que) eles saibam
subjonctif imparfait	(que) eu pusesse	(que) eu quisesse	(que) eu soubesse
	(que) tu pusesses	(que) tu quisesses	(que) tu soubesses
	(que) ele pusesse	(que) ele quisesse	(que) ele soubesse
	(que) nós puséssemos	(que) nós quiséssemos	(que) nós soubéssemos
	(que) vós pusésseis	(que) vós quisésseis	(que) vós soubésseis
	(que) eles pusessem	(que) eles quisessem	(que) eles soubessem
subjonctif futur	(quando) eu puser	(quando) eu quiser	(quando) eu souber
	(quando) tu puseres	(quando) tu quiseres	(quando) tu souberes
	(quando) ele puser	(quando) ele quiser	(quando) ele souber
	(quando) nós pusermos	(quando) nós quisermos	(quando) nós soubermos
	(quando) vós puserdes	(quando) vós quiserdes	(quando) vós souberdes
	(quando) eles puserem	(quando) eles quiserem	(quando) eles souberem
infinitif personnel	pôr	querer	saber
	pores	quereres	saberes
	pôr	querer	saber
	pormos	querermos	sabermos
	pordes	quererdes	saberdes
	porem	quererem	saberem
participe	posto	querido	sabido

La 3e personne du singulier du présent de l'indicatif suivie des pronoms personnels compléments *o/a* s'écrit *quere-o/a*.

	27 trazer	28 ver	29 ir
indicatif présent	eu trago	eu vejo	eu vou
	tu trazes	tu vês	tu vais
	ele traz	ele vê	ele vai
	nós trazemos	nós vemos	nós vamos
	vós trazeis	vós vedes	vós ides
	eles trazem	eles vêem	eles vão
indicatif imparfait	eu trazia	eu via	eu ia
	tu trazias	tu vias	tu ias
	ele trazia	ele via	ele ia
	nós trazíamos	nós víamos	nós íamos
	vós trazíeis	vós víeis	vós íeis
	eles traziam	eles viam	eles iam

	27 trazer	28 ver	29 ir
indicatif parfait	eu trouxe	eu vi	eu fui
	tu trouxeste	tu viste	tu foste
	ele trouxe	ele viu	ele foi
	nós trouxemos	nós vimos	nós fomos
	vós trouxestes	vós vistes	vós fostes
	eles trouxeram	eles viram	eles foram
indicatif futur	eu trarei	eu verei	eu irei
	tu trarás	tu verás	tu irás
	ele trará	ele verá	ele irá
	nós traremos	nós veremos	nós iremos
	vós trareis	vós vereis	vós ireis
	eles trarão	eles verão	eles irão
impératif affirmatif	-	-	-
	traz	vai	vai
	traga	vá	vá
	tragamos	vamos	vamos
	trazei	ide	ide
	tragam	vão	vão
impératif négatif	-	-	-
	não tragas	não vás	não vás
	não traga	não vá	não vá
	não tragamos	não vamos	não vamos
	não tragais	não vades	não vades
	não tragam	não vão	não vão
subjonctif présent	(que) eu traga	(que) eu veja	(que) eu vá
	(que) tu tragas	(que) tu vejas	(que) tu vás
	(que) ele traga	(que) ele veja	(que) ele vá
	(que) nós tragamos	(que) nós vejamos	(que) nós vamos
	(que) vós tragais	(que) vós vejais	(que) vós vades
	(que) eles tragam	(que) eles vejam	(que) eles vão
subjonctif imparfait	(que) eu trouxesse	(que) eu visse	(que) eu fosse
	(que) tu trouxesses	(que) tu visses	(que) tu fosses
	(que) ele trouxesse	(que) ele visse	(que) ele fosse
	(que) nós trouxéssemos	(que) nós víssemos	(que) nós fôssemos
	(que) vós trouxésseis	(que) vós vísseis	(que) vós fôsseis
	(que) eles trouxessem	(que) eles vissem	(que) eles fossem
subjonctif futur	(quando) eu trouxer	(quando) eu vir	(quando) eu for
	(quando) tu trouxeres	(quando) tu vires	(quando) tu fores
	(quando) ele trouxer	(quando) ele vir	(quando) ele for
	(quando) nós trouxermos	(quando) nós virmos	(quando) nós formos
	(quando) vós trouxerdes	(quando) vós virdes	(quando) vós fordes
	(quando) eles trouxerem	(quando) eles virem	(quando) eles forem
participe	trazido	visto	ido

	30 ouvir	31 pedir	32 rir
indicatif présent	eu ouço	eu peço	eu rio
	tu ouves	tu pedes	tu ris
	ele ouve	ele pede	ele ri
	nós ouvimos	nós pedimos	nós rimos
	vós ouvis	vós pedis	vós rides
	eles ouvem	eles pedem	eles riem
impératif affirmatif	-	-	-
	ouve	pede	ri
	ouça	peça	ria
	ouçamos	peçamos	riamos
	ouvi	pedi	ride
	ouçam	peçam	riam
impératif négatif	-	-	-
	não ouças	não peças	não rias
	não ouça	não peça	não ria
	não ouçamos	não peçamos	não riamos
	não ouçais	não peçais	não riais
	não ouçam	não peçam	não riam
subjonctif présent	(que) eu ouça	(que) eu peça	(que) eu ria
	(que) tu ouças	(que) tu peças	(que) tu rías
	(que) ele ouça	(que) ele peça	(que) ele ria
	(que) nós ouçamos	(que) nós peçamos	(que) nós riamos
	(que) vós ouçais	(que) vós peçais	(que) vós riais
	(que) eles ouçam	(que) eles peçam	(que) eles riam
participe	ouvido	pedido	rido

33 vir	
indicatif présent	**indicatif imparfait**
eu venho	eu vinha
tu vens	tu vinhas
ele vem	ele vinha
nós vimos	nós vínhamos
vós vindes	vós vínheis
eles vêm	eles vinham
indicatif parfait	**impératif affirmatif**
eu vim	vem
tu vieste	venha
ele veio	venhamos
nós viemos	vinde
vós viestes	venham
eles vieram	

33 vir

impératif négatif	**subjonctif présent**
não venhas	(que) eu venha
não venha	(que) tu venhas
não venhamos	(que) ele venha
não venhais	(que) nós venhamos
não venham	(que) vós venhais
	(que) eles venham
subjonctif imparfait	**subjonctif futur**
(que) eu viesse	(quando) eu vier
(que) tu viesses	(quando) tu vieres
(que) ele viesse	(quando) ele vier
(que) nós viéssemos	(quando) nós viermos
(que) vós viésseis	(quando) vós vierdes
(que) eles viessem	(quando) eles vierem
participe	
vindo	

Ganhar, Gastar, Pagar, Escrever, Abrir, Cobrir. Ces verbes ne sont irréguliers qu'au participe : *ganho, gasto, pago, escrito, aberto, coberto.*

34 levar + o

indicatif présent	
eu levo-o	eu o levo
tu leva-lo	tu o levas
ele leva-o	ele o leva
nós levamo-lo	nós o levamos
vós levai-lo	vós o levais
eles levam-no	eles o levam
indicatif parfait composé	
eu tenho-o levado	eu o tenho levado
tu tem-lo levado	tu o tens levado
ele tem-no levado	ele o tem levado
nós temo-lo levado	nós o temos levado
vós tende-lo levado	vós o tendes levado
eles têm-no levado	eles o têm levado
indicatif futur	
eu levá-lo-ei	eu o levarei
tu levá-lo-ás	tu o levarás
ele levá-lo-á	ele o levará
nós levá-lo-emos	nós o levaremos
vós levá-lo-eis	vós o levareis
eles levá-lo-ão	eles o levarão
conditionnel	
eu levá-lo-ia	eu o levaria
tu levá-lo-ias	tu o levarias
ele levá-lo-ia	ele o levaria
nós levá-lo-íamos	nós o levaríamos
vós levá-lo-íeis	vós o levaríeis
eles levá-lo-iam	eles o levariam

34 levar + o

impératif affirmatif	**impératif négatif**
leva-o	não o leves
leve-o	não o leve
levemo-lo	não o levemos
levai-o	não o leveis
levem-no	não o levem
infinitif impersonnel simple	
levá-lo	o levar
infinitif impersonnel composé	
tê-lo levado	o ter levado
infinitif personnel	
levá-lo	o levar
levare-lo	o levares
levá-lo	o levar
levarmo-lo	o levarmos
levarde-lo	o levardes
levarem-**no**	o levarem
gérondif simple	**gérondif composé**
levando-o	tendo-o levado
o levando	o tendo levado

Les formes en gras signalent les transformations morpho-phonétiques subies par le verbe et par le pronom.

35 lavar-se

indicatif présent	
eu lavo-me	eu me lavo
tu lavas-te	tu te lavas
ele lava-se	ele se lava
nós **lavamo**-nos	nós nos lavamos
vós **lavai**-vos	vós vos lavais
eles lavam-se	eles se lavam
indicatif parfait composé	
eu tenho-me lavado	eu me tenho lavado
tu tens-te lavado	tu te tens lavado
ele tem-se lavado	ele se tem lavado
nós **temo**-nos lavado	nós nos temos lavado
vós **tende**-vos lavado	vós vos tendes lavado
eles têm-se lavado	eles se têm lavado
indicatif futur	
eu **lavar-me-ei**	eu me lavarei
tu **lavar-te-ás**	tu te lavarás
ele **lavar-se-á**	ele se lavará
nós **lavar-nos-emos**	nós nos lavaremos
vós **lavar-vos-eis**	vós vos lavareis
eles **lavar-se-ão**	eles se lavarão

35 lavar-se

infinitif personnel

lavar-me	me lavar
lavares-te	te lavares
lavar-se	se lavar
lavarmo-nos	nos lavarmos
lavarde-vos	vos lavardes
lavarem-se	se lavarem

36 ser pago

indicatif présent	**indicatif imparfait**
eu sou pago/a	eu era pago/a
tu és pago/a	tu eras pago/a
ele é pago/a	ele era pago/a
nós somos pagos/as	nós éramos pagos/as
vós sois pagos/as	vós éreis pagos/as
eles são pagos/as	eles eram pagos/as

indicatif parfait composé

eu tenho sido pago/a
tu tens sido pago/a
ele tem sido pago/a
nós temos sido pagos/as
vós tendes sido pagos/as
eles têm sido pagos/as

Le participe passé s'accorde en genre et en nombre avec le sujet du verbe.

Guide de communication

Au Portugal

La politesse

Arriver

bom dia (le matin) / boa tarde (l'après-midi)
bonjour

boa noite
bonsoir

olá! / viva!
salut!

olá pessoal!
salut la compagnie!

como estás? / como está?
comment vas-tu? / comment allez-vous?

(muito) bem, obrigado(a)
(très) bien, merci

e tu?
et toi?

(bem,) e você? / (bem,) e o (a) senhor(a)?
(bien,) et vous?

tudo bem?
ça va? sans attendre de réponse

Prendre congé

adeus
au revoir

tchau!
salut

até logo
à tout à l'heure

até breve
à bientôt

até à vista
à plus

até à próxima
à un de ces jours

boa noite
bonsoir

boa noite
bonne nuit

desejo-lhe uma boa viagem
je vous souhaite un bon voyage

foi um prazer conhecê-lo(a)
heureux d'avoir fait votre connaissance

vou ter que o(s) / a(s) deixar
je vais devoir vous laisser

os meus cumprimentos a ...
mes amitiés à ...

boa continuação
bonne continuation

Se présenter

chamo-me Pierre
je m'appelle Pierre

sou francês / francesa
je suis français / française

sou de Paris
je viens de Paris

olá, sou o Marc
salut, moi c'est Marc

apresento-me, chamo-me Lola
je me présente, je m'appelle Lola

acho que não nos conhecemos
je ne crois pas que nous nous connaissions

Présenter quelqu'un

apresento-lhe o Sr Durand
je vous présente M. Durand

muito prazer
enchanté(e)

muito prazer em conhecê-lo
ravi de vous connaître / faire votre connaissance

espero que tenha(m) feito uma boa viagem
j'espère que vous avez fait bon voyage

bem vindo(a)
bienvenue

vou fazer as apresentações : ...
je vais faire les présentations : ...

Remercier

(muito) obrigado(a)
merci (beaucoup)

obrigado(a), igualmente
merci, vous de même

agradeço-lhe a sua ajuda
je vous remercie de votre aide

obrigado(a) pela maneira simpática como me recebeu
je vous remercie de votre chaleureux accueil

muito obrigado(a) por tudo
un grand merci pour tout

não sei como hei de agradecê-lo(a)
je ne sais comment vous remercier

não tem de quê
il n'y a pas de quoi

de nada
de rien

por amor de Deus !
je t'en/vous en prie

S'excuser

desculpe
excusez-moi

desculpe / com licença
pardon

sinto muito / tenho muita pena
je suis (vraiment) désolé

desculpe
désolé(e)

desculpe o atraso
je suis désolé(e) d'être en retard

desculpe incomodá-lo(a)
je suis désolé(e) de vous déranger

creio que vou ter de anular o encontro
j'ai bien peur de devoir annuler le rendez-vous

não tem importância
ce n'est pas grave

não faz mal
ça ne fait rien

está esquecido
c'est oublié

não falemos mais disso
n'en parlons plus

não tem de pedir desculpas
ne vous excusez pas

Vœux et salutations

boa sorte!
bonne chance!

diverte-te bem!
amuse-toi bien!

bom apetite!
bon appétit!

feliz aniversário! / parabéns!
bon anniversaire!

boa Páscoa!
joyeuses Pâques!

feliz Natal!
joyeux Noël!

bom ano!
bonne année!

bom fim de semana!
bon week-end!

boas férias!
bonnes vacances!

boas festas! / muitas felicidades!
meilleurs vœux!

passa um bom dia!
passe une bonne journée!

(à sua) saúde!
(à votre) santé!

parabéns!
félicitations!

À l'office du tourisme

Tem uma planta da cidade?
Avez-vous un plan de la ville?

Queria um plano dos transportes públicos com os horários.
Je voudrais un plan des transports en commun avec les horaires.

Há um autocarro nocturno?
Est-ce qu'il y a un bus de nuit?

Tem uma lista das pousadas da juventude / dos parques de campismo da região?
Avez-vous une liste des auberges de jeunessse / des campings de la région?

Tem um guia dos restaurantes da cidade?
Avez-vous un guide des restaurants de la ville?

Tem um programa dos espectáculos?
Auriez-vous un programme des spectacles?

Procuro um hotel que não fosse muito caro.
Je cherche un hôtel pas trop cher.

Pode recomendar-me um hotel perto do centro?
Pouvez-vous me recommander un hôtel près du centre?

Pode aconselhar-nos um lugar para sair à noite?
Pouvez-vous nous conseiller un endroit pour sortir le soir?

A que horas abrem os museus?
Quels sont les horaires d'ouverture des musées?

Há visitas guiadas?
Y a-t-il des visites guidées?

Onde é que se pode alugar uma scooter / um carro?
Où peut-on louer un scooter / une voiture?

Parler du temps

hoje está muito bom tempo
il fait très beau aujourd'hui

está bom tempo
il fait beau

não está bom tempo
il ne fait pas beau

está sol
il y a du soleil

está a chover
il pleut

está a nevar
il neige

o céu está encoberto
le ciel est couvert

anunciam chuva para amanhã
on annonce de la pluie pour demain

que tempo fraco!
quel temps épouvantable!

está (muito) calor / frio
il fait (très) chaud / froid

que tempo está?
quel temps fait-il?

o tempo está húmido
le temps est humide

o tempo está muito abafado
le temps est très lourd

pensa que as temperaturas vão aumentar?
pensez-vous que les températures vont remonter?

qual é a temperatura nesta época?
quelle est la température en cette saison?

é preciso prever agasalhos?
faut-il prévoir des vêtements chauds?

qual é a melhor época para ir a ...?
quelle est la meilleure saison pour se rendre à ...?

em que meses é que chove mais?
quels sont les mois les plus pluvieux?

podem-se tomar banhos de mar nesta época de ano?
peut-on se baigner à cette époque de l'année?

espero que o tempo vai mudar!
j'espère que le temps va changer!

Exprimer des préférences

isso agrada-me
ça me plaît

isso não me agrada
ça ne me plaît pas

sim, com muito gosto
oui, volontiers

é engraçado
c'est amusant

acho-o / a muito simpático(a)
je le / la trouve très sympathique

a visita guiada é muito interessante
la visite guidée est très intéressante

não obrigado(a)
non merci

quer vir ao parque connosco?
cela vous dirait-il de venir au parc avec nous?

não estou de acordo
je ne suis pas d'accord

estou completamente de acordo consigo
je suis totalement de votre avis

preferia outra coisa
je préférerais quelque chose d'autre

adoro a vela
j'adore la voile

na minha opinião, ...
à mon avis, ...

no que me diz respeito, ...
en ce qui me concerne, ...

Au téléphone

está lá ? (personne qui appelle)
allô !

daqui o Jean Martin
Jean Martin à l'appareil

queria falar com a Isabel Santos
je voudrais parler à Isabel Santos

estou a ligar da parte da Sra Santos
j'appelle de la part de Mme Santos

volto a chamar / ligar daqui a dez minutos
je rappellerai dans dix minutes

prefiro esperar
je préfère patienter

posso deixar-lhe um recado ?
puis-je lui laisser un message ?

desculpe, devo ter feito um número errado
excusez-moi, j'ai dû faire un mauvais numéro

quem fala ?
qui est à l'appareil ?

não desligue, vou passá-lo
ne quittez pas, je vous le passe

pode ligar daqui a uma hora ?
pouvez-vous rappeler dans une heure ?

(ela) saiu
elle est sortie

(ela) está ausente até amanhã
elle est absente jusqu'à demain

deve ser um engano
je pense que vous faites erreur

L'hébergement

À l'hôtel

Ainda têm quartos para esta noite?
Vous reste-t-il des chambres pour la nuit?

Pode aconselhar-nos outro hotel?
Pourriez-vous nous conseiller un autre hôtel?

Propõem estadias com meia-pensão / pensão completa?
Faites-vous la demi-pension / la pension complète ?

Qual é a sua tabela de preços?
Quels sont vos tarifs?

Queríamos um quarto duplo / dois quartos simples para esta noite.
Nous voudrions une chambre double / deux chambres simples pour la nuit.

Queria um quarto com casa de banho /com banheira.
Je voudrais une chambre avec douche / avec baignoire.

Queria um quarto sossegado / com vista sobre o mar.
J'aimerais une chambre tranquille / avec vue sur la mer.

Pensamos ficar três noites.
Nous pensons rester trois nuits.

Queríamos ficar uma noite suplementar.
Nous aimerions rester une nuit supplémentaire.

Fazem reduções para os jovens / os grupos?
Y a-t-il une réduction pour les jeunes / les groupes?

Fiz uma reserva no nome de Pignon por telefone / pela Internet.
J'ai réservé une chambre au nom de Pignon par téléphone / par Internet.

Reservámos um quarto para duas noites.
Nous avons réservé une chambre pour deux nuits.

Há um elevador?
Est-ce qu'il y a un ascenseur?

Pode mandar subir as minhas bagagens?
Est-ce que vous pourriez faire monter mes bagages?

Tem um cofre para guardar os objectos de valor?
Avez-vous un coffre pour déposer les objets de valeur?

Há um parque de estacionamento reservado aos clientes do hotel?
Y a-t-il un parking réservé aux clients de l'hôtel?

Pode acordar-me amanhã às sete horas?
Pourriez-vous me réveiller demain à sept heures?

A que horas servem o pequeno almoço?
À quelle heure le petit déjeuner est-il servi?

Pode servir-me o pequeno almoço no quarto?
Pouvez-vous me servir le petit déjeuner dans la chambre ?

A chave do quarto 121, se faz favor.
La clé de la chambre 121, s'il vous plaît.

Há mensagens para mim?
Est-ce qu'il y a des messages pour moi?

O ar condicionado / a televisão não funciona.
L'air conditionné / la télévision ne marche pas.

Não há luz na casa de banho.
Il n'y a pas de lumière dans la salle de bains.

Posso ter um cobertor suplementar?
Est-il possible d'avoir une couverture supplémentaire?

Vou embora amanhã. Pode preparar-me a conta, se faz favor?
Je pars demain. Pouvez-vous préparer ma note, s'il vous plaît?

À l'auberge de jeunesse

Aqui está o meu cartão de aderente às pousadas da juventude.
Voici ma carte d'adhérent des auberges de jeunesse.

Têm quartos duplos / para quatro pessoas?
Avez-vous des chambres doubles / pour quatre personnes?

Só têm dormitórios?
Vous n'avez que des dortoirs?

Os quartos são mistos?
Les chambres sont-elles mixtes?

Qual é o preço duma noite num dormitório?
Quel est le prix d'une nuit en dortoir?

O pequeno almoço está incluído?
Le petit déjeuner est-il compris?

Tem uma cozinha equipada para preparar as refeições?
Y a-t-il une cuisine équipée pour préparer les repas?

Há um cacifo?
Y a-t-il une consigne automatique?

Há uma lavandaria automática?
Y a-t-il une laverie automatique?

Há um recolher obrigatório? ou Pode-se entrar à qualquer hora da noite?
Est-ce qu'il y a un couvre-feu?

A que horas devemos devolver o quarto?
À quelle heure faut-il libérer les chambres?

É possível ter toalhas de banho?
Est-il possible d'avoir des serviettes de toilette?

Au camping

Ainda tem lugares livres?
Vous reste-il des emplacements libres?

Quanto é que custa um lugar para uma tenda e duas pessoas?
Combien coûte un emplacement pour une tente et deux personnes?

Queríamos um lugar para duas tendas e um carro.
Nous voudrions un emplacement pour deux tentes et une voiture.

Pode-se alugar uma tenda?
Est-il possible de louer une tente?

Alugam sacos-cama?
Est-ce que vous louez des sacs de couchage?

Onde é a casa de banho?
Où se trouvent les sanitaires?

O parque de campismo propõe actividades?
Le camping propose-t-il des activités?

Há uma discoteca no parque de campismo?
Est-ce qu'il y a une discothèque dans le camping?

Se renseigner en ville

Pode ajudar-me? Acho que me perdi.
Pourriez-vous m'aider? Je crois que je me suis perdu.

Pode indicar-me aqui na planta onde nos encontramos?
Pourriez-vous m'indiquer où nous sommes sur le plan?

Pode indicar-me a direcção da estação, se faz favor?
Pouvez-vous m'indiquer la direction de la gare, s'il vous plaît?

Como (é que) se vai para o periférico?
Comment rejoint-on le périphérique?

Vou bem para o centro da cidade?
Est-ce bien la direction du centre-ville?

Desculpe, procuro a esquadra.
Excusez-moi, je cherche le commissariat.

Desculpe, procuro o museu de Arte moderna.
Excusez-moi, je cherche le musée d'Art moderne.

É longe? Pode-se ir a pé?
C'est loin? Peut-on y aller à pied?

De carro é longe?
Est-ce que c'est loin en voiture?

É preciso ir de autocarro / de metro?
Faut-il prendre le bus / le métro?

Há uma paragem de autocarro perto daqui?
Y a-t-il un arrêt de bus à proximité?

Onde é a estação de metro / a praça de táxis / a farmácia mais próxima?
Où est la station de métro / la station de taxis / la pharmacie la plus proche?

Onde é o hospital mais próximo?
Où se trouve l'hôpital le plus proche?

Pode acompanhar-me às urgências?
Pouvez-vous m'accompagner aux urgences?

Vous entendrez

Para a ir à estação, é a primeira à direita.
Pour aller à la gare, prenez la première à droite.

É sempre em frente.
C'est toujours tout droit.

Enganou-se de direcção. Tem que dar meia-volta.
Vous avez pris la mauvaise direction. Vous devez faire demi-tour.

É um pouco longe a pé, é melhor ir de autocarro.
C'est un peu loin à pied, je vous conseille d'y aller en bus.

É preciso apanhar a linha B do metro e sair no término.
Il faut prendre le métro, ligne B, et descendre au terminus.

Les transports en commun

Prendre le bus

Onde se pode comprar os bilhetes?
Où peut-on acheter les tickets?

Pode-se comprar os bilhetes ao motorista?
Peut-on acheter les tickets au chauffeur du bus?

Dois bilhetes para a estação, se faz favor.
Deux tickets pour la gare, s'il vous plaît.

Qual é o autocarro que vai até o aeroporto?
Quel bus faut-il prendre pour aller à l'aéroport?

Desculpe, onde é a paragem do autocarro 20?
Excusez-moi, où se trouve l'arrêt du 20?

Quando é que passa o autocarro 48?
Dans combien de temps passe le 48?

Este autocarro vai ao museu arqueológico?
Est-ce que ce bus va au musée archéologique?

Pode dizer-me quando devo apear-me?
Pourrez-vous me prévenir quand je devrai descendre?

Chegámos ao término?
Nous sommes arrivés au terminus?

Prendre le train

A que horas parte o próximo comboio para o Porto?
À quelle heure part le prochain train pour Porto?

Há um comboio mais cedo / tarde?
Y a-t-il un train plus tôt / tard?

Posso comprar o bilhete no comboio?
Est-ce que je peux acheter le billet dans le train?

Uma ida para o Porto, se faz favor.
Un aller simple pour Porto, s'il vous plaît.

Uma ida e volta para Lisboa, se faz favor.
Un aller-retour pour Lisbonne, s'il vous plaît.

É preciso mudar de linha?
Est-ce qu'il y a un changement?

Há uma redução para os jovens / os grupos?
Est-ce qu'il y a une réduction pour les jeunes / les groupes ?

Há algum lugar para depositar a bagagem / as malas?
Y a-t-il une consigne pour les bagages ?

Queria reservar dois lugares em primeira / segunda classe para Coimbra.
Je voudrais réserver deux places en première / seconde classe pour Coimbra.

Queria viajar num comboio com camas.
Je voudrais voyager en train couchettes.

Onde posso validar o meu bilhete?
Où puis-je composter mon billet ?

De onde partem os comboios dos subúrbios?
De quels quais partent les trains de banlieue ?

Desculpe, este lugar está livre?
Excusez-moi, est-ce que cette place est libre ?

Desculpe, acho que está sentado no meu lugar.
Excusez-moi, je crois que vous êtes assis à ma place.

Pode dizer-me quando chegarmos à Lisboa?
Pourrez-vous m'avertir quand nous serons arrivés à Lisbonne ?

Há um bar / um restaurante no comboio?
Y a-t-il un bar / une voiture restaurant dans le train ?

Perdi a correspondência.
J'ai raté ma correspondance.

Há uma correspondência para Coimbra?
Y a-t-il une correspondance pour Coimbra ?

Prendre l'avion

Onde é o balcão da Air France, se faz favor?
Où est le guichet Air France, s'il vous plaît ?

A que horas é o próximo voo para Toulouse?
À quelle heure est le prochain vol pour Toulouse ?

Quanto custa o bilhete de ida e volta para Paris?
Combien coûte un billet aller-retour pour Paris ?

Queria reservar uma ida para Nice.
Je voudrais réserver un aller simple pour Nice.

Ponha-me em lista de espera, se faz favor.
Mettez-moi en liste d'attente, s'il vous plaît.

Tenho uma reserva para o voo de Paris que parte às nove horas.
J'ai une réservation sur le vol pour Paris, qui part à 9 heures.

Queria um lugar do lado do corredor / da janela.
Je voudrais une place côté couloir / côté hublot.

É servida alguma refeição no avião?
Un repas est-il servi dans l'avion?

Onde posso fazer o check in?
Où devons-nous enregistrer nos bagages?

Pode dizer-me onde é a porta 27?
Pouvez-vous me dire où se trouve la porte 27?

Perdi a correspondência para Faro.
J'ai raté ma correspondance pour Faro.

As minhas bagagens não chegaram.
Mes bagages ne sont pas arrivés.

Desculpe, procuro um carrinho para as minhas bagagens.
Excusez-moi, je cherche un chariot pour mes bagages.

Onde são os autocarros / comboios para ir ao centro da cidade / à estação?
Où se trouvent les bus / trains pour se rendre au centre-ville / à la gare centrale?

D'autres phrases utiles

Tem uma planta do metro, se faz favor?
Auriez-vous un plan de métro, s'il vous plaît?

Onde devo mudar de estação para apanhar a linha A?
Où dois-je changer pour prendre la ligne A?

Queria um bilhete / módulo, se faz favor.
Je voudrais un ticket / un carnet de tickets, s'il vous plaît.

Queria um bilhete diário / semanal / mensal, se faz favor.
Je voudrais un ticket pour la journée / hebdomadaire / mensuel, s'il vous plaît.

É preciso validar o bilhete?
Faut-il que je composte mon billet?

Prendre un taxi

Pode chamar-me um táxi?
Pourriez-vous m'appeler un taxi?

Queria reservar um táxi para as oito horas.
Je voudrais réserver un taxi pour huit heures.

Quanto custa um táxi daqui até ao centro da cidade?
Combien coûte un taxi d'ici au centre-ville ?

É preciso pagar um suplemento para as bagagens?
Doit-on payer un supplément pour les bagages ?

Quanto tempo leva para ir ao aeroporto?
Combien de temps met-on pour aller à l'aéroport ?

Posso sentar-me à frente?
Je peux monter devant ?

Para esta morada, se faz favor.
Conduisez-moi à cette adresse, s'il vous plaît.

Para a estação / o aeroporto, se faz favor.
À la gare centrale / à l'aéroport, s'il vous plaît.

Pare aqui / no semáforo / à esquina da rua.
Arrêtez-vous ici / au feu / au coin de la rue.

Quanto é, se faz favor?
Combien je vous dois ?

Pode guardar o troco.
Vous pouvez garder la monnaie.

En voiture / en scooter

Louer un véhicule

Queria alugar um carro / uma scooter por uma semana.
Je voudrais louer une voiture / un scooter pour une semaine.

Quanto custa por dia / por semana?
Quel est le tarif pour une journée / pour une semaine ?

Quanto custa o seguro contra todos os riscos?
Combien coûte l'assurance tous risques ?

A quilometragem é ilimitada?
Le kilométrage est-il illimité ?

Posso entregar o carro / a scooter no aeroporto?
Est-ce que je peux rendre la voiture / le scooter à l'aéroport ?

Posso pegar no carro em Lisboa e entregá-lo no Porto?
Puis-je prendre le véhicule à Lisbonne et le rendre à Porto ?

O depósito está atestado *ou* cheio?
Est-ce que le réservoir est plein ?

Tenho de atestar / encher o depósito antes de entregar o carro / a scooter?
Dois-je faire le plein avant de rendre la voiture / le scooter ?

Circuler en voiture / en scooter

Há um parque de estacionamento aqui perto?
Y a-t-il un parking près d'ici ?

Posso estacionar aqui?
Est-ce que je peux stationner ici ?

Fiquei sem gasolina.
Je suis en panne d'essence.

Podia-me dizer onde fica uma bomba de gasolina?
Je cherche une station-service.

Tive um furo.
J'ai crevé.

Onde fica a garagem mais perto?
Où se trouve le garage le plus proche ?

Pode vir buscar o meu carro que está avariado?
Pouvez-vous nous envoyer une dépanneuse ?

Podia-me rebocar o carro até uma garagem?
Pourriez-vous me remorquer jusqu'à un garage ?

Vous entendrez

É proibido estacionar aqui.
Il est interdit de stationner ici.

Nesta rua o estacionamento é pago.
Dans cette rue le stationnement est payant.

Os documentos da viatura, por favor.
Les papiers du véhicule, s'il vous plaît.

Dans une station-service

Era para atestar, por favor. *ou* Encha o depósito, se faz favor.
Le plein, s'il vous plaît.

Qual é o preço da gasolina?
Quel est le prix de l'essence ?

Queria medir / verificar a pressão dos pneus.
Je voudrais vérifier la pression des pneus.

Chez le garagiste

A bateria está descarregada.
La batterie est à plat.

O motor faz um barulho esquisito / aquece.
Le moteur fait un drôle de bruit / chauffe.

A minha scooter está avariada.
Mon scooter est en panne.

Caiu-me o tubo de escape.
J'ai perdu le pot d'échappement.

Há uma fuga de óleo no depósito.
Il y a une fuite d'huile dans le réservoir.

Tive um acidente, a scooter ficou imobilizada.
J'ai eu un accident, mon scooter est immobilisé.

Podia verificar os travões?
Pourriez-vous vérifier les freins?

Quanto vai custar a reparação?
Combien vont coûter les réparations?

La restauration

Au café

Servem na sala?
Est-ce que vous servez en salle?

Esta mesa / cadeira está livre?
Cette table / chaise est-elle libre ?

Se faz favor!
S'il vous plaît!

Pode trazer-nos a lista das bebidas?
Pourriez-vous nous apporter la carte des consommations?

Que sandes é que tem?
Qu'avez-vous comme sandwichs?

O que tem como bebidas quentes / frescas?
Qu'avez-vous comme boissons chaudes / fraîches?

Um café, um sumo de laranja e um croissant, se faz favor.
Un café, un jus d'orange et un croissant, s'il vous plaît.

Uma bica cheia, um galão e um capuchino, se faz favor.
Un café allongé, un grand crème et un cappuccino, s'il vous plaît.

Um fino, se faz favor.
Une bière pression, s'il vous plaît.

Queria um aperitivo sem álcool / uma gasosa, se faz favor.
Je voudrais un apéritif sans alcool / une limonade, s'il vous plaît.

Pode trazer-me outro copo de vinho tinto, se faz favor?
Puis-je avoir un autre verre de vin rouge, s'il vous plaît ?

Pode trazer gelo?
Pourrais-je avoir des glaçons ?

Pode trazer amendoins ou batatas fritas?
Est-il possible d'avoir des cacahouètes ou des chips ?

A conta, se faz favor!
L'addition s'il vous plaît !

Posso pagar directamente ao empregado de mesa?
Est-ce que je peux régler directement au serveur ?

Fique com o troco.
Gardez la monnaie.

Au restaurant

Somos quatro.
Nous sommes quatre.

Queria reservar uma mesa para esta noite.
Je voudrais réserver une table pour ce soir.

Reservámos no nome de Lebras.
Nous avons réservé au nom de Lebras.

Traga-nos a ementa, se faz favor.
Pouvez-vous nous apporter le menu, s'il vous plaît ?

Quais são os pratos típicos da região?
Quels sont les plats typiques de la région ?

Qual é o prato do dia?
Quel est le plat du jour ?

Sou vegetariano.
Je suis végétarien.

Uma garrafa de água mineral, se faz favor.
Une bouteille d'eau minérale, s'il vous plaît.

Pode recomendar-nos um bom vinho?
Est-ce que vous pouvez nous recommander un bon vin?

Mal passado / no ponto / bem passado, se faz favor!
Saignant / À point / Bien cuit, s'il vous plaît!

Acho que vou pedir peixe em vez da carne.
Je crois que je vais prendre le poisson à la place de la viande.

Pode trazer-me um pão / copo de água, se faz favor?
Est-ce que je pourrais avoir du pain / un verre d'eau, s'il vous plaît?

Não foi isso que mandei vir.
Ce n'est pas ce que j'avais commandé.

A conta, se faz favor.
L'addition, s'il vous plaît!

O serviço está incluído?
Le service est-il compris?

Cada um paga a sua parte, está bem?
Chacun paie sa part, d'accord?

Aceitam os cartões de crédito?
Vous acceptez les cartes de crédit?

Onde é casa de banho?
Où sont les toilettes, s'il vous plaît?

Dans les magasins

Desculpe, pode dar-me uma informação?
Je peux vous demander un renseignement?

Não obrigado(a), só estou a olhar.
Non, merci, je ne fais que regarder.

Já estou a ser atendido(a), obrigado(a).
On s'occupe de moi, merci.

Posso experimentar?
Est-ce que je peux l'essayer?

Onde são as cabines de prova?
Où se trouvent les cabines d'essayage?

Não tem o tamanho maior / menor?
Avez-vous la taille au-dessus / en-dessous?

Tem noutra cor?
Est-ce que vous l'avez dans une autre couleur?

E este quanto é que custa?
Et celui-ci, combien coûte-t-il?

Vou levar este, obrigado(a).
Je vais prendre celui-ci, merci.

Se não servir, é possível trocar este artigo?
Si ça ne va pas, est-ce que je peux le changer?

É tudo, obrigado(a).
Ce sera tout, merci.

Pode embrulhar? É para oferecer.
Pouvez-vous me faire un paquet-cadeau ?

Chez le coiffeur

Queria mudar de corte.
Je voudrais changer de coupe.

Só queria cortar as pontas.
Je voudrais juste couper les pointes.

Queria rapar o cabelo.
Je voudrais me faire raser les cheveux.

Queria um corte à escovinha.
Je voudrais une coupe en brosse.

Queria um corte quadrado.
Je voudrais une coupe au carré.

Prefiro um corte sem franja.
Je préfère une coupe sans frange.

Não quero o cabelo muito curto.
Je ne veux pas qu'ils soient trop courts.

Pode escadear mais um pouco?
Pouvez-vous les effiler un peu plus?

Queria um corte de cabelo escadeado.
Je voudrais un dégradé.

Queria mudar de cor / pintar outra vez o cabelo.
Je voudrais changer de couleur / refaire une couleur.

Queria fazer madeixas.
Je voudrais un balayage.

Queria uma permanente.
Je voudrais une permanente.

É só para lavar a cabeça e fazer um brushing.
Je voudrais juste un shampooing et un brushing.

Pode fazer-me um penteado elegante para logo à noite?
Pourriez-vous me faire une coiffure élégante pour ce soir?

Pode encaracolar o cabelo?
Pouvez-vous les boucler?

Pode alisar o cabelo?
Pouvez-vous les lisser?

Prefiro que não utilize o ferro de alisar.
Je préfère que vous n'utilisiez pas le lisseur.

Pode pôr-me um pouco de laca?
Pourriez-vous me mettre un peu de laque?

À la pharmacie

Tenho uma receita do meu médico francês.
J'ai une ordonnance de mon médecin français.

Queria um remédio para as dores de cabeça / de garganta.
Je voudrais un médicament contre les maux de tête / de gorge.

Pode recomendar-me alguma coisa para a tosse / a diarreia?
Pouvez-vous me recommander quelque chose contre la toux / la diarrhée?

Tem uma loção contra as picadas de insecto?
Auriez-vous une lotion contre les piqûres d'insectes?

Uma vespa ferrou-me.
Je me suis fait piquer par une guêpe.

Sou alérgico à aspirina.
Je suis allergique à l'aspirine.

Ando a tomar antibióticos.
Je suis sous antibiotiques.

Tenho a tensão alta. Posso tomar este remédio na mesma?
J'ai de la tension. Puis-je quand même prendre ce médicament ?

Tem medicamentos homeopáticos?
Avez-vous des médicaments homéopathiques ?

Tenho que tomar estes comprimidos antes ou depois das refeições?
Dois-je prendre ces comprimés avant ou après les repas?

Durante quanto tempo devo tomar este medicamento?
Pendant combien de temps dois-je prendre ce médicament?

Este remédio pode dar sono?
Y a-t-il des risques de somnolence avec ce médicament?

Pode recomendar-me um médico / um dentista?
Pourriez-vous me recommander un médecin / un dentiste?

Chez le médecin — À l'hôpital

Queria marcar uma consulta com um médico de clínica geral.
Je voudrais prendre un rendez-vous avec un médecin généraliste.

Esse médico recebe sem consulta marcada?
Ce médecin reçoit-il sans rendez-vous?

Dói-me muito a barriga e esta manhã tinha 39°C [trinta e nove graus] de febre.
J'ai très mal au ventre et ce matin j'avais 39°C [trente-neuf degrés] de fièvre.

Acho que tenho a gripe.
Je crois que j'ai la grippe.

Estou enjoado(a) e tenho vertigens.
J'ai mal au cœur et j'ai des vertiges.

Vomitei toda a noite.
J'ai vomi toute la nuit.

Caí e dói-me muito o braço / a perna.
Je suis tombé et mon bras / ma jambe me fait très mal.

Torci o tornozelo.
Je me suis foulé la cheville.

Tenho uma queimadura solar.
J'ai pris un coup de soleil.

Estou grávida / sou diabético(ca) / epiléptico(ca).
Je suis enceinte / diabétique / épileptique.

O meu grupo sanguíneo é o 0+.
Mon groupe sanguin est 0+.

É uma doença contagiosa?
C'est une maladie contagieuse?

Quando é que vou poder viajar?
Quand pensez-vous que je serai en état de voyager?

Prefiro que me rapatriem em França.
Je préférerais me faire rapatrier en France.

Pode preencher estes formulários para o meu seguro?
Pourriez-vous remplir ces formulaires pour mon assurance ?

Quanto lhe devo, Senhor Doutor?
Combien vous dois-je, Docteur ?

Vous entendrez

O que é que tem?
Qu'est-ce qui ne va pas ?

Inspire..., expire..., tussa.
Inspirez..., expirez..., toussez.

Tome um comprimido três vezes por dia durante as refeições.
Prenez un comprimé trois fois par jour au moment des repas.

Evite sair durante 48 [quarenta e oito] horas.
Évitez de sortir pendant 48 heures.

Vou ver se tem febre.
Je vais prendre votre température.

Vou ver a sua tensão.
Je vais prendre votre tension.

Vou lhe dar uma injecção.
Je vais vous faire une piqûre.

É preciso fazer uma análise de sangue / das urinas.
Il faut faire une analyse de sang / d'urine.

Vai ser preciso fazer uma rádio.
Nous allons devoir faire une radio.

Vai ter que ser hospitalizado(a).
Il va falloir vous hospitaliser.

Chez le dentiste

Parti um dente.
J'ai une dent cassée.

Estou com uma forte dor de dentes.
J'ai une rage de dents.

Os meus dentes de siso fazem-me sofrer.
Mes dents de sagesse me font mal.

Devo ter uma cárie.
J'ai certainement une carie.

Perdi o chumbo de um dente.
J'ai perdu un plombage.

Parti o meu aparelho dentário.
J'ai cassé mon appareil dentaire.

Pode fazer-me uma anestesia local?
Pourriez-vous me faire une anesthésie locale?

Au commissariat

Fomos agredidos.
Nous avons été agressés.

Roubaram o meu saco com os meus documentos todos.
On m'a volé mon sac avec tous mes papiers.

Roubaram o meu carro / a minha scooter.
On m'a volé ma voiture / mon scooter.

Houve um acidente.
Il y a eu un accident.

Au consulat — À l'ambassade

Aqui estão os meus documentos e uma fotografia de identidade.
Voici mes papiers et une photo d'identité.

Perdi o meu bilhete de identidade.
J'ai perdu ma carte d'identité.

Quanto tempo é preciso para ter os documentos?
Combien de temps faudra-t-il pour avoir les documents?

Onde posso comprar o selo fiscal?
Où puis-je acheter le timbre fiscal?.

À la banque

Trocam traveller's cheques?
Est-ce que je peux changer mes traveller's cheques ici?

Onde é que há um Multibanco?
Où y a-t-il un distributeur de billets?

A máquina ficou-me com o cartão.
Le distributeur automatique a avalé ma carte de crédit.

Queria levantar dinheiro.
Je voudrais retirer de l'argent.

Queria consultar o meu saldo.
Je voudrais connaître la situation de mon compte.

Estou à espera de uma transferência em nome de Jean Dupont. Já chegou?
J'attends un virement au nom de Jean Dupont. Est-il arrivé?

À la poste

Queria dez selos para a França.
Je voudrais dix timbres pour la France.

Vinte envelopes selados de correio azul / Vinte selos, se faz favor.
Vingt timbres au tarif normal / à tarif lent, s'il vous plaît.

Queria mandar esta carta / encomenda registada.
Je voudrais envoyer cette lettre / ce paquet en recommandé.

Onde é que se indica o destinatário e o remetente?
Où dois-je indiquer l'adresse du destinataire et celle de l'expéditeur?

Quanto tempo demora a chegar à França?
Ça met combien de temps pour arriver en France?

Quanto custa mandar / enviar uma encomenda por Chronopost?
Combien coûte l'envoi d'un paquet par Chronopost?

Há correio em nome de Daniel Legrand?
Y a-t-il du courrier au nom de Daniel Legrand?

Estou à espera de um vale de correio em nome de Chabrier.
J'attends un mandat au nom de Chabrier.

Au Brésil

La politesse

Arriver

Bom dia.
Bonjour (utilizada para saudar alguém que se encontra pela primeira vez).

Boa tarde.
Bonjour (até o fim do dia).

Boa noite.
Bonsoir (a partir do começo da noite). / Bonne nuit (antes de dormir).

Olá!
Salut !

Oi!
Salut !

Como vai?
Comment vas-tu ? / Comment allez-vous ?

Tudo bem?
Ça va ?

Muito bem, obrigado(a).
Très bien, merci.

Bem, obrigado(a).
Bien, merci.

E o senhor / a senhora / você?
Et toi ? / Et vous ?

Prendre congé

Tchau.
Salut.

Até logo.
Au revoir !

Até breve.
À bientôt.

Boa noite.
Bonne nuit.

Boa viagem!
Bon voyage !

Foi um prazer conhecê-lo.
Ravi(e) d'avoir fait votre connaissance.

Se présenter

Meu nome é Sérgio.
Je m'appelle Sérgio.

Eu sou brasileiro / brasileira.
Je suis brésilien / brésilienne.

Eu sou de Paris.
Je suis de Paris.

Présenter quelqu'un

Este é o Sr. Silva.
C'est M. Silva.

Gostaria de apresentar o Sr. Silva.
Permettez-moi de vous présenter M. Silva.

Prazer em conhecê-lo.
Enchanté(e) / Ravi(e) de faire votre connaissance.

Como vai?
Comment vas-tu ? / Comment allez-vous ?

Bem-vindo(a).
Bienvenu(e) / Soyez le bienvenu / la bienvenue.

Remercier

(Muito) obrigado(a).
Merci (beaucoup).

Obrigado(a). Igualmente.
C'est moi qui te/vous remercie.

Obrigado(a) por sua ajuda.
Merci pour ton/votre aide.

Não há de quê.
Il n'y a pas de quoi.

De nada.
De rien.

Foi um prazer.
C'est un plaisir.

S'excuser

Com licença.
S'il vous plaît. (Pour attirer l'attention).

Sinto muito.
Désolé(e).

Desculpe.
Pardon. / Excuse-moi. / Excusez-moi.

Perdão.
Pardon.

Desculpe-me.
Excuse-moi. / Excusez-moi.

Desculpe-me pelo atraso.
Excuse-moi. / Excusez-moi pour le retard.

Desculpe-me por incomodá-lo.
Excuse-moi de te déranger. / Excusez-moi de vous déranger.

Accepter des excuses de quelqu'un

Não tem importância.
Ce n'est pas grave. / Aucun problème.

Tudo bem.
Très bien.

Não foi nada.
Ce n'est rien.

Vœux et salutations

Boa sorte!
Bonne chance !

Divirta-se!
Amuse-toi bien !/Amusez-vous bien !

Bom apetite!
Bon appétit !

Feliz aniversário!
Joyeux anniversaire !

Boa Páscoa.
Joyeuses Pâques !

Feliz Natal!
Joyeux Noël !

Feliz Ano Novo!
Bonne et heureuse année !

Tenha um bom fim de semana.
Bon week-end !

Boas férias!
Bonnes vacances !

Tenha um bom dia!

Bonne journée ! / Je te / vous souhaite une bonne journée !

À l'office du tourisme

A que horas o museu fecha?

À quelle heure ferme le musée ?

Onde é a piscina pública mais próxima?

Où est la piscine publique la plus proche ?

Pode me dizer onde é a igreja mais próxima?

Pourriez-vous me dire où est l'église la plus proche ?

Você sabe o horário das missas / dos cultos?

Connaissez-vous l'horaire des messes ?

Há um cinema perto daqui?

Y a-t-il un cinéma près d'ici ?

Qual a distância daqui até a praia?

C'est loin d'ici la plage ?

Parler du temps

Está um dia lindo.

C'est une belle journée./Il fait beau.

Está um dia agradável.

C'est une journée agréable.

Está fazendo sol.

Il y a du soleil./Il fait beau.

Está chovendo.

Il pleut.

Está nublado.

C'est nuageux.

A previsão é de chuva para amanhã.

On annonce de la pluie pour demain.

Que tempo horrível!

Il fait un temps horrible !

Está (muito) quente / frio.

Il fait (très) chaud / froid.

Exprimer des préférences

Eu gosto (disso).
J'aime ça. / Cela me plaît.

Eu não gosto (disso).
Je n'aime pas ça. / Cela ne me plaît pas.

Você gostaria de beber / comer alguma coisa?
Est-ce que tu voudrais / vous voudriez boire / manger quelque chose ?

Sim, por favor.
Oui, s'il te plaît / s'il vous plaît.

Não, obrigado(a).
Non, merci.

Você gostaria de ir até o parque?
Est-ce que tu veux / vous voulez aller au parc ?

Sim, eu gostaria.
Oui, volontiers.

Au téléphone

Alô.
Allo ?

Aqui é Ana Francino.
C'est Ana Francino.

Gostaria de falar com o Sr. López.
Je voudrais parler à M. Lopez.

Volto a ligar daqui a dez minutos.
Je le rappellerai dans dix minutes.

Posso deixar um recado?
Puis-je laisser un message ?

Desculpe, devo ter discado o número errado.
Excuse-moi. / Excusez-moi. Je n'ai pas dû composer le bon numéro.

De onde falam?
C'est de la part de qui ?

En voiture

Louer un véhicule

Queria alugar um carro com ar condicionado.
Je voudrais louer une voiture avec climatisation.

Qual é o preço por dia?
C'est combien pour la journée?

A quilometragem é ilimitada?
Le kilométrage est-il illimité?

Quanto custa o seguro total?
Combien coûte l'assurance tous risques?

Posso devolver o carro no aeroporto?
Est-ce que je peux laisser la voiture à l'aéroport?

Prendre un taxi

Você poderia chamar um táxi?
Est-ce que tu pourrais / vous pourriez m'appeler un taxi?

Para a rodoviária / a estação / o aeroporto, por favor.
À la gare routière/à la gare/à l'aéroport, s'il vous plaît.

Pare aqui / no sinal / na esquina, por favor.
Arrêtez-vous ici / au feu / au coin de la rue, s'il vous plaît.

Você poderia me esperar?
Pourriez-vous m'attendre?

Quanto é?
C'est combien?

Gostaria de um recibo, por favor.
Je voudrais un reçu, s'il vous plaît.

Pode ficar com o troco.
Vous pouvez garder la monnaie.

Les transports en commun

Prendre l'autobus / le train

A que horas é o próximo ônibus para o Rio de Janeiro?
À quelle heure est le prochain bus pour Rio de Janeiro?

De que plataforma sai o trem?
De quel quai part le train?

Quanto custa uma passagem de ida e volta para Porto Alegre?
C'est combien le billet aller-retour pour Porto Alegre?

Com licença, este lugar está ocupado?
S'il vous plaît, cette place est-elle occupée?

À l'aéroport

Onde é o terminal 1 / o portão número 2?
Où est le terminal 1 / la porte 2?

Onde é o check-in?
Où est l'enregistrement (des bagages)?

Gostaria de sentar no corredor / na janela.
Je voudrais un siège côté couloir/hublot.

A que horas é o embarque?
À quelle heure est l'embarquement?

Perdi meu cartão de embarque.
J'ai perdu ma carte d'embarquement.

Onde é o setor de bagagem?
Où est le secteur des bagages?

Circuler en ville

Se renseigner

Onde é...?
Où est...?

Pode me mostrar no mapa onde nós estamos?
Pourriez-vous m'indiquer où nous sommes sur la carte?

Onde é a rodoviária / o correio?
Où est la gare routière / la poste?

Por favor, como faço para chegar à Avenida Paulista?
S'il vous plaît, comment va-t'on à l'avenue Paulista?

É longe / perto?
C'est loin / près?

Dá para ir a pé?
C'est loin à pied?

Demander son chemin

Qual ônibus vai para o aeroporto?
Quel autobus dois-je prendre pour aller à l'aéroport?

Onde tomo o ônibus para a estação?
Où est l'arrêt d'autobus pour aller à la gare?

Quero uma passagem de ida / ida e volta para Manaus.
Je voudrais un billet aller / aller-retour pour Manaus.

Pode me dizer onde devo descer?
Pourriez-vous m'indiquer où je dois descendre?

Ponto de ônibus.
Arrêt d'autobus.

À l'hôtel

Queremos um quarto de casal / dois quartos de solteiro.
Nous voulons une chambre double / deux chambres individuelles.

Quero um quarto por duas noites, por favor.
Je voudrais une chambre pour deux nuits, s'il vous plaît.

Fiz uma reserva em nome de Alves.
J'ai fait une réservation au nom de M. Alves.

A chave do quarto 121, por favor.
La clé de la chambre numéro 121, s'il vous plaît.

A que horas é servido o café-damanhã?
À quelle heure est servi le petit déjeuner?

Pode me acordar às 7 horas da manhã?
Pourriez-vous me réveiller à 7 heures demain matin?

Dans les magasins

Quanto custa?
Combien ça coûte?

Queria comprar óculos de sol / roupas de banho.
Je voudrais acheter des lunettes de soleil / un maillot de bain, s'il vous plaît.

Meu tamanho é 38.
Je fais du 38.

Eu calço 36.
Je fais du 36.

Posso experimentar?
Je peux essayer?

Posso trocar?
Est-ce que je pourrais l'échanger?

Onde ficam os provadores?
Où sont les cabines d'essayage, s'il vous plaît?

Você tem um tamanho maior / menor?
Avez-vous une taille au-dessus / en-dessous?

Você tem isso em azul?
Est-ce que vous l'avez en bleu?

Tem cartões-postais / guias da cidade?
Avez-vous des cartes postales / des guides de la ville?

Queria comprar um filme para minha máquina, por favor.
Je voudrais acheter une pellicule pour mon appareil photo, s'il vous plaît.

La restauration

Au café (bistrot)

Esta mesa / cadeira está livre?
Cette table / chaise est libre?

Por favor!
S'il vous plaît!

Dois cafezinhos / cafés com leite, por favor.
Deux cafés / cafés au lait, s'il vous plaît.

Um suco de laranja / uma água mineral.
Un jus d'orange / une bouteille d'eau minérale.

Pode trazer mais uma cerveja, por favor?
Pourriez-vous m'apporter une bière, s'il vous plaît?

Onde é o banheiro?
Où sont les toilettes, s'il vous plaît?

Au restaurant

Gostaria de reservar uma mesa para as 8 horas da noite.
Je voudrais réserver une table pour 20 heures ce soir, s'il vous plaît.

Uma mesa para dois, por favor.
Une table pour deux personnes, s'il vous plaît.

Pode trazer o cardápio / a carta de vinhos?
Le menu / la carte des vins, s'il vous plaît.

Você tem um menu para crianças / para vegetarianos?
Auriez-vous un menu enfants / végétarien?

Uma garrafa de vinho tinto / branco da casa, por favor.
Une bouteille de vin rouge / blanc maison, s'il vous plaît.

Qual é a especialidade da casa?
Quelle est la spécialité de la maison?

O que tem de sobremesa?
Qu'est-ce qu'il y a comme dessert?

A conta, por favor?
L'addition, s'il vous plaît.

Au cabinet médical

Estou vomitando e com diarréia.
J'ai des vomissements et la diarrhée.

Estou com dor de garganta.
J'ai mal à la gorge.

Estou com dor de estômago.
J'ai mal à l'estomac.

Meu filho está com tosse e febre.
Mon enfant tousse et a de la fièvre.

Sou alérgico a penicilina.
Je suis allergique à la pénicilline.

À la pharmacie

Você tem alguma coisa para dor de cabeça / dor de garganta / diarréia?
Je voudrais un médicament contre les maux de tête / de gorge / contre la diarrhée, s'il vous plaît.

Você tem analgésico / band-aid, por favor?
Auriez-vous des analgésiques / des pansements auto-adhésifs, s'il vous plaît ?

Poderia me indicar um médico?
Pourriez-vous me recommander un médecin, s'il vous plaît ?

Onde há um pronto-socorro?
Où est l'hôpital, s'il vous plaît ?

À la banque

Gostaria de trocar cem euros em reais, por favor.
Je voudrais changer cent euros en réaux, s'il vous plaît.

Em notas de valor pequeno,por favor.
En petites coupures, s'il vous plaît.

Qual é o câmbio para o dólar?
Quel est le taux de change du dollar ?

Gostaria de trocar alguns cheques de viagem.
Je voudrais changer des chèques-voyage.

Onde há um caixa automático?
Où y a-t-il un distributeur automatique de billets ?

À la poste

Quanto custa enviar uma carta / um cartão-postal para São Paulo?
C'est combien pour envoyer une lettre / une carte postale à São Paulo ?

Quero dez selos para o Brasil.
Je voudrais dix timbres pour le Brésil.

Gostaria de remeter este pacote registrado.
Je voudrais expédier ce colis en recommandé.

Quanto tempo leva para chegar lá?
Combien de temps mettra ce colis ?

La Correspondance

L'enveloppe

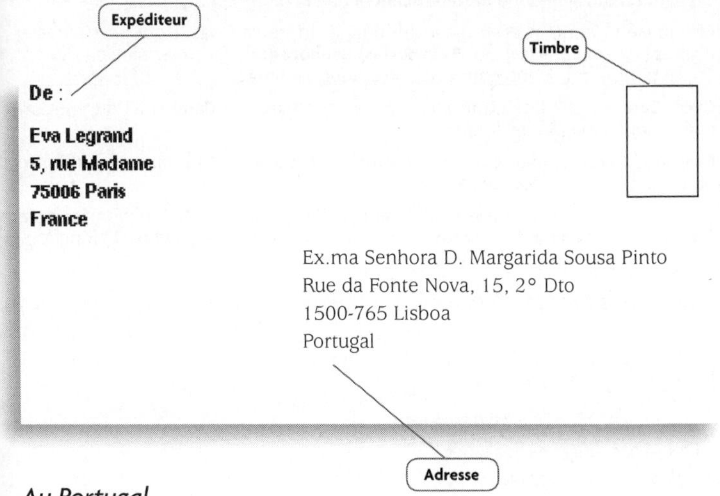

Au Portugal

On indique le prénom suivi du nom de famille précédé de **para** pour marquer le respect.

Avant le prénom d'une femme, on écrit **D.** (**dona**) ou, s'il y a lieu, son titre académique (**Dr.a**, **Eng.a**, **Arq.ta**, etc.) : **Doutora**, **Engenheira**, **Arquitecta**.

On indique ensuite,dans l'ordre, le nom de la rue, le numéro de l'immeuble, l'étage et la situation sur le palier : **D.to** (*droit*)/**E.do** (*gauche*).

Enfin, on indique le code postal, le nom de la ville et le pays.

Les nom et adresse de l'expéditeur s'inscrivent en haut et à gauche de l'enveloppe.

On met le nom de l'entreprise le plus complètement possible.

Entre amis ou proches on met le prénom suivi du nom de famille.

Au Brésil

On ne met pas de ponctuation dans l'adresse.

Le nom de la ville est de préférence écrit en capitales avec accent.

Le nom de la ville est suivi du nom de l'État abrégé **São Paulo** (**SP**) : SÃO PAULO.

N.B. : On peut abréger **Rua**, **Avenida**, **Alameda**, et **Rodovia** (au Brésil), etc. **Rua** (**R.**), **Avenida** (**Av.**), **Alameda** (**Al.**), **Rodovia** (**Rd.**).

Pour une entreprise ou dans un cadre formel on indique **Senhor** ou **Senhora** suivi du prénom et du nom de famille ou le nom de l'entreprise au complet.

Pour commencer

Au Portugal, on commence une lettre par **Exmo. Senhor** ou **Exma. Senhora** et, au Brésil, par **Prezado Senhor** ou **Prezada Senhora** quand on ne connaît pas la personne.

On utilise le féminin et le masculin quand on ne sait pas à qui on s'adresse (**Exmos.(as) Senhores(as)** ou **Prezados(as) Senhores(as)**). Le masculin pluriel est utilisé pour écrire à une entreprise (**Prezados Senhores**).

Caro, **Cara** etc. est un peu moins sec. On met **Caro** (ou **Cara**) suivi du prénom quand on connaît la personne.

Querido, **Querida**, **Meu querido** ou **Minha querida** suivi du prénom ne s'utilise qu'avec des proches ou des amis.

Quand la personne a un poste de responsabilité on indique la fonction **Senhora Presidenta** ou **Senhor Presidente** en mettant une majuscule au nom de fonction. La « phrase » est toujours suivie d'une virgule.

Quelques phrases utiles

Como estás?
Comment vas-tu?

Como está?
Comment allez-vous? (vouvoiement)

Espero que estejas de boa saúde.
J'espère que tu vas bien.

Esperoque tenham passado umas boas férias.
J'espère que vous avez passé de bonnes vacances.

Muito obrigado pela sua carta.
Merci beaucoup pour ta lettre.

Gostei imensode receber notícias tuas.
J'ai été contente d'avoir de tes nouvelles.

Desculpa se não te escrevi mais cedo.
Excuse-moi de ne pas t'avoir répondu plus tôt.

Um bilhetinho para te dizer...
Un petit mot pour te dire...

Há muito tempo que não tenho notícias vossas.
Ça fait longtemps que je n'ai pas eu de vos nouvelles.

Pour finir

Les formules formelles les plus courantes au Portugal sont : **Sem mais de momento** et au Brésil : **Sendosó para o momento**, **Nada mais havendo a tratar** ou **Sem mais**, suivies de **subscrevo-me**.

La phrase de fin est toujours suivie d'une virgule. La formule formelle la plus usitée est **Atenciosamente** suivie d'une virgule et la moins formelle est **Cordialmente** suivi d'une virgule.

De façon informelle pour des amis ou des proches : **Abraços** ou de façon amicale : **Até breve**, **Beijos**. Très informel et pour des amis : **Beijão** (au Brésil), **Mil beijos**, **Beijinhos**.On met la signature à droite.

Abréviations usuelles

Al.	Alameda
Arq.[ta]	Arquitecta
Arq.[to]	Arquitecto
Av.	Avenida
c/o	ao cuidado
D., D. [to]	Dona
D.[to]	Direito
Dr.	Doutor
Dr.[a]	Doutora
E., E.[do]	Esquerdo
Eng.[a]	Engenheira
Eng.[o]	Engenheiro
Exma	Excelentíssima
Exmo	Excelentíssimo
Prof.	Professor
Prof.[a]	Professora
R.	Rua
Rd.	Rodovia
Sr.	Senhor
Sr.[a]	Senhora
V.Ex.[a]	Vossa Excelência
VV.Ex.[as]	Vossas Excelências

En portugais les noms de profession ont une forme masculine et une forme féminine.

Liste des États fédéraux du Brésil

État	**Abréviations**
Acre	AC
Alagoas	AL
Amapá	AP
Amazonas	AM
Bahia	BA
Ceará	CE
*Distrito Federal**	DF
Espírito Santo	ES
Goiás	GO
Maranhão	MA
Mato Grosso	MT
Mato Grosso do Sul	MS
Minas Gerais	MG
Pará	PA
Paraíba	PB
Paraná	PR
Pernambouc	PE
Piauí	PI
Rio de Janeiro	RJ
Rio Grande do Norte	RN
Rio Grande do Sul	RS
Rondônia	RO
Roraima	RR
Santa Catarina	SC
São Paulo	SP
Sergipe	SE
Tocantins	TO

* *Brasília*

La lettre

La correspondance privée au Portugal

Date

Paris, 2 de Agosto de 2007

Querida Manuela,

Como estás desde a nossa última carta? Espero que passes umas óptimas férias no Algarve, com muito sol e bons banhos no mar! Escrevo para te dar uma boa notícia.
No fim de Agosto tenciono passar uns dez dias em Lisboa. Vou de carro com um amigo que tem lá família, e, se fosse possível, gostaria de ficar em tua casa como da última vez. Se não, conheces algum hotel simpático e bem situado? Estou muito contente por voltar a ver-te. Mando um grande abraço para o teu irmão e muitos cumprimentos para os teus pais. Fico à espera da tua resposta. Muitas saudades do teu amigo

Pierre.

Signature

La correspondance privée au Brésil

Date

Pirenópolis, 5 de julho de 2006

Querida Aurélie,

Estamos nos divertindo a valer. Este lugar é maravilhoso!

Apesar de estarmos no inverno, faz um calor danado e temos tomado banho de cachoeira todos os dias! As crianças estão se esbaldando.

Espero que você esteja bem e que, da próxima vez, possa vir com a gente. Certamente, vamos repetir essa viagem.

Dê lembranças a todos.

Um grande beijo,

Signature

Cecília

P.S. Encontramos o Fábio, e ele também manda beijos a você.

Pour commencer

Ex.mo Senhor
Monsieur

Ex.mo Senhor Vidal
MonsieurVidal

Ex.ma Senhora
Madame

Ex.ma Senhora Vidal
Madame Vidal

Ex.mo Senhor Director
Monsieur le Directeur

Ex.ma Senhora Directora
Madame la Directrice

Quelques phrases utiles

Em resposta à sua carta de 15 de Junho...
En réponse à votre lettre du 15 juin...

No seguimento do nosso contacto telefónico...
Suite ànotre conversation téléphonique...

Pela presente temos o prazer de informar VV.Ex.as que...
Nous avons le plaisir de vous informer par la présente que ...

Agradecia-lhes muito que me mandassem informações mais completas sobre os cursos de português que organizam no mês de Agosto.
Je vous serais reconnaissant de bien vouloir me faire parvenir de plus amples renseignements sur les cours de portugais que vous organisez au mois d'août.

Espero que estas informações lhe sejam úteis.
J'espère que ces informations vous seront utiles.

Envio em anexo o meu C.V.
Veuillez trouver ci-joint mon C.V.

Agradeço anticipadamente ...
Je vous remercie par avance...

Aguardando a sua resposta / a resposta de V.Ex.a...
Dans l'attente d'une réponse de votre part...

Pour finir

Com os (nossos) melhores cumprimentos, subscrevemo-nos ou
Subscrevemo-nos com elevada consideração (plus soutenu)
Je vous prie d'agréer, Madame, Monsieur, l'expression de mes salutations distinguées.

Signature

Atentamente (puis, signature)
Si le nom du destinataire ne figure pas dans la formule d'appel.
De V.Ex.a / VV.Ex.as Atentamente (puis, signature)
Si le nom du destinataire figure dans la formule d'appel.

La correspondance commerciale au Portugal

Destinataire

Expédition

Banco das Ilhas Lda.

Lisboa, 3 de Julho de 2007

Date

Exma. Sra.
Maria da Silva
Departamento de Vendas
Rua dos Milagres, n° 132
Porto

Exma Senhora,

Muito obrigado pela sua carta do 30 de Junho passado. Estou muito interessado em conhecer mais detalhadamente os seus projectos e gostaria de agendar uma reunião com a senhora.

De viagem profissional na próxima semana, só estarei diponível a partir do dia 15.

A partir dessa data, poderemos agendar qualquer dia que for conveniente para a senhora.

Agradeceria se me pudesse confirmar uma data o mais cedo possível. Não hesite em entrar em contacto comigo, se necessário.

Atenciosamente,

Henrique Nogueira
Director

Signature

La correspondance commerciale au Brésil

Destinataire

Expédition

Banco Flor de Maio Ltda.

Salvador, 3 de julho de 2002

Date

Exmo. Sr.
Sérgio de Almeida
Rua dos Milagres, 132
Salvador, BA

Prezado senhor,

Procurando sempre proporcionar a V.Sª. o melhor atendimento, gostaríamos de comunicar-lhe que nosso sistema de atendimento por telefone será totalmente modernizado e atualizado, com o que de melhor se encontra no mercado.

Nesse sentido, pedimos a todos os nossos correntistas que entrem em contato conosco pelos telefones (73) 251 2452 e 251 2453, para atualização de seu cadastro.

Certos de sua compreensão, subscrevemo-nos,

Atenciosamente,

José Maria Camargo
Gerente

Signature

L'e-mail

Pour commencer

Dans un cadre un peu formel on peut écrire comme pour une lettre. Normalement, on écrit simplement **Bom dia** quand on ne sait pas à qui on s'adresse. Dans le cadre amical ou entre collègues directs on écrit normalement **Caro(a)** ou **Querido(a)** suivi du prénom suivi d'une virgule.

De façon un peu plus soutenue on écrit **Exmo. (a) Senhor(a)** au Portugal et **Prezado(a) Sr.(a)** au Brésil, suivi du prénom, du nom de famille puis d'une virgule. La « formule » est toujours suivie d'une virgule.

Entre amis, ou de façon très relâchée, on peut trouver **Meu querido**, **Minha querida**, et ensuite tout est possible depuis les **Olá** au Portugal et **Oi**, jusqu'au **Hi**, au Brésil.

Dans une réponse, il arrive que vous ne mettiez pas de formule, c'est très relâché dans le monde professionnel, c'est le cas entre collègues ayant des relations quasi amicales, entre amis ou entre proches c'est selon votre niveau d'intimité et s'il s'agit d'une suite d'échanges pour éviter de remettre à chaque fois une formule.

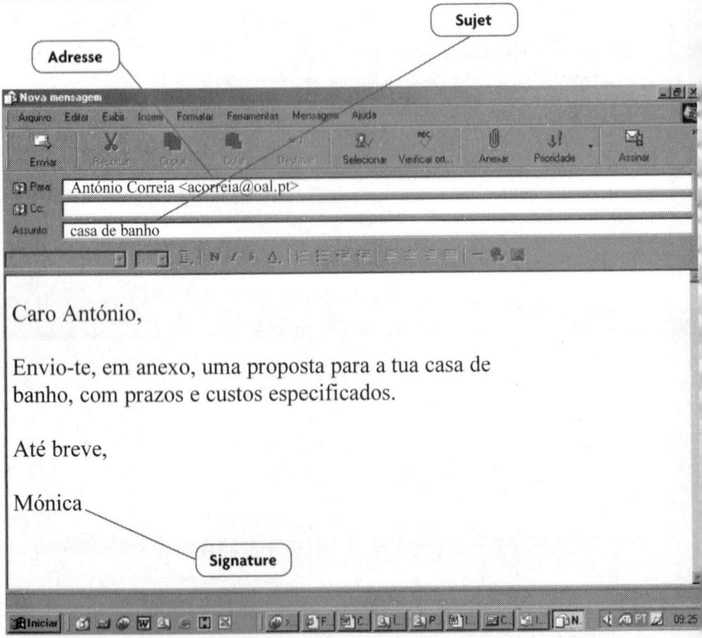

Pour finir

La formule de fin est en général assez informelle. On peut reprendre les formules pour une lettre, mais la plus usuelle est **Cordialmente**, ou plus informel **Até breve**.

Dans un cadre amical, on écrit généralement **Beijos**, **Beijinhos** ou **Mil beijos**, ou encore ce qui vous passe par la tête.

La ponctuation est absente ou sans forme précise dans ces cas.

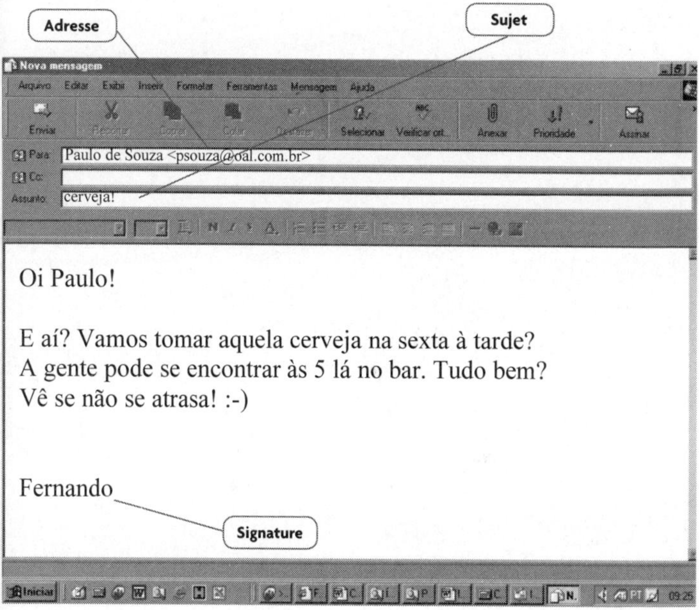

Portugais

Français

aA

a[1], **A** [a] *m (letra)* a, A.

a[2] [ɐ] *prép*

contraction de a + a = **à** [a], *contraction de a + as =* **às** [aʃ], *contraction de a + o =* **ao** [au] ; *contraction de a + os =* **aos** [auʃ]

1. INTRODUIT LES COMPLÉMENTS DE VERBES, NOMS, ADJECTIFS ET ADVERBES
• **dar algo a alguém** donner qqch à qqn
• **diz ao João que venha** dis à João de venir
• **o desrespeito à lei será punido** le non respect de la loi sera puni
• **fui sempre fiel aos meus princípios** j'ai toujours été fidèle à mes principes
• **convém tomar uma decisão relativamente a esse aluno** il convient de prendre une décision relativement à cet élève

2. LIEU : INDIQUE UNE DESTINATION (PERÇUE COMME DE COURTE DURÉE) OU UNE DIRECTION
• **nós vamos ao cinema** nous allons au cinéma
• **fomos à praia** nous sommes allés à la plage
• **vou ao Egipto/ao Japão/aos Estados Unidos** je vais en Égypte/au Japon/aux États-Unis
• **subir a uma árvore** monter à un arbre
• **ele atirou-se à comida** il s'est jeté sur la nourriture
• **o navio rumou a Calicut** le navire a mis le cap sur Calicut
• **a violência não leva a nada** la violence ne mène à rien

3. LIEU : LOCALISATION, DISTANCE
• **fica à saída do teatro** c'est à la sortie du théâtre
• **é à esquerda/direita** c'est à gauche/droite
• **fica a dez quilómetros** c'est à dix kilomètres
• **é a dez minutos daqui** c'est à dix minutes d'ici

4. TEMPS : LOCALISATION, DISTANCE
• **abertura às oito horas** ouverture à huit heures
• **a equipa marcou um golo a dez minutos do final da partida** l'équipe a marqué un but à dix minutes de la fin du match

5. INDIQUE LA PROGRESSION, FRÉQUENCE
• **de... a...** de... à...
• **o ano escolar vai de Setembro a Julho** l'année scolaire va de septembre à juillet
• **de cinco dias a esta parte** depuis cinq jours
• **três vezes ao dia** trois fois par jour
• **estou lá às terças e quintas-feiras** j'y suis tous les mardis et jeudis
• **de tempos a tempos** de temps en temps
• **a loja tem de tudo, desde pregos a máquinas de lavar** cette boutique vend de tout, des clous aux machines à laver

6. INDIQUE UN INSTRUMENT, LE MOYEN, LA MANIÈRE
• **escrever à máquina** taper à la machine
• **feito à mão** fait (à la) main
• **pintura a óleo** peinture à l'huile
• **sal a gosto** sel à volonté
• **ele ia a cem à hora** il allait à cent à l'heure
• **conduzir a 60 km/h** conduire à 60 km/h
• **a toda a pressa** en toute hâte
• **a pé firme** de pied ferme
• **a torto e a direito** à tort et à travers

7. INDIQUE LE PRIX, LE NOMBRE, LA QUANTITÉ
• **a quanto está a vender as peras?** à combien vendez-vous les poires ?
• **entraram um a um** ils sont entrés un par un
• **aos centos/às dezenas** par centaines/dizaines
• **vendo ao metro** je vends au mètre
• **ganhámos por dois a um** nous avons gagné deux à un

8. SUIVI D'UN INFINITIF
• **o que é que estás a fazer?** qu'est-ce que tu fais ?
• **pus-me a fugir** je me suis mis à fuir
• **recusou-se a falar** il a refusé de parler

- **engasgou-se ao comer** il s'est étouffé en mangeant
- **a ler gagueja** il bégaye en lisant
- **chegou a gritar** il est arrivé en criant

9. LOCUTIONS ET EXPRESSIONS
- **a não ser que** à moins que
- **a ponto de** au point de
- **a direito** tout droit.

à [a] = **a** + **a** • ▻ **a**.

aba ['aɓɐ] *nf* **1.** *(de chapéu)* aile *(f)* **2.** *(corte de carne)* côte *(f)*.

abacate [ɐɓɐ'katə] *nm* avocat *(m)* *(fruit)*.

abacaxi [ɐɓɐka'ʃi] *nm* ananas *(m)*.

abadia [ɐɓɐ'điɐ] *nf* abbaye *(f)*.

abafado, da [ɐɓɐ'fađu, -đɐ] *adj (ar, tempo)* lourd(e).

abafar [ɐɓɐ'far] *vt* & *vi* étouffer.

abaixar [ɐɓai'ʃar] *vt (cabeça, braço)* baisser. ■ **abaixar-se** *vp* se baisser.

abaixo [ɐ'ɓaiʃu] ▪ *adv* au-dessous. ▪ *interj* • **abaixo o governo!** à bas le gouvernement ! • **mais abaixo** plus bas • **deitar abaixo** *(árvore)* abattre • *(argumento)* démolir • **ir-se abaixo** *(motor)* caler • **abaixo de** *(em espaço)* après • *(em hierarquia)* au-dessous de.

abaixo-assinado [ɐˌɓaiʃuɐsi'nađu] (*pl* **abaixo-assinados** [ɐˌɓaiʃuɐsi'nađuʃ]) *nm* pétition *(f)*.

abajur [ɐɓa'ʒur] (*pl* **-es** [-əʃ]) *nm* abat-jour *(m inv)*.

abalar [ɐɓɐ'lar] ▪ *vt* secouer. ▪ *vi* s'en aller.

abalo [ɐ'ɓalu] *nm* • **abalo (sísmico** *OU* **de terra)** secousse *(f)* (sismique).

abanar [ɐɓɐ'nar] ▪ *vt* **1.** *(cabeça)* secouer **2.** *(rabo)* remuer. ▪ *vi (dente)* bouger.

abandonado, da [ɐɓẽndu'nađu, -đɐ] *adj* abandonné(e).

abandonar [ɐɓẽndu'nar] *vt* abandonner.

abandono [ɐɓẽn'donu] *nm* abandon *(m)* • **ao abandono** à l'abandon.

abarcar [ɐɓɐr'kar] *vt* **1.** *(abranger)* comprendre **2.** *(temas)* recouvrir.

abarrotado, da [ɐɓɐʀu'tađu, -đɐ] *adj* plein (e) à craquer.

abarrotar [ɐɓɐʀu'tar] *vi* • **a abarrotar de** bourré de.

abastecer [ɐɓɐʃtə'ser] *vt (fornecer)* approvisionner. ■ **abastecer-se** *vp* s'approvisionner.

abastecimento [ɐɓɐʃtəsi'mẽntu] *nm* approvisionnement *(m)*.

abater [ɐɓɐ'ter] *vt* **1.** *(preço)* baisser **2.** *(derrubar, matar)* abattre.

abatimento [ɐɓɐti'mẽntu] *nm (desconto)* réduction *(f)* • **abatimento de terra** affaissement *(m)* de terrain.

abcesso [ɐɓ'sɛsu] *nm* abcès *(m)*.

abdicar [ɐɓdi'kar] *vi* abdiquer • **abdicar de algo** *(de direito, cargo)* renoncer à qqch.

abdome [ab'domi] *(Br)* = **abdómen**.

abdómen [ɐɓ'dɔmɛn] *nm (Port)* abdomen *(m)*.

abdômen [ab'domẽ] *nm (Br)* = **abdómen**.

abdominal [ɐɓdumi'nał] (*pl* **-ais** [-aiʃ]) *adj* abdominal(e). ■ **abdominais** *nmpl* • **fazer abdominais** faire des abdominaux.

á-bê-cê [aɓe'se] *nm* B.A.-Ba *(m)*.

abecedário [ɐɓəsə'đarju] *nm* alphabet *(m)*.

abeirar-se [ɐɓɐi'rarsə] ■ **abeirar-se de** *vp + prép* s'approcher de.

abelha [ɐ'ɓɐʎɐ] *nf* abeille *(f)*.

abelhudo, da [ɐɓə'ʎuđu, -đɐ] *adj* fouineur (euse).

aberração [ɐɓəʀɐ'sɐ̃u] (*pl* **-ões** [-õiʃ]) *nf* aberration *(f)*.

aberto, ta [ɐ'ɓɛrtu, -tɐ] ▪ *pp* ▻ **abrir**. ▪ *adj* ouvert(e) • **'aberto'** 'ouvert'.

abertura [ɐɓər'turɐ] *nf* ouverture *(f)* • **'abertura fácil'** 'ouverture facile'.

abeto [ɐ'ɓetu] *nm* sapin *(m)*.

abismo [ɐ'ɓiʒmu] *nm* abîme *(m)*.

abóbada [ɐ'ɓɔɓɐdɐ] *nf* voûte *(f)*.

abóbora [ɐ'ɓɔɓurɐ] *nf* citrouille *(f)*.

abóbora-menina [ɐˌɓɔɓurɐmə'ninɐ] (*pl* **abóboras-meninas** [ɐˌɓɔɓurɐʒmə'ninɐʃ]) *nf* potiron *(m)*.

abobrinha [ɐɓu'ɓriɲɐ] *nf* courgette *(f)*.

abolir [ɐɓu'lir] *vt* abolir.

abominar [ɐɓumi'nar] *vt* exécrer.

abono [ɐ'ɓonu] *nm* • **abono de família** *(Port)* allocations *(fpl)* familiales.

abordagem [ɐɓur'đaʒẽi] (*pl* **-ns** [-ʃ]) *nf* approche *(f)*.

abordar [ɐɓur'đar] *vt* aborder.

aborígene [ɐɓu'riʒənə] *adj* & *nmf* aborigène.

aborrecer [ɐbuʀə'ser] *vt* ennuyer.
■ **aborrecer-se** *vp* s'ennuyer.

aborrecido, da [ɐbuʀə'siđu, -đɐ] *adj* **1.** *(chato)* ennuyeux(euse) **2.** *(zangado)* ennuyé(e).

aborrecimento [ɐbuʀəsi'mẽntu] *nm* ennui *(m)*.

abortar [ɐbur'tar] *vi* **1.** *(espontaneamente)* faire une fausse couche **2.** *(intencionalmente)* avorter.

aborto [ɐ'bortu] *nm* **1.** *(espontâneo)* fausse couche *(f)* **2.** *(intencional)* avortement *(m)*.

abotoar [ɐbu'twar] *vt* boutonner.

abraçar [ɐbrɐ'sar] *vt* serrer dans ses bras.
■ **abraçar-se** *vp* s'étreindre.

abraço [ɐ'brasu] *nm* embrassade *(f)* • **um abraço** *(em carta, postal)* affectueusement.

abrandar [ɐbrẽn'dar] ■ *vt (passo)* ralentir. ■ *vi (vento, chuva)* se calmer • **'abrande (a marcha)'** 'ralentissez'.

abranger [ɐbrẽ'ʒer] *vt* **1.** *(abarcar)* comprendre **2.** *(temas)* recouvrir.

abre-latas [ˌabrə'latɐʃ] *nm inv (Port)* ouvre-boîtes *(m inv)*.

abreviação [ɐbrəvjɐ'sɐ̃u] (*pl* **-ões** [-õiʃ]) *nf* abréviation *(f) (action)*.

abreviatura [ɐbrəvjɐ'turɐ] *nf* abréviation *(f) (résultat)*.

abridor [abri'dox] (*pl* **-es** [-iʃ]) *nm (Br)* • **abridor de garrafa** ouvre-bouteilles *(m inv)* • **abridor de lata** ouvre-boîtes *(m inv)*.

abrigar [ɐbri'gar] *vt* abriter.
■ **abrigar-se** *vp* s'abriter.

abrigo [ɐ'brigu] *nm* abri *(m)* • **ao abrigo de** à l'abri de.

abril [a'briu] *nm (Br)* = **Abril**.

Abril [ɐ'briɫ] *nm (Port)* avril *(m)* • **o 25 de Abril** *date de la révolution des œillets* • **durante o mês de Abril** au mois d'avril • **em Abril** en avril • **em meados de Abril** à la mi-avril • **este mês de Abril** le mois d'avril • **no passado/próximo mês de Abril** en avril dernier/prochain • **no princípio/final de Abril** début/fin avril • **o um de Abril** le 1er avril.

abrir [ɐ'brir] ■ *vt* ouvrir. ■ *vi* **1.** *(começar)* ouvrir **2.** *(desabrochar)* s'ouvrir • **abrir o apetite** ouvrir l'appétit • **abrir a boca** bâiller • **abrir mão de algo** *fig* renoncer à qqch • **abrir os olhos** *fig* ouvrir les yeux.
■ **abrir-se** *vp* • **abrir-se com alguém** se confier à qqn.

CULTURE...

O 25 de Abril

Le 25 avril 1974, le Mouvement des Forces Armées (MFA) renverse le régime à parti unique, autoritaire, inspiré du fascisme et soutenu par la police politique (*PIDE*), que António de Oliveira Salazar avait mis en place 48 ans auparavant. Une grande majorité de la population portugaise exprime alors son adhésion au coup d'État militaire et apporte un soutien à ses auteurs qui rétablissent les libertés démocratiques. Cette révolution, menée à bien sans effusion de sang, est symbolisée par les œillets rouges que les militaires arboraient sur le canon de leurs armes. C'est pourquoi elle est souvent appelée la « Révolution des œillets » (*a Revolução dos cravos*).

absinto [ɐb'sĩntu] *nm* absinthe *(f)*.

absolutamente [ɐbsuˌlutɐ'mẽntə] *adv* complètement.

absoluto, ta [ɐbsu'lutu, -tɐ] *adj* absolu(e).

absolver [ɐbsoɫ'ver] *vt* **1.** absoudre **2.** DR acquitter.

absorção [ɐbsɔr'sɐ̃u] *nf* absorption *(f)*.

absorvente [ɐbsɔr'vẽntə] *adj* absorbant(e).
■ **absorventes** *nmpl* • **absorventes diários** protège-slips *(mpl)*.

absorver [ɐbsɔr'ver] *vt* absorber.

abstémio, mia [ɐbʃ'tɛmju, -mjɐ] *adj (Port)* • **ele é abstémio** il ne boit pas d'alcool.

abstêmio, mia [abʃ'temju, -mjɐ] *adj (Br)* = **abstémio**.

abstenção [abʃtẽ'sɐ̃w] *nf* abstention *(f)*.

abstracto, ta [ɐbʃ'tratu, -tɐ] *adj (Port)* abstrait(e).

abstrato, ta [abʃ'tratu, -tɐ] *adj (Br)* = **abstracto**.

absurdo, da [ɐb'surđu, -đɐ] ■ *adj* absurde. ■ *nm* absurdité *(f)*.

abundância [ɐbũn'dɐ̃sjɐ] *nf* abondance *(f)*.

abundante [ɐbũn'dẽntə] *adj* abondant(e).

abusado, da [abu'zadu, -dɐ] *adj (Br)* effronté(e).

abusar [ɐƀu'zar] *vi* abuser • **abusar de algo** *(álcool, droga)* abuser de qqch • **abusar de alguém** abuser de qqn.

abuso [ɐ'ƀuzu] *nm* abus *(m)*.

a.C. (*abr écrite de* **antes de Cristo**) av. J.-C. *(avant Jésus-Christ)*.

a/c (*abr écrite de* **ao cuidado de**) att *(à l'attention de)*.

acabamento [ɐkɐƀɐ'mẽntu] *nm* finition *(f)*.

acabar [ɐkɐ'ƀar] *vt* & *vi* finir • **acabou a água** il n'y a plus d'eau • **acabar com algo** en finir avec qqch • **acaba com o barulho!** arrête de faire du bruit ! • **acabar com alguém** achever qqn • **acabar de fazer algo** venir de faire qqch • **acabar em bem** finir bien • **acabar por fazer algo** finir par faire qqch.
■ **acabar-se** *vp* • **acabou-se o pão** il n'y a plus de pain • **acabou-se!** ça suffit !

acácia [ɐ'kasjɐ] *nf* acacia *(m)*.

academia [ɐkɐđə'miɐ] *nf* **1.** *(escola)* école *(f)* **2.** *(sociedade)* académie *(f)* • **academia de belas-artes** école des beaux-arts • **academia de ginástica** club *(m)* de gymnastique.

açafrão [ɐsɐ'frɐ̃w] *nm* safran *(m)*.

acalmar [ɐkał'mar] ■ *vt* calmer. ■ *vi* se calmer.
■ **acalmar-se** *vp* se calmer.

acampamento [ɐkɐ̃mpɐ'mẽntu] *nm* campement *(m)*.

acampar [ɐkɐ̃m'par] *vi* camper.

acanhado, da [ɐkɐ'ɲađu, -đɐ] *adj* timide.

acanhar-se [ɐkɐ'ɲarsə] *vp* être intimidé(e).

ação [a'sɐ̃w] (*pl* **-ões** [-õiʃ]) *nf (Br)* = **acção**.

acarajé [akara'ʒɛ] *nm (Br) beignet à la pâte de haricot, farci aux crevettes.*

acariciar [ɐkɐri'sjar] *vt* caresser.

acaso [ɐ'kazu] *nm* hasard *(m)* • **ao acaso** au hasard • **por acaso** par hasard.

acastanhado, da [ɐkɐʃtɐ'ɲađu, -đɐ] *adj* **1.** qui tire sur le marron **2.** *(cabelo)* châtain.

acatar [ɐkɐ'tar] *vt* respecter.

acção [a'sɐ̃w] (*pl* **-ões** [-õiʃ]) *nf (Port)* action *(f)* • **entrar em acção** entrer en action.

accionar [ɐsju'nar] *vt* actionner.

accionista [ɐsju'niʃtɐ] *nmf (Port)* actionnaire *(mf)*.

acções ▷ **acção**.

aceder [ɐsə'đer] *vi* consentir.

aceitar [ɐsɐi'tar] *vt* accepter.

aceite [ɐ'sɐitə] *pp* ▷ **aceitar**.

acelerador [ɐsələrɐ'đor] (*pl* **-es** [-əʃ]) *nm* accélérateur *(m)*.

acelerar [ɐsələ'rar] *vt* & *vi* accélérer.

acenar [ɐsə'nar] *vi* faire signe.

acendedor [*(Port)* ɐsẽndə'dor, *(Br)* , asẽnde'do(x)] *nm (de fogão a gás)* allume-gaz *(m inv)*.

acender [ɐsẽn'der] *vt* allumer.

aceno [ɐ'senu] *nm* signe *(m) (de la main, de la tête)*.

acento [ɐ'sẽntu] *nm* accent *(m)* • **acento agudo/grave** accent aigu/grave • **acento circunflexo** accent circonflexe.

acepção [ɐsɛ(p)'sɐ̃w] (*pl* **-ões** [-õiʃ]) *nf* acception *(f)*.

acepipes [ɐsə'pipəʃ] *nmpl* **1.** *(aperitivos)* amuse-gueule(s) *(mpl)* **2.** *(entrada)* hors-d'œuvre *(m inv)*.

acerca [a'serkɐ] ■ **acerca de** *prép* au sujet de • **falar acerca de** parler de.

acerola [ase'rołа] *nf* acerola *(f) (cerise)*.

acertar [ɐsər'tar] ■ *vt (relógio)* mettre à l'heure. ■ *vi* **1.** *(em alvo, com sítio)* viser juste **2.** *(em resposta)* trouver.

acervo [ɐ'servu] *nm* fonds *(m) (de musée)*.

aceso, sa [ɐ'sezu, -zɐ] ■ *pp* ▷ **acender**. ■ *adj* **1.** *(luz, lume)* allumé(e) **2.** *(discussão)* enflammé(e).

acessível [ɐsə'sivɛł] (*pl* **-eis** [-ɐiʃ]) *adj* **1.** accessible **2.** *(preço)* abordable.

acesso [ɐ'sɛsu] *nm* **1.** *(a local, de raiva)* accès *(m)* **2.** *(de histeria)* crise *(f)* • **de fácil acesso** facile d'accès.

acessório [ɐsə'sɔrju] *nm* accessoire *(m) (de mode, de voiture)*.

acetona [ɐsə'tonɐ] *nf* dissolvant *(m)*.

achado [ɐ'ʃađu] *nm* **1.** *(descoberta)* trouvaille *(f)* **2.** *(pechincha)* (bonne) affaire *(f)*.

achar [ɐ'ʃar] *vt* **1.** *(coisa, pessoa perdida)* retrouver **2.** *(descobrir)* trouver • **achar que** penser que • **acho que não** je ne crois pas • **acho que sim** oui, je crois.

acidentado, da [ɐsiđẽn'tađu, -đɐ] *adj* **1.** *(terreno)* accidenté(e) **2.** *(viagem, férias)* mouvementé(e).

acidental [ɐsiđẽn'tał] (*pl* **-ais** [-aiʃ]) *adj* **1.** accidentel(elle) **2.** *(encontro, descoberta)* fortuit(e).

acidentalmente [ɐsiđẽntał'mẽntə] *adv* par accident.

acidente [ɐsi'đẽntə] *nm* accident *(m)*.

acidez [ɐsi'đeʃ] *nf* acidité *(f)*.

ácido, da ['asiđu, -đɐ] ■ *adj* acide. ■ *nm* acide *(m)* • **ácido cítrico** acide citrique • **ácido sulfúrico** acide sulfurique.

acima [ɐ'simɐ] *adv* au-dessus • **mais acima** plus haut • **acima de** *(em espaço)* au-dessus de • *(em hierarquia)* au-dessus de • **acima de tudo** par-dessus tout.

acionar [asjo'na(x)] *(Br)* = **accionar**.

acionista [asjo'niʃtɐ] *nmf (Br)* = **accionista**.

acne ['aknə] *nf* acné *(f)*.

aço ['asu] *nm* acier *(m)* • **aço inoxidável** acier inoxydable.

acocorar-se [ɐkuku'rarsə] *vp* s'accroupir.

ações [a'sõjʃ] ▻ **ação**.

acolá [ɐkulɐ] *adv* là, là-bas.

acolhedor, a [*(Port)* ɐkuʎə'đor, -rɐ, *(Br)* akoʎe'do(x), -ra] *adj* accueillant(e).

acolhimento [ɐkuʎi'mẽntu] *nm* accueil *(m)* *(hospitalité)*.

acompanhamento [ɐkõmpɐɲɐ'mẽntu] *nm* **1.** *(de evolução, situação)* suivi *(m)* **2.** *(de prato)* garniture *(f)* **3.** MUS accompagnement *(m)*.

acompanhante [ɐkõmpɐ'ɲẽntə] *nmf* **1.** *(parceiro)* compagnon *(m)*, compagne *(f)* **2.** *(de grupo)* accompagnateur *(m)*, -trice *(f)*.

acompanhar [ɐkõmpɐ'ɲar] *vt* **1.** accompagner **2.** *(programa, situação)* suivre.

aconchegador, ra [ɐkõʃəgɐ'đor, -rɐ] (*mpl* **-es** [-əʃ], *fpl* **-s** [-ʃ]) *adj* accueillant(e).

aconchegante [akõʃe'gɐ̃ntʃi] *adj* réconfortant(e).

aconselhar [ɐkõsə'ʎar] *vt* conseiller. ■ **aconselhar-se** *vp* demander conseil.

aconselhável [ɐkõsə'ʎavɛł] (*pl* **-eis** [-ɐiʃ]) *adj* conseillé(e) • **é pouco aconselhável** il est déconseillé de.

acontecer [ɐkõntə'ser] *vi* **1.** arriver **2.** *(acidente)* se produire • **o que é que te aconteceu?** que t'est-il arrivé ? • **acontece que** il se trouve que • **aconteça o que acontecer** quoi qu'il arrive.

acontecimento [ɐkõntəsi'mẽntu] *nm* événement *(m)*.

açorda [ɐ'sorđɐ] *nf soupe au pain*, ≃ panade *(f)* • **açorda alentejana** panade alentéjane (à l'ail) • **açorda de bacalhau** panade de morue • **açorda de marisco** panade de fruits de mer.

acordar [ɐkur'đar] ■ *vt* réveiller. ■ *vi* se réveiller.

acorde [ɐ'kɔrđə] *nm* MUS accord *(m)*.

acordeão [ɐkur'đjɐ̃u] (*pl* **-ões** [-õiʃ]) *nm* accordéon *(m)*.

acordo [ɐ'korđu] *nm* accord *(m)* • **de acordo!** d'accord ! • **de acordo com** d'après • **estar de acordo com** être d'accord avec.

Açores [ɐ'sorəʃ] *nmpl* • **os Açores** les Açores *(fpl)*.

açoriano, na [ɐsu'rjɐnu, -nɐ] ■ *adj* des Açores. ■ *nm, f* Açorien *(m)*, -enne *(f)*.

acorrentar [ɐkuʀẽn'tar] *vt* enchaîner.

acostamento [akoʃta'mẽntu] *nm (Br)* bas-côté *(m)*.

acostumado, da [ɐkuʃtu'mađu, -đɐ] *adj* • **estar acostumado a algo** être habitué à qqch.

acostumar-se [ɐkuʃtu'marsə] *vp* s'habituer • **acostumar-se com algo** s'habituer à qqch • **acostumar-se a fazer algo** s'habituer à faire qqch.

açougue [a'sogi] *nm (Br)* boucherie *(f)*.

açougueiro, ra [aso'gɐiru, -rɐ] *nm, f (Br)* boucher *(m)*, -ère *(f)*.

A.C.P. (*abr de* **Automóvel Clube de Portugal**), *Automobile Club du Portugal*, ≃ ACF (Automobile-Club de France) *(m)*.

acre ['akrə] *adj* âcre.

Acre ['akrə] *nm* • **o Acre** l'Acre *(m)*.

acreditar [ɐkrəđi'tar] *vi* croire • **acreditar em Deus** croire en Dieu • **acreditar no Pai Natal** croire au Père Noël.

acrescentar [ɐkrəʃẽn'tar] *vt* ajouter.

acréscimo [ɐ'krɛʃsimu] *nm* **1.** *(aumento)* ajout *(m)* **2.** *(no preço)* augmentation *(f)*.

acrílica [ɐ'krilikɐ] *adj f* ▻ **fibra**.

acrobata [ɐkru'ƀatɐ] *nmf* acrobate *(mf)*.

actividade [atəvi'đađə] *nf* **1.** activité *(f)* **2.** *(cultural)* animation *(f)*.

activo, va [a'tivu, -vɐ] *adj (Port)* actif(ive).

acto ['atu] *nm (Port)* acte *(m)*.

actor, **triz** [a'tor, -triʃ] (*mpl* **-es** [-əʃ], *fpl* **-es** [-əʃ]) *nm, f (Port)* acteur *(m)*, -trice *(f)*.

actuação [atwɐ'sɐ̃u] (*pl* **-ões** [-õiʃ]) *nf* **1.** *(procedimento)* action *(f)* **2.** *(em espectáculo)* jeu *(m)*.

actual [ɐ'twał] (*pl* **-ais** [-aiʃ]) *adj (Port)* actuel (elle).

actualizar [ɐtwɐli'zar] *vt* **1.** actualiser **2.** INFORM mettre à jour.

actualmente [ɐtwał'mẽntə] *adv* actuellement.

actuar [a'twar] *vi* **1.** *(Port) (agir)* agir **2.** *(representar)* jouer.

açúcar [ɐ'sukar] *nm* sucre *(m)* • **açúcar amarelo** sucre roux • **açúcar branco** sucre blanc • **açúcar em cubos** sucre en morceaux • **açúcar mascavo** cassonade *(f)* • **açúcar em pó** sucre glace.

açucareiro [ɐsukɐ'rɐiru] *nm* sucrier *(m)*.

acumulação [ɐkumulɐ'sɐ̃u] (*pl* **-ões** [-õiʃ]) *nf* accumulation *(f)*.

acumular [ɐkumu'lar] *vt* accumuler.

acupunctura [ɐkupũn'turɐ] *(Port) nf* acupuncture *(f)*, acuponcture *(f)*.

acupuntura [akupũn'tura] *(Br)* = **acupunctura**.

acusação [ɐkuzɐ'sɐ̃u] (*pl* **-ões** [-õiʃ]) *nf* accusation *(f)*.

acusar [ɐku'zar] *vt* accuser.

A.D. (*abr écrite de* **Anno Domini**) AD.

adaptação [ɐđɐptɐ'sɐ̃u] (*pl* **-ões** [-õiʃ]) *nf* adaptation *(f)*.

adaptado, **da** [ɐđɐp'tađu, -đɐ] *adj* adapté (e).

adaptador [ɐđɐptɐ'đor] (*pl* **-es** [-əʃ]) *nm* adaptateur *(m)* • **adaptador de rede** INFORM adaptateur de réseau.

adaptar [ɐđɐp'tar] *vt* adapter.
■ **adaptar-se** *vp* • **adaptar-se a** s'adapter à.

adega [ɐ'đɛgɐ] *nf* cave *(f)* • **adega cooperativa** cave coopérative.

adepto, **ta** [ɐ'đɛptu, -tɐ] *nm, f* supporteur *(m)*, -trice *(f)*, OU supporter *(m)*.

adequado, **da** [ɐđə'kwađu, -đɐ] *adj* adéquat(e).

adereço [ɐđə'resu] *nm* accessoire *(m) (de théâtre)*.

aderente [ɐđə'rẽntə] ■ *adj* adhésif(ive). ■ *nmf* adhérent *(m)*, -e *(f)*.

aderir [ɐđə'rir] *vi* adhérer • **aderir a algo** adhérer à qqch.

adesão [ɐđə'zɐ̃u] (*pl* **-ões** [-õiʃ]) *nf fig* adhésion *(f)*.

adesivo, **va** [ɐđə'zivu, -vɐ] ■ *adj* adhésif (ive). ■ *nm (Port)* adhésif *(m)*.

adesões ▷ **adesão**.

adeus [ɐ'đeuʃ] ■ *nm* adieu *(m)*. ■ *interj* **1.** au revoir ! **2.** *(para sempre)* adieu ! • **dizer adeus** dire au revoir • *(para sempre)* dire adieu.

adiamento [ɐđjɐ'mẽntu] *nm* report *(m) (de réunion)*.

adiantado, **da** [ɐđjɐ̃n'tađu, -đɐ] ■ *adj* avancé(e). ■ *adv* • **chegar adiantado** être en avance • **estar adiantado** avancer • **pagar adiantado** payer d'avance.

adiantar [ɐđjɐ̃n'tar] *vt* & *v impers* avancer • **de que adianta...?** à quoi bon... ? • **não adianta nada!** ça n'avance à rien !
■ **adiantar-se** *vp* s'avancer.

adiante [ɐ'đjɐ̃ntə] ■ *adv* devant. ■ *interj* en avant ! • **mais adiante** plus loin • **passar adiante** passer à autre chose • **e por aí adiante** et ainsi de suite.

adiar [ɐ'đjar] *vt* reporter *(une réunion)*.

adição [ɐđi'sɐ̃u] (*pl* **-ões** [-õiʃ]) *nf* addition *(f) (somme)*.

adicionar [ɐđisju'nar] *vt* **1.** *(acrescentar)* ajouter **2.** *(somar)* additionner.

adições ▷ **adição**.

adivinha [ɐđə'viɲɐ] *nf* devinette *(f)*.

adivinhar [ɐđəvi'ɲar] *vt* **1.** *(decifrar)* deviner **2.** *(futuro)* prédire.

adjectivo [ɐđʒɛ'tivu] *nm* adjectif *(m)*.

adjetivo [adʒɛ'tʃivu] [adʒɛ'tʃivu] *(Br)* = **adjectivo**.

adjunto, **ta** [ɐđ'ʒũntu, -tɐ] *adj* & *nm, f* adjoint(e).

administração [ɐđməniʃtrɐ'sɐ̃u] *nf* administration *(f)*.

administrador, **ra** [ɐđməniʃtrɐ'đor, -rɐ] (*mpl* **-es** [-əʃ], *fpl* **-s** [-ʃ]) *nm, f* administrateur *(m)*, -trice *(f)*.

administrar [ɐđməniʃ'trar] *vt* **1.** *(empresa, negócio)* gérer **2.** *(injecção, curativo)* administrer.

admiração [ɐđmirɐ'sɐ̃u] *nf* **1.** *(espanto)* étonnement *(m)* **2.** *(respeito, estima)* admiration *(f)*.

admirador, **ra** [ɐđmirɐ'đor, -rɐ] (*mpl* **-es** [-əʃ], *fpl* **-s** [-ʃ]) *nm, f* admirateur *(m)*, -trice *(f)*.

admirar [ɐđmi'rar] *vt* **1.** *(contemplar)* admirer **2.** *(espantar)* étonner.
■ **admirar-se** *vp* s'étonner.

admirável [ɐđmi'ravɛɫ] (*pl* **-eis** [-ɐiʃ]) *adj* admirable.

admissão [ɐđmi'sɐ̃u] (*pl* **-ões** [-õiʃ]) *nf* admission *(f)*.

admitir [ɐđmi'tir] *vt* admettre.

adoçante [ɐđu'sɐ̃ntə] *nm* édulcorant *(m)*.

adoção [ado'sɐ̃w] *(Br)* = **adopção**.

adoçar [ɐđu'sar] *vt* sucrer.

adoecer [ɐđwi'ser] *vi* tomber malade.

adolescência [ɐđuləʃ'sẽsjɐ] *nf* adolescence *(f)*.

adolescente [ɐđuləʃ'sẽntə] *nmf* adolescent *(m)*, -e *(f)*.

adopção [ɐđɔ'sɐ̃u] (*pl* **-ões** [-õiʃ]) *nf* adoption *(f)*.

adoptado, **da** [ɐđɔ'tađu, -đɐ] *adj* adopté (e).

adoptar [ɐđɔ'tar] *vt* adopter.

adorar [ɐđu'rar] *vt* adorer.

adorável [ɐđu'ravɛɫ] (*pl* **-eis** [-ɐiʃ]) *adj* adorable.

adormecer [ɐđurmə'ser] ■ *vt* endormir.
■ *vi* s'endormir.

adornar [ɐđur'nar] *vt* orner.

adotado [ado'tadu] *(Br)* = **adoptado**.

adotar [ado'ta(x)] [ado'ta(x)] *(Br)* = **adoptar**.

adquirir [ɐđki'rir] *vt* acquérir.

adrenalina [ɐđrənɐ'linɐ] *nf* adrénaline *(f)*.

adulterar [ɐđuɫtə'rar] *vt* altérer.

adultério [ɐđuɫ'tɛrju] *nm* adultère *(m)*.

adulto, **ta** [ɐ'đuɫtu, -tɐ] *adj* & *nm, f* adulte.

advérbio [ɐđ'vɛrƀju] *nm* adverbe *(m)*.

adversário, **ria** [ɐđvər'sarju, -rjɐ] ■ *adj* adverse. ■ *nm, f* adversaire *(mf)*.

advertência [ɐđvər'tẽsjɐ] *nf* avertissement *(m)*.

advogado, **da** [ɐđvu'gađu, -đɐ] *nm, f* avocat *(m)*, -e *(f)*.

a-e-i-o-u [aɛiɔu] *(Br)* = **á-é-í-ó-ú**.

á-é-i-ó-u [aɛiɔu] *nm* • **aprender o á-é-i-ó-u** *(as vogais)* apprendre les voyelles • *(o essencial de algo)* apprendre le B.A.-Ba.

aéreo, **rea** [ɐ'ɛrju, -rjɐ] *adj* **1.** aérien(enne) **2.** *fig (distraído)* tête en l'air.

aerobarco [aero'baxku] *nm (Br)* hovercraft *(m)*.

aerodinâmico, **ca** [ɐɛrɔđi'nɐmiku, -kɐ] *adj* aérodynamique.

aeródromo [ɐɛ'rɔđrumu] *nm* aérodrome *(m)*.

aerograma [aɛrɔ'grɐmɐ] *nm (Br)* télégramme *(m)*.

aeromoça [aero'mosa] *nf (Br)* hôtesse *(f)* de l'air.

aeromodelismo [ɐˌɛrɔmuđə'liʒmu] *nm* aéromodélisme *(m)*.

aeronáutica [ɐɛrɔ'nautikɐ] *nf* **1.** aéronautique *(f)* **2.** *(Br) (força aérea)* armée *(f)* de l'air.

aeroporto [ɐɛrɔ'portu] *nm* aéroport *(m)*.

aerossol [ɐɛrɔ'sɔɫ] (*pl* **-óis** [-ɔiʃ]) *nm* aérosol *(m)*.

afagar [ɐfɐ'gar] *vt* caresser.

afastado, **da** [ɐfɐʃ'tađu, -đɐ] *adj* **1.** *(parente, lugar)* éloigné(e) **2.** *(suspeita)* écarté(e) **3.** *(aldeia)* reculé(e).

afastar [ɐfɐʃ'tar] *vt* **1.** *(desviar)* écarter **2.** *(apartar)* éloigner.
■ **afastar-se** *vp* **1.** *(desviar-se)* s'écarter **2.** *(distanciar-se)* s'éloigner • **afastar-se de** s'éloigner de.

afável [ɐ'favɛɫ] (*pl* **-eis** [-ɐiʃ]) *adj* **1.** *(pessoa)* charmant(e) **2.** *(animal)* doux (douce).

afectar [ɐfɛ'tar] *vt* affecter.

afectivo, **va** [ɐfɛ'tivu, -vɐ] *adj* **1.** *(pessoa)* affectueux(euse) **2.** *(problemas, vida)* affectif (ive).

afecto [ɐ'fɛtu] *nm (Port)* affection *(f)*.

afectuoso, **osa** [ɐfɛ'tuozu, -ɔzɐ] *adj (Port)* affectueux(euse).

afeição [ɐfɐi'sɐ̃u] *nf* **1.** affection *(f)* **2.** *(inclinação)* goût *(m)* • **ter afeição por algo** aimer bien qqch.

afetar [afe'ta(x)] *(Br)* = **afectar**.

afetivo [afe'tʃivu] *(Br)* = **afectivo**.

afeto [a'fɛtu] *nm (Br)* = **afecto**.

afetuoso [afe'tuozu] *(Br)* = **afectuoso**.

afiadeira [ɐfjɐ'đɐirɐ] *nf (Port)* taille-crayon *(m)*.

afiado, **da** [ɐ'fjađu, -đɐ] *adj* aiguisé(e).

afiambrado [ɐfjɐ̃m'brađu] *nm sorte de mortadelle.*

afiar [ɐ'fjar] *vt* **1.** *(faca)* aiguiser **2.** *(lápis)* tailler.

aficionado, **da** [ɐfisju'nađu, -đɐ] *nm, f* aficionado *(m).*

afilhado, **da** [ɐfi'ʎađu, -đɐ] *nm, f* filleul *(m)*, -e *(f).*

afim [ɐ'fĩ] (*pl* **-ns** [-ʃ]) ■ *adj* **1.** *(gostos)* commun(e) **2.** *(ideias)* voisin(e) **3.** *(produtos)* similaire. ■ *nm* parent *(m)* par alliance.

afinado, **da** [ɐfi'nađu, -đɐ] *adj* **1.** *(instrumento musical)* accordé(e) **2.** *(motor)* réglé(e).

afinal [ɐfi'nał] *adv* finalement • **afinal de contas** en fin de compte.

afinar [ɐfi'nar] *vt* **1.** *(instrumento musical)* accorder **2.** *(motor)* régler • **afinar os travões** régler les freins.

afinidade [ɐfəni'đađə] *nf* **1.** affinité *(f)* **2.** DR parenté *(f)* par alliance.

afins [a'fĩʃ] ▷ **afim**.

afirmação [ɐfirmɐ'sɐ̃u] (*pl* **-ões** [-õiʃ]) *nf* affirmation *(f).*

afirmar [ɐfir'mar] *vt* affirmer.

afirmativo, **va** [ɐfirmɐ'tivu, -vɐ] *adj* affirmatif(ive).

afixação [ɐfiksa'sɐ̃u] *nf* affichage *(f)* • **'afixação proibida'** 'défense d'afficher'.

afixar [ɐfik'sar] *vt (cartaz, aviso)* afficher.

aflição [ɐfli'sɐ̃u] (*pl* **-ões** [-õiʃ]) *nf* peine *(f).*

afligir [ɐfli'ʒir] *vt* **1.** *(suj: doença, dor)* affliger **2.** *(suj: perigo)* affoler.
■ **afligir-se** *vp* s'affoler • **afligir-se com** être affligé par.

aflito, **ta** [ɐ'flitu, -tɐ] *pp* ▷ **afligir**.

aflorar [ɐflu'rar] ■ *vt (assunto, tema)* effleurer. ■ *vi* affleurer.

afluência [ɐflu'ẽsjɐ] *nf* affluence *(f).*

afluente [ɐflu'ẽntə] *nm* affluent *(m).*

afobado, **da** [afo'badu, -dɐ] *adj (Br)* **1.** *(apressado)* pressé(e) **2.** *(atrapalhado)* affolé(e) **3.** *(cansado)* fatigué(e).

afogado, **da** [ɐfu'gađu, -đɐ] *adj* & *nm, f* noyé(e).

afogador [afoga'dox] (*pl* **-es** [-iʃ]) *nm (Br)* starter *(m).*

afogamento [ɐfugɐ'mẽntu] *nm* noyade *(f).*

afogar [ɐfu'gar] *vt* noyer.
■ **afogar-se** *vp* se noyer.

afónico, **ca** [ɐ'fɔniku, -kɐ] *adj (Port)* aphone.

afônico, **ca** [a'foniku, -kɐ] *adj (Br)* = **afónico**.

afortunado, **da** [ɐfurtu'nađu, -đɐ] *adj* chanceux(euse) • **ele é uma pessoa afortunada** il a de la chance.

afresco [a'freʃku] *nm (Br)* fresque *(f).*

África ['afrikɐ] *nf* • **a África** l'Afrique *(f)* • **a África do Sul** l'Afrique du Sud.

africano, **na** [ɐfri'kɐnu, -nɐ] ■ *adj* africain (e). ■ *nm, f* Africain *(m)*, -e *(f).*

afro-brasileiro, **ra** [ˌafrɔƀrɐzi'lɐiru, -rɐ] ■ *adj* afro-brésilien(enne). ■ *nm, f* Afro-Brésilien *(m)*, -enne *(f).*

afronta [ɐ'frõntɐ] *nf* affront *(m).*

afrouxar [ɐfro'ʃar] *vt* • **afrouxar o carro** ralentir.

afta ['aftɐ] *nf* aphte *(m).*

afugentar [ɐfuʒẽn'tar] *vt* faire fuir.

afundar [ɐfũn'dar] *vt* couler.
■ **afundar-se** *vp* couler.

agachar-se [ɐga'ʃarsə] *vp* se baisser.

agarrar [ɐgɐ'ʀar] *vt* **1.** attraper **2.** *(segurar)* tenir.
■ **agarrar-se** *vp* • **agarrar-se a** *(segurar-se a)* s'accrocher à, se tenir à • *(pegar-se a)* attacher à • *(dedicar-se a)* se consacrer à • **agarrar-se aos livros** *(fam)* bûcher.

agasalhar-se [ɐgɐzɐ'ʎarsə] *vp* se couvrir.

agasalho [ɐgɐ'zaʎu] *nm (peça de roupa)* vêtement *(m)* chaud.

ágeis ['aʒejʃ] ▷ **ágil**.

agência [ɐ'ʒẽsjɐ] *nf* agence *(f)* • **agência bancária** agence bancaire • **agência de câmbio** bureau *(m)* de change • **agência de correios** *(Br)* bureau *(m)* de poste • **agência funerária** pompes *(fpl)* funèbres • **agência imobiliária** agence immobiliaire • **agência de viagens** agence de voyages.

agenda [ɐ'ʒẽndɐ] *nf* **1.** *(livro)* agenda *(m)* **2.** *(plano de reunião)* ordre *(m)* du jour.

agente [ɐ'ʒẽntə] *nmf* **1.** *(de polícia)* agent *(m)* **2.** *(de vendas)* commercial *(m)*, -e *(f)* • **agente funerário** croque-mort • **agente autorizado** *(aviso em quiosque) vendeur agréé de billets de loto* • **agente secreto** *(espião)* agent secret.

ágil ['aʒiɫ] (*pl* **ágeis** ['aʒɐiʃ]) *adj* agile.

agilidade [ɐʒəli'đađə] *nf* agilité *(f)*.

ágio ['aʒju] *nm* agio *(m)*.

agir [ɐ'ʒir] *vi* agir.

agitação [ɐʒitɐ'sɐ̃u] *nf* agitation *(f)*.

agitado, da [ɐʒi'tađu, -đɐ] *adj* agité(e).

agitar [ɐʒi'tar] *vt (líquido)* agiter • **'agitar antes de abrir'** 'agiter avant d'ouvrir'. ■ **agitar-se** *vp* s'agiter.

aglomeração [ɐglumərɐ'sɐ̃u] (*pl* **-ões** [-õiʃ]) *nf* **1.** *(de pessoas)* attroupement *(m)* **2.** *(de detritos)* amas *(m)*.

aglomerar [ɐglumə'rar] *vt* rassembler.

agonia [ɐgu'niɐ] *nf* **1.** *(angústia)* angoisse *(f)* **2.** *(náusea)* nausée *(f)* **3.** *(antes da morte)* agonie *(f)*.

agoniado, a [ago'njadu, -da] *adj* • **estar agoniado** avoir la nausée.

agora [ɐ'gɔrɐ] *adv* maintenant • **chega aqui agora mesmo!** viens ici tout de suite ! • **ele saiu agora mesmo** il est sorti à l'instant • **agora que** maintenant que • **essa agora!** ça alors ! • **por agora** pour le moment • **só agora reparei que...** je viens de m'apercevoir que... • **só agora!** ce n'est pas trop tôt ! • **é agora ou nunca** c'est maintenant ou jamais.

agosto [a'goʃtu] *nm (Br)* = **Agosto**.

Agosto [ɐ'goʃtu] *nm (Port)* août *(m)* • **durante o mês de Agosto** au mois d'août • **em Agosto** en août • **em meados de Agosto** à la mi-août • **este mês de Agosto** le mois d'août • **no passado/próximo mês de Agosto** en août dernier/prochain • **no princípio/final de Agosto** début/fin août • **o um de Agosto** le 1er août.

agradar [ɐgrɐ'đar] *vi* • **agradar a alguém** plaire à qqn.

agradável [ɐgrɐ'đavɛɫ] (*pl* **-eis** [-ɐiʃ]) *adj* agréable.

agradecer [ɐgrɐđə'ser] *vt* & *vi* remercier • **agradecer algo a alguém, agradecer a alguém por algo** remercier qqn de qqch.

agradecido, da [ɐgrɐđə'siđu, -đɐ] *adj* reconnaissant(e) • **mal agradecido** ingrat • **muito agradecido!** merci beaucoup !

agradecimento [ɐgrɐđəsi'mẽntu] *nm* remerciement *(m)*.

agrafador [ɐgrɐfɐ'đor] (*pl* **-es** [-əʃ]) *nm (Port)* agraffeuse *(f)*.

agrafo [ɐ'grafu] *nm (Port)* agrafe *(f)*.

agravamento [ɐgrɐvɐ'mẽntu] *nm* aggravation *(f)*.

agravante [ɐgrɐ'vẽntə] ■ *adj* aggravant(e). ■ *nm* & *nf* circonstance *(f)* aggravante.

agravar [ɐgrɐ'var] *vt* aggraver. ■ **agravar-se** *vp* s'aggraver.

agredir [ɐgrə'đir] *vt* agresser.

agregado [ɐgrə'gađu] *nm* • **agregado familiar** foyer *(m)* fiscal.

agressão [ɐgrə'sɐ̃u] (*pl* **-ões** [-õiʃ]) *nf* agression *(f)*.

agressivo, va [ɐgrə'sivu, -vɐ] *adj* agressif (ive).

agressões ▷ **agressão**.

agreste [ɐ'grɛʃtə] *adj* **1.** *(paisagem)* champêtre **2.** *(tempo)* rigoureux(euse).

agrião [ɐgri'ɐ̃u] (*pl* **-ões** [-'õiʃ]) *nm* cresson *(m)*.

agrícola [ɐ'grikuɫɐ] *adj* agricole.

agricultor, ra [ɐgrikuɫ'tor, -rɐ] (*mpl* **-es** [-əʃ], *fpl* **-s** [-ʃ]) *nm, f* agriculteur *(m)*, -trice *(f)*.

agricultura [ɐgrikuɫ'turɐ] *nf* agriculture *(f)*.

agridoce [ɐgri'đosə] *adj* aigre-doux(ce).

agriões ▷ **agrião**.

agronomia [ɐgrunu'miɐ] *nf* agronomie *(f)*.

agrupar [ɐgru'par] *vt* grouper.

água ['agwɐ] *nf* eau *(f)* • **água benta** eau bénite • **água de Carvalhelhos** *eau gazeuse de type Perrier* • **água corrente** eau courante • **água destilada** eau distillée • **água mineral** eau minérale • **água mineral com gás** *ou* **gaseificada** eau gazeuse • **água mineral sem gás** eau plate • **água das pedras** ≃ Badoit *(f)* • **água potável** eau potable • **água sanitária** *(Br)* eau de Javel • **água tónica** Schweppes *(m)* • **de fazer crescer água na boca** qui met l'eau à la bouche.

aguaceiro [ɐgwɐ'sɐiru] *nm* averse *(f)*.

água-de-colónia [ˌagwɐđəku'lɔnjɐ] *nf* eau *(f)* de Cologne.

água-de-colônia [ˌagwadʒiko'lonja] *(Br)* = **água de colónia**.

aguado, da [ɐ'gwađu, -đɐ] *adj* coupé(e) *(avec de l'eau)*.

água-oxigenada [ˌagw(ɐ)ɔksiʒə'nađɐ] *nf* eau *(f)* oxygénée.

água-pé [ˌagwɐ'pɛ] *nf* marc *(m)*.

aguardar [ɐgwɐr'đar] *vt* attendre.

aguardente [agwɐr'đẽntə] *nf* eau-de-vie *(f)* • **aguardente de cana** eau-de-vie de canne à sucre • **aguardente de pêra** eau-de-vie de poire • **aguardente velha** vieille eau-de-vie.

aguarela [ɐgwɐ'rɛlɐ] *nf (Port)* aquarelle *(f)*.

aguarrás [agwɐ'ʀaʃ] *nf* white-spirit *(m)*.

água-viva [ˌagwɐ'vivɐ] *(pl* **águas-vivas** [ˌagwɐʒ'vivɐʃ]) *nf* marée *(f)* de vive eau.

aguçado, da [ɐgu'sađu, -đɐ] *adj* aiguisé(e).

aguçar [ɐgu'sar] *vt* aiguiser.

agudo, da [ɐ'guđu, -đɐ] *adj* aigu(ë).

aguentar [ɐgwẽn'tar] *vt* **1.** *(dor, sofrimento)* supporter **2.** *(desgaste)* résister à **3.** *fig (suportar)* endurer • **aguentar com** porter • **já não aguento mais!** je n'en peux plus !

agüentar [agwẽn'ta(x)] *vt (Br)* supporter, endurer, subir.

águia ['agjɐ] *nf* aigle *(m)*.

agulha [ɐ'guʎɐ] *nf* **1.** aiguille *(f)* **2.** *(de tricô)* aiguille *(f)* à tricoter.

agulheta [*(Port)* ɐgu'ʎetɐ, *(Br)* agu'ʎeta] *nf* lance *(f)* *(de tuyau d'arrosage)*.

ai ['ai] *interj* aïe !

aí [ɐ'i] *adv* **1.** là **2.** *(então)* à ce moment-là • **por aí** par là • **anda por aí alguém que...** il y a quelqu'un qui....

AIDS [ajdʒs] *nf (Br)* SIDA *(m)*.

ainda [ɐ'ĩndɐ] *adv*

1. INDIQUE UNE CONTINUITÉ D'ACTION, UN ÉTAT OU UNE CIRCONSTANCE

• **a casa ainda lá estava** la maison était toujours là

2. AVEC « NÃO » : INDIQUE UNE ACTION, UN ÉTAT NON RÉALISÉS JUSQU'À PRÉSENT

• **ainda não fui a Lisboa** je ne suis pas encore allé à Lisbonne

• **ainda não estás satisfeito?** tu n'es toujours pas content ?

3. AJOUTE UN ÉLÉMENT OU UNE INFORMATION

• **chegaram ainda outros convidados** d'autres invités sont encore arrivés

• **queria ainda acrescentar que...** je voudrais encore ajouter que...

4. INSISTE SUR LA NOTION DE TEMPS EXPRIMÉE PAR LE TERME QUI SUIT

• **ainda agora cheguei** j'arrive à l'instant même

• **ainda ontem estivemos juntos** nous avons été ensemble pas plus tard qu'hier

5. EXPRIME LA CERTITUDE OU LE SOUHAIT D'UNE RÉALISATION FUTURE

• **tu ainda cais!** tu vas tomber !

• **ainda me hei-de vingar** je finirai bien par me venger

6. AVEC « ASSIM » : EXPRIME UNE CERTAINE OPPOSITION

• **ainda assim não fiz muitos erros** malgré tout, je n'ai pas fait beaucoup de fautes

7. AVEC « QUE » OU « SE » SUIVI DU SUBJONCTIF : EXPRIME UNE CONDITION

• **tens de trabalhar, ainda que te custe** il faut que tu travailles, même si cela te coûte

• **ainda se ele fosse simpático...** si encore il était sympathique...

8. LOCUTIONS

• **ainda por cima** par-dessus le marché, de surcroît

• **ainda bem (que)** heureusement (que).

aipim [ai'pĩ] *(pl* **-ns** [-ʃ]) *nm (Br)* manioc *(m)*.

aipo ['aipu] *nm* céleri *(m)*.

ajeitar [ɐʒɐi'tar] *vt* arranger.
■ **ajeitar-se** *vp (acomodar-se)* s'installer • **ajeitar-se com algo** *(saber lidar com)* se faire à qqch.

ajoelhar-se [ɐʒwe'ʎarsə] *vp* s'agenouiller.

ajuda [ɐ'ʒuđɐ] *nf* aide *(f)* • **pedir ajuda** demander de l'aide • **ajuda recíproca** entraide.

ajudante [ɐʒu'đẽntə] *nmf* assistant *(m)*, -e *(f)*.

ajudar [ɐʒu'đar] *vt* **1.** *(auxiliar)* aider **2.** *(socorrer)* porter secours à.

ajuste [ɐ'ʒuʃtə] *nm* • **ajuste de contas** règlement *(m)* de compte(s).

Al. (*abr écrite de* **alameda**) bd *(boulevard)*.

ala ['alɐ] *nf* **1.** *(fileira)* rangée *(f)* **2.** *(de edifício)* aile *(f)*.

Alagoas [ɐlɐ'goɐʃ] *nm* • **o Alagoas** l'Alagoas *(m)*.

alambique [ɐlẽm'bikə] *nm* alambic *(m)*.

alameda [ɐlɐ'međɐ] *nf* allée *(f)*.

alargar [ɐlɐr'gar] *vt* **1.** *(em espaço)* élargir **2.** *(em tempo)* prolonger **3.** *fig (expandir)* agrandir.

alarido [ɐlɐ'riđu] *nm* vacarme *(m)*.

alarmante [ɐlɐr'mẽntə] *adj* alarmant(e).

alarme [ɐ'larmə] *nm* **1.** alarme *(f)* **2.** *(susto)* frayeur *(f)* • **falso alarme, alarme falso** fausse alerte *(f)*.

alastrar [ɐlɐʃ'trar] *vt* répandre.
■ **alastrar-se** *vp* s'étendre.

alavanca [ɐlɐ'vẽŋkɐ] *nf* levier *(m)*.

Albânia [ał'ƀɐnjɐ] *nf* • **a Albânia** l'Albanie *(f)*.

albergue [ał'ƀɛrgə] *nm* auberge *(f)*.

albufeira [ałƀu'fɐirɐ] *nf* **1.** *(de mar)* lagune *(f)* **2.** *(artificial)* retenue *(f)* d'eau.

álbum ['ałƀũ] (*pl* **-ns** [-ʃ]) *nm* album *(m)*.

alça ['ałsɐ] *nf* **1.** *(de vestido, combinação)* bretelle *(f)* **2.** *(de saco, arma)* bandoulière *(f)*.

alcachofra [ałkɐ'ʃofrɐ] *nf* artichaut *(m)*.

alcançar [ałkẽ'sar] *vt* **1.** atteindre **2.** *(apanhar)* attraper **3.** *(obter)* obtenir **4.** *(compreender)* saisir.

alcance [ał'kẽsə] *nm* portée *(f)* • **ao alcance de** à la portée de • **fora do alcance de** hors de la portée de.

alçapão [ałsɐ'pẽu] (*pl* **-ões** [-õiʃ]) *nm* trappe *(f)*.

alcaparras [ałkɐ'paʀɐʃ] *nfpl* câpres *(fpl)*.

alçapões ▷ **alçapão**.

alcateia [ałkɐ'tɐiɐ] *nf (Port)* meute *(f)*.

alcatéia [awka'teja] *nf (Br)* bande *(f)*.

alcatifa [ałkɐ'tifɐ] *nf* moquette *(f)*.

alcatra [*(Port)* ał'katrɐ, *(Br)* aw'katra] *nf* culotte *(f)*.

alcatrão [ałkɐ'trẽu] *nm* goudron *(m)*.

álcool ['ałk(w)ɔł] *nm* alcool *(m)* • **álcool etílico** alcool à 90°.

alcoólatra [aw'kɔlatra] *nmf* alcoolique *(mf)*.

alcoólico, ca [ał'kwɔliku, -kɐ] *adj & nm, f* alcoolique.

Alcorão [ałku'rẽu] *nm* Coran *(m)*.

alcunha [ał'kuɲɐ] *nf* surnom *(m)*.

aldeia [ał'đɐiɐ] *nf* village *(m)*.

alecrim [ɐlə'krĩ] *nm* romarin *(m)*.

alegação [ɐləgɐ'sẽu] (*pl* **-ões** [-õiʃ]) *nf* **1.** allégation *(f)* **2.** *(prova)* affirmation *(f)*.

alegar [ɐlə'gar] *vt* **1.** alléguer **2.** DR citer.

alegoria [ɐləgu'riɐ] *nf* allégorie *(f)*.

alegórico [ɐlə'gɔriku] *adj m* ▷ **carro**.

alegrar [ɐlə'grar] *vt* **1.** *(pessoa)* réjouir **2.** *(ambiente, casa, festa)* égayer.
■ **alegrar-se** *vp* se réjouir.

alegre [ɐ'lɛgrə] *adj* **1.** joyeux(euse) **2.** *(roupa, cor)* gai(e) **3.** *fig (bêbado)* éméché(e).

alegria [ɐlə'griɐ] *nf* joie *(f)*.

aleijado, da [ɐlɐi'ʒađu, -đɐ] *adj* blessé(e).

aleijar [ɐlɐi'ʒar] *vt* blesser.
■ **aleijar-se** *vp* se blesser.

além [a'lẽi] ■ *adv* là-bas. ■ *nm* • **o além** l'au-delà *(m)* • **além disso** en plus • **mais além** plus loin.

alemã ▷ **alemão**.

alemães ▷ **alemão**.

Alemanha [ɐlə'mɐɲɐ] *nf* • **a Alemanha** l'Allemagne *(f)*.

alemão, ã [ɐlə'mẽu, -ẽ] (*mpl* **-ães** [-ẽiʃ], *fpl* **-s** [-ʃ]) ■ *adj* allemand(e). ■ *nm, f* Allemand *(m)*, -e *(f)*.
■ **alemão** *nm (língua)* allemand *(m)*.

além-mar [alẽi'mar] *adv & nm* outre-mer.

alentejano, na [ɐlẽntə'ʒɐnu, -nɐ] ■ *adj* de l'Alentejo. ■ *nm, f* habitant *(m)*, -e *(f)* de l'Alentejo.

Alentejo [ɐlẽn'tɛʒu] *nm* • **o Alentejo** l'Alentejo.

alergia [ɐlər'ʒiɐ] *nf* allergie *(f)*.

alérgico, ca [ɐ'lɛrʒiku, -kɐ] *adj* allergique.

alerta [ɐ'lɛrtɐ] ■ *adv* sur ses gardes. ■ *nm* alerte *(f)*.

aletria [ɐlə'triɐ] *nf* vermicelle *(m)*.

alfa ['ałfɐ] *nm* ▷ **comboio**.

alfabético, ca [ałfɐ'ƀɛtiku, -kɐ] *adj* alphabétique.

alfabeto [ałfɐ'ƀɛtu] *nm* alphabet *(m)*.

alface [ał'fasə] *nf* laitue *(f)*.

alfacinha [ałfɐ'siɲɐ] *nmf fam surnom donné aux habitants de Lisbonne.*

alfaiate [ałfɐ'jatə] *nm* tailleur *(m)*.

alfândega [ał'fẽndəgɐ] *nf* douane *(f)*.

alfazema [ałfɐ'zemɐ] *nf* lavande *(f)*.

alfinete [ałfi'netə] *nm* **1.** *(de costura)* épingle *(f)* **2.** *(jóia)* broche *(f)* • **alfinete de gravata** épingle à cravate.

alfinete-de-ama [ałfi,netə'đjɐmɐ] (*pl* **alfinetes-de-ama** [ałfi,netəʒ'đjɐmɐ]) *nm* épingle *(f)* à nourrice.

alforreca [ałfu'ʀɛkɐ] *nf* méduse *(f)*.

alga ['ałgɐ] *nf* algue *(f)*.

algarismo [ałgɐ'riʒmu] *nm* chiffre *(m)*.

Algarve [ał'garvə] *nm* • **o Algarve** l'Algarve *(f)*.

algarvio, **via** [ałgɐr'viu, -'viɐ] ■ *adj* de l'Algarve. ■ *nm, f* Algarvien *(m)*, -enne *(f)*.

algazarra [ał gɐ'zaʀɐ] *nf* hurlements *(mpl)*.

álgebra ['ałʒəbrɐ] *nf* algèbre *(f)*.

algemas [ał'ʒemɐʃ] *nfpl* menottes *(fpl)*.

algibeira [ałʒi'bɐirɐ] *nf* poche *(f)*.

algo ['a łgu] *pron* quelque chose.

algodão [ałgu'dɐ̃u] *nm* coton *(m)* • **algodão doce** barbe *(f)* à papa.

alguém [ał'gɐ̃i] *pron* quelqu'un • **ser alguém** être quelqu'un.

algum, **ma** [ał'gũ, -mɐ] *(mpl* **-ns** [-ʃ], *fpl* **-s** [-ʃ]) ■ *adj* **1.** *(ger)* un (une), quelque **2.** *(em negativas)* aucun (aucune). ■ *pron* **1.** *(indicando pessoa)* quelqu'un **2.** *(indicando coisa)* quelque **3.** *(em interrogativas) (indicando pessoa)* quelqu'un **4.** *(indicando coisa)* • **queres algum/alguns?** tu en veux un/quelques-uns ? • **algum dia** un jour • **algumas vezes** quelquefois • **em alguns casos** dans certains cas • **tens algum problema?** tu as un problème ? • **alguns não vieram** certains ne sont pas venus • **alguma coisa** quelque chose • **alguma vez te hás-de enganar** tu finiras par te tromper • **não há melhora alguma** il n'y a aucune amélioration.
■ **alguma** *nf (evento, feito)* quelque chose.

algures [ał'gurəʃ] *adv* quelque part.

alheio, **a** [ɐ'ʎɐju, ɐ] *adj* **1.** *(de outrem)* d'autrui **2.** *(desconhecido)* étranger(ère) **3.** *(distraído)* distrait(e).

alheira [ɐ'ʎɐirɐ] *nf saucisse à l'ail*.

alho ['aʎu] *nm* ail *(m)* • **alho francês** poireau *(m)*.

alho-poró [aʎupo'rɔ] *(Br)* = **alho-poro**.

alho-porro [ˌaʎu'poʀu] *(pl* **alhos-porros** [ˌaʎuʃ'poʀuʃ]) *nm* poireau *(m)*.

ali [ɐ'li] *adv* là, là-bas • **ele nasceu ali** c'est là qu'il est né • **ali ao fundo** là-bas au fond • **aqui e ali** çà et là • **até ali** jusque là • **logo ali** à cet endroit-là • **por ali** par là.

aliado, **da** [ɐ'ljadu, -dɐ] *adj & nm, f* allié (e).

aliança [ɐ'ljɐ̃sɐ] *nf* alliance *(f)*.

aliar [ɐ'ljar] *vt* allier.
■ **aliar-se** *vp* s'allier.

aliás [ɐ'ljaʃ] *adv* d'ailleurs.

álibi ['alibi] *nm* alibi *(m)*.

alicate [ɐli'katə] *nm* pince *(f) (outil)* • **alicate de unhas** *(Br)* coupe-ongles *(m inv)*.

alice [a'lisi] *nf (Br)* anchois *(m)*.

alicerce [ɐli'sɛrsə] *nm* fondations *(fpl)*.

aliche [ali'ʃe] *(Br)* = **anchovas**.

aliciante [ɐli'sjɐ̃ntə] *adj* alléchant(e).

aliciar [ɐli'sjar] *vt* allécher.

alienado, **da** [ɐlje'nadu, -dɐ] *adj* aliéné(e).

alimentação [ɐlimẽntɐ'sɐ̃u] *nf* alimentation *(f)*.

alimentar [ɐlimẽn'tar] *(pl* **-es** [-əʃ]) ■ *adj* alimentaire. ■ *vt* **1.** *(pessoa, animal)* nourrir **2.** *(máquina)* alimenter.
■ **alimentar-se** *vp* se nourrir, s'alimenter.

alimentício, **cia** [ɐlimẽn'tisju, -sjɐ] *adj* **1.** nourrissant(e) **2.** *(massas, géneros)* alimentaire.

alimento [ɐli'mẽntu] *nm* **1.** *(comida)* aliment *(m)* **2.** *(nutrição)* nourriture *(f)*.
■ **alimentos** *nmpl (Port)* DR pension *(f)* alimentaire.

alinhado, **da** [ɐli'ɲadu, -dɐ] *adj* **1.** *(em linha)* aligné(e) **2.** *(sério)* rangé(e).

alinhamento [ɐliɲɐ'mẽntu] *nm* INFORM alignement *(m)*.

alinhar [ɐli'ɲar] *vt* aligner.

alinhavar [ɐliɲɐ'var] *vt* faufiler.

alisar [ɐli'zar] *vt* lisser.

alistar [ɐliʃ'tar] *vt* enrôler.
■ **alistar-se** *vp* **1.** *(em exército)* s'engager **2.** *(em partido)* entrer.

aliviar [ɐli'vjar] *vt* **1.** *(peso)* alléger **2.** *(dor)* soulager.

alívio [ɐ'livju] *nm* **1.** allègement *(m)* **2.** *(de dor, preocupação)* soulagement *(m)*.

alma ['ałmɐ] *nf* âme *(f)*.

almoçar [ałmu'sar] ■ *vi* déjeuner. ■ *vt* prendre au déjeuner.

almoço [ał'mosu] *nm* déjeuner *(m)*.

almofada [ałmu'fadɐ] *nf* **1.** *(de cama)* oreiller *(m)* **2.** *(de sofá)* coussin *(m)* **3.** *(de carimbo)* tampon *(m)* encreur.

almôndega [ał'mõndəgɐ] *nf* boulette *(f) (de viande)*.

alô [a'lo] *interj* **1.** *(Br) (ao telefone)* allô ! **2.** *(saudação)* salut !

alojamento [ɐluʒɐ'mẽntu] *nm* logement *(m)*.

alojar [ɐlu'ʒar] *vt* loger.
■ **alojar-se** *vp* se loger.

alpargata [aw'paxgata] *nf* espadrille *(f)*.

alpendre [ɐɫpẽndrə] *nm* **1.** *(telheiro)* auvent *(m)* **2.** *(pórtico)* porche *(m)*.

alpercata [aɫpər'katɐ] *nf* espadrille *(f)*.

alperce [aɫpɛrsə] *nm* abricot *(m)*.

Alpes ['aɫpəʃ] *nmpl* ◆ **os Alpes** les Alpes *(fpl)*.

alpinismo [aɫpi'niʒmu] *nm* alpinisme *(m)* ◆ **fazer alpinismo** faire de l'alpinisme.

alpinista [aɫpi'niʃtɐ] *nmf* alpiniste *(mf)*.

alta ['aɫtɐ] *nf* **1.** *(de preço, valor)* hausse *(f)* **2.** *(de doença) fin de l'arrêt maladie* **3.** *(de cidade)* ville *(f)* haute ◆ **ter alta** *(de hospital)* avoir l'autorisation de sortie.

altar [aɫ'tar] *(pl* **-es** [-əʃ]) *nm* autel *(m)*.

alteração [aɫtərɐ'sɐ̃u] *(pl* **-ões** [-õiʃ]) *nf* changement *(m)* ◆ **sem alteração** inchangé.

alterar [aɫtə'rar] *vt* modifier, changer.

alternar [aɫtər'nar] *vt* alterner.

alternativa [aɫtərnɐ'tivɐ] *nf* alternative *(f)*.

altifalante [aɫtifɐ'lɐ̃ntə] *nm (Port)* haut-parleur *(m)*.

altitude [aɫti'tuđə] *nf* altitude *(f)*.

altivez [aɫti'veʃ] *nf* suffisance *(f)*.

altivo, va [aɫ'tivu, -vɐ] *adj* hautain(e).

alto, ta ['aɫtu, -tɐ] ■ *adj* **1.** *(pessoa)* grand(e) **2.** *(objecto, qualidade)* haut(e) **3.** *(preço)* élevé(e) **4.** *(som, voz)* fort(e). ■ *nm* haut *(m)*. ■ *adv* **1.** fort **2.** *(relativo a posição)* haut. ■ *interj* halte ! ◆ **alta costura** haute couture ◆ **ao alto** debout ◆ **do alto de** du haut de ◆ **por alto** en diagonale.

alto-falante [ˌautufa'lẽtʃi] *nm (Br)* = **altifalante**.

altura [aɫ'turɐ] *nf* **1.** hauteur *(f)* **2.** *(de pessoa)* taille *(f)* **3.** *(de som)* puissance *(f)* **4.** *(ocasião, momento)* moment *(m)* **5.** *(época)* époque *(f)* ◆ **ter um metro de altura** mesurer un mètre de haut ◆ **a certa** *ou* **dada altura** à un moment donné ◆ **nessa altura** à l'époque ◆ **por altura de** au moment de ◆ **estar à altura de** être à la hauteur de.

alucinação [ɐlusinɐ'sɐ̃u] *(pl* **-ões** [-õiʃ]) *nf* hallucination *(f)*.

alucinante [ɐlusi'nɐ̃ntə] *adj* hallucinant(e).

aludir [ɐlu'đir] ■ **aludir a** *v* + *prép* faire allusion à, évoquer.

alugar [ɐlu'gar] *vt* louer.
■ **alugar-se** *vp* ◆ **'aluga-se'** 'à louer' ◆ **'alugam-se quartos'** 'chambres à louer'.

aluguel [alu'gɛu] *(pl* **-éis** [-ɛiʃ]) *nm (Br)* = **aluguer**.

aluguer [ɐlu'gɛr] *(pl* **-es** [-əʃ]) *nm (Port)* loyer *(m)*.

aluir [ɐ'lwir] *vi* s'écrouler.

alumiar [ɐlu'mjar] *vt* éclairer.

alumínio [ɐlu'minju] *nm* aluminium *(m)*.

aluno, na [ɐ'lunu, -nɐ] *nm, f* élève *(mf)*.

alusão [ɐlu'zɐ̃u] *(pl* **-ões** [-õiʃ]) *nf* allusion *(f)* ◆ **fazer alusão a** faire allusion à.

alvejar [aɫvə'ʒar] *vt* **1.** viser **2.** *(atirar)* tirer.

alvo ['aɫvu] *nm* cible *(f)*.

alvorada [aɫvu'rađɐ] *nf* aube *(f)*.

alvoroço [aɫvu'rosu] *nm* **1.** *(gritaria)* vacarme *(m)* **2.** *(excitação)* agitation *(f)*.

amabilidade [ɐmɐƀəli'đađə] *nf* amabilité *(f)*.

amaciador [ɐmɐsjɐ'đor] *(pl* **-es** [-əʃ]) *nm* **1.** *(de cabelo)* après-shampooing *(m)* **2.** *(para roupa)* assouplissant *(m)*.

amaciante [ama'sjɐ̃ntʃi] *(Br) nm* assouplissant *(m)*, assouplisseur *(m)*.

amador, ra [ɐmɐ'đor, -rɐ] *(mpl* **-es** [-əʃ], *fpl* **-s** [-ʃ]) *adj* & *nm, f* amateur *(m)*, -trice *(f)*.

amadurecer [ɐmɐđurə'ser] *vi* mûrir.

âmago ['ɐmɐgu] *nm* cœur *(m) (du problème)*.

amainar [ɐmai'nar] ■ *vt* amener *(voile)*. ■ *vi* se calmer *(tempête)*.

amaldiçoar [ɐmaɫđi'swar] *vt* maudire.

amálgama [ɐ'maɫgɐmɐ] *nf fig* mélange *(m)*.

amalgamar [ɐmaɫgɐ'mar] *vt* mélanger.

amamentar [ɐmɐmẽn'tar] *vt* allaiter.

amanhã [amɐ'ɲɐ̃] ■ *adv* demain. ■ *nm* ◆ **o amanhã** l'avenir *(m)*.

amanhecer [ɐmɐɲə'ser] ■ *nm* lever *(m)* du jour. ■ *v impers* ◆ **amanhece** le jour se lève.

amansar [ɐmɐ̃'sar] *vt* dompter.

amante [ɐ'mẽntə] ■ *nmf* amant *(m)*, maîtresse *(f)*. ■ *adj* ◆ **amante de** amateur de.

amanteigado, **da** [ɐmẽntɐi'ɡađu, -đɐ] *adj* **1.** *(queijo)* fait(e) **2.** *(molho)* au beurre.

Amapá [ama'pa] *nm (Br)* • **o Amapá** l'Amapá *(m)*.

amar [ɐ'mar] *vt* aimer.

amarelado, **da** [ɐmɐrə'lađu, -đɐ] *adj* jaunâtre.

amarelinha [amare'liɲɐ] *nf (Br)* marelle *(f)*.

amarelo, **la** [ɐmɐ'rɛlu, -lɐ] ◼ *adj* jaune. ◼ *nm* jaune *(m)*.

amargar [ɐmɐr'ɡar] *vi* avoir un goût amer.

amargo, **ga** [ɐ'marɡu, -ɡɐ] *adj* amer(ère).

amarrar [*(Port)* ɐmɐ'ʀar, *(Br)* ama'xa(x)] *vt* **1.** attacher **2.** *(barco)* amarrer.

amarrotado, **da** [ɐmɐʀu'tađu, -đɐ] *adj* froissé(e).

amarrotar [ɐmɐʀu'tar] *vt* froisser.

amassar [ɐmɐ'sar] *vt* **1.** *(farinha, pão)* pétrir **2.** *(cimento)* malaxer **3.** *(carro)* cabosser.

amável [ɐ'mavɛɫ] (*pl* **-eis** [-ɐiʃ]) *adj* aimable.

Amazonas [ɐmɐ'zonɐʃ] *nm* • **o Amazonas** l'Amazone *(m)*.

Amazónia [ɐmɐ'zɔnjɐ] *nf (Port)* • **a Amazónia** l'Amazonie *(f)*.

Amazônia [ama'zonjɐ] *nf (Br)* = **Amazónia**.

âmbar ['ẽmbar] *nm* ambre *(m)*.

ambição [ẽmbi'sɐ̃u] (*pl* **-ões** [-õiʃ]) *nf* ambition *(f)*.

ambientador [ẽmbjẽntɐ'đor] (*pl* **-es** [-əʃ]) *nm* **1.** parfum *(m)* d'ambiance **2.** *(vaporizador)* désodorisant *(m)*.

ambiental [ɑ̃mbjẽn'taw] (*pl* **-ais** [-ajʃ]) *adj* environnemental(e).

ambientalista [ɑ̃mbjẽnta'liʃta] *nmf* écologiste *(mf)*.

ambiente [ẽm'bjẽntə] ◼ *adj* ambiant(e). ◼ *nm* **1.** *(ar)* atmosphère *(f)* **2.** *(meio social)* milieu *(m)* **3.** *(atmosfera)* ambiance *(f)*.

ambiguidade [ẽmbiɡwi'đađə, *(Port)*], **ambigüidade** [ɑ̃mbigwi'dadʒi] *(Br)* *nf* ambiguïté *(f)*.

ambíguo, **gua** [ẽm'biɡwu, -ɡwɐ] *adj* ambigu(uë).

âmbito ['ẽmbitu] *nm* cadre *(m) (limites)*.

ambos, **bas** ['ẽmbuʃ, -bɐʃ] ◼ *adj pl* les deux. ◼ *pron pl* tous les deux (toutes les deux).

ambrosia [ẽmbrɔ'ziɐ] *nf (Br)* *gâteau de type baba cuit dans du sirop*.

ambulância [ẽmbu'lẽsjɐ] *nf* ambulance *(f)*.

ambulante [ẽmbu'lẽntə] *adj* ambulant(e).

ambulatório [ẽmbula'tɔrju] *nm (Br)* **1.** *(de hospital)* service *(m)* de consultations externes **2.** *(de escola, fábrica)* infirmerie *(f)*.

ameaça [ɐ'mjasɐ] *nf* menace *(f)* • **sob ameaça** sous la menace.

ameaçar [ɐmjɐ'sar] *vt* menacer.

amedrontar [ɐməđrõn'tar] *vt* effrayer.

amêijoa [ɐ'mɐiʒwɐ] *nf* palourde *(f)* • **amêijoas à Bulhão Pato** *palourdes mijotées à l'ail et au citron* • **amêijoas na cataplana** *palourdes à la viande de porc*.

ameixa [ɐ'mɐiʃɐ] *nf* prune *(f)*.

amêndoa [ɐ'mẽndwɐ] *nf* amande *(f)* • **amêndoa amarga** *liqueur d'amande amère*.

amendoeira [ɐmẽn'dwɐirɐ] *nf* amandier *(m)*.

amendoim [ɐmẽn'dwĩ] (*pl* **-ns** [-ʃ]) *nm* cacahouète *(f)* • **amendoim torrado** cacahouète grillée.

ameno, **na** [ɐ'menu, -nɐ] *adj* agréable.

América [ɐ'mɛrikɐ] *nf* • **a América** l'Amérique *(f)* • **a América Central** l'Amérique centrale • **a América do Norte** l'Amérique du Nord • **a América do Sul** l'Amérique du Sud • **a América Latina** l'Amérique latine.

americano, **na** [ɐməri'kɐnu, -nɐ] ◼ *adj* américain(e). ◼ *nm, f* Américain *(m)*, -e *(f)*.

ametista [ɐmə'tiʃtɐ] *nf* améthyste *(f)*.

amianto [ɐ'mjẽntu] *nm* amiante *(m)*.

amido [ɐ'miđu] *nm* amidon *(m)* • **amido de milho** amidon de maïs.

amieiro [ɐ'mjɐiru] *nm* aulne *(m)*.

amigável [ɐmi'ɡavɛɫ] (*pl* **-eis** [-ɐiʃ]) *adj* amiable.

amígdalas [ɐ'miɡdɐlɐʃ] *nfpl* • **as amígdalas** les amygdales *(fpl)*.

amigdalite [ɐmiɡdɐ'litə] *nf* amygdalite *(f)*.

amigo, **ga** [ɐ'miɡu, -ɡɐ] ◼ *adj* **1.** ami(e) **2.** *(gesto, palavra)* amical(e). ◼ *nm, f* ami *(m)*, -e *(f)* • **ser amigo de ajudar** aider volontiers.

amistoso, **osa** [ɐmiʃ'tozu, -ɔzɐ] *adj* amical (e).

amizade [ɐmi'zađə] *nf* amitié *(f)*.

amnésia [ɐm'nɛzjɐ] *nf* amnésie *(f)*.

amnistia [ɐmnəʃ'tiɐ] *nf (Port)* amnistie *(f)*.

amolação [amola'sɐ̃u] (*pl* **-ões** [-õiʃ]) *nf (Br) (maçada)* ennui *(m) (problème)*.

amolar [ɐmu'lar] *vt* **1.** *(carro, metal)* bosseler **2.** *(afiar)* aiguiser **3.** *(Br) (aborrecer)* ennuyer.

amolecer [ɐmulə'ser] *vt* amollir.

amoníaco [ɐmu'niɐku] *nm* ammoniac *(m)*.

amontoar [ɐmõn'twar] *vt* **1.** *(papéis)* entasser **2.** *(riquezas)* amasser **3.** *(trabalho)* accumuler.
■ **amontoar-se** *vp* **1.** *(folhas)* s'amonceler **2.** *(papéis)* s'entasser **3.** *(trabalho)* s'accumuler.

amor [ɐ'mor] (*pl* **-es** [-əʃ]) *nm* amour *(m)* • **fazer amor** faire l'amour.

amora [ɐ'mɔrɐ] *nf* mûre *(f)*.

amordaçar [ɐmurđɐ'sar] *vt* bâillonner.

amoroso, osa [ɐmu'rozu, -ɔzɐ] *adj* **1.** *(carinhoso, lindo)* attachant(e) **2.** *(ligação, conquista)* amoureux(euse).

amor-perfeito [ɐˌmorpər'fɐitu] (*pl* **amores-perfeitos** [ɐˌmorəʃpər'fɐituʃ]) *nm (flor)* pensée *(f)*.

amor-próprio [ɐˌmor'prɔpriu] *nm* amour-propre *(m)*.

amortecedor [ɐmurtəsə'đor] (*pl* **-es** [-əʃ]) *nm* amortisseur *(m)*.

amortização [ɐmurtizɐ'sɐ̃u] (*pl* **-ões** [-õiʃ]) *nf* amortissement *(m) (en économie)*.

amortizar [ɐmurti'zar] *vt* amortir *(en économie)*.

amostra [ɐ'mɔʃtrɐ] *nf* **1.** *(de produto)* échantillon *(m)* **2.** *(prova)* preuve *(f)* • **amostra grátis** échantillon gratuit.

amparar [ɐ̃mpɐ'rar] *vt* **1.** *(ao cair)* retenir **2.** *(numa desgraça)* soutenir **3.** *(os pobres)* aider.

amparo [ɐ̃m'paru] *nm* soutien *(m)*.

ampliação [ɐ̃mpliɐ'sɐ̃u] (*pl* **-ões** [-õiʃ]) *nf (de fotografia)* agrandissement *(m)*.

ampliar [ɐ̃mpli'ar] *vt (fotografia)* agrandir.

amplificador [ɐ̃mpləfikɐ'đor] (*pl* **-es** [-əʃ]) *nm (de som)* amplificateur *(m)*.

amplificar [ɐ̃mpləfi'kar] *vt (som)* amplifier.

amplitude [ɐ̃mpli'tuđə] *nf* ampleur *(f)*.

amplo, pla ['ɐ̃mplu, -plɐ] *adj* **1.** *(quarto, quintal)* grand(e) **2.** *(estrada, maioria)* large.

ampola [ɐ̃m'polɐ] *nf* ampoule *(f) (médicament)*.

amputar [ɐ̃mpu'tar] *vt* amputer.

amuado, da [ɐ'mwađu, -đɐ] *adj* boudeur (euse).

amuar [ɐ'mwar] *vi* bouder.

anã [a'nɐ̃] ▷ **anão**.

anacronismo [ɐnɐkru'niʒmu] *nm* anachronisme *(m)*.

anagrama [ɐnɐ'grɐmɐ] *nm* anagramme *(f)*.

analfabetismo [*(Port)* ɐnalfɐbə'tiʒmu, *(Br)* anawfabe'tʃiʒmu] *nm* analphabétisme *(m)*.

analfabeto, ta [ɐnałfɐ'bɛtu, -tɐ] *adj* & *nm, f* analphabète.

analgésico [ɐnał'ʒɛziku] *nm* analgésique *(m)*.

analisar [ɐnɐli'zar] *vt (examinar)* analyser.

análise [ɐ'nalizə] *nf* analyse *(f)* • **fazer análises** faire des analyses • **em última análise** en dernière analyse.

analista [ɐnɐ'liʃtɐ] *nmf* analyste *(mf)*.

analogia [ɐnɐlu'ʒiɐ] *nf* analogie *(f)*.

ananás [ɐnɐ'naʃ] (*pl* **-ases** [-azəʃ]) *nm* ananas *(m)*.

anão, ã [ɐ'nɐ̃u, -ɐ̃] (*mpl* **-ões** [-õiʃ], *fpl* **-s** [-ʃ]) *nm, f* nain *(m)*, -e *(f)*.

anarquia [ɐnɐr'kiɐ] *nf* anarchie *(f)*.

ANATEL (*abr de* **Agencia Nacional de Telecomunicações**) *nm* ANATEL *(m) (Agence Nationale de Télécommunications brésilienne)*.

anatomia [ɐnɐtu'miɐ] *nf* anatomie *(f)*.

anca ['ɐ̃ŋkɐ] *nf* hanche *(f)*.

anchovas [ɐ̃'ʃovɐʃ] *nfpl* anchois *(mpl)*.

ancinho [ɐ̃'siɲu] *nm* râteau *(m)*.

âncora ['ɐ̃ŋkurɐ] *nf* ancre *(f)*.

andaime [ɐ̃n'daimə] *nm* échafaudage *(m)*.

andamento [ɐ̃ndɐ'mẽntu] *nm* **1.** *(rumo)* cours *(m)* **2.** *(de conversa)* tour *(m)* **3.** *(de acontecimento)* tournure *(f)* **4.** *(velocidade)* allure *(f)* **5.** MUS andante *(m)* • **em andamento** *(em progresso)* en cours • *(comboio)* en marche.

andar [ɐ̃n'dar] (*pl* **-es** [-əʃ]) *nm* **1.** *(de edifício)* étage *(m)* **2.** *(maneira de caminhar)* démarche *(f)* • **o andar de baixo** l'étage du dessous • **o andar de cima** l'étage du dessus.

andar [ɐ̃n'dar] *vt*

1. INDIQUE UN DÉPLACEMENT
• **andar devagar** aller doucement
• **andámos muitos quilómetros** nous avons fait beaucoup de kilomètres
• **andar de gatas** marcher à quatre pattes
• **andar à roda** tourner
• **pôr-se a andar** *fam* décamper
• **anda cá!** viens ici !
• **andar de avião** voyager en avion
• **andar de bicicleta** faire du vélo
• **andar a cavalo** faire du cheval
• **andar a pé** marcher
2. MACHINES = marcher
• **pôr o carro a andar** mettre la voiture en marche
3. PENDANT UNE PÉRIODE DE TEMPS = être
• **ele hoje anda triste** il est triste aujourd'hui
• **andar zangado com...** être fâché/brouillé avec...
• **andar muito cansado** être très fatigué
• **andar com a cabeça no ar** avoir la tête en l'air
• **andar com sorte** avoir de la chance
• **andar teso** *fam* être fauché/à sec
• **ele anda por aí** il est quelque part par là
4. PORTER, HABILLER
• **ela anda sempre bem vestida** elle est toujours bien habillée
• **ele anda sempre de chapeu** il porte toujours son chapeau.

andar *vi*

1. FRÉQUENTER UN ENDROIT
• **andar na escola** aller à l'école
2. FRÉQUENTER DES GENS
• **andas com uns amigos muito esquisitos** tu sors avec des amis très bizarres
• **ela anda com o meu ex-namorado** elle sort avec mon ex-copain
3. S'EXPOSER
• **andei a chuva e agora estou constipada** je suis sortie sous la pluie et maintenant je suis enrhumée.

andar a *v + prép*

SUIVI DE L'INFINITIF, POUR INDIQUER UNE ACTION D'UNE CERTAINE DURÉE
• **ele anda a construir uma casa** il est en train de construire une maison.

andebol [ɐ̃ndə'bɔɫ] *nm* handball *(m)*.

Andes ['ɐ̃ndəʃ] *nmpl* • **os Andes** les Andes *(fpl)*.

andorinha [ɐ̃ndu'riɲɐ] *nf (ave)* hirondelle *(f)*.

Andorra [ɐ̃n'doʀɐ] *n* Andorre *(f)*.

Andrade (Carlos Drummond de) *n* Carlos Drummond de Andrade.

CULTURE...

Carlos Drummond de Andrade

C'est le plus important poète de la littérature moderne brésilienne. Il est né en 1902 dans l'État du Minas Gerais, au Brésil et est mort en 1987 à Rio de Janeiro. Il a commencé sa carrière d'auteur par la traduction d'œuvres françaises comme « Thérèse Desqueyroux » de François Mauriac, les « Liaisons dangereuses » de Choderlos de Laclos et « La Fugitive » de Marcel Proust. Les poèmes qui l'ont rendu célèbre sont : *Alguma Poesia* (Quelques Poèmes), *Brejo das almas* (Marécage des âmes), *A Vida passado a limpo* (Ma Vie au propre), etc. Il est également connu pour ses contes comme « Conversation extraordinaire avec une dame de ma connaissance » ou « Histoire de deux amours ».

anedota [ɐnə'dɔtɐ] *nf* **1.** *(pequena história)* anecdote *(f)* **2.** *(pessoa)* phénomène *(m)*.

anel [ɐ'nɛɫ] (*pl* **-éis** [-ɛiʃ]) *nm* **1.** *(com pedra)* bague *(f)* **2.** *(sem pedra)* anneau *(m)* **3.** *(de cabelo)* boucle *(f)* **4.** *(de corrente)* maillon *(m)*
• **anel de noivado** bague de fiançailles.

anemia [ɐnə'miɐ] *nf* anémie *(f)*.

anestesia [ɐnəʃtə'ziɐ] *nf* anesthésie *(f)*
• **anestesia geral** anesthésie générale
• **anestesia local** anesthésie locale.

anestesiar [ɐnəʃtə'zjar] *vt* anesthésier.

anexar [ɐnɛk'sar] *vt* mettre en annexe • **anexar a** joindre à • **anexar um arquivo** INFORM joindre un dossier.

anexo, xa [ɐ'nɛksu, -ksɐ] ■ *adj* annexe. ■ *nm* **1.** annexe *(f)* **2.** INFORM pièce *(f)* jointe.

anfiteatro [ɐ̃fi'tjatru] *nm* amphithéâtre *(m)*.

angariar [ɐ̃ŋgɐ'rjar] *vt (dinheiro)* collecter.

angina [ɐ̃'ʒinɐ] *nf* • **angina de peito** angine *(f)* de poitrine.
■ **anginas** *nfpl* angine *(f)*.

anglicano, na [ɐ̃ŋgli'kɐnu, -nɐ] *adj* anglican(e).

Angola [ẽŋ'gɔlɐ] *n* Angola *(m)*.

angolano, na [ẽŋgu'lɐnu, -nɐ] ■ *adj* angolais(e). ■ *nm, f* Angolais *(m)*, -e *(f)*.

angra ['ẽŋgrɐ] *nf* anse *(f) (baie)*.

angu [ẽŋ'gu] *nm (Br)* ≃ polenta *(f)*.

ângulo ['ẽŋgulu] *nm* angle *(m)*.

angústia [ẽŋ'guʃtjɐ] *nf* angoisse *(f)*.

animação [ɐnimɐ'sɐ̃u] *nf* animation *(f)*.

animado, da [ɐni'mađu, -đɐ] *adj* animé(e).

animador, ra [ɐnimɐ'đor, -rɐ] (*mpl* **-es** [-əʃ], *fpl* **-as** [-ɐʃ]) *adj* encourageant(e).

animal [ɐni'mał] (*pl* **-ais** [-aiʃ]) *nm* animal *(m)* • **animal doméstico** animal domestique • **animal selvagem** animal sauvage.

animar [ɐni'mar] *vt* **1.** *(alegrar, organizar)* animer **2.** *(dar ânimo a)* encourager.
■ **animar-se** *vp (alegrar-se)* s'animer.

ânimo ['ɐnimu] *nm* courage *(m)*.

aniquilar [ɐniki'lar] *vt* anéantir.

anis [ɐ'niʃ] (*pl* **-es** [-zəʃ]) *nm* **1.** *(licor)* anisette *(f)* **2.** *(planta)* anis *(m)*.

anistia [aniʃ'tʃiɐ] *nf (Br)* = **amnistia**.

aniversário [ɐnivər'sarju] *nm* anniversaire *(m)* • **feliz aniversário!** bon anniversaire !

anjo ['ẽʒu] *nm* ange *(m)*.

ano ['ɐnu] *nm* année *(f)* • **quantos anos tens?** quel âge as-tu ? • **faço anos amanhã** demain, c'est mon anniversaire • **ano bissexto** année bissextile • **ano lectivo** année scolaire • **Ano Novo** nouvel an • **ano após ano** d'année en année.

anoitecer [ɐnoitə'ser] ■ *nm* • **ao anoitecer** à la tombée de la nuit. ■ *v impers* • **anoitece** la nuit tombe.

anomalia [ɐnɔmɐ'liɐ] *nf* anomalie *(f)*.

anoraque [ɐnɔ'rakə] *nm* anorak *(m)*.

anorexia [ɐnurɛk'siɐ] *nf* anorexie *(f)*.

anormal [ɐnɔr'mał] (*pl* **-ais** [-aiʃ]) *adj* & *nmf* anormal(e).

anormalidade [ɐnɔrmɐli'đađə] *nf* anormalité *(f)*.

anotação [ɐnutɐ'sɐ̃u] (*pl* **-ões** [-õiʃ]) *nf* note *(f) (remarque)*.

anotar [ɐnu'tar] *vt* noter.

ânsia ['ɐ̃sjɐ] *nf* anxieté *(f)*.

ansiar [ɐ̃'sjar] ■ **ansiar por** *v + prép* aspirer à.

ansiedade [ɐ̃sje'đađə] *nf* anxieté *(f)*.

ansioso, osa [ɐ̃'sjozu, -ɔzɐ] *adj* anxieux(euse) • **estar ansioso por fazer algo** avoir envie de faire qqch.

Antárctico [ẽn'tartiku] *nm* • **o (oceano) Antárctico** l'(océan *(m)*) Antarctique *(m)*.

antebraço [ẽntə'ƀrasu] *nm* avant-bras *(m inv)*.

antecedência [ẽntəsə'đẽsjɐ] *nf* antériorité *(f)* • **com antecedência** à l'avance.

antecedente [ẽntəsə'đẽntə] *adj* précédent (e).
■ **antecedentes** *nmpl* antécédents *(mpl)*.

antecipação [ẽntəsipɐ'sɐ̃u] (*pl* **-ões** [-õiʃ]) *nf* anticipation *(f)*.

antecipadamente [ẽntəsi,pađɐ'mẽntə] *adv* à l'avance.

antecipar [ẽntəsi'par] *vt* avancer.
■ **antecipar-se** *vp* prendre les devants.

antemão [ẽntə'mɐ̃u] ■ **de antemão** *adv* auparavant.

antena [ẽn'tenɐ] *nf* antenne *(f)* • **antena parabólica** antenne parabolique.

anteontem [ẽn'tjõntẽi] *adv* avant-hier.

antepassado [ẽntəpɐ'sađu] *nm* ancêtre *(m)*.

anterior [ẽntə'rjor] (*pl* **-es** [-əʃ]) *adj* précédent(e), d'avant • **anterior a** antérieur à.

antes ['ẽntəʃ] *adv* **1.** avant **2.** *(de preferência)* plutôt • **antes assim** c'est mieux ainsi • **antes de** avant de • **antes de mais (nada)** d'abord • **o quanto antes** dès que possible.

antever [ẽntə'ver] *vt* prévoir.

antiaderente ['ẽntjɐđə'rẽntə] *adj (Port)* antiadhésif(ive).

anti-aderente [*(Br)* ɐ̃ntʃiade'rẽntʃi, *(Port)* 'ẽntjɐđə'rẽntə] (*pl* **-es** [-əʃ]) *adj* anti-adhérent(e).

antibiótico [ẽnti'ƀjɔtiku] *nm* antibiotique *(m)*.

anticaspa [ẽnti'kaʃpɐ] *adj inv* antipelliculaire.

anticoncepcional [ẽntikõsɛpsju'nał] (*pl* **-ais** [-aiʃ]) *adj* contraceptif(ive).

anticonceptivo [ẽntikõsɛp'tivu] *nm* contraceptif *(m)*.

anticongelante [ẽntikõʒə'lẽntə] ■ *adj* antigivrant(e). ■ *nm* antigel *(m)*.

anticorpo [ẽnti'korpu] *nm* anticorps *(m)*.

antidepressivo [ɐ̃ntiđəprə'sivu] *nm* antidépresseur *(m)*.

antídoto [ɐ̃n'tiđutu] *nm* antidote *(m)*.

antigamente [ɐ̃ˌtigɐ'mẽntə] *adv* autrefois.

antigo, **ga** [ɐ̃n'tigu, -gɐ] *adj* ancien(enne).

antiguidade [ɐ̃ntigwi'đađə] *nf* ancienneté *(f)* • **a Antiguidade** l'Antiquité *(f)*. ■ **antiguidades** *nfpl* antiquités *(fpl)*.

Antilhas [ɐ̃n'tiʎɐʃ] *nfpl* • **as Antilhas** les Antilles.

antipatia [ɐ̃ntipɐ'tiɐ] *nf* antipathie *(f)*.

antipático, **ca** [ɐ̃nti'patiku, -kɐ] *adj* antipathique.

antipatizar [ɐ̃ntipɐti'zar] *vi* • **eu antipatizo com ele** il m'est antipathique.

antiquado, **da** [ɐ̃nti'kwađu, -đɐ] *adj* **1.** *(pessoa)* vieux jeu **2.** *(objecto)* démodé(e) **3.** *(ideia)* dépassé(e).

antiquário, **ria** [ɐ̃nti'kwarju, -rja] *nmf inv* antiquaire *(mf)*.

anti-séptico, **ca** [ɐnti'sɛptiku, -kɐ] *adj* antiseptique.

antisséptico [ˌɐ̃ntʃi'sɛptʃiku] *(Br)* = **anti-séptico**.

antologia [ɐ̃ntulu'ʒiɐ] *nf* anthologie *(f)*.

anual [ɐ'nwał] (*pl* **-ais** [-aiʃ]) *adj* annuel (elle).

anuir [ɐ'nwir] *vi* acquiescer.

anulação [ɐnulɐ'sɐ̃u] (*pl* **-ões** [-õiʃ]) *nf* annulation *(f)*.

anular [ɐnu'lar] ■ *vt* annuler. ■ *nm* annulaire *(m)*.

anunciar [ɐnũ'sjar] *vt* **1.** annoncer **2.** *(produto)* faire de la publicité pour.

anúncio [ɐ'nũsju] *nm* **1.** *(aviso)* annonce *(f)* **2.** *(de produto)* publicité *(f)*.

ânus ['ɐnuʃ] *nm* **1.** anus *(m)* **2.** *fam* cul *(m)*.

anzol [ɐ̃'zɔł] (*pl* **-óis** [-ɔiʃ]) *nm* hameçon *(m)*.

ao [au] = **a** + **o** • ▷ **a**.

aonde [ɐ'õndə] *adv* où • **aonde quer que...** où que....

aos [auʃ] = **a** + **os** • ▷ **a**.

apagado, **da** [ɐpɐ'gađu, -đɐ] *adj* **1.** éteint (e) **2.** *(escrita, pessoa)* effacé(e).

apagar [ɐpɐ'gar] *vt* **1.** éteindre **2.** *(escrita, desenho)* effacer.

apaixonado, **da** [ɐpaiʃu'nađu, -dɐ] *adj* **1.** *(enamorado)* amoureux(euse) **2.** *(exaltado)* passionné(e) • **estar apaixonado por** être amoureux de.

apaixonante [ɐpaiʃu'nɐ̃ntə] *adj* passionnant(e).

apaixonar [ɐpaiʃu'nar] *vt* passionner. ■ **apaixonar-se** *vp* tomber amoureux(euse) • **apaixonar-se por** tomber amoureux de.

apalermado, **da** [ɐpɐlər'mađu, -dɐ] *adj* abruti(e).

apalpar [ɐpał'par] *vt* tâter • **apalpar o terreno** tâter le terrain.

apanhar [ɐpɐ'ɲar] *vt* **1.** *(levantar do chão)* ramasser **2.** *(agarrar, contrair)* attraper **3.** *(surpreender, pescar)* prendre • **apanhar chuva** prendre la pluie • **apanhar sol** prendre le soleil.

aparador [ɐpɐrɐ'đor] (*pl* **-es** [-əʃ]) *nm* buffet *(m)*.

apara-lápis [ɐˌparɐ'lapiʃ] *nm inv* taille-crayon *(m)*.

aparar [ɐpɐ'rar] *vt* **1.** retenir **2.** *(barba)* tailler **3.** *(sebe, lápis)* tailler.

aparecer [ɐpɐrə'ser] *vi* **1.** *(apresentar-se)* venir **2.** *(surgir)* apparaître **3.** *(algo perdido)* réapparaître.

aparelhagem [ɐpɐrə'ʎaʒɐ̃i] (*pl* **-ns** [-ʃ]) *nf* • **aparelhagem (de som)** chaîne *(f)* (hi-fi).

aparelho [ɐpɐ'rɐʎu] *nm* appareil *(m)* • **aparelho digestivo** appareil digestif • **aparelho para os dentes** appareil dentaire.

aparência [ɐpɐ'rẽsjɐ] *nf* apparence *(f)*.

aparentar [ɐpɐrẽn'tar] *vt* avoir l'air • **ele não aparenta ter a idade que tem** il ne fait pas son âge.

aparente [ɐpɐ'rẽntə] *adj* apparent(e).

Apart. (*abr écrite de* **apartamento**) appt *(appartement)*.

apartado [ɐpɐr'tađu] *nm (Port)* boîte *(f)* postale.

apartamento [ɐpɐrtɐ'mẽntu] *nm* appartement *(m)*.

apatia [ɐpɐ'tiɐ] *nf* apathie *(f)*.

apavorado, **da** [ɐpɐvu'rađu, -đɐ] *adj* épouvanté(e).

apeadeiro [ɐpjɐ'đɐiru] *nm (Port)* halte *(f)*.

apear-se [ɐ'pjarsə] *vp* ◆ **apear-se de** *(veículo)* descendre de.

apelar [ɐpə'lar] *vi* ◆ **apelar para** DR faire appel en ◆ *(compreensão, bondade)* faire appel à.

À PROPOS DE...

apelar

Attention, ne pas confondre « apelar » avec ***appeler***. En portugais, « apelar » signifie ***faire appel en justice***.

apelido [ɐpə'liđu] *nm* nom *(m)* (de famille).

apelo [ɐ'pelu] *nm* appel *(m)* ◆ **fazer um apelo a** faire un appel à.

apenas [ɐ'penɐʃ] ■ *adv (somente)* juste. ■ *conj (logo que)* dès que.

apêndice [ɐ'pẽndisə] *nm* appendice *(m) (organe)*.

apendicite [ɐpẽndi'sitə] *nf* appendicite *(f)*.

aperceber-se [ɐpərsə'ƀersə] *vp* ◆ **aperceber-se de algo** se rendre compte de qqch ◆ **aperceber-se de que** se rendre compte que.

aperfeiçoamento [ɐpərfɐiswɐ'mẽntu] *nm* perfectionnement *(m)*.

aperfeiçoar [ɐpərfɐi'swar] *vt* perfectionner.

aperitivo [ɐpəri'tivu] *nm* apéritif *(m)*.

apertado, da [ɐpər'tađu, -đɐ] *adj* serré(e).

apertar [ɐpər'tar] *vt* **1.** *(interruptor)* appuyer sur **2.** *(casaco, vestido)* fermer **3.** *(cordões)* attacher **4.** *(comprimir)* serrer.

aperto [ɐ'pertu] *nm* **1.** *(de parafuso)* serrage *(m)* **2.** *(aglomeração)* foule *(f)* **3.** *fig (dificuldade)* situation *(f)* difficile ◆ **aperto de mão** poignée *(f)* de main.

apesar [ɐpə'zar] ■ **apesar de** *prép* bien que.

apetecer [ɐpətə'ser] *vt* avoir envie de ◆ **apetece-me um bolo** j'ai envie d'un gâteau.

apetite [ɐpə'titə] *nm* appétit *(m)* ◆ **bom apetite!** bon appétit !

apetitoso, osa [ɐpəti'tozu, -ɔzɐ] *adj* **1.** *(gostoso)* délicieux(euse) **2.** *(tentador)* appétissant(e).

apetrecho [ɐpə'trɐiʃu] *nm* attirail *(m)* ◆ **apetrechos de pesca** attirail de pêche.

apimentado, da [ɐpimẽn'tađu, -đɐ] *adj* **1.** *(com pimenta)* poivré(e) **2.** *(picante)* relevé(e).

apinhado, da [ɐpi'ɲađu, -đɐ] *adj* ◆ **apinhado de** bourré de.

apitar [ɐpi'tar] *vi* **1.** *(carro)* klaxonner **2.** *(comboio, árbitro)* siffler.

apito [ɐ'pitu] *nm* sifflet *(m)*.

aplaudir [ɐplau'đir] *vt* & *vi* applaudir.

aplauso [ɐ'plauzu] *nm* applaudissements *(mpl)*.

aplicação [ɐplikɐ'sɐ̃u] (*pl* **-ões** [-õiʃ]) *nf* application *(f)*.

aplicado, da [ɐpli'kađu, -đɐ] *adj* appliqué(e).

aplicar [ɐpli'kar] *vt* **1.** appliquer **2.** *(curativo)* administrer **3.** *(injecção)* faire.

aplique [apli'ki] *nm (Br)* moumoute *(f)*.

apoderar-se [ɐpuđə'rarsə] ■ **apoderar-se de** *vp* + *prép* s'emparer de.

apodrecer [ɐpuđrə'ser] *vt* & *vi* pourrir.

apoiar [ɐpo'jar] *vt* **1.** soutenir **2.** *(ideia)* défendre ◆ **apoiar algo em algo** appuyer qqch sur qqch.
■ **apoiar-se** *vp* s'appuyer ◆ **apoiar-se em** s'appuyer sur.

apoio [ɐ'poju] *nm* **1.** *(físico)* support *(m)* **2.** *(verbal, económico)* soutien *(m)* **3.** *(de cadeira)* accoudoir *(m)* **4.** *(para a cabeça)* appuitête *(m)* **5.** *(de escadas)* rampe *(f)*.

apólice [ɐ'pɔlisə] *nf* ◆ **apólice (de seguro)** police *(f)* d'assurance.

apontador [apõnta'dox] (*pl* **-es** [-iʃ]) *nm (Br) (de lápis)* taille-crayon *(m)*.

apontamento [ɐpõntɐ'mẽntu] *nm* note *(f)* ◆ **tirar apontamentos** prendre des notes.

apontar [ɐpõn'tar] *vt* **1.** *(arma)* pointer **2.** *(com dedo, ponteiro)* montrer **3.** *(tomar nota de)* noter **4.** *(razões, argumentos)* avancer.

aporrinhação [apoxiɲa'sɐ̃u] (*pl* **-ões** [-õiʃ]) *nf (Br) fam (aborrecimento)* ◆ **é uma aporrinhação** c'est embêtant.

após [ɐ'pɔʃ] ■ *prép (depois de)* après. ■ *adv (depois)* après.

após-barba [apɔiʒ'baxbɐ] *adj (Br)* ▷ **loção**.

aposentado, da [apozẽn'tadu, -dɐ] *adj* & *nm, f (Br)* retraité(e).

aposentadoria [apozẽntado'riɐ] *nf (Br)* retraite *(f)*.

aposento [ɐpu'zẽntu] *nm* **1.** *(de casa)* chambre *(f)* **2.** *(do Rei)* appartements *(mpl)*.

aposta [ɐ'pɔʃtɐ] *nf* pari *(m)*.

apostar [ɐpuʃ'tar] *vt* parier.

apostila [apoʃ'tʃilɐ] *nf (Br) (em universidade)* polycopié *(m)*.

apóstrofo [ɐ'pɔʃtrufu] *nm* apostrophe *(f)*.

aprazível [ɐprɐ'zivɛɫ] (*pl* **-eis** [-ɐiʃ]) *adj* plaisant(e).

apreciação [ɐprəsjɐ'sɐ̃u] (*pl* **-ões** [-õiʃ]) *nf* appréciation *(f)*.

apreciar [ɐprə'sjar] *vt* **1.** *(avaliar)* estimer **2.** *(observar)* observer **3.** *(gostar)* apprécier.

apreender [ɐpriẽn'der] *vt* saisir.

apreensão [ɐpriẽ'sɐ̃u] (*pl* **-ões** [-õiʃ]) *nf* **1.** *(de bens, produtos)* saisie *(f)* **2.** *(de novos conhecimentos)* acquisition *(f)* **3.** *(preocupação)* appréhension *(f)*.

apreensivo, **va** [ɐpriẽ'sivu, -vɐ] *adj* inquiet (ète).

aprender [ɐprẽn'der] *vt* & *vi* apprendre • **aprender a fazer algo** apprendre à faire qqch.

aprendiz [ɐprẽn'diʃ] (*pl* **-es** [-zəʃ]) *nm* apprenti *(m)*.

aprendizagem [ɐprẽndi'zaʒɐ̃i] *nf* apprentissage *(m)*.

apresentação [ɐprəzẽntɐ'sɐ̃u] (*pl* **-ões** [-õiʃ]) *nf* présentation *(f)*.

apresentador, **ra** [ɐprəzẽntɐ'đor, -rɐ] (*mpl* **-es** [-əʃ], *fpl* **-s** [-ʃ]) *nm, f* présentateur *(m)*, -trice *(f)*.

apresentar [ɐprəzẽn'tar] *vt* présenter.
■ **apresentar-se** *vp* se présenter • **apresentar-se a alguém** se présenter à qqn.

apressado, **da** [ɐprə'sađu, -đɐ] *adj* **1.** *(pessoa)* pressé(e) **2.** *(decisão)* hâtif(ive) **3.** *(conclusão)* hâtif(ive).

apressar-se [ɐprə'sarsə] *vp* se presser.

aprofundar [ɐprufũn'dar] *vt* approfondir.

aprovação [ɐpruvɐ'sɐ̃u] (*pl* **-ões** [-õiʃ]) *nf* **1.** *(consentimento)* approbation *(f)* **2.** *(em exame)* réussite *(f)*.

aprovado, **da** [ɐpru'vađu, -đɐ] *adj* • **ser aprovado** SCOL être reçu.

aprovar [ɐpru'var] *vt* **1.** *(autorizar)* approuver **2.** *(em exame)* recevoir.

aproveitador, **ra** [ɐpruvɐitɐ'đor, -rɐ] (*mpl* **-es** [-əʃ], *fpl* **-s** [-ʃ]) ■ *adj péj (abusador)* profiteur(euse). ■ *nm, f* profiteur *(m)*, -euse *(f)*.

aproveitamento [ɐpruvɐitɐ'mẽntu] *nm* **1.** CULIN *utilisation des restes* **2.** SCOL • **ter bom/mau aproveitamento** bien/mal travailler *(à l'école)*.

aproveitar [ɐpruvɐi'tar] *vt* **1.** *(ocasião, férias)* profiter de **2.** *(utilizar)* se servir de • **aproveitem a ocasião** saisissez/sautez sur l'occasion.
■ **aproveitar-se de** *vp* + *prép péj* profiter de.

aproximadamente [ɐprɔsiˌmađɐ'mẽntə] *adv* à peu près.

aproximado, **da** [ɐprɔsi'mađu, -đɐ] *adj* approximatif(ive).

aproximar [ɐprɔsi'mar] *vt* rapprocher.
■ **aproximar-se** *vp* s'approcher • **aproximar-se de** s'approcher de.

aptidão [ɐpti'đɐ̃u] (*pl* **-ões** [-õiʃ]) *nf* aptitude *(f)*.

apto, **ta** ['aptu, -tɐ] *adj* apte.

Apto. *(Br)* (*abr écrite de* **apartamento**) appt.

apunhalar [ɐpuɲɐ'lar] *vt* poignarder.

apuração [ɐpurɐ'sɐ̃u] (*pl* **-ões** [-õiʃ]) *nf* **1.** *(em prova)* sélection *(f)* **2.** *(de votos)* décompte *(m)*.

apurado, **da** [ɐpu'rađu, -đɐ] *adj* sélectionné(e).

apurar [ɐpu'rar] *vt* **1.** *(seleccionar)* sélectionner **2.** *(contas, factos)* éplucher.

apuro [ɐ'puru] *nm fig (dificuldade)* problème *(m)* • **estar em apuros** *fam* être dans le pétrin • **meter-se em apuros** *fam* se mettre dans le pétrin.

aquarela [akwa'rɛlɐ] *nf (Br)* aquarelle *(f)*.

aquário [ɐ'kwarju] *nm* aquarium *(m)*.
■ **Aquário** *nm* Verseau *(m)*.

aquático, **ca** [ɐ'kwatiku, -kɐ] *adj* aquatique.

aquecedor [ɐkɛsə'đor] (*pl* **-es** [-əʃ]) *nm* radiateur *(m)*.

aquecer [ɐkɛ'ser] *vt* & *vi* réchauffer.
■ **aquecer-se** *vp* se réchauffer.

aquecimento [ɐkɛsi'mẽntu] *nm* chauffage *(m)* • **aquecimento central** chauffage central.

aqueduto [ɐkə'đutu] *nm* aqueduc *(m)*.

àquela ['akɛla] = **a + aquela** ◆ ▻ **aquele**.

aquele, **aquela** [ɐ'kelə, ɐ'kɛlɐ] *(contraction de a + aquela =* **àquela** [a'kɛlɐ], *contraction de a + aquele =* **àquele** [a'kelə]*)* ■ *adj* ce (celle). ■ *pron* celui (celle) ◆ **aquele que** celui qui ◆ **pede àquele homem/àquela mulher** demande à cet homme-là/cette femme-là.

àquele ['akeli, *(Br)*] = **a + aquele** ◆ ▻ **aquele**.

aqui [ɐ'ki] *adv* ici ◆ **até aqui** jusqu'ici ◆ **logo aqui** juste ici ◆ **por aqui** par ici.

aquilo [ɐ'kilu] *(contraction de a + aquilo =* **àquilo** [a'kilu], *contraction de de + aquilo =* **daquilo** [dɐ'kilu]*)* *pron* cela ◆ **aquilo que** ce que.

àquilo [a'kilu] ▻ **a + aquilo** ◆ = **aquilo**.

aquisição [ɐkəzi'sɐ̃u] *(pl* **-ões** [-õiʃ]*)* *nf* acquisition *(f)*.

ar ['ar] *(pl* **-es** [*(Port)* -əʃ, *(Br)* -iʃ]*)* *nm* air *(m)* ◆ **ter ar de** avoir l'air ◆ **ele tem ar de estar doente** il a l'air malade ◆ **ar condicionado** air conditionné ◆ **ao ar** en l'air ◆ **ao ar livre** en plein air ◆ **por ar** par la voie des airs ◆ **mudar de ares** changer d'air.

árabe ['arɐƀə] ■ *adj* arabe. ■ *nm (língua)* arabe *(m)*.
■ **árabe** *nmf* Arabe *(mf)*.

Arábia [a'rabjɐ] *nf* ◆ **a Arábia** l'Arabie *(f)* ◆ **a Arábia Saudita** l'Arabie Saoudite *(f)*.

aragem [ɐ'raʒɐ̃i] *(pl* **-ns** [-ʃ]*)* *nf* brise *(f)*.

arame [ɐ'rɐmə] *nm* fil *(m)* de fer ◆ **arame farpado** fil de fer barbelé ◆ **ir aos arames** *fam* monter sur ses grands chevaux.

aranha [ɐ'rɐɲɐ] *nf* araignée *(f)*.

arara [ɐ'rarɐ] *nf* ara *(m)*.

arbitragem [ɐrƀi'traʒɐ̃i] *(pl* **-ns** [-ʃ]*)* *nf* arbitrage *(m)*.

arbitrar [ɐrƀi'trar] *vt* arbitrer.

árbitro ['arƀitru] *nm* arbitre *(m)*.

arborizado, **da** [ɐrƀuri'zađu, -đɐ] *adj* **1.** *(área)* boisé(e) **2.** *(rua, alameda)* bordé(e) d'arbres **3.** *(jardim)* planté(e) d'arbres.

arbusto [ɐr'ƀuʃtu] *nm* arbuste *(m)*.

arca ['arkɐ] *nf* coffre *(m)*.

arcaico, **ca** [ɐr'kaiku, -kɐ] *adj* archaïque.

archote [ɐr'ʃɔtə] *nm* flambeau *(m)*.

arco ['arku] *nm* **1.** arc *(m)* **2.** *(brinquedo)* cerceau *(m)*.

arco-íris [ar'kwiriʃ] *(pl* **arcos-íris** [ˌarku'ziriʃ]*)* *nm* arc-en-ciel *(m)*.

Árctico ['artiku] *nm* ◆ **o (oceano) Árctico** l'(océan *(m)*) Arctique *(m)*.

ardência [ax'dẽnsja] *nf* **1.** *(paixão)* ardeur *(m)* **2.** *(no estômago)* brûlure *(f)*.

ardente [ɐr'đẽntə] *adj* ardent(e).

arder [ɐr'đer] *vi* brûler.

ardor [ɐr'đor] *(pl* **-es** [-əʃ]*)* *nm* **1.** *(de pele)* brûlure *(f)* **2.** *(de estômago)* brûlure *(f)* d'estomac **3.** *fig (paixão)* ardeur *(f)*.

ardósia [ɐr'đɔzjɐ] *nf* ardoise *(f)*.

árduo, **dua** ['arđwu, -đwɐ] *adj* ardu(e).

área ['arjɐ] *nf* **1.** zone *(f)* **2.** *fig (campo de acção)* domaine *(m)* ◆ **(grande) área** surface *(f)* de réparation ◆ **área de serviço** aire *(f)* de repos ◆ **área de campismo** *(Br)* camping *(m)*.

areal [ɐ'rjał] *(pl* **-ais** [-aiʃ]*)* *nm* grève *(f)* *(rivage)*.

areia [ɐ'rɐjɐ] *nf* sable *(m)*.

arejar [ɐrə'ʒar] ■ *vt* aérer. ■ *vi* prendre l'air.

arena [ɐ'renɐ] *nf* **1.** *(de circo)* piste *(f)* **2.** *(de praça de touros)* arène *(f)*.

arenoso, **osa** [ɐrə'nozu, -ɔzɐ] *adj* sablonneux(euse).

arenque [ɐ'rẽŋkə] *nm* hareng *(m)*.

ares ▻ **ar**.

Argélia [ɐr'ʒɛljɐ] *nf* ◆ **a Argélia** l'Algérie *(f)*.

argelino, **na** [ɐrʒə'linu, -nɐ] *adj* algérien (enne).
■ **argelino**, **na** *nmf* Algérien *(m)*, -enne *(f)*.

Argentina [ɐrʒẽn'tinɐ] *nf* ◆ **a Argentina** l'Argentine *(f)*.

argentino, **na** [ɐrʒẽn'tinu, -nɐ] *adj* argentin (e).
■ **argentino**, **na** *nmf* Argentin *(m)*, -e *(f)*.

argila [ɐr'ʒilɐ] *nf* argile *(f)*.

argola [ɐr'gɔlɐ] *nf* **1.** *(anel)* anneau *(m)* **2.** *(de porta)* heurtoir *(m)*.
■ **argolas** *nfpl* anneaux *(mpl)*.

argumentação [ɐrgumẽntɐ'sɐ̃u] *(pl* **-ões** [-õiʃ]*)* *nf* argumentation *(f)*.

argumentar [ɐrgumẽn'tar] ■ *vt* soutenir. ■ *vi* discuter.

argumento [ɐrgu'mẽntu] *nm* **1.** argument *(m)* **2.** *(de filme)* scénario *(m)*.

ária ['arjɐ] *nf* aria *(f)*.

árido, **da** ['ariđu, -đɐ] *adj* aride.

Áries ['ariʃ] *nm (Br)* Bélier *(m)*.

arma ['armɐ] *nf* arme *(f)* • **arma branca** arme blanche • **arma de fogo** arme à feu.

armação [ɐrmɐ'sɐ̃u] (*pl* **-ões** [-õiʃ]) *nf* **1.** armature *(f)* **2.** *(de animal)* bois *(mpl)* **3.** *(de óculos)* monture *(f)*.

armadilha [ɐrmɐ'điʎɐ] *nf* piège *(m)*.

armado, da [ɐr'mađu, -đɐ] *adj* armé(e).

armadura [ɐrmɐ'đurɐ] *nf* **1.** *(de cavaleiro)* armure *(f)* **2.** *(de edifício)* ossature *(f)* **3.** *(em cimento)* armature *(f)*.

armamento [ɐrmɐ'mẽntu] *nm* armement *(m)*.

armar [ɐr'mar] *vt* **1.** *(munir de armas)* armer **2.** *(tenda)* monter.
■ **armar-se** *vp* • **armar-se em valente** jouer les durs.

armário [ɐr'marju] *nm* armoire *(f)*.

armazém [ɐrmɐ'zẽi] (*pl* **-ns** [-ʃ]) *nm* **1.** *(de mercadorias)* magasin *(m)* **2.** *(de venda a grosso)* halle *(f)* • **grande armazém** grand magasin.

Arménia [ar'mɛnjɐ] *nf* • **a Arménia** l'Arménie *(f)*.

aro ['aru] *nm* **1.** *(de janela)* montant *(m)* **2.** *(de roda)* jante *(f)*.

aroma [ɐ'romɐ] *nm* arôme *(m)* • **com aroma de** aromatisé à.

arpão [ɐr'pɐ̃u] (*pl* **-ões** [-õiʃ]) *nm* harpon *(m)*.

arqueologia [ɐrkjulu'ʒiɐ] *nf* archéologie *(f)*.

arquibancada [axkibẽŋ'kadɐ] *nf (Br) (de estádio)* gradins *(mpl)*.

arquipélago [ɐrki'pɛlɐgu] *nm* archipel *(m)*.

arquitecto, ta [ɐrki'tɛtu, -tɐ] *nm, f (Port)* architecte *(mf)*.

arquitectura [ɐrkitɛ'turɐ] *nf (Port)* architecture *(f)*.

arquiteto, ta [axki'tɛtu, -tɐ] *nm, f (Br)* = **arquitecto**.

arquitetura [axki'tɛturɐ] *nf (Br)* = **arquitectura**.

arquivo [ɐr'kivu] *nm* **1.** *(local)* archives *(fpl)* **2.** *(móvel)* classeur *(m)* à tiroirs **3.** *(Br)* INFORM fichier *(m)*.

arraial [ɐʀɐ'jaɫ] (*pl* **-ais** [-aiʃ]) *nm* fête *(f)* foraine.

arrancar [ɐʀẽŋ'kar] ■ *vt* arracher. ■ *vi* démarrer • **arrancar algo das mãos de alguém** arracher qqch des mains à qqn • **arrancar de** quitter.

arranha-céus [ɐˌʀɐɲɐ'sɛuʃ] *nm inv* gratte-ciel *(m inv)*.

arranhão [ɐʀɐ'ɲɐ̃u] (*pl* **-ões** [-õiʃ]) *nm* **1.** *(em pele)* égratignure *(f)* **2.** *(em carro)* éraflure *(f)*.

arranhar [ɐʀɐ'ɲar] *vt* **1.** *(pele)* égratigner **2.** *(parede, carro)* érafler **3.** *fig (instrumento)* gratter **4.** *fig (língua)* baragouiner.
■ **arranhar-se** *vp* s'égratigner.

arranhões ▷ **arranhão**.

arranjar [axɐ̃'ʒa(x)] *vt* **1.** *(quarto)* ranger **2.** *(dinheiro)* se procurer de.

arranque [ɐ'ʀẽŋkə] *nm* démarrage *(m)*. • ▷ **motor**

arrasar [ɐʀɐ'zar] *vt* **1.** *(destruir)* ravager **2.** *fig (emocionalmente)* anéantir.

arrastadeira [ɐʀɐʃtɐ'đɐirɐ] *nf* bassin *(m) (urinoir)*.

arrastar [ɐʀɐʃ'tar] *vt* traîner.

arrecadar [ɐʀəkɐ'đar] *vt* **1.** *(objecto)* ranger **2.** *(dinheiro)* ramasser.

arredondado, da [ɐʀəđõn'dađu, -đɐ] *adj* **1.** *(forma)* arrondi(e) **2.** *fig (valor)* rond(e).

arredondar [ɐʀəđõn'dar] *vt* arrondir.

arredores [ɐʀə'đɔrəʃ] *nmpl* environs *(mpl)*.

arrefecer [ɐʀəfɛ'ser] *vi* **1.** *(tempo, ar)* se rafraîchir **2.** *(comida)* refroidir **3.** *fig (entusiasmo)* retomber.

arregaçar [ɐʀəgɐ'sar] *vt* retrousser.

arreios [ɐ'ʀɐjuʃ] *nmpl* harnais *(m)*.

arremedar [ɐʀəmə'đar] *vt* singer.

arremessar [ɐʀəmə'sar] *vt* lancer.

arrendamento [ɐʀẽndɐ'mẽntu] *nm* location *(f)*.

arrendar [ɐʀẽn'dar] *vt* louer.

arrendatário, ria [ɐʀẽndɐ'tarju, -rjɐ] *nm, f* locataire *(mf)*.

arrepender-se [ɐʀəpẽn'dersə] *vp* • **arrepender-se de (ter feito) algo** regretter (d'avoir fait) qqch.

arrepiar [ɐʀə'pjar] *vt (pêlo)* hérisser.
■ **arrepiar-se** *vp* frissonner.

arrepio [ɐʀə'piu] *nm* frisson *(m)*.

arriscado, da [ɐʀiʃ'kađu, -đɐ] *adj* **1.** *(perigoso)* risqué(e) **2.** *(corajoso)* audacieux(euse).

arriscar [ɐʀiʃ'kar] *vt (pôr em risco)* risquer. ■ **arriscar-se** *vp* • **arriscar-se a** prendre le risque de, risquer de.

arroba [*(Port)* ɐ'robɐ, *(Br)* axo'ba] *nf* INFORM arobase *(f)*.

arrogância [ɐʀu'gɐ̃sjɐ] *nf* arrogance *(f)*.

arrogante [ɐʀu'gɐ̃ntə] *adj* arrogant(e).

arrombar [ɐʀõm'bar] *vt* forcer *(une porte)*.

arrotar [ɐʀu'tar] *vi* **1.** roter **2.** *(bebé)* faire un rot.

arroto [ɐ'ʀotu] *nm* rot *(m)*.

arroz [ɐ'ʀoʃ] *nm* riz *(m)* • **arroz de cabidela** *riz au sang* • **arroz de lampreia** *riz à la lamproie* • **arroz de pato** *riz au canard* • **arroz à valenciana** ≃ paella *(f)*.

arroz-doce [ɐʀoz'dosə] *nm* riz *(m)* au lait.

arruaça [ɐ'ʀwasɐ] *nf* chahut *(m)*.

arruaceiro, ra [ɐʀwɐ'sɐiru, -ʀɐ] *nm, f* chahuteur *(m)*, -euse *(f)*.

arrufada [ɐʀu'fađɐ] *nf* • **arrufada (de Coimbra)** *galette dorée*.

arrumado, da [ɐʀu'mađu, -đɐ] *adj* **1.** *(pessoa)* ordonné(e) **2.** *(em ordem)* rangé(e) **3.** *fig (resolvido)* classé(e).

arrumar [ɐʀu'mar] *vt* ranger.

arte ['artə] *nf* art *(m)* • **artes marciais** arts martiaux • **a sétima arte** le septième art.

artéria [ɐr'tɛrjɐ] *nf* artère *(f)*.

arterial [ɐrtə'rjał] *(pl* **-ais** [-aiʃ]) *adj* artériel (elle). • ▻ **pressão, tensão**

artesanal [*(Port)* ɐrtəzɐ'nał, *(Br)* axteza'naw] *adj* artisanal(e).

artesanato [ɐrtəzɐ'natu] *nm* artisanat *(m)*.

artesão, sã [*(Port)* ɐrtəz'ɐ̃u, -zɐ̃, *(Br)* axte-'zɐ̃w, -zɐ̃] *nm, f* artisan *(m)*, -e *(f)*.

articulação [ɐrtikulɐ'sɐ̃u] *(pl* **-ões** [-õiʃ]) *nf* articulation *(f)*.

artificial [ɐrtəfi'sjał] *(pl* **-ais** [-aiʃ]) *adj* artificiel(elle).

artigo [ɐr'tigu] *nm* article *(m)* • **artigos de primeira necessidade** articles de première nécessité • **artigo de fundo** article de fond • **'artigos a declarar'** 'marchandises à déclarer'.

artista [ɐr'tiʃtɐ] *nmf* artiste *(mf)*.

artístico, ca [ɐr'tiʃtiku, -kɐ] *adj* artistique.

artrite [ɐr'tritə] *nf* arthrite *(f)*.

árvore ['arvurə] *nf* arbre *(m)*.

as [ɐʃ] ▻ **a**.

ás ['aʃ] *(pl* **ases** ['azəʃ]) *nm* as *(m)* • **ser um ás** être un as.

às [aʃ] = **a + as** • ▻ **a**.

asa ['azɐ] *nf* **1.** *(de ave, avião)* aile *(f)* **2.** *(de utensílio)* anse *(f)*.

asa-delta [ˌazɐ'đɛłtɐ] *(pl* **asas-delta** [ˌazɐʒ-'dɛłtɐ]) *nf* delta-plane *(m)*.

ascensor [aʃẽ'sox] *(pl* **-es** [-iʃ]) *nm* **1.** *(Br)* ascenseur *(m)* **2.** *(em rua, encosta)* funiculaire *(m)*.

asco ['aʃku] *nm* dégoût *(m)*.

ases ▻ **ás**.

asfalto [ɐʃ'fałtu] *nm* asphalte *(m)*.

asfixia [ɐʃfik'siɐ] *nf* asphyxie *(f)*.

Ásia ['azjɐ] *nf* • **a Ásia** l'Asie *(f)*.

asiático, ca [ɐ'zjatiku, -kɐ] ■ *adj* asiatique. ■ *nm, f* Asiatique *(mf)*.

asilo [aʃ'ilu] *nm* asile *(m)* • **asilo político** asile *(m)* politique.

asma ['aʒmɐ] *nf* asthme *(m)*.

asmático, ca [ɐʒ'matiku, -kɐ] *adj* & *nm, f* asthmatique.

asneira [ɐʒ'nɐirɐ] *nf* **1.** *(tolice)* ânerie *(f)* **2.** *(obscenidade)* grossièreté *(f)*.

asno ['aʒnu] ■ *nm (burro)* âne *(m)*. ■ *adj fig (estúpido)* bête.

aspargo [aʃ'paxgu] *nm (Br)* asperge *(f)*.

aspecto [ɐʃ'pɛtu] *nm* aspect *(m)*.

áspero, ra ['aʃpəru, -rɐ] *adj* **1.** *(pele, superfície)* rugueux(euse) **2.** *(tecido)* rêche.

aspirador [ɐʃpirɐ'đor] *(pl* **-es** [-əʃ]) *nm* aspirateur *(m)*.

aspirar [ɐʃpi'rar] *vt* aspirer. ■ **aspirar a** *v + prép (desejar)* aspirer à.

aspirina® [ɐʃpi'rinɐ] *nf* aspirine *(f)* • **aspirina efervescente** aspirine effervescente.

asqueroso, osa [ɐʃkə'rozu, -ɔzɐ] *adj* répugnant(e).

assado, da [ɐ'sađu, -đɐ] ■ *adj* **1.** CULIN rôti(e) **2.** *(pele de bebé)* irrité(e). ■ *nm* **1.** *(de carne)* rôti *(m)* **2.** *(de peixe)* poisson *(m)* au four.

assadura [ɐsɐ'đurɐ] *nf* grillade *(f)*.

assalariado, da [ɐsɐlɐ'rjađu, -đɐ] *nm, f* salarié *(m)*, -e *(f)*.

assaltante [ɐsał'tɐ̃ntə] *nmf* cambrioleur *(m)*.

assaltar [ɐsaɫ'tar] *vt* **1.** *(pessoa, banco)* attaquer **2.** *(casa)* cambrioler.

assalto [ɐ'saɫtu] *nm* **1.** *(a pessoa, banco)* attaque *(f)* **2.** *(a casa)* cambriolage *(m)* **3.** *(em boxe)* round *(m)* • **assalto à mão armada** attaque *(f)* à main armée.

assar [ɐ'sar] *vt* rôtir.

assassinar [ɐsɐsi'nar] *vt* assassiner.

assassínio [ɐsɐ'sinju] *nm* assassinat *(m)*.

assassino, na [ɐsɐ'sinu, -nɐ] *nm, f* assassin *(m)*.

assediar [ɐsə'đjar] *vt* harceler.

assédio [ɐ'sɛđju] *nm* harcèlement *(m)* • **assédio sexual** harcèlement sexuel.

assegurar [ɐsəgu'rar] *vt* assurer.
■ **assegurar-se** *vp* • **assegurar-se de que** s'assurer que.

asseio [ɐ'sɐju] *nm* **1.** *(limpeza)* propreté *(f)* **2.** *(elegância)* soin *(m)*.

assembleia [ɐsẽm'blɐjɐ] *nf* assemblée *(f)* • **assembleia geral** assemblée générale • **Assembleia da República** *assemblée nationale portugaise,* ≃ Assemblée *(f)* nationale.

assembléia [asẽm'blɛja] *(Br)* = **assembleia**.

assemelhar-se [ɐsəmə'ʎarsə] ■ **assemelhar-se a** *vp* + *prép* ressembler à.

assento [ɐ'sẽntu] *nm* siège *(m)*.

assim [ɐ'sĩ] *adv* & *conj*

1. INDIQUE LA MANIÈRE = ainsi, comme ça
• **não fales assim!** ne parle pas comme ça !

2. DANS DES PHRASES NÉGATIVES OU INTERROGATIVES = si, à ce point
• **afinal não era assim tão longe (como isso)** finalement, ce n'était pas si loin (que ça)
• **enervo-te assim tanto** je t'énerve à ce point

3. INTRODUIT L'EXPRESSION D'UN SOUHAIT = ainsi, pourvu que
• **assim seja!** ainsi soit-il !
• **assim chovesse!** pourvu qu'il pleuve !

4. INTRODUIT UNE CONCLUSION = ainsi, en conséquence, alors
• **podemos assim deduzir que...** nous pouvons ainsi en déduire que...

5. INDIQUE UNE OPPOSITION
• **mesmo assim/assim mesmo** tout de même, quand même
• **ainda assim** cependant, malgré cela, néanmoins
• **está muito frio, mas mesmo assim vou sair** il fait très froid, mais je sortirai quand même

6. INDIQUE UN AJOUT = comme, ainsi que, de même que
• **arrumei os meus livros todos, assim como os dos meus irmãos** j'ai rangé tous mes livres, ainsi que ceux de mes frères

7. SUIVI DE « QUE » + INDICATIF : ACTION DANS LE PASSÉ
• **fui para a cama assim que cheguei a casa** je suis allé au lit dès que je suis rentré

8. SUIVI DE « QUE » + SUBJONCTIF : ACTION DANS LE FUTUR
• **telefona-me assim que chegues/chegares** appelle-moi dès que tu arrives

9. LOCUTIONS ET EXPRESSIONS
• **assim, sim!** là, oui !
• **como assim?** comment ça ?
• **assim mesmo** comme ça
• **assim-assim** comme ci, comme ça
• **assim que** dès que
• **assim como assim** de toute façon, au point où on en est
• **assim é que é!** c'est comme ça !
• **assim (é que) não!** comme ça, non!
• **e ainda assim!** et encore !
• **não é tanto assim** pas tant que ça
• **por assim dizer** pour ainsi dire
• **assim sendo** alors, puisque c'est comme ça, les choses étant ce qu'elles sont.

assimilar [ɐsəmi'lar] *vt* assimiler.

assinar [ɐsi'nar] ■ *vt* s'abonner à. ■ *vi* signer • **assinar o nome** signer.

assinatura [ɐsinɐ'turɐ] *nf* **1.** *(nome escrito)* signature *(f)* **2.** *(de revista, comboio)* abonnement *(m)*.

assistência [ɐsəʃ'tẽsjɐ] *nf* assistance *(f)* • **assistência médica** soins *(mpl)*.

assistir [ɐsəʃ'tir] *vt* assister.
■ **assistir a** *v* + *prép* assister à.

assoalho [a'soaʎu] *nm (Br)* parquet *(m)*.

assoar [ɐ'swar] *vt* moucher.
■ **assoar-se** *vp* se moucher.

assobiar [ɐsu'ƀjar] *vi* siffler.

assobio [ɐsu'ƀiu] *nm* **1.** *(som)* sifflement *(m)* **2.** *(apito)* sifflet *(m)*.

associação [ɐsusjɐ'sɐ̃u] (*pl* **-ões** [-õiʃ]) *nf* association *(f)* • **associação de ideias** association d'idées.

assombrado, da [ɐsõm'brađu, -đɐ] *adj* hanté(e).

assombro [ɐ'sõmbru] *nm* étonnement *(m)*.

assunto [ɐ'sũntu] *nm* sujet *(m)* • **assunto encerrado!** c'est une affaire classée !

assustador, ra [ɐsuʃtɐ'đor, -rɐ] (*mpl* **-es** [-əʃ], *fpl* **-s** [-ʃ]) *adj* effrayant(e).

assustar [ɐsuʃ'tar] *vt* faire peur.
■ **assustar-se** *vp* avoir peur.

asterisco [ɐʃtə'riʃku] *nm* astérisque *(m)*.

astral [aʃ'trau] (*pl* **-ais** [-aiʃ]) *nm (Br) fam* moral *(m)*.

astro ['aʃtru] *nm* astre *(m)*.

astrologia [ɐʃtrulu'ʒiɐ] *nf* astrologie *(f)*.

astronauta [ɐʃtrɔ'nautɐ] *nmf* astronaute *(mf)*.

astronomia [ɐʃtrunu'miɐ] *nf* astronomie *(f)*.

astúcia [ɐʃ'tusjɐ] *nf* astuce *(f)*.

atacadista [ɐtɐkɐ'điʃtɐ] *nmf (Br)* grossiste *(mf)*.

atacado [ɐtɐ'kađu] *nm (Br)* • **por atacado** en gros.

atacador [ɐtɐkɐ'đor] (*pl* **-es** [-əʃ]) *nm (Port)* lacet *(m)*.

atacante [ɐtɐ'kɐ̃ntə] *adj* & *nmf* attaquant (e).

atacar [ɐtɐ'kar] *vt* attaquer.

atadura [ata'durɐ] *nf (Br)* bandage *(m)*.

atalho [ɐ'taʎu] *nm (gén* & INFORM*)* raccourci *(m)*.

ataque [ɐ'takə] *nm* **1.** attaque *(f)* **2.** *(de doença)* crise *(f)* • **ataque cardíaco** crise cardiaque.

atar [ɐ'tar] *vt* **1.** attacher **2.** *(sapatos)* lacer.

atarracado, da [ɐtɐʀɐ'kađu, -đɐ] *adj* trapu (e).

até [ɐ'tɛ] ■ *prép* jusque. ■ *adv* même • **vá até à igreja** allez jusqu'à l'église • **até ao meio-dia** jusqu'à midi • **até agora** jusqu'à présent • **até amanhã!** à demain ! • **até logo!** à tout à l'heure ! • **até mais!** à plus tard ! • **até que enfim!** enfin ! • **até porque** pour la bonne raison que.

atear [ɐ'tjar] *vt* attiser • **atear o fogo a** mettre le feu à.

ateia ▷ **ateu**.

atéia [a'tɛja] ▷ **ateu**.

ateliê [atə'lje] *nm (Br)* = **atelier**.

atelier [atə'lje] *nm (Port)* atelier *(m)*.

atemorizar [ɐtəmuri'zar] *vt* effrayer.

atenção [ɐtẽ'sɐ̃u] (*pl* **-ões** [-õiʃ]) ■ *nf* **1.** attention *(f)* **2.** *(cortesia)* attentions *(fpl)*. ■ *interj* attention ! • **chamar a atenção de alguém para algo** attirer l'attention de qqn sur qqch • **estar com atenção** être attentif.

atendedor [ɐtẽndə'dor] *nm* • **atendedor de chamadas** répondeur *(m)*.

atender [ɐtẽn'der] ■ *vt* **1.** *(telefone)* répondre à **2.** *(em loja)* servir **3.** *(em hospital)* s'occuper de. ■ *vi* répondre.

À PROPOS DE...

atender

Attention, ne pas confondre « atender » avec ***attendre***. En portugais, « atender » signifie ***recevoir (à l'accueil)***.

atendimento [ɐtẽndi'mẽntu] *nm* **1.** accueil *(m)* **2.** *(em hospital)* prise *(f)* en charge.

atentado [ɐtẽn'tađu] *nm* attentat *(m)*.

atenuante [ɐtə'nwẽntə] *nf* circonstance *(f)* atténuante.

atenuar [ɐtə'nwar] *vt* atténuer.

aterragem [ɐtə'ʀaʒɐ̃i] (*pl* **-ns** [-ʃ]) *nf (Port)* atterrissage *(m)*.

aterrar [ɐtə'ʀar] ■ *vi (Port)* atterrir. ■ *vt* épouvanter.

aterrissagem [atexi'saʒẽi] (*pl* **-ns** [-ʃ]) *nf (Br)* = **aterragem**.

aterrissar [atexi'sax] *vi (Br)* = **aterrar**.

aterro [ɐ'teʀu] *nm* remblai *(m)*.

aterrorizar [ɐtəʀuri'zar] *vt* terroriser.

atestado [ɐtəʃ'tađu] *nm (declaração escrita)* attestation *(f)* • **atestado médico** certificat *(m)* médical • **atestado de óbito** certificat *(m)* de décès.

atestar [*(Port)* ɐtəʃ'tar, *(Br)* ateʃ'ta(x)] *vt* **1.** certifier, attester **2.** AUTO faire le plein (d'essence).
Voir encadré page suivante.

ateu, ateia [ɐ'teu, ɐ'tɐjɐ] *nm, f* athée *(mf)*.

atiçar [ɐti'sar] *vt* attiser.

À PROPOS DE...

atestar

Attention, ne pas confondre « atestar » avec ***attester***. En portugais, « atestar » signifie ***remplir***.

atingir [ɐtĩ'ʒir] *vt* **1.** atteindre **2.** *(afectar)* toucher **3.** *(compreender)* saisir **4.** *(abranger)* concerner.

atirar [ɐti'rar] ■ *vt* lancer. ■ *vi* tirer.

À PROPOS DE...

atirar

Attention, ne pas confondre « atirar » avec ***attirer***. En portugais, « atirar » signifie ***lancer***.

atitude [ɐti'tuđə] *nf* attitude *(f)*.

atividade [atʃivi'dadʒi] *(Br)* = **actividade**.

ativo [a'tivu] *(Br)* = **activo**.

Atlântico [ɐt'lẽntiku] *nm* ◆ **o Atlântico** l'Atlantique *(m)*.

atlas ['atlɐʃ] *nm inv* atlas *(m)*.

atleta [ɐt'lɛtɐ] *nmf* athlète *(mf)*.

atletismo [ɐtlɛ'tiʒmu] *nm* athlétisme *(m)*.

atmosfera [ɐtmuʃ'fɛrɐ] *nf* atmosphère *(f)*.

ato ['atu] *nm (Br)* = **acto**.

atómico, ca [ɐ'tɔmiku, -kɐ] *adj* atomique.

atômico [a'tomiku] *(Br)* = **atómico**.

ator, atriz [a'tox, a'triʃ] (*mpl* **-es** [-iʃ], *fpl* **-es** [-iʃ]) *nm, f (Br)* = **actor**.

atordoado, da [ɐtur'đwađu, -đɐ] *adj* étourdi(e).

atores *(Br)* ▻ **actor**.

atormentado, da [ɐturmẽn'tađu, -đɐ] *adj* tourmenté(e).

atração [atra'sɐ̃u] (*pl* **-ões** [-õiʃ]) *nf (Br)* = **atracção**.

atracção [ɐtra'sɐ̃u] (*pl* **-ões** [-õiʃ]) *nf* **1.** *(Port) (de íman)* attraction *(f)* **2.** *(de local, espectáculo)* attrait *(m)* **3.** *fig (simpatia)* attirance *(f)*.

atrações ▻ **atração**.

atractivo, va [ɐtra'tivu, -vɐ] ■ *adj* **1.** *(Port) (pessoa)* séduisant(e) **2.** *(local)* attrayant(e). ■ *nm (encanto)* attrait *(m)*.

atraente [ɐtrɐ'ẽntə] *adj* **1.** *(bonito)* attirant(e) **2.** *(agradável)* attrayant(e).

atraiçoar [ɐtrai'swar] *vt* trahir.
■ **atraiçoar-se** *vp* se trahir.

atrair [ɐtrɐ'ir] *vt* attirer.

atrapalhar [ɐtrɐpɐ'ʎar] *vt* **1.** *(confundir)* perturber **2.** *(dificultar)* gêner.
■ **atrapalhar-se** *vp* **1.** *(em discurso)* se troubler **2.** *(face ao perigo)* s'affoler.

atrás [ɐ'traʃ] *adv* derrière ◆ **há dias atrás** il y a quelques jours ◆ **atrás de** *(no espaço)* derrière ◆ *(no tempo)* après ◆ **ficar de pé atrás** *fig* se tenir sur ses gardes.

atrasado, da [ɐtrɐ'zađu, -đɐ] *adj* **1.** arriéré(e) **2.** *(comboio, autocarro)* en retard ◆ **chegar atrasado** arriver en retard ◆ **estar atrasado** être en retard.

atrasar [ɐtrɐ'zar] ■ *vi* avoir du retard. ■ *vt* **1.** *(trabalho)* prendre du retard dans **2.** *fig (prejudicar)* retarder.
■ **atrasar-se** *vp* être en retard.

atraso [ɐ'trazu] *nm* retard *(m)*.

atrativo, va [atra'tʃivu, -vɐ] *adj (Br)* = **atractivo**.

através [ɐtrɐ'vɛʃ] ■ **através de** *prép* **1.** *(pelo meio de)* à travers **2.** *(por meio de)* par.

atravessar [ɐtrɐvə'sar] *vt* **1.** traverser **2.** *(pôr ao través)* mettre en travers.

atrelado, da [ɐtrə'lađu, -đɐ] ■ *adj* attelé(e). ■ *nm* attelage *(m)*.

atrever-se [ɐtrə'versə] ■ **atrever-se a** *vp + prép* oser.

atrevido, da [ɐtrə'viđu, -đɐ] *adj* **1.** *(audaz)* hardi(e) **2.** *(malcriado)* effronté(e).

atrevimento [ɐtrəvi'mẽntu] *nm* effronterie *(f)*.

atribuir [ɐtri'ƀwir] *vt* attribuer.

atributo [ɐtri'ƀutu] *nm* attribut *(m)*.

átrio ['atriu] *nm* **1.** entrée *(f)* **2.** *(de estação de metro)* salle *(f)* des guichets.

atrito [ɐ'tritu] *nm* frottement *(m)*.
■ **atritos** *nmpl* frictions *(fpl)*.

atriz [a'triʒ] *(Br)* ▻ **ator**.

atropelado, a [ɐtrupə'lađu, -đɐ] *adj* ◆ **ser atropelado(a)** se faire renverser.

atropelamento [ɐtrupəlɐ'mẽntu] *nm* ◆ **houve um atropelamento na rua** quelqu'un a été renversé par une voiture.

atropelar [ɐtrupə'lar] *vt* renverser.

attachment [a'tætʃmant] *nm* INFORM lien *(m)*.

atuação [atwa'sɐ̃w] *(Br)* = **actuação**.

atual [a'twau] (*pl* **-ais** [-aiʃ]) *adj (Br)* = **actual**.

atualizar [atwali'za(x)] *(Br)* = **actualizar**.

atualmente [atwaw'mẽntʃi] *(Br)* = **actualmente**.

atuar [a'twax] *vi (Br)* = **actuar**.

atum [ɐ'tũ] *nm* thon *(m)*.

aturdido, da [ɐtur'điđu, -đɐ] *adj* étourdi (e).

audácia [au'đasjɐ] *nf* audace *(f)*.

audição [auđi'sɐ̃u] (*pl* **-ões** [-õiʃ]) *nf* audition *(f)*.

audiência [au'đjẽsjɐ] *nf* DR audience *(f)*.

audiovisual [ˌaudjɔvi'zwał] (*pl* **-ais** [-aiʃ]) *adj* audiovisuel(elle).

auditório [auđi'tɔrju] *nm* **1.** *(público ouvinte)* auditoire *(m)* **2.** *(casa de espectáculos)* auditorium *(m)*.

auge ['auʒə] *nm (de carreira)* sommet *(m)* • **no auge da festa** quand la fête battait son plein.

aula ['aulɐ] *nf* cours *(m) (leçon)*.

aumentar [aumẽn'tar] *vt* & *vi* augmenter.

aumento [au'mẽntu] *nm* **1.** *(de preço)* hausse *(f)* **2.** *(de ordenado)* augmentation *(f)* **3.** *(de trabalho)* surcroît *(m)*.

auréola [au'rɛulɐ] *nf* auréole *(f)*.

aurora [au'rɔrɐ] *nf* aurore *(f)* • **aurora boreal** aurore boréale.

auscultador [auʃkułtɐ'đor] *nm (de telefone)* écouteur *(m)*.
■ **auscultadores** *nmpl (de hi-fi, walkman)* casque *(m)*.

auscultar [auʃkuw'ta(x)] *vt* ausculter.

ausência [au'zẽsjɐ] *nf* absence *(f)*.

ausentar-se [auzẽn'tarsə] *vp* s'absenter.

ausente [au'zẽntə] *adj* absent(e).

Austrália [auʃ'traljɐ] *nf* • **a Austrália** l'Australie *(f)*.

australiano, na [auʃtrɐ'ljɐnu, -nɐ] ■ *adj* australien(enne). ■ *nm, f* Australien *(m)*, -enne *(f)*.

Áustria ['auʃtriɐ] *nf* • **a Áustria** l'Autriche *(f)*.

austríaco, ca [auʃ'triɐku, -kɐ] ■ *adj* autrichien(enne). ■ *nm, f* Autrichien *(m)*, -enne *(f)*.

autenticação [*(Port)* autẽntikɐ'sɐ̃u, *(Br)* awtẽntʃika'sɐ̃w] *nf* authentification *(f)*.

autenticar [autẽnti'kar] *vt* DR *(documento, assinatura)* certifier.

autêntico, ca [au'tẽntiku, -kɐ] *adj* **1.** *(verdadeiro)* authentique **2.** DR certifié(e).

autobrilhante [ˌautɔbri'ʎẽntə] *nm (para sapatos)* polish *(m)*.

autocaravana [ˌautɔkɐrɐ'vanɐ] *nf* camping-car *(m)*.

autocarro [ˌautɔ'kaʀu] *nm* **1.** *(entre cidades)* car *(m)* **2.** *(em cidade)* bus *(m)* • **apanhar o autocarro** prendre le bus/le car.

autoclismo [ˌautɔ'kliʒmu] *nm* chasse *(f)* d'eau • **puxar o autoclismo** tirer la chasse.

autocolante [ˌautɔku'łẽntə] ■ *adj* autocollant(e). ■ *nm* autocollant *(m)*.

autodomínio [ˌautɔđu'minju] *nm* maîtrise *(f)* de soi.

autódromo [au'tɔđrumu] *nm* circuit *(m)* automobile.

auto-escola [ˌawtoiʃ'kɔla] *nf* auto-école *(m)*.

auto-estima [ˌautɔəʃ'timɐ] *nf* amour-propre *(m)*.

auto-estrada [ˌautɔʃ'trađɐ] *nf* autoroute *(f)*.

autografar [autugrɐ'far] *vt* signer un autographe sur.

autógrafo [au'tɔgrɐfu] *nm* autographe *(m)*.

autolocadora [ˌautoluka'dorɐ] *nf (Br)* agence *(f)* de location de véhicules.

automático, ca [autu'matiku, -kɐ] *adj* automatique.

automatização [autumɐtizɐ'sɐ̃u] (*pl* **-ões** [-õiʃ]) *nf* automatisation *(f)*.

automobilismo [autumuđi'liʒmu] *nm* sport *(m)* automobile.

automobilista [autumuđi'liʃtɐ] *nmf* automobiliste *(mf)*.

automotora [ˌautɔmu'torɐ] *nf* autorail *(m)*.

automóvel [autu'mɔvɛł] (*pl* **-eis** [-ɐiʃ]) *nm* automobile *(f)*.

autópsia [au'tɔpsjɐ] *nf* MÉD autopsie *(f)*.

autor, **ra** [au'tor, -rɐ] (*mpl* **-es** [-əʃ], *fpl* **-s** [-ʃ]) *nm, f* auteur *(mf) (aussi :* **auteure** *nf)*.

auto-retrato [ˌautɔʀə'tratu] *nm* auto-portrait *(m)*.

autoridade [auturi'đađə] *nf* autorité *(f)*.

autorização [auturizɐ'sɐ̃u] (*pl* **-ões** [-õiʃ]) *nf* autorisation *(f)*.

autorizar [auturi'zar] *vt* autoriser.

auto-serviço [ˌautosex'visu] *nm (Br)* self-service *(m)*.

auxiliar [ausə'ljar] (*pl* **-es** [-əʃ]) ■ *adj* auxiliaire. ■ *nmf* **1.** auxiliaire *(mf)* **2.** *(em hospital)* aide-soignant *(m)*, -e *(f)*. ■ *vt* aider.

auxílio [au'silju] *nm* aide *(f)*.

auxílio-desemprego [auˌsiljudʒizẽm'pregu] (*pl* **auxílios-desemprego** [auˌsiljuʒdʒizẽm'pregu]) *nm (Br)* allocation *(f)* chômage.

Av. (*abr écrite de* **avenida**) av. *(avenue)*.

avalanche [ɐvɐ'lẽʃə] *nf* avalanche *(f)*.

avaliação [ɐvɐljɐ'sɐ̃u] (*pl* **-ões** [-õiʃ]) *nf* évaluation *(f)*.

avaliar [ɐvɐ'ljar] *vt* évaluer • **a avaliar por** *(a julgar por)* à en juger par.

avançado, **da** [ɐvẽ'sađu, -đɐ] ■ *adj* **1.** *(país)* en avance **2.** *(método, sistema)* avancé(e) **3.** *(pessoa)* évolué(e). ■ *nm, f* SPORT avant *(m)*. ■ *nm (de caravana)* auvent *(m)*.

avançar [ɐvẽ'sar] *vi* **1.** *(ir para a frente)* avancer **2.** *(aproximar-se)* s'avancer.

avarento, **ta** [ɐvɐ'rẽntu, -tɐ] *adj* & *nmf inv* avare.

avaria [ɐvɐ'riɐ] *nf* panne *(f)*.

avariado, **da** [ɐvɐ'rjađu, -đɐ] *adj* en panne.

ave ['avə] *nf* oiseau *(m)*.

aveia [ɐ'vɐjɐ] *nf* avoine *(f)*.

avelã [ɐvə'lẽ] *nf* noisette *(f)*.

avenca [ɐvẽŋkɐ] *nf* cheveu-de-Vénus *(m)* *(fougère)*.

avenida [ɐvə'niđɐ] *nf* avenue *(f)*.

avental [ɐvẽn'tał] (*pl* **-ais** [-aiʃ]) *nm* tablier *(m)*.

aventura [ɐvẽn'turɐ] *nf* aventure *(f)* • **partir à aventura** partir à l'aventure.

aventureiro, **ra** [ɐvẽntu'rɐiru, -rɐ] *nm, f* aventurier *(m)*, -ère *(f)*.

averiguação [ɐvərigwɐ'sɐ̃u] (*pl* **-ões** [-õiʃ]) *nf* **1.** *(investigação)* recherche *(f)* **2.** *(inquérito policial)* enquête *(f)*.

averiguar [ɐveri'gwar] *vt* **1.** *(investigar)* enquêter sur **2.** *(verdade)* vérifier.

avesso [ɐ'vesu] ■ *nm* envers *(m)*. ■ *adj* • **avesso a** hostile à • **pelo avesso** à l'envers.

avestruz [ɐvəʃ'truʃ] (*pl* **-es** [-zəʃ]) *nf* autruche *(f)*.

avião [ɐ'vjɐ̃u] (*pl* **-ões** [-õiʃ]) *nm* avion *(m)* • **'por avião'** 'par avion'.

ávido, **da** ['aviđu, -đɐ] *adj* • **ávido de** avide de.

aviões ▷ **avião**.

avisar [ɐvi'zar] *vt* avertir.

aviso [ɐ'vizu] *nm* **1.** *(sinal, letreiro)* écriteau *(m)* **2.** *(advertência)* avertissement *(m)* **3.** *(notificação)* avis *(m)* • **aviso de recepção** accusé *(m)* de réception • **aviso prévio** préavis *(m)*.

avistar [ɐviʃ'tar] *vt* apercevoir.

avô, **avó** [ɐ'vo, ɐ'vɔ] *nm, f* grand-père *(m)*, grand-mère *(f)*.

avós [ɐ'vɔʃ] *nmpl (avó e avô)* grands-parents *(mpl)*.

avulso, **sa** [ɐ'vułsu, -sɐ] ■ *adj* détaché(e). ■ *adv* en vrac.

axila [ɐk'silɐ] *nf* aisselle *(f)*.

azálea [aza'lɛja] *nf* azalée *(f)*.

azar [ɐ'zar] (*pl* **-es** [-əʃ]) *nm* **1.** *(falta de sorte)* malchance *(f)* **2.** *(acaso)* hasard *(m)* • **estar com azar** ne pas avoir de chance • **por azar** par malchance.

À PROPOS DE...

azar

Attention, ne pas confondre « azar » avec ***hasard***. En portugais, « azar » signifie ***malchance***.

azarado, **da** [ɐzɐ'rađu, -đɐ] *adj* malchanceux(euse).

azares ▷ **azar**.

azedar [ɐzə'đar] *vi* tourner *(lait)*.

azedo, **da** [ɐ'zeđu, -đɐ] *adj* **1.** *(sopa)* aigre **2.** *(laranja)* acide.

azeite [ɐ'zɐitə] *nm* huile *(f)* d'olive.

azeitona [ɐzɐi'tonɐ] *nf* olive *(f)* • **azeitonas pretas** olives noires • **azeitonas recheadas** olives farcies • **azeitonas retalhadas** olives concassées.

azevinho [ɐzə'viɲu] *nm* houx *(m)*.

azinheira [ɐzi'ɲɐirɐ] *nf* chêne *(m)* liège.

azul [ɐ'zuɫ] (*pl* **azuis** [ɐ'zuiʃ]) ■ *adj* bleu(e). ■ *nm* bleu *(m)*.

azul-claro, **azul-clara** [ɐˌzuɫ'klaru, ɐˌzuɫ'klarɐ] (*mpl* **azul-claros** [ɐˌzuɫ'klaruʃ], *fpl* **azul-claras** [ɐˌzuɫ'klarɐʃ]) *adj* bleu clair *(inv)*.

azulejo [ɐzu'lɐiʒu] *nm* azulejo *(m)*.

azul-escuro, **azul-escura** [ɐˌzuləʃ'kuru, ɐˌzuləʃ'kurɐ] (*mpl* **azul-escuros** [ɐˌzuɫəʃ'kuruʃ], *fpl* **azul-escuras** [ɐˌzuɫəʃ'kurɐʃ]) *adj* bleu foncé *(inv)*.

azul-marinho [ɐˌzuɫmɐ'riɲu] *adj inv* bleu marine.

azul-turquesa [ɐˌzuɫtur'kezɐ] *adj inv* turquoise.

CULTURE...

Os azulejos

Les azulejos sont des carreaux de céramique dont l'une des faces est décorée et vitrifiée. Ils sont utilisés pour recouvrir de larges surfaces aussi bien à l'intérieur qu'à l'extérieur. Cet art ornemental a été introduit dans la péninsule Ibérique par les Maures aux XVe et XVe siècles. Les *azulejos* ont beaucoup contribué à enrichir l'architecture portugaise, et, depuis cette période, ils ornent presque tous les monuments et les églises catholiques. Ils sont considérés comme l'une des principales richesses du patrimoine artistique du pays. On peut d'ailleurs admirer de nombreux *azulejos* anciens au Musée national de l'*Azulejo* qui se trouve dans le Couvent de la Mère de Dieu à Lisbonne.

b B

b, B [ƀe] *m (letra)* b, B.

baba ['baƀɐ] *nf* bave *(f)*.

babá [ba'ba] *nf (Br)* nourrice *(f)*.

babar-se [bɐ'ƀarsə] *vp* baver.

baby-sitter [ˌbɐiƀi'sitɛr] *nf* baby-sitter *(f)*.

bacalhau [bɐkɐ'ʎau] *nm* morue *(f)* • **bacalhau assado (na brasa)** morue grillée • **bacalhau à Brás** *hachis de morue et de frites* • **bacalhau cru desfiado** *morue crue à l'huile et au vinaigre* • **bacalhau à Gomes de Sá** *hachis de morue, de pommes de terre à l'eau et d'œufs durs en rondelles* • **bacalhau à Lagareiro** *tranches de morue panées et cuites au four* • **bacalhau com natas** morue à la crème • **bacalhau podre** *hors-d'œuvre à base de morue coupée en petits cubes* • **bacalhau à Zé do Pipo** brandade *(f)* de morue.

bacia [bɐ'siɐ] *nf* **1.** bassin *(m)* **2.** *(recipiente)* bassine *(f)*.

backbone [bak'boni] (*pl* **-s** [-ʃ]) *(Br) nm* épine *(f)* dorsale.

backup [ba'kapi] (*pl* **-s** [-ʃ]) *nm (Br)* INFORM secours *(m)* informatique.

baço, ça ['basu, -sɐ] *adj* **1.** *(metal)* terni(e) **2.** *(sem brilho)* mat(e) • **o vidro está baço** on ne voit pas à travers la vitre.

bacon ['bɐikɐn] *nm* bacon *(m)*.

bactéria [bɐk'tɛrjɐ] *nf* bactérie *(f)*.

badejo [ba'deʒu] *nm (Br)* merlan *(m)*.

badminton [bađ'mĩntɐn] *nm* badminton *(m)*.

bafo ['bafu] *nm* haleine *(f)*.

bafômetro [ba'fometru] *nm (Br)* alcootest *(m)*.

baforada [bɐfu'rađɐ] *nf* bouffée *(f)*.

bagaço [bɐ'gasu] *nm (Port)* marc *(m)* (de raisin).

bagageira [bɐgɐ'ʒeirɐ] *nf* coffre *(m)*.

bagageiro [bɐgɐ'ʒeiru] *nm* bagagiste *(m)*.

bagagem [bɐ'gaʒẽi] (*pl* **-ns** [-ʃ]) *nf* bagage *(m)* • **depositar a bagagem** déposer les bagages • **despachar a bagagem** enregistrer les bagages.

bagatela [bɐgɐ'tɛlɐ] *nf* bagatelle *(f)*.

bago ['bagu] *nm* grain *(m)*.

bagunça [ba'gũsɐ] *nf (Br)* pagaille *(f)*.

Bahia [bɐ'iɐ] *nf (Br)* Bahia *(f)*.

baía [bɐ'iɐ] *nf* baie *(f)*.
■ **Baía** *nf (Port)* = **Bahia**.

bailado [bai'lađu] *nm* ballet *(m)*.

bailarino, na [bailɐ'rinu, -nɐ] *nm, f* danseur *(m)*, -euse *(f)*.

baile ['bailə] *nm* bal *(m)*.

bainha [bɐ'iɲɐ] *nf* **1.** *(de calças, saia)* ourlet *(m)* **2.** *(de espada)* fourreau *(m)*.

Bairrada [bai'ʀađɐ] *nf* • **a Bairrada** *région du centre du Portugal, réputée pour ses vins et son cochon de lait.*

bairro ['baiʀu] *nm* quartier *(m)* • **bairro da lata** *(Port)* bidonville *(m)*.

baixa ['baiʃɐ] *nf* **1.** *(de cidade)* ville *(f)* basse **2.** *(médica)* congé *(m)* (de) maladie **3.** *(de preço)* baisse *(f)* **4.** *(durante os saldos)* réduction *(f)*.

baixar [*(Port)* bai'ʃar, *(Br)* baj'ʃa(x)] *vt* & *vt* **1.** baisser **2.** *(Br)* INFORM *(fazer download)* • **baixar um arquivo** télécharger un fichier.
■ **baixar-se** *vp* se baisser.

baixo, xa ['baiʃu, -ʃɐ] ■ *adj* **1.** bas (basse) **2.** *(pessoa)* petit(e). ■ *adv* **1.** *(falar, rir)* tout bas **2.** *(relativo a posição)* bas. ■ *nm (instrumento)* basse *(f)* • **em baixo** en bas • **mais baixo** plus bas • *(pessoa, objecto)* plus petit • *(falar)* moins fort • **o mais baixo/a mais baixa** le plus petit/la plus petite • *(preço, valor)* le plus bas/la plus basse • **para baixo** en bas • *(mais abaixo)* plus bas • **por baixo de** sous • **estar em baixo** *(Port)* ne pas avoir le moral.

bajulador, ra [baʒula'do(x), ra] (*mpl* **-es**, *fpl* **-s**) *adj* flatteur(euse).

bajular [baʒu'la(x)] *vt* flatter.

bala ['balɐ] *nf* **1.** *(de arma)* balle *(f)* **2.** *(Br) (rebuçado)* bonbon *(m)* • **à prova de bala** pare-balles.

balança [bɐ'lɐ̃sɐ] *nf* balance *(f)*. ■ **Balança** *nf (Port)* Balance *(f)*.

balançar [bɐlɐ̃'sar] ■ *vt* balancer. ■ *vi* **1.** *(baloiço)* se balancer **2.** *(barco)* tanguer.

balancé [bɐlɐ̃'sɛ] *nm* balançoire *(f)*.

balanço [ba'lɐ̃su] *nm* **1.** *(de criança)* balançoire *(f)* **2.** *(ação)* bilan *(m)*.

balão [bɐ'lɐ̃w] (*pl* **-ões** [-õiʃ]) *nm* **1.** *(de borracha)* ballon *(m)* **2.** *(de transporte)* ballon *(m)* dirigeable • **soprar no balão** *fam* souffler dans le ballon.

balbuciar [bałbu'sjar] *vt & vi* balbutier.

balbúrdia [bał'burdjɐ] *nf* **1.** *fam (desordem)* bazar *(m)* **2.** *(barulho)* vacarme *(m)*.

balcão [bał'kɐ̃w] (*pl* **-ões** [-õiʃ]) *nm* **1.** *(de bar, loja)* comptoir *(m)* **2.** *(de teatro, casa)* balcon *(m)* • **balcão nobre** *(Br) (de teatro)* loge *(f)* • **balcão simples** *(Br) (de teatro)* balcon *(m)*.

Balcãs [bał'kɐ̃ʃ] *nmpl* • **os Balcãs** les Balkans.

balde ['bałdə] *nm* seau *(m)*.

baldeação [baudja'sɐ̃w] (*pl* **-ões** [-õiʃ]) *nf (Br)* correspondance *(f)* • **fazer baldeação** prendre une correspondance.

balé [ba'lɛ] *nm (Br)* = **ballet**.

baleia [bɐ'lɐjɐ] *nf* baleine *(f)*.

baliza [bɐ'lizɐ] *nf* SPORT buts *(mpl)*.

ballet [ba'le] *nm (Port)* ballet *(m)*.

balneário [bał'njarju] *nm* vestiaire *(m)*.

balões [ba'lõjʃ] ▷ **balão**.

balofo, fa [ba'lofu, fa] ■ *adj* bouffi(e). ■ *nm, f* gros(grosse).

baloiço [bɐ'loisu] *nm* balançoire *(f)*.

bálsamo ['bałsɐmu] *nm* baume *(m)*.

báltico, ca ['bałtiku, -kɐ] *adj* balte • **os países bálticos** les pays Baltes.

bambu [bɐ̃m'bu] *nm* bambou *(m)*.

banal [bɐ'nał] (*pl* **-ais** [-aiʃ]) *adj* banal(e).

banana [bɐ'nɐnɐ] *nf* banane *(f)*.

bananada [bana'nadɐ] *nf (Br) pâte de fruit à la banane*.

bananeira [bɐnɐ'nɐirɐ] *nf* bananier *(m)*.

banca ['bɐ̃ŋkɐ] *nf* **1.** *(de cozinha)* plan *(m)* de travail **2.** *(de trabalho)* établi *(m)* **3.** *(de mercado)* étal *(m)* **4.** FIN banque *(f)* • **banca de jornais** *(Br)* kiosque *(m)* à journaux.

À PROPOS DE...

banca

Attention, ne pas confondre « banca » avec ***banque***. En portugais, « banca » signifie ***étal***.

bancada [bɐ̃ŋ'kadɐ] *nf (Port)* gradins *(mpl)*.

bancário, ria [bɐ̃ŋ'karju, rja] ■ *adj* bancaire. ■ *nm, f* employé *(m)*, -e *(f)* de banque.

banco ['bɐ̃ŋku] *nm* **1.** *(de cozinha)* tabouret *(m)* **2.** *(de carro)* siège *(m)* **3.** FIN banque *(f)* **4.** *(de hospital)* urgences *(fpl)* • **banco de areia** banc *(m)* de sable • **banco de dados** banque de données • **banco de jardim** banc *(m)*.

banda ['bɐ̃ndɐ] *nf* **1.** *(lado)* côté *(m)* **2.** *(margem)* rive *(f)* **3.** *(filarmónica)* fanfare *(f)* **4.** *(de rock)* groupe *(m)* • **pôr de banda** *fam fig* mettre de côté • **banda desenhada** *(Port)* bande *(f)* dessinée • **banda larga** INFORM bande *(f)* passante, largeur *(f)* de bande • **banda sonora** bande-son *(f)* • **à banda** de travers.

bandarilha [bɐ̃ndɐ'riʎɐ] *nf* banderille *(f)*.

bandeira [bɐ̃n'dɐirɐ] *nf* **1.** drapeau *(m)* **2.** *(em transporte público) panonceau actionné par le chauffeur du bus pour indiquer la direction* • **rir a bandeiras despregadas** *fam* rire à gorge déployée.

bandeirinha [bɐ̃n'dejriɲa] *nm* juge *(m)* de touche.

bandeja [bɐ̃n'dɐiʒɐ] *nf* plateau *(m)*.

bandejão [bɐ̃nde'ʒɐ̃w] (*pl* **-ões** [-õiʃ]) *nf (Br)* plateau-repas *(m)*.

bandido, da [bɐ̃n'didu, -dɐ] *nm, f* bandit *(m)*.

bando ['bɐ̃ndu] *nm* **1.** *(de aves)* volée *(f)* **2.** *(de criminosos)* bande *(f)*.

bandolim [bɐ̃ndu'lĩ] (*pl* **-ns** [-ʃ]) *nm* mandoline *(f)*.

bangaló [bɐ̃ŋgɐ'lɔ] *nm (Port)* bungalow *(m)*.

bangalô [bɐ̃ŋga'lo] *nm (Br)* = **bangaló**.

banha ['bɐɲɐ] *nf* • **banha (de porco)** saindoux *(m)*.

banheira [bɐ'ɲɐirɐ] *nf* baignoire *(f)*.

banheiro [bɐ'ɲɐiru] *nm* **1.** *(de praia, piscina)* maître *(m)* nageur **2.** *(Br) (quarto de banho)* salle *(f)* de bains.

banhista [bɐ'ɲiʃtɐ] *nmf* baigneur *(m)*, -euse *(f)*.

banho ['bɐɲu] *nm* bain *(m)* • **tomar banho** prendre un bain • **tomar banhos de sol** prendre un bain de soleil.

banho-maria [ˌbɐɲumɐ'riɐ] *nm* bain-marie *(m)* • **cozer em banho-maria** cuire au bain-marie.

banir [bɐ'nir] *vt* bannir *(m)*.

banjo ['bɐ̃ʒu] *nm* banjo *(m)*.

banner ['banex] (*pl* **-s**) *nm (Br)* INFORM bannière *(f)*.

banquete [bɐ̃ŋ'ketə] *nm* banquet *(m)*.

baptismo [ba'tiʒmu] *nm (Port)* baptême *(m) (cérémonie)*.

baptizado [bati'zađu] *nm (Port)* baptême *(m) (réception)*.

bar ['bar] (*pl* **-es** [-əʃ]) *nm* bar *(m)*.

baralhar [bɐrɐ'ʎar] *vt* **1.** *(cartas de jogar)* battre **2.** *(confundir)* brouiller.
■ **baralhar-se** *vp* s'embrouiller.

baralho [bɐ'raʎu] *nm* • **baralho (de cartas)** jeu *(m)* de cartes.

barão [bɐ'rɐ̃u] (*pl* **-ões** [-õiʃ]) *nm* baron *(m)*.

barata [bɐ'ratɐ] *nf* cafard *(m)*.

barato, **ta** [bɐ'ratu, -tɐ] ■ *adj* pas cher (pas chère). ■ *adv* **1.** *(comprar)* bon marché **2.** *(vender)* à bas prix. ■ *nm (Br) fam* • **foi o maior barato** ça a été super • **o mais barato** le moins cher.

barba ['barđɐ] *nf* barbe *(f)* • **fazer a barba** se raser.

barbante [bax'bɐ̃ntʃi] *nm (Br)* ficelle *(f)*.

barbatana [bɐrđɐ'tɐnɐ] *nf* **1.** *(de peixe)* nageoire *(f)* **2.** *(de nadador)* palme *(f)*.

barbeador [baxbjɐ'dox] (*pl* **-es** [-iʃ]) *nm (Br)* • **barbeador (elétrico)** rasoir *(m)* (électrique).

barbear-se [bɐr'đjarsə] *vp* se raser.

barbeiro [bɐr'đɐiru] *nm* coiffeur *(m)* pour hommes.

barca ['baxkɐ] *nf* **1.** *(Br)* barque *(f)* **2.** *(de travessia)* bac *(m)*.

barco ['barku] *nm* bateau *(m)* • **barco a motor** bateau à moteur • **barco rabelo** *bateau à fond plat qui descendait le Douro chargé de tonneaux de vin de Porto* • **barco a remos** bateau à rames • **barco à vela** bateau à voile.

bares ▻ **bar**.

barman ['barmɐ̃n] (*pl* **-s** [-ʃ]) *nm* barman *(m)*.

barões [ba'rõjʃ] ▻ **barão**.

baronesa [bɐru'nezɐ] *nf* baronne *(f)*.

barra ['baʀɐ] ■ *nf* **1.** barre *(f)* **2.** *(Br) (de rio)* embouchure *(f)* **3.** *(Br) fam (situação)* galère *(f)*. ■ *nm fam* • **ser um barra em** être fort en.

barraca [bɐ'ʀakɐ] *nf* **1.** *(de feira)* baraque *(f)* **2.** *(de bairro da lata)* baraquement *(m)* **3.** *(de campismo)* bungalow *(m)*.

barraco [ba'xaku] *nm (Br)* baraquement *(m)*.

barragem [bɐ'ʀaʒɐ̃i] (*pl* **-ns** [-ʃ]) *nf* barrage *(m)*.

barranco [bɐ'ʀɐ̃ŋku] *nm* ravin *(m)*.

barrar [bɐ'ʀar] *vt* • **barrar pão com manteiga** beurrer du pain • **barrar com paté** tartiner du pâté.

barreira [bɐ'ʀɐirɐ] *nf* **1.** *(de rio, estrada)* bord *(m)* **2.** SPORT haie *(f)* **3.** *fig (obstáculo)* embûche *(f)*.

barrento, **ta** [bɐ'ʀẽntu, -tɐ] *adj* boueux(euse).

barrete [bɐ'ʀetə] *nm* bonnet *(m)* • **enfiar o barrete** *(Port) fam* se faire avoir.

barriga [bɐ'ʀigɐ] *nf* ventre *(m)* • **barriga da perna** mollet *(m)* • **de barriga para cima** sur le dos • **de barriga para baixo** sur le ventre • **ter a barriga a dar horas** *fam* avoir une faim de loup.

barriga-de-freira [bɐˌʀigɐđə'frɐirɐ] (*pl* **barrigas-de-freira** [bɐˌʀigɐʒdə'frɐirɐ]) *nf confiserie parfumée à la cannelle, riche en jaune d'œuf*.

barril [bɐ'ʀiɫ] (*pl* **-is** [-iʃ]) *nm* **1.** *(de cerveja)* baril *(m)* **2.** *(de vinho)* tonneau *(m)*.

barro ['baʀu] *nm* terre *(f)* glaise.

barroco, **ca** [bɐ'ʀoku, -kɐ] ■ *adj* baroque. ■ *nm* baroque *(m)*.

barulhento, **ta** [bɐru'ʎẽntu, -tɐ] *adj* bruyant(e).

barulho [bɐ'ruʎu] *nm* **1.** *(ruído)* bruit *(m)* **2.** *(confusão)* raffut *(m)* • **pouco barulho!** du calme !

base ['bazə] *nf* **1.** *(suporte)* base *(f)* **2.** *(centro de operações)* base *(f)* (militaire) **3.** *(de maquilhagem)* fond *(m)* de teint • **base de dados** INFORM base de données.

basebol [bɐizə'bɔɫ] *nm* base-ball *(m)*.

básico, ca ['baziku, -kɐ] *adj* **1.** *(ensino)* obligatoire **2.** *(produto)* de base **3.** *(fundamental)* essentiel(elle).

basílica [bɐ'zilikɐ] *nf* basilique *(f)*.

basquete ['baʃkɛtə] *nm* = **basquetebol**.

basquetebol [ˌbaʃkɛtə'ƀɔɫ] *nm (Port)* basket-ball *(m)*.

basta ['baʃtɐ] *interj* ça suffit !

bastante [bɐʃ'tɐ̃ntə] *adj* & *adv* **1.** *(muito)* beaucoup **2.** *(suficiente)* assez • **tenho bastante frio** j'ai très froid • **bastantes vezes** souvent.

bastar [bɐʃ'tar] *vi* suffire.

bastidores [bɐʃti'đorəʃ] *nmpl* coulisses *(fpl)*.

bata ['batɐ] *nf* blouse *(f)*.

batalha [bɐ'taʎɐ] *nf* bataille *(f)* • **batalha naval** bataille navale.

batata [bɐ'tatɐ] *nf* pomme *(f)* de terre • **batatas assadas** pommes de terre rissolées • **batatas cozidas** pommes de terre bouillies • **batata doce** patate *(f)* douce • **batatas fritas** frites *(fpl)* • **batata palha** pommes *(fpl)* allumettes.

batata-doce [baˌtata'dosi] (*pl* **batatas-doces** [baˌtataʃ'dosəʃ]) *nf* patate *(f)* douce.

bate-chapas [ˌbatə'ʃapɐʃ] *nm inv* carrossier *(m)*.

batedeira [bɐtə'đɐirɐ] *nf* • **batedeira (eléctrica)** batteur *(m)* (électrique).

bátega ['batəgɐ] *nf* averse *(f)*.

batelada [bate'lada] *nf* batelée *(f)*, tripotée *(f) fam*.

batente [bɐ'tɐ̃ntə] *nm* **1.** *(meia-porta)* battant *(m)* **2.** *(aldraba)* heurtoir *(m)*.

bate-papo [ˌbatʃi'papu] (*pl* **bate-papos** [ˌbatʃi'papuʃ]) *nm (Br) fam* causette *(f)*.

bater [bɐ'ter] *vt* & *vi* battre • **bater a** *(porta, janela)* frapper à • **bater com algo contra/em algo** frapper qqch contre/sur qqch • **bati com a cabeça na parede** je me suis cogné la tête contre le mur • **bater os dentes** claquer des dents • **bater em** *(agredir)* frapper • *(ir de encontro a)* rentrer dans • **bater à máquina** *(Br)* taper à la machine • **bater papo** *(Br)* discuter • **bater o pé** taper du pied • **bater com o pé** donner un coup de pied • **bater com a porta** claquer la porte • **bater a bota** *fam* casser sa pipe.

bateria [bɐtə'riɐ] *nf* batterie *(f)*.

baterista [bɐtə'riʃtɐ] *nmf* batteur *(m)*, -euse *(f)*.

batida [ba'tʃidɐ] *nf* **1.** *(Br) (de veículo)* accident *(m)* **2.** *(de polícia)* descente *(f)* **3.** *(bebida)* batida *(f)*, *cocktail à base d'eau-de-vie et de sucre de canne.*

batido [bɐ'tiđu] *nm (Port)* milk-shake *(m)*.

batismo [ba'tʃiʒmu] *nm (Br)* = **baptismo**.

batizado [batʃi'zadu] *nm (Br)* = **baptizado**.

batom [ba'tõ] (*pl* **-ns** [-ʃ]) *nm* rouge *(m)* à lèvres • **batom para o cieiro** *(Port)* baume *(m)* protecteur pour les lèvres.

batota [bɐ'tɔtɐ] *nf* tricherie *(f)* • **fazer batota** tricher.

batuque [ba'tuki] *nm (Br) accompagnement de percussions dans la samba ou lors des cérémonies religieuses du candomblé.*

baú [ba'u] *nm* coffre *(m)*.

baunilha [bau'niʎɐ] *nf* vanille *(f)*.

bazar [bɐ'zar] (*pl* **-es** [-əʃ]) *nm* bazar *(m)*.

BCG (*abr de* **bacille Calmette-Guérin**) *nm* BCG *(m)*.

beata ['bjatɐ] *nf* mégot *(m)*.

bêbado, da ['beƀɐđu, -đɐ] ◼ *adj* ivre. ◼ *nm, f* ivrogne *(mf)*.

bebé [bɛ'ƀɛ] *nm (Port)* bébé *(m)* • **'bebé a bordo'** 'bébé à bord'.

bebê [be'be] *nm (Br)* = **bebé**.

bebedeira [bəƀə'đɐirɐ] *nf* ivresse *(f)* • **apanhar uma bebedeira** *fam* se soûler.

beber [bə'ƀer] *vt* & *vi* boire.

bebida [bə'ƀiđɐ] *nf* boisson *(f)* • **bebida alcoólica** boisson alcoolisée.

beça ['bɛsɐ] ◼ **à beça** *adv (Br) fam* vachement.

beco ['beku] *nm* ruelle *(f)* • **beco sem saída** impasse *(f)*.

bege ['bɛʒə] *adj inv* beige.

begónia [bə'gɔnjɐ] *nf (Port)* bégonia *(m)*.

begônia [be'gonjɐ] *nf (Br)* = **begónia**.

beija-flor [ˌbɐiʒɐ'flor] (*pl* **beija-flores** [ˌbɐiʒɐ'florəʃ]) *nm* colibri *(m)*.

beijar [bɐi'ʒar] *vt* embrasser.

■ **beijar-se** *vp* s'embrasser.

beijinho [bɐiʒiɲu] *nm* bisou *(m)*.

beijo ['bɐiʒu] *nm* baiser *(m)*.

beira ['bɐirɐ] *nf* bord *(m)* • **à beira de** au bord de.

beira-mar [ˌbɐirɐ'mar] *nf* bord *(m)* de mer • **à beira-mar** au bord de la mer.

beira-rio [ˌbɐirɐ'ʀiu] *nf* • **à beira-rio** *(pequeno)* au bord de la rivière • *(grande)* au bord du fleuve.

beisebol [bejze'bɔw] *(Br)* = **basebol**.

belas-artes [ˌbɛlɐ'zartəʃ] *nfpl* beaux-arts *(mpl)*.

beldade [bɛɫ'đađə] *nf* beauté *(f)*.

Belém [bə'lẽi] *n* Belém *(quartier de Lisbonne)*.

CULTURE...

Belém

Situé à l'embouchure du Tage, c'est l'un des quartiers les plus connus de Lisbonne. Il regroupe divers monuments importants, comme le monastère des Hiéronymites (*Mosteiro dos Jerónimos*), les musées de la Marine, de l'Art populaire et, le plus visité de Lisbonne, celui des Carrosses. La tour de Belém y a été construite au XVe siècle en guise de fortification du Tage et rend hommage aux découvertes de l'époque. Le quartier abrite également le palais de Belém, résidence officielle du président de la République. Enfin, Belém est le lieu d'origine des célèbres petits flans à la crème appelés *pastéis de Belém*.

beleza [bə'lezɐ] *nf* **1.** beauté *(f)* **2.** *(Br) (festa)* merveille *(f)* **3.** *(Br) (comida)* régal *(m)* • **que beleza!** que c'est beau !

belga ['bɛɫgɐ] ■ *adj* belge. ■ *nmf* Belge *(mf)*.

Bélgica ['bɛɫʒikɐ] *nf* • **a Bélgica** la Belgique.

beliche [bə'liʃə] *nm* **1.** *(cama)* lits *(mpl)* superposés **2.** *(em comboio)* couchette *(f)*.

beliscão [bəliʃ'kɐ̃u] (*pl* **-ões** [-õiʃ]) *nm* pincement *(m)*.

beliscar [bəliʃ'kar] *vt* pincer.

beliscões [beliʃ'kõjʃ] ▭> **beliscão**.

belo, la ['bɛlu, -lɐ] *adj* beau (belle).

bem ['bɐ̃i] ■ *nm* bien *(m)* • **praticar o bem** faire le bien. ■ *adv* **1.** *(ger)* bien • **dormiu bem?** vous avez bien dormi ? • **fez bem!** vous avez bien fait ! • **sente-se bem?** vous vous sentez bien ? • **estar bem** être bien • *(de saúde)* aller bien • **queria uma bebida bem gelada** je voudrais une boisson bien glacée • **quero um quarto bem quente** je veux une chambre bien chaude • **é um quarto bem grande** c'est une chambre bien grande • **é um lugar bem bonito** c'est un endroit bien beau • **foi bem ali** c'était bien là • **não é bem assim** ce n'est pas tout à fait ça • **não é bem aqui, é mais para baixo** ce n'est pas tout à fait ici, c'est un peu plus bas **2.** *(suficiente)* • **estar bem** suffire **3.** *(com cheirar, saber)* bon • **souberam-me bem estas férias** ces vacances m'ont vraiment plu **4.** *(com passar)* bon (bonne) • **passem bem meus senhores!** bonne continuation, messieurs ! • **passou bem, senhor Costa?** comment allez-vous, monsieur Costa ? **5.** *(em locuções)* • **a bem ou a mal** bon gré, mal gré • **eu bem te avisei** je t'avais bien prévenu • **bem como** ainsi que • **bem feito!** bien fait ! • **está bem!** ça suffit ! • **muito bem!** très bien ! • **ou bem... ou bem...** ou bien... ou bien... • **se bem que** bien que. ■ *adj inv péj* • **gente bem** des gens bien • **menino bem** fils à papa.
■ **bens** *nmpl* biens *(mpl)* • **bens imóveis** *OU* **de raiz** biens immobiliers • **bens de consumo** biens de consommation.

bem-disposto, osta [bɐ̃iđiʃ'poʃtu, -ɔʃtɐ] *adj* • **estar bem-disposto** être de bonne humeur.

bem-estar [bɐ̃iʃ'tar] *nm* bien-être *(m inv)*.

bem-vindo, da [bɐ̃i'vĩndu, -dɐ] *adj* bienvenu(e).

bendizer [bẽndi'zer] *vt* faire les louanges de.

beneficência [bənəfi'sẽsjɐ] *nf* bienfaisance *(f)*.

beneficiar [bənəfi'sjar] *vt* avantager.

benefício [bənə'fisju] *nm* avantage *(m)*.

benéfico, ca [bə'nɛfiku, -kɐ] *adj* **1.** *(vantajoso)* avantageux(euse) **2.** *(saudável)* bénéfique.

Benelux [bənə'luks] *nm* • **o Benelux** le Benelux.

benevolência [bənəvu'lẽsjɐ] *nf* bienveillance *(f)*.

benévolo, la [bene'volu, -la] *adj* bénévole.

bengala [bẽŋ'galɐ] *nf* canne *(f)*.

bengaleiro [bẽŋgɐ'lɐiru] *nm* **1.** *(em casa de espectáculos)* vestiaire *(m)* **2.** *(cabide)* portemanteau *(m)*.

benigno, gna [bə'nignu, -gnɐ] *adj* bénin (bénigne).

benzer [bẽ'zer] *vt* bénir.
■ **benzer-se** *vp* se signer.

berbequim [bərbə'kĩ] (*pl* **-ns** [-ʃ]) *nm (Port)* perceuse *(f)*.

berbigão [bərbi'gɐ̃u] (*pl* **-ões** [-õiʃ]) *nm* coque *(f)*.

berço ['bersu] *nm* berceau *(m)*.

berimbau ['berĩbau] *nm (Br) instrument musical de la capoeira en forme d'arc.*

beringela [bərĩ'ʒɛlɐ] *nf (Port)* aubergine *(f)*.

berinjela [berĩ'ʒɛlɐ] *nf (Br)* = **beringela**.

berloque [bər'lɔkə] *nm* breloque *(f)*.

berma ['bermɐ] *nf* bas-côté *(m)*.

bermuda [bex'mudɐ] *nf (Br)* = **bermudas**.

bermudas [bər'mudɐʃ] *nfpl (Port)* bermuda *(m)*.

berrante [bex'ɐ̃ntʃi] *adj (Br)* criard(e).

besouro [bə'zoru] *nm* hanneton *(m)*.

besta ['beʃtɐ] *nf* bête *(f)* (de somme) • **que besta!** *fam* quel idiot !

besteira [beʃ'tɐirɐ] *nf (Br) fam* **1.** *(asneira)* bêtise *(f)* **2.** *(insignificância)* broutille *(f)*.

bestial [bəʃ'tjał] (*pl* **-ais** [-aiʃ]) *adj (Port) fam (formidável)* génial(e).

À PROPOS DE...

bestial

Attention, ne pas confondre « bestial » avec ***bestial***. En portugais, « bestial » signifie ***génial, super***.

besugo [bə'zugu] *nm* daurade *(f)*.

besuntar [bəzũn'tar] *vt* **1.** *(untar)* enduire **2.** *(sujar com gordura)* tacher de graisse • **besuntar algo com algo** enduire qqch de qqch.

betão [bə'tɐ̃u] *nm (Port)* béton *(m)*.

beterraba [bətə'ʀabɐ] *nf* betterave *(f)*.

betoneira [bətu'nɐirɐ] *nf* bétonnière *(f)*.

bétula ['bɛtulɐ] *nf* bouleau *(m)*.

bexiga [bə'ʃigɐ] *nf* vessie *(f)* • **bexigas doidas** *fam* varicelle *(f)*.

bezerro, a [bə'zeʀu, -ɐ] *nm, f* veau *(m)*, génisse *(f)*.

B.I. *nm (Port)* (*abr écrite de* **Bilhete de Identidade**) CNI *(f) (Carte Nationale d'Identité)*.

biberão [bibə'rɐ̃u] (*pl* **-ões** [-õiʃ]) *nm* biberon *(m)*.

Bíblia ['biblie] *nf* Bible *(f)*.

biblioteca [bibliu'tɛkɐ] *nf* bibliothèque *(f)* • **biblioteca itinerante** ≃ bibliobus *(m)*.

bibliotecário, ria [bibljote'karju, -rja] *nmf* bibliothécaire *(mf)*.

bica ['bikɐ] *nf* **1.** *(de água)* fontaine *(f)* **2.** *(Port) (café)* express *(m)* • **bica cheia** *(Port)* café *(m)* allongé • **bica curta** *(Port)* café serré.

bicar [bi'kar] *vt* & *vi* picorer.

bicha ['biʃɐ] *nf (Port)* queue *(f)*.

bicho ['biʃu] *nm* bestiole *(f)*.

bicho-da-seda [ˌbiʃuda'seda] *nm* ver *(m)* à soie.

bicicleta [bəsi'klɛtɐ] *nf* bicyclette *(f)* • **andar de bicicleta** faire du vélo.

bico ['biku] *nm* **1.** pointe *(f)* **2.** *(de lápis)* mine *(f)* **3.** *(de ave)* bec *(m)* **4.** *(de sapato)* bout *(m)* **5.** *(de fogão)* feu *(m)*.

bidé [bi'dɛ] *nm (Port)* bidet *(m)*.

bidê [bi'de] *nm (Br)* = **bidé**.

Bielorrússia [biɛlɔ'ʀusjɐ] *nf* • **a Bielorrússia** la Biélorussie.

bifana [bi'fɐnɐ] *nf tranche de porc avec du riz, de la salade et des frites.*

bife ['bifə] *nm* **1.** *(de peixe)* filet *(m)* **2.** *(de vaca)* bifteck *(m)* **3.** *(de peru)* escalope *(f)*.

bifurcação [bifurkɐ'sɐ̃u] (*pl* **-ões** [-õiʃ]) *nf* bifurcation *(f)*.

bigode [bi'gɔdə] *nm* moustache *(f)*.

bijutaria [biʒutɐ'riɐ] *nf* bijouterie *(f)*.

bijuteria [biʒute'ria] *nf (Br)* bijou *(f)*.

bilha ['biʎɐ] *nf* **1.** *(de água)* cruche *(f)* **2.** *(de gás)* bouteille *(f)*.

bilhão [bi'ʎɐ̃u] (*pl* **-ões** [-õiʃ]) *num* **1.** *(Port)* = **bilião** **2.** *(Br) (mil milhões)* milliard *(m)*.

bilhar [bi'ʎar] (*pl* **-es** [-əʃ]) *nm* billard *(m)* • **jogar bilhar** jouer au billard.

bilhete [bi'ʎetə] *nm* billet *(m)* • **bilhete de ida** *(Port)* aller *(m)* • **bilhete de ida e volta**

(Port) aller-retour *(m)* • **bilhete de identidade** (Port) carte *(f)* d'identité • **bilhete postal** carte postale • **bilhete simples** ticket *(m)*.

bilheteira [biʎə'tɐirɐ] *nf* (Port) guichet *(m)*.

bilheteria [biʎete'riɐ] *nf* (Br) = **bilheteira**.

bilhões [bi'ʎõjʃ] ⊳ **bilhão**.

bilião [bi'ljɐ̃u] (*pl* **-ões** [-õiʃ]) *num* **1.** (Port) (milhão de milhões) billion *(m)* **2.** (Br) = **bilhão**.

bilingue [bi'lĩŋgə] *adj* (Port) bilingue.

bilíngüe [bi'lĩŋgwi] *adj* (Br) = **bilingue**.

biliões ⊳ **bilião**.

bílis ['biliʃ] *nf* bile *(f)*.

bingo ['bĩŋgu] *nm* bingo *(m)*.

binóculos [bin'ɔkuluʃ] *nmpl* jumelles *(fpl)*.

biografia [bjogra'fia] *nf* biographie *(f)*.

biologia [bjulu'ʒiɐ] *nf* biologie *(f)*.

biológico [bjo'lɔʒiku] *adj* (produit) bio.

biólogo, ga ['bjɔlugu, -gɐ] *nm, f* biologiste *(mf)*.

biombo ['bjõmbu] *nm* paravent *(m)*.

biopsia [bjɔp'siɐ] (Port), **biópsia** [bjɔp'sia] (Br) *nf* biopsie *(f)*.

biqueira [bi'kɐirɐ] *nf* pointe *(f)*.

biquíni [bi'kini] *nm* bikini *(m)*.

birra ['biʀɐ] *nf* moue *(f)* • **fazer birra** bouder.

bis ['biʃ] *interj* bis !

bisavô, vó [bizɐ'vo, -'vɔ] *nm, f* arrière-grand-père *(m)*, arrière-grand-mère *(f)*.

bisavós [bizɐ'vɔʃ] *nmpl* (bisavô e bisavó) arrière-grands-parents *(mpl)*.

biscoito [biʃ'koitu] *nm* biscuit *(m)*.

bisnaga [biʒ'nagɐ] *nf* tube *(m)*.

bisneto, ta [biʒ'nɛtu, -tɐ] *nm, f* arrière-petit-fils *(m)*, arrière-petite-fille *(f)*.

bispo ['biʃpu] *nm* évêque *(m)*.

bissexto [bi'sɐiʃtu] *adj m* ⊳ **ano**.

bisteca [biʃ'tɛkɐ] *nf* (Br) bifteck *(m)*.

bisturi [biʃtu'ri] *nm* bistouri *(m)*.

bit ['bitə] *nm* INFORM bit *(m)*.

bitmap ['bitimapi] *nm* (Br) INFORM pixel *(m)*.

bitoque [bi'tɔkə] *nm* *bifteck avec un œuf à cheval, des frites, du riz et de la salade verte.*

bizarro, a [bi'zaʀu, -ɐ] *adj* (Br) bizarre.

blasfemar [blɐʃfə'mar] *vi* blasphémer.

blasfémia [blɐʃ'fɛmjɐ] *nf* (Port) blasphème *(m)*.

blasfêmia [blaʃ'femjɐ] *nf* (Br) = **blasfémia**.

blazer ['blɐizɛr] (*pl* **-es** [-əʃ]) *nm* blazer *(m)*.

bloco ['blɔku] *nm* **1.** bloc *(m)* **2.** (de apontamentos, notas) bloc-notes *(m)* **3.** (de apartamentos) immeuble *(m)*.

bloqueado, a [blu'kjađu, -đɐ] *adj* bloqué (e).

bloquear [blu'kjar] *vt* bloquer.

blusa ['bluzɐ] *nf* chemisier *(m)*.

> **À PROPOS DE...**
>
> **blusa**
>
> Attention, ne pas confondre « blusa » avec ***blouse***. En portugais, « blusa » signifie ***chemisier***.

blusão [blu'zɐ̃u] (*pl* **-ões** [-õiʃ]) *nm* blouson *(m)*.

boa[1] ['boa] ⊳ **bom**.

boa[2] ['boɐ] *nf* boa *(m)*.

boa-gente [ˌboa'ʒẽntʃi] *adj inv* (Br) les bonnes gens *(fpl)*.

boa-noite [ˌboa'nojtʃi] ◼ *interj* bonne nuit ! ◼ *nf* • **dar boa-noite** souhaiter bonne nuit.

boas-entradas [ˌboaʃˌẽn'tradaʃ] *interj* (Port) bonne année !

boas-festas [ˌboɐʃ'fɛʃtɐʃ] *nfpl* • **dar as boas-festas** adresser ses vœux.

boas-noites [ˌboɐʃ'noitəʃ] *nfpl* • **dar as boas-noites** dire bonsoir.

boas-vindas [ˌboɐʒ'vĩndɐʃ] *nfpl* • **dar as boas-vindas a alguém** souhaiter la bienvenue à qqn.

boa-tarde [ˌboa'taxdʒi] *interj* bonne après-midi !

boate ['bwatʃi] *nf* (Br) boîte *(f)*.

boato ['bwatu] *nm* bruit *(m)* (rumeur).

bobagem [bo'baʒẽi] (*pl* **-ns** [-ʃ]) *nf* (Br) (tolice) bêtise *(f)*.

bobina [bɔ'ƀinɐ] *nf* bobine *(f)*.

bobo, ba ['boƀu, -ƀɐ] *adj* fam idiot(e).

boca ['bokɐ] *nf* **1.** (de pessoa) bouche *(f)* **2.** (de animal) gueule *(f)* **3.** (de túnel) entrée *(f)* **4.** (de *rua, caminho)* début *(m)* **5.** *(de rio)* embouchure *(f)* **6.** *(de forno, fogão)* feu *(m)* **7.** *(Port) fam (dito provocatório)* pique *(f)*.

boca-de-incêndio [ˌbokɐđĩ'sẽndju] (*pl* **bocas-de-incêndio** [ˌbokɐʒdĩ'sẽndju]) *nf (Port)* bouche *(f)* d'incendie.

bocado [bu'kađu] *nm* bout *(m)* • **há bocado** il y a un instant.

bocal [bu'kał] (*pl* **-ais** [-aiʃ]) *nm* embouchure *(f) (d'instrument)*.

bocejar [busə'ʒar] *vi* bailler.

bochecha [bu'ʃeʃɐ] *nf* joue *(f)*.

bochechar [buʃə'ʃar] *vi* se gargariser.

boda ['bođɐ] *nf* **1.** *(de casamento)* mariage *(m) (réception)* **2.** *(de baptizado)* baptême *(m) (réception)* • **bodas de ouro** noces *(fpl)* d'or • **bodas de prata** noces *(fpl)* d'argent.

bode ['bɔđə] *nm* bouc *(m)* • **bode expiatório** bouc émissaire.

bofetada [bufə'tađɐ] *nf fam* gifle *(f)*.

boi ['boi] *nm* bœuf *(m)*.

bóia ['bɔjɐ] *nf* **1.** *(de natação, barco)* bouée *(f)* **2.** *(de pesca, carburador)* flotteur *(m)*.

boiada [bo'jada] *nf* troupeau *(m)* de bœufs.

boião [bo'jɐ̃u] (*pl* **-ões** [-õiʃ]) *nm* pot *(m)*.

boiar [bo'jar] *vi* faire la planche.

boina ['bɔinɐ] *nf* **1.** casquette *(f)* **2.** *(basca)* béret *(m)*.

boiões ▷ **boião**.

bola[1] ['bolɐ] *nf* • **bola de carne** *pain à la viande*.

bola[2] [*(Port)* 'bɔlɐ, *(Br)* 'bɔla] *nf* **1.** *(de ténis)* balle *(f)* **2.** *(de futebol, rugby)* ballon *(m)* **3.** *(de bilhar)* boule *(f)* **4.** *(de sabão)* bulle *(f)* • **não estar bom da bola** *fam* ne pas tourner rond • **bola de Berlim** beignet *(m)*.

bolacha [bu'laʃɐ] *nf* biscuit *(m)* • **bolacha de água e sal** biscuit salé.

bolbo ['bołbu] *nm* bulbe *(m)*.

boleia [bu'lɐjɐ] *nf (Port)* auto-stop *(m)* • **apanhar uma boleia** être pris en stop • *(suj: um conhecido)* être raccompagné • **dar uma boleia** prendre en stop • *(suj: um conhecido)* raccompagner • **pedir boleia** faire du stop • *(a colega, amigo)* demander à être raccompagné.

boléia [bo'lɛja] *(Br) nf* **1.** *(do motorista)* cabine *(f)* **2.** *(parte traseira)* plateforme *(f)*.

boletim [bulə'tĩ] (*pl* **-ns** [-ʃ]) *nm* **1.** *(de notícias)* bulletin *(m)* (d'informations) **2.** *(revista)* bulletin *(m)* • **boletim meteorológico** bulletin météorologique.

bolha ['boʎɐ] *nf* **1.** *(em pele)* ampoule *(f)* **2.** *(em líquido)* bulle *(f)*.

bolinho [bo'liɲu] *nm* petit gâteau *(m)* • **bolinho de arroz** *petit gâteau à la farine de riz en forme de muffin* • **bolinho de bacalhau** acras *(m)* de morue • **bolinho de carne** boulette *(f)* de viande.

Bolívia [bu'livjɐ] *nf* • **a Bolívia** la Bolivie.

boliviano, a [buli'vjɐnu, -nɐ] *adj* bolivien (ne).

■ **boliviano, a** *nmf* Bolivien *(m)*, -ne *(f)*.

bolo ['bolu] *nm* gâteau *(m)* • **bolo inglês** cake *(m)* • **bolo rei** ≃ gâteau *(m)* des Rois.

bolo-podre [ˌbolu'pođrə] (*pl* **bolos-podres** [ˌboluʃ'pođrəʃ]) *nm* **1.** *(em Portugal) gâteau aux noix parfumé au porto et à la cannelle* **2.** *(no Brasil) gâteau au tapioca fait à base de farine de manioc ou de blé*.

bolor [bu'lor] *nm* moisissure *(f)*.

bolota [bu'lɔtɐ] *nf* gland *(m)*.

bolsa ['bołsɐ] *nf* **1.** *(para dinheiro)* bourse *(f)* **2.** *(mala)* sac *(m)* (à main) • **bolsa de estudos** bourse d'études • **bolsa de valores** bourse de valeurs • **bolsa de água quente** *(Br)* bouillotte *(f)*.

bolso ['bołsu] *nm* poche *(f)*.

bom, boa ['bõ, 'boɐ] (*mpl* **bons** ['bõʃ], *fpl* **boas** ['boɐʃ]) *adj* **1.** bon (bonne) **2.** *(gesto, tempo)* beau (belle) • **o doente já está bom** le malade est guéri • **é bom para a saúde** c'est bon pour la santé • **sapatos boms para dançar** des chaussures bien pour danser • **seria bom se pudesses ficar** ce serait bien si tu pouvais rester • **tudo bom?** *(Br)* ça va ?

bomba ['bõmbɐ] *nf* **1.** *(de ar)* pompe *(f)* **2.** *(de água)* pompe *(f)* (à eau) **3.** *(explosivo)* bombe *(f)* • **bomba atómica** bombe atomique • **bomba de gasolina** pompe à essence.

bombardear [bõmbɐr'đjar] *vt* bombarder.

bombazina [bõmbɐ'zinɐ] *nf* velours *(m)* côtelé.

bombeiro [bõm'bɐiru] *nm* pompier *(m)* • **os bombeiros** les pompiers • **bombeiros voluntários** pompiers volontaires.

bombo ['bõmbu] *nm* grosse caisse *(f)*.

bombom [bõm'bõ] (*pl* **-ns** [-ʃ]) *nm* bonbon *(m)*.

bondade [bõn'dađə] *nf* bonté *(f)*.

bonde ['bõndʒi] *nm (Br)* tramway *(m)* • **andar de bonde** prendre le tramway.

bondoso, **osa** [bõn'dozu, -ɔzɐ] *adj* bon (bonne).

boné [bɔ'nɛ] *nm* casquette *(f)*.

boneca [bu'nɛkɐ] *nf* poupée *(f)* • **boneca de trapos** poupée de chiffon.

boneco [bu'nɛku] *nm* **1.** *(brinquedo)* jouet *(m)* **2.** *(desenho)* dessin *(m)* • **boneco de neve** bonhomme *(m)* de neige.

bonito, **ta** [bu'nitu, -tɐ] *adj* **1.** beau (belle) **2.** *(objecto, mulher)* joli(e) **3.** *(momento)* bon (bonne).

bons ['bõjʃ] ▻ **bom**.

bónus ['bɔnuʃ] *nm inv* **1.** *(Port) (de empresa)* prime *(f)* **2.** *(de loja)* cadeau *(m)* **3.** *(de caminho-de-ferro)* réduction *(f)*.

bônus ['bonuʃ] *nm inv (Br)* = **bónus**.

bookmark ['bukmaːk] *nm* signet *(m)*.

boot ['buti] (*pl* **boots**) *nm* INFORM *(inicialização)* réinitialisation *(f)* • **dar boot** réinitialiser.

borboleta [burđu'letɐ] *nf* papillon *(m)*.

borbulha [bur'đuʎɐ] *nf* **1.** *(de pele)* bouton *(m)* **2.** *(de sumo, água, champanhe)* bulle *(f)*.

borbulhar [burđu'ʎar] *vi (líquido)* pétiller.

borda ['bɔrđɐ] *nf* bord *(m)* • **à borda de água** au bord de l'eau.

bordado, **da** [bur'đađu, -đɐ] ■ *adj* brodé (e). ■ *nm* broderie *(f)*.

bordar [bur'đar] *vt* & *vi* broder.

bordel [bur'đɛɫ] (*pl* **-eis** [-ɛiʃ]) *nm* maison *(f)* close.

bordo ['bɔrđu] *nm* bord *(m)* • **a bordo** à bord.

borra ['boʀɐ] *nf* **1.** *(de café)* marc *(m)* **2.** *(de vinho)* lie *(f)*.

borracha [bu'ʀaʃɐ] *nf* **1.** *(cauchu)* caoutchouc *(m)* **2.** *(de apagar)* gomme *(f)*.

borracheiro [boxa'ʃɐiru] *nm (Br) garagiste spécialisé dans la réparation des pneus*.

borrão [bu'ʀɐ̃u] (*pl* **-ões** [-õiʃ]) *nm* tâche *(f)*.

borrasca [bu'ʀaʃkɐ] *nf* bourrasque *(f)*.

borrego, **ga** [bu'ʀegu, -gɐ] *nm, f* agneau *(m)*.

borrifar [buʀi'far] *vt* • **borrifar algo com algo** asperger qqch de qqch.

borrões [bo'xõjʃ] ▻ **borrão**.

bosque ['bɔʃkə] *nm* bois *(m)*.

bossa ['bɔsɐ] *nf* bosse *(f)* • **bossa nova** bossa-nova *(f)*.

CULTURE...

A bossa nova

La *bossa nova* est née à la fin des années 1950 à Rio de Janeiro. C'est un style de musique qui dérive de la *samba* et est influencé par le jazz. Elle a été créée par des musiciens tels que les chanteurs et compositeurs Tom Jobim et João Gilberto. La *Garota de Ipanema* (*Fille d'Ipanema*) est la plus célèbre des chansons se rattachant à cette forme de musique et a été interprétée par Frank Sinatra.

bota ['bɔtɐ] *nf* **1.** *(calçado)* bottine *(f)* **2.** *(de cano alto)* botte *(f)*.

botânica [bu'tɐnikɐ] *nf (ciência)* botanique *(f)* • ▻ **botânico**.

botânico, **ca** [bu'tɐniku, -kɐ] ■ *nm, f* botaniste *(mf)*. ■ *adj* ▻ **jardim**.

botão [bu'tɐ̃u] (*pl* **-ões** [-õiʃ]) *nm* bouton *(m)* • **botão de punho** bouton de manchette.

botar [bo'ta(x)] *vt* **1.** *fam (deitar fora)* jeter **2.** *(roupa)* mettre • **botar banca** *(Br) fam* jouer gros jeu.

bote ['bɔtə] *nm* canot *(m)* • **bote salva-vidas** canot de sauvetage.

botequim [botʃi'kĩ] (*pl* **-ns** [-ʃ]) *nm (Br)* bistrot *(m)*.

botija [bu'tiʒɐ] *nf* **1.** *(Port) (de gás)* bonbonne *(f)* **2.** *(de água quente)* bouillotte *(f)*.

botijão [botʃi'ʒɐ̃u] (*pl* **-ões** [-õiʃ]) *nm* • **botijão de gás** *(Br)* bonbonne *(f)* de gaz.

botões [bo'tõjʃ] ▻ **botão**.

boutique [bu'tikə] *nf (Port)* boutique *(f)*.

boxe ['bɔksə] *nm* pugilismo *(f)*.

boxer ['bɔksər] *nm* caleçon *(m)*.

B.P. (*abr écrite de* **Banco de Portugal**) Banque *(f)* du Portugal.

bps [bepe'esi] (*abr écrite de* **bit por segundo**) *(Br)* INFORM bit *(m)* par seconde.

braçadeira [brɐsɐ'đɐirɐ] *nf* **1.** *(de cano, mangueira)* collier *(m)* de serrage **2.** *(de cortina)* embrasse *(f)*.

bracelete [brasə'lɛtə] *nm* & *nf* bracelet *(m)*.

braço ['brasu] *nm* **1.** *(de pessoa, rio, mar)* bras *(m)* **2.** *(de árvore)* branche *(f)* **3.** *(de viola, violino, violoncelo)* manche *(m)* • **ver-se** *OU* **estar a braços com** se trouver *OU* être aux prises avec • **de braço dado** bras dessus, bras dessous.

bradar [brɐ'đar] ■ *vt* crier. ■ *vi* hurler.

braguilha [brɐ'giʎɐ] *nf* braguette *(f)*.

branco, ca ['brɐ̃ŋku, -kɐ] ■ *adj* blanc (blanche). ■ *nm, f* Blanc *(m)*, Blanche *(f)*. ■ *nm* blanc *(m)* • **em branco** en blanc.

brandir [brɐ̃n'dir] *vt* brandir.

brando, da ['brɐ̃ndu, -dɐ] *adj* conciliant(e) • **cozer em lume brando** cuire à feu doux.

brasa ['brazɐ] *nf* braise *(f)*.

brasão [brɐ'zɐ̃u] (*pl* **-ões** [-õiʃ]) *nm* blason *(m)*.

Brasil [brɐ'ziɫ] *nm* • **o Brasil** le Brésil.

> CULTURE...
>
> **O Descobrimento do Brasil**
>
> Le Brésil a été découvert le 22 avril 1500 par Pedro Álvares Cabral, un navigateur portugais. Le territoire devient une colonie portugaise et prend le nom de *Vera Cruz*. Progressivement, les Portugais ramenèrent des esclaves d'Afrique pour leur servir de main-d'œuvre et pour exploiter les ressources naturelles du pays. Parmi ces ressources, on trouve le *pau brasil* (*bois de braise*) de couleur rouge. Le Brésil prendra ensuite le nom de ce bois local.

brasileiro, ra [brɐzi'lɐiru, -rɐ] ■ *adj* brésilien(enne). ■ *nm, f* Brésilien *(m)*, -enne *(f)*.

Brasília [brɐ'ziljɐ] *n* Brasilia.

brasões [bra'zõjʃ] ▻ **brasão**.

bravio, via [brɐ'viu, -'viɐ] *adj* **1.** *(terreno)* en friche **2.** *(terra)* en jachère **3.** *(animal)* farouche.

bravo, va ['bravu, -vɐ] ■ *adj* **1.** *(pessoa)* vaillant(e) **2.** *(animal)* sauvage **3.** *(mar)* démonté (e) **4.** *(Br) fig (furioso)* furieux(euse). ■ *interj* bravo !

brejo ['brɛʒu] *nm (Br)* marais *(m)*.

breve ['brɛvə] *adj* bref (brève) • **em breve** bientôt • **até breve!** à bientôt !

brevemente [ˌbrɛvə'mẽntə] *adv* bientôt.

briga ['brigɐ] *nf* bagarre *(f)*.

brigada [bri'gađɐ] *nf* **1.** *(de trânsito)* brigade *(f)* **2.** *(de trabalhadores)* équipe *(f)*.

brilhante [bri'ʎɐ̃ntə] ■ *adj* brillant(e). ■ *nm* brillant *(m)*.

brilhar [bri'ʎar] *vi* briller.

brilho ['briʎu] *nm* éclat *(m)*.

brincadeira [brĩŋkɐ'đɐirɐ] *nf* **1.** *(jogo)* jeu *(m)* **2.** *(gracejo)* blague *(f)*.

brincalhão, lhona [brĩŋkɐ'ʎɐ̃u, -ʎõnɐ] (*mpl* **-ões** [-õiʃ], *fpl* **-s** [-ʃ]) *adj* & *nm, f* blagueur (euse).

brincar [brĩŋ'kar] *vi* **1.** *(criança)* jouer **2.** *(gracejar)* plaisanter.

brinco ['brĩŋku] *nm* boucle *(f)* d'oreille.

brincos-de-princesa [ˌbrĩŋkuʒdəprĩ'sezɐ] *nmpl* fuchsia *(m)*.

brindar [brĩn'dar] ■ *vt* offrir. ■ *vi* porter un toast • **brindar à saúde de alguém** boire à la santé de qqn.

brinde ['brĩndə] *nm* cadeau *(m)* • **fazer um brinde** porter un toast.

brinquedo [brĩŋ'keđu] *nm* jouet *(m)*.

brisa ['brizɐ] *nf* brise *(f)*.

BRISA ['brizɐ] (*abr de* **auto-estradas de Portugal**), *société d'exploitation des autoroutes portugaises*.

britânico, ca [bri'tɐniku, -kɐ] ■ *adj* britannique. ■ *nm, f* Britannique *(mf)*.

broa ['broɐ] *nf* **1.** pain *(m)* de maïs **2.** CULIN = **broinhas** • **broas de mel** *petits gâteaux au miel* • **broas de Natal** *fam* ≃ étrennes *(fpl)*.

broca ['brɔkɐ] *nf* fraise *(f) (outil)*.

brocha ['brɔʃa] *nf* brosse *(f)* de peintre.

broche ['brɔʃə] *nm* broche *(f)*.

brochura [bru'ʃurɐ] *nf* brochure *(f)*.

brócolis ['brɔkoliʃ] *nmpl (Br)* = **brócolos**.

brócolos ['brɔkuluʃ] *nmpl (Port)* brocoli *(m)*.

broinhas [bru'iɲɐʃ] *nfpl* • **broinhas (de Natal)** *confiseries de Noël à la citrouille et aux fruits secs*.

bronca ['brõŋkɐ] *nf* **1.** *fam (confusão)* histoire *(f)* **2.** *(Br) (repreensão)* leçon *(f)*.

bronquite [brõŋ'kitə] *nf* bronchite *(f)*.

bronze ['brõzə] *nm* bronze *(m)*.

bronzeado, da [brõ'zjađu, -đɐ] ▪ *adj* bronzé(e). ▪ *nm* bronzage *(m)*.

bronzeador [brõzjɐ'đor] (*pl* **-es** [-əʃ]) *nm* crème *(f)* solaire.

bronzear-se [brõ'zjarsə] *vp* bronzer.

brotar [bru'tar] *vi* **1.** *(água)* jaillir **2.** *(flor, planta)* pousser.

broto [bro'tu] *nm (Br) fam fig (jovem)* jeune *(m)* homme.

browser ['braʊzər] *nm* INFORM navigateur *(m)*.

broxa [bro'ʃa] *nf* brosse de peintre *(f)*.

bruços ['brusuʃ] *nmpl* brasse *(f)* • **de bruços** sur le ventre.

bruma ['brumɐ] *nf* brume *(f)*.

brusco, ca ['bruʃku, -kɐ] *adj* brusque.

brushing ['brɐʃĩŋ] *nm* brushing *(m)*.

brutal [bru'tał] (*pl* **-ais** [-aiʃ]) *adj* brutal(e).

bruto, ta ['brutu, -tɐ] *adj* **1.** brut(e) **2.** *(estúpido)* abruti(e) • **à bruta** brutalement • **em bruto** brut(e).

bruxa ['bruʃɐ] *nf* sorcière *(f)*.

BTT (*abr de* **Bicicleta Todo Terreno**) *nf* VTT *(m) (Vélo Tout Terrain)*.

bucho ['buʃu] *nm panse de porc farcie*.

búfalo ['bufɐlu] *nm* buffle *(m)*.

bufê [bu'fe] *nm (Br)* = **bufete**.

bufete [bu'fetə] *nm* **1.** *(Port)* buffet *(m)* **2.** *(de teatro)* buvette *(f)*.

buffer ['bufe(x)] (*pl* **-s**) *nm (Br)* INFORM mémoire *(f)* tampon.

bug ['bugi] (*pl* **-s**) *nm* INFORM bogue *(m)*.

bugigangas [buʒi'g̠ẽŋgɐʃ] *nfpl* bricoles *(fpl)*.

bujão [bu'ʒɐ̃w] *nm (de gás)* bonbonne *(f)*.

bula ['bula] *nf* **1.** *(de medicamento)* notice *(f)* **2.** *(papal)* bulle *(f)*.

bulbo ['buwbu] *nm* bulbe *(m)*.

buldôzer [buw'doze(x)] *(Br)* = **bulldozer**.

bule ['bulə] *nm* théière *(f)*.

Bulgária [buł'g̠arjɐ] *nf* • **a Bulgária** la Bulgarie.

búlgaro, ra ['bułg̠ɐru, -rɐ] ▪ *adj* bulgare. ▪ *nm, f* Bulgare *(mf)*. ▪ *nm (língua)* bulgare *(m)*.

bulldozer [buł'dɔzɛr] (*pl* **-es** [-əʃ]) *nm* bulldozer *(m)*.

bunda ['bũndɐ] *nf (Br) fam* fesses *(fpl)*.

buraco [bu'raku] *nm* trou *(m)*.

burla ['burlɐ] *nf* escroquerie *(f)*.

burlão, lona [bur'lɐ̃u, -lonɐ] (*mpl* **-ões** [-õiʃ], *fpl* **-s** [-ʃ]) *nm, f* farceur *(m)*, -euse *(f)*.

burocracia [burukrɐ'siɐ] *nf* bureaucratie *(f)*.

burro, a ['buʀu, -ɐ] ▪ *nm, f* âne *(m)*, ânesse *(f)*. ▪ *adj* âne.

busca ['buʃkɐ] *nf* recherche *(f)* • **em busca de** à la recherche de.

buscador [buʃka'do(x)] *nm (Br)* INFORM moteur *(m)* de recherche.

buscar [buʃ'kar] *vt* chercher • **ir buscar** aller chercher.

bússola ['busulɐ] *nf* boussole *(f)*.

bustiê [buʃ'tʃie] *nm (Br)* bustier *(m)*.

busto ['buʃtu] *nm* buste *(m)*.

butique [bu'tʃiki] *nf (Br)* = **boutique**.

buzina [bu'zinɐ] *nf* klaxon *(m)*.

buzinar [buzi'nar] *vi* klaxonner.

búzio ['buzju] *nm* bulot *(m)*.

B.V. (*abr écrite de* **Bombeiros Voluntários**) pompiers *(mpl)* bénévoles.

C

c, C [se] *m (letra)* c, C.

c/ (*abr écrite de* **conta de banco**) compte *(m) (bancaire)*.

C^ia^ (*abr écrite de* **Companhia**) *(Port)* Cie.

C.a (*abr de* **Companhia**) *(Br)* Cie.

cá ['ka] *adv* ici • **andar de cá para lá** faire les cent pas.

cabana [kɐ'ƀɐnɐ] *nf* cabane *(f)*.

cabaz [kɐ'ƀɐʃ] *nm* cabas *(m)*, panier *(m)*.

cabeça [kɐ'ƀesɐ] *nf* **1.** tête *(f)* **2.** *fig (dirigente)* chef *(m)* • **por cabeça** par personne • **à cabeça de** à la tête de • **de cabeça para baixo** sens dessus dessous • **não ter pés nem cabeça** *fam* n'avoir ni queue ni tête • **perder a cabeça** perdre la tête • **ter a cabeça a andar à roda** avoir la tête qui tourne.

cabeçada [kɐƀə'sađɐ] *nf* **1.** *(pancada)* coup *(m)* de tête **2.** *(em futebol)* tête *(f)*.

cabeçalho [kɐƀə'saʎu] *nm* chapeau *(m) (dans un journal)*.

cabeceira [kɐƀə'sɐirɐ] *nf* **1.** *(de cama)* chevet *(m)* **2.** *(de mesa)* bout *(m)*.

cabeçudo, da [kɐƀə'suđu, -đɐ] *adj fam* têtu (e).

cabedal [kɐƀə'đaɫ] (*pl* **-ais** [-aiʃ]) *nm* cuir *(m)*.

cabeleira [kɐƀə'lɐirɐ] *nf* **1.** *(verdadeira)* chevelure *(f)* **2.** *(postiça)* perruque *(f)*.

cabeleireiro, ra [kɐƀəlɐi'rɐiru, -rɐ] ◼ *nm, f* coiffeur *(m)*, -euse *(f)*. ◼ *nm* salon *(m)* de coiffure • **ir ao cabeleireiro** aller chez le coiffeur.

cabelo [kɐ'ƀelu] *nm* cheveu *(m)* • **o cabelo** les cheveux • **ir cortar o cabelo** aller se faire couper les cheveux.

caber [kɐ'ƀer] *vi* tenir • **a mala não cabe no armário** la valise ne rentre pas dans l'armoire • **não cabe mais ninguém** il n'y a plus de place.

◼ **caber a** *v + prép* • **cabe-me a mim fazer esse trabalho** c'est à moi de faire ce travail.

cabide [kɐ'ƀiđə] *nm* porte-manteau *(m)*.

cabidela [kɐƀi'đɛlɐ] *nf poulet cuit dans son sang*.

cabine [ka'ƀinə] *nf* **1.** cabine *(f)* **2.** *(de avião)* cabine *(f)* de pilotage.

cabisbaixo, xa [kɐƀiʒ'baiʃu, -ʃa] *adj fig* abattu(e).

cabo ['kaƀu] *nm* **1.** *(de utensílio)* manche *(m)* **2.** *(de terra)* cap *(m)* **3.** *(de electricidade)* câble *(m)* **4.** *(corda grossa)* corde *(f)* **5.** *(de exército)* caporal *(m)* • **até ao cabo** jusqu'au bout • **ao cabo de** au bout de • **o cabo do mundo** le bout du monde • **ao fim e ao cabo** au bout du compte • **dar cabo de algo** *fam* mettre qqch en l'air.

Cabo-Verde [ˌkaƀu'verđə] *n* Cap-Vert *(m)*.

cabo-verdiano, na [ˌkaƀuvər'đjɐnu, -nɐ] ◼ *adj* cap-verdien(enne). ◼ *nm, f* Cap-verdien *(m)*, -enne *(f)*.

cabra ['kaƀrɐ] *nf* chèvre *(f)*.

cabrito [kɐ'ƀritu] *nm* chevreau *(m)* • **cabrito assado** chevreau rôti.

caça ['kasɐ] ◼ *nf* **1.** *(acção)* chasse *(f)* **2.** *(animal caçado)* gibier *(m)*. ◼ *nm* avion *(m)* de chasse • **caça submarina** pêche *(f)* sous-marine.

caçador, ra [kɐsɐ'đor, -rɐ] (*mpl* **-es** [-əʃ], *fpl* **-s** [-ʃ]) *nm, f* chasseur *(m)*, -euse *(f)*.

cação [kɐ'sɐ̃u] *nm* roussette *(f)*.

caçar [kɐ'sar] *vt* chasser.

caçarola [kɐsɐ'rɔlɐ] *nf* **1.** *(de barro)* marmite *(f)* **2.** *(tacho)* casserole *(f)*.

cacau [kɐ'kau] *nm* cacao *(m)*.

cacetada [kɐsə'tađɐ] *nf* coup *(m)* de bâton.

cacete [kɐ'setə] *nm* **1.** *(pau)* trique *(f)* **2.** *(pão)* ≃ baguette *(f)*.

cachaça [kɐ'ʃasɐ] *nf eau-de-vie de canne à sucre*.

caché [ka'ʃe] *nm (Port)* cachet *(m) (d'artiste)*.

cachê [ka'ʃe] *nm* cachet *(m)*.

cachê [ka'ʃe] *nm (Br)* = **caché**.

cachecol [kaʃə'kɔɫ] (*pl* **-óis** [-ɔiʃ]) *nm* écharpe *(f)*.

cachimbo [kɐ'ʃĩmbu] *nm* pipe *(f)*.

cacho ['kaʃu] *nm* **1.** *(de uvas)* grappe *(f)* **2.** *(de flores)* gerbe *(f)* **3.** *(de cabelo)* mèche *(f)* **4.** *(de banana)* régime *(m)*.

cachorro [kɐ'ʃoʀu] *nm* **1.** *(Port) (cão pequeno)* chiot *(m)* **2.** *(Br) (qualquer cão)* chien *(m)* • **cachorro (quente)** hot-dog *(m)*.

cacifo [kɐ'sifu] *nm* **1.** *(cofre)* coffre *(m)* **2.** *(armário)* casier *(m)*.

caçoila [kɐ'soilɐ] *nf* **1.** *(baixa)* poêle *(f)* **2.** *(alta)* casserole *(f)*.

cacto ['katu] *nm* cactus *(m)*.

cada [ˌkɐđɐ] *adj* **1.** chaque **2.** *(com regularidade)* tous les (toutes les) • **cada dois dias** tous les deux jours • **uma pessoa em cada dez** une personne sur dix • **cada qual** chacun(e) • **cada um/uma** chacun/chacune • **um/uma de cada vez** un/une à la fois • **cada vez mais** de plus en plus • **cada vez menos** de moins en moins • **cada vez que** chaque fois que • **cada um por si** chacun pour soi.

cadarço [ka'daxsu] *nm (Br)* lacet *(m)*.

cadastro [kɐ'đaʃtru] *nm* casier *(m)* judiciaire.

cadáver [kɐ'đavɛr] (*pl* **-es** [-əʃ]) *nm* cadavre *(m)*.

cadê [ka'de] *adv (Br) fam* • **cadê...?** où est passé... ?

cadeado [kɐ'đjađu] *nm* cadenas *(m)*.

cadeia [kɐ'đɐjɐ] *nf* **1.** *(prisão)* prison *(f)* **2.** *(fila)* chaîne *(f)*.

cadeira [kɐ'đɐirɐ] *nf* **1.** *(assento)* chaise *(f)* **2.** *(disciplina)* chaire *(f)* • **cadeira de rodas** fauteuil *(m)* roulant.

cadela [kɐ'đɛlɐ] *nf* chienne *(f)*.

cadência [kɐ'đẽsjɐ] *nf* cadence *(f)*.

caderneta [kadɛr'nɛta] *nf* carnet *(m)* • **caderneta de poupança** livret *(m)* d'épargne.

caderno [kɐ'đɛrnu] *nm* cahier *(m)*.

caducado, a [kɐđu'kađu, -ɐ] *adj* périmé(e).

caducar [kɐđu'kar] *vi* **1.** *(passaporte, visa)* être périmé(e) **2.** *(prazo)* expirer.

caduco, ca [kɐ'đuku, -kɐ] *adj* gâteux(euse).

cães ['kɐ̃jʃ] ▷ **cão**.

café [kɐ'fɛ] *nm* café *(m)* • **café com leite** café au lait • **café da manhã** *(Br)* petit déjeuner *(m)* • **café moído** café moulu • **café solúvel** café soluble • **café forte** café serré • **café fraco** café allongé.

cafeína [kɐfə'inɐ] *nf* caféine *(f)*.

cafeteira [kɐfə'tɐirɐ] *nf* cafetière *(f)*.

cafezinho [kafe'ziɲu] *nm (Br)* express *(m)*.

cágado ['kagɐđu] *nm* tortue *(f)* d'eau.

cagar [kɐ'gar] ◼ *vi vulg* chier. ◼ *vt fam* dégueulasser.

caiar [kɐ'jar] *vt* blanchir à la chaux.

caibo ['kaiƀu] ▷ **caber**.

cãibra ['kɐ̃imbrɐ] *nf* crampe *(f)*.

caipira [kai'pirɐ] ◼ *adj (Br)* plouc. ◼ *nmf (Br)* péquenaud *(m)*, -e *(f)*.

caipirinha [kaipi'riɲɐ] *nf boisson à base d'alcool de canne à sucre et de citron*.

cair [kɐ'ir] *vi* **1.** *(objecto, pessoa)* tomber **2.** *(roupa)* aller **3.** *(água, luz)* tomber • **cair bem** plaire • **cair mal** ne pas plaire • *(comida)* ne pas digérer • **cair na realidade** se rendre à l'évidence • **cair em si** reprendre ses esprits • **nessa não caio eu!** *fam* on ne m'y prendra pas !

cais ['kaiʃ] *nm inv* quai *(m)* • **cais de embarque** quai d'embarquement.

caixa ['kaiʃɐ] ◼ *nf* **1.** caisse *(f)* **2.** *(de papel)* boîte *(f)* **3.** *(de arma)* chargeur *(m)*. ◼ *nmf* caissier *(m)*, -ère *(f)* • **caixa alta** majuscule *(f)* • **caixa automática** caisse automatique • **caixa baixa** bas-de-casse *(m)* • **caixa de câmbio** *OU* **de mudanças** *(Br)* boîte de vitesses • **caixa craniana** boîte crânienne • **caixa de crédito** banque *(f)* de crédit • **caixa do correio** boîte aux lettres • **caixa de fósforos** boîte d'allumettes • **caixa de pagamento** caisse • **caixa registadora** caisse (enregistreuse) • **caixa toráxica** cage *(f)* thoracique • **caixa de velocidades** *(Port)* boîte de vitesses • **caixa de diálogo** INFORM boîte de dialogue.

caixão [kai'ʃɐ̃u] (*pl* **-ões** [-õiʃ]) *nm* cercueil *(m)*.

caixeiro [kai'ʃɐiru] *nm* • **caixeiro viajante** représentant *(m)* (de commerce).

caixilho [kai'ʃiʎu] *nm* cadre *(m)*.

caixões [kaj'ʃõjʃ] ▻ **caixão**.

caixote [kai'ʃɔtə] *nm* caisse *(f)* • **caixote do lixo** poubelle *(f)*.

caju [ka'ʒu] *nm* noix *(f)* de cajou.

cal ['kaɫ] *nf* chaux *(f)*.

calado, **da** [kɐ'lađu, -đɐ] *adj* silencieux (euse) • **está calado!** *fam* tais-toi !

calafrio [kɐlɐ'friu] *nm* frisson *(m)*.

calamidade [kɐlɐmi'đađə] *nf* calamité *(f)*.

calão [kɐ'lɐ̃u] *nm* argot *(m)*.

calar-se [kɐ'larsə] *vp* se taire • **cala-te!** tais-toi !

Calç. (*abr écrite de* **Calçada**) rue *(f)*.

calça ['kausɐ] *nm (Br)* = **calças**.

calçada [kaɫ'sađɐ] *nf (rua calcetada)* rue *(f)* pavée.

calçadeira [kaɫsɐ'đɐirɐ] *nf* chausse-pied *(m)*.

calçado, **da** [kaɫ'sađu, -đɐ] ■ *adj* **1.** *(pessoa)* chaussé(e) **2.** *(rua)* pavé(e). ■ *nm* chaussure *(f)* • **muito calçado** beaucoup de chaussures.

calcanhar [kaɫkɐ'ɲar] (*pl* **-es** [-əʃ]) *nm* talon *(m)*.

calção [kaw'sɐ̃w] (*pl* **-ões** [-õjʃ]) *nm* caleçon *(m)* • **calção de banho** caleçon *(m)* de bain.

calcar [kaɫ'kar] *vt (pisar)* piétiner, tasser.

calçar [kaɫ'sar] *vt* **1.** *(sapatos)* mettre **2.** *(meias, luvas)* enfiler **3.** *(rua, passeio)* paver • **que número calça?** quelle est votre pointure ? • **calço 37** je chausse du 37. ■ **calçar-se** *vp* se chausser.

calcário [kaɫ'karju] *nm* calcaire *(m)*.

calças ['kaɫsɐʃ] *nfpl (Port)* pantalon *(m)*.

calcinha [kau'siɲɐ] *nf (Br)* culotte *(f)*.

cálcio ['kaɫsju] *nm* calcium *(m)*.

calço ['kaɫsu] *nm (cunha)* cale *(f)* • **calço de travão** plaquette *(f)* (de frein).

calções [kaɫ'sõiʃ] *nmpl* short *(m)* • **calções de banho** maillot *(m)* de bain.

calculadora [kaɫkulɐ'đorɐ] *nf* machine *(f)* à calculer • **calculadora de bolso** calculette *(f)*.

calcular [kaɫku'lar] *vt* **1.** *(número, valor)* calculer **2.** *(conjecturar)* supposer.

cálculo ['kaɫkulu] *nm* calcul *(m)* • **pelos meus cálculos** d'après mes calculs.

calda ['kaɫđɐ] *nf* sirop *(m)*.

caldeira [kaɫ'đɐirɐ] *nf* chaudière *(f)*.

caldeirada [kaɫđɐi'rađɐ] *nf* ≃ bouillabaisse *(f)*.

caldo ['kaɫđu] *nm* **1.** bouillon *(m)* **2.** *(Br) (suco de fruto, planta)* jus *(m)* • **caldo de cana** *(Br)* sirop *(m)* de canne à sucre • **caldo verde** soupe *(f)* au chou.

calendário [kɐlẽn'darju] *nm* calendrier *(m)*.

calhamaço [kɐʎɐ'masu] *nm fam* pavé *(m)* *(livre)*.

calhar [kɐ'ʎar] *vi* • **calhou viajarmos juntos** il se trouve que nous avons voyagé ensemble • **calha-me a mim lavar a louça** c'est à moi de faire la vaisselle • **calhar bem/mal** tomber bien/mal • **se calhar** si ça se trouve • **vir a calhar** tomber à pic.

calhau [kɐ'ʎau] *nm* grosse pierre *(f)*.

calibragem [kɐli'ƀraʒẽi] (*pl* **-ns** [-ʃ]) *nf* équilibrage *(m)* des roues.

calibre [kɐ'liƀrə] *nm* **1.** calibre *(m)* **2.** *fig* envergure *(f)*.

cálice ['kalisə] *nm* **1.** *(sagrado)* calice *(m)* **2.** *(copo)* verre *(m)* à pied.

calista [kɐ'liʃtɐ] *nmf* pédicure *(mf)*.

calma ['kaɫmɐ] ■ *nf* calme *(m)*. ■ *interj* du calme ! • **ter calma** être calme.

calmante [kaɫ'mẽntə] ■ *nm* calmant *(m)*. ■ *adj* calmant(e).

calmo, **ma** ['kaɫmu, -mɐ] *adj* calme.

calo ['kalu] *nm* **1.** *(de pé)* cor *(m)* **2.** *(de mão)* durillon *(m)*.

caloiro, **ra** [kɐ'loiru, -rɐ] *nm, f* bizut *(m)*.

calor [kɐ'lor] *nm* chaleur *(f)* • **estar com calor** avoir chaud.

caloria [kɐlu'riɐ] *nf* calorie *(f)*.

calorífero, **ra** [kɐlu'rifəru, -rɐ] ■ *adj* calorifère. ■ *nm* calorifère *(m)*.

calouro [ka'loru] *(Br)* = **caloiro**.

calúnia [kɐ'lunjɐ] *nf* calomnie *(f)*.

calvo, **va** ['kaɫvu, -vɐ] *adj* chauve.

cama ['kɐmɐ] *nf* lit *(m)* • **cama de bebé** berceau *(m)* • **cama de campismo** lit de camp • **cama de casal** lit double.

cama-beliche [ˌkamabe'liʃi] (*pl* **camas-beliches** [ˌkamaʃbe'liʃiʃ]) *nf* cabine-lit *(f)*.

camada [kɐ'mađɐ] *nf* **1.** couche *(f)* **2.** *fam (relativo à doença)* • **ele está com uma camada de febre** il a une sacrée fièvre • **a camada do ozono** la couche d'ozone.

camaleão [kɐmɐ'ljɐ̃u] (*pl* **-ões** [-õiʃ]) *nm* caméléon *(m)*.

câmara ['kɐmɐrɐ] *nf* • **câmara escura** chambre *(f)* noire • **câmara fotográfica** appareil *(m)* photo • **câmara municipal** municipalité *(f)* • *(edifício)* mairie *(f)* • **câmara de vídeo** Camescope® *(m)*.

camarada [kɐmɐ'rađɐ] *nmf* camarade *(mf)*.

câmara-de-ar [ˌkɐmɐrɐ'đar] (*pl* **câmaras-de-ar** [ˌkɐmɐrɐʒ'dar]) *nf* chambre *(f)* à air.

camarão [kɐmɐ'rɐ̃u] (*pl* **-ões** [-õiʃ]) *nm* crevette *(f)*.

camarata [kɐmɐ'ratɐ] *nf* dortoir *(m)*.

camarim [kɐmɐ'rĩ] (*pl* **-ns** [-ʃ]) *nm* loge *(f)*.

camarões ▻ **camarão**.

camarote [kɐmɐ'rɔtə] *nm* **1.** *(de navio)* cabine *(f)* **2.** *(de teatro)* loge *(f)*.

cambalear [kɐ̃mbɐ'ljar] *vi* tituber.

cambalhota [kɐ̃mbɐ'ʎɔtɐ] *nf* **1.** *(intencional)* galipette *(f)* **2.** *(reviravolta)* bouleversement *(m)* • **dar uma cambalhota** tomber.

câmbio ['kɐ̃mbju] *nm* **1.** change *(m)* **2.** *(Br) (de veículo)* vitesse *(f)*.

Camboja [kɐ̃m'bɔʒɐ] *nm* • **o Camboja** le Cambodge.

cambraia [kɐ̃m'brajɐ] *nf* batiste *(f)*.

camelo [kɐ'melu] *nm (animal)* chameau *(m)*.

camelô [kamə'lo] *nm (Br)* camelot *(m)*.

camião [ka'mjɐ̃u] (*pl* **-ões** [-õiʃ]) *nm (viatura)* camion *(m)*.

caminhada [kɐmi'ɲađɐ] *nf (caminho percorrido)* • **fazer uma caminhada** marcher.

caminhão [kami'ɲɐ̃w] *(Br)* = **camião**.

caminhar [kɐmi'ɲar] *vi (andar)* marcher.

caminho [kɐ'miɲu] *nm* chemin *(m)* • **a caminho** en route • **a caminho de** en route pour • **de caminho** *(seguidamente)* dans la foulée • *(ao mesmo tempo)* au passage • **pelo caminho** en chemin.

caminho-de-ferro [kɐˌmiɲuđə'fɛʀu] (*pl* **caminhos-de-ferro** [kɐˌmiɲuʒdə'fɛʀu]) *nm (Port)* chemin *(m)* de fer.

caminhões ▻ **caminhão**.

caminhoneiro [kamiɲo'nejru] *(Br)* = **camionista**.

caminhonete [kamjɲo'nɛtʃi] *(Br)* = **camioneta**.

camiões ▻ **camião**.

camioneta [kamju'nɛtɐ] *nf* **1.** camionette *(f)* **2.** *(para passageiros)* car *(m)*.

camionista [kamju'niʃtɐ] *nmf* camionneur *(m)*.

camisa [kɐ'mizɐ] *nf* chemise *(f)* • **camisa (de dormir)** *(Port)* chemise de nuit.

camisa-de-forças [kɐˌmizɐđə'forsɐʃ] (*pl* **camisas-de-forças** [kɐˌmizɐʒdə'forsɐʃ]) *nf* camisole *(f)* de force.

camisa-de-vênus [kaˌmizadʒi'venuʃ] (*pl* **camisas-de-vênus** [kaˌmizaʒdʒi'venuʃ]) *nf (Br)* préservatif *(m)*.

camiseta [kɐmi'zetɐ] *nf* chemisette *(f)*.

camisinha [kami'ziɲɐ] *nf (Br) fam* capote *(f)* (anglaise).

camisola [kɐmi'zɔlɐ] *nf* **1.** *(Port) (de lã, algodão)* pull(-over) *(m)* **2.** *(Br) (de dormir)* chemise *(f)* de nuit • **camisola de gola alta** *(Port)* pull à col roulé • **camisola interior** *(Port)* tricot *(m)* de corps • **camisola de manga curta** *(Port)* pull à manches courtes.

À PROPOS DE...

camisola

Attention, ne pas confondre « camisola » avec *camisole*. En portugais, « camisola » signifie *pull*.

Camões (Luís de) *s* Luís de Camões.

CULTURE...

Luís de Camões

Il est considéré comme le plus grand poète du Portugal et de la littérature lusophone. Son talent est souvent comparé à celui de Dante ou de Shakespeare. Il serait né en 1525 et mort en 1580. L'œuvre la plus connue de Camões est un poème épique, *Os Lusiadas* (*Les Lusiades*), qui raconte l'expédition du navigateur portugais Vasco de Gama.

camomila [kɐmu'milɐ] *nf* camomille *(f)*.

campainha [kɐ̃mpɐ'iɲɐ] *nf* **1.** *(de porta, alarme)* sonnette *(f)* **2.** *(sino pequeno)* clochette *(f)*.

campanário [kẽmpɐ'narju] *nm* clocher *(m)*.

campanha [kẽm'pɐɲɐ] *nf* campagne *(f)* • **campanha eleitoral** campagne électorale • **campanha de Verão/Inverno** soldes *(mpl)* d'été/d'hiver.

campeão, ã [kẽm'pjẽu, -ẽ] (*mpl* **-ões** [-õiʃ], *fpl* **-s** [-ʃ]) *nm, f* champion *(m)*, -onne *(f)*.

campeonato [kẽmpju'natu] *nm* championnat *(m)*.

campestre [kẽm'pɛʃtrə] *adj* **1.** *(cenário)* champêtre **2.** *(flor)* des champs **3.** *(vida)* à la campagne.

camping [kɑ̃m'pĩŋ] *nm* camping *(m)*.

campismo [kẽm'piʒmu] *nm* camping *(m)* • **campismo selvagem** camping sauvage.

campista [kẽm'piʃtɐ] *nmf* campeur *(m)*, -euse *(f)*.

campo ['kẽmpu] *nm* **1.** *(zona rural)* campagne *(f)* **2.** *(de desporto)* terrain *(m)* **3.** *(terreno)* champ *(m)* • **campo de futebol** terrain de football • **campo de golfe** terrain de golf • **campo de jogos** aire *(f)* de jeux • **campo de squash** *(Port)* salle *(f)* de squash • **campo de ténis** *(Port)* court *(m)* de tennis • **campo de tiro** champ de tir.

camponês, esa [kẽmpu'neʃ, -ezɐ] (*mpl* **-eses** [-ezəʃ], *fpl* **-s** [-ʃ]) *nm, f* paysan *(m)*, -anne *(f)*.

camuflagem [kɐmu'flaʒẽi] (*pl* **-ns** [-ʃ]) *nf* camouflage *(m)*.

camuflar [kɐmu'flar] *vt* camoufler.

camurça [kɐ'mursɐ] *nf* daim *(m)*.

cana ['kɐnɐ] *nf* canne *(f)* • **cana de pesca** *(Port)* canne à pêche.

Canadá [kɐnɐ'đa] *nm* • **o Canadá** le Canada.

cana-de-açúcar [ˌkɐnɐđɐ'sukar] (*pl* **canas-de-açúcar** [ˌkɐnɐʒdɐ'sukar]) *nf* canne *(f)* à sucre.

canadense [kana'dẽsi] *adj* & *nmf* *(Br)* = **canadiano**.

canadiana [kɐnɐ'đjɐnɐ] *nf* **1.** *(viatura)* break *(m)* **2.** *(tenda)* canadienne *(f)* • ▷ **canadiano**.

canadiano, na [kɐnɐ'đjɐnu, -nɐ] ■ *adj* *(Port)* canadien(enne). ■ *nm, f* *(Port)* Canadien *(m)*, -enne *(f)*.

canal [kɐ'nał] (*pl* **-ais** [-aiʃ]) *nm* **1.** canal *(m)* **2.** *(de televisão)* chaîne *(f)* • **o Canal da Mancha** la Manche.

canalha [kɐ'naʎɐ] ■ *nf* *(Port)* *fam* marmaille *(f)*. ■ *nmf* canaille *(f)*.

canalização [kɐnɐlizɐ'sẽu] (*pl* **-ões** [-õiʃ]) *nf* canalisation *(f)*.

canalizador, ra [kɐnɐlizɐ'đor, -rɐ] (*mpl* **-es** [-əʃ], *fpl* **-s** [-ʃ]) *nm, f* *(Port)* plombier *(m)*.

canalizar [kɐnɐli'zar] *vt* canaliser.

canapé [kɐnɐ'pɛ] *nm* canapé *(m)* *(siège)*.

canapê [kana'pe] *nm* *(Br)* canapé *(m)* *(apéritif)*.

canário [kɐ'narju] *nm* canari *(m)*.

canastra [kɐ'naʃtrɐ] *nf* corbeille *(f)*.

canção [kẽ'sẽu] (*pl* **-ões** [-õiʃ]) *nf* chanson *(f)*.

cancela [kẽ'sɛlɐ] *nf* **1.** *(de casa, jardim)* grille *(f)* **2.** *(de passagem de nível)* barrière *(f)*.

cancelamento [kẽsəlɐ'mẽntu] *nm* annulation *(f)*.

cancelar [kẽsə'lar] *vt* annuler.

câncer ['kẽsex] (*pl* **-es** [-iʃ]) *nm* *(Br)* = **cancro**.

■ **Câncer** *nm* *(Br)* *(signo do Zodíaco)* Cancer *(m)*.

cancerígeno, na [kẽsə'riʒənu, -nɐ] *adj* cancérigène.

canções [kɑ̃n'sõjʃ] ▷ **canção**.

cancro ['kẽŋkru] *nm* *(Port)* cancer *(m)*.

candeeiro [kẽn'djɐiru] *nm* **1.** lustre *(m)* **2.** *(de mesa)* lampe *(f)* • **candeeiro a petróleo** lampe à pétrole.

candelabro [kẽndə'lađru] *nm* candélabre *(m)*.

candidato, ta [kẽndi'đatu, -tɐ] *nm, f* candidat *(m)*, -e *(f)* • **ser candidato a algo** être candidat à qqch.

candomblé [kẽndõm'blɛ] *nm* candomblé *(m)* *culte d'origine africaine, surtout pratiqué dans la région de Bahia au Brésil.*

caneca [kɐ'nɛkɐ] *nf* chope *(f)*.

canela [kɐ'nɛlɐ] *nf* **1.** *(condimento)* cannelle *(f)* **2.** *(da perna)* tibia *(m)*.

caneta [kɐ'netɐ] *nf* stylo *(m)* • **caneta de feltro** stylo feutre • **caneta de tinta permanente** stylo plume.

caneta-tinteiro [kaˌnetatʃĩn'tejru] (*pl* **canetas-tinteiros** [kaˌnetaʒtʃĩn'tejruʃ]) *nf* stylo-bille *(m)*.

canga ['kɑ̃ŋga] *(Br)* *nf* *(de praia)* couverture de plage *(f)*.

cangalheiro [kẽŋgɐ'ʎɐiru] *nm* croque-mort *(m)*.

canguru [kẽŋgu'ru] *nm* kangourou *(m)*.

canhão [kɐ'ɲɐ̃u] (*pl* **-ões** [-õiʃ]) *nm* canon *(m) (arme)*.

canhoto, **ota** [kɐ'ɲotu, -ɔɐ] *adj* & *nm, f* gaucher(ère).

canibal [kɐni'ƀał] (*pl* **-ais** [-aiʃ]) *nmf* cannibale *(mf)*.

caniço [kɐ'nisu] *nm* jonc *(m)*.

canil [kɐ'nił] (*pl* **-is** [-iʃ]) *nm* chenil *(m)*.

caninha [ka'niɲɐ] *nf (Br)* tafia *(m)*, *eau-de-vie de canne à sucre*.

canis ▻ **canil**.

canivete [kɐni'vɛtə] *nm* canif *(m)*.

canja ['kɐ̃ʒɐ] *nf* • **canja (de galinha)** bouillon *(m)* de poule • **é canja!** *fam* c'est du gâteau !

cano ['kɐnu] *nm* **1.** *(de água, gás)* conduite *(f)* **2.** *(de arma)* canon *(m)* **3.** *(de bota)* tige *(f)* • **cano de esgoto** conduite d'égout.

canoa [kɐ'noɐ] *nf* canot *(m)*.

canoagem [kɐ'nwaʒɐ̃i] *nf* canoë *(m)* • **fazer canoagem** faire du canoë.

cansaço [kɐ̃'sasu] *nm* fatigue *(f)*.

cansado, **da** [kɐ̃'sađu, -đɐ] *adj* • **estar cansado** être fatigué.

cansar [kɐ̃'sar] *vt* fatiguer.
■ **cansar-se** *vp* se fatiguer.

cansativo, **va** [kɐ̃sɐ'tivu, -vɐ] *adj* fatigant (e).

cantar [kɐ̃n'tar] *vt* & *vi* chanter.

cântaro ['kɐ̃ntɐru] *nm* cruche *(f)*.

cantarolar [kɐ̃ntɐru'lar] *vt* & *vi* chantonner.

cantiga [kɐ̃n'tigɐ] *nf* chanson *(f)*.

cantil [kɐ̃n'tił] (*pl* **-is** [-iʃ]) *nm* gourde *(f)*.

cantina [kɐ̃n'tinɐ] *nf* cantine *(f)* • **cantina universitária** resto *(m)* U.

cantis ▻ **cantil**.

canto ['kɐ̃ntu] *nm* **1.** *(esquina)* coin *(m)* **2.** *(forma de cantar)* chant *(m)*.

cantor, **ra** [kɐ̃n'tor, -rɐ] (*mpl* **-es** [-əʃ], *fpl* **-s** [-ʃ]) *nm, f* chanteur *(m)*, -euse *(f)*.

canudinho [kanu'diɲu] *nm* paille *(f)*.

canudo [kɐ'nuđu] *nm* **1.** *(tubo)* tuyau *(m)* **2.** *fam (diploma de curso)* parchemin *(m)*.

cão ['kɐ̃u] (*pl* **cães** ['kɐ̃iʃ]) *nm* chien *(m)* • **cão de guarda** chien de garde.

caos ['kauʃ] *nm* chaos *(m)*.

caótico, **ca** [kɐ'ɔtiku, -kɐ] *adj* chaotique.

capa ['kapɐ] *nf* **1.** *(peça de vestuário)* cape *(f)* **2.** *(de livro, caderno)* couverture *(f)* **3.** *(dossier escolar)* classeur *(m)* **4.** *(de plástico)* pochette *(f)* • **capa impermeável** cape imperméable.

capacete [kɐpɐ'setə] *nm (de protecção)* casque *(m)*.

capacidade [kɐpɐsi'đađə] *nf* capacité *(f)*.

capar [kɐ'par] *vt* châtrer.

capaz [kɐ'paʃ] (*pl* **-es** [-zəʃ]) *adj* capable • **ser capaz de fazer algo** être capable de faire qqch • **é capaz de chover** il se peut qu'il pleuve • **sou capaz de não sair hoje** aujourd'hui, il se peut que je ne sorte pas.

capela [kɐ'pɛlɐ] *nf* chapelle *(f)*.

capitã ▻ **capitão**.

capitães ▻ **capitão**.

capital [kɐpi'tał] (*pl* **-ais** [-aiʃ]) ■ *nf* capitale *(f)*. ■ *nm* capital *(m)*.

capitalismo [kɐpitɐ'liʒmu] *nm* capitalisme *(m)*.

capitalista [kɐpitɐ'liʃtɐ] *adj* & *nmf* capitaliste.

capitão, **ã** [kɐpi'tɐ̃u, -ɐ̃] (*mpl* **-ães** [-ɐ̃iʃ], *fpl* **-s** [-ʃ]) *nm, f* capitaine *(m)*.

capítulo [kɐ'pitulu] *nm* chapitre *(m)*.

capô [ka'po] *nm (Br)* capot *(m)*.

capoeira [kɐ'pwɐirɐ] *nf* **1.** *(prática desportiva)* combat-danse de Bahia **2.** *(para galinhas)* poulailler *(m)*.

CULTURE...

A capoeira

La *capoeira* est à la fois une forme de lutte, de jeu et de danse. Elle a été introduite au Brésil lors de la période coloniale par les esclaves venus d'Afrique. La *capoeira* était à l'époque une forme de résistance à l'esclavage. Elle est aujourd'hui enseignée dans des écoles à travers tout le pays.
Les participants jouent en cercle, deux par deux, au rythme du *berimbau* (instrument de percussion) et des timbales, pendant que les autres chantent des chansons folkloriques.

capota [kɐ'pɔtɐ] *nf (de carro)* capote *(f)*.

capotar [kɐpu'tar] *vi* se renverser *(une voiture)*.

capote [kɐ'pɔtə] *nm* houppelande *(f)*.

cappuccino [kɐpu'tʃinu] *nm* cappuccino *(m)*.

capricho [kɐ'priʃu] *nm* caprice *(m)*.

Capricórnio [kɐpri'kɔrnju] *nm* Capricorne *(m)*.

cápsula ['kapsulɐ] *nf* capsule *(f)*.

captar [kɐp'tar] *vt* capter.

capuz [kɐ'puʃ] *(pl* **-es** [-zəʃ]) *nm* capuche *(f)*.

caqui [ka'ki] *nm* kaki *(m) (couleur)*.

cáqui ['kaki] *(Br)* = **caqui**.

cara ['karɐ] ■ *nf* **1.** *(de pessoa)* visage *(m)* **2.** *(aspecto)* air *(m)*. ■ *nm (Br) fam* type *(m)* • **caras ou coroas?** pile ou face ? • **cara a cara** face à face • **dar de caras com** *fig* tomber sur • **ir à cara de alguém** *fam* casser la figure à qqn • **não vou com a cara dele** *fam* il ne me revient pas • **ter cara de poucos amigos** *fam* avoir une sale tête.

carabina [kɐrɐ'ƀinɐ] *nf* carabine *(f)*.

caracol [kɐrɐ'kɔɫ] *(pl* **-óis** [-ɔiʃ]) *nm* **1.** *(animal)* escargot *(m)* **2.** *(de cabelo)* boucle *(f)*.

carácter [kɐ'ratɛr] *(pl* **caracteres** [kɐrɐ'tɛrəʃ]) *nm (Port)* caractère *(m)*.

característica [kɐrɐtə'riʃtikɐ] *nf* caractéristique *(f)*.

característico, ca [kɐrɐtə'riʃtiku, -kɐ] *adj* caractéristique.

Caraíbas [kɐrɐ' i'ƀɐʃ] *nfpl* • **as Caraíbas** les Caraïbes.

carambola [kɐrẽm'bɔlɐ] *nf* carambole *(f) (fruit)*.

caramelo [kɐrɐ'mɛlu] *nm* caramel *(m)*.

caranguejo [kɐrẽŋ'gɐiʒu] *nm* crabe *(m)*. ■ **Caranguejo** *nm (Port)* Cancer *(m)*.

caranguejo-aranha [karãŋ'geʒu'arãɲa] *nm* araignée *(f)* de mer.

carapau [kɐrɐ'pau] *nm* chinchard *(m)* • **carapaus assados** chinchards grillés • **carapaus de escabeche** chinchards à l'escabèche.

caratê [kara'te] *nm (Br)* = **karaté**.

caráter [ka'ratex] *nm (Br)* = **carácter**.

caravana [kɐrɐ'vɐnɐ] *nf (Port)* caravane *(f)*.

caravela [kɐrɐ'vɛlɐ] *nf* caravelle.

carbonizado, da [kɐrƀuni'zađu, -đɐ] *adj* carbonisé(e).

carbono [kɐr'ƀonu] *nm* carbone *(m)*.

carburador [kɐrƀurɐ'đor] *(pl* **-es** [-əʃ]) *nm* carburateur *(m)*.

carcaça [kɐr'kasɐ] *nf (pão)* petit pain *(m)*.

cardápio [kax'dapju] *nm (Br)* menu *(m)*.

cardíaco, ca [kɐr'điɐku, -kɐ] *adj* cardiaque.

cardiologista [*(Port)* ɐrđjulu'ʒiʃtɐ, *(Br)* kaxdʒolo'ʒiʃta] *nmf* cardiologue *(mf)*.

cardo ['karđu] *nm* chardon *(m)*.

cardume [kɐr'đumə] *nm* banc *(m)* de poissons.

careca [kɐ'rɛkɐ] ■ *adj* **1.** *(pessoa)* chauve **2.** *(pneu)* lisse. ■ *nf* calvitie *(f)*.

carecer [kɐrə'ser] ■ **carecer de** *v + prép* **1.** manquer de **2.** *(precisar de)* avoir besoin de.

carência [kɐ'rẽsjɐ] *nf* **1.** *(falta)* carence *(f)* **2.** *(necessidade)* manque *(m)*.

careta [kɐ'retɐ] *nf* grimace *(f)* • **fazer caretas** faire des grimaces.

carga ['kargɐ] *nf* **1.** charge *(f)* **2.** *(de veículo)* cargaison *(f)* • **carga máxima** charge maximum.

cargo ['kargu] *nm* **1.** *(função)* poste *(m)* **2.** *(responsabilidade)* charge *(f)* • **estar/deixar a cargo de** être/laisser à la charge de • **ter a cargo** avoir à charge.

cariado, da [kɐ'rjađu, -đɐ] *adj* carié(e).

caricatura [kɐrikɐ'turɐ] *nf* caricature *(f)*.

carícia [kɐ'risjɐ] *nf* caresse *(f)*.

caridade [kɐri'đađə] *nf* charité *(f)*.

cárie ['karjə] *nf* carie *(f)*.

caril [kɐ'riɫ] *nm* curry *(m)*.

carimbar [kɐrĩm'bar] *vt* tamponner *(un passeport)*.

carimbo [kɐ'rĩmbu] *nm* tampon *(m)*.

carinho [kɐ'riɲu] *nm* tendresse *(f)*.

carioca [kɐ'rjɔkɐ] ■ *nmf* Carioca *(mf)*. ■ *nm (Port)* café *(m)* léger • **carioca de limão** *(Port) boisson chaude au zeste de citron servie dans une tasse à café.*

carisma [kɐ'riʒmɐ] *nm* charisme *(m)*.

carnal [kɐr'naɫ] *(pl* **-ais** [-aiʃ]) *adj* charnel (elle).

Carnaval [kɐrnɐ'vał] *nm* carnaval *(m)*.

CULTURE...

O carnaval brasileiro

C'est la fête la plus caractéristique du Brésil. Le carnaval se déroule pendant les quatre jours qui précèdent le mercredi des Cendres.
Pendant ces quatre jours, presque tout s'arrête au Brésil. Les Brésiliens oublient la pauvreté et sortent dans les rues pour boire, chanter et danser. On profite aussi de ces défilés pour critiquer les personnalités publiques et s'en moquer.
Le carnaval brésilien n'est pas célébré uniquement à Rio de Janeiro mais dans d'autres villes et dans des formes différentes selon les régions.

CULTURE...

O carnaval português

C'est sous l'influence du carnaval brésilien qu'au Portugal on fête le mardi du carnaval, avec des chars allégoriques transportant des personnes costumées qui défilent en musique et font grand tapage.
Le roi et la reine des carnavals portugais sont en principe des vedettes de feuilletons télévisés brésiliens invitées pour l'occasion.

carne ['karnə] *nf* **1.** *(tecido muscular)* chair *(f)* **2.** *(de comer)* viande *(f)* • **carne de borrego** agneau *(m)* • **carne estufada** estouffade *(f)* • **carnes frias** viande froide • **em carne e osso** en chair et en os • **carne picada** viande hachée • **carne de porco** viande de porc • **carne de porco à alentejana** *porc aux palourdes* • **carne de vaca** viande de bœuf.

carnê [kax'ne] *nm (Br)* carnet *(m)*.

carneiro [kɐr'nɐiru] *nm* **1.** *(animal)* bélier *(m)* **2.** *(carne)* mouton *(m)*.
■ **Carneiro** *nm (Port)* Bélier *(m)*.

carniceiro [kɐrni'sɐiru] *nm (Port)* boucher *(m)*.

carnudo, da [kɐr'nuđu, -đɐ] *adj* charnu(e).

caro, ra ['karu, -rɐ] *adj* cher(ère).

carochinha [kɐrɔ'ʃiɲɐ] *nf* ▷ **história**.

caroço [kɐ'rosu] *nm* **1.** *(de fruto)* noyau *(m)* **2.** *(em corpo)* kyste *(m)*.

carona [ka'ronɐ] *nf (Br)* auto-stop *(m)* • **apanhar uma carona** être pris en stop • **dar uma carona** prendre en stop • *(suj: um conhecido)* raccompagner • **pedir carona** faire du stop.

carpete [kar'pɛtə] *nf* tapis *(m)*.

carpinteiro [kɐrpĩn'tɐiru] *nm* charpentier *(m)*.

carraça [kɐ'ʀasɐ] *nf* tique *(f)*.

carrapato [kaxa'patu] *nm* tique *(f)*.

carrapicho [kɐʀɐ'piʃu] *nm* chignon *(m)*.

carregado, da [kɐʀə'g̱ađu, -đɐ] *adj* **1.** chargé(e) **2.** *(cor)* foncé(e) **3.** *(tempo)* lourd(e).

carregador [kɐʀəg̱ɐ'đor] (*pl* **-es** [-əʃ]) *nm* porteur *(m)*, porteuse *(f)*.

carregar [kɐʀə'g̱ar] ◼ *vt* **1.** charger **2.** *(transportar)* porter. ◼ *vi* **1.** *(pesar)* peser **2.** *(fazer pressão em)* appuyer • **carregar em algo** appuyer sur qqch • **'carregue no botão'** 'appuyez sur le bouton' • **'carregue para abrir'** 'pour ouvrir, appuyer'.

carreira [kɐ'ʀɐirɐ] *nf* **1.** *(profissão)* carrière *(f)* **2.** *(fileira)* rangée *(f)* **3.** *(de transportes colectivos)* navette *(f)* **4.** *(pequena corrida)* course *(f)*.

carreiro [kɐ'ʀɐiru] *nm* **1.** *(caminho)* sentier *(m)* **2.** *(de formigas)* colonne *(f)*.

carril [kɐ'ʀił] (*pl* **-is** [-iʃ]) *nm* rail *(m)*.

carrinha [kɐ'ʀiɲɐ] *nf* camionnette *(f)*.

carrinho [kɐ'ʀiɲu] *nm* • **carrinho de bebé** landau *(m)* • **carrinho de supermercado** chariot *(m)*, caddie® • **carrinhos de choque** autos *(fpl)* tamponneuses.

carris ▷ **carril**.

carro ['kaʀu] *nm* voiture *(f)* • **carro alegórico** char *(m) (de carnaval)* • **carro de aluguer** voiture de location • **carro de corrida** voiture de course • **carro de praça** *(Port)* taxi *(m)*.

carroça [kɐ'ʀɔsɐ] *nf* charrette *(f)*.

carroçaria [kɐʀusɐ'riɐ] *nf* carrosserie *(f)*.

carroceria [kaxosɛ'ria] *(Br)* = **carroçaria**.

carrossel [kɐʀɔ'sɛł] (*pl* **-éis** [-ɛiʃ]) *nm* manège *(m)*.

carruagem [kɐ'ʀwaʒẽi] (*pl* **-ns** [-ʃ]) *nf (Port)* *(vagão)* voiture *(f)*.

carruagem-cama [kɐˌʀwaʒẽi'kɐmɐ] (*pl* **carruagens-cama** [kɐˌʀwaʒẽiʃ'kɐmɐ]) *nf (Port)* wagon-lit *(m)*.

carruagem-restaurante [kɐˌʀwaʒɐ̃iʀəʃtau'rẽntə] (*pl* **carruagens-restaurante** [kɐˌʀwaʒɐ̃iʒʀəʃtau'rẽntə]) *nf (Port)* wagon-restaurant *(m)*.

carta ['kartɐ] *nf* **1.** *(epístola)* lettre *(f)* **2.** *(mapa)* carte *(f)* **3.** *(de baralho)* carte *(f)* (à jouer) **4.** *(de curso)* diplôme *(m)* **5.** *(Br) (em restaurante)* menu *(m)* • **carta de apresentação** lettre de motivation • **carta (de condução)** *(Port)* permis *(m)* de conduire • **carta registada** lettre recommandée.

cartão [kɐr'tɐ̃u] (*pl* **-ões** [-õiʃ]) *nm* **1.** carte *(f)* **2.** *(papelão)* carton *(m)* • **cartão bancário** carte bancaire • **cartão de crédito** carte de crédit • **cartão de embarque/desembarque** carte d'embarquement/de débarquement • **cartão jovem** carte jeune • **cartão multibanco** *(Port)* carte de retrait • **cartão-postal** *(Br)* carte postale • **cartão telefónico** carte téléphonique.

cartão-de-visita [kɐrˌtɐ̃uđəvə'zitɐ] (*pl* **cartões-de-visita** [kɐrˌtõiʒdəvə'zitɐ]) *nm* carte *(f)* de visite.

cartaz [kɐr'taʃ] (*pl* **-es** [-zəʃ]) *nm (de publicidade)* affiche *(f)*.

carteira [kɐr'tɐirɐ] *nf* **1.** *(de dinheiro)* portefeuille *(m)* **2.** *(mala de senhora)* sac *(m)* à main **3.** *(de sala de aula)* pupitre *(m)* **4.** *(Br) (de identificação, profissional)* carte *(f)* • **carteira de identidade** *(Br)* carte d'identité • **carteira de motorista** *(Br)* permis *(m)* de conduire.

carteirista [kɐrtɐi'riʃtɐ] *nmf* pickpocket *(m)*.

carteiro [kɐr'tɐiru] *nm* facteur *(m)*, -trice *(f)*.

cárter ['kartɛr] (*pl* **-es** [-əʃ]) *nm* carter *(m)*.

cartões ▷ **cartão**.

cartolina [kɐrtu'linɐ] *nf* bristol *(m)*.

cartório [kɐr'tɔrju] *nm* étude *(f) (de notaire)* • **Cartório Notarial** Étude *(f)*.

cartucho [kɐr'tuʃu] *nm* **1.** *(para mercadoria)* cornet *(m)* **2.** *(munição)* cartouche *(f)* **3.** *(embrulho)* paquet *(m)*.

caruru [karu'ru] *nm (Br)* CULIN *crevettes sautées à la sauce piquante.*

carvalho [kɐr'vaʎu] *nm* chêne *(m)*.

carvão [kɐr'vɐ̃u] *nm* charbon *(m)* • **carvão de lenha** charbon de bois.

casa ['kazɐ] *nf* **1.** maison *(f)* **2.** *(de botão)* boutonnière *(f)* • **casa de banho** *(Port)* salle *(f)* de bains • *(em restaurante)* toilettes *(fpl)* • **casa de câmbio** *(Br)* bureau *(m)* de change • **casa de fado** *petit restaurant où l'on écoute du fado* • **casa de frios** *(Br)* charcuterie *(f)* • **casa de pasto** *restaurant bon marché* • **casa de saúde** maison de santé • **casa solarenga** *(Port)* manoir *(m)* • **casa da sorte** *(Port)* ≃ la Française des Jeux • **faça como se estivesse em sua casa!** faites comme chez vous !

casaco [kɐ'zaku] *nm* veste *(f)* • **casaco comprido** manteau *(m)* • **casaco de malha** gilet *(m)*.

casado, da [kɐ'zađu, -đɐ] *adj* marié(e).

casal [kɐ'zał] (*pl* **-ais** [-aiʃ]) *nm* **1.** *(macho e fêmea)* couple *(m)* **2.** *(povoação)* hameau *(m)*.

casamento [kɐzɐ'mẽntu] *nm* mariage *(m)*.

casar [kɐ'zar] ■ *vt* marier. ■ *vi* se marier. ■ **casar-se** *vp* se marier.

casca ['kaʃkɐ] *nf* **1.** *(de fruto)* peau *(f)* **2.** *(de árvore, laranja)* écorce *(f)* **3.** *(de ovo)* coquille *(f)* **4.** *(de cebola)* pelure *(f)* **5.** *(de ervilha, feijão-verde)* cosse *(f)*.

cascalho [kɐʃ'kaʎu] *nm* gravier *(m)*.

cascata [kɐʃ'katɐ] *nf* cascade *(f)*.

cascavel [kɐʃkɐ'vɛł] (*pl* **-éis** [-ɛiʃ]) *nf* serpent *(m)* à sonnette.

casco ['kaʃku] *nm* **1.** *(de vinho)* fût *(m)* **2.** *(de navio)* coque *(f)* **3.** *(de animal)* sabot *(m)*.

caseiro, ra [kɐ'zɐiru, -rɐ] ■ *adj* **1.** *(doce, comida, pão)* (fait) maison **2.** *(pessoa)* casanier (ère). ■ *nm, f* métayer *(m)*, -ère *(f)*.

casino [kɐ'zinu] *nm* casino *(m)*.

caso ['kazu] ■ *nm* **1.** *(circunstância)* cas *(m)* **2.** *(acontecimento)* affaire *(f)*. ■ *conj* • **no caso de** au cas où • **'em caso de emergência...'** 'en cas d'urgence...' • **'em caso de incêndio...'** 'en cas d'incendie...' • **em todo o caso** en tout cas • **em último caso** en dernier ressort • **não fazer caso de algo/alguém** ne pas faire cas de qqch/qqn.

caspa ['kaʃpɐ] *nf* pellicule *(f)*.

casquilho [kɐʃ'kiʎu] *nm* douille *(f)*.

casquinha [kɐʃ'kiɲɐ] *nf* **1.** *(de prata, ouro)* plaqué *(m)* **2.** *(Br) (de sorvete)* cornet *(m)*.

cassete [ka'sɛtə] *nf (áudio)* cassette *(f)* • **cassete (de vídeo)** cassette vidéo.

cassetete [kasə'tɛtə] *nm* matraque *(f)*.

cassino [ka'sinu] *(Br)* = **casino**.

castanha [kɐʃ'tɐɲɐ] *nf* **1.** *(fruto do castanheiro)* châtaigne *(f)* **2.** *(fruto do cajueiro)* noix *(f)* de cajou • **castanhas assadas** marrons *(mpl)* chauds.

castanha-do-pará [kɐʃ'tɐɲɐ-do-pa'ra] (*pl* **castanhas-do-pará**) *nf (Br)* noix *(f)* du Para.

castanheira [kaʃtɑ̃'ɲejra] *(Br)* = **castanheiro**.

castanheiro [kɐʃtɐ'ɲɐiru] *nm* châtaignier *(m)*.

castanho, **nha** [kɐʃ'tɐɲu, -ɲɐ] ◼ *adj* **1.** *(olhos, roupa)* marron **2.** *(cabelo)* châtain. ◼ *nm* **1.** *(madeira)* châtaignier *(m)* **2.** *(cor)* marron *(m)*.

castelo [kɐʃ'tɛlu] *nm* château *(m)*.

Guimarães *n* Guimarães.

CULTURE...

O castelo de Guimarães

Le *Castelo de Guimarães* (*château de Guimarães*) se situe dans la ville du même nom, au nord du Portugal. Il a été construit au XIe siècle et est considéré comme le berceau de la nation portugaise. C'est dans ce château que le premier roi du Portugal, Alphonse Ier, est né et qu'il y a proclamé le royaume de Portugal. La ville de Guimarães a été déclarée Patrimoine mondial de l'humanité par l'Unesco, en 2001, pour ses monuments qui datent du Moyen Âge.

castiçal [kɐʃti'sał] (*pl* **-ais** [-aiʃ]) *nm* chandelier *(m)*.

castidade [kɐʃti'đađə] *nf* chasteté *(f)*.

castigar [kɐʃti'gar] *vt* punir.

castigo [kɐʃ'tigu] *nm* **1.** *(punição)* punition *(f)* **2.** *(divino)* châtiment *(m)*.

casto, **ta** ['kaʃtu, -tɐ] *adj* chaste.

castor [kɐʃ'tor] (*pl* **-es** [-əʃ]) *nm* castor *(m)*.

castrar [kɐʃ'trar] *vt* castrer.

casual [kɐ'zwał] (*pl* **-ais** [-aiʃ]) *adj* fortuit(e).

casualidade [kɐzwɐli'đađə] *nf* hasard *(m)* • **por casualidade** par hasard.

casulo [kɐ'zulu] *nm* cocon *(m)*.

catacumbas [kɐtɐ'kũmbɐʃ] *nfpl* catacombes *(fpl)*.

catálogo [kɐ'talugu] *nm* **1.** *(de vendas, produtos)* catalogue *(m)* **2.** *(Br) (de livros)* catalogue *(m)* (de bibliothèque) • **catálogo (de telefones)** *(Br)* annuaire *(m)* (téléphonique).

catamarã [kɐtɐmɐ'rɐ̃] *nm* catamaran *(m)*.

cataplana [kɐtɐ'plɐnɐ] *nf sorte de poêle à paella*.

catarata [kɐtɐ'ratɐ] *nf* cataracte *(f)* • **as cataratas do Iguaçu** les chutes *(fpl)* d'Iguaçu.

catarro [kɐ'taʀu] *nm* toux *(f)* (du fumeur).

catástrofe [kɐ'taʃtrufə] *nf* catastrophe *(f)*.

catatua [kɐtɐ'tuɐ] *nf* cacatoès *(m)*.

cata-vento [kɐtɐ'vẽntu] (*pl* **cata-ventos** [kɐtɐ'vẽntuʃ]) *nm* girouette *(f)*.

catedral [kɐtə'đrał] (*pl* **-ais** [-aiʃ]) *nf* cathédrale *(f)*.

categoria [kɐtəgu'riɐ] *nf* **1.** *(grupo, posição)* catégorie *(f)* **2.** *(qualidade)* classe *(f)* • **de categoria** de qualité.

cativar [kɐti'var] *vt* captiver.

cativeiro [kɐti'vɐiru] *nm* • **em cativeiro** en captivité.

catolicismo [katoli'siʒmu] *nm* catholicisme *(m)*.

católico, **ca** [kɐ'tɔliku, -kɐ] *adj* & *nm, f* catholique.

catorze [kɐ'torzə] *num* quatorze • **ele tem catorze anos** il a quatorze ans • **eles eram catorze** ils étaient quatorze • **catorze de Janeiro** le quatorze janvier • **página catorze** page quatorze.

catrapila [kɐtrɐ'pilɐ] *nf* bulldozer *(m)*.

caução [kau'sɐ̃u] (*pl* **-ões** [-õiʃ]) *nf* caution *(f)* • **pagar caução** payer une caution.

cauda ['kauđɐ] *nf* **1.** *(de animal, fila)* queue *(f)* **2.** *(de manto, vestido)* traîne *(f)* • **na cauda** en queue.

caudal [kau'đał] (*pl* **-ais** [-aiʃ]) *nm* débit *(m)*.

caule ['kaulə] *nm* tige *(f)*.

causa ['kauzɐ] *nf* **1.** cause *(f)* **2.** DR *(acção judicial)* affaire *(f)* • **por causa de** à cause de.

causar [kau'zar] *vt* causer • **causar danos** faire des dégâts.

cautela [kau'tɛlɐ] *nf* **1.** *(cuidado)* précaution *(f)* **2.** *(de lotaria)* billet *(m)* • **ter cautela com** faire attention à • **com cautela** avec prudence • **à** *OU* **por cautela** par prudence.

cauteloso, **osa** [kautə'lozu, -ɔzɐ] *adj* prudent(e).

cavaca [kɐ'vakɐ] *nf* **1.** *(biscoito) petit gâteau recouvert de sucre glace* **2.** *(de lenha)* copeau *(m)*.

cavala [kɐ'valɐ] *nf* maquereau *(m)*.

cavalaria [kɐvɐlɐ'riɐ] *nf* cavalerie *(f)*.

cavaleiro, **a** [kɐvɐ'lɐiru, -ɐ] *nmf* **1.** *(que monta a cavalo)* cavalier *(m)*, -ère *(f)* **2.** *(em tourada)* torero *(m)*, torera *(f)* à cheval **3.** *(medieval)* chevalier *(m)*.

cavalete [kɐvɐ'letə] *nm* chevalet *(m)*.

cavalgar [kɐvał'gar] ▪ *vi* chevaucher. ▪ *vt* **1.** *(égua, ginete)* chevaucher **2.** *(obstáculo, barreira)* sauter.

cavalheiro [kɐvɐ'ʎɐiru] *nm* gentleman *(m)*.

cavalinho-de-pau [kɐvɐˌliɲuđə'pau] (*pl* **cavalinhos-de-pau** [kɐvɐˌliɲuʒdə'pau]) *nm* *(Br)* cheval *(m)* à bascule.

cavalo [kɐ'valu] *nm* cheval *(m)*.

cavalo-de-pau [kavaludʃʒi'paw] (*pl* **cavalos-de-pau** [kavaluʒdi'paw]) *nm* cheval *(m)* à bascule.

cavalo de tróia [kɐˌvaludə'trɔjɐ] *nm* cheval de Troie *(m)*.

cavanhaque [kɐvɐ'ɲakə] *nm* bouc *(m)* *(barbe)*.

cavaquinho [kɐvɐ'kiɲu] *nm* petite guitare *(f)*.

cavar [kɐ'var] ▪ *vt* bêcher. ▪ *vi fam* filer.

cave ['kavə] *nf (Port)* cave *(f)*.

caveira [ka'vɐirɐ] *nf* tête *(f)* de mort.

caverna [kɐ'vɛrnɐ] *nf* caverne *(f)*.

caviar [ka'vjar] *nm* caviar *(m)*.

cavidade [kɐvi'đađə] *nf* cavité *(f)*.

caxemira [kɐʃə'mirɐ] *nf* cachemire *(m)*.

caxumba [ka'ʃũmba] *(Br)* = **papeira**.

c/c (*abr écrite de* **conta corrente**) c.c *(compte courant)*.

CD [se'de] *nm* (*abr de* **compact disc**) CD *(m)*.

CD-i *nm* (*abr de* **compact disc-interactivo**) CD-I *(m) (compact disc-interactif)*.

CD-ROM [seđe'rɔmə] *nm* CD-ROM *(m)*.

cear ['sjar] ▪ *vi* souper. ▪ *vt* prendre au souper.

Ceará [sja'ra] *nm* • **o Ceará** le Ceará.

cebola [sə'ƀolɐ] *nf* oignon *(m)*.

cebolada [səƀu'lađɐ] *nf* sauce *(f)* à l'oignon.

cebolinha [səƀu'liɲɐ] *nf* **1.** petit oignon *(m)* **2.** *(Br)* ciboulette *(f)*.

cebolinho [səƀu'liɲu] *nm (Port)* ciboulette *(f)*.

ceder [sə'đer] ▪ *vt* céder. ▪ *vi* **1.** céder **2.** *(chuva)* se calmer **3.** *(vento)* tomber • **'ceder a passagem'** 'cédez le passage'.

cedilha [sə'điʎɐ] *nf* cédille *(f)*.

cedo ['seđu] *adv* **1.** tôt **2.** *(depressa)* vite • **muito cedo** très tôt • **desde cedo** depuis longtemps • **mais cedo ou mais tarde** tôt ou tard.

cedro ['sɛđru] *nm* **1.** *(árvore)* cèdre *(m)* **2.** *(madeira)* bois *(m)* de cèdre.

cegar [sə'gar] ▪ *vt* **1.** *(suj: luz, raiva)* aveugler **2.** *(suj: doença)* rendre aveugle. ▪ *vi* devenir aveugle.

cegarrega [sɛgɐ'ʀɛgɐ] *nf* cigale *(f)*.

cego, **ga** ['sɛgu, -gɐ] ▪ *adj* **1.** *(pessoa)* aveugle **2.** *(faca)* émoussé(e). ▪ *nm, f* aveugle *(mf)* • **às cegas** à l'aveuglette.

cegonha [sə'goɲɐ] *nf* cigogne *(f)*.

ceia ['sɐjɐ] *nf* souper *(m)*.

cela ['sɛlɐ] *nf* cellule *(f)*.

celebração [sələƀrɐ'sɐ̃u] (*pl* **-ões** [-õiʃ]) *nf* célébration *(f)*.

celebrar [sələ'ƀrar] *vt* **1.** célébrer **2.** *(contrato)* passer.

célebre ['sɛləƀrə] *adj* célèbre.

celebridade [sələƀri'đađə] *nf* célébrité *(f)*.

celeiro [sə'lɐiru] *nm* grenier *(m) (à grain)*.

celibatário, **ria** [səliƀɐ'tarju, -rjɐ] *adj* célibataire.

celibato [səli'ƀatu] *nm* célibat *(m)*.

celofane [səlɔ'fɐnə] *nm* Cellophane® *(f)*.

célula ['sɛlulɐ] *nf* ANAT cellule *(f)*.

celular [selu'la(x)] *(Br)* = **telemóvel**.

cem ['sɐ̃i] *num* cent.

cemitério [səmi'tɛrju] *nm* cimetière *(m)*.

cena ['senɐ] *nf* scène *(f)* • **estar em cena** être à l'affiche • **entrar em cena** entrer en scène.

cenário [sə'narju] *nm* **1.** *(de peça teatral, programa televisivo)* décor *(m)* **2.** *(panorama)* cadre *(m)*.

cenoura [sə'norɐ] *nf* carotte *(f)*.

censo ['sẽsu] *nm* recensement *(m)*.

censura [sẽ'surɐ] *nf* censure *(f)*.

centavo [sẽn'tavu] *nm* ≃ centime *(m)*.

centeio [sẽn'tɐju] *nm* seigle *(m)*.

centelha [sẽn'teʎɐ] *nf* étincelle *(f)*.

centena [sẽn'tenɐ] *nf* centaine *(f)*.

centenário [sẽntə'narju] *nm* centenaire *(m)*.

centésimo, ma [sẽn'tɛzimu, -mɐ] *num* centième.

centígrado [sẽn'tigrɐđu] *adj m* ▻ **grau**.

centímetro [sẽn'timətru] *nm* centimètre *(m)*.

cento ['sẽntu] *nm* cent *(m inv)* • **por cento** pour cent.

centopeia [sẽntu'pɐjɐ] *nf* mille-pattes *(m inv)*.

central [sẽn'trał] (*pl* **-ais** [-aiʃ]) ■ *adj* **1.** central(e) **2.** *(problema)* principal(e). ■ *nf* **1.** *(de instituição, organização)* siège *(m)* social **2.** *(de electricidade, energia atómica)* centrale *(f)* • **central eléctrica** *(Port)* centrale électrique • **central nuclear** *(Port)* centrale nucléaire • **central telefónica** centrale téléphonique.

centrar [sẽn'trar] *vt* **1.** *(atenção)* fixer **2.** *(esforço)* concentrer **3.** *(texto, página)* centrer.

centro ['sẽntru] *nm* centre *(m)* • **centro da cidade** centre-ville *(m)* • **centro comercial** centre commercial • **centro de saúde** dispensaire *(m)*.

centroavante [ˌsẽntroa'vẽntʃi] *nm* *(Br)* avant-centre *(m)*.

CEP *(Br)* *nm* (*abr de* **código de endereçamento postal**) code *(m)* postal.

céptico, ca ['sɛ(p)tiku, -kɐ] *adj & nm, f* sceptique.

cera ['serɐ] *nf* **1.** *(de vela, chão)* cire *(f)* **2.** *(de ouvido)* cérumen *(m)* • **cera depilatória** cire dépilatoire.

cerâmica [sə'rɐmikɐ] *nf* céramique *(f)*.

ceramista [sərɐ'miʃtɐ] *nmf* céramiste *(mf)*.

cerca ['serkɐ] ■ *nf* clôture *(f)*. ■ *adv* • **cerca de** environ • **há cerca de uma semana** il y a environ une semaine.

cercado, a [*(Port)* sər'kađu, -đɐ, *(Br)* se(x)-'kadu, -da] *adj* *(encerclé)* entouré(e).

cercar [sər'kar] *vt* entourer.

cereal [sə'rjal] (*pl* **-ais** [-aiʃ]) *nm* céréale *(f)*.

cérebro ['sɛrəƀru] *nm* cerveau *(m)*.

cereja [sə'rɐiʒɐ] *nf* cerise *(f)*.

cerejeira [sere'ʒejra] *nf* cerisier *(m)*.

cerimónia [səri'mɔnjɐ] *nf* *(Port)* cérémonie *(f)*.

cerimônia [seri'monjɐ] *nf* *(Br)* = **cerimónia**.

cerrado, da [sə'ʀađu, -đɐ] *adj* *(nevoeiro)* épais(aisse).

certeza [sər'tezɐ] *nf* certitude *(f)* • **dar a certeza** confirmer • **ter a certeza de que** être certain(e) que • **de certeza** c'est sûr • **com certeza** certainement • **com certeza!** certainement !

certidão [sərti'đɐ̃u] (*pl* **-ões** [-õiʃ]) *nf* acte *(m)* *(document)*.

certificado [sərtəfi'kađu] *nm* certificat *(m)*.

certificar-se [sərtəfi'karsə] *vp* s'assurer.

certo, ta ['sɛrtu, -tɐ] ■ *adj* **1.** *(conta, resposta)* bon (bonne) **2.** *(horas)* juste **3.** *(resultado, vitória)* sûr(e) **4.** *(determinado)* certain(e). ■ *adv* correctement. ■ *nm* • **o certo é que...** ce qui est sûr, c'est que... • **ao certo** *(exactamente)* au juste • *(provavelmente)* certainement • **dar certo** marcher • **não bater certo** *(conta)* ne pas tomber juste • *(história)* ne pas tenir debout • **a certa altura** à un moment donné.

cerveja [sər'vɐiʒɐ] *nf* bière *(f)* • **cerveja imperial** (bière) pression *(f)* • **cerveja preta** bière brune.

cervejaria [sərvəʒɐ'riɐ] *nf* brasserie *(f)*.

cervical [sərvi'kał] (*pl* **-ais** [-aiʃ]) *adj* cervical(e).

cessar [sə'sar] ■ *vi* s'achever. ■ *vt* cesser.

cesta ['seʃtɐ] *nf* panier *(m)*.

cesto ['seʃtu] *nm* corbeille *(f)* • **cesto do lixo** poubelle *(f)* • **cesto dos papéis** corbeille à papier • **cesto de vime** panier *(m)* en osier.

cético, ca ['sɛtʃiku, -kɐ] *adj & nm, f* *(Br)* = **céptico**.

cetim [sə'tĩ] *nm* satin *(m)*.

céu ['sɛu] *nm* ciel *(m)* • **céu da boca** palais *(m)* • **a céu aberto** *fig* à ciel ouvert.

cevada [sə'vađɐ] *nf* **1.** *(planta)* orge *(f)* **2.** *(bebida)* chicorée *(f)*.

chá ['ʃa] *nm* thé *(m)* • **chá dançante** thé dansant • **chá com limão** thé citron • **chá de limão** thé au citron.

> **À PROPOS DE...**
>
> **chá**
>
> Attention, ne pas confondre « chá » avec *chat*. En portugais, « chá » signifie *thé*.

chacal [ʃɐ'kał] (*pl* **-ais** [-aiʃ]) *nm* chacal *(m)*.

chacota [ʃɐ'kɔtɐ] *nf* moquerie *(f)*.

chafariz [ʃɐfɐ'riʃ] (*pl* **-es** [-zəʃ]) *nm* fontaine *(f)* publique.

chafurdar [ʃɐfur'đar] *vi* patauger.

chaga ['ʃagɐ] *nf* plaie *(f)*.

chalé [ʃa'lɛ] *nm* chalet *(m)*.

chaleira [ʃɐ'lɐirɐ] *nf* bouilloire *(f)*.

chama ['ʃɐmɐ] *nf* flamme *(f)*.

chamada [ʃɐ'mađɐ] *nf* **1.** *(de telefone)* appel *(m)* **2.** *(de exame)* session *(f)* • **fazer a chamada** faire l'appel • **chamada a cobrar** appel en PCV • **chamada interurbana** communication *(f)* interurbaine • **chamada local** communication *(f)* locale.

chamar [ʃɐ'mar] ■ *vt* appeler. ■ *vi* sonner. ■ **chamar-se** *vp* s'appeler • **como é que te chamas?** comment t'appelles-tu ? • **chamo-me...** je m'appelle....

chaminé [ʃɐmi'nɛ] *nf* **1.** *(de casa, lareira)* cheminée *(f)* **2.** *(de fogão)* conduit *(m)* **3.** *(de candeeiro)* verre *(m)* de lampe.

champanhe [ʃẽm'pɐɲə] *nm* champagne *(m)*.

champô [ʃẽm'po] *nm (Port)* shampoing *(m)*.

chamuscar [ʃɐmuʃ'kar] *vt* flamber.

chance ['ʃẽsə] *nf* occasion *(f)*.

chanfana [ʃẽ'fɐnɐ] *nf* CULIN *chèvre au vin servie en cassolette*.

chantagear [ʃẽntɐ'ʒjar] *vt* faire du chantage à.

chantagem [ʃẽn'taʒẽi] (*pl* **-ns** [-ʃ]) *nf* chantage *(m)*.

chantili [ʃɑ̃nti'li] *(Br)* = **chantilly**.

chantilly [ʃẽnti'li] *nm* chantilly *(f)*.

chão ['ʃɐ̃u] *nm* sol *(m) (terre)*.

chapa ['ʃapɐ] *nf* **1.** *(Port) (carroçaria)* tôle *(f)* **2.** *(Br) (placa, matrícula)* plaque *(f)* d'immatriculation.

chapéu [ʃɐ'pɛu] *nm* **1.** *(de homem, senhora)* chapeau *(m)* **2.** *(de sol)* parasol *(m)* **3.** *(de chuva)* parapluie *(m)* • **é de se lhe tirar o chapéu** chapeau !

chapéu-coco [ʃa,pɛw'koku] (*pl* **chapéus-cocos** [ʃa,pɛwʒ'kokuʃ]) *nm* chapeau *(m)* melon.

chapéu-de-chuva [ʃɐ,pɛuđə'ʃuvɐ] (*pl* **chapéus-de-chuva** [ʃɐ,pɛuʒdə'ʃuvɐ]) *nm (Br)* parapluie *(m)*.

chapéu-de-sol [ʃɐ,pɛuđə'sɔł] (*pl* **chapéus-de-sol** [ʃɐ,pɛuʒdə'sɔł]) *nm (Br)* parasol *(m)*.

charco ['ʃarku] *nm* **1.** *(poça de água)* flaque *(f)* **2.** *(lamaçal)* bourbier *(m)*.

charcutaria [ʃɐrkutɐ'riɐ] *nf* charcuterie *(f) (produits)*.

charme ['ʃarmə] *nm* charme *(m)*.

charneca [ʃɐr'nɛkɐ] *nf* lande *(f)*.

charrete [ʃa'ʀɛtə] *nf (Br)* charrette *(f)*.

charro ['ʃaʀu] *nm (Port) fam (de liamba)* pétard *(m)*.

charter ['ʃartɛr] (*pl* **-es** [-əʃ]) *nm* • **(voo) charter** (vol) charter *(m)*.

charuto [ʃɐ'rutu] *nm* cigare *(m)*.

chassi [ʃa'si] *(Br)* = **chassis**.

chassis [ʃa'si] *nm inv* châssis *(m)*.

chat ['tʃat] *nm* INFORM chat *(m)*.

chatear [ʃɐ'tjar] *vt* embêter.

chatice [ʃɐ'tisə] *nf fam* barbe *(f)* • **que chatice!** quelle barbe !

chato, ta ['ʃatu, -tɐ] *adj* **1.** *(prato, pé)* plat(e) **2.** *fam (aborrecido)* casse-pieds *(inv)*.

chauvinista [ʃovi'niʃtɐ] *nmf* chauvin *(m)*, -e *(f)*.

chave ['ʃavə] *nf* clé *(f)*.

chave-de-fendas [,ʃavəđə'fẽndɐʃ] (*pl* **chaves-de-fendas** [,ʃavəʒdə'fẽndɐʃ]) *nf* tournevis *(m)*.

chave-de-ignição [,ʃavəđigni'sɐ̃u] (*pl* **chaves-de-ignição** [,ʃavəʒdigni'sɐ̃u]) *nf* clé *(f)* de contact.

chave-inglesa [,ʃavĩŋ'glezɐ] (*pl* **chaves-inglesas** [,ʃavəzĩŋ'glezɐʃ]) *nf* clé *(f)* anglaise.

chaveiro [ʃɐ'vɐiru] *nm* porte-clés *(m inv)*.

chávena ['ʃavənɐ] *nf* tasse *(f)*.

check-in [ʃɛ'kinə] (*pl* **check-ins** [ʃɛ'kinəʃ]) *nm* enregistrement *(m)* des bagages • **fazer o check-in** enregistrer.

check-up [ʃɛ'kɐpə] (*pl* **check-ups** [ʃɛ'kɐpəʃ]) *nm* check-up *(m inv)*.

chefe, **fa** ['ʃɛfə, -fɐ] *nm, f* chef *(m)*.

chefe-de-estação, **chefa-de-estação** [ˌʃɛfəđəʃtɐ'sɐ̃u, ˌʃɛfɐđəʃtɐ'sɐ̃u] (*mpl* **chefes-de-estação** [ˌʃɛfəʒdəʃtɐ'sɐ̃u], *fpl* **chefas-de-estação** [ˌʃɛfɐʒdəʃtɐ'sɐ̃u]) *nm, f* chef *(m)* de gare.

chegada [ʃə'gađɐ] *nf* arrivée *(f)* • **'chegadas'** arrivées • **'chegadas internacionais'** arrivées des vols internationaux • **'chegadas domésticas'** arrivées des vols nationaux.

chegado, **da** [ʃə'gađu, -đɐ] *adj* **1.** *(amigo, parente)* proche **2.** *(quarto, cadeira)* d'à côté.

chegar [ʃə'gar] *vi* **1.** *(a lugar)* arriver **2.** *(momento, altura, hora)* venir **3.** *(ser suficiente)* suffire • **chegar bem** être bien arrivé(e) • **chegar ao fim** toucher à sa fin.
■ **chegar-se** *vp* **1.** *(aproximar-se)* s'approcher **2.** *(afastar-se)* se pousser • **chegar-se a** *(aproximar-se de)* s'approcher de.

cheia ['ʃɐjɐ] *nf* crue *(f)*.

cheio, **cheia** ['ʃɐju, 'ʃɐjɐ] *adj* plein(e) • **cheio de** plein de • **estou cheio** *fam (saciado)* je n'en peux plus • *(Br) fig (de situação, problema)* j'en ai assez.

cheirar [ʃɐi'rar] *vt* & *vi* sentir • **cheirar bem** sentir bon • **cheirar mal** sentir mauvais.

cheiro ['ʃɐiru] *nm* odeur *(f)*.

cheiroso, **osa** [ʃej'rosu, ʃej'rosa] *adj* odorant(e) • **ser** *(Port)* *OU* **estar** *(Br)* **cheiroso** être parfumé.

cheiro-verde [ˌʃeju'vexdʒi] *nm (Br)* fines herbes *(fpl)*.

cheque ['ʃɛkə] *nm* **1.** *(de banco)* chèque *(m)* **2.** *(em xadrez)* échec *(m)* • **cheque em branco** chèque en blanc • **cheque sem fundos** *OU* **sem provisão** chèque sans provision • **cheque pré-datado** chèque antidaté • **cheque de viagem** chèque de voyage • **cheque visado** chèque certifié.

cheque-mate [ˌʃɛkə'matə] (*pl* **cheque-mates** [ˌʃɛkə'matəʃ]) *nm* échec *(m)* et mat.

cherne ['ʃɛrnə] *nm* mérou *(m)*.

chiar ['ʃjar] *vi* **1.** *(porta, portão)* grinçer **2.** *(pneu)* crisser **3.** *(rato, porco)* couiner.

chiça ['ʃisɐ] *interj fam* mince !

chichi [ʃi'ʃi] *nm* • **fazer chichi** faire pipi.

chiclete [ʃi'klɛtʃi] *nm (Br)* chewing-gum *(m)*.

chicória [ʃikɔrjɐ] *nf* chicorée *(f)*.

chicote [ʃi'kɔtə] *nm* fouet *(m)*.

chifre ['ʃifrə] *nm* corne *(f)*.

> **À PROPOS DE...**
>
> **chifre**
>
> Attention, ne pas confondre « chifre » avec *chiffre*. En portugais, « chifre » signifie *corne*.

Chile ['ʃilə] *nm* • **o Chile** le Chili.

chileno, **na** [ʃi'lenu, -nɐ] *adj* chilien(enne).
■ **chileno**, **a** *nm, f* Chilien *(m)*, -enne *(f)*.

chimarrão [ʃimɐ'ʀɐ̃u] *nm (Br) maté corsé sans sucre*.

chimpanzé [ʃĩmpɐ̃'zɛ] *nm* chimpanzé *(m)*.

China ['ʃinɐ] *nf* • **a China** la Chine.

chinelos [ʃi'nɛluʃ] *nmpl* mules *(fpl)* • **chinelos (de quarto)** chaussons *(mpl)*.

chinês, **esa** [ʃi'neʃ, -ezɐ] (*mpl* **-es** [-zeʃ], *fpl* **-s** [-ʃ]) ◆ *adj* chinois(e). ◆ *nm, f* Chinois *(m)*, -e *(f)*. ◆ *nm (língua)* chinois *(m)* • **isso para mim é chinês** ça, pour moi, c'est du chinois.

chinó [ʃi'nɔ] *nm* moumoute *(f)*.

Chipre ['ʃiprə] *nf* • **Chipre** Chypre *(f)*.

chique ['ʃikə] *adj* chic.

chiqueiro [ʃi'kejru] *fam nm* porcherie *(f)*.

chispalhada [ʃiʃpɐ'ʎađɐ] *nf ragoût de pieds et d'oreilles de porc aux haricots*.

chispe ['ʃiʃpə] *nm* pied *(m)* de porc.

chita ['ʃitɐ] *nf* percale *(f)*.

chiu ['ʃiu] *interj* chut !

chocalhar [ʃukɐ'ʎar] ◆ *vt* agiter. ◆ *vi* tinter.

chocalho [ʃu'kaʎu] *nm* sonnaille *(f)*.

chocante [ʃu'kɐ̃ntə] *adj* choquant(e).

chocar [ʃu'kar] ◆ *vi* **1.** se heurter **2.** *(veículos)* se rentrer dedans **3.** *(galinha)* couver. ◆ *vt* **1.** choquer **2.** *fam (doença)* couver • **chocar com** heurter • *(veículo)* rentrer dans.

chocho, **cha** ['ʃoʃu, -ʃɐ] *adj* desséché(e).

choco ['ʃoku] *nm* seiche *(f)* • **chocos/choquinhos com tinta** seiches dans leur encre.

chocolate [ʃuku'latə] *nm* chocolat *(m)* • **chocolate branco** chocolat blanc • **chocolate de leite** chocolat au lait • **chocolate preto** *OU* **negro** chocolat noir • **chocolate em pó** chocolat en poudre.

chofer [ʃo'fɛr] *(pl* **-es** [-əʃ]) *nm* chauffeur *(m)*.

chope ['ʃopi] *nm (Br)* demi *(m) (bière)*.

choque ['ʃɔkə] *nm* choc *(m)*.

choramingar [ʃurɐmĩŋ'gar] *vi* pleurnicher.

chorão [ʃu'rɐ̃u] *(pl* **-ões** [-õiʃ]) *nm* **1.** *(árvore)* saule *(m)* pleureur **2.** *(brinquedo)* baigneur *(m)*.

chorar [ʃu'rar] *vt* & *vi* pleurer • **chorar de riso** pleurer de rire • **é de comer e chorar por mais** *fam* on en redemande.

chorinho [ʃu'riɲu] *nm musique instrumentale de Rio.*

choro ['ʃoru] *nm* pleurs *(mpl)*.

chorões ⊳ **chorão**.

choupana [ʃo'pana] *nf* cabane *(f)*.

choupo ['ʃopu] *nm* peuplier *(m)*.

chouriça [ʃo'risɐ] *nf* • **chouriça de carne** saucisse *(f)* • **chouriça de sangue** boudin *(m)* • **chouriça de vinho** *saucisse préparée avec du vin.*

chouriço [ʃo'risu] *nm* chorizo *(m)*.

chover [ʃu'ver] *v impers* pleuvoir • **chover a cântaros** pleuvoir des cordes • **chover a potes** pleuvoir à verse.

chuchu [ʃu'ʃu] *nm (Br)* cristophine *(f) (légume tropical)* • **pra chuchu** *fam* vachement.

chulé [ʃu'lɛ] *nm fam* frometon *(m)*.

chulo ['ʃulu] ◾ *nm (Port) fam* maquereau *(m)*. ◾ *adj* vulgaire.

chumaço [ʃu'masu] *nm* épaulette *(f)*.

chumbar [ʃũm'bar] ◾ *vt* plomber. ◾ *vi fam* être collé(e) • **ele chumbou no exame** il a été recalé à l'examen • **ele chumbou o ano** il a redoublé.

chumbo ['ʃũmbu] *nm* **1.** *(material)* plomb *(m)* **2.** *(de dente)* plombage *(m)* **3.** *fam (reprovação)* recalage *(m)*.

chupa-chupa [ˌʃupɐ'ʃupɐ] *(pl* **chupa-chupas** [ˌʃupɐ'ʃupɐʃ]) *nm* sucette *(f)*.

chupar [ʃu'par] *vt* sucer.

chupeta [ʃu'petɐ] *nf* tétine *(f)*.

churrascaria [ʃuʀɐʃkɐ'riɐ] *nf* grill *(m) (restaurant)*.

churrasco [ʃu'ʀaʃku] *nm* grillade *(f)*.

churrasquinho [ʃuxaʃ'kiŋu] *nm (Br)* brochette *(f)*.

churro ['ʃuʀu] *nm long beignet cylindrique.*

chutar [ʃu'tar] ◾ *vt* shooter dans. ◾ *vi* shooter.

chuteira [ʃu'tɐirɐ] *nf* chaussure *(f)* de football.

chuva ['ʃuvɐ] *nf* pluie *(f)* • **estar de chuva** être à la pluie • **chuva molha tolos** *OU* **molha parvos** crachin *(m)*.

chuveiro [ʃu'vɐiru] *nm* douche *(f)*.

chuviscar [ʃuviʃ'kar] *vi* pleuviner.

chuvoso, **osa** [ʃu'vozu, -ɔzɐ] *adj* pluvieux (euse).

Cia. (*abr écrite de* **companhia**) Cie *(compagnie)*.

cibercafé [sibex'kafe] *nm* cybercafé *(m)*.

ciberespaço [ˌsiƀɛrəʃ'pasu] *nm* cyberespace *(m)*.

cibernética [siƀər'nɛtikɐ] *nf* INFORM cybernétique *(f)*.

cibernético [siƀər'nɛtiku] *adj m* cyber-.

cicatriz [sikɐ'triʃ] *(pl* **-es** [-zəʃ]) *nf* cicatrice *(f)*.

cicatrizar [sikɐtri'zar] *vi (ferida)* cicatriser.

cicatrizes ⊳ **cicatriz**.

cicerone [sisə'rɔnə] *nm* guide *(m)*.

ciclismo [si'kliʒmu] *nm* cyclisme *(m)* • **fazer ciclismo** faire du cyclisme.

ciclista [si'kliʃtɐ] *nmf* cycliste *(mf)*.

ciclo ['siklu] *nm* cycle *(m)* • **primeiro/segundo ciclo** SCOL premier/deuxième cycle. **Voir encadré page suivante.**

ciclomotor [ˌsiklɔmu'tor] *(pl* **-es** [-əʃ]) *nm* cyclomoteur *(m)*.

ciclone [si'klɔnə] *nm* cyclone *(m)*.

cidadania [siđɐđɐ'niɐ] *nf* citoyenneté *(f)*.

cidadão, **ã** [siđɐ'đɐ̃u, -ɐ̃] *(mpl* **-ãos** [-ɐ̃uʃ], *fpl* **-s** [-ʃ]) *nm, f* citoyen *(m)*, -enne *(f)*.

cidade [si'đađə] *nf* ville *(f)* • **cidade universitária** cité *(f)* universitaire.

cieiro ['sjɐiru] *nm (Port)* gerçure *(f)*.

ciência ['sjẽsjɐ] *nf* science *(f)* • **ciências físico-químicas** physique-chimie *(f)*

• **ciências naturais** sciences naturelles • **ciências da Terra e da vida** sciences de la vie et de la Terre.

CULTURE...

O primeiro e segundo ciclo

Le système éducatif brésilien comporte deux cycles. Après un cours d'alphabétisation (CA), c'est-à-dire après avoir appris à lire et à écrire, les enfants entrent dans le premier cycle qui s'étale sur huit ans (de la première à la huitième).
En ce qui concerne les enfants pauvres, beaucoup ne terminent pas le premier cycle et doivent abandonner l'école pour travailler.
Des milliers d'enfants n'arrivent même pas en quatrième : dès l'âge de sept ou huit ans, ils doivent déjà lutter pour survivre. Pour le petit nombre d'entre eux qui réussit à dépasser ce stade, le second cycle va de la première à la troisième.
L'élève peut ensuite tenter d'entrer à l'université lorsqu'il aura réussi le second cycle.

ciente ['sjẽntə] *adj* conscient(e) • **estar ciente de** être conscient de.

científico, **ca** [sjẽn'tifiku, -kɐ] *adj* scientifique.

cientista [sjẽn'tiʃtɐ] *nmf* scientifique *(mf)*.

cifra ['sifrɐ] *nf* **1.** *(número)* chiffre *(m)* **2.** *(cômputo total)* nombre *(m)*.

cigano, **na** [si'g̱ɐnu, -nɐ] *nm, f* Gitan *(m)*, -e *(f)*.

cigarra [si'g̱aʀɐ] *nf* cigale *(f)*.

cigarreira [sig̱ɐ'ʀɐirɐ] *nf* porte-cigarettes *(m inv)*.

cigarrilha [sig̱ɐ'ʀiʎɐ] *nf* cigarillo *(m)*.

cigarro [si'g̱aʀu] *nm* cigarette *(f)* • **cigarros com filtro/sem filtro** cigarettes filtre/sans filtre • **cigarros fortes/suaves** cigarettes fortes/légères • **cigarros gigantes** cigarettes longues • **cigarros mentolados** cigarettes mentholées.

cilada [si'lađɐ] *nf* traquenard *(m)* • **cair na cilada** tomber dans un traquenard.

cilindro [si'lĩndru] *nm* **1.** *(forma geométrica)* cylindre *(m)* **2.** *(rolo)* rouleau *(m)* **3.** *(de aquecimento de água)* chauffe-eau *(m)* électrique.

cílio ['silju] *nm* cil *(m)*.

À PROPOS DE...

cigarro

Attention, ne pas confondre « cigarro » avec *cigare*. En portugais, « cigarro » signifie *cigarette*.

cima ['simɐ] *nf* • **de cima** d'en haut • *(vizinho)* du dessus • **de cima abaixo** de haut en bas • **de cima de** de • **sai de cima da mesa** descends de la table • **em cima** en haut • **em cima de** sur • **mais para cima** plus haut • **para cima de** *(no espaço)* sur • *(quantidade)* plus de • **por cima de** par-dessus.

cimbalino [sĩmbɐ'linu] *nm* café *(m)*.

cimeira [si'mɐirɐ] *nf* sommet *(m)*.

cimentar [simẽn'tar] *vt* cimenter.

cimento [si'mẽntu] *nm* ciment *(m)*.

cimo ['simu] *nm* haut *(m)*.

cinco ['sĩŋku] *num* cinq • **às cinco** à cinq heures • **ele tem cinco anos** il a cinq ans • **eles eram cinco** ils étaient cinq • **são cinco horas** il est cinq heures • **cinco de Janeiro** le cinq janvier • **página cinco** page cinq • **trinta e cinco** trente-cinq • **o cinco de copas** le cinq de cœur • **de cinco em cinco dias** tous les cinq jours • **empataram a cinco** (ils ont fait) cinq partout • **cinco a zero** cinq à zéro.

cineasta [si'njaʃtɐ] *nmf* cinéaste *(mf)*.

cinema [si'nemɐ] *nm* cinéma *(m)*.

cinemateca [sinəmɐ'tɛkɐ] *nf* cinémathèque *(f)*.

cinematográfico, **ca** [sinemato'grafiku, ka] *adj* cinémathographique.

cine-teatro [ˌsinɛ'tjatru] (*pl* **cine-teatros** [ˌsinɛ'tjatruʃ]) *nm salle qui peut servir à la fois de théâtre et de cinéma*.

cínico, **ca** ['siniku, -kɐ] *adj* cynique.

cinismo [si'niʒmu] *nm* cynisme *(m)*.

cinquenta [sĩŋ'kwẽntɐ] *num* cinquante.

cinqüenta [sĩŋ'kwẽnta] *(Br)* = **cinquenta**.

cinta ['sĩntɐ] *nf* **1.** *(de pessoa, vestido)* taille *(f)* **2.** *(peça de vestuário)* gaine *(f)*.

cintilar [sĩnti'lar] *vi* scintiller.

cinto ['sĩntu] *nm* ceinture *(f)* • **cinto de segurança** ceinture de sécurité.

cintura [sĩn'turɐ] *nf* taille *(f)* • **cintura industrial** zone *(f)* industrielle • **cintura verde** ceinture *(f)* verte.

cinturão [sĩntu'rɐ̃w] *nm* ceinturon *(m)* • **cinturão industrial** *(Br)* zone *(f)* industrielle • **cinturão verde** ceinture *(f)* verte.

cinza ['sĩzɐ] ■ *nf* cendre *(f)*. ■ *adj (Br)* gris(e). ■ *nm (Br)* gris *(m)*.
■ **cinzas** *nfpl* cendres *(fpl)*.

cinzeiro [sĩ'zɐiru] *nm* cendrier *(m)*.

cinzel [sĩ'zɛl] (*pl* **-éis** [-ɛiʃ]) *nm* ciseau *(m)*.

cinzento, ta [sĩ'zẽntu, -tɐ] ■ *adj* gris(e). ■ *nm* gris *(m)*.

cio ['siu] *nm* rut *(m)*.

cipreste [si'prɛʃtə] *nm* cyprès *(m)*.

cipriota [si'pri'ɔtɐ] *adj* chypriote.

circo ['sirku] *nm* cirque *(m)*.

circuito [sir'kwitu] *nm* circuit *(m)* • **circuito eléctrico** circuit électrique • **circuito turístico** circuit touristique.

circulação [sirkulɐ'sɐ̃u] *nf* circulation *(f)*.

circular [sirku'lar] (*pl* **-es** [-əʃ]) ■ *adj (redondo)* circulaire. ■ *nf (carta, documento)* circulaire *(f)*. ■ *vi* circuler • **'circule pela direita'** 'serrez à droite'.

círculo ['sirkulu] *nm* cercle *(m)* • **círculo polar** cercle polaire.

circunferência [sirkũfə'rẽsjɐ] *nf* circonférence *(f)*.

circunflexo [sirkũ'flɛksu] *adj m* ▻ **acento**.

circunstância [sirkũʃ'tɐ̃sjɐ] *nf* circonstance *(f)* • **nas circunstâncias** dans ces circonstances.

círio ['sirju] *nm* cierge *(m)*.

cirurgia [sirur'ʒiɐ] *nf* chirurgie *(f)* • **cirurgia plástica** chirurgie plastique.

cirurgião, ã [sirur'ʒjɐ̃u, -ɐ̃] (*mpl* **-ões** [-õiʃ], *fpl* **-s** [-ʃ]) *nm, f* chirurgien(enne).

cirúrgico, ca [si'rurʒiku, -kɐ] *adj* chirurgical(e).

cirurgiões ▻ **cirurgião**.

cisco ['siʃku] *nm* poussière *(f) (dans l'œil)*.

cisma ['siʒmɐ] *nf* fixation *(f)*.

cisne ['siʒnə] *nm* cygne *(m)*.

cisterna [siʃ'tɛrnɐ] *nf* citerne *(f)*.

cistite [siʃ'titə] *nf* cystite *(f)*.

citação [sitɐ'sɐ̃u] (*pl* **-ões** [-õiʃ]) *nf* citation *(f)*.

citar [si'tar] *vt* citer.

cítrico ['sitriku] *adj m* ▻ **ácido**.

cítricos ['sitrikuʃ] *(Br)* = **citrinos**.

citrinos [si'trinuʃ] *nmpl* agrumes *(mpl)*.

ciúme ['sjumə] *nm* jalousie *(f)* • **ter ciúmes de alguém** être jaloux de qqn.

ciumento, ta [sju'mẽntu, -tɐ] *adj* jaloux (ouse).

cívico, ca ['siviku, -kɐ] *adj* civique.

civil [si'viɫ] (*pl* **-is** [-iʃ]) *adj* civil(e).

civilização [sivəlizɐ'sɐ̃u] (*pl* **-ões** [-õiʃ]) *nf* civilisation *(f)*.

civilizar [sivəli'zar] *vt* civiliser.

civis ▻ **civil**.

cl. (*abr écrite de* **centilitro**) cl *(centilitre)*.

clamar [klɐ'mar] *vi* **1.** *(protestar)* réclamer **2.** *(bradar)* crier.

clamor [klɐ'mor] (*pl* **-es** [-əʃ]) *nm* clameur *(f)*.

clandestino, na [klɐ̃ndəʃ'tinu, -nɐ] *adj* & *nm, f* clandestin(e).

claque ['klakə] *nf* supporters *(mpl)*.

clara ['klarɐ] *nf* blanc *(m)* d'œuf.

clarabóia [klɐrɐ'bɔjɐ] *nf* œil *(m)* de bœuf.

clarão [klɐ'rɐ̃u] (*pl* **-ões** [-õiʃ]) *nm* lueur *(f)*.

clarear [klɐ'rjar] *vi* s'éclaircir.

clarete [klɐ'retə] *nm* clairette *(f)*.

clareza [klɐ'rezɐ] *nf* • **falar com clareza** parler clairement.

claridade [klɐri'dadə] *nf* clarté *(f)*.

clarinete [klɐri'netə] *nm* clarinette *(f)*.

claro, ra ['klaru, -rɐ] ■ *adj* clair(e). ■ *adv* clairement • **claro que sim!** bien sûr que oui ! • **é claro!** c'est sûr ! • **passar a noite em claro** passer une nuit blanche.

clarões [kla'rõjʃ] ▻ **clarão**.

classe ['klasə] *nf* **1.** SCOL *(turma)* classe *(f)* **2.** *(categoria)* catégorie *(f)* • **ter classe** *(pessoa, carro)* avoir de la classe • **de primeira/segunda classe** première/deuxième classe • **classe social** classe sociale • **classe turística** classe loisirs.

clássico, ca ['klasiku, -kɐ] *adj* classique.

classificação [klɐsəfikɐ'sɐ̃u] (*pl* **-ões** [-õiʃ]) *nf* classement *(m)*.

classificado, da [klasifi'kadu] ■ *adj (em exame, competição)* reçu(e). ■ *nm (em jornal)* classé(e) *(annonce classée)*.

classificados [klɐsəfi'kađuʃ] *nmpl (Br)* annonces *(fpl)* classées.

classificar [klɐsəfi'kar] *vt* classer.
■ **classificar-se** *vp* se qualifier.

claustro ['klauʃtru] *nm* cloître *(m)*.

cláusula ['klauzulɐ] *nf* clause *(f)*.

clave ['klavə] *nf* clé *(f)* • **clave de sol** clé de sol.

clavícula [klɐ'vikulɐ] *nf* clavicule *(f)*.

clemência [klə'mẽsjɐ] *nf* clémence *(f)*.

clero ['klɛru] *nm* clergé *(m)*.

cliché [kli'ʃe] *nm* cliché *(m)*.

clichê [kli'ʃe] *(Br)* = **cliché**.

cliente [*(Port)* kli'ẽntə, *(Br)* kli'ẽntʃi] *nm* client *(m)*, -e *(f)*.

clientela [kliẽn'tɛlɐ] *nf* clientèle *(f)*.

clima ['klimɐ] *nm* climat *(m)*.

clímax ['klimaks] *nm inv* apogée *(f)* • **atingir o clímax** *(carreira)* atteindre son apogée • *(festa)* battre son plein.

clínica ['klinikɐ] *nf* clinique *(f)* • **clínica dentária** cabinet *(m)* dentaire • **clínica geral** médecine *(f)* générale.

clínico ['kliniku] *nm* • **clínico (geral)** médecin *(m)* généraliste.

clipe ['klipə] *nm* trombone *(m)*.

cloro ['klɔru] *nm* chlore *(m)*.

clube ['kluƀə] *nm* club *(m)* • **clube de futebol** club de football • **clube de vídeo** vidéoclub *(m)*.

cm. *(abr écrite de* **centímetro***)* cm *(centimètre)*.

coador [kwɐ'đor] *(pl* **-es** [-əʃ]*) nm (utensílio)* passoire *(f)*.

coagir [kwɐ'ʒir] *vt (obrigar)* contraindre.

coagular [kwɐgu'lar] *vt & vi* coaguler.

coágulo ['kwagulu] *nm* caillot *(m)*.

coalhada [kwa'ʎada] *nf* lait *(m)* caillé.

coalhar [kwɐ'ʎar] *vt & vi* cailler.

coar ['kwar] *vt* **1.** *(líquido)* filtrer **2.** *(leite)* passer.

cobaia [ku'ƀajɐ] *nf* cobaye *(m)*.

cobarde [ku'ƀarđə] *adj & nmf* lâche.

cobardia [kuƀɐr'điɐ] *nf* lâcheté *(f)*.

coberta [ku'ƀɛrtɐ] *nf* **1.** *(de cama)* couvre-lit *(m)* **2.** *(de navio)* pont *(m)*.

coberto, ta [ku'ƀɛrtu, -tɐ] ■ *adj* couvert(e). ■ *nm* auvent *(m)* • **pôr a coberto** mettre à l'abri.

cobertor [kuƀər'tor] *(pl* **-es** [-əʃ]*) nm* couverture *(f)*.

cobertura [kuƀər'turɐ] *nf* **1.** couverture *(f)* **2.** *(Br) (apartamento) appartement avec terrasse au dernier étage d'un immeuble*.

cobiça [ku'ƀisɐ] *nf* convoitise *(f)*.

cobiçar [kuƀi'sar] *vt* convoiter.

cobra ['kɔƀrɐ] *nf* serpent *(m)*.

cobrador, ra [kuƀrɐ'đor, -rɐ] *(mpl* **-es** [-əʃ], *fpl* **-s** [-ʃ]*) nm, f* receveur *(m)*, -euse *(f)*.

cobrança [ku'ƀrẽsɐ] *nf* recouvrement *(m)* • **enviar algo à cobrança** envoyer qqch contre remboursement • **'cobrança pelo guarda-freio'** *panonceau qui signale que le billet peut être vendu par le conducteur du tramway* • **'cobrança pelo motorista'** *panonceau qui signale que le billet peut être vendu par le chauffeur du bus*.

cobrar [ku'ƀrar] *vt* **1.** *(dinheiro)* encaisser **2.** *(impostos)* prélever **3.** *(dívida)* recouvrer.

cobre ['kɔƀrə] *nm* cuivre *(m)*.

cobrir [ku'ƀrir] *vt* couvrir.

cocada [ko'kadɐ] *nf gâteau à la noix de coco*, ≃ congolais *(m)*.

coçado, da [ku'sađu, -đɐ] *adj* râpé(e).

cocaína [kɔkɐ'inɐ] *nf* cocaïne *(f)*.

coçar [ku'sar] *vt* gratter.
■ **coçar-se** *vp* se gratter.

cóccix ['kɔksis] *nm inv* coccyx *(m)*.

cócegas ['kɔsəgɐʃ] *nfpl* chatouilles *(fpl)* • **fazer cócegas** faire des chatouilles • **ter cócegas** être chatouilleux(euse).

coceira [ku'sɐirɐ] *nf* démangeaison *(f)*.

coche ['koʃə] *nm* carrosse *(m)*.

cochichar [kuʃi'ʃar] *vt & vi* chuchoter.

cochilo [ko'ʃilu] *nm (Br)* • **tirar um cochilo** faire un somme.

coco ['koku] *nm* noix *(f)* de coco.

cocô [ko'ko] *nm (Br) fam* caca *(m)*.

cócoras ['kɔkurɐʃ] *nfpl* • **de cócoras** accroupi(e) • **pôr-se de cócoras** s'accroupir.

côdea ['kodjɐ] *nf* croûte *(f) (de pain)*.

código ['kɔđigu] *nm* code *(m)* • **código de barras** code-barres *(m)* • **código civil** code civil • **código da estrada** code de la route • **código postal** code postal.

código-fonte [ˌkɔdigu'fntʃi] (*pl* **códigos-fonte** [ˌkɔdiguʃ'fntʃi]) *nm* INFORM code *(m)* source.

codorna [ko'dɔxna] *(Br)* = **codorniz**.

codorniz [kuđur'niʃ] (*pl* **-es** [-zəʃ]) *nf* caille *(f)*.

coelho ['kweʎu] *nm* lapin *(m)* • **coelho à caçadora** *lapin sauté au vin blanc et à la tomate.*

coentro [ko'ẽntru] *nm* coriandre *(f)*.

coentros ['kwẽntruʃ] *nmpl* coriandre *(f)*.

coerência [kwe'rẽsjɐ] *nf* cohérence *(f)*.

coerente [kwe'rẽntə] *adj* cohérent(e).

cofre ['kɔfrə] *nm* coffre *(m)*.

cofre-forte [ˌkɔfrə'fɔrte] (*pl* **cofres-fortes** [ˌkɔfrəʃ'fɔrtəʃ]) *nm* coffre-fort *(m)*.

cofre-nocturno [ˌkɔfrəno'turnu] (*pl* **cofres-nocturnos** [ˌkɔfrəʒno'turnuʃ]) *nm* coffre *(m)* nocturne.

cogitar [kuʒi'tar] ◼ *vt* réfléchir à. ◼ *vi* réfléchir.

cogumelo [kugu'mɛlu] *nm* champignon *(m)* • **cogumelos salteados** champignons sautés à la poêle.

coice ['koisə] *nm* **1.** *(de cavalo, burro)* ruade *(f)* **2.** *(de arma)* recul *(m)*.

coincidência [kwĩsi'đẽsjɐ] *nf* coïncidence *(f)* • **por coincidência** par coïncidence.

coincidir [kwĩsi'đir] *vi* coïncider.
■ **coincidir com** *v + prép* coïncider avec.

coisa ['koizɐ] *nf* chose *(f)* • **(deseja) mais alguma coisa?** vous désirez autre chose ? • **não ser grande coisa** ne pas valoir grand-chose • **alguma coisa** quelque chose • **coisa nenhuma** rien du tout • **coisa de** l'affaire de • **mais coisa menos coisa** à peu près.

coitado, **da** [koi'tađu, -đɐ] ◼ *adj* pauvre. ◼ *interj* le pauvre !

cola ['kɔlɐ] *nf* colle *(f)*.

colaborar [kulɐbu'rar] *vi* collaborer.

colapso [ku'lapsu] *nm* malaise *(m)*.

colar [*(Port)* ku'lar, *(Br)* ko'la(x)] (*pl* **-es** [-əʃ]) ◼ *nm* collier *(m)*. ◼ *vt & vi (gén &* INFORM*)* coller.
■ **colar de** *v + prép (Br)* copier sur.

colarinho [kulɐ'riɲu] *nm* col *(m)*.

colcha ['koɫʃɐ] *nf* dessus-de-lit *(m inv)*.

colchão [koɫ'ʃɐ̃u] (*pl* **-ões** [-õiʃ]) *nm* matelas *(m)* • **colchão de molas** matelas à ressorts • **colchão de palha** paillasse *(f)*.

colcheia [koɫ'ʃɐjɐ] *nf* croche *(f)*.

colchete [koɫ'ʃetə] *nm* **1.** *(de vestuário)* crochet *(m)* **2.** *(sinal de pontuação)* accolade *(f)*.

colchões [kow'ʃõjʃ] ▻ **colchão**.

coleção [kole'sɐ̃u] (*pl* **-ões** [-õiʃ]) *nf (Br)* = **colecção**.

colecção [kulɛ'sɐ̃u] (*pl* **-ões** [-õiʃ]) *nf (Port)* collection *(f)* • **colecção de selos** collection de timbres • **fazer colecção de** faire la collection de.

coleccionador, **ra** [kulɛsjunɐ'đor, -rɐ] (*mpl* **-es** [-əʃ], *fpl* **-s** [-ʃ]) *nm, f (Port)* collectionneur *(m)*, -euse *(f)*.

coleccionar [kulɛsju'nar] *vt (Port)* collectionner.

colecções ▻ **colecção**.

colecionador [kolesjona'do(x)] *(Br)* = **coleccionador**.

colecionar [kolesjo'nax] *vt (Br)* = **coleccionar**.

coleções ▻ **coleção**.

colectivo, **va** [kulɛ'tivu, -vɐ] *adj* **1.** *(Port) (decisão)* collectif(ive) **2.** *(transporte)* en commun.

colega [ku'lɛgɐ] *nmf* collègue *(mf)* • **colega de carteira** voisin *(m)* -e *(f)* de table • **colega de trabalho** collègue de travail • **colega de turma** camarade *(mf)* de classe.

colégio [ku'lɛʒju] *nm* collège *(m)* • **colégio interno** internat *(m)*.

coleira [ku'lɐirɐ] *nf* collier *(m)*.

cólera ['kɔlərɐ] *nf* **1.** *(raiva)* colère *(f)* **2.** MÉD choléra *(m)*.

colérico, **ca** [ku'lɛriku, -kɐ] *adj* colérique.

colesterol [kuləʃtə'rɔɫ] *nm* cholestérol *(m)*.

coleta [ko'lɛta] *nf (Br) (de lixo, passageiros)* ramassage *(m)*.

colete [ku'letə] *nm* gilet *(m)* • **colete salva-vidas** gilet de sauvetage.

coletivo, **va** [kole'tʃivu, -vɐ] *adj (Br)* = **colectivo**.

colheita [ku'ʎɐitɐ] *nf* **1.** *(de vinho)* cru *(m)* **2.** *(de cereal)* récolte *(f)*.

colher[1] [ku'ʎɛr] *vt* cueillir.

colher[2] [ku'ʎɛr] (*pl* **-es** [-əʃ]) *nf* **1.** *(utensílio doméstico)* cuiller *(f)* **2.** *(quantidade)* cuillerée *(f)* • **colher de café** cuiller à café • **colher de chá** *(utensílio)* petite cuiller • *(quantidade)* cuiller à café • **colher de pau** cuiller en bois • **colher de sopa** cuiller à soupe.

colibri [kuli'ƀri] *nm* colibri *(m)*.

cólica ['kɔlikɐ] *nf* colique *(f)*.

colidir [kuli'đir] *vi* se heurter • **colidir com** heurter.

coligação [kuligɐ'sɐ̃u] (*pl* **-ões** [-õiʃ]) *nf* coalition *(f)*.

colina [ku'linɐ] *nf* colline *(f)*.

colírio [ko'liriu] *nm* collyre *(m)*.

colisão [kuli'zɐ̃u] (*pl* **-ões** [-õiʃ]) *nf* collision *(f)*.

collant [kɔ'lɐ̃] (*pl* **-s** [-s]) *nm* collant *(m)*.

collants [kɔ'lɐ̃] *nmpl* collants *(mpl)*.

colmeia [koɫ'mɐjɐ] *nf* ruche *(f)*.

colo ['kɔlu] *nm* giron *(m)* • **ao colo** dans les bras.

colocação [kulukɐ'sɐ̃u] (*pl* **-ões** [-õiʃ]) *nf* *(emprego)* affectation *(f)*.

colocar [kulu'kar] *vt* **1.** poser **2.** *(pôr num lugar)* mettre **3.** *(empregar pessoa)* placer.

Colômbia [ku'lõmbjɐ] *nf* • **a Colômbia** la Colombie.

colombiano, na [kulõm'bjɐnu, -nɐ] *adj* colombien(enne).
■ **colombiano, a** *nm, f* Colombien *(m)*, -enne *(f)*.

cólon ['kɔlɔn] *nm* côlon *(m)*.

colónia [ku'lɔnjɐ] *nf* **1.** *(Port)* colonie *(f)* **2.** *(perfume)* eau *(f)* de Cologne • **colónia de férias** colonie de vacances.

colônia [ko'lonjɐ] *nf* *(Br)* = **colónia**.

coloquial [kulu'kjaɫ] (*pl* **-ais** [-aiʃ]) *adj* familier(ère).

colóquio [ku'lɔkju] *nm* colloque *(m)*.

colorante [kulu'rɐ̃ntə] *nm* colorant *(m)*.

colorau [kulu'rau] *nm* paprika *(m)*.

colorido, da [kulu'riđu, -đɐ] *adj* coloré(e).

colorir [kulu'rir] *vt* **1.** *(dar cor a)* colorer **2.** *(desenho, livro)* colorier.

coluna [ku'lunɐ] *nf* **1.** colonne *(f)* **2.** *(de rádio, hi-fi)* haut-parleur *(m)* • **coluna vertebral** colonne vertébrale.

com [kõ] *prép* avec • **estar com dor de cabeça** avoir mal à la tête • **estar com fome** avoir faim • **estar com pressa** être pressé (e).

coma ['komɐ] *nm* & *nf* coma *(m)*.

comadre [ko'madri] *nf* bassin *(m)* *(urinoir)*.

comandante [kumɐ̃n'dɐ̃ntə] *nm* commandant *(m)*.

comandar [kumɐ̃n'dar] *vt* commander.

comando [ku'mɐ̃ndu] *nm* **1.** commande *(f)* **2.** *(de exército, navio)* commandement *(m)* • **estar no comando de algo** être aux commandes de qqch • **'comando automático'** ouverture des portes automatique • **'comando manual das portas'** ouverture manuelle des portes.

combate [kõm'batə] *nm* combat *(m)* • **combate de boxe** combat de boxe.

combater [kõmbɐ'ter] *vi* combattre.

combinação [kõmbinɐ'sɐ̃u] (*pl* **-ões** [-õiʃ]) *nf* **1.** combinaison *(f)* **2.** *(acordo)* arrangement *(m)* **3.** *(plano)* plan *(m)*.

combinar [kõmbi'nar] ■ *vt* **1.** *(unir, misturar)* combiner **2.** *(planear)* prévoir. ■ *vi* *(cores, roupas)* être assorti(e) • **está combinado!** c'est entendu ! • **combinar com** être assorti à • **combinar algo com alguém** s'arranger avec qqn sur qqch.

comboio [kõm'bɔju] *nm* *(Port)* *(de caminho-de-ferro)* train *(m)* • **apanhar o comboio** prendre le train • **perder o comboio** rater le train • **comboio alfa** ≃ train Corail • **comboio directo** train direct • **comboio intercidades** *train desservant les grandes villes* • **comboio inter-regional** *train direct desservant une région* • **comboio rápido** train express • **comboio regional** ≃ train omnibus.

combustível [kõmbuʃ'tivɛl] (*pl* **-eis** [-ɐiʃ]) *nm* combustible *(m)*.

começar [kumə'sar] *vt* & *vi* commencer • **começar a fazer algo** commencer à faire qqch • **começar de** commencer (en partant) de • **começar por** commencer par • **começar por fazer algo** commencer par faire qqch • **para começar** pour commencer.

começo [ku'mesu] *nm* début *(m)*.

comédia [ku'mɛđjɐ] *nf* comédie *(f)*.

comediante [kumə'đjɐ̃ntə] *nmf* comédien *(m)*, -enne *(f)*.

comemoração [(*Port*) kumәmurɐ'sɐ̃u, (*Br*) komemora'sɐ̃w] *nf* commémoration *(f)*.

comemorar [kumәmu'rar] *vt* commémorer.

comentar [kumẽn'tar] *vt* **1.** dire **2.** *(analisar)* commenter.

comentário [kumẽn'tarju] *nm* commentaire *(m)*.

comentarista [(*Br*) komẽta'riʃta] *nmf* commentateur *(m)*, -trice *(f)* • **comentarista esportivo** commentateur sportif.

comer [ku'mer] (*pl* **-es** [-әʃ]) ■ *nm* **1.** *(alimento)* nourriture *(f)* **2.** *(refeição)* repas *(m)*. ■ *vt* **1.** *(alimento)* manger **2.** *(em xadrez, damas)* souffler. ■ *vi (alimentar-se)* manger.

comercial [kumәr'sjał] (*pl* **-ais** [-aiʃ]) *adj* commercial(e).

comercialização [kumәrsjɐlizɐ'sɐ̃u] *nf* commercialisation *(f)*.

comercializar [kumәrsjɐli'zar] *vt* commercialiser.

comerciante [kumәr'sjɐ̃ntә] *nmf* commerçant *(m)*, -e *(f)*.

comércio [ku'mɛrsju] *nm* commerce *(m)*.

comeres ▻ **comer**.

comestível [kumәʃ'tivɛł] (*pl* **-eis** [-ɐiʃ]) *adj* comestible.

cometer [kumә'ter] *vt* commettre.

comichão [kumi'ʃɐ̃u] (*pl* **-ões** [-õiʃ]) *nf* démangeaison *(f)* • **fazer comichão** gratter.

comício [ku'misju] *nm* meeting *(m)*.

cómico, ca ['kɔmiku, -kɐ] *adj (Port)* comique.

cômico, ca ['komiku, -kɐ] *adj (Br)* = **cómico**.

comida [ku'miđɐ] *nf* **1.** *(alimento)* nourriture *(f)* **2.** *(refeição)* repas *(m)* • **comida para bebé** aliments *(mpl)* pour bébés • **comida congelada** produits *(mpl)* surgelés.

comigo [ku'migu] *pron* avec moi.

comilão, lona [kumi'lɐ̃u, -lonɐ] (*mpl* **-ões** [-õiʃ], *fpl* **-s** [-ʃ]) *nm, f fam* goinfre *(mf)*.

cominhos [ku'miɲuʃ] *nmpl* cumin *(m)*.

comissão [kumi'sɐ̃u] (*pl* **-ões** [-õiʃ]) *nf* commission *(f)*.

comissário [kumi'sarju] *nm* **1.** *(de polícia)* commissaire *(m)* **2.** *(de navio)* commissaire *(m)* de la Marine • **comissário de bordo** steward *(m)*.

comissões ▻ **comissão**.

comité [kɔmi'tɛ] *nm (Port)* comité *(m)*.

comitê [komi'te] *nm (Br)* = **comité**.

como ['komu] ■ *adv* **1.** *(ger)* comme • **como quem não quer nada** mine de rien • **como se de nada fosse** comme si de rien n'était • **como ele é inteligente!** comme il est intelligent ! • **como é difícil arranjar lugar para estacionar!** comme il est difficile de trouver une place pour stationner ! • **como te enganas!** comme tu te trompes ! • **como o tempo passa depressa!** que le temps passe vite ! **2.** *(de que maneira)* comment • **como?** comment ? • **como está?** comment allez-vous ? • **a como são as maçãs?** à combien sont les pommes ? • **como se nada estivesse a acontecer** comme si de rien n'était • **fiz como tu** j'ai fait comme toi. ■ *conj* comme • **é bonita como a mãe** elle est jolie comme sa mère • **é tão alto como o irmão** il est aussi grand que son frère • **como queira!** comme vous voulez ! • **seja como for** n'importe comment • **as cidades grandes como Lisboa...** les grandes villes comme Lisbonne… • **como entrada quero uma sopa** je veux une soupe en entrée • **que tem como sobremesa?** qu'avez-vous en dessert ? • **como pai tenho uma opinião diferente** en tant que père, j'ai un avis différent • **como estávamos atrasados fomos de táxi** comme nous étions en retard, nous avons pris un taxi • **como não atendiam pensámos que não estavam** comme ils ne répondaient pas, nous avons pensé qu'ils n'étaient pas là • **como deve ser** comme il se doit.

comoção [kumu'sɐ̃u] (*pl* **-ões** [-õiʃ]) *nf* émoi *(m)*.

cómoda ['kɔmuđɐ] *nf (Port)* commode *(f)*.

cômoda ['komodɐ] *nf (Br)* = **cómoda**.

comodidade [kumuđi'đađә] *nf* commodité *(f)*.

comodismo [kumu'điʒmu] *nm* • **ele age por comodismo** il ne fait que ce qui l'arrange.

comodista [kumu'điʃtɐ] *nmf* • **é um comodista** *fam* il ne fait que ce qui l'arrange.

cómodo, da ['kɔmuđu, -đɐ] *adj (Port)* confortable.

cômodo, da ['komodu, -dɐ] *adj (Br)* = **cómodo**.

comovedor, ra [kumuvə'đor, -rɐ] (*mpl* **-es** [-əʃ], *fpl* **-s** [-ʃ]) *adj* émouvant(e).

comovente [kumu'vẽntə] *adj* émouvant (e).

comover [kumu'ver] *vt* émouvoir.
■ **comover-se** *vp* s'émouvoir.

comovido, da [kumu'viđu, -đɐ] *adj* ému (e).

compactador [kmpak'tado(x)] *nm* INFORM compresseur *(m)*.

compactar [kmpzk'ta(x)] *vt* INFORM • **compactar arquivos** compresser des fichiers.

compacto, ta [kõm'paktu, -tɐ] ■ *adj* **1.** compact(e) **2.** *(denso)* épais(aisse). ■ *nm* **1.** *(CD)* Compact Disc® *(m)* **2.** *(Br) (disco de vinil)* microsillon *(m)*.

compaixão [kõmpai'ʃɐ̃u] *nf* compassion *(f)*.

companheiro, ra [kõmpɐ'ɲɐiru, -rɐ] *nm, f* **1.** compagnon *(m)*, compagne *(f)* **2.** *(de turma, carteira)* camarade *(mf)*.

companhia [kõmpɐ'ɲiɐ] *nf* **1.** compagnie *(f)* **2.** *(de teatro, circo)* troupe *(f)* • **fazer companhia a alguém** tenir compagnie à qqn • **companhia de aviação** compagnie aérienne • **companhia de navegação** compagnie maritime • **companhia de seguros** compagnie d'assurance • **em companhia de alguém** en compagnie de qqn.

comparação [kõmpɐrɐ'sɐ̃u] (*pl* **-ões** [-õiʃ]) *nf* comparaison *(f)* • **não ter comparação com** être sans comparaison avec • **em comparação com** par rapport à.

comparar [kõmpɐ'rar] *vt* comparer • **comparar algo a** *OU* **com algo** comparer qqch à *OU* avec qqch.

comparecer [kõmpɐrə'ser] *vi* **1.** venir **2.** *(perante o juiz)* comparaître • **comparecer a algo** assister à qqch.

compartilhar [kõmpɐrti'ʎar] *vt* • **compartilhar algo com alguém** partager qqch avec qqn.

compartimento [kõmpɐrti'mẽntu] *nm* **1.** *(de carruagem)* compartiment *(m)* **2.** *(de casa)* pièce *(f)*.

compartir [kõmpɐr'tir] *vt* répartir.

compasso [kõm'pasu] *nm* **1.** *(objecto)* compas *(m)* **2.** MUS mesure *(f)*.

compatível [kõmpɐ'tivɛɫ] (*pl* **-eis** [-ɐiʃ]) *adj* • **compatível (com)** compatible (avec).

compatriota [kõmpɐtri'ɔtɐ] *nmf* compatriote *(mf)*.

compensação [kõmpẽsɐ'sɐ̃u] (*pl* **-ões** [-õiʃ]) *nf* **1.** *(vantagem)* compensation *(f)* **2.** *(indemnização)* dédommagement *(m)*.

compensar [kõmpẽ'sar] *vt* **1.** *(indemnizar)* dédommager **2.** *(recompensar)* récompenser • **não compensa o esforço** le jeu n'en vaut pas la chandelle.

competência [kõmpə'tẽsjɐ] *nf* **1.** *(aptidão)* compétence *(f)* **2.** *(responsabilidade)* compétences *(fpl)*.

competente [kõmpə'tẽntə] *adj* compétent (e).

competição [kõmpəti'sɐ̃u] (*pl* **-ões** [-õiʃ]) *nf* **1.** concurrence *(f)* **2.** *(desportiva)* compétition *(f)*.

competir [kõmpə'tir] *vi* **1.** *(em competição desportiva)* être en compétition **2.** *(economicamente)* se faire concurrence • **competir com** *(pessoas)* rivaliser avec • *(empresas)* être en concurrence avec.

competitivo, va [kõmpəti'tivu, -vɐ] *adj* *(preço)* compétitif(ive).

compilar [kõmpi'lar] *vt* compiler.

complacente [kõmplɐ'sẽntə] *adj* complaisant(e).

complementar [kõmplәmẽn'tar] (*pl* **-es** [-əʃ]) *adj* complémentaire.

complemento [kõmplə'mẽntu] *nm* **1.** complément *(m)* **2.** *(em comboio)* supplément *(m)*.

completamente [kõm,plɛtɐ'mẽntə] *adv* complètement.

completar [kõmplə'tar] *vt* **1.** *(preencher)* compléter **2.** *(terminar)* finir.

completo, ta [kõm'plɛtu, -tɐ] *adj* **1.** complet(ète) **2.** *(terminado)* fini(e) • **'completo'** 'complet'.

complexo, xa [kõm'plɛksu, -sɐ] ■ *adj* complexe. ■ *nm (turístico, industrial, etc)* complexe *(m)*.

complicação [kõmplikɐ'sɐ̃u] (*pl* **-ões** [-õiʃ]) *nf* complication *(f)*.

complicado, da [kõmpli'kađu, -đɐ] *adj* compliqué(e).

complicar [kõmpli'kar] *vt* compliquer.
■ **complicar-se** *vp* se compliquer.

componente [kõmpu'nẽntə] ■ *nm* composant *(m)*. ■ *nf* composante *(f)*.

compor [kõm'por] *vt* **1.** composer **2.** *(consertar)* réparer **3.** *(arrumar)* ranger.
■ **compor-se** *vp* s'arranger.
■ **compor-se de** *vp + prép* se composer de.

comporta [kõm'pɔrtɐ] *nf* vanne *(f)*.

comportamento [kõmpurtɐ'mẽntu] *nm* comportement *(m)*.

comportar [kõmpur'tar] *vt* **1.** *(conter em si)* comporter **2.** *(admitir)* permettre.
■ **comportar-se** *vp* bien se conduire.

composição [kõmpuzi'sɐ̃u] *(pl* **-ões** [-õiʃ]) *nf* composition *(f)*.

compositor, ra [kõmpuzi'tor, -rɐ] *(mpl* **-es** [-əʃ], *fpl* **-s** [-ʃ]) *nm, f* compositeur *(m)*, -trice *(f)*.

composto, osta [kõm'poʃtu, -ɔʃtɐ] ■ *adj* composé(e). ■ *nm* composé *(m)* • **ser composto por** être composé de.

compostura [kõmpuʃ'turɐ] *nf* tenue *(f)* *(éducation)*.

compota [kõm'pɔtɐ] *nf* compote *(f)*.

compra ['kõmprɐ] *nf* achat *(m)* • **fazer compras** faire des courses • **ir às compras** aller faire les courses.

comprar [kõm'prar] *vt* acheter.

compreender [kõmpriẽn'der] *vt* comprendre.

compreensão [kõmpriẽ'sɐ̃u] *nf* compréhension *(f)*.

compreensivo, va [kõmpriẽ'sivu, -vɐ] *adj* compréhensif(ive).

compressa [kõm'prɛsɐ] *nf* compresse *(f)* • **compressa esterilizada** compresse stérile.

comprido, da [kõm'priđu, -đɐ] *adj* long (longue) • **ao comprido** en long.

comprimento [kõmpri'mẽntu] *nm* longueur *(f)*.

comprimido, da [kõmpri'miđu, -đɐ] ■ *adj* **1.** *(reduzido)* comprimé(e) **2.** *(apertado)* serré(e). ■ *nm* comprimé *(m)* • **comprimido para dormir** somnifère *(m)* • **comprimido para as dores** antalgique *(m)* • **comprimido para o enjoo** anti-nauséeux *(m)*.

comprimir [kõmpri'mir] *vt* **1.** *(apertar)* compresser **2.** *(reduzir de volume)* comprimer.

comprometer [kõmprumə'ter] *vt* compromettre.
■ **comprometer-se** *vp* se compromettre • **comprometer-se a fazer algo** s'engager à faire qqch.

compromisso [kõmpru'misu] *nm* **1.** *(obrigação)* engagement *(m)* **2.** *(acordo)* compromis *(m)* • **tenho um compromisso** je ne suis pas libre.

comprovação [kõmpruvɐ'sɐ̃u] *(pl* **-ões** [-õiʃ]) *nf* **1.** *(prova)* preuve *(f)* **2.** *(confirmação)* confirmation *(f)*.

comprovante [kõmpro'vantʃi] ■ *adj* probant(e). ■ *nm (Br)* reçu *(m)*.

comprovar [kõmpru'var] *vt* **1.** *(provar)* prouver **2.** *(confirmar)* confirmer.

computador [kõmputɐ'đor] *(pl* **-es** [-əʃ]) *nm* ordinateur *(m)* • **computador pessoal** PC *(m)*.

comum [ku'mũ] *(pl* **-ns** [-ʃ]) *adj* **1.** *(frequente)* courant(e) **2.** *(vulgar)* ordinaire **3.** *(partilhado)* commun(e).

comunhão [kumu'ɲɐ̃u] *(pl* **-ões** [-õiʃ]) *nf* **1.** RELIG communion *(f)* **2.** *(em casamento)* • **comunhão (de bens)** communauté *(f)* (de biens) • **comunhão de adquiridos** communauté légale *OU* réduite aux acquêts.

comunicação [kumunikɐ'sɐ̃u] *(pl* **-ões** [-õiʃ]) *nf* **1.** communication *(f)* **2.** *(comunicado)* communiqué *(m)*.

comunicado [kumuni'kađu] *nm* communiqué *(m)*.

comunicar [kumuni'kar] *vt & vi* communiquer • **comunicar a alguém algo** communiquer qqch à qqn • **comunicar com** communiquer avec.

comunidade [kumuni'đađə] *nf* **1.** *(grupo de pessoas)* communauté *(f)* **2.** *(local)* foyer *(m)* • **a Comunidade Europeia** la Communauté européenne.

comunismo [kumu'niʒmu] *nm* communisme *(m)*.

comunista [kumu'niʃtɐ] *adj & nmf* communiste.

comuns ▷ **comum**.

comutar [kumu'tar] *vt (pena)* commuer.

conceber [kõsə'ƀer] *vt* concevoir.

conceder [kõsə'đer] *vt* **1.** accorder **2.** *(prémio)* décerner.

conceito [kõ'sɐitu] *nm* concept *(m)*.

conceituado, da [kõsɐi'twađu, -đɐ] *adj* reconnu(e).

concelho [kõ'sɐʎu] *nm* ≃ commune *(f)*.

concentração [kõsẽntrɐ'sɐ̃u] (*pl* **-ões** [-õiʃ]) *nf* **1.** concentration *(f)* **2.** *(de pessoas)* tas *(m)*.

concentrado, **da** [kõsẽn'trađu, -đɐ] ■ *adj* concentré(e). ■ *nm* • **concentrado de tomate** concentré *(m)* de tomate.

concentrar [kõsẽn'trar] *vt* **1.** concentrer **2.** *(atenção)* fixer.
■ **concentrar-se** *vp* **1.** se concentrer **2.** *(agrupar-se)* se rassembler • **concentrar-se em algo** *(estudo, trabalho)* se concentrer sur qqch • *(lugar)* se regrouper sur.

concepção [kõsɛ'sɐ̃u] (*pl* **-ões** [-õiʃ]) *nf* conception *(f)*.

concerto [kõ'sertu] *nm* concert *(m)*.

concessão [kõsə'sɐ̃u] (*pl* **-ões** [-õiʃ]) *nf* **1.** *(de prémio, bolsa)* attribution *(f)* **2.** *(de desconto)* accord *(m)* **3.** *(permissão)* autorisation *(f)*.

concessionária [kõsesjo'narjɐ] *nf* *(Br)* = **concessionário**.

concessionário [kõsəsju'narju] *nm* *(Port)* concessionnaire *(mf)* • **concessionário automóvel** concessionnaire automobile.

concessões ▷ **concessão**.

concha ['kõʃɐ] *nf* **1.** *(molusco)* coquillage *(m)* **2.** *(de sopa)* louche *(f)*.

conciliação [kõsiljɐ'sɐ̃u] (*pl* **-ões** [-õiʃ]) *nf* conciliation *(f)*.

conciliar [kõsi'ljar] *vt* concilier • **conciliar o sono** trouver le sommeil.

concluir [kõŋklu'ir] *vt* conclure.

conclusão [kõŋklu'zɐ̃u] (*pl* **-ões** [-õiʃ]) *nf* conclusion *(f)* • **em conclusão** pour conclure.

concordância [kõŋkur'đɐ̃sjɐ] *nf* concordance *(f)* • **em concordância com** en accord avec.

concordar [kõŋkur'đar] *vi* être d'accord • **concordar em fazer algo** être d'accord pour faire qqch • **concordar com** être d'accord avec.

concorrência [kõŋku'ʀẽsjɐ] *nf* concurrence *(f)*.

concorrente [kõŋku'ʀẽntə] ■ *adj* concurrent(e). ■ *nmf* **1.** *(em concurso, competição)* concurrent *(m)*, -e *(f)* **2.** *(em disputa)* adversaire *(mf)*.

concorrer [kõŋku'ʀer] *vi* concourir • **concorrer a algo** *(a emprego)* postuler à.

concretizar [kõŋkrəti'zar] *vt* concrétiser.

concreto, **ta** [kõŋ'krɛtu, -tɐ] ■ *adj* concret (ète). ■ *nm* *(Br)* béton *(m)*.

concurso [kõŋ'kursu] *nm* **1.** concours *(m)* **2.** *(de televisão, rádio)* jeu *(m)*.

conde ['kõndə] *nm* comte *(m)*.

condenação [kõndənɐ'sɐ̃u] (*pl* **-ões** [-õiʃ]) *nf* condamnation *(f)*.

condenar [kõndə'nar] *vt* condamner.

condensação [kõndẽsɐ'sɐ̃u] *nf* condensation *(f)*.

condensado [kõndẽ'sađu] *adj m* ▷ **leite**.

condensar [kõndẽ'sar] *vt* condenser.

condescendência [kõndəʃsẽn'dẽsjɐ] *nf* condescendance *(f)*.

condescendente [kõndəʃsẽn'dẽntə] *adj* condescendant(e).

condescender [kõndəʃsẽn'der] *vi* • **condescender em fazer algo** condescendre à faire qqch.

condessa [kõn'desɐ] *nf* comtesse *(f)*.

condição [kõndi'sɐ̃u] (*pl* **-ões** [-õiʃ]) *nf* condition *(f)* • **estar em boas/más condições** être en bon/mauvais état.

condicionado, **da** [kõndəsju'nađu, -đɐ] *adj* réglementé(e).

condicionador [kõndʒisjo'nado(x)] (*pl* **-es**) *(Br)* *nm* **1.** *(de cabelo)* après-shampooing *(m)* **2.** *(para roupa)* assouplissant *(m)*.

condicional [kõndəsju'nał] *nm* conditionnel *(m)*.

condicionar [kõndəsju'nar] *vt* conditionner.

condições ▷ **condição**.

condimentado, **a** [kõndimẽn'tɐđu, -đɐ] *adj* épicé(e).

condimentar [kõndimẽn'tar] *vt* assaisonner.

condimento [kõndi'mẽntu] *nm* condiment *(m)*.

condizer [kõndi'zer] *vi* être assorti(e) • **condizer com** être assorti à.

condolências [kõndu'lẽsjɐʃ] *nfpl* condoléances *(fpl)* • **as minhas condolências** toutes mes condoléances.

condomínio [kõndu'minju] *nm* **1.** *(em prédio de andares)* syndicat *(m)* des copropriétaires **2.** *(taxas)* charges *(fpl)*.

condómino [kõn'dɔminu] *nm (Port)* copropriétaire *(m)*.

condômino [kõndominu] *nm (Br)* = **condómino**.

condor [kõn'dor] (*pl* **-es** [-əʃ]) *nm* condor *(m)*.

condução [kõndu'sɐ̃u] *nf* conduite *(f)*.

conduta [kõn'dutɐ] *nf* **1.** *(tubo, cano)* conduit *(m)* **2.** *(comportamento)* conduite *(f)* • **conduta de gás** conduite de gaz • **conduta de lixo** vide-ordures *(m inv)*.

conduto [kõn'dutu] *(Br)* = **conduta**.

condutor, ra [kõndu'tor, -rɐ] (*mpl* **-es** [-əʃ], *fpl* **-s** [-ʃ]) *adj* & *nm, f* conducteur (trice).

conduzir [kõndu'zir] *vt* & *vi* conduire • **conduzir a** conduire à.

cone ['kɔnə] *nm* **1.** *(Port) (de gelado)* cornet *(m)* **2.** *(forma geométrica)* cône *(m)*.

conectar [konek'ta(x)] *vt (Br)* connecter.
■ **conectar-se** *vp* se connecter • **conectar-se à Internet** se connecter à Internet.

conexão [kunɛk'sɐ̃u] (*pl* **-ões** [-õiʃ]) *nf* connexion *(f)*.

confecção [kõfɛ(k)'sɐ̃u] (*pl* **-ões** [-õiʃ]) *nf* **1.** *(de peça de vestuário)* confection *(f)* **2.** *(de prato culinário)* préparation *(f)*.

confeccionar [kõfɛ(k)sju'nar] *vt* **1.** *(peça de vestuário)* confectionner **2.** *(prato culinário)* préparer.

confecções ▷ **confecção**.

confeitaria [kõfɐitɐ'riɐ] *nf (Port)* **1.** confiserie *(f)* **2.** *(Br)* salon *(m)* de thé.

conferência [kõfə'rẽsjɐ] *nf* conférence *(f)*.

conferir [kõfə'rir] ■ *vt* vérifier. ■ *vi* coïncider.

confessar [kõfə'sar] *vt* avouer.
■ **confessar-se** *vp* se confesser.

confessionário [kõfəsju'narju] *nm* confessionnal *(m)*.

confiança [kõ'fjɐ̃sɐ] *nf* **1.** confiance *(f)* **2.** *(familiaridade)* familiarité *(f)* • **ter confiança em** avoir confiance en • **ele é de confiança** c'est quelqu'un de confiance.

confiar [kõ'fjar] *vt* • **confiar algo/alguém a alguém** confier qqch/qqn à qqn.
■ **confiar em** *v* + *prép* **1.** *(pessoa)* avoir confiance en, faire confiance à **2.** *(futuro)* avoir confiance en **3.** *(resultados)* avoir confiance dans.

À PROPOS DE...

confiar em

Attention, ne pas confondre « confiar em » avec ***confier à***. En portugais, « confiar em » signifie ***avoir confiance en***.

confidência [kõfi'đẽsjɐ] *nf* confidence *(f)*.

confidencial [kõfiđẽ'sjał] (*pl* **-ais** [-aiʃ]) *adj* confidentiel(elle).

confirmação [kõfirmɐ'sɐ̃u] (*pl* **-ões** [-õiʃ]) *nf* confirmation *(f)*.

confirmar [kõfir'mar] *vt* confirmer.
■ **confirmar-se** *vp* se confirmer.

confiscar [kõfiʃ'kar] *vt* confisquer.

confissão [kõfi'sɐ̃u] (*pl* **-ões** [-õiʃ]) *nf* confession *(f)*.

conflito [kõ'flitu] *nm* **1.** conflit *(m)* **2.** *(desavença)* démêlé *(m)*.

conformar-se [kõfur'marsə] *vp* se résigner • **conformar-se com** se résigner à.

conforme [kõ'fɔrmə] ■ *conj* comme. ■ *prép* **1.** *(dependendo de como)* selon, d'après **2.** *(de acordo com)* conformément à.

conformidade [kõfurmi'đađə] *nf* conformité *(f)* • **em conformidade com** en conformité avec.

confortar [kõfur'tar] *vt* réconforter.

confortável [kõfur'tavɛł] (*pl* **-eis** [-ɐiʃ]) *adj* confortable.

conforto [kõ'fortu] *nm* **1.** *(bem-estar)* confort *(m)* **2.** *(consolo)* réconfort *(m)*.

confraternizar [kõfrɐtərni'zar] *vi* fraterniser • **confraternizar com** fraterniser avec.

confrontação [kõfrõntɐ'sɐ̃u] (*pl* **-ões** [-õiʃ]) *nf* confrontation *(f)*.

confrontar [kõfrõn'tar] *vt* **1.** *(enfrentar)* être confronté(e) à **2.** *(comparar)* confronter.
■ **confrontar-se** *vp* se confronter • **confrontar-se com** se confronter à.

confronto [kõ'frõntu] *nm* **1.** *(encontro conflituoso)* affrontement *(m)* **2.** *(comparação)* confrontation *(f)*.

confundir [kõfũn'dir] *vt* confondre.
■ **confundir-se** *vp* se tromper • **confundir-se com** se confondre avec.

confusão [kõfu'zɐ̃u] (*pl* **-ões** [-õiʃ]) *nf* confusion *(f)* • **armar confusão** causer des problèmes • **fazer confusão** confondre.

confuso, **sa** [kõ'fuzu, -zɐ] *adj* confus(e).

confusões ▷ **confusão**.

congelado, **da** [kõʒə'ladu, -dɐ] *adj* congelé (e).

congelador [kõʒəlɐ'dor] (*pl* **-es** [-əʃ]) *nm* *(Port)* congélateur *(m)*.

congelar [kõʒə'lar] *vt* & *vi* congeler.

congestão [kõʒəʃ'tɐ̃u] (*pl* **-ões** [-õiʃ]) *nf* congestion *(f)*.

congestionado, **da** [kõʒəʃtju'nadu, -dɐ] *adj* congestionné(e).

congestionamento [kõʒəʃtjunɐ'mẽntu] *nm* *(de trânsito)* encombrement *(m)*.

congestionar [kõʒəʃtju'nar] *vt* *(trânsito)* congestionner.

congestões ▷ **congestão**.

congratular [kõŋgrɐtu'lar] *vt* féliciter.

congresso [kõŋ'grɛsu] *nm* congrès *(m)*.

conhaque [kɔ'ɲakə] *nm* cognac *(m)*.

conhecedor, **ra** [kuɲəsə'dor, -rɐ] (*mpl* **-es** [-əʃ], *fpl* **-s** [-ʃ]) *nm, f* connaisseur *(m)*, -euse *(f)*.

conhecer [kuɲə'ser] *vt* **1.** connaître **2.** *(reconhecer)* reconnaître.

conhecido, **da** [kuɲə'sidu, -da] ■ *adj* connu(e). ■ *nm, f* connaissance *(f)*.

conhecimento [kuɲəsi'mẽntu] *nm* connaissance *(f)* • **dar conhecimento de algo a alguém** faire part de qqch à qqn • **tomar conhecimento de algo** prendre connaissance de qqch • **é do conhecimento de toda a gente que...** il est connu que....

■ **conhecimentos** *nmpl* **1.** *(contactos)* relations *(fpl)* **2.** *(cultura)* connaissances *(fpl)*.

conjugado [kõʒu'gadu] *nm* *(Br)* studio *(m)*.

cônjuge ['kõʒuʒə] *nmf* conjoint *(m)*.

conjunção [kõʒũ'sɐ̃u] (*pl* **-ões** [-õiʃ]) *nf* conjonction *(f)*.

conjuntiva [kõʒũn'tivɐ] *nf* conjonctive *(f)*.

conjuntivite [kõʒũnti'vitə] *nf* conjonctivite *(f)*.

conjuntivo [kõʒũn'tivu] *nm* subjonctif *(m)*.

conjunto [kõ'ʒũntu] *nm* **1.** ensemble *(m)* **2.** *(de rock)* groupe *(m)* **3.** *(de copos, pratos)* service *(m)*.

connosco [kõ'noʃku] *pron* *(Port)* avec nous.

conosco [ko'noʃku] *pron* *(Br)* = **connosco**.

conquanto [kõŋ'kwɐ̃ntu] *conj* quoique.

conquista [kõŋ'kiʃtɐ] *nf* conquête *(f)*.

conquistar [kõŋkiʃ'tar] *vt* **1.** conquérir **2.** *(posição, trabalho)* obtenir.

consciência [kõʃ'sjẽsjɐ] *nf* conscience *(f)* • **ter consciência de algo** avoir conscience de qqch • **tomar consciência de algo** prendre conscience de qqch • **ter a consciência pesada** avoir mauvaise conscience.

consciente [kõʃ'sjẽntə] ■ *adj* conscient(e). ■ *nm* • **o consciente** le conscient • **estar consciente de algo** être conscient de qqch.

consecutivo, **va** [kõsəku'tivu, -vɐ] *adj* consécutif(ive).

conseguinte [kõsə'gĩntə] ■ **por conseguinte** *conj* par conséquent.

conseguir [kõsə'gir] *vt* obtenir • **conseguir fazer algo** réussir à faire qqch.

conselho [kõ'sɐʎu] *nm* conseil *(m)* • **dar conselhos** donner des conseils.

consenso [kõ'sẽsu] *nm* consensus *(m)*.

consentimento [kõsẽnti'mẽntu] *nm* consentement *(m)*.

consentir [kõsẽn'tir] *vt* consentir.

consequência *(Port)*, **conseqüência** *(Br)* [kõse'kwẽsja] *nf* conséquence *(f)* • **em** *ou* **como consequência** par conséquent.

consertar [kõsər'tar] *vt* réparer.

conserto [kõ'sertu] *nm* réparation *(f)*.

conserva [kõ'sɛrvɐ] *nf* • **de conserva** en conserve.

■ **conservas** *nfpl* conserves *(fpl)*.

conservação [kõsərvɐ'sɐ̃u] *nf* **1.** conservation *(f)* **2.** *(da natureza, animais)* protection *(f)*.

conservante [kõser'vɐ̃tʃi] *nm* conservateur *(m)*.

conservar [kõsər'var] *vt* **1.** *(natureza, animais)* protéger **2.** *(objecto, monumento, alimento)* conserver.

conservatório [kõsərvɐ'tɔrju] *nm* conservatoire *(m)*.

consideração [kõsidərɐ'sɐ̃u] (*pl* **-ões** [-õiʃ]) *nf* considération *(f)* • **ter algo em consideração** prendre qqch en considération.

considerar [kõsidə'rar] *vt* considérer • **considerar que** considérer que.

■ **considerar-se** *vp* se considérer comme.

considerável [kõsidə'ravɛɫ] (*pl* **-eis** [-ɐiʃ]) *adj* considérable.

consigo [kõ'sigu] *pron* **1.** *(com ele, ela)* avec lui (avec elle) **2.** *(com você)* avec vous **3.** *(com eles, elas)* avec eux (avec elles) • **consigo mesmo** *ou* **próprio** *(com ele)* avec lui • **ter dinheiro consigo** avoir de l'argent sur soi • **ele traz uma arma consigo** il a une arme sur lui.

consistência [kõsiʃ'tẽsjɐ] *nf* consistance *(f)*.

consistente [kõsiʃ'tẽntə] *adj* consistant(e).

consistir [kõsəʃ'tir] ■ **consistir em** *v + prép* **1.** *(ser composto por)* consister en **2.** *(basear-se em)* consister à.

consoada [kõsu'adɐ] *nf (no Natal)* réveillon *(m) (repas du 24 décembre)*.

CULTURE...

A noite de consoada

Au Portugal, le plat traditionnel du réveillon de Noël est le *bacalhau cozido*, c'est-à-dire de la morue cuite avec des pommes de terre, des choux et des œufs, le tout arrosé d'huile d'olive.

Le repas se termine par les desserts typiques du Portugal comme l'*arroz-doce* (riz au lait) ou la *aletria* (pâtes vermicelles cuites au lait sucré et à la canelle), les *rabanadas* (pain sec trempé dans un mélange de lait, vin de Porto, sucre, canelle et frits à l'huile), les *filhozes* dans certaines régions du Portugal (beignets frits), le *pão-de-ló* (gâteau à base d'œufs, de farine et de beurre, dont le centre est percé) et le fameux *bolo rei* (couronne des rois aux fruits secs).

consoante [kõ'swẽntə] ◆ *nf* consonne *(f)*. ◆ *prép* selon.

consola [kõ'sɔlɐ] *nf* console *(f)*.

consolar [kõsu'lar] *vt* consoler.
■ **consolar-se** *vp* se régaler.

console [kõn'soli] *(Br)* = **consola**.

consomé [kõsɔ'mɛ] *nm (Port)* consommé *(m)*.

consomê [kõso'me] *nm (Br)* = **consomé**.

conspícuo, cua [kõʃ'pikwu, -kwɐ] *adj* manifeste.

conspiração [kõʃpirɐ'sɐ̃u] *(pl* **-ões** [-õiʃ]) *nf* conspiration *(f)*.

constante [kõʃ'tɐ̃ntə] *adj* constant(e).

constar [kõʃ'tar] *v impers* • **constar que** dire que.
■ **constar de** *v + prép* **1.** *(consistir em)* consister en **2.** *(figurar em)* figurer dans.

constatar [kõʃtɐ'tar] *vt* • **constatar que** constater que.

consternado, da [kõʃtər'nađu, -đɐ] *adj* consterné(e).

constipação [kõʃtipɐ'sɐ̃u] *(pl* **-ões** [-õiʃ]) *nf* rhume *(m)*.

À PROPOS DE...

constipação

Attention, ne pas confondre « constipação » avec ***constipation***. En portugais, « constipação » signifie ***rhume***.

constipado, da [kõʃti'pađu, -đɐ] *adj* • **estar constipado** être enrhumé.

constipar-se [kõʃti'parsə] *vp* s'enrhumer.

constituição [kõʃtitwi'sɐ̃u] *(pl* **-ões** [-õiʃ]) *nf* constitution *(f)*.

constituir [kõʃti'twir] *vt* constituer.

constranger [kõʃtrɐ̃'ʒer] *vt* **1.** *(obrigar)* contraindre **2.** *(embaraçar)* gêner.
■ **constranger-se** *vp* se sentir gêné(e).

constrangimento [kõʃtrɐ̃ʒi'mẽntu] *nm* **1.** *(obrigação)* contrainte *(f)* **2.** *(embaraço)* gêne *(f)*.

construção [kõʃtru'sɐ̃u] *(pl* **-ões** [-õiʃ]) *nf* construction *(f)*.

construído, da [kõʃtru'iđu, -đɐ] *adj* construit(e) • **construído em...** construit en...

construir [kõʃtru'ir] *vt* construire.

construtivo, va [kõʃtru'tivu, -vɐ] *adj* constructif(ive).

construtor [kõʃtru'tor] *(pl* **-es** [-əʃ]) *nm* constructeur *(m)*, -trice *(f)*.

cônsul ['kõsuɫ] *(pl* **-es** [-əʃ]) *nmf* consul *(m)*.

consulado [kõsu'lađu] *nm* consulat *(m)*.

cônsules ['kõnsuliʃ] ▷ **cônsul**.

consulta [kõ'suɫtɐ] *nf* consultation *(f)*.

consultar [kõsuɫ'tar] *vt* consulter.

consultoria [kõsuwto'ria] *nf (Br)* bureau *(m)* de consultation. • = **consultório**

consultório [kõsuɫ'tɔrju] *nm* cabinet *(m) (de consultation)*.

consumidor, **ra** [kõsumi'đor, -rɐ] (*mpl* **-es** [-əʃ], *fpl* **-s** [-ʃ]) *nm, f* consommateur *(m)*, -trice *(f)*.

consumir [kõsu'mi(x)] ■ *vt* consommer. ■ *vi* **1.** *(gastar dinheiro)* dépenser (de l'argent) **2.** *(destruir)* consumer.
■ **consumir-se** *vp* se tourmenter.

consumo [kõ'sumu] *nm* consommation *(f)*.

conta ['kõntɐ] *nf* **1.** *(de restaurante, café)* addition *(f)* **2.** *(de banco)* compte *(m)* **3.** *(de colar)* perle *(f)* • **a conta, por favor** l'addition, s'il vous plaît • **abrir uma conta** ouvrir un compte • **dar-se conta de que** se rendre compte que • **fazer de conta que** faire comme si • **ter em conta** tenir compte de • **tomar conta de** surveiller • **conta bancária** compte bancaire • **conta corrente** compte courant • **conta à ordem** compte à vue • **à conta de** aux frais de • **vezes sem conta** à plusieurs reprises.

contabilidade [kõntɐbəli'đađə] *nf* comptabilité *(f)*.

contabilista [kõntɐbə'liʃtɐ] *nmf* comptable *(mf)*.

contactar [kõntɐ(k)'tar] *vt (Port)* contacter.

contacto [kõn'ta(k)tu] *nm (Port)* contact *(m)* • **entrar em contacto com** prendre contact avec.

contador [kõntɐ'đor] (*pl* **-es** [-əʃ]) *nm* compteur *(m)*.

contagem [kõn'taʒẽi] (*pl* **-ns** [-ʃ]) *nf* **1.** *(de gasto de água, de luz)* relevé *(m)* **2.** *(de votos)* dépouillement *(m)*.

contagiar [kõntɐ'ʒjar] *vt* contaminer.

contágio [kõn'taʒju] *nm* contagion *(f)*.

contagioso, **osa** [kõntɐ'ʒjozu, -ɔzɐ] *adj* contagieux(euse).

conta-gotas [ˌkõntɐ'gotɐʃ] *nm inv* compte-gouttes *(m inv)*.

contaminação [kõntɐminɐ'sɐ̃u] (*pl* **-ões** [-õiʃ]) *nf* contamination *(f)*.

contaminar [kõntɐmi'nar] *vt* contaminer.

conta-quilómetros [ˌkõntɐki'lɔmətruʃ] *nm inv* compteur *(m) (kilométrique)*.

contar [kõn'tar] ■ *vt* **1.** compter **2.** *(narrar, explicar)* raconter. ■ *vi* compter • **contar algo a alguém** raconter qqch à qqn • **contar fazer algo** compter faire qqch • **contar com** compter sur.

contatar [kõnta'ta(x)] *(Br)* = **contactar**.

contato [kõn'tatu] *nm (Br)* = **contacto**.

contêiner [kõn'tejne(x)] *(Br)* = **contentor**.

contemplar [kõntẽm'plar] *vt* **1.** *(paisagem, pintura)* contempler **2.** *(ideia, possibilidade)* envisager • **contemplar alguém com algo** récompenser qqn de qqch.

contemporâneo, **nea** [kõntẽmpu'rɐnju, -njɐ] *adj* & *nm, f* contemporain(e).

contentamento [kõntẽntɐ'mẽntu] *nm* joie *(f)*.

contentar [kõntẽn'tar] *vt* faire plaisir.
■ **contentar a** *v* + *prép* faire plaisir à.
■ **contentar-se com** *vp* + *prép* se contenter de.

contente [kõn'tẽntə] *adj* content(e).

contentor [kõntẽn'tor] (*pl* **-es** [-əʃ]) *nm* container *(m)* • **contentor do lixo** benne *(f)* à ordures.

conter [kõn'ter] *vt* contenir.
■ **conter-se** *vp* se retenir.

conterrâneo, **nea** [kõntə'ʀɐnju, -njɐ] *nm, f* concitoyen *(m)*, -enne *(f)*.

contestação [kõntəʃtɐ'sɐ̃u] (*pl* **-ões** [-õiʃ]) *nf* **1.** *(resposta)* réponse *(f)* **2.** *(polémica)* contestation *(f)*.

contestar [kõntəʃ'tar] *vt* **1.** *(replicar)* répondre **2.** DR *(refutar)* contester.

conteúdo [kõn'tjuđu] *nm* **1.** *(de recipiente)* contenu *(m)* **2.** *(de carta, texto)* teneur *(f)*.

contexto [kõn'tɐiʃtu] *nm* contexte *(m)*.

contigo [kõn'tigu] *pron* avec toi.

continente [kõnti'nẽntə] *nm* continent *(m)*.

continuação [kõntinwɐ'sɐ̃u] (*pl* **-ões** [-õiʃ]) *nf* suite *(f)*.

continuamente [kõnˌtinwɐ'mẽntə] *adv* continuellement.

continuar [kõnti'nwar] *vt* & *vi* continuer • **continuar a fazer algo** continuer à faire qqch • **continuar com algo** continuer qqch.

contínuo, **nua** [kõn'tinwu, -nwɐ] ■ *adj* **1.** *(sem interrupção)* continu(e) **2.** *(repetido)* continuel(elle). ■ *nm, f* ≃ appariteur *(m)*.

conto ['kõntu] *nm* **1.** *(mil escudos)* mille escudos **2.** *(história)* conte *(m)*.

conto-do-vigário ['kõntuduvi'garju] *nm fam* • **levar (alguém) no conto-do-vigário** *(Port)* duper (qqn) • **passar o conto-do-vigário** *(Br)* duper • **cair no conto-do-vigário** tomber dans le panneau.

contornar [kõntur'nar] *vt* contourner.

contra ['kõntrɐ] ■ *prép* contre. ■ *nm* • **pesar** *OU* **ver os prós e os contras** peser le pour et le contre.

contra-ataque [kõntra'takə] (*pl* **contra-ataques** [kõntra'takəʃ]) *nm* contre-attaque *(f)*.

contrabaixo [kõntrɐ'ƀaiʃu] *nm* contrebasse *(f)*.

contrabando [kõntrɐ'ƀɐ̃ndu] *nm* **1.** *(de mercadorias)* contrebande *(f)* **2.** *(mercadoria)* produit *(m)* de contrebande.

contracepção [ˌkõntrɐsɛ(p)'sɐ̃u] *nf* contraception *(f)*.

contraceptivo, va [ˌkõntrɐsɛ(p)'tivu, -vɐ] ■ *adj* contraceptif(ive). ■ *nm* contraceptif *(m)*.

contradição [ˌkõntrɐđi'sɐ̃u] (*pl* **-ões** [-õiʃ]) *nf* contradiction *(f)*.

contradizer [ˌkõntrɐđi'zer] *vt* contredire.

contrafilé [kõntrafi'lɛ] *nm* *(Br)* faux-filet *(m)*.

contra-indicação [ˌkõntrɐĩndikɐ'sɐ̃u] (*pl* **contra-indicações** [ˌkõntrɐĩndikɐ'sõiʃ]) *nf* *(de medicamento)* contre-indication *(f)*.

contrair [kõntrɐ'ir] *vt* **1.** contracter **2.** *(vício, hábito)* prendre • **contrair matrimónio** se marier.

contramão [kõntra'mɐ̃u] *nf* sens *(m)* inverse • **ir contramão** rouler en sens inverse.

contrapartida [ˌkõntrɐpɐr'tiđɐ] *nf* contrepartie *(f)* • **em contrapartida** en contrepartie.

contrariar [kõntrɐ'rjar] *vt* **1.** *(contradizer)* contredire **2.** *(aborrecer)* contrarier.

contrariedade [kõntrɐrje'đađə] *nf* contrariété *(f)*.

contrário, ria [kõn'trarju, -rjɐ] ■ *adj* **1.** *(oposto)* contraire **2.** *(adversário)* adverse. ■ *nm* • **o contrário** le contraire • **ser contrário a algo** être opposé à qqch • **de contrário** sinon • **muito pelo contrário** bien au contraire • **em sentido contrário** en sens inverse.

contra-senso [ˌkõntrɐ'sẽsu] (*pl* **contra-sensos** [ˌkõntrɐ'sẽsuʃ]) *nm* **1.** *(absurdo)* non-sens *(m)* **2.** *(em tradução)* contresens *(m)*.

contrastar [kõntrɐʃ'tar] ■ *vt* mettre en contraste. ■ *vi* contraster • **contrastar com** contraster avec.

contraste [kõn'traʃtə] *nm* contraste *(m)* • **em contraste com** en contraste avec.

contratar [kõntrɐ'tar] *vt* **1.** *(pessoa)* engager **2.** *(serviço)* passer un contrat pour.

contratempo [ˌkõntrɐ'tẽmpu] *nm* contretemps *(m)*.

contrato [kõn'tratu] *nm* contrat *(m)*.

contribuinte [kõntri'ƀwĩntə] *nmf* contribuable *(mf)*.

contribuir [kõntri'ƀwir] *vi* apporter une contribution • **contribuir para algo** contribuer à qqch • **contribuir com dinheiro (para)** participer financièrement (à).

controlado, da [kõntru'lađu, đɐ] *adj* contrôlé(e) • **'velocidade controlada por radar'** 'vitesse contrôlée par radar'.

controlar [kõntru'lar] *vt* contrôler.
■ **controlar-se** *vp* se contrôler.

controle [kõn'troli] *nm* *(Br)* = **controlo**.

controlo [kõn'trolu] *nm* **1.** *(Port)* contrôle *(m)* **2.** *(comando)* commande *(f)* • **controlo remoto** télécommande *(f)*.

controvérsia [kõntru'vɛrsjɐ] *nf* controverse *(f)*.

controverso, sa [kõntru'vɛrsu, -sɐ] *adj* controversé(e).

contudo [kõn'tuđu] *conj* cependant.

contusão [kõntu'zɐ̃u] (*pl* **-ões** [-õiʃ]) *nf* contusion *(f)*.

convalescença [kõvɐləʃ'sẽsɐ] *nf* convalescence *(f)*.

convenção [kõvẽ'sɐ̃u] (*pl* **-ões** [-õiʃ]) *nf* convention *(f)*.

convencer [kõvẽ'ser] *vt* convaincre • **convencer alguém a fazer algo** convaincre qqn de faire qqch • **convencer alguém de algo** convaincre qqn de qqch.
■ **convencer-se** *vp* être convaincu(e) • **convencer-se de que** être convaincu que.

convencido, da [kõvẽ'siđu, -đɐ] *adj* prétentieux(euse).

convencional [kõvẽsju'nał] (*pl* **-ais** [-aiʃ]) *adj* **1.** *(pessoa)* conformiste **2.** *(regra, atitude, sinal)* conventionnel(elle).

convenções ▷ **convenção**.

conveniente [kõvə'njẽntə] *adj* *(hora, momento)* opportun(e) • **é conveniente ir à reunião** il vaut mieux aller à la réunion.

convento [kõ'vẽntu] *nm* couvent *(m)*.

conversa [kõ'vɛrsɐ] *nf* conversation *(f)* • **conversa fiada** *fam* parlote *(f)* • **não ir na conversa** *fam* ne pas marcher (dans la combine).

conversar [kõvər'sar] *vi* discuter • **conversar com** discuter avec.

conversível [kõvex'siveu] (*pl* **-eis** [-ɐiʃ]) *nm (Br)* décapotable *(f)*.

converter [kõvər'ter] *vt* • **converter algo em** convertir qqch en • **converter alguém em algo** faire de qqn qqch.
■ **converter-se** *vp* se convertir • **converter-se a** se convertir à • **converter-se em** devenir.

convés [kõ'vɛʃ] (*pl* **-eses** [-ɛzəʃ]) *nm* pont *(m)* supérieur.

convidado, da [kõvi'đađu, -đɐ] *adj* & *nm, f* invité(e).

convidar [kõvi'đar] *vt* inviter.

convir [kõ'vir] *vi* **1.** convenir **2.** *(admitir)* reconnaître • **convém analisar a situação** il serait bon d'analyser la situation.

convite [kõ'vitə] *nm* invitation *(f)*.

convivência [kõvi'vẽsjɐ] *nf* **1.** *(vida em comum)* cohabitation *(f)* **2.** *(familiaridade)* convivialité *(f)*.

conviver [kõvi'ver] ■ **conviver com** *v + prép* **1.** *(ter convivência com)* vivre avec **2.** *(amigos, colegas)* fréquenter.

convívio [kõ'vivju] *nm* **1.** *(convivência)* convivialité *(f)* **2.** *(festa)* fête *(f)*.

convocar [kõvu'kar] *vt* convoquer • **convocar alguém para algo** convoquer qqn à qqch.

convosco [kõ'voʃku] *pron* avec vous.

convulsão [kõvuɫ'sɐ̃u] (*pl* **-ões** [-õiʃ]) *nf* **1.** *(física)* convulsion *(f)* **2.** *(social)* agitation *(f)*.

cookie ['koki] (*pl* **cookies**) *nm* INFORM cookie *(m)*.

cooperação [kwopərɐ'sɐ̃u] (*pl* **-ões** [-õiʃ]) *nf* coopération *(f)*.

cooperar [kwopə'rar] *vi* coopérer.

cooperativa [kwopərɐ'tivɐ] *nf* coopérative *(f)*.

coordenar [kworđə'nar] *vt* coordonner.

copa ['kɔpɐ] *nf* **1.** *(divisão de casa)* office *(m)* **2.** *(de árvore)* cime *(f)* **3.** *(de chapéu)* calotte *(f)* **4.** *(Br) (torneio desportivo)* coupe *(f)*.
■ **copas** *nfpl (naipe de cartas)* cœur *(m)*.

cópia ['kɔpjɐ] *nf* copie *(f)*.

copiar [ku'pjar] *vt* & *vi* copier.

copo ['kɔpu] *nm* verre *(m)* • **tomar** OU **beber um copo** prendre OU boire un verre • **estar com os copos** *fam* avoir un coup dans l'aile.

copo-d'água [ˌkɔpu'đagwɐ] (*pl* **copos-d'água** [ˌkɔpuʒ'dagwɐ]) *nm* vin *(m)* d'honneur.

coqueiro [ko'kɐiru] *nm* cocotier *(m)*.

coquetel [kɔkə'tɛɫ] (*pl* **-éis** [-ɛiʃ]) *nm* cocktail *(m)*.

cor[1] ['kɔr] ■ **de cor** *adv* • **aprender/saber algo de cor** apprendre/savoir qqch par cœur • **saber algo de cor e salteado** savoir qqch sur le bout des doigts.

cor[2] ['kor] (*pl* **-es** [-əʃ]) *nf* couleur *(f)* • **mudar de cor** changer de couleur • **perder a cor** déteindre • **de cor** de couleur *(personne)*.

coração [kurɐ'sɐ̃u] (*pl* **-ões** [-õiʃ]) *nm* cœur *(m)* • **ter bom coração** avoir bon cœur.

corado, da [kɔ'rađu, -đɐ] *adj* doré(e) • **ficar corado** *(pessoa)* rougir.

coragem [ku'raʒɐ̃i] ◪ *nf* courage *(m)*. ◪ *interj* bon courage !

corais ▷ **coral**.

corajoso, osa [kurɐ'ʒozu, -ɔzɐ] *adj* courageux(euse).

coral [ku'raɫ] (*pl* **-ais** [-aiʃ]) *nm* **1.** *(organismo)* chorale *(f)* **2.** *(substância)* corail *(m)*.

corante [kɔ'rɐ̃ntə] *nm* colorant *(m)* • **'sem corantes nem conservantes'** 'sans colorant ni conservateur'.

corar [kɔ'rar] ◪ *vi (ruborizar-se)* rougir. ◪ *vt (frango, assado, etc)* faire dorer.

Corcovado [kurku'vađu] *nm* • **o Corcovado** le Corcovado.

corda ['kɔrđɐ] *nf* **1.** corde *(f)* **2.** *(de relógio, brinquedo)* ressort *(m)* • **corda de saltar** corde à sauter • **cordas vocais** cordes vocales • **dar corda a** remonter.

cordão [kur'đɐ̃u] (*pl* **-ões** [*(Port)* -õiʃ, *(Br)* kox'dõjʃ]) *nm* **1.** *(Port) (de sapatos)* lacet *(m)* **2.** *(jóia)* chaîne *(f)* • **cordão umbilical** cordon *(m)* ombilical.

cordeiro [kur'đɐiru] *nm* agneau *(m)*.

cordel [kur'đɛɫ] (*pl* **-éis** [-ɛiʃ]) *nm* ficelle *(f)* • **cordel da roupa** corde *(f)* à linge.

CULTURE...

O Corcovado

Le *morro do Corcovado* (*colline du Corcovado*) est l'une des collines de Rio de Janeiro. Il est connu au Brésil et dans le monde entier pour sa statue haute de trente mètres. Cette statue représente le Christ qui accueille Rio de Janeiro les bras ouverts. Elle a été offerte par la France aux habitants de Rio.
Le sommet du Corcovado offre une vue magnifique de la ville de Rio qui porte aussi le nom de *cidade maravilhosa* (*ville merveilleuse*).

cor-de-laranja [ˌkorđəlɐ'rɐ̃ʒɐ] *adj inv* orange.

cor-de-rosa [ˌkorđə'ʀɔzɐ] *adj inv* rose.

cordial [kur'đjał] (*pl* **-ais** [-aiʃ]) *adj* cordial (e).

cordilheira [kurđi'ʎɐirɐ] *nf* cordillère *(f)*.

cordões ▷ **cordão**.

Coreia [ku'rɐjɐ] *nf* Corée *(f)*.

cores ▷ **cor**.

coreto [ko'retu] *nm* kiosque *(m)*.

corinto [ko'rĩntu] *nm* raisin *(m)* de Corinthe.

córnea ['kɔrnjɐ] *nf* cornée *(f)*.

corneta [kur'netɐ] *nf* cornet *(m)* (à pistons).

cornflakes® [kɔrn'flɐiks] *nmpl* corn flakes *(mpl)*.

coro ['koru] *nm* chœur *(m)* • **em coro** en chœur.

coroa [ku'roɐ] *nf* couronne *(f)*.

corpo ['korpu] *nm* corps *(m)*.

corporal [kurpu'rał] (*pl* **-ais** [-aiʃ]) *adj* ▷ **odor**.

correção [koxe'sɐ̃u] (*pl* **-ões** [-õiʃ]) *nf (Br)* = **correcção**.

correcção [kuʀɛ'sɐ̃u] (*pl* **-ões** [-õiʃ]) *nf (Port)* correction *(f)*.

correções ▷ **correção**.

correctamente [kuˌʀɛtɐ'mẽntə] *adv (Port)* correctement.

correcto, **ta** [ku'ʀɛtu, -tɐ] *adj (Port)* correct (e).

corrector [kuʀɛ'tor] (*pl* **-es** [-əʃ]) *nm (Port)* correcteur *(m)*, -trice *(f)*.

corredor, **ra** [kuʀə'đor, -rɐ] (*mpl* **-es** [-əʃ], *fpl* **-s** [-ʃ]) ◼ *nm, f* coureur *(m)*, -euse *(f)*. ◼ *nm* couloir *(m)*.

correia [ku'ʀɐjɐ] *nf* courroie *(f)* • **correia da ventoinha** courroie du ventilateur.

correio [ku'ʀɐju] *nm* **1.** poste *(f)* **2.** *(pessoa)* facteur *(m)* **3.** *(correspondência)* courrier *(m)* • **correio azul** *(Port)* ≃ Chronopost *(m)* • **correio electrónico** courrier électronique • **correio expresso** courrier express • **pelo correio** par courrier, par la poste.

corrente [ku'ʀẽntə] ◼ *adj* courant(e). ◼ *nf* **1.** courant *(m)* **2.** *(de ar)* courant *(m)* d'air **3.** *(cadeia de metal, de bicicleta)* chaîne *(f)* • **estar ao corrente de algo** être au courant de qqch • **pôr alguém ao corrente de algo** mettre qqn au courant de qqch • **corrente alternada** courant alternatif.

correr [ku'ʀer] ◼ *vi* **1.** courir **2.** *(água, lágrimas, rio)* couler **3.** *(tempo)* s'écouler. ◼ *vt* courir • **correr as cortinas** tirer les rideaux • **correr com alguém** mettre qqn à la porte • **fazer algo a correr** faire qqch en vitesse.

correspondência [kuʀəʃpõn'dẽsjɐ] *nf* correspondance *(f)*.

correspondente [kuʀəʃpõn'dẽntə] *adj* & *nmf* correspondant(e).

corresponder [*(Port)* kuʀəʃpõn'der, *(Br)* koxeʃpõn'de(x)] *vi* **1.** *(equivaler)* correspondre **2.** *(retribuir)* remercier • **corresponder a** correspondre à.
◼ **corresponder-se** *vp* correspondre • **corresponder-se com alguém** correspondre avec qqn.

corretamente [ko'xɛta'mẽntʃi] *(Br)* = **correctamente**.

correto [ko'xɛtu] *adj (Br)* = **correcto**.

corretor, **ra** [kuʀə'tor, -rɐ] (*mpl* **-es** [-əʃ], *fpl* **-s** [-ʃ]) *nm, f* courtier *(m)*, -ère *(f)*.

corrida [ku'ʀiđɐ] *nf* **1.** *(de velocidade, táxi)* course *(f)* **2.** *(tourada)* corrida *(f)* • **corrida de automóveis** course automobile • **corrida de cavalos** course de chevaux • **corrida à Portuguesa** *corrida sans mise à mort du taureau* • **de corrida** *(à pressa)* à toute vitesse • *(por alto)* à la va-vite.

corrigir [kuʀi'ʒir] *vt* corriger.
◼ **corrigir-se** *vp* se corriger.

corrimão [kuʀi'mɐ̃u] (*pl* **-s** [-ʃ] *ou* **-ões** [-õiʃ]) *nm* **1.** *(de escada)* rampe *(f)* **2.** *(de varanda)* balustrade *(f)*.

corrimento [kuʀi'mẽntu] *nm (de vagina)* pertes *(fpl)*.

corrimões ▷ **corrimão**.

corroborar [kuʀuƀu'rar] *vt* corroborer.

corromper [kuʀõm'per] *vt* corrompre.

corrupção [kuʀup'sɐ̃u] (*pl* **-ões** [-õiʃ]) *nf* corruption *(f)* ◆ **corrupção de menores** détournement *(m)* de mineur.

corrupto, ta [ku'ʀuptu, -tɐ] *adj* corrompu (e).

cortar [kur'tar] ◼ *vt* **1.** couper **2.** *(rua, estrada)* barrer. ◼ *vi* couper ◆ **cortar em algo** réduire qqch ◆ **cortar relações (com alguém)** couper les ponts (avec qqn) ◆ **cortar caminho** prendre un raccourci.
◼ **cortar-se** *vp* se couper.

corta-unhas [ˌkɔrtɐ'uɲɐʃ] *nm inv* coupe-ongles *(m inv)*.

corte ['kɔrte] *nm* **1.** coupure *(f)* **2.** *(redução)* réduction *(f)* ◆ **corte de cabelo** coupe *(f)* de cheveux.

cortejar [*(Port)* kurta'ʒar, *(Br)* koxte'ʒa(x)] *vt* courtiser.

cortejo [kur'tɐiʒu] *nm* cortège *(m)* ◆ **cortejo fúnebre** cortège funèbre.

cortesia [kurtə'ziɐ] *nf* courtoisie *(f)*.

cortiça [kur'tisɐ] *nf* liège *(m)*.

cortiço [kox'tʃisu] *(Br)* = **colmeia**.

cortina [kur'tinɐ] *nf* rideau *(m)*.

cortinados [kurti'nađuʃ] *nmpl* rideaux *(mpl)*.

coruja [ku'ruʒɐ] *nf* chouette *(f)*.

corvina [kur'vinɐ] *nf* sciène *(f) (poisson)*.

corvo ['korvu] *nm* corbeau *(m)*.

cós ['kɔʃ] *nm inv* ceinture *(f)*.

coser [ku'zer] *vt* & *vi* coudre.

cosmético [kuʒ'mɛtiku] *nm* cosmétique *(m)*.

cosmopolita [kuʒmupu'litɐ] *adj* cosmopolite.

costa ['kɔʃtɐ] *nf* **1.** *(junto ao mar)* côte *(f)* **2.** *(de montanha)* pente *(f)* ◆ **dar à costa** accoster.
◼ **costas** *nfpl* **1.** *(de pessoa, mão)* dos *(m)* **2.** *(de cadeira)* dossier *(m)*.

Costa do Marfim [ˌkɔʃtɐđumɐr'fĩ] *nf* ◆ **a Costa do Marfim** la Côte-d'Ivoire.

Costa Rica [ˌkɔʃtɐ'rikɐ] *nm* ◆ **a Costa Rica** le Costa Rica.

costela [kuʃ'tɛlɐ] *nf* côte *(f)*.

costeleta [kuʃtəletɐ] *nf* côtelette *(f)*.

costumar [kuʃtu'mar] *vt* ◆ **costumar fazer algo** avoir l'habitude de faire qqch ◆ **costuma chover no Inverno** en général, il pleut en hiver.

costume [kuʃ'tumə] *nm* **1.** *(hábito)* habitude *(f)* **2.** *(uso social)* coutume *(f)* ◆ **como de costume** comme d'habitude ◆ **por costume** par habitude.

costura [kuʃ'turɐ] *nf* **1.** couture *(f)* **2.** *(de operação cirúrgica)* cicatrice *(f)*.

costurar [kuʃtu'rar] *vt* coudre.

cotação [kutɐ'sɐ̃u] (*pl* **-ões** [-õiʃ]) *nf* **1.** *(de pergunta, em exame, teste)* barème *(m)* **2.** *(de mercadoria, moeda, título)* cours *(m)* **3.** *(actividade na Bolsa)* cotation *(f)*.

cotidiano [kotʃi'dʒjɐnu] *adj* & *nm (Br)* = **quotidiano**.

cotonetes [kɔtɔ'nɛtəʃ] *nmpl* Cotons-Tiges® *(mpl)*.

cotovelada [kutuvə'lađɐ] *nf* coup *(m)* de coude.

cotovelo [kutu'velu] *nm* coude *(m)*.

cotovia [kutu'viɐ] *nf* alouette *(f)*.

coube ['koƀə] ▷ **caber**.

couchette [ku'ʃɛtə] *nf* couchette *(f)*.

couraça [ko'rasɐ] *nf (de tartaruga, cágado)* carapace *(f)*.

courgette [kur'ʒɛtə] *nf* courgette *(f)*.

couro ['koru] *nm* cuir *(m)* ◆ **couro cabeludo** cuir chevelu.

couve ['kovə] *nf* chou *(m)* ◆ **couve lombarda** chou vert de Milan ◆ **couve à mineira** *chou en lanière frit à l'ail* ◆ **couve portuguesa** chou moellier ◆ **couve roxa** chou rouge.

couve-de-Bruxelas [ˌkovəđəƀru'ʃɛlɐʃ] (*pl* **couves-de-Bruxelas** [ˌkovəʒdəƀru'ʃɛlɐʃ]) *nf* chou *(m)* de Bruxelles.

couve-flor [ˌkovə'flor] (*pl* **couves-flores** [ˌkovəʃ'florəʃ]) *nf* chou-fleur *(m)*.

couve-galega [ˌkovəgɐ'legɐ] (*pl* **couves-galegas** [ˌkovəʒgɐ'legɐʃ]) *nf* chou *(m)* cavalier.

couvert [ku'vɛr] *nm* hors-d'œuvre *(m inv)*.

cova ['kɔvɐ] *nf* **1.** trou *(m)* **2.** *(sepultura)* fosse *(f)*.

covarde [ko'vaxdʒi] *(Br)* ■ *adj* lâche. ■ *nmf* lâche *(mf)*.

covardia [kovax'dʒia] *(Br)* *nf* lâcheté *(f)*.

coveiro [ku'vɐiru] *nm* fossoyeur *(m)*.

coxa ['koʃɐ] *nf* cuisse *(f)* • **coxa de galinha** cuisse de poulet.

coxia [ku'ʃiɐ] *nf* **1.** *(em casa de espectáculos)* allée *(f)* **2.** *(cavalariça)* box *(m)*.

coxo, xa ['koʃu, -ʃɐ] *adj* boîteux(euse).

cozer [ku'zer] *vt* cuire.

cozido, da [ku'ziđu, -đɐ] ■ *adj* cuit(e). ■ *nm* • **cozido (à portuguesa)** *sorte de pot-au-feu*.

cozinha [ku'ziɲɐ] *nf* cuisine *(f)*.

cozinhar [kuzi'ɲar] ■ *vt* cuisiner. ■ *vi* cuisiner, faire la cuisine.

cozinheiro, ra [kuzi'ɲɐiru, -rɐ] *nm, f* cuisinier *(m)*, -ère *(f)*.

CP *nf* (*abr de* **Caminhos de Ferro Portugueses**) ≃ SNCF *(f)* *(Société Nationale des Chemins de Fer)*.

CPLP (*abr écrite de* **Comunidade dos Países de Língua Portuguesa**) *nf* CPLP *(f)* *(Communauté des Pays de langue portugaise)*.

CULTURE...

A CPLP

La Communauté des pays de langue portugaise a été créée en 1996. La « communauté lusophone » est l'équivalent de notre francophonie. Elle regroupe les États dont la langue officielle est le portugais. Ceux-ci sont, en plus du Portugal : l'Angola, le Brésil, le Cap-Vert, la Guinée-Bissau, le Mozambique, São Tomé et Principe et le Timor-Oriental (qui a rejoint la Communauté lorsqu'il a acquis son indépendance en 2002).

crachá [kra'ʃa] *nm* badge *(m)*.

crack ['kraki] (*pl* **cracks**) *nm* INFORM crack *(m)*.

cracker ['krakɛr] (*pl* **crackers**) *nm* INFORM mordu *(m)* d'informatique, pirate *(m)* informatique.

crânio ['krɐnju] *nm* crâne *(m)*.

craque ['krakə] *nmf fam* bête *(f)*.

cratera [krɐ'tɛrɐ] *nf* cratère *(m)*.

cravar [krɐ'var] *vt* **1.** *(unhas, dentes)* planter **2.** *fam (dinheiro)* taper **3.** *fam (cigarros)* taxer • **cravar os olhos em** fixer son regard sur.

cravinho [krɐ'viɲu] *nm* clou *(m)* de girofle.

cravo ['kravu] *nm* **1.** *(flor)* œillet *(m)* **2.** *(em pele)* verrue *(f)*.

cravo-da-índia ['kravuda'ĩndʒja] *(Br)* = **cravinho**.

creche ['krɛʃə] *nf* crèche *(f)*.

credencial [krədẽnsi'ał] (*pl* **-ais** [-aiʃ]) *nf* *autorisation qu'un médecin généraliste donne à son patient pour consulter un spécialiste.*

crediário [kre'dʒjarju] *nm (Br)* paiement *(m)* à crédit.

Credifone® [krɛđi'fɔnə] *nm (Port)* carte *(f)* téléphonique.

crédito ['krɛđitu] *nm* crédit *(m)* • **compra/venda a crédito** achat/vente à crédit.

credor, ra [krɛ'đor, -rɐ] (*mpl* **-es** [-əʃ], *fpl* **-s** [-ʃ]) *nm, f* créancier *(m)*, -ère *(f)*.

crédulo, la ['krɛđułu, -łɐ] *adj* crédule.

cremar [krə'mar] *vt* incinérer.

crematório [krəmɐ'tɔrju] *nm* crématorium *(m)*.

creme ['krɛmə] *nm* crème *(f)* • **creme da barba** crème à raser • **creme de base** fond *(m)* de teint • **creme hidratante** crème hydratante • **creme de limpeza** lait *(m)* démaquillant • **creme de noite** crème de nuit • **creme rinse** *(Br)* après-shampooing *(m inv)* • **creme de leite fresco** *(Br)* crème fraîche.

cremoso, osa [krə'mozu, -ɔzɐ] *adj* crémeux(euse).

crença ['krẽsɐ] *nf* croyance *(f)*.

crendice [krẽ'diʃi] *nf* croyance *(f)* absurde.

crente ['krẽntə] *nmf* croyant *(m)*, -e *(f)*.

crepe ['krɛpə] *nm* **1.** CULIN crêpe *(f)* **2.** *(tecido)* crêpe *(m)*.

crepúsculo [krə'puʃkulu] *nm* crépuscule *(m)*.

crer ['krer] *vt* • **crer que** croire que, croire • **é de crer que** il se peut que • **ver para crer** voir pour croire.

crescente [krəʃ'sẽntə] *nm* **1.** *(fase da lua)* croissant *(m)* **2.** *(fermento de pão)* levain *(m)*.

crescer [krəʃ'ser] *vi* **1.** *(plantas)* pousser **2.** *(pessoas)* grandir **3.** *(subir)* augmenter **4.** *(aumentar)* monter **5.** *(sobejar)* rester.

crescimento [*(Port)* krəʃi'mẽntu, *(Br)* kre-si'mẽntu] *nm* croissance *(f)*.

crespo, **pa** ['kreʃpu, -pɐ] *adj* **1.** *(cabelo)* crépu(e) **2.** *(rugoso)* rèche.

Creta ['krɛtɐ] *nf* • **Creta** la Crète.

cretino, **na** [krə'tinu, -nɐ] *nm, f* crétin *(m)*, -e *(f)*.

cria ['kriɐ] *nf* petit *(m)* *(d'un animal)*.

criação [*(Port)* kriɐ'sɐ̃u, *(Br)* krja'sɐ̃w] *nf* création *(f)*.

criado, **da** [kri'ađu, -đɐ] *nm, f* valet *(m)*, bonne *(f)* • **os criados** les domestiques • **criado de quarto** valet de chambre.

criador, **ra** [kriɐ'đor, -rɐ] (*mpl* **-es** [-əʃ], *fpl* **-s** [-ʃ]) *nm, f* **1.** *(inventor)* créateur *(m)*, -trice *(f)* **2.** *(de animais)* éleveur *(m)*, -euse *(f)*.

criança [kri'ɐ̃sɐ] *nf* enfant *(mf)* • **criança de colo** enfant en bas âge • **em criança, eu...** *(na infância)* quand j'étais petit, je... • **ser uma criança** se conduire comme un enfant.

criar [kri'ar] ■ *vt* **1.** élever **2.** *(inventar)* créer.
■ *vi* s'infecter.
■ **criar-se** *vp* **1.** *(produzir-se)* se former **2.** *(fundar-se)* se créer **3.** *(crescer)* grandir.

criatividade [kriɐtəvi'đađə] *nf* créativité *(f)*.

criativo, **va** [kriɐ'tivu, -vɐ] *adj* créatif(ive).

criatura [kriɐ'turɐ] *nf* créature *(f)*.

crime ['krimə] *nm* crime *(m)*.

criminalidade [kriminɐli'đađə] *nf* criminalité *(f)*.

criminoso, **osa** [krimi'nozu, -ɔzɐ] *nm, f* criminel *(m)*, -elle *(f)*.

crina ['krinɐ] *nf* crinière *(f)*.

criptografar [kriptugrɐ'far] *vt* INFORM crypter.

criptografia [kriptugra'fiɐ] *nf* INFORM cryptage *(m)*.

crisântemo [kri'zɐ̃ntəmu] *nm* chrysanthème *(m)*.

crise ['krizə] *nf* crise *(f)*.

crista ['kriʃtɐ] *nf* crête *(f)* • **estar na crista da onda** *fam* être dans le vent.

cristã ▷ **cristão**.

cristal [kriʃ'tał] (*pl* **-ais** [-aiʃ]) *nm* cristal *(m)*.

cristaleira [kriʃtɐ'lɐirɐ] *nf* vitrine *(f)* *(meuble)*.

cristão, **ã** [kriʃ'tɐ̃u, -ɐ̃] *adj* & *nm, f* chrétien (enne).

critério [kri'tɛrju] *nm* critère *(m)*.

crítica ['kritikɐ] *nf* critique *(f)*.

criticar [kriti'kar] *vt* critiquer.

crivo ['krivu] *nm* **1.** *(de farinha, areia, etc)* crible *(m)* **2.** *(de regador)* pomme *(f)* d'arrosoir.

Croácia [kru'asjɐ] *nf* • **a Croácia** la Croatie.

crocante [krɔ'kẽntə] *adj* croustillant(e).

croché [krɔ'ʃɛ] *nm* *(Port)* crochet *(m)* *(tricot)*.

crochê [kro'ʃe] *nm* *(Br)* = **croché**.

crocodilo [kruku'đilu] *nm* crocodile *(m)*.

cromo ['krɔmu] *nm* image *(f)*.

crónica ['krɔnikɐ] *nf* *(Port)* chronique *(f)*.

crônica ['kronikɐ] *nf* *(Br)* = **crónica**.

crónico, **ca** ['krɔniku, -kɐ] *adj* *(Port)* *(doença)* chronique.

crônico, **ca** ['kroniku, -kɐ] *adj* *(Br)* = **crónico**.

cronológico, **ca** [krunu'łɔʒiku, -kɐ] *adj* chronologique.

cronometrar [krunumə'trar] *vt* chronométrer.

cronómetro [kru'nɔmətru] *nm* *(Port)* chronomètre *(m)*.

cronômetro [kro'nometru] *nm* *(Br)* = **cronómetro**.

croquete [krɔ'kɛtə] *nm* croquette *(f)*.

crosta ['kroʃtɐ] *nf* **1.** *(de ferida)* croûte *(f)* **2.** *(da Terra)* écorce *(f)*.

cru, **crua** ['kru, 'kruɐ] *adj* cru(e).

crucial [kru'sjał] (*pl* **-ais** [-aiʃ]) *adj* crucial (e).

crucifixo [krusə'fiksu] *nm* crucifix *(m)*.

cruel [kru'ɛł] (*pl* **-éis** [-'ɛiʃ]) *adj* cruel(elle).

crustáceos [kruʃ'tasjuʃ] *nmpl* crustacés *(mpl)*.

cruz ['kruʃ] (*pl* **-es** [-zəʃ]) *nf* croix *(f)* • **a Cruz Vermelha** la Croix-Rouge.

cruzamento [kruzɐ'mẽntu] *nm* **1.** croisement *(m)* **2.** *(na cidade)* carrefour *(m)*.

cruzar [kru'zar] *vt* **1.** traverser **2.** *(pernas, braços)* croiser.
■ **cruzar-se** *vp* se croiser • **cruzar-se com alguém** croiser qqn.

cruzeiro [kru'zeiru] *nm* **1.** *(de navio)* croisière *(f)* **2.** *(antiga unidade monetária)* cruzeiro *(m)*.

CTT *nmpl* (*abr de* **Correios e Telecomunicações de Portugal**) ≃ la Poste.

cu ['ku] *nm vulg* cul *(m)*.

Cuba ['kuɓɐ] *nf* Cuba *(f)*.

Cuba libre [ˌkuɓɐ'liɓrə] *nf* rhum-Coca *(m)*.

cúbico, ca ['kuɓiku, -kɐ] *adj* **1.** *(metro)* cube **2.** *(raiz, forma)* cubique.

cubículo [ku'ɓikulu] *nm* réduit *(m)*.

cubo ['kuɓu] *nm* cube *(m)* • **cubo de gelo** glaçon *(m)*.

cuco ['kuku] *nm* coucou *(m)*.

cueca ['kwɛka] *(Br)* = **cuecas**.

cuecas ['kwɛkɐʃ] *nfpl fam* slip *(m)*.

cuidado, da [kui'đađu, -đɐ] ■ *adj* soigné(e). ■ *nm* attention *(f)*. ■ *interj* attention ! • **ter cuidado** faire attention • **ao cuidado de alguém** à l'attention de qqn • *(responsabilidade)* confié à qqn • **com cuidado** en faisant attention • *(conduzir)* prudemment • *(trabalhar)* soigneusement.

cuidar [kui'đar] ■ **cuidar de** *v + prép* prendre soin de. ■ **cuidar-se** *vp* prendre soin de soi.

cujo, ja ['kuʒu, -ʒɐ] *pron* dont • **o livro cuja capa...** le livre dont la couverture....

culinária [kuli'narjɐ] *nf* art *(m)* culinaire.

culminar [kułmi'nar] ■ **culminar em** *v + prép* être couronné(e) par.

culpa ['kułpɐ] *nf* faute *(f)* • **ter culpa de algo** être coupable de qqch • **tenho a culpa** c'est de ma faute • **por culpa de** à cause de.

culpado, da [kuł'pađu, -đɐ] *adj* coupable.

cultivar [kułti'var] *vt* cultiver.
■ **cultivar-se** *vp* se cultiver.

culto, ta ['kułtu, -tɐ] ■ *adj* cultivé(e). ■ *nm* culte *(m)*.

cultura [kuł'turɐ] *nf* culture *(f)*.

cultural [kułtu'rał] (*pl* **-ais** [-aiʃ]) *adj* culturel(elle).

culturismo [kułtu'riʒmu] *nm* body-building *(m)*.

cume ['kumə] *nm* sommet *(m)*.

cúmplice ['kũmplisə] *nmf* complice *(mf)*.

cumplicidade [kũmpləsi'đađə] *nf* complicité *(f)*.

cumprimentar [kũmprimẽn'tar] *vt* saluer.

cumprimento [kũmpri'mẽntu] *nm* salut *(m)*.
■ **cumprimentos** *nmpl* salutations *(fpl)* • **com os melhores cumprimentos** *(em carta)* sincères salutations • **dar cumprimentos a alguém** présenter ses respects à qqn.

cumprir [kũm'prir] ■ *vt* **1.** *(tarefa, missão)* accomplir **2.** *(ordem)* exécuter **3.** *(promessa)* tenir **4.** *(pena)* purger **5.** *(lei)* respecter. ■ *v impers* • **cumpre-lhe fazer as contas** c'est à lui de faire les comptes.

cúmulo ['kumulu] *nm* comble *(m)* • **é o cúmulo!** c'est le comble ! • **para cúmulo** qui plus est.

cunha ['kuɲɐ] *nf* **1.** coin *(m)* **2.** *(sala)* • **à cunha** bondé(e) • **ter uma cunha** *fam* se faire pistonner.

cunhado, da [ku'ɲađu, -đɐ] *nm, f* beau-frère *(m)*, belle-sœur *(f)*.

cunhar [ku'ɲar] *vt* frapper *(la monnaie)*.

cupão [ku'pɐ̃w] (*pl* **-ões** [-õiʃ]) *nm* **1.** *(Port)* *(de loja)* bon *(m)* d'achat **2.** *(de acção, obrigação)* coupon *(m)*.

cupom [ku'põ] (*pl* **-ns** [-ʃ]) *nm* *(Br)* = **cupão**.

cúpula ['kupulɐ] *nf* **1.** *(abóbada)* coupole *(f)* **2.** *(telhado)* dôme *(m)*.

cura ['kurɐ] *nf* **1.** *(de doença)* guérison *(f)* **2.** *(de queijo)* affinage *(m)* **3.** *(pelo fumo)* fumage *(m)* **4.** *(no sal)* salage *(m)* **5.** *(pelo calor)* séchage *(m)*.

curar [ku'rar] ■ *vt* **1.** *(doença, ferida)* guérir **2.** *(queijo)* affiner **3.** *(secar)* faire sécher **4.** *(fumar)* fumer **5.** *(salgar)* saler. ■ *vi* guérir.
■ **curar-se** *vp* guérir.

curativo [kurɐ'tivu] *nm* pansement *(m)*.

curinga [ku'rĩŋga] *nm* **1.** *(de jogo de cartas)* joker *(m)* **2.** *(Br)* *(em futebol)* polyvalent *(m)* **3.** INFORM • **curinga** (caractère *(m)*) maigre *(m)*.

curiosidade [kurjuzi'đađə] *nf* curiosité *(f)*.

curioso, osa [ku'rjozu, -ɔzɐ] *adj & nm, f* curieux(euse).

curral [ku'ʀał] (*pl* **-ais** [-aiʃ]) *nm* étable *(f)*.

currículo [ku'ʀikulu] *nm* CV *(m)*.

currículum vitae [kuˌxikulũn'vitaj] *(Br)* = **currículo**.

curso ['kursu] *nm* **1.** *(de especialização, universidade, etc)* année *(f)* **2.** *(alunos de um curso)* promotion *(f)* **3.** *(de rio)* cours *(m)* • **ter um curso de algo** avoir un diplôme de qqch

• **curso intensivo** stage *(m)* intensif • **curso superior** études *(fpl)* supérieures • **em curso** en cours.

cursor [kur'sor] (*pl* **-es** [-əʃ]) *nm* curseur *(m)*.

curta-metragem [ˌkuxtametra'ʒẽ] (*pl* **curtas-metragens** [ˌkuxtaʒmetra'ʒẽʃ]) *nf* court-métrage *(m)*.

curtido, da [kur'tiđu, -đɐ] *adj (Port) fam* génial(e).

curtir [kur'tir] *vt* **1.** *(peles, couros)* tanner **2.** *fam (gostar)* s'éclater.

curto, ta ['kurtu, -tɐ] *adj* court(e) • **a curto prazo** à court terme.

curto-circuito [ˌkurtusir'kwitu] (*pl* **curtos-circuitos** [ˌkurtuʃsir'kwituʃ]) *nm* court-circuit *(m)*.

curva ['kurvɐ] *nf* **1.** *(de estrada, caminho)* virage *(m)* **2.** *(de corpo)* forme *(f)*, rondeur *(f)* • **ir dar uma curva** *fam* aller faire un tour.

curvar [kur'var] *vt* **1.** courber **2.** *(flexionar)* plier.
■ **curvar-se** *vp* **1.** se courber **2.** *fig* s'incliner.

cuscuz [kuʃ'kuʃ] *nm* **1.** *(tipo de massa alimentícia)* semoule *(f)* **2.** *(prato árabe)* couscous *(m)* **3.** *(prato brasileiro) gâteau salé à la farine de maïs cuit à la vapeur.*

cuspe ['kuʃpi] *(Br)* = **cuspo**.

cuspir [kuʃ'pir] *vt* & *vi* cracher.

cuspo ['kuʃpu] *nm* salive *(f)*.

custa ['kuʃtɐ] ■ **à custa de** *prép* **1.** *(de sacrifícios)* au prix de **2.** *(do Estado)* aux frais de.
■ **custas** *nfpl* frais *(mpl)*.

custar [kuʃ'tar] *vt* coûter • **custa muito a fazer** c'est pénible à faire • **quanto custa?** combien ça coûte ? • **custe o que custar** coûte que coûte.

custo ['kuʃtu] *nm* **1.** coût *(m)* **2.** *fig* peine *(f)* • **custo de vida** coût de la vie • **a custo** avec peine.

cutia [ku'tiɐ] *nf* agouti *(m)*.

cutícula [ku'tikulɐ] *nf* cuticule *(f)*.

c.v. *nm* (*abr de* **curriculum vitae**) CV *(m)*.

c/v (*abr écrite de* **cave**) sous sol *(m)*.

d D

d, D [đe] *m (letra)* d, D.

da [dɐ] = **de** + **a** ▷ **de**.

dá ['da] ▷ **dar**.

dactilografar [dɐ(k)tilugrɐ'far] *vt (Port)* dactylographier.

dactilógrafo, fa [dɐ(k)ti'lɔgrɐfu, -fɐ] *nm, f (Port)* dactylo *(mf)*.

dádiva ['dađivɐ] *nf* don *(m)*.

dado, da ['dađu, -đa] ◼ *adj* **1.** *(sociável)* ouvert(e) **2.** *(determinado)* donné(e). ◼ *nm* **1.** *(gén)* donnée *(f)* **2.** *(de jogar)* dé *(m)* • **dado que** étant donné que.
■ **dados** *nmpl* **1.** *(jogo)* dés *(mpl)* **2.** *(morada institucional)* coordonnées *(fpl) (professionnelles)* **3.** INFORM données *(fpl)* • **jogar dados** jouer aux dés.

daí [dɐ'i] *adv* **1.** = **de** + **aí 2.** • **daí em** *OU* **por diante** depuis • **sai daí!** sors de là ! • **anda daí!** *fam* allez, viens ! • **daí a um mês/ano** un mois/an après • **e daí?** et alors ?

dali [dɐ'li] *adv* **1.** *(de + ali)* de là-bas **2.** • **dali a uma semana** une semaine plus tard • **dali em** *OU* **por diante** depuis.

daltónico, ca [dał'tɔniku, -kɐ] *adj & nm, f (Port)* daltonien(enne).

daltônico, ca [dau'toniku, -kɐ] *adj & nm, f (Br)* = **daltónico**.

dama ['dɐmɐ] *nf* dame *(f)* • **dama de honor** *(Port)* demoiselle *(f)* d'honneur • **dama de honra** *(Br)* demoiselle *(f)* d'honneur.
■ **damas** *nfpl* dames *(fpl)* • **jogar damas** jouer aux dames.

damasco [dɐ'maʃku] *nm* abricot *(m)*.

dança ['dɐ̃sɐ] *nf* danse *(f)* • **danças folclóricas** danses folkloriques.

dançar [dɐ̃'sar] *vt & vi* danser.

danceteria [dɐ̃sete'riɐ] *nf (Br)* dancing *(m)*.

danificar [dɐnəfi'kar] *vt* endommager.

dano ['dɐnu] *nm* dommage *(m)*.

dantes ['dɐ̃ntəʃ] *adv* autrefois.

dão ['dɐ̃w] ▷ **dar**.

Dão ['dɐ̃w] *nm fleuve du Portugal qui arrose la région de Beira Alta.*

daquela [dɐ'kɛlɐ] = **de** + **aquela** ▷ **de**.

daquele [dɐ'kelə] = **de** + **aquele** ▷ **de**.

daqui [dɐ'ki] *adv* **1.** *(de + aqui)* d'ici **2.** • **daqui a um ano/mês** d'ici un an/mois • **daqui a pouco** d'ici peu • **daqui em** *OU* **por diante** à partir de maintenant, dorénavant.

daquilo [dɐ'kilu] = **de** + **aquilo** ▷ **aquilo**.

dar ['dar] *vt*

1. DONNER, OFFRIR, RENDRE
• **dar algo a alguém** donner qqch à qqn
• **dei muito dinheiro por esta casa** j'ai donné beaucoup d'argent pour cette maison

2. CAUSER, PROVOQUER
• **o passeio deu-me fome** la promenade m'a donné faim
• **ele dá muitos problemas** il pose beaucoup de problèmes
• **isso dá sorte** cela porte bonheur
• **dar prazer/pena/medo** faire plaisir/de la peine/peur
• **isto vai dar muito que fazer** ça va donner beaucoup de travail
• **isto vai dar muito que fazer** *fig* ça va donner du fil à retordre

3. TRANSMETTRE UN SON, UNE IMAGE, UN SIGNE
• **o relógio já deu horas** l'horloge a déjà sonné
• **ainda não deu sinal de si** il n'a pas encore donné signe de vie
• **está a dar um bom filme** on passe un bon film
• **ele começa a dar sinais de cansaço** il commence à donner des signes de fatigue

4. GAINS, ARGENT = rapporter
• **jogar futebol pode dar muito dinheiro** jouer au foot peut rapporter beaucoup

5. SUIVI D'UN NOM

très souvent, le verbe « dar » apparaît devant un nom, avec pour seule fonction d'indiquer qu'il s'agit d'une action dont la nature est explicitée par le nom

• **dar um beijo** donner un baiser
• **dar um passeio** faire une promenade
• **dar uma festa** faire une fête
• **dar um empurrão a alguém** bousculer qqn
• **dar um berro** pousser un cri
• **dar um telefonema** passer un coup de fil
• **dar uma olhadela** jeter un coup d'œil
• **ela dá aulas numa escola** elle donne des cours dans une école
• **dar prova(s) de** faire preuve de
• **dar cumprimentos** saluer, donner le bonjour
• **dar os parabéns** féliciter.

dar a *v + prép*

mener à/conduire à
• **esta rua vai dar à câmara municipal** cette rue mène à/conduit à la mairie.

dar com *v + prép*

suivi d'un nom ou d'un pronom

1. RENCONTRER, TROUVER
• **nunca darei com o lugar** je ne trouverai jamais l'endroit
2. S'ASSORTIR
• **as cores não dão umas com as outras** les couleurs ne vont pas ensemble
• **esta saia não dá com a tua blusa** cette jupe ne va pas avec ta chemise.

dar de *v + prép*

DISTRIBUER À
• **dar de beber a** donner à boire à
• **dar de comer a** donner à manger à.

dar em *v + prép*

dans les constructions avec un adjectif, un nom, un pronom ou un infinitif

AVOIR POUR CONSÉQUENCE
• **vou dar em doido** je vais devenir fou
• **dar em águas de bacalhau** finir en queue de poisson, tomber à l'eau
• **ele deu em cumprimentar toda a gente** il s'est mis à saluer tout le monde
• **dá no(a) mesmo(a)** ça revient au même, c'est pareil.

dar para *v + prép*

suivi d'un infinitif, d'un nom ou d'un pronom

1. AVOIR POUR BUT
• **servir para, ser útil para** être utile à
2. AVOIR POUR CONSÉQUENCE, ÊTRE POSSIBLE
• **o pão não dá para todos** il n'y a pas assez de pain pour tout le monde
• **não vai dar para eu chegar a horas** je ne pourrai pas être à l'heure
3. AVOIR VUE SUR
• **a janela dá para o jardim** la fenêtre donne sur le jardin.

dar por *v + prép*

suivi d'un infinitif, d'un nom ou d'un pronom

donner pour
• **deu-o por morto** il le donna pour mort.

dar-se *vp*

1. INDIQUE LA COMPRÉHENSION = s'entendre
• **elas não se dão (bem)** elles ne s'entendent pas
2. S'HABITUER = s'adapter
• **nunca me dei com este clima** je ne me suis jamais adapté à ce climat
3. INDIQUE LE TEMPS
• **o attentado deu-se a 11 de Setembro** l'attentat a eu lieu le 11 septembre.

dar

LOCUTIONS ET EXPRESSIONS
• **dar cabo de** abîmer, détruire
• **dar de comer** donner à manger
• **dar à língua** *fam* bavarder
• **dar com a língua nos dentes** *fam* vendre la mèche
• **dar ideia de** sembler, faire penser à, rappeler
• **dar-lhe na cabeça** décider
• **dar à luz** mettre au monde
• **dar ouvidos** prêter l'oreille
• **dar nas vistas** se faire remarquer
• **dar-se ares (de importante)** faire l'important, se donner des airs
• **já deu o que tinha a dar** il a fait son temps
• **para o que der e vier** advienne que pourra
• **quem me dera!** Dieu le veuille ! *ou* pourvu que
• **toma cá, dá lá** donnant, donnant.

dardo ['darđu] *nm* javelot *(m)*.
■ **dardos** *nmpl* fléchettes *(fpl)* • **jogar dardos** jouer aux fléchettes.

das [dɐʃ] = **de + as** • ▷ **de**.

DAT (*abr de* **digital audio tape**) *nf* lecteur *(m)* audio digital.

data ['datɐ] *nf* date *(f)* • **data de nascimento** date de naissance.

datar [*(Port)* da'tɐr, *(Br)* da'ta(x)] *vt* dater.

datilografar [datilogra'far] *vt (Br)* = **dactilografar**.

datilógrafo [datʃi'lɔgrafu] *(Br)* = **dactilógrafo**.

d.C. (*abr écrite de* **depois de Cristo**) ap. J.-C.

de [də] *prép*

contraction de : de + a = **da** [dɐ], *de + aquela =* **daquela** [dɐ'kɛlɐ], *de + aquele =* **daquele** [dɐ'kɛlə], *de + as =* **das** [dɐʃ], *de + ela =* **dela** ['dɛlɐ], *de + ele =* **dele** ['delə], *de + eles =* **deles** ['deləʃ], *de + entre =* **dentre** [dẽntrə], *de + esse =* **desse** ['desə], *de + essa =* **dessa** ['dɛsɐ], *de + esse =* **desse** ['desə], *de + esta =* **desta** ['dɛʃtɐ], *de + este =* **deste** ['deʃtə]

1. INDIQUE L'APPARTENANCE
• **o carro daquele rapaz** la voiture de ce garçon
• **a casa é dela** la maison est à elle
• **um filme de Manoel de Oliveira** un film de Manoel de Oliveira
• **o último livro de Saramago** le dernier livre de Saramago
• **a recepção do hotel** la réception de l'hôtel
• **um destes dias volto** un de ces jours, je reviendrai
• **um desses hotéis serve** l'un de ces hôtels fera l'affaire
• **uma daquelas cadeiras é para mim** l'une de ces chaises est pour moi

2. INDIQUE L'ORIGINE OU LE POINT DE DÉPART
• **um produto do Brasil** un produit du Brésil
• **sou do Porto** je suis de Porto
• **cheguei ontem da Madeira** je suis arrivé hier de Madère
• **trabalho das nove às cinco** je travaille de neuf heures à cinq heures

3. INDIQUENT LE CONTENU
• **um copo de água** un verre d'eau
• **um livro de inglês** un livre d'anglais

4. INDIQUE LA MATIÈRE
• **um relógio de ouro** une montre en or
• **um bolo de bacalhau** une croquette de morue
• **um bolo de chocolate** un gâteau au chocolat

5. INDIQUE LA FONCTION
• **uma máquina de calcular** une machine à calculer
• **a sala de espera** la salle d'attente
• **a porta da entrada** la porte d'entrée

6. INDIQUE LA MANIÈRE OU LE MOYEN DE TRANSPORT
• **deitou-se de lado** il s'est couché sur le côté
• **está tudo de pernas para o ar** tout est sens dessus dessous
• **morreu de repente** il est mort subitement
• **viajou de jipe** il a voyagé en Jeep

7. INDIQUE LA CAUSE
• **chorar de alegria** pleurer de joie
• **morrer de frio** mourir de froid

8. INDIQUE LE MOMENT
• **chegámos de madrugada** nous sommes arrivés de bonne heure
• **de noite todos os gatos são pardos** la nuit, tous les chats sont gris

9. INDIQUE UN TERME DE COMPARAISON
• **é mais rápido do que este** il est plus rapide que celui-ci

10. INDIQUE LA PÉRIODICITÉ OU LA DISTANCE : « DE... EM »
• **de dois em dois dias** tous les deux jours
• **de quinze em quinze minutos** toutes les quinze minutes
• **de três em três metros** tous les trois mètres

11. POUR DÉCRIRE
• **o senhor de negro** le monsieur en noir
• **uma camisola de manga curta** un pull à manches courtes
• **uma nota de dez euros** un billet de dix euros

12. AVEC UN ADJECTIF + « DE »
• **cheio de gente** plein de monde
• **digno de atenção** digne d'attention
• **lindo de morrer** beau à en mourir
• **difícil de esquecer** difficile à oublier

13. INTRODUIT UN COMPLÉMENT DE VERBE
• **gostar de algo/alguém** aimer qqch/qqn
• **desconfiar de alguém** se méfier de qqn
• **fala-me de ti** parle-moi de toi

14. SUIVI DE « DE » + INFINITIF = OBLIGATION, DEVOIR
• **tenho de ir às compras** je dois aller faire des courses
• **de cor** par cœur
• **estar de dieta** être au régime
• **estar de luto** être en deuil
• **ja era de esperar** on pouvait s'y attendre
• **isso é de arrepiar** c'est effrayant
• **nunca vi uma coisa destas** je n'ai jamais vu une chose pareille
• **um calor de morrer** une chaleur insupportable.

debaixo [də'ƀaiʃu] *adv* dessous • **debaixo de** sous.

debate [də'ƀatə] *nm* débat *(m)*.

debater [dəbɐ'ter] *vt* débattre.
■ **debater-se** *vp* se débattre.

débil ['dɛbił] (*pl* **-beis** [-bɐiʃ]) ■ *adj* faible. ■ *nmf* • **débil mental** débile *(mf)* mental, -e *(f)*.

debitar [dəbi'tar] *vt* débiter.

débito ['dɛbitu] *nm* débit *(m)*.

debruçar-se [dəbru'sarsə] *vp* se pencher • **debruçar-se sobre algo** se pencher sur qqch.

década ['dɛkɐdɐ] *nf* décennie *(f)* • **na década de oitenta/noventa** dans les années quatre-vingts/quatre-vingt-dix.

decadência [dəkɐ'dẽsjɐ] *nf* décadence *(f)*.

decadente [dəkɐ'dẽntə] *adj* décadent(e).

decapitar [dəkɐpi'tar] *vt* décapiter.

decência [də'sẽsjɐ] *nf* décence *(f)*.

decente [də'sẽntə] *adj* décent(e).

decepar [dəsə'par] *vt* tronquer.

decepção [dəsɛ'sɐ̃w] (*pl* **-ões** [-õiʃ]) *nf* déception *(f)*.

decidido, da [dəsi'didu, -dɐ] *adj* décidé(e).

decidir [dəsi'dir] *vt* décider • **decidir fazer algo** décider de faire qqch.
■ **decidir-se** *vp* se décider • **decidir-se a fazer algo** se décider à faire qqch.

decifrar [dəsi'frar] *vt* déchiffrer.

decimal [dɛsi'mał] (*pl* **-ais** [-aiʃ]) *adj* décimal(e).

décimo, ma ['dɛsimu, -mɐ] ■ *num* dixième. ■ *nm* **1.** *dixième billet d'une série de 10 grâce auquel on peut gagner le dixième du gros lot* **2.** • **o décimo/a décima** le/la dixième • **chegar em décimo** arriver dixième • **capítulo décimo** chapitre dix • **em décimo lugar** en dixième • **no décimo dia** le dixième jour • **a décima parte** le dixième • **o décimo segundo ano** *(Port) dernière année d'études secondaires,* ≃ terminale *(f)*.

decisão [dəsi'zɐ̃w] (*pl* **-ões** [-õiʃ]) *nf* décision *(f)*.

declamar [dəklɐ'mar] ■ *vt* réciter. ■ *vi* déclamer.

declaração [dəklɐrɐ'sɐ̃w] (*pl* **-ões** [-õiʃ]) *nf* déclaration *(f)* • **declaração amigável (de acidente automóvel)** constat *(m)* à l'amiable.

declarar [dəkla'rar] *vt* déclarer • **'nada a declarar'** 'rien à déclarer'.
■ **declarar-se** *vp* se déclarer.

declínio [də'klinju] *nm* déclin *(m)*.

declive [də'klivə] *nm* pente *(f)*.

DECO ['dɛku] *nf* (*abr de* **Defesa do Consumidor**), *association portugaise pour la défense des consommateurs.*

decolagem [deko'laʒẽ] *(Br)* = **descolagem**.

decolar [deko'lar] *vi (Br)* = **descolar**.

decomposição [dəkõmpuzi'sɐ̃w] (*pl* **-ões** [-õiʃ]) *nf* décomposition *(f)*.

decoração [dəkurɐ'sɐ̃w] (*pl* **-ões** [-õiʃ]) *nf* décoration *(f)*.

decorar [dəku'rar] *vt* **1.** *(ornamentar)* décorer **2.** *(memorizar)* apprendre par cœur.

decorativo, va [dəkurɐ'tivu, -vɐ] *adj* décoratif(ive).

decorrente [dəku'ʀẽntə] *adj* • **decorrente de** qui résulte de.

decotado, da [deko'tadu, da] *adj* décolleté (e).

decote [də'kɔtə] *nm* décolleté *(m)* • **decote em bico** *ou* **em V** col *(m)* en V • **decote redondo** col *(m)* rond.

decrescente [*(Port)* dəkrəʃ'sẽntə, *(Br)* dekre'sẽntʃi] *adj* décroissant(e).

decrescer [dəkrəʃ'ser] *vi* décroître.

decretar [dəkrə'tar] *vt* décréter.

decreto [də'krɛtu] *nm* décret *(m)*.

decreto-lei [dəˌkrɛtu'lɐi] (*pl* **decretos-lei** [dəˌkrɛtuʒ'lɐi]) *nm* ordonnance *(f)*.

decurso [də'kursu] *nm* • **no decurso de** au cours de.

dedal [də'dał] (*pl* **-ais** [-aiʃ]) *nm* dé *(m)* à coudre.

dedão [de'dɐ̃w] (*pl* **-ões** [-õiʃ]) *nm (Br)* gros orteil *(m)*.

dedicação [dədikɐ'sɐ̃w] (*pl* **-ões** [-õiʃ]) *nf* dévouement *(m)*.

dedicar [dədi'kar] *vt* **1.** *(livro, música, obra)* dédier **2.** *(tempo, atenção, energias)* consacrer.
■ **dedicar-se a** *vp* + *prép* se consacrer à.

dedicatória [*(Port)* dədikɐ'tɔrjɐ, *(Br)* detʃika'tɔrja] *nf* dédicace *(f)*.

dedo ['dedu] *nm* **1.** doigt *(m)* **2.** *(do pé)* doigt *(m)* de pied • **pôr o dedo no ar** lever le doigt.

dedões [de'dõjʃ] ▷ **dedão**.

dedução [dədu'sɐ̃w] (*pl* **-ões** [-õiʃ]) *nf* déduction *(f)*.

deduzir [dədu'zir] *vt* déduire.

default [dɪ'fɔːlt] *nm* INFORM par défaut *(m)*.

defeito [də'fɐitu] *nm* défaut *(m)*.

defeituoso, **osa** [dəfɐi'twozu, -ɔzɐ] *adj* *(produto)* défectueux(euse).

defender [dəfẽn'der] *vt* défendre.
■ **defender-se** *vp* se défendre • **defender-se de** se défendre de.

defensor, **ra** [dəfẽ'sor, -rɐ] *(mpl* **-es** [-əʃ], *fpl* **-s** [-ʃ]) *nm, f* défenseur *(m)*.

deferimento [dəfəri'mẽntu] *nm* autorisation *(f)* • **pede deferimento** *formule utilisée à la fin d'une demande administrative*.

defesa [də'fezɐ] *nf* **1.** défense *(f)* **2.** *(de tese)* soutenance *(f)*.

défice ['dɛfisə] *nm* déficit *(m)*.

deficiência [dəfi'sjẽsjɐ] *nf* **1.** *(de máquina)* défaillance *(f)* **2.** *(de vitaminas, renal)* déficience *(f)* **3.** *(física)* handicap *(m)*.

deficiente [dəfi'sjẽntə] ◪ *adj* **1.** *(máquina)* défaillant(e) **2.** *(pessoa)* handicapé(e). ◪ *nmf* handicapé *(m)*, -e *(f)* • **deficiente físico** handicapé physique • **deficiente mental** handicapé mental • **deficiente motor** handicapé moteur.

deficit ['dɛfisitʃ] *(Br)* = **défice**.

definição [dəfəni'sɐ̃u] *(pl* **-ões** [-õiʃ]) *nf* définition *(f)*.

definir [dəfə'nir] *vt* définir.
■ **definir-se** *vp* se définir.

definitivamente [dəfəniˌtivɐ'mẽntə] *adv* **1.** *(para sempre)* définitivement **2.** *(sem dúvida)* décidément.

definitivo, **va** [dəfəni'tivu, -vɐ] *adj* définitif(ive).

deformação [dəfurmɐ'sɐ̃u] *(pl* **-ões** [-õiʃ]) *nf* déformation *(f)* • **deformação profissional** déformation professionnelle.

deformar [dəfur'mar] *vt* déformer.

defrontar [*(Port)* dəfrõn'tar, *(Br)* defrõn'ta(x)] *vt* affronter.
■ **defrontar-se** *vp* *(deparar-se)* se mettre en face de, être vis à vis.

defronte [də'frõntə] *adv* en face • **defronte de** en face de.

defumado, **da** [dəfu'madu, -dɐ] *adj* fumé(e).

defumar [dəfu'mar] *vt* fumer.

degelo [də'ʒelu] *nm* dégel *(m)*.

degolar [dəgu'lar] *vt* égorger.

degradante [dəgrɐ'dẽntə] *adj* dégradant(e).

degradar [dəgrɐ'dar] *vt* avilir.
■ **degradar-se** *vp* **1.** *(danificar-se)* se dégrader **2.** *(aviltar-se)* s'avilir.

degrau [də'grau] *nm* marche *(f)*.

> **À PROPOS DE...**
>
> **degrau**
>
> Attention, ne pas confondre « degrau » avec ***degré***. En portugais, « degrau » signifie ***marche d'escalier***.

degustação [dəguʃtɐ'sɐ̃u] *nf* dégustation *(f)*.

degustar [dəguʃ'tar] *vt* déguster.

dei ['dɐi] ▻ **dar**.

deitar [dɐi'tar] ◪ *vt* **1.** *(estender)* étendre **2.** *(pessoa)* allonger **3.** *(para dormir)* coucher **4.** *(Port)* *(verter)* fuir **5.** *(lançar)* lancer **6.** *(líquido)* verser **7.** *(sal)* mettre. ◪ *vi* *(ferida)* suppurer • **deitar abaixo** *(derrubar)* abattre • **deitar cartas no correio** *(Port)* poster des lettres • **deitar ao chão** renverser • **deitar a fazer algo** *(Br)* se mettre à faire qqch • **deitar fora algo, deitar algo fora** *(Port)* *(pôr no lixo)* jeter qqch • **deitar fora** *(verter)* déborder • *(vomitar)* rendre • **deitar sangue** *(Port)* *(sangrar)* saigner • **deitar sangue pelo nariz** *(Port)* saigner du nez.
■ **deitar-se** *vp* **1.** *(na cama)* se coucher **2.** *(no chão)* s'allonger.

deixa ['dɐiʃɐ] *nf* réplique *(f)*.

deixar [dɐi'ʃar] ◪ *vt* **1.** laisser **2.** *(casa, mulher)* quitter **3.** *(estudos)* arrêter **4.** *(esperar)* attendre. ◪ *vi* • **deixar de fazer algo** arrêter de faire qqch • **não deixar de fazer algo** ne pas oublier de faire qqch • **deixar alguém fazer algo** laisser qqn faire qqch • **deixar cair** laisser tomber *(un objet, un projet)* • **deixar algo por fazer** laisser qqch inachevé • **deixar algo para** *(adiar)* remettre qqch à • *(guardar)* garder qqch pour • **deixar algo de lado** mettre qqch de côté • **deixar algo de parte** laisser qqch de côté • **deixar alguém/algo em paz** laisser qqn/qqch tranquille • **deixar alguém para trás** devancer qqn • **deixar algo para trás** laisser qqch de côté.
■ **deixar de** *v* + *prép* *(parar de)* arrêter de • **não deixar de fazer algo** ne pas manquer de faire qqch, ne pas cesser de.

■ **deixar-se** *vp* ◆ **deixar-se fazer algo** laisser les choses se faire ◆ **deixar-se levar por** *(emoção)* se laisser aller à ◆ *(enganar)* se faire avoir par ◆ **deixar-se de algo** renoncer à qqch.

dela ['dɛlɐ] = **de + ela** ◆ ▷ **de**.

dele ['delə] = **de + ele** ◆ ▷ **de**.

delegacia [delega'siɐ] *nf (Br)* ≃ commissariat *(m)* (de police).

delegado, da [dele'gadu, -dɐ] *nm, f* **1.** *(Br) (de polícia)* commissaire *(m)* **2.** *(de turma)* délégué *(m)*, -e *(f)* **3.** *(de país, governo, instituição)* représentant *(m)*, -e *(f)*.

deleitar [dəlɐi'tar] *vt* apprécier.
■ **deleitar-se com** *vp + prép* **1.** *(com comida)* se délecter de **2.** *(com música)* prendre du plaisir à.

deles ['deləʃ] = **de + eles** ◆ ▷ **de**.

delgado, da [dɛɫ'gađu, -đɐ] *adj* mince.

deliberação [dəliƀərɐ'sɐ̃u] (*pl* **-ões** [-õiʃ]) *nf* délibération *(f)*.

deliberar [dəliƀə'rar] ◘ *vt* délibérer sur. ◘ *vi* délibérer.

delicadeza [dəlikɐ'đezɐ] *nf* délicatesse *(f)*.

delícia [də'lisjɐ] *nf* délice *(m)*.

delicioso, osa [dəli'sjozu, -ɔzɐ] *adj* délicieux(euse).

delinear [dəli'njar] *vt* ébaucher.

delinquência [dəlĩŋ'kwẽsjɐ] *nf (Port)* délinquance *(f)* ◆ **delinquência juvenil** délinquance juvénile.

delinqüência [delĩŋ'kwẽsjɐ] *nf (Br)* = **delinquência**.

delinquente [dəlĩŋ'kwẽntə] *nmf (Port)* délinquant *(m)*, -e *(f)*.

delinqüente [delĩŋ'kwẽntʃi] *(Br)* = **delinquente**.

delirante [dəli'rẽntə] *adj fig* délirant(e).

delirar [dəli'rar] *vi* délirer.

delírio [də'lirju] *nm* délire *(m)*.

delito [də'litu] *nm* délit *(m)*.

demais [də'maiʃ] ◘ *adv* trop. ◘ *pron* ◆ **os/as demais** les autres ◆ **isto já é demais!** trop, c'est trop ! ◆ **ser demais** être super.

demanda [*(Port)* de'mẽndɐ, *(Br)* de'mɐ̃nda] *nf* **1.** *(pedido & COMM)* demande *(f)* **2.** DR demande *(f)*, litige *(f)* **3.** *(disputa)* dispute *(f)* **4.** *(busca)* quête *(f)*.

demandar [*(Port)* demẽn'dar, *(Br)* demɐ̃n'da(x)] *vt* **1.** DR demander, requérir **2.** *(exigir)* exiger, nécessiter **3.** *(pedir)* demander, réclamer **4.** *(procurar)* rechercher.

À PROPOS DE...

demandar

Attention, ne pas confondre « demandar » avec ***demander***. En portugais, « demandar » signifie ***porter plainte***.

demasia [dəmɐ'ziɐ] ■ **em demasia** *adv* trop.

demasiado, da [dəmɐ'zjađu, -đɐ] ◘ *adj* trop de. ◘ *adv* trop ◆ **demasiados livros** trop de livres ◆ **demasiada comida** trop à manger.

demência [də'mẽsjɐ] *nf* démence *(f)*.

demente [də'mẽntə] *adj & nmf* dément(e).

demissão [dəmi'sɐ̃u] (*pl* **-ões** [-õiʃ]) *nf* démission *(f)* ◆ **pedir demissão** donner sa démission.

demitir [dəmi'tir] *vt* démettre.
■ **demitir-se** *vp* démissionner.

democracia [dəmukrɐ'siɐ] *nf* démocratie *(f)*.

democrata [dəmu'kratɐ] *adj & nmf* démocrate.

democrático, ca [dəmu'kratiku, -kɐ] *adj* démocratique.

demolição [dəmuli'sɐ̃u] (*pl* **-ões** [-õiʃ]) *nf* démolition *(f)*.

demolir [dəmu'lir] *vt* démolir.

demónio [də'mɔnju] *nm (Port)* démon *(m)*.

demônio [de'monju] *nm (Br)* = **demónio**.

demonstração [dəmõʃtrɐ'sɐ̃u] (*pl* **-ões** [-õiʃ]) *nf* **1.** *(exposição)* démonstration *(f)* **2.** *(prova)* preuve *(f)* **3.** *(Port) (manifestação)* manifestation *(f)*.

demonstrar [dəmõʃ'trar] *vt* **1.** *(explicar)* montrer **2.** *(provar)* demontrer **3.** *(revelar)* faire preuve de.

demora [də'mɔrɐ] *nf* retard *(m)* ◆ **sem demora** tout de suite.

demorado, da [dəmu'rađu, -đɐ] *adj* **1.** *(longo)* long (longue) **2.** *(lento)* lent(e).

demorar [dəmu'rar] ◘ *vi* **1.** *(levar tempo)* durer **2.** *(tardar)* tarder **3.** *(ocupar)* prendre du temps. ◘ *vt* **1.** *(tardar)* mettre **2.** *(atrasar)* retenir.

■ **demorar-se** *vp* **1.** *(atrasar-se)* s'attarder **2.** *(levar tempo)* mettre longtemps **3.** *(ficar)* rester • **vais demorar muito?** tu en as pour longtemps ? • **não vou demorar** je ne serai pas long.

dendê [dẽn'de] *nm (Br)* huile *(f)* de palme.

denegrir [dənə'grir] *vt fig* dénigrer.

dengo [(Br) 'dẽgu] *nm* coquetterie *(f)*.

dengue ['dẽŋgə] *nf* dengue *(f)* • **dengue hemorrágica** dengue hémorragique.

denominação [dənuminɐ'sɐ̃u] *(pl* **-ões** [-õiʃ]) *nf* **1.** *(designação)* dénomination *(f)* **2.** *(para vinho)* appellation *(f)*.

denotar [dənu'tar] *vt* témoigner de.

densidade [dẽsi'đađə] *nf* densité *(f)*.

denso, sa ['dẽsu, -sɐ] *adj* dense.

dentada [dẽn'tađɐ] *nf* • **dar uma dentada** croquer • *(em pessoa)* mordre *(f)*.

dentadura [dẽntɐ'đurɐ] *nf* **1.** *(natural)* dentition *(f)* **2.** *(postiça)* dentier *(m)*.

dente ['dẽntə] *nm* **1.** dent *(f)* **2.** *(de elefante, elefante marinho)* défense *(f)* • **dente de alho** gousse *(f)* d'ail • **dentes postiços** dentier *(m)* • **dente do siso** dent de sagesse.

dentifrício, cia [dẽtʃi'frisju, -sja] ◪ *adj (Br)* • **dentifrício pasta de dentes** pâte dentifrice. ◪ *nm* dentifrice *(m)*.

dentífrico, ca [dẽn'tifriku, -kɐ] *(Port)* ◪ *adj* dentifrice. ◪ *nm* dentifrice *(m)*.

dentista [dẽn'tiʃtɐ] *nmf* dentiste *(mf)*.

dentre ['dẽntrə] = **de + entre** • ▷ **entre**.

dentro ['dẽntru] *adv* dedans, à l'intérieur • **dentro de algo** dans qqch • **aí dentro** là-dedans • **dentro em pouco** *OU* **em breve** d'ici peu • **por dentro** à l'intérieur • **lavar o carro por dentro** laver l'intérieur de la voiture • **por dentro de casa** par la maison • **estar por dentro de algo** s'y connaître en qqch.

denúncia [də'nũsjɐ] *nf* **1.** dénonciation *(f)* **2.** *(de roubo)* déclaration *(f)*.

denunciar [dənũ'sjar] *vt* **1.** dénoncer **2.** *(roubo)* déclarer.

deparar [dəpɐ'rar] ■ **deparar com** *v + prép* rencontrer. ■ **deparar-se com** *vp + prép* se trouver face à.

departamento [dəpɐrtɐ'mẽntu] *nm* département *(m)*.

dependência [dəpẽn'dẽsjɐ] *nf* dépendance *(f)*.

dependente [dəpẽn'dẽntə] *adj* dépendant (e).

depender [dəpẽn'der] *vi* • **depende...** ça dépend....

■ **depender de** *v + prép* **1.** être dépendant (e) de **2.** *(de circunstâncias, tempo)* dépendre de.

depilar [dəpi'lar] *vt* épiler.

depilatório, ria [dəpilɐ'tɔrju, -rjɐ] ◪ *adj* dépilatoire. ◪ *nm* dépilatoire *(m)*.

depoimento [dəpoi'mẽntu] *nm* déposition *(f)*.

depois [də'poiʃ] *adv* après • **depois de** après • **depois se vê!** on verra plus tard ! • **e depois?** et alors ? • **deixar algo para depois** remettre qqch à plus tard • **ficar para depois** laisser pour plus tard • **dias depois** quelques jours après • **semanas/anos depois** des semaines/des années après • **depois de amanhã** après-demain • **logo depois** tout de suite après • **depois que** depuis que.

depor [də'por] ◪ *vi* faire une déposition. ◪ *vt* démettre.

depositar [dəpuzi'tar] *vt* déposer • **depositar confiança em alguém** placer sa confiance en qqn.

■ **depositar-se** *vp* se déposer.

depósito [də'pɔzitu] *nm* **1.** dépôt *(m)* **2.** *(reservatório)* réservoir *(m)* • **ateste** *OU* **encha o depósito, por favor** *(Port)* le plein, s'il vous plaît • **depósito de bagagens** *(Br)* consigne *(f)* automatique • **depósito de gasolina** *(Port)* réservoir *(m)* • **depósito a prazo** dépôt à terme.

depravação [dəprɐvɐ'sɐ̃u] *(pl* **-ões** [-õiʃ]) *nf* dépravation *(f)*.

depreciação [dəprəsjɐ'sɐ̃u] *(pl* **-ões** [-õiʃ]) *nf* dépréciation *(f)*.

depressa [də'prɛsɐ] ◪ *adv* vite. ◪ *interj* vite ! • **é preciso andar depressa com isso** il faut faire vite.

depressão [dəprə'sɐ̃u] *(pl* **-ões** [-õiʃ]) *nf* dépression *(f)* • **depressão económica** crise *(f)* économique.

deprimente [dəpri'mẽntə] *adj* déprimant (e).

deprimir [dəpri'mir] *vt* déprimer.

deputado, da [dəpu'tađu, -đɐ] *nm, f* député *(m)*, -e *(f)*.

deriva [də'rivɐ] *nf* • **andar à deriva** aller à la dérive.

derivar [dəri'var] *vi* dériver.
■ **derivar de** *v + prép* dériver de.

dermatologista [dɛrmɐtulu'ʒiʃtɐ] *nmf* dermatologue *(mf)*.

derramamento [dəʀɐmɐ'mẽntu] *nm* **1.** *(de líquido)* déversement *(m)* **2.** *(de lágrimas, sangue)* effusion *(f)*.

derramar [dəʀɐ'mar] *vt* **1.** *(líquido)* renverser **2.** *(lágrimas, sangue)* verser **3.** *(farinha, feijão, batatas)* répandre.

derrame [də'ʀɐmə] *nm* hémorragie *(f)* cérébrale.

derrapagem [dəʀɐ'paʒẽi] *(pl* **-ns** [-ʃ]) *nf* dérapage *(m)*.

derrapar [dəʀɐ'par] *vi* déraper.

derreter [dəʀə'ter] *vt* faire fondre.
■ **derreter-se** *vp* fondre.

derretido, **a** [*(Port)* dəʀə'tiđu, *(Br)* dexe'tʃidu] *adj* fondu(e).

derrota [də'ʀɔtɐ] *nf* défaite *(f)*.

derrotar [dəʀu'tar] *vt* **1.** *(vencer)* battre **2.** MIL vaincre.

derrubar [dəʀu'ƀar] *vt* renverser.

desabafar [dəzɐƀɐ'far] *vi* se confier.

desabamento [dəzɐƀɐ'mẽntu] *nm* **1.** *(de terra)* glissement *(m)* **2.** *(de pedras)* éboulis *(m)* **3.** *(de edifício)* effondrement *(m)*.

desabar [dəza'ƀar] *vi* s'effondrer.

desabitado, **da** [dəzɐƀi'tađu, -đɐ] *adj* **1.** *(edifício)* inhabité(e) **2.** *(região)* dépeuplé(e).

desabotoar [dəzɐƀu'twar] *vt* déboutonner.

desabrigado, **da** [dəzɐƀri'ǥađu, -đɐ] *adj* **1.** *(sem casa, lar)* sans abri **2.** *(local)* inabrité(e), exposé(e).

desabrochar [dəzɐƀru'ʃar] *vi* éclore.

desacompanhado, **da** [dəzɐkõmpɐ'ɲađu, -đɐ] *adj* seul(e).

desaconselhar [dəzɐkõsə'ʎar] *vt* • **desaconselhar algo (a alguém)** déconseiller qqch (à qqn).

desaconselhável [dəzɐkõsə'ʎavɛł] *(pl* **-eis** [-ɐiʃ]) *adj* déconseillé(e).

desacordado, **da** [dəzɐkur'đađu, -dɐ] *adj* inconscient(e).

desacostumado, **da** [dəzɐkuʃtu'mađu, -đɐ] *adj* • **estar desacostumado de fazer algo** perdre l'habitude de faire qqch.

desacreditar [dəzɐkrəđi'tar] *vt* discréditer.
■ **desacreditar-se** *vp* se discréditer.

desactualizado, **da** [dəzɐtwɐli'zađu, -đɐ] *adj (Port)* dépassé(e).

desafinado, **da** [dəzɐfi'nađu, -đɐ] *adj* **1.** *(instrumento musical)* désaccordé(e) **2.** *(voz)* faux (fausse).

desafinar [dəzɐfi'nar] *vi* **1.** *(pessoa)* chanter faux **2.** *(instrumento)* sonner faux.

desafio [dəzɐ'fiu] *nm* **1.** défi *(m)* **2.** *(Port) (de futebol, basquetebol, etc)* match *(m)*.

desafortunado, **da** [dəzɐfurtu'nađu, -đɐ] *adj* malheureux(euse).

desagradar [dəzɐǥrɐ'đar] ■ **desagradar a** *v + prép* déplaire à.

desagradável [*(Port)* dəzɐǥrɐ'đaveł, *(Br)* dʒizagra'davew] *adj* désagréable.

desaguar [dəza'ǥwar] *vi* • **desaguar em** se jeter dans.

desajeitado, **da** [dəzɐʒɐi'tađu, -đɐ] *adj* maladroit(e).

desalinhado, **da** [dəzɐli'ɲađu, -đɐ] *adj* **1.** *(pessoa)* négligé(e) **2.** *(em desordem)* désordonné(e).

desalinho [dəzɐ'liɲu] *nm* **1.** *(em forma de vestir)* négligence *(f)* **2.** *(desordem)* désordre *(m)* • **em desalinho** en désordre.

desalojar [dəzɐlu'ʒar] *vt* déloger.

desamarrar [dəzɐmɐ'ʀar] *vt* détacher.

desamparado, **da** [dəzẽmpɐ'rađu, -đɐ] *adj* délaissé(e).

desamparar [dəzẽmpɐ'rar] *vt* délaisser.

desanimado, **da** [dəzɐni'mađu, -đɐ] *adj* découragé(e).

desanimar [*(Port)* dəzəni'mar, *(Br)* dʒizani'ma(x)] *vt* décourager.
■ **desanimar-se** *vp* se décourager.

desânimo [də'zɐnimu] *nm* découragement *(m)*.

desanuviar [dəzɐnu'vjar] *vi* **1.** *(céu)* se dégager **2.** *fig (espairecer)* se changer les idées • **desanuviar o espírito** *fig* s'aérer l'esprit.

desaparafusar [dəzɐpɐrɐfu'zar] *vt* dévisser.

desaparecer [dəzɐpɐrə'ser] *vi* disparaître.

desaparecido, **da** [dəzɐpɐrə'siđu, -đɐ] *adj & nm, f* disparu(e).

desaparecimento [dəzɐpɐrəsi'mẽntu] *nm* disparition *(f)*.

desapertar [dəzɐpər'tar] *vt* **1.** *(cinto, sapatos)* desserrer **2.** *(casaco)* déboutonner **3.** *(nó)* dénouer.

desapontado, da [dəzɐpõn'tađu, -đɐ] *adj* déçu(e).

desapontamento [dəzɐpõntɐ'mẽntu] *nm* déception *(f)*.

desapontar [dəzɐpõn'tar] *vt* décevoir.

desarmamento [dəzɐrmɐ'mẽntu] *nm* désarmement *(m)*.

desarmar [dəzɐr'mar] *vt* **1.** désarmer **2.** *(tenda, cama, estante)* démonter.

desarranjado, da [dəzɐʀɐ̃'ʒađu, -đɐ] *adj* **1.** *(desordenado)* désordonné(e) **2.** *(transtornado)* dérangé(e).

desarranjar [dəzɐʀɐ̃'ʒar] *vt* déranger.

desarrumado, da [dəzɐʀu'mađu, -đɐ] *adj* **1.** *(pessoa)* désordonné(e) **2.** *(em desordem)* dérangé(e).

desarrumar [dəzɐʀu'mar] *vt* déranger.

desarticulado, da [dəzɐrtiku'lađu, -đɐ] *adj* démis(e).

desassossego [dəzɐsu'segu] *nm* **1.** *(inquietação)* tourment *(m)* **2.** *(perturbação)* trouble *(m)*.

desastrado, da [dəzɐʃ'trađu, -đɐ] *adj* gauche.

desastre [də'zaʃtrə] *nm* **1.** *(de automóvel)* accident *(m)* **2.** *(desgraça)* malheur *(m)*.

desatar [dəzɐ'tar] ■ *vt* défaire. ■ *vi* • **desatar a fazer algo** se mettre à faire qqch.

desatento, ta [dəzɐ'tẽntu, -tɐ] *adj* inattentif(ive).

desatino [dəzɐ'tinu] *nm fam* poisse *(f)*.

desatualizado [dʒizatwali'zadu] *(Br)* = **desactualizado**.

desavença [dəzɐ'vẽsɐ] *nf* dispute *(f)*.

desavergonhado, da [dəzɐvərgu'ɲađu, -đɐ] *adj* & *nm, f* effronté(e).

desbaratar [dəʒbɐrɐ'tar] *vt* gaspiller.

desbastar [dəʒbɐʃ'tar] *vt (cabelo)* désépaissir.

desbotado, da [dəʒbu'tađu, -đɐ] *adj* défraîchi(e).

desbotar [dəʒbu'tar] ■ *vt* faire déteindre. ■ *vi* déteindre.

desbravar [dəʒbrɐ'var] *vt* défricher.

descabido, da [dəʃkɐ'ƀiđu, -đɐ] *adj* déplacé(e).

descafeinado, da [dəʃkɐfəi'nađu, -đɐ] ■ *adj* décaféiné(e). ■ *nm* décaféiné *(m)*.

descalçar [dəʃkał'sar] *vt* déchausser.

descalço, ça [dəʃ'kałsu, -sɐ] ■ *pp* ▷ **descalçar**. ■ *adj* nu-pieds, pieds nus.

descampado, da [dəʃkɐ̃m'pađu, -đɐ] ■ *adj* découvert(e). ■ *nm* terrain *(m)* vague.

descansado, da [dəʃkɐ̃'sađu, -đɐ] *adj* tranquille • **fique descansado!** soyez tranquille ! • **dormir descansado** dormir sur ses deux oreilles.

descansar [dəʃkɐ̃'sar] *vi* se reposer.

descanso [dəʃ'kɐ̃su] *nm* **1.** repos *(m)* **2.** dessous-de-plat *(m inv)*.

descapotável [dəʃkɐpu'tavɛł] *(pl* **-eis** [-ɐiʃ]) *adj (Port)* décapotable.

descarado, da [dəʃkɐ'rađu, -đɐ] *adj* effronté(e).

descaramento [dəʃkɐrɐ'mẽntu] *nm* effronterie *(f)*.

descarga [dʒiʃ'kaxgɐ] *nf* **1.** *(Br) (de vaso sanitário)* chasse *(f)* d'eau **2.** *(descarregamento)* déchargement *(m)* **3.** *(de arma)* décharge *(f)* • **dar a descarga** *(Br)* tirer la chasse • **descarga eléctrica** décharge électrique.

descarregar [dəʃkɐʀə'gar] *vt* décharger. ■ **descarregar-se** *vp* se décharger.

descarrilamento [dəʃkɐʀilɐ'mẽntu] *nm* déraillement *(m)*.

descarrilar [dəʃkɐʀi'lar] *vi* dérailler.

descartar-se [dəʃkɐr'tarsə] ■ **descartar-se de** *vp + prép* se débarrasser de.

descartável [dəʃkɐr'tavɛl] *(pl* **-eis** [-ɐiʃ]) *adj* jetable.

descascar [dəʃkɐʃ'kar] *vt* éplucher.

descendência [dəʃsẽn'dẽsjɐ] *nf* descendance *(f)*.

descendente [dəʃsẽn'dẽntə] *nmf* descendant *(m)*, -e *(f)*.

descender [dəʃsẽn'der] ■ **descender de** *v + prép* descendre de.

descentralizar [dəʃsẽntrɐli'zar] *vt* décentraliser.

descer [dəʃ'ser] ■ *vt* **1.** *(escadas, rua, montanha)* descendre **2.** *(estores, cortinas)* baisser. ■ *vi* **1.** *(temperatura, preço)* baisser **2.** *(de cavalo, carro, autocarro)* descendre • **descer de** descendre de.

descida [dəʃ'siđɐ] *nf* **1.** descente *(f)* **2.** *(de preço, valor)* baisse *(f)* • **'descida perigosa'** 'descente dangereuse'.

descoberta [dəʃku'ƀɛrtɐ] *nf* découverte *(f)*.

descobrimento [dəʃkuƀri'mẽntu] *nm* découverte *(f)* • **os Descobrimentos** les grandes découvertes.

CULTURE...

Os Descobrimentos

L'âge d'or de l'histoire du Portugal commence avec la conquête de Ceuta (en Afrique du Nord) en 1415. Le Portugal a joué un grand rôle dans les voyages de découvertes. Bartolomeu Dias passe le Cap de Bonne Espérance en 1487 et Pedro Álvares Cabral découvre le Brésil en 1500.

Les Découvertes portugaises, initiées par l'infant Henri le Navigateur (*Dom Infante Henrique*), ont largement contribué à l'histoire universelle puisque grâce aux exploits de ses navigateurs, le peuple portugais a découvert des terres et des mers que les Européens ne connaissaient pas auparavant.

descobrir [dəʃku'ƀrir] *vt* **1.** découvrir **2.** *(achar)* trouver.

descolagem [dəʃku'laʒɐ̃i] *(pl* **-ns** [-ʃ]) *nf (Port)* décollage *(m)*.

descolar [dəʃku'lar] *vt* & *vi* décoller.

descoloração [dəʃkulurɐ'sɐ̃u] *(pl* **-ões** [-õiʃ]) *nf* décoloration *(f)*.

descompor [dəʃkõm'por] *vt* réprimander.

descompostura [dəʃkõmpuʃ'turɐ] *nf* réprimande *(f)* • **passar uma descompostura a alguém** *fam* tirer les oreilles à qqn.

descomunal [dəʃkumu'nał] *(pl* **-ais** [-aiʃ]) *adj* immense.

desconcentrar [dəʃkõsẽn'trar] *vt* déconcentrer.

desconectar [dʒiʃkõ'ekta(x)] *vt (Br)* débrancher.

desconfiar [dəʃkõ'fjar] *vt* • **desconfiar que** *(suspeitar que)* douter que.

■ **desconfiar de** *v* + *prép* **1.** *(não ter confiança em)* se méfier de **2.** *(suspeitar de)* douter de.

desconfortável [dəʃkõfur'tavɛł] *(pl* **-eis** [-ɐiʃ]) *adj* inconfortable.

desconforto [dəʃkõ'fortu] *nm* inconfort *(m)*.

descongelar [dəʃkõʒə'lar] *vt* décongeler.

desconhecer [dəʃkuɲə'ser] *vt* ignorer.

desconhecido, da [dəʃkuɲə'siđu, -đɐ] *adj* & *nm, f* inconnu(e).

desconsolado, da [dəʃkõsu'lađu, -đɐ] *adj* **1.** morose **2.** *fam* fade.

descontar [dəʃkõn'tar] *vt* **1.** *(deduzir)* décompter **2.** *(cheque, letra)* escompter.

descontentamento [dəʃkõntẽntɐ'mẽntu] *nm* mécontentement *(m)*.

desconto [dəʃ'kõntu] *nm* **1.** *(dedução)* décompte *(m)* **2.** *(para reforma)* cotisation *(f)*.

descontraído, da [dəʃkõntrɐ'iđu, -đɐ] *adj* détendu(e).

descontrair [dəʃkõntrɐ'ir] *vt* détendre.

■ **descontrair-se** *vp* se détendre.

descontrolado, da [dəʃkõntru'lađu, -đɐ] *adj* **1.** *(agitado)* déchaîné(e) **2.** *(furioso)* hors-de-soi **3.** *(máquina)* déréglé(e).

descontrolar-se [dəʃkõntru'larsə] *vp* s'emporter.

desconversar [dəʃkõvər'sar] *vi* détourner la conversation.

descortinar [dəʃkurti'nar] *vt* distinguer.

descoser [dəʃku'zer] *vt* découdre.

■ **descoser-se** *vp* se découdre.

descrever [dəʃkrə'ver] *vt* décrire.

descrição [dəʃkri'sɐ̃u] *(pl* **-ões** [-õiʃ]) *nf* description *(f)*.

descuidado, da [dəʃkui'đađu, -đɐ] *adj* négligé(e).

descuidar [dəʃkui'đar] *vt* négliger.

■ **descuidar-se** *vp* **1.** *(distrair-se)* ne pas faire attention **2.** *(esquecer-se de)* oublier.

descuido [dəʃ'kuiđu] *nm* moment *(m)* d'inattention.

desculpa [dəʃ'kułpɐ] *nf* excuse *(f)* • **pedir desculpa a alguém de** OU **por algo** s'excuser auprès de qqn de qqch.

desculpar [dəʃkuł'par] *vt* excuser • **desculpe! magoei-o?** excusez-moi ! je vous ai fait mal ? • **desculpe, pode dizer-me as horas?** excusez-moi, pouvez-vous me donner l'heure ?

■ **desculpar-se** *vp* s'excuser • **desculpar-se com** prétexter.

desde ['deʒdə] *prép* **1.** de **2.** *(relativamente a tempo)* depuis • **desde que** *(a partir do momento em que)* depuis que • *(se)* à condition que.

desdém [dəʒ'dẽi] *nm* dédain *(m)*.

desdenhar [dəʒdə'ɲar] ■ *vt* dédaigner. ■ *vi* • **desdenhar de algo** critiquer qqch.

desdentado, da [dəʒdẽn'tađu, -đɐ] *adj* édenté(e).

desdizer [dəʒdi'zer] *vt* contredire.
■ **desdizer-se** *vp* se dédire.

desdobrar [dəʒdu'ƀrar] *vt* **1.** *(jornal, roupa, tecido)* déplier **2.** *(subdividir)* dédoubler.

desdobrável [dəʒdu'ƀraveɫ] *adj* dépliant.

desejar [dəzə'ʒar] *vt* **1.** désirer **2.** *(ansiar)* souhaiter • **o que é que deseja?** que désirez-vous ? • **deseja mais alguma coisa?** vous désirez autre chose ? • **desejo-lhe boa sorte!** je vous souhaite bonne chance !

desejo [də'zɐiʒu] ■ *nm* **1.** *(vontade)* envie *(f)* **2.** *(anseio)* souhait *(m)* **3.** *(apetite sexual)* désir *(m)*. ■ *nmpl* vœux *(mpl)* • **com os nossos melhores desejos** avec nos meilleurs vœux.

deselegante [dəzilə'g̱ẽntə] *adj* **1.** *(comportamento)* inélégant(e) **2.** *(pessoa)* grossier (ère).

desembaciar [dəzẽmbɐ'sjar] *vt* **1.** *(vidro)* désembuer **2.** *(óculos)* nettoyer.

desembaraçado, da [dəzẽmbɐrɐ'sađu, -đɐ] *adj (expedito)* efficace.

desembaraçar [dəzẽmbɐrɐ'sar] *vt (cabelo)* démêler.
■ **desembaraçar-se** *vp* se dépêcher • **desembaraçar-se de algo** se débarasser de qqch.

desembaraço [dəzẽmbɐ'rasu] *nm* aisance *(f)*.

desembarcar [dəzẽmbɐr'kar] *vt* & *vi* débarquer.

desembarque [dəzẽm'barkə] *nm* **1.** *(de carga, passageiros)* débarquement *(m)* **2.** *(Br) (de estação, aeroporto)* arrivées *(fpl)* • **'desembarque'** *(Br)* 'arrivées'.

desembocar [dəzẽmbu'kar] *vi* • **desembocar em** *(rua, caminho)* déboucher sur • *(rio)* se jeter dans.

desembolsar [dəzẽmboɫ'sar] *vt fam* débourser.

desembrulhar [dəzẽmbru'ʎar] *vt* déballer.

desempatar [dəzẽmpɐ'tar] *vt* départager.

desempenhar [dəzẽmpə'ɲar] *vt* **1.** *(trabalho, tarefa)* accomplir **2.** *(função)* remplir **3.** *(papel em peça, filme)* jouer.

desempenho [dəzẽm'pɐɲu] *nm* **1.** *(de função, obrigação, trabalho)* accomplissement *(m)* **2.** *(de pessoa em filme, peça)* jeu *(m)* **3.** *(de máquina)* fonctionnement *(m)*.

desemperrar [dəzẽmpə'ʀar] *vt* débloquer.

desempregado, da [dəzẽmprə'g̱ađu, -đɐ] *nm, f* chômeur *(m)*, -euse *(f)*.

desemprego [dəzẽm'preg̱u] *nm* chômage *(m)* • **estar no desemprego** être au chômage.

desencadear [dəzẽŋkɐ'đjar] *vt* déclencher.
■ **desencadear-se** *vp* se déchaîner.

desencaixar [dəzẽŋkai'ʃar] *vt* retirer.
■ **desencaixar-se** *vp* se déboîter.

desencaixotar [dəzẽŋkaiʃu'tar] *vt* dépaqueter.

desencantar [dəzẽŋkẽn'tar] *vt* **1.** *fig (achar)* dénicher **2.** *(desiludir)* décevoir.

desencontrar-se [dəzẽŋkõn'trarsə] *vp* se manquer.

desencorajar [dəzẽŋkurɐ'ʒar] *vt* décourager.

desencostar [dəzẽŋkuʃ'tar] *vt* écarter.
■ **desencostar-se** *vp* • **desencostar-se de** s'écarter de.

desenferrujar [dəzẽfəʀu'ʒar] *vt* **1.** *(tirar a ferrugem de)* dérouiller **2.** *fig (desentorpecer)* dégourdir **3.** *fig (língua)* délier.

desenfreado, da [dəzẽfri'ađu, -đɐ] *adj* effréné(e).

desenganado, da [dəzẽŋgɐ'nađu, -đɐ] *adj (doente)* détrompé(e).

desenganar [dəzẽŋgɐ'nar] *vt* **1.** *(doente)* enlever tout espoir de guérison à **2.** *(tirar ilusões a)* détromper, ouvrir les yeux à.

desengano [dʒizẽ'ganu] *nm* **1.** *(sair do engano)* désabusement *(m)* **2.** *(falta de esperança)* désillusion *(f)*.

desengonçado, da [dəzẽŋgõ'sađu, -đɐ] *adj* **1.** *(pessoa)* dégingandé(e) **2.** *(desarticulado)* disloqué(e).

desenhar [dəzə'ɲar] *vt* dessiner.
■ **desenhar-se** *vp* se dessiner.

desenho [də'zɐɲu] *nm* dessin *(m)* • **desenhos animados** dessins animés.

desenlace [dəzẽ'lasə] *nm* dénouement *(m)*.

desenrascar-se [dəzẽʀaʃ'karsə] *vp* se débrouiller.

desenrolar [dəzẽʀu'lar] *vt* dérouler.
■ **desenrolar-se** *vp* se dérouler.

desentendido, **da** [dəzẽntẽn'diđu, -đɐ] *adj* • **fazer-se de desentendido** faire celui qui ne comprend pas.

desenterrar [dəzẽntə'ʀar] *vt* déterrer.

desentupir [dəzẽntu'pir] *vt* déboucher.

desenvolver [dəzẽvoɫ'ver] *vt* **1.** *(país, economia)* développer **2.** *(esforço, capacidades)* déployer.
■ **desenvolver-se** *vp* se développer.

desenvolvido, **da** [dəzẽvoɫ'viđu, -đɐ] *adj* développé(e).

desenvolvimento [dəzẽvoɫvi'mẽntu] *nm* développement *(m)*.

desequilibrar-se [dəzikəli'ƀrarsə] *vp* perdre l'équilibre.

deserto, **ta** [də'zɛrtu, -tɐ] ◼ *adj* **1.** *(despovoado)* désert(e) **2.** *(ansioso)* • **estar deserto para fazer algo** *fam* avoir hâte de faire qqch. ◼ *nm* désert *(m)*.

desesperado, **da** [dəzəʃpə'rađu, -đɐ] *adj* désespéré(e).

desesperar [dəzəʃpə'rar] *vt* **1.** *(encolerizar)* exaspérer **2.** *(levar ao desespero)* désespérer.

desfalecer [dəʃfɐlə'ser] *vi* défaillir.

desfavorável [dəʃfɐvu'ravɛɫ] (*pl* **-eis** [-ɐiʃ]) *adj* défavorable.

desfazer [dəʃfɐ'zer] *vt* **1.** défaire **2.** *(dúvida, engano)* dissiper **3.** *(contrato, noivado)* rompre **4.** *(reduzir a polpa)* écraser.
■ **desfazer-se** *vp* se défaire • **desfazer-se em** *(em pedaços)* se casser en • *(em desculpas)* se confondre en.
■ **desfazer-se de** *vp* + *prép* se débarrasser de.

desfecho [dəʃ'fɐiʃu] *nm* issue *(f)*.

desfeita [dəʃ'fɐitɐ] *nf* offense *(f)*.

desfeito, **ta** [dəʃ'fɐitu, -tɐ] *adj* **1.** défait(e) **2.** *(em polpa)* écrasé(e) **3.** *fig (pessoa)* décomposé(e) **4.** *fig (amassado)* cabossé(e).

desfiar [dəʃ'fjar] *vt (bacalhau)* effeuiller.
■ **desfiar-se** *vp* s'effilocher.

desfigurar [dəʃfigu'rar] *vt* **1.** *(feições de pessoa)* défigurer **2.** *fig (verdade)* déformer.

desfiladeiro [dəʃfilɐ'đɐiru] *nm* défilé *(m)*.

desfilar [dəʃfi'lar] *vi* défiler.

desfile [dəʃ'filə] *nm* défilé *(m)*.

desfocado, **da** [dəʃfu' kađu, -đɐ] *adj* flou (e).

desforra [dəʃ'fɔʀɐ] *nf* revanche *(f)*.

desfrutar [dəʃfru'tar] ■ **desfrutar de** *v* + *prép* **1.** *(possuir)* disposer de **2.** *(tirar proveito de)* jouir de.

desgastante [dəʒgɐʃ'tẽntə] *adj* épuisant (e).

desgastar [dəʒgɐʃ'tar] *vt* **1.** *fig (cansar)* épuiser **2.** *(gastar)* user.
■ **desgastar-se** *vp* s'user.

desgostar [dəʒguʃ'tar] *vt* décevoir • **não desgostar de** aimer bien.
■ **desgostar-se com** *vp* + *prép* ne pas plaire à • **desgostei-me com o que ele fez** ce qu'il a fait ne m'a pas plu.

desgosto [dəʒ'goʃtu] *nm* **1.** *(infelicidade)* chagrin *(m)* **2.** *(mágoa)* peine *(f)*.

desgraça [dəʒ'grasɐ] *nf* malheur *(m)*.

desgrenhado, **da** [dəʒgrə'ɲađu, -đɐ] *adj* ébouriffé(e).

desidratação [dəziđrɐtɐ'sɐ̃u] (*pl* **-ões** [-õiʃ]) *nf* déshydratation *(f)*.

desidratado, **da** [dəziđrɐ'tađu, -đɐ] *adj* déshydraté(e).

desidratar [dəziđrɐ'tar] *vt* déshydrater.
■ **desidratar-se** *vp* se déshydrater.

design [di'zainə] *nm* design *(m)*.

designação [dəzignɐ'sɐ̃u] (*pl* **-ões** [-õiʃ]) *nf* désignation *(f)*.

designar [dəzig'nar] *vt* désigner.

designer [di'zainɛr] *nmf* designer *(m)*.

desigualdade [*(Port)* dəzigwaɫ'đađə, *(Br)* dʒizigwaw'dadʒi] *nf* inégalité *(f)*.

desiludido, **da** [dəzilu'điđu, -đɐ] *adj* déçu (e).

desiludir [dəzilu'đir] *vt* décevoir.
■ **desiludir-se com** *vp* + *prép* être déçu (e) de.

desilusão [dəzilu'zɐ̃u] (*pl* **-ões** [-õiʃ]) *nf* désillusion *(f)*.

desimpedido, **da** [dəzĩmpə'điđu, -đɐ] *adj* libre.

desimpedir [dəzĩmpə'đir] *vt* dégager.

desinchar [dəzĩ'ʃar] *vi* dégonfler.

desinfectante [dəzĩfɛ'tẽntə] ■ *adj (Port)* désinfectant(e). ■ *nm (Port)* désinfectant *(m)* • **desinfectante para a boca** bain *(m)* de bouche.

desinfectar [dəzĩfɛ'tar] *vt (Port)* désinfecter.

desinfetante [dʒizĩfɛ'tɐ̃ntʃi] *(Br)* = **desinfectante**.

desinfetar [dʒizĩfe'tax] *vt (Br)* = **desinfectar**.

desinibido, da [dəzini'biđu, -đɐ] *adj* sans complexes.

desintegrar-se [dəzĩntə'grarsə] *vp* se désintégrer.

desinteressado, da [dəzĩntərə'sađu, -đɐ] *adj* désintéressé(e).

desinteressar-se [dəzĩntərə'sarsə] ■ **desinteressar-se de** *vp + prép* se désintéresser de.

desinteresse [dəzĩntə'resə] *nm* **1.** *(falta de interesse)* indifférence *(f)* **2.** *(abnegação)* désintérêt *(m)* **3.** *(pelo dinheiro)* désintéressement *(m)*.

desistência [dəziʃ'tẽsjɐ] *nf* **1.** *(de reserva, de voo)* annulation *(f)* **2.** *(de corrida)* désistement *(m)*.

desistir [dəziʃ'tir] *vi* renoncer • **desistir de algo** annuler qqch • **desistir de fazer algo** arrêter de faire qqch • **desistir de estudar** abandonner les études.

desktop ['desktɒp] *nm* INFORM bureau *(m)*.

desleal [dəʒ'ljał] (*pl* **-ais** [-aiʃ]) *adj* déloyal (e).

desleixado, da [dəʒlɐi'ʃađu, -đɐ] *adj* négligé(e).

desleixo [dəʒ'lɐiʃu] *nm* négligence *(f)*.

desligado, da [dəʒli'gađu, -đɐ] *adj* **1.** *(da corrente)* débranché(e) **2.** *(apagado)* éteint(e) **3.** *(pessoa)* détaché(e).

desligar [dəʒli'gar] *vt* **1.** *(telefone)* raccrocher **2.** *(da corrente)* débrancher **3.** *(apagar)* éteindre.

deslizar [dəʒli'zar] *vi* glisser.

deslize [dəʒ'lizə] *nm fig* maladresse *(f)*.

deslocação [dəʒ'lukɐsɐ̃u] *nf* déplacement *(m)*.

deslocado, da [dəʒlu'kađu, -đɐ] *adj* **1.** *(perna, pulso, osso)* démis(e) **2.** *(desambientado)* décalé(e).

deslocar [dəʒlu'kar] *vt (membro)* se démettre.
■ **deslocar-se** *vp (suj: membro)* se démettre • **deslocar-se a** se rendre à • **deslocar-se com** se déplacer avec • **deslocar-se de** se déplacer en.

deslumbrante [dəʒlũm'brẽntə] *adj* éblouissant(e).

deslumbrar [dəʒlũm'brar] *vt* éblouir.

desmaiado, da [dəʒmɐ'jađu, -đɐ] *adj* **1.** *(desfalecido)* évanoui(e) **2.** *(desbotado)* passé(e).

desmaiar [dəʒmɐ'jar] *vi* s'évanouir.

desmaio [dəʒ'maju] *nm* évanouissement *(m)*.

desmamar [dəʒmɐ'mar] *vt* sevrer.

desmancha-prazeres [dəʒˌmɐ̃ʃɐprɐ'zerəʃ] *nmf inv* rabat-joie *(m inv)*.

desmanchar [dəʒmɐ̃'ʃar] *vt* **1.** *(desmontar)* défaire **2.** *(máquina)* démonter **3.** *(camisola)* détricoter **4.** *(bainha)* découdre **5.** *(penteado)* décoiffer **6.** *(casamento, noivado)* rompre.
■ **desmanchar-se** *vp* **1.** *(multidão)* se disperser **2.** *(mecanismo)* se démonter.

desmarcar [dəʒmɐr'kar] *vt* **1.** *(consulta, reserva)* annuler **2.** *(encontro)* décommander.

desmedido, da [dəʒmə'điđu, -đɐ] *adj* démesuré(e).

desmentido [dəʒmẽn'tiđu] *nm* démenti *(m)*.

desmentir [dəʒmẽn'tir] *vt* **1.** *(negar)* démentir **2.** *(contradizer)* infirmer.

desmesurado, da [dəʒməzu'rađu, -đɐ] *adj* démesuré(e).

desmontar [dəʒmõn'tar] *vt* **1.** démonter **2.** *fig* dénouer.
■ **desmontar de** *v + prép* descendre de.

desmoralizar [dəʒmurɐli'zar] *vt* démoraliser.

desmoronamento [dəʒmurunɐ'mẽntu] *nm* **1.** *(de terra)* éboulement *(m)* **2.** *(de casa)* écroulement *(m)*.

desmoronar [dəʒmuru'nar] *vt* démolir.
■ **desmoronar-se** *vp* s'écrouler.

desnatado [dəʒnɐ'tađu] *adj m* ▷ **leite**.

desnecessário, ria [dəʒnəsə'sarju, -rjɐ] *adj* **1.** *(dispensável)* superflu(e) **2.** *(inútil)* inutile.

desnível [dəʒ'nivɛɫ] (*pl* **-eis** [-ɐiʃ]) *nm* **1.** *(de terreno)* dénivellation *(f)* **2.** *(de valor)* écart *(m)* **3.** *(cultural, social)* différence *(f)*.

desobedecer [dəzoƀəđə'ser] ■ **desobedecer a** *v + prép* **1.** *(pai, mãe, superior)* désobéir à **2.** *(leis, regras, ordens)* enfreindre.

desobediência [dəzoƀə'đjẽsjɐ] *nf* **1.** *(a pai, mãe, superior)* désobéissance *(f)* **2.** *(a leis, regras, ordens)* infraction *(f)*.

desobediente [dəzoƀə'đjẽntə] *adj* désobéissant(e).

desobstruir [dəzoƀʃtru'ir] *vt* **1.** *(desimpedir)* dégager **2.** *(cano)* déboucher.

desocupado, da [dəzoku'pađu, -đɐ] *adj* inoccupé(e).

desocupar [dəzoku'par] *vt* libérer.

desodorante [dʒizodo'rɐ̃tʃi] *adj* & *nm* *(Br)* = **desodorizante**.

desodorizador [dʒizodo'rizado(x)] (*pl* **-es**) *(Br)* *nm* **1.** parfum *(m)* d'ambiance **2.** *(vaporizador)* désodorisant *(m)*.

desodorizante [dəzođuri'zẽntə] ■ *adj* déodorant(e). ■ *nm* *(Port)* **1.** *(para o corpo)* déodorant *(m)* **2.** *(purificador de ambiente)* désodorisant *(m)*.

desonesto, ta [dəzu'nɛʃtu, -tɐ] *adj* malhonnête.

desordem [də'zɔrđɐ̃i] *nf* désordre *(m)* • **em desordem** en désordre.

desorganizado, da [dəzorgɐni'zađu, -đɐ] *adj* **1.** *(pessoa)* désordonné(e) **2.** *(papéis, quarto)* en désordre **3.** *(serviço)* désorganisé(e).

desorientação [dəzorjẽntɐ'sɐ̃u] *nf* désorientation *(f)*.

desorientado, da [dəzorjẽn'tađu, -đɐ] *adj* **1.** *(sem saber a direcção)* perdu(e) **2.** *(desnorteado)* désorienté(e).

despachar [dəʃpɐ'ʃar] *vt* expédier.
■ **despachar-se** *vp* se dépêcher.

despedida [dəʃpə'điđɐ] *nf* adieux *(mpl)* • **é a hora da despedida** c'est le moment de se dire au revoir.

despedido, da [dəʒ pə'điđu, -đɐ] *adj* renvoyé(e).

despedir [dəʃpə'đir] *vt* renvoyer.
■ **despedir-se** *vp* **1.** *(dizer adeus)* dire au revoir **2.** *(demitir-se)* démissionner.

despejar [dəʃpə'ʒar] *vt* **1.** *(de casa, apartamento)* expulser **2.** *(líquido, lixo)* vider.

despejo [dəʃ'pɐiʒu] *nm* *(de apartamento, casa)* expulsion *(f)*.
■ **despejos** *nmpl* *(lixo)* ordures *(fpl)*.

despensa [dəʃ'pẽsɐ] *nf* **1.** office *(m)* **2.** *(pequena)* cagibi *(m)*.

despenteado, da [dəʃpẽn'tjađu, -đɐ] *adj* décoiffé(e).

despentear [dəʃpẽn'tjar] *vt* décoiffer.
■ **despentear-se** *vp* se décoiffer.

despercebido, da [dəʃpərsə'ƀiđu, -đɐ] *adj* inaperçu(e) • **fazer-se de despercebido** faire semblant de ne pas comprendre • **passar despercebido** passer inaperçu.

desperdiçar [dəʃpərđi'sar] *vt* **1.** gaspiller **2.** *(oportunidade)* rater **3.** *(talento)* gâcher **4.** *(tempo)* perdre **5.** *(saúde)* user.

desperdício [dəʃpər'đisju] *nm* **1.** gaspillage *(m)* **2.** *(de oportunidade, talento)* gâchis *(m)* **3.** *(de tempo)* perte *(f)*.
■ **desperdícios** *nmpl* déchets *(mpl)*.

despertador [dəʃpərtɐ'đor] (*pl* **-es** [-əʃ]) *nm* réveil *(m)*.

despertar [dəʃpər'tar] ■ *vt* **1.** *(acordar)* réveiller **2.** *fig* *(estimular)* éveiller **3.** *fig* *(dar origem a)* déclencher. ■ *vi* se réveiller.

despesa [dəʃ'pezɐ] *nf* dépense *(f)*.
■ **despesas** *nfpl* **1.** *(de empresa, organismo)* dépenses *(fpl)* **2.** *(de deslocação)* frais *(mpl)*.

despido, da [dəʃ'piđu, -đɐ] *adj* *(nu)* nu(e).

despir [dəʃ'pir] *vt* déshabiller.
■ **despir-se** *vp* se déshabiller.

desportista [dəʃpur'tiʃtɐ] *nmf* sportif *(m)*, -ive *(f)*.

desportivo, va [dəʃpur'tivu, -vɐ] *adj* *(Port)* sportif(ive).

desporto [dəʃ'portu] *nm* *(Port)* sport *(m)*.

desposado, da [dəʃpu'zađu, -đa] ■ *adj* *(que contraiu esponsais)* fiancé(e). ■ *nm, f* **1.** *(pessoa recém-casada)* nouveau marié *(m)*, nouvelle mariée *(f)* **2.** *(noivo)* fiancé *(m)*, -e *(f)* **3.** *(esposo)* époux *(m)*, -se *(f)*.

desposar [dəʃpu'zar] *vt* **1.** *(esposar)* épouser **2.** *(contrair matrimónio)* fiancer.
■ **desposar-se** *vp* **1.** *(casar-se)* s'épouser, se marier **2.** *(prometer casamento)* se fiancer.

despregar [dəʃprə'gar] *vt* arracher.
■ **despregar-se** *vp* tomber.

desprender [dəʃprẽn'der] *vt* détacher.
■ **desprender-se** *vp* se détacher.

despreocupado, da [dəʃprioku'pađu, -đɐ] *adj* détendu(e).

desprevenido, **da** [dəʃprəvə'niđu, -đɐ] *adj* pris(e) au dépourvu.

desprezar [dəʃprə'zar] *vt* mépriser.

desproporcionado, **da** [dəʃprupursju'nađu, -đɐ] *adj* disproportionné(e).

desqualificar [dəʃkwɐləfi'kar] *vt* disqualifier.

desquitado, **da** [dʒiʃki'tadu, -dɐ] *adj (Br)* séparé(e).

dente [dẽntra] = **de + essa** ◆ ▷ **de**.

desse ['desə] = **de + esse** ◆ ▷ **de**.

desta ['dɛʃtɐ] = **de + esta** ◆ ▷ **de**.

destacar [dəʃtɐ'kar] *vt* **1.** *(separar)* détacher **2.** *(enfatizar)* souligner.
■ **destacar-se** *vp* **1.** *(distinguir-se)* ressortir **2.** *(pessoa)* se distinguer.

destacável [dəʃtɐ'kavɛɫ] (*pl* **-eis** [-ɐiʃ]) ■ *adj* détachable. ■ *nm* **1.** *(de formulário)* partie *(f)* détachable **2.** *(de revista, jornal)* supplément *(m)*.

destapar [dəʃtɐ'par] *vt* **1.** *(frasco)* ouvrir **2.** *(pescoço, panela)* découvrir.

destaque [dəʃ'takə] *nm (ênfase)* importance *(f)* ◆ **de destaque** marquant(e).

deste ['deʃtə] = **de + este** ◆ ▷ **de**.

destemido, **da** [dəʃtə'miđu, -đɐ] *adj* intrépide.

destilada [dəʃti'lađɐ] *adj f* ▷ **água**.

destilar [dəʃti'lar] *vt* distiller.

destinar [dəʃti'nar] *vt* ◆ **destinar dinheiro para** mettre de l'argent de côté pour ◆ **destinar algo para** garder qqch pour.
■ **destinar-se a** *vp + prép* **1.** *(ter por fim)* être destiné(e) à **2.** *(ser endereçado a)* s'adresser à.

destinatário, **ria** [dəʃtinɐ'tarju, -rjɐ] *nm, f* destinataire *(mf)*.

destino [dəʃ'tinu] *nm* **1.** *(de viagem)* destination *(f)* **2.** *(fim)* but *(m)* ◆ **o destino** le destin ◆ **com destino a** à destination de.

destituir [dəʃti'twir] *vt* destituer.

destrancar [dəʃtrẽŋ'kar] *vt* ouvrir.

destreza [dəʃ'trezɐ] *nf* adresse *(f)*.

destro, **tra** ['deʃtru, -trɐ] *adj* **1.** adroit(e) **2.** *(que usa a mão direita)* droitier(ère).

destrocar [dəʃtru'kar] *vt* ◆ **destrocar dinheiro** faire la monnaie.

destroço [dʒiʃ'trɔsu] ■ *nm (destruir)* ravage *(m)*, saccage *(m)*. ■ *nmpl (destruído)* ruines *(fpl)*, débris *(mpl)*.

destroços [dəʃ'trɔsuʃ] *nmpl* **1.** *(de naufrágio)* débris *(mpl)* **2.** *(de edifício)* gravats *(mpl)*.

destruição [dəʃtrui'sɐ̃u] *nf* destruction *(f)*.

destruir [dəʃtru'ir] *vt* détruire.

desuso [də'zuzu] *nm* ◆ **em desuso** vieilli(e).

desvalorização [dəʒvɐlurizɐ'sɐ̃u] (*pl* **-ões** [-õiʃ]) *nf* dévalorisation *(f)*.

desvalorizar [dəʃvɐluri'zar] *vt* dévaluer.
■ **desvalorizar-se** *vp* se dévaluer.

desvantagem [dəʒvẽn'taʒɐ̃i] (*pl* **-ns** [-ʃ]) *nf* désavantage *(m)*.

desviar [dəʒ'vjar] *vt* **1.** dévier **2.** *(dinheiro)* détourner.
■ **desviar-se** *vp (afastar-se do caminho)* faire un détour ◆ **desviar-se de** *(perigo)* éviter ◆ *(assunto)* s'écarter de.

desvio [dəʒ'viu] *nm* **1.** *(estrada secundária)* déviation *(f)* **2.** *(de caminho)* détour *(m)* **3.** *(de dinheiro)* détournement *(m)*.

detalhe [də'taʎə] *nm* détail *(m)*.

detectar [dətɛ'tar] *vt* détecter.

detector [dətɛ'tor] (*pl* **-es** [-əʃ]) *nm* détecteur *(m)* ◆ **detector de incêndios** détecteur d'incendie.

detenção [dətẽ'sɐ̃u] (*pl* **-ões** [-õiʃ]) *nf* détention *(f)*.

deter [də'ter] *vt* **1.** *(parar, prender)* arrêter **2.** *(conter)* retenir.
■ **deter-se** *vp* **1.** *(parar)* s'arrêter **2.** *(conter-se)* se retenir.

detergente [dətər'ʒẽntə] *nm* **1.** *(para louça)* liquide *(m)* vaisselle **2.** *(para roupa)* lessive *(f)*.

deterioração [dətərjurɐ'sɐ̃u] *nf* détérioration *(f)*.

deteriorar [dətərju'rar] *vt* détériorer.
■ **deteriorar-se** *vp* se détériorer.

determinação [dətərminɐ'sɐ̃u] (*pl* **-ões** [-õiʃ]) *nf* **1.** détermination *(f)* **2.** *(resolução)* résolution *(f)* **3.** *(ordem)* ordre *(m)*.

determinar [dətərmi'nar] *vt* **1.** *(calcular)* déterminer **2.** *(decidir)* décider **3.** *(ordenar)* ordonner.

detestar [dətəʃ'tar] *vt* détester.

detrás [də'traʃ] *adv* **1.** *(relativo a espaço)* derrière **2.** *(relativo a tempo)* après • **detrás de** *(relativo a espaço)* derrière • *(relativo a tempo)* après • **por detrás de** derrière.

detrito [de'tritu] *nm (Br)* **1.** *(lixo, restos, resíduos)* détritus *(mpl)* **2.** *(de comida)* restes *(mpl)*, reliefs *(mpl)*.

detritos [də'trituʃ] *nmpl (Port)* **1.** *(de edifício)* gravats *(mpl)* **2.** *(lixo)* déchets *(mpl)*.

deturpar [dətur'par] *vt* déformer.

deu ['deu] ⊳ **dar**.

deus, **sa** ['deuʃ, -zɐ] *(mpl* **-es** [-zəʃ], *fpl* **-s** [-ʃ]) *nm, f* dieu *(m)*, déesse *(f)*.
■ **Deus** *nm* Dieu *(m)*.

devagar [dəvɐ'gar] *adv* lentement.

dever [də'ver] *(pl* **-es** [-əʃ]) ■ *nm* devoir *(m)*.
■ *vt* • **dever algo a alguém** devoir qqch à qqn • **dever fazer algo** devoir faire qqch • **deves lavar os dentes** tu dois te laver les dents • **ele deve estar atrasado** il doit être en retard • **dever cívico** devoir civique.
■ **deveres** *nmpl* devoirs *(mpl)*.

devidamente [də,viđɐ'mẽntə] *adv* dûment.

devido, **da** [də'viđu, -đɐ] *adj* dû (due) • **devido a** à cause de.

devolução [dəvulu'sɐ̃u] *(pl* **-ões** [-õiʃ]) *nf* **1.** *(de dinheiro)* remboursement *(m)* **2.** *(de cheque)* refus *(m)* **3.** *(de compra)* reprise *(f)* **4.** *(de produto, objecto perdido, emprestado)* retour *(m)*.

devolver [dəvoɫ'ver] *vt* **1.** *(dinheiro)* rembourser **2.** *(cheque)* refuser **3.** *(produto)* retourner **4.** *(compra)* reprendre **5.** *(objecto perdido, emprestado)* rendre.

devorar [dəvu'rar] *vt* dévorer.

dez ['dɛʃ] *num* dix • **ele tem dez anos** il a dix ans • **eles eram dez** ils étaient dix • **são dez horas** il est dix heures • **dez de Janeiro** le dix janvier • **página dez** page dix • **o dez de copas** le dix de cœur • **de dez em dez dias** tous les dix jours.

dezanove [dəzɐ'nɔvə] *num (Port)* dix-neuf • **ele tem dezanove anos** il a dix-neuf ans • **eles eram dezanove** ils étaient dix-neuf • **o dezanove de Janeiro** le dix-neuf janvier • **página dezanove** page dix-neuf.

dezasseis [dəzɐ'sɐiʃ] *num (Port)* seize • **ele tem dezasseis anos** il a seize ans • **eles eram dezasseis** ils étaient seize • **o dezasseis de Janeiro** le seize janvier • **página dezasseis** page seize.

dezassete [dəzɐ'sɛtə] *num (Port)* dix-sept • **ele tem dezassete anos** il a dix-sept ans • **eles eram dezassete** ils étaient dix-sept • **o dezassete de Janeiro** le dix-sept janvier • **página dezassete** page dix-sept.

dezembro [de'zẽmbru] *nm (Br)* = **Dezembro**.

Dezembro [də'zẽmbru] *nm (Port)* décembre *(m)* • **durante o mês de Dezembro** au mois de décembre • **em Dezembro** en décembre • **em meados de Dezembro** à la mi-décembre • **este mês de Dezembro** le mois de décembre • **no passado/próximo mês de Dezembro** en décembre dernier/prochain • **no princípio/final de Dezembro** début/fin décembre • **o cinco de Dezembro** le cinq décembre.

dezena [də'zenɐ] *nf* dizaine *(f)*.

dezenove [dize'nɔvi] *num (Br)* = **dezanove**.

dezesseis [dize'seiʃ] *num (Br)* = **dezasseis**.

dezessete [dize'sɛti] *num (Br)* = **dezassete**.

dezoito [də'zɔitu] *num* dix-huit • **ele tem dezoito anos** il a dix-huit ans • **eles eram dezoito** ils étaient dix-huit • **dezoito de Janeiro** le dix-huit janvier • **página dezoito** page dix-huit.

DF *(Br) (abr écrite de* **Distrito Federal**) DF.

dia ['diɐ] *nm* jour *(m)* • **bom dia!** bonjour ! • **do dia** du jour • **durante o dia** pendant la journée • **estar em dia** être à jour • **já é de dia** il fait jour • **qualquer dia** un de ces jours • **no dia seguinte** le lendemain • **no dia vinte** le vingt • **nos nossos dias** de nos jours • **por dia** par jour • **pôr algo em dia** *(actualizar)* mettre qqch à jour • *(em conversa)* faire le point sur qqch • **pôr-se em dia** se mettre à jour • **todos os dias** tous les jours • **um dia destes** un de ces jours • **dia azul** ≃ période bleue/blanche • **dia de anos** anniversaire *(m)* • **o dia a dia** le quotidien • **dia de folga** jour de congé • **dia das mentiras** 1er avril • **Dia da República** *5 octobre, jour anniversaire de la première République portugaise* • **dia Santo** jour saint • **dia de semana** jour de la semaine • **dia de Todos-os-Santos** Toussaint *(f)* • **dia útil** jour ouvrable.

diabetes [djɐ'bɛtəʃ] *nf inv* diabète *(m)*.

diabético, **ca** [djɐ'bɛtiku, -kɐ] *adj* & *nm, f* diabétique.

diabo ['djabu] *nm* diable *(m)* • **porque diabo?!** *fam* pourquoi donc ?

CULTURE...

O dia do Índio

Le 19 avril est le Jour de l'Indien au Brésil. Cette date est importante pour l'histoire du Brésil et des autres pays d'Amérique latine car elle commémore le premier Congrès indigéniste interaméricain réalisé, en 1940, au Mexique. C'est durant ce congrès que, pour la première fois, le problème de l'intégration des Indiens dans la société américaine a été posé. Des Indiens ont d'ailleurs été invités à y participer afin de lutter pour leurs droits.

diafragma [djɐ'fragmɐ] *nm* **1.** diaphragme *(m)* **2.** *(contraceptivo)* stérilet *(m)*.

diagnóstico [djɐg'nɔʃtiku] *nm* diagnostic *(m)*.

dialecto [djɐ'lɛtu] *nm (Port)* dialecte *(m)*.

dialeto [dja'lɛtu] *nm (Br)* = **dialecto**.

dialogar [djɐlu'gar] *vi* dialoguer.

diálogo ['djalugu] *nm* dialogue *(m)*.

dial-up ['daɪəlʌp] *nm* INFORM composer un numéro.

diamante [djɐ'mẽntə] *nm* diamant *(m)*.

diâmetro ['djɐmətru] *nm* diamètre *(m)*.

diante ['djɐ̃ntə] ■ **diante de** *prép* **1.** *(à frente de em tempo)* avant **2.** *(à frente de em espaço)* devant **3.** *(perante)* face à.

dianteira [djɐ̃n'tɐirɐ] *nf* avant *(m)* • **tomar a dianteira** prendre de l'avance • *(antecipar-se)* prendre les devants.

diapositivo [djɐpuzi'tivu] *nm* diapositive *(f)*.

diária ['djarjɐ] *nf prix d'une nuit d'hôtel*.

diariamente [ˌdjarjɐ'mẽntə] *adv* tous les jours.

diário, ria ['djarju, -rjɐ] ■ *adj* quotidien (enne). ■ *nm* journal *(m)* (intime).

diarreia [djɐ'ʀɐjɐ] *nf (Port)* diarrhée *(f)*.

diarréia [dʒja'xɛjɐ] *nf (Br)* = **diarreia**.

dica ['dikɐ] *nf fam* piste *(f)*.

dicionário [disju'narju] *nm* dictionnaire *(m)* • **dicionário de bolso** dictionnaire de poche.

dictafone® [diktɐ'fɔnə] *nm* dictaphone *(m)*.

didáctico, ca [di'đatiku, -kɐ] *adj (Port)* didactique.

didático, ca [dʒi'datʃiku, -kɐ] *adj (Br)* = **didáctico**.

diesel ['dizɛł] *adj inv* diesel.

dieta ['djɛtɐ] *nf* régime *(m)*.

dietético, ca [dje'tɛtiku, -kɐ] *adj* diététique.

difamar [difɐ'mar] *vt* diffamer.

diferença [difə'rẽsɐ] *nf* différence *(f)*.

diferenciar [difərẽ'sjar] *vt* différencier.

diferente [difə'rẽntə] *adj* différent(e).

difícil [di'fisił] *(pl* **-ceis** [-sɐiʃ]) *adj* difficile.

dificuldade [dəfikuł'đađə] *nf* difficulté *(f)*.

dificultar [dəfikuł'tar] *vt* rendre difficile.

difundir [difũn'dir] *vt* diffuser.

difusão [difu'zɐ̃u] *nf* diffusion *(f)*.

digerir [diʒə'rir] *vt* digérer.

digestão [diʒəʃ'tɐ̃u] *nf* digestion *(f)*.

digestivo, va [diʒəʃ'tivu, -vɐ] ■ *adj* digestif (ive). ■ *nm* digestif *(m)*.

digital [diʒi'tał] *(pl* **-ais** [-aiʃ]) *adj* digital(e), numérique.

digitalizador [diʒitɐlizɐ'đor] *(pl* **-es** [-əʃ]) *nm* **1.** convertisseur *(m)* numérique **2.** *(de imagem)* scanner *(m)*.

digitar [diʒi'tar] *vt* **1.** *(palavra)* taper **2.** *(número)* composer.

dígito ['diʒitu] *nm* chiffre *(m)*.

dignidade [digni'đađə] *nf* dignité *(f)*.

dilatar [dilɐ'tar] *vt* **1.** *(metal)* dilater **2.** *(prazo)* prolonger.
■ **dilatar-se** *vp* se dilater.

dilema [di'lemɐ] *nm* dilemme *(m)*.

diluir [di'lwir] *vt* diluer.

dimensão [dimẽ'sɐ̃u] *(pl* **-ões** [-õiʃ]) *nf* dimension *(f)*.

diminuir [dəmi'nwir] ■ *vi* diminuer. ■ *vt* **1.** *(preço, som)* baisser **2.** *(velocidade, despesas)* réduire.

diminutivo [dəminu'tivu] *nm* diminutif *(m)*.

Dinamarca [dinɐ'markɐ] *nf* • **a Dinamarca** le Danemark.

dinamarquês, esa [dinɐmɐr'keʃ, -ezɐ] *(mpl* **-eses** [-ezəʃ], *fpl* **-s** [-ʃ]) ■ *adj* danois(e). ■ *nm, f* Danois *(m)*, -e *(f)*. ■ *nm (língua)* danois *(m)*.

dinâmico, ca [di'nɐmiku, -kɐ] *adj* dynamique.

dinamismo [dinɐ'miʒmu] *nm fig* dynamisme.

dinamite [dinɐ'mitə] *nf* dynamite *(f)*.

dínamo ['dinɐmu] *nm* dynamo *(f)*.

dinastia [dinɐʃ'tiɐ] *nf* dynastie *(f)*.

dinheiro [di'ɲɐiru] *nm* argent *(m)* • **ter dinheiro** avoir de l'argent • **dinheiro miúdo** OU **trocado** monnaie *(f)*.

dinossauro [dinɔ'sauru] *nm* dinosaure *(m)*.

dióspiro ['djɔʃpiru] *nm* kaki *(m) (fruit)*.

diploma [di'plomɐ] *nm* diplôme *(m)*.

dique ['dikə] *nm* digue *(f)*.

direção [dʒire'sɐ̃u] (*pl* **-ões** [-õiʃ]) *nf (Br)* = **direcção**.

direcção [dirɛ'sɐ̃u] (*pl* **-ões** [-õiʃ]) *nf* **1.** direction *(f)* **2.** *(Port) (endereço)* adresse *(f)*.

direções ▷ **direção**.

directamente [di'rɛtamẽntə] *adv* directement.

directo, ta [di'rɛtu, -tɐ] *adj (Port)* direct(e) • **em directo** en direct.

director, ra [dirɛ'tor, -rɐ] (*mpl* **-es** [-əʃ], *fpl* **-s** [-ʃ]) *nm, f* directeur *(m)*, -trice *(f)*.

direita [di'rɐitɐ] *nf* • **a direita** la droite • **à direita** à droite • **virar à direita** tourner à droite • **pela direita** à droite • **ser de direita** être de droite.

direito, ta [di'rɐitu, -tɐ] ■ *adj* droit(e). ■ *nm* droit *(m)*. ■ *adv (Br)* correctement • **ir direito a** aller droit à • **pôr-se direito** se tenir droit • **os direitos humanos** les droits de l'homme • **a direito** tout droit • **não há direito!** ce n'est pas juste !

direto, ta [dʒi'rɛtu, -tɐ] *adj (Br)* = **directo**.

diretor [dʒire'to(x)] *(Br)* = **director**.

diretório [dʒire'tɔriu] *nm* **1.** *(conselho)* directoire m **2.** INFORM répertoire *(m)* de dossiers • **diretório acadêmico** conseil académique *(m)* • **diretório raiz** répertoire racine.

dirigente [diri'ʒẽntə] *nmf* dirigeant *(m)*, -e *(f)*.

dirigir [dəri'ʒir] ■ *vt* **1.** diriger **2.** *(Br) (veículo)* conduire. ■ *vi (Br)* conduire • **dirigir algo a alguém** adresser qqch à qqn • **dirigir algo para** diriger qqch vers.
■ **dirigir-se a** *vp + prép* **1.** *(falar directamente a)* s'adresser à **2.** *(local)* se diriger vers • **dirigir-se para** se diriger vers • **'este aviso dirige-se a todos os utentes'** 'avis à tous les usagers'.

dirigível [diri'ʒivɛɫ] (*pl* **-eis** [-ɐiʃ]) *nm* dirigeable *(m)*.

discar [diʃ'kar] ■ *vt* composer un numéro. ■ *vi* faire le numéro.

disciplina [dəʃsi'plinɐ] *nf* **1.** SCOL matière *(f)* **2.** *(ordem e respeito)* discipline *(f)*.

disc-jóquei [disk'dʒɔkɐi] (*pl* **disc-jóqueis** [disk'dʒɔkɐiʃ]) *nmf* disc-jockey *(mf)*.

disco ['diʃku] *nm* **1.** disque *(m)* **2.** *(de telefone)* cadran *(m)* • **discos de algodão** disques démaquillants • **disco compacto** Compact Disc® *(m)* • **disco rígido** disque dur • **disco voador** soucoupe *(f)* volante.

discordar [diʃkur'đar] *vi* ne pas être d'accord • **discordar de alguém em algo** ne pas être d'accord avec qqn sur qqch.

discórdia [diʃ'kɔrđjɐ] *nf (desarmonia)* discorde *(f)*.

discoteca [diʃku'tɛkɐ] *nf* **1.** discothèque *(f)* **2.** *(local de venda)* disquaire *(m)*.

discotecário, ria [dʒiʃkotɛ'kaxiu, -xia] *nmf (Br)* disquaire *(m)*.

discreto, ta [diʃ'krɛtu, -tɐ] *adj* discret(ète).

discriminação [diʃkrəminɐ'sɐ̃u] *nf* discrimination *(f)*.

discriminar [diʃkrəmi'nar] *vt* **1.** *(distinguir)* différencier, faire une discrimination entre **2.** *(detalhar)* détailler.

discurso [diʃ'kursu] *nm* discours *(m)* • **discurso directo/indirecto** discours direct/indirect.

discussão [diʃku'sɐ̃u] (*pl* **-ões** [-õiʃ]) *nf* **1.** *(debate)* discussion *(f)* **2.** *(briga)* dispute *(f)*.

discutir [diʃku'tir] ■ *vt* discuter de. ■ *vi* se disputer.

disenteria [dizẽntə'riɐ] *nf* dysenterie *(f)*.

disfarçar [diʃfɐr'sar] ■ *vt* **1.** *(encobrir)* masquer **2.** *(medo)* cacher. ■ *vi* faire comme si de rien n'était • **isso, disfarça!** *fam* c'est ça, fais l'innocent !
■ **disfarçar-se** *vp* se déguiser • **disfarçar-se de** se déguiser en.

disfarce [diʃ'farsə] *nm* déguisement *(m)*.

dislexia [diʒlɛk'siɐ] *nf* dyslexie *(f)*.

disléxico, ca [diʒ'lɛksiku, -kɐ] *adj & nm, f* dyslexique.

disparador [diʃpɐrɐ'đor] (*pl* **-es** [-əʃ]) *nm* **1.** *(de máquina fotográfica)* déclencheur *(m)* **2.** *(de arma)* gachette *(f)*.

disparar [diʃpɐ'rar] ■ *vt* tirer. ■ *vi* **1.** *(arma)* tirer **2.** *(máquina fotográfica)* déclencher.

disparatado, da [diʃpɐrɐ'tađu, -đɐ] *adj* insensé(e).

disparate [diʃpɐ'ratə] *nm* bêtise *(f)*.

dispensar [diʃpẽ'sar] *vt* se passer de • **dispensar alguém de algo** dispenser qqn de qqch • **dispensar algo a alguém** donner qqch à qqn • *(emprestar)* prêter qqch à qqn.

dispensário [diʃpẽ'sarju] *nm* dispensaire *(m)*.

dispersar [diʃpər'sar] ■ *vt* disperser. ■ *vi* se disperser.
■ **dispersar-se** *vp* se disperser.

disperso, sa [diʃ'pɛrsu, -sɐ] *pp* ▻ **dispersar**.

disponível [diʃpu'nivɛł] (*pl* **-eis** [-ɐiʃ]) *adj* **1.** disponible **2.** *(casa de banho)* libre.

dispor [diʃ'por] *vt* disposer.
■ **dispor de** *v* + *prép* **1.** disposer de **2.** *(de posição, influência)* jouir de.
■ **dispor-se a** *vp* + *prép* se proposer de.

dispositivo [diʃpuzi'tivu] *nm* dispositif *(m)*.

disposto, osta [diʃ'poʃtu, -ɔʃtɐ] *adj* prêt(e) • **estar disposto a fazer algo** être prêt à faire qqch • **bem disposto** de bonne humeur • **mal disposto** *(de mau humor)* de mauvaise humeur • *(mal do estômago)* indisposé.

disputa [diʃ'putɐ] *nf* **1.** *(competição)* lutte *(f)* **2.** *(discussão)* dispute *(f)*.

disputar [diʃpu'tar] *vt* disputer.

disquete [diʃ'kɛtə] *nf* INFORM disquette *(f)*.

dissimular [disimu'lar] *vt* dissimuler.

dissipar [disi'par] *vt* dissiper.
■ **dissipar-se** *vp* se dissiper.

disso ['disu] = **de + isso** • ▻ **isso**.

dissolver [disoł'ver] *vt* dissoudre.
■ **dissolver-se** *vp* se dissoudre.

dissuadir [diswɐ'đir] *vt* dissuader.

distância [diʃ'tɐ̃sjɐ] *nf* distance *(f)* • **a que distância fica?** est-ce que c'est loin ? • *(cidade)* c'est à combien de kilomètres ? • **fica a um quilómetro de distância** c'est à un kilomètre.

distanciar [diʃtɐ̃'sjar] *vt* **1.** *(separar)* éloigner **2.** *(por intervalos)* espacer.
■ **distanciar-se** *vp* s'éloigner • **distanciar-se de** *(afastar-se de)* s'éloigner de • *(de pelotão)* se détacher de • *(diferenciar-se de)* être éloigné de.

distante [diʃ'tẽntə] *adj* **1.** *(local)* éloigné(e) **2.** *(tempo)* reculé(e) **3.** *(pessoa)* distant(e).

distinção [dəʃtĩ'sɐ̃u] (*pl* **-ões** [-õiʃ]) *nf* **1.** distinction *(f)* **2.** *(em exame, estudos)* mention *(f)*.

distinguir [dəʃtĩŋ'gir] *vt* distinguer.
■ **distinguir-se** *vp* se distinguer.

distinto, ta [dəʃ'tĩntu, -tɐ] *adj* **1.** distinct(e) **2.** *(pessoa)* distingué(e).

disto ['diʃtu] = **de + isto** • ▻ **isto**.

distorção [diʃtur'sɐ̃u] (*pl* **-ões** [-õiʃ]) *nf* **1.** *(de imagem, som)* distorsion *(f)* **2.** *(de verdade)* déformation *(f)*.

distração [dʒiʃtra'sɐ̃u] (*pl* **-ões** [-õiʃ]) *nf* *(Br)* = **distracção**.

distracção [diʃtra'sɐ̃u] (*pl* **-ões** [-õiʃ]) *nf* *(Port)* distraction *(f)*.

distrações ▻ **distração**.

distraído, da [diʃtrɐ'iđu, -đɐ] *adj* distrait(e).

distrair [diʃtrɐ'ir] *vt* distraire.
■ **distrair-se** *vp* **1.** *(divertir-se)* se distraire **2.** *(descuidar-se)* se laisser distraire.

distribuição [dəʃtriƀwi'sɐ̃u] (*pl* **-ões** [-õiʃ]) *nf* distribution *(f)*.

distribuidor, ra [deʃtriƀwi'đor, -rɐ] (*mpl* **-es** [-əʃ], *fpl* **-s** [-ʃ]) *nm, f* distributeur *(m)*, -trice *(f)*.

distribuir [*(Port)* deʃtri'ƀwir, *(Br)* dʒiʃtri'bwi(x)] *vt* distribuer.

distrito [dəʃ'tritu] *nm* **1.** *(em Portugal)* ≃ département *(m)* **2.** *(no Brasil)* district *(m)* • **Distrito Federal** capitale *(f)* administrative, *nom donné à Brasilia, capitale administrative du Brésil*.

distúrbio [diʃ'turƀju] *nm* trouble *(m)*.

ditado [di'tađu] *nm* **1.** *(de texto, frase)* dictée *(f)* **2.** *(provérbio)* dicton *(m)*.

ditador, ra [ditɐ'đor, -rɐ] (*mpl* **-es** [-əʃ], *fpl* **-s** [-ʃ]) *nm, f* dictateur *(m)*.

ditadura [ditɐ'đurɐ] *nf* dictature *(f)*.

ditar [di'tar] *vt* dicter.

dito, ta ['ditu, -tɐ] *pp* ▻ **dizer**.

ditongo [di'tõŋgu] *nm* diphtongue *(f)*.

DIU (*abr de* **Dispositivo Intra Uterino**) *nm* stérilet.

diurno, na ['djurnu, -nɐ] *adj* pendant la journée.

divã [di'vɐ̃] *nm* divan *(m)*.

divagar [divɐ'gar] *vi* **1.** *(afastar-se do assunto)* faire des digressions **2.** *(devanear)* divaguer **3.** *(caminhar ao acaso)* errer.

diversão [divər'sɐ̃u] (*pl* **-ões** [-õiʃ]) *nf* **1.** *(distracção)* distraction *(f)* **2.** *(em parque)* attraction *(f)* • **fazer uma manobra de diversão** faire diversion.

diverso, sa [di'vɛrsu, -sɐ] *adj* différent(e). ■ **diversos, sas** *adj pl* **1.** *(vários)* divers(e) **2.** *(muitos)* plusieurs.

diversões ▷ **diversão**.

divertido, da [divər'tiđu, -đɐ] *adj* drôle.

divertimento [divərti'mẽntu] *nm* divertissement *(m)*.

divertir [divər'tir] *vt* amuser. ■ **divertir-se** *vp* s'amuser.

dívida ['diviđɐ] *nf* dette *(f)*.

dividendo [dʒivi'dẽndu] *nm (Br)* dividendes *(mpl)*.

dividendos [dəvi'đẽnduʃ] *nmpl (Port)* dividendes *(mpl)*.

dividir [dəvi'đir] ◪ *vt* **1.** diviser **2.** *(repartir)* partager. ◪ *vi* diviser. ■ **dividir-se** *vp* **1.** *(separar-se)* se séparer **2.** *(ramificar-se)* se diviser.

divino, na [di'vinu, -nɐ] *adj* **1.** divin(e) **2.** *(sublime)* exquis(e).

divisão [dəvi'zɐ̃u] (*pl* **-ões** [-õiʃ]) *nf* **1.** division *(f)* **2.** *(de casa)* pièce *(f)* **3.** *(de comida, bens, trabalho)* partage *(m)*.

divisar [*(Port)* dəvi'zar, *(Br)* dʒivi'za(x)] *vt* **1.** *(avistar)* apercevoir **2.** *(marcar)* délimiter.

À PROPOS DE...

divisar

Attention, ne pas confondre « divisar » avec ***diviser***. En portugais, « divisar » signifie ***apercevoir, distinguer***.

divisas [də'vizɐʃ] *nfpl* devises *(fpl)*.

divisível [*(Port)* dəvi'zivɛɫ, *(Br)* dʒivi'zivew] (*pl* **-eis** [*(Port)* -ɐiʃ, *(Br)* -ejʃ]) *adj* divisible.

divisões ▷ **divisão**.

divisor, ra [*(Port)* dəvi'zor, -rɐ, *(Br)* dʒivi'zo(x), -ra] *adj (separador)* séparateur *(m)*. ■ **divisor** *nm* MATH diviseur *(m)*.

divorciado, da [divur'sjađu, -đɐ] *adj* divorcé(e).

divorciar-se [divur'sjarsə] *vp* divorcer • **divorciar-se de alguém** divorcer de qqn.

divórcio [di'vɔrsju] *nm* divorce *(m)*.

divulgar [divuɫ'gar] *vt* **1.** *(informação, ideia)* divulguer **2.** *(produto, serviço)* promouvoir.

dizer [di'zer] *vt* dire • **dizer algo a alguém** dire qqch à qqn • **dizer a alguém que** dire à qqn de *OU* que • **eu disse-lhe que se calasse** je lui ai dit de se taire • **como se diz...?** comment dit-on... ?

DJ [di'ʒɐi] *nmf* (*abr de* **disc-jóquei**) DJ *(mf)* *(disc-jockey)*.

do [du] = **de** + **o** • ▷ **o**.

doação [dwɐ'sɐ̃u] (*pl* **-ões** [-õiʃ]) *nf* donation *(f)*.

doar ['dwar] *vt* faire don de.

dobra ['dɔƀrɐ] *nf* pli *(m)*.

dobrada [du'ƀrađɐ] *nf* tripes *(fpl)*.

dobradiça [duƀrɐ'đisɐ] *nf* charnière *(f)*.

dobrado, da [du'ƀrađu, -đɐ] *adj* **1.** *(papel, peça de roupa)* plié(e) **2.** *(Port) (filme, programa de TV)* doublé(e).

dobrar [du'ƀrar] ◪ *vt* **1.** plier **2.** *(costas)* courber **3.** *(Port) (filme, programa de TV)* doubler. ◪ *vi* doubler • **dobrar a esquina** tourner au coin de la rue. ■ **dobrar-se** *vp* se courber.

dobro ['doƀru] *nm* • **o dobro** le double.

doca ['dɔkɐ] *nf* dock *(m)*.

doçaria [dusɐ'riɐ] *nf* pâtisserie *(f)* • **doçaria caseira** gâteaux *(mpl)* maison.

doce ['dosə] ◪ *adj* **1.** *(bebida, comida)* sucré(e) **2.** *(pessoa)* doux (douce). ◪ *nm* sucrerie *(f)* • **doce de ovos** *crème riche en jaune d'œuf.*

dóceis ▷ **dócil**.

docente [du'sẽntə] *adj & nmf* enseignant (e).

doceria [do'serja] *(Br)* = **doçaria**.

dócil ['dɔsiɫ] (*pl* **-ceis** [-sɐiʃ]) *adj* **1.** *(animal)* docile **2.** *(pessoa)* facile.

documentação [dukumẽntɐ'sɐ̃u] *nf* papiers *(mpl)*.

documentário [dukumẽn'tarju] *nm* documentaire *(m)*.

documento [duku'mẽntu] *nm* **1.** *(de identificação)* papier *(m)* **2.** *(testemunho escrito)* document *(m)* • **mostre-me os seus documentos, por favor** présentez-moi vos papiers, svp.

doçura [du'surɐ] *nf fig* douceur *(f)*.

doença ['dwẽsɐ] *nf* maladie *(f)* • **doença venérea** maladie vénérienne.

doente ['dwẽntə] *adj* & *nmf* malade • **doente mental** malade mental.

doentio, tia [dwẽn'tiu, -'tiɐ] *adj* **1.** *(lugar, atmosfera)* malsain(e) **2.** *(pessoa)* maladif(ive).

doer ['dwer] *vi* faire mal.

doido, da ['doiđu, -đɐ] *adj* & *nm, f* fou (folle) • **ser doido por** être fou de • **doido varrido** fou à lier.

dois, duas ['doiʃ, 'duɐʃ] *num* deux • **dois a dois** deux par deux • **ele tem dois anos** il a deux ans • **eles eram dois** ils étaient deux • **dois de Janeiro** le deux janvier • **página dois** page deux • **trinta e dois** trente-deux • **o dois de copas** le deux de cœur • **de dois em dois dias** tous les deux jours • **empataram a dois** (ils ont fait) deux partout • **dois a zero** deux à zéro.

dólar ['dɔlar] (*pl* **-es** [-əʃ]) *nm* dollar *(m)*.

doleiro [do'lɐiru] *nm (Br) revendeur de dollars au marché noir.*

dolorido, da [dulu'riđu, -đɐ] *adj* courbattu (e).

doloroso, osa [dulu'rozu, -ɔzɐ] *adj* douloureux(euse).

dom ['dõ] (*pl* **-ns** [-ʃ]) *nm* don *(m) (qualité)*.

domador, ra [dumɐ'đor, -rɐ] (*mpl* **-es** [-əʃ], *fpl* **-s** [-ʃ]) *nm, f* dompteur *(m)*, -euse *(f)*.

doméstica [du'mɛʃtikɐ] *nf* femme *(f)* au foyer.

domesticado, da [duməʃti'kađu, -đɐ] *adj* apprivoisé(e).

domesticar [duməʃti'kar] *vt* apprivoiser.

doméstico, ca [du'mɛʃtiku, -kɐ] *adj* **1.** domestique **2.** *(tarefa)* ménager(ère).

domicílio [dumi'silju] *nm* domicile *(m)*.

dominar [dumi'nar] *vt* **1.** maîtriser **2.** *(país)* dominer.
■ **dominar-se** *vp* se maîtriser.

domingo [du'mĩŋgu] *nm* dimanche *(m)* • **aos domingos** le dimanche • **até domingo** à dimanche • **ela vem domingo** elle vient dimanche • **este domingo** dimanche • **hoje é domingo** aujourd'hui nous sommes dimanche • **todos os domingos** tous les dimanches • **domingo de manhã/à tarde/à noite** dimanche matin/après-midi/soir • **domingo 13 de Junho** (le) dimanche 13 juin • **domingo passado** dimanche dernier • **domingo que vem** dimanche prochain.

dominicano, na [dumini'kɐnu, -nɐ] *adj* dominicain(e).

domínio [do'minju] *nm* **1.** INFORM domaine *(m)* **2.** *(dominação)* • **domínio (sobre)** domination *(f)* **3.** *(posse)* pouvoir *(m)* **4.** *(controle)* commandement *(m)* **5.** *(conhecimento)* maîtrise *(f)* **6.** *(autoridade)* domination *(f)* **7.** *(sector, campo, território)* domaine *(m)*.

dominó [dɔmi'nɔ] *nm* domino *(m)* • **jogar dominó** jouer aux dominos.

dona ['donɐ] *nf* • **dona Isabel X** Madame X • **dona de casa** maîtresse *(f)* de maison ▻ **dono**.

donde ['dõndə] *adv (forme contractée de* **de + onde***) (de que lugar)* d'où.

dono, na ['donu, -nɐ] *nm, f* **1.** propriétaire *(mf)* **2.** *(de cão)* maître *(m)*, -esse *(f)*.

dons ▻ **dom**.

dopar [du'par] *vt* doper.

dor ['dor] (*pl* **-es** [-əʃ]) *nf* douleur *(f)* • **dor de barriga** mal *(m)* de ventre • **dor de cabeça** mal *(m)* de tête • **dor de costas** mal *(m)* au dos • **dor de dentes** mal *(m)* de dents • **dor de cotovelo** *fig* jalousie *(f)* • **dor de estômago** douleur d'estomac • **dor de garganta** mal *(m)* de gorge • **ter dor de ouvidos** avoir mal aux oreilles.

dormente [dur'mẽntə] *adj* engourdi(e).

dormida [dur'miđɐ] *nf* • **'dormida e pequeno almoço'** 'nuit avec petit-déjeuner compris'.

dormir [dur'mir] ■ *vi* dormir. ■ *vt* • **dormir a sesta** faire la sieste.

dormitório [durmi'tɔrju] *nm* dortoir *(m)*.

dosagem [du'zaʒẽi] (*pl* **-ns** [-ʃ]) *nf* **1.** dose *(f)* **2.** *(operação)* dosage *(m)*.

dose ['dɔzə] *nf* **1.** dose *(f)* **2.** *(de comida)* part *(f)* • **uma dose** une portion • **meia dose** *la moitié d'une portion servie pour une personne au restaurant.*

dossiê [do'sje] *nm (Br)* = **dossier**.

dossier [dɔ'sje] *nm (Port)* dossier *(m)* • **dossier (escolar)** classeur *(m)*.

dotado, da [du'tađu, -đɐ] *adj* doué(e).

dou ['do] ▻ **dar**.

dourado, **da** [do'rađu, -đɐ] *adj* doré(e).

Douro ['doru] *nm* • **o Douro** le Douro.

doutor, **ra** [do'tor, -rɐ] (*mpl* **-es** [-əʃ], *fpl* **-s** [-ʃ]) *nm, f (aussi :* **docteure** *nf)* **1.** *(pessoa doutorada)* docteur *(m)* **2.** *(Br) (médico)* docteur *(mf)*.

Doutor, **ra** [do'tor, -rɐ] *nm, f (forma de tratamento)* Docteur *(m)*.

doutrina [do'trinɐ] *nf* doctrine *(f)*.

download [do'lodi] (*pl* **-s**) *nm* INFORM téléchargement *(m)* • **fazer (um) download** télécharger.

doze ['dozə] *num* douze • **ele tem doze anos** il a douze ans • **eles eram doze** ils étaient douze • **doze de Janeiro** le douze janvier • **página doze** page douze • **de doze em doze dias** tous les douze jours.

Dr. (*abr écrite de* **Doutor**) *(Port) titre donné à tous les licenciés* • **Dr. João X** Monsieur X.

Dra. (*abr écrite de* **Doutora**) *(Port) titre donné à toutes les licenciées* • **Dra. Isabel X** Madame X.

dragão [drɐ'gɐ̃w] (*pl* **-ões** [-õiʃ]) *nm* dragon *(m)*.

dragar [drɐ'gar] *vt* draguer *(une rivière)*.

drágea ['draʒjɐ] *nf (Br)* = **drageia**.

drageia [drɐ'ʒɐjɐ] *nf (Port)* dragée *(f)*.

dragões ▷ **dragão**.

drama ['drɐmɐ] *nm* drame *(m)*.

dramatizar [drɐmɐti'zar] *vt* faire un drame de.

dramaturgo, **ga** [drɐmɐ'turgu, -gɐ] *nm, f* dramaturge *(mf)*.

drástico, **ca** ['draʃtiku, -kɐ] *adj* **1.** *(solução)* radical(e) **2.** *(medida)* draconien(enne).

drenar [drə'nar] *vt* drainer.

dreno ['drenu] *nm* drain *(m)*.

driblar [dri'blar] *vt & vi* dribbler.

drinque ['drĩŋki] *nm (Br)* drink *(m)*.

drive[1] ['drivi] (*pl* **-s**) *nm (Br)* INFORM unité *(f)* de disque.

drive[2] ['draivə] *nf (Port)* lecteur *(m)*.

driver ['drive(x)] (*pl* **-s**) *nm* INFORM pilote *(m)*, gestionnaire *(m)* de périphérique • **driver de vídeo** driver *(m)* du magnétoscope • **driver de impressora** pilote de l'imprimante.

droga ['drɔgɐ] ■ *nf* **1.** drogue *(f)* **2.** *(coisa de má qualidade)* cochonnerie *(f)*. ■ *interj* • **que droga!** mince !

drogado, **da** [dru'gađu, -đɐ] *nm, f* drogué *(m)*, -e *(f)*.

drogar [dru'gar] *vt* droguer.
■ **drogar-se** *vp* se droguer.

drogaria [drugɐ'riɐ] *nf* droguerie *(f)*.

dto. (*abr écrite de* **direito**) dte *(droite)*.

duas ['duaʃ] ▷ **dois**.

dublado [du'bladu] *(Br)* = **dobrado**.

dublar [du'blax] *vt (Br)* = **dobrar**.

ducha ['duʃɐ] *nf (Br)* = **duche**.

duchar-se [du'ʃarsə] *vp (Br)* se doucher.

duche ['duʃə] *nm (Port)* douche *(f)* • **tomar um duche** prendre une douche.

duende ['dwẽndə] *nm* lutin *(m)*.

dum [dũ] = **de** + **um** • ▷ **um**.

duma ['dumɐ] = **de** + **uma** • ▷ **um**.

dumas ['dumɐʃ] = **de** + **umas** • ▷ **um**.

duna ['dunɐ] *nf* dune *(f)*.

duns [dũʃ] = **de** + **uns** • ▷ **um**.

dupla ['duplɐ] *nf* **1.** *(par)* couple *(m)* **2.** *(Br) (em desporto)* double *(m)*.

dúplex ['duplɛks] *nm inv* duplex *(m)*.

duplicado [dupli'kađu] *nm* double *(m)* • **em duplicado** en double.

duplicar [dupli'kar] *vt & vi* doubler.

duplo, **pla** ['duplu, -plɐ] ■ *adj* double. ■ *nm* • **o duplo** le double.

duração [durɐ'sɐ̃w] *nf* durée *(f)*.

duradouro, **ra** [durɐ'doru, -rɐ] *adj* durable.

durante [du'rɐ̃ntə] *prép* pendant.

durar [du'rar] *vi* durer.

durex [du'rɛks] *adj (Br)* ▷ **fita**.

dureza [du'rezɐ] *nf* dureté *(f)*.

durmo ['durmu] ▷ **dormir**.

duro, **ra** ['duru, -rɐ] *adj* dur(e).

dúvida ['duviđɐ] *nf* doute *(m)* • **estar em dúvida** se demander • **pôr em dúvida** mettre en doute • **sem dúvida!** bien sûr ! • **tirar dúvidas** expliquer.

duvidoso, **osa** [duvi'đozu, -ɔzɐ] *adj* **1.** louche **2.** *(oferta)* douteux(euse).

duzentos, **tas** [du'zẽntuʃ, -tɐʃ] *num* deux cents.

dúzia ['duzjɐ] *nf* douzaine *(f)* • **uma dúzia de ovos** une douzaine d'œufs • **vender à dúzia** vendre à la douzaine • **meia dúzia** une demi-douzaine.

eE

e[1], **E** [ɛ] *m (letra)* e, E.

e[2] [i] *conj* et.

E. (*abr écrite de* **este**) E *(est)*.

é ['ɛ] ▻ **ser**.

ébano ['ɛƀɐnu] *nm* **1.** *(árvore)* ébénier *(m)* **2.** *(madeira)* ébène *(f)*.

ébrio ['ɛƀriu] *adj* ivre.

ebulição [iƀuli'sɐ̃u] *nf* ébullition *(f)*.

e-business [ɛbusi'nɛesi] *nm* COMM e-business *(m)*.

echarpe [e'ʃaxpi] *(Br)* = **écharpe**.

écharpe [e'ʃarpə] *nf* écharpe *(f)*.

eclipse [i'klipsə] *nm* éclipse *(f)*.

eco ['ɛku] *nm* écho *(m)*.

ecoar [i'kwar] *vi* résonner.

ecografia ['ɛkɔgrɐ'fiɐ] *nf* échographie *(f)*.

ecologia [ikulu'ʒiɐ] *nf* écologie *(f)*.

ecológico, **ca** [iku'lɔʒiku, -kɐ] *adj* écologique.

e-commerce [ɛko'mɛxsi] *nm* COMM e-commerce *(m)*.

economia [ikɔnu'miɐ] *nf* économie *(f)*. ■ **economias** *nfpl* économies *(fpl)*.

económico, **ca** [iku'nɔmiku, -kɐ] *adj* **1.** *(Port)* économique **2.** *(pessoa)* économe.

econômico, **ca** [eko'nomiku, -kɐ] *adj (Br)* = **económico**.

economista [ikɔnu'miʃtɐ] *nmf* économiste *(mf)*.

economizar [ikunumi'zar] *vt* & *vi* économiser.

ecoturismo [ekotu'riʒmu] *nm* écotourisme *(m)*.

ecrã ['ɛkrɐ̃] *nm* écran *(m)*.

écran ['ekrɑ̃n] *(Br)* = **ecrã**.

ECT *nf* (*abr de* **Empresa Brasileira de Correios e Telégrafos**) ≃ La Poste.

eczema [ɛg'zemɐ] *nm* eczéma *(m)*.

edição [iđi'sɐ̃u] (*pl* **-ões** [-õiʃ]) *nf* édition *(f)*.

edifício [iđə'fisju] *nm* immeuble *(m)*.

edifício-garagem [edʒifisjuga'raʒẽi] (*pl* **edifícios-garagens** [edʒifisjuʒga'raʒẽi]) *nm (Br)* parking *(m)*.

editar [iđi'tar] *vt* éditer.

editor, **ra** [iđi'tor, -rɐ] (*mpl* **-es** [-əʃ], *fpl* **-s** [-ʃ]) *nm, f* éditeur *(m)*, -trice *(f)*.

editora [iđi'torɐ] *nf* maison *(f)* d'édition • ▻ **editor**.

editores [iđi'torʃ] ▻ **editor**.

EDP *nf* (*abr de* **Electricidade de Portugal**) ≃ EDF *(Électricité de France)*.

edredão [iđrə'đɐ̃u] (*pl* **-ões** [-õiʃ]) *nm* **1.** *(Port)* édredon *(m)* **2.** *(espesso)* couette *(f)*.

edredom [ɛdre'dõ] (*pl* **-ns** [-ʃ]) *nm (Br)* = **edredão**.

educação [iđukɐ'sɐ̃u] *nf* éducation *(f)*. **Voir encadré page suivante.**

educado, **da** [iđu'kađu, -đɐ] *adj* bien élevé (e) • **ser bem educado** être bien élevé.

educar [iđu'kar] *vt* éduquer.

educativo, **a** [iđu'kativu, -vɐ] *adj* éducatif (ive).

efectivamente [ifɛˌtivɐ'mẽntə] *adv (Port)* effectivement.

efectivo, **va** [ifɛ'tivu, -vɐ] ■ *adj* **1.** *(Port) (real)* effectif(ive) **2.** *(funcionário, empregado)* titulaire. ■ *nm (Port) (categoria de professor)* professeur *(m)* titulaire.

efectuar [ifɛ'twar] *vt (Port)* effectuer.

efeito [i'fɐitu] *nm* effet *(m)* • **com efeito** en effet • **sem efeito** sans effet • *(contrato)* non avenu.

efervescente [ifərvəʃ'sẽntə] *adj* ▻ **aspirina**.

efetivamente [efɛˌtʃiva'mẽntʃi] *(Br)* = **efectivamente**.

efetivo, **va** [efe'tʃivu, -vɐ] *adj (Br)* = **efectivo**.

efetuar [efe'twax] *vt (Br)* = **efectuar**.

eficácia [ifi'kasjɐ] *nf* efficacité *(f)*.

CULTURE...

O sistema educativo português

Le système éducatif portugais comprend l'éducation pré-scolaire (*educação pré-escolar*) et l'éducation scolaire. La fréquentation des établissements pré-scolaires, *jardins de infância* (*jardins d'enfants*), n'est pas obligatoire.

La scolarité obligatoire est de neuf ans et concerne les élèves de 6 à 15 ans. Cet enseignement de base obligatoire (appelé *ensino básico*) est divisé en trois cycles.

Le 1er cycle dure quatre ans (pour les élèves de 6 à 10 ans).

Le 2e cycle dure deux ans (pour les élèves de 10 à 12 ans).

Le 3e cycle dure trois ans (pour les élèves de 12 à 15 ans).

L'enseignement est dispensé dans des écoles de base (*escolas básicas*).

À la fin du 3e cycle, les élèves reçoivent un diplôme mais il n'y a pas d'examen final de type Brevet des Collèges.

Les élèves peuvent ensuite suivre un enseignement secondaire (*ensino secundário*) d'une durée de trois ans.

eficaz [ifi'kaʃ] (*pl* **-es** [-zəʃ]) *adj* efficace.

eficiência [ifə'sjẽsjɐ] *nf* efficacité *(f)*.

eficiente [ifə'sjẽntə] *adj* efficace.

efusivo, **va** [ifu'zivu, -vɐ] *adj* expansif(ive).

egípcio, **cia** [i'ʒipsju, -sjɐ] *adj* égyptien (enne).

Egipto [i'ʒiptu] *nm* • **o Egipto** l'Égypte *(f)*.

egoísmo [i'gwiʒmu] *nm* égoïsme *(m)*.

egoísta [i'gwiʃtɐ] *adj* & *nmf* égoïste.

égua ['ɛgwɐ] *nf* jument *(f)*.

eis ['ɐiʃ] *adv* voilà • **eis senão quando** et voilà que.

eixo ['ɐiʃu] *nm* **1.** *(de roda)* essieu *(m)* **2.** *(de máquina)* axe *(m)*.

ejaculação [iʒɐkulɐ'sɐ̃u] (*pl* **-ões** [-õiʃ]) *nf* éjaculation *(f)*.

ejacular [iʒɐku'lar] *vt* & *vi* éjaculer.

ela ['ɛla] ▻ **ele**.

elaboração [ilɐburɐ'sɐ̃u] *nf* élaboration *(f)*.

elaborar [ilɐbu'rar] *vt* **1.** élaborer **2.** *(lista)* établir.

elasticidade [ilɐʃtəsi'dadə] *nf* élasticité *(f)*.

elástico, **ca** [i'laʃtiku, -kɐ] ■ *adj* élastique. ■ *nm* élastique *(m)*.

ele, **ela** ['elə, 'ɛlɐ] *pron* **1.** il (elle) **2.** *(com preposição)* lui (elle) • **é ele/ela** c'est lui/elle • **e ele/ela?** et lui/elle ? • **ele mesmo** *OU* **próprio/ela mesma** *OU* **própria** lui-même/elle-même • **para eles/elas** pour eux/elles.

electricidade [ilɛtrəsi'dadə] *nf (Port)* électricité *(f)*.

electricista [ilɛtrə'siʃtɐ] *(Port) nmf* électricien *(m)*, -enne *(f)*.

eléctrico, **ca** [i'lɛtriku, -kɐ] ■ *adj (Port)* électrique. ■ *nm (Port)* tramway *(m)*.

electrizar [ilɛtri'zar] *vt (Port) fig (público)* chauffer.

electrodoméstico [iˌlɛtrɔdu'mɛʃtiku] *nm (Port)* électroménager *(m)*.

electrónica [ilɛ'trɔnikɐ] *nf (Port)* électronique *(f)*.

electrónico, **ca** [ilɛ'trɔniku, -kɐ] *adj (Port)* électronique.

elefante [ilə'fẽntə] *nm* éléphant *(m)*.

elegância [ilə'gɐ̃sjɐ] *nf* élégance *(f)*.

elegante [ilə'gẽntə] *adj* **1.** *(esbelto)* mince **2.** *(distinto)* élégant(e).

eleger [ilə'ʒer] *vt* **1.** *(ministro, director, deputado)* élire **2.** *(sistema, método, manual)* choisir.

eleição [ilɐi'sɐ̃u] (*pl* **-ões** [-õiʃ]) *nf* **1.** *(de ministro, director, Miss Mundo)* élection *(f)* **2.** *(sistema, método, manual)* choix *(m)*.

■ **eleições** *nfpl* élections *(fpl)*.

eleito, **ta** [i'lɐitu, -tɐ] ■ *pp* ▻ **eleger**. ■ *adj* élu(e).

eleitor, **ra** [ilɐi'tor, -rɐ] (*mpl* **-es** [-əʃ], *fpl* **-s** [-ʃ]) *nm, f* électeur *(m)*, -trice *(f)*.

elementar [iləmẽn'tar] (*pl* **-es** [-əʃ]) *adj* élémentaire.

elemento [ilə'mẽntu] *nm* **1.** élément *(m)* **2.** *(de equipa, grupo)* membre *(m)*.

■ **elementos** *nmpl* éléments *(mpl)*.

eletricidade [eletrisi'dadʒi] *nf (Br)* électricité *(f)*.

eletricista [eletri'siʃta] *(Br) nmf* = **electricista**.

elétrico, **ca** [e'lɛtriku, -kɐ] *adj* & *nm (Br)* = **eléctrico**.

eletrizar [eletri'za(x)] *(Br)* = **electrizar**.

eletrodoméstico [eˌletrodo'mɛʃtʃiku] *(Br)* = **electrodoméstico**.

eletrônica [ele'tronikɐ] *nf (Br)* = **electrónica**.

eletrônico [ele'troniku] *(Br)* = **electrónico**.

elevação [iləvɐ'sɐ̃u] *(pl* **-ões** [-õiʃ]) *nf* hauteur *(f) (en géographie)*.

elevado, da [ilə'vađu, -đɐ] *adj* élevé(e).

elevador [iləvɐ'đor] *(pl* **-es** [-əʃ]) *nm (Port)* ascenseur *(m)*.

elevar [ilə'var] *vt* **1.** élever **2.** *(preço, imposto)* augmenter.
■ **elevar-se** *vp* s'élever • **elevar-se nos ares** s'envoler.

eliminar [iləmi'nar] *vt* **1.** éliminer **2.** *(possibilidade, hipótese)* écarter.

elite [ɛ'litə] *nf* élite *(f)*.

elo ['ɛlu] *nm* chaînon *(m)* • **elo de ligação** *fig* lien *(m)*.

elogiar [ilu'ʒjar] *vt* faire l'éloge de.

elogio [ilu'ʒiu] *nm* éloge *(m)*.

eloquência [ilu'kwẽsjɐ] *(Port)*, **eloqüencia** [elo'kwẽsja] *(Br) nf* éloquence *(f)*.

eloquente [ilu'kwẽntə] *adj (Port)* éloquent (e).

eloqüente [elo'kwẽntʃi] *adj (Br)* = **eloquente**.

em [ɐ̃i] *prép*

contraction de : em + a = **na** [nɐ], *em + aquela =* **naquela** [nɐ'kɛlɐ], *em + aquele =* **naquele** [nɐ'kelə], *em + aquilo =* **naquilo** [nɐ'kilu], *em + as =* **nas** [nɐʃ], *em + ela =* **nela** ['nɛlɐ], *em + ele =* **nele** ['nelə], *em + essa =* **nessa** ['nɛsɐ], *em + esse =* **nesse** ['nesə], *em + esta =* **nesta** ['nɛʃtɐ], *em + este =* **neste** ['neʃtə], *em + isso =* **nisso** ['nisu], *em + isto =* **nisto** ['niʃtu], *em + o =* **no** [nu], *em + os =* **nos** [nuʃ], *em + um =* **num** [nũ], *em + uma =* **numa** ['numɐ], *em + uns =* **nuns** [nũʃ]

1. INDIQUE LE LIEU
• **os papéis estão naquela gaveta** les papiers sont dans ce tiroir
• **a chave está na fechadura** la clé est dans la serrure
• **estou na cama** je suis au lit
• **na rua** dans la rue
• **em casa** à la maison
• **em minha casa** chez moi
• **no trabalho** au travail
• **noutro sítio** ailleurs
• **coloca uma jarra nesta mesa** mets un vase sur cette table
• **a chave está na porta** la clé est sur la porte
• **põe isso no chão** mets cela par terre
• **na parede** au mur

2. AVEC LES PAYS, LES VILLES
• **em Londres/Paris** à Londres/Paris
• **no Brasil** au Brésil
• **nos Estados Unidos** aux États-Unis
• **em Portugal/França** au Portugal/en France

3. INDIQUE LA DIRECTION
• **vivo no norte** je vis dans le nord
• **fica no nordeste** c'est au nord-est

4. INDIQUE LE TEMPS
• **ele nasceu em 1970/num sábado** il est né en 1970/un samedi
• **no dia 25** le 25
• **vou de férias no Verão/Natal** je pars en vacances en été/à Noël
• **estou de volta numa semana** je suis de retour dans une semaine
• **leio muito nas férias** je lis beaucoup pendant les vacances
• **nos nossos dias** de nos jours
• **em vida dele** de son vivant
• **em breve** bientôt, sous peu

5. INDIQUE LA PÉRIODICITÉ OU LA DISTANCE : « DE… EM »
• **de cinco em cinco metros** tous les cinq mètres
• **de vez em quando** de temps à autre
• **de quando em quando** de temps en temps

6. INDIQUE LE MOYEN, LA MANIÈRE
• **paguei em euros** j'ai payé en euros
• **respondi-lhe em português** je lui ai répondu en portugais
• **ele respondeu-me num tom muito seco** il m'a répondu d'un ton très sec
• **em voz baixa** à voix basse
• **em resumo** en résumé, en bref

7. INDIQUE L'ÉTAT
• **as laranjeiras estão em flor** les orangers sont en fleur
• **estar em coma** être dans le coma
• **estar em maus lençóis** *fam* être dans de beaux draps
• **não descer com o comboio em movimento** ne pas descendre du train en marche

8. INTRODUIT UN COMPLÉMENT DE VERBE, DE NOM OU D'ADJECTIF
• **cair em desuso** tomber en désuétude
• **não penses nele** ne pense pas à lui

• **é um perito em economia** c'est un expert en économie
• **sempre tive dificuldade(s) em me exprimir** j'ai toujours eu du mal à m'exprimer
• **sou licenciada em Letras/Direito** je suis licenciée en lettres/en droit
• **doutorado em Medicina** docteur en médecine
• **nisso dos computadores, é o melhor** en matière d'ordinateurs, c'est le meilleur
9. SUIVI DU GÉRONDIF
• **em precisando de alguma coisa, é só chamar** si tu as besoin de quelque chose, il suffit d'appeler
• **em acabando este trabalho vou arejar** dès que j'aurai fini ce travail, j'irai prendre l'air.

emagrecer [imɐɡrə'ser] *vi* maigrir.

e-mail ['imejw] *nm* INFORM (e-)mail *(m)*, message *(m)* (électronique), courriel *(m)*.

emancipado, da [imẽsi'pađu, -đɐ] *adj* émancipé(e).

emaranhado, da [imɐrɐ'ɲađu, -đɐ] *adj* **1.** *(cabelo, fios)* emmêlé(e) **2.** *(vegetação)* enchevêtré(e).

embaçado [ẽnba'sadu] *(Br)* = **embaciado**.

embaçar [ẽmba'sa(x)] *(Br)* = **embaciar**.

embaciado, da [ẽmbɐ'sjađu, -đɐ] *adj* embué(e).

embaciar [ẽmbɐ'sjar] *vt* embuer.

embaixada [ẽmbai'ʃađɐ] *nf* ambassade *(f)*.

embaixador, ra [ẽmbaiʃɐ'đor, -rɐ] *(mpl* **-es** [-əʃ], *fpl* **-s** [-ʃ]) *nm, f* ambassadeur *(m)*, -drice *(f)*.

embaixatriz [ẽmbaiʃɐ'triʃ] *(pl* **-es** [-zəʃ]) *nf* ambassadrice *(f)*.

embaixo [ẽm'baiʃu] *adv* **1.** *(Br) (em espaço)* en bas **2.** *(em lista)* en dernier • **embaixo de** sous.

embalagem [ẽmbɐ'laʒẽi] *(pl* **-ns** [-ʃ]) *nf* emballage *(m)*.

embalar [ẽmbɐ'lar] *vt* **1.** *(produto)* emballer **2.** *(bebé)* bercer.

embaraçar [ẽmbɐrɐ'sar] *vt* gêner.
■ **embaraçar-se** *vp* être gêné(e).

embaraço [ẽmbɐ'rasu] *nm* gêne *(f)*.

embarcação [ẽmbɐrkɐ'sɐ̃u] *(pl* **-ões** [-õiʃ]) *nf* embarcation *(f)*.

embarcar [ẽmbɐr'kar] *vi* embarquer • **embarcar em** *(navio, avião)* embarquer à bord de • *(comboio)* monter dans • *(aventura, negócio)* s'embarquer dans.

embarque [ẽm'barkə] *nm* embarquement *(m)* • **zona/local de embarque** zone/salle d'embarquement.

embebedar-se [ẽmbəbə'đarsə] *vp* se saoûler.

embeber [ẽmbə'ƀer] *vt* imbiber • **embeber algo em algo** imbiber qqch de qqch.

embelezar [ẽmbələ'zar] *vt* embellir.

emblema [ẽm'blemɐ] *nm* emblême *(m)*.

embora [ẽm'bɔrɐ] ■ *conj* bien que. ■ *adv* • **ir embora** s'en aller • **ir-se embora** s'en aller • **ele foi-se embora** il est parti.

emboscada [ẽmbuʃ'kađɐ] *nf* embuscade *(f)*.

embraiagem [ẽmbrɐ'jaʒẽi] *(pl* **-ns** [-ʃ]) *nf* *(Port)* embrayage *(m)*.

embreagem [ẽmbri'aʒẽi] *(pl* **-ns** [-ʃ]) *nf (Br)* = **embraiagem**.

embriagado, a [ẽmbrja'gadu, -da] *adj* soûl (e).

embriagar-se [ẽmbriɐ'ɡarsə] *vp* se saoûler.

embrulhar [ẽmbru'ʎar] *vt* **1.** *(presente, produto)* emballer **2.** *(agasalhar)* couvrir **3.** *(misturar)* emmêler.

embrulho [ẽm'bruʎu] *nm* paquet *(m)*.

embutido, da [*(Port)* ẽmbu'tiđu, -đɐ, *(Br)* ẽmbu'tʃidu, da] *adj* encastré(e).
■ **embutidos** *nfpl* charcuterie *(f)*.

emenda [i'mẽnda] *nf* correction *(f)*, amendement *(m)*.

emendar [imẽn'dar] *vt* corriger.
■ **emendar-se** *vp* se corriger.

ementa [i'mẽntɐ] *nf (Port)* menu *(m)* • **ementa turística** menu touristique.

emergência [imər'ʒẽsjɐ] *nf* urgence *(f)*.

Emergências [emex'ʒẽsja] *(Br)* = **urgências**.

emigração [imiɡrɐ'sɐ̃u] *nf* émigration *(f)*.

emigrante [imi'ɡrẽntə] *nmf* émigrant *(m)*, -e *(f)*.

emigrar [imi'ɡrar] *vi* émigrer • **emigrar para** émigrer en.

Emiratos Árabes Unidos [imi,ratuʃ'arabeʃu,niđuʃ] *nmpl* • **os Emiratos Árabes Unidos** les Émirats Arabes Unis.

emissão [imi'sɐ̃u] (*pl* **-ões** [-õiʃ]) *nf* émission *(f)*.

emissor, **ra** [imi'sor, -rɐ] (*mpl* **-es** [-əʃ], *fpl* **-s** [-ʃ]) ■ *adj* émetteur(trice). ■ *nm* émetteur *(m)*.

emissora [imi'sorɐ] *nf* station *(f) (de radio)*.

emissores ▷ **emissor**.

emitir [imi'tir] *vt* émettre.

emoção [imu'sɐ̃u] (*pl* **-ões** [-õiʃ]) *nf* émotion *(f)*.

emoldurar [imołđu'rar] *vt* encadrer.

emoticon [emotʃi'cõn] *nm* INFORM emoticon *(f)*.

emotivo, **va** [imu'tivu, -vɐ] *adj* émotif(ive).

empacotar [ẽmpɐku'tar] *vt* emballer.

empada [ẽm'pađɐ] *nf* chausson *(m)* • **empada de galinha** *chausson au poulet*.

empadão [ẽmpɐ'đɐ̃u] (*pl* **-ões** [-õiʃ]) *nm* hachis *(m)* Parmentier.

empadinha [ẽmpa'dʒiɲɐ] *nf* **1.** *(Br)* = **empada 2.** • **empadinha de camarão** *chausson aux crevettes* • **empadinha de palmito** *chausson aux cœurs de palmier* • **empadinha de queijo** *chausson au fromage*.

empadões ▷ **empadão**.

empalhar [ẽmpɐ'ʎar] *vt* empailler.

empanturrar [ẽmpɐ̃ntu'ʀar] *vt* • **empanturrar alguém com algo** gaver qqn de qqch.
■ **empanturrar-se** *vp* se gaver.

empatar [ẽmpɐ'tar] ■ *vi* être à égalité. ■ *vt* **1.** *(estorvar)* gêner **2.** *(dinheiro)* immobiliser.

empate [ẽm'patə] *nm* match *(m)* nul • **empate a dois** deux partout.

empenado, **da** [ẽmpə'nađu, -đɐ] *adj* **1.** *(porta)* qui a joué **2.** *(roda)* voilé(e).

empenhar [ẽmpə'ɲar] *vt* mettre en gage.
■ **empenhar-se** *vp* **1.** *(esforçar-se)* se mettre en quatre **2.** *(endividar-se)* s'endetter • **empenhar-se em algo** s'investir dans qqch.

empestar [ẽmpɛʃ'tar] *vt* empester.

empilhar [ẽmpi'ʎar] *vt* empiler.

empinar-se [ẽmpi'narsə] *vp* se cabrer.

emplastro [ẽm'plaʃtru] *nm* emplâtre *(m)*.

empobrecer [ẽmpuƀrə'ser] ■ *vt* appauvrir. ■ *vi* s'appauvrir.

empolgante [ẽmpoł'gɐ̃ntə] *adj* prenant(e).

empreender [ẽmpriẽn'der] *vt* entreprendre.

empreendimento [ẽmpriẽndi'mẽntu] *nm* entreprise *(f)*.

empregado, **da** [ẽmprə'gađu, -đɐ] *nm, f* **1.** *(em casa)* employé *(m)*, -e *(f)* de maison **2.** *(em restaurante)* serveur *(m)*, -euse *(f)* **3.** *(em empresa)* employé *(m)*, -e *(f)* • **empregado de balcão** vendeur *(m) (au comptoir)* • **empregado de bar** serveur • **empregado doméstico** domestique *(m)* • **empregado de mesa** serveur.

empregar [ẽmprə'gar] *vt* employer.
■ **empregar-se** *vp* **1.** *(arranjar emprego)* trouver un emploi **2.** *(utilizar-se)* s'employer.

emprego [ẽm'pregu] *nm* emploi *(m)* • **o emprego** l'emploi.

empregue [ẽm'prɛgə] *pp* ▷ **empregar**.

empresa [ẽm'prezɐ] *nf* entreprise *(f)* • **empresa de consultoria** bureau *(m)* de consultation.

empresariado [*(Port)* ẽmprəza'rjađu, *(Br)* ẽmpreza'rjadu] *nm* groupe *(m)* d'entrepreneurs.

empresarial [*(Port)* ẽmprəza'rjal, *(Br)* ẽmpreza'rjal] (*pl* **-ais** [-ajʃ]) *adj* de l'entreprise.

empresário, **ria** [*(Port)* ẽmprə'zarju, -rjɐ, *(Br)* ẽmpre'zarju, -rja] *nm, f* **1.** *(dono de empresa)* entrepreneur *(mf)* *(aussi : **entrepreneure** nf)* **2.** *(de artista, jogador)* imprésario *(mf)*.

À PROPOS DE...

empresário

Attention, ne pas traduire systématiquement « empresário » par ***imprésario***. En portugais, « empresário » signifie surtout ***entrepreneur***.

emprestado, **da** [ẽmprəʃ'tađu, -đɐ] *adj* prêté(e) • **pedir algo emprestado** emprunter qqch.

emprestar [ẽmprəʃ'tar] *vt* • **emprestar algo a alguém** prêter qqch à qqn.

empréstimo [ẽm'prɛʃtimu] *nm* prêt *(m)* • **fazer um empréstimo** *(cliente)* faire un emprunt • *(banco)* faire un prêt.

empunhar [ẽmpu'ɲar] *vt* empoigner.

empurrão [ẽmpu'ʀɐ̃u] (*pl* **-ões** [-õiʃ]) *nm* coup *(m)* • **dar um empurrão** pousser.

empurrar [ẽmpu'ʀar] *vt* pousser • **'empurre'** 'poussez'.

empurrões ▷ **empurrão**.

ENATUR [ɛna'tur] (*abr de* **Empresa Nacional de Turismo**), *Office du tourisme portugais*.

encabeçar [ẽŋkɐƀə'sar] *vt* être à la tête de.

encadernação [ẽŋkɐđərnɐ'sɐ̃u] (*pl* **-ões** [-õiʃ]) *nf* reliure *(f)*.

encaixar [ẽŋkai'ʃar] *vt* **1.** *(meter em encaixe)* s'emboîter **2.** *fig (meter na cabeça)* se mettre dans la tête.
■ **encaixar-se** *vp* **1.** *(em encaixe)* s'emboîter **2.** *(enquadrar-se)* s'intégrer.

encaixe [ẽŋ'kaiʃə] *nm* jointure *(f)* • **encaixe do flash** glissière *(f)* porte-accessoires.

encaixotar [ẽŋkaiʃu'tar] *vt* emballer.

encalhar [ẽŋkɐ'ʎar] ■ *vt* faire échouer. ■ *vi* s'échouer.

encaminhar [*(Port)* ẽŋkɐmi'ɲar, *(Br)* ẽŋkami'ɲa(x)] *vt fig* guider • **encaminhar algo/alguém para** orienter qqch/qqn vers • **encaminhar um pedido para alguém** faire parvenir une demande à qqn.
■ **encaminhar-se para** *vp + prép* se diriger vers.

encanador, ra [ẽŋkana'dox, -rɐ] (*mpl* **-es** [-iʃ], *fpl* **-s** [-ʃ]) *nm, f (Br)* plombier *(m)*.

encanamento [*(Br)* ẽŋkana'mẽntu] *nm* tuyauterie *(f)*.

encantador, ra [ẽŋkɐ̃ntɐ'đor, -rɐ] (*mpl* **-es** [-əʃ], *fpl* **-s** [-ʃ]) *adj* charmant(e).

encantar [ẽŋkɐ̃n'tar] *vt* enchanter.

encaracolado, da [ẽŋkɐrɐku'lađu, -đɐ] *adj* bouclé(e).

encarar [ẽŋkɐ'rar] *vt* **1.** *(pessoa)* dévisager **2.** *(problema, situação, possibilidade)* affronter.
■ **encarar com** *v + prép* tomber sur.

encardido, da [ẽŋkɐr'điđu, -đɐ] *adj* jauni (e).

encarnado, da [ẽŋkɐr'nađu, -đɐ] *adj* rouge.

encarregado, da [ẽŋkɐʀə'ǥađu, -đɐ] *nm, f* responsable *(mf)*.

encarregar [ẽŋkɐʀə'ǥar] *vt* • **encarregar alguém de fazer algo** charger qqn de faire qqch.

encarte [*(Port)* ẽŋ'kɐʀtə, *(Br)* ẽŋ'kaxtʃi] *nm (de revista, jornal)* supplément *(m)*.

encastrado, da [ẽŋkɐʃ'trađu, -đɐ] *(Br) adj* **1.** *(embutido)* encastré(e) **2.** *(pedra em jóia)* incrusté(e).

encenação [ẽsənɐ'sɐ̃u] (*pl* **-ões** [-õiʃ]) *nf* mise *(f)* en scène.

encenar [ẽsə'nar] *vt* mettre en scène.

encerar [ẽsə'rar] *vt* cirer.

encerrado, da [ẽsə'ʀađu, -đɐ] *adj* clos(e) • **'encerrado'** 'fermé'.

encerramento [ẽsəʀɐ'mẽntu] *nm* **1.** *(de concerto, espectáculo)* clôture *(f)* **2.** *(de loja)* fermeture *(f)*.

encerrar [ẽsə'ʀar] *vt* **1.** clore **2.** *(loja)* fermer.

encharcar [ẽʃɐr'kar] *vt* inonder.
■ **encharcar-se** *vp* **1.** *(espaço)* s'inonder **2.** *(pessoa)* se tremper.

enchente [ẽ'ʃẽntə] *nf* **1.** inondation *(f)* **2.** *(de rio)* crue *(f)* **3.** *(de gente, coisas)* flot *(m)*.

encher [*(Port)* ẽ'ʃer, *(Br)* ẽn'ʃe(x)] *vt* remplir • **encher de ar** gonfler.
■ **encher-se** *vp* se remplir.

enchidos [ẽ'ʃiđuʃ] *(Port) nmpl* charcuterie *(f)*.

enchova [ẽ'ʃovɐ] *nf* tassergal *(m) (poisson)*.

encoberto, ta [ẽŋku'ƀɛrtu, -tɐ] *adj* **1.** *(céu, tempo)* couvert(e) **2.** *(oculto)* caché(e).

encolher [ẽŋku'ʎer] ■ *vt* **1.** *(ombros)* hausser **2.** *(pernas)* plier **3.** *(barriga)* rentrer. ■ *vi (roupa)* rétrécir.
■ **encolher-se** *vp* **1.** *(retrair-se)* être intimidé (e) **2.** *(para fazer algo)* ne pas oser • **encolher-se no seu canto** rester dans son coin.

encomenda [ẽŋku'mẽndɐ] *nf* commande *(f)* • **encomenda postal** colis *(m)* postal.

encomendar [ẽŋkumẽn'dar] *vt* commander • **encomendar algo a alguém** commander qqch à qqn.

encontrar [ẽŋkõn'trar] *vt* **1.** *(objecto procurado)* trouver **2.** *(pessoa por acaso)* rencontrer.
■ **encontrar-se** *vp* se retrouver • **encontrar-se com alguém** rencontrer qqn.

encontro [ẽŋ'kõntru] *nm* **1.** *(desportivo)* rencontre *(f)* **2.** *(compromisso)* rendez-vous *(m)*.

encorajar [ẽŋkurɐ'ʒar] *vt* encourager.

encorpado, da [ẽŋkur'pađu, -đɐ] *adj* **1.** *(pessoa)* corpulent(e) **2.** *(vinho)* corsé(e).

encosta [ẽŋ'kɔʃtɐ] *nf* versant *(m)*.

encostar [ẽŋkuʃ'tar] *vt* **1.** *(cabeça)* appuyer **2.** *(carro)* ranger **3.** *(porta)* pousser • **encostar algo a algo** adosser qqch contre qqch.
■ **encostar-se** *vp* • **encostar-se a** s'adosser à.

encosto [ẽŋ'koʃtu] *nm* dossier *(m)*.

encruzilhada [ẽŋkruzi'ʎaðɐ] *nf* carrefour *(m)*.

endereço [ẽndə'resu] *nm* adresse *(f)* • **endereço** *(Port)* **electrónico** OU *(Br)* **eletrônico** adresse électronique.

endireitar [ẽndirɐi'tar] *vt* **1.** redresser **2.** *(pernas)* déplier **3.** *(objecto caído)* relever.
■ **endireitar-se** *vp* se redresser.

endívia [ẽn'divja] *nf* endive *(f)*.

endoidecer [ẽndoiðə'ser] ■ *vt* rendre fou (folle). ■ *vi* devenir fou (folle).

endossar [ẽndu'sar] *vt* endosser.

endurance [ẽndu'rẽsə] *nm* endurance *(f)*.

endurecer [ẽndurə'ser] *vt* & *vi* durcir.

energia [inər'ʒiɐ] *nf* énergie *(f)* • **energia eólica** énergie éolienne • **energia nuclear** énergie nucléaire • **energia solar** énergie solaire.

enervante [*(Port)* inər'vẽntə, *(Br)* enex'vãntʃi] *adj* énervant(e).

enervar [*(Port)* inər'var, *(Br)* enex'va(x)] *vt* énerver.
■ **enervar-se** *vp* s'énerver.

enevoado, da [inə'vwaðu, -ðɐ] *adj* nuageux(euse).

enfarte [ẽ'fartə] *nm* infarctus *(m)*.

ênfase ['ẽfɐzə] *nf* emphase *(f)*.

enfatizar [ẽfɐti'zar] *vt* souligner.

enfeitar [ẽfej'ta(x)] *vt* agrémenter, parer, embellir.
■ **enfeitar-se** *vp* se parer.

enfeitiçar [ẽfɐiti'sar] *vt* ensorceler.

enfermagem [ẽfər'maʒẽi] *nf* • **ela tirou um curso de enfermagem** elle a fait des études d'infirmière.

enfermaria [ẽfərmɐ'riɐ] *nf* infirmerie *(f)*.

enfermeiro, ra [ẽfər'mɐiru, -rɐ] *nm, f* infirmier *(m)*, -ère *(f)*.

enferrujar [ẽfəʀu'ʒar] *vt* & *vi* rouiller.

enfiar [ẽ'fja(x)] *vt* *(peça de vestiário)* passer • **enfiar algo em algo** enfiler.
■ **enfiar-se** *vp* s'engager.

enfim [ẽ'fĩ] *adv* **1.** *(finalmente)* enfin **2.** *(em conclusão)* finalement.

enforcar [ẽfur'kar] *vt* pendre.
■ **enforcar-se** *vp* se pendre.

enfraquecer [ẽfrɐkə'ser] ■ *vt* affaiblir. ■ *vi* s'affaiblir.

enfrentar [ẽfrẽn'tar] *vt* affronter.

enfurecer [ẽfurə'ser] *vt* mettre en colère.
■ **enfurecer-se** *vp* se mettre en colère.

enganado, da [ẽŋgɐ'naðu, -ðɐ] *adj* • **estar enganado** se tromper • **ser enganado** être trompé.

enganar [ẽŋgɐ'nar] *vt* tromper.
■ **enganar-se** *vp* se tromper • **enganar-se em algo** se tromper de qqch.

engano [ẽŋ'gɐnu] *nm* erreur *(f)*.

engarrafado, da [ẽŋgɐʀɐ'faðu, -ðɐ] *adj* **1.** *(líquido)* en bouteille **2.** *(trânsito)* embouteillé(e).

engarrafamento [ẽŋgɐʀɐfɐ'mẽntu] *nm* **1.** *(de líquido)* mise *(f)* en bouteille **2.** *(de trânsito)* embouteillage *(m)*.

engasgar-se [ẽŋgɐʒ'garsə] *vp* **1.** *(ao comer, beber)* s'étrangler **2.** *(ao falar)* bafouiller.

engatar [*(Port)* ẽŋgɐ'tar, *(Br)* ẽŋga'ta(x)] *vt* **1.** *fam* draguer **2.** AUTO embrayer.

engenharia [ẽʒəɲɐ'riɐ] *nf* ingénierie *(f)*.

engenheiro, ra [ẽʒə'ɲɐiru, -rɐ] *nm, f* ingénieur *(m)*.

engenhoso, osa [ẽʒə'ɲozu, -ɔzɐ] *adj* ingénieux(euse).

engessar [ẽʒə'sar] *vt* plâtrer.

englobar [ẽŋglu'ƀar] *vt* englober.

engodo [ẽŋ'goðu] *nm* appât *(m)*.

engolir [ẽŋgu'lir] *vt* avaler.

engomar [ẽŋgu'mar] *vt* repasser.

engordar [ẽŋgur'ðar] ■ *vi* **1.** *(pessoa)* grossir **2.** *(alimento)* faire grossir. ■ *vt* engraisser.

engordurado, da [ẽŋgurðu'raðu, -ðɐ] *adj* gras (grasse).

engraçado, da [ẽŋgrɐ'saðu, -ðɐ] *adj* drôle.

engravidar [ẽŋgrɐvi'ðar] ■ *vi* tomber enceinte. ■ *vt* mettre enceinte.

engraxar [ẽŋgra'ʃar] *vt* **1.** *(calçado)* cirer **2.** *(Port) fam* fayoter avec.

engraxate [ẽŋgra'ʃatʃi] *nm* *(Br)* cireur *(m)* de chaussures.

engrenagem [ẽŋgrə'naʒẽi] (*pl* **-ns** [-ʃ]) *nf* engrenage *(m)*.

engrossar [ẽŋgru'sar] ■ *vt* **1.** *(sopa)* épaissir **2.** *(molho)* lier. ■ *vi* épaissir.

enguia [ẽŋ'giɐ] *nf* anguille *(f)*.

enguiçar [ẽŋgi'sar] *vi* tomber en panne.

enigma [i'nigmɐ] *nm* énigme *(f)*.

enjoado, **da** [ẽ'ʒwađu, -đɐ] *adj* qui a mal au cœur.

enjoar [ẽ'ʒwar] ◼ *vi* **1.** *(em avião, autocarro)* avoir mal au cœur **2.** *(em barco)* avoir le mal de mer. ◼ *vt (comida)* écœurer.

enjoo [ẽ'ʒou] *nm* **1.** *(Port)* nausée *(f)* **2.** *(em barco)* mal *(m)* de mer.

enjôo [ẽ'ʒou] *nm (Br)* = **enjoo**.

enlatado, **da** [ẽlɐ'tađu, -đɐ] *adj* **1.** *(comida)* en boîte **2.** *(Br) (cultura, filme) se dit des séries télévisées et de la culture d'importation de bas étage.*
◼ **enlatados** *nmpl* conserves *(fpl)*.

enlouquecer [ẽlokə'ser] ◼ *vt* rendre fou (folle). ◼ *vi* devenir fou (folle).

enorme [i'nɔrmə] *adj* énorme.

enquanto [ẽŋ'kwɐntu] *conj* pendant que • **enquanto (que)** tandis que • **por enquanto** pour l'instant.

enraivecer [ẽʀaivə'ser] *vt* enrager.

enraivecido, **da** [ẽʀaivə'siđu, -đɐ] *adj* enragé(e).

enredo [ẽ'ʀeđu] *nm* intrigue *(f)*.

enriquecer [ẽʀikə'ser] ◼ *vt* **1.** *(tornar rico)* enrichir **2.** *(melhorar)* améliorer. ◼ *vi* s'enrichir.

enrolar [ẽʀu'lar] *vt* **1.** rouler **2.** *(cabelo)* mettre en plis.

enroscar [ẽʀuʃ'kar] *vt* visser.
◼ **enroscar-se** *vp* **1.** *(cobra, gato, cão)* se mettre en boule **2.** *(enrodilhar-se)* se recroqueviller.

enrugar [ẽʀu'gar] ◼ *vt* **1.** *(roupa, papel)* chiffonner **2.** *(pele)* rider. ◼ *vi* se rider.

ensaiar [ẽsɐ'jar] *vt* **1.** *(peça, dança)* répéter **2.** *(sistema)* essayer.

ensaio [ẽ'saju] *nm* **1.** essai *(m)* **2.** *(de peça, dança)* répétition *(f)*.

enseada [ẽ'sjađɐ] *nf* anse *(f) (baie)*.

ensinamento [ẽsinɐ'mẽntu] *nm* enseignement *(m)*.

ensinar [ẽsi'nar] *vt* **1.** *(em escola, universidade)* enseigner **2.** *(caminho, direcção)* indiquer • **ensinar alguém a fazer algo** apprendre à qqn à faire qqch • **ensinar algo a alguém** apprendre qqch à qqn.

ensino [ẽ'sinu] *nm* enseignement *(m)*.

ensolarado, **da** [ẽsulɐ'rađu, -đɐ] *adj* ensoleillé(e).

ensopado [ẽsu'pađu] *nm ragoût servi sur du pain* • **ensopado de borrego** *ragoût de mouton servi sur du pain.*

ensopar [ẽsu'par] *vt* tremper.
◼ **ensopar-se** *vp* se tremper.

ensurdecedor, **ra** [ẽsurđəsə'đor, -rɐ] *(mpl* **-es** [-əʃ], *fpl* **-s** [-ʃ]) *adj* assourdissant(e).

ensurdecer [ẽsurđə'ser] ◼ *vt* assourdir. ◼ *vi* devenir sourd(e).

entalado, **a** [*(Port)* ẽntɐ'lɐđu, -đɐ, *(Br)* ẽnta'ladu, da] *adj* coincé(e).

entalar [ẽntɐ'lar] *vt* **1.** *(dedo, pé)* se pincer **2.** *(lençol)* border.

entanto [ẽn'tɐ̃ntu] ◼ **no entanto** *conj* cependant.

então [ẽn'tɐ̃u] ◼ *adv* **1.** *(naquele tempo)* à l'époque **2.** *(nesse caso)* alors. ◼ *interj* alors ! • **desde então** depuis.

entardecer [*(Port)* ẽtarđə'ser, *(Br)* ẽtaxdʒi'se(x)] ◼ *vi* se faire tard. ◼ *nm* • **ao entardecer** à la tombée du jour.

enteado, **da** [ẽn'tjađu, -đɐ] *nm, f* beau-fils *(m)*, belle-fille *(f)*.

entender [ẽntẽn'der] ◼ *vt* **1.** *(perceber)* comprendre **2.** *(ser da opinião que)* penser **3.** *(Br) (ouvir)* entendre. ◼ *vi* comprendre • **dar a entender que** faire comprendre que.
◼ **entender de** *v* + *prép (saber de)* s'y connaître en.
◼ **entender-se** *vp (chegar a acordo)* s'entendre • **entender-se com alguém** s'entendre avec qqn • **entender-se com algo** se débrouiller avec qqch.

À PROPOS DE...

entender

Attention, ne pas confondre « entender » avec *entendre*. En portugais, « entender » signifie *comprendre.*

entendido [*(Port)* ẽntẽn'điđu, *(Br)* ẽntẽn'dʒidu] *adj* entendu • **fica entendido** c'est entendu.

enternecedor, **ra** [ẽntərnəsə'đor, -rɐ] *(mpl* **-es** [-əʃ], *fpl* **-s** [-ʃ]) *adj* attendrissant(e).

enternecer [ẽntərnə'ser] *vt* attendrir.

enterrar [ẽntə'ʀar] *vt* enterrer.
◼ **enterrar-se** *vp* s'enfoncer.

enterro [ẽn'teʀu] *nm* enterrement *(m)*.

entoação [ẽntwɐ'sɐ̃u] (*pl* **-ões** [-õiʃ]) *nf* intonation *(f)*.

entonação [ẽntona'sɑ̃w] *(Br)* = **entoação**.

entornar [ẽntur'nar] *vt* renverser.

entorno [ẽn'tornu] *nm fam* descente *(f) (alcool)*.

entorse [ẽn'tɔrsə] *nf* entorse *(f)*.

entortar [ẽntur'tar] *vt* tordre.

entrada [ẽn'trađɐ] *nf* **1.** entrée *(f)* **2.** *(bilhete para espectáculo)* place *(f)* **3.** *(pagamento inicial)* acompte *(m)*, arrhes *(fpl)* • **boas entradas!** bonne année ! • **como entrada, o que deseja?** que désirez-vous en entrée ? • **'entrada'** 'entrée' • **'entrada livre'** 'entrée libre' • **'entrada proibida'** 'entrée interdite'.

entranha [ẽn'traɲa] *nf* entrailles *(fpl)* • **não ter entranhas** *fam* être insensible.

entrar [ẽn'trar] *vi* rentrer • **entrar em algo** entrer dans qqch • *(no carro)* monter dans qqch • *(participar em)* participer à qqch • *(ingressar em)* rentrer dans qqch • **entrar com algo** donner qqch • **entro em férias amanhã** je suis en vacances à partir de demain.

entre ['ẽntrə] *(contraction de de + entre =* **dentre** ['dẽntrə]*) prép* **1.** entre **2.** *(no meio de muitos)* parmi **3.** *(reciprocidade)* à nous tous • **aqui entre nós** entre nous • **entre si** entre eux • **entre os franceses** chez les Français.

entreaberto, **ta** [ˌẽntriɐ'ƀɛrtu, -tɐ] *adj* entrouvert(e).

entreajuda [ˌẽntriɐ'ʒuđɐ] *nf* entraide *(f)*.

entrecosto [ẽntrə'koʃtu] *nm* travers *(m)* (de porc).

entrega [ẽn'trɛgɐ] *nf* **1.** *(de encomenda, mercadoria, carta)* livraison *(f)* **2.** *(rendição)* reddition *(f)* **3.** *(de prémio, teste)* remise *(f)* • **entrega ao domicílio** livraison à domicile.

entregar [ẽntrə'gar] *vt* • **entregar algo a alguém** remettre qqch à qqn • *(encomenda)* livrer qqch à qqn.
■ **entregar-se** *vp* se rendre • **entregar-se a** *(abandonar-se a)* se livrer à • *(dedicar-se a)* se consacrer à.

entrelinha [ẽntrə'liɲɐ] *nf* interligne *(m)*.

entremeada [ẽntrə'mjađɐ] *nf* poitrine *(f)*.

entremeado, **da** [ẽntrə'mjađu, -đɐ] *adj (carne, toucinho)* entrelardé(e).

entretanto [ẽntrə'tɐ̃ntu] ■ *adv* entretemps. ■ *conj (Br)* cependant.

entreter [ẽntrə'ter] *vt* distraire.
■ **entreter-se** *vp* **1.** *(divertir-se)* se distraire **2.** *(ocupar-se)* s'occuper.

entrevado, **da** [ẽn'trɛvađu, -đɐ] *adj* paralysé(e).

entrevista [ẽntrə'viʃtɐ] *nf* **1.** *(conversa)* entretien *(m)* **2.** *(na imprensa)* interview *(f)*.

entrevistador, **ra** [ẽntrə'viʃtɐđor, -rɐ] (*mpl* **-es** [-əʃ], *fpl* **-s** [-ʃ]) *nm, f* interviewer *(m)*.

entristecer [ẽntriʃtə'ser] ■ *vt* attrister. ■ *vi* s'attrister.

entroncamento [ẽntrõŋkɐ'mẽntu] *nm* **1.** *(de caminho-de-ferro)* poste *(m)* d'aiguillage **2.** *(de estrada)* embranchement *(m)*.

Entrudo [ẽn'truđu] *nm* • **o Entrudo** Mardi *(m)* gras.

entupido, **da** [ẽntu'piđu, -đɐ] *adj* bouché (e).

entupir [ẽntu'pir] *vt* boucher.
■ **entupir-se** *vp* se boucher.

entusiasmar [ẽntuzjɐʒ'mar] *vt* enthousiasmer.
■ **entusiasmar-se** *vp* s'enthousiasmer.

entusiasmo [ẽntu'zjaʒmu] *nm* enthousiasme *(m)*.

entusiasta [ẽntu'zjaʃtɐ] *adj* enthousiaste • **ser entusiasta de algo** être un passionné de qqch.

enumeração [inumərɐ'sɐ̃u] (*pl* **-ões** [-õiʃ]) *nf* énumération *(f)*.

enumerar [inumə'rar] *vt* énumérer.

enunciado [inũ'sjađu] *nm* énoncé *(m)*.

enunciar [inũ'sjar] *vt* énoncer.

envelhecer [ẽvəʎə'ser] *vt* & *vi* vieillir.

envelope [ẽvə'lɔpə] *nm* enveloppe *(f)*.

envenenamento [ẽvənənɐ'mẽntu] *nm* empoisonnement *(m)*.

envenenar [ẽvənə'nar] *vt* empoisonner.
■ **envenenar-se** *vp* s'empoisonner.

enveredar [ẽvərə'dar] ■ **enveredar por** *v + prép* **1.** *(caminho)* prendre **2.** *fig (estudos)* opter pour.

envergonhado, **da** [ẽvərgu'ɲađu, -đɐ] *adj* timide • **ficar envergonhado** avoir honte.

envergonhar [ẽvərgu'ɲar] *vt* faire honte à.
■ **envergonhar-se** *vp* **1.** *(ter vergonha)* avoir honte **2.** *(intimidar-se)* être intimidé(e).

envernizar [ẽvərni'zar] *vt* vernir.

enviar [ẽ'vjar] *vt* envoyer.

envidraçado, da [ẽvidrɐ'sađu, -đɐ] *adj* vitré(e).

envio [ẽ'viu] *nm* envoi *(m)*.

enviuvar [ẽvju'var] *vi* devenir veuf (veuve).

envolver [ẽvoɫ'ver] *vt* **1.** *(incluir)* englober **2.** *(embrulhar)* envelopper **3.** *(misturar)* mélanger **4.** *(rodear)* entourer.
■ **envolver-se em** *vp* + *prép* être mêlé(e) à.

enxada [ẽ'ʃađɐ] *nf* pioche *(f)*.

enxaguar [ẽʃɐ'gwar] *vt* rincer.

enxame [ẽ'ʃɐmə] *nm* essaim *(m)*.

enxaqueca [ẽʃɐ'kɛkɐ] *nf* migraine *(f)*.

enxergar [ẽʃex'ga(x)] *vt* **1.** *(descortinar)* entrevoir **2.** *(avistar)* apercevoir.
■ **enxergar-se** *vp fam (julgar-se)* se croire.

enxerto [ẽ'ʃertu] *nm* greffe *(f)*.

enxofre [ẽ'ʃofrə] *nm* soufre *(m)*.

enxotar [ẽʃu'tar] *vt* chasser *(faire fuir)*.

enxugar [ẽʃu'gar] ■ *vt* **1.** *(roupa)* faire sécher **2.** *(mãos)* se sécher. ■ *vi* sécher.

enxurrada [ẽʃu'ʀađɐ] *nf* torrent *(m)*.

enxuto, ta [ẽ'ʃutu, -tɐ] *adj* sec (sèche).

enzima [ẽ'zima] *nf* enzyme *(m)*.

eólica [e'ɔlikɐ] *adj f* ▷ **energia**.

eosina® [i'ɔzinɐ] *nf (Port)* éosine *(f)*, ≃ Mercurochrome® *(m)*.

epicentro [epi'sẽntru] *nm* épicentre *(m)*.

epidemia [ipiđə'miɐ] *nf* épidémie *(f)*.

epilepsia [ipilɛp'siɐ] *nf* épilepsie *(f)*.

epiléptico, a [epi'lɛptʃiku] *nm, f* & *adj* épileptique.

epílogo [i'pilugu] *nm* épilogue *(m)*.

episódio [ipi'zɔđju] *nm* épisode *(m)*.

epitáfio [ipi'tafju] *nm* épitaphe *(f)*.

época ['ɛpukɐ] *nf* époque *(f)* • **época alta/baixa** haute/basse saison *(f)* • **época balnear** saison *(f)* d'été.

equação [ikwɐ'sɐ̃u] (*pl* **-ões** [-õiʃ]) *nf* équation *(f)*.

Equador [ikwɐ'đor] *nm* • **o Equador** l'Équateur *(m)*.

equilibrar [ikəli'brar] *vt* équilibrer.
■ **equilibrar-se** *vp* s'équilibrer.

equilíbrio [ikə'libriu] *nm* équilibre *(m)*.

equipa [i'kipɐ] *nf (Port) (em desporto)* équipe *(f)*.

equipamento [ikipɐ'mẽntu] *nm* équipement *(m)*.

equipar [iki'par] *vt* équiper.
■ **equipar-se** *vp* SPORT s'équiper.

equiparar [ikipɐ'rar] *vt* comparer.
■ **equiparar-se** *vp* • **equiparar-se a** se comparer à.

equipe [e'kipi] *nf (Br)* = **equipa**.

equitação [ikitɐ'sɐ̃u] *nf* équitation *(f)*.

equivalente [ikivɐ'lẽntə] ■ *adj* équivalent(e). ■ *nm* • **o equivalente** l'équivalent.

equivocar-se [ikivu'karsə] *vp* se tromper.

equívoco [i'kivuku] *nm* erreur *(f)*.

era[1] ['ɛrɐ] *nf* ère *(f)*.

era[2] ['ɛrɐ] ▷ **ser**.

erecto, ta [i'rɛktu, -tɐ] *adj (Port)* **1.** *(em pé)* dressé(e) **2.** *(direito)* raide.

ereto, ta [e'rɛtu, -tɐ] *adj (Br)* = **erecto**.

erguer [ir'ger] *vt* lever.
■ **erguer-se** *vp* **1.** *(pessoa)* se lever **2.** *(edifício)* se dresser.

eriçado, da [iri'sađu, -đɐ] *adj* **1.** *(pêlo)* hérissé(e) **2.** *(cabelo)* emmêlé(e).

erigir [irə'ʒir] *vt* ériger.

ermida [ir'miđɐ] *nf* petite église *(f)*.

erosão [iru'zɐ̃u] *nf* érosion *(f)*.

erótico, ca [i'rɔtiku, -kɐ] *adj* érotique.

erotismo [iru'tiʒmu] *nm* érotisme *(m)*.

erradicar [iʀɐđi'kar] *vt* éradiquer.

errado, da [i'ʀađu, -đɐ] *adj* **1.** *(conta)* faux (fausse) **2.** *(decisão, estrada)* mauvais(e) **3.** *(raciocínio)* erroné(e).

errar [i'ʀar] ■ *vt* **1.** *(em contas)* se tromper dans **2.** *(no caminho)* se tromper de. ■ *vi* **1.** *(enganar-se)* faire une erreur **2.** *(vaguear)* errer.

erro ['eʀu] *nm* **1.** *(engano)* erreur *(f)* **2.** *(ortográfico)* faute *(f)*.

erróneo, nea [i'ʀɔnju, -njɐ] *adj (Port)* erroné(e).

errôneo, nea [e'xonju, -njɐ] *adj (Br)* = **erróneo**.

erudição [iruđi'sɐ̃u] *nf* érudition *(f)*.

erudito, ta [iru'đitu, -tɐ] *adj* érudit(e).

erupção [irup'sɐ̃u] (*pl* **-ões** [-õiʃ]) *nf* éruption *(f)*.

erva ['ɛrvɐ] *nf* herbe *(f)* • **ervas de molho** *garniture de légumes verts hachés.*

erva-cidreira [ˌɛrvɐ'sidrɐirɐ] *nf* mélisse *(f)*.

erva-doce [ˌɛrvɐ'dosə] *nf* **1.** *(para peixe)* fenouil *(m)* **2.** *(para bolos)* anis *(m)*.

erva-mate [ˌɛrvɐ'matə] *nf* maté *(m)*.

ervanário [ɛrvɐ'narju] *nm* herboriste *(mf)*.

ervilhas [irˌ'viʎɐʃ] *nfpl* petits pois *(mpl)*.

ervilhas-de-cheiro [irˌviʎɐʒdə'ʃɐiru] *nfpl* pois *(mpl)* de senteur.

és ['ɛʃ] ▷ **ser**.

esbaforido, da [əʒbɐfu'riđu, -đɐ] *adj* essoufflé(e).

esbanjar [əʒbɐ̃'ʒar] *vt (dinheiro)* gaspiller.

esbarrar [əʒbɐ'ʀar] *vi* • **esbarrar com** *(chocar com)* se heurter à • *(deparar-se com)* se trouver face à • **esbarrar em algo** *(chocar com algo)* heurter qqch • *(deparar-se com)* affronter.

esbelto, ta [əʒ'bɛłtu, -tɐ] *adj* svelte.

esboço [əʒ'bosu] *nm* esquisse *(f)*.

esbofetear [əʒbufə'tjar] *vt* gifler.

esburacar [əʒburɐ'kar] *vt* **1.** trouer **2.** *(parede, rua)* faire des trous dans.
■ **esburacar-se** *vp* se remplir de trous.

escabeche [əʃkɐ'ƀɛʃə] *nm* escabèche *(f)*.

escada [əʃ'kađɐ] *nf* **1.** *(de casa, edifício, etc)* escalier *(m)* **2.** *(portátil)* échelle *(f)* • **escada de caracol** escalier en colimaçon • **escada rolante** escalator *(m)*.

escadote [əʃkɐ'đɔtə] *nm* échelle *(f)*.

escala [əʃ'kalɐ] *nf* **1.** échelle *(f)* **2.** *(de avião, navio)* escale *(f)* **3.** MUS gamme *(f)* • **fazer escala** faire escale • **em grande escala** à grande échelle.

escalada [əʃkɐ'lađɐ] *nf* escalade *(f)*.

escalão [əʃkɐ'lɐ̃u] (*pl* **-ões** [-õiʃ]) *nm* échelon *(m)*.

escalar [əʃkɐ'lar] *vt* escalader.

escaldar [əʃkał'đar] ■ *vt* blanchir. ■ *vi* brûler.
■ **escaldar-se** *vp* se brûler.

escalfado, da [əʃkał'fađu, -đɐ] *adj (Port) (ovo)* poché(e).

escalfar [əʃkał'far] *vt (Port) (ovo)* pocher.

escalões ▷ **escalão**.

escalope [əʃkɐ'lɔpə] *nm* escalope *(f)* • **escalopes de novilho** escalope panée • *(fritos)* escalope milanaise.

escama [əʃ'kɐmɐ] *nf* écaille *(f)*.

escamar [əʃkɐ'mar] *vt* écailler.

escandalizar [əʃkɐ̃ndɐli'zar] ■ *vt* scandaliser. ■ *vi* choquer.
■ **escandalizar-se** *vp* être scandalisé(e).

escândalo [əʃ'kɐ̃ndɐlu] *nm* scandale *(m)*.

Escandinávia [əʃkɐ̃ndi'navjɐ] *nf* • **a Escandinávia** la Scandinavie.

escanear [iʃka'nea(x)] *vt* INFORM scanner.

escangalhar [əʃkɐ̃ŋgɐ'ʎar] *vt* **1.** *(desmanchar)* démonter **2.** *(cama)* défaire.
■ **escangalhar-se** *vp* s'écrouler.

escaninho [əʃkɐ'niɲu] *nm* casier *(m)*.

escanteio [iʃkɐ̃n'teju] *nm (Br)* corner *(m)*.

escapamento [iʃkapa'mẽntu] *(Br)* = **escape**.

escapar [əʃkɐ'par] *vi* **1.** *(prisioneiro)* s'échapper **2.** *(gás, água)* fuir • **escapar a** échapper à.
■ **escapar-se** *vp* **1.** *(escoar-se)* fuir **2.** *(fugir)* s'échapper.

escape [əʃ'kapə] *nm* pot *(m)* d'échappement.

escapulir [iʃkapu'lix] *vi (Br)* fuir.
■ **escapulir-se** *vp* **1.** *(Port) (fugir)* s'échapper **2.** *(de uma maçada)* se défiler.

escaravelho [əʃkɐrɐ'veʎu] *nm* scarabée *(m)*.

escarlate [əʃkɐr'latə] *adj* écarlate.

escarlatina [əʃkɐrlɐ'tinɐ] *nf* scarlatine *(f)*.

escárnio [əʃ'karnju] *nm* raillerie *(f)*.

escarpado, da [əʃkɐr'pađu, -đɐ] *adj* escarpé(e).

escarrar [əʃkɐ'ʀar] *vi* cracher.

escassez [əʃkɐ'seʃ] *nf* pénurie *(f)*.

escasso, a [əʃ'kasu, -ɐ] *adj* **1.** *(pouco)* rare **2.** *(produção, recursos)* limité(e).

escavação [əʃkɐvɐ'sɐ̃u] (*pl* **-ões** [-õiʃ]) *nf* fouilles *(fpl)*.

escavar [əʃkɐ'var] *vt* creuser.

esclarecer [əʃklɐrə'ser] *vt* **1.** *(pessoa)* comprendre, éclairer **2.** *(mistério)* éclaircir **3.** *(ponto)* clarifier.

esclarecimento [əʃklɐrəsi'mẽntu] *nm* **1.** *(informação)* renseignement *(m)* **2.** *(explicação)* éclaircissement *(m)*.

escoar [əʃ'kwar] *vt* **1.** *(líquido)* faire couler **2.** *(produtos)* écouler.
■ **escoar-se** *vp* s'écouler.

escocês, **esa** [əʃku'seʃ, -ezɐ] (*mpl* **-eses** [-ezəʃ], *fpl* **-s** [-ʃ]) ■ *adj* écossais(e). ■ *nm, f* Écossais *(m)*, -e *(f)*.

Escócia [əʃ'kɔsjɐ] *nf* • **a Escócia** l'Écosse *(f)*.

escola [əʃ'kɔlɐ] *nf* école *(f)* • **escola de condução** auto-école *(f)* • **escola politécnica** *école supérieure d'enseignement technique* • **escola primária** école primaire • **escola pública** école publique • **escola de samba** école de samba • **escola secundária** lycée *(m)*.

escolar [əʃku'lar] (*pl* **-es** [-əʃ]) *adj* scolaire.

escolha [əʃ'koʎɐ] *nf* choix *(m)* • **à escolha** au choix.

escolher [əʃku'ʎer] *vt* & *vi* choisir.

escombros [əʃ'kõmbruʃ] *nmpl* décombres *(mpl)*.

esconder [əʃkõn'der] *vt* cacher.
■ **esconder-se** *vp* se cacher.

esconderijo [əʃkõndə'riʒu] *nm* cachette *(f)*.

escondidas [əʃkõn'diđɐʃ] ■ **às escondidas** *adv* en cachette.

escondido, **da** [əʃkõn'diđu, -đɐ] *adj* caché (e).

escorar [əʃkɔ'rar] *vt* étayer.

escorpião [əʃkur'pjɐ̃u] (*pl* **-ões** [-õiʃ]) *nm* scorpion *(m)*.
■ **Escorpião** *nm* Scorpion *(m)*.

escorrega [əʃku'ʀɛgɐ] *nm* toboggan *(m)*.

escorregadio, **dia** [əʃkuʀəgɐ'điu, -điɐ] *adj* glissant(e).

escorregador [iʃkoxega'do(x)] *(Br)* = **escorrega**.

escorregar [əʃkuʀə'gar] *vi* glisser.

escorrer [əʃku'ʀer] ■ *vt* égoutter. ■ *vi* goutter.

escoteiro [iʃkõ'tejru] *(Br)* = **escuteiro**.

escotilha [əʃku'tiʎɐ] *nf* écoutille *(f)*.

escova [əʃ'kovɐ] *nf* brosse *(f)* • **escova de dentes** brosse à dents • **escova das unhas** brosse à ongles.

escovar [əʃku'var] *vt* brosser.

escravatura [əʃkrɐvɐ'turɐ] *nf* esclavage *(m)*.

escravidão [iʃkravi'dɐ̃w] *nf* esclavage *(m)*.

escravo, **va** [əʃ'kravu, -vɐ] *nm, f* esclave *(mf)*.

CULTURE...

A abolição da escravatura

Le 13 mai 1888, la loi *Áurea* (ou loi d'Or) met fin à l'esclavage au Brésil. Cette loi est l'aboutissement du mouvement antiesclavagiste mené au XVIIIe siècle en Angleterre. Dans les années 1860, deux associations militantes pour l'abolition de l'esclavage sont créées : la *Sociedade Brasileira contra a Escravidão* (*Société brésilienne contre l'esclavage*) et l'*Associação Central Emancipacionista* (*Association centrale pour l'Émancipation*).
En 1866, l'empereur Dom Pedro II signe plusieurs lettres de libération d'esclaves. Le 28 septembre 1885, une loi déclare libres les esclaves de plus de 60 ans. Puis, trois ans plus tard, la loi *Áurea* est votée.

escrever [əʃkrə'ver] *vt* & *vi* écrire • **escrever à máquina** taper à la machine.
■ **escrever-se** *vp* s'écrire.

escrevinhar [əʃkrəvi'ɲar] *vt* griffonner.

escrita [əʃ'kritɐ] *nf (caligrafia)* écriture *(f)*.

escrito, **ta** [əʃ'kritu, -tɐ] ■ *pp* ▷ **escrever**. ■ *adj* écrit(e) • **por escrito** par écrit.

escritor, **ra** [əʃkri'tor, -rɐ] (*mpl* **-es** [-əʃ], *fpl* **-s** [-ʃ]) *nm, f* écrivain *(m)*.

CULTURE...

Les grands écrivains portugais

XVIe s. : Francisco de Sá de Miranda, Gil Vicente, Francisco de Morais, Luís de Camões.
XVIIe s. : António Vieira.
XIXe s. : Almeida Garrett, Alexandre Herculano, Camilo Castelo Branco, José Maria Eça de Queiróz.
XXe s. : Fernando Pessoa, José Saramago, Agustina Bessa Luís, Jorge de Sena, António Lobo Antunes.

CULTURE...

Les grands écrivains brésiliens

XVIIIe s. : José de Santa Rita Durão.
XIXe s. : Antônio Gonçalves Dias, José de Alencar, Joaquim Maria Machado de Assis, Aluísio Azevedo.
XXe s. : Manuel Bandeira, João Guimarães Rosa, Jorge Amado, Paulo Coelho.

escritório [əʃkri'tɔrju] *nm* **1.** bureau *(m)* **2.** *(de advogado)* cabinet *(m)*.

escritura [əʃkri'turɐ] *nf* acte *(m)* *(notarié)*.

escrivaninha [əʃkrivɐ'niɲɐ] *nf* *(móvel)* secrétaire *(m)*.

escrúpulo [əʃ'krupulu] *nm* scrupule *(m)* • **não ter escrúpulos** ne pas avoir de scrupules.

escudo [əʃ'kuđu] *nm* **1.** *(unidade monetária)* escudo *(m)* **2.** *(arma)* bouclier *(m)*.

esculpir [əʃkuł'pir] *vt* sculpter.

escultor, ra [əʃkuł'tor, -rɐ] (*mpl* **-es** [-əʃ], *fpl* **-s** [-ʃ]) *nm, f* sculpteur *(m)*, -trice *(f)*.

escultura [əʃkuł'turɐ] *nf* sculpture *(f)*.

escuras [əʃ'kurɐʃ] ■ **às escuras** *adv* dans le noir.

escurecer [əʃkurə'ser] ◼ *vi* **1.** *(céu)* s'assombrir **2.** *(noite)* tomber. ◼ *vt* **1.** *(cor)* foncer **2.** *(quarto)* faire le noir dans • **está a começar a escurecer** il commence à faire nuit.

escuridão [əʃkuri'đɐ̃u] *nf* obscurité *(f)*.

escuro, ra [əʃ'kuru, -rɐ] ◼ *adj* **1.** sombre **2.** *(cor)* foncé(e) **3.** *(sem luz)* obscur(e). ◼ *nm* obscurité *(f)* • **ficar no escuro** *fig* ne rien comprendre.

escusa [*(Port)* əʃ'kuzɐ, *(Br)* iʃ'kuza] *nf* excuse *(f)*.

escusado, da [*(Port)* əʃ'kuzɐđu, -đɐ, *(Br)* iʃku'zadu, -da] *adj* inutile.

escusar [*(Port)* əʃku'zar, *(Br)* iʃku'za(x)] *vt* **1.** *(desculpar)* • **escusar alguém (de)** excuser qqn de **2.** *(dispensar)* • **escusar alguém de** dispenser qqn de • **escusar de** (être) inutile de.
■ **escusar-se** *vp* **1.** *(desculpar-se)* • **escusar-se (de)** s'excuser (de) **2.** *(dispensar-se)* • **escusar-se de** ne pas être obligé(e) de.

À PROPOS DE...

escusar

Attention, ne pas confondre « escusar » avec *excuser*. En portugais, « escusar » signifie *éviter*.

escusável [*(Port)* əʃku'zavɛł, *(Br)* iʃku'zavew] (*pl* **-eis** [*(Port)* -ɐiʃ, *(Br)* -ejʃ]) *adj* **1.** excusable **2.** DR dispensable.

escuso, sa [*(Port)* əʃ'kuzu, -zɐ, *(Br)* iʃ'kuzo, -za] *adj* dispensé(e).

escutar [əʃku'tar] ◼ *vt* écouter. ◼ *vi* ausculter.

escuteiro, ra [əʃku'tɐiru, -rɐ] *nm, f* scout *(m)*, -e *(f)*.

esfaquear [əʃfɐ'kjar] *vt* donner un coup de couteau à.

esfarelar [əʃfɐrə'lar] *vt* émietter.
■ **esfarelar-se** *vp* s'émietter.

esfarrapado, da [əʃfɐʀɐ'pađu, -đɐ] *adj* déchiré(e).

esfera [əʃ'fɛrɐ] *nf* sphère *(f)*.

esférico, ca [əʃ'fɛriku, -kɐ] ◼ *adj* sphérique. ◼ *nm* *(Port)* ballon *(m)* de football.

esferográfica [əʃfɛrɔ'grafikɐ] *nf* stylo *(m)*.

esferovite [əʃfɛrɔ'vitə] *nm* polystyrène *(m)*.

esfoladela [əʃfulɐ'đɛlɐ] *nf* écorchure *(f)*.

esfolar [əʃfu'lar] *vt* écorcher.

esfomeado, da [əʃfɔ'mjađu, -đɐ] *adj* affamé(e).

esforçado, da [əʃfur'sađu, -đɐ] *adj* travailleur(euse).

esforçar-se [əʃfur'sarsə] *vp* faire des efforts.

esforço [*(Port)* əʃ'forsu, *(Br)* iʃ'foxsu] *nm* effort *(m)*.

esfregão [əʃfrə'gɐ̃u] (*pl* **-ões** [-õiʃ]) *nm* *(de louça)* tampon *(m)* à récurer.

esfregar [əʃfrə'gar] *vt* **1.** frotter **2.** *(louça)* récurer.

esfregões ▷ **esfregão**.

esfregona [əʃfrə'gonɐ] *nf* balai-serpillière *(m)*.

esfriar [əʃfri'ar] *vi* **1.** *(Br)* refroidir **2.** *(tempo)* se refroidir.

esfuziante [əʃfu'zjɐ̃ntə] *adj* débordant(e).

esganar [əʒgɐ'nar] *vt* étrangler.

esganiçado, da [əʒgɐni'sađu, -đɐ] *adj* **1.** *(voz)* perçant(e) **2.** *(som)* strident(e).

esgotado, da [əʒgu'tađu, -đɐ] *adj* épuisé (e).

esgotamento [əʒgutɐ'mẽntu] *nm* épuisement *(m)*.

esgotar [əʒgu'tar] *vt* épuiser.
■ **esgotar-se** *vp* **1.** *(produto)* être épuisé(e) **2.** *(extenuar-se)* s'épuiser.

esgoto [əʒ'gotu] *nm* égoût *(m)*.

esgrima [əʒ'grimɐ] *nf* escrime *(f)*.

esgueirar-se [əʒgɐi'rarsə] *vp* **1.** *(partir)* s'éclipser **2.** *(de uma maçada)* se défiler.

esguichar [əʒgi'ʃar] ■ *vt* asperger de. ■ *vi* gicler.

esguicho [əʒ'giʃu] *nm* **1.** *(jacto de água)* jet *(m)* d'eau **2.** *(repuxo)* fontaine *(f)* **3.** *(de mangueira)* jet *(m)*.

esguio, guia [əʒ'giu, -'giɐ] *adj* élancé(e).

eslavo, va [əʒ'lavu, -vɐ] ■ *adj* slave. ■ *nm, f* Slave *(mf)*.

Eslováquia [əʃlu'vakiɐ] *nf* • **a Eslováquia** la Slovaquie.

Eslovénia [əʃlu'vɛnjɐ] *nf* • **a Eslovénia** la Slovénie.

esmagado, a [əʒmɐ'gađu, -đɐ] *adj* écrasé (e).

esmagador, ra [əʒmɐgɐ'đor, -rɐ] (*mpl* **-es** [-əʃ], *fpl* **-s** [-ʃ]) *adj* écrasant(e).

esmagar [əʒmɐ'gar] *vt* écraser.

esmalte [əʒ'małtə] *nm* émail *(m)*.

esmeralda [əʒmə'rałđɐ] *nf* émeraude *(f)*.

esmerar-se [əʒmə'rarsə] *vp* s'appliquer.

esmigalhar [əʒmigɐ'ʎar] *vt* **1.** *(pão, broa, bolo)* émietter **2.** *(vidro, porcelana)* briser.
■ **esmigalhar-se** *vp* **1.** *(pão, broa, bolo)* s'émietter **2.** *(vidro, porcelana)* se briser.

esmola [əʒ'mɔlɐ] *nf* aumône *(f)*.

esmurrar [əʒmu'ʀar] *vt* **1.** donner des coups de poing à **2.** *fam* esquinter.

espaçar [əʃpɐ'sar] *vt* espacer.

espacial [əʃpɐ'sjał] (*pl* **-ais** [-aiʃ]) *adj* spatial (e).

espaço [əʃ'pasu] *nm* espace *(m)* • **o espaço** l'espace • **há espaço para muitas pessoas** il y a beaucoup de place.

espaçoso, osa [əʃpɐ'sozu, -ɔzɐ] *adj* spacieux(euse).

espada [ə'ʃpađɐ] *nf* épée *(f)*.
■ **espadas** *nfpl* pique *(m)*.

espadarte [əʃpɐ'đartə] *nm* espadon *(m)*.

espaguete [iʃpa'gɛtʃi] *nm (Br)* = **esparguete**.

espairecer [əʃpairə'ser] *vi* se changer les idées.

espalhar [əʃpɐ'ʎar] *vt* **1.** *(dispersar)* éparpiller **2.** *(notícia)* répandre **3.** *(boato)* faire courir **4.** *(massa, manteiga)* étaler.
■ **espalhar-se** *vp* **1.** *(dispersar-se)* s'éparpiller **2.** *fam (estatelar-se)* s'étaler **3.** *(notícia)* se répandre **4.** *(boato)* courir.

espanador [əʃpɐnɐ'đor] (*pl* **-es** [-əʃ]) *nm* plumeau *(m) (à poussière)*.

espancar [əʃpẽŋ'kar] *vt* rouer de coups.

Espanha [əʃ'pɐɲɐ] *nf* • **a Espanha** l'Espagne *(f)*.

espanhol, la [əʃpɐ'ɲɔł, -lɐ] (*mpl* **-óis** [-ɔiʃ], *fpl* **-s** [-ʃ]) ■ *adj* espagnol(e). ■ *nm (língua)* espagnol *(m)*. ■ *nm, f* Espagnol *(m)*, -e *(f)*.

espantalho [əʃpẽn'taʎu] *nm* épouvantail *(m)*.

espantar [əʃpẽn'tar] *vt* **1.** *(causar espanto)* étonner **2.** *(afugentar)* faire fuir **3.** *fig (perturbar o sono)* faire perdre **4.** *(combater o sono)* lutter contre.
■ **espantar-se** *vp* **1.** *(admirar-se)* s'étonner **2.** *(fugir)* fuir.

espanto [əʃ'pẽntu] *nm* **1.** *(admiração)* étonnement *(m)* **2.** *(susto)* frayeur *(f)*.

esparadrapo [iʃpara'drapu] *nm (Br)* sparadrap *(m)*.

espargo [əʃ'pargu] *nm* asperge *(f)*.

esparguete [əʃpar'gɛtə] *nm (Port)* spaghetti *(m)*.

esparregado [əʃpɐʀə'gađu] *nm garniture de légumes verts hachés*.

espartilho [əʃpɐr'tiʎu] *nm* corset *(m)*.

espasmo [əʃ'paʒmu] *nm* spasme *(m)*.

espátula [əʃ'patulɐ] *nf* spatule *(f)*.

especial [əʃpə'sjał] (*pl* **-ais** [-aiʃ]) *adj* **1.** *(interesse, sabor, cor)* particulier(ère) **2.** *(edição, enviado, efeito)* spécial(e) **3.** *(pessoa, obra de arte)* extraordinaire • **em especial** en particulier, particulièrement.

especialidade [əʃpəsjɐli'đađə] *nf* spécialité *(f)*.

especialista [əʃpəsjɐ'liʃtɐ] *adj & nmf* spécialiste.

especiarias [əʃpəsjɐ'riɐʃ] *nfpl* épices *(fpl)*.

espécie [əʃ'pɛsjə] *nf* espèce *(f)* • **a espécie humana** l'espèce humaine • **uma espécie de** une espèce de.

especificar [əʃpəsəfi'kar] *vt* **1.** *(explicar)* spécifier **2.** *(ponto)* préciser.

espécime [əʃ'pɛsimə] *nm* spécimen *(m)*.

espectacular [əʃpɛtɐku'lar] (*pl* **-es** [-əʃ]) *adj (Port)* spectaculaire.

espectáculo [əʃpɛ'takulu] *nm (Port)* spectacle *(m)* • **espectáculo de luzes e som** spectacle son et lumière • **espectáculo de variedades** spectacle de variétés.

espectador, ra [əʃpɛ(k)tɐ'đor, -rɐ] *(mpl* **-es** [-əʃ], *fpl* **-s** [-ʃ]) *nm, f* spectateur *(m)*, -trice *(f)*.

espectro [əʃ'pɛktru] *nm* spectre *(m)*.

especulação [əʃ'pɛkulɐsɐ̃u] *(pl* **-ões** [-õiʃ]) *nf* spéculation *(f)*.

especular [əʃpɛku'lar] *vi* spéculer • **especular sobre** spéculer sur.

espelho [əʃ'pɐʎu] *nm* glace *(f)*, miroir *(m)* • **espelho retrovisor** rétroviseur *(m)*.

espera [əʃ'pɛrɐ] *nf* attente *(f)* • **estar à espera de algo** s'attendre à qqch • **estar à espera de alguém** attendre qqn.

esperança [əʃpə'rɐ̃sɐ] *nf* **1.** *(confiança)* espoir *(m)* **2.** *(expectativa)* espérance *(f)*.

esperar [əʃpə'rar] ■ *vt* **1.** *(aguardar)* attendre **2.** *(ter esperança em)* espérer. ■ *vi* attendre • **como era de esperar** comme il fallait s'y attendre • **esperar que** espérer que • **fazer alguém esperar** faire attendre qqn • **ir esperar alguém** aller attendre qqn.

esperma [əʃ'pɛrmɐ] *nm* sperme *(m)*.

espertalhão, lhona [əʃpərtɐ'ʎɐ̃u, -ʎonɐ] *(mpl* **-ões** [-õiʃ], *fpl* **-s** [-ʃ]) *nm, f* malin *(m)*, -igne *(f)*.

esperteza [əʃpər'tezɐ] *nf* ruse *(f)*.

esperto, ta [əʃ'pɛrtu, -tɐ] *adj* **1.** *(astuto)* rusé(e) **2.** *(activo)* éveillé(e).

espesso, a [əʃ'pesu, -ɐ] *adj* épais(aisse).

espessura [əʃpə'surɐ] *nf* épaisseur *(f)*.

espetacular [iʃpɛtaku'la(x)] *(Br)* = **espectacular**.

espetáculo [iʃpe'takulu] *nm (Br)* = **espectáculo**.

espetada [əʃpə'tađɐ] *nf* brochette *(f)* • **espetada mista** *brochette de viandes de bœuf et de porc mélangées*.

espetar [əʃpə'tar] *vt* enfoncer.
■ **espetar-se** *vp* se piquer.

espeto [əʃ'petu] *nm* **1.** *(de ferro)* broche *(f)* **2.** *(de pau)* pieu *(m)*.

espevitado, da [əʃpəvi'tađu, -đɐ] *adj fam* vif (vive).

espezinhar [əʃpɛzi'ɲar] *vt* **1.** piétiner **2.** *(sujar)* salir.

espia [əʃ'piɐ] *nf* hauban *(m)* • ▷ **espião**.

espião, pia [əʃ'pjɐ̃u, -'piɐ] *(mpl* **-ões** [-õiʃ], *fpl* **-s** [-ʃ]) *nm, f* espion *(m)*, -onne *(f)*.

espiar [əʃ'pjar] *vt* épier.

espiga [əʃ'pigɐ] *nf* épi *(m)*.

espinafre [əʃpi'nafrə] *nm* épinard *(m)*.

espingarda [əʃpĩŋ'garđɐ] *nf* fusil *(m)*.

espinha [əʃ'piɲɐ] *nf* **1.** *(de pessoa)* dos *(m)* **2.** *(de peixe)* arête *(f)* • **espinha dorsal** colonne *(f)* vertébrale.

espinho [əʃ'piɲu] *nm* **1.** *(de rosa, silva)* épine *(f)* **2.** *(de porco-espinho)* piquant *(m)*.

espiões ▷ **espião**.

espiral [əʃpi'rał] *(pl* **-ais** [-aiʃ]) *nf* spirale *(f)* • **em espiral** en spirale.

espírito [əʃ'piritu] *nm* esprit *(m)*.

Espírito Santo [əʃ'piritu,sɐ̃ntu] *nm* • **o Espírito Santo** le Saint-Esprit.

espiritual [əʃpiri'twał] *(pl* **-ais** [-aiʃ]) *adj* spirituel(elle).

espirrar [əʃpi'ʀar] *vi* **1.** *(dar espirros)* éternuer **2.** *(esguichar)* gicler.

esplanada [əʃplɐ'nađɐ] *nf* terrasse *(f)* *(de café)*.

esplêndido, da [əʃ'plẽndiđu, -đɐ] *adj* splendide.

esplendor [əʃplẽn'dor] *nm* splendeur *(f)*.

espoleta [əʃpu'letɐ] *nf* amorce *(f)* *(d'explosif)*.

esponja [əʃ'põʒɐ] *nf* éponge *(f)* • **passar uma esponja sobre algo** *fig* passer l'éponge sur qqch.

espontaneidade [əʃpõntɐnei'đađə] *nf* spontanéité *(f)*.

espontâneo, nea [əʃpõn'tɐnju, -njɐ] *adj* spontané(e).

espora [əʃ'pɔrɐ] *nf* éperon *(m)*.

esporádico, ca [əʃpu'rađiku, -kɐ] *adj* sporadique.

esporte [iʃ'pɔxtʃi] *nm (Br)* = **desporto**.

esportista [iʃ'pɔxtʃiʃtɐ] *nmf (Br)* = **desportista**.

esportivo, va [iʃ'pɔxtʃvu, -vɐ] *adj (Br)* = **desportivo**.

esposo, sa [əʃ'pozu, -zɐ] *nm, f* époux *(m)*, épouse *(f)*.

espreguiçar-se [əʃprəgi'sarsə] *vp* s'étirer.

espreita [əʃ'prɐitɐ] ■ **à espreita** *adv* aux aguets.

espreitar [əʃprɐi'tar] *vt* **1.** *(espiar)* épier **2.** *(presa)* guetter.

espremedor [əʃprəmə'đor] (*pl* **-es** [-əʃ]) *nm* presse-citron *(m inv)*.

espremer [əʃprə'mer] *vt* presser.

espuma [əʃ'pumɐ] *nf* **1.** *(de mar)* écume *(f)* **2.** *(de sabão, banho)* mousse *(f)*.

espumante [əʃpu'mẽntə] ◼ *adj* *(vinho)* mousseux(euse). ◼ *nm* mousseux *(m)*.

espumoso, osa [əʃpu'mozu, -ɔzɐ] *adj* & *nm* = **espumante**.

Esq.° (*abr écrite de* **esquerdo**) gauche.

esquadra [əʃ'kwađrɐ] *nf* *(Port)* commissariat *(m)* *(de police)*.

esquadro [əʃ'kwađru] *nm* équerre *(f)*.

esquecer [iʃke'se(x)] *vt* **1.** oublier **2.** *fig* s'oublier, se perdre.
■ **esquecer-se de** *vp* + *prép* oublier de.

esquecer [əʃkɛ'ser] *vt* oublier.
■ **esquecer-se** *vp* oublier • **esquecer-se de algo/fazer algo** oublier qqch/de faire qqch.

esquecido, da [əʃkɛ'siđu, -đɐ] *adj* & *nm, f* étourdi(e).

esquecimento [əʃkɛsi'mẽntu] *nm* oubli *(m)*.

esqueleto [əʃkə'letu] *nm* **1.** *(de pessoa, animal)* squelette *(m)* **2.** *(armação)* ossature *(f)*.

esquema [əʃ'kemɐ] *nm* **1.** *(diagrama)* schéma *(m)* **2.** *(sistema)* moyen *(m)*.

esquentador [əʃkẽntɐ'đor] (*pl* **-es** [-əʃ]) *nm* chauffe-eau *(m inv)*.

esquentar [əʃkẽn'tar] *vt* chauffer.

esquerda [əʃ'kerđɐ] *nf* • **a esquerda** la gauche • **à esquerda** à gauche • **virar à esquerda** tourner à gauche • **pela esquerda** à gauche • **ser de esquerda** être de gauche.

esquerdo, da [əʃ'kerđu, -đɐ] *adj* gauche.

esqui [əʃ'ki] *nm* ski *(m)* • **esqui aquático** ski nautique.

esquiar [əʃ'kjar] *vi* skier.

esquilo [əʃ'kilu] *nm* écureuil *(m)*.

esquina [əʃ'kinɐ] *nf* coin *(m)* • **fazer esquina (com)** faire l'angle (avec).

esquisito, ta [əʃkə'zitu, -tɐ] *adj* **1.** *(estranho)* bizarre **2.** *(picuinhas)* difficile.

esquivar-se [əʃki'varsə] *vp* s'esquiver • **esquivar-se a fazer algo** s'arranger pour ne pas faire qqch.

esquivo, va [əʃ'kivu, -vɐ] *adj* farouche.

essa ['ɛsa] ▷ **esse**.

esse, essa ['esə, 'ɛsɐ] ◼ *adj* ce (cette). ◼ *pron* celui-là (celle-là) • **essa é boa!** *fam* elle est bien bonne celle-là ! • **só faltava mais essa!** il ne manquait plus que ça !

essência [i'sẽsjɐ] *nf* essence *(f)*.

essencial [isẽ'sjał] (*pl* **-ais** [-aiʃ]) ◼ *adj* essentiel(elle). ◼ *nm* • **o essencial** l'essentiel *(m)*.

esses ['esiʃ] ▷ **esse**.

esta ['ɛʃta] ▷ **este**[1].

está [əʃ'ta] ▷ **estar**.

estabelecer [əʃtɐƀlə'ser] *vt* fixer.
■ **estabelecer-se** *vp* s'installer.

estabelecimento [əʃtɐƀləsi'mẽntu] *nm* établissement *(m)* • **estabelecimento de ensino** établissement *(m)* scolaire.

estabilidade [əʃtɐƀli'đađə] *nf* stabilité *(f)*.

estabilizador [əʃtɐƀlizɐ'đor] (*pl* **-es** [-əʃ]) *nm* • **estabilizador (de corrente)** stabilisateur *(m)* de courant.

estábulo [əʃ'taƀulu] *nm* étable *(f)*.

estaca [əʃ'takɐ] *nf* piquet *(m)*.

estação [əʃtɐ'sɐ̃u] (*pl* **-ões** [-õiʃ]) *nf* **1.** *(de comboio, autocarro)* gare *(f)* **2.** *(do ano, turismo, vendas)* saison *(f)* • **estação de águas** *(Br)* cure *(f)* thermale • *(cidade)* station *(f)* thermale • **estação de correios** bureau *(m)* de poste • **estação de serviço** station-service *(f)*.

estacionamento [əʃtɐsjunɐ'mẽntu] *nm* **1.** *(acto)* stationnement *(m)* **2.** *(lugar)* place *(f)* • **'estacionamento privado'** 'parking privé' • **'estacionamento proibido'** 'défense de stationner'.

estacionar [əʃtɐsju'nar] ◼ *vt* garer. ◼ *vi* **1.** se garer **2.** *(inflação)* stagner.

estações ▷ **estação**.

estada [iʃ'tada] *(Br)* = **estadia**.

estadia [əʃtɐ'điɐ] *nf* séjour *(m)* *(temps passé)*.

estádio [əʃ'tađju] *nm* **1.** *(de futebol, atletismo)* stade *(m)* **2.** *(fase)* période *(f)*.

estadista [əʃtɐ'điʃtɐ] *nmf* homme *(m)* d'État.

estado [əʃ'tađu] *nm* état *(m)* • **em bom/mau estado** en bon/mauvais état • **estado civil** état civil • **estado físico** état de santé.
■ **Estado** *nm* • **o Estado** l'État *(m)* • **os Estados Unidos** les États-Unis *(mpl)*.

Estados Unidos [əʃ'tađuʃu,niđuʃ] *nmpl* • **os Estados Unidos** les États-Unis.

estágio [iʃ'taʒu] *nm* stage *(m)*.

estalagem [əʃtɐ'laʒẽi] *(pl* **-ns** [-ʃ]) *nf* hôtel-restaurant *(m)*.

estalar [əʃtɐ'lar] ■ *vi* **1.** *(porcelana, vidro, barro)* se fendre **2.** *(osso, lenha)* craquer **3.** *(lume)* crépiter. ■ *vt* • **estalar a língua** faire claquer sa langue • **estalar os dedos** claquer des doigts.

estalido [əʃtɐ'liđu] *nm* **1.** *(estalo agudo)* claquement *(m)* **2.** *(crepitação)* crépitement *(m)*.

estalo [əʃ'talu] *nm* **1.** craquement *(m)* **2.** *fam* baffe *(f)*.

estampado, da [əʃtẽm'pađu, -đɐ] *adj* imprimé(e).

estancar [əʃtẽŋ'kar] ■ *vt (líquido)* étancher. ■ *vi (sangue)* arrêter de couler.

estância [əʃ'tẽsjɐ] *nf (Br) (quinta) grande exploitation agricole* • **estância balnear** station *(f)* balnéaire • **estância de férias** centre *(m)* touristique • **estância hidromineral** *(Br)* station thermale • **estância termal** station thermale.

estande [iʃ'tandʒi] *(Br)* = **stand**.

estanho [əʃ'tɐɲu] *nm* étain *(m)*.

estante [əʃ'tẽntə] *nf* étagère *(f)*.

estão [əʃ'tɐ̃u] ▷ **estar**.

estapafúrdio, dia [əʃtɐpɐ'furđju, -đjɐ] *adj* **1.** *(excêntrico)* extravagant(e) **2.** *(esquisito)* biscornu(e).

estar [əʃ'tar] *vi*

*contrairement à « ser », **estar** est employé pour indiquer un état ou une caractéristique momentanés et pour juger ou localiser provisoirement quelqu'un ou quelque chose*

1. SUIVI D'UN COMPLÉMENT DE LIEU OU DE TEMPS : INDIQUE OÙ SE TROUVE PROVISOIREMENT QQN OU QQCH
• **ele estará lá à hora certa** il sera là à l'heure
• **estarei no emprego às dez** je serai au bureau à dix heures
• **o João não está** João n'est pas là
• **não estou para ninguém** je n'y suis pour personne
• **estamos no Outono** nous sommes en automne

2. SUIVI D'UN ATTRIBUT : INDIQUE UN ÉTAT PASSAGER OU UN JUGEMENT SUBJECTIF, MOMENTANÉ
• **está avariado** il est en panne
• **a porta está fechada** la porte est fermée
• **como está?** comment allez-vous ?
• **estar bem/mal de saúde** être en bonne/mauvaise santé
• **estou com fome/medo/febre** j'ai faim/peur/de la fièvre
• **a sopa está boa** la soupe est bonne

3. INDIQUE LE TEMPS ATMOSPHÉRIQUE
• **está muito calor/frio** il fait très chaud/froid
• **hoje estão dois graus** aujourd'hui il fait deux degrés

4. INDIQUE LE LIEU OÙ L'ON EST
• **estive em casa toda a tarde** je suis resté chez moi tout l'après-midi.

estar a *v + prép*

SUIVI D'UN INFINITIF : INDIQUE UNE ACTION EN COURS
• **que é que estás a dizer?** qu'est-ce que tu dis ?
• **está a chover** il pleut
• **estou a estudar** je travaille.

estar de *v + prép*

SUIVI D'UN NOM : INDIQUE UN ÉTAT, UNE SITUATION, UNE APPARENCE À UN MOMENT DONNÉ
• **estar de baixa/férias** être en congé de maladie/en vacances
• **estar de bebé** être enceinte
• **estar de calças** être en pantalon
• **estar de vigia** monter la garde
• **estar de trombas** *fam* faire la gueule
• **ele estará de férias duas semanas** il sera en vacances pendant deux semaines.

estar para *v + prép*

SUIVI D'UN INFINITIF OU D'UN NOM : INDIQUE UNE ACTION IMMINENTE OU UNE INTENTION
• **ele está para chegar** il est sur le point d'arriver
• **estou para sair** je suis sur le point de sortir
• **estava para te telefonar, mas esqueci-me** je comptais te téléphoner mais j'ai oublié
• **estava mesmo agora para te telefonar** je m'apprêtais justement à te téléphoner
• **não estou para brincadeiras** je ne suis pas d'humeur à plaisanter
• **não estou para isso** ça ne me dit rien.

estar por *v + prép*

SUIVI D'UN INFINITIF : INDIQUE UNE ACTION NON ENCORE RÉALISÉE
• **a cama está por fazer** le lit n'est pas fait.

estar sem *v + prép*
- **já estou sem paciência** je n'ai plus de patience.

estar

LOCUTIONS ET EXPRESSIONS
- **estar à espera** attendre
- **estar à chuva** être sous la pluie
- **estar a par** être au courant
- **estar a ponto de** être sur le point de, être prêt à
- **estar de cama** garder le lit
- **estar fora de si** être hors de soi
- **não estar em si** perdre la tête
- **estar de mal com** être brouillé avec
- **está bem!** *OU* **certo!** c'est ça !
- **está bem!** d'accord !
- **está lá?** allô !

estardalhaço [əʃtɐrđɐ'ʎasu] *nm fam* tapage *(m)*.

estarrecer [əʃtɐʀə'ser] *vt* terrifier.

estatal [əʃtɐ'tał] (*pl* **-ais** [-aiʃ]) *adj* d'État.

estático, ca [əʃ'tatiku, -kɐ] *adj (imóvel)* statique.

estátua [əʃ'tatwɐ] *nf* statue *(f)*.

estatura [əʃtɐ'turɐ] *nf* **1.** *(tamanho de pessoa)* stature *(f)* **2.** *(valor)* envergure *(f)*.

estatuto [əʃtɐ'tutu] *nm* statut *(m)*.

este[1], **esta** ['eʃtə, 'ɛʃtɐ] ■ *adj* ce (cette). ■ *pron* celui-ci (celle-ci) • **este mês/ano** ce mois-ci/cette année.

este[2] ['ɛʃtə] *nm* Est *(m)* • **a este** à l'est • **a este de** à l'est de • **no este** à l'est.

esteira [əʃ'tɐirɐ] *nf* natte *(f)*.

estendal [əʃtẽn'dał] (*pl* **-ais** [-aiʃ]) *nm (Port)* séchoir *(m)* à linge.

estender [əʃtẽn'der] *vt* **1.** *(braços, pernas)* tendre **2.** *(jornal)* ouvrir **3.** *(peça de roupa)* étendre **4.** *(prazo, estadia)* prolonger.
■ **estender-se** *vp* s'étendre.

estendido, da [əʃtẽn'điđu, -đɐ] *adj* étendu(e) • **estendido no chão** allongé par terre.

estenografia [əʃtənugrɐ'fiɐ] *nf* sténo *(f)*.

estepe [əʃ'tɛpə] *nf* steppe *(f)*.

estéreis ▻ **estéril**.

estereofónico, ca [əʃtɛrjɔ'fɔniku, -kɐ] *adj (Port)* stéréophonique.

estereofônico, ca [iʃterjo'foniku, -kɐ] *adj (Br)* = **estereofónico**.

estéril [əʃ'tɛrił] (*pl* **-reis** [-rɐiʃ]) *adj* stérile.

esterilizar [əʃtərəli'zar] *vt (desinfectar)* stériliser.

estes ['eʃtʃiʃ] ▻ **este**.

estética [əʃ'tɛtikɐ] *nf* esthétique *(f)*.

estetoscópio [əʃtɛtɔʃ'kɔpju] *nm* stéthoscope *(m)*.

esteve [əʃ'tevə] ▻ **estar**.

estiar [əʃ'tjar] *vi* **1.** *(parar de chover)* arrêter de pleuvoir **2.** *(tempo)* se lever.

estibordo [əʃti'ƀɔrđu] *nm* tribord *(m)*.

esticar [əʃti'kar] *vt* **1.** *(braço, perna)* étendre **2.** *(elástico, corda, fio)* tendre • **ir esticar as pernas** se dégourdir les jambes.
■ **esticar-se** *vp* s'étirer.

estigma [əʃ'tigmɐ] *nm* stigmate *(m)*.

estilhaçar [əʃtiʎɐ'sar] *vt* briser.
■ **estilhaçar-se** *vp* se briser.

estilhaço [əʃti'ʎasu] *nm* éclat *(m)*.

estilo [əʃ'tilu] *nm* style *(m)*.

estima [əʃ'timɐ] *nf* estime *(f)*.

estimar [əʃti'mar] *vt* estimer.

estimativa [əʃtimɐ'tivɐ] *nf* estimation *(f)*.

estimulante [əʃtimu'lẽntə] ■ *adj* **1.** *(incentivador)* encourageant(e) **2.** *(excitante)* stimulant(e). ■ *nm* stimulant *(m)*.

estimular [əʃtimu'lar] *vt* stimuler.

estipular [əʃtipu'lar] *vt* **1.** *(determinar)* fixer **2.** *(suj: lei)* stipuler.

estivador, ra [əʃtivɐ'đor, -rɐ] (*mpl* **-es** [-əʃ], *fpl* **-s** [-ʃ]) *nm, f* arrimeur *(m)*.

estive [əʃ'tivə] ▻ **estar**.

estofo [əʃ'tofu] *nm* rembourrage *(m)*.

estojo [əʃ'toʒu] *nm* étui *(m)* • **estojo (de lápis)** trousse *(f)* • **estojo de primeiros-socorros** trousse de secours.

estômago [əʃ'tomɐgu] *nm* estomac *(m)*.

Estónia [əʃ'tɔnjɐ] *nf* • **a Estónia** l'Estonie *(f)*.

estónio, nia [əʃ'tɔnju, -njɐ] *adj* estonien(enne).

estontear [əʃtõn'tjar] *vt* tourner la tête.

estoque [iʃ'tɔki] *(Br)* = **stock**.

estore [əʃ'tɔrə] *nm* store *(m)*.

estorninho [əʃtur'niɲu] *nm* étourneau *(m)*.

estou [əʃ'to] ▻ **estar**.

estourado, da [əʃto'rađu, -đɐ] *adj fam* crevé(e).

estourar [əʃto'rar] ■ *vt* **1.** *(balão, bola)* crever **2.** *fam (gastar)* claquer. ■ *vi* **1.** *(balão, bola, pneu)* crever **2.** *(bomba, explosivo)* éclater.

estouro [əʃ'toru] *nm* **1.** *(de bola, balão, pneu)* éclatement *(m)* **2.** *(detonação)* détonation *(f)* • **de estouro** *fam* du tonnerre.

estrábico, ca [əʃ'traƀiku, -kɐ] *adj* • **ser estrábico** loucher.

estrabismo [əʃtrɐ'ƀiʒmu] *nm* strabisme *(m)*.

estrada [əʃ'trađɐ] *nf* route *(f)* • **estrada de ferro** *(Br)* chemin *(m)* de fer • **estrada secundária** route secondaire.

estrado [əʃ'trađu] *nm* estrade *(f)*.

estragado, da [əʃtrɐ'gađu, -đɐ] *adj* **1.** *(leite)* tourné(e) **2.** *(carne)* avarié(e) **3.** *(iogurte)* périmé(e) **4.** *(fruta)* gâté(e) **5.** *(aparelho, máquina)* abîmé(e).

estragão [əʃtrɐ'gɐ̃u] *nm* estragon *(m)*.

estragar [əʃtrɐ'gar] *vt* **1.** *(aparelho, máquina)* abîmer **2.** *(desperdiçar)* gâcher.
■ **estragar-se** *vp* **1.** *(comida)* se gâter **2.** *(leite)* tourner.

estrangeiro, ra [əʃtrɐ̃'ʒɐiru, -rɐ] ■ *adj* & *nm, f* étranger(ère). ■ *nm* • **o estrangeiro** l'étranger *(m)* • **no estrangeiro** à l'étranger.

estrangular [əʃtrɐ̃ŋgu'lar] *vt* étrangler.

estranhar [əʃtrɐ'ɲar] *vt* sentir la différence de.

estranho, nha [əʃ'trɐɲu, -ɲɐ] ■ *adj* étrange. ■ *nm, f* étranger *(m)*, -ère *(f) (un inconnu)*.

estratégia [əʃtrɐ'tɛʒjɐ] *nf* stratégie *(f)*.

estrear [əʃtri'ar] *vt* étrenner.
■ **estrear-se** *vp (filme)* sortir sur les écrans • **a peça estreia-se no sábado** la première de la pièce aura lieu samedi.

estreia [əʃ'trɐjɐ] *nf* **1.** *(Port) (de actor)* premier rôle *(m)* **2.** *(de peça teatral, filme)* première *(f)*.

estréia [iʃ'trɛjɐ] *nf (Br)* = **estreia**.

estreitar [əʃtrɐi'tar] ■ *vt (roupa)* faire rétrécir. ■ *vi* rétrécir.

estreito, ta [əʃ'trɐitu, -tɐ] ■ *adj* **1.** étroit(e) **2.** *(roupa)* serré(e). ■ *nm* détroit *(m)*.

estrela [əʃ'trelɐ] *nf* **1.** étoile *(f)* **2.** *(de cinema, teatro)* star *(f)* • **estrela cadente** étoile filante • **ver estrelas** voir trente-six chandelles.

estremecer [əʃtrəmə'ser] ■ *vt* faire trembler. ■ *vi* **1.** *(tremer)* trembler **2.** *(assustar-se)* frémir.

estresse [is'trɛsi] *nm (Br)* = **stress**.

estria [əʃ'triɐ] *nf* **1.** *(em quadris)* vergeture *(f)* **2.** *(em superfície)* strie *(f)*.

estribo [əʃ'triƀu] *nm* étrier *(m)*.

estridente [əʃtri'đẽntə] *adj* strident(e).

estrofe [əʃ'trɔfə] *nf* strophe *(f)*.

estrondo [əʃ'trõndu] *nm* fracas *(m)* • **de estrondo** *fig* du tonnerre.

estropiar [əʃtru'pjar] *vt* estropier.

estrume [əʃ'trumə] *nm* fumier *(m)*.

estrutura [əʃtru'turɐ] *nf* structure *(f)*.

estuário [əʃ'twarju] *nm* estuaire *(m)*.

estudante [əʃtu'đɐ̃ntə] *nmf* étudiant *(m)*, -e *(f)*.

estudar [əʃtu'đar] *vt* & *vi* étudier.

estúdio [əʃ'tuđju] *nm* **1.** studio *(m)* **2.** *(de pintor, escultor, arquitecto)* atelier *(m)*.

estudioso, osa [əʃtu'đjozu, -ɔzɐ] *adj* studieux(euse).

estudo [əʃ'tuđu] *nm* • **os estudos** les études *(fpl)* • *(análise)* étude *(f)* • **em estudo** à l'étude.

estufa [əʃ'tufɐ] *nf* **1.** *(de jardim)* serre *(f)* **2.** *(de fogão)* chauffe-assiettes *(m inv)* **3.** *(tipo de fogão)* poêle *(m)*.

estufado, da [əʃtu'fađu, -đɐ] ■ *adj* en ragoût. ■ *nm* **1.** ragoût *(m)* **2.** *(de coelho)* civet *(m)* **3.** *(de vitela)* blanquette *(f)*.

estupefação [iʃtupefa'sɐ̃u] *nf (Br)* = **estupefacção**.

estupefacção [əʃtupəfa'sɐ̃u] *nf (Port)* stupéfaction *(f)*.

estupefaciente [əʃtupəfɐ'sjẽntə] *nm* stupéfiant *(m)*.

estupefacto, ta [əʃtupə'fa(k)tu, -tɐ] *adj (Port)* stupéfait(e).

estupefato, ta [iʃtupe'fatu, -tɐ] *adj (Br)* = **estupefacto**.

estupendo, da [əʃtu'pẽndu, -dɐ] *adj* **1.** *(extraordinário)* formidable **2.** *(óptimo)* parfait(e).

estupidez [əʃtupi'đeʃ] *nf* stupidité *(f)*.

estúpido, da [əʃ'tupiđu, -đɐ] *nm, f* idiot *(m)*, -e *(f)*.

estupro [əʃ'tupru] *nm* stupre *(m)*.

estuque [əʃ'tukə] *nm* stuc *(m)*.

esvaziar [əʒvɐ'zjar] *vt* vider.

esvoaçar [əʒvwɐ'sar] *vi (ave)* voltiger.

etapa [i'tapɐ] *nf* **1.** étape *(f)* **2.** *(de doença, estudo)* stade *(m)* • **fazer algo por etapas** faire qqch par étapes.

éter ['ɛtɛr] *nm* éther *(m)*.

eternidade [itərni'đađə] *nf* éternité *(f)* • **demorar uma eternidade** durer une éternité • **esperar uma eternidade** attendre une éternité.

eterno, na [i'tɛrnu, -nɐ] *adj* éternel(elle).

Ethernet [etex'neti] *nf* INFORM Ethernet®.

ética ['ɛtikɐ] *nf* éthique *(f)*.

ético, ca ['ɛtiku, -kɐ] *adj* éthique.

etílico [i'tiliku] *adj m* ▷ **álcool**.

etiqueta [iti'ketɐ] *nf* **1.** *(social)* bienséance *(f)* **2.** *(rótulo)* étiquette *(f)*.

étnico, ca ['ɛtniku, -kɐ] *adj* ethnique.

eu ['eu] *pron* **1.** *(sujeito)* je **2.** *(complemento)* moi • **sou eu** c'est moi • **e eu?** et moi ? • **eu mesmo** *OU* **próprio** moi-même.

E.U.A. *nmpl (abr de* **Estados Unidos da América**) USA *(mpl) (United States of America)*.

eucalipto [eukɐ'liptu] *nm* eucalyptus *(m)*.

eufemismo [eufə'miʒmu] *nm* euphémisme *(m)*.

euforia [eufu'riɐ] *nf* euphorie *(f)*.

euro ['ewru] *nm* euro.

Eurocheque® [eurɔ'ʃɛkə] *nm* eurochèque *(m)*.

Europa [eu'rɔpɐ] *nf* • **a Europa** l'Europe • **a Europa de Leste** l'Europe de l'Est.

europeu, eia [euru'peu, -ɐjɐ] *adj* européen (enne).
■ **europeias** *nfpl* POLIT européennes *(fpl)*.
■ **europeu, eia** *nm, f* Européen *(m)*, -enne *(f)*.

evacuação [ivɐkwɐ'sɐ̃u] *(pl* **-ões** [-õiʃ]) *nf* évacuation *(f)*.

evacuar [ivɐ'kwar] *vt* évacuer.

evadir-se [iva'đirsə] *vp* s'évader.

Evangelho [ivɐ̃'ʒɛʎu] *nm* • **o Evangelho** l'Évangile *(m)*.

evaporar [ivɐpu'rar] *vt* évaporer.
■ **evaporar-se** *vp* **1.** *(líquido)* s'évaporer **2.** *fig (desaparecer)* disparaître.

evasão [iva'zɐ̃u] *(pl* **-ões** [-õiʃ]) *nf* **1.** évasion *(f)* **2.** *(evasiva)* détour *(m)*.

evasiva [ivɐ'zivɐ] *nf* échappatoire *(f)*.

evasivo, va [ivɐ'zivu, -vɐ] *adj* évasif(ive).

evasões ▷ **evasão**.

evento [i'vẽntu] *nm* événement *(m)*.

eventual [ivẽn'twał] *(pl* **-ais** [-aiʃ]) *adj* éventuel(elle).

evidência [ivi'đẽsjɐ] *nf* évidence *(f)*.

evidenciar [iviđẽ'sjar] *vt* mettre en évidence.
■ **evidenciar-se** *vp* **1.** *(tornar-se claro)* être évident(e) **2.** *(destacar-se)* se distinguer.

evidente [ivi'đẽntə] *adj* évident(e) • **como é evidente** évidemment.

evidentemente [*(Port)* iviđẽntə'mẽntə, *(Br)* evidẽntʃi'mẽntʃi] *adv* évidemment.

evitar [ivi'tar] *vt* éviter • **evitar que algo aconteça** éviter que qqch n'arrive.

evocar [ivu'kar] *vt* évoquer.

evolução [ivulu'sɐ̃u] *nf* évolution *(f)*.

evoluir [ivu'lwir] *vi* évoluer.

exactamente [izata'mẽntə] *(Port)* ■ *adv* exactement. ■ *interj* tout à fait.

exactidão [*(Port)* izati'dɐ̃u] *nf* exactitude *(f)* • **com exactidão** avec précision.

exacto, ta [i'zatu, -tɐ] *(Port) adj* **1.** précis(e) **2.** *(correcto)* exact(e).

exagerar [izɐʒə'rar] *vt* exagérer.

exagero [izɐ'ʒeru] *nm* exagération *(f)* • **sem exagero** sans exagérer • **é um exagero!** c'est exagéré !

exalar [izɐ'lar] *vt* exhaler.

exaltado, da [izał'tađu, -đɐ] *adj* en colère.

exaltar [izał'tar] *vt* **1.** *(elogiar)* faire l'éloge de **2.** *(irritar)* énerver.
■ **exaltar-se** *vp* s'emporter.

exame [i'zɐmə] *nm* examen *(m)*.

examinar [izɐmi'nar] *vt* examiner.

exatamente [eˌzata'mẽntʃi] *(Br) adv & interj* = **exactamente**.

exatidão [ezatʃi'dɐ̃w] *(Br) nf* = **exactidão**.

exato, ta [e'zatu, ta] *(Br) adj* = **exacto**.

exaustão [izauʃ'tɐ̃u] *nf* épuisement *(m)*.

exausto, ta [i'zauʃtu, -tɐ] *adj* épuisé(e).

exaustor [izauʃ'tor] *(pl* **-es** [-əʃ]) *nm* hotte *(f) (de cuisine)*.

exceção [e(ʃ)se'sɐ̃u] (*pl* **-ões** [-õiʃ]) *nf (Br)* = **excepção**.

excedente [əʃsə'đẽntə] *nm* excédent *(m)*.

exceder [əʃsə'đer] *vt* dépasser.
■ **exceder-se** *vp* **1.** *(exagerar)* exagérer **2.** *(enfurecer-se)* s'emporter • **exceder-se no sal** mettre trop de sel • **exceder-se na bebida** boire trop.

excelente [əʃsə'lẽntə] *adj* excellent(e).

excelentíssimo, ma [eselẽn'tʃisimu, ma] *adj titre d'honneur donné aux professeurs universitaires, députés, gouverneurs, etc.*

excêntrico, ca [əʃ'sẽntriku, -kɐ] *adj* excentrique.

excepção [əʃsɛ'sɐ̃u] (*pl* **-ões** [-õiʃ]) *nf (Port)* exception *(f)* • **à** *OU* **com a excepção de** à l'exception de • **fora de excepção** sans exception.

excepcional [əʃsɛsju'nał] (*pl* **-ais** [-aiʃ]) *adj* exceptionnel(elle).

excepções ▷ **excepção**.

excepto [əʃ'sɛtu] *prép (Port)* excepté • **todos os dias excepto ao domingo** tous les jours sauf le dimanche.

excerto [əʃ'sertu] *nm* extrait *(m)*.

excessivo, va [əʃsə'sivu, -vɐ] *adj* excessif (ive).

excesso [əʃ'sɛsu] *nm* excès *(m)* • **em excesso** trop • **excesso de peso** *(relativo a bagagem)* surcharge *(f)* • *(relativo a pessoa)* excès de poids • **excesso de velocidade** excès de vitesse.

exceto [e(ʃ)'sɛtu] *prép (Br)* = **excepto**.

excitação [əʃsitɐ'sɐ̃u] *nf* excitation *(f)*.

excitado, da [əʃsi'tađu, -đɐ] *adj* excité(e).

excitante [əʃsi'tẽntə] *adj* excitant(e).

exclamação [əʃklɐmɐ'sɐ̃u] (*pl* **-ões** [-õiʃ]) *nf* exclamation *(f)*.

exclamar [əʃklɐ'mar] *vi* s'exclamer, s'écrier.

excluir [əʃklu'ir] *vt* exclure.

exclusividade [*(Port)* əʃkluziviđɐđə, *(Br)* iʃkluzivi'dadzi] *nf* exclusivité *(f)* • **ter a exclusividade de** avoir l'exclusivité de.

exclusivo, va [əʃklu'zivu, -vɐ] ■ *adj* exclusif(ive). ■ *nm* exclusivité *(f)* • **ter o exclusivo de** avoir l'exclusivité de.

excursão [əʃkur'sɐ̃u] (*pl* **-ões** [-õiʃ]) *nf* excursion *(f)*.

execução [izəku'sɐ̃u] *nf* **1.** *(de objecto)* fabrication *(f)* **2.** *(de trabalho, plano, projecto)* exécution *(f)* **3.** *(de prato culinário)* confection *(f)* • **pôr algo em execução** mettre qqch à exécution.

executar [izəku'tar] *vt* **1.** exécuter **2.** *(música, cena teatral)* interpréter.

executivo, va [izəku'tivu, -vɐ] *nm, f* cadre *(mf)*.

exemplar [izẽm'plar] (*pl* **-es** [-əʃ]) ■ *adj* exemplaire. ■ *nm* **1.** *(de espécie, raça)* spécimen *(m)* **2.** *(de planta)* variété *(f)* **3.** *(de livro, revista)* exemplaire *(m)* **4.** *(de colecção)* pièce *(f)*.

exemplo [i'zẽmplu] *nm* exemple *(m)* • **por exemplo** par exemple • **a título de exemplo** à titre d'exemple.

exercer [izər'ser] *vt* exercer.

exercício [izər'sisju] *nm* exercice *(m)*.

exercitar [izərsi'tar] *vt* **1.** *(cão)* dresser **2.** *(pernas, braços)* faire bouger.
■ **exercitar-se** *vp* **1.** *(fazer exercício físico)* faire de l'exercice **2.** *(músculos)* faire travailler **3.** *(desportista)* s'entraîner **4.** *(pianista)* s'exercer.

exército [i'zɛrsitu] *nm* armée *(f)*.

exibição [izəbi'sɐ̃u] (*pl* **-ões** [-õiʃ]) *nf* **1.** représentation *(f)* **2.** *(de quadros, esculturas)* exposition *(f)* **3.** *(ostentação)* spectacle *(m)*.

exibir [izə'bir] *vt* **1.** *(filme)* projeter **2.** *(peça teatral)* représenter **3.** *(quadro, escultura)* exposer **4.** *(dotes, capacidades)* montrer.
■ **exibir-se** *vp* s'exhiber.

exigência [izə'ʒẽsjɐ] *nf* exigence *(f)*.

exigir [izə'ʒir] *vt* exiger.

existência [izəʃ'tẽsjɐ] *nf* existence *(f)*.

existir [izəʃ'tir] *vi* exister.

êxito ['ɐizitu] *nm* succès *(m)* • **ter êxito** avoir du succès.

Exma. (*abr écrite de* **excelentíssima**) • **Exma. Senhora Directora** Madame la Directrice.

Exmo. (*abr écrite de* **excelentíssimo**) • **Exmo. Senhor Director** Monsieur le Directeur.

exorcismo [izur'siʒmu] *nm* exorcisme *(m)*.

exorcista [izur'siʃtɐ] *nmf* exorciste *(m)*.

exortação [izurtɐ'sɐ̃u] (*pl* **-ões** [-õiʃ]) *nf* exhortation *(f)*.

exótico, ca [i'zɔtiku, -kɐ] *adj* exotique.

expansão [əʃpɐ̃'sɐ̃u] (*pl* **-ões** [-õiʃ]) *nf* **1.** *(progresso)* expansion *(f)* **2.** *(alegria)* débordement *(m)* **3.** *(alargamento)* extension *(f)*.

expansivo, va [əʃpɐ̃'sivu, -vɐ] *adj* expansif (ive).

expansões ▷ **expansão**.

expectativa [əʃpɛ(k)tɐ'tivɐ] *nf* expectative *(f)* • **estar/ficar na expectativa** être dans l'expectative.

expediente [əʃpə'đjẽntə] *nm* **1.** *(de repartição, estabelecimento comercial)* service *(m)* **2.** *(correspondência)* correspondance *(f)*.

expedir [əʃpə'đir] *vt* expédier.

expelir [iʃpe'li(x)] *vt* **1.** *(alguém)* expulser, chasser **2.** *(algo)* jeter, lancer.

experiência [əʃpə'rjẽsjɐ] *nf* expérience *(f)* • **com experiência** expérimenté(e).

experiente [əʃpə'rjẽntə] *adj* expérimenté (e).

experimentar [əʃpərimẽn'tar] *vt* **1.** essayer **2.** *(comida, bebida)* goûter **3.** *(emoção)* connaître **4.** *(sensação)* avoir.

expirar [əʃpi'rar] *vt* & *vi* expirer.

explicação [əʃplikɐ'sɐ̃u] (*pl* **-ões** [-õiʃ]) *nf* **1.** explication *(f)* **2.** *(aula privada)* cours *(m)* particulier.

explicar [əʃpli'kar] *vt* expliquer.
■ **explicar-se** *vp* s'expliquer.

explícito, ta [əʃ'plisitu, -tɐ] *adj* explicite.

explodir [əʃplu'đir] *vi* exploser.

exploração [əʃplurɐ'sɐ̃u] *nf* **1.** exploitation *(f)* **2.** *(investigação)* exploration *(f)*.

explorador, ra [*(Port)* əʃplurɐ'dor, -rɐ, *(Br)* iʃplora'do(x), -ra] *nm, f* explorateur *(m)*, -trice *(f)*.

explorar [əʃplu'rar] *vt* **1.** *(investigar)* explorer **2.** *(abusar de)* exploiter.

explosão [əʃplu'zɐ̃u] (*pl* **-ões** [-õiʃ]) *nf* explosion *(f)*.

expor [əʃ'por] *vt* exposer.
■ **expor-se a** *vp* + *prép* s'exposer à.

exportação [əʃpurtɐ'sɐ̃u] (*pl* **-ões** [-õiʃ]) *nf* exportation *(f)*.

exportar [əʃpur'tar] *vt* exporter.

exposição [əʃpuzi'sɐ̃u] (*pl* **-ões** [-õiʃ]) *nf* exposition *(f)* • **em exposição** en exposition.

exposto, osta [əʃ'poʃtu, -ɔʃtɐ] *adj* exposé (e).

expressão [əʃprə'sɐ̃u] (*pl* **-ões** [-õiʃ]) *nf* expression *(f)* • **expressão escrita/oral** expression écrite/orale.

expressar [əʃprə'sar] *vt* exprimer.
■ **expressar-se** *vp* s'exprimer.

expressivo, va [əʃprə'sivu, -vɐ] *adj* expressif(ive).

expresso, a [əʃ'prɛsu, -ɐ] ■ *adj* **1.** *(correio)* express **2.** *(ordem)* formel(elle) **3.** *(vontade, desejo, ideia)* exprimé(e). ■ *nm* **1.** *(comboio)* express *(m)* **2.** *(autocarro)* autobus *(m)* direct.

expressões ▷ **expressão**.

exprimir [əʃpri'mir] *vt* exprimer.
■ **exprimir-se** *vp* s'exprimer.

expropriar [əʃprupri'ar] *vt* exproprier.

expulsar [əʃpuɫ'sar] *vt* expulser.

expulso, sa [əʃ'puɫsu, -sɐ] ■ *pp* ▷ **expulsar**. ■ *adj* expulsé(e).

extensão [əʃtẽ'sɐ̃u] *nf* **1.** *(dimensão espacial)* étendue *(f)* **2.** *(dimensão temporal)* durée *(f)* **3.** *(aumento espacial)* agrandissement *(m)* **4.** *(aumento temporal)* prolongation *(f)* **5.** *(eléctrica)* rallonge *(f)*.

extenso, sa [əʃ'tẽsu, -sɐ] *adj* **1.** long (longue) **2.** *(vasto)* étendu(e) • **escrever algo por extenso** écrire qqch en toutes lettres.

extensões ▷ **extensão**.

extenuado, da [əʃtə'nwađu, -đɐ] *adj* exténué(e).

extenuante [əʃtə'nwɐ̃ntə] *adj* exténuant (e).

exterior [əʃtə'rjor] (*pl* **-es** [-əʃ]) ■ *adj* extérieur(e). ■ *nm* **1.** *(parte exterior)* extérieur *(m)* **2.** *(aparência)* dehors *(mpl)* • **o exterior** *(Br)* l'étranger *(m)*.

externo, na [əʃ'tɛrnu, -nɐ] *adj* *(Port)* extérieur(e).

extinção [əʃtĩn'sɐ̃u] *nf* disparition *(f)* • **em vias de extinção** en voie de disparition.

extinguir [əʃtĩŋ'gir] *vt* **1.** *(fogo)* éteindre **2.** *(lei, norma)* abolir.
■ **extinguir-se** *vp* **1.** *(apagar-se)* s'éteindre **2.** *(desaparecer)* disparaître.

extinto, ta [əʃ'tĩntu, -tɐ] ■ *pp* ▷ **extinguir**. ■ *adj* **1.** *(fogo)* éteint(e) **2.** *(norma, lei)* aboli(e) **3.** *(espécie animal, vegetal)* disparu(e).

extintor [əʃtĩn'tor] (*pl* **-es** [-əʃ]) *nm* extincteur *(m)*.

extra ['ɐiʃtrɐ] ■ *adj* supplémentaire. ■ *préf* extra. ■ *nm* **1.** *(de automóvel)* option *(f)* **2.** *(em despesa)* extra *(m)* **3.** *(em emprego)* prime *(f)*.

extração [iʃtra'sɐ̃u] (*pl* **-ões** [-õiʃ]) *nf (Br)* = **extracção**.

extracção [əʃtra'sɐ̃u] (*pl* **-ões** [-õiʃ]) *nf* **1.** *(Port)* extraction *(f)* **2.** *(de lotaria)* tirage *(m)* au sort.

extrações ▷ **extração**.

extracto [əʃ'tratu] *nm* **1.** *(Port)* extrait *(m)* **2.** *(de conta bancária)* relevé *(m)*.

extraditar [əʃtrɐđi'tar] *vt* extrader.

extrair [əʃtrɐ'ir] *vt* **1.** extraire **2.** *(dente)* arracher **3.** *(órgão)* retirer **4.** *(número de lotaria)* tirer au sort • **extrair algo de algo** tirer qqch de qqch.

extranet [ejʃtra'neti] *nf* INFORM extranet *(m)*.

extraordinário, **ria** [əʃtrɐorđi'narju, -rjɐ] *adj* extraordinaire.

extrato [iʃ'tratu] *nm (Br)* = **extracto**.

extravagância [əʃtrɐvɐ'gɐ̃sjɐ] *nf (capricho)* lubie *(f)*.

extraviado, **da** [əʃtrɐ'vjađu, -đɐ] *adj* égaré (e).

extraviar [əʃtrɐ'vjar] *vt* égarer. ■ **extraviar-se** *vp* s'égarer.

extremidade [əʃtrəmi'đađə] *nf* extrémité *(f)*.

extremo, **ma** [əʃ'tremu, -mɐ] ■ *adj* extrême. ■ *nm* extrême *(m)* • **de um extremo ao outro** d'un bout à l'autre • **chegar aos extremos de** en arriver à.

extrovertido, **da** [əʃtrɔvər'tiđu, -đɐ] *adj* extraverti(e).

exuberante [izuƀə'rɐ̃ntə] *adj* **1.** exubérant (e) **2.** *(roupa)* excentrique.

exumar [izu'mar] *vt* exhumer.

ex-voto [ɛks'vɔtu] *nm* ex-voto *(m inv)*.

fF

f, F [*(Port)* 'ɛfə, *(Br)* 'ɛfi] *m (letra)* f, F.

fábrica ['faƀrikɐ] *nf* usine *(f)*.

fabricante [fɐƀri'kẽntə] *nm* fabricant *(m)*.

fabricar [fɐƀri'kar] *vt* fabriquer.

fabrico [fɐ'ƀriku] *nm* fabrication *(f)*.

fabuloso, osa [fɐƀu'lozu, -ɔzɐ] *adj* fabuleux(euse).

faca ['fakɐ] *nf* couteau *(m)*.

face ['fasə] *nf* **1.** *(rosto)* visage *(m)* **2.** *(de poliedro)* face *(f)* **3.** *(superfície)* surface *(f)* • **fazer face a** faire face à • **em face** en face • **em face de** face à • **face a face** face à face • **à face da Terra** à la surface de la Terre.

fáceis ['fasejʃ] ▷ **fácil**.

fachada [fɐ'ʃađɐ] *nf* façade *(f)*.

fácil ['fasiɫ] (*pl* **-ceis** [-sɐiʃ]) *adj* facile.

facilidade [fɐsəli'đađə] *nf* facilité *(f)* • **com facilidade** facilement.

facilitar [fɐsəli'tar] *vt* **1.** *(tornar fácil)* faciliter **2.** *(tornar possível)* entraîner • **facilitar algo a alguém** fournir qqch à qqn.

faço ['fasu] ▷ **fazer**.

facto ['fa(k)tu] *nm (Port)* fait *(m)* • **ser facto consumado** être un fait accompli • **de facto** effectivement • **pelo facto de** du fait que.

factor, ra [fa'tor, -rɐ] (*mpl* **-es** [-əʃ], *fpl* **-s** [-ʃ]) ■ *nm, f employé de gare chargé de la livraison et de l'expédition des bagages.* ■ *nm* MATH *(causa)* facteur *(m)*.

factual [fɐk'twaɫ] (*pl* **-ais** [-aiʃ]) *adj (Port)* basé(e) sur les faits.

factura [fa'turɐ] *nf (Port)* facture *(f)*.

faculdade [fɐkuɫ'đađə] *nf* faculté *(f)*.

facultativo, va [fɐkuɫtɐ'tivu, -vɐ] *adj* facultatif(ive).

fada ['fađɐ] *nf* fée *(f)*.

fadiga [fɐ'điɡɐ] *nf* fatigue *(f)*.

fadista [fɐ'điʃtɐ] *nmf* chanteur *(m)*, -euse *(f)* de fado.

fado ['fađu] *nm* **1.** *(música)* fado *(m)* **2.** *(destino)* destin *(m)*.

CULTURE...

O fado

C'est un genre musical typiquement portugais. Il est chanté en solo par les *fadistas* avec accompagnement à la viole et à la guitare portugaise. Il existe deux principaux types de fado : celui de Lisbonne et celui de Coimbra. Ils diffèrent par leur rythme et par leurs accords, mais l'un et l'autre transmettent le sentiment très portugais de la *saudade* (*vague à l'âme*).
Le *fado* de Coimbra est très lié aux traditions de son université qui est la plus ancienne du Portugal. Il est uniquement chanté par des hommes dans la rue ou en société. À l'inverse, le *fado* de Lisbonne est chanté aussi bien par des hommes que par des femmes dans les *casas de fado* (*maisons du fado*).
La chanteuse de fado la plus célèbre est Amália Rodrigues. De jeunes interprètes, telles que Misia et Cristina Branco ou encore le groupe Madredeus, connaissent un succès international.

fagulha [fɐ'ɡuʎɐ] *nf* étincelle *(f)*.

faia ['fajɐ] *nf* hêtre *(m)*.

faiança [fɐ'jẽsɐ] *nf* faïence *(f)*.

faisão [fai'zẽu] (*pl* **-ões** [-õiʃ]) *nm* faisan *(m)*.

faísca [fɐ'iʃkɐ] *nf* **1.** *(de metal, lume)* étincelle *(f)* **2.** *(raio)* foudre *(f)*.

faisões ▷ **faisão**.

faixa ['faiʃɐ] *nf* **1.** *(em estrada)* voie *(f)* **2.** *(para cintura)* ceinture *(f)* *(en tissu)* **3.** *(ligadura)* bandage *(m)* **4.** *(de idades)* tranche *(f)* • **faixa (de pedestres)** *(Br)* rue *(f)* piétonne • **faixa de rodagem** chaussée *(f)*.

fala ['falɐ] *nf* **1.** *(dom de falar)* parole *(f)* **2.** *(em teatro)* réplique *(f)* • **ser de poucas falas** *fam* ne pas être très bavard.

fala-barato [ˌfalɐbɐ'ratu] *nmf inv fam* moulin *(m)* à paroles.

falador, **ra** [fɐlɐ'đor, -rɐ] *(mpl* **-es** [-əʃ], *fpl* **-s** [-ʃ]) *adj* & *nm, f* bavard(e).

falar [fɐ'lar] ■ *vi* parler. ■ *vt* **1.** *(língua)* parler **2.** *(dizer)* dire • **falar com alguém** parler à qqn • **falar de** parler de • **para falar a verdade** à vrai dire • **sem falar em** sans parler de • **falar claro** parler clairement • **falar a sério** parler sérieusement • **falar pelos cotovelos** *fam* avoir la langue bien pendue.

falcão [faɫ'kɐ̃u] *(pl* **-ões** [-õiʃ]) *nm* faucon *(m)*.

falecer [fɐlə'ser] *vi* décéder.

falecido, **da** [fɐlə'siđu, -đɐ] *nm, f* défunt *(m)*, -e *(f)*.

falecimento [fɐləsi'mẽntu] *nm* décès *(m)*.

falência [fɐ'lẽsjɐ] *nf* faillite *(f)* • **ir à falência** faire faillite.

falésia [fa'lɛzja] *nf* falaise *(f)*.

falha ['faʎɐ] *nf* **1.** *(lacuna)* manque *(m)* **2.** *(de luz)* coupure *(f)* **3.** *(de terreno)* faille *(f)* **4.** *(em sistema, programa)* défaillance *(f)*.

falhar [fɐ'ʎar] ■ *vt* **1.** *(tentativa, tiro)* rater **2.** *(encontro)* manquer. ■ *vi* **1.** *(não acertar)* rater son coup **2.** *(errar)* se tromper **3.** *(máquina)* ne plus marcher **4.** *(travões)* lâcher **5.** *(motor)* avoir des ratés.

falido, **da** [fɐ'liđu, -đɐ] *adj* • **ele está falido** il a fait faillite.

falir [fɐ'lir] *vi* faire faillite.

falsário, **ria** [faɫ'sarju, -rjɐ] *nm, f* faussaire *(mf)*.

falsidade [faɫsi'đađə] *nf* fausseté *(f)*.

falsificar [faɫsəfi'kar] *vt* falsifier.

falso, **sa** ['faɫsu, -sɐ] ■ *adj* faux (fausse). ■ *adv* *(jurar)* faire un faux serment.

falta ['faɫtɐ] *nf* **1.** faute *(f)* **2.** *(carência)* manque *(m)* **3.** *(de assistência, pontualidade)* absence *(f)* **4.** *(infracção)* infraction *(f)* • **falta de apetite** manque d'appétit • **falta de ar** manque d'air • **falta de atenção** inattention *(f)* • **fazer falta** manquer • **ter falta de algo** avoir besoin de qqch • **ele faz-me falta** il me manque • **sinto falta da minha família** ma famille me manque • **à falta de melhor** faute de mieux • **fazer algo sem falta** faire qqch sans faute • **por falta de** faute de.

faltar [faɫ'tar] *vi* **1.** *(não haver)* manquer **2.** *(estar ausente)* être absent(e) • **falta muito para as férias** les vacances sont encore loin • **falta pouco para o comboio chegar** le train va bientôt arriver • **faltam 5 km para lá chegar** il reste 5 km à faire • **era só o que faltava!** il ne manquait plus que ça ! • **faltar às aulas** ne pas aller en cours • **faltar ao emprego** ne pas aller travailler.

fama ['fɐmɐ] *nf* **1.** *(reputação)* réputation *(f)* **2.** *(notoriedade)* célébrité *(f)* • **ter fama de** avoir la réputation de.

família [fɐ'miljɐ] *nf* famille *(f)* • **em família** en famille.

familiar [fɐmə'ljar] *(pl* **-es** [-əʃ]) ■ *adj* **1.** familial(e) **2.** *(conhecido)* familier(ère). ■ *nm* membre *(m)* de la famille.

faminto, **ta** [fɐ'mĩntu, -tɐ] *adj* affamé(e).

famoso, **osa** [fɐ'mozu, -ɔzɐ] *adj* célèbre.

fanático, **ca** [fɐ'natiku, -kɐ] *adj* & *nm, f* fanatique.

faneca [fɐ'nɛkɐ] *nf* tacaud *(m)* *(poisson)*.

fantasia [fɐ̃ntɐ'ziɐ] *nf* **1.** fantaisie *(f)* **2.** *(disfarce)* déguisement *(m)*.

fantasiar [*(Port)* fɐ̃nta'zja(x), *(Br)* fɐ̃ntɐ'zjar] *vi* rêver, imaginer, inventer.
■ **fantasiar-se** *vp* se déguiser • **fantasiar-se de** se déguiser en.

fantasma [fɐ̃n'taʒmɐ] *nm* fantôme *(m)*.

fantástico, **ca** [fɐ̃n'taʃtiku, -kɐ] ■ *adj* fantastique. ■ *interj* fantastique !

fantoche [fɐ̃n'tɔʃə] *nm* marionnette *(f)*.

farda ['fardɐ] *nf* uniforme *(m)*.

farei [fɐ'rɐi] ▷ **fazer**.

farelo [fɐ'rɛlu] *nm* son *(m)* *(céréale)*.

faringe [fɐ'rĩʒə] *nf* pharynx *(m)*.

faringite [farĩ'ʒiti] *nf* pharyngite *(f)*.

farinha [fɐ'riɲɐ] *nf* farine *(f)* • **farinha de centeio** farine de seigle • **farinha integral** farine complète • **farinha de milho** farine de maïs • **farinha de rosca** *(Br)* chapelure *(f)* • **farinha de trigo** farine de blé.

farinheira [fɐri'ɲɐirɐ] *nf* *saucisse de porc à base de farine ou de miettes de pain.*

farmacêutico, **ca** [fɐrmɐ'seutiku, -kɐ] ■ *adj* pharmaceutique. ■ *nm, f* pharmacien *(m)*, -enne *(f)*.

farmácia [fɐr'masjɐ] *nf* pharmacie *(f)*.

faro ['faru] *nm* flair *(m)*.

farofa [fɐ'rɔfɐ] *nf (Br) farine de manioc grillée ou cuite dans du beurre, souvent mélangée avec des œufs, des olives et de la viande.*

farófias [fɐ'rɔfjɐʃ] *nfpl* ≃ œufs *(mpl)* à la neige.

farol [fɐ'rɔɫ] *(pl* **-óis** [-ɔiʃ]) *nm* phare *(m)* • **farol alto** *(Br)* feux *(mpl)* de route • **farol baixo** *(Br)* feux *(mpl)* de croisement.

farolim [fɐru'lĩ] *(pl* **-ns** [-ʃ]) *nm* feu *(m)* arrière.

farpa ['farpɐ] *nf* **1.** *(de agulha)* pointe *(f)* **2.** *(em tourada)* banderille *(f)* **3.** *(em pele)* écharde *(f)*.

farpado [fɐr'pađu] *adj m* ▷ **arame**.

farra ['faʀɐ] *nf fam (divertimento)* foire *(f)*.

farrapo [fɐ'ʀapu] *nm* chiffon *(m)*.

farsa ['farsɐ] *nf* farce *(f)*.

fartar-se [*(Port)* fɐr'tarsə, *(Br)* fax'taxsi] *vp* **1.** *(comida)* se gaver **2.** *(cansar-se)* se lasser • **fartar-se de** *(comida)* se gaver de • *(trabalho)* en avoir assez de.

farto, **ta** ['fartu, -tɐ] *adj* rassasié(e) • **estar farto de** en avoir assez de.

fartura [fɐr'turɐ] *nf* abondance *(f)*. ■ **farturas** *nfpl longs beignets cylindriques vendus dans les fêtes foraines.*

fascículo [fa'sikulu] *nm* fascicule *(m)*.

fascinante [fɐʃsi'nẽntə] *adj* fascinant(e).

fascinar [fɐʃsi'nar] *vt* fasciner.

fascismo [fa'ʃiʒmu] *nm* fascisme *(m)*.

fascista [fa'ʃiʃtɐ] *adj & nmf* fasciste.

fase ['fazə] *nf* phase *(f)*.

fastidioso, **osa** [fɐʃti'đjozu, -ɔzɐ] *adj* fastidieux(euse).

fatal [fɐ'taɫ] *(pl* **-ais** [-aiʃ]) *adj* fatal(e).

fatalidade [fɐtɐli'đađə] *nf* fatalité *(f)*.

fatia [fɐ'tiɐ] *nf* tranche *(f)*.

fatiga [fa'tiga] *nf* fatigue *(f)*.

fatigante [fɐti'gẽntə] *adj* fatigant(e).

fatigar [fati'ga(x)] *vt* fatiguer, lasser, se donner du mal.

Fátima ['fatimɐ] *n* Fatima.

fato ['fatu] *nm* **1.** *(Port) (conjunto)* costume *(m)* **2.** *(de festa)* tenue *(f)* **3.** *(Br)* = **facto** • **fato de banho** *(Port)* maillot *(m)* de bain • **fato completo** *(Port)* complet *(m)* • **fato de ginástica** *(Port)* justaucorps *(m)* • **fato de mergulhador** *(Port)* combinaison *(f)* de plongée • **fato de treino** *(Port)* survêtement *(m)* • **não ter nenhum fato** ne rien avoir à se mettre.

fato-macaco [ˌfatumɐ'kaku] *(pl* **fatos-macacos** [ˌfatuʒmɐ'kakuʃ]) *nm (Port)* bleu *(m)* de travail.

fator [fa'tox] *(pl* **-es** [-iʃ]) *nm (Br)* = **factor**.

fatura [fa'turɐ] *nf (Br)* = **factura**.

fauna ['faunɐ] *nf* faune *(f)*.

fava ['fava] *nf* fève *(f)*.

favas ['favɐʃ] *nfpl* fèves *(fpl)* • **favas à portuguesa** *fèves cuisinées avec du chorizo et de la viande de porc.*

favela [fa'vɛlɐ] *nf (Br)* bidonville *(m)*.

favor [fɐ'vor] *(pl* **-es** [-əʃ]) *nm* **1.** service *(m)* **2.** *(do público)* faveur *(f)* • **faça favor de entrar** entrez, je vous en prie • **faz favor** s'il vous plaît • **fazer um favor a alguém** rendre service à qqn • **ser a** *OU* **em favor de** être en faveur de • *(partidário de)* être pour • **se faz favor** s'il vous plaît • **por favor** s'il vous plaît • **'é favor fechar a porta'** 'prière de fermer la porte'.

favorável [fɐvu'ravɛɫ] *(pl* **-eis** [-ɐiʃ]) *adj* **1.** *(resposta)* favorable **2.** *(tempo)* propice.

favores ▷ **favor**.

favorito, **ta** [fɐvu'ritu, -tɐ] *adj* favori(ite).

fax ['faksə] *(pl* **-es** [-əʃ]) *nm* fax *(m)* • **enviar** *OU* **mandar um fax** envoyer un fax.

fax-modem [*(Port)* ˌfaksə'mɔđɛm, *(Br)* ˌfaksi'modẽ] *(pl* **-dens** [*(Port)* -đɐ̃iʃ, *(Br)* -diʃ]) *nm* fax-modem *(m)*.

faz ['faʃ] ▷ **fazer**.

fazenda [fɐ'zẽndɐ] *nf* **1.** *(Br) (quinta)* exploitation *(f)* agricole **2.** *(Port) (terreno)* terre *(f)* **3.** *(tecido)* tissu *(m)*.

fazendeiro, **ra** [fazẽn'deiru, -rɐ] *nm, f (Br)* exploitant *(m)*, -efacer *(f)* agricole.

fazer [fɐ'zer] *vt*

1. SUIVI D'UN COD : RÉALISER OU PRODUIRE QQCH
• **fazer barulho** faire du bruit
• **fazer uma pergunta** poser une question

• **fazer planos/um vestido** faire des projets/une robe
• **vamos fazer uma festa** nous allons faire une fête
• **devias fazer mais exercício** tu devrais faire plus d'exercice
• **fazer alguém rir/chorar** faire rire/pleurer qqn
• **o chocolate faz borbulhas** le chocolat donne des boutons

2. SUIVI D'UN COD + ATTRIBUT COD : ATTRIBUER UNE QUALITÉ À QQN/QQCH, TRANSFORMER
• **este penteado fá-la mais bonita** cette coiffure la rend plus belle
• **ele fá-la muito feliz** il la rend très heureuse
• **o pai fez do filho um homem** le père a fait de son fils un homme
• **fazer algo em pedaços** mettre qqch en pièces

3. INDIQUE UNE DISTANCE PARCOURUE
• **ele fez muitos quilómetros para lá chegar** il a fait beaucoup de kilomètres pour y arriver

4. SUIVI D'UN INFINITIF OU AVEC « (COM) QUE » + SUBJONCTIF = provoquer, obliger à, faire (en sorte) que
• **o filme fez chorar toda a gente** le film a fait pleurer tout le monde
• **a gripe fez com que a escola fechasse** la grippe a entraîné la fermeture de l'école.

fazer *vi*

INDIQUE LE TEMPS ÉCOULÉ OU LE TEMPS ATMOSPHÉRIQUE
• **faz um ano que não o vejo** ça fait un an que je ne le vois pas
• **faz tempo que estou à espera** ça fait longtemps que j'attends
• **ele partiu faz três meses** ça fait trois mois qu'il est parti
• **faço anos amanhã** demain, c'est mon anniversaire
• **fazemos cinco anos de casados** ça fait cinq ans que nous sommes mariés
• **faz frio/calor** il fait froid/chaud.

fazer por *vp*

SUIVI D'UN INFINITIF
• **fiz tudo por te ver** j'ai tout fait pour te voir.

fazer-se *vp*

se faire, devenir
• **fez-se pequenino** il s'est fait tout petit.

fazer-se (de) *vp + prép*

REPRÉSENTER, IMITER, FAIRE OFFICE DE
• **fiz de Menino Jesus** j'ai joué l'enfant Jésus
• **fazer-se de tolo/esperto** faire l'idiot/le malin
• **fazer-se de desentendido** faire semblant de ne pas comprendre
• **o banco pode fazer de escadote** le tabouret peut faire office d'escabot.

fazer *loc*

LOCUTIONS ET EXPRESSIONS
• **fazer de conta** supposer, faire semblant
• **fazer de propósito** faire exprès
• **fazer pouco (de)** se moquer (de)
• **não faz mal** ça ne fait rien, ce n'est pas grave
• **não faças caso** ne t'en soucie pas, ne fais pas attention
• **isso faz-me jeito** ça m'arrange
• **tanto faz** c'est pareil
• **tanto me faz** ça m'est égal.

fé ['fɛ] *nf* foi *(f)* • **de boa/má fé** de bonne/mauvaise foi • **à falsa fé** en traître.

febra ['feβrɐ] *nf* maigre *(m)* • **febras de porco** tranches *(fpl)* de porc.

febre ['fɛβrə] *nf* fièvre *(f)*.

febre-dos-fenos [ˌfɛβrəđuʃ'fenuʃ] *nf* rhume *(m)* des foins.

fechado, da [fə'ʃađu, -đɐ] *adj* **1.** fermé(e) **2.** *(luz)* éteint(e) **3.** *(couve)* pommé(e) **4.** *(negócio)* conclu(e) • **'fechado para balanço'** 'fermé pour cause d'inventaire' • **'fechado para férias'** 'fermeture annuelle' • **'fechado para obras'** 'fermé pour travaux'.

fechadura [fəʃɐ'đurɐ] *nf* serrure *(f)*.

fechar [fə'ʃar] ◼ *vt* **1.** fermer **2.** *(luz)* éteindre **3.** *(negócio)* conclure. ◼ *vi* **1.** *(ferida)* se cicatriser **2.** *(estabelecimento)* fermer • **fechar algo à chave** fermer qqch à clef.
◼ **fechar-se** *vp* **1.** *(encerrar-se)* s'enfermer **2.** *(calar-se)* se fermer.

fecho ['fɐiʃu] *nm* **1.** *(de porta)* loquet *(m)* **2.** *(de mala)* fermeture *(f)* **3.** *(de janela)* poignée *(f)* **4.** *(de colar)* fermoir *(m)* **5.** *(de peça de vestuário)* • **fecho (éclair)** fermeture *(f)* Éclair® **6.** *(de espectáculo, acontecimento)* fin *(f)*.

fécula ['fɛkulɐ] *nf* fécule *(f)* • **fécula de batata** fécule de pomme de terre.

fecundar [fəkũn'dar] *vt* féconder.

feder [fə'đer] *vi fam* empester.

federação [fədərɐ'sɐ̃u] (*pl* **-ões** [-õiʃ]) *nf* fédération *(f)*.

fedor [fə'đor] *nm fam* puanteur *(f)*.

feijão [fɐi'ʒɐ̃u] (*pl* **-ões** [-õiʃ]) *nm* haricot *(m)*.

feijão-frade [fɐiʒɐ̃u'frađə] (*pl* **feijões-frades** [fɐiʒõiʃ'frađəʃ]) *nm* dolic *(m)*, *sorte de haricot blanc*.

feijão-fradinho [fejʒɐ̃wfra'dʒiɲu] *(Br)* = **feijão-frade**.

feijão-mulatinho [fei,ʒẽumula'tiɲu] (*pl* **feijões-mulatinhos** [fei,ʒõiʒmula'tiɲuʃ]) *nm (Br) sorte de haricot rouge*.

feijão-preto [fɐiʒɐ̃u'pretu] (*pl* **feijões-pretos** [fɐiʒõiʃ'pretuʃ]) *nm* haricot *(m)* noir.

feijão-tropeiro [fɐi,ʒẽutru'pɐiru] (*pl* **feijões-tropeiros** [fɐi,ʒõiʃtru'pɐiruʃ]) *nm (Br) plat de haricots noirs accompagné de farine de manioc*.

feijão-verde [fɐiʒɐ̃u'verđə] (*pl* **feijões-verdes** [fɐiʒõiʒ'verđəʃ]) *nm* haricot *(m)* vert.

feijoada [fɐi'ʒwađɐ] *nf plat de haricots secs, de viande de porc et de légumes souvent accompagné de riz* • **feijoada brasileira** *plat de haricots noirs servi avec du chou en lamelles, du porc et de la farine de manioc* • **feijoada à trasmontana** *feijoada servie avec beaucoup de légumes*.

CULTURE...

A feijoada

La *feijoada* est un plat typique du Brésil composé de haricots noirs. On y ajoute de la viande de porc séchée, du lard, des côtelettes, du saucisson, de l'andouille et quelques ingrédients moins ordinaires comme l'oreille et le pied de porc. Elle est servie avec du riz blanc, de la *farofa (farine de manioc)*, du chou et une orange pelée.

Au Portugal, la *feijoada* est aussi un plat traditionnel mais ses ingrédients sont différents. Elle est faite à base de haricots rouges ou blancs et de viande de porc de préférence salée (lard, tripes et saucisses). Dans certaines régions, on y met aussi du chou et de la carotte.

feijões ▻ **feijão**.

feio, feia ['fɐjo, 'fɐjɐ] *adj* **1.** *(rosto, forma, objecto)* laid(e) **2.** *(atitude, comportamento)* vilain(e) **3.** *(situação, caso, problema)* sale.

feira ['fɐirɐ] *nf* **1.** *(de gado)* foire *(f)* **2.** *(de automóvel, livro)* salon *(m)* • **feira da ladra** *(Port)* ≃ marché *(m)* aux puces • **feira popular** *(Port)* fête *(f)* foraine.

feitiçaria [fɐitisɐ'riɐ] *nf* sorcellerie *(f)*.

feiticeiro, ra [fɐiti'sɐiru, -rɐ] *nm, f* sorcier *(m)*, -ère *(f)*.

feitiço [fɐi'tisu] *nm* sort *(m)* • **lançar um feitiço** jeter un sort.

feitio [fɐi'tiu] *nm* **1.** *(carácter)* caractère *(m)* **2.** *(de peça de vestuário)* modèle *(m)*.

feito, ta ['fɐitu, -tɐ] ◼ *pp* ▻ **fazer**. ◼ *adj* fait(e). ◼ *nm* exploit *(m)* • **está um homem feito** c'est devenu un homme • **feito à mão** fait à la main • **feito sob medida** fait sur mesure • **feito de** fait à base de • **dito e feito** aussitôt dit, aussitôt fait.

feixe ['fɐiʃə] *nm* **1.** *(de palha)* botte *(f)* **2.** *(de lenha)* fagot *(m)* **3.** *(Br) (de luz)* faisceau *(m)*.

fel ['fɛɫ] *nm* **1.** *(bílis)* bile *(f)* **2.** *(sabor amargo)* goût *(m)* amer.

felicidade [fəlisi'đađə] *nf* **1.** *(contentamento)* bonheur *(m)* **2.** *(boa sorte)* chance *(f)* • **felicidades!** bonne chance ! • *(para os noivos)* tous nos vœux de bonheur !

felicitar [fəlisi'tar] *vt* féliciter • **felicitar alguém por algo** féliciter qqn pour qqch.

felino, na [fe'linu, -na] *adj* félin(e). ◼ **felinos** *nmpl* félins *(mpl)*.

felino [fə'linu] *nm* félin *(m)*.

feliz [fə'liʃ] (*pl* **-es** [-zəʃ]) *adj* **1.** heureux (euse) **2.** *(bem executado)* réussi(e) • **feliz Ano Novo!** bonne année ! • **feliz Natal!** joyeux Noël !

felizmente [fəliʒ'mẽntə] *adv* heureusement.

felpudo, da [fɛɫ'puđu, -đɐ] *adj* **1.** *(toalha)* moelleux(euse) **2.** *(tapete, cão)* à poils longs.

feltro ['feɫtru] *nm* feutre *(m)*.

fêmea ['femjɐ] *nf* **1.** femelle *(f)* **2.** *(objecto)* prise *(f)* femelle.

feminino, na [fəmə'ninu, -nɐ] ◼ *adj* féminin(e). ◼ *nm* féminin *(m)*.

feminismo [fəmə'niʒmu] *nm* féminisme *(m)*.

feminista [fəmə'niʃtɐ] *nmf* féministe *(mf)*.

fenda ['fẽndɐ] *nf* **1.** *(em terra, chão)* crevasse *(f)* **2.** *(em parede)* fente *(f)*.

fender [fẽn'der] *vt* fendre.
■ **fender-se** *vp* se fendre.

feno ['fenu] *nm* foin *(m)*.

fenomenal [fənumə'naɫ] (*pl* **-ais** [-aiʃ]) *adj* phénoménal(e).

fenómeno [fə'nɔmənu] *nm (Port)* phénomène *(m)*.

fenômeno [fe'nomenu] *nm (Br)* = **fenómeno**.

fera ['fɛrɐ] *nf* fauve *(m)*.

feriado [fə'rjađu] *nm* jour *(m)* férié • **feriado nacional** fête *(f)* nationale.

férias ['fɛrjɐʃ] *nfpl* vacances *(fpl)* • **ir/estar de** *OU* **em férias** partir/être en vacances.

ferida [fə'riđɐ] *nf* blessure *(f)* • ▷ **ferido**.

ferido, da [fə'riđu, -đɐ] *adj & nm, f* blessé (e).

ferimento [fəri'mẽntu] *nm* blessure *(f)*.

ferir [fə'rir] *vt* blesser.
■ **ferir-se** *vp* se blesser.

fermentar [fərmẽn'tar] *vi* fermenter.

fermento [fər'mẽntu] *nm* levain *(m)* • **fermento em pó** levure *(f)*.

feroz [fə'rɔʃ] (*pl* **-es** [-zəʃ]) *adj* féroce.

ferradura [fəʀɐ'đurɐ] *nf* **1.** *(de cavalo)* fer *(m)* à cheval **2.** *(bolo) pâtisserie en forme de fer à cheval fourrée à la crème*.

ferragens [fə'ʀaʒẽiʃ] *nfpl* ▷ **loja**.

ferramenta [fəʀɐ'mẽntɐ] *nf* **1.** outil *(m)* **2.** *(conjunto de instrumentos)* outils *(mpl)*.

ferrão [fə'ʀɐ̃u] (*pl* **-ões** [-õiʃ]) *nm* dard *(m)*.

ferreiro [fə'ʀɐiru] *nm* forgeron *(m)*.

ferrinhos [fə'ʀiɲuʃ] *nmpl* triangle *(m) (en musique)*.

ferro ['fɛʀu] *nm* **1.** *(de passar roupa)* fer *(m)* à repasser **2.** *(metal)* fer *(m)*.

ferrões [fe'xõjʃ] ▷ **ferrão**.

ferrolho [fə'ʀoʎu] *nm* verrou *(m)*.

ferro-velho [ˌfɛʀu'vɛʎu] (*pl* **ferros-velhos** [ˌfɛʀuʒ'vɛʎuʃ]) *nm* ferrailleur *(m)*.

ferrovia [fexo'viɐ] *nf (Br)* chemin *(m)* de fer.

ferrugem [fə'ʀuʒẽi] *nf* rouille *(f)*.

ferry-boat [ˌfɛʀi'bout] (*pl* **ferry-boats** [ˌfɛʀi'bouts]) *nm* ferry-boat *(m)*.

fértil ['fɛrtiɫ] (*pl* **-teis** [-tɐiʃ]) *adj* fertile.

fertilidade [fərtəli'đađə] *nf* fertilité *(f)*.

fertilizante [fərtəli'zẽntə] *nm* engrais *(m)*.

fervedor [fərvə'đor] (*pl* **-es** [-əʃ]) *nm* pot *(m)* à lait.

ferver [fər'ver] ■ *vt* faire bouillir. ■ *vi* bouillir.

fervor [fər'vor] *nm* ferveur *(f)*.

fervura [fər'vurɐ] *nf* ébullition *(f)* • **até levantar fervura** jusqu'à ébullition.

festa ['fɛʃtɐ] *nf* fête *(f)* • **Boas festas!** joyeuses fêtes ! • **festas juninas** *(Br)*, **festas dos Santos Populares** *(Port) fêtes religieuses célébrées au mois de juin (Saint-Antoine, Saint-Jean, Saint-Pierre)* • **uma vez por festa** *fig* une fois tous les trente-six du mois.
■ **festas** *nfpl* caresses *(fpl)* • **fazer festas a** caresser.

festejar [fəʃtə'ʒar] *vt* fêter.

festim [fəʃ'tĩ] (*pl* **-ns** [-ʃ]) *nm* festin *(m)*.

festival [fəʃti'vaɫ] (*pl* **-ais** [-aiʃ]) *nm* festival *(m)*.

fétido, da ['fɛtiđu, -đɐ] *adj* fétide.

feto ['fɛtu] *nm* **1.** *(planta)* fougère *(f)* **2.** *(embrião)* fœtus *(m)*.

fevereiro [feve'reiru] *nm (Br)* = **Fevereiro**.

Fevereiro [fəvə'rɐiru] *nm (Port)* février *(m)* • **durante o mês de Fevereiro** au mois de février • **em Fevereiro** en février • **em meados de Fevereiro** à la mi-février • **este mês de Fevereiro** le mois de février • **no passado/próximo mês de Fevereiro** en février dernier/prochain • **no princípio/final de Fevereiro** début/fin février • **o um de Fevereiro** le 1er février.

fez ['feʃ] ▷ **fazer**.

fezes ['fɛzəʃ] *nfpl* selles *(fpl)*.

fiação [fjɐ'sɐ̃u] (*pl* **-ões** [-õiʃ]) *nf* filature *(f)*.

fiado ['fjadu] *adv* • **vender fiado** vendre à crédit • **comprar fiado** acheter à crédit.

fiambre ['fjẽmbrə] *nm* jambon *(m)* blanc.

fiar ['fjar] ■ *vt* filer. ■ *vi* faire crédit.
■ **fiar-se em** *vp* + *prép* se fier à.

fiasco ['fjaʃku] *nm* fiasco *(m)*.

fibra ['fibrɐ] *nf* **1.** fibre *(f)* **2.** *fig (coragem)* cran *(m)* • **fibra (acrílica)** fibre acrylique • **fibra óptica** fibre *(f)* optique.

ficar [fi'kar] *vi*

1. DEMEURER = rester
- **vais? Eu fico** tu y vas ? moi, je reste
- **ficar de pé** rester debout
- **gosto de ficar em casa** j'aime rester chez moi
- **ficas ao lado do teu irmão** tu restes à côté de ton frère
- **ficas com o teu irmão** tu restes avec ton frère

2. SUIVI D'UN ATTRIBUT DE NOM : EXPRIME LE RÉSULTAT DE QQCH
- **ficou corado** il est devenu tout rouge
- **ficou triste com a notícia** la nouvelle l'a rendu triste
- **ficou surpreendido** il a été surpris

3. SUIVI D'UN COMPLÉMENT DE LIEU : SITUE QQCH DANS L'ESPACE
- **a igreja fica no centro da cidade** l'église est dans le centre-ville

4. DANS LES CONSTRUCTIONS AVEC « BEM »/ « MAL » : POUR EXPRIMER UN JUGEMENT DE VALEUR SUR UN COMPORTEMENT OU L'APPARENCE DE QQN
- **ficava-te bem ofereceres o lugar à senhora** tu serais gentil de céder ton siège à la dame
- **essa saia não te fica bem** cette jupe ne te va pas

5. INDIQUE LE RÉSULTAT D'UN EXAMEN
- **ficar bem** réussir
- **ficar mal** rater

6. POUR INDIQUER UN PRIX : CONSTRUCTIONS AVEC « A », « EM » OU « POR »
- **as batatas ficaram-me a 5 euros** les pommes de terre m'ont coûté 5 euros
- **a viagem ficou por metade do preço** le voyage a été à moitié prix
- **as férias ficaram-nos em mil euros** les vacances nous sont revenues à mille euros.

ficar a *v + prép*

SUIVI D'UN INFINITIF : INDIQUE UNE ACTION QUI DURE UN CERTAIN TEMPS
- **quando o vejo, fico a tremer de medo** quand je le vois, je tremble de peur
- **ela ficou a estudar** elle est restée travailler.

ficar com *v + prép*

SUIVI D'UN NOM OU D'UN PRONOM = garder
- **ficaste com o meu livro?** as-tu gardé mon livre ?
- **fique com o troco** gardez la monnaie
- **ficar com fome** avoir (toujours) faim.

ficar de *v + prép*

SUIVI D'UN INFINITIF : INDIQUE UNE INTENTION, UNE PROMESSE
- **a Luísa ficou de vir cá esta noite** Louise a promis de passer ce soir.

ficar em *v + prép*
- **ficar em primeiro lugar** arriver en premier, être le premier.

ficar para *v + prép*

SUIVI D'UN INFINITIF : INDIQUE L'EXPRESSION DU TEMPS
- **este exercício fica para fazer** cet exercice est à faire
- **isso fica para amanhá** on laisse ça pour demain
- **um jóia fica para sempre** un bijou pour toujours.

ficar por *v + prép*

SUIVI D'UN INFINITIF : INDIQUE UNE ACTION NON RÉALISÉE
- **os teus deveres ficaram por fazer** tes devoirs n'ont pas été fait.

ficar-se por *vp + prép*
- **e ele ficou-se!** et il s'est laissé faire ! *OU* et il n'a pas dit un mot !
- **eu fico-me por aqui** j'en reste là
- **fico-me pela sopa** je me contente d'une soupe.

ficção [fik'sɐ̃u] *nf* fiction *(f)*.

ficha ['fiʃɐ] *nf* **1.** fiche *(f)* **2.** *(eléctrica)* prise *(f)* **3.** SCOL *(teste)* contrôle *(m)* • **ficha dupla/tripla** double/triple prise.

fichário [fi'ʃarju] *nm* fichier *(m)*.

ficheiro [fi'ʃɐiru] *nm* fichier *(m)*.

fictício, cia [fik'tisju, -sjɐ] *adj* fictif(ive).

fidelidade [fiđəli'đađə] *nf* fidélité *(f)* • **fidelidade (conjugal)** fidélité.

fiel ['fjɛl] *(pl* **-éis** [-ɛiʃ]*)* *adj & nm* fidèle.

figa ['figaʃ] *nf* amulette *(f)* *(en forme de main)* • **fazer figa** croiser les doigts.

fígado ['figɐđu] *nm* foie *(m)*.

figas ['figɐʃ] *nfpl* • **fazer figas** croiser les doigts.

figo ['figu] *nm* figue *(f)* • **figos secos** figues sèches.

figueira [fi'gɐirɐ] *nf* figuier *(m)*.

figura [fi'gurɐ] *nf* **1.** *(forma exterior)* silhouette *(f)* **2.** *(desenho, imagem)* figure *(f)* • **fazer**

boa/má figura bien/mal s'en sortir • **fazer figura de urso** *fam* se casser les dents • *(numa festa)* faire mauvais effet.

figurante [figu'rẽntə] *nmf* figurant *(m)*, -e *(f)*.

figurar [figu'rar] ■ **figurar em** *v + prép* **1.** *(em filme, peça teatral)* être figurant(e) dans **2.** *(em livro, dicionário)* figurer dans **3.** *(em lista)* figurer sur.

figurino [figu'rinu] *nm* magazine *(m)* de mode.

fila ['filɐ] *nf* **1.** file *(f)* **2.** *(de pessoas)* queue *(f)* • **em fila (indiana)** en file indienne • **'aguarde na fila'** faites la queue.

filarmónica [filɐr'mɔnikɐ] *nf (Port)* orchestre *(m)* philharmonique.

filarmônica [filax'monikɐ] *nf (Br)* = **filarmónica**.

filatelia [filɐtə'liɐ] *nf* philatélie *(f)*.

filé [fi'lɛ] *nm (Br)* **1.** *(de peixe)* filet *(m)* **2.** *(de carne)* steak *(m)*.

fileira [fi'lɐirɐ] *nf* rangée *(f)*.

filete [fi'lɛtə] *nm* **1.** *(Port) (de peixe)* filet *(m)* **2.** *(de carne)* bifteck *(m)* • **filetes (de pescada)** *filets de colin.*

filho, lha ['fiʎu, -ʎɐ] *nm, f* fils *(m)*, fille *(f)* • **os filhos** les enfants • **filho da puta** *vulg* fils de pute.

filhó [fi'ʎɔ] *(pl* **-oses** [-ɔzəʃ]*)* *nf beignet de potiron.*

filhote [fi'ʎɔtə] *nm* petit *(m) (d'un animal)*.

filial [fi'ljał] *(pl* **-ais** [-aiʃ]*)* *nf* filiale *(f)*.

filigrana [fili'grɐnɐ] *nf* filigrane *(f)*.

Filipinas [fili'pinɐʃ] *nfpl* • **as Filipinas** les Philippines.

filmadora [fiuma'dorɐ] *nf (Br)* • **filmadora (de vídeo)** Caméscope *(m)*.

filmar [fił'mar] *vt* filmer.

filme ['fiłmə] *nm* **1.** *(de cinema)* film *(m)* **2.** *(de máquina fotográfica)* pellicule *(f)* • **filme aderente** *(Br)* film adhésif.

filosofia [filuzu'fiɐ] *nf* philosophie *(f)*.

filósofo, fa [fi'lɔzufu, -fɐ] *nm, f* philosophe *(mf)*.

filtrar [fił'trar] *vt* filtrer.

filtro ['fiłtru] *nm* filtre *(m)*.

fim ['fĩ] *(pl* **-ns** [-ʃ]*)* *nm* **1.** *(de filme, acção)* fin *(f)* **2.** *(de estrada)* bout *(m)* **3.** *(objectivo)* but *(m)* • **ter por fim** avoir pour but • **ter um fim em vista** avoir un objectif en vue • **o fim do mundo** le bout du monde • RELIG la fin du monde • **a fim de** afin de • **no fim** finalement • **ao fim e ao cabo** tout compte fait • **um sem fim de** une infinité de • **estás a fim de ir ao cinema?** *(Br)* ça te dit d'aller au cinéma ?

fim-de-semana [ˌfĩndəsə'mɐnɐ] *(pl* **fins-de-semana** [ˌfĩʒdəsə'mɐnɐ]*)* *nm* week-end *(m)*.

Finados [fi'nađuʃ] *nmpl* • **os Finados** la Toussaint.

final [fi'nał] *(pl* **-ais** [-aiʃ]*)* ■ *adj* **1.** final(e) **2.** *(esforço)* ultime. ■ *nm* fin *(f)*. ■ *nf* finale *(f)*.

finalidade [finɐli'đađə] *nf* **1.** *(objectivo)* but *(m)* **2.** *(de máquina)* fonction *(f)*.

finalista [finɐ'liʃtɐ] *nmf* élève *(mf)* de dernière année.

finanças [fi'nɐ̃sɐʃ] *nfpl* finances *(fpl)* • **as Finanças** l'hôtel *(m)* des Impôts.

fingir [fĩ'ʒir] *vt* faire semblant de.

finlandês, esa [fĩlẽn'deʃ, -ezɐ] *(mpl* **-eses** [-ezəʃ], *fpl* **-s** [-ʃ]*)* ■ *adj* finlandais(e). ■ *nm, f* Finlandais *(m)*, -e *(f)*. ■ *nm (língua)* finnois *(m)*.

Finlândia [fĩ'lẽndjɐ] *nf* • **a Finlândia** la Finlande.

fino, na ['finu, -nɐ] ■ *adj* **1.** fin(e) **2.** *(roupa de Verão)* léger(ère) **3.** *(roupa, hotel, restaurante)* raffiné(e) **4.** *(educado)* distingué(e). ■ *nm* (bière *(f)*) pression.

fins [fĩʃ] ▻ **fim**.

fio ['fiu] *nm* **1.** fil *(m)* **2.** *(de líquido)* filet *(m)* • **fio dental** fil dentaire • **fios de ovos** *jaune d'œuf servant à décorer les pâtisseries* • **perder o fio à meada** perdre le fil.

firewall [*(Port)* faɪəwɔːl, *(Br)* 'fajex'uɔw] *(pl* **-s** [-ʃ]*)* *nm* INFORM pare-feu *(m)*.

firma ['fixmɐ] *nf (Br)* société *(f)*.

firme ['firmə] *adj* **1.** *(estável)* stable **2.** *(sólido)* solide **3.** *(fixo)* ferme.

firmeza [fir'mezɐ] *nf* **1.** fermeté *(f)* **2.** *(estabilidade)* stabilité *(f)* **3.** *(solidez)* solidité *(f)*.

fiscal [fiʃ'kał] *(pl* **-ais** [-aiʃ]*)* ■ *adj* fiscal(e). ■ *nmf* **1.** contrôleur *(m)*, -euse *(f)* **2.** *(das finanças)* inspecteur *(m)*, -trice *(f)* des impôts.

fisco ['fiʃku] *nm* fisc *(m)*.

fisgada [fiʒʃgada] *nf* saisie *(f)* • **levá la fisgada** *fam* avoir une arrière pensée.

física ['fizikɐ] *nf* physique *(f)* • ▷ **físico**.

físico, ca ['fiziku, -kɐ] ■ *adj* physique. ■ *nm* physique *(m)*. ■ *nm, f* physicien *(m)*, -enne *(f)*.

fisionomia [fizjunu'miɐ] *nf* physionomie *(f)*.

fisioterapia [ˌfizjɔtərɐ'piɐ] *nf* physiothérapie *(f)*.

fita ['fitɐ] *nf* **1.** *(tira de tecido)* ruban *(m)* **2.** *(fingimento)* feinte *(f)* **3.** *(filme)* film *(m)* • **fita adesiva** *(Port)* ruban adhésif • **fita (de cabelo)** ruban *(m)* • **fitadurex**® *(Br)* Scotch® *(m)* • **fita isoladora** *(Port)* ruban isolant • **fita (para máquina de escrever)** ruban • **fita métrica** mètre *(m) (de couturière)* • **fita de vídeo** *(Br)* cassette *(f)* vidéo • **fazer fitas** *fam* faire semblant • **fazer uma fita** *fam* faire toute une histoire.

fita-cola [ˌfitɐ'kɔlɐ] *nf inv (Port)* Scotch *(m)*.

fitar [fi'tar] *vt* regarder fixement.

fivela [fi'vɛlɐ] *nf* boucle *(f)*.

fixador [fiksɐ'đor] *(pl* **-es** [-əʃ]) *nm* fixateur *(m)*.

fixar [fik'sar] *vt* **1.** *(tornar fixo)* fixer **2.** *(aprender de cor)* retenir.
■ **fixar-se** *vp* se fixer.

fixe ['fiʃ] *adj* sympa.

fixo ['fiksu] ▷ **fixar**.

fixo, xa ['fiksu, -ksɐ] *adj* fixe.

fiz ['fiʃ] ▷ **fazer**.

flagrante [fla'grɐ̃tʃi] *adj* flagrant(e) • **apanhar em flagrante** prendre en flagrant délit.

flamengo [flɐ'mẽŋgu] *adj m* ▷ **queijo**.

flamingo [flɐ'mĩŋgu] *nm* flamant *(m)*.

flanco ['flẽŋku] *nm* flanc *(m)*.

flanela [flɐ'nɛlɐ] *nf* flanelle *(f)*.

flash ['flaʃə] *nm* flash *(m)*.

flauta ['flautɐ] *nf* flûte *(f)* • **flauta de bisel** flûte à bec • **flauta de pã** flûte de Pan.

flecha ['flɛʃɐ] *nf* flèche *(f)*.

fleuma ['fleumɐ] *nf* flegme *(m)*.

flexível [flɛk'sivɛɫ] *(pl* **-eis** [-ɐiʃ]) *adj* **1.** *(maleável)* flexible **2.** *(plástico, pessoa)* souple.

flíper ['flipe(x)] *(Br)* = **flippers**.

fliperama [*(Br)* flipe'rama] *nm* flipper *(m)*.

flippers ['flipɛrs] *nmpl* flipper *(m)* • **jogar flippers** jouer au flipper.

floco ['flɔku] *nm* touffe *(f)* • **floco de neve** flocon *(m)* de neige • **flocos de aveia** flocons d'avoine • **flocos de milho** flocons de maïs.

flor ['flor] *(pl* **-es** [-əʃ]) *nf* fleur *(f)* • **em flor** en fleur • **à flor da pele** à fleur de peau • **na flor da idade** dans la fleur de l'âge.

flora ['flɔra] *nf* flore *(f)*.

floresta [flu'rɛʃtɐ] *nf* forêt *(f)*.

florido, da [flu'riđu, -đɐ] *adj* **1.** *(árvores, campos, jardins)* fleuri(e) **2.** *(tecido, papel)* à fleurs.

florista [flu'riʃtɐ] ■ *nmf* fleuriste *(mf)*. ■ *nf* • **ir à florista** aller chez le fleuriste.

fluência [flu'ẽsjɐ] *nf* aisance *(f)*.

fluentemente [fluˌẽntə'mẽntə] *adv* couramment.

fluido, da [flu'iđu, -đɐ] ■ *adj* fluide. ■ *nm* fluide *(m)*.

fluminense [flumi'nẽsə] *adj* de l'État de Rio de Janeiro.

flúor ['fluɔr] *nm* fluor *(m)*.

fluorescente [flurəʃ'sẽntə] *adj* fluorescent (e).

flutuante [flu'twẽntə] *adj* **1.** *(objecto)* flottant(e) **2.** *(preço, inflação)* fluctuant(e) **3.** *(temperatura)* variable.

flutuar [flu'twar] *vi* flotter.

fluvial [flu'vjaɫ] *(pl* **-ais** [-aiʃ]) *adj* fluvial(e).

fluxo ['fluksu] *nm* **1.** flux *(m)* **2.** *(de imigração, emigração)* vague *(f)*.

fobia [fu'biɐ] *nf* phobie *(f)*.

focinho [fu'siɲu] *nm* **1.** *(de animal)* museau *(m)* **2.** *(de porco)* groin *(m)*.

foco ['fɔku] *nm* **1.** foyer *(m)* **2.** *(de atenção)* centre *(m)* **3.** *(lâmpada)* spot *(m)*.

foder [fu'đer] *vt vulg* baiser.
■ **foder-se** *vp* • **foda-se!** *vulg* putain ! • **vai-te foder!** *vulg* va te faire foutre !

fofo, fa ['fofu, -fɐ] *adj* **1.** *(tecido, material)* doux (douce) **2.** *(colchão)* douillet(ette) **3.** *(bolo)* moelleux(euse) **4.** *(bibelot)* mignon (onne).

fofoca [fo'fɔkɐ] *nf (Br)* ragots *(mpl)*.

fogão [fu'gɐ̃u] *(pl* **-ões** [-õiʃ]) *nm* **1.** cuisinière *(f)* **2.** *(de sala)* poêle *(m)*.

fogareiro [foga'rejru] *nm* *petit réchaud à charbon*.

foge ['fɔʒə] ▷ **fugir**.

fogem ['fɔʒẽm] ▻ **fugir**.

fogo ['fogu] *nm* feu *(m)* • **fogo posto** incendie *(m)* d'origine criminelle.

fogo-de-artifício [ˌfoguđɐrtə'fisju] (*pl* **fogos-de-artifício** [ˌfɔguʒdɐrtə'fisju]) *nm* feu *(m)* d'artifice.

fogões [fo'gõjʃ] ▻ **fogão**.

fogueira [fu'gɐirɐ] *nf* feu *(m)*.

foguetão [fugə'tɐ̃u] (*pl* **-ões** [-õiʃ]) *nm* fusée *(f)*.

foguete [fu'getə] *nm* pétard *(m)*, fusée *(f)*.

foguetões ▻ **foguetão**.

foi ['foi] ▻ **ser**, **ir**.

foice ['foisə] *nf* faucille *(f)*.

folar [fu'lar] (*pl* **-es** [-əʃ]) *nm gâteau décoré d'un œuf dur offert à Pâques*.

folclore [foɫ'klɔrə] *nm* folklore *(m)*.

folclórico, **ca** [foɫ'klɔriku, -kɐ] *adj* folklorique.

fôlego ['foləgu] *nm* souffle *(m)* • **tomar fôlego** prendre son souffle.

folga ['fɔɫgɐ] *nf* **1.** *(de trabalho)* coupure *(f)* **2.** *(espaço livre)* jeu *(m)* • **estar de folga** être en congé.

folha ['foʎɐ] *nf* **1.** *(de planta, árvore)* feuille *(f)* **2.** *(de jornal, livro, revista)* page *(f)* **3.** *(de serra, serrote)* lame *(f)* • **folha de alumínio** feuille d'aluminium • **folha de cálculo** feuille de calcul • **folha de linhas** feuille de papier rayé • **folha lisa** feuille blanche • **folha quadriculada** feuille quadrillée • **folha (de papel)** feuille (de papier).

folha-de-flandres [ˌfoʎɐđə'flɐ̃ndrəʃ] (*pl* **folhas-de-flandres** [ˌfoʎɐʒdə'flɐ̃ndrəʃ]) *nf* fer-blanc *(m)*.

folhado, **da** [fu'ʎađu, -đɐ] ■ *adj* feuilleté (e). ■ *nm* feuilleté *(m)*.

folhagem [fu'ʎaʒɐ̃i] *nf* feuillage *(f)*.

folhear [fu'ʎjar] *vt* feuilleter.

folheto [fu'ʎetu] *nm* **1.** prospectus *(m)* **2.** *(livro)* brochure *(f)*.

folia [fu'liɐ] *nf* fête *(f)*.

folião, **liona** [fu'ljɐ̃u, -ljonɐ] (*mpl* **-ões** [-õiʃ], *fpl* **-s** [-ʃ]) *nm, f* fêtard *(m)*, -e *(f)*.

fome ['fɔmə] *nf* faim *(f)* • **passar fome** connaître la faim.

fone ['fɔni] *nm (Br)* écouteur *(m)*.

fonética [fu'nɛtikɐ] *nf* phonétique *(f)*.

fonte ['fõntə] *nf* **1.** *(chafariz)* fontaine *(f)* **2.** *(de cabeça)* tempe *(f)* **3.** *fig (de texto, trabalho, informação)* source *(f)*.

fora ['fɔrɐ] ■ *adv* **1.** *(no exterior)* dehors **2.** *(no estrangeiro)* à l'étranger. ■ *prép* **1.** *(excepto)* excepté **2.** *(além de)* en dehors de. ■ *interj* dehors ! • **amanhã vou estar fora** demain, je ne serai pas là • **conduzir fora de mão** mordre sur la ligne blanche • **estar/ficar fora de si** être hors de soi • **ficar de fora de** ne pas prendre part à • **fora de série** hors du commun • **lá fora** *(no exterior)* dehors • *(no estrangeiro)* à l'étranger • **por aí fora** par là • *(e sucessivamente)* et ainsi de suite • **por esse país fora** à travers le pays • **dar um fora em alguém** *(Br) fam* envoyer promener qqn.

foram [fo'rɐ̃u] ▻ **ser**, **ir**.

força ['forsɐ] *nf* force *(f)* • **as forças armadas** forces armées • **força de vontade** volonté *(f)* • **à força** par la force • **de força maior** de force majeure • **por força** à tout prix.

forcado [fur'kađu] *nm torero chargé d'immobiliser le taureau*.

forçar [fur'sar] *vt* forcer.

forjar [fur'ʒar] *vt* contrefaire.

forma[1] ['fɔrmɐ] *nf* **1.** forme *(f)* **2.** *(maneira)* façon *(f)* • **de forma que** si bien que • **de qualquer forma** de toute façon • **em forma de** en forme de • **estar em forma** être en forme.

forma[2] ['formɐ] *nf* **1.** *(Port) (de bolos)* moule *(m)* **2.** *(de sapatos)* forme *(f)*.

fôrma ['foxmɐ] *nf (Br)* = **forma**[2].

formação [furmɐ'sɐ̃u] (*pl* **-ões** [-õiʃ]) *nf* formation *(f)*.

formal [fur'maɫ] (*pl* **-ais** [-aiʃ]) *adj* **1.** *(cerimonioso)* solennel(elle) **2.** *(categórico)* formel(elle) **3.** *(sério)* sérieux(euse) **4.** *(linguagem)* soutenu(e).

formalidade [furmɐli'đađə] *nf* formalité *(f)*.

formar [fur'mar] *vt* former.
■ **formar-se** *vp terminer ses études (à l'université)* • **formarse em** être diplômé en.

formatar [furmɐ'tar] *vt* formater.

formidável [furmi'đavɛɫ] (*pl* **-eis** [-ɐiʃ]) *adj* formidable.

formiga [fur'migɐ] *nf* fourmi *(f)*.

formoso, **osa** [fur'mozu, -ɔzɐ] *adj* beau (belle).

fórmula ['fɔxmula] *nf* formule *(f)*.
■ **Fórmula 1** *nf* SPORT Formule 1.

formular [furmu'lar] *vt* formuler.

formulário [furmu'larju] *nm* formulaire *(m)*.

fornecedor, **ra** [furnəsə'đor, -rɐ] (*mpl* **-es** [-əʃ], *fpl* **-s** [-ʃ]) *nm, f* **1.** fournisseur *(m)*, -euse *(f)* **2.** *fam (de droga)* revendeur *(m)*, -euse *(f)*.

fornecer [furnə'ser] *vt* fournir • **fornecer algo a alguém** fournir qqch à qqn.
■ **fornecer-se** *vp* s'approvisionner.

fornecimento [furnəsi'mẽntu] *nm* approvisionnement *(m)*.

forno ['fornu] *nm* four *(m)*.

forquilha [fur'kiʎɐ] *nf* fourche *(f)*.

forrar [fu'ʀar] *vt* **1.** *(peça de vestuário)* doubler **2.** *(livro)* couvrir **3.** *(gaveta)* recouvrir.

forró [fo'xɔ] *nm (Br)* bal *(m)* populaire.

fortalecer [furtɐlə'ser] *vt* fortifier.

fortaleza [furtɐ'lezɐ] *nf* forteresse *(f)*.

forte ['fɔrtə] ■ *adj* **1.** fort(e) **2.** *(corda)* solide **3.** *(comida)* lourd(e). ■ *nm* fort *(m)* • **essa é forte!** elle est bien bonne !

fortuna [fur'tunɐ] *nf (riqueza)* fortune *(f)*.

fósforo ['fɔʃfuru] *nm* allumette *(f)*.

fossa ['fɔsɐ] *nf* fosse *(f)* • **estar na fossa** *fam fig* avoir le moral à zéro.

fóssil ['fɔsił] (*pl* **-eis** [-ɐiʃ]) *nm* fossile *(m)*.

fosso ['fosu] *nm* fossé *(m)*.

foste ['foʃtə] ▷ **ser**, **ir**.

foto ['fɔtu] *nf* photo *(f)*.

fotocópia [fɔtɔ'kɔpjɐ] *nf* photocopie *(f)*.

fotografar [futugrɐ'far] *vt* photographier.

fotografia [futugrɐ'fiɐ] *nf* photographie *(f)* • **fotografia tipo passe** photo *(f)* d'identité.

fotógrafo, **fa** [fu'tɔgrɐfu, -fɐ] *nm, f* photographe *(mf)*.

fotómetro [fu'tɔmətru] *nm* posemètre *(m)*.

fotômetro [fo'tɔmetru] *(Br)* = **fotómetro**.

foz ['fɔʃ] *nf* embouchure *(f)*.

fração [fra'sɐ̃u] (*pl* **-ões** [-õiʃ]) *nf (Br)* = **fracção**.

fracasso [frɐ'kasu] *nm* échec *(m)*.

fracção [fra'sɐ̃u] (*pl* **-ões** [-õiʃ]) *nf (Port)* fraction *(f)*.

fraco, **ca** ['fraku, -kɐ] *adj* **1.** faible **2.** *(pessoa)* chétif(ive) **3.** *(corda)* fin(e) **4.** *(chuva)* fin(e) **5.** *(bebida)* léger(ère) **6.** *(qualidade)* mauvais(e) • **ter um fraco por** *fig (paixão)* avoir un faible pour • **não dar parte de fraco** ne pas s'avouer vaincu.

frações ▷ **fração**.

fractura [fra'turɐ] *nf* fracture *(f)*.

frade ['frađə] *nm* frère *(m)*.

frágil ['fraʒił] (*pl* **-geis** [-ʒɐiʃ]) *adj* fragile.

fragmento [frag'mẽntu] *nm* **1.** *(pedaço)* fragment *(m)* **2.** *(de obra literária, manuscrito)* extrait *(m)*.

fragrância [frɐ'grɐ̃sjɐ] *nf* senteur *(f)*.

fralda ['frałđɐ] *nf* couche *(f)* • **fraldas descartáveis** couches-culottes *(fpl)*.

framboesa [frɐ̃m'bwezɐ] *nf* framboise *(f)*.

frame [freɪm] *nf* cadre *(m)*.

França ['frɐ̃sɐ] *nf* • **a França** la France.

francamente [ˌfrɐ̃ŋkɐ'mẽntə] ■ *adv* franchement. ■ *interj* franchement !

francês, **esa** [frɐ̃'seʃ, -ezɐ] (*mpl* **-eses** [-ezəʃ], *fpl* **-s** [-ʃ]) ■ *adj* français(e). ■ *nm, f* Français *(m)*, -e *(f)*. ■ *nm (língua)* français *(m)*.

franco, **ca** ['frɐ̃ŋku, -kɐ] *adj (sincero)* franc (franche) • **para ser franco** pour être franc.

frango ['frɐ̃ŋgu] *nm* **1.** *(ave)* poulet *(m)* **2.** *fam (em futebol)* but *(m)* facile • **frango assado** poulet rôti • **frango de churrasco** *poulet grillé qui peut être accompagné de sauce piquante* • **frango na púcara** *poulet mijoté avec des oignons, des tomates et du porto.*

franja ['frɐ̃ʒɐ] *nf* frange *(f)*.

franqueza [frɐ̃ŋ'kezɐ] *nf* franchise *(f)* • **com franqueza** franchement.

franquia [frɐ̃ŋ'kiɐ] *nf* affranchissement *(m)*.

franzino, **na** [frɐ̃'zinu, -nɐ] *adj* chétif(ive).

fraqueza [frɐ'kezɐ] *nf* **1.** faiblesse *(f)* **2.** *(fome)* faim *(f)* **3.** *(cansaço)* coup *(m)* de barre.

frasco ['fraʃku] *nm* flacon *(m)*.

frase ['frazə] *nf* phrase *(f)*.

fratura [fra'tura] *(Br)* = **fractura**.

fraude ['frauđə] *nf* fraude *(f)*.

frear [fre'ax] *vi (Br)* freiner.

freeware [fri'wari] (*pl* **freewares**) *nm* INFORM logiciel gratuit *(m)*.

freezer ['frizɛx] (*pl* **-s**) *nm (Br)* **1.** *(de geladeira)* freezer *(m)* **2.** *(congelador)* congélateur *(m)*.

freguês, esa [frɛ'geʃ, -ezɐ] (*mpl* **-eses** [-ezəʃ], *fpl* **-s** [-ʃ]) *nm, f* client *(m)*, -e *(f)*.

freio ['frɐju] *nm* **1.** *(de veículo)* frein *(m)* **2.** *(de cavalo)* mors *(m)*.

a ['frejra] *nf* religieuse *(f)*.

freixo ['frɐiʃu] *nm* frêne *(m)*.

frenético, ca [frə'nɛtiku, -kɐ] *adj* frénétique.

frente ['frẽntə] *nf* **1.** *(parte dianteira)* devant *(m)* **2.** *(de veículo)* avant *(m)* **3.** *(em meteorologia)* front *(m)* • **dar de frente com** tomber sur • **fazer frente** *(a um problema)* faire face • *(a uma pessoa)* tenir tête • **ir para a frente com** faire avancer • **frente fria/quente** front froid/chaud • **à frente** en tête • **à frente de** *(no espaço)* devant • *(no tempo)* avant • **de frente** *(olhar)* en face • *(foto)* de face • *(encontro)* nez à nez • **em frente** en face • **em frente de** en face de • **frente a** en face de • **frente a frente** face à face.

frequência [frə'kwẽsjɐ] *nf* fréquence *(f)* • **com frequência** fréquemment.

freqüência [fre'kwẽsja] *(Br)* = **frequência**.

frequentar [frəkwẽn'tar] *vt* **1.** fréquenter **2.** *(curso)* assister à.

freqüentar [frekwẽn'ta(x)] *(Br)* = **frequentar**.

frequentemente [frə,kwẽntə'mẽntə] *adv* fréquemment.

freqüentemente [fre,kwẽntʃi'mẽntʃi] *(Br)* = **frequentemente**.

frescão [freʃ'kɐ̃u] (*pl* **-ões** [-õiʃ]) *nm (Br)* autocar *(m)* climatisé.

fresco, ca ['freʃku, -kɐ] ■ *adj* **1.** frais (fraîche) **2.** *(pessoa)* sans-gêne **3.** *(licencioso)* grivois(e). ■ *nm (Port)* fresque *(f)* • **casado de fresco** jeune marié • **fresca ou natural?** vous désirez de l'eau glacée ou pas ? • **pôr-se ao fresco** *fam* se faire la malle • **'pintado de fresco'** 'peinture fraîche'.

frescobol [freʃko'bɔu] *nm (Br)* tennis *(m)* de plage.

frescões [freʃ'kõjʃ] ▷ **frescão**.

frescura [frəʃ'kurɐ] *nf* fraîcheur *(f)*.

fressura [frə'surɐ] *nf* abats *(mpl)*.

frete ['frɛtə] *nm* **1.** fret *(m)* **2.** *fam* corvée *(f)*.

frevo ['frevu] *nm musique et danse du carnaval de Pernambouc*.

friagem ['frjaʒẽ] *nf inv* froidure *(f)*.

fricção [frik'sɐ̃u] (*pl* **-ões** [-õiʃ]) *nf* **1.** *(esfregação)* friction *(f)* **2.** *(atrito)* frottement *(m)*.

frieira [fri'ɐirɐ] *nf* engelure *(f)*.

frieza [fri'ezɐ] *nf* froideur *(f)*.

frigideira [friʒi'đɐirɐ] *nf* poêle *(f) (à frire)*.

frigorífico [frigu'rifiku] *nm* réfrigérateur *(m)*.

frio, fria ['friu, 'friɐ] ■ *adj* froid(e). ■ *nm* froid *(m)* • **estar frio** faire froid • **ter frio** avoir froid • **um frio de rachar** *fam* un froid de canard.

■ **frios** *nmpl* **1.** *(Br) (carnes frias)* charcuterie *(f)* **2.** *(comida fria)* hors-d'œuvre *(m inv)*.

frisar [fri'zar] *vt* **1.** *(cabelo)* friser **2.** *fig (enfatizar)* souligner.

fritar [fri'tar] *vt* frire.

frito, ta ['fritu, -tɐ] *adj* frit(e) • **estar frito** *fam* être dans de beaux draps.

■ **fritos** *nmpl* friture *(f)*.

fritura [fri'tura] *(Br)* = **fritos**.

frízer ['frizɛx] (*pl* **-es** [-iʃ]) *nm (Br)* **1.** *(de geladeira)* freezer *(m)* **2.** *(congelador)* congélateur *(m)*.

fronha ['froɲɐ] *nf* taie *(f)* d'oreiller.

fronte ['frõntə] *nf (testa)* front *(m)*.

fronteira [frõn'tɐirɐ] *nf* frontière *(f)* • **além fronteiras** au-delà des frontières.

frota ['frɔtɐ] *nf* **1.** *(de navios, aviões)* flotte *(f)* **2.** *(de veículos)* parc *(m)*.

frustrado, da [fruʃ'trađu, -đɐ] *adj* **1.** *(pessoa)* frustré(e) **2.** *(tentativa)* avorté(e).

frustrante [fruʃ'trɐ̃ntə] *adj* frustrant(e).

fruta ['frutɐ] *nf* fruits *(mpl)* • **fruta em calda** fruits au sirop • **fruta da época** fruits de saison.

fruta-do-conde [,frutɐđu'kõndə] (*pl* **frutas-do-conde** [,frutɐʒdu'kõndə]) *nf* anone *(f)*.

frutaria [frutɐ'riɐ] *nf* • **ir à frutaria** aller chez le marchand de fruits.

fruto ['frutu] *nm* fruit *(m)* • **frutos secos** fruits secs.

FTP (*abr de* **File Transmission Protocol**) *nm* INFORM FTP *(m) (protocole de transfert de fichiers)*.

fuga ['fugɐ] *nf* fuite *(f)* ◆ **pôr-se em fuga** prendre la fuite ◆ **em fuga** en fuite.

fugir [fu'ʒir] *vi* fuir ◆ **fugir a fazer algo** éviter de faire qqch ◆ **fugir a alguém** échapper à qqn ◆ **fugir a algo** *(pergunta)* éluder qqch ◆ **fugir de** s'enfuir de ◆ **fugir a bom fugir** *fam* prendre ses jambes à son cou.

fugitivo, va [fuʒi'tivu, -vɐ] *adj* & *nm, f* fugitif(ive).

fui ['fuĩ] ▷ **ser, ir.**

fulano, na [fu'lɐnu, -nɐ] *nm, f* Untel *(m)*, Unetelle *(f)*.

fuligem [fu'liʒẽi] *nf* suie *(f)*.

fulo, la ['fulu, -lɐ] *adj fam* furax ◆ **ficar fulo da vida** être en pétard.

fumaça [fu'masɐ] *nf* fumée *(f)* épaisse.

fumado, da [fu'mađu, -đɐ] *adj* fumé(e).

fumador, ra [fumɐ'đor, -rɐ] (*mpl* **-es** [-əʃ], *fpl* **-s** [-ʃ]) *nm, f (Port)* fumeur *(m)*, -euse *(f)*.

fumante [fu'mẽntʃi] *nmf (Br)* fumeur *(m)*, -euse *(f)*.

fumar [fu'mar] *vt* & *vi* fumer.

fumo ['fumu] *nm* fumée *(f)*.

função [fũ'sɐ̃u] (*pl* **-ões** [-õiʃ]) *nf* fonction *(f)* ◆ **exercer a função de** exercer la fonction de ◆ **função pública** fonction publique.

funcho ['fũʃu] *nm* fenouil *(m)*.

funcionamento [fũsjunɐ'mẽntu] *nm* **1.** *(de máquina)* fonctionnement *(m)* **2.** *(de estabelecimento)* ouverture *(f)* ◆ **em funcionamento** en marche.

funcionar [fũsju'nar] *vi* **1.** *(máquina)* fonctionner **2.** *(estabelecimento)* ouvrir ◆ **funcionar a pilhas** marcher à piles.

funcionário, ria [fũsju'narju, -rjɐ] *nm, f* employé *(m)*, -e *(f)* ◆ **funcionário público** fonctionnaire *(m)*.

funções [fũn'sõjʃ] ▷ **função.**

fundação [fũndɐ'sɐ̃u] (*pl* **-ões** [-õiʃ]) *nf* **1.** *(instituição)* fondation *(f)* **2.** *(alicerce)* fondations *(fpl)*.

fundamental [fũndɐmẽn'tał] (*pl* **-ais** [-aiʃ]) *adj* fondamental(e).

fundamento [fũndɐ'mẽntu] *nm* **1.** *(motivo)* motif *(m)* **2.** *(justificação)* fondement *(m)* ◆ **sem fundamento** sans fondement.

fundar [fũn'dar] *vt* fonder ◆ **fundar algo em algo** fonder qqch sur qqch.

fundido, da [fũn'điđu, -đɐ] *adj* fondu(e).

fundir [fũn'dir] *vt* **1.** *(metal)* fondre **2.** *(empresas)* fusionner.
■ **fundir-se** *vp* **1.** fondre **2.** *(lâmpada)* griller.

fundo, da ['fũndu, -dɐ] ■ *adj* profond(e). ■ *nm* **1.** *(de rio, piscina, poço)* fond *(m)* **2.** *(em economia)* fonds *(m)* ◆ **ir ao fundo da questão** aller au fond du problème ◆ **sem fundo** sans fond.

fúnebre ['funəƀrə] *adj* funèbre.

funeral [funə'rał] (*pl* **-ais** [-aiʃ]) *nm* funérailles *(fpl)*.

fungo ['fũŋgu] *nm* **1.** *(em pele, mucosa)* champignon *(m)* **2.** *(organismo vegetal)* moisissure *(f)*.

funil [fu'nił] (*pl* **-is** [-iʃ]) *nm* entonnoir *(m)*.

funileiro [fu'nileijru] *(Br)* *nm* carrossier *(m)*.

furacão [furɐ'kɐ̃u] (*pl* **-ões** [-õiʃ]) *nm* ouragan *(m)*.

furadeira [fura'deirɐ] *nf (Br)* perceuse *(f)*.

furado, da [fu'rađu, -đɐ] *adj* **1.** *(pneu)* crevé(e) **2.** *(saco, orelha)* percé(e).

furador [furɐ'đor] (*pl* **-es** [-əʃ]) *nm* perforeuse *(f)*.

furar [fu'rar] *vt* **1.** *(folha)* perforer **2.** *(pneu)* crever **3.** *(saco, orelhas)* percer ◆ **furar a bicha** resquiller.

furgão [fur'gɐ̃u] (*pl* **-ões** [-õiʃ]) *nm* fourgon *(m)*.

fúria ['furjɐ] *nf* fureur *(f)*.

furioso, a [fu'rjozu, -zɐ] *adj* furieux(euse).

furnas ['furnɐʃ] *nfpl geysers typiques de Madère.*

furo ['furu] *nm* **1.** *(em pneu)* crevaison *(f)* **2.** *(em saco, orelha)* trou *(m)*.

furtar [fur'tar] *vt* voler.
■ **furtar-se a** *vp* + *prép* se dérober à.

furúnculo [fu'rũŋkulu] *nm* furoncle *(m)*.

fusão [fu'zɐ̃u] (*pl* **-ões** [-õiʃ]) *nf* fusion *(f)*.

fusíveis [fu'zivɐiʃ] *nmpl (Port)* plombs *(mpl)*.

fusível [fu'zivɛw] (*pl* **-eis** [-ejʃ]) *nm (Br)* fusible *(m)*.

fuso ['fuzu] *nm* ◆ **fuso horário** fuseau *(m)* horaire.

fusões [fu'zõjʃ] ▷ **fusão**.

futebol [futə'ɓɔɫ] *nm* football *(m)*.

fútil ['futiɫ] (*pl* **-teis** [-tɐiʃ]) *adj* **1.** futile **2.** *(vão)* vain(e).

futilidade [futəli'đađə] *nf* **1.** futilité *(f)* **2.** *(inutilidade)* inutilité *(f)*.

futuro, ra [fu'turu, -rɐ] ◼ *adj* futur(e). ◼ *nm* **1.** futur *(m)* **2.** *(perspectivas)* avenir *(m)* • **de futuro** dorénavant • **no futuro** à l'avenir • **para o futuro** pour plus tard • **ter futuro** avoir de l'avenir.

fuzil [fu'ziɫ] (*pl* **-is** [-iʃ]) *nm* fusil *(m)*.

fuzileiro [fuzi'lɐiru] *nm* fusilier *(m)*.

fuzis ▷ **fuzil**.

G

g[1], **G** [*(Port)* ge, *(Br)* ʒe] *m (letra)* g, G.

g[2] (*abr de* **grama**) *m* g *(gramme)*.

gabar [gɐ'ƀar] *vt* vanter.
■ **gabar-se** *vp* ◆ **gabar-se de algo** se vanter de qqch.

gabardina [gɐƀɐr'đinɐ] *nf (Port)* gabardine *(f)*.

gabinete [gɐƀi'netə] *nm* **1.** *(compartimento)* bureau *(m)* **2.** *(escritório)* cabinet *(m)*.

gado ['gađu] *nm* bétail *(m)*.

gaélico [gɐ'ɛliku] *nm* gaélique *(m)*.

gafanhoto [gɐfɐ'ɲotu] *nm* sauterelle *(f)*.

gafe ['gafə] *nf* gaffe *(f)*.

gagueira [ga'gejra] *nf* bégaiement *(m)*.

gaguejar [gɐgə'ʒar] *vi* bégayer.

gaguez [gɐ'geʃ] *nf* bégaiement *(m)*.

gaiato, **ta** [gɐ'jatu, -tɐ] *nm, f* gamin *(m)*, -e *(f)*.

gaio ['gaju] *nm* geai *(m)*.

gaiola [gɐ'jɔlɐ] *nf* cage *(f) (à oiseaux)*.

gaita ['gaitɐ] ■ *nf* pipeau *(m)*. ■ *interj fam* zut !

gaita-de-foles [ˌgaitɐđə'fɔləʃ] (*pl* **gaitas-de-foles** [ˌgaitɐʒdə'fɔləʃ]) *nf* cornemuse *(f)*.

gaivota [gai'vɔtɐ] *nf* **1.** *(ave)* mouette *(f)* **2.** *(embarcação)* pédalo *(m)*.

gajo, **ja** ['gaʒu, -ʒɐ] *nm, f (Port) fam* mec *(m)*, nana *(f)*.

gala ['galɐ] *nf* gala *(m)*.

galão [gɐ'lɐ̃u] (*pl* **-ões** [-õiʃ]) *nm café au lait servi dans un grand verre*.

galáxia [gɐ'laksjɐ] *nf* galaxie *(f)*.

galera [ga'lɛrɐ] *nf (Br) fam* compagnie *(f)*.

galeria [gɐlə'riɐ] *nf* **1.** galerie *(f)* **2.** *(local para compras)* galerie *(f)* marchande ◆ **galeria de arte** galerie d'art.

galês, **esa** [gɐ'leʃ, -ezɐ] (*mpl* **-eses** [-ezəʃ], *fpl* **-s** [-ʃ]) ■ *adj* gallois(e). ■ *nm, f* Gallois *(m)*, -e *(f)*. ■ *nm (língua)* gallois *(m)*.

galeto [ga'letu] *nm (Br)* coquelet *(m)*.

galgo ['gałgu] *nm* lévrier *(m)*.

galheteiro [gɐʎə'tɐiru] *nm* huilier *(m)*.

galho ['gaʎu] *nm* **1.** *(de árvore)* branche *(f)* **2.** *(de veado)* corne *(f)*.

galinha [gɐ'liɲɐ] *nf* poule *(f)*.

galinheiro [gɐli'ɲɐiru] *nm* poulailler *(m)*.

galo ['galu] *nm* **1.** coq *(m)* **2.** *fam* bosse *(f)*.

galochas [gɐ'lɔʃɐʃ] *nfpl* bottes *(fpl)* en caoutchouc.

galões ▷ **galão**.

galopar [gɐlu'par] *vi* galoper.

gama ['gɐmɐ] *nf* gamme *(f)*.

gambá *(Br)* [gɑ̃'ba] *nm* opossum *(m) (animal)*.

gambas ['gɐ̃mbɐʃ] *nfpl* gambas *(fpl)*.

gamela [gɐ'mɛlɐ] *nf* **1.** *(de porcos)* auge *(f)* **2.** *(para o pão)* pétrin *(m)*.

gamo ['gɐmu] *nm* daim *(m)*.

gana ['gɐnɐ] *nf* **1.** *fam (fome)* fringale *(f)* **2.** *(ódio)* rage *(f)* **3.** *(desejo)* envie *(f)* ◆ **ter ganas de** avoir envie de ◆ **ter ganas a alguém** en vouloir à mort à qqn.

ganância [gɐ'nɐ̃sjɐ] *nf* cupidité *(f)*.

ganancioso, **osa** [gɐnɐ̃'sjozu, -ɔzɐ] *adj* cupide.

gancho ['gɐ̃ʃu] *nm* **1.** *(peça curva)* crochet *(m)* **2.** *(de cabelo)* épingle *(f)* à cheveux.

ganga ['gɐ̃ŋgɐ] *nf* jean *(m)*.

gangorra [gɐ̃ŋ'goxɐ] *nf (Br)* balançoire *(f)*.

gangrena [gɐ̃ŋ'grenɐ] *nf* gangrène *(f)*.

gangue ['gɐ̃ŋgi] *nf (Br) fam* bande *(f) (de copains)*.

ganhar [ga'ɲar] ■ *vt* **1.** gagner **2.** *(medo, peso, velocidade)* prendre **3.** *(prémio)* remporter **4.** *(bolsa)* recevoir. ■ *vi* gagner ◆ **ganhar a**

alguém *(Port)* battre qqn • **ganhar de alguém** *(Br)* battre qqn • **ganhar com algo** y gagner • **isso vai fazer com que ele ganhe juízo** cela va lui mettre du plomb dans la cervelle • **ganhar respeito** respecter • **ganhar a vida** OU **o pão** gagner sa vie.

ganho ['gɐɲu] *nm* gain *(m)*.

ganir [gɐ'nir] *vi* glapir.

ganso ['gɐ̃su] *nm* **1.** *(fêmea)* oie *(f)* **2.** *(macho)* jars *(m)*.

ganzado, da [gɐ̃'zađu, -đɐ] *adj fam* fait(e).

garagem [gɐ'raʒɐ̃i] (*pl* **-ns** [-ʃ]) *nf* garage *(m)*.

garanhão [gɐrɐ'ɲɐ̃u] (*pl* **-ões** [-õiʃ]) *nm* étalon *(m)*.

garantia [gɐrɐ̃n'tiɐ] *nf* garantie *(f)*.

garantir [gɐrɐ̃n'tir] *vt* garantir • **garantir que** assurer que.

garça ['garsɐ] *nf* héron *(m)*.

garçom [gax'sõ] (*pl* **-ns** [-ʃ]) *nm (Br)* = **garçon**.

garçon [gar'sõ] *nm (Port)* serveur *(m)*.

garçonete [garso'nɛtʃi] *nf (Br)* serveuse *(f)*.

garçons ▻ **garçon**.

gare ['garə] *nf* quai *(m) (de gare)*.

garfo ['garfu] *nm* **1.** *(utensílio)* fourchette *(f)* **2.** *(de bicicleta)* fourche *(f)* • **ser um bom garfo** avoir un bon coup de fourchette.

gargalhada [gɐrgɐ'ʎađɐ] *nf* éclat *(m)* de rire • **dar uma gargalhada** éclater de rire.

gargalo [gɐr'galu] *nm* goulot *(m)*.

garganta [gɐr'gɐ̃ntɐ] *nf* gorge *(f)*.

gargarejar [gɐrgɐrə'ʒar] *vi* se gargariser.

gari [ga'ri] *nm (Br)* balayeur *(m)*.

garoto, ta [gɐ'rotu, -tɐ] ◼ *nm, f* **1.** *(miúdo)* gamin *(m)*, -e *(f)* **2.** *(Br) (namorado)* petit ami *(m)*, petite amie *(f)*. ◼ *nm (Port) café au lait servi dans une tasse.*

garoupa [gɐ'ropɐ] *nf* mérou *(m)*.

garra ['gaʀɐ] *nf* **1.** *(de animal)* griffe *(f)* **2.** *fig (talento, genica)* trempe *(f)* • **ter garra** en vouloir.

garrafa [gɐ'ʀafɐ] *nf* bouteille *(f)* • **garrafa térmica** Thermos® *(m)*.

garrafão [gɐʀɐ'fɐ̃u] (*pl* **-ões** [-õiʃ]) *nm* bonbonne *(f)*.

garrote [gɐ'ʀɔtə] *nm* garrot *(m)*.

garupa [gɐ'rupɐ] *nf* croupe *(f)*.

À PROPOS DE...

garrafa

Attention, ne pas confondre « garrafa » avec *caraffe*. En portugais, « garrafa » signifie *bouteille*.

gás ['gaʃ] (*pl* **gases** ['gazəʃ]) *nm* gaz *(m)* • **gás butano** butane *(m)* • **gás lacrimogénio** gaz lacrymogène • **a todo o gás** à toute allure.

◼ **gases** *nfpl* gaz *(mpl)*.

gaseificada [gɐzeifi'kađɐ] *adj f* ▻ **água**.

gases ▻ **gás**.

gasóleo [ga'zɔlju] *nm* diesel *(m)*, gazole *(m)*.

gasolina [gɐzu'linɐ] *nf* essence *(f)* • **gasolina sem chumbo** essence sans plomb • **gasolina super** super *(m)*.

gasosa [gɐ'zɔzɐ] *nf* limonade *(f)*.

gastar [gɐʃ'tar] *vt* **1.** consommer **2.** *(dinheiro)* dépenser **3.** *(tempo)* mettre **4.** *(produto)* utiliser **5.** *(sola de sapato)* user.

◼ **gastar-se** *vp* s'user • **o detergente gastou-se todo** il n'y a plus de lessive.

gasto, ta ['gaʃtu, -tɐ] ◼ *pp* ▻ **gastar**. ◼ *adj* **1.** *(dinheiro)* dépensé(e) **2.** *(calças, sapatos)* usé(e) **3.** *(água, electricidade)* consommé (e). ◼ *nm* dépense *(f)*.

gástrico, ca ['gaʃtriku, -kɐ] *adj* gastrique.

gastrite [gɐʃ'tritə] *nf* gastrite *(f)*.

gastrónomo, ma [gɐʃ'trɔnumu, -mɐ] *nm, f (Port)* gastronome *(mf)*.

gastrônomo, ma [gaʃ'tronumu, -mɐ] *nm, f (Br)* = **gastrónomo**.

gateway [gejtʃi'wej] (*pl* **-s**) *nm* INFORM passerelle *(f)*.

gatilho [gɐ'tiʎu] *nm* gâchette *(f)*.

gatinhar [gɐti'ɲar] *vi* marcher à quatre pattes.

gato, ta ['gatu, -tɐ] *nm, f* **1.** chat *(m)*, chatte *(f)* **2.** *(Br) fam* beau mec *(m)*, belle nana *(f)*.

gaúcho *nm gardien de troupeaux de la pampa argentine et brésilienne.*

gatuno, na [gɐ'tunu, -nɐ] *nm, f fam* voleur *(m)*, -euse *(f)*.

gaveta [gɐ'vetɐ] *nf* tiroir *(m)*.

gaze ['gazə] *nf* gaze *(f)*.

CULTURE...

Os gaúchos

C'est le nom donné aux habitants de la pampa (vaste prairie qui s'étend de l'État brésilien Rio Grande do Sul à l'Argentine). Les premiers *gaúchos* étaient des métis descendant d'Espagnols, de Portugais et d'Indiens. Ils travaillent et vivent dans des *estâncias* (c'est-à-dire des grandes fermes ou des établissements d'élevage).

Ils s'occupent de l'exploitation des grandes propriétés et surveillent les troupeaux de manière solitaire, à cheval. Les *gaúchos* sont d'ailleurs souvent comparés aux cow-boys.

Ils sont également connus pour leur costume traditionnel : la *pilcha*. Ils portent un pantalon bouffant appelé *bombacha*, un foulard attaché autour du cou, des bottes en cuir et un chapeau à larges bords.

gazela [gɐ'zɛlɐ] *nf* gazelle *(f)*.

gazeta [gɐ'zetɐ] *nf* gazette *(f)* • **fazer gazeta** *(Port) fam* sécher les cours.

geada ['ʒjađɐ] *nf* **1.** *(camada)* givre *(m)* **2.** *(baixa de temperatura)* gel *(m)*.

gel [ʒɛl] *nm (pour les cheveux)* gel *(m)*.

geladeira [ʒela'deirɐ] *nf* **1.** *(Br)* réfrigérateur *(m)* **2.** *(Port)* glacière *(f)*.

gelado, da [ʒə'lađu, -đɐ] ◾ *adj* **1.** *(mãos, pés)* gelé(e) **2.** *(sobremesa)* glacé(e). ◾ *nm* glace *(f)*.

gelar [ʒə'lar] *vt* & *vi* geler.

gelataria [ʒəlɐtɐ'riɐ] *nf* glacier *(m)*.

gelatina [ʒəlɐ'tinɐ] *nf* gélatine *(f)*.

geleia [ʒə'lɐjɐ] *nf (Port)* gelée *(f)*.

geléia [ʒe'lɛjɐ] *nf (Br)* = **geleia**.

gelo ['ʒelu] *nm* **1.** glace *(f)* **2.** *(de bebida)* glaçon *(m)* **3.** *(de água)* gel *(m)* **4.** *(na estrada)* verglas *(m)* • **de gelo** de glace • **quebrar o gelo** *fig* briser la glace.

gema ['ʒemɐ] *nf* jaune *(m)* d'œuf • **de gema** de souche.

gémeo, mea ['ʒɛmju, -mjɐ] ◾ *adj (Port)* jumeau(elle). ◾ *nm, f* • **os gémeos** les jumeaux • **o meu irmão gémeo** mon frère jumeau.

■ **Gémeos** *nm inv* Gémeaux *(mpl)*.

gemer [ʒə'mer] *vi* gémir.

gemido [ʒə'miđu] *nm* gémissement *(m)*.

gene ['ʒɛnə] *nm* gène *(m)*.

genebra [ʒə'nɛƀrɐ] *nf* liqueur *(f)* de genièvre.

general [gənə'rał] (*pl* **-ais** [-aiʃ]) *nm* général *(m)*.

generalizar [gənərɐli'zar] *vt* & *vi* généraliser.

■ **generalizar-se** *vp* se généraliser.

género ['ʒɛnəru] *nm (Port)* genre *(m)* • **o género humano** le genre humain.

■ **géneros** *nmpl (Port)* denrées *(fpl)* • **géneros alimentícios** denrées alimentaires • **géneros de luxo** articles de luxe • **pagar em géneros** payer en nature.

gênero ['ʒeneru] *nm (Br)* = **género**.

generosidade [ʒənəruzi'đađə] *nf* générosité *(f)*.

generoso, osa [ʒənə'rozu, -ɔzɐ] *adj* généreux(euse).

genética [ʒə'nɛtikɐ] *nf* génétique *(f)*.

gengibre [ʒẽ'ʒiƀrə] *nm* gingembre *(m)*.

gengiva [ʒẽ'ʒiva] *nf* gencive *(f)*.

gengivas [ʒẽ'ʒivɐʃ] *nfpl* gencives *(fpl)*.

genial [ʒə'njał] (*pl* **-ais** [-aiʃ]) *adj* génial(e).

génio ['ʒɛnju] *nm* **1.** *(Port) (pessoa)* génie *(m)* **2.** *(irascibilidade)* caractère *(m)* • **ter mau génio** avoir mauvais caractère.

gênio ['ʒenju] *nm (Br)* = **génio**.

genital [ʒəni'tał] (*pl* **-ais** [-aiʃ]) *adj* génital (e).

genro ['ʒẽʀu] *nm* gendre *(m)*.

gente ['ʒẽntə] *nf* **1.** gens *(mpl)* **2.** *fam (família)* famille *(f)* • **a gente vai comer** on va manger • **toda a gente** tout le monde.

■ **gentes** *nfpl* • **as gentes** les habitants *(mpl)*.

gentil [ʒẽn'tił] (*pl* **-is** [-iʃ]) *adj* gentil(ille).

genuíno, na [ʒə'nwinu, -nɐ] *adj* véritable.

geografia [ʒjugrɐ'fiɐ] *nf* géographie *(f)*.

geográfico, a [*(Port)* ʒju'grɐ'fiku, -kɐ, *(Br)* ʒeo'grafiku] *adj* géographique.

geologia [ʒjulu'ʒiɐ] *nf* géologie *(f)*.

geometria [ʒjumə'triɐ] *nf* géométrie *(f)* • **geometria descritiva** géométrie descriptive.

geração [ʒɛrɐ'sɐ̃u] (*pl* **-ões** [-õiʃ]) *nf* génération *(f)*.

gerador [ʒɛrɐ'đor] (*pl* **-es** [-əʃ]) *nm* générateur *(m)*.

geral [ʒə'rał] (*pl* **-ais** [-aiʃ]) ■ *adj* général(e). ■ *nf places les moins chères*, ≃ poulailler *(m)* • **de um modo geral** en général • **em geral** en général • **no geral** en général.

geralmente [ʒərał'mẽntə] *adv* généralement.

gerânio [ʒə'rɐnju] *nm* géranium *(m)*.

gerar [ʒə'rar] *vt* engendrer.
■ **gerar-se** *vp* s'engager.

À PROPOS DE...

gerar

Attention, ne pas confondre « gerar » avec *gérer*. En portugais, « gerar » signifie *engendrer*.

gerência [ʒə'rẽsjɐ] *nf* gérance *(f)*.

gerente [ʒə'rẽntə] *nmf* gérant *(m)*, -e *(f)*.

gerir [ʒə'rir] *vt* gérer.

germe ['ʒɛrmə] *nm* germe *(m)*.

gesso ['ʒesu] *nm* plâtre *(m)*.

gesticular [ʒəʃtiku'lar] *vi* gesticuler.

gesto ['ʒɛʃtu] *nm* geste *(m)*.

gestor, **ra** [ʒɛʃ'tor, -rɐ] *nmf* gestionnaire *(mf)*.

gibi [ʒi'bi] *nm (Br)* BD *(f)*.

GIF [gif] (*abr de* **Graphics Interchange Format**) *nm* INFORM GIF *(m) (format des fichiers graphiques)*.

gigabyte [giga'baijtʃi] (*pl* **s** [-ʃ]) *nm* INFORM gigabit *(m)*.

gigante [ʒi'gẽntə] ■ *adj* géant(e). ■ *nm* géant *(m)*.

gigantones [ʒigẽn'tonəʃ] *nmpl (Br) personnages gigantesques traditionnels des défilés du carnaval*.

gigolô [ʒigo'lo] *(Br)* = **cavala**.

gilete [ʒi'lɛtə] *nf (Port)* rasoir *(m)* (jetable).

gim ['ʒĩ] (*pl* **-ns** [-ʃ]) *nm* gin *(m)* • **um gim tónico** gin tonic.

gimnodesportivo [ˌʒimnɔdəʃpur'tivu] *adj m* ▷ **pavilhão**.

ginásio [ʒi'nazju] *nm* gymnase *(m)*.

ginasta [ʒi'naʃtɐ] *nmf* gymnaste *(mf)*.

ginástica [ʒi'naʃtikɐ] *nf* gymnastique *(f)* • **fazer ginástica** faire de la gymnastique.

gincana [ʒĩŋ'kɐnɐ] *nf* gymkhana *(m)*.

ginecologia [ˌʒinɛkulu'ʒiɐ] *nf* gynécologie *(f)*.

ginecologista [ˌʒinɛkulu'ʒiʃtɐ] *nmf* gynécologue *(mf)*.

ginja ['ʒĩʒɐ] *nf* griotte *(f)*.

ginjinha [ʒĩ'ʒiɲɐ] *nf* kirsch *(m)*.

gins ▷ **gim**.

gira-discos [ˌʒirɐ'điʃkuʃ] *nm inv (Port)* tourne-disque *(m)*.

girafa [ʒi'rafɐ] *nf* **1.** girafe *(f)* **2.** *(Port) (medida de cerveja)* chope *(f)*.

girar [ʒi'rar] *vt* & *vi* tourner.

girassol [ˌʒirɐ'sɔł] (*pl* **-óis** [-ɔiʃ]) *nm* tournesol *(m)*.

gíria ['ʒirjɐ] *nf* **1.** *(calão)* argot *(m)* **2.** *(médica, académica)* jargon *(m)*.

giro, **ra** ['ʒiru, -rɐ] ■ *adj (Port) fam (bonito)* mignon(onne). ■ *nm* **1.** *(passeio)* tour *(m)* **2.** *(de polícia, vigilante)* ronde *(f)* • **dar um giro** *fam* faire un tour.

giz ['ʒiʃ] *nm* craie *(f)*.

glacial [glɐ'sjał] (*pl* **-ais** [-aiʃ]) *adj* glacial(e).

gladíolo [glɐ'điulu] *nm* glaïeul *(m)*.

glândula ['glɐ̃ndulɐ] *nf* glande *(f)*.

glaucoma [glau'komɐ] *nm* glaucome *(m)*.

glicerina [glisə'rinɐ] *nf* glycérine *(f)*.

global [glu'ƀał] (*pl* **-ais** [-aiʃ]) *adj* global(e).

globo ['gloƀu] *nm* globe *(m)*.

glóbulo ['glɔƀulu] *nm* globule *(m)*.

glória ['glɔrjɐ] *nf* gloire *(f)*.

glossário [glu'sarju] *nm* glossaire *(m)*.

glutão, **tona** [glu'tɐ̃u, -tonɐ] (*mpl* **-ões** [-õiʃ], *fpl* **-s** [-ʃ]) *nm, f* glouton *(m)*, -onne *(f)*.

G.N.R. ■ *nf* (*abr de* **Guarda Nacional Republicana**) ≃ gendarmerie *(f)*. ■ *nm* ≃ gendarme *(m)*.

Goa ['goɐ] *n* Goa.

goela ['gwɛlɐ] *nf* gosier *(m)*.

goiaba [go'jaƀɐ] *nf* goyave *(f)*.

goiabada [gojɐ'ƀađɐ] *nf pâte de fruit à la goyave*.

Goiás [go'jaʃ] *nm* • **Goiás** Goiás *(m)*.

gol ['gou] (*pl* **-es** [-liʃ]) *nm (Br)* = **golo**.

gola ['gɔlɐ] *nf* col *(m)*.

gole ['gɔlə] *nm* gorgée *(f)*.

goleiro [go'leiru] *nm (Br)* gardien *(m)* de but.

goles ▷ **gol**.

golfe ['gołfə] *nm* golf *(m)*.

golfinho [goł'fiɲu] *nm* dauphin *(m)*.

golfo ['gołfu] *nm* golfe *(m)*.

golo ['golu] *nm (Port)* but *(m)*.

golpe ['gɔłpə] *nm* **1.** coup *(m)* **2.** *(incisão)* coupure *(f)* **3.** *(ferimento)* blessure *(f)* • **golpe de Estado** coup d'État • **golpe de mestre** coup de maître.

goma ['gomɐ] *nf* **1.** *(de certos vegetais)* gomme *(f)* **2.** *(para roupa)* amidon *(m)*.

gomo ['gomu] *nm* quartier *(m)*.

gôndola ['gõndulɐ] *nf* gondole *(f)*.

gongo ['gõŋgu] *nm* gong *(m)*.

gordo, da ['gorđu, -đɐ] *adj* **1.** *(pessoa, animal)* gros (grosse) **2.** *(substância, alimento)* gras (grasse).

gordura [gur'đurɐ] *nf* graisse *(f)*.

gorduroso, osa [gurđu'rozu, -ɔzɐ] *adj* gras (grasse).

gorila [gu'rilɐ] *nm* gorille *(m)*.

gorjeta [gur'ʒetɐ] *nf* pourboire *(m)*.

gorro ['goʀu] *nm* bonnet *(m)*.

gostar [guʃ'tar] ■ **gostar de** *v + prép* aimer • **gostar de fazer algo** aimer faire qqch.

gosto ['goʃtu] *nm* **1.** *(sabor)* goût *(m)* **2.** *(apreciação)* plaisir *(m)* • **com todo o gosto!** avec plaisir ! • **gostos não se discutem** des goûts et des couleurs, on ne discute pas • **muito gosto em conhecê-lo** enchanté de faire votre connaissance • **dar gosto ver** faire plaisir • **fazer gosto em** être heureux de • **ter gosto de** *(Br)* avoir un goût de • **tomar o gosto a algo** prendre goût à qqch • **bom/mau gosto** bon/mauvais goût.

gota ['gotɐ] *nf* goutte *(f)* • **gotas para os olhos** gouttes pour les yeux • **gotas para o nariz** gouttes pour le nez • **gota a gota** goutte à goutte.

goteira [gu'tɐirɐ] *nf* **1.** *(cano)* gouttière *(f)* **2.** *(fenda)* fuite *(f)*.

gotejar [gutə'ʒar] *vi* goutter.

gótico, a [*(Port)* 'gɔtiku, -kɐ, *(Br)* 'gotʃiku, -ka] *adj* gothique.

governo [gu'vernu] *nm* gouvernement *(m)* • **governo civil** ≃ préfecture *(f)*.

gozar [gu'zar] ■ *vt* profiter de. ■ *vi* • **estás a gozar?** *fam* tu veux rire ? • **gozar com** *fam* se moquer de • **gozar de** jouir de, bénéficier de.

gr. (*abr écrite de* **grama**) g *(gramme)*.

Grã-Bretanha [ˌgrẽmbrə'tɐɲɐ] *nf* • **a Grã-Bretanha** la Grande-Bretagne.

graça ['grasɐ] *nf* **1.** *(gracejo)* plaisanterie *(f)* **2.** *(humor)* humour *(m)* **3.** *(elegância, atractividade)* grâce *(f)* • **achar graça** trouver drôle • **deixar sem graça** décontenancer • **ter graça** être drôle • **graças a** grâce à • **de graça** gratuitement.

gracejar [grɐsə'ʒar] *vi* plaisanter.

gracejo [grɐ'sɐiʒu] *nm* plaisanterie *(f)*.

gracioso, osa [grɐ'sjozu, -ɔzɐ] *adj* gracieux(euse).

grade ['građə] *nf* **1.** *(vedação)* grille *(f)* **2.** *(de cerveja, coca-cola)* caisse *(f)* • **filme aderente** *(Br)* film adhésif.

graduação [grɐđwɐ'sɐ̃u] (*pl* **-ões** [-õiʃ]) *nf* **1.** graduation *(f)* **2.** *(em universidade)* *diplôme de fin d'études universitaires,* ≃ licence *(f)* **3.** *(de bebida)* degré *(m)*.

graduado, da [grɐ'đwađu, -đɐ] ■ *adj* gradué(e). ■ *nm, f* **1.** diplômé *(m)*, -e *(f)* **2.** MIL gradé *(m)*.

gradual [grɐ'đwał] (*pl* **-ais** [-aiʃ]) *adj* graduel(elle).

graduar-se [grɐ'đwarsə] *vp* obtenir un diplôme universitaire.

grafia [grɐ'fiɐ] *nf* **1.** *(maneira de escrever)* écriture *(f)* **2.** *(ortografia)* graphie *(f)*.

gráfico ['grafiku] *nm* graphique *(m)*.

gralha ['graʎɐ] *nf* **1.** *(ave)* corneille *(f)* **2.** *(erro tipográfico)* coquille *(f)*.

grama[1] ['grɐmɐ] *nm* gramme *(m)*.

grama[2] ['grɐmɐ] *nf (Br)* gazon *(m)*.

gramado [gra'mađu] *nm (Br)* pelouse *(f)*.

gramar [grɐ'mar] *vt* **1.** *(Port) fam (gostar de)* adorer **2.** *fam (aguentar)* encaisser.

gramática [grɐ'matikɐ] *nf* grammaire *(f)*.

gramofone [grɐmɔ'fɔnə] *nm* phonographe *(m)*.

grampeador [grẽmpja'dox] (*pl* **-es** [-iʃ]) *nm (Br)* agrafeuse *(f)*.

grampear [grẽm'pjar] *vt* **1.** *(Br) (folhas, papéis)* agrafer **2.** *(telefone)* mettre sur écoute.

grampo ['grẽmpu] *nm* **1.** *(Br) (de cabelo)* barrette *(f)* **2.** *(para grampeador)* agrafe *(f)*.

granada [grɐ'nađɐ] *nf* grenade *(f) (arme)*.

grande ['grẽndə] *adj* grand(e) • **grande penalidade** penalty *(m)*.

granito [grɐ'nitu] *nm* granite *(m)*.

granizo [grɐ'nizu] *nm* grêle *(f)*.

granulado, da [grɐnu'lađu, -đɐ] *adj* granulé(e).

grão ['grɐ̃u] *nm* **1.** *(grão-de-bico)* pois *(m)* chiche **2.** *(de arroz, trigo, cevada, café)* grain *(m)*.

grão-de-bico [ˌgrɐ̃undə'ƀiku] *nm* pois *(m)* chiche.

grapefruit [ˌgreip'frutʃi] *(Br)* = **toranja**.

grasnar [grɐʒ'nar] *vi* **1.** *(corvo)* croasser **2.** *(ganso)* cacarder **3.** *(pato)* cancaner.

gratidão [grɐti'đɐ̃u] *nf* gratitude *(f)*.

gratificação [grɐtəfikɐ'sɐ̃u] (*pl* **-ões** [-õiʃ]) *nf* **1.** *(gorjeta)* gratification *(f)* **2.** *(remuneração)* prime *(f)*.

gratificante [grɐtəfi'kẽntə] *adj* gratifiant (e).

gratificar [grɐtəfi'kar] *vt* gratifier.

gratinado, da [grɐti'nađu, -đɐ] *adj* gratiné (e).

gratinar [grɐti'nar] *vi* gratiner.

grátis ['gratiʃ] ◼ *adv* gratuitement. ◼ *adj inv* gratuit(e).

grato, ta ['gratu, -tɐ] *adj* reconnaissant(e).

gratuito, a [gra'twitu, -tɐ] *adj* gratuit(e).

grau ['grau] *nm* **1.** *(medida)* degré *(m)* **2.** *(título académico)* titre *(m)* • **graus centígrados** degrés centigrades.

gravação [grɐvɐ'sɐ̃u] (*pl* **-ões** [-õiʃ]) *nf* enregistrement *(m)*.

gravador [grɐvɐ'đor] (*pl* **-es** [-əʃ]) *nm* magnétophone *(m)*.

gravar [grɐ'var] *vt* **1.** *(música, conversa)* enregistrer **2.** *(em metal, jóia)* graver.

gravata [grɐ'vatɐ] *nf* cravate *(f)*.

gravata-borboleta [gra'vata boxboleta] (*pl* **gravatas-borboletas**) *nf (Br)* nœud-papillon *(m)*.

grave ['gravə] *adj* grave.

grávida ['graviđɐ] *adj f* enceinte.

gravidade [grɐvi'đađə] *nf* gravité *(f)*.

gravidez [grɐvi'đeʃ] *nf* grossesse *(f)*.

gravura [grɐ'vurɐ] *nf* gravure *(f)*.

graxa ['graʃɐ] *nf* cirage *(m)* • **dar graxa a** *fam* fayoter.

Grécia ['grɛsjɐ] *nf* • **a Grécia** la Grèce.

grego, ga ['gregu, -gɐ] ◼ *adj* grec (grecque). ◼ *nm, f* Grec *(m)*, Grecque *(f)*. ◼ *nm (língua)* grec *(m)*.

grelha ['greʎɐ] *nf* **1.** *(de fogão, assar)* grille *(f)* **2.** *(de automóvel)* calandre *(f)* **3.** *(Port) (de televisão, rádio)* grille *(f)* de programmes • **grelha de partida** *(Port)* grille de départ.

grelhado, da [grə'ʎađu, -đɐ] ◼ *adj* grillé(e). ◼ *nm* grillade *(f)*.

grelhador [grəʎɐ'đor] (*pl* **-es** [-əʃ]) *nm* **1.** gril *(m)* **2.** *(de jardim)* barbecue *(m)*.

grelhar [grə'ʎar] *vt* griller.

grelo ['grelu] *nm* **1.** *(de couve, batata, alho, etc)* pousse *(f)* **2.** *(de estudante) ruban qui sert de signe distinctif aux étudiants d'avant-dernière année d'études.*
◼ **grelos** *nmpl* brocoli *(m)*.

grená [grə'na] *adj* grenat *(inv)*.

greta ['gretɐ] *nf* fissure *(f)*.
◼ **gretas** *nfpl* gerçures *(fpl)*.

gretado, da [grə'tađu, -đɐ] *adj* gercé(e).

greve ['grɛvə] *nf* grève *(f)* • **fazer greve** faire la grève • **em greve** en grève • **greve de fome** grève de la faim.

grid ['grid] *(Br) nm* grille *(m)* • **grid de largada** grille de départ.

grilo ['grilu] *nm* grillon *(m)*.

grinalda [gri'nałđɐ] *nf* guirlande *(f)*.

gripe ['gripə] *nf* grippe *(f)*.

grisalho, lha [gri'zaʎu, -ʎɐ] *adj* grisonnant (e).

gritar [gri'tar] *vt* & *vi* crier • **gritar com alguém** crier sur qqn.

grito ['gritu] *nm* cri *(m)* • **de gritos** *(Port)* super.

Gronelândia [gronə'lẽnđjɐ] *nf* • **a Gronelândia** le Groenland.

groselha [grɔ'zeʎɐ] *nf* groseille *(f)*.

grosseiro, ra [gru'sɐiru, -rɐ] *adj* grossier (ère).

grosso, ossa ['grosu, -ɔsɐ] *adj* **1.** épais(aisse) **2.** *(livro, voz)* gros (grosse) **3.** *(Br) (mal-educado)* grossier(ère) **4.** *(Port) fam (embriagado)* fait(e).

grotesco, ca [gru'teʃku, -kɐ] *adj* grotesque.

grua ['gruɐ] *nf* grue *(f)*.

grunhido [gru'ɲiđu] *nm* grognement *(m)*.

grunhir [gru'ɲir] *vi* grogner.

grupo ['grupu] *nm* groupe *(m)* • **em grupo** en groupe • **grupo de discussão** groupe *(m)* de discussion • **grupos de risco** population *(f)* à risque • **grupo sanguíneo** groupe sanguin.

gruta ['grutɐ] *nf* grotte *(f)*.

guache ['gwaʃə] *nm* gouache *(f)*.

guaraná [gwara'na] *nm* guarana *(m)*, *boisson riche en caféine* • **guaraná natural** guarana naturel • **guaraná em pó** guarana en poudre.

guarda ['gwarđɐ] ◼ *nmf* agent *(m)* de police. ◼ *nf* garde *(f)* • **a Guarda Nacional Republicana** ≃ gendarmerie *(f)*.
◼ **guardas** *nfpl* garde-corps *(m inv)*.

guarda-chuva [ˌgwarđɐ'ʃuvɐ] *(pl* **guarda-chuvas** [ˌgwarđɐ'ʃuvɐʃ]) *nm* parapluie *(m)*.

guarda-costas [ˌgwarđɐ'kɔʃtɐʃ] *nmf inv* garde *(m)* du corps.

guarda-fatos [ˌgwarđɐ'fatuʃ] *nm inv (Port)* penderie *(f)*.

guarda-fiscal [ˌgwarđɐfiʃ'kał] *(pl* **guardas-fiscais** [ˌgwarđɐʃfiʃ'kaiʃ]) *nmf* douanier *(m)*.

guarda-florestal [ˌgwarđɐflurəʃ'tał] *(pl* **guardas-florestais** [ˌgwarđɐʃflurəʃ'taiʃ]) *nmf* garde *(m)* forestier.

guarda fluvial [gwarđɐflu'vjał] *nm* garde-pêche *(m)*.

guarda-freios [ˌgwarđɐ'frɐjuʃ] *nmf inv (Port)* conducteur *(m)* de tramway.

guarda-jóias [ˌgwarđɐ'ʒɔjɐʃ] *nm inv* coffret *(m)* à bijoux.

guarda-lamas [ˌgwarđɐ'lɐmɐʃ] *nm inv (Port)* pare-chocs *(m inv)*.

guarda-louça [ˌgwarđɐ'losɐ] *(pl* **guarda-louças** [ˌgwarđɐ'losɐʃ]) *nm* buffet *(m)*.

guardanapo [gwɐrđɐ'napu] *nm* serviette *(f)* (de table) • **guardanapos de papel** serviettes en papier.

guarda-nocturno [ˌgwarđɐno'turnu] *(pl* **guardas-nocturnos** [ˌgwarđɐʒno'turnuʃ]) *nm* gardien *(m)* de nuit.

guarda-noturno [ˌgwaxdano'tuxnu] *(Br)* = **guarda-nocturno**.

guardar [gwɐr'đar] *vt* **1.** garder, conserver (quelque part) **2.** *(arrecadar)* ranger **3.** *(roupa)* rentrer **4.** *(vigiar)* surveiller.
◼ **guardar-se** *vp* s'abstenir, se garder de.

guarda-redes [ˌgwarđɐ'ʀeđəʃ] *nm inv (Port)* gardien *(m)* de but.

guarda-rios [ˌgwarđɐ'ʀiuʃ] *nm inv* garde-pêche *(m)*.

guarda-roupa [ˌgwarđɐ'ʀopɐ] *(pl* **guarda-roupas** [ˌgwarđɐ'ʀopɐʃ]) *nm* **1.** *(móvel)* penderie *(f)* **2.** *(de peça teatral, filme)* costumes *(mpl)*.

guarda-sol [ˌgwarđɐ'sɔł] *(pl* **guarda-sóis** [ˌgwarđɐ'sɔiʃ]) *nm* parasol *(m)*.

guarda-vassouras [ˌgwarđɐvɐ'sorɐʃ] *nm inv* plinthe *(f)*.

guarda-vestidos [ˌgwarđɐvəʃ'tiđuʃ] *nm inv* penderie *(f)*.

guarnecido, da [gwɐrnə'siđu, -đɐ] *adj* garni(e).

guarnição [gwɐrni'sɐ̃u] *(pl* **-ões** [-õiʃ]) *nf* garniture *(f)*.

Guatemala [gwɐtə'malɐ] *nf* • **a Guatemala** le Guatemala.

gude ['gudʒi] *nm (Br) jeu d'enfant qui se joue avec des billes ou des pépins.*

guelra ['gɛłʀɐ] *nf* • **as guelras** les branchies *(fpl)*.

guerra ['gɛʀɐ] *nf* guerre *(f)* • **fazer guerra a** faire la guerre à • **em pé de guerra** sur le pied de guerre.

guia ['giɐ] ◼ *nmf* guide *(mf)*. ◼ *nm* guide *(m)* • **guia intérprete** guide *(mf)* interprète • **guia turístico** guide *(m)*.

guiador [gjɐ'đor] *(pl* **-es** [-əʃ]) *nm* **1.** *(Port) (de automóvel)* volant *(m)* **2.** *(de bicicleta)* guidon *(m)*.

guiar ['gjar] ◼ *vt* **1.** guider **2.** *(automóvel, autocarro)* conduire. ◼ *vi* conduire.

guiché [gi'ʃɛ] *nm (Port)* guichet *(m)*.

guichê [gi'ʃe] *nm (Br)* = **guiché**.

guidom [gi'dõ] *(pl* **-ns** [-ʃ]) *nm (Br)* = **guiador**.

guilhotina [giʎu'tinɐ] *nf* guillotine *(f)*.

guincho ['gĩʃu] *nm* **1.** *(som)* couinement *(m)* **2.** *(máquina)* treuil *(m)*.

guindaste [gĩn'daʃtə] *nm* grue *(f)*.

Guiné-Bissau [giˌnɛbi'sau] *nf* • **a Guiné-Bissau** la Guinée-Bissau.

guineense [gi'njẽsə] ■ *adj* guinéen(enne). ■ *nmf* Guinéen *(m)*, -enne *(f)*.

guisado, **da** [gi'zađu, -đɐ] ■ *adj* mijoté(e). ■ *nm* ragoût *(m)*.

guisar [gi'zar] *vt* faire mijoter.

guitarra [gi'taʀɐ] *nf* guitare *(f)* • **guitarra portuguesa** guitare de fado.

guitarrista [gitɐ'ʀiʃtɐ] *nmf* guitariste *(mf)*.

guizo ['gizu] *nm* **1.** grelot *(m)* **2.** *(de bebé)* hochet *(m)*.

gula ['gulɐ] *nf* gourmandise *(f)*.

guloseima [gulu'zɐimɐ] *nf* friandise *(f)*.

guloso, **osa** [gu'lozu, -ɔzɐ] *adj* & *nm, f* gourmand(e).

gume ['gumə] *nm* tranchant *(m)*.

guri, **ria** [gu'ri, -riɐ] *nm, f (Br) fam* enfant *(mf)*.

h H

h[1], **H** [a'ga] *m (letra)* h, H.

h[2] *(abr de* **hora***) f* h *(heure)*.

hábil ['aɓiɫ] *(pl* **-beis** [-ɓeiʃ]) *adj* habile.

habilidade [ɐɓəli'đađə] *nf* habileté *(f)*.
■ **habilidades** *nfpl* tours *(mpl)*.

habilitação [ɐɓəlitɐ'sɐ̃u] *nf* aptitude *(f)*.
■ **habilitações** *nfpl* diplômes *(mpl)*.

habitação [ɐɓitɐ'sɐ̃u] *(pl* **-ões** [-õiʃ]) *nf* habitation *(f)*.

habitante [ɐɓi'tɐ̃ntə] *nmf* habitant *(m)*, -e *(f)*.

habitar [ɐɓi'tar] *vt* & *vi* habiter • **habitar em** habiter à • **habito na rua Luís de Camões** j'habite rue Luís de Camões.

hábito ['aɓitu] *nm* **1.** habitude *(f)* **2.** *(de religioso)* habit *(m)* • **como é hábito** comme d'habitude • **ter o hábito de fazer algo** avoir l'habitude de faire qqch • **por hábito** par habitude.

habitual [ɐɓi'twaɫ] *(pl* **-ais** [-aiʃ]) *adj* habituel(elle).

habitualmente [ɐɓitwaɫ'mẽntə] *adv* d'habitude.

habituar [abi'twar] *vt* • **habituar alguém a algo/a fazer algo** habituer qqn à qqch/qqn à faire qqch.
■ **habituar-se a** *vp + prép* s'habituer à.

hacker [xaker] *(pl* **-hacker-**ʃ]) *nm* INFORM pirate *(m)* informatique.

hálito ['alitu] *nm* haleine *(f)* • **mau hálito** mauvaise haleine.

hall ['ɔɫ] *nm* **1.** *(de casa)* entrée *(f)* **2.** *(de teatro, hotel)* hall *(m)* • **hall (da entrada)** hall (d'entrée).

haltere [aɫ'tɛrə] *nm* haltère *(m)*.

halterofilia [aɫtɛrɔfi'liɐ] *nf* haltérophilie *(f)*.

hambúrguer [ɐ̃m'burgɛr] *(pl* **-es** [-əʃ]) *nm* **1.** steak *(m)* haché **2.** *(sandes)* hamburger *(m)*.

hangar [ɐ̃ŋ'gar] *(pl* **-es** [-əʃ]) *nm* hangar *(m)*.

hardware [ar'đwɛrə] *nm* INFORM matériel *(m)*.

harmonia [ɐrmu'niɐ] *nf* harmonie *(f)*.

harmónica [ɐr'mɔnikɐ] *nf (Port)* harmonica *(m)*.

harmônica [ax'monikɐ] *nf (Br)* = **harmónica**.

harpa ['arpɐ] *nf* harpe *(f)*.

haste ['aʃtə] *nf* **1.** *(de bandeira)* hampe *(f)* **2.** *(de árvore)* branche *(f)*.

haver [ɐ'ver] *v aux*

1. DEVANT UN VERBE TRANSITIF = avoir
• **como ele não havia comido estava com fome** comme il n'avait pas mangé, il avait faim
• **havíamos reservado antes** nous avions réservé avant

2. DEVANT UN VERBE DE MOUVEMENT = être
• **ele havia chegado há pouco** il était arrivé depuis peu.

haver *v impers*

1. INDIQUE L'EXISTENCE
• **há um café muito bom ao fim da rua** il y a un très bon café au bout de la rue
• **não há ninguém na rua** il n'y a personne dans la rue
• **não há correio amanhã** il n'y a pas de courrier demain

2. EXPRIME LE TEMPS
• **estou à espera há dez minutos** ça fait dix minutes que j'attends
• **há séculos que lá não vou** ça fait des siècles que je n'y vais pas
• **há três dias que não o via** ça faisait trois jours que je ne le voyais pas.

haver de *v + prép*

1. EXPRIME UNE INTENTION POUR LE FUTUR
• **um dia, hei-de ir ao Brasil** un jour, j'irai au Brésil

2. CORRESPOND À UN FUTUR OU UN CONDITIONNEL RENFORCÉS
• **hás-de ver!** tu verras !

• **ele havia de ter chegado mais cedo** il aurait dû arriver plus tôt

3. DANS UNE PHRASE INTERROGATIVE, EXPRIME LE DOUTE OU L'INCRÉDULITÉ

• **que hei-de fazer?** qu'est-ce que je dois faire ?

• **doente como estás, como é que hás-de trabalhar?** malade comme tu es, comment pourras-tu travailler ?

haver que *v + prép*

EXPRIME L'OBLIGATION

• **só há que escolher** il n'y a qu'à choisir

• **agora há que trabalhar !** maintenant, il faut travailler !

haver-se *vp*

s'y prendre

• **ele sabe muito bem como se haver** il sait très bien comment s'y prendre.

haver-se com *vp + prép*

avoir affaire à

• **se lhe tocas, tens de te haver comigo !** si tu le touches, tu auras affaire à moi !

haver

LOCUTIONS

• **haja o que houver** quoiqu'il arrive

• **haver por bem** juger bon.

haveres *nmpl* **1.** *(pertences)* affaires *(fpl)* **2.** *(bens)* biens *(mpl)*.

haxixe [ɐ'ʃiʃə] *nm* haschich *(m)*.

HD (*abr écrite de* **Hard Disk**) *nm* disque *(m)* dur.

hectare [ɛk'tarə] *nm* hectare *(m)*.

hélice ['ɛlisə] *nf* hélice *(f)*.

helicóptero [ili'kɔptəru] *nm* hélicoptère *(m)*.

hélio ['ɛlju] *nm* hélium *(m)*.

hematoma [imɐ'tomɐ] *nm* hématome *(m)*.

hemofílico, ca [ɛmɔ'filiku, -kɐ] *nm, f* hémophile *(mf)*.

hemorragia [imuʀɐ'ʒiɐ] *nf* hémorragie *(f)* • **hemorragia cerebral** hémorragie cérébrale • **hemorragia nasal** saignement *(m)* de nez.

hemorróidas [imu'ʀɔiđɐʃ] *nfpl* hémorroïdes *(fpl)*.

hepatite [ipa'titə] *nf* hépatite *(f)*.

hera ['ɛrɐ] *nf* lierre *(m)*.

herança [i'rẽsɐ] *nf* héritage *(m)*.

herbicida [ɛrƀi'siđɐ] *nm* désherbant *(m)*.

herdar [ir'đar] *vt* hériter de.

herdeiro, ra [ir'đɐiru, -rɐ] *nm, f* héritier *(m)*, -ère *(f)*.

hermético, ca [ir'mɛtiku, -kɐ] *adj* hermétique.

hérnia ['ɛrnjɐ] *nf* hernie *(f)*.

herói [i'rɔi] *nm* héros *(m)*.

heroína [i'rwinɐ] *nf* héroïne *(f)*.

hesitação [izitɐ'sɐ̃u] (*pl* **-ões** [-õiʃ]) *nf* hésitation *(f)*.

hesitar [izi'tar] *vi* hésiter.

heterossexual [ˌɛtɛrɔsɛk'swał] (*pl* **-ais** [-aiʃ]) *adj* & *nmf* hétérosexuel(elle).

hibernar [iƀər'nar] *vi* hiberner.

híbrido, da ['iƀriđu, -đɐ] *adj* hybride.

hidrante [*(Br)* i'drɐ̃ntʃi] *nm (Br)* bouche *(f)* d'incendie.

hidratante [iđrɐ'tɐ̃ntə] *adj* hydratant(e).

hidroavião [ˌiđrɔɐ'vjɐ̃u] (*pl* **-ões** [-õiʃ]) *nm* hydravion *(m)*.

hidrófilo [i'đrɔfilu] *adj m* hydrophile.

hidrogénio [iđrɔ'ʒɛnju] *nm (Port)* hydrogène *(m)*.

hidrogênio [idro'ʒenju] *nm (Br)* = **hidrogénio**.

hierarquia [jerɐr'kiɐ] *nf* hiérarchie *(f)*.

hífen ['ifɛn] (*pl* **-es** [-əʃ]) *nm* tiret *(m)*.

hifenização [ifənizɐ'sɐ̃u] *nf* césure *(f)*.

hi-fi [ai'fai] *nm* (*abr de* **high-fidelity**) hi-fi *(f)*.

higiene [i'ʒjɛnə] *nf* hygiène *(f)*.

hilariante [ilɐ'rjɐ̃ntə] *adj* hilarant(e).

hino ['inu] *nm* hymne *(m)*.

hiperdocumento [iper'dokumentu] *nm* hypertexte *(m)*.

hiperlink [iper'linki] *nm* INFORM liaison *(f)* dynamique.

hipermercado [ˌipɛrmər'kađu] *nm* hypermarché *(m)*.

hipermídia [ipɛrmidia] *nf* hypermédia *(m)*.

hipertensão [ˌipɛrtẽ'sɐ̃u] *nf* hypertension *(f)*.

hipertexto [iper'tejʃtu] *nm* INFORM hypertexte *(m)*.

hípico, ca ['ipiku, -kɐ] *adj* hippique.

hipismo [i'piʒmu] *nm* hippisme *(m)*.

hipnotismo [ipnɔ'tiʒmu] *nm* hypnotisme *(m)*.

hipocondríaco, ca [ˌipɔkõn'driɐku, -kɐ] *nm, f* hypocondriaque *(mf)*.

hipocrisia [ipɔkrə'ziɐ] *nf* hypocrisie *(f)*.

hipócrita [i'pɔkritɐ] *nmf* hypocrite *(mf)*.

hipódromo [i'pɔđrumu] *nm* hippodrome *(m)*.

hipopótamo [ipu'pɔtɐmu] *nm* hippopotame *(m)*.

hipoteca [ipu'tɛkɐ] *nf* hypothèque *(f)*.

hipótese [i'pɔtəzə] *nf* **1.** *(suposição)* hypothèse *(f)* **2.** *(possibilidade)* chance *(f)* • **não ter hipótese** n'avoir aucune chance • **em hipótese alguma** en aucun cas • **na melhor das hipóteses** dans le meilleur des cas • **por hipótese** par exemple.

hispano-americano, na [iʃ'pɐnuɐməriˌkɐnu, -nɐ] *adj* hispano-américain(e).

histeria [iʃtə'riɐ] *nf* hystérie *(f)*.

histérico, ca [iʃ'tɛriku, -kɐ] *adj* hystérique.

história [iʃ'tɔrjɐ] *nf* histoire *(f)* • **história da Arte** histoire de l'Art • **história da carochinha** histoire à dormir debout • **histórias aos quadradinhos** bande *(f)* dessinée.

hit ['iti] *nm* INFORM occurrence *(f)*.

hobby ['ɔbi] (*pl* **hobbies** ['ɔbiʃ]) *nm* hobby *(m)*.

hodômetro [o'dʒometru] *(Br) nm inv* compteur *(m)*, odomètre *(m)*.

hoje ['oʒə] *adv* aujourd'hui • **hoje em dia** à l'heure actuelle • **até hoje** jusqu'à présent • **de hoje** d'aujourd'hui • **de hoje a oito/quinze dias** d'ici huit/quinze jours • **de hoje em diante** dorénavant • **por hoje** aujourd'hui.

Holanda [u'lɐ̃ndɐ] *nf* • **a Holanda** la Hollande.

holandês, esa [ulɐ̃n'deʃ, -ezɐ] (*mpl* **-eses** [-ezəʃ], *fpl* **-s** [-ʃ]) ◼ *adj* hollandais(e). ◼ *nm, f* Hollandais *(m)*, -e *(f)*.

holofote [ɔlɔ'fɔtə] *nm* projecteur *(m)*.

home banking ['xomibnkĩn] *nm* INFORM banque *(f)* à domicile.

homem ['ɔmɐ̃i] (*pl* **-ns** [-ʃ]) *nm* homme *(m)*. ◼ **Homem** *nm* • **o Homem** l'Homme • **'homens'** 'messieurs'.

homenagear [omənɐ'ʒjar] *vt* rendre hommage à.

homenagem [omə'naʒɐ̃i] (*pl* **-ns** [-ʃ]) *nf* hommage *(m)*.

homens ▷ **homem**.

homeopatia [*(Port)* omjupɐ'tiɐ, *(Br)* omjopa'tʃia] *nf* homéopathie *(f)*.

homicida [omi'siđɐ] *nmf* meurtrier *(m)*, -ère *(f)*.

homicídio [omi'siđju] *nm* homicide *(m)* • **homicídio involuntário** homicide involontaire.

homossexual [ˌɔmɔsɛk'swał] (*pl* **-ais** [-aiʃ]) *adj* & *nmf* homosexuel(elle).

Honduras [õ'duraʃ] *nfpl* • **as Honduras** le Honduras.

honestidade [onəʃti'đađə] *nf* honnêteté *(f)*.

honesto, ta [o'nɛʃtu, -tɐ] *adj* honnête.

honorário [onu'rarju] *adj* honoraire. ◼ **honorários** *nmpl* honoraires *(mpl)*.

honra ['õʀɐ] *nf* honneur *(m)* • **ter a honra de fazer algo** avoir l'honneur de faire qqch • **em honra de** en l'honneur de.

honrado, da [õ'ʀađu, -đɐ] *adj* honnête.

honrar [õ'ʀar] *vt (dívida)* honorer. ◼ **honrar-se de** *vp* + *prép* avoir l'honneur de.

honroso, osa [õ'ʀozu, -ɔzɐ] *adj* honorable.

hóquei ['ɔkɐi] *nm* hockey *(m)* • **hóquei em patins** hockey sur patins • **hóquei sobre o gelo** hockey sur glace.

hora ['ɔrɐ] *nf* heure *(f)* • **que horas são?** quelle heure est-il ? • **a que horas é...?** à quelle heure est... ? • **são horas de...** il est l'heure de... • **está na hora de...** il est temps de... • **na hora H** à l'heure H • **horas extraordinárias** heures supplémentaires • **hora de ponta** *(Port)* heure de pointe • **horas vagas** temps *(m)* libre • **a horas** à l'heure • **hora a hora** à toute heure • **de hora em hora** toutes les heures • **horas e horas** des heures et des heures • **em cima da hora** juste • *(na hora certa)* pile • **à última da hora** au dernier moment.

horário [o'rarju] *nm* horaire *(m)* • **horário de atendimento** heures *(fpl)* d'ouverture • **horário de funcionamento** heures d'ouverture • **horário nobre** heures de grande écoute.

horizontal [orizõn'tał] (*pl* **-ais** [-aiʃ]) *adj* horizontal(e).

horizonte [ori'zõntə] *nm* horizon *(m)*.

horóscopo [o'rɔʃkupu] *nm* horoscope *(m)*.

horrendo, da [u'ʀẽndu, -dɐ] *adj* affreux (euse).

horripilante [oʀipi'lẽntə] *adj* terrifiant(e).

horrível [o'ʀivɛł] (*pl* **-eis** [-ɐiʃ]) *adj* horrible.

horror [o'ʀor] (*pl* **-es** [-əʃ]) *nm* horreur *(f)* • **que horror!** quelle horreur ! • **ter horror a algo** avoir horreur de qqch • **um horror de** un tas de • **dizer horrores de alguém** raconter des horreurs sur qqn.

horta ['ɔrtɐ] *nf* potager *(m)*.

hortaliça [ortɐ'lisɐ] *nf* légumes *(mpl)* (verts).

hortelã [ortə'lɐ̃] *nf* menthe *(f)*.

hortelã-pimenta [ortəˌlɐ̃pi'mẽntɐ] *nf* menthe *(f)* poivrée.

hortênsia [or'tẽsjɐ] *nf* hortensia *(m)*.

horticultor, ra [ortikuł'tor, -rɐ] (*mpl* **-es** [-əʃ], *fpl* **-s** [-ʃ]) *nm, f* horticulteur *(m)*, -trice *(f)*.

hortigranjeiros [oxtigrɐ̃'ʒeiruʃ] *nmpl (Br) produits horticoles et de l'élevage.*

hospedagem [oʃpə'đaʒɐ̃i] *nf* hébergement *(m)*.

hospedar [oʃpə'đar] *vt* héberger.
■ **hospedar-se** *vp* **1.** loger **2.** *(em hotel)* descendre à • **hospedar-se em** loger chez.

hospedaria [oʃpeda'ria] *nf* auberge *(f)*.

hóspede ['ɔʃpəđə] *nmf* hôte *(m)*.

hospedeira [oʃpə'đɐirɐ] *nf (Port)* • **hospedeira (de bordo)** hôtesse *(f)* de l'air.

hospício [oʃ'pisju] *nm* hospice *(m)*.

hospital [oʃpi'tał] (*pl* **-ais** [-aiʃ]) *nm* hôpital *(m)*.

hospitaleiro, ra [oʃpitɐ'lɐiru, -rɐ] *adj* hospitalier(ère).

hospitalidade [oʃpitɐli'đađə] *nf* hospitalité *(f)*.

host ['xoʃtʃi] *nm* INFORM hébergeur *(m)*.

hostil [oʃ'tił] (*pl* **-is** [-iʃ]) *adj* hostile.

hotel [o'tɛł] (*pl* **-éis** [-ɛiʃ]) *nm* hôtel *(m)*.

houve ['ovə] ▷ **haver**.

hovercraft [ˌovɛr'kraftə] *nm* hovercraft *(m)*.

HTML (*abr de* **Hypertext Markup Language**) *nm* INFORM HTML *(m)*.

HTTP (*abr de* **Hypertext Transfer Protocol**) *nm* INFORM HTTP *(m)*.

humanidade [umɐni'đađə] *nf* humanité *(f)* • **a humanidade** l'humanité.
■ **humanidades** *nfpl* lettres *(fpl)* classiques.

humanitário, ria [umani'tarju, -rjɐ] *adj* humanitaire.

humano, na [u'mɐnu, -nɐ] ◼ *adj* humain(e). ◼ *nm* humain *(m)*.

humidade [umi'đađə] *nf (Port)* humidité *(f)*.

húmido, da ['umiđu, -đɐ] *adj (Port)* humide.

humildade [umił'đađə] *nf* humilité *(f)*.

humilde [u'miłđə] *adj* humble.

humilhação [umiʎɐ'sɐ̃u] (*pl* **-ões** [-õiʃ]) *nf* humiliation *(f)*.

humilhante [umi'ʎɐ̃ntə] *adj* humiliant(e).

humilhar [umi'ʎar] *vt* humilier.
■ **humilhar-se** *vp* s'humilier.

humor [u'mor] *nm* humour *(m)* • **estar de bom/mau humor** être de bonne/mauvaise humeur.

humorista [umu'riʃtɐ] *nmf* humoriste *(mf)*.

húngaro, ra ['ũŋgɐru, -rɐ] ◼ *adj* hongrois (e). ◼ *nm, f* Hongrois *(m)*, -e *(f)*. ◼ *nm (língua)* hongrois *(m)*.

Hungria [ũŋ'griɐ] *nf* • **a Hungria** la Hongrie.

hurra ['ʀuʀɐ] *interj* hourra !

I

i, I [i] *m (letra)* i, I.

ia ['iɐ] ▷ **ir**.

iate ['jatə] *nm* yacht *(m)*.

Ibama [i'bɐmɐ] *nm* **1.** *(Br)* (*abr de* **Instituto Brasileiro do Meio Ambiente e Recursos Renováveis**) *organisme brésilien pour la défense de l'environnement* **2.** ≃ SNPN *(f)* *(Société Nationale de Protection de la Nature)*.

ibérico, ca [i'bɛriku, -kɐ] *adj* ibérique.

ibero-americano, na [i,bɛrwɐmɘri'kɐnu, -nɐ] ■ *adj* latino-américain(e). ■ *nm, f* Latino-Américain *(m)*, -e *(f)*.

içar [i'sar] *vt* hisser.

ICM/S *nm (Br)* (*abr de* **Imposto sobre a circulação de Mercadorias e Serviços**) ≃ TVA *(f)* *(Taxe sur la Valeur Ajoutée)*.

ícone ['ikɔnə] *nm* icône *(f)*.

icterícia [iktə'risjɐ] *nf* jaunisse *(f)*.

ida ['iđɐ] *nf* **1.** *(partida)* allée *(f)* **2.** *(jornada)* voyage *(m)*.

idade [i'đađə] *nf* âge *(m)* • **de idade** âgé(e) • **de meia idade** d'âge mûr.

ideal [i'đjał] (*pl* **-ais** [-aiʃ]) ■ *adj* idéal(e). ■ *nm* idéal *(m)*.

idealista [iđjɐ'liʃtɐ] *adj & nmf* idéaliste.

ideia [i'đɐjɐ] *nf (Port)* idée *(f)* • **que ideia!** quelle idée ! • **mudar de ideias** changer d'avis • **não fazer ideia** n'en avoir aucune idée.

idéia [i'dɛjɐ] *nf (Br)* = **ideia**.

idêntico, ca [i'đẽntiku, -kɐ] *adj* identique.

identidade [iđẽnti'đađə] *nf* identité *(f)*.

identificação [iđẽntəfikɐ'sɐ̃u] *nf* identification *(f)*.

identificar [iđẽntəfi'kar] *vt* identifier. ■ **identificar-se** *vp* s'identifier.

ideologia [iđjulu'ʒiɐ] *nf* idéologie *(f)*.

idílico, ca [i'điliku, -kɐ] *adj* idyllique.

idioma [i'đjomɐ] *nm* langue *(f)*.

idiota [i'đjɔtɐ] *adj & nmf* idiot(e).

ídolo ['iđulu] *nm* idole *(f)*.

idóneo, nea [i'đɔnju, -njɐ] *adj (Port)* de confiance.

idôneo, nea [i'donju, -njɐ] *adj (Br)* = **idóneo**.

idoso, osa [i'đozu, -ɔzɐ] ■ *adj* âgé(e). ■ *nm, f* personne *(f)* âgée • **os idosos** les personnes âgées.

igarapé [igara'pɛ] *nm (Br)* bras *(m)* de rivière.

ignição [igni'sɐ̃u] *nf* contact *(m)* *(allumage)*.

ignorado, da [ignu'rađu, -đɐ] *adj* ignoré(e).

ignorância [ignu'rɐ̃sjɐ] *nf* ignorance *(f)*.

ignorante [ignu'rɐ̃ntə] *nmf* ignorant *(m)*, -e *(f)*.

ignorar [ignu'rar] *vt* • **ignorar algo** ignorer qqch • **ignorar alguém** ignorer qqn.

igreja [i'grɐiʒɐ] *nf* église *(f)*.

igual [i'gwał] (*pl* **-ais** [-aiʃ]) ■ *adj* **1.** *(quantidade, preço, proporção)* égal(e) **2.** *(idêntico)* pareil(eille) **3.** *(parecido)* pareil(eille). ■ *nm* égal *(m)* • **igual a** pareil à • **sem igual** sans pareil.

igualar [*(Port)* igwɐ'lar, *(Br)* igwa'lar] *vt* **1.** *(personne)* égaler **2.** *(terrain)* égaliser. ■ **igualar-se** *vp* se valoir • **os candidatos igualam-se** les candidats se valent. ■ **igualar-se a** *vp + prép* s'égaler à.

igualdade [igwał'đađə] *nf* égalité *(f)*.

igualmente [igwał'mẽntə] ■ *adv* également. ■ *interj* vous de même !

ilegal [ilə'gał] (*pl* **-ais** [-aiʃ]) *adj* illégal(e).

ilegalidade [iləgɐli'đađə] *nf* illégalité *(f)*.

ilegítimo, ma [ilə'ʒitimu, -mɐ] *adj* illégitime.

ilegível [ilə'ʒivɛł] (*pl* **-eis** [-ɐiʃ]) *adj* illisible.

ileso, sa [i'lezu, -zɐ] *adj* indemne • **sair ileso de um acidente** sortir indemne d'un accident.

ilha ['iʎɐ] *nf* île *(f)*.

ilícito, **ta** [i'lisitu, -tɐ] *adj* illicite.

ilimitado, **da** [iləmi'tađu, -đɐ] *adj* illimité (e).

Ilma. *ver também* **Ilustríssima**.

Ilmo. *ver também* **Ilustríssimo**.

ilógico, **ca** [i'lɔʒiku, -kɐ] *adj* illogique.

iludir [ilu'đir] *vt* tromper.
■ **iludir-se** *vp* se faire des illusions.

iluminação [iluminɐ'sɐ̃u] *nf* éclairage *(m)*.

iluminado, **da** [ilumi'nađu, -đɐ] *adj* **1.** *(rua)* éclairé(e) **2.** *(árvore de Natal)* illuminé(e).

iluminar [ilumi'nar] *vt* **1.** *(sala, rua)* éclairer **2.** *(monumento)* illuminer.

ilusão [ilu'zɐ̃u] (*pl* **-ões** [-õiʃ]) *nf* illusion *(f)* • **não ter ilusões** ne pas se faire d'illusions • **perder as ilusões** perdre ses illusions.

ilustração [iluʃtrɐ'sɐ̃u] (*pl* **-ões** [-õiʃ]) *nf* illustration *(f)*.

ilustrado, **da** [iluʃ'trađu, -đɐ] *adj* illustré (e).

ilustrar [iluʃ'trar] *vt (exemplificar)* illustrer.

ilustre [i'luʃtrə] *adj* illustre.

ilustríssimo, **ma** [iluʃ'trisimu, -mɐ] *adj* **1.** *(para senhores)* Monsieur **2.** *(para senhoras)* Madame.

imã ['imɐ̃] *nm (Port)* RELIG imam *(m)*.

ímã ['imɐ̃] *nm (Br)* = **íman**.

imaculado, **da** [imɐku'lađu, -đɐ] *adj* immaculé(e).

imagem [i'maʒɐ̃i] (*pl* **-ns** [-ʃ]) *nf* image *(f)*.

imaginação [imɐʒinɐ'sɐ̃u] *nf* imagination *(f)*.

imaginar [imɐʒi'nar] *vt* imaginer.
■ **imaginar-se** *vp* s'imaginer.

imaginativo, **va** [imɐʒinɐ'tivu, -vɐ] *adj* imaginatif(ive).

imame [ĩ'mami] *nm (Br)* = **imã**.

íman ['imɐ̃n] (*pl* **-es** [-ɐnəʃ]) *nm (Port) (fer)* aimant *(m)*.

imaturo, **ra** [imɐ'turu, -rɐ] *adj* immature.

imbatível [ĩmbɐ'tivɛɫ] (*pl* **-eis** [-ɐiʃ]) *adj* imbattable.

imbecil [ĩmbə'siɫ] (*pl* **-is** [-iʃ]) *adj* & *nmf* imbécile.

imediações [imədjɐ'sõiʃ] *nfpl* alentours *(mpl)* • **nas imediações de** aux alentours de.

imediatamente [imə,đjatɐ'mẽntə] *adv* immédiatement.

imediato, **ta** [imə'đjatu, -tɐ] *adj* immédiat (e) • **de imediato** *(imediatamente)* immédiatement • *(neste momento)* dans l'immédiat.

imenso, **sa** [i'mẽsu, -sɐ] ■ *adj* immense. ■ *adv* énormément.

imergir [imər'ʒir] *vt* immerger.

imigração [imigrɐ'sɐ̃u] *nf* immigration *(f)*.

imigrante [imi'grẽntə] *nmf* immigrant *(m)*, -e *(f)*.

imigrar [imi'grar] *vi* immigrer.

iminente [imi'nẽntə] *adj* imminent(e).

imitação [imitɐ'sɐ̃u] (*pl* **-ões** [-õiʃ]) *nf* imitation *(f)*.

imitar [imi'tar] *vt* imiter.

imobiliária [imuƀə'ljarjɐ] *nf* **1.** *(vendedor)* agence *(f)* immobilière **2.** *(constructor)* promoteur *(m)*.

imobilizar [imuƀəli'zar] *vt* immobiliser.
■ **imobilizar-se** *vp* s'immobiliser.

imoral [imu'raɫ] (*pl* **-ais** [-aiʃ]) *adj* immoral (e).

imóvel [i'mɔvɛɫ] (*pl* **-eis** [-ɐiʃ]) ■ *adj* **1.** *(parado)* immobile **2.** *(bem)* immobilier(ère). ■ *nm* **1.** *(prédio)* immeuble *(m)* **2.** *(valor)* bien *(m)* immobilier.

impaciência [ĩmpɐ'sjẽsjɐ] *nf* impatience *(f)*.

impaciente [ĩmpɐ'sjẽntə] *adj* impatient(e).

impacto [ĩm'paktu] *nm* impact *(m)*.

ímpar ['ĩmpar] (*pl* **-es** [-əʃ]) *adj* **1.** *(número)* impair(e) **2.** *(objecto, acção)* unique.

imparcial [ĩmpɐr'sjaɫ] (*pl* **-ais** [-aiʃ]) *adj* impartial(e).

impasse [ĩm'pasə] *nm* impasse *(f)*.

impecável [ĩmpə'kavɛɫ] (*pl* **-eis** [-ɐiʃ]) *adj* impeccable.

impedido, **da** [ĩmpə'điđu, -đɐ] *adj* **1.** *(linha)* occupé(e) **2.** *(caminho, estrada)* coupé(e).

impedimento [ĩmpəđi'mẽntu] *nm* empêchement *(m)*.

impedir [ĩmpə'đir] *vt* couper • **impedir alguém de fazer algo** empêcher qqn de faire qqch.

impelir [ĩmpə'lir] *vt* pousser.

impenetrável [ĩmpənə'travɛɫ] (*pl* **-eis** [-ɐiʃ]) *adj* impénétrable.

impensável [ĩmpẽ'savɛɫ] (*pl* **-eis** [-ɐiʃ]) *adj* impensable.

imperador [ĩmpərɐ'đor] (*pl* **-es** [-əʃ]) *nm* empereur *(m)*.

imperativo, va [ĩmpərɐ'tivu, -vɐ] ■ *adj* impératif(ive). ■ *nm* impératif *(m)*.

imperatriz [ĩmpərɐ'triʃ] (*pl* **-es** [-zəʃ]) *nf* impératrice *(f)*.

imperdoável [ĩmpər'đwavɛɫ] (*pl* **-eis** [-ɐiʃ]) *adj* impardonnable.

imperfeição [ĩmpərfɐi'sɐ̃u] (*pl* **-ões** [-õiʃ]) *nf (defeito)* imperfection *(f)*.

imperfeito, ta [ĩmpər'fɐitu, -tɐ] ■ *adj* imparfait(e). ■ *nm* imparfait *(m)*.

imperial [ĩmpə'rjaɫ] (*pl* **-ais** [-aiʃ]) *nf (Port)* chope *(f)*, bière *(f)*.

império [ĩm'pɛrju] *nm* empire *(m)*.

impermeável [ĩmpər'mjavɛɫ] (*pl* **-eis** [-ɐiʃ]) *adj* & *nm* imperméable.

impertinente [ĩmpərti'nẽntə] *adj* impertinent(e).

imperturbável [ĩmpərtur'ƀavɛɫ] (*pl* **-eis** [-ɐiʃ]) *adj* imperturbable.

impessoal [ĩmpə'swaɫ] (*pl* **-ais** [-aiʃ]) *adj* impersonnel(elle).

impetuoso, osa [ĩmpə'twozu, -ɔzɐ] *adj* impétueux(euse).

impiedade [ĩmpje'đađə] *nf* impiété *(f)*.

implacável [ĩmplɐ'kavɛɫ] (*pl* **-eis** [-ɐiʃ]) *adj* implacable.

implantação [ĩmplɐ̃ntɐ'sɐ̃u] *nf* implantation *(f)*.

implementar [ĩmpləmẽn'tar] *vt* **1.** *(lei)* mettre en application **2.** *(regime, sistema)* mettre en place.

implicar [ĩmpli'kar] *vt* impliquer.
■ **implicar com** *v* + *prép* titiller.

implícito, ta [ĩm'plisitu, -tɐ] *adj* implicite.

implorar [ĩmplu'rar] *vt* implorer.

imponente [ĩmpu'nẽntə] *adj* imposant(e).

impopular [ĩmpupu'lar] (*pl* **-es** [-əʃ]) *adj* impopulaire.

impor [ĩm'por] *vt* imposer.
■ **impor-se** *vp* s'imposer • **impor algo a alguém** imposer qqch à qqn.

importação [ĩmpurtɐ'sɐ̃u] (*pl* **-ões** [-õiʃ]) *nf* importation *(f)*.

importado, da [ĩmpur'tađu, -đɐ] *adj* importé(e).

importância [ĩmpur'tɐ̃sjɐ] *nf* importance *(f)*.

importante [ĩmpur'tɐ̃ntə] ■ *adj* important(e). ■ *nm* • **o importante é...** l'important c'est....

importar [ĩmpur'tar] ■ *vt* **1.** *(mercadoria, produto)* importer **2.** *(ideia)* prendre. ■ *vi* avoir de l'importance.
■ **importar-se** *vp* • **importa-se de...?** ça ne vous dérange pas de... ? • **não importa** ça n'a pas d'importance • **não me importa** ça m'est égal • **pouco importa** peu importe.

imposição [ĩmpuzi'sɐ̃u] (*pl* **-ões** [-õiʃ]) *nf* imposition *(f)*.

impossibilitar [ĩmpusiƀəlitar] *vt* rendre impossible.

impossível [ĩmpu'sivɛɫ] (*pl* **-eis** [-ɐiʃ]) ■ *adj* impossible. ■ *nm* • **o impossível** l'impossible *(m)* • **querer o impossível** vouloir l'impossible.

imposto [ĩm'poʃtu] *nm* impôt *(m)* • **imposto de renda** *(Br)* impôt sur le revenu • **imposto sobre os rendimentos** *(Port)* impôt sur le revenu • **imposto sobre o valor acrescentado** *(Port)* taxe *(f)* sur la valeur ajoutée.

impostor, ra [ĩmpuʃ'tor, -rɐ] (*mpl* **-es** [-əʃ], *fpl* **-s** [-ʃ]) *nm, f* imposteur *(m)*.

impotente [ĩmpu'tẽntə] *adj* impuissant(e).

impraticável [ĩmprɐti'kavɛɫ] (*pl* **-eis** [-ɐiʃ]) *adj (estrada, caminho)* impraticable.

impreciso, sa [ĩmprə'sizu, -zɐ] *adj* imprécis(e).

impregnar [ĩmprəg'nar] *vt* imprégner.
■ **impregnar-se de** *vp* + *prép* s'imprégner de.

imprensa [ĩm'prẽsɐ] *nf* presse *(f)*.

imprescindível [ĩmprəʃsĩn'divɛɫ] (*pl* **-eis** [-ɐiʃ]) *adj* indispensable.

impressão [ĩmprə'sɐ̃u] (*pl* **-ões** [-õiʃ]) *nf* impression *(f)* • **ter a impressão que** avoir l'impression que • **impressão digital** empreinte *(f)* digitale • **causar boa impressão** faire bonne impression.

impressionante [ĩmprəsju'nẽntə] *adj* impressionnant(e).

impressionar [ĩmprəsju'nar] *vt* impressionner.

impresso, a [ĩm'prɛsu, -ɐ] ■ *adj* imprimé(e). ■ *nm* formulaire *(m)*.

impressões ▷ **impressão**.

impressora [ĩmprəˈsorɐ] *nf* imprimante *(f)*.

imprestável [ĩmprəʃˈtavɛɫ] (*pl* **-eis** [-ɐiʃ]) *adj* **1.** *(não prestativo)* désobligeant(e) **2.** *(inútil)* inutilisable.

imprevisível [ĩmprəviˈzivɛɫ] (*pl* **-eis** [-ɐiʃ]) *adj* imprévisible.

imprevisto, **ta** [ĩmprəˈviʃtu, -tɐ] ■ *adj* imprévu(e). ■ *nm* imprévu *(m)*.

imprimir [ĩmpriˈmir] *vt* imprimer.

impróprio, **pria** [ĩmˈprɔpriu, -priɐ] *adj* • **impróprio para beber** non potable • **impróprio para comer** impropre à la consommation • **impróprio para morar** insalubre.

improvável [ĩmpruˈvavɛɫ] (*pl* **-eis** [-ɐiʃ]) *adj* improbable.

improvisar [ĩmpruviˈzar] *vt* & *vi* improviser.

improviso [ĩmpruˈvizu] *nm* improvisation *(f)* • **de improviso** à l'improviste.

imprudente [ĩmpruˈđẽntə] *adj* imprudent (e).

impulsionar [ĩmpuɫsjuˈnar] *vt* stimuler.

impulsivo, **va** [ĩmpuɫˈsivu, -vɐ] *adj* impulsif (ive).

impulso [ĩmˈpuɫsu] *nm* **1.** *(incitamento)* impulsion *(f)* **2.** *(Port) (de chamada telefónica)* unité *(f)*.

impune [ĩmˈpunə] *adj* impuni(e).

impureza [ĩmpuˈrezɐ] *nf* impureté *(f)*.

impuro, **ra** [ĩmˈpuru, -rɐ] *adj* impur(e).

imundície [imũnˈdisjə] *nf* **1.** *(sujidade)* crasse *(f)* **2.** *(lixo)* immondices *(fpl)*.

imune [iˈmunə] *adj* • **imune a** *(a doença)* immunisé(e) contre • *(a ataques)* insensible à.

inábil [iˈnaƀiɫ] (*pl* **-beis** [-ƀɐiʃ]) *adj* malhabile.

inabitado, **da** [inɐƀiˈtađu, -đɐ] *adj* inhabité (e).

inacabado, **da** [inɐkɐˈƀađu, -đɐ] *adj* inachevé(e).

inaceitável [inɐsɐiˈtavɛɫ] (*pl* **-eis** [-ɐiʃ]) *adj* inacceptable.

inacessível [inɐsəˈsivɛɫ] (*pl* **-eis** [-ɐiʃ]) *adj* inaccessible.

inacreditável [inɐkrəđiˈtavɛɫ] (*pl* **-eis** [-ɐiʃ]) *adj* incroyable.

inactividade [inɐtəviˈđađə] *nf (Port)* inactivité *(f)*.

inactivo, **va** [inaˈtivu, -vɐ] *adj* **1.** *(Port) (máquina)* à l'arrêt **2.** *(vulcão)* éteint(e) **3.** *(pessoa)* inactif(ive).

inadequado, **da** [inɐđəˈkwađu, -đɐ] *adj* inadéquat(e).

inadiável [inɐˈđjavɛɫ] (*pl* **-eis** [-ɐiʃ]) *adj* **1.** *(problema)* urgent(e) **2.** *(encontro, reunião)* qui ne peut être reporté(e).

inadvertido, **da** [inɐđvərˈtiđu, -đɐ] *adj* involontaire.

inalador [inɐlɐˈđor] (*pl* **-es** [-əʃ]) *nm* inhalateur *(m)*.

inalar [inɐˈlar] *vt* inhaler.

inalcançável [inaɫkɐ̃ˈsavɛɫ] (*pl* **-eis** [-ɐiʃ]) *adj* inaccessible.

inanimado, **da** [inɐniˈmađu, -đɐ] *adj* inanimé(e).

inaptidão [inɐptiˈđɐ̃u] *nf* inaptitude *(f)*.

inapto, **pta** [iˈnaptu, -ptɐ] *adj* inapte.

inarticulado, **da** [inɐrtikuˈlađu, -đɐ] *adj* inarticulé(e).

INATEL [inaˈtɛɫ] *nm (Port)* (*abr de* **Instituto Nacional de Tempos Livres**) *centre de loisirs national*.

inatingível [inɐtĩˈʒivɛɫ] (*pl* **-eis** [-ɐiʃ]) *adj* inaccessible.

inatividade [inatʃiviˈdadʒi] *nf (Br)* = **inactividade**.

inativo [inaˈtʃivu] *(Br)* = **inactivo**.

inato, **ta** [ˈinatu, -tɐ] *adj* inné(e).

inauguração [inauguɾɐˈsɐ̃u] (*pl* **-ões** [-õiʃ]) *nf* inauguration *(f)*.

inaugurar [inauguˈrar] *vt* inaugurer.

incansável [ĩŋkɐ̃ˈsavɛɫ] (*pl* **-eis** [-ɐiʃ]) *adj* infatigable.

incapacidade [ĩŋkɐpɐsiˈđađə] *nf* incapacité *(f)*.

incapaz [ĩŋkɐˈpaʃ] (*pl* **-es** [-zəʃ]) *adj* incapable.

incendiar [ĩsẽnˈdjar] *vt* mettre le feu à. ■ **incendiar-se** *vp* prendre feu.

incêndio [ĩˈsẽndju] *nm* incendie *(m)*.

incenso [ĩˈsẽsu] *nm* encens *(m)*.

incentivar [ĩsẽntiˈvar] *vt* encourager.

incentivo [ĩsẽnˈtivu] *nm* **1.** encouragement *(m)* **2.** *(dinheiro)* prime *(f)*.

incerteza [ĩsərˈtezɐ] *nf* incertitude *(f)* • **ficar na incerteza** être perplexe.

incerto, **ta** [ĩ'sɛrtu, -tɐ] *adj* incertain(e).

incesto [ĩ'seʃtu] *nm* inceste *(m)*.

inchação [ĩʃa'sɐ̃u] *nf (Br)* = **inchaço**.

inchaço [ĩ'ʃasu] *nm (Port)* boursouflure *(f)*.

inchado, **da** [ĩ'ʃađu, -đɐ] *adj* **1.** *(tumefacto)* enflé(e) **2.** *fig (envaidecido)* infatué(e).

inchar [ĩ'ʃar] *vi* enfler.

incidência [ĩsi'đẽsjɐ] *nf* incidence *(f)*.

incidente [ĩsi'đẽntə] *nm* incident *(m)*.

incineração [ĩsinərɐ'sɐ̃u] *(pl* **-ões** [-õiʃ]) *nf* incinération *(f)*.

incisivo, **va** [ĩsi'zivu, -vɐ] ■ *adj* incisif(ive). ■ *nm* incisive *(f)*.

incitar [ĩsi'tar] *vt* inciter.

inclemente [ĩŋklə'mẽntə] *adj* sévère.

inclinação [ĩŋklinɐ'sɐ̃u] *(pl* **-ões** [-õiʃ]) *nf* **1.** *(de objecto, linha, edifício)* inclinaison *(f)* **2.** *fig (propensão)* inclination *(f)*, penchant *(m)*.

inclinado, **da** [ĩŋkli'nađu, -đɐ] *adj* incliné(e).

inclinar [ĩŋkli'nar] *vt* incliner.
■ **inclinar-se** *vp* s'incliner.

incluído, **da** [ĩŋklu'iđu, -đɐ] *adj* inclus(e), compris(e).

incluir [ĩŋklu'ir] *vt* **1.** inclure **2.** *(conter)* comprendre.

inclusivamente [ĩŋklu,zivɐ'mẽntə] *adv* même.

inclusive [ĩŋklu'zivɛ] *adv* y compris.

incoerente [ĩŋkwe'rẽntə] *adj* incohérent(e).

incógnita [ĩŋ'kɔgnitɐ] *nf* inconnue *(f)*.

incógnito, **ta** [ĩ'kɔgnitu, -tɐ] *adj* inconnu(e).

incolor [ĩŋku'lor] *(pl* **-es** [-əʃ]) *adj* incolore.

incomodar [ĩŋkumu'đar] *vt* **1.** *(importunar)* déranger **2.** *(afligir)* affecter • **'não incomodar'** 'ne pas déranger'.
■ **incomodar-se** *vp* s'inquiéter • **incomoda-se se eu fumar?** cela vous dérange si je fume ?

incómodo, **da** [ĩŋ'kɔmuđu, -đɐ] ■ *adj (Port)* pas confortable. ■ *nm (Port)* dérangement *(m)*.

incômodo, **da** [ĩŋ'komodu, -dɐ] *adj* & *nm (Br)* = **incómodo**.

incomparável [ĩŋkõmpɐ'ravɛɫ] *(pl* **-eis** [-ɐiʃ]) *adj* incomparable.

incompatível [ĩŋkõmpɐ'tivɛɫ] *(pl* **-eis** [-ɐiʃ]) *adj* incompatible.

incompetente [ĩŋkõmpə'tẽntə] *adj* & *nmf* incompétent(e).

incompleto, **ta** [ĩŋkõm'plɛtu, -tɐ] *adj* incomplet(ète).

incomum [ĩŋku'mũ] *(pl* **-ns** [-ʃ]) *adj* hors du commun.

incomunicável [ĩŋkumuni'kavɛɫ] *(pl* **-eis** [-ɐiʃ]) *adj* **1.** *(isolado)* injoignable **2.** *(bens)* intransmissible.

incomuns ▷ **incomum**.

inconcebível [ĩŋkõsə'bivɛɫ] *(pl* **-eis** [-ɐiʃ]) *adj* inconcevable.

incondicional [ĩŋkõndəsju'naɫ] *(pl* **-ais** [-aiʃ]) *adj* **1.** *(proposta, contrato)* sans condition **2.** *(apoio, rendição, partidário)* inconditionnel(elle).

inconfidência [ĩŋkõfi'dẽsja] *nf* indiscrétion *(f)*, infidélité *(f)*.

inconfidente [ĩŋkõfi'dẽtʃi] *adj* indiscret(ète), infidèle.

inconformado, **da** [ĩŋkõfur'mađu, -đɐ] *adj* • **estar inconformado** ne pas se faire à l'idée de.

inconfundível [ĩŋkõfũn'divɛɫ] *(pl* **-eis** [-ɐiʃ]) *adj* **1.** *(voz, cheiro)* caractéristique **2.** *(casa, rua)* facilement repérable.

inconsciência [ĩŋkõʃ'sjẽsjɐ] *nf* inconscience *(f)*.

inconsciente [ĩŋkõʃ'sjẽntə] ■ *adj* inconscient(e). ■ *nm* inconscient *(m)*.

incontestável [ĩŋkõntəʃ'tavɛɫ] *(pl* **-eis** [-ɐiʃ]) *adj* incontestable.

inconveniência [ĩŋkõvə'njẽsjɐ] *nf* **1.** *(problema, desvantagem)* inconvénient *(m)* **2.** *(grosseria)* grossièreté *(f)*.

inconveniente [ĩŋkõvə'njẽntə] ■ *adj* **1.** *(pessoa)* grossier(ère) **2.** *(assunto)* déplacé(e). ■ *nm* inconvénient *(m)* • **não ver inconveniente em que** ne pas voir d'inconvénient à ce que.

incorporar [ĩŋkurpu'rar] *vt* **1.** *(unir)* ajouter **2.** *(juntar)* incorporer.

incorrecto, **ta** [ĩŋku'ʀɛtu, -tɐ] *adj (Port)* incorrect(e).

incorreto, **ta** [ĩŋko'xɛtu, -tɐ] *adj (Br)* = **incorrecto**.

incorrigível [ĩŋkuʀə'ʒivɛɫ] (*pl* **-eis** [-ɐiʃ]) *adj* incorrigible.

incrédulo, **la** [ĩŋ'krɛđulu, -lɐ] *adj* incrédule.

incrível [ĩŋ'krivɛɫ] (*pl* **-eis** [-ɐiʃ]) *adj* **1.** incroyable **2.** *(pessoa)* étonnant(e) **3.** *(lugar, espectáculo, paisagem)* fantastique.

incubadora [ĩŋkuƀɐ'đorɐ] *nf* couveuse *(f)*.

inculto, **ta** [ĩŋ'kuɫtu, -tɐ] *adj* inculte.

incumbir [ĩŋkũm'bir] *vt* • **incumbir alguém de fazer algo** charger qqn de faire qqch. ■ **incumbir a** *v + prép* • **incumbir a alguém fazer algo** être à qqn de faire qqch. ■ **incumbir-se de** *vp + prép* • **incumbir-se de fazer algo** se charger de faire qqch.

incurável [ĩŋku'ravɛɫ] (*pl* **-eis** [-ɐiʃ]) *adj* incurable.

indagar [ĩndɐ'gar] *vi* rechercher.

indecente [ĩndə'sẽntə] *adj* indécent(e).

indecisão [ĩndəsi'zɐ̃u] (*pl* **-ões** [-õiʃ]) *nf* indécision *(f)*.

indeciso, **sa** [ĩndə'sizu, -zɐ] *adj* indécis(e) • **estar indeciso** hésiter.

indecisões ▻ **indecisão**.

indecoroso, **osa** [ĩndəku'rozo, -ɔzɐ] *adj* indécent(e).

indefeso, **sa** [ĩndə'fezu, -zɐ] *adj* sans défense.

indefinido, **da** [ĩndəfə'nidu, -đɐ] *adj* **1.** *(prazo)* indéterminé(e) **2.** GRAMM indéfini(e).

indelicado, **da** [ĩndəli'kađu, -đɐ] *adj* impoli(e).

indemnização [ĩndəmnizɐ'sɐ̃u] (*pl* **-ões** [-õiʃ]) *nf* **1.** *(Port)* indemnisation *(f)* **2.** *(pagamento)* indemnité *(f)* • **indemnização por perdas e danos** dommages et intérêts *(mpl)*.

indemnizar [ĩndəmni'zar] *vt (Port)* indemniser.

indenização [ĩndeniza'sɐ̃w] *(Br)* = **indemnização**.

indenizar [ĩndeni'zax] *vt (Br)* = **indemnizar**.

independência [ĩndəpẽn'dẽsjɐ] *nf* indépendance *(f)*.

independente [ĩndəpẽn'dẽntə] *adj* indépendant(e).

independentemente [ĩndəpẽn,dẽntə'mẽntə] ■ **independentemente de** *prép* indépendamment de.

CULTURE...

A independência do Brasil

L'indépendance du Brésil est proclamée le 7 septembre 1822 à São Paulo. Dom Pedro se proclame empereur du Brésil sous le nom de Pierre Ier du Brésil et le 25 mars 1824, la première Constitution brésilienne est écrite. En 1825, le roi Jean VI de Portugal reconnaît l'indépendance du Brésil. Le 7 septembre est devenu la fête nationale du Brésil.

indescritível [indəʃkri'tivɛɫ] (*pl* **-eis** [-ɐiʃ]) *adj* indescriptible.

indesejável [ĩndəzə'ʒavɛɫ] (*pl* **-eis** [-ɐiʃ]) *adj* **1.** *(pessoa)* indésirable **2.** *(situação)* gênant(e).

indestrutível [ĩndəʃtru'tivɛɫ] (*pl* **-eis** [-ɐiʃ]) *adj* **1.** *(construção)* indestructible **2.** *fig (argumento)* irréfutable.

indeterminado, **da** [ĩndətərmi'nađu, -đɐ] *adj* indéterminé(e).

indevido, **da** [ĩndə'viđu, -đɐ] *adj* **1.** *(comportamento)* déplacé(e) **2.** *(hora)* indu(e).

Índia [*(Port)* 'ĩndjɐ, *(Br)* 'ĩndʒja] *nf* • **a Índia** l'Inde *(f)*.

indiano, **na** [*(Port)* ĩn'djɐnu, -nɐ, *(Br)* ĩn'dʒjanu, -na] ■ *adj* indien(enne). ■ *nm, f* Indien *(m)*, -enne *(f) (d'Inde)*.

indicação [ĩndikɐ'sɐ̃u] (*pl* **-ões** [-õiʃ]) *nf* indication *(f)*.

indicador [ĩndikɐ'đor] (*pl* **-es** [-əʃ]) *nm* **1.** *(dedo)* index *(m)* **2.** *(de temperatura, conta-quilómetros)* indicateur *(m)*.

indicar [ĩndi'kar] *vt* indiquer.

indicativo, **va** [ĩndikɐ'tivu, -vɐ] ■ *adj* indicatif(ive). ■ *nm* indicatif *(m)*.

índice ['ĩndisə] *nm* **1.** *(em livro)* table *(f)* des matières **2.** *(por ordem alfabética, dedo)* index *(m)* **3.** *(nível)* indice *(m)* • **índice de inflação** taux *(m)* d'inflation.

indício [in'dʒisju] *nm* indice *(m)*, indication *(f)*.

Índico ['ĩndiku] *nm* • **o (oceano) Índico** l'océan *(m)* Indien.

indiferença [ĩndifə'rẽsɐ] *nf* indifférence *(f)*.

indiferente [ĩndifə'rẽntə] *adj* indifférent(e) • **é-me indiferente** ça m'est égal.

indígena [ĩn'diʒənɐ] *adj* & *nmf* indigène.

indigestão [ĩndiʒəʃ'tɐ̃u] *nf* indigestion *(f)*.

indigesto, ta [ĩndi'ʒɛʃtu, -tɐ] *adj* indigeste.

indignação [ĩndigɲɐ'sɐ̃u] (*pl* **-ões** [-õiʃ]) *nf* indignation *(f)*.

indigno, gna [ĩn'dignu, -nɐ] *adj* indigne.

índio, dia [*(Port)* 'ĩndju, -djɐ, *(Br)* dʒju, -dʒja] ■ *adj* indien(enne). ■ *nm, f* Indien *(m)*, -enne *(f) (d'Amérique)*.

CULTURE...

Os Índios da Amazónia

Les Indiens d'Amazonie forment plusieurs peuples et de nombreuses tribus : les Guaranis, les Tupis, les Yanomamis, *etc.* Chaque tribu a une langue, une religion, des traditions et un système social différents. Les Indiens vivent en communauté sur de grandes étendues et les communautés ne dépassent pas 200 personnes. Les Indiens vivent de cueillette, de chasse et cultivent le manioc. Ils ont ainsi un mode de vie en accord avec la nature. Les Indiens accordent une grande importance aux loisirs et aux cérémonies comme les danses ou les chants.

indirecta [ĩndi'rɛtɐ] *nf (Port) fig* sous-entendu *(m)* • **mandar uma indirecta** *fam (criticar)* lancer une pique • *(insinuar)* faire une allusion.

indirecto, ta [ĩndi'rɛtu, -tɐ] *adj (Port)* indirect(e).

indireto, ta [ĩndʒi'rɛtu, -tɐ] *adj (Br)* = **indirecto**.

indisciplinado, da [ĩndəʃsipli'nađu, -đɐ] *adj* indiscipliné(e).

indiscreto, ta [ĩndəʃ'krɛtu, -tɐ] *adj* indiscret(ète).

indiscutível [ĩndəʃku'tivɛł] (*pl* **-eis** [-ɐiʃ]) *adj* indiscutable.

indispensável [ĩndəʃpẽ'savɛł] (*pl* **-eis** [-ɐiʃ]) ■ *adj* indispensable. ■ *nm* • **o indispensável** l'indispensable *(m)*.

indisposição [ĩndəʃpuzi'sɐ̃u] (*pl* **-ões** [-õiʃ]) *nf* malaise *(m)*.

indisposto, osta [ĩndəʃ'poʃtu, -ɔʃtɐ] *adj* indisposé(e).

indistinto, ta [ĩndəʃ'tĩntu, -tɐ] *adj* indistinct(e).

individual [ĩndəvi'đwał] (*pl* **-ais** [-aiʃ]) *adj* individuel(elle).

indivíduo [ĩndə'viđwu] *nm* **1.** *(pessoa)* individu *(m)* **2.** *fam (homem)* type *(m)*.

índole ['ĩndulə] *nf* nature *(f) (caractère)*.

indolência [ĩndo'lẽsja] *nf* indolence *(f)*.

indolente [ĩndo'lẽntʃi] *adj* indolent(e).

indolor [ĩndu'lor] (*pl* **-es** [-əʃ]) *adj* indolore.

Indonésia [ĩndɔ'nɛzjɐ] *nf* • **a Indonésia** l'Indonésie *(f)*.

indulgência [ĩnduł'ʒẽsjɐ] *nf* indulgence *(f)*.

indulgente [ĩnduł'ʒẽntə] *adj* indulgent(e).

indumentária [ĩndumẽn'tarjɐ] *nf péj* accoutrement *(m)*.

indústria [ĩn'duʃtriɐ] *nf* industrie *(f)*.

induzir [ĩndu'zir] *vt* • **induzir alguém a fazer algo** pousser qqn à faire qqch • **induzir alguém em erro** induire qqn en erreur.

inédito, ta [i'nɛđitu, -tɐ] *adj* **1.** *(filme, peça de teatro, livro)* inédit(e) **2.** *(acontecimento)* inouï(e).

ineficaz [inəfi'kaʃ] (*pl* **-es** [-zəʃ]) *adj* inefficace.

inegável [inə'gavɛł] (*pl* **-eis** [-ɐiʃ]) *adj* indéniable.

inércia [i'nɛrsjɐ] *nf* inertie *(f)*.

inerte [i'nɛrtə] *adj* inerte.

inesgotável [inəʒgu'tavɛł] (*pl* **-eis** [-ɐiʃ]) *adj* inépuisable.

inesperado, da [inəʃpə'rađu, -đɐ] *adj* inattendu(e).

inesquecível [inəʃkɛ'sivɛł] (*pl* **-eis** [-ɐiʃ]) *adj* inoubliable.

inestimável [inəʃti'mavɛł] (*pl* **-eis** [-ɐiʃ]) *adj* inestimable.

inevitável [inəvi'tavɛł] (*pl* **-eis** [-ɐiʃ]) *adj* inévitable.

inexequível [ineze'kwivɛw] (*pl* **-eis** [-ejʃ]) *adj* irréalisable.

inexistência [inəziʃ'tẽsjɐ] *nf* inexistence *(f)*.

inexperiência [inəʃpə'rjẽsjɐ] *nf* inexpérience *(f)*, manque *(m)* d'expérience.

inexperiente [inəʃpə'rjẽntə] *adj* **1.** *(sem experiência)* inexpérimenté(e) **2.** *fig (inocente)* novice.

infalível [ĩfɐ'livɛł] (*pl* **-eis** [-ɐiʃ]) *adj* **1.** *(método, sistema, plano)* infaillible **2.** *(inevitável)* garanti(e).

infâmia [ĩ'fɐmjɐ] *nf* calomnie *(f)*.

infância [ĩ'fɐ̃sjɐ] *nf* enfance *(f)*.

infantário [ĩfɐ̃n'tarju] *nm (Port)* crèche *(f)*.

infantil [ĩfɐ̃n'tiɫ] *(pl* **-is** [-iʃ]) *adj* **1.** *(literatura, programa)* pour enfants **2.** *péj (imaturo)* infantile **3.** *(jogo, linguagem)* enfantin(e).

infecção [ĩfɛ'sɐ̃u] *(pl* **-ões** [-õiʃ]) *nf* infection *(f)*.

infeccioso, **osa** [ĩfɛ'sjozu, -ɔzɐ] *adj* infectieux(euse).

infecções ▷ **infecção**.

infectado, **da** [ĩfɛ'tađu, -đɐ] *adj* infecté(e).

infectar [ĩfɛ'tar] *vt* infecter.

infelicidade [ĩfəlisi'đađə] *nf* malheur *(m)* • **mas que infelicidade!** quel malheur ! • **tive a infelicidade de** j'ai eu le malheur de.

infeliz [ĩfə'liʃ] *(pl* **-es** [-zəʃ]) *adj & nmf* malheureux(euse) • **ser infeliz** être malheureux.

infelizmente [ĩfəliʒ'mẽntə] *adv* malheureusement.

inferior [ĩfə'rjor] *(pl* **-es** [-əʃ]) *adj* inférieur (e) • **um número inferior de** moins de • **piso** *OU* **andar inferior** étage du dessous.

inferno [ĩ'fɛrnu] *nm* • **o Inferno** l'enfer *(m)* • **isto é um inferno!** c'est l'enfer ! • **vá para o inferno!** *fam* allez au diable !

infertilidade [ĩfextʃili'dadʒi] *nf* infertile *(f)*.

infestar [ĩfəʃ'tar] *vt* infester.

infetado [ĩfe'tadu] *(Br)* = **infectado**.

infetar [ĩfe'ta(x)] *(Br)* = **infectar**.

infiel [ĩ'fjɛɫ] *(pl* **-éis** [-ɛiʃ]) *adj* infidèle.

infiltrar-se [ĩfiɫ'trarsə] *vp* s'infiltrer.

ínfimo, **ma** ['ĩfimu, -mɐ] *adj* **1.** *(muito pequeno)* infime **2.** *fig (reles, sem importância)* misérable.

infindável [ĩfĩn'davɛɫ] *(pl* **-eis** [-ɐiʃ]) *adj* interminable.

infinidade [ĩfəni'đađə] *nf* infinité *(f)*.

infinitivo [ĩfəni'tivu] *nm* infinitif *(m)*.

infinito, **ta** [ĩfə'nitu, -tɐ] ■ *adj* infini(e). ■ *nm* infini *(m)*.

inflação [ĩfla'sɐ̃u] *nf* inflation *(f)*.

inflamação [ĩflɐmɐ'sɐ̃u] *(pl* **-ões** [-õiʃ]) *nf* inflammation *(f)*.

inflamado, **da** [ĩflɐ'mađu, -đɐ] *adj* enflammé(e).

inflamar [ĩflɐ'mar] *vt* enflammer.

inflamável [ĩflɐ'mavɛɫ] *(pl* **-eis** [-ɐiʃ]) *adj* inflammable • **'inflamável'** 'inflammable'.

inflável [ĩ'flavɛw] *(Br)* = **insuflável**.

inflexível [ĩflɛk'sivɛɫ] *(pl* **-eis** [-ɐiʃ]) *adj* inflexible.

influência [ĩflu'ẽsjɐ] *nf* influence *(f)* • **ter influência** avoir de l'influence.

influente [ĩflu'ẽntə] *adj* influent(e).

influir [ĩflu'ir] ■ **influir em** *v + prép* influer sur.

informação [ĩfurmɐ'sɐ̃u] *(pl* **-ões** [-õiʃ]) *nf* information *(f)*.
■ **informações** *nfpl* renseignements *(mpl)*.

informal [ĩfur'maɫ] *(pl* **-ais** [-aiʃ]) *adj* **1.** *(linguagem)* courant(e) **2.** *(roupa)* décontracté (e).

informalidade [ĩfoxmali'dadʒi] *nf* caractère *(m)* informel de qqch • **informalidade da economia** économie *(f)* informelle.

informar [ĩfur'mar] *vt* informer • **informar alguém de** *OU* **sobre algo** informer qqn de *OU* au sujet de qqch.
■ **informar-se** *vp* s'informer • **informar-se sobre** se renseigner sur.

informática [ĩfur'matikɐ] *nf* informatique *(f)*.

informativo, **va** [ĩfurmɐ'tivu, -vɐ] *adj* d'information.

informatizar [ĩfurmɐti'zar] *vt* informatiser.

infortúnio [ĩfur'tunju] *nm* malheur *(m)*.

infração [ĩfra'sɐ̃u] *(pl* **-ões** [-õiʃ]) *nf (Br)* = **infracção**.

infracção [ĩfra'sɐ̃u] *(pl* **-ões** [-õiʃ]) *nf (Port)* infraction *(f)*.

infrações ▷ **infração**.

infractor, **ra** [ĩfra'tor, -rɐ] *(mpl* **-es** [-əʃ], *fpl* **-s** [-ʃ]) *nm, f (Port)* contrevenant *(m)*, -e *(f)*.

infrator, **ra** [ĩfra'tox, -rɐ] *(mpl* **-es** [-iʃ], *fpl* **-s** [-ʃ]) *nm, f (Br)* = **infractor**.

infravermelho, **lha** [ĩfrɐvər'mɐʎu, -ʎɐ] *adj* infrarouge.

infringir [ĩfrĩ'ʒir] *vt* enfreindre.

infrutífero, **ra** [ĩfru'tifəru, -rɐ] *adj* infructueux(euse).

infundado, **da** [ĩfũn'dađu, -đɐ] *adj* infondé (e).

infusão [*(Port)* ĩfu'zɐ̃u, *(Br)* ĩfu'zɑ̃w] *nf* tisane *(f)*.

ingenuidade [ĩʒənwi'đađə] *nf* naïveté *(f)*.

ingénuo, **nua** [ĩ'ʒɛnwu, -nwɐ] *adj* & *nm, f* naïf (naïve).

ingênuo [ĩ'ʒenwu] *(Br)* = **ingénuo**.

ingerir [ĩʒə'rir] *vt* absorber.

Inglaterra [*(Port)* ĩŋglɐ'tɛʀɐ, *(Br)* ĩŋgla'tɛxa] *nf* • **a Inglaterra** l'Angleterre.

inglês, **esa** [ĩŋ'gleʃ, eza] ■ *adj* anglais(e).
■ *nm (língua)* anglais *(m)*.
■ **inglês**, **esa** *nm, f* Anglais *(m)*, -e *(f)* • **para inglês ver** en mettre plein la vue.

ingratidão [ĩŋgrɐti'đɐ̃u] *nf* ingratitude *(f)*.

ingrato, **ta** [ĩŋ'gratu, -tɐ] *adj* ingrat(e).

ingrediente [ĩŋgrə'đjẽntə] *nm* ingrédient *(m)*.

íngreme [ĩŋgrəmə] *adj* **1.** *(rua, encosta)* escarpé(e) **2.** *(escadas)* raide **3.** *(encosta)* abrupt(e).

ingresso [ĩŋ'grɛsu] *nm* **1.** entrée *(f)* **2.** *(admissão)* admission *(f)*.

inhame [i'ɲɐmə] *nm* igname *(f)*.

inibição [inəƀi'sɐ̃u] (*pl* **-ões** [-õiʃ]) *nf* timidité *(f)*.

inibido, **da** [inə'ƀiđu, -đɐ] *adj* timide.

inicial [ini'sjał] (*pl* **-ais** [-aiʃ]) ■ *adj* initial(e).
■ *nf* initiale *(f)*.

iniciar [ini'sjar] *vt* commencer • **iniciar alguém em algo** initier qqn à qqch.
■ **iniciar-se** *vp* commencer • **iniciar-se em** débuter dans.

iniciativa [inisjɐ'tivɐ] *nf* initiative *(f)* • **ter iniciativa** avoir de l'initiative.

início [i'nisju] *nm* début *(m)* • **no início** au début • **desde o início** depuis le début.

inimigo, **ga** [inə'migu, -gɐ] *adj* & *nm, f* ennemi(e).

ininterruptamente [inĩntəˌʀuptɐ'mẽntə] *adv* sans arrêt.

injeção [ĩʒe'sɐ̃u] (*pl* **-ões** [-õiʃ]) *nf (Br)* = **injecção**.

injecção [ĩʒɛ'sɐ̃u] (*pl* **-ões** [-õiʃ]) *nf (Port)* MÉD piqûre *(f)* • **dar uma injecção** faire une piqûre.

injeções ▷ **injeção**.

injectar [ĩʒɛ'tar] *vt (Port)* injecter.
■ **injectar-se** *vp (Port) fam* se piquer *(se droguer)*.

injetar [ĩʒe'tax] *vt (Br)* = **injectar**.

injúria [ĩ'ʒurjɐ] *nf* injure *(f)*.

injuriar [ĩʒu'rjar] *vt* injurier.

injustiça [ĩʒuʃ'tisɐ] *nf* injustice *(f)*.

injusto, **ta** [ĩ'ʒuʃtu, -tɐ] *adj* injuste.

inocência [inu'sẽsjɐ] *nf* innocence *(f)*.

inocentar [inusẽn'tar] *vt* • **inocentar alguém (de algo)** innocenter qqn (de qqch).

inocente [inu'sẽntə] *adj* innocent(e) • **ser** OU **estar inocente** être innocent.

inoculação [inɔkulɐ'sɐ̃u] (*pl* **-ões** [-õiʃ]) *nf* inoculation *(f)*.

inócuo, **cua** [i'nɔkwu, -kwɐ] *adj* inoffensif (ive).

inofensivo, **va** [inufẽ'sivu, -vɐ] *adj* inoffensif(ive).

inoportuno, **na** [inupur'tunu, -nɐ] *adj* importun(e).

inovação [inuvɐ'sɐ̃u] (*pl* **-ões** [-õiʃ]) *nf* innovation *(f)*.

inox [i'nɔksə] *nm* Inox® *(m)*.

inoxidável [inɔksi'đavɛł] (*pl* **-eis** [-ɐiʃ]) *adj* inoxydable.

inquérito [ĩŋ'kɛritu] *nm* enquête *(f)*.

inquietação [ĩŋkjɛtɐ'sɐ̃u] *nf* **1.** *(agitação)* agitation *(f)* **2.** *(preocupação)* inquiétude *(f)*.

inquietante [ĩŋkjɛ'tẽntə] *adj* inquiétant(e).

inquietar [*(Port)* ĩŋkjɛ'tar, *(Br)* ĩŋkje'ta(x)] *vt* inquiéter.
■ **inquietar-se** *vp* s'inquiéter.

inquilino, **na** [ĩŋkə'linu, -nɐ] *nm, f* locataire *(mf)*.

insaciável [ĩsɐ'sjavɛł] (*pl* **-eis** [-ɐiʃ]) *adj* insatiable.

insalubre [ĩsɐ'luƀrə] *adj* insalubre.

insanidade [ĩsɐni'đađə] *nf* insanité *(f)* *(mentale)*.

insatisfação [ĩsɐtəʃfɐ'sɐ̃u] (*pl* **-ões** [-õiʃ]) *nf* insatisfaction *(f)*.

insatisfatório, **ria** [ĩsɐtəʃfɐ'tɔrju, -rjɐ] *adj* insatisfaisant(e).

insatisfeito, **ta** [ĩsɐtəʃ'fɐitu, -tɐ] *adj* insatisfait(e).

inscrever [ĩʃkrə'ver] *vt* inscrire • **inscrever alguém em algo** inscrire qqn à qqch.

■ **inscrever-se** *vp* • **inscrever-se em** s'inscrire à.

inscrição [ĩʃkri'sɐ̃u] (*pl* **-ões** [-õiʃ]) *nf* inscription *(f)*.

insecticida [ĩsɛti'siđɐ] *nm (Port)* insecticide *(m)*.

insecto [ĩ'sɛtu] *nm (Port)* insecte *(m)*.

insegurança [ĩsəgu'rɐ̃sɐ] *nf* insécurité *(f)*.

inseguro, ra [ĩsə'guru, -rɐ] *adj* dangereux (euse) • **ele é inseguro** il n'est pas sûr de lui.

inseminação [ĩsəminɐ'sɐ̃u] (*pl* **-ões** [-õiʃ]) *nf* • **inseminação (artificial)** insémination *(f)* (artificielle).

insensato, ta [ĩsẽ'satu, -tɐ] *adj* **1.** *(pessoa)* pas raisonnable **2.** *(decisão, comportamento)* insensé(e).

insensibilidade [ĩsẽsəƀeli'đađə] *nf* insensibilité *(f)*.

insensível [ĩsẽ'sivɛɫ] (*pl* **-eis** [-ɐiʃ]) *adj* **1.** *(pessoa)* insensible **2.** *(dedos)* engourdi(e).

inseparável [ĩsəpɐ'ravɛɫ] (*pl* **-eis** [-ɐiʃ]) *adj* inséparable.

inserir [ĩsə'rir] *vt* **1.** *(colocar)* introduire **2.** INFORM *(disquete)* insérer.

■ **inserir-se em** *vp* + *prép* s'intégrer à.

inseticida [ĩsetʃi'sida] *(Br)* = **insecticida**.

inseto [ĩ'sɛtu] *nm (Br)* = **insecto**.

insidioso, osa [ĩsi'đjozu, -ɔzɐ] *adj* **1.** *(pessoa)* sournois(e) **2.** *(comportamento, resposta)* insidieux(euse).

insígnia [ĩ'signjɐ] *nf* insigne *(f)*.

insignificante [ĩsignəfi'kɐ̃ntə] *adj* insignifiant(e).

insincero, ra [ĩsĩ'sɛru, -rɐ] *adj* hypocrite.

insinuar [*(Port)* ĩsi'nwar, *(Br)* ĩsi'nwa(x)] *vt* insinuer.

■ **insinuar-se** *vp* s'insinuer.

insípido, da [ĩ'sipiđu, -đɐ] *adj* insipide.

insistência [ĩsiʃ'tẽsjɐ] *nf* insistance *(f)*.

insistente [ĩsiʃ'tẽntə] *adj* insistant(e).

insistir [ĩsiʃ'tir] *vi* insister • **insistir com alguém** insister auprès de qqn • **insistir em fazer algo** insister pour faire qqch.

insociável [ĩsu'sjavɛɫ] (*pl* **-eis** [-ɐiʃ]) *adj* peu sociable.

insolação [ĩsulɐ'sɐ̃u] (*pl* **-ões** [-õiʃ]) *nf* insolation *(f)*.

insolente [ĩsu'lẽntə] *adj* & *nmf* insolent(e).

insólito, ta [ĩ'sɔlitu, -tɐ] *adj* **1.** *(acontecimento)* insolite **2.** *(pessoa)* original(e).

insónia [ĩ'sɔnjɐ] *nf (Port)* insomnie *(f)*.

insônia [ĩ'sonjɐ] *nf (Br)* = **insónia**.

insosso, a [ĩ'sosu, -ɐ] *adj* fade.

inspeção [ĩʃpe'sɐ̃u] (*pl* **-ões** [-õiʃ]) *nf (Br)* = **inspecção**.

inspecção [ĩʃpɛ'sɐ̃u] (*pl* **-ões** [-õiʃ]) *nf* **1.** *(Port) (vistoria)* inspection *(f)* **2.** *(de carro)* contrôle *(m)* technique.

inspeccionar [ĩʃpɛsju'nar] *vt (Port) (revistar)* inspecter.

inspecções ▷ **inspecção**.

inspecionar [ĩʃpesjo'na(x)] *(Br)* = **inspeccionar**.

inspeções ▷ **inspeção**.

inspector, ra [ĩʃpɛ'tor, -rɐ] (*mpl* **-es** [-əʃ], *fpl* **-s** [-ʃ]) *nm, f (Port)* inspecteur *(m)*, -trice *(f)*.

inspetor, ra [ĩʃpe'tox, -rɐ] (*mpl* **-es** [-iʃ], *fpl* **-s** [-ʃ]) *nm, f (Br)* = **inspector**.

inspiração [ĩʃpirɐ'sɐ̃u] (*pl* **-ões** [-õiʃ]) *nf* inspiration *(f)*.

inspirador, ra [ĩʃpirɐ'đor, -rɐ] (*mpl* **-es** [-əʃ], *fpl* **-s** [-ʃ]) *adj* inspirateur(trice).

inspirar [ĩʃpi'rar] *vt* inspirer.

instabilidade [ĩʃtɐƀəli'đađə] *nf* instabilité *(f)*.

instalação [ĩʃtɐlɐ'sɐ̃u] (*pl* **-ões** [-õiʃ]) *nf* installation *(f)* • **instalação eléctrica** installation électrique.

■ **instalações** *nfpl* locaux *(mpl)*.

instalar [ĩʃtɐ'lar] *vt* installer.

■ **instalar-se** *vp* s'installer.

instantâneo, nea [ĩʃtɐ̃n'tɐnju, -njɐ] ◼ *adj* instantané(e). ◼ *nm* cliché *(m)*.

instante [ĩʃ'tẽntə] *nm* instant *(m)* • **um instante!** un instant ! • **dentro de instantes** dans un instant • **de um instante para o outro** d'un seul coup • **nesse instante** aussitôt • **num instante** en un instant • **por instantes** par moments • **a todo o instante** à tout instant.

instintivo, va [ĩʃtĩn'tivu, -vɐ] *adj* instinctif (ive).

instinto [ĩʃ'tĩntu] *nm* instinct *(m)*.

instituição [ĩʃtitwi'sɐ̃u] (*pl* **-ões** [-õiʃ]) *nf* institution *(f)*.

instituto [ĩʃti'tutu] *nm* institut *(m)* • **instituto de beleza** institut de beauté • **instituto de línguas** école *(f)* de langues.

instrução [ĩʃtru'sɐ̃u] (*pl* **-ões** [-õiʃ]) *nf* instruction *(f)* • **'instruções'** 'mode d'emploi'.

instruir [ĩʃtru'ir] *vt* instruire.

instrumental [ĩʃtrumẽn'tał] (*pl* **-ais** [-aiʃ]) *adj* instrumental(e).

instrumento [ĩʃtru'mẽntu] *nm* instrument *(m)*.

instrutivo, **va** [ĩʃtru'tivu, -vɐ] *adj* instructif (ive).

instrutor, **ra** [ĩʃtru'tor, -rɐ] (*mpl* **-es** [-əʃ], *fpl* **-s** [-ʃ]) *nm, f* **1.** *(de tropa)* instructeur *(m)*, -trice *(f)* **2.** *(de condução)* moniteur *(m)*, -trice *(f)* d'auto-école.

insubordinação [ĩsuƀurđinɐ'sɐ̃u] (*pl* **-ões** [-õiʃ]) *nf* **1.** *(mau comportamento)* indiscipline *(f)* **2.** *(rebelião)* insubordination *(f)*.

insubstituível [ĩsuƀʃti'twivɛł] (*pl* **-eis** [-ɐiʃ]) *adj* irremplaçable.

insucesso [ĩsu'sɛsu] *nm* échec *(m)* • **insucesso escolar** échec scolaire.

insuficiência [ĩsufə'sjẽsjɐ] *nf* insuffisance *(f)* • **insuficiência cardíaca** insuffisance cardiaque.

insuficiente [ĩsufə'sjẽntə] ■ *adj* insuffisant (e). ■ *nm* SCOL mention *(f)* insuffisant.

insuflável [ĩsu'flavɛł] (*pl* **-eis** [-ɐiʃ]) *adj* gonflable.

insulina [ĩsu'linɐ] *nf* insuline *(f)*.

insultar [ĩsuł'tar] *vt* insulter.

insulto [*(Port)* ĩ'sułtu, *(Br)* ĩ'suwtu] *nm* insulte *(f)*.

insuperável [ĩsupə'ravɛł] (*pl* **-eis** [-ɐiʃ]) *adj* insurmontable.

insuportável [ĩsupur'tavɛł] (*pl* **-eis** [-ɐiʃ]) *adj* insupportable.

intacto, **ta** [ĩn'ta(k)tu, -tɐ] *adj (Port)* intact (e).

intato, **ta** [ĩn'tatu, -tɐ] *adj (Br)* = **intacto**.

íntegra ['ĩntəgrɐ] *nf* • **na íntegra** intégralement.

integral [ĩntə'grał] (*pl* **-ais** [-aiʃ]) *adj* **1.** *(total)* intégral(e) **2.** *(pão, arroz)* complet(ète).

integrar [ĩntə'grar] *vt* intégrer. ■ **integrar-se** *vp* s'intégrer.

integridade [ĩntəgri'đađə] *nf* intégrité *(f)*.

íntegro, **gra** ['ĩntəgru, -grɐ] *adj* intègre.

inteiramente [ĩn,tɐirɐ'mẽntə] *adv* entièrement.

inteirar-se [ĩntɐi'rarsə] ■ **inteirar-se de** *vp + prép* **1.** *(informar-se de)* se renseigner sur **2.** *(descobrir)* apprendre.

inteiro, **ra** [ĩn'tɐiru, -rɐ] *adj* entier(ère) • **o bolo inteiro** tout le gâteau • **a cidade inteira** toute la ville.

intelectual [ĩntəlɛ'twał] (*pl* **-ais** [-aiʃ]) *adj* & *nmf* intellectuel(elle).

inteligência [ĩntəli'ʒẽsjɐ] *nf* intelligence *(f)*.

inteligente [ĩntəli'ʒẽntə] *adj* intelligent(e).

intenção [ĩntẽ'sɐ̃u] (*pl* **-ões** [-õiʃ]) *nf* intention *(f)* • **ter intenção de fazer algo** avoir l'intention de faire qqch • **ter segundas intenções** avoir des arrière-pensées • **sem intenção** sans le faire exprès • **com a** *ou* **na melhor das intenções** avec les meilleures intentions.

intensidade [ĩntẽsi'đađə] *nf* intensité *(f)*.

intensivo, **va** [ĩntẽ'sivu, -vɐ] *adj* intensif (ive).

intenso, **sa** [ĩn'tẽsu, -sɐ] *adj* intense.

interactivo, **va** [ĩntəra'tivu, -vɐ] *adj* interactif(ive).

interativo [ĩntera'tʃivu] *(Br)* = **interactivo**.

intercâmbio [,ĩntɛr'kẽmbju] *nm* échange *(m)*.

interceder [ĩntərsə'đer] *vi* • **interceder por alguém** intercéder en faveur de qqn.

interceptar [ĩntərsɛp'tar] *vt* intercepter.

interdição [ĩntərđi'sɐ̃u] (*pl* **-ões** [-õiʃ]) *nf* interdiction *(f)*.

interditar [ĩntərđi'tar] *vt* interdire.

interdito, **ta** [ĩntər'đitu, -tɐ] *adj* interdit(e) • **'interdito a menores de 18'** 'interdit aux moins de 18 ans'.

interessado, **da** [ĩntərə'sađu, -đɐ] *adj* intéressé(e).

interessante [ĩntərə'sẽntə] *adj* intéressant (e).

interessar [ĩntərə'sar] *vi* être intéressant(e) • **interessar a alguém** intéresser qqn. ■ **interessar-se por** *vp + prép* s'intéresser à.

interesse [ĩntə'resə] *nm* intérêt *(m)* • **no interesse de** dans l'intérêt de • **por interesse** par intérêt • **sem interesse** sans intérêt.

interface [ˌĩntɛr'fasə] *nf* INFORM interface *(f)*.

interferência [ĩntərfə'rẽsjɐ] *nf* interférence *(f)*.
■ **interferências** *nfpl* interférences *(fpl)*.

interferir [ĩntərfə'rir] ■ **interferir em** *v + prép* intervenir dans.

interfone [ˌĩntɛr'fɔnə] *nm* Interphone *(m)*.

interior [ĩntə'rjor] *(pl* **-es** [-əʃ]) ■ *adj* **1.** *(porta)* intérieur(e) **2.** *(quarto)* aveugle. ■ *nm* intérieur *(m)*.

interjeição [ĩntərʒɐi'sɐ̃u] *(pl* **-ões** [-õiʃ]) *nf* interjection *(f)*.

interlocutor, ra [ĩntərluku'tor, -rɐ] *(mpl* **-es** [-əʃ], *fpl* **-s** [-ʃ]) *nm, f* interlocuteur *(m)*, -trice *(f)*.

interlúdio [ĩntər'luđju] *nm* **1.** interlude *(m)* **2.** *(pausa)* intermède *(m)*.

intermediário, ria [ĩntərmə'đjarju, -rjɐ] *nm, f* intermédiaire *(mf)*.

intermédio [ĩntər'mɛđju] *nm* • **por intermédio de** par l'intermédiaire de.

interminável [ĩntərmi'navɛɫ] *(pl* **-eis** [-ɐiʃ]) *adj* interminable.

intermitente [ĩntərmi'tẽntə] *adj* intermittent(e).

internacional [ĩntərnɐsju'naɫ] *(pl* **-ais** [-aiʃ]) *adj* international(e).

internar [ĩntər'nar] *vt* **1.** MÉD hospitaliser **2.** *(doentes mentais)* interner.

internato [ĩntər'natu] *nm* internat *(m)*.

Internet [ĩntɛr'nɛtə] *nf* • **na Internet** sur Internet.

interno, na [ĩn'tɛrnu, -nɐ] *adj* interne.

interpretação [ĩntərprətɐ'sɐ̃u] *(pl* **-ões** [-õiʃ]) *nf* interprétation *(f)*.

interpretar [ĩntərprə'tar] *vt* interpréter.

intérprete [ĩn'tɛrprətə] *nmf* interprète *(mf)*.

inter-regional [ˌĩntɛʀəʒju'naɫ] *(pl* **inter-regionais** [ˌĩntɛʀəʒju'naiʃ]) *adj* ▷ **comboio**.

interrogação [ĩntəʀugɐ'sɐ̃u] *(pl* **-ões** [-õiʃ]) *nf* **1.** interrogation *(f)* **2.** *(pergunta)* question *(f)* **3.** *(interrogatório)* interrogatoire *(m)*.

interrogar [ĩntəʀu'gar] *vt* interroger.

interrupção [ĩntəʀup'sɐ̃u] *(pl* **-ões** [-õiʃ]) *nf* interruption *(f)* • **sem interrupção** sans interruption.

interruptor [ĩntəʀup'tor] *(pl* **-es** [-əʃ]) *nm* interrupteur *(m)*.

interurbano, na [ˌĩntɛrur'bɐnu, -nɐ] *adj* interurbain(e).

intervalo [ĩntər'valu] *nm* **1.** *(de espectáculo)* entracte *(m)* **2.** *(de programa)* pause *(f)* **3.** *(de aula)* récréation *(f)* **4.** *(em universidade)* interclasse *(m)*.

intervenção [ĩntərvẽ'sɐ̃u] *(pl* **-ões** [-õiʃ]) *nf* intervention *(f)* • **intervenção cirúrgica** intervention chirurgicale.

intervir [ĩntər'vir] *vi* **1.** *(participar)* participer **2.** *(interferir)* intervenir • **intervir em** *(interferir em)* intervenir dans • *(participar em)* participer à.

intestino [ĩntəʃ'tinu] *nm* intestin *(m)* • **intestino delgado** intestin grêle • **intestino grosso** gros intestin.

intimar [ĩnti'mar] *vt* • **intimar a comparecer** appeler à comparaître • **intimar alguém a fazer algo** intimer à qqn de faire qqch.

intimidação [ĩntəmiđɐ'sɐ̃u] *(pl* **-ões** [-õiʃ]) *nf* intimidation *(f)*.

intimidade [ĩntəmi'đađə] *nf* intimité *(f)*.

intimidar [ĩntəmi'đar] *vt* intimider.
■ **intimidar-se** *vp* être intimidé(e).

íntimo, ma ['ĩntimu, -mɐ] ■ *adj* intime. ■ *nm* for *(m)* intérieur • **ser íntimo de alguém** être un intime de qqn • **no íntimo** au fond.

intolerância [ĩntulə'rẽsjɐ] *nf* intolérance *(f)*.

intolerante [ĩntulə'rẽntə] *adj* **1.** *(pessoa)* intolérant(e) **2.** *(lei, atitude)* intransigeant(e).

intoxicação [ĩntɔksikɐ'sɐ̃u] *(pl* **-ões** [-õiʃ]) *nf* intoxication *(f)* • **intoxicação alimentar** intoxication alimentaire.

Intranet ['ɪntrənɛt] *nm* Intranet *(m)*.

intransigente [ĩntrẽzi'ʒẽntə] *adj* intransigeant(e).

intransitável [ĩntrẽzi'tavɛɫ] *(pl* **-eis** [-ɐiʃ]) *adj* impraticable.

intransitivo [ĩntrẽzi'tivu] *adj m* intransitif.

intransponível [ĩntrẽʃpu'nivɛɫ] *(pl* **-eis** [-ɐiʃ]) *adj* **1.** *(rio, obstáculo)* infranchissable **2.** *(problema)* insurmontable.

intratável [ĩntrɐ'tavɛɫ] *(pl* **-eis** [-ɐiʃ]) *adj* impossible.

intravenoso, **osa** [ĩntrɐvə'nozu, -ɔzɐ] *adj* intraveineux(euse).

intrépido, **da** [ĩn'trɛpiđu, -đɐ] *adj* intrépide.

intriga [ĩn'trigɐ] *nf* intrigue *(f)*.

intrigante [ĩntri'gɐ̃ntə] *adj* intrigant(e).

introdução [ĩntruđu'sɐ̃u] (*pl* **-ões** [-õiʃ]) *nf* **1.** introduction *(f)* **2.** *(de dados)* saisie *(f)* **3.** *(de tema)* présentation *(f)*.

introduzir [ĩntruđu'zir] *vt* **1.** *(inserir)* introduire **2.** *(dados)* saisir.

intrometer-se [ĩntrumə'tersə] ■ **intrometer-se em** *vp + prép* se mêler de.

intrometido, **da** [ĩntrumə'tiđu, -đɐ] *adj* indiscret(ète).

intromissão [ĩntrumi'sɐ̃u] (*pl* **-ões** [-õiʃ]) *nf* intrusion *(f)*.

introvertido, **da** [ĩntrɔvər'tiđu, -đɐ] *adj* renfermé(e).

intruso, **sa** [ĩn'truzu, -zɐ] *nm, f* intrus *(m)*, -e *(f)*.

intuição [ĩntwi'sɐ̃u] (*pl* **-ões** [-õiʃ]) *nf* intuition *(f)* • **por intuição** par intuition.

intuito [ĩn'twitu] *nm* objectif *(m)* • **com o intuito de fazer algo** dans le but de.

inumano, **na** [inu'mɐnu, -nɐ] *adj* inhumain (e).

inúmero, **ra** [i'numəru, -rɐ] *adj* • **inúmeras vezes** je ne sais combien de fois.

inundação [inũndɐ'sɐ̃u] (*pl* **-ões** [-õiʃ]) *nf* inondation *(f)*.

inundar [inũn'dar] *vt* inonder.

inútil [i'nutił] (*pl* **-teis** [-tɐiʃ]) *adj* inutile.

inutilmente [iˌnutił'mẽntə] *adv* inutilement.

invadir [ĩva'đir] *vt* envahir.

invalidez [ĩvɐli'đeʃ] *nf* invalidité *(f)*.

inválido, **da** [ĩ'validu, -đɐ] *adj & nm, f* invalide.

invariável [ĩvɐ'rjavɛł] (*pl* **-eis** [-ɐiʃ]) *adj* invariable.

invasão [ĩva'zɐ̃u] (*pl* **-ões** [-õiʃ]) *nf* **1.** invasion *(f)* **2.** *(de privacidade)* atteinte *(f)*.

inveja [ĩ'vɛʒɐ] *nf* envie *(f)* • **ter inveja de alguém** envier qqn.

invejar [ĩve'ʒa(x)] *vt* envier.

invejoso, **osa** [ĩvə'ʒozu, -ɔzɐ] *adj* envieux (euse).

invenção [ĩvẽ'sɐ̃u] (*pl* **-ões** [-õiʃ]) *nf* invention *(f)*.

inventar [ĩvẽn'tar] *vt* inventer.

inventário [ĩvẽn'tarju] *nm* inventaire *(m)*.

inventor, **ra** [ĩvẽn'tor, -rɐ] (*mpl* **-es** [-əʃ], *fpl* **-s** [-ʃ]) *nm, f* inventeur *(m)*, -trice *(f)*.

Inverno [ĩ'vɛrnu] *nm* hiver *(m)* • **no Inverno** en hiver.

inverosímil [ĩvəru'zimił] (*pl* **-meis** [-mɐiʃ]) *adj (Port)* invraisemblable.

inverossímil [ĩveru'simiu] (*pl* **-meis** [-mɐiʃ]) *adj (Br)* = **inverosímil**.

inversão [ĩvər'sɐ̃u] (*pl* **-ões** [-õiʃ]) *nf* **1.** *(troca)* inversion *(f)* **2.** *(mudança)* changement *(m)* • **inversão de marcha** demi-tour *(m)*.

inverso, **sa** [ĩ'vɛrsu, -sɐ] ■ *adj* inverse. ■ *nm* • **o inverso** l'inverse *(m)*.

inversões ▷ **inversão**.

inverter [ĩvər'ter] *vt* **1.** *(ordem, posição)* inverser **2.** *(sentido, marcha)* changer de.

invés [ĩ'vɛʃ] *nm* • **ao invés de** au lieu de.

investida [ĩvəʃ'tiđɐ] *nf* **1.** *(de tropa, touro)* charge *(f)* **2.** *(tentativa)* essai *(m)*.

investigação [ĩvəʃtigɐ'sɐ̃u] (*pl* **-ões** [-õiʃ]) *nf* **1.** *(policial)* enquête *(f)* **2.** *(científica)* recherche *(f)*.

investigar [ĩvəʃti'gar] *vt* **1.** *(acontecimento, crime)* enquêter sur **2.** *(cientificamente)* faire des recherches sur.

investimento [ĩvəʃti'mẽntu] *nm* investissement *(m)* • **um mau investimento** un mauvais placement.

investir [ĩvəʃ'tir] *vt & vi* investir • **investir em algo** investir dans qqch.

inviável [ĩ'vjavɛł] (*pl* **-eis** [-ɐiʃ]) *adj* infaisable.

invisível [ĩvə'zivɛł] (*pl* **-eis** [-ɐiʃ]) *adj* invisible.

invocar [ĩvu'kar] *vt* invoquer.

invólucro [ĩ'vɔlukru] *nm* enveloppe *(f)*.

involuntário, **ria** [ĩvulũn'tarju, -rjɐ] *adj* involontaire.

iodo ['jođu] *nm* iode *(m)*.

ioga ['jɔgɐ] *nf & nm* yoga *(m)*.

iogurte [ju'gurtə] *nm* yaourt *(m)*.

ioiô [jo'jo] *(Br)* = **iô-iô**.

iô-iô [jo'jo] (*pl* **iô-iôs** [jo'joʃ]) *nm* yo-yo *(m inv)*.

ir ['ir] *vi*

1. SUIVI D'UNE PRÉPOSITION : EXPRIME LE MOUVEMENT
- **vamos?** on y va ?
- **ele nunca vai às reuniões** il ne va jamais aux réunions
- **não vais à aula?** tu ne vas pas en cours ?
- **vou ao cinema** je vais au cinéma
- **vá pela esquerda/pelas escadas** prenez à gauche/les escaliers
- **fomos de autocarro** nous sommes allés en autocar
- **iremos a pé** nous irons à pied

2. SUIVI D'UNE PRÉPOSITION : DÉCRIT L'ÉTAT
- **como vais?** comment vas-tu ?
- **isto não vai nada bem** ça ne va pas du tout
- **já vai na quarta volta** il en est au quatrième tour
- **ela já vai nos oilenta(anos)** elle va déjà sur ses 80 ans
- **ir de branco/calças** être en blanc/en pantalon
- **vou de férias/viagem** je pars en vacances/en voyage

3. SUIVI DE L'INFINITIF : EXPRIME LA CERTITUDE QU'UNE ACTION, OU UN ÉTAT, SE CONCRÉTISERONT DANS UN FUTUR PROCHE
- **vou falar com ele** je vais lui parler
- **não vou fazer nada** je ne vais rien faire
- **vais gostar** tu vas aimer
- **ela vai ficar triste** elle va être triste

4. SUIVI DU GÉRONDIF : EXPRIME UNE ACTION OU UN ÉTAT PROGRESSIF
- **vou andando** j'y vais
- **vou lendo** je lis
- **vou tentando, algum dia consigo** j'essaie et un jour je réussirai
- **vai-se andando...** on fait aller...

5. « IA » (IMPARFAIT INF.) + GÉRONDIF/« IA A » + INFINITIF : EXPRIME UNE ACTION, PRESQUE RÉALISÉE OU QUI A FAILLI SE PRODUIRE
- **eu ia a sair quando a Maria chegou** j'étais sur le point de sortir quand Marie est arrivée
- **ele ia morrendo** il a failli mourir.

ir a *v + prép*

SUIVI DE L'INFINITIF : EXPRIME UNE ACTION QUI SE DÉROULE PROGRESSIVEMENT = aller à
- **eles iam a subir as esccadas, quando o telefone tocou** ils montaient l'escalier quand le téléphone a sonné.

ir-se *vp*

s'en aller
- **ir-se embora** s'en aller
- **vamo-nos embora** allons-nous en
- **ir-se abaixo** se laisser aller.

ir *vi*
- **ir ao ar** *fam* tomber à l'eau
- **ir ao chão** tomber
- **ir atrás de** courir derrière
- **ir dar/ter a** mener à, aboutir
- **ir embora** s'en aller
- **ir ter com alguém** aller rejoindre qqn
- **por água abaixo** s'en aller à vau-l'eau
- **válá** Allez !
- **vai à fava!** va te faire voir !
- **vai bugiar!** va te faire cuire un œuf !
- **quem vai ao ar perde o lugar** *fam* qui va à la chasse perd sa place.

ira ['irɐ] *nf* colère *(f)*.

Irão [ir'ɐ̃u] *nm* • **o Irão** l'Iran *(m)*.

Iraque [i'rakə] *nm* • **o Iraque** l'Irak *(m)*.

irascível [irɐʃ'sivɛɫ] (*pl* **-eis** [-ɐiʃ]) *adj* irascible.

íris ['iriʃ] *nf inv* iris *(m)*.

Irlanda [ir'lɐ̃ndɐ] *nf* • **a Irlanda** l'Irlande *(f)* • **a Irlanda do Norte** l'Irlande du Nord • **a República da Irlanda** la République d'Irlande.

irlandês, esa [irlɐ̃n'deʃ, -ezɐ] (*mpl* **-eses** [-ezəʃ], *fpl* **-s** [-ʃ]) ◼ *adj* irlandais(e). ◼ *nm, f* Irlandais *(m)*, -e *(f)*. ◼ *nm (língua)* irlandais *(m)*.

irmã [ir'mɐ̃] *nf (freira)* sœur *(f)* • ▷ **irmão**.

irmão, ã [ir'mɐ̃u, -ɐ̃] *nm, f* frère *(m)*, sœur *(f)*.

ironia [iru'niɐ] *nf* ironie *(f)*.

irra ['iʀɐ] *interj fam* nom d'un chien !

irracional [iʀɐsju'naɫ] (*pl* **-ais** [-aiʃ]) *adj* irrationnel(elle).

irradiação [iʀɐđjɐ'sɐ̃u] (*pl* **-ões** [-õiʃ]) *nf* irradiation *(f)*.

irradiar [iʀɐ'đjar] *vt* émettre • **irradiar luz** rayonner.

irreal [i'ʀjaɫ] (*pl* **-ais** [-aiʃ]) *adj* irréel(elle).

irreconciliável [iʀəkõsi'ljavɛɫ] (*pl* **-eis** [-ɐiʃ]) *adj* irréconciliable.

irreconhecível [iʀəkuɲə'sivɛɫ] (*pl* **-eis** [-ɐiʃ]) *adj* méconnaissable.

irrecuperável [iʀəkupə'ravɛɫ] (*pl* **-eis** [-ɐiʃ]) *adj* **1.** irrécupérable **2.** *(doente, viciado)* incurable.

irregular [iʀəgu'lar] (*pl* **-es** [-əʃ]) *adj* **1.** irrégulier(ère) **2.** *(horário)* variable.

irrelevante [iʀələ'vẽntə] *adj* non pertinent (e).

irremediável [iʀəmə'đjavɛɫ] (*pl* **-eis** [-ɐiʃ]) *adj* irrémédiable.

irreprimível [iʀəprə'mivɛɫ] (*pl* **-eis** [-ɐiʃ]) *adj* **1.** *(desejo)* irrépressible **2.** *(alegria)* débordant(e).

irrequieto, **ta** [iʀə'kjɛtu, -tɐ] *adj* *(criança)* turbulent(e).

irresistível [iʀəzəʃ'tivɛɫ] (*pl* **-eis** [-ɐiʃ]) *adj* irrésistible.

irresponsável [iʀəʃpõ'savɛɫ] (*pl* **-eis** [-ɐiʃ]) *adj* irresponsable.

irrigação [iʀigɐ'sɐ̃u] (*pl* **-ões** [-õiʃ]) *nf* *(de terreno)* irrigation *(f)*.

irrisório, **ria** [iʀi'zɔrju, -rjɐ] *adj* dérisoire.

irritação [iʀitɐ'sɐ̃u] (*pl* **-ões** [-õiʃ]) *nf* irritation *(f)* • **irritação de pele** *ou* **cutânea** irritation cutanée.

irritado, **da** [iʀi'tađu, -đɐ] *adj* en colère.

irritante [iʀi'tɐ̃ntə] *adj* agaçant(e).

irritar [iʀi'tar] *vt* **1.** *(chatear)* agacer **2.** *(pele, garganta, nariz, etc)* irriter.
■ **irritar-se** *vp* s'énerver.

isca ['iʃkɐ] *nf* appât *(m)*.
■ **iscas** *nfpl* émincé *(m)* • **isca (de fígado)** *émincé de foie frit à la poêle.*

isenção [izẽ'sɐ̃u] (*pl* **-ões** [-õiʃ]) *nf* exonération *(f)*.

isento, **ta** [i'zẽntu, -tɐ] *adj* exonéré(e) • **isento de** *(de imposto)* exonéré de • *(de propinas)* dispensé de.

Islândia [iʒ'lɐ̃nđjɐ] *nf* • **a Islândia** l'Islande.

isolado, **da** [izu'lađu, -đɐ] *adj* **1.** isolé(e) **2.** *(pessoa)* seul(e).

isolamento [izulɐ'mẽntu] *nm* isolement *(m)*.

isolar [izu'lar] *vt* isoler.

isopor® [izo'pox] *nm* *(Br)* polystyrène *(m)*.

isqueiro [iʃ'kɐiru] *nm* **1.** *(de cigarro)* briquet *(m)* **2.** *(de fogão a gás)* allume-gaz *(m inv)*.

Israel [iʒrɐɛɫ] *n* Israël *(m)*.

isso ['isu] *(contraction de de + isso =* **disso** ['disu]*)* ■ *pron* ça, cela. ■ *interj* voilà ! • **como vai isso?** comment ça va ? • **isso não!** ça non ! • **isso de** cette histoire de • **nem por isso** pas tellement • **não gosto disso** je n'aime pas ça • **não mexas nisso** laisse ça tranquille • **para isso** pour cela • **por isso** c'est pourquoi • **é por isso mesmo que...** c'est pour ça que....

istmo ['iʃtmu] *nm* isthme *(m)*.

isto ['iʃtu] *(contraction de de + isto =* **disto** ['diʃtu]*)* *pron* ceci • **disto não quero** je ne veux pas de ça • **isto é** c'est-à-dire • **isto de** cette histoire de • **isto é que é!** ça c'est bien ! • **escreve nisto** ecris là-dessus.

Itália [i'taljɐ] *nf* • **a Itália** l'Italie *(f)*.

italiana [itɐ'ljɐnɐ] *nf* **1.** expresso *(m)* **2.** ▷ **italiano**.

italiano, **na** [itɐ'ljɐnu, -nɐ] ■ *adj* italien (enne). ■ *nm, f* Italien *(m)*, -enne *(f)*. ■ *nm* *(língua)* italien *(m)*.

itálico [i'taliku] *nm* italique *(m)* • **em itálico** en italique.

itinerário [itinə'rarju] *nm* itinéraire *(m)* • **itinerário turístico** circuit *(m)* touristique.

iúca ['jukɐ] *nf* yucca *(m)*.

Iugoslávia [iwgo'ʒlavja] *(Br)* = **Jugoslávia**.

IVA ['ivɐ] *nm* *(Port)* (*abr de* **Imposto sobre o Valor Acrescentado**) TVA *(f)* *(Taxe sur la Valeur Ajoutée)*.

J

j, J ['ʒɔta] *m (letra)* j, J.

já ['ʒa] *adv*

1. INDIQUE UNE OPÉRATION DÉJÀ RÉALISÉE = déjà
• **já acabei** j'ai fini
• **já esteve em Lisboa?** vous êtes déjà allé à Lisbonne ?
• **já foi a Lisboa?** vous êtes déjà allé à Lisbonne ?
• **já não é mau** ce n'est déjà pas mal
• **já está!** ça y est !

2. INDIQUE LE FUTUR IMMÉDIAT = tout de suite
• **ele chega já** il arrive tout de suite
• **já (lá) vou!/vou já!** j'arrive !
• **já (lá) vai!/vai já!** ça vient !
• **é para já!** oui, tout de suite !
• **até já!** à tout de suite !

3. SUIVI D'UNE NÉGATION = ne... plus
• **já não sei o que fazer** je ne sais plus quoi faire
• **já não há quartos** il n'y a plus de chambres
• **já ninguém escreve à máquina** plus personne n'écrit à la machine.

já *loc*

LOCUTIONS ET EXPRESSIONS
• **já agora** tant qu'à faire, puisqu'on y est
• **já que** puisque
• **desde já** par avance, d'ores et déjà
• **isso já era** c'est du passé
• **isso já lá vai!** ce qui est fait est fait ; n'y pensons plus !
• **já vais aí?** tu en es déjà là ?

jabuti [ʒabu'ti] *nm (Br)* tortue *(f)* géante.

jabuticaba [ʒɐbuti'kaɓɐ] *nf* baie *(f) (du myrte)*.

jacarandá [ʒɐkɐrɐ̃n'da] *nm (Br)* jacaranda *(m)*.

jacaré [ʒɐkɐ'rɛ] *nm (Br)* caïman *(m)*.

jacinto [ʒɐ'sĩntu] *nm* jacinthe *(f)*.

jacto ['ʒatu] *nm (Port)* jet *(m)*.

Jacuzzi® [ʒaku'zi] *nm* Jacuzzi® *(m)*.

jade ['ʒađə] *nm* jade *(m)*.

jaguar [ʒɐ'gwar] *(pl* **-es** [-əʃ]) *nm* jaguar *(m)*.

Jamáica [ʒɐ'majkɐ] *nf* • **a Jamáica** la Jamaïque.

jamais [ʒa'maiʃ] *adv* jamais.

janeiro [ʒa'neiru] *nm (Br)* = **Janeiro**.

Janeiro [ʒɐ'nɐiru] *nm (Port)* janvier *(m)* • **durante o mês de Janeiro** au mois de janvier • **em Janeiro** en janvier • **em meados de Janeiro** à la mi-janvier • **este mês de Janeiro** le mois de janvier • **no passado/próximo mês de Janeiro** en janvier dernier/prochain • **no princípio/final de Janeiro** début/fin janvier • **o quinze de Janeiro** le 15 janvier.

janela [ʒɐ'nɛlɐ] *nf* fenêtre *(f)*.

jangada [ʒɐ̃ŋ'gađɐ] *nf* radeau *(m)*.

jantar [ʒɐ̃n'tar] *(pl* **-es** [-əʃ]) ◼ *nm* dîner. ◼ *vi* dîner. ◼ *vt* manger *(au dîner)*.

jante ['ʒɐ̃ntə] *nf* jante *(f)*.

Japão [ʒɐ'pɐ̃u] *nm* • **o Japão** le Japon.

japonês, esa [ʒɐpu'neʃ, -ezɐ] *(mpl* **-eses** [-ezəʃ], *fpl* **-s** [-ʃ]) ◼ *adj* japonais(e). ◼ *nm, f* Japonais *(m)*, -e *(f)*. ◼ *nm (língua)* japonais *(m)*.

jaqueta [ʒa'ketɐ] *nf* veste *(f)*.

jardim [ʒɐr'đĩ] *(pl* **-ns** [-ʃ]) *nm* jardin *(m)* • **jardim botânico** jardin botanique • **jardim infantil** ≃ maternelle *(f)* • **jardim zoológico** zoo *(m)*.

jardim-de-infância [ʒɐrˌđĩndĩ'fɐ̃sjɐ] *(pl* **jardins-de-infância** [ʒɐrˌđĩʒdĩ'fɐ̃sjɐ]) *nm* école *(f)* maternelle.

jardim-escola [ʒɐrđĩʃ'kɔlɐ] *(pl* **jardins-escolas** [ʒɐrđĩʃə'kɔlɐʃ]) *nm (Port)* école *(f)* maternelle.

jardineira [ʒɐrđi'nɐirɐ] *nf* jardinière *(f)* de légumes • ⊳ **jardineiro**.
◼ **jardineiras** *nfpl* salopette *(f)*.

jardineiro, **ra** [ʒɐrđi'nɐiru, -rɐ] *nm, f* jardinier *(m)*, -ère *(f)*.

jardins ▷ **jardim**.

jarra ['ʒaʀɐ] *nf* **1.** *(para flores)* vase *(m)* **2.** *(para vinho)* pichet *(m)*.

jarrão [ʒɐ'ʀɐ̃u] *(pl* **-ões** [-õiʃ]*)* *nm* vase *(m)*.

jarro ['ʒaʀu] *nm* **1.** *(para bebida)* pichet *(m)* **2.** *(flor)* arum *(m)*.

jarrões ▷ **jarrão**.

jasmim [ʒɐʒ'mĩ] *nm* jasmin *(m)*.

jato ['ʒatu] *nm (Br)* = **jacto**.

jaula ['ʒaulɐ] *nf* cage *(f)*.

Java ['ʒva] *n* INFORM Java®.

javali [ʒɐvɐ'li] *nm* sanglier *(m)*.

jazer [ʒɐ'zer] *vi* gésir • **aqui jaz** ci-gît.

jazigo [ʒɐ'zigu] *nm* caveau *(m)*.

jazz ['dʒazə] *nm* jazz *(m)*.

jeans ['dʒinəʃ] ■ *nmpl (Port)* jean *(m)*. ■ *nm inv (Br)* jean *(m)*.

jeito ['ʒɐitu] *nm* **1.** *(modo)* façon *(f)* **2.** *(comportamento)* comportement *(m)* • **com jeito** délicatement • *(agir)* avec tact • **dar um jeito ao pé** se tordre la cheville • **dar um jeito a algo** arranger qqch • **fazer jeito** *(convir)* arranger • *(ser útil)* tomber bien • **fazer um jeito a alguém** rendre un service à qqn • **sem jeito** *(Br)* déconcerté • **ter jeito para algo** avoir un don pour qqch • **ter falta de jeito para algo** ne pas être doué pour qqch • **de jeito nenhum!** sûrement pas ! • **estás mesmo a jeito para levar uma bofetada** *fam* tu vas te prendre une gifle • **tomar jeito** *(Br)* s'assagir.

jejum [ʒə'ʒũ] *(pl* **-ns** [-ʃ]*)* *nm* jeûne *(m)* • **em jejum** à jeun.

Jerónimos [ʒə'rɔnimuʃ] *nmpl* • **o Mosteiro dos Jerónimos** *monastère situé dans le quartier de Belém à Lisbonne.*

jeropiga [ʒeru'pigɐ] *nf vin cuit consommé traditionnellement avec des marrons chauds à la Toussaint.*

jesuíta [ʒə'zwitɐ] *nm chausson à la crème.*

jet ski [dʒɛt'ski] *nm* scooter *(m)* des mers.

jibóia [ʒi'bɔjɐ] *nf (Br)* boa *(m)*.

jipe ['ʒipə] *nm* Jeep® *(f)*.

joalharia [ʒwɐʎɐ'riɐ] *nf (Port)* bijouterie *(f)*.

joalheria [ʒwaʎe'riɐ] *nf (Br)* = **joalharia**.

joanete [ʒwɐ'netə] *nm* oignon *(m)* *(sur le pied)*.

CULTURE...

Mosteiro dos Jerónimos

La construction de ce monastère a été entreprise en 1502 à la demande du roi Manuel Ier en l'honneur des grands navigateurs portugais et a duré 70 ans. Le roi et ses descendants furent enterrés dans des tombeaux placés dans le chœur de l'église. Depuis le XIXe siècle, le monastère abrite aussi les tombes de Vasco da Gama, Luís de Camões et depuis 1985, celle de Fernando Pessoa.

C'est un magnifique exemple d'architecture manuéline, dont la particularité réside notamment dans l'emploi de formes arrondies et de motifs naturalistes et marins sur l'encadrement des fenêtres. Ses cloîtres comptent parmi les plus beaux du pays. Situé à l'origine au bord de l'eau, dans le quartier de Belém, c'est assurément l'un des monuments les plus intéressants de Lisbonne.

joaninha [ʒwɐ'niɲɐ] *nf* coccinelle *(f)*.

joanino, **na** [ʒwɐ'ninu, -nɐ] *adj du règne des rois Jean et en particulier de Jean III.*

joelheira [ʒwe'ʎeirɐ] *nf* genouillère *(f)*.

joelho ['ʒwɐʎu] *nm* genou *(m)* • **de joelhos** à genoux.

jogada [ʒu'gađɐ] *nf* **1.** coup *(m)* **2.** *(em futebol, basquetebol)* action *(f)*.

jogador, **a** [*(Port)* ʒuga'đor, -rɐ, *(Br)* ʒoga'do(x), -ra] *nm, f* joueur *(m)*, -euse *(f)*.

jogar [ʒu'gar] ■ *vi* jouer. ■ *vt* **1.** jouer à **2.** *(atirar)* lancer • **jogar às cartas** jouer aux cartes • **jogar à bola** jouer au ballon • **jogar às escondidas** jouer à cache-cache • **jogar fora** *(Br)* jeter.

■ **jogar-se a** *vp + prép* se jeter sur • **jogou-se ao chão** il s'est jeté par terre.

jogging ['ʒɔgĩŋ] *nm (sport)* jogging *(m)*.

jogo ['ʒogu] *(pl* **jogos** ['ʒɔguʃ]*)* *nm* **1.** *(de xadrez)* partie *(f)* **2.** *(de futebol, râguebi, ténis)* match *(m)* **3.** *(de cama, mesa)* parure *(f)* **4.** *(jogos de azar)* jeu *(m)* • **os Jogos Olímpicos** les Jeux olympiques • **jogo do bicho** *(Br) loterie clandestine dont les derniers chiffres correspondent à des animaux* • **jogo do galo** *(Port)* morpion *(m)* • **jogos de vídeo** jeux vidéo.

jogo-da-velha [ˌʒoguda'vɛʎɐ] (*pl* **jogos-da-velha** [ˌʒɔguʒda'vɛʎɐ]) *nm (Br)* morpion *(m)*.

jóia ['ʒɔjɐ] *nf* **1.** *(brincos, anel)* bijou *(m)* **2.** *(pagamento)* droit *(m)* d'entrée.

jóquei ['ʒɔkɐi] *nm* jockey *(m)*.

jornada [ʒur'nađɐ] *nf* **1.** *(caminhada)* excursion *(f)* **2.** *(ciclo de conferências)* journée *(f)*.

jornal [ʒur'nał] (*pl* **-ais** [-aiʃ]) *nm* journal *(m)*.

jornaleiro, ra [ʒoxnɐ'lɐiru, -rɐ] ■ *nm, f (Br) (vendedor)* vendeur *(m)*, -euse *(f)* de journaux. ■ *nm (Br) (local de venda)* kiosque *(m)* à journaux.

jornalista [ʒurnɐ'liʃtɐ] *nmf* journaliste *(mf)*.

jorrar [ʒu'ʀar] *vi* jaillir.

jovem ['ʒɔvẽi] (*pl* **-ns** [-ʃ]) *adj* & *nmf* jeune.

jovial [ʒu'vjał] (*pl* **-ais** [-aiʃ]) *adj* jovial(e).

joystick [ʒɔj'ʃtʃik] (*pl* **-s** [-ʃ]) *nm* INFORM joystick *(m)*, manette *(f)* de jeu.

juba ['ʒuƀɐ] *nf* crinière *(f)*.

judaico, ca [ʒu'đaiku, -kɐ] *adj* juif(ive).

judeu, dia [ʒu'đeu, -điɐ] *nm, f* Juif *(m)*, -ive *(f)*.

judicial [ʒuđi'sjał] (*pl* **-ais** [-aiʃ]) *adj* judiciaire • **o poder judicial** le pouvoir judiciaire.

judiciária [ʒuđi'sjarjɐ] *nf* **1.** *(Port) (polícia judiciária)* police *(f)* judiciaire **2.** *(local)* commissariat *(m)*.

judiciário [ʒudʒi'sjarju] *(Br)* = **judicial**.

judo ['ʒuđu] *nm (Port)* judo *(m)*.

judô [ʒu'do] *nm (Br)* = **judo**.

Jugoslávia [ʒuguʒ'lavjɐ] *nf (Port)* • **a Jugoslávia** la Yougoslavie.

jugoslavo, va [ʒuguʒ'lavu, -vɐ] *adj* yougoslave *(mf)*.

juiz, juíza ['ʒwiʃ, 'ʒwizɐ] (*mpl* **-es** [-zəʃ], *fpl* **-s** [-ʃ]) *nm, f* juge *(mf)* • **juiz de linha** *(Port)* juge de touche.

juizado [ʒuj'zadu, da] *(Br) nm* charge *(f)* de juge • **Juizado de Menores** Tribunal *(m)* des mineurs.

juízo ['ʒwizu] ■ *nm* jugement *(m)*. ■ *interj* fais attention ! • **perder o juízo** perdre la tête • **ter juízo** être raisonnable.

jujuba [ʒu'ʒubɐ] *nf (Br)* pâte *(f)* de fruit.

julgamento [ʒułgɐ'mẽntu] *nm* **1.** *(acto)* jugement *(m)* **2.** *(audiência em tribunal)* procès *(m)*.

julgar [ʒuł'gar] *vt* **1.** DR juger **2.** *(achar, opinar)* croire.
■ **julgar-se** *vp* • **ele julga-se o maior** il se croit le meilleur.

julho ['ʒuʎo] *nm (Br)* = **Julho**.

Julho ['ʒuʎu] *nm (Port)* juillet *(m)* • **durante o mês de Julho** au mois de juillet • **em Julho** en juillet • **em meados de Julho** à la mi-juillet • **este mês de Julho** le mois de juillet • **no passado/próximo mês de Julho** en juillet dernier/prochain • **no princípio/final de Julho** début/fin juillet • **o quatro de Julho** le 4 juillet.

juliana [ʒu'ljɐnɐ] *nf* julienne *(f)*.

jumento [ʒu'mẽntu] *nm* âne *(m)*.

junco ['ʒũŋku] *nm* jonc *(m)*.

junho ['ʒuɲo] *nm (Br)* = **Junho**.

Junho ['ʒuɲu] *nm (Port)* juin *(m)* • **o dez de Junho** *fête nationale du Portugal* • **durante o mês de Junho** au mois de juin • **em Junho** en juin • **em meados de Junho** à la mi-juin • **este mês de Junho** le mois de juin • **no passado/próximo mês de Junho** en juin dernier/prochain • **no princípio/final de Junho** début/fin juin • **o vinte de Junho** le 20 juin.

CULTURE...

O 10 de Junho

Le 10 juin est le jour de la fête nationale au Portugal (*Dia de Portugal*). Ce jour est aussi appelé *Dia de Camões* car il commémore la mort du grand poète portugais Luís de Camões. Le 10 juin est également le jour des « communautés » portugaises (*Dias das Comunidades portuguesas*) éparpillées dans le monde entier.

júnior ['ʒunjɔr] (*pl* **juniores** [ʒu'njɔrəʃ]) ■ *adj* cadet(ette). ■ *nmf* junior *(mf)*.

junta ['ʒũntɐ] *nf* joint *(m)* • **Junta de Freguesia** ≃ mairie *(f)*.

juntamente [ˌʒũntɐ'mẽntə] ■ **juntamente com** *prép* avec.

juntar [ʒũn'tar] *vt* **1.** *(reunir)* rassembler **2.** *(dinheiro)* mettre de côté **3.** *(adicionar)* ajouter • **juntar o útil ao agradável** joindre l'utile à l'agréable.

■ **juntar-se** *vp* **1.** *(reunir-se)* se rassembler **2.** *(amancebar-se)* vivre ensemble.

junto, ta ['ʒũntu, -tɐ] ■ *pp* ▷ **juntar**. ■ *adj* & *adv* ensemble • **com as mãos juntas** les mains jointes • **junto com** avec.

jura ['ʒurɐ] *nf* • **fazer uma jura** jurer.

juramento [ʒurɐ'mẽntu] *nm* serment *(m)*.

jurar [ʒu'rar] *vt* & *vi* jurer.

júri ['ʒuri] *nm* jury *(m)*.

jurídico, ca [ʒu'riđiku, -kɐ] *adj* juridique.

juros ['ʒuruʃ] *nmpl* intérêts *(mpl)* • **a juros** à intérêts.

justeza [ʒuʃ'tezɐ] *nf* **1.** *(precisão)* justesse *(f)* **2.** *(imparcialidade)* justice *(f)*.

justiça [ʒuʃ'tisɐ] *nf* justice *(f)*.

justificação [ʒuʃtəfikɐ'sɐ̃u] (*pl* **-ões** [-õiʃ]) *nf* **1.** *(razão)* justification *(f)* **2.** *(declaração escrita)* attestation *(f)*.

justificar [ʒuʃtəfi'kar] *vt* justifier.
■ **justificar-se** *vp* se justifier.

justificativa [ʒuʃtəfikɐ'tivɐ] *nf* excuse *(f)*.

justo, ta ['ʒuʃtu, -tɐ] *adj* **1.** juste **2.** *(cingido)* serré(e) • **à justa** *(Port)* *(apanhar o comboio)* de justesse • *(caber)* pile.

juvenil [ʒuvə'niɫ] (*pl* **-is** [-iʃ]) *adj* **1.** *(moda, centro, literatura)* pour les jeunes **2.** *(delinquente, comportamento)* juvénile.

juventude [ʒuvẽn'tuđə] *nf* **1.** *(época)* jeunesse *(f)* **2.** *(jovens)* jeunes *(mpl)*.

K

k, K [*(Port)* 'kapa, *(Br)* ka] *m (letra)* k, K.

karaokê [kɐrao'ke] *nm* karaoké *(m)*.

karaté [kɐra'tɛ] *nm* karaté *(m)*.

karatê [kaxa'tɛ] *(Br)* = **karaté**.

kart ['kartə] *nm* kart *(m)*.

karting ['kartĩŋ] *nm* karting *(m)*.

ketchup [kɛ'tʃɐpə] *nm* ketchup *(m)*.

kg (*abr écrite de* **quilograma**) kg *(kilogramme)*.

kispo® ['kiʃpu] *nm* **1.** *(blusão)* anorak *(m)* **2.** *(impermeável)* K-way® *(m)*.

kit ['kitə] *nm* kit *(m)*.

kitchenette [kitʃə'nɛtə] *nf* kitchenette *(f)*.

kiwi ['kiwi] *nm* kiwi *(m)*.

km (*abr écrite de* **quilómetro**) km *(kilomètre)*.

km/h (*abr écrite de* **quilómetro por hora**) km/h *(kilomètre/heure)*.

KO [kei'ɔ] (*abr de* **knock-out**) K-O.

Kosovar [coso'vɐr] *adj* kosovar(e).

L

l, L [*(Port)* 'elə, *(Br)* 'eli] *m (letra)* l, L.

L.° (*abr écrite de* **largo**) pl.

-la [lɐ] *pron* **1.** *(ela)* la **2.** *(você)* vous.

lá ['la] *adv* là-bas • **lá está ele a chorar outra vez** le voilà qui pleure à nouveau • **lá mentir, isso ele não faz** *fam* mentir, ça, il ne le fait pas • **para lá de** au-delà de • **quero lá saber** *fam* ça m'est bien égal • **sei lá!** je n'en sais rien ! • **vá lá!** allez !

lã ['lɐ̃] *nf (de ovelha)* laine *(f)*.

labareda [lɐbɐ'ređɐ] *nf* flamme *(f)*.

lábio ['labju] *nm* lèvre *(f)*.

labirinto [lɐbi'rĩntu] *nm* labyrinthe *(m)*.

laboratório [lɐburɐ'tɔrju] *nm* laboratoire *(m)*.

laca ['lakɐ] *nf (Port)* laque *(f)*.

laço ['lasu] *nm* **1.** nœud *(m)* **2.** *(de homem)* nœud *(m)* papillon **3.** *(de parentesco, amizade)* lien *(m)*.

lacónico, ca [lɐ'kɔniku, -kɐ] *adj* laconique.

lacônico [la'kɔniku] *(Br)* = **lacónico**.

lacrar [lɐ'krar] *vt* cacheter.

lacrimogêneo [lakrimo'ʒenju] *adj m (Br)* = **lacrimogénio**.

lacrimogénio [lɐkrimɔ'ʒɛnju] *adj m (Port)* ▷ **gás**.

lácteo, tea ['laktju, -tjɐ] *adj (produto)* laitier (ère).

lacticínios [lɐkti'sinjuʃ] *nmpl* produits *(mpl)* laitiers.

lacuna [lɐ'kunɐ] *nf* lacune *(f)*.

ladeira [lɐ'đɐirɐ] *nf* côte *(f)*.

lado ['lađu] *nm* côté *(m)* • **andar de um lado para o outro** faire les cent pas • **ao lado de** à côté de • **deixar** *OU* **pôr de lado** laisser *OU* mettre de côté • **lado a lado** côte à côte • **de lado** *(foto)* de profil • *(deitar-se)* sur le côté • **de lado a lado** de long en large • **de um lado para o outro** de droite à gauche • **em qualquer lado** partout • **por todo(s) o(s) lado(s)** partout • **não ir** *OU* **chegar a lado nenhum** n'arriver à rien • **por um lado... por outro lado...** d'une part... d'autre part... • **o lado fraco** le point faible • **o vizinho do lado** le voisin d'à côté.

ladrão, ladra [lɐ'đrɐ̃u, 'lađrɐ] (*mpl* **-ões** [-õiʃ], *fpl* **-s** [-ʃ]) *nm, f* voleur *(m)*, -euse *(f)*.

ladrar [*(Port)* lađ'rɐr, *(Br)* la'dra(x)] *vt* aboyer.

ladrilho [lɐ'đriʎu] *nm* carreau *(m)*.

ladrões [la'drõjʃ] ▷ **ladrão**.

lagarta [lɐ'gartɐ] *nf* chenille *(f)*.

lagartixa [lɐgɐr'tiʃɐ] *nf* lézard *(m)*.

lagarto [lɐ'gartu] *nm* lézard *(m)*.

lago ['lagu] *nm* **1.** *(natural)* lac *(m)* **2.** *(de jardim)* bassin *(m)*.

lagoa [lɐ'goɐ] *nf* lagon *(m)*.

lagosta [lɐ'goʃtɐ] *nf* langouste *(f)*.

lagostim [lɐguʃ'tĩ] (*pl* **-ns** [-ʃ]) *nm* **1.** langoustine *(f)* **2.** *(de rio)* écrevisse *(f)*.

lágrima ['lagrimɐ] *nf* larme *(f)*.

laje ['laʒə] *nf* **1.** *(de pavimento)* dalle *(f)* **2.** *(de construção)* revêtement *(m)*.

lama ['lɐmɐ] *nf* boue *(f)*.

lamacento, ta [lɐmɐ'sẽntu, -tɐ] *adj* boueux (euse).

lambada [lẽm'bađɐ] *nf* **1.** *(dança)* lambada *(f)* **2.** *(Port) fam (bofetada)* claque *(f)*.

lamber [lẽm'ber] *vt* lécher • **lamber tudo** tout avaler.

■ **lamber-se** *vp* se lécher.

lamentar [lɐmẽn'tar] *vt* regretter.

■ **lamentar-se** *vp* se lamenter.

lamentável [lɐmẽn'tavɛɫ] (*pl* **-eis** [-ɐiʃ]) *adj* regrettable.

lâmina ['lɐminɐ] *nf* lame *(f)* • **lâmina de barbear** lame de rasoir.

lâmpada ['lẽmpɐđɐ] *nf* ampoule *(f)*.

lampião [lẽm'pjɐ̃u] (*pl* **-ões** [-õiʃ]) *nm* **1.** lanterne *(f)* **2.** *(de rua)* réverbère *(m)*.

lampreia [lẽm'prɐjɐ] *nf* lamproie *(f)*.

LAN (*abr de* **Local Area Network**) *nf* réseau *(m)* local.

lança ['lẽsɐ] *nf* lance *(f)*.

lançar [lẽ'sar] *vt* lancer.
■ **lançar-se** *vp* • **lançar-se a** *(à água)* se jeter à • *(à comida)* se jeter sur • **lançar-se sobre** se jeter sur.

lance ['lẽsə] *nm* lancer *(m)*.

lancha ['lẽʃɐ] *nf* **1.** *(a remo)* barque *(f)* **2.** *(a motor)* hors-bord *(m inv)*.

lanchar [lẽ'ʃar] *vi* goûter.

lanche ['lẽʃə] *nm* goûter *(m)*.

lanchonete [lẽʃo'nɛtʃi] *nf (Br)* fast-food *(m)*.

lancinante [lẽsi'nẽntə] *adj* lancinant(e).

lanço ['lẽsu] *nm (em licitação)* offre *(f)* • **lanço de escadas** volée *(f)*.

lânguido, da ['lẽŋgiđu, -đɐ] *adj (voluptuoso)* langoureux(euse).

lantejoula [lẽntə'ʒolɐ] *nf* paillette *(f)*.

lanterna [lẽn'tɛrnɐ] *nf* lanterne *(f)* • **lanterna de bolso** lampe *(f)* de poche.

lapela [lɐ'pɛlɐ] *nf* revers *(m) (de veste)*.

lápide ['lapiđə] *nf* **1.** *(em monumento, estátua)* plaque *(f)* **2.** *(em túmulo)* pierre *(f)* tombale.

lápis ['lapiʃ] *nm inv* crayon *(m)* • **lápis de cor** crayon de couleur • **lápis de cera** pastel *(m)* • **lápis para os olhos** crayon pour les yeux.

lapiseira [lɐpi'zɐirɐ] *nf* **1.** *(no Brasil)* portemine *(m)* **2.** *(em Portugal)* stylo *(m)*.

lapso ['lapsu] *nm* **1.** *(de tempo)* laps *(m)* **2.** *(esquecimento)* trou *(m)* de mémoire • **por lapso** par mégarde.

laptop ['lapitopi] (*pl* **-s**) [-ʃ] *nm* INFORM ordinateur *(m)* portable.

laquê [la'ke] *nm (Br)* laque *(f)*.

lar ['lar] (*pl* **-es** [-əʃ]) *nm* foyer *(m)* • **lar (de idosos)** maison *(f)* de retraite.

laranja [lɐ'rẽʒɐ] *nf* orange *(f)*.

laranjada [lɐrẽ'ʒađɐ] *nf (Port)* orangeade *(f)*.

laranjeira [lɐrẽ'ʒɐirɐ] *nf* oranger *(m)*.

lareira [lɐ'rɐirɐ] *nf* cheminée *(f)*.

lares ▻ **lar**.

largada [lɐr'gađɐ] *nf* départ *(m)*.

largar [lɐr'gar] *vt* **1.** lâcher **2.** *(tinta)* déteindre **3.** *(pêlo)* perdre **4.** *(velas)* larguer **5.** *(abandonar)* laisser.

largo, ga ['largu, -gɐ] ■ *adj* **1.** *(roupa, estrada)* large **2.** *(quarto, cama)* grand(e). ■ *nm (praça)* place *(f)* • **ter 3 metros de largo** faire 3 mètres de large • **por largos dias/meses/anos** pour plusieurs jours/mois/années.

largura [lɐr'gurɐ] *nf* largeur *(f)* • **largura de banda** INFORM largeur de bande.

laringe [lɐ'rĩʒə] *nf* larynx *(m)*.

larva ['larvɐ] *nf* larve *(f)*.

-las [lɐʃ] *pron pl* **1.** *(elas)* les **2.** *(vocês)* vous.

lasanha [lɐ'zɐɲɐ] *nf* lasagnes *(fpl)*.

lasca ['laʃkɐ] *nf* éclat *(m)*.

laser ['lɐizɛr] (*pl* **-es** [-əʃ]) *nm* laser *(m)*.

lástima ['laʃtimɐ] *nf* **1.** *(pena)* dommage *(m)* **2.** *(miséria)* misère *(f)*.

lastimável [lɐʃti'mavɛł] (*pl* **-eis** [-ɐiʃ]) *adj* **1.** *(acontecimento, situação)* regrettable **2.** *(erro)* fâcheux(euse) **3.** *(estado)* piteux(euse).

lata ['latɐ] *nf* **1.** *(material)* métal *(m)* **2.** *(objecto)* boîte *(f)* • **lata de conserva** boîte de conserve • **lata de lixo** *(Br)* poubelle *(f)* • **ter a lata de** *fam* avoir le culot de.

latão [lɐ'tẽu] (*pl* **-ões** [-õiʃ]) *nm* **1.** *(metal)* laiton *(m)* **2.** *(vasilha)* bidon *(m)*.

latejar [lɐtə'ʒar] *vi* palpiter.

latente [lɐ'tẽntə] *adj* latent(e).

lateral [lɐtə'rał] (*pl* **-ais** [-aiʃ]) *adj* latéral(e).

latido [lɐ'tiđu] *nm* aboiement *(m)*.

latifúndio [lɐti'fũndju] *nm* latifundium *(m)*, *grand domaine agricole*.

latim [lɐ'tĩ] *nm* latin *(m)*.

latino, na [lɐ'tinu, -nɐ] *adj* latin(e).

latino-americano, na [lɐ,tinwɐməri'kɐnu, -nɐ] ■ *adj* latino-américain(e). ■ *nm, f* Latino-Américain *(m)*, -e *(f)*.

latir [lɐ'tir] *vi* aboyer.

latitude [lɐti'tuđə] *nf* latitude *(f)*.

latões ▻ **latão**.

lava ['lavɐ] *nf* lave *(f)*.

lavabo [lɐ'vaƀu] *nm* **1.** *(lavatório)* lavabo *(m)* **2.** *(Br) (casa de banho)* toilettes *(fpl)*.
■ **lavabos** *nmpl (Port)* toilettes *(fpl)*.

lavagante [lɐvɐ'gẽntə] *nm* homard *(m)*.

lavagem [lɐ'vaʒẽi] (*pl* **-ns** [-ʃ]) *nf* lavage *(m)* • **lavagem automática** lavage automatique • **lavagem a seco** nettoyage *(m)* à sec • **lavagem cerebral** lavage de cerveau.

lava-louça [ˌlavɐ'losɐ] (*pl* **lava-louças** [ˌlavɐ'losɐʃ]) *nm* lave-vaisselle *(m inv)*.

lavanda [lɐ'vɐ̃ndɐ] *nf* lavande *(f)*.

lavandaria [lɐvɐ̃ndɐ'riɐ] *nf (Port)* pressing *(m)* • **lavandaria automática** laverie *(f)* automatique • **lavandaria a seco** pressing.

lavanderia [lavẽnde'riɐ] *nf (Br)* = **lavandaria**.

lavar [lɐ'var] *vt* laver • **lavar os dentes** se brosser les dents • **lavar a louça** faire la vaisselle • **lavar a roupa** laver le linge. ■ **lavar-se** *vp* se laver.

lavatório [lɐvɐ'tɔrju] *nm (Port)* lavabo *(m)*.

lavável [lɐ'vavɛɫ] (*pl* **-eis** [-ɐiʃ]) *adj* lavable.

lavrador, **ra** [lɐvrɐ'đor, -rɐ] (*mpl* **-es** [-əʃ], *fpl* **-s** [-ʃ]) *nm, f* paysan *(m)*, -anne *(f)*.

laxante [lɐ'ʃɐ̃ntə] ■ *adj* laxatif(ive). ■ *nm* laxatif *(m)*.

lazer [lɐ'zer] *nm* loisirs *(mpl)*.

Lda *(Port)* (*abr écrite de* **limitada**) SARL *(f)* *(Société à Responsabilité Limitée)*.

lê ['le] ▷ **ler**.

leal ['ljaɫ] (*pl* **-ais** [-aiʃ]) *adj* **1.** *(pessoa)* loyal(e) **2.** *(animal)* fidèle.

leão ['ljɐ̃u] (*pl* **-ões** [-õiʃ]) *nm* lion *(m)*. ■ **Leão** *nm (astrologia)* Lion *(m)*.

lebre ['lɛƀrə] *nf* lièvre *(m)* • **comer gato por lebre** *fam* se faire avoir.

leccionar [lɛsju'nar] *vt* & *vi (Port)* enseigner.

lecionar [lesjo'nax] *vt* & *vi (Br)* = **leccionar**.

lectivo, **va** [lɛ'tivu, -vɐ] *adj (Port)* **1.** *(ano)* scolaire **2.** *(horas)* de cours.

lêem ['leẽm] ▷ **ler**.

legal [lə'gaɫ] (*pl* **-ais** [-aiʃ]) *adj* **1.** *(segundo a lei)* légal(e) **2.** *(Br) fam* sympa.

legalidade [ləgɐli'đađə] *nf* légalité *(f)*.

legalizar [ləgɐli'zar] *vt* **1.** *(actividade)* légaliser **2.** *(Br)* *(documento, assinatura)* certifier conforme.

legenda [lə'ʒẽndɐ] *nf* légende *(f)*. ■ **legendas** *nfpl* sous-titres *(mpl)*.

legendado, **da** [ləʒẽn'dɐđu, -đɐ] *adj* sous-titré(e).

legislação [ləʒiʒlɐ'sɐ̃u] *nf* législation *(f)*.

legitimar [ləʒiti'mar] *vt* **1.** légitimer **2.** *(actividade)* légaliser.

legítimo, **ma** [lə'ʒitimu, -mɐ] *adj* **1.** légitime **2.** *(autêntico)* authentique.

legível [lə'ʒivɛɫ] (*pl* **-eis** [-ɐiʃ]) *adj* lisible.

légua ['lɛgwɐ] *nf* lieue *(f)* • **ficar a léguas de distância de** être très loin de.

legume [le'gume] *nm (Br)* ▷ **legumes**.

legumes [lə'gumәʃ] *nmpl (Port)* légumes *(mpl)*.

lei ['lɐi] *nf* loi *(f)* • **a lei do menor esforço** la loi du moindre effort • **segundo a lei** d'après la loi.

leilão [lɐi'lɐ̃u] (*pl* **-ões** [-õiʃ]) *nm* vente *(f)* aux enchères.

leio ['lɐiu] ▷ **ler**.

leitão [lɐi'tɐ̃u] (*pl* **-ões** [-õiʃ]) *nm* cochon *(m)* de lait • **leitão da Bairrada** *cochon de lait à la broche arrosé de vin et de sauce piquante*.

leitaria [lɐitɐ'riɐ] *nf* crèmerie *(f)*.

leite ['lɐitə] *nm* lait *(m)* • **leite achocolatado** lait chocolaté • **leite condensado** lait concentré • **leite creme** ≃ crème *(f)* brûlée • **leite em pó** lait en poudre • **leite gordo/meio-gordo/magro** *(Port)* lait entier/demi-écrémé/écrémé • **leite pasteurizado** lait pasteurisé • **leite ultrapasteurizado** lait UHT • **leite de côco** lait de coco • **leite integral/desnatado** *(Br)* lait entier/écrémé.

leite-de-onça [ˌleitʃi'djõsɐ] *nm (Br) cocktail d'eau-de-vie de canne à sucre et de lait concentré*.

leiteira [lej'tejra] *nf* pot *(m)* à lait.

leiteiro, **ra** [lɐi'tɐiru, -rɐ] *nm, f* laitier *(m)*, -ère *(f)*.

leiteria [lejte'ria] *(Br)* = **leitaria**.

leito ['lɐitu] *nm* lit *(m)*.

leitões [lej'tõjʃ] ▷ **leitão**.

leitor, **ra** [lɐi'tor, -rɐ] (*mpl* **-es** [-əʃ], *fpl* **-s** [-ʃ]) ■ *nm, f* lecteur *(m)*, -trice *(f)*. ■ *nm (aparelho)* lecteur *(m)*.

leitura [lɐi'turɐ] *nf* lecture *(f)*.

lema ['lemɐ] *nm* devise *(f)*.

lembrança [lẽm'brɐ̃sɐ] *nf* souvenir *(m)* • **dá lembranças minhas ao teu pai** dis bonjour à ton père de ma part.

lembrar [lẽm'brar] *vt* **1.** *(recordar)* se souvenir de **2.** *(assemelhar-se a)* rappeler • **lembrar**

algo a alguém rappeler qqch à qqn • **lembrar alguém de fazer algo** rappeler à qqn de faire qqch.
■ **lembrar-se** *vp* se souvenir • **lembrar-se de** se souvenir de • **lembrar-se de fazer algo** penser à faire qqch.

leme ['lɛmə] *nm* gouvernail *(m)*.

lenço ['lẽsu] *nm* mouchoir *(m)* • **lenço de cabeça** foulard *(m)* • **lenço de papel** mouchoir en papier • **lenço (de pescoço)** écharpe *(f)*.

lençol [lẽ'sɔł] (*pl* **-óis** [-ɔiʃ]) *nm* **1.** *(de cama)* drap *(m)* **2.** *(de água, petróleo)* nappe *(f)*.

lenha ['lɐɲɐ] *nf* bois *(m)*.

lentamente [lẽntɐ'mẽntə] *adv* lentement.

lente ['lẽntə] *nf* **1.** *(de câmara de filmar)* objectif *(m)* **2.** *(de óculos)* verre *(m)* • **lentes de contacto** *(Port)* lentilles *(fpl)* de contact • **lentes de contacto rígidas/moles** lentilles dures/souples.

lentidão [lẽnti'dɐ̃u] *nf* lenteur *(f)*.

lentilha [lẽn'tʃiʎa] *nf* lentille *(f)* *(légume)*.

lento, ta ['lẽntu, -tɐ] *adj* lent(e).

leoa ['ljoɐ] *nf* lionne *(f)*.

leoa, leões ▷ **leão**.

leões [le'õjʃ] ▷ **leão**.

leopardo [lju'pardu] *nm* léopard *(m)*.

lepra ['lɛprɐ] *nf* lèpre *(f)*.

leque ['lɛkə] *nm* éventail *(m)*.

ler ['ler] *vt* & *vi* lire.

lesão [lə'zɐ̃u] (*pl* **-ões** [-õiʃ]) *nf* **1.** *(ferida, contusão)* lésion *(f)* **2.** *(prejuízo)* dommage *(m)* **3.** *(de direito)* atteinte *(f)*.

lesar [lə'zar] *vt* **1.** *(ferir)* blesser **2.** *(prejudicar)* porter préjudice à.

lésbica ['lɛʒbikɐ] *nf* lesbienne *(f)*.

lesma ['leʒmɐ] *nf* **1.** *(animal)* limace *(f)* **2.** *fig* *(pessoa lenta)* traînard *(m)*, -e *(f)*.

lesões ▷ **lesão**.

leste ['lɛʃtə] *nm* est *(m)* • **a leste (de)** à l'est (de) • **os países de leste** les pays de l'Est • **estar a leste** *fam* avoir la tête ailleurs.

letal [lə'tał] (*pl* **-ais** [-aiʃ]) *adj* mortel(elle).

letivo, va [le'tʃivu, -vɐ] *adj (Br)* = **lectivo**.

Letónia [lə'tɔnjɐ] *nf* • **a Letónia** la Lettonie.

letónio, nia [lə'tɔnju, -njɐ] *adj* lettonien (enne).

letra ['letrɐ] *nf* **1.** *(do alfabeto)* lettre *(f)* **2.** *(maneira de escrever)* écriture *(f)* **3.** *(título de crédito)* traite *(f)* **4.** *(de canção)* paroles *(fpl)* • **letra maiúscula** majuscule *(f)* • **letra de imprensa** caractères *(mpl)* d'imprimerie • **letra de fôrma** *(Br)* caractères d'imprimerie.
■ **letras** *nfpl* SCOL lettres *(fpl)*.

letreiro [lə'trɐiru] *nm* **1.** *(aviso)* écriteau *(m)* **2.** *(de loja)* enseigne *(f)*.

leu ['leu] ▷ **ler**.

léu ['lɛu] *nm* • **ao léu** nu(e).

leucemia [leusə'miɐ] *nf* leucémie *(f)*.

levantamento [ləvɐ̃ntɐ'mẽntu] *nm* **1.** *(de preços)* relevé *(m)* **2.** *(de peso)* lever *(m)* **3.** *(de dinheiro)* retrait *(m)* **4.** *(de cheque)* encaissement *(m)*.

levantar [ləvɐ̃n'tar] *vt* **1.** *(erguer)* lever **2.** *(peso)* soulever • **levantar dinheiro** retirer de l'argent • **levantar a mesa** débarrasser la table • **levantar um cheque** encaisser un chèque • **levantar voo** décoller.
■ **levantar-se** *vp* se lever.

levar [lə'var] *vt* **1.** *(peso, roupa)* porter **2.** *(transportar)* transporter **3.** *(acompanhar)* emmener **4.** *(dar)* apporter **5.** *(utilizar, cobrar)* prendre **6.** *(poder conter)* contenir **7.** *fam* *(porrada, bofetada)* prendre • **levar alguém a fazer algo** conduire qqn à faire qqch • **levar a cabo algo** mener à bien qqch • **levar a mal algo** mal prendre qqch • **levar tempo** prendre du temps • **ele levou muito tempo a decidir-se** il a mis longtemps à se décider • **deixar-se levar** *fam* se faire avoir.

leve ['lɛvə] *adj* léger(ère).

leviandade [ləvjɐ̃n'dadə] *nf* imprudence *(f)*.

leviano, na [lə'vjɐnu, -nɐ] *adj* **1.** *(pessoa)* léger(ère) **2.** *(acto)* inconsidéré(e).

léxico ['lɛksiku] *nm* lexique *(m)*.

lha [ʎɐ] = **lhe** + **a** • ▷ **lhe**.

lhas [ʎɐʃ] = **lhe** + **as** • ▷ **lhe**.

lhe [ʎə] (*pl* **lhes** [ʎəʃ])

contraction de : lhe + a = **lha** [ʎɐ], *lhe + as =* **lhas** [ʎɐʃ], *lhe + o ou de lhes + o =* **lho** [ʎu], *lhe + os ou de lhes + os =* **lhos** [ʎuʃ], *lhe(s) + o =* **lho(s)** [ʎu(ʃ)]

le (la, les).

lhe *pron*

dans les constructions avec un verbe + **-lhe(s)**

1. DANS UNE PHRASE SIMPLE ET DANS UNE PROPOSITION PRINCIPALE OU COORDONNÉE DÉCLARATIVES, AFFIRMATIVES

• **o António mostrou-lhe o livro** Antoine lui/vous a montré le livre

• **ele ofereceu-lhe o livro que tu escolheste** il lui a offert le livre que tu as choisi

• **fomo-nos embora e deixámos-lhes a casa** nous sommes partis et nous leur avons laissé la maison

2. DANS UNE PHRASE INTERROGATIVE, SANS PRONOM INTERROGATIF

• **doeu-lhe muito?** ça lui/vous a fait très mal ?

lhe *pron*

dans les autres constructions avec un verbe + **-lhe(s)**

1. DANS UNE PROPOSITION SUBORDONNÉE

• **a Maria não leu o livro que lhe ofereceste** Maria n'a pas lu le livre que tu lui as offert

2. DANS UNE PHRASE NÉGATIVE

• **nunca lhe digas tal coisa** ne lui dis jamais une chose pareille

3. APRÈS DES PRONOMS INDÉFINIS QUI PRÉCÈDENT LE VERBE : « AMBOS », « TODOS », « OUTROS », « TUDO », « POUCO » *etc*

• **alguém lhe indicou o caminho?** quelqu'un vous/lui a-t-il indiqué le chemin ?

4. APRÈS CERTAINS ADVERBES : « SÓ », « APENAS », « MAL », « BEM », « DEPRESSA », « LOGO », « AINDA » *etc*

• **ele talvez lhes diga a verdade** peut-être leur dira-t-il la vérité.

lhe *pron*

dans les combinaisons avec verbe + **-lhe(s)** *+ verbe*

1. AVEC LES TEMPS COMPOSÉS

• **ela tinha-lhe prometido uma viagem** elle lui avait promis un voyage

2. AVEC LE FUTUR ET LE CONDITIONNEL

• **se eu pudesse, comparer-lhe-ia um carro** si je pouvais, je lui achèterais une voiture.

lhe *pron*

dans les combinaisons **lhe** *avec* **o, a, os, as**

QUAND LE COD ET LE COI SONT DONNÉS PAR DEUX PRON PERS, CEUX-CI SE COMBINENT : LHE + O, A, OS, AS = LHO, LHA, LHOS, LHAS

• **ela emprestou-me as chaves, mais já lhas dei** elle m'a prêté les clés, mais je les lui ai déjà rendues.

lhes [ʎəʃ] *pron pl* **1.** *(eles, elas)* leur **2.** *(vocês)* vous.

lho [ʎu] = **lhe + o ou lhes + o** • ▷ **lhe**.

lho(s) = **lhe(s) + o** • ▷ **lhe**.

lhos [ʎuʃ] = **lhe +os ou lhes + os** • ▷ **lhe**.

li ['li] ▷ **ler**.

libélula [li'ƀɛlulɐ] *nf* libellule *(f)*.

liberação [liƀərɐ'sɐ̃u] *nf* libération *(f)*.

liberal [liƀə'raɫ] (*pl* **-ais** [-aiʃ]) *adj* & *nmf* libéral(e).

liberalização [liƀərɐlizɐ'sɐ̃u] *nf* libéralisation *(f)*.

liberar [liƀə'rar] *vt* **1.** libérer **2.** *(consumo)* légaliser.

liberdade [liƀər'đađə] *nf* liberté *(f)* • **pôr em liberdade** mettre en liberté • **tomar a liberdade de fazer algo** prendre la liberté de faire qqch.

libertar [liƀər'tar] *vt* libérer.

liberto, ta [li'bɛrtu, -tɐ] *pp* ▷ **libertar**.

Líbia ['liƀjɐ] *nf* • **a Líbia** la Libye.

libra ['liƀrɐ] *nf* livre *(f)*.
■ **Libra** *nf (Br)* Balance *(f)*.

lição [li'sɐ̃u] (*pl* **-ões** [-õiʃ]) *nf* leçon *(f)* • **dar uma lição a alguém** donner une leçon à qqn • **servir de lição** servir de leçon.

licença [li'sẽsɐ] *nf* autorisation *(f)* • **com licença** pardon • **licença de parto** *(Port)* congé *(m)* de maternité.

licença-maternidade [*(Br)* li'sẽnsa'matexni'dadʒi] *nf* congé *(m)* de maternité.

licenciado, da [lisẽ'sjađu, -đɐ] *nm, f* licencié *(m)*, -e *(f)* • **licenciado pela Universidade de Coimbra** diplômé *(m)* de l'Université de Coimbra.

licenciatura [lisẽsjɐ'turɐ] *nf* ≃ licence *(f)*.

liceu [li'seu] *nm* lycée *(m)*.

lições [li'sõiʃ] ▷ **lição**.

licor [li'kor] (*pl* **-es** [-əʃ]) *nm* liqueur *(f)*.

lidar [li'đar] ■ **lidar com** *v + prép* **1.** *(tratar com)* avoir affaire à **2.** *(conviver com)* côtoyer **3.** *(produtos, máquina)* manipuler • **não sei lidar com ele** je ne sais pas m'y prendre avec lui.

líder ['liđɛr] (*pl* **-es** [-əʃ]) *nmf* leader *(m)*.

lido, da ['liđu, -đɐ] *pp* ▷ **ler**.

liga ['ligɐ] *nf* **1.** *(associação)* ligue *(f)* **2.** *(de meias)* jarretière *(f)*.

ligação [ligɐ'sɐ̃u] (*pl* **-ões** [-õiʃ]) *nf* **1.** *(de amor, amizade)* liaison *(f)* **2.** *(telefónica)* ligne *(f)* **3.** *(Port) (de autocarro, comboio, avião)* correspondance *(f)*.

ligado, da [li'gadu, -dɐ] *adj* **1.** *(luz, televisão)* allumé(e) **2.** *(na ficha)* branché(e).

ligadura [ligɐ'durɐ] *nf* bandage *(m)*.

ligamento [ligɐ'mẽntu] *nm* ligament *(m)*.

ligar [li'gar] ◼ *vt* **1.** *(ferida)* panser **2.** *(luz, televisão)* allumer **3.** *(em tomada)* brancher. ◼ *vi* *(telefonar)* • **ligar para** appeler • **não ligues que ele é doido!** *fam* ne fais pas attention, il est fou !

ligeiro, ra [li'ʒɐiru, -rɐ] *adj* léger(ère). ◼ **ligeiros** *nmpl* voitures *(fpl)*.

lilás [li'laʃ] (*pl* **-ases** [-azəʃ]) ◼ *nm* lilas *(m)*. ◼ *adj* parme.

lima ['limɐ] *nf* lime *(f)* • **lima (de unhas)** lime à ongles.

limão [li'mɐ̃u] (*pl* **-ões** [-õiʃ]) *nm* citron *(m)*.

limão-galego [li,mɐ̃uga'legu] (*pl* **limões-galegos** [li,mõiʒga'leguʃ]) *nm* *(Br)* citron *(m)* vert.

limiar [li'mjar] *nm* seuil *(m)* • **no limiar de algo** à l'aube de qqch.

limitação [limitɐ'sɐ̃u] (*pl* **-ões** [-õiʃ]) *nf* **1.** *(de desemprego, natalidade)* limitation *(f)* **2.** *(de direitos, movimentos)* entrave *(f)* **3.** *(de terreno)* délimitation *(f)*. ◼ **limitações** *nfpl* limites *(fpl)* • **ter algumas limitações** être un peu limité.

limitar [limi'tar] *vt* **1.** *(despesas)* limiter **2.** *(terreno)* délimiter **3.** *(movimento)* entraver. ◼ **limitar-se a** *vp + prép* se borner à.

limite [li'mitə] *nm* limite *(f)* • **limite de velocidade** limitation *(f)* de vitesse • **sem limites** sans limite • **passar dos limites** *fig* dépasser les bornes.

limo ['limu] *nm* limon *(m)*.

limoeiro [li'mwɐiru] *nm* citronnier *(m)*.

limões [li'mõiʃ] ▷ **limão**.

limonada [limu'nadɐ] *nf* citronnade *(f)*.

limpador [lĩmpa'dox] (*pl* **-es** [-iʃ]) *nm* *(Br)* • **limpador de pára-brisas** = **limpa-pára-brisas**.

limpa-pára-brisas [,lĩmpɐparɐ'brizɐʃ] *nm inv* *(Port)* essuie-glace *(m)*.

limpar [lĩm'par] *vt* **1.** nettoyer **2.** *(pratos)* essuyer **3.** *(boca, mãos)* s'essuyer **4.** *fam (roubar)* dévaliser • **limpar o pó** enlever la poussière.

limpa-vidros [,lĩmpɐ'vidruʃ] *nm inv* **1.** *(instrumento)* raclette *(f)* **2.** *(detergente)* produit *(m)* pour les vitres **3.** *(para carro)* lave-glace *(m)*.

limpeza [lĩm'pezɐ] *nf* **1.** *(acção)* nettoyage *(m)* **2.** *(qualidade)* propreté *(f)* • **fazer a limpeza** faire le ménage.

limpo, pa ['lĩmpu, -pɐ] ◼ *pp* ▷ **limpar**. ◼ *adj* **1.** *(sem sujidade)* propre **2.** *(céu)* dégagé(e) • **estar** OU **ficar limpo** *fam* être fauché • **tirar algo a limpo** tirer qqch au clair.

limusine [limu'zinə] *nf* limousine *(f)*.

lince ['lĩsə] *nm* lynx *(m)*.

lindo, da ['lĩndu, -dɐ] *adj (pessoa, local)* beau (belle).

lingerie [lẽʒə'ri] *nf* lingerie *(f)*.

lingote [lĩŋ'gɔtə] *nm* lingot *(m)*.

língua ['lĩŋgwɐ] *nf* langue *(f)* • **línguas de bacalhau** *langues de morue frites en sauce* • **bater com a língua nos dentes** *fam* vendre la mèche • **dar à língua** *fam* ne pas tenir sa langue • *(falar)* papoter • **dobrar a língua** *fam* faire attention à ce que l'on dit • **ter algo debaixo da língua** avoir qqch sur le bout de la langue.

linguado [lĩŋ'gwadu] *nm* sole *(f)*.

linguagem [lĩŋ'gwaʒɐ̃i] (*pl* **-ns** [-ʃ]) *nf* langage *(m)*.

linguarudo, da [lĩŋgwɐ'rudu, -dɐ] *adj* • **ser linguarudo** *fam* ne pas savoir tenir sa langue.

línguas-de-gato [,lĩŋgwɐʒdə'gatu] *nfpl* langue-de-chat *(f)*.

lingueta [lĩŋ'gwetɐ] *nf* pêne *(m)*.

lingüeta [lĩŋ'gweta] *(Br)* = **lingueta**.

linguiça [lĩŋ'gwisɐ] *nf* *saucisse piquante*.

lingüiça [lĩŋ'gwisa] *(Br)* = **linguiça**.

linha ['liɲɐ] *nf* **1.** ligne *(f)* **2.** *(fio) (gén)* fil *(m)* **3.** INFORM • **linha de comando** listage *(m)* • **linha dedicada** ligne dédiée • **linha discada** liste de diffusion • **linha jovem** ligne jeune • **manter a linha** garder la ligne • **linha férrea** *(Port)* voie *(f)* ferrée • **em linha** aligné(e).

linho ['liɲu] *nm* lin *(m)*.

link ['liɲnki] (*pl* **links**) *nm* INFORM lien *(m)*.

linóleo [li'nɔlju] *nm* linoléum *(m)*.

liquidação [likiđɐ'sɐ̃u] (*pl* **-ões** [-õiʃ]) *nf* règlement *(m)* • **liquidação total** liquidation *(f)* totale.

liquidar [liki'đar] *vt* **1.** *(dívida)* régler **2.** *(mercadoria)* liquider **3.** *(matar)* éliminer.

liqüidificador [likwidʒifika'đox] (*pl* **-es** [-iʃ]) *nm (Br)* = **liquidificadora**.

liquidificadora [likiđifikɐ'đorɐ] *nf (Port)* centrifugeuse *(f)*.

líquido, da ['likiđu, -đɐ] ■ *adj* **1.** liquide **2.** COMM net (nette). ■ *nm* liquide *(m)* • **líquido para a louça** liquide vaisselle.

lírio ['lirju] *nm* lys *(m)*.

Lisboa [liʒ'boɐ] *n* Lisbonne.

lisboeta [liʒ'bwetɐ] ■ *adj* lisbonnais(e). ■ *nmf* Lisbonnais *(m)*, -e *(f)*.

liso, sa ['lizu, -zɐ] *adj* **1.** *(superfície)* lisse **2.** *(cabelo)* raide **3.** *(folha)* blanc (blanche) • **estar/ficar liso** *fam* être fauché.

lista ['liʃtɐ] *nf* **1.** *(de compras, tarefas)* liste *(f)* **2.** *(menu)* carte *(f)* • **lista de preços** tarifs *(mpl)* • **lista de discussão** liste de discussion • **lista telefónica** *(Port)* annuaire *(m)*.

listra ['liʃtrɐ] *nf* rayure *(f)*.

literal [litə'rał] (*pl* **-ais** [-aiʃ]) *adj* littéral(e).

literário, ria [litə'rarju, -rjɐ] *adj* littéraire.

literatura [litərɐ'turɐ] *nf* littérature *(f)* • **literatura de cordel** *littérature de hall de gare*.

litígio [li'tiʒju] *nm* litige *(m)*.

litogravura [ˌlitɔgrɐ'vurɐ] *nf* lithographie *(f)*.

litoral [litu'rał] (*pl* **-ais** [-aiʃ]) ■ *adj* littoral (e). ■ *nm* • **o litoral** le littoral.

litro ['litru] *nm* litre *(m)* • **é igual ao litro** *fam* c'est bonnet blanc et blanc bonnet.

Lituânia [litu'anjɐ] *nf* • **a Lituânia** la Lituanie.

lituano, na [litu'ɐnu, -nɐ] *adj* lituanien (enne).

lívido, da ['liviđu, -đɐ] *adj* livide.

livrar [liv'rar] ■ **livrar-se de** *vp* + *prép* **1.** se débarrasser de **2.** *(não se atrever)* se garder de.

livraria [livrɐ'riɐ] *nf* librairie *(f)*.

livre ['livrə] *adj* libre • **'livre'** 'libre'.

livrete [li'vretə] *nm* carte *(f)* grise.

livro ['livru] *nm* livre *(m)* • **livro de bolso** livre de poche • **livro de cheques** carnet *(m)* de chèques.

lixa ['liʃɐ] *nf* papier *(m)* de verre.

lixeira [li'ʃɐirɐ] *nf* décharge *(f)* *(à ordures)*.

lixívia [lə'ʃivjɐ] *nf (Port)* eau *(f)* de Javel.

lixo ['liʃu] *nm* ordures *(fpl)*.

-lo [lu] *pron* **1.** *(ele)* le **2.** *(você)* vous.

lobo ['lođu] *nm* loup *(m)*.

lóbulo ['lɔđulu] *nm* lobe *(m)*.

local [lu'kał] (*pl* **-ais** [-aiʃ]) ■ *nm* endroit *(m)*. ■ *adj* local(e).

localidade [lukɐli'đađə] *nf* localité *(f)*.

localização [lukɐlizɐ'sɐ̃u] (*pl* **-ões** [-õiʃ]) *nf* **1.** localisation *(f)* **2.** *(de empresa)* emplacement *(m)*.

loção [lu'sɐ̃u] (*pl* **-ões** [-õiʃ]) *nf* lotion *(f)* • **loção para depois da barba** *(Port)* aftershave *(m inv)* • **loção capilar** lotion capillaire • **loção após-barba** *(Br)* after-shave.

locatário, ria [lukɐ'tarju, -rjɐ] *nm, f* locataire *(mf)*.

loções ▷ **loção**.

locomotiva [lukumu'tivɐ] *nf* locomotive *(f)*.

locução [luku'sɐ̃u] (*pl* **-ões** [-õiʃ]) *nf* **1.** *(de filme, programa)* commentaire *(m)* **2.** GRAMM locution *(f)*.

locutor, ra [luku'tor, -rɐ] (*mpl* **-es** [-əʃ], *fpl* **-s** [-ʃ]) *nm, f* **1.** *(de televisão)* présentateur *(m)*, -trice *(f)* **2.** *(de rádio)* animateur *(m)*, -trice *(f)*.

lodo ['lođu] *nm* vase *(f)*.

lógica ['lɔʒikɐ] *nf* logique *(f)*.

login [lɔg'ɪn] *nm* INFORM connexion *(f)*, login *(m)*.

logo ['lɔgu] *adv* **1.** *(imediatamente)* tout de suite **2.** *(em breve, mais tarde)* tout à l'heure • **mais logo** plus tard • **logo de seguida** juste après • **logo que** dès que • **logo agora que** juste au moment où.

logoff [log'of] *nm* INFORM déconnexion *(f)*.

logon, log on [lɔg'on] *nm* INFORM se connecter.

logotipo [lɔgɔ'tipu] *nm* logo *(m)*.

loja ['lɔʒɐ] *nf* magasin *(m)* • **loja de artigos desportivos** magasin de sport • **loja de artigos fotográficos** magasin de photographie • **loja de brinquedos** magasin de jouets • **loja de ferragens** quincaillerie *(f)* • **loja de lembranças** boutique *(f)* de souvenirs • **loja de produtos dietéticos** magasin de produits diététiques • **loja de velharias** brocante *(f)*.

lombada [lõm'bađɐ] *nf* tranche *(f)* *(de livre)*.

lombinho [lõm'biɲu] *nm* filet *(m)* mignon.

lombo ['lõmbu] *nm* longe *(f)* • **lombo assado** *longe de porc grillée*.

lombriga [lõm'brigɐ] *nf* ver *(m)*.

lona ['lonɐ] *nf* toile *(f)*.

Londres ['lõndrəʃ] *n* Londres.

londrino, na ['lõn'drinu, na, -na] ■ *adj* londonien(enne). ■ *nm, f* Londonien *(m)*, -enne *(f)*.

longa-metragem [ˌlõŋgɐmə'traʒẽi] (*pl* **longas-metragens** [ˌlõŋgɐʒmə'traʒẽiʃ]) *nf* long-métrage *(m)*.

longe ['lõʒə] *adv* loin • **longe disso!** bien au contraire ! • **ao longe** au loin • **de longe** de loin • **de longe em longe** de temps en temps • **ir longe demais** aller trop loin.

longitude [lõʒi'tuđə] *nf* longitude *(f)*.

longo, ga ['lõŋgu, -gɐ] *adj* long (longue) • **ao longo dos tempos** au fil des temps • **ao longo de** le long de.

lontra ['lõntrɐ] *nf* loutre *(f)*.

loop ['lupi] (*pl* **loops**) *nm* INFORM boucle *(f)*.

-los ['luʃ] *pron pl* **1.** *(eles)* les **2.** *(vocês)* vous.

losango [lu'zɐ̃ŋgu] *nm* losange *(m)*.

lotação [lutɐ'sɐ̃u] (*pl* **-ões** [-õiʃ]) *nf* **1.** *(de cinema, teatro)* capacité *(f)* **2.** *(de autocarro)* nombre *(m)* de places • **'lotação esgotada'** 'complet'.

lotaria [lutɐ'riɐ] *nf (Port)* loterie *(f)* • **lotaria nacional** *(Port)* loterie nationale.

lote ['lɔtə] *nm* **1.** *(de terreno)* lot *(m)* **2.** *(de prédios)* bâtiment *(m)*.

loteria [lote'riɐ] *nf* **1.** *(Br)* = **lotaria 2.** • **loteria esportiva** *(Br)* loto *(m)* sportif.

loto ['lotu] *nm* loto *(m)*.

louça ['losɐ] *nf* **1.** *(pratos, chávenas, pires)* vaisselle *(f)* **2.** *(porcelana)* porcelaine *(f)*.

louco, ca ['loku, -kɐ] *adj* & *nm, f* fou (folle) • **estar/ficar louco de alegria** être fou de joie • **ser louco por** être fou de • *(comida)* raffoler de.

loucura [lo'kurɐ] *nf* folie *(f)*.

louro, ra ['loru, -rɐ] ■ *adj* blond(e). ■ *nm* laurier *(m)*.

louva-a-deus [ˌlova'đeuʃ] *nm inv* mante *(f)* religieuse.

louvar [lo'var] *vt* chanter les louanges de.

louvável [lo'vavɛɫ] (*pl* **-eis** [-ɐiʃ]) *adj* louable.

Lt. (*abr écrite de* **Lote**) bat. *(bâtiment)*.

Ltda *(Br)* (*abr écrite de* **limitada**) SARL *(f)* *(Société à Responsabilité Limitée)*.

L.te (*abr écrite de* **Lote**) bat. *(bâtiment)*.

lua ['luɐ] *nf* lune *(f)* • **estar com a lua** *fam* être de mauvaise humeur • **viver no mundo da lua** être dans la lune.

lua-de-mel [ˌluɐđə'mɛɫ] (*pl* **luas-de-mel** [ˌluɐʒdə'mɛɫ]) *nf* lune *(f)* de miel.

luar ['lwar] *nm* clair *(m)* de lune.

lubrificante [luƀrəfi'kɐ̃ntə] *nm* lubrifiant *(m)*.

lubrificar [luƀrəfi'kar] *vt* lubrifier.

lucidez [lusi'đeʃ] *nf* lucidité *(f)*.

lúcido, da ['lusiđu, -đɐ] *adj* lucide.

lúcio ['lusju] *nm* brochet *(m)*.

lucrar [lu'krar] ■ **lucrar com** *v* + *prép* gagner • **o que é que tu lucras com isso?** *fam* qu'est-ce que tu y gagnes ?

lucrativo, va [lukrɐ'tivu, -vɐ] *adj* **1.** *(negócio, investimento)* qui rapporte **2.** *(fim)* lucratif (ive).

lucro ['lukru] *nm* bénéfice *(m)* • **lucros e perdas** pertes et profits.

lúdico, ca ['luđiku, -kɐ] *adj* ludique.

lugar [lu'gar] (*pl* **-es** [-əʃ]) *nm* **1.** *(espaço, assento)* place *(f)* **2.** *(sítio)* endroit *(m)* • **em primeiro lugar** *(em desporto)* à la première place • *(antes)* d'abord • **ter lugar** avoir lieu • **em lugar de** au lieu de • **dar o lugar a alguém** céder sa place à qqn • **tomar o lugar de alguém** prendre la place de qqn.

lugar-comum [luˌgarku'mũ] (*pl* **lugares-comuns** [luˌgarəʃku'mũʃ]) *nm* lieu *(m)* commun.

lugares ▷ **lugar**.

lúgubre ['luguƀrə] *adj* lugubre.

lula ['lulɐ] *nf* calamar *(m)* • **lulas grelhadas** *calamars grillés*.

lume ['lumə] *nm* **1.** *(chama)* feu *(m)* **2.** *(fogueira)* feu *(m)* de cheminée • **dar lume a alguém** donner du feu à qqn.

luminária [lumi'narjɐ] *nf (Br)* lampe *(f)* • **luminária de mesa** lampe • **luminária de pé** lampadaire *(m)*.

luminosidade [luminuzi'đađə] *nf* lumière *(f)*.

luminoso, osa [lumi'nozu, -ɔzɐ] *adj* lumineux(euse).

lunar [lu'nar] (*pl* **-es** [-əʃ]) *adj* lunaire.

lunático, ca [lu'natiku, -kɐ] *nm, f* désaxé *(m)*, -e *(f)*.

luneta [lu'netɐ] *nf (Br)* lunette *(f)*.

lupa ['lupɐ] *nf* loupe *(f)*.

lusófono, na [lu'zɔfunu, -nɐ] *adj* lusophone.

lustre ['luʃtrə] *nm* lustre *(m)*.

lustro ['luʃtru] *nm* éclat *(m)* • **puxar o lustro a algo** faire briller qqch.

luta ['lutɐ] *nf* lutte *(f)*.

lutar [lu'tar] *vi* lutter • **lutar contra** se battre avec • **lutar por** se battre pour.

luto ['lutu] *nm* deuil *(m)* • **estar de luto** être en deuil.

luva ['luva] *nf* **1.** *(roupa)* gant *(m)* **2.** *fam* pot-de-vin *(m)*.

luvas ['luvɐʃ] *nfpl* gants *(mpl)*.

Luxemburgo [luʃẽm'burgu] *nm* • **o Luxemburgo** le Luxembourg.

luxemburguês, esa [luʃẽmbur'geʃ, -ezɐ] *nmf* Luxembourgeois *(m)*, -e *(f)*.

luxo ['luʃu] *nm* luxe *(m)* • **de luxo** de luxe.

luxuoso, osa [lu'ʃwozu, -ɔzɐ] *adj* luxueux (euse).

luxúria [lu'ʃurjɐ] *nf* luxure *(f)*.

luxuriante [luʃu'rjẽntə] *adj* luxuriant(e).

luz ['luʃ] (*pl* **-es** [-zəʃ]) *nf* **1.** *(de sol, lâmpada, lume)* lumière *(f)* **2.** *(de carro)* phare *(m)* **3.** *(de casa)* électricité *(f)* **4.** *(de rua)* éclairage *(m)* • **luz do sol** lumière du soleil • **dar à luz** accoucher • **luzes de perigo** warnings *(mpl)* • **luzes de presença** veilleuses *(fpl)*.

luzir [lu'zir] *vi* luire.

Lxª (*abr écrite de* **Lisboa**) Lisbonne.

lycra ['likrɐ] *nf* Lycra® *(m)*.

m

m, M [*(Port)* 'emə, *(Br)* 'emi] *m* m, M.

ma [mɐ] = **me + a** • ▷ **me**.

má [ma] ▷ **mau**.

maca ['makɐ] *nf* brancard *(m)*.

maçã [mɐ'sɐ̃] *nf* **1.** pomme *(f)* **2.** *(da cara)* pommette *(f)* • **maçã assada** pomme au four.

macabro, bra [mɐ'kaƀru, -ƀrɐ] *adj* macabre.

macacão [mɐkɐ'kɐ̃u] (*pl* **-ões** [-õiʃ]) *nm* **1.** *(roupa)* bleu *(m)* de travail **2.** *(calças)* salopette *(f)*.

macaco, ca [mɐ'kaku, -kɐ] ■ *nm, f* singe *(m)*. ■ *nm* cric *(m)*.

macacões ▷ **macacão**.

maçã-de-adão [mɐˌsɐ̃đjɐ'đɐ̃u] (*pl* **maçãs-de-adão** [mɐˌsɐ̃ʒdjɐ'đɐ̃u]) *nf* pomme *(f)* d'Adam.

maçador, ra [mɐsɐ'đor, -rɐ] (*mpl* **-es** [-əʃ], *fpl* **-s** [-ʃ]) *adj* ennuyeux(euse).

maçaneta [mɐsɐ'netɐ] *nf* poignée *(f)* *(de porte)*.

maçante [ma'sɐ̃ntʃi] *adj* pénible, ennuyeux(euse).

maçapão [mɐsɐ'pɐ̃u] *nm* massepain *(m)*.

maçarico [mɐsɐ'riku] *nm* chalumeau *(m)*.

maçaroca [mɐsɐ'rɔkɐ] *nf* épi *(m)* de maïs.

macarrão [mɐkɐ'ʀɐ̃u] *nm* **1.** *(Port)* *(tipo de massa)* macaronis *(mpl)* **2.** *(Br)* *(massa)* nouilles *(fpl)*.

Macau [mɐ'kau] *n* Macao.

macedónia [mɐsə'đɔnjɐ] *nf* macédoine *(f)* de légumes • **macedónia (de frutas)** salade *(f)* de fruits.

macedônia [mase'dɔnja] *(Br)* = **macedónia**.

macete [mɐ'setə] *nm* maillet *(m)*.

machado [mɐ'ʃađu] *nm* hache *(f)*.

machismo [mɐ'ʃiʒmu] *nm* machisme *(m)*.

machista [mɐ'ʃiʃtɐ] *adj* & *nm* machiste.

macho ['maʃu] *adj* & *nm* mâle • **um homem macho** un homme, un vrai.

machucado, da [maʃu'kadu, -dɐ] *adj* *(Br)* blessé(e).

machucar [maʃu'kax] *vt* *(Br)* blesser.
■ **machucar-se** *vp* se blesser.

maciço, ça [mɐ'sisu, -sɐ] *adj* massif(ive).

macieira [mɐ'sjɐirɐ] *nf* pommier *(m)*.
■ **Macieira**® *nf* ≃ Calvados *(m)*.

macio, cia [mɐ'siu, -'siɐ] *adj* doux (douce).

maço ['masu] *nm* maillet *(m)* • **maço (de cigarros)** paquet *(m)* de cigarettes • **maço de folhas** tas *(m)* de feuilles.

macro ['makru] *nf* INFORM macro *(f)*.

madeira [mɐ'đɐirɐ] ■ *nf* bois *(m)*. ■ *nm* *(vinho)* madère *(m)*.
■ **Madeira** *nf* • **a madeira** Madère.

madeirense [mɐđɐi'rẽsə] ■ *adj* de Madère. ■ *nmf* Madérien *(m)*, -enne *(f)*.

madeixa [mɐ'đɐiʃɐ] *nf* mèche *(f)*.

madrasta [mɐ'đraʃtɐ] *nf* belle-mère *(f)*.

madrepérola [ˌmađrə'pɛrulɐ] *nf* nacre *(f)*.

madressilva [ˌmađrə'siɫvɐ] *nf* chèvrefeuille *(m)*.

madrinha [mɐ'đriɲɐ] *nf* *(de baptismo)* marraine *(f)*.

madrugada [mɐđru'gađɐ] *nf* **1.** *(alvorada)* aube *(f)* **2.** *(manhã)* matin *(m)* • **uma da madrugada** une heure du matin • **de madrugada** *fig* très tôt.

madrugar [mɐđru'gar] *vi* se lever de bonne heure.

maduro, ra [mɐ'đuru, -rɐ] *adj* **1.** mûr(e) **2.** *(vinho)* *fait avec du raisin arrivé à maturité par opposition au vin vert.*

mãe ['mɐ̃i] *nf* mère *(f)*.

maestro [mɐ'ɛʃtru] *nm* chef *(m)* d'orchestre.

magia [mɐ'ʒiɐ] *nf* magie *(f)*.

mágico, ca ['maʒiku, -kɐ] ■ *adj* magique. ■ *nm, f* magicien *(m)*, -enne *(f)*.

magistrado, **da** [mɐʒiʃ'trađu, -đɐ] *nm, f* magistrat *(m)*, -e *(f)*.

magnético, **ca** [mɐg̱'nɛtiku, -kɐ] *adj* magnétique.

magnífico, **ca** [mɐg̱'nifiku, -kɐ] *adj* magnifique.

magnitude [mɐg̱ni'tuđə] *nf* grandeur *(f)*.

magnólia [mɐg̱'nɔljɐ] *nf* magnolia *(m)*.

mago, **ga** ['mag̱u, -g̱ɐ] *nm, f* magicien *(m)*, -enne *(f)*.

mágoa ['mag̱wɐ] *nf* peine *(f)*.

magoado, **da** [mɐ'g̱wađu, -đɐ] *adj* blessé(e) • **ficou magoado** ça lui a fait de la peine.

magoar [mɐ'g̱war] *vt* • **magoar alguém** *(fisicamente)* blesser qqn • *(moralmente)* faire de la peine à qqn.
■ **magoar-se** *vp* se blesser.

magro, **gra** ['mag̱ru, -g̱rɐ] *adj* **1.** *(pessoa, animal)* maigre **2.** *(leite)* écrémé(e).

mail [-'mejl] (*pl* **-s**) *nm* INFORM mail *(m)*, courrier *(m)* électronique.

mainframe [mej'frejmi] *nm* INFORM unité centrale *(f)*.

maio ['maju] *nm (Br)* = **Maio**.

Maio ['maju] *nm (Port)* mai *(m)* • **durante o mês de Maio** au mois de mai • **em Maio** en mai • **em meados de Maio** à la mi-mai • **este mês de Maio** le mois de mai • **no passado/próximo mês de Maio** en mai dernier/prochain • **no princípio/final de Maio** début/fin mai • **o dez de Maio** le 10 mai.

maiô [ma'jo] *nm* **1.** *(Br) (de ginástica)* justaucorps *(m)* **2.** *(de banho)* maillot *(m)* de bain.

maionese [majɔ'nɛzə] *nf* mayonnaise *(f)*.

maior [mɐ'jɔr] (*pl* **-es** [-əʃ]) ■ *adj* plus grand(e). ■ *nmf* • **o/a maior** le plus grand/la plus grande • **em maior número** plus nombreux(euses) • **ser maior de idade** être majeur(e) • **a maior parte** la plupart.

maioria [mɐju'riɐ] *nf* majorité *(f)* • **a maioria de** la plupart de.

maioridade [mɐjuri'đađə] *nf* majorité *(f)* *(âge)*.

mais ['maiʃ] ■ *adv* **1.** *(em comparações)* plus • **a Ana é mais alta/bonita** Ana est plus grande/jolie • **mais... do que...** plus… que… • **ela tem mais um ano do que eu** elle a un an de plus que moi • **a mais** de OU en trop **2.** *(como superlativo)* • **o/a mais** le/la plus • **o mais inteligente/engraçado** le plus intelligent/drôle **3.** *(indica adição)* encore • **quero mais pão** je veux encore du pain • **não quero mais nada** je ne veux plus rien **4.** *(indica intensidade)* • **que dia mais bonito!** quelle belle journée ! • **que lugar mais feio!** quel endroit horrible ! **5.** *(indica preferência)* • **mais vale não ir** il vaut mieux ne pas y aller • **mais vale ficares em casa** il vaut mieux que tu restes à la maison **6.** *(em locuções)* • **de mais a mais** en plus • **mais ou menos** plus ou moins **7.** *(de saúde)* comme ci, comme ça • **por mais que** avoir beau • **por mais esperto que seja, não consegue fazê-lo** il a beau être adroit, il n'arrive pas à le faire • **sem mais nem menos** comme ça, sans raison • **uma vez mais, mais uma vez** une fois de plus • **cada vez mais** de plus en plus • **e que mais, minha senhora?** et avec ça, madame ? ■ *adj inv* **1.** *(em comparações)* plus • **eles têm mais dinheiro** ils ont plus d'argent • **está mais calor hoje** il fait plus chaud aujourd'hui **2.** *(como superlativo)* le plus de • **a pessoa que mais discos vendeu** la personne qui a vendu le plus de disques • **os que mais dinheiro têm** ceux qui ont le plus d'argent • **quanto mais cedo melhor** le plus tôt sera le mieux • **o mais tardar** au plus tard **3.** *(indica adição)* encore • **mais água, se faz favor** encore de l'eau, s'il vous plaît • **mais alguma coisa?** vous désirez autre chose ? • **tenho mais três dias de férias** j'ai encore trois jours de vacances. ■ *conj* • **vou eu mais o teu pai** nous y allons, ton père et moi. ■ *prép* *(indica soma)* plus • **dois mais dois, quatro** deux plus deux, quatre.

maître ['mɛtrə] *nm (Br)* maître *(m)* d'hôtel.

major [mɐ'ʒɔr] (*pl* **-es** [-əʃ]) *nm* commandant *(m)*.

mal ['mał] (*pl* **-es** [-əʃ]) ■ *nm* mal *(m)*. ■ *adv* mal. ■ *conj (assim que)* dès que • **mal cheguei, telefonei logo** dès que je suis arrivé, j'ai téléphoné • **estar mal** être faux (fausse) • **fazer mal** *(a pessoa)* faire du mal • *(a coisa)* abîmer • **não faz mal** ça n'est pas grave • **cheirar mal** sentir mauvais • **ouvir/ver mal** entendre/voir mal • **saber mal** avoir un mauvais goût • **o mal** le mal.

mala ['malɐ] *nf* **1.** *(de mão)* sac *(m)* **2.** *(de roupa)* valise *(f)* • **mala do carro** coffre *(m)* • **mala de viagem** valise *(f)* • **mala frigorífica** glacière *(f)* • **fazer as malas** faire ses bagages.

malabarismo [mɐlɐbɐ'riʒmu] *nm* • **fazer malabarismos** jongler.

malabarista [mɐlɐbɐ'riʃtɐ] *nmf* jongleur *(m)*, -euse *(f)*.

mal-acabado, da [ˌmauaka'badu, -dɐ] *adj* **1.** *(Br)* bâclé(e) **2.** *(pessoa)* mal fait(e).

malagueta [mɐlɐ'getɐ] *nf* piment *(m)*.

malandro, dra [mɐ'lɐ̃ndru, -drɐ] ■ *adj* **1.** *(preguiçoso)* paresseux(euse) **2.** *(matreiro)* fripon(onne). ■ *nm, f* canaille *(f)*.

malária [mɐ'larjɐ] *nf* malaria *(f)*.

Malásia [mal'azjɐ] *nf* • **a Malásia** la Malaisie.

malcriado, da [małkri'ađu, -đɐ] *adj* mal élevé(e).

maldade [mał'đađə] *nf* méchanceté *(f)*.

maldição [małđi'sɐ̃u] (*pl* **-ões** [-õiʃ]) *nf* malédiction *(f)*.

maldito, ta [mał'đitu, -tɐ] *adj* maudit(e).

maldizer [małđi'zer] *vt* **1.** *(amaldiçoar)* maudire **2.** *(dizer mal de)* dire du mal de.

maldoso, osa [mał'đozu, -ɔzɐ] *adj* méchant(e).

mal-educado, da [ˌmaliđu'kađu, -đɐ] *adj* mal élevé(e).

malefício [mɐlə'fisju] *nm* maléfice *(m)*.

mal-entendido [ˌmalĩntẽn'điđu] (*pl* **mal-entendidos** [ˌmalĩntẽn'điđuʃ]) *nm* malentendu *(m)*.

males ['maliʃ] ▷ **mal**.

mal-estar [maləʃ'tar] (*pl* **mal-estares** [maləʃ'tarəʃ]) *nm* malaise *(m)*.

maleta [mɐ'letɐ] *nf* mallette *(f)*.

malfeitor, ra [małfɐi'tor, -rɐ] (*mpl* **-es** [-əʃ], *fpl* **-s** [-ʃ]) *nm, f* malfaiteur *(m)*.

malga ['małgɐ] *nf* bol *(m)*.

malha ['maʎɐ] *nf* **1.** *(tecido)* jersey *(m)* **2.** *(em meia, camisola, rede)* maille *(f)* **3.** *(mancha em animal)* tache *(f)* • **cair uma malha** filer un collant • **fazer malha** tricoter.

malhado, da [mɐ'ʎađu, -đɐ] *adj* tacheté(e).

malhar [mɐ'ʎar] ■ *vt* battre. ■ *vi fam* se casser la figure.

mal-humorado, da [malumu'rađu, -đɐ] *adj* de mauvaise humeur.

malícia [mɐ'lisjɐ] *nf* malice *(f)*.

maligno, gna [mɐ'lignu, -gnɐ] *adj* malin (igne).

malmequer [małmə'kɛr] (*pl* **-es** [-əʃ]) *nm* marguerite *(f)*.

mal-passado, da [małpɐ'sađu, -đɐ] *adj (bife, carne)* saignant(e).

malta ['małtɐ] *nf fam* bande *(f) (de copains)*.

maltratar [małtrɐ'tar] *vt* **1.** *(bater em)* maltraiter **2.** *(descuidar, estragar)* abîmer.

maluco, ca [mɐ'luku, -kɐ] *adj* & *nm, f* fou (folle).

malva ['małvɐ] *nf* mauve *(f)*.

malvadez [małvɐ'deʃ] *nf* cruauté *(f)*.

malvado, da [mał'vađu, -đɐ] *adj* méchant (e).

mama ['mɐmɐ] *nf* sein *(m)*.

mamadeira [mama'deirɐ] *nf (Br)* biberon *(m)*.

mamãe [mɐ̃'mɐ̃j] (*pl* **-ães**) *(Br) nf fam* maman *(f)*.

mamão [ma'mɐ̃u] (*pl* **-ões** [-õiʃ]) *nm* papaye *(f)*.

mamar [mɐ'mar] ■ *vi* téter. ■ *vt fam (comer, beber tudo depressa)* siffler • **dar de mamar** *(amamentar)* donner à téter • *(com biberão)* donner le biberon.

mamífero [mɐ'mifəru] *nm* mammifère *(m)*.

mamilo [mɐ'milu] *nm* mamelon *(m)*.

maminha [ma'miɲɐ] *nf (Br)* ≃ filet *(m)*.

mamões ▷ **mamão**.

manada [mɐ'nađɐ] *nf* troupeau *(m)*.

mancar [mɐ̃ŋ'kar] *vi* boiter.

mancha ['mɐ̃ʃɐ] *nf* tache *(f)*.

Mancha ['mɐ̃ʃɐ] *nf* • **o canal da Mancha** la Manche.

manchar [mɐ̃'ʃar] *vt* tacher.

manchete [mɐ̃'ʃɛtʃi] *nf (Br)* manchette *(f) (d'un journal)*.

manco, ca ['mɐ̃ŋku, -kɐ] *adj* boiteux(euse).

mandar [mɐ̃n'dar] ■ *vi* commander. ■ *vt* envoyer • **mandar alguém fazer algo** envoyer qqn faire qqch • **mandar fazer algo** faire faire qqch • **mandar alguém passear** *fam* envoyer qqn promener • **mandar vir** *(encomendar)* commander • *fam (refilar)* rouspéter • **mandar à merda** *vulg* envoyer chier • **mandar em** *(empresa)* diriger • *(casa)* commander, faire la loi.

mandioca [mɐ̃n'djɔkɐ] *nf* manioc *(m)* • **(farinha de) mandioca** tapioca *(m)*.

maneira [mɐ'nɐirɐ] *nf* manière *(f)* • **de uma maneira geral** d'une manière générale • **à maneira de** comme • **de maneira alguma** *OU* **nenhuma** pas du tout • **de maneira que** si bien que • **de qualquer maneira** de toute façon • **desta maneira** comme ça • **de todas as maneiras** sous toutes ses formes • **de tal maneira... que** tellement... que • **de uma maneira ou de outra** d'une manière ou d'une autre.
■ **maneiras** *nfpl* • **ter maneiras** savoir se tenir.

manejar [mɐnə'ʒar] *vt* manier.

manejável [mɐnə'ʒavɛɫ] (*pl* **-eis** [-ɐiʃ]) *adj* maniable.

manequim [mɐnə'kĩ] (*pl* **-ns** [-ʃ]) ■ *nm (em montra)* mannequin *(m)*. ■ *nmf (pessoa)* mannequin *(m)*.

maneta [mɐ'netɐ] *adj* manchot(e).

manga ['mɐ̃ŋgɐ] *nf* **1.** *(de peça de vestuário)* manche *(f)* **2.** *(fruto)* mangue *(f)* • **em mangas de camisa** en manches de chemise.

mangueira [mɐ̃ŋ'gɐirɐ] *nf* **1.** *(para regar, lavar)* tuyau *(m)* d'arrosage **2.** *(árvore)* manguier *(m)*.

manha ['mɐɲɐ] *nf* ruse *(f)*.

manhã [mɐ'ɲɐ̃] *nf* **1.** matin *(m)* **2.** *(período)* matinée *(f)* • **de manhã** de bonne heure • **toda a manhã** toute la matinée.

mania [mɐ'niɐ] *nf* manie *(f)*.

manicómio [mɐni'kɔmju] *nm (Port)* asile *(m)*.

manicômio [mani'komju] *nm (Br)* = **manicómio**.

manicura [mani'kurɐ] *nf (Port)* manucure *(f)*.

manicure [mani'kuri] *nf (Br)* = **manicura**.

manifestação [mɐnifəʃtɐ'sɐ̃u] (*pl* **-ões** [-õiʃ]) *nf* manifestation *(f)*.

manifestar [mɐnifəʃ'tar] *vt* manifester.
■ **manifestar-se** *vp* **1.** *(protestar)* manifester **2.** *(pronunciar-se)* s'exprimer.

manipular [mɐnipu'lar] *vt* manipuler.

manivela [mɐni'vɛlɐ] *nf* manivelle *(f)*.

manjericão [mɐ̃ʒəri'kɐ̃u] *nm* basilic *(m)*.

manobra [mɐ'nɔbrɐ] *nf* manœuvre *(f)*.

mansão [mɐ̃'sɐ̃u] (*pl* **-ões** [-õiʃ]) *nf* villa *(f)*.

mansidão [mɐ̃si'dɐ̃u] *nf* douceur *(f)*.

manso, sa ['mɐ̃su, -sɐ] *adj* **1.** *(animal)* docile **2.** *(mar)* calme **3.** *(pinheiro)* parasol.

mansões ▷ **mansão**.

manta ['mɐ̃ntɐ] *nf* couverture *(f)* *(de lit)*.

manteiga [mɐ̃n'tɐigɐ] *nf* beurre *(m)* • **manteiga de cacau** beurre de cacao.

manteigueira [mɐ̃ntɐi'gɐirɐ] *nf* beurrier *(m)*.

manter [mɐ̃n'ter] *vt* **1.** tenir, entretenir *(qqn)* **2.** *(conservar)* maintenir, conserver **3.** *(palavra)* tenir.
■ **manter-se** *vp* se maintenir, s'affermir.
■ **manter-se em** *vp* + *prép* **1.** *(em local)* rester à **2.** *(em forma)* rester en.

manual [mɐ'nwaɫ] (*pl* **-ais** [-aiʃ]) ■ *adj* manuel(elle). ■ *nm* manuel *(m)* • **manual (escolar)** manuel scolaire.

manuelino, na [mɐ'nwɛlinu, -nɐ] *adj* manuélin(e) • **o (estilo) Manuelino** l'art manuélin.

manuscrito, ta [mɐnuʃ'kritu, -tɐ] ■ *adj* manuscrit(e). ■ *nm* manuscrit *(m)*.

manusear [mɐnu'zjar] *vt* manier.

manutenção [mɐnutẽ'sɐ̃u] *nf* entretien *(m)* *(de la maison)*.

mão ['mɐ̃u] *nf* **1.** ANAT main *(f)* **2.** *(de estrada)* sens *(m)* • **apertar a mão** serrer la main • **dar a mão a alguém** donner la main à qqn • *fig* aider qqn • **de mãos dadas** main dans la main • **à mão** à la main • **dar uma mão a alguém** donner un coup de main à qqn • **em segunda mão** d'occasion • **estar à mão** être tout près • **ter algo à mão** avoir qqch sous la main.

mão-de-obra [mɐ̃un'dɔbrɐ] *nf* main-d'œuvre *(f)*.

mapa ['mapɐ] *nm* carte *(f)* • **mapa das estradas** carte routière.

mapa-múndi [ˌmapɐ'mũndi] (*pl* **mapas-múndi** [ˌmapɐʒ'mũndi]) *nm* mappemonde *(f)*.

maquete [ma'kɛtə] *nf* maquette *(f)*.

maquiagem [maki'aʒɐ̃j] *(Br)* = **maquilhagem**.

maquiar [ma'kjax] *vt (Br)* = **maquilhar**.

maquilhagem [mɐki'ʎaʒɐ̃i] (*pl* **-ns** [-ʃ]) *nf (Port)* maquillage *(m)*.

maquilhar [mɐki'ʎar] *vt (Port)* maquiller.
■ **maquilhar-se** *vp (Port)* se maquiller.

máquina ['makinɐ] *nf* machine *(f)* • **máquina de barbear** rasoir *(m)* électrique • **máquina de busca** moteur *(m)* de recherche • **máquina de costura** machine à coudre

• **máquina de escrever** machine à écrire • **máquina de filmar** caméra *(f)* • **máquina fotográfica** appareil *(m)* photo • **máquina de lavar** *(roupa)* lave-linge *(m inv)* • *(louça)* lave-vaisselle *(m inv)* • **máquina de secar** sèche-linge *(m inv)*.

maquinaria [mɐkinɐ'riɐ] *nf* machinerie *(f)*.

mar ['mar] (*pl* **-es** [-əʃ]) *nm* mer *(f)* • **mar alto, alto mar** haute mer • **por mar** par bateau.

maracatu ['marakatu] *nm (Br) musique et danse du carnaval.*

maracujá [mɐrɐku'ʒa] *nm* fruit *(m)* de la passion.

Maranhão [mara'ɲɐ̃u] *nm* • **o Maranhão** le Maranhão.

maravilha [mɐrɐ'viʎɐ] *nf* merveille *(f)* • **que maravilha!** quelle merveille ! • **fazer maravilhas** faire des merveilles • **dizer maravilhas de** dire des merveilles de • **correr às mil maravilhas** se dérouler à merveille.

maravilhoso, **osa** [mɐrɐvi'ʎozu, -ɔzɐ] *adj* merveilleux(euse).

marca ['markɐ] *nf* **1.** marque *(f)* **2.** *(vestígio)* trace *(f)* • **marca registada** nom *(m)* déposé • **de marca** de marque.

marcação [mɐrkɐ'sɐ̃u] (*pl* **-ões** [-õiʃ]) *nf* **1.** *(de consulta)* rendez-vous *(m)* **2.** *(de lugar)* réservation *(f)*.

marcar [mɐr'kar] *vt* **1.** *(consulta)* prendre **2.** *(lugar)* réserver **3.** *(hora)* fixer **4.** SPORT marquer • **marcar encontro** fixer un rendez-vous • **marcar uma hora** prendre rendez-vous • **marcar o número** composer le numéro.

marcha ['marʃɐ] *nf* **1.** *(desfile)* marche *(f)* **2.** *(de trânsito)* circulation *(f)* • **marchas populares** *défilés organisés pendant les fêtes de juin* • **marcha à ré** *(Br)* marche arrière.

marcha-atrás [ˌmarʃa'traʃ] *nf inv (Port)* marche *(f)* arrière.

marchar [mɐr'ʃar] *vi* **1.** *(pessoa)* marcher **2.** *(tropa)* marcher au pas.

marcial [mɐr'sjał] (*pl* **-ais** [-aiʃ]) *adj* martial (e).

marco ['marku] *nm* **1.** *(em estrada, caminho)* borne *(f)* **2.** *(moeda)* mark *(m)* • **marco do correio** boîte *(f)* aux lettres.

março ['maxsu] *nm (Br)* = **Março**.

Março ['marsu] *nm (Port)* mars *(m)* • **durante o mês de Março** au mois de mars • **em Março** en mars • **em meados de Março** à la mi-mars • **este mês de Março** le mois de mars • **no passado/próximo mês de Março** en mars dernier/prochain • **no princípio/final de Março** début/fin mars • **o seis de Março** le 6 mars.

Mar do Norte [ˌmarđu'nɔrtə] *nm* • **o Mar do Norte** la Mer du Nord.

maré [mɐ'rɛ] *nf* marée *(f)* • **estar em maré de sorte** avoir la chance avec soi.

maré-alta [mɐrɛ'ałtɐ] (*pl* **marés-altas** [mɐrɛ'załtɐʃ]) *nf* marée *(f)* haute.

maré-baixa [mɐrɛ'baiʃɐ] (*pl* **marés-baixas** [mɐrɛʒ'baiʃɐʃ]) *nf* marée *(f)* basse.

maremoto [mɐrə'mɔtu] *nm* raz-de-marée *(m)*.

mares ▷ **mar**.

marfim [mɐr'fĩ] *nm* ivoire *(m)*.

margarida [mɐrgɐ'riđɐ] *nf* marguerite *(f)*.

margarina [mɐrgɐ'rinɐ] *nf* margarine *(f)*.

margem ['marʒɐ̃i] (*pl* **-ns** [-ʃ]) *nf* **1.** *(de rio)* rive *(f)* **2.** *(em texto, livro, documento)* marge *(f)* • **à margem** en marge • **pôr à margem** *fig* mettre à l'écart • **pôr-se à margem** se tenir à l'écart.

marginal [mɐrʒi'nał] (*pl* **-ais** [-aiʃ]) ■ *nmf* marginal *(m)*, -e *(f)*. ■ *nf* **1.** *(estrada)* bord *(m)* de mer **2.** *(para passear)* promenade *(f)*.

marido [mɐ'riđu] *nm* mari *(m)*.

marimbondo [marĩm'bõndu] *nm (Br)* guêpe *(f)*.

marina [mɐ'rinɐ] *nf* marina *(f)*.

marinada [mɐri'nađɐ] *nf* marinade *(f)*.

marinado, **da** [mari'nadu, da] *adj* mariné (e).

marinar [mari'nax] *vt* mariner.

marinha [mɐ'riɲɐ] *nf* marine *(f)*.

marinheiro, **ra** [mɐri'ɲeiru, -rɐ] *nm, f* marin *(m)*.

marinho [ma'riɲu] *adj* marin • **azul marinho** bleu *(m)* marine.

marionete [marjɔ'nɛtə] *nf* marionnette *(f)*.

mariposa [mɐri'pozɐ] *nf* papillon *(m) (nage)*.

marisco [mɐ'riʃku] *nm* fruits *(mpl)* de mer.

marisqueira [mɐriʃ'keirɐ] *nf* restaurant *(m)* de fruits de mer.

marítimo, **ma** [mɐ'ritimu, -mɐ] *adj* maritime.

marketing ['markətĩŋ] *nm* marketing *(m)*.

marmelada [mɐrmə'lađɐ] *nf* pâte *(f)* de coing.

marmeleiro [mɐrmə'lɐiru] *nm* cognassier *(m)*.

marmelo [mɐr'mɛlu] *nm* coing *(m)*.

mármore ['marmurə] *nm* marbre *(m)*.

marquise [mar'kizə] *nf* véranda *(f)*.

marreco, ca [mɐ'ʀɛku, -kɐ] *adj* bossu(e).

Marrocos [mɐ'ʀɔkuʃ] *n* • **os Marrocos** le Maroc.

marrom [ma'xõ] (*pl* **-ns** [-ʃ]) *adj (Br)* marron.

marroquinaria [mɐʀukinɐ'riɐ] *nf* maroquinerie *(f)*.

marroquino, na [mɐʀu'kinu, -nɐ] *adj* marocain(e).
■ **marroquino, na** *nmf* Marocain *(m)*, -e *(f)*.

martelar [mɐrtə'lar] *vt* marteler.

martelo [mɐr'tɛlu] *nm* marteau *(m)* • **a martelo** *(vinho)* frelaté.

mártir ['martir] (*pl* **-es** [-əʃ]) *nmf* martyr *(m)*, -e *(f)*.

marzipã [*(Br)* maxzi'pã] *nm* massepain *(m)*.

mas[1] [mɐʃ] = **me + as** • ▷ **me**.

mas[2] [mɐʃ] ■ *conj* mais. ■ *nm* • **nem mas nem meio mas!** il n'y a pas de mais qui tienne !

mascar [mɐʃ'kar] *vt* mâcher.

máscara ['maʃkɐrɐ] *nf* masque *(m)*.

mascarar-se [mɐʃkɐ'rarsə] *vp* se déguiser.

mascavo [mɐʃ'kavu] *adj m* ▷ **açúcar**.

mascote [mɐʃ'kɔtə] *nf* mascotte *(f)*.

masculino, na [mɐʃku'linu, -nɐ] *adj* masculin(e).

masoquista [mɐzu'kiʃtɐ] *adj* & *nmf* masochiste.

massa ['masɐ] *nf* **1.** *(esparguete, lasanha)* pâtes *(fpl)* **2.** *(de bolo, pão)* pâte *(f)* **3.** *fam (dinheiro)* fric *(m)* • **massa folhada** *(Port)* pâte feuilletée • **massa folheada** *(Br)* pâte feuilletée • **em massa** *fig* en masse • **ter massa** *fam* avoir du fric • **massa para modelar** *(Br)* pâte à modeler.

massacre [mɐ'sakrə] *nm* massacre *(m)*.

massagear [masa'ʒiax] *vt (Br)* = **massajar**.

massagem [mɐ'saʒɐ̃i] (*pl* **-ns** [-ʃ]) *nf* massage *(m)*.

massagista [mɐsɐ'ʒiʃtɐ] *nmf* masseur *(m)*, -euse *(f)*.

massajar [mɐsɐ'ʒar] *vt (Port)* masser.

mastigar [mɐʃti'gar] *vt* mâcher.

mastro ['maʃtru] *nm* mât *(m)*.

masturbar-se [mɐʃtur'ƀarsə] *vp* se masturber.

mata ['matɐ] *nf* bois *(m)*.

mata-borrão [ˌmatɐƀu'ʀɐ̃u] (*pl* **mata-borrões** [ˌmatɐƀu'ʀõiʃ]) *nm* buvard *(m)*.

matadouro [mɐtɐ'đoru] *nm* abattoir *(m)*.

matar [mɐ'tar] *vt* **1.** *(pessoa, animal)* tuer **2.** *(sede, fome)* couper • **estar** *ou* **ficar a matar** *fam fig* aller comme un gant.
■ **matar-se** *vp* se tuer • **matar-se a fazer algo** se démener pour faire qqch • **matar-se a trabalhar** se tuer au travail.

mata-ratos [ˌmatɐ'ʀatuʃ] *nm inv* mort-aux-rats *(f inv)*.

mate ['matʃi] ■ *nm (Br)* maté *(m) (sorte de thé)*. ■ *adj* mat(e).

matemática [mɐtə'matikɐ] *nf* mathématiques *(fpl)*.

matéria [mɐ'tɛrjɐ] *nf* matière *(f)* • **em matéria de** pour ce qui est de.

material [mɐtə'rjał] (*pl* **-ais** [-aiʃ]) ■ *adj (bens)* matériel(elle). ■ *nm* matériel *(m)* • **material escolar** fournitures *(fpl)* scolaires.

matéria-prima [mɐˌtɛrjɐ'primɐ] (*pl* **matérias-primas** [mɐˌtɛrjɐʃ'primɐʃ]) *nf* matière *(f)* première.

maternidade [mɐtərni'đađə] *nf (hospital)* maternité *(f)*.

matinê [matʃi'ne] *nf (Br)* = **matinée**.

matinée [mɐti'nɛ] *nf (Port)* matinée *(f) (de spectacle)*.

matizado, da [mɐti'zađu, -đɐ] *adj* nuancé (e).

mato ['matu] *nm* **1.** *(tipo de vegetação)* lande *(f)* **2.** *(Br) (bosque)* bois *(m)*.

Mato Grosso [ˌmatu'grosu] *nm* • **o Mato Grosso** le Mato Grosso.

Mato Grosso do Sul [ˌmatugrosuđu'suł] *nm* • **o Mato Grosso do Sul** le Mato Grosso du Sud.

matraquilhos [mɐtrɐ'kiʎuʃ] *nmpl* baby-foot *(m inv)* • **jogar matraquilhos** faire un baby-foot.

matrícula [mɐ'trikulɐ] *nf* **1.** *(de carro)* immatriculation *(f)* **2.** *(em escola, universidade)* inscription *(f)*.

matrimónio [mɐtri'mɔnju] *nm (Port)* mariage *(m)*.

matrimônio [matri'monju] *nm (Br)* = **matrimónio**.

matriz [mɐ'triʃ] (*pl* **-es** [-zəʃ]) *nf* **1.** *(igreja)* église *(f)* paroissiale **2.** *(de foto, tipografia)* film *(m)*.

maturidade [mɐturi'đađə] *nf* maturité *(f)*.

matuto, ta [ma'tutu, -tɐ] *adj (Br)* provincial (e).

mau, má ['mau, 'ma] *adj* **1.** mauvais(e) **2.** *(malvado)* méchant(e) • **nada mau!** pas mal !

mausoléu [mauzu'lɛu] *nm* mausolée *(m)*.

maus-tratos [mauʃ'tratuʃ] *nmpl* mauvais traitements *(mpl)*.

maxilar [maksi'lar] (*pl* **-es** [-əʃ]) *nm* maxillaire *(m)*.

máximo, ma ['masimu, -mɐ] ■ *adj* **1.** *(velocidade, pena, pontuação)* maximum **2.** *(temperatura)* maximal(e). ■ *nm* • **o máximo** le maximum • **no máximo** tout au plus • **ao máximo** à fond.
■ **máximos** *nmpl* phares *(mpl)*.

maxi-single [ˌmaksi'sĩŋgɐɫ] (*pl* **maxi-singles** [ˌmaksi'sĩŋgləʃ]) *nm (Port)* maxi-single *(m)*.

me [mə] *(contraction de me + a =* **ma** [mɐ], *contraction de me + as =* **mas** [mɐʃ], *contraction de me + o =* **mo** [mu], *contraction de me + os =* **mos** [muʃ]) *pron* **1.** *(complemento directo)* me **2.** *(complemento indirecto)* moi, me • **dá-me o livro** donne-moi le livre • **não me fales** ne me parle pas **3.** *(reflexivo)* me • **você me enganou!** *(Br)* tu m'as trompé ! • **vou-me embora** *(Port)* je m'en vais • **me vou embora** *(Br)* je m'en vais • **ele deu-mo** *(Port)* il me l'a donné • **a folha, já ma deste** la feuille, tu me l'as déjà donnée • **o livro, já mo deste** le livre, tu me l'as déjà donné • **este livro, dás-mo?** ce livre, tu me le donnes ? • **estes livros, deste-mos?** ces livres, tu me les a donnés ? • **os teus pais, já mos apresentaste** tes parents, tu me les a déjà présentés.

meados ['mjađuʃ] *nmpl* • **em meados de Dezembro** à la mi-décembre.

mecânica [mə'kɐnikɐ] *nf* mécanique *(f)* • ▷ **mecânico**.

mecânico, ca [mə'kɐniku, -kɐ] ■ *adj* mécanique. ■ *nm, f* mécanicien *(m)*, -enne *(f)*.

mecanismo [məkɐ'niʒmu] *nm* mécanisme *(m)*.

mecha ['mɛʃɐ] *nf* mèche *(f) (de bougie)* • **na mecha** *fam* à fond.

meço ['mɛsu] ▷ **medir**.

medalha [mə'đaʎɐ] *nf* médaille *(f)*.

medalhão [meda'ʎɐ̃w] *(Br) nm* filet *(m)* de bœuf *OU* de porc.

média ['mɛđjɐ] *nf* moyenne *(f)* • **andar à média de 150 km/h** faire du 150 km/h en moyenne • **em média** en moyenne • **ter média de** avoir une moyenne de.

mediano, na [mə'đjɐnu, -nɐ] *adj* moyen (enne).

mediante [mə'djẽntə] *prép* **1.** *(a troco de)* moyennant **2.** *(consoante)* selon.

medicação [məđikɐ'sɐ̃u] (*pl* **-ões** [-õiʃ]) *nf* traitement *(m)*.

medicamento [məđikɐ'mẽntu] *nm* médicament *(m)*.

medicina [məđə'sinɐ] *nf* médecine *(f)*.

médico, ca ['mɛđiku, -kɐ] *nm, f* médecin *(mf)* • **médico de clínica geral** médecin généraliste.

medida [mə'điđɐ] *nf* mesure *(f)* • **à medida** sur mesure • **em certa medida** en quelque sorte • **mesmo à medida** juste • **na medida do possível** dans la mesure du possible • **à medida que** au fur et à mesure que • **tomar medidas** prendre des mesures.

medieval [məđje'vaɫ] (*pl* **-ais** [-aiʃ]) *adj* médiéval(e).

médio, dia ['mɛđju, -đjɐ] ■ *adj* moyen (enne). ■ *nm* **1.** *(dedo)* moyenne *(f)* **2.** SCOL mention *(f)* passable.
■ **médios** *nmpl* feux *(mpl)* de croisement.

medíocre [mə'điukrə] *adj* médiocre.

Médio Oriente [ˌmɛđju o'rjẽntə] *nm* • **o Médio Oriente** le Moyen-Orient.

medir [mə'đir] *vt* **1.** mesurer **2.** *(temperatura)* prendre • **quanto é que medes?** combien est-ce que tu mesures ?

meditar [mə'đitar] *vi* méditer • **meditar sobre algo** méditer sur qqch.

Mediterrâneo [məđitə'ʀɐnju] *nm* • **o (mar) Mediterrâneo** la (mer) Méditerranée.

medo ['među] *nm* peur *(f)* • **ter medo** avoir peur • **ter medo de** avoir peur de • **a medo** avec crainte • **sem medo** sans crainte.

medonho, nha [mə'đoɲu, -ɲɐ] *adj* épouvantable.

medronho [mə'đroɲu] *nm* arbouse *(f)*.

medroso, osa [məđrozu, -ɔzɐ] *adj* peureux (euse).

medula [mə'đulɐ] *nf* moelle *(f)*.

medusa [mə'đuzɐ] *nf* méduse *(f)*.

megabyte [mɛgɐ'ƀaitə] *nm* INFORM méga-octet *(m)*.

meia ['meja] *nf (Br)* six • **meia de leite** *café au lait servi dans une tasse.*

meia-calça [ˌmɐjɐ'kałsɐ] *(pl* **meias-calças** [ˌmɐjɐʃ'kałsɐʃ]) *nf* collants *(mpl) (en laine).*

meia-desfeita [ˌmɐjɐdəʃ'fɐitɐ] *nf salade de morue aux pois chiches.*

meia-hora [ˌmɐjɐ'ɔrɐ] *(pl* **meias-horas** [ˌmɐjɐ'zɔrɐʃ]) *nf* demi-heure *(f)*.

meia-idade [ˌmɐjɐi'đađə] *nf* • **de meia-idade** d'âge mûr.

meia-luz [ˌmeja'luʃ] *(pl* **meias-luzes**) *nf* entre chien et loup.

meia-noite [ˌmɐjɐ'noitə] *nf* minuit *(m)*.

meias ['mɐjɐʃ] *nfpl* **1.** chaussettes *(fpl)* **2.** *(de mulher)* collants *(mpl)* **3.** *(com ligas)* bas *(mpl)* • **meias de lycra** collants en Lycra • **meias de mousse** collants mousse • **meias de vidro** collants en nylon • **meias soquetes** *(Br)* chaussettes *(fpl)*.

meias-medidas [ˌmɐjɐʒmə'điđɐʃ] *nfpl* • **não estar com meias-medidas** ne pas y aller par quatre chemins.

meias-palavras [ˌmɐjɐʃpɐ'lavrɐʃ] *nfpl* • **não estar com meias-palavras** ne pas mâcher ses mots.

meigo, ga ['mɐigu, -gɐ] *adj* **1.** *(pessoa)* doux (douce) **2.** *(animal)* affectueux(euse).

meio, meia ['mɐju, 'mɐjɐ] ■ *adj* demi-, mi-. ■ *nm* **1.** *(modo, recurso)* moyen *(m)* **2.** *(social, profissional)* milieu *(m)* • **meio ambiente** environnement *(m)* • **meio bilhete** billet *(m)* demi-tarif • **meio cheio** à moitié plein • **a meias** moitié-moitié • **estar meio a dormir** dormir à moitié • **fiz o trabalho a meias com ele** j'ai partagé le travail avec lui • **meia pensão** demi-pension *(f)* • **meia volta** demi-tour *(m)* • **a meia voz** à mi-voix • **meio por meio** du pareil au même • **no meio de** *(de duas coisas)* entre • *(de várias coisas)* parmi • *(de rua, mesa, multidão)* au milieu de.

meio-dia [ˌmɐju'điɐ] *nm* midi *(m)*.

meio-quilo [ˌmɐju'kilu] *(pl* **meios-quilos** [ˌmɐjuʃ'kiluʃ]) *nm* livre *(f)*.

meios [ˌmejuʃ] *nmpl* moyens *(mpl)*, ressources *(fpl)*.

meio-seco [ˌmɐju'seku] *adj m (vinho)* demi-sec.

mel ['mɛł] *nm* miel *(m)*.

melaço [mə'lasu] *nm* mélasse *(f)*.

melado, da [me'ladu, -dɐ] *adj (Br)* poisseux (euse).

melancia [məlɐ̃'siɐ] *nf* pastèque *(f)*.

melancolia [məlɐ̃ŋku'liɐ] *nf* mélancolie *(f)*.

melancólico, ca [məlɐ̃ŋ'kɔliku, -kɐ] *adj* mélancolique.

melão [mə'lɐ̃u] *(pl* **-ões** [-õiʃ]) *nm* melon *(m)* d'Espagne.

melga ['mɛłgɐ] *nf* **1.** *(Port) (insecto)* moustique *(m)* **2.** *fam (pessoa chata)* casse-pieds *(mf inv)*.

melhor [mə'ʎɔr] *(pl* **-es** [-əʃ]) ■ *adj* meilleur(e). ■ *adv* mieux. ■ *nmf* • **o melhor** le mieux • **o/a melhor** le meilleur/la meilleure • **ou melhor** ou plutôt • **tanto melhor!** tant mieux ! • **estar melhor** aller mieux • **ser do melhor que há** être ce qu'il y a de mieux • **cada vez melhor** de mieux en mieux • **correr pelo melhor** se passer pour le mieux • **ir desta para melhor** *fam* passer l'arme à gauche • **quem é que escreve melhor?** qui écrit le mieux ?

melhorar [məʎu'rar] ■ *vt* **1.** *(comportamento)* améliorer **2.** *(conhecimentos)* perfectionner. ■ *vi* **1.** *(doente)* aller mieux **2.** *(tempo, clima)* s'améliorer.

melhores ▻ **melhor**.

melindrar [məlĩn'drar] *vt* offenser.

melindroso, osa [məlĩn'drozu, -ɔzɐ] *adj* **1.** *(pessoa)* susceptible **2.** *(assunto, questão, problema)* délicat(e) **3.** *(saúde)* fragile.

meloa [mə'loɐ] *nf* melon *(m)*.

melodia [məlu'điɐ] *nf* mélodie *(f)*.

melodrama [mɛlɔ'đrɐmɐ] *nm* mélodrame *(m)*.

melodramático, ca [mɛlɔđrɐ'matiku, -kɐ] *adj* mélodramatique.

melões ▻ **melão**.

melro ['mɛɫʀu] *nm* merle *(m)*.

membro ['mẽmbru] *nm* membre *(m)*.

memorando [məmu'rẽndu] *nm* note *(f)*.

memória [mə'mɔrjɐ] *nf* mémoire *(f)* • **de memória** par cœur.

memorizar [məmuri'zar] *vt* mémoriser.

mencionar [mẽsju'nar] *vt* mentionner.

mendicidade [mẽndisi'đađə] *nf* mendicité *(f)*.

mendigar [mẽndi'gar] *vi* mendier.

mendigo, **ga** [mẽn'digu, -gɐ] *nm, f* mendiant *(m)*, -e *(f)*.

meningite [mənĩ'ʒitə] *nf* méningite *(f)*.

menino, **na** [mə'ninu, -nɐ] *nm, f* petit garçon *(m)*, petite fille *(f)*.

menopausa [mɛnɔ'pauzɐ] *nf* ménopause *(f)*.

menor [mə'nɔr] (*pl* **-es** [-əʃ]) ■ *adj* **1.** *(em tamanho)* plus petit(e) **2.** *(em número)* inférieur(e) **3.** *(mínimo, em importância)* moindre. ■ *nmf* mineur *(m)*, -e *(f)* • **ser menor de idade** être mineur • **não faço** *OU* **tenho a menor ideia** je n'en ai pas la moindre idée • **o/a menor** le plus petit/la plus petite • *(em quantidade)* le/la moins • *(em importância)* le/la moindre.

menos ['menuʃ] ■ *adv* **1.** *(ger)* moins • **estás menos gordo** tu es moins gros • **menos... do que...** moins... que... • **a menos** de moins • **deram-me dinheiro a menos** ils m'ont donné de l'argent en moins • **são dez menos um quarto** il est dix heures moins le quart **2.** *(como superlativo)* • **o/a menos** le/la moins • **o menos interessante/caro** le moins intéressant/cher **3.** *(em locuções)* • **a menos que** à moins que • **ao menos, pelo menos** au moins • **isso é o menos** c'est le moins grave • **pouco menos de** un peu moins de. ■ *adj inv* **1.** *(em comparações)* moins de • **eles têm menos posses** ils ont moins de moyens • **está menos frio do que ontem** il fait moins froid qu'hier **2.** *(como superlativo)* le moins de • **as que menos bolos comeram** celles qui ont mangé le moins de gâteaux • **os que menos dinheiro têm** ceux qui ont le moins d'argent. ■ *prép* **1.** *(excepto)* sauf • **gostaram todos menos ele** ils ont tous aimé, sauf lui • **tudo menos isso** tout sauf ça **2.** *(indica subtracção)* moins • **três menos dois é igual a um** trois moins deux égal un.

menosprezar [mənuʃprə'zar] *vt* mépriser.

mensageiro, **ra** [mẽsɐ'ʒɐiru, -rɐ] *nm, f* messager *(m)*, -ère *(f)*.

mensagem [mẽsa'ʒẽi] (*pl* **-ns** [-ʃ]) *nf* message *(m)*.

mensal [mẽ'saɫ] (*pl* **-ais** [-aiʃ]) *adj* mensuel (elle).

mensalidade [mẽsali'dadʒi] *nf* mensualité *(f)* • **mensalidade escolar** *(Br)* frais scolaires mensuels.

mensalmente [mẽsaɫ'mẽntə] *adv* par mois.

menstruação [mẽʃtruɐ'sɐ̃u] *nf* règles *(fpl)*.

mentalidade [mẽntɐli'đađə] *nf* mentalité *(f)*.

mente ['mẽntə] *nf* esprit *(m)* • **ter em mente fazer algo** avoir l'intention de faire qqch.

mentir [mẽn'tir] *vi* mentir.

mentira [mẽn'tirɐ] ■ *nf* mensonge *(m)*. ■ *interj* c'est faux ! • **parece mentira!** c'est incroyable !

mentiroso, **osa** [mẽnti'rozu, -ɔzɐ] *nm, f* menteur *(m)*, -euse *(f)*.

mentol [mẽn'tɔɫ] *nm* menthol *(m)*.

menu [mə'nu] *nm* menu *(m)*.

mercado [mər'kađu] *nm* marché *(m)* • **mercado municipal** marché municipal • **mercado negro** marché noir. ■ **Mercado** *nm* • **o Mercado Único** le Marché unique.

mercadoria [mərkɐđu'riɐ] *nf* marchandise *(f)*.

mercearia [mərsjɐ'riɐ] *nf* épicerie *(f)*.

MERCOSUL [mexko'suw] *nm* (*abr de* **Mercado Comun do Sul**) Mercosur *(m)* *(marché commum d'Amérique du sud)*.

mercúrio [mər'kurju] *nm* mercure *(m)*.

mercurocromo [mərkurɔ'kromu] *nm* Mercurochrome® *(m)*.

merda ['mɛrđɐ] ■ *nf vulg* merde *(f)*. ■ *interj vulg* merde !

merecer [mərə'ser] *vt* mériter.

merecido, **da** [mərə'siđu, -đɐ] *adj* mérité (e).

merenda [mə'rẽndɐ] *nf* goûter *(m)*.

merengue [mə'rẽŋgə] *nm* meringue *(f)*.

mergulhador, **ra** [mərguʎɐ'đor, -rɐ] (*mpl* **-es** [-əʃ], *fpl* **-s** [-ʃ]) *nm, f* plongeur *(m)*, -euse *(f)*.

mergulhar [mərgu'ʎar] ■ *vi* plonger. ■ *vt* • **mergulhar algo em algo** plonger qqch dans qqch.

mergulho [mər'guʎu] *nm* plongeon *(m)* • **dar um mergulho** plonger.

meridiano [məri'đjɐnu] *nm* méridien *(m)*.

meridional [məriđju'nał] (*pl* **-ais** [-aiʃ]) *adj* méridional(e).

mérito ['mɛritu] *nm* mérite *(m)* • **por mérito próprio** au mérite.

mês ['meʃ] (*pl* **meses** ['mezəʃ]) *nm* mois *(m)* • **todos os meses** tous les mois • **(de) mês a mês** tous les mois • **por mês** par mois.

mesa ['mezɐ] *nf* table *(f)* • **estar à mesa** être à table.

mesada [mə'zađɐ] *nf* argent *(m)* de poche *(du mois)*.

mesa-de-cabeceira [ˌmezɐđəkɐƀə'sɐirɐ] (*pl* **mesas-de-cabeceira** [ˌmezɐʒdəkɐƀə'sɐirɐ]) *nf* table *(f)* de nuit.

mescla ['mɛʃklɐ] *nf* mélange *(m)*.

mesclar [məʃ'klar] *vt* mélanger.

meses ▷ **mês**.

meseta [mə'zetɐ] *nf* plateau *(m) (en géographie)*.

mesmo, **ma** ['meʒmu, -mɐ] ■ *adj* même. ■ *adv* **1.** *(até, exactamente)* même **2.** *(para enfatizar)* tout à fait. ■ *pron* • **o mesmo/a mesma** le/la même • **foi ele mesmo que o disse** il l'a dit lui-même • **esta mesma pessoa** cette personne là • **isso mesmo!** tout à fait ! • **valer o mesmo que** valoir autant que • **mesmo assim** quand même • **mesmo que** même si • **mesmo se** même si • **nem mesmo** même pas • **nem mesmo ele conseguiu** même lui, il n'a pas réussi • **ser o mesmo que** revenir à • **só mesmo** il n'y a que.

mesquinho, **nha** [məʃ'kiɲu, -ɲɐ] *adj* mesquin(e).

mesquita [məʃ'kitɐ] *nf* mosquée *(f)*.

mestiço, **ça** [məʃ'tisu, -sɐ] *adj & nm, f* métis(isse).

mestre ['mɛʃtrə] *nm* **1.** *(perito)* maître *(m)* **2.** SCOL *(com mestrado) diplômé universitaire qui a soutenu un mémoire*.

mestre-de-cerimónias [ˌmɛʃtrəđəsəri'mɔnjɐʃ] (*pl* **mestres-de-cerimónias** [ˌmɛʃtrəʒdəsəri'mɔnjɐʃ]) *nm* **1.** *(em espectáculos)* animateur *(m)* **2.** *(em festa)* maître *(m)* de cérémonie **3.** *(em recepções oficiais)* chef *(m)* du protocole.

mestre-de-cerimônias [ˌmɛʃtridʒiseri'monjaʃ] *(Br)* = **mestre-de-cerimónias**.

mestre-sala [ˌmɛʃtri'salɐ] (*pl* **mestres-sala** [ˌmɛʃtriʃ'salɐ]) *nm (Br) personne qui porte le drapeau de l'école de samba à laquelle elle appartient lors du défilé du carnaval*.

meta ['mɛtɐ] *nf* **1.** *(em corrida)* ligne *(f)* d'arrivée **2.** *(objectivo)* but *(m)*.

metabolismo [mətɐƀu'liʒmu] *nm* métabolisme *(m)*.

metade [mə'tađə] *nf* moitié *(f)* • **metade do preço** moitié prix • **fazer algo em metade do tempo** mettre moitié moins de temps pour faire qqch • **fazer as coisas pela metade** faire les choses à moitié.

metáfora [mə'tafurɐ] *nf* métaphore *(f)*.

metal [mə'tał] (*pl* **-ais** [-aiʃ]) *nm* métal *(m)*.

metálico, **ca** [mə'taliku, -kɐ] *adj* métallique.

metalurgia [mətɐlur'ʒiɐ] *nf* métallurgie *(f)*.

meteorito [mətju'ritu] *nm* météorite *(f)*.

meteoro [mə'tjɔru] *nm* météore *(m)*.

meteorologia [mətjurulu'ʒiɐ] *nf* **1.** *(ciência)* météorologie *(f)* **2.** *(em televisão)* météo *(f)*.

meter [mə'ter] *vt* mettre • **meter algo/alguém em algo** mettre qqch/qqn dans qqch • **meter medo** faire peur • **meter pena** faire de la peine • **meter raiva** énerver. ■ **meter-se** *vp* se mêler de • **meter-se na vida dos outros** se mêler des affaires des autres • **meter-se onde não se é chamado** se mêler de ce qui ne nous regarde pas • **meter-se com alguém** embêter qqn • **meter-se em algo** *(envolver-se em)* se lancer dans qqch • *(intrometer-se em)* se mêler de qqch.

meticuloso, **osa** [mətiku'lozu, -ɔzɐ] *adj* méticuleux(euse).

metódico, **ca** [mə'tɔđiku, -kɐ] *adj* **1.** *(pessoa)* méthodique **2.** *(descrição)* rigoureux(euse).

método ['mɛtuđu] *nm* méthode *(f)* • **com/sem método** avec/sans méthode.

metralhadora [mətrɐʎɐ'đorɐ] *nf* mitrailleuse *(f)*.

métrico, **ca** ['mɛtriku, -kɐ] *adj* métrique.

metro ['mɛtru] *nm* **1.** mètre *(m)* **2.** *(Port)* (*abr de* **metropolitano**) métro *(m)*.

metrô [me'tro] *nm (Br)* = **metropolitano**.

metropolitano [mətrupuli'tɐnu] *nm* métro *(m)*.

meu, **minha** ['meu, 'miɲɐ] ■ *adj* mon (ma). ■ *pron* • **o meu/a minha** le mien/la mienne • **isto é meu** c'est à moi • **um amigo meu** un de mes amis • **os meus** *(a minha família)* les miens.

mexer [mə'ʃer] ■ *vt* **1.** *(corpo)* bouger **2.** CULIN remuer. ■ *vi* bouger • **mexer em algo** fouiller dans qqch • **pôr-se a mexer** *fam* décamper.

■ **mexer-se** *vp* **1.** *(despachar-se)* s'activer **2.** *(mover-se)* bouger • **mexa-se!** *fam* dépêchez-vous !

mexerica [meʃe'rikɐ] *nf (Br)* clémentine *(f)*.

mexerico [məʃə'riku] *nm* commérages *(mpl)*.

mexicano, **na** [məʃi'kɐnu, -nɐ] *adj* mexicain(e).

■ **mexicano**, **na** *nmf* Mexicain *(m)*, -e *(f)*.

México ['mɛʃiku] *nm* • **o México** le Mexique.

mexido, **da** [mə'ʃiđu, -đɐ] *adj* **1.** *(pessoa)* actif(ive) **2.** *(música)* entraînant(e) **3.** *(ovo)* brouillé(e).

mexilhão [məʃi'ʎɐ̃u] *(pl* **-ões** [-õiʃ]) *nm* moule *(f)*.

mg *(abr écrite de* **miligrama**) mg *(milligramme)*.

miar ['mjar] *vi* miauler.

micro ['mikru] *nm* **1.** *(abr de* **microfone**) micro *(m)* **2.** *(abr de* **microcomputador**) ordinateur *(m) (individuel)*.

micróbio [mi'krɔbju] *nm* microbe *(m)*.

microcomputador [mikrokɔ̃mputa'do(x)] *nm* micro-ordinateur *(m)*.

microfone [mikrɔ'fɔnə] *nm* micro *(m)*.

microondas [mikrɔ'õndɐʃ] *nm inv* micro-ondes *(m inv)*.

microscópio [mikruʃ'kɔpju] *nm* microscope *(m)*.

migalha [mi'gaʎɐ] *nf* miette *(f)*.

migas ['migɐʃ] *nfpl morceaux de pain trempés dans de la graisse ou du lait sucré* • **migas à alentejana** *viande de porc accompagnée de pain aillé frit dans la graisse.*

migração [migrɐ'sɐ̃u] *(pl* **-ões** [-õiʃ]) *nf* migration *(f)*.

mijar [mi'ʒar] *vi fam* pisser.

mil ['miɫ] *num* mille • **mil folhas** mille-feuille *(m)* • **três mil** trois mille • **mil novecentos e noventa e sete** mille neuf cent quatre-vingt-dix-sept.

milagre [mi'lagrə] *nm* miracle *(m)*.

milénio [mi'lɛnju] *nm* millénaire *(m)*.

milênio [mi'lenju] *(Br)* = **milénio**.

mil-folhas [miw'foʎaʃ] *nm inv* mille-feuille *(m)*.

milha ['miʎɐ] *nf* **1.** *(terrestre)* mile *(m)* **2.** *(marítima)* mille *(m)*.

milhafre [mi'ʎafrə] *nm* milan *(m)*.

milhão [mi'ʎɐ̃u] *(pl* **-ões** [-õiʃ]) *num* million *(m)* • **um milhão de pessoas** un million de personnes.

milhar [mi'ʎar] *(pl* **-es** [-əʃ]) *num* millier *(m)* • **um milhar de pessoas** un millier de personnes.

milho ['miʎu] *nm* maïs *(m)* • **milho doce** maïs doux.

milhões ▻ **milhão**.

miligrama [mili'grɐmɐ] *nm* milligramme *(m)*.

mililitro [mili'litru] *nm* millilitre *(m)*.

milímetro [mi'limətru] *nm* millimètre *(m)*.

milionário, **ria** [milju'narju, -rjɐ] *nm, f* millionnaire *(mf)*.

militante [məli'tɐ̃ntə] *nmf* militant *(m)*, -e *(f)*.

militar [*(Port)* məli'tar, *(Br)* mili'ta(x)] *nmf* & *adj* militaire *(mf)*.

milk-shake [mili'tɐ̃ntʃi] *nm* milk-shake *(m)*.

mim ['mĩ] *pron* **1.** *(complemento directo)* moi, me • **ele não fala para mim** il ne me parle pas • **a mim, não me mentes** moi, tu ne me mens pas **2.** *(reflexivo)* moi • **para mim** d'après moi • **por mim** quant à moi.

mimado, **da** [mi'mađu, -đɐ] *adj* gâté(e).

mimar [mi'mar] *vt* **1.** *(criança)* gâter **2.** *(por gestos)* mimer.

mímica ['mimikɐ] *nf* **1.** *(arte)* mime *(m)* **2.** *(expressão)* mimique *(f)*.

mimo ['mimu] *nm* câlin *(m)* • **dar mimos a alguém** gâter qqn • **ser um mimo** être adorable.

mina ['minɐ] *nf* mine *(f)*.

Minas Gerais [ˌminɐʃʒə'raiʃ] *nfpl* • **as Minas Gerais** les Minas Gerais.

mindinho [mĩn'diɲu] *nm* auriculaire *(m)*.

mineiro, **ra** [mi'nɐiru, -rɐ] *nm, f* mineur *(m)*.

mineral [minə'rał] (*pl* **-ais** [-aiʃ]) *nm* minéral *(m)*.

minério [mi'nɛrju] *nm* minerai *(m)*.

minguante [*(Port)* mĩŋ'g͟ɐ̃ntə, *(Br)* mĩŋ'gwɐ̃ntʃi] *adj* • **quarto minguante** décroissante.

minha ['miɲa] ▷ **meu**.

Minho ['miɲu] *nm* • **o Minho** le Minho.

minhoca [mi'ɲɔkɐ] *nf* ver *(m)* de terre, asticot *(m)*.

miniatura [minjɐ'turɐ] *nf* miniature *(f)* • **em miniatura** en miniature.

mini-mercado [ˌminimər'kađu] *nm* supérette *(f)*.

mínimo, **ma** ['minimu, -mɐ] ■ *adj* **1.** *(velocidade, pena)* minimum **2.** *(temperatura)* minimal(e). ■ *nm* • **o mínimo** le minimum • **não fazer a mínima ideia** ne pas avoir la moindre idée • **no mínimo** au minimum • **pôr no mínimo** mettre au minimum.

mini-saia [ˌmini'sajɐ] *nf* *(Port)* minijupe *(f)*.

minissaia [ˌmini'sajɐ] *nf* *(Br)* = **mini-saia**.

ministério [məniʃ'tɛrju] *nm* ministère *(m)*.

ministro, **tra** [mə'niʃtru, -trɐ] *nm, f* ministre *(mf)*.

minoria [minu'riɐ] *nf* minorité *(f)* • **estar em minoria** être en minorité.

minúscula [mi'nuʃkulɐ] *nf* minuscule *(f)* • **em minúsculas** en minuscules.

minúsculo, **la** [mi'nuʃkulu, -lɐ] *adj* minuscule.

minuto [mi'nutu] *nm* minute *(f)* • **só um minuto!** une (petite) minute ! • **contar os minutos** chronométrer • *fig* trouver le temps long • **dentro de poucos minutos** dans quelques minutes • **em poucos minutos** en quelques minutes.

mioleira [mju'lɐirɐ] *nf* *plat à base de cervelle.*

miolo ['mjolu] *nm* mie *(f)*.
■ **miolos** *nmpl* cervelle *(f)* • **dar voltas aos miolos** *fam* se torturer les méninges • **derreter os miolos a alguém** *fam* faire tourner qqn en bourrique • **puxar pelos miolos** *fam* se creuser la cervelle • **ter miolos** *fam* en avoir dans le crâne.

míope ['miupə] *adj* myope.

miopia [mju'piɐ] *nf* myopie *(f)*.

miosótis [mjɔ'zɔtiʃ] *nm inv* myosotis *(m)*.

miradouro [mirɐ'đoru] *nm* belvédère *(m)*.

miragem [mi'raʒɐ̃i] (*pl* **-ns** [-ʃ]) *nf* mirage *(m)*.

mirante [mi'rɐ̃ntʃi] *(Br)* = **miradouro**.

mirar [*(Port)* mi'rar, *(Br)* mi'ra(x)] *vt* regarder.
■ **mirar-se** *vp* • **mirar-se em** se regarder dans.

miscelânea [miʃsə'lɐnjɐ] *nf* **1.** mélange *(m)* **2.** *fig* désordre *(m)*.

mise ['mizə] *nf* mise *(f)* en plis • **fazer uma mise** se faire faire une mise en plis.

miserável [mizə'ravɛł] (*pl* **-eis** [-ɐiʃ]) *adj* misérable.

miséria [mi'zɛrjɐ] *nf* **1.** *(pobreza)* misère *(f)* **2.** *(desgraça)* malheur *(m)*.

misericórdia [mizəri'kɔrđjɐ] *nf* pitié *(f)* • **pedir misericórdia** demander miséricorde.
■ **Misericórdias** *nfpl œuvres de charité.*

missa ['misɐ] *nf* messe *(f)*.

missão [mi'sɐ̃u] (*pl* **-ões** [-õiʃ]) *nf* mission *(f)*.

míssil ['misił] (*pl* **-eis** [-ɐiʃ]) *nm* missile *(m)*.

missionário, **ria** [misju'narju, -rjɐ] *nm, f* missionnaire *(mf)*.

missões ▷ **missão**.

mistério [miʃ'tɛrju] *nm* mystère *(m)*.

misterioso, **osa** [miʃtə'rjozu, -ɔzɐ] *adj* mystérieux(euse).

misto, **ta** ['miʃtu, -tɐ] *adj* mixte.

mistura [miʃ'turɐ] *nf* mélange *(m)* • **à mistura** dans le lot.

misturar [miʃtu'rar] *vt* **1.** mélanger **2.** *fig* confondre.

mito ['mitu] *nm* mythe *(m)*.

miúdo, **da** ['mjuđu, -đɐ] ■ *adj* petit(e). ■ *nm, f* gamin *(m)*, -e *(f)*.
■ **miúdos** *nmpl* • **miúdos de galinha** abats *(mpl)* de poulet • **trocar algo por miúdos** expliquer en détail.

ml (*abr écrite de* **mililitro**) ml *(millilitre)*.

mm (*abr écrite de* **milímetro**) mm *(millimètre)*.

mo [mu] = **me** + **o** • ▷ **me**.

móbil ['mɔɓił] (*pl* **-beis** [-ɓɐiʃ]) *nm (de crime, acção)* mobile *(m)*.

mobilado, **a** [muɓə'lađu, -đɐ] *adj* meublé (e).

mobília [mu'ɓiljɐ] *nf* meubles *(mpl)*.

mobiliário [muɓə'ljarju] *nm* mobilier *(m)*.

moça ['mosa] ▷ **moço**.

moçambicano, **na** [musẽmbi'kɐnu, -nɐ] ■ *adj* mozambicain(e). ■ *nm, f* Mozambicain *(m)*, -e *(f)*.

Moçambique [musẽm'bikə] *n* Mozambique *(m)*.

mocassim [*(Port)* mukɐ'sĩʃ, *(Br)* moka'sĩ] (*pl* **-ns** [-ʃ]) *nm* mocassin *(m)*.

mochila [mu'ʃilɐ] *nf* sac *(m)* à dos.

mocho ['moʃu] *nm* hibou *(m)*.

mocidade [musi'đađə] *nf* jeunesse *(f)*.

moço, **ça** ['mosu, -sɐ] *adj* & *nm, f* jeune • **moço de recados** coursier *(m)*.

mocotó [moko'tɔ] *nm (Br) pied de veau*.

moda ['mɔđɐ] *nf* mode *(f)* • **à moda de** à la (mode de) • **estar fora de moda** être démodé(e) • **estar na moda** être à la mode • **passar de moda** ne plus être à la mode.

modalidade [muđɐli'đađə] *nf* **1.** *(de desporto)* discipline *(f)* **2.** *(de pagamento)* modalité *(f)*.

modelo [mu'đelu] *nm* **1.** *(fotográfico)* mannequin *(m)* **2.** *(para pintor, de carro)* modèle *(m)* **3.** *(de roupa)* patron *(m)* • **servir de modelo** servir de modèle • **tomar por modelo** prendre pour modèle.

modem ['mɔđɛm] *nm* modem *(m)*.

moderado, **da** [muđə'rađu, -đɐ] *adj* modéré(e).

moderar [muđə'rar] *vt* modérer.

modernizar [muđərni'zar] *vt* moderniser.

moderno, **na** [mu'đɛrnu, -nɐ] *adj* **1.** moderne **2.** *(roupa)* à la mode.

modéstia [mu'đɛʃtjɐ] *nf* modestie *(f)* • **modéstia à parte** sans vouloir me vanter.

modesto, **ta** [mu'đɛʃtu, -tɐ] *adj* modeste.

módico, **a** [*(Port)* 'mɔđiku,, *(Br)* 'mɔdʒiku] *adj* modique.

modificação [*(Port)* muđəfikɐ'sɐ̃u, *(Br)* modʒifika'sɐ̃w] *nf* modification *(f)*, changement *(m)*.

modificar [muđəfi'kar] *vt* modifier.

■ **modificar-se** *vp* changer.

modo ['mɔđu] *nm* **1.** manière *(f)* **2.** *(de verbo)* mode *(m)* • **com bons/maus modos** avec de bonnes/de mauvaises manières • **de certo modo** d'une certaine manière • **de modo nenhum!** sûrement pas ! • **de modo que** si bien que • **de qualquer modo** de toute façon • **de tal modo que** tellement... que • **'modo de usar'** 'mode d'emploi' • **ter modos** *(Br)* savoir se tenir.

módulo ['mɔđulu] *nm (de autocarro, eléctrico)* carnet *(m) (de tickets)*.

moeda ['mwɛđɐ] *nf* **1.** *(de metal)* pièce *(f)* **2.** *(em geral)* monnaie *(f)* • **moeda estrangeira** monnaie étrangère.

moelas ['mwɛlɐʃ] *nfpl* gésiers *(mpl)*.

moer ['mwer] *vt* moudre.

mofo ['mofu] *nm* moisi *(m) (odeur)*.

mogno ['mɔgnu] *nm* acajou *(m)*.

moído, **da** ['mwiđu, -đɐ] *adj* moulu(e) • **estar moído** *fam* être crevé • **ter o corpo moído** être plein de courbatures.

moinho ['mwiɲu] *nm* moulin *(m)* • **moinho de café** moulin à café • **moinho de vento** moulin à vent.

mola ['mɔlɐ] *nf* **1.** *(em colchão, sofá)* ressort *(m)* **2.** *(Port) (de abotoar)* pression *(f)* • **mola de roupa** pince *(f)* à linge.

molar [mu'lar] (*pl* **-es** [-əʃ]) *nm* molaire *(f)*.

moldar [moł'đar] *vt* mouler.

moldura [moł'đurɐ] *nf* cadre *(m)*.

mole ['mɔlə] *adj* mou (molle).

molécula [mu'lɛkulɐ] *nf* molécule *(f)*.

molestar [muləʃ'tar] *vt* malmener.

molhado, **a** [mo'ʎadu] *adj* mouillé(e).

molhar [mu'ʎar] *vt* mouiller.
■ **molhar-se** *vp* se mouiller.

molheira [mu'ʎɐirɐ] *nf* saucière *(f)*.

molho[1] ['moʎu] *nm* sauce *(f)* • **molho de tomate** sauce tomate • **pôr de molho** *(bacalhau)* dessaler • *(roupa)* faire tremper.

molho[2] ['mɔʎu] *nm* **1.** *(de palha)* botte *(f)* **2.** *(de lenha)* fagot *(m)* • **molho de chaves** trousseau *(m)* de clés.

moliceiro [muli'sɐiru] *nm barque peinte servant à la récolte des algues*.

molinete [muli'netə] *nm (de cana de pesca)* moulinet *(m)*.

momentaneamente [mumẽn,tɐnjɐ'mẽntə] *adv* pendant un moment.

momento [mu'mẽntu] *nm* moment *(m)* ◆ **um momento!** un moment ! ◆ **a qualquer momento** à n'importe quel moment, à tout moment ◆ **até ao momento** jusqu'à présent ◆ **de momento** pour le moment ◆ **dentro de momentos** dans quelques instants ◆ **de um momento para o outro** d'un moment à l'autre ◆ **em dado momento** à un moment donné ◆ **há momentos** il y a quelques instants ◆ **neste momento** en ce moment ◆ **por momentos** par moments ◆ *(momentaneamente)* un moment.

monarca [mu'narkɐ] *nmf* monarque *(m)*.

monarquia [munɐr'kiɐ] *nf* monarchie *(f)*.

monge ['mõʒə] *nm* moine *(m)*.

monitor, ra [muni'tor, -rɐ] (*mpl* **-es** [-əʃ], *fpl* **-s** [-ʃ]) ◼ *nm, f* moniteur *(m)*, -trice *(f)*. ◼ *nm* **1.** *(de televisão)* écran *(m)* **2.** *(de computador)* moniteur *(m)*.

monopólio [munu'pɔlju] *nm* **1.** *(de venda, negócio)* monopole *(m)* **2.** *(jogo)* Monopoly® *(m)*.

monossílabo [mɔnɔ'silɐbu] *nm* monosyllabe *(m)*.

monotonia [munutu'niɐ] *nf* monotonie *(f)*.

monótono, na [mu'nɔtunu, -nɐ] *adj* **1.** *(pessoa)* ennuyeux(euse) **2.** *(vida, trabalho)* monotone.

monstro ['mõʃtru] *nm* monstre *(m)*.

montagem [mõn'taʒẽi] (*pl* **-ns** [-ʃ]) *nf* montage *(m)*.

montanha [mõn'tɐɲɐ] *nf* montagne *(f)* ◆ **montanha russa** montagnes *(fpl)* russes.

montanhismo [mõntɐ'ɲiʒmu] *nm* alpinisme *(m)*.

montanhoso, osa [mõntɐ'ɲozu, -ɔzɐ] *adj* montagneux(euse).

montante [mõn'tẽntə] ◼ *nm* montant *(m)*. ◼ *nf* amont *(m)*.

montar [mõn'tar] ◼ *vt* monter. ◼ *vi* faire du cheval ◆ **montar a cavalo** monter à cheval.

monte ['mõntə] *nm* mont *(m)* ◆ **montes de** *fam* des tas de ◆ **a monte** pêle-mêle ◆ **aos montes** *fam* en pagaille ◆ **um monte de coisas** *fam* un tas de choses.

montra ['mõntrɐ] *nf* vitrine *(f)*.

monumental [munumẽn'tał] (*pl* **-ais** [-aiʃ]) *adj* monumental(e).

monumento [munu'mẽntu] *nm* monument *(m)* ◆ **monumento comemorativo** monument commémoratif.

moqueca [mu'kɛkɐ] *nf (Br) mijoté de poisson ou de fruits de mer au lait de coco.*

morada [mu'rađɐ] *nf* adresse *(f)*.

moradia [murɐ'điɐ] *nf* villa *(f)*.

morador, ra [murɐ'đor, -ra] (*mpl* **-es** [-əʃ], *fpl* **-s** [-ʃ]) *nm, f* habitant *(m)*, -e *(f)*.

moral [mu'rał] (*pl* **-ais** [-aiʃ]) ◼ *adj* moral(e). ◼ *nm* moral *(m)*. ◼ *nf* morale *(f)*.

morango [mu'rẽŋgu] *nm* fraise *(f)*.

morar [mu'rar] *vi* habiter.

mórbido, da ['mɔrƀiđu, -đɐ] *adj* **1.** *(pessoa)* maladif(ive) **2.** *(história, atmosfera)* morbide.

morcego [mur'segu] *nm* chauve-souris *(f inv)*.

morcela [mur'sɛlɐ] *nf* boudin *(m)* noir.

mordaça [mur'đasɐ] *nf* **1.** *(em pessoa)* bâillon *(m)* **2.** *(em animal)* muselière *(f)*.

morder [mur'đer] *vt* mordre ◆ **morder a língua** se mordre la langue.

mordida [mur'điđɐ] *nf* **1.** *(de insecto)* piqûre *(f)* **2.** *(de cão, gato)* morsure *(f)*.

mordomo [mɔr'đomu] *nm* majordome *(m)*.

moreno, na [mu'renu, -nɐ] *adj* **1.** *(tez)* mat(e) **2.** *(pele)* bronzé(e) **3.** *(pessoa)* brun(e).

morfina [mur'finɐ] *nf* morphine *(f)*.

moribundo, da [muri'ƀũndu, -dɐ] *adj* moribond(e).

morno, morna ['mornu, 'mɔrnɐ] *adj* tiède.

morrer [mu'ʀer] *vi* **1.** *(pessoa, animal, planta)* mourir **2.** *(fogo, luz)* s'éteindre **3.** *(Br) (motor)* être mort(e) ◆ **estou a morrer de fome** je meurs de faim ◆ **ser de morrer** *fam* être à mourir de rire ◆ **motor de busca** *(Br)* moteur *(m)* de recherche.

morro ['moʀu] *nm* **1.** *(monte)* butte *(f)* **2.** *(Br) (favela)* bidonville *(m)*.

mortadela [murtɐ'đɛlɐ] *nf* mortadelle *(f)*.

mortal [mur'tał] (*pl* **-ais** [-aiʃ]) *adj & nmf* mortel(elle).

mortalha [mur'taʎɐ] *nf* **1.** *(de cadáver)* linceul *(m)* **2.** *(papel para cigarro)* papier *(m)* à cigarette.

mortalidade [murtɐli'đađə] *nf* mortalité *(f)* ◆ **mortalidade infantil** mortalité infantile.

morte ['mɔrtə] *nf* mort *(f)* • **estar a pensar na morte da bezerra** *fam* bayer aux corneilles • **ser de morte** *fam* être à mourir de rire.

mortífero, ra [mur'tifəru, -rɐ] *adj* mortel (elle).

morto, morta ['mortu, 'mɔrtɐ] ■ *pp* ▷ **matar**. ■ *adj* & *nm, f* mort(e) • **estar morto** être mort • **estar morto por fazer algo** mourir d'envie de faire qqch • **ser morto** être tué • **estar morto de cansaço/de fome/de sono** être mort de fatigue/de faim/de sommeil.

mos [muʃ] = **me** + **os** • ▷ **me**.

mosaico [mu'zaiku] *nm* mosaïque *(f)*.

mosca ['moʃkɐ] *nf* mouche *(f)* • **acertar na mosca** mettre dans le mille • **estar com a mosca** *fam* être de mauvais poil.

moscatel [muʃkɐ'tɛɫ] (*pl* **-éis** [-ɛiʃ]) *nm* muscat *(m)*.

mosquiteiro [muʃki'tɐiru] *nm* moustiquaire *(f)*.

mosquito [muʃ'kitu] *nm* moustique *(m)*.

mostarda [muʃ'tarđɐ] *nf* moutarde *(f)*.

mosteiro [muʃ'tɐiru] *nm* monastère *(m)* • **Mosteiro da Batalha** *monastère de Batalha*.

mostrador [muʃtrɐ'đor] (*pl* **-es** [-əʃ]) *nm* cadran *(m)*.

mostrar [muʃ'trar] *vt* **1.** montrer **2.** *(indicar)* indiquer **3.** *(provar, demonstrar)* faire preuve de **4.** *(exibir)* exposer • **mostrar algo a alguém** montrer qqch à qqn • **mostrar interesse em fazer algo** être intéressé par qqch • **mostrar interesse por algo** montrer de l'intérêt pour qqch.

mostruário [muʃtru'arju] *nm* **1.** *(de vendedor)* présentoir *(m)* **2.** *(de cores)* nuancier *(m)*.

mota ['mɔtɐ] *nf* moto *(f)*.

mote ['mɔtə] *nm* devise *(f)*.

motel [mɔ'tɛɫ] (*pl* **-éis** [-ɛiʃ]) *nm* motel *(m)*.

motim [mu'tĩ] (*pl* **-ns** [-ʃ]) *nm* **1.** *(rebelião)* émeute *(f)* **2.** MIL mutinerie *(f)*.

motivar [muti'var] *vt* **1.** *(interesse)* susciter **2.** *(confusão, mudança)* provoquer **3.** *(aluno)* motiver.

motivo [mu'tivu] *nm* motif *(m)* • **por motivo de** en raison de • **por motivo de doença** pour raison de santé • **sem motivos** sans raison.

> **CULTURE...**
> **Os Mouros**
> Les Maures ont occupé pendant plus de 500 ans la plus grande partie du territoire qui constitue aujourd'hui le Portugal. La présence arabe a eu une influence sur la culture, surtout sur la langue et l'art, ainsi que sur l'agriculture et l'architecture du pays.
> Les Maures libres restés dans le Portugal chrétien vivaient dans des quartiers qui leur étaient réservés, les *mourarias*, mais participaient à la vie sociale et aux fêtes populaires ou mondaines.

moto ['mɔtu] *nf* = **mota**.

motocicleta [ˌmɔtɔsi'klɛtɐ] *nf* motocyclette *(f)*.

motocross [ˌmɔtɔ'krɔsə] *nm* motocross *(m)*.

motor [mu'tor] (*pl* **-es** [-əʃ]) *nm* moteur *(m)* • **motor de arranque** démarreur *(m)*.

motorista [mutu'riʃtɐ] *nmf* **1.** *(privado)* chauffeur *(m)* **2.** *(de autocarro, camioneta)* conducteur *(m)*, -trice *(f)*.

motorizada [muturi'zađɐ] *nf* moto *(f)*.

motoserra [mɔtɔ'sɛʀɐ] *nf* tronçonneuse *(f)*.

mourisco, ca [mo'riʃku, -kɐ] *adj* mauresque.

Mouros ['moruʃ] *nmpl* • **os Mouros** les Maures *(mpl)*.

mousse ['musə] *nf* mousse *(f)* • **mousse de chocolate** *(Port)* mousse au chocolat.

movediço, ça [muvə'đisu, -sɐ] *adj* mouvant(e).

móvel ['mɔvɛɫ] (*pl* **-eis** [-ɐiʃ]) ■ *adj* mobile. ■ *nm (mesa, armário, cama)* meuble *(m)*.
■ **móveis** *nmpl* meubles *(mpl)*.

mover [mu'ver] *vt* **1.** bouger **2.** *(campanha)* lancer.
■ **mover-se** *vp* bouger.

movimentado, da [muvimẽn'tađu, -đɐ] *adj* **1.** *(local, estrada)* fréquenté(e) **2.** *(rua)* animé(e).

movimento [muvi'mẽntu] *nm* **1.** *(gesto)* mouvement *(m)* **2.** *(em rua)* animation *(f)* **3.** *(em estabelecimento)* fréquentation *(f)* • **o movimento da loja hoje foi excelente**

il y a eu beaucoup de monde aujourd'hui au magasin • **em movimento** en mouvement.

MPB *nf (Br) (abr écrite de* **Música Popular Brasileira**) *genre musical regroupant toutes les musiques populaires du Brésil.*

muco ['muku] *nmf* mucus *(m).*

muçulmano, na [*(Port)* musuł'manu, -nɐ, *(Br)* musuw'manu, -na] *nm, f & adj* musulman(e).

mudança [mu'đɐ̃sɐ] *nf* **1.** *(modificação)* changement *(m)* **2.** *(de casa)* déménagement *(m)* **3.** *(de veículo)* vitesse *(f).*

mudar [mu'đar] *vt & vi* changer.
■ **mudar de** *v + prép* changer de.
■ **mudar-se** *vp* déménager • **mudar de casa** déménager • **mudar de roupa** se changer • **mudar-se para** aller habiter à.

mudez [mu'đeʃ] *nf* mutité *(f).*

mudo, da ['muđu, -đɐ] *adj* muet(ette) • **ficar mudo** *fig* rester muet.

muito, ta ['muĩntu, -tɐ] ■ *adj* beaucoup de. ■ *pron & adv* beaucoup • **tenho muito sono!** j'ai très sommeil ! • **muito bem!** très bien ! • **muito antes** bien avant • **muito mais** beaucoup plus • **muito tempo** longtemps • **por muito que** avoir beau • **por muito que lho repita, ele não compreende** j'ai beau le lui répéter, il ne comprend pas • **quando muito** tout au plus • **querer muito a alguém** aimer beaucoup qqn.

mula ['mulɐ] *nf* mule *(f).*

mulato, ta [mu'latu, -tɐ] *adj & nm, f* mulâtre.

muleta [mu'letɐ] *nf* béquille *(f).*

mulher [mu'ʎer] *(pl* **-es** [-əʃ]) *nf* femme *(f)* • **mulher a dias** femme de ménage.

multa ['mułtɐ] *nf* **1.** amende *(f)* **2.** *(a um condutor)* contravention *(f)* • **apanhar uma multa** avoir une amende • *(um condutor)* avoir une contravention.

multado, da [muł'tađu, -đɐ] *adj* • **ser multado** avoir une amende.

multar [muł'tar] *vt* condamner à une amende.

multibanco [ˌmułti'bɐ̃ŋku] *nm* distributeur *(m)* automatique.

multidão [mułti'đɐ̃u] *(pl* **-ões** [-õiʃ]) *nf* **1.** *(de pessoas)* foule *(f)* **2.** *(de coisas)* multitude *(f).*

multinacional [ˌmułtinɐsju'nał] *(pl* **-ais** [-aiʃ]) *nf* multinationale *(f).*

multiplicar [mułtipli'kar] *vt & vi* multiplier • **multiplicar por** multiplier par.
■ **multiplicar-se** *vp* se multiplier.

múltiplo, pla ['mułtiplu, -plɐ] ■ *adj* multiple. ■ *nm* multiple *(m).*

multiprocessamento [muwtʃiprosesa'mẽntu] *nm* INFORM multitraitement *(m).*

multitarefa [muwtʃitax'efa] *(Br) nf* multiprogrammation *(f).*

multiusuário, ria [muwtʃiuz'arju, -rja] *adj* INFORM multitâche.

múmia ['mumjɐ] *nf* momie *(f).*

mundial [mũn'djał] *(pl* **-ais** [-aiʃ]) ■ *adj* mondial(e). ■ *nm* coupe *(f)* du monde.

mundo ['mũndu] *nm* monde *(m)* • **não é nada do outro mundo** ça n'a rien d'extraordinaire • **o outro mundo** l'autre monde • **por nada deste mundo** pour rien au monde • **é o fim do mundo** c'est la fin des haricots • **todo o mundo** *(Br)* tout le monde • **viver no mundo da lua** être dans la lune.

munição [muni'sɐ̃u] *(pl* **-ões** [-õiʃ]) *nf* munition *(f).*

municipal [munəsi'pał] *(pl* **-ais** [-aiʃ]) *adj* municipal(e).

município [munə'sipju] *nm* municipalité *(f).*

munições ▷ **munição**.

munir [mu'nir] *vt* • **munir alguém de algo** munir qqn de qqch.
■ **munir-se de** *vp + prép* • **munir-se de algo** se munir de qqch.

mural [mu'rał] *(pl* **-ais** [-aiʃ]) *nm* peinture *(f)* murale.

muralha [mu'raʎɐ] *nf* muraille *(f).*

murchar [mur'ʃar] *vi* se faner.

murcho, cha ['murʃu, -ʃɐ] *adj* **1.** fané(e) **2.** *fig* mort(e).

murmurar [murmu'rar] *vt* murmurer.

murmúrio [mur'murju] *nm* murmure *(m).*

muro ['muru] *nm* mur *(m) (extérieur).*

murro ['muʀu] *nm* coup *(m)* de poing • **dar um murro a alguém** donner un coup de poing à qqn • **ele deu um murro na mesa** il a tapé du poing sur la table.

murta ['murtɐ] *nf* myrte *(m).*

musa ['muzɐ] *nf* muse *(f).*

musculação [muʃkulɐ'sɐ̃u] *nf* musculation *(f).*

músculo ['muʃkulu] *nm* muscle *(m)*.

musculoso, osa [muʃku'lozu, -ɔzɐ] *adj* musclé(e).

museu [mu'zeu] *nm* musée *(m)*.

musgo ['muʒgu] *nm* mousse *(f)* *(plante)*.

música ['muzikɐ] *nf* musique *(f)* • **música clássica** musique classique • **música de câmara** musique de chambre • **música folclórica** musique folklorique • **música ligeira** musique légère • **música pop** musique pop • **música sinfónica** musique symphonique • **dar música a alguém** *fam fig* mener qqn en bateau.

musical [muzi'kaw] (*pl* **-ais** [-ʃ]) *adj* musical (e).

músico ['muziku] *nm* musicien *(m)*, -enne *(f)*.

musse ['musi] *nf (Br)* = **mousse**.

mútuo, tua ['mutwu, -twɐ] *adj* **1.** *(sentimentos)* mutuel(elle) **2.** *(gostos)* commun(e) • **de mútuo acordo** d'un commun accord.

N

n[1], **N** [*(Port)* 'enə, *(Br)* 'eni] *m* **1.** *(letra)* n **2.** *(quantidade indeterminada)* n, n-ième, énième • **contamos n vezes a mesma história** nous avons raconté l'histoire pour la énième fois.

n[2] ['eni], **N** [*(Port)* 'enə, *(Br)* 'eni] *m* no.

N [*(Port)* 'enə, *(Br)* 'eni] *(abr de* **Norte***)* N *(nord).*

nº [nu] *(abr écrite de* **número***)* nº *(numéro).*

na [nɐ] = **em + a** • ▷ **em**.

-na [nɐ] *pron* **1.** *(ela)* la **2.** *(você)* vous.

nabiças [nɐ'ƀisɐʃ] *nfpl* fanes *(fpl)* de navet.

nabo ['naƀu] *nm* **1.** navet *(m)* **2.** *fam fig* balourd *(m).*

nação [nɐ'sɐ̃w] *(pl* **-ões** [-õiʃ]*) nf* nation *(f).*

nacional [nɐsju'naɫ] *(pl* **-ais** [-aiʃ]*) adj* national(e).

nacionalidade [nɐsjunɐli'đađə] *nf* nationalité *(f).*

nacionalismo [nɐsjunɐ'liʒmu] *nm* nationalisme *(m).*

nações [na'sõjʃ] ▷ **nação**.

nada ['nađɐ] ■ *pron* rien. ■ *adv* du tout • **não gosto nada disto** ça ne me plaît pas du tout • **de nada!** de rien ! • **nada de novo** rien de neuf • **nada disso!** pas question ! • **não dar por nada** ne pas se rendre compte • **ou tudo ou nada** tout ou rien • **antes de mais nada** tout d'abord • **é uma coisa de nada** ce n'est rien • **daqui a nada** d'ici peu • **não prestar** *ou* **servir para nada** ne servir à rien • **não servir de nada fazer algo** ne servir à rien de faire qqch.

nadador, ra [nɐđɐ'đor, -rɐ] *(mpl* **-es** [-əʃ], *fpl* **-s** [-ʃ]*) nm, f* nageur *(m)*, -euse *(f)* • **nadador salvador** maître *(m)* nageur.

nadar [nɐ'đar] *vi* nager • **nadar em** *fig* nager dans.

nádega ['nadega] *nf fam* fesse *(f)*, fessier *(m).*

nado ['nadu] *nm* nage *(f)* • **nado borboleta** nage papillon • **a nado** à la nage • **nado de costas** dos *(m)* • **nado livre** nage libre.

nagô [na'go] *nm (Br) sauce à base de piments, de crevettes sèches et de jus de citron.*

naipe ['naipə] *nm* couleur *(f) (des cartes à jouer).*

namorado, da [nɐmu'rađu, -đɐ] *nm, f* (petit) copain *(m)*, (petite) copine *(f).*

namorar [*(Port)* nɐmu'rar, *(Br)* namo'rar] *vt* • **namorar com** sortir avec, flirter.

não [nɐ̃u] *adv* non • **não é?** n'est-ce pas ? • **pois não?** n'est-ce pas ? • **não só... como também...** non seulement... mais aussi... • **pelo sim, pelo não** au cas où.

não-fumador, ra [ˌnɐ̃ufumɐđor, -rɐ] *(mpl* **-es** [-əʃ]*) (fpl* **-s** [-ʃ]*) nm, f (Port)* non-fumeur *(m)*, -euse *(f).*

não-fumante [ˌnɐ̃ufu'mẽntʃi] *nmf (Br)* = **não-fumador**.

napa ['napɐ] *nf* skaï *(m).*

naquela [nɐ'kɛlɐ] = **em + aquela** • ▷ **em**.

naquele [nɐ'kelə] = **em + aquele** • ▷ **em**.

naquilo [nɐ'kilu] = **em + aquilo** • ▷ **em**.

narciso [nɐr'sizu] *nm* narcisse *(m).*

narcótico [nɐr'kɔtiku] *nm* narcotique *(m).*

narina [nɐ'rinɐ] *nf* narine *(f).*

nariz [nɐ'riʃ] *(pl* **-es** [-zəʃ]*) nm* nez *(m)* • **meter o nariz em tudo** *fam* fourrer son nez partout • **torcer o nariz (a algo)** *fam fig* faire la fine bouche (devant qqch).

narração [nɐʀɐ'sɐ̃u] *(pl* **-ões** [-õiʃ]*) nf* **1.** *(acto)* narration *(f)* **2.** *(conto, história)* récit *(m).*

narrar [nɐ'ʀar] *vt* raconter.

narrativa [nɐʀɐ'tivɐ] *nf* récit *(m).*

nas [nɐʃ] = **em + as** • ▷ **em**.

-nas [nɐʃ] *pron pl* **1.** *(elas)* les **2.** *(vocês)* vous.

nascença [nɐʃ'sẽsɐ] *nf* naissance *(f)* • **de nascença** de naissance.

nascente [nɐʃ'sẽntə] *nf* source *(f)*.

nascer [nɐʃ'ser] ◼ *vi* **1.** *(pessoa, animal)* naître **2.** *(planta)* pousser **3.** *(sol)* se lever. ◼ *nm* lever *(m)* • **nascer para ser algo** être fait pour qqch.

nascido, a [*(Port)* nɐʃ'siđu, -đɐ, *(Br)* na'sidu] *adj* né(e) • **nascido a.../em...** né le.../à....

nascimento [nɐʃsi'mẽntu] *nm* naissance *(f)*.

nata ['natɐ] *nf* crème *(f)*.
◼ **natas** *nfpl* crème fraîche.

natação [nɐtɐ'sɐ̃u] *nf* natation *(f)*.

natal [nɐ'tal] (*pl* **-ais** [-aiʃ]) *adj* natal(e).
◼ **Natal** *nm* Noël *(m)* • **Feliz Natal!** joyeux Noël !

nativo, va [nɐ'tivu, -vɐ] *adj* & *nm, f* natif (ive) • **nativo de** originaire de.

NATO ['natu] *nf* OTAN *(f)*.

natural [nɐtu'ral] (*pl* **-ais** [-aiʃ]) *adj* naturel (elle) • **ao natural** au naturel • **como é natural** naturellement • **é natural que** c'est normal que • **nada mais natural que** rien d'étonnant à ce que • **ser natural de** être né à.

naturalidade [nɐturɐli'đađə] *nf* **1.** *(simplicidade)* naturel *(m)* **2.** *(origem)* origine *(f)*.

naturalmente [nɐtural'mẽntə] ◼ *adv* naturellement. ◼ *interj* évidemment !

natureza [nɐtu'rezɐ] *nf* nature *(f)* • **da mesma natureza** de même nature • **natureza morta** nature morte • **por natureza** par nature.
◼ **Natureza** *nf* • **a Natureza** la nature.

nau ['nau] *nf* vaisseau *(m)*.

naufragar [naufrɐ'gar] *vi* faire naufrage.

naufrágio [nau'fraʒju] *nm* naufrage *(m)*.

náusea ['nauzjɐ] *nf* nausée *(f)* • **dar náuseas** donner la nausée.

náutico, ca ['nautiku, -kɐ] *adj* nautique.

navalha [nɐ'vaʎɐ] *nf* canif *(m)*.

navalheira [nɐvɐ'ʎɐirɐ] *nf* couteau *(m)* *(mollusque)*.

nave ['navə] *nf* nef *(f)* • **nave espacial** vaisseau *(m)* spatial.

navegação [nɐvəgɐ'sɐ̃u] *nf* navigation *(f)*.

navegador, ra [navega'do(x)] *nm* **1.** *(ger)* navigateur *(m)*, -trice *(f)* **2.** INFORM surfeur *(m)*, -euse *(f)*, internaute *(mf)*.

CULTURE...

Os grandes navegadores

Les Portugais furent les premiers à se lancer dans l'aventure maritime aux XVe et XVIe siècles. Les Grandes Découvertes ont permis au Portugal d'aggrandir son empire. Les navigateurs portugais qui ont marqué cette période sont : Bartolomeu Dias, Vasco de Gama et Pedro Álvares Cabral.
En 1487, Bartolomeu Dias fut le premier à franchir le Cap de Bonne-Espérance au Sud de l'Afrique. Il ouvrit ainsi une route maritime de l'Europe vers l'Extrême-Orient. En 1500, il prit part à une expédition dirigée par Pedro Álvares Cabral qui prit possession du Brésil au nom du Portugal. Cabral explora par la suite les côtes du Mozambique.
En 1497, Vasco de Gama découvrit la route des Indes par le Cap de Bonne-Espérance. Il devint le 1er vice-roi des Indes portugaises.

navegar [nave'ga(x)] ◼ *vt* piloter. ◼ *vi* **1.** *(seguir viagem)* naviguer **2.** *(na Internet)* naviguer OU surfer sur Internet.

navio [nɐ'viu] *nm* navire *(m)*.

NB (*abr écrite de* **Note Bem**) NB *(Nota Bene)*.

NE (*abr écrite de* **Nordeste**) N-E *(nord-est)*.

neblina [nə'blinɐ] *nf* brume *(f)*.

necessário, ria [nəsə'sarju, -rjɐ] ◼ *adj* nécessaire. ◼ *nm* • **o necessário** le nécessaire • **é necessário...** il faut... • **quando necessário** s'il le faut • **se necessário** si nécessaire.

necessidade [nəsəsi'đađə] *nf* besoin *(m)* • **de primeira necessidade** de première nécessité • **sem necessidade** pour rien • **ter necessidade de fazer algo** avoir besoin de faire qqch • **fazer as necessidades** *fam* faire ses besoins.

necessitar [nəsəsi'tar] *vt* avoir besoin de.
◼ **necessitar de** *v* + *prép* avoir besoin de • **necessitar de fazer algo** devoir faire qqch.

necrotério [nəkru'tɛrju] *nm* morgue *(f)*.

néctar ['nɛktar] (*pl* **-es** [-əʃ]) *nm* nectar *(m)*.

neerlandês, **esa** [nɛrlẽn'deʃ, -ezɐ] (*mpl* **-eses** [-ezəʃ], *fpl* **-s** [-ʃ]) ■ *adj* néerlandais (e). ■ *nm, f* Néerlandais *(m)*, -e *(f)*. ■ *nm* *(língua)* néerlandais *(m)*.

nefasto, **ta** [nə'faʃtu, -tɐ] *adj* néfaste.

negalhos [nə'gaʎuʃ] *nmpl tripes farcies au lard et au saucisson*.

negar [nə'gar] *vt* **1.** nier **2.** *(acesso)* refuser. ■ **negar-se** *vp* • **negar-se algo** se refuser qqch • **negar-se a fazer algo** se refuser à faire qqch.

negativa [nəgɐ'tivɐ] *nf* note *(f)* en dessous de 10 • **ter negativa** ne pas avoir la moyenne • **responder com uma negativa** répondre par la négative.

negativo, **va** [nəgɐ'tivu, -vɐ] ■ *adj* **1.** négatif(ive) **2.** *(nota)* en dessous de 10 **3.** *(temperatura)* en dessous de zéro **4.** *(resultado, teste)* mauvais(e). ■ *nm* négatif *(m)*.

negligência [nəgli'ʒẽsjɐ] *nf* négligence *(f)*.

negligente [nəgli'ʒẽntə] *adj* négligent(e).

negociação [nəgusjɐ'sɐ̃u] (*pl* **-ões** [-õiʃ]) *nf* négociation *(f)*.

negociar [nəgu'sjar] ■ *vt* négocier. ■ *vi* **1.** négocier **2.** COMM faire des affaires.

negócio [nə'gɔsju] *nm* affaire *(f)* • **fazer negócios com alguém** faire des affaires avec qqn • **negócio da China** *fam* affaire en or • **negócio escuro** affaire véreuse.

negro, **gra** ['negru, -grɐ] ■ *adj* **1.** noir(e) **2.** *(nublado, difícil)* sombre. ■ *nm, f* Noir *(m)*, -e *(f)* • **ver-se negro para fazer algo** *fam* en baver pour faire qqch.

nela ['nɛlɐ] = **em + ela** • ▷ **em**.

nele ['nelə] = **em + ele** • ▷ **em**.

nem [nẽi] ■ *adv (modifie négativement le mot ou la syntagme qu'il précède)* • **nem sempre** pas toujours • **nem tudo está incluído** tout n'est pas compris • **gostas daquele vestido? – nem por isso** aimes-tu cette robe-là ? – pas tellement • **nem mais!** tout à fait ! • **nem penses!** *fam* tu peux toujours courir !, pas question ! • **ele estava tão doente que nem veio** il était tellement malade qu'il n'est même pas venu • **nem pude comer sossegado** je n'ai même pas pu manger tranquille • **nem imaginas o que me custo** tu n'imagines pas commment ça m'a été difficile • **nem a minha mãe sabe os meus segredos** même ma mère ne connaît pas mes secrets • **nem todos são egoistas** tout le monde n'est pas égoïste • **nem tudo o que luz é ouro** tout qui ce reluit n'est pas or • **nem por isso perdi o apetite** je n'ai pas perdu l'appétit pour autant • **nem por isso se tornou mais simpático** il n'en est pas devenu plus sympathique. ■ *conj (ajoute une négation à une autre déjà formulée)* • **nem/nem... nem** ni/ni... ni • **não... nem** non plus • **não sei – nem eu** je ne sais pas – moi non plus • **não gosto de teatro nem de cinema** je n'aime ni le théâtre, ni le cinéma • **não/nem dorme nem deixa dormir** il ne dort pas et il ne laisse pas dormir • **nem um nem outro** ni l'un ni l'autre • **sem eira beira** sans toit ni loi. ■ *loc conj* **1.** • **nem que** même si • **não como isso nem que me pagem** je ne mangerais pas ça même si on me payait **2.** • **que nem** comme • **dormias que nem um porco** *fam* tu dormais comme un loir (porc).

nenhum, **ma** [nə'ɲũ, -mɐ] (*mpl* **-ns** [-ʃ], *fpl* **-s** [-ʃ]) *adj* & *pron* aucun (aucune) • **não tive problema nenhum** je n'ai eu aucun problème • **não quero nenhuma bebida** je ne veux rien boire • **nenhum de** aucun de • **nenhum dos dois** aucun des deux.

neozelandês, **esa** [nɛuzəlẽn'deʃ, -ezɐ] (*mpl* **-eses** [-ezəʃ], *fpl* **-s** [-ʃ]) ■ *adj* néo-zélandais(e). ■ *nm, f* Néo-Zélandais *(m)*, -e *(f)*.

nervo ['nervu] *nm* nerf *(m)*.
■ **nervos** *nmpl fam* nerfs *(mpl)*.

nervosismo [nərvu'ziʒmu] *nm* nervosité *(f)*.

nervoso, **a** [*(Port)* nə'rvozu, -zɐ, *(Br)* nex'vozu, -za] *adj* nerveux(euse).

nêspera ['neʃpərɐ] *nf* nèfle *(f)*.

nessa ['nɛsɐ] = **em + essa** • ▷ **em**.

nesse ['nesə] = **em + esse** • ▷ **em**.

nesta ['nɛʃtɐ] = **em + esta** • ▷ **em**.

neste ['neʃtə] = **em + este** • ▷ **em**.

net ['netʃi] *nf* INFORM le Net *(m)*.

netiqueta ['netʃiketa] *nf* INFORM netiquette *(f)*.

neto, **ta** ['nɛtu, -tɐ] *nm, f* petit-fils *(m)*, petite-fille *(f)*.

neurologista [*(Port)* neurulu'ʒiʃta, *(Br)* newrolo'ʒiʃta] *nmf* neurologue *(mf)*.

neurose [neu'rɔzə] *nf* névrose *(f)*.

neutralidade [neutrɐli'đađə] *nf* neutralité *(f)*.

neutralizar [neutrɐli'zar] *vt* neutraliser.

neutro, **tra** ['neutru, -trɐ] *adj* neutre.

nevar [nə'var] *v impers* neiger • **está a nevar** il neige.

neve ['nɛvə] *nf* neige *(f)*.

névoa ['nɛvwɐ] *nf* brume *(f)*.

nevoeiro [nə'vwɐiru] *nm* brouillard *(m)*.

newsgroups [nuʃ'grupʃ] *nm (Internet)* forum *(m)* de discussion.

Nicarágua [nikɐ'ragwɐ] *nf* • **a Nicarágua** le Nicaragua.

nick ['niki] (*abr de* **nickname**) *nm* INFORM pseudonyme *(m)*.

nicotina [niku'tinɐ] *nf* nicotine *(f)*.

ninguém [nĩŋ'gẽi] *pron* personne • **ninguém sabe** personne ne le sait • **não está ninguém (em casa)** il n'y a personne (à la maison) • **não vi ninguém** je n'ai vu personne.

ninho ['niɲu] *nm* nid *(m)*.

nipónico, **ca** [ni'pɔniku, -kɐ] *adj* nippon (one).

■ **nipónico**, **ca** *nmf* Nippon(one).

níquel ['nikɛł] (*pl* **-eis** [-ɐiʃ]) *nm* nickel *(m)*.

nissei [ni'sɐi] *nmf (Br)* Brésilien *(m)*, -enne *(f)* de parents japonais.

nisso ['nisu] = **em** + **isso** • ▷ **em**.

nisto ['niʃtu] = **em** + **isto** • ▷ **em**.

nitidez [niti'đeʃ] *nf* **1.** *(de imagem, visão)* netteté *(f)* **2.** *(de ideias, raciocínio)* clarté *(f)*.

nítido, **da** ['nitiđu, -đɐ] *adj* **1.** *(imagem, visão)* net (nette) **2.** *(ideia)* clair(e).

nitrato [ni'tratu] *nm* nitrate *(m)* • **nitrato de prata** nitrate d'argent.

nível ['nivɛł] (*pl* **-eis** [-ɐiʃ]) *nm* **1.** niveau *(m)* **2.** *(qualidade)* gamme *(f)* • **ao nível de** au niveau de • **de alto/baixo nível** haut/bas de gamme • **nível de vida** niveau de vie.

no [nu] = **em** + **o** • ▷ **em**.

-no [nu] *pron* **1.** *(ele)* le **2.** *(você)* vous.

NO [nu] (*abr écrite de* **Noroeste**) N-O *(nord-ouest)*.

nó ['nɔ] *nm* **1.** nœud *(m)* **2.** *(em dedo)* articulation *(f)* • **dar um nó** faire un nœud • **dar o nó** *fam* se marier.

nobre ['nɔƀrə] *adj* noble.

noção [nu'sɐ̃u] (*pl* **-ões** [-õiʃ]) *nf* notion *(f)*.

nocivo, **va** [nu'sivu, -vɐ] *adj* nocif(ive).

noções ▷ **noção**.

nocturno, **na** [no'turnu, -nɐ] *adj* **1.** *(Port) (actividade)* de nuit **2.** *(animal)* nocturne.

nódoa ['nɔđwɐ] *nf* tache *(f)* • **nódoa negra** bleu *(m)*.

nogueira [nu'gɐirɐ] *nf* noyer *(m)*.

noite ['noitə] *nf* **1.** nuit *(f)* **2.** *(início da noite)* soir *(m)* • **à noite** le soir • **boa noite!** bonsoir ! • *(antes de ir dormir)* bonne nuit ! • **esta noite** cette nuit • *(no início da noite)* ce soir • **dia e noite** jour et nuit • **por noite** la nuit • **uma noite por outra** de temps en temps • **da noite para o dia** du jour au lendemain.

noivado [noi'vađu] *nm* fiançailles *(fpl)*.

noivo, **va** ['noivu, -vɐ] *nm, f* fiancé *(m)*, -e *(f)* • **estar noivo de alguém** être fiancé à qqn.

■ **noivos** *nmpl* mariés *(mpl)* • **eles estão noivos** ils sont fiancés.

nojento, **ta** [nu'ʒẽntu, -tɐ] *adj fam* dégoûtant(e).

nojo ['noʒu] *nm fam* dégoût *(m)* • **dar nojo** *fam* dégoûter • **ter** OU **sentir nojo de** *fam* être dégoûté par.

nome ['nomə] *nm* nom *(m)* • **nome completo** nom et prénom(s) • **nome de baptismo** prénom *(m)* • **nome de solteira** nom de jeune fille • **nome próprio** nom propre • **em nome de** au nom de • **chamar nomes a alguém** traiter qqn de tous les noms.

nomeação [numjɐ'sɐ̃u] (*pl* **-ões** [-õiʃ]) *nf* nomination *(f)*.

nomeadamente [nu,mjađɐ'mẽntə] *adv* notamment.

nomear [nu'mjar] *vt* **1.** nommer **2.** *(para prémio)* sélectionner.

nonagésimo, **ma** [nonɐ'ʒɛzimu, -mɐ] *num* quatre-vingt-dixième.

nono, **na** ['nonu, -nɐ] *num* **1.** neuvième **2.** • **o nono/a nona** le/la neuvième • **chegar em nono** arriver neuvième • **capítulo nono** chapitre neuf • **em nono lugar** en neuvième • **no nono dia** le neuvième jour • **a nona parte** le neuvième.

nora ['nɔrɐ] *nf* **1.** *(familiar)* belle-fille *(f)* **2.** *(para água)* noria *(f)* • **andar à nora** *fig fam* être déboussolé.

nordeste [nɔr'đɛʃtə] *nm* nord-est *(m)* • **no nordeste** au nord-est.

nordestino, na [nɔxdɛʃ'tʃinu, na] *(Br)* ▪ *adj* du Nord-est. ▪ *nm, f* habitant *(m)*, -e *(f)* du Nord-est.

norma ['nɔrmɐ] *nf* norme *(f)* • **por norma** en règle générale.

normal [nɔr'maɫ] (*pl* **-ais** [-aiʃ]) *adj* normal (e).

normalmente [nɔrmaɫ'mẽntə] *adv* normalement.

noroeste [nɔ'rwɛʃtə] *nm* nord-ouest *(m)* • **no noroeste** au nord-ouest.

norte ['nɔrtə] ▪ *adj* du nord. ▪ *nm* nord *(m)* • **a norte** au nord • **a norte de** au nord de • **no norte** au nord.

norte-americano, na [ˌnɔrtɐməri'kɐnu, -nɐ] ▪ *adj* américain(e). ▪ *nm, f* Américain *(m)*, -e *(f)*.

Noruega [nɔ'rwɛgɐ] *nf* • **a Noruega** la Norvège.

norueguês, esa [nɔrwɛ'geʃ, -ezɐ] (*mpl* **-eses** [-ezəʃ], *fpl* **-s** [-ʃ]) ▪ *adj* norvégien (enne). ▪ *nm, f* Norvégien *(m)*, -enne *(f)*. ▪ *nm (língua)* norvégien *(m)*.

nos[1] [nuʃ] = **em + os** • ▷ **em**.

nos[2] [nuʃ] *pron pl* nous • **ele pagou-nos** *(Port)* il nous a payés • **ela nos falou** *(Br)* elle nous a parlé • **deu-nos muito que fazer** *(Port)* il nous a donné beaucoup de travail • **ele nos chateou muito** *(Br)* il nous a beaucoup embêtés • **vamo-nos embora** *(Port)* allons-y • **nos vamos embora** *(Br)* allons-y • **odiamo-nos** nous nous détestons • **nos beijámos** *(Br)* nous nous sommes embrassés • **assim não nos roubam o carro** ainsi on ne nous volera pas la voiture.

-nos [nuʃ] *pron pl* **1.** *(eles)* les **2.** *(vocês)* vous.

nós ['nɔʃ] *pron* nous • **somos nós** c'est nous • **e nós?** et nous ? • **nós mesmos** *OU* **próprios** nous-mêmes • **para nós** d'après nous • **por nós** quant à nous.

nosso, a ['nɔsu, -ɐ] ▪ *adj* notre. ▪ *pron* • **o nosso/a nossa** le/la nôtre • **isto é nosso** c'est à nous • **um amigo nosso** un de nos amis • **os nossos** *(a nossa família)* les nôtres.

nostalgia [nuʃtaɫ'ʒiɐ] *nf* nostalgie *(f)*.

nostálgico, ca [nuʃ'taɫʒiku, -kɐ] *adj* nostalgique.

nota ['nɔtɐ] *nf* **1.** note *(f)* **2.** *(moeda)* billet *(m)* • **tomar nota de algo** prendre note de qqch.

notário, ria [nu'tarju, -rjɐ] *nm, f* notaire *(m)*.

notável [nu'tavɛɫ] (*pl* **-eis** [-ɐiʃ]) *adj* notable.

notebook ['notəbukə *OU* 'notʃibuki] (*pl* **-s** [-ʃ]) *(Br) nm* INFORM bloc-notes *(m)*.

notícia [nu'tisjɐ] *nf* nouvelle *(f)*. ▪ **notícias** *nfpl* informations *(fpl)*.

noticiário [nutə'sjarju] *nm* journal *(m)*.

notificar [nutəfi'kar] *vt* notifier.

notório, ria [nu'tɔrju, -rjɐ] *adj* notoire.

noturno [no'tuxnu] *(Br)* = **nocturno**.

noutra = **em + outra** • ▷ **em**.

noutro ['notru] = **em + outro** • ▷ **em**.

nova ['nɔvɐ] *nf* nouvelle *(f)*.

Nova Iorque [ˌnɔvɐ'jɔrkə] *n* New-York.

novamente [ˌnɔvɐ'mẽntə] *adv* de nouveau.

novato, ta [nu'vatu, -tɐ] *nm, f* novice *(mf)*.

Nova Zelândia [ˌnɔvɐzə'lɐ̃ndjɐ] *nf* • **a Nova Zelândia** la Nouvelle-Zélande.

nove ['nɔvə] *num* neuf • **às nove** à neuf heures • **ele tem nove anos** il a neuf ans • **eles eram nove** ils étaient neuf • **são nove horas** il est neuf heures • **nove de Janeiro** le neuf janvier • **página nove** page neuf • **trinta e nove** trente-neuf • **o nove de copas** le neuf de cœur • **de nove em nove dias** tous les neuf jours • **empataram a nove** (ils ont fait) neuf partout • **nove a zero** neuf à zéro.

novecentos, tas [nɔvə'sẽntuʃ, -tɐʃ] *num* neuf cents.

novela [no'vɛla] *nf* **1.** *(Br) (em televisão)* feuilleton *(m)* **2.** *(livro)* nouvelle *(f)*.

novelo [nu'velu] *nm* pelote *(f)*.

novembro [no'vẽmbru] *nm (Br)* = **Novembro**.

Novembro [nu'vẽmbru] *nm (Port)* novembre *(m)* • **durante o mês de Novembro** au mois de novembre • **em Novembro** en novembre • **em meados de Novembro** à la mi-novembre • **este mês de Novembro** le mois de novembre • **no passado/próximo mês de Novembro** en novembre dernier/prochain • **no princípio/final de Novembro** début/fin novembre • **o um de Novembro** le 1er novembre.

noventa [nu'vẽntɐ] *num* quatre-vingt-dix.

novidade [nuvi'ðaðə] *nf* **1.** nouveauté *(f)* **2.** *(notícia)* nouvelle *(f)*.

novilho [nu'viʎu] *nm* veau *(m)*.

novo, **nova** ['novu, 'nɔvɐ] *adj* **1.** *(jovem)* jeune **2.** *(recente)* nouveau(elle) **3.** *(não estreado)* neuf (neuve) • **novo em folha** tout neuf.

noz ['nɔʃ] (*pl* **-es** [-zəʃ]) *nf* noix *(f)*.

noz-moscada [ˌnɔʒmuʃ'kađɐ] *nf* noix *(f)* muscade.

nu, **nua** ['nu, 'nuɐ] *adj* nu(e) • **nu em pêlo** tout nu.

nublado, **da** [nu'ƀlađu, -đɐ] *adj* nuageux (euse).

nuca ['nukɐ] *nf* nuque *(f)*.

nuclear [nukli'ar] (*pl* **-es** [-əʃ]) *adj* nucléaire.

núcleo ['nukliu] *nm* noyau *(m)*.

nudez [nu'đeʃ] *nf* nudité *(f)*.

nudista [nu'điʃtɐ] *nmf* nudiste *(mf)*.

nulo, **la** ['nulu, -lɐ] *adj* nul (nulle).

num [nũ] = **em** + **um** • ▷ **em**.

numa ['numɐ] = **em** + **uma** • ▷ **em**.

numeral [numə'rał] (*pl* **-ais** [-aiʃ]) *nm* numéral *(m)*.

numerar [numə'rar] *vt* numéroter.

numerário [numə'rarju] *nm* numéraire *(m)*.

número ['numəru] *nm* **1.** numéro *(m)* **2.** *(de sapatos)* pointure *(f)* **3.** *(peça de vestuário)* taille *(f)* **4.** *(quantidade)* nombre *(m)* • **número de código** numéro de code • **número de contribuinte** numéro d'identification fiscale • **número de passaporte** numéro de passeport • **número de telefone** numéro de téléphone.

numeroso, **osa** [numə'rozu, -ɔzɐ] *adj* nombreux(euse).

numismática [numiʒ'matikɐ] *nf* numismatique *(f)*.

nunca ['nũŋkɐ] *adv* jamais • **mais do que nunca** plus que jamais • **nunca mais** plus jamais • **nunca se sabe** on ne sait jamais • **nunca na vida** jamais de la vie.

nuns [nũʃ] = **em** + **uns** • ▷ **em**.

núpcias ['nupsjɐʃ] *nfpl* noces *(fpl)*.

nutrição [nutri'sɐ̃u] *nf* nutrition *(f)*.

nutrir [nu'trir] *vt fig* nourrir.

nutritivo, **va** [nutri'tivu, -vɐ] *adj* nutritif (ive).

nuvem ['nuvɐ̃i] (*pl* **-ns** [-ʃ]) *nf* nuage *(m)*.

N.W. (*abr écrite de* **Noroeste**) N-O *(nord-ouest)*.

O

o[1], **O** [*(Port)* ɔ, *(Br)* u] *m* o, O.

o[2], **a** [u, ɐ] (*mpl* **os** [uʃ], *fpl* **as** [ɐʃ])

le, la, les.

o *art déf*

1. DEVANT UN NOM COMMUN
- **o hotel** l'hôtel
- **a vida** la vie
- **os nervos** les nerfs

2. AVANT UN ADJECTIF, UN VERBE, UN ADVERBE SUBSTANTIVÉ
- **o belo** le beau
- **o possível** le possible
- **o comer** le manger, le repas
- **o sim** le oui

3. DEVANT UN POSSESSIF
- **a minha casa é pequena** ma maison est petite

4. DEVANT UN NOM DE PAYS (SAUF PORTUGAL, CABO VERDE, ANGOLA, MOÇAMBIQUE, TIMOR, MARROCOS, ISRAEL)
- **o Brasil** le Brésil
- **a Inglaterra** l'Angleterre

5. DEVANT UN NOM DE VILLE, QUAND IL EST AUSSI UN NOM COMMUN
- **o Porto** *(le port)* Porto
- **o Cairo** *(le port)* Le Caire
- **a Guarda** *(la garde)* Guarda

6. DEVANT UN NOM DE PERSONNE (PROCHE DE NOUS)
- **a Helena** Helena

7. DEVANT UN TITRE
- **o Sr. Costa** M. Costa
- **a senhora não está** Madame n'est pas là

8. DEVANT UNE DATE MÉMORABLE
- **o 25 de Abril** le 25 avril

9. L'ARTICLE PEUT PRENDRE UNE VALEUR DE POSSESSIF
- **perdi os óculos** j'ai perdu mes lunettes
- **partiu o nariz** il s'est cassé le nez
- **tenho os pés frios** j'ai les pieds gelés.

O [*(Port)* ɔ, *(Br)* u] (*abr de* **Oeste**) O *(ouest)*.

oásis ['ɔaziʃ] *nm inv* oasis *(f)*.

ob. (*abr écrite de* **observação**) obs *(observation)*.

oba ['obɐ] *interj (Br)* oh là là !

obedecer [oƀəđə'ser] *vi* obéir • **obedecer a** obéir à.

obediente [oƀə'đjẽntə] *adj* obéissant(e).

obesidade [uƀəzi'đađə] *nf* obésité *(f)*.

obeso, **sa** [u'ƀezu, -zɐ] *adj* obèse.

obg. (*abr écrite de* **obrigado**) merci.

óbito ['ɔƀitu] *nm* décès *(m)*.

obituário [oƀi'twarju] *nm* notice *(f)* nécrologique.

objeção [obʒe'sɐ̃u] (*pl* **-ões** [-õiʃ]) *nf (Br)* = **objecção**.

objecção [oƀʒɛ'sɐ̃u] (*pl* **-ões** [-õiʃ]) *nf (Port)* objection *(f)*.

objectiva [oƀʒɛ'tivɐ] *nf* objectif *(m)*.

objectivo, **va** [oƀʒɛ'tivu, -vɐ] ■ *adj* objectif (ive). ■ *nm* objectif *(m)*.

objecto [oƀ'ʒɛtu] *nm (Port)* objet *(m)*.

objector [oƀʒɛ'tor] (*pl* **-es** [-əʃ]) *nm (Port)* • **objector de consciência** objecteur *(m)* de conscience.

objetiva [obʒe'tʃiva] *(Br)* = **objectiva**.

objetivo [obʒe'tʃivu] *(Br)* = **objectivo**.

objeto [ob'ʒɛtu] *nm (Br)* = **objecto**.

oboé [o'ƀwɛ] *nm* hautbois *(m)*.

obra ['ɔƀrɐ] *nf* œuvre • **obra de arte** œuvre d'art • **ser obra** *fam* ne pas être une mince affaire.
■ **obras** *nfpl* travaux *(mpl)* • **'em obras'** 'en travaux'.

obra-prima [ˌɔƀrɐ'primɐ] (*pl* **obras-primas** [ˌɔƀrɐʃ'primɐʃ]) *nf* chef d'œuvre *(m)*.

obrar [o'ƀrar] *vi* faire.

obrigação [oƀrigɐ'sɐ̃u] (*pl* **-ões** [-õiʃ]) *nf* obligation *(f)*.

obrigado [oƀri'gađu] *interj* merci ! • **muito obrigado!** merci beaucoup !

obrigar [oƀri'gar] *vt* • **obrigar alguém a fazer algo** obliger qqn à faire qqch.

obrigatório, ria [oƀrigɐ'tɔrju, -rjɐ] *adj* obligatoire.

obs. (*abr écrite de* **observações**) obs *(observations)*.

obsceno, na [oƀʃ'senu, -nɐ] *adj* obscène.

observação [oƀsərvɐ'sɐ̃u] (*pl* **-ões** [-õiʃ]) *nf* **1.** *(de pessoa, animal, evento)* observation *(f)* **2.** *(reparo)* remarque *(f)* **3.** *(de lei, regra)* respect *(m)*.
■ **observações** *nfpl* remarques *(fpl)*.

observador, ra [oƀsərvɐ'đor, -rɐ] (*mpl* **-es** [-əʃ], *fpl* **-s** [-ʃ]) *nm, f* observateur *(m)*, -trice *(f)*.

observar [oƀsər'var] *vt* **1.** observer **2.** *(dizer)* faire remarquer.

observatório [oƀsərvɐ'tɔrju] *nm* observatoire *(m)*.

obsessão [oƀsə'sɐ̃u] (*pl* **-ões** [-õiʃ]) *nf* obsession *(f)*.

obsoleto, ta [oƀsu'letu, -tɐ] *adj* obsolète.

obstáculo [oƀʃ'takulu] *nm* obstacle *(m)*.

obstetra [oƀʃ'tɛtrɐ] *nmf* obstétricien *(m)*, -enne *(f)*.

obstinado, da [oƀʃti'nađu, -đɐ] *adj* obstiné (e).

obstipação [oƀʃtipɐ'sɐ̃u] *nf* constipation *(f)*.

obstrução [oƀʃtru'sɐ̃u] (*pl* **-ões** [-õiʃ]) *nf* obstruction *(f)*.

obter [oƀ'ter] *vt* obtenir.

obturação [oƀturɐ'sɐ̃u] (*pl* **-ões** [-õiʃ]) *nf* obturation *(f)*.

obturador [oƀturɐ'đor] (*pl* **-es** [-əʃ]) *nm* obturateur *(m)*.

óbvio, via ['ɔƀvju, -vjɐ] *adj* évident(e) • **como é óbvio** évidemment.

ocasião [okɐ'zjɐ̃u] (*pl* **-ões** [-õiʃ]) *nf* **1.** *(momento determinado)* fois *(f)* **2.** *(oportunidade)* occasion *(f)* • **nessa ocasião** à cette occasion • **por ocasião de** au moment de.

Oceania [osjɐ̃'nia] *(Br)* = **Oceânia**.

Oceânia [o'sjɐnjɐ] *nf* • **a Oceânia** l'Océanie *(f)*.

oceano [o'sjɐnu] *nm* océan *(m)*.

ocidental [osiđẽn'tał] (*pl* **-ais** [-aiʃ]) *adj* occidental(e).
■ **ocidentais** *nmpl* • **os ocidentais** les Occidentaux *(mpl)*.

ocidente [osi'đẽntə] *nm* occident *(m)*.
■ **Ocidente** *nm* • **o Ocidente** l'Occident *(m)*.

ócio ['ɔsju] *nm* loisir *(m)*.

oco, oca ['oku, 'okɐ] *adj* creux (creuse).

ocorrência [oku'ʀẽsjɐ] *nf* **1.** *(acontecimento)* événement *(m)* **2.** *(incidente)* incident *(m)* • **constatar a ocorrência de factos estranhos** constater que des choses bizarres se produisent.

ocorrer [oko'xe(x)] *vi* **1.** *(ger)* aller au devant *(de qqn/qqch)* **2.** *(acontecimento)* survenir **3.** *(ajudar)* subvenir, pourvoir *(aux besoins)*.
■ **ocorrer a** *v + prép* venir à l'esprit.

ocorrer [oku'ʀer] *vi* arriver.

octogésimo, ma [ɔktɔ'ʒɛzimu, -mɐ] *num* quatre-vingtième.

oculista [oku'liʃtɐ] *nmf* **1.** *(médico)* occuliste *(mf)* **2.** *(fabricante)* opticien *(m)*, -enne *(f)*.

óculos ['ɔkuluʃ] *nmpl* lunettes *(fpl)* • **óculos de sol** lunettes de soleil.

ocultar [okuł'tar] *vt* cacher.
■ **ocultar-se** *vp* se cacher.

oculto, ta [o'kułtu, -tɐ] *pp* ▷ **ocultar**.

ocupação [okupɐ'sɐ̃u] (*pl* **-ões** [-õiʃ]) *nf* occupation *(f)*.

ocupado, da [oku'pađu, -đɐ] *adj* occupé(e) • **'ocupado'** 'occupé'.

ocupar [oku'par] *vt* **1.** occuper **2.** *(tempo, espaço)* prendre.
■ **ocupar-se** *vp* s'occuper • **ocupar-se a fazer algo** s'occuper en faisant qqch • **ocupar-se de** s'occuper de.

odiar [o'đjar] *vt* haïr.

ódio ['ɔđju] *nm* haine *(f)*.

odor [o'đor] (*pl* **-es** [-əʃ]) *nm* odeur *(f)* • **odor corporal** odeur corporelle.

oeste ['wɛʃtə] *nm* ouest *(m)* • **a oeste** à l'ouest • **a oeste de** à l'ouest de • **no oeste** à l'ouest.

ofegante [ofə'gẽntə] *adj* haletant(e).

ofegar [ofə'gar] *vi* haleter.

ofender [ofẽn'der] *vt* blesser, offenser.
■ **ofender-se** *vp* se vexer • **ofender-se com algo** se vexer de qqch.

ofendido, da [ofẽn'điđu, -đɐ] *adj* vexé(e).

oferecer [ofere'se(x)] *vt* • **oferecer algo a alguém** offrir qqch à qqn.
■ **oferecer-se para** *vp + prép* offrir ses services.

oferta [o'fɛrtɐ] *nf* **1.** offre *(f)* **2.** *(presente)* cadeau *(m)*.

offline [ɔflajn, *(Port)*], **off-line** ['ɔflajni, *(Br)*] *adj* & *adv* **1.** INFORM déconnecté **2.** TECHNOL indisponible.

oficial [ofə'sjał] (*pl* **-ais** [-aiʃ]) ■ *adj* officiel (elle). ■ *nmf* officier *(m)*.

oficina [ofə'sinɐ] *nf* garage *(m)*.

ofício [o'fisju] *nm* **1.** *(profissão)* métier *(m)* **2.** *(carta oficial)* dépêche *(f)*.

oftalmologista [ɔftałmulu'ʒiʃtɐ] *nmf* ophtalmologiste *(mf)*.

ofuscar [ofuʃ'kar] *vt* éblouir.

oi ['oi] *interj (Br)* salut !

oitavo, **va** [oi'tavu, -vɐ] *num* **1.** huitième **2.** • **o oitavo/a oitava** le/la huitième • **chegar em oitavo** arriver huitième • **capítulo oitavo** chapitre huit • **em oitavo lugar** en huitième • **no oitavo dia** le huitième jour • **a oitava parte** le huitième.

oitenta [oi'tẽntɐ] *num* quatre-vingt.

oito ['oitu] *num* huit • **estar feito num oito** *fam* être fichu • **nem oito nem oitenta!** *fam* il ne faut pas exagérer ! • **às oito** à huit heures • **ele tem oito anos** il a huit ans • **eles eram oito** ils étaient huit • **são oito horas** il est huit heures • **oito de Janeiro** le huit janvier • **página oito** page huit • **trinta e oito** trente-huit • **o oito de copas** le huit de cœur • **de oito em oito dias** tous les huit jours • **empataram a oito** (ils ont fait) huit partout • **oito a zero** huit à zéro.

oitocentos, **tas** [oitu'sẽntuʃ, -tɐʃ] *num* huit cents.

OK [ɔ'kɐi] *interj* OK !

olá [ɔ'la] *interj* salut !

olaria [olɐ'riɐ] *nf* poterie *(f)*.

oleado [o'ljađu] *nm* linoléum *(m)*.

olear [o'ljar] *vt* huiler.

óleo ['ɔlju] *nm* huile *(f)* • **óleo de bronzear** huile solaire • **óleo de girassol** huile de tournesol • **óleo de soja** huile de soja • **óleo vegetal** huile végétale.

oleoduto [oljɔ'đutu] *nm* oléoduc *(m)*.

oleoso, **osa** [o'ljozu, -ɔzɐ] *adj* gras (grasse).

olfacto [oł'fatu] *nm (Port)* odorat *(m)*.

olfato [ou'fatu] *nm (Br)* = **olfacto**.

olhadela [oʎɐ'đɛlɐ] *nf* coup *(m)* d'œil • **dar uma olhadela a algo** jeter un coup d'œil à qqch.

olhar [o'ʎar] ■ *vt* & *vi* regarder. ■ *nm* regard *(m)* • **olhar para** regarder vers • **olhar por** s'occuper de.

olheiras [o'ʎɐirɐʃ] *nfpl* cernes *(mpl)*.

olho ['oʎu] (*pl* **olhos** ['ɔʎuʃ]) *nm* œil *(m)* • **olho de couve** cœur *(m)* de chou • **olho mágico** œilleton *(m)* • **a olho nu** à l'œil nu • **a olhos vistos** à vue d'œil • **aos olhos de** aux yeux de • **cravar os olhos em** fixer les yeux sur • **custar os olhos da cara** *fam* coûter les yeux de la tête • **não pregar olho** *fam* ne pas fermer l'œil *(de la nuit)* • **ver com bons/maus olhos** voir d'un bon/mauvais œil.

olho-de-sogra [ˌoʎuđə'sɔgrɐ] (*pl* **olhos-de-sogra** [ˌɔuʒđə'sɔgrɐ]) *nm (Br) pruneau fourré à la crème fraîche et à la noix de coco.*

olímpico, **ca** [o'lĩmpiku, -kɐ] *adj* olympique.

oliveira [oli'vɐirɐ] *nf* olivier *(m)*.

olmo ['owmu] *nm* orme *(m)*.

ombro ['õmbru] *nm* épaule *(f)* • **encolher os ombros** hausser les épaules.

omelete [omə'lɛtə] *nf* omelette *(f)*.

omissão [omi'sɐ̃u] (*pl* **-ões** [-õiʃ]) *nf* omission *(f)*.

omitir [omi'tir] *vt* omettre.

omnipotente [ˌɔmnipu'tẽntə] *adj* omnipotent(e).

omoplata [ɔmɔ'platɐ] *nf* omoplate *(f)*.

onça ['õsɐ] *nf* **1.** *(animal)* jaguar *(m)* **2.** *(medida)* once *(f)*.

onda ['õndɐ] *nf* **1.** vague *(f)* **2.** *(de rádio)* onde *(f)* **3.** *(de cabelo)* ondulation *(f)* • **onda média** ondes moyennes • **onda longa/curta** grandes/petites ondes • **fazer ondas** *fam* faire des histoires • **ir na onda** *fam* se faire avoir.

onde ['õndə] *adv* où • **por onde** par où.

ondulado, **da** [õndu'lađu, -đɐ] *adj* ondulé (e).

oneroso, **osa** [onə'rozu, -ɔzɐ] *adj* onéreux (euse).

ONG *nf* (*abr de* **Organização Não Governamental**) ONG *(f) (Organisation Non Gouvernementale)*.

ônibus ['onibuʃ] *nm inv* (Br) autobus *(m)*.

onipotente [ˌɔmnipo'tẽntʃi] *adj* omnipotent(e).

ónix ['ɔniks] *nm* onyx *(m)*.

ônix ['oniks] (Br) = **ónix**.

online [ɔnlajn, (Port)] (Port), **on-line** ['onlajni, (Br)] *adj* & *adv* INFORM en ligne, connecté.

ontem ['õntẽi] *adv* hier • **antes de ontem** avant-hier • **sem mais nem ontem** sans plus attendre.

ONU ['ɔnu] *nf* (*abr de* **Organização das Nações Unidas**) ONU *(f)* *(Organisation des Nations Unies)*.

onze ['õzə] *num* onze • **às onze** à onze heures • **ele tem onze anos** il a onze ans • **eles eram onze** ils étaient onze • **são onze horas** il est onze heures • **onze de Janeiro** le onze janvier • **página onze** page onze • **de onze em onze dias** tous les onze jours.

opaco, **ca** [o'paku, -kɐ] *adj* opaque.

opala [o'palɐ] *nf* opale *(f)*.

opção [op'sɐ̃u] (*pl* **-ões** [-õiʃ]) *nf* option *(f)*.

ópera ['ɔpərɐ] *nf* opéra *(m)*.

operação [opərɐ'sɐ̃u] (*pl* **-ões** [-õiʃ]) *nf* opération *(f)*.

operado, **a** [(Port) opə'rɐđu, -đđɐ, (Br) ope'radu, -da] *adj* opéré(e) • **ser operado** se faire opérer.

operador, **ra** [opərɐ'đor, -rɐ] (*mpl* **-es** [-əʃ], *fpl* **-s** [-ʃ]) *nm, f* • **operador de computadores** *personne qui maîtrise des logiciels informatiques*.

operar [opə'rar] *vt* & *vi* opérer. ■ **operar-se** *vp* se produire.

operário, **ria** [opə'rarju, -rjɐ] *nm, f* ouvrier *(m)*, -ère *(f)*.

opereta [opə'retɐ] *nf* opérette *(f)*.

opinar [opi'nar] ■ *vt* estimer. ■ *vi* donner son avis.

opinião [opə'njɐ̃u] (*pl* **-ões** [-õiʃ]) *nf* opinion *(f)* • **na minha opinião** à mon avis • **na opinião de** selon • **ser da opinião que** être d'avis que • **a opinião pública** l'opinion publique.

ópio ['ɔpju] *nm* opium *(m)*.

oponente [opu'nẽntə] *nmf* opposant *(m)*, -e *(f)*.

opor-se [o'porsə] *vp* s'opposer • **opor-se a** s'opposer à.

oportunidade [opurtuni'đađə] *nf* occasion *(f)*.

oportuno, **na** [opur'tunu, -nɐ] *adj* opportun(e).

oposição [opuzi'sɐ̃u] *nf* opposition *(f)* • **a oposição** l'opposition.

oposto, **osta** [o'poʃtu, -ɔʃtɐ] ■ *adj* opposé (e). ■ *nm* • **o oposto** l'opposé • **oposto a** opposé à.

opressão [oprə'sɐ̃u] (*pl* **-ões** [-õiʃ]) *nf* oppression *(f)*.

opressivo, **va** [oprə'sivu, -vɐ] *adj* **1.** (atmosfera) oppressant(e) **2.** (sistema, regime) oppressif(ive).

opressões ▻ **opressão**.

oprimir [opri'mir] *vt* opprimer.

optar [op'tar] *vi* opter • **optar por algo** opter pour qqch • **optar por fazer algo** choisir de faire qqch.

optimismo [ɔti'miʒmu] *nm* (Port) optimisme *(m)*.

óptimo, **ma** ['ɔtimu, -mɐ] ■ *adj* (Port) très bon (bonne). ■ *interj* super !

ora ['ɔrɐ] ■ *interj* fam voyons ! ■ *conj* fam bon. ■ *adv* • **por ora** pour l'instant • **de ora avante** OU **em diante** dorénavant • **ora essa!** fam ça alors ! • **ora sim..., ora não...** fam un coup oui..., un coup non....

oração [orɐ'sɐ̃u] (*pl* **-ões** [-õiʃ]) *nf* prière *(f)*.

orador, **ra** [orɐ'đor, -rɐ] (*mpl* **-es** [-əʃ], *fpl* **-s** [-ʃ]) *nm, f* orateur *(m)*, -trice *(f)*.

oral [o'rał] (*pl* **-ais** [-aiʃ]) ■ *adj* oral(e). ■ *nf* oral *(m)*.

orangotango [orɐ̃ŋgu'tɐ̃ŋgu] *nm* orang-outan *(m)*.

orar [o'rar] *vi* **1.** (discursar) faire un discours **2.** (rezar) prier.

órbita ['ɔrƀitɐ] *nf* orbite *(f)*.

orçamento [orsɐ'mẽntu] *nm* budget *(m)*.

ordem ['ɔrđɐ̃i] (*pl* **-ns** [-ʃ]) *nf* ordre *(m)* • **sempre às ordens!** à votre service ! • **até nova ordem** jusqu'à nouvel ordre • **de tal ordem que** si important que • **pôr algo em ordem** mettre qqch en ordre • **por ordem** par ordre • **por ordem de alguém** sur ordre de qqn.

ordenado [orđə'nađu] *nm* salaire *(m)*.

ordenhar [orđə'ɲar] *vt* traire.

ordens ▻ **ordem**.

ordinário, **ria** [orđi'narju, -rjɐ] *adj (grosseiro)* vulgaire.

À PROPOS DE...

ordinário

Attention, ne pas confondre « ordinário » avec ***ordinaire***. En portugais, « ordinário » signifie ***vulgaire***.

orégano [o'rɛganu] *(Br)* = **orégão**.

orégão [o'rɛgɐ̃w] *nm* origan *(m)*.

orelha [o'rɐʎɐ] *nf* **1.** ANAT oreille *(f)* **2.** *(de calçado)* languette *(f)*.

orelheira [orə'ʎɐirɐ] *nf* oreilles *(fpl)* de porc.

orfanato [orfɐ'natu] *nm* orphelinat *(m)*.

órfão, **ã** ['ɔrfɐ̃w, -ɐ̃] *nm, f* orphelin *(m)*, -e *(f)*.

orfeão [or'fjɐ̃w] *(pl* **-ões** [-õiʃ]) *nm* chorale *(f)*.

orgânico, **ca** [or'gɐniku, -kɐ] *adj* organique.

organismo [orgɐ'niʒmu] *nm* organisme *(m)*.

organização [orgɐnizɐ'sɐ̃w] *(pl* **-ões** [-õiʃ]) *nf* organisation *(f)*.

organizar [*(Port)* orgɐni'zɐr, *(Br)* oxgani'za(x)] *vt* organiser.

órgão ['ɔrgɐ̃w] *nm* **1.** organe *(m)* **2.** *(instrumento musical)* orgue *(m)* • **órgãos genitais** *OU* **sexuais** organes génitaux *OU* sexuels.

orgasmo [or'gaʒmu] *nm* orgasme *(m)*.

orgia [or'ʒiɐ] *nf* orgie *(f)*.

orgulhar-se [orgu'ʎarsə] ■ **orgulhar-se de** *vp + prép* être fier (fière) de.

orgulho [or'guʎu] *nm* **1.** *(soberba)* orgueil *(m)* **2.** *(satisfação)* fierté *(f)*.

orgulhoso, **a** [*(Port)* orgu'ʎozu, -zɐ] *adj* fier (fière).

orientação [orjẽntɐ'sɐ̃w] *(pl* **-ões** [-õiʃ]) *nf* orientation *(f)* • **orientação escolar** orientation • **orientação a objetos** *(Internet)* aller à • **orientação profissional** orientation professionnelle.

oriental [orjẽn'tał] *(pl* **-ais** [-aiʃ]) *adj* oriental(e).
■ **orientais** *nmpl* • **os orientais** les Orientaux *(mpl)*.

orientar [orjẽn'tar] *vt* orienter.
■ **orientar-se por** *vp + prép* suivre.

oriente [o'rjẽntə] *nm* orient *(m)*.
■ **Oriente** *nm* • **o Oriente** l'Orient *(m)*.

orifício [ori'fisju] *nm* orifice *(m)*.

origem [o'riʒɐ̃i] *(pl* **-ns** [-ʃ]) *nf* origine *(f)*.

original [oriʒi'nał] *(pl* **-ais** [-aiʃ]) ■ *adj* **1.** original(e) **2.** *(inicial)* originel(elle). ■ *nm* original *(m)*.

originar [oriʒi'nar] *vt* être à l'origine de.
■ **originar-se** *vp* survenir.

oriundo, **da** [o'rjũndu, -dɐ] *adj* • **oriundo de** originaire de.

orixá [ori'ʃa] *nmf (Br) divinité du culte afro-brésilien du candomblé.*

ornamentar [ornɐmẽn'tar] *vt* orner.

ornamento [ornɐ'mẽntu] *nm* ornement *(m)*.

ornitologia [ɔrnitulu'ʒiɐ] *nf* ornithologie *(f)*.

orquestra [or'kɛʃtrɐ] *nf* orchestre *(m)*.

orquídea [or'kiđjɐ] *nf* orchidée *(f)*.

ortografia [ortugrɐ'fiɐ] *nf* orthographe *(f)*.

ortopedia [ɔrtɔpə'điɐ] *nf* orthopédie *(f)*.

ortopédico, **ca** [ɔrtɔ'pɛđiku, -kɐ] *adj* orthopédique.

ortopedista [ɔrtɔpə'điʃtɐ] *nmf* orthopédiste *(mf)*.

orvalho [or'vaʎu] *nm* rosée *(f)*.

os [uʃ] ▷ **o**.

oscilação [oʃsilɐ'sɐ̃w] *(pl* **-ões** [-õiʃ]) *nf* oscillation *(f)*.

oscilar [oʃsi'lar] *vi* osciller • **oscilar entre** osciller entre.

osso ['osu] *nm* os *(m)*.

ostensivamente [oʃtẽˌsivɐ'mẽntə] *adv* ostensiblement.

ostensivo, **va** [oʃtẽ'sivu, -vɐ] *adj* ostentatoire.

ostentar [oʃtẽn'tar] *vt* arborer.

ostra ['oʃtrɐ] *nf* huitre *(f)*.

OTAN [o'tɐ̃] *nf* (*abr de* **Organização do Tratado do Atlântico Norte**) OTAN *(f) (Organisation du Traité de l'Atlantique Nord)*.

otimismo [otʃi'miʒmu] *nm (Br)* = **optimismo**.

ótimo, **ma** ['ɔtʃimu, -mɐ] *adj (Br)* = **óptimo**.

otorrinolaringologista [ˌɔtɔˌʀinɔlɐˌrĩŋgulu'ʒiʃtɐ] *nmf* oto-rhino-laryngologiste *(mf)*, ORL *(mf)*.

ou [o] *conj* ou • **ou... ou...** ou… ou….

ouço ['osu] ▷ **ouvir**.

ouriço [o'risu] *nm* INFORM bogue *(f)*.

ouriço-cacheiro [oˌrisukɐ'ʃɐiru] (*pl* **ouriços-cacheiros** [oˌrisuʃkɐ'ʃɐiruʃ]) *nm* hérisson *(m)*.

ouriço-do-mar [oˌrisuđu'mar] (*pl* **ouriços-do-mar** [oˌrisuʒdu'mar]) *nm* oursin *(m)*.

ourives [o'rivəʃ] *nmf inv* bijoutier *(m)*, -ère *(f)*.

ourivesaria [orivəzɐ'riɐ] *nf* bijouterie *(f)*.

ouro ['oru] *nm* or *(m)* • **de ouro** en or • **ouro de lei** *or dont le titre est garanti par la loi*.

■ **ouros** *nmpl* carreau *(m)*.

Ouro Preto [ˌoru'pretu] *n* Ouro Preto, *ville du Minas Gerais au Brésil*.

ousadia [ozɐ'điɐ] *nf* audace *(f)*.

ousar [o'zar] *vt* oser.

outdoor [aut'dɔr] *nm* **1.** *(Br) (propaganda)* panneau *(m)* publicitaire **2.** *(cartaz)* affiche *(f)*.

outono [o'tɔnu] *nm (Br)* = **Outono**.

Outono [o'tonu] *nm (Port)* automne *(m)*.

outro, **tra** ['otru, -trɐ] *adj* & *pron* un autre (une autre) • **dá-me outro** donne-m'en un autre • **o outro/a outra** l'autre • **outro dia** un autre jour • **no outro dia** *(no dia seguinte)* le lendemain • *(relativo a dia passado)* l'autre jour • **um ou outro** l'un ou l'autre • **um após o outro** l'un après l'autre.

outubro [o'tubru] *nm (Br)* = **Outubro**.

Outubro [o'tuƀru] *nm (Port)* octobre *(m)* • **durante o mês de Outubro** au mois d'octobre • **em Outubro** en octobre • **em meados de Outubro** à la mi-octobre • **este mês de Outubro** ce mois d'octobre-ci • **no passado/próximo mês de Outubro** en octobre dernier/prochain • **no princípio/final de Outubro** début/fin octobre • **o cinco de Outubro** le 5 octobre.

ouve ['ɔvə] ▷ **ouvir**.

ouvido [o'viđu] *nm* oreille *(f)* • **dar ouvidos a alguém** *fam* écouter qqn • **ser duro de ouvido** *fam* être dur d'oreille • **ser todo ouvidos** être tout ouïe • **ter bom ouvido** avoir l'ouïe fine • **tocar de ouvido** jouer d'oreille.

ouvinte [o'vĩntə] *nmf* auditeur *(m)*, -trice *(f)*.

ouvir [o'vir] *vt* & *vi* entendre • **estar a ouvir** écouter.

ovação [ovɐ'sɐ̃u] (*pl* **-ões** [-õiʃ]) *nf* ovation *(f)*.

oval [o'vał] (*pl* **-ais** [-aiʃ]) *adj* oval(e).

ovário [o'varju] *nm* ovaire *(m)*.

ovas ['ɔvɐʃ] *nfpl* œufs *(mpl)* de poisson.

ovelha [o'vɐʎɐ] *nf* brebis *(f)* • **ovelha negra** brebis galeuse.

OVNI ['ɔvni] *nm* (*abr de* **Objecto Voador Não Identificado**) OVNI *(m) (Objet Volant Non Identifié)*.

ovo ['ovu] (*pl* **ovos** ['ɔvuʃ]) *nm* œuf *(m)* • **ovo cozido** œuf dur • **ovo escalfado** œuf poché • **ovo estrelado** œuf sur le plat • **ovo quente** œuf à la coque • **ovos mexidos** œufs brouillés • **ovos de Páscoa** œufs de Pâques • **ovos verdes** *œufs durs en beignets*.

ovos-moles [ˌɔvuʒ'mɔləʃ] *nmpl crème riche en jaunes d'œuf*.

óvulo ['ɔvulu] *nm* ovule *(m)*.

oxalá [oʃa'la] *interj* plaise à Dieu ! • **oxalá que chova !** pourvu qu'il pleuve !

oxigénio [ɔksi'ʒɛnju] *nm (Port)* oxygène *(m)*.

oxigênio [oksi'ʒenju] *nm (Br)* = **oxigénio**.

ozônio [o'zonju] *nm (Br)* = **ozono**.

ozono [o'zonu] *nm (Port)* ozone *(m)*.

P

p, P [pe] *m (letra)* p, P.

p. (*abr écrite de* **página**) p. *(page)*.

P. (*abr écrite de* **Praça**) Pl., pl. *(place)*.

pá ['pa] ■ *nf* pelle *(f)*. ■ *nm (Port) fam* mon vieux.

pacato, ta [pɐ'katu, -tɐ] *adj* **1.** *(pessoa)* calme **2.** *(lugar)* paisible.

paciência [pɐ'sjẽsjɐ] *nf* patience *(f)* • **perder a paciência** perdre patience • **ter paciência** être patient.

paciente [pɐ'sjẽntə] *adj & nmf* patient(e).

pacífico, ca [pɐ'sifiku, -kɐ] *adj* pacifique. ■ **Pacífico** *nm* • **o Pacífico** le Pacifique.

pacifista [pɐsi'fiʃtɐ] *nmf* pacifiste *(mf)*.

paço ['pasu] *nm* palais *(m)* • **paços do concelho** mairie *(f)*.

pacote [pɐ'kɔtə] *nm* **1.** paquet *(m)* **2.** *(em turismo)* forfait *(m)* • **pacote de açúcar** paquet de sucre.

padaria [pađɐ'riɐ] *nf* boulangerie *(f)*.

padecer [pɐđə'ser] ■ **padecer de** *v + prép* souffrir de.

padeiro, ra [pa'đɐiru, -rɐ] *nm, f* boulanger *(m)*, -ère *(f)*.

padrão [pɐ'đrɐ̃u] (*pl* **-ões** [-õiʃ]) *nm* **1.** *(de produto)* norme *(f)* **2.** *(de tecido)* patron *(m)*.

padrasto [pɐ'đraʃtu] *nm* beau-père *(m)*.

padre ['pađrə] *nm* prêtre *(m)*.

padrinho [pɐ'đriɲu] *nm* parrain *(m)*.

padrões [pa'drõjʃ] ▻ **padrão**.

pães ['pɐ̃jʃ] ▻ **pão**.

pág. (*abr de* **página**) p.

pagamento [pɐgɐ'mẽntu] *nm* paiement *(m)* • **pagamento em dinheiro/numerário** paiement en espèces/numéraire • **pagamento a prestações** paiement à crédit • **pagamento a pronto** OU **à vista** paiement comptant.

pagar [pɐ'gar] *vt* payer.
■ **pagar a** *v + prép* • **pagar algo a alguém** payer qqch à qqn • **pagar por** payer pour.

página ['paʒinɐ] *nf* **1.** page *(f)* **2.** INFORM page web • **páginas amarelas** pages jaunes • **a páginas tantas** à un moment donné • **página de rosto** INFORM page d'accueil.

pago, ga ['pagu, -gɐ] *pp* ▻ **pagar**.

pagode [pɐ'gɔđə] *nm fam* foire *(f)*.

págs. (*abr écrite de* **páginas**) pp. *(pages)*.

pai ['pai] *nm* père *(m)*.
■ **pais** *nmpl* parents *(mpl)*.

painel [pai'nɛɫ] (*pl* **-éis** [-ɛiʃ]) *nm* **1.** tableau *(m)* **2.** *(de veículo)* tableau *(m)* de bord • **painel solar** panneau *(m)* solaire.

paio ['paju] *nm* saucisson *(m)*.

pais ['paiʃ] ▻ **pai**.

país [pɐ'iʃ] (*pl* **-es** [-zəʃ]) *nm* pays *(m)*.

paisagem [pai'zaʒẽi] (*pl* **-ns** [-ʃ]) *nf* paysage *(m)*.

País de Gales [pɐˌiʒdə'galəʃ] *nm* • **o País de Gales** le pays de Galles.

países [pɐ'izəʃ] ▻ **país**.

Países Baixos *nmpl* • **os Países Baixos** les Pays-Bas.

paixão [pai'ʃɐ̃u] (*pl* **-ões** [-õiʃ]) *nf* passion *(f)*.

pajé [pa'ʒɛ] *nm (Br) chef spirituel indien à la fois prêtre, guérisseur, prophète et sorcier*.

palacete [pɐlɐ'setə] *nm* petit palais *(m)*.

palácio [pɐ'lasju] *nm* palais *(m)* • **Palácio da Justiça** palais de justice.

paladar [pɐlɐ'đar] (*pl* **-es** [-əʃ]) *nm (sabor)* goût *(m)*.

palafita [pɐlɐ'fitɐ] *nf* maison *(f)* sur pilotis.

palavra [pɐ'lavrɐ] ■ *nf* **1.** *(vocábulo)* mot *(m)* **2.** *(promessa)* parole *(f)*. ■ *interj fam* je te le jure ! • **dar a palavra a alguém** donner sa parole à qqn.

palavrão [pɐlɐ'vrɐ̃u] (*pl* **-ões** [-õiʃ]) *nm* gros mot *(m)*.

palavras-cruzadas [pɐˌlavrɐʃkru'zađɐʃ] *nfpl* mots *(mpl)* croisés.

palavrões ▷ **palavrão**.

palco ['pałku] *nm* scène *(f)*.

palerma [pɐ'lɛrmɐ] *fam nmf* abruti *(m)*, -e *(f)*.

palestra [pɐ'lɛʃtrɐ] *nf* discours *(m)*.

paleta [pa'letɐ] *nf* palette *(f)*.

paletó [pɐlə'tɔ] *nm* veste *(f)*.

palha ['paʎɐ] *nf* paille *(f)*.

palhaço [pɐ'ʎasu] *nm* clown *(m)*.

palhinha [pɐ'ʎiɲɐ] *nf* **1.** *(para beber)* paille *(f)* **2.** *(palha)* brin *(m)* de paille.

pálido, da ['paliđu, -đɐ] *adj* pâle.

paliteiro [pɐli'tɐiru] *nm* porte-cure-dents *(m inv)*.

palito [pɐ'litu] *nm* cure-dents *(m inv)* • **palitos de champanhe** cigarettes *(fpl)* russes.

palma ['pałmɐ] *nf* paume *(f)*.
■ **palmas** *nfpl* applaudissements *(mpl)* • **bater palmas** applaudir • **uma salva de palmas** une salve d'applaudissements.

palmeira [pał'mɐirɐ] *nf* palmier *(m)*.

palmito [pał'mitu] *nm* cœur *(m)* de palmier.

palmo ['pałmu] *nm* empan *(m)* • **palmo a palmo** *(Br)* peu à peu.

palmtop ['pawmitɔpi] (*pl* **palmtops**) *nm* INFORM ordinateur *(m)* de poche, palm *(m)*.

PALOPS ['palɔpʃ] *nmpl* (*abr de* **Países Africanos de Língua Oficial Portuguesa**) *pays africains dont la langue officielle est le portugais.*

palpável [paw'pavɛw] (*pl* **-eis** [-ejʃ]) *adj* palpable.

pálpebra ['pałpəbrɐ] *nf* paupière *(f)*.

palpitação [pałpitɐ'sɐ̃u] (*pl* **-ões** [-õiʃ]) *nf* palpitation *(f)*.

palpitar [pałpi'tar] ■ *vi* palpiter. ■ *vt* sentir • **palpita-me que ele não vem** *fam* j'ai l'impression qu'il ne va pas venir.

palpite [pał'pitə] *nm* intuition *(f)*.

paludismo [pɐlu'điʒmu] *nm* paludisme *(m)*.

panado, da [pɐ'nađu, -đɐ] ■ *adj* pané(e). ■ *nm viande panée.*

Panamá [pɐnɐ'ma] *nm* • **o Panamá** le Panama.

pancada [pɐ̃ŋ'kađɐ] *nf* coup *(m)* • **andar à pancada** *fam* se bagarrer • **pancada de água** averse *(f)* • **às três pancadas** *fam* à la va-vite • **ter pancada** *fam* avoir un grain.

pâncreas ['pɐ̃ŋkriɐʃ] *nm inv* pancréas *(m)*.

panda ['pɐ̃ndɐ] *nm* panda *(m)*.

pandeiro [pɐ̃n'dɐiru] *nm* tambourin *(m)*.

pandemónio [pɐ̃ndə'mɔnju] *nm (Port)* cohue *(f)*.

pandemônio [pɐ̃nde'monju] *nm (Br)* = **pandemónio**.

pane ['pɐnə] *nf* panne *(f)*.

panela [pɐ'nɛlɐ] *nf* casserole *(f)* • **panela de pressão** Cocotte-Minute® *(f)*.

panfleto [pɐ̃'fletu] *nm* tract *(m)*.

pânico ['pɐniku] *nm* panique *(f)* • **entrar em pânico** paniquer.

pano ['pɐnu] *nm* **1.** *(de cozinha)* torchon *(m)* **2.** *(para o pó)* chiffon *(m)* **3.** *(em teatro)* rideau *(m)* • **pano de fundo** toile *(f)* de fond.

panorama [pɐnu'rɐmɐ] *nm* panorama *(m)*.

panqueca [pɐ̃ŋ'kɛkɐ] *nf* pancake *(m)*.

pantanal [pɐ̃ntɐ'nał] (*pl* **-ais** [-aiʃ]) *nm* marécages *(mpl)*.
■ **Pantanal** *nm* • **o Pantanal** *zone marécageuse du Mato Grosso au Brésil.*

pântano ['pɐ̃ntɐnu] *nm* marécage *(m)*.

pantera [pɐ̃n'tɛrɐ] *nf* panthère *(f)*.

pantomima [pɐ̃ntu'mimɐ] *nf* pantomine *(f)*.

pantufas [pɐ̃n'tufɐʃ] *nfpl* pantoufles *(fpl)*.

pão ['pɐ̃u] (*pl* **pães** ['pɐ̃iʃ]) *nm* pain *(m)* • **pão de centeio** pain de seigle • **pão de Deus** *pain sucré recouvert de jaune d'œuf et de noix de coco* • **pão de forma** pain de mie • **pão de mistura** pain aux céreales • **pão integral** pain complet • **pão de leite** pain au lait • **pão ralado** *(Port)* chapelure *(f)* • **pão de segunda** pain de blé et de seigle • **o Pão de Açúcar** le Pain de sucre.

pão-de-ló [ˌpɐ̃udə'lɔ] (*pl* **pães-de-ló** [ˌpɐ̃iʒdə'lɔ]) *nm gâteau à base d'œufs, de farine et de beurre, dont le centre est percé.*

papa ['papɐ] ■ *nf* bouillie *(f)*. ■ *nm* pape *(m)* • **papas de sarrabulho** *abats parfumés au cumin, servis en entrée.*

papagaio [pɐpɐ'gaju] *nm* **1.** *(ave)* perroquet *(m)* **2.** *(brinquedo)* cerf-volant *(m)*.

papeira [pɐ'pɐirɐ] *nf* oreillons *(mpl)*.

papel [pɐ'pɛɫ] (*pl* **-éis** [-ɛiʃ]) *nm* **1.** papier *(m)* • **papel A4** papier (format) A4 • **papel de alumínio** papier aluminium • **papel de carta** papier à lettres • **papel cavalinho** papier canson • **papel de embrulho** papier kraft • **papel higiénico** papier hygiénique • **papel de máquina** papier machine • **papel de parede** papier peint • **papel químico** *(Port)* papier carbone • **papel reciclado** papier recyclé • **papel vegetal** papier-calque **2.** THÉÂTRE rôle *(m)*.

papelão [pɐpə'lɐ̃u] *nm* carton *(m)*.

papelaria [pɐpəlɐ'riɐ] *nf* papeterie *(f)*.

papel-carbono [pa,pɛukax'bɔnu] *nm (Br)* = **papel de máquina** • ▷ **papel**.

papo ['papu] *nm* **1.** *(de ave)* jabot *(m)* **2.** *(Br)* *(conversa)* conversation *(f)* • **levar** *ou* **bater um papo** *(Br)* discuter • **papos de anjo** *petits gâteaux recouverts de sucre*.

papo-furado [,papufu'radu] *nm (Br) fam* bobards *(mpl)*.

papoila [pɐ'poilɐ] *nf* coquelicot *(m)*.

papo-seco [,papu'seku] (*pl* **papos-secos** [,papuʃ'sekuʃ]) *nm (pão)* petit pain *(m)*.

papoula [pa'pola] *nf* coquelicot *(m)*, pavot *(m)*.

paquerar [pake'rax] *vt* & *vi (Br)* draguer.

paquete [pɐ'ketə] *nm* paquebot *(m)*.

À PROPOS DE...

paquete

Attention, ne pas confondre « paquete » avec *paquet*. En portugais, « paquete » signifie *paquebot*.

paquistanês, esa [pɐkiʃtɐ'neʃ, -ezɐ] *adj* pakistanais(e).

Paquistão [pɐkiʃ'tɐ̃u] *nm* • **o Paquistão** le Pakistan.

par ['par] (*pl* **-es** [-əʃ]) ◼ *adj* pair(e). ◼ *nm* **1.** *(de sapatos, calças, luvas, meias)* paire *(f)* **2.** *(casal)* couple *(m)* • **aberto de par em par** grand ouvert • **estar a par de algo** être au courant de qqch • **pares masculinos/femininos/mistos** *(Port)* double messieurs/dames/mixte • **a par** ensemble • **a par e passo** de très près • **ao par** par deux • **par trançado** MUS partition *(f)*.

para ['pɐrɐ] *prép*

1. INDIQUE LE BUT, LA FINALITÉ
• **um telefonema para o senhor** on vous demande au téléphone
• **para que serve isto?** à quoi ça sert ?
• **esta água não é boa para beber** cette eau n'est pas potable
• **isto é para comer esta noite** ceci est à manger ce soir
• **cheguei mais cedo para arranjar lugar** je suis arrivé plus tôt pour trouver une place
• **era só para te agradar** c'était seulement pour te faire plaisir

2. LIEU : INDIQUE UNE DIRECTION OU UNE DESTINATION (PERÇUE COMME DE LONGUE DURÉE)
• **ele apontou para cima** il a pointé son doigt vers le haut
• **olhei para ele** je l'ai regardé
• **chega-te para o lado** mets-toi sur le côté
• **cheguem-se para lá** poussez-vous
• **o peão dirigiu-se para a passadeira** le piéton s'est dirigé vers le passage piéton
• **ele seguiu para o aeroporto** il a continué vers l'aéroport
• **vá para casa** allez à la maison, rentrez chez vous
• **ele foi para Lisboa fazer um estágio** il est allé à Lisbonne pour faire un stage

3. TEMPS : INDIQUE UNE DATE FUTURE OU LE TERME D'UN DÉLAI
• **para o ano** l'année prochaine
• **para amanhã** pour demain
• **de uma hora para a outra** d'une heure à l'autre
• **estará pronto para a semana/o ano** ce sera prêt la semaine/l'année prochaine
• **são quinze para as três** il est trois heures moins le quart
• **é para já!** tout de suite !

4. EXPRIME UNE IDÉE DE COMPARAISON, DE PROPORTION OU DE POINT DE VUE = pour
• **para o que come, está magro** pour ce qu'il mange, il est maigre
• **é caro demais para as minhas posses** c'est trop cher pour moi
• **para ele, estás errado** selon lui, tu as tort
• **para mim, está muito bom** pour moi, c'est très bon

5. « ANDAR »/« ESTAR »/« IR » « PARA » + INFINITIF : INDIQUE UN ÉVÉNEMENT IMMINENT OU UNE INTENTION = être sur le point de
• **estar para fazer algo** être sur le point de faire qqch

• **o comboio está para sair** le train est sur le point de partir
• **a comida está para ser servida** le repas est prêt
• **ele está para chegar** il est sur le point d'arriver
• **íamos para sair, mas começou a chover** nous allions sortir, mais il s'est mis à pleuvoir

6. LOCUTIONS ET EXPRESSIONS
• **para com** envers
• **para mais de** plus de
• **para que** pour que
• **para mais,...** en plus,...
• **ela deve ter para aí 50 anos** elle doit avoir près de 50 ans
• **não estou para isso** ça ne me dit vraiment rien.

Pará [pa'ra] *nm* • **o Pará** le Pará.

parabéns [pɐrɐ'ƀẽiʃ] ■ *nmpl* félicitations *(fpl)*. ■ *interj* félicitations ! • **dar os parabéns a alguém** féliciter qqn • **estar de parabéns** mériter les félicitations.

parabólica [pɐrɐ'ƀɔlikɐ] *nf* antenne *(f)* parabolique.

pára-brisa [ˌpara'briza] (*pl* **pára-brisas** [ˌpara'brizaʃ]) *nm* pare-brise *(m inv)*.

pára-choques [ˌparɐ'ʃɔkəʃ] *nm inv* pare-chocs *(m inv)*.

parada [pɐ'rađɐ] *nf* **1.** *(de jogo)* mise *(f)* **2.** *(militar)* parade *(f)* **3.** *(Br) (de ônibus)* arrêt *(m)* de bus.

paradeiro [pɐrɐ'đɐiru] *nm* • **não sei do paradeiro dele** j'ignore où il se trouve.

parado, da [pɐ'rađu, -đɐ] *adj* **1.** *(imóvel)* arrêté(e) **2.** *(sem vida)* mort(e).

paradoxo [pɐrɐ'đɔksu] *nm* paradoxe *(m)*.

parafina [pɐrɐ'finɐ] *nf* paraffine *(f)*.

parafrasear [pɐrɐfrɐ'zjar] *vt* paraphraser.

parafuso [pɐrɐ'fuzu] *nm* vis *(f)*.

paragem [pɐ'raʒẽi] (*pl* **-ns** [-ʃ]) *nf* arrêt *(m)* • **paragem (de autocarro)** *(Port)* arrêt (de bus).

À PROPOS DE...

paragem

Attention, ne pas confondre « paragem » avec *parage*. En portugais, « paragem » signifie *arrêt*.

parágrafo [pɐ'ragrɐfu] *nm* paragraphe *(m)*.

Paraguai [pɐrɐ'gwai] *nm* • **o Paraguai** le Paraguay.

Paraíba [para'iba] *nm* • **o Paraíba** le Paraíba.

paraíso [pɐrɐ'izu] *nm* paradis *(m)*.

pára-lamas [ˌparɐ'lɐmɐʃ] *nm inv* garde-boue *(m inv)*.

paralelo, la [pɐrɐ'lɛlu, -lɐ] ■ *adj* parallèle. ■ *nm* parallèle *(m)* • **sem paralelo** sans pareil.

paralisar [pɐrɐli'zar] *vt* paralyser.

paralisia [pɐrɐlə'ziɐ] *nf* paralysie *(f)*.

paralítico, ca [pɐrɐ'litiku, -kɐ] *nm, f* paralysé *(m)*, -e *(f)*, paralytique *(mf)*.

Paraná [para'na] *nm* • **o Paraná** le Paraná.

paranóico, ca [pɐrɐ'nɔiku, -kɐ] *nm, f* paranoïaque *(mf)*.

parapeito [pɐrɐ'pɐitu] *nm* rebord *(m)* de fenêtre.

parapente [parɐ'pẽntə] *nm* parapente *(m)*.

pára-quedas [ˌparɐ'kɛđɐʃ] *nm inv* parachute *(m)*.

pára-quedista [ˌparɐkə'điʃtɐ] *nmf* parachutiste *(mf)*.

parar [pɐ'rar] ■ *vt* arrêter. ■ *vi* s'arrêter • **onde pára...?** où se trouve... ? • **parar de fazer algo** arrêter de faire qqch • **ir parar a** aller atterrir à • **não poder parar com** ne pas supporter • **sem parar** sans arrêt • **'pare, escute, olhe'** 'un train peut en cacher un autre'.

pára-raios [ˌparɐ'ʀajuʃ] *nm inv* paratonnerre *(m)*.

parasita [pɐrɐ'zitɐ] *nm* parasite *(m)*.

Parati [pa'rati] *nm* • **o Parati** le Parati.

parceiro, ra [pɐr'sɐiru, -rɐ] *nm, f* **1.** partenaire *(mf)* **2.** *(em negócio)* associé *(m)*, -e *(f)*.

parcela [pɐr'sɛlɐ] *nf* **1.** *(de soma)* nombre *(m)* **2.** *(fragmento)* parcelle *(f)*.

parceria [pɐrsə'riɐ] *nf* partenariat *(m)*.

parcial [pɐr'sjał] (*pl* **-ais** [-aiʃ]) *adj* **1.** *(não completo)* partiel(elle) **2.** *(faccioso)* partial(e).

parcómetro [pɐr'kɔmətru] *nm* = **parquímetro**.

pardal [pɐr'đał] (*pl* **-ais** [-aiʃ]) *nm* moineau *(m)*.

pardo, da ['parđu, -đɐ] *adj* gris(e).

parecer [pɐrə'ser] ▪ *vi* ressembler à. ▪ *nm* avis *(m)*. ▪ *v impers* • **parece que** on dirait que • **ao que parece** à ce qu'il paraît • **parece-me que** il me semble que • **o que te parece?** qu'en penses-tu ? • **parecer-se com** ressembler à • **parecer-se com alguém** ressembler à qqn.

parecido, **da** [pɐrə'siđu, -đɐ] *adj* ressemblant(e).

paredão [pɐrə'đɐ̃u] (*pl* **-ões** [-õiʃ]) *nm* grand mur *(m)*.

parede [pɐ'ređə] *nf* mur *(m)* • **ele mora paredes meias comigo** il habite la maison mitoyenne de la mienne.

paredões ▷ **paredão**.

parente, **ta** [pɐ'rẽntə, -tɐ] *nm, f* parent *(m)*, -e *(f)* • **parente próximo** proche parent.

parêntese [pɐ'rẽntəzə] *nm* parenthèse *(f)*.

pares ▷ **par**.

pargo ['pargu] *nm* pagre *(m)*.

parir [pɐ'rir] *vt* & *vi* mettre bas.

Paris [pɐ'riʃ] *n* Paris.

parisiense [pɐri'zjẽsə] *adj* parisien(enne). ▪ **parisiense** *nmf* Parisien, -enne *(f) (m)*.

parlamentar [paxlamẽn'ta(x)] (*pl* **-es**) ▪ *adj* parlementaire. ▪ *nmf* parlementaire *(mf)*.

parlamento [pɐrlɐ'mẽntu] *nm* parlement *(m)*.

paróquia [pɐ'rɔkjɐ] *nf* paroisse *(f)*.

parque ['parkə] *nm* parc *(m)* • **parque de campismo** camping *(m)* • **parque de diversões** parc d'attractions • **parque de estacionamento** parking *(m)* • **parque de merendas** *aire de repos aménagée pour pique-niquer* • **parque de viaturas rebocadas** fourrière *(f)* • **parque industrial** parc industriel • **parque infantil** square *(m)*, aire *(f)* de jeux • **parque nacional** parc national • **parque natural** parc naturel.

parquímetro [pɐr'kimətru] *nm* parcmètre *(m)*.

parte ['partə] *nf* **1.** partie *(f)* **2.** *(fracção, quinhão)* part *(f)* • **dar parte de** informer de, déposer une plainte • **fazer parte de** faire partie de • **pôr de parte** délaisser • **tomar parte de** prendre part à • **noutra parte** ailleurs • **por toda a parte** partout • **da parte de** de la part de • **de parte a parte** des deux côtés • **em parte** en partie.

parteira [pɐr'tɐirɐ] *nf* sage-femme *(f)*.

participação [pɐrtəsipɐ'sɐ̃u] (*pl* **-ões** [-õiʃ]) *nf* **1.** participation *(f)* **2.** *(comunicado, aviso)* faire-part *(m inv)*.

participante [pɐrtəsi'pɐ̃ntə] *nmf* participant *(m)*, -e *(f)*.

participar [pɐrtəsi'par] *vt* • **participar algo a alguém** *(informar)* faire part de qqch à qqn • *(comunicar)* informer qqn de qqch • **participar em algo** participer à qqch.

particípio [pɐrtə'sipju] *nm* participe *(m)* • **particípio passado/presente** participe passé/présent.

particular [pɐrtiku'lar] (*pl* **-es** [-əʃ]) *adj* **1.** *(individual)* particulier(ère) **2.** *(privado)* privé(e).

partida [pɐr'tiđɐ] *nf* **1.** *(saída)* départ *(m)* **2.** *(em desporto)* partie *(f)* **3.** *(brincadeira)* tour *(m)* • **estou de partida** je vais partir.

partidário, **ria** [pɐrti'đarju, -rjɐ] *nm, f* partisan *(m)*, -ane *(f)*.

partido, **da** [pɐr'tiđu, -đɐ] ▪ *adj* cassé(e). ▪ *nm* parti *(m)* • **partido (político)** parti (politique).

partilhar [pɐrti'ʎar] *vt* partager.

partir [pɐr'tir] ▪ *vt (quebrar)* casser. ▪ *vi* partir • **partir de** partir de • **partir para** partir pour • **a partir de** à partir de. ▪ **partir-se** *vp* se casser.

parto ['partu] *nm* accouchement *(m)*.

parvo, **va** ['parvu, -vɐ] *nm, f fam* imbécile *(mf)*.

Páscoa ['paʃkwɐ] *nf* Pâques *(f)* • **Páscoa feliz!** joyeuses Pâques !

pasmado, **da** [pɐʒ'mađu, -đɐ] *fam adj* ébahi (e).

passas ['pɐsɐʃ] *nfpl* raisin *(m)* sec.

passadeira [pɐsɐ'đɐirɐ] *nf* **1.** *(Port) (para peões)* passage *(m)* piétons **2.** *(tapete)* tapis *(m)*.

passado, **da** [pɐ'sađu, -đɐ] ▪ *adj* **1.** *(tempo, época, etc)* passé(e) **2.** *(ano, mês)* dernier (ère). ▪ *nm* passé *(m)* • **mal/bem passado** saignant/bien cuit.

passageiro, **ra** [pɐsɐ'ʒɐiru, -rɐ] *adj* & *nm, f* passager(ère).

passagem [pɐ'saʒɐ̃i] (*pl* **-ns** [-ʃ]) *nf* **1.** passage *(m)* **2.** *(de avião, comboio)* billet *(m)* • **passagem de ano** nouvel An *(m)* • **passagem de ida** *(Br)* aller *(m)* • **passagem de ida e volta** *(Br)* aller-retour *(m)* • **passagem de**

modelos défilé *(m)* de mode • **passagem de nível** passage à niveau • **passagem subterrânea** passage souterrain.

passaporte [pɐsɐ'pɔrtə] *nm* passeport *(m)*.

passar [pɐ'sar] *vt*

passer, dépasser
• **passas-me o sal?** tu me passes le sel ?
• **passar algo por água** passer qqch sous l'eau
• **ele passou a mão pelo pêlo do cão** il a passé la main sur le poil du chien
• **ela passou o creme bronzeador pelos braços** elle a passé de la crème solaire sur ses bras
• **passas tudo pelo coador** tu passes tout à la passoire
• **deixar passar** laisser passer
• **passámos a casa dele sem reparar** nous avons dépassé sa maison sans nous en apercevoir
• **passei um ano em Portugal** j'ai passé un an au Portugal
• **passar fome** connaître la faim
• **passar uma repreensão/descompostura** sermonner.

passar *vi*

1. PASSER, ALLER
• **já passam dez minutos da hora** il a déjà dix minutes de retard
• **o tempo passa muito depressa** le temps passe très vite
• **o Verão já passou** l'été est déjà fini
• **a dor já passou** la douleur est passée
• **como tem passado?** comment allez-vous ?
• **passar bem/mal** aller bien/mal
• **passe bem!** bonne continuation !
• **o que passou, passou** ce qui est fait est fait

2. SUIVI D'UNE PRÉP. = passer
• **passemos a outra coisa** passons à autre chose
• **esse não passa de um vigarista!** *fam* celui-là n'est qu'un escroc !
• **ele passou para a segunda classe** il est passé en CE1
• **passa para primeira** passe en première
• **o (autocarro) 7 não passa por aqui** le 7 ne passe pas par ici
• **fazer-se passar por** se faire passer pour
• **não passar sem** ne pas se passer de
• **passar (a roupa) a ferro** repasser
• **passar a limpo** mettre au propre
• **passar das marcas** *fam* dépasser les bornes
• **passar de moda** se démoder
• **passar desta para melhor** *fam* passer de vie à trépas.

passar-se *vp*

• **o que é que se passa?** qu'est-ce qui se passe ?
• **desculpa, passou(-se)-me** *fam* pardon, ça m'est sorti de la tête
• **passou-se!** *fam* il est devenu fou/furieux, il a pété les plombs.

passarela [pasa'rɛlɐ] *nf* **1.** *(Br) (de rua, estrada)* passerelle *(f)* **2.** *(para desfile de moda)* podium *(m)*.

pássaro ['pasɐru] *nm* oiseau *(m)*.

passatempo [ˌpasɐ'tẽmpu] *nm* passe-temps *(m inv)*.

passe ['pasə] *nm* ≃ carte *(f)* orange.

passear [pɐ'sjar] ◼ *vt* promener. ◼ *vi* se promener.

passeata [pɐ'sjatɐ] *nf* **1.** *(passeio)* balade *(f)* **2.** *(Br) (marcha de protesto)* manifestation *(f)*.

passeio [pɐ'sɐju] *nm* **1.** *(em rua)* trottoir *(m)* **2.** *(caminhada)* promenade *(f)*.

passe-vite [ˌpasə'vitə] *(pl* **passe-vites** [ˌpasə'vitəʃ]) *nm* moulin *(m)* à légumes.

passional [pɐsju'nał] *(pl* **-ais** [-aiʃ]) *adj* passionnel(elle).

passista [pa'siʃtɐ] *nmf (Br) danseur d'une école de samba*.

passível [pɐ'sivɛł] *(pl* **-eis** [-ɐiʃ]) *adj* • **passível de** passible de.

passivo, va [pɐ'sivu, -vɐ] ◼ *adj* passif(ive). ◼ *nm* passif *(m)*.

passo ['pasu] *nm* **1.** pas *(m)* **2.** *(de obra literária)* passage *(m)* • **ceder o passo a alguém** laisser passer qqn • **dar o primeiro passo** faire le premier pas • **a dois passos (de)** à deux pas (de) • **a passo** au pas • **ao passo que** tandis que • **passo a passo** pas à pas.

password ['paʃwodʒi] *nm* INFORM mot *(m)* de passe.

pasta ['paʃtɐ] *nf* **1.** *(bolsa)* serviette *(f)* **2.** *(de executivo)* mallette *(f)* **3.** *(escolar)* cartable *(m)* **4.** *(capa para papéis)* chemise *(f)* **5.** *(de ministro)* portefeuille *(m)* **6.** *(massa)* pâte *(f)* • **pasta dentífrica** *ou* **de dentes** dentifrice *(m)*.

pastar [pɐʃ'tar] *vi* paître.

pastel [pɐʃ'tɛɫ] (*pl* **-éis** [-ɛiʃ]) *nm* **1.** *(bolo)* gâteau *(m)* **2.** *(de peixe)* croquette *(f)* **3.** *(em pintura)* pastel *(m)* • **pastel de bacalhau** *croquette de morue* • **pastel de carne** *chausson à la viande* • **pastel de feijão** *chausson aux haricots* • **pastel de nata** OU **de Belém** *petit flan* • **pastel de Santa Clara** *gâteau aux amandes* • **pastel de Tentúgal** *petit gâteau rectangulaire en pâte feuilletée.*

pastelaria [pɐʃtəlɐ'riɐ] *nf* pâtisserie *(f)*.

CULTURE...

Pastelaria

Le mot *pastelaria* désigne la pâtisserie portugaise faite à base d'œufs. Parmi les petits gâteaux les plus connus, on compte les *pastéis de Belém* (sortes de petits flans à la crème), les gâteaux de *Tentúgal* et de *Santa Clara*, les *queijadas* (tartelettes au fromage) et les *tigeladas* (petits gâteaux à l'œuf et au sucre). Ce mot désigne aussi l'établissement où l'on peut acheter des pâtisseries, des gâteaux et toutes sortes de pains pour les emporter ou les manger sur place.

pasteurizado, da [pɐʃteuri'zađu, -đɐ] *adj* pasteurisé(e).

pastilha [pɐʃ'tiʎɐ] *nf* pastille *(f)* • **pastilha (elástica)** chewing-gum *(m)* • **pastilha para a garganta** pastille pour la gorge • **pastilha para a tosse** pastille pour la toux.

pasto ['paʃtu] *nm* herbe *(f)*.

pastor, ra [pɐʃ'tor, -rɐ] (*mpl* **-es** [-əʃ], *fpl* **-s** [-ʃ]) ■ *nm, f* berger *(m)*, -ère *(f)*. ■ *nm* pasteur *(m)*.

pata ['patɐ] *nf* patte *(f)* • **meter a pata na poça** *fam* mettre les pieds dans le plat.

patamar [pɐtɐ'mar] (*pl* **-es** [-əʃ]) *nm* palier *(m)*.

pataniscas [pɐtɐ'niʃkɐʃ] *nfpl* • **pataniscas (de bacalhau)** beignets *(mpl)* (de morue).

paté [pa'te] *nm* pâté *(m)*.

patê [pa'te] *(Br)* = **paté**.

patente [pɐ'tẽntə] ■ *adj (visível)* patent(e). ■ *nf* **1.** *(de máquina, invento)* brevet *(m)* **2.** *(de militar)* grade *(m)*.

paternal [pɐtər'naɫ] (*pl* **-ais** [-aiʃ]) *adj* paternel(elle).

pateta [pa'tɛtɐ] *nmf fam* niais *(m)*, -e *(f)*.

patético, ca [pa'tɛtiku, -kɐ] *adj* pathétique.

patife [pɐ'tifə] *nm fam* fripouille *(f)*.

patim [pɐ'tĩ] (*pl* **-ns** [-ʃ]) *nm* patin *(m)*.

patinação [patʃina'sɐ̃u] *nf (Br)* = **patinagem**.

patinagem [pɐti'naʒɐ̃i] *nf (Port)* patinage *(m)* • **patinagem artística** patinage artistique • **patinagem no gelo** patin *(m)* à glace.

patinar [pɐti'nar] *vi* patiner.

patinete [patʃi'netʃi] *(Br)* = **trotinete**.

patins ▷ **patim**.

pátio ['patju] *nm* cour *(f)*.

pato ['patu] *nm* canard *(m)*.

patologia [pɐtulu'ʒiɐ] *nf* pathologie *(f)*.

patológico, ca [pɐtu'lɔʒiku, -kɐ] *adj* pathologique.

patrão, troa [pɐ'trɐ̃u, -'troɐ] (*mpl* **-ões** [-õiʃ], *fpl* **-s** [-ʃ]) *nm, f* patron *(m)*, -onne *(f)*.

pátria ['patriɐ] *nf* patrie *(f)*.

património [pɐtri'mɔnju] *nm (Port)* patrimoine *(m)*.

patrimônio [patri'monju] *nm (Br)* = **património**.

patriota [pɐtri'ɔtɐ] *nmf* patriote *(mf)*.

patroa [pa'troa] ▷ **patrão**.

patrocinador, ra [pɐtrusinɐ'đor, -rɐ] (*mpl* **-es** [-əʃ], *fpl* **-s** [-ʃ]) *nm, f* sponsor *(m)*.

patrocinar [pɐtrusi'nar] *vt* sponsoriser.

patrões [pa'trõjʃ] ▷ **patrão**.

patrulha [pɐ'truʎɐ] *nf* patrouille *(f)*.

pau ['pau] *nm* bâton *(m)*.
■ **paus** *nmpl* **1.** *(naipe de cartas)* trèfle *(m)* **2.** *fam (escudos)* escudos *(mpl)*, ≃ balles *(fpl)*.

paulista [pau'liʃtɐ] *nmf* Pauliste *(mf)*.

pausa ['pauzɐ] *nf* pause *(f)*.

pauta ['pautɐ] *nf* **1.** *(de alunos)* liste *(f)* **2.** *(de música)* portée *(f)*.

pavão [pɐ'vɐ̃u] (*pl* **-ões** [-õiʃ]) *nm* paon *(m)*.

pavê [pa've] *nm* ≃ charlotte *(f)* au chocolat.

pavilhão [pɐvi'ʎɐ̃u] (*pl* **-ões** [-õiʃ]) *nm* pavillon *(m)* • **pavilhão gimnodesportivo** gymnase *(m)*.

pavimentar [pɐvimẽn'tar] *vt* paver.

pavimento [pɐvi'mẽntu] *nm* **1.** *(de estrada, rua)* revêtement *(m)* **2.** *(andar de edifício)* étage *(m)*.

pavões [pa'võjʃ] ▻ **pavão**.

pavor [pɐ'vor] *nm* épouvante *(f)* • **ter pavor de** être terrifié par.

paz ['paʃ] (*pl* **-es** [-zəʃ]) *nf* paix *(f)* • **deixar alguém/algo em paz** laisser qqn/qqch tranquille • **fazer as pazes** faire la paix • **que descanse em paz** qu'il repose en paix.

PC *nm* INFORM (*abr de* **Personal Computer**) PC *(m)*.

Pça. (*abr écrite de* **praça**) pl.

PDA *nm* (*abr de* **personal digital assistant**) PDA *(m)*.

pé ['pɛ] *nm* **1.** pied *(m)* **2.** *(em vinho)* dépôt *(m)* • **andar em bicos de pé** marcher sur la pointe des pieds • **pôr-se em pé** se lever • **ter/não ter pé** avoir/ne pas avoir pied • **perder o pé** perdre pied • **pé de porco** pied de porc • **a pé** à pied • **ao pé de** près de • **em** *OU* **de pé** debout • **em pé de igualdade** à égalité.

peão ['pjɐ̃w] (*pl* **-ões** [-õiʃ]) *nm* **1.** *(Port) (indivíduo a pé)* piéton *(m)* **2.** *(em xadrez)* pion *(m)*.

peça ['pɛsɐ] *nf* pièce *(f)*.

pecado [pə'kađu] *nm* péché *(m)*.

pechincha [pə'ʃĩʃɐ] *nf fam* (bonne) affaire *(f)*.

peço ['pɛsu] ▻ **pedir**.

peculiar [pəku'ljar] (*pl* **-es** [-əʃ]) *adj* spécial (e).

pedaço [pə'đasu] *nm* **1.** morceau *(m)* **2.** *(de tempo)* bout *(m)* • **há pedaço** *fam* il y a un moment.

pedágio [pe'daʒju] *nm (Br)* péage *(m)*.

pedal [pə'đał] (*pl* **-ais** [-aiʃ]) *nm* pédale *(f)*.

pede ['pɛđə] ▻ **pedir**.

pé-de-cabra [ˌpɛđə'kaƀrɐ] (*pl* **pés-de-cabra** [ˌpɛʒdə'kaƀrɐ]) *nm* pied-de-biche *(m)*.

pedestal [pəđəʃ'tał] (*pl* **-ais** [-aiʃ]) *nm* piédestal *(m)*.

pedestre [pe'dɛʃtri] ◼ *nm (Br)* piéton *(m)*. ◼ *adj* piéton(onne).

pediatra [pə'đjatrɐ] *nmf* pédiatre *(mf)*.

pediatria [pəđjɐ'triɐ] *nf* pédiatrie *(f)*.

pedicure [pedʒi'kuru] *nmf* pédicure *(mf)*.

pedido [pə'điđu] *nm* **1.** *(solicitação)* demande *(f)* **2.** *(em restaurante)* commande *(f)* • **a pedido de alguém** à la demande de qqn.

pedinte [pə'đĩntə] *nmf* mendiant *(m)*, -e *(f)*.

pedir [pə'đir] ◼ *vt* **1.** *(em restaurante, bar)* commander **2.** *(preço)* demander. ◼ *vi* mendier • **pedir algo a alguém** demander qqch à qqn • **pedir a alguém que faça algo** demander à qqn de faire qqch • **pedir algo emprestado (a alguém)** emprunter qqch (à qqn).

pedra ['pɛđrɐ] *nf* **1.** *(calhau)* pierre *(f)* **2.** *(de dominó)* domino *(m)* **3.** *(em rim, bexiga, fígado)* calcul *(m)* **4.** *(lápide)* pierre *(f)* tombale **5.** *(granizo)* grêlon *(m)* **6.** *(de isqueiro)* pierre *(f)* • **pedra (preciosa)** pierre (précieuse) • **estar com uma pedra** *fam* être camé.

pedra-pomes [ˌpɛđrɐ'pɔməʃ] (*pl* **pedras-pomes** [ˌpɛđrɐʃ'pɔməʃ]) *nf* pierre *(f)* ponce.

pedra-sabão [ˌpɛdrɐsa'bɐ̃u] (*pl* **pedras-sabão** [ˌpɛdrɐʃsa'bɐ̃u]) *nf (Br)* pierre-savon *(f)*.

pedreiro [pə'đrɐiru] *nm* maçon *(m)*.

p.e.f. (*abr écrite de* **por especial favor**), *forme utilisée pour demander un service*.

pega[1] ['pɛgɐ] *nf* **1.** *(para panela, tacho)* manique *(f)* **2.** *(de objecto)* poignée *(f)* **3.** *(em tourada)* prise *(f)*.

pega[2] ['pegɐ] *nf* pie *(f)*.

pegada [pɛ'gađɐ] *nf* trace *(f)* de pas.

pegado, da [pə'gađu, -đɐ] *adj* **1.** *(colado)* collé(e) **2.** *(contíguo)* attenant(e).

pegajoso, osa [pəgɐ'ʒozu, -ɔzɐ] *adj* collant (e).

pegar [pe'gar] ◼ *vt* **1.** *(hábito, mania, doença)* prendre (une habitude), attraper (une maladie) **2.** *(apanhar, objeto)* ramasser **3.** *(transporte público)* prendre **4.** *(Br)* prendre. ◼ *vi* **1.** *(motor)* démarrer **2.** *(idéia,)* saisir **3.** *(moda)* suivre **4.** *(planta)* croître • **é pegar ou largar!** *fam* c'est à prendre ou à laisser ! • **pegar algo** attraper qqch • **pegar fogo em algo** mettre le feu à qqch • **pegar no sono** s'endormir.

◼ **pegar-se** *vp* se coller, s'attacher.

◼ **pegar-se com** *vp* + *prép fam* se brouiller avec qqn.

peito ['pɐitu] *nm* **1.** *(seio)* sein *(m)* **2.** *(zona do tronco)* poitrine *(f)* **3.** *(de camisa, blusa)* devant *(m)*.

peitoril [pɐitu'riɫ] (*pl* **-is** [-iʃ]) *nm* rebord *(m) (de fenêtre)*.

peixada [pej'ʃada] *nf* ragoût *(m)* de poisson.

peixaria [pɐiʃɐ'riɐ] *nf* poissonnerie *(f)*.

peixe ['pɐiʃə] *nm* poisson *(m)* • **peixe congelado** poisson surgelé.
■ **Peixes** *nm inv* Poissons *(mpl)*.

peixe-agulha [ˌpɐiʃɐ'guʎɐ] *nm* aiguille *(f)* de mer.

peixe-espada [ˌpɐiʃəʃ'padɐ] *nm* **1.** coutelas *(m) (poisson)* **2.** *(prateado)* sabre *(m)* d'argent *(poisson)*.

peixe-vermelho [ˌpɐiʃəvər'mɐʎu] *nm* carassin *(m)*.

peixinhos [pɐi'ʃiɲuʃ] *nmpl* • **peixinhos da horta** *beignets de haricots verts*.

pejorativo, va [pəʒurɐ'tivu, -vɐ] *adj* péjoratif(ive).

pela ['pelɐ] = **por + a** • ▷ **por**.

pelado, da [pe'ladu, -dɐ] *adj (Br) fam (nu)* tout nu (toute nue).

pelar [*(Port)* pe'lar, *(Br)* pe'la(x)] *vt* peler.

pele ['pɛlə] *nf* **1.** peau *(f)* **2.** *(couro)* cuir *(m)*.

pelica [pə'likɐ] *nf* chevreau *(m) (cuir)*.

pelicano [pəli'kɐnu] *nm* pélican *(m)*.

película [pə'likulɐ] *nf* pellicule *(f) (film)* • **película aderente** film *(m)* adhésif.

pelo ['pelu] = **por + o** • ▷ **por**.

pêlo ['pelu] *nm* poil *(m)*.

Pelourinho [pəlo'riɲu] *nm* • **o Pelourinho (de Salvador)** *le Pilori de Salvador*.

peluche [pə'luʃə] *nm* peluche *(f)*.

pelúcia [pə'lusjɐ] *nf* = **peluche**.

peludo, da [pə'ludu, -dɐ] *adj* poilu(e).

pélvis ['pɛɫviʃ] *nm inv* & *nf inv* bassin *(m)*.

pena ['penɐ] *nf* **1.** *(de ave, escrever)* plume *(f)* **2.** *(dó, castigo)* peine *(f)* • **que pena!** quel dommage ! • **cumprir pena** purger une peine • **dar pena** faire de la peine • **ter pena de alguém** avoir pitié de qqn • **ter pena de fazer algo** regretter de faire qqch • **valer a pena** valoir la peine • **pena capital** peine capitale • **pena de morte** peine de mort.

penalidade [pənɐli'dadə] *nf* pénalité *(f)*.

pênalti [pe'nautʃi] *nm (Br)* = **penalty**.

penalty [pɛ'naɫti] *nm (Port)* penalty *(m)*.

penca ['pẽŋkɐ] *nf* **1.** *(couve) variété de chou* **2.** *fam (nariz)* pif *(m)*.

pendente [pẽn'dẽntə] ■ *adj* pendant(e).
■ *nm* pendentif *(m)*.

pendurar [pẽndu'rar] *vt* accrocher • **pendurar algo em algo** accrocher qqch à qqch.
■ **pendurar-se em** *vp + prép* se pendre à.

penduricalho [pɛduri'kaʎu] *nm fam* breloque *(f)*, pendeloque *(f)*.

penedo [pə'nedu] *nm* rocher *(m)*.

peneira [pə'nɐirɐ] *nf* tamis *(m)*.

penetrante [pənə'trẽntə] *adj fig* pénétrant (e).

penetrar [pənə'trar] ■ **penetrar em** *v + prép* pénétrer dans.

penhasco [pə'ɲaʃku] *nm* rocher *(m)*.

penicilina [pɛnisi'linɐ] *nf* pénicilline *(f)*.

penico [pə'niku] *nm fam* pot *(m)* de chambre.

península [pə'nĩsulɐ] *nf* péninsule *(f)*.

pénis ['pɛniʃ] *nm inv (Port)* pénis *(m)*.

pênis ['peniʃ] *nm inv (Br)* = **pénis**.

penitência [pəni'tẽsjɐ] *nf* pénitence *(f)*.

penitenciária [pənitẽ'sjarjɐ] *nf* prison *(f)*.

penoso, osa [pə'nozu, -ɔzɐ] *adj* pénible.

pensamento [pẽsɐ'mẽntu] *nm* pensée *(f)*.

pensão [pẽ'sɐ̃u] (*pl* **-ões** [-õiʃ]) *nf* pension *(f)* • **pensão alimentícia** *(Br)* pension alimentaire • **pensão completa** pension complète • **pensão residencial** pension de famille.

pensar [pẽ'sar] *vt* & *vi* penser • **pensar em** penser à • **pensar que** penser que • **nem pensar!** pas question !

pensionista [pẽsju'niʃtɐ] *nmf* retraité *(m)*, -e *(f)*.

penso ['pẽsu] *nm* pansement *(m)* • **penso higiénico** serviette *(f)* hygiénique • **penso rápido** pansement adhésif.

pensões ▷ **pensão**.

pente ['pẽntə] *nm* peigne *(m)*.

penteado [pẽn'tjadu] *nm* coiffure *(f)*.

pentear [*(Port)* pẽn'tjadr, *(Br)* pẽn'tʃa(x)] *vt* peigner.
■ **pentear-se** *vp* se peigner.

Pentecostes [pẽntə'kɔʃtəʃ] *nm* Pentecôte *(f)*.

penugem [pə'nuʒɐ̃i] *nf* duvet *(m)*.

penúltimo, **ma** [pə'nuɫtimu, -mɐ] *adj* avant-dernier(ère).

penumbra [pe'nũmbrɐ] *nf* pénombre *(f)*.

penúria [pə'nurjɐ] *nf* misère *(f)*.

peões ['pjõjʃ] ▻ **peão**.

pepino [pə'pinu] *nm* concombre *(m)*.

pequeno, **na** [pə'kenu, -nɐ] *adj* petit(e).

pequeno-almoço [pəˌkenuaɫ'mosu] (*pl* **pequenos-almoços** [pəˌkenuzaɫ'mɔsuʃ]) *nm* *(Port)* petit déjeuner *(m)*.

pêra ['perɐ] *nf* **1.** poire *(f)* **2.** *(barba)* bouc *(m)* • **pêra abacate** avocat *(m)*.

perante [pə'rɐ̃ntə] *prép* devant.

perceber [pərsə'ber] *vt* comprendre.
■ **perceber de** *v* + *prép* s'y connaître en.

percentagem [pərsẽn'taʒɐ̃i] (*pl* **-ns** [-ʃ]) *nf* pourcentage *(m)*.

percevejo [pərsə'vɐiʒu] *nm* punaise *(f)* *(animal)*.

perco ['pɛrku] ▻ **perder**.

percorrer [pərku'ʀer] *vt* parcourir • **percorrer algo com os olhos** parcourir qqch des yeux.

percurso [pər'kursu] *nm* parcours *(m)*.

percussão [pərku'sɐ̃u] *nf* percussion *(f)*.

perda ['perđɐ] *nf* perte *(f)*.

perdão [pər'đɐ̃u] ■ *nm* pardon *(m)*. ■ *interj* pardon ! • **pedir perdão** demander pardon.

perde ['pɛrđə] ▻ **perder**.

perder [pər'đer] ■ *vt* **1.** perdre **2.** *(comboio, autocarro)* rater. ■ *vi* *(em competição)* perdre • **perder a cabeça** perdre la tête • **perder os sentidos** perdre connaissance • **perder alguém de vista** perdre qqn de vue.
■ **perder-se** *vp* se perdre.

perdição [pərđi'sɐ̃u] *nf* **1.** *(ruína)* perte *(f)* **2.** *(desonra)* perdition *(f)*.

perdido, **da** [pər'điđu, -đɐ] *adj* perdu(e) • **ser perdido por** *fam* être fou de • **'perdidos e achados'** 'objets trouvés'.

perdiz [pər'điʃ] (*pl* **-es** [-zəʃ]) *nf* perdrix *(f)*.

perdoar [pər'đwar] *vt* pardonner.

perdurar [pərđu'rar] *vi* perdurer.

perecível [pərə'sivɛl] (*pl* **-eis** [-ɐiʃ]) *adj* périssable.

peregrinação [pərəgrinɐ'sɐ̃u] (*pl* **-ões** [-õiʃ]) *nf* pèlerinage *(m)*.

peregrino, **na** [pərə'grinu, -nɐ] *nm, f* pèlerin *(m)*.

pereira [pə'rɐirɐ] *nf* poirier *(m)*.

peremptório, **ria** [pərẽmp'tɔrju, -rjɐ] *adj* péremptoire.

perene [pə'rɛnə] *adj* **1.** *(perpétuo)* perpétuel (elle) **2.** *(folhagem)* persistant(e).

perfeição [pərfɐi'sɐ̃u] *nf* perfection *(f)*.

perfeitamente [pərˌfɐitɐ'mẽntə] ■ *adv* parfaitement. ■ *interj* parfaitement !

perfeito, **ta** [pər'fɐitu, -tɐ] *adj* parfait(e).

pérfido, **da** ['pɛrfiđu, -đɐ] *adj* perfide.

perfil [pər'fiɫ] (*pl* **-is** [-iʃ]) *nm* profil *(m)* • **de perfil** de profil.

perfumaria [pərfumɐ'riɐ] *nf* parfumerie *(f)*.

perfume [pər'fumə] *nm* parfum *(m)*.

perfurar [pərfu'rar] *vt* perforer.

pergaminho [pərgɐ'miɲu] *nm* parchemin *(m)*.

pergunta [pər'gũntɐ] *nf* question *(f)*.

perguntar [pərgũn'tar] ■ *vt* demander. ■ *vi* • **perguntar por alguém** demander qqn • *(informar-se)* demander des nouvelles de qqn • **perguntar sobre algo** s'informer de qqch • **perguntar algo a alguém** demander qqch à qqn.

perícia [pe'risja] *nf* **1.** *(exame)* maîtrise *(f)* **2.** *(destreza)* adresse *(f)*, habileté *(f)*.

periferia [pərifə'riɐ] *nf* périphérie *(f)*.

perigo [pə'rigu] *nm* danger *(m)* • **'perigo de incêndio'** 'risque d'incendie' • **'perigo de morte'** 'danger de mort' • **'perigo de queda de materiais'** 'risque de chute de matériaux'.

perigoso, **osa** [pəri'gozu, -ɔzɐ] *adj* dangereux(euse).

perímetro [pə'rimətru] *nm* périmètre *(m)*.

periódico, **ca** [pə'rjɔđiku, -kɐ] *adj* périodique.

período [pə'riuđu] *nm* **1.** *(espaço de tempo)* période *(f)* **2.** *(de ano escolar)* trimestre *(m)* **3.** *fam* *(menstruação)* règles *(fpl)* • **'período de funcionamento'** 'heures d'ouverture'.

periquito [pəri'kitu] *nm* perruche *(f)*.

perito, **ta** [pə'ritu, -tɐ] ■ *nm, f* expert *(m)*. ■ *adj* expert(e) • **ser perito em algo** être expert en qqch.

permanecer [pərmɐnə'ser] *vi* rester.
■ **permanecer em** *v* + *prép* rester à.

■ **permanecer por** *v* + *prép* rester à.

permanência [pərmɐ'nẽsjɐ] *nf* **1.** *(estadia)* séjour *(m)* **2.** *(de problema, situação)* permanence *(f)*.

permanente [pərmɐ'nẽntə] ■ *adj* permanent(e). ■ *nf* permanente *(f)*.

permissão [pərmi'sɐ̃w] *nf* permission *(f)* • **pedir permissão para fazer algo** demander la permission de faire qqch.

permitido, **a** [pərmi'tiđu, -đɐ] *adj* permis (e).

permitir [pərmi'tir] *vt* permettre.

perna ['pɛrnɐ] *nf* **1.** *(de pessoa)* jambe *(f)* **2.** *(de animal, ave)* patte *(f)* **3.** CULIN *(de cordeiro)* gigot *(m)* **4.** *(de cadeira, mesa)* pied *(m)* **5.** *(de letra)* jambage *(m)*.

Pernambuco [pərnɐ̃n'buku] *nm* • **Pernambuco** Pernambouc.

pernil [pər'niɫ] (*pl* **-is** [-iʃ]) *nm* jambonneau *(m)* • **esticar o pernil** *fig fam* passer l'arme à gauche.

pernilongo [pərni'lõŋgu] *nm* **1.** *(Port)* *(ave)* échassier *(m)* **2.** *(Br)* *(mosquito)* moustique *(m)*.

pernis ▻ **pernil**.

pernoite [*(Br)* per'noitʃi] *nm* • **'pernoite com café da manhã'** 'nuit avec petit-déjeuner compris'.

pêro ['peru] *nm* **1.** *(variedade de maçã)* pomme *(f)* **2.** *fam* *(murro)* beigne *(f)*.

pérola ['pɛrulɐ] *nf* perle *(f)*.

perpendicular [pərpẽndiku'lar] (*pl* **-es** [-əʃ]) *adj* perpendiculaire.

perpetrar [pərpə'trar] *vt* perpétrer.

perpetuar [pərpɛ'twar] *vt* perpétuer.
■ **perpetuar-se** *vp* se perpétuer.

perplexidade [pərplɛksi'đađə] *nf* perplexité *(f)*.

perplexo, **xa** [pər'plɛksu, -sɐ] *adj* perplexe.

perro, **a** ['peʀu, -ɐ] *adj* coincé(e).

perseguição [pərsəgi'sɐ̃w] (*pl* **-ões** [-õiʃ]) *nf* **1.** persécution *(f)* **2.** *(de polícia)* poursuite *(f)*.

perseguir [pərsə'gir] *vt* poursuivre.

perseverante [pərsəvə'rɐ̃ntə] *adj* persévérant(e).

perseverar [pərsəvə'rar] *vi* persévérer.

persiana [pər'sjɐnɐ] *nf* volet *(m)* roulant.

persistente [pərsiʃ'tẽntə] *adj* **1.** *(perseverante)* persévérant(e) **2.** *(duradouro)* persistant (e).

personagem [pərsu'naʒɐ̃i] (*pl* **-ns** [-ʃ]) *nm* & *nf* personnage *(m)*.

personalidade [pərsunɐli'đađə] *nf* personnalité *(f)*.

perspectiva [pərʃpɛ'tivɐ] *nf* perspective *(f)*.

perspicácia [pərʃpi'kasjɐ] *nf* perspicacité *(f)*.

perspicaz [pərʃpi'kaʃ] (*pl* **-es** [-zəʃ]) *adj* perspicace.

persuadir [pərswɐ'đir] *vt* • **persuadir alguém de algo** persuader qqn de qqch • **persuadir alguém a fazer algo** persuader qqn de faire qqch.
■ **persuadir-se** *vp* se persuader.

persuasão [pərswɐ'zɐ̃w] *nf* persuasion *(f)*.

persuasivo, **va** [pərswɐ'zivu, -vɐ] *adj* persuasif(ive).

pertencente [pərtẽ'sẽntə] *adj* • **pertencente a** *(que pertence a)* appartenant à • *(relativo a)* relevant de.

pertencer [pərtẽ'ser] ■ **pertencer a** *v* + *prép* **1.** *(ser propriedade de)* appartenir à **2.** *(clube, partido)* faire partie de • **pertencer a alguém fazer algo** appartenir à qqn de faire qqch.

perto ['pɛrtu] *adj* & *adv* près • **perto de** *(relativo a tempo)* vers • *(relativo a espaço)* près de • *(relativo a quantidade)* environ • **ao** *OU* **de perto** de près.

perturbar [pərtur'ƀar] *vt* perturber.

peru [pə'ru] *nm* **1.** dindon *(m)* **2.** CULIN dinde *(f)*.

Peru [pə'ru] *nm* • **o Peru** le Pérou.

peruano, **a** [pəru'ɐnu, -nɐ] *adj* péruvien (enne).
■ **peruano**, **a** *nmf* Péruvien *(m)*, -enne *(f)*.

peruca [pə'rukɐ] *nf* perruque *(f)*.

peruviano, **na** [pəru'vjɐnu, -nɐ] *adj* péruvien(enne). • = **peruano**

perverso, **sa** [pər'vɛrsu, -sɐ] *adj* pervers(e) *(cruel)*.

perverter [pərvər'ter] *vt* pervertir.

pervertido, **da** [pərvər'tiđu, -đɐ] *adj* pervers(e) *(malade)*.

pesadelo [pəzɐ'đelu] *nm* cauchemar *(m)*.

pesado, da [pə'zađu, -đɐ] *adj* **1.** lourd(e) **2.** *(trabalho)* dur(e).

pêsames ['pezɐməʃ] *nmpl* condoléances *(fpl)* • **os meus pêsames** toutes mes condoléances.

pesar [pə'zar] *vt* & *vi* peser.

pesca ['pɛʃkɐ] *nf* pêche *(f)* • **pesca à linha** pêche à la ligne.

pescada [pəʃ'kadɐ] *nf* colin *(m)*.

pescadinha [pəʃkɐ'điɲɐ] *nf* merlu *(m)*.

pescador, ra [pəʃkɐ'đor, -rɐ] (*mpl* **-es** [-əʃ], *fpl* **-s** [-ʃ]) *nm, f* pêcheur *(m)*.

pescar [pəʃ'kar] *vt* & *vi* pêcher.

pescoço [pəʃ'kosu] *nm* cou *(m)*.

peso ['pezu] *nm* poids *(m)* • **peso bruto** poids brut • **peso líquido** poids net.

pesquisa [pəʃ'kizɐ] *nf* recherche *(f)*.

pêssego ['pesəgu] *nm* pêche *(f)*.

pessegueiro [pəsə'gɐiru] *nm* pêcher *(m)*.

pessimista [pɛsi'miʃtɐ] *nmf* pessimiste *(mf)*.

péssimo, ma ['pɛsimu, -mɐ] *adj* très mauvais(e).

pessoa [pə'soɐ] *nf* personne *(f)* • **em pessoa** en personne.

Pessoa Fernando *n* Fernando Pessoa.

CULTURE...

Fernando Pessoa

C'est l'un des plus célèbres écrivains et poètes portugais. Il est né en 1888 à Lisbonne et est mort en 1935. Il signait ses œuvres sous différents noms (hétéronymes) qui correspondaient à ses diverses personnalités : Alberto Caeiro, Álvaro de Campos, Ricardo Reis et Fernando Pessoa.
La plupart de ses textes n'a été publiée qu'après sa mort. Son livre le plus connu est le recueil de poèmes *Mensagem* (*Message*).

pessoal [pə'swaɫ] (*pl* **-ais** [-aiʃ]) ■ *adj* personnel(elle). ■ *nm* personnel *(m)*.

pestana [pəʃ'tɐnɐ] *nf* cil *(m)*.

pestanejar [pəʃtɐnə'ʒar] *vi* cligner des yeux.

peste ['pɛʃtə] *nf* peste *(f)*.

pesticida [pɛʃti'siđɐ] *nm* pesticide *(m)*.

pétala ['pɛtɐlɐ] *nf* pétale *(m)*.

peteca [pe'tɛka] *nf (Br)* volant *(m) (de badminton)*.

petição [pəti'sɐ̃u] (*pl* **-ões** [-õiʃ]) *nf* pétition *(f)*.

petinga [pə'tĩŋgɐ] *nf* sardine *(f)*.

petiscar [pətiʃ'kar] ■ *vt* goûter. ■ *vi* grignoter • **quem não arrisca não petisca** *fam* qui ne tente rien n'a rien.

petisco [pə'tiʃku] *nm* **1.** *(iguaria)* délice *(m)* **2.** *(acepipe)* amuse-gueule *(m)*.

petit-pois [petʃi'pwa] *nmpl (Br)* petits pois *(mpl)*.

petrificar [pətrifi'kar] *vt* pétrifier.

petroleiro [pətru'lɐiru] *nm* pétrolier *(m)*.

petróleo [pə'trɔlju] *nm* pétrole *(m)*.

petulância [pətu'lɐ̃sjɐ] *nf* **1.** *(insolência)* effronterie *(f)* **2.** *(vaidade)* arrogance *(f)*.

petulante [pətu'lɐ̃ntə] *adj* **1.** *(insolente)* effronté(e) **2.** *(vaidoso)* arrogant(e).

peúgas ['pjugɐʃ] *nfpl* chaussettes *(fpl)*.

pevide [pə'viđə] *nf* graine *(f)*.

pia ['piɐ] *nf* évier *(m)* • **pia baptismal** fonts *(mpl)* baptismaux.

piada ['pjađɐ] *nf fam* plaisanterie *(f)*.

pianista [pjɐ'niʃtɐ] *nmf* pianiste *(mf)*.

piano ['pjɐnu] *nm* piano *(m)*.

pião ['pjɐ̃u] (*pl* **-ões** [-õiʃ]) *nm* toupie *(f)*.

piar ['pjar] *vi* piailler.

Piauí [pijɐu'i] *nm* • **o Piauí** le Piauí.

picada [pi'kađɐ] *nf* **1.** *(de ave)* coup *(m)* de bec **2.** *(de insecto)* piqûre *(f)*.

picadinho [pika'dʒiɲu] *nm (Br) plat de viande hachée.*

picado, da [pi'kađu, -đɐ] ■ *adj* **1.** *(carne, cebola, salsa)* haché(e) **2.** *(furado)* percé(e). ■ *nm (guisado) hachis de viande ou de poisson.*

picanha [pi'kɐɲɐ] *nf (Br)* rumsteck *(m)*.

picante [pi'kɐ̃ntə] *adj* **1.** *(apimentado)* piquant(e) **2.** *fig (malicioso)* grivois(e).

pica-pau [ˌpikɐ'pau] (*pl* **pica-paus** [ˌpikɐ'pauʃ]) *nm* pivert *(m)*.

picar [pi'kar] ■ *vt* **1.** *(com alfinete, agulha)* piquer **2.** *(carne, cebola)* hacher **3.** *fam (provocar)* lancer des piques à. ■ *vi (peixe)* mordre. ■ **picar-se** *vp* se piquer.

picareta [pikɐ'retɐ] *nf* pioche *(f)*.

picles ['pikleʃ] *nm inv* pickles *(mpl)*.

pico ['piku] *nm* **1.** *(montanha)* pic *(m)* **2.** *(espinho)* piquant *(m)*.

picolé [piko'lɛ] *nm (Br)* bâtonnet *(m)* de glace.

picotado, da [piku'tađu, -đɐ] ◼ *adj* prédécoupé(e). ◼ *nm* pointillé *(m)*.

picotar [piko'ta(x)] *vt* **1.** *(os olhos)* piquer **2.** *(galinha)* picoter **3.** *(furar)* perforer **4.** *(bilhete)* poinçonner.

piedade [pje'đađə] *nf* pitié *(f)* • **ter piedade de alguém** avoir pitié de qqn.

pifar [pi'far] ◼ *vt fam (roubar)* piquer. ◼ *vi fam (estragar-se)* péter.

pigmento [pig'mẽntu] *nm* pigment *(m)*.

pijama [pi'ʒɐmɐ] *nm* pyjama *(m)*.

pikles ['pikləʃ] *nmpl* pickles *(mpl)*.

pilantra [pi'lɐ̃ntrɐ] *nmf fam* crapule *(f)*.

pilar [pi'lar] (*pl* **-es** [-əʃ]) *nm* pilier *(m)*.

pilha ['piʎɐ] *nf* pile *(f)* • **uma pilha de nervos** une boule de nerfs • **pilhas de** *fam* des tas de.

pilhar [pi'ʎar] *vt* piller.

pilotar [pilu'tar] *vt* piloter.

piloto [pi'lotu] *nm* pilote *(m)*.

pílula ['pilulɐ] *nf* pilule *(f)*.

pimenta [pi'mẽntɐ] *nf* poivre *(m)*.

pimenta-do-reino [piˌmẽntɐdu'ʀeinu] *nf* poivre *(m)*.

pimentão [pimẽn'tɐ̃w] *(Br)* = **pimento**.

pimentão-doce [pimẽntɐ̃u'dosə] *nm* piment *(m)* doux.

pimento [pi'mẽntu] *nm* poivron *(m)*.

pin ['pinə] *nm* pin's *(m inv)*.

pinça ['pĩsɐ] *nf* pince *(f)*.

píncaro ['pĩŋkɐru] *nm* **1.** *(de fruto)* queue *(f)* **2.** *(de montanha)* sommet *(m)*.

pincel [pĩ'sɛɫ] (*pl* **-éis** [-ɛiʃ]) *nm* pinceau *(m)*.

pinga ['pĩŋgɐ] *nf* **1.** *(gota)* goutte *(f)* **2.** *fam (vinho)* pinard *(m)* **3.** *fam (aguardente)* gnôle *(f)* • **estar com a pinga** *fam* avoir un verre dans le nez.

pingado, da [pĩŋ'gadu, -dɐ] *adj (Br)* **1.** *(café)* au lait **2.** *(arroz)* aux haricots.

pingar [pĩŋ'gar] *vi* goutter.

pingente [pĩ'ʒẽntə] *nm* pendentif *(m)*.

pingo ['pĩŋgu] *nm* **1.** *(gota)* goutte *(f)* **2.** *(café com leite) café allongé avec de l'eau et du lait*.

pingue-pongue [ˌpĩŋgə'põŋgə] *nm* ping-pong *(m)*.

pinguim [pĩŋ'gwĩ] (*pl* **-ns** [-ʃ]) *nm (Port)* pingouin *(m)*.

pingüim [pĩŋ'gwĩ] (*pl* **-ns** [-ʃ]) *nm (Br)* = **pinguim**.

pinha ['piɲa] *nf* **1.** pomme *(f)* de pin **2.** *fam* caboche *(f)* • **meter na pinha** *fam* mettre dans la caboche • **comer a pinha** *fam* leurrer, duper.

pinhal [pi'ɲaɫ] (*pl* **-ais** [-aiʃ]) *nm* pinède *(f)*.

pinhão [pi'ɲɐ̃u] (*pl* **-ões** [-õiʃ]) *nm* pignon *(m)*.

pinheiro [pi'ɲɐiru] *nm* pin *(m)*.

pinho ['piɲu] *nm* pin *(m) (bois)*.

pinhoada [pi'ɲwađɐ] *nf confiserie à base de pignons et de miel*.

pinhões ▻ **pinhão**.

pinta ['pĩntɐ] *nf* **1.** *(mancha)* tache *(f)* **2.** *fam (aparência)* air *(m)* • **ter pinta de** *fam* avoir l'air de.

pintado, da [pĩn'tađu, -đɐ] *adj* peint(e) • **'pintado de fresco'** 'peinture fraîche' • **'pintado à mão'** 'peint à la main'.

pintar [pĩn'tar] ◼ *vt* **1.** *(quadro, parede)* peindre **2.** *(olhos, rosto)* se maquiller **3.** *(desenho, boneco)* colorier. ◼ *vi* **1.** *(artista, pintor)* peindre **2.** *(criança)* colorier **3.** *(Br) fam (problema, oportunidade)* se présenter **4.** *(Br) fam (pessoa)* se pointer.
◼ **pintar-se** *vp* se maquiller.

pintarroxo [pĩntɐ'ʀoʃu] *nm* rouge-gorge *(m)*.

pintassilgo [pĩntɐ'siɫgu] *nm* chardonneret *(m)*.

pinto ['pĩntu] *nm* poussin *(m)*.

pintor, ra [pĩn'tor, -rɐ] (*mpl* **-es** [-əʃ], *fpl* **-s** [-ʃ]) *nm, f* peintre *(mf)*.

pintura [pĩn'turɐ] *nf* **1.** *(arte)* peinture *(f)* **2.** *(quadro)* tableau *(m)*.

piões ['pjõjʃ] ▻ **pião**.

piolho ['pjoʎu] *nm* pou *(m)*.

pionés [pjɔ'nɛʃ] (*pl* **-eses** [-ɛzəʃ]) *nm (Port)* punaise *(f) (en métal)*.

pior ['pjɔr] (*pl* **-es** [-əʃ]) ◼ *adj* pire. ◼ *adv* plus mal. ◼ *nm* • **o pior** le pire • **o/a pior** le/la pire • **ser do pior que há** être ce qu'il y a de pire • **cada vez pior** de pire en pire.

piorar [pju'rar] ◼ *vi* **1.** *(doente, situação)* empirer **2.** *(clima, tempo)* se détériorer. ◼ *vt* aggraver.

piores ▻ **pior**.

pipa ['pipɐ] *nf* **1.** *(de vinho)* tonneau *(m)* **2.** *(Br)* *(papagaio de papel)* cerf-volant *(m)*.

pipoca [pi'pɔka] *nf (Br)* pop-corn *(m inv)*.

pipocas [pi'pɔkɐʃ] *nfpl (Port)* pop-corn *(m inv)*.

pipoqueiro, **ra** [pipo'keiru, -rɐ] *nm, f (Br)* vendeur *(m)*, -euse *(f)* de pop-corn.

piquenique [ˌpikə'nikə] *nm* pique-nique *(m)*.

pirâmide [pi'rɐmiđə] *nf* pyramide *(f)*.

piranha [pi'rɐɲɐ] *nf* piranha *(f)*.

pirão [pi'rɐ̃u] *(Br) nm* bouillie *(f)* de manioc.

pirata [pi'ratɐ] *nm* pirate *(m)*.

piratear [pira'tea(x)] *vt* pirater • **piratear um programa** INFORM pirater un programme.

Pireneus [pire'newʃ] *(Br)* = **Pirenéus**.

Pirenéus [pirə'nɛuʃ] *nmpl* • **os Pirenéus** les Pyrénées *(fpl)*.

pires ['pirəʃ] *nm inv* soucoupe *(f)*.

pirex ['pirɛks] *(Br)* = **pírex**.

pírex® ['pirɛks] *nm* Pyrex® *(m)*.

pirilampo [piri'lɐ̃mpu] *nm* ver *(m)* luisant.

piripiri [ˌpiri'piri] *nm* **1.** *(condimento) sauce au piment* **2.** *(malagueta)* piment *(m)* rouge.

pirueta [pi'rwetɐ] *nf* pirouette *(f)*.

pirulito [piru'litu] *(Br)* = **chupa-chupa**.

pisar [pi'zar] *vt* **1.** *(com pé)* marcher sur **2.** *(contundir)* meurtrir.

pisca-pisca [ˌpiʃkɐ'piʃkɐ] *(pl* **pisca-piscas** [ˌpiʃkɐ'piʃkɐʃ]) *nm* clignotant *(m)*.

piscar [piʃ'kar] ◼ *vt* cligner. ◼ *vi* clignoter.

piscina [pəʃ'sinɐ] *nf* piscine *(f)* • **piscina ao ar livre** piscine découverte • **piscina coberta** piscine couverte.

pisco ['piʃku] *nm* bouvreuil *(m)*.

piso ['pizu] *nm* chaussée *(f)* • **piso escorregadio** chaussée glissante • **piso irregular** chaussée déformée.

pista ['piʃtɐ] *nf* piste *(f)* • **pista de rodagem** *(Br)* = **faixa de rodagem** • ▻ **faixa**.

pistache [piʃ'taʃi] *(Br)* = **pistáchio**.

pistachio [piʃ'taʃu] *nm* pistache *(f)*.

pistácio [piʃ'taʃju] *nm* pistache *(f)*.

pistão [piʃ'tɐ̃u] *(pl* **-ões** [-õiʃ]) *nm* piston *(m)*.

pistola [piʃ'tɔlɐ] *nf* pistolet *(m)*.

pistom [piʃ'tõ] *(Br)* = **pistão**.

pitada [pi'tađɐ] *nf* pincée *(f)*.

pitanga [pi'tɐ̃ŋgɐ] *nf* cerise *(f)* de Cayenne.

pitoresco, **ca** [pitu'reʃku, -kɐ] *adj* pittoresque.

pivete [pi'vetə] *nm* **1.** *(mau cheiro) fam* puanteur *(f)* **2.** *fam (criança atrevida)* vaurien *(m)*.

pixel [pik'sew] *nm* pixel *(m)*.

pixote [pi'ʃɔtʃi] *nm fam* gosse *(m)*.

pizza ['pidzɐ] *nf* pizza *(f)* • **pizza de alice** *pizza aux anchois*.

pizzaria [pidzɐ'riɐ] *nf* pizzeria *(f)*.

PJ *nf* (*abr de* **Polícia Judiciária**) PJ *(f) (Police Judiciaire)*.

placa ['plaka] *nf* **1.** *(ger)* plaque *(f)* **2.** *(lâmina)* lame *(f)* **3.** *(aviso)* panneau *(m)* **4.** AUTO plaque minéralogique *(f)* **5.** INFORM carte *(f)* **6.** INFORM carte mère **7.** MÉD plaques *(fpl)* **8.** *(dentadura postiça)* dentier *(m)* • **placa de sinalização** panneau de signalisation • **placa fria** fausse plaque • **placa de vídeo** carte vidéo.

plágio ['plaʒju] *nm* plagiat *(m)*.

planador [plɐnɐ'đor] *(pl* **-es** [-əʃ]) *nm* planeur *(m)*.

planalto [plɐ'nałtu] *nm* plateau *(m)*.

planeamento [plɐnjɐ'mẽntu] *nm* planning *(m)* • **planeamento familiar** planning familial.

planear [plɐ'njar] *vt (Port)* planifier • **planear fazer algo** projeter de faire qqch.

planejamento [planeʒa'mẽntu] *(Br)* = **planeamento**.

planejar [plane'ʒax] *vt (Br)* = **planear**.

planeta [plɐ'netɐ] *nm* planète *(f)*.

planetário [plɐnə'tarju] *nm* planétarium *(m)*.

planície [plɐ'nisjə] *nf* plaine *(f)*.

plano, **na** ['plɐnu, -nɐ] ◼ *adj* plat(e). ◼ *nm* plan *(m)*.

planta ['plɐ̃ntɐ] *nf* **1.** plante *(f)* **2.** *(de cidade, casa)* plan *(m)*.

plantão [plɐ̃n'tɐ̃u] *nm* garde *(f)* • **estar de plantão** être de garde.

plantar [plẽn'tar] *vt* planter.

plástica ['plaʃtikɐ] *nf* chirurgie *(f)* esthétique.

plasticina [plɐʃti'sinɐ] *nf (Port)* pâte *(f)* à modeler.

plástico ['plaʃtiku] *nm* plastique *(m)*.

plastilina [plaʃtʃi'linɐ] *nf (Br)* = **plasticina**.

plataforma [plɐtɐ'fɔrmɐ] *nf* **1.** *(estrado)* plate-forme *(f)* **2.** *(de estação de comboio, metro)* quai *(m)*.

plátano ['platɐnu] *nm* platane *(m)*.

plateia [plɐ'tɐjɐ] *nf (Port)* parterre *(m)*.

platéia [pla'tɛjɐ] *nf (Br)* = **plateia**.

platina [plɐ'tinɐ] *nf* platine *(m)*.

platinado [platʃi'nadu] *nm (em veículo)* métallisé(e).

platinados [plɐti'nađuʃ] *nmpl* vis *(fpl)* platinées.

plausível [plau'zivɛɫ] (*pl* **-eis** [-ɐiʃ]) *adj* **1.** *(possível)* probable **2.** *(credível)* plausible.

plebiscito [plebiʃ'situ] *nm (Br)* référendum *(m)*.

plenamente [ˌplenɐ'mẽntə] *adv* totalement.

pleno, **na** ['plenu, -nɐ] *adj* total(e) • **pleno de** plein de • **em pleno dia** en plein jour • **em pleno Inverno** en plein hiver.

plug-in ['plugĩn] *nm* INFORM branché.

plural [plu'raɫ] (*pl* **-ais** [-aiʃ]) *nm* pluriel *(m)*.

plutónio [plu'tɔnju] *nm (Port)* plutonium *(m)*.

plutônio [plu'tonju] *nm (Br)* = **plutónio**.

pneu ['pneu] *nm* pneu *(m)* • **pneu sobressalente** roue *(f)* de secours.

pneumonia [pneumu'niɐ] *nf* pneumonie *(f)*.

pó ['pɔ] *nm* **1.** *(poeira)* poussière *(f)* **2.** *(substância pulverizada)* poudre *(f)* • **pó de talco** talc *(m)*.

pobre ['pɔƀrə] *adj* & *nmf* pauvre.

pobreza [pu'ƀrezɐ] *nf* pauvreté *(f)*.

poça[1] ['pɔsɐ] *nf* flaque *(f)*.

poça[2] ['pɔsɐ] *interj fam* et bien dis donc !

poção [pu'sɐ̃u] (*pl* **-ões** [-õiʃ]) *nf* potion *(f)*.

pocilga [pu'siɫgɐ] *nf* porcherie *(f)*.

poço ['posu] *nm* puits *(m)*.

poções ▻ **poção**.

podar [pu'đar] *vt* tailler.

pode ['pɔđə] ▻ **poder**.

pôde ['pođə] ▻ **poder**.

pó-de-arroz [ˌpɔđjɐ'ʀoʃ] *nm* poudre *(f)* de riz.

poder [pu'đer] (*pl* **-es** [-əʃ]) ■ *nm* pouvoir *(m)* • **o poder** le pouvoir • **estar no poder** être au pouvoir • **poder de compra** pouvoir d'achat • **está em meu poder** il est en mon pouvoir • **ter em seu poder algo** avoir qqch en sa possession. ■ *v aux* • **poder fazer algo** pouvoir faire qqch • **podias tê-lo feito antes** tu aurais pu le faire avant • **posso ajudar?** je peux vous aider ? • **posso fazê-lo** je peux le faire • **não posso mais!** je n'en peux plus ! • **não posso fazer nada!** je ne peux rien faire ! • **posso fumar?** je peux fumer ? • **não pode estacionar aqui** vous ne pouvez pas stationner ici • **não pude sair ontem** je n'ai pas pu sortir hier • **não podemos abandoná-lo** nous ne pouvons pas l'abandonner • **podes fazer várias coisas** tu peux faire plusieurs choses • **podias ter vindo de comboio** tu aurais pu venir en train • **não pode ser!** ce n'est pas possible ! • **podias ter-nos avisado!** tu aurais pu nous prévenir ! • **pudera!** évidemment ! ■ *v impers (ser possível)* • **pode ser que chova** il se peut qu'il pleuve • **pode não ser verdade** il se peut que ce ne soit pas vrai • **pode acontecer a qualquer um** ça peut arriver à n'importe qui.
■ **poder com** *v* + *prép* **1.** *(suportar)* supporter **2.** *(rival, adversário)* venir à bout de • **não podes com tanto peso** tu ne peux pas porter ça.

poderoso, **osa** [puđə'rozu, -ɔzɐ] *adj* puissant(e).

podre [pođrə] *adj* pourri(e).

põe ['põi] ▻ **pôr**.

poeira ['pwɐirɐ] *nf* poussière *(f)*.

poema ['pwemɐ] *nm* poème *(m)*.

poesia [pwi'ziɐ] *nf* poésie *(f)*.

poeta ['pwɛtɐ] *nm* poète *(m)*.

poetisa ['pwɛtizɐ] *nf* poétesse *(f)*.

pois ['poiʃ] ■ *conj* **1.** *(porque)* car **2.** *(então)* alors. ■ *interj* oui ! • **pois sim!** soit ! • **pois não?** oui ? • **pois bem** bon.

polaco, **ca** [pu'laku, -kɐ] *adj* polonais(e).
■ **polaco** *nm (língua)* polonais *(m)*.
■ **polaco**, **ca** *nmf* Polonais *(m)*, -e *(f)*.

polegar [pulə'ɡar] (*pl* **-es** [-əʃ]) *nm* pouce *(m)*.

polémica [pu'lɛmikɐ] *nf (Port)* polémique *(f)*.

polêmica [po'lemikɐ] *nf (Br)* = **polémica**.

pólen ['pɔlɛn] *nm* pollen *(m)*.

polícia [pu'lisjɐ] ■ *nf* police *(f)*. ■ *nmf* policier *(m)*.
■ **Polícia** *nf* • **Polícia Judiciária** police judiciaire • **Polícia de Segurança Pública** police.

policial [poli'sjau] (*pl* **-ais** [-aiʃ]) *nmf (Br)* policier *(m)*.

policiamento [polisja'mẽtu] *nm* surveillance *(f)*, vigilance *(f)*.

polido, da [pu'liđu, -đɐ] *adj* poli(e).

poliestireno [poljeʃtʃi'renu] *nm* polystyrène *(m)*.

polir [pu'lir] *vt* polir.

politécnico, ca [pɔli'tɛkniku, -kɐ] *adj* d'enseignement technique supérieur.

política [pu'litikɐ] *nf* politique *(f)* • **política externa** *(Port)* politique extérieure • **política exterior** *(Br)* politique extérieure.

político, ca [pu'litiku, -kɐ] ■ *nm, f* homme *(m)* politique, femme *(f)* politique. ■ *adj* politique.

pólo ['pɔlu] *nm* **1.** pôle *(m)* **2.** *(desporto)* polo *(m)* • **pólo aquático** water-polo *(m)*.

Polónia [pu'lɔnjɐ] *nf* • **a Polónia** la Pologne.

Polônia [po'lonja] *(Br) nf* Pologne *(f)*.

Pólo Norte ['pɔlunɔrtə] *nm* • **o Pólo Norte** le Pôle Nord.

Pólo Sul ['pɔlusuɫ] *nm* • **o Pólo Sul** le Pôle Sud.

polpa ['poɫpɐ] *nf* pulpe *(f)*.

poltrona [poɫ'tronɐ] *nf* fauteuil *(m)*.

poluição [pulwi'sɐ̃u] *nf* pollution *(f)*.

poluído, da [pu'lwiđu, -đɐ] *adj* pollué(e).

poluir [pu'lwir] *vt* polluer.

polvo ['poɫvu] *nm* poulpe *(m)* • **polvo guisado** *poulpe mijoté au vin blanc*.

pólvora ['pɔɫvurɐ] *nf* poudre *(f)*.

pomada [pu'mađɐ] *nf* pommade *(f)* • **pomada anti-séptica** pommade antiseptique • **pomada para calçado** cirage *(m)*.

pomar [pu'mar] (*pl* **-es** [-əʃ]) *nm* verger *(m)*.

pombo, ba ['põmbu, -bɐ] *nm, f* pigeon *(m)*, colombe *(f)* • **pomba da paz** colombe de la paix.

pomo-de-adão [ˌpomuđɐ'đɐ̃u] (*pl* **pomos-de-adão** [ˌpɔmuʒdɐ'đɐ̃u]) *nm* pomme *(f)* d'Adam.

pomposo, osa [põm'pozu, -ɔzɐ] *adj* pompeux(euse).

ponderação [põndərɐ'sɐ̃u] *nf* pondération *(f)*.

ponderado, da [põndə'rađu, -đɐ] *adj* pondéré(e).

ponderar [põndə'rar] *vt* pondérer.

pónei ['pɔnɐi] *nm (Port)* poney *(m)*.

pônei ['ponei] *nm (Br)* = **pónei**.

ponho ['poɲu] ⊳ **pôr**.

ponta ['põntɐ] *nf* **1.** bout *(m)* **2.** *(de vara, lápis)* pointe *(f)* **3.** *(de superfície)* extrémité *(f)* • **tomar alguém de ponta** *fam* prendre qqn en grippe • **ter algo na ponta da língua** avoir qqch sur le bout de la langue.

pontada [põn'tađɐ] *nf* point *(m)* de côté.

pontapé [põntɐ'pɛ] *nm* coup *(m)* de pied • **pontapé livre** coup franc • **pontapé de saída** coup d'envoi.

pontaria [põntɐ'riɐ] *nf* • **fazer pontaria** viser • **ter pontaria** bien viser.

ponte ['põntə] *nf* pont *(m)*.

ponteiro [põn'tɐiru] *nm (de relógio)* aiguille *(f)*.

pontiagudo, da [põntjɐ'ɡuđu, -đɐ] *adj* pointu(e).

ponto ['põntu] *nm* **1.** point *(m)* **2.** *(teste, exame)* contrôle *(m)* **3.** *(Br) (paragem de transporte colectivo)* arrêt *(m)* **4.** *(de açúcar)* caramélisation *(f)* • **às 9 em ponto** à neuf heures pile • **estar a ponto de fazer algo** être sur le point de faire qqch • **em ponto grande/pequeno** en grand/petit format • **até certo ponto** dans une certaine mesure • **ponto por ponto** point par point • **dois pontos** deux points • **ponto cardeal** point cardinal • **ponto de encontro** point de rencontre • **ponto de exclamação** point d'exclamation • **ponto final** point final • **ponto de interrogação** point d'interrogation • **ponto morto** point mort • **ponto negro** point noir • **ponto de ônibus** *(Br)* arrêt d'autobus • **ponto de partida** point de départ • **ponto de táxi** *(Br)* station *(f)* de taxi • **ponto e vírgula** point-virgule *(m)* • **ponto de vista** point de vue.

pontuação [põntwɐ'sɐ̃u] (*pl* **-ões** [-õiʃ]) *nf* **1.** *(em gramática)* ponctuation *(f)* **2.** *(em competição)* nombre *(m)* de points **3.** *(em teste, exame)* barème *(m)*.

pontual [põn'twał] (*pl* **-ais** [-aiʃ]) *adj* **1.** *(pessoa)* ponctuel(elle) **2.** *(comboio, autocarro)* à l'heure.

pontuar [põn'twar] ■ *vt* **1.** *(texto)* ponctuer **2.** *(exame, teste)* noter. ■ *vi* noter.

POP (*abr de* **Post Office Protocol**) *nm* protocole *(m)* POP.

popa ['popɐ] *nf* poupe *(f)*.

popelina [pɔpə'linɐ] *nf* popeline *(f)*.

popeline [pɔpe'linu] *nf* popeline *(f)*.

população [pupulɐ'sɐ̃u] *nf* population *(f)*.

popular [pupu'lar] (*pl* **-es** [-əʃ]) *adj* populaire.

póquer ['pɔkɛr] *nm* poker *(m)*.

pôquer ['pɔkɛ(x)] *nm* poker *(m)*.

por [pur] *prép*

contraction de por + a = **pela** ['pelɐ], *contraction de por + o =* **pelo** ['pelu]

1. INDIQUE LA CAUSE = à cause de, parce que
- **foi por tua causa** c'était à cause de toi
- **por falta de meios** faute de moyens
- **por hábito/rotina** par habitude/routine
- **ele partiu por não ser forte** il est parti parce qu'il n'était pas assez fort

2. INDIQUE LE MOYEN, LA MANIÈRE = par
- **por escrito** par écrit
- **por correio/avião/fax** par courrier/avion/fax

3. INTRODUIT L'AGENT DU VERBE PASSIF
- **foi feito por mim** ça a été fait par moi

4. LIEU : PARCOURS OU LOCALISATION APPROXIMATIVE = par, vers
- **entrámos em Portugal por Vilar Formoso** nous sommes entrés au Portugal par Vilar Formoso
- **por onde vais?** par où passes-tu ?
- **vamos por aqui** passons par ici
- **ele está por aí** il est par là

5. TEMPS : DURÉE OU LOCALISATION APPROXIMATIVE = vers, pour
- **ele partiu por duas semanas** il est parti pour deux semaines
- **partiu pela manhã** il est parti le matin/dans la matinée
- **o bebé nasceu pelas duas da manhã** le bébé est né vers les deux heures du matin

6. INDIQUE L'OBJECTIF, LE BUT, L'OBJET D'UN SENTIMENT OU EN FAVEUR DUQUEL SE FAIT UNE ACTION
- **toda a vida lutou por aquela terra** il a lutté toute sa vie pour cette terre
- **tenho muita amizade por ela** j'ai beaucoup d'amitié pour elle
- **faço tudo isto pelos meus filhos** je fais tout ça pour mes enfants

7. INDIQUE UN ÉCHANGE, UN PRIX
- **troquei o carro velho por um novo** j'ai échangé la vieille voiture contre une neuve
- **paguei por este casaco apenas 30 euros** je n'ai payé que 30 euros pour cette veste
- **olho por olho, dente por dente** œil pour œil, dent pour dent

8. INDIQUE UNE DISTRIBUTION
- **são 150 euros por dia/mês** ça fait 150 euros par jour/mois
- **por pessoa** par personne
- **por cento** pour cent
- **por hora** à l'heure

9. LOCUTIONS ET EXPRESSIONS
- **por agora/ora** pour le moment
- **por causa de** à cause de
- **por conseguinte/consequência** par conséquent
- **por entre** parmi
- **por isso** pour cela
- **por isso é que** c'est pourquoi
- **por mais que** quoique, avoir beau
- **por meio de** au moyen de
- **por mim, tudo bem!** pour ma part, c'est d'accord !
- **por aí fora** et ainsi de suite
- **por alto** en gros
- **por sua vez** à son tour.

pôr ['por] ■ *vt* **1.** mettre **2.** *(problema, dúvida, questão)* poser **3.** *(defeitos)* trouver **4.** *(suj: ave)* pondre. ■ *vi* pondre. ■ *nm* • **o pôr do Sol** le coucher du Soleil • **pôr algo em funcionamento** mettre qqch en marche • **pôr algo mais baixo/alto** baisser/monter le son de qqch • **pôr algo em algo** mettre qqch dans qqch • **pôr a mesa** mettre la table. ■ **pôr-se** *vp* **1.** *(ficar)* se mettre **2.** *(sol)* se coucher • **pôr-se a fazer algo** se mettre à faire qqch • **pôr-se bom** se rétablir • **pôr-se de pé** se mettre debout.

porca ['pɔrkɐ] *nf* **1.** *(peça)* écrou *(m)* **2.** *(animal)* truie *(f)*.

porção [pur'sɐ̃u] (*pl* **-ões** [-õiʃ]) *nf* portion *(f)*.

porcaria [purkɐ'riɐ] ■ *nf fam* **1.** *(sujidade)* saleté *(f)* **2.** *(algo mal feito) fam* cochonnerie *(f)* **3.** *(algo sem valor) fam* camelote *(f)* **4.** *(pus)* pus *(m)*. ■ *interj* • **que porcaria!** *fam* mince !

porcelana [pursə'lɐnɐ] *nf* porcelaine *(f)*.

porco ['porku] *nm* **1.** *(animal)* cochon *(m)* **2.** *(carne)* porc *(m)*.

porções [pox'sõjʃ] ▷ **porção**.

porco-espinho [ˌporkuʃ'piɲu] *(pl* **porcos-espinhos** [ˌpɔrkuzəʃ'piɲuʃ]) *nm* porc-épic *(m)*.

porém [pu'rɐ̃i] *conj* cependant.

pormenor [purmə'nɔr] *(pl* **-es** [-əʃ]) *nm* détail *(m)* • **em pormenor** en détail.

pornografia [purnugrɐ'fiɐ] *nf* pornographie *(f)*.

poro ['pɔru] *nm* pore *(m)*.

porque [purkə] ■ *conj* parce que, car. ■ *adv (Port)* pourquoi.

porquê [pur'ke] ■ *adv (Port)* pourquoi. ■ *nm* • **o porquê de** le pourquoi de.

porquinho-da-índia [purˌkiɲuđɐ'ĩvndjɐ] *(pl* **porquinhos-da-índia** [purˌkiɲuʒdɐ'ĩndjɐ]) *nm* cochon *(m)* d'Inde.

porra ['poʀɐ] *interj fam* mince alors !

porreiro, ra [pu'ʀɐiru, -rɐ] *adj (Port) fam* super.

porta ['pɔrtɐ] *nf* **1.** *(de casa, armário, etc)* porte *(f)* **2.** *(de carro)* portière *(f)* • **porta automática** porte automatique • **porta corrediça** porte coulissante • **porta giratória** porte à tambour • **porta telecomandada** porte à ouverture automatique • **porta paralela** INFORM port *(m)* parallèle • **porta serial** INFORM port série.

porta-aviões [ˌpɔrta'vjõiʃ] *nm inv* porte-avions *(m inv)*.

porta-bagagem [ˌpɔrtɐbɐ'gaʒɐ̃i] *(pl* **porta-bagagens** [ˌpɔrtɐbɐ'gaʒɐ̃iʃ]) *nm* porte-bagages *(m inv)*.

porta-bandeira [ˌpɔrtɐbɐ̃n'dɐirɐ] *(pl* **porta-bandeiras** [ˌpɔrtɐbɐ̃n'dɐirɐʃ]) *nmf* porte-drapeau *(m)*.

porta-chaves [ˌpɔrtɐ'ʃavəʃ] *nm inv* porte-clés *(m inv)*.

portador, ra [purtɐ'đor, -rɐ] *(mpl* **-es** [-əʃ], *fpl* **-s** [-ʃ]) *nm, f* porteur *(m)*, -teuse *(f)* • **ao portador** au porteur.

portagem [pur'taʒɐ̃i] *(pl* **-ns** [-ʃ]) *nf (Port)* péage *(m)*.

porta-jóias [ˌpoxta'ʒojaʃ] *(Br)* = **guarda-jóias**.

portal [*(Port)* pur'tał, *(Br)* pox'taw] *(pl* **-ais** [-aiʃ]) *nm* **1.** *(pórtico)* portique *(m)* **2.** INFORM portail *(m)*.

porta-lápis [ˌpɔrtɐ'lapiʃ] *nm inv* trousse *(f)*.

porta-luvas [ˌpɔrtɐ'luvɐʃ] *nm inv* boîte *(f)* à gants.

porta-malas [ˌpɔxta'malaʃ] *nm inv* porte-bagages *(m inv)*.

porta-minas [ˌpɔrtɐ'minɐʃ] *nm inv (Port)* portemine *(m)*.

porta-moedas [ˌpɔrtɐ'mwɛđɐʃ] *nm inv* porte-monnaie *(m inv)*.

portanto [pur'tɐ̃ntu] *conj* donc.

À PROPOS DE...

portanto

Attention, ne pas confondre « portanto » avec ***pourtant***. En portugais, « portanto » signifie ***donc***.

portão [pur'tɐ̃u] *(pl* **-ões** [-õiʃ]) *nm* portail *(m)*.

portaria [purtɐ'riɐ] *nf* **1.** *(de edifício)* accueil *(m)* **2.** *(diploma legal)* arrêté *(m)*.

portátil [pur'tatił] *(pl* **-eis** [-ɐiʃ]) *adj* portable.

porta-voz [ˌpɔrtɐ'vɔʃ] *(pl* **porta-vozes** [ˌpɔrtɐ'vɔzəʃ]) *nmf* porte-parole *(m inv)*.

porte ['pɔrtə] *nm* port *(m)* • **'porte pago'** 'port payé'.

porteiro, ra [pur'tɐiru, -rɐ] *nm, f* **1.** *(de edifício)* gardien *(m)*, -enne *(f)* **2.** *(de hotel)* portier *(m)*, -ère *(f)*.

pórtico ['pɔrtiku] *nm (em edifício)* porche *(m)*.

porto ['portu] *nm* **1.** port *(m)* **2.** *(vinho)* porto *(m)*.
■ **Porto** *nm (cidade)* • **o Porto** Porto *(m)*.

portões [pox'tõjʃ] ▷ **portão**.

portuense [pur'twẽsə] ■ *adj* de Porto. ■ *nmf* habitant *(m)*, -e *(f)* de Porto.

Portugal [purtu'gał] *n* Portugal *(m)* • **o Portugal dos Pequenitos** *le Portugal miniature*.

português, esa [purtu'geʃ, -ezɐ] (*mpl* **-eses** [-ezəʃ], *fpl* **-s** [-ʃ]) ■ *adj* portugais(e). ■ *nm, f* Portugais *(m)*, -e *(f)*. ■ *nm (língua)* portugais *(m)* • **à portuguesa** *à la portugaise*.

porventura [purvẽn'turɐ] *adv* par hasard • **se porventura** si par hasard.

pôs ['poʃ] ▷ **pôr**.

posar [pu'zar] *vi* poser.

posição [puzi'sɐ̃u] (*pl* **-ões** [-õiʃ]) *nf* **1.** position *(f)* **2.** *(em emprego)* poste *(m)*.

positiva [puzi'tivɐ] *nf* • **ter positiva** avoir une note au-dessus de la moyenne.

positivo, va [puzi'tivu, -vɐ] ■ *adj* positif (ive). ■ *nm* positif *(m)*.

posologia [puzulu'ʒiɐ] *nf* posologie *(f)*.

posse ['pɔsə] *nf* possession *(f)* • **estar em posse de** être en possession de.
■ **posses** *nfpl* • **ter posses** avoir les moyens.

possessão [pusə'sɐ̃u] (*pl* **-ões** [-õiʃ]) *nf* possession *(f)*.

possessivo, va [pusə'sivu, -vɐ] *adj* possessif(ive).

possessões ▷ **possessão**.

possibilidade [pusiƀəli'đađə] *nf* possibilité *(f)*.

possibilitar [pusiƀəli'tar] *vt* rendre possible.

possível [pu'sivɛł] (*pl* **-eis** [-ɐiʃ]) ■ *adj* possible. ■ *nm* • **fazer o possível (por fazer algo)** faire son possible (pour faire qqch) • **não é possível!** c'est pas vrai ! • **logo que possível** dès que possible • **o mais cedo possível** le plus tôt possible • **o máximo possível** le plus possible • **se possível** si possible.

posso ['pɔsu] ▷ **poder**.

possuir [pu'swir] *vt* posséder.

posta ['pɔʃtɐ] *nf* tranche *(f)*.

postal [puʃ'tał] (*pl* **-ais** [-aiʃ]) *nm* carte *(f)* postale • **postal ilustrado** carte postale illustrée.

posta-restante [ˌpɔʃtɐʀəʃ'tẽntə] *nf* poste *(f)* restante.

poste ['pɔʃtə] *nm* poteau *(m)*.

poster ['pɔʃtɛr] (*pl* **-es** [-əʃ]) *nm (Port)* poster *(m)*.

pôster ['poʃtex] (*pl* **-es** [-iʃ]) *nm (Br)* = **poster**.

posteridade [puʃtəri'đađə] *nf* postérité *(f)*.

posterior [puʃtə'rjor] (*pl* **-es** [-əʃ]) *adj* postérieur(e).

posteriormente [puʃtərjor'mẽntə] *adv (mais tarde)* postérieurement.

postiço, ça [puʃ'tisu, -sɐ] *adj* faux (fausse).

postigo [puʃ'tigu] *nm* judas *(m) (de porte)*.

posto ['poʃtu] *nm* **1.** poste *(m)* **2.** *(de saúde)* centre *(m)* • **posto de gasolina** *(Port)* station-service *(f)* • **posto médico** *(Port)* infirmerie *(f)* • **'posto de venda autorizado'** *signale la vente de tickets de bus.*

póstumo, ma ['pɔʃtumu, -mɐ] *adj* posthume.

postura [puʃ'turɐ] *nf* position *(f)*.

potável [pu'tavɛł] *adj* ▷ **água**.

pote ['pɔtə] *nm* pot *(m) (en terre)*.

potência [pu'tẽsjɐ] *nf* puissance *(f)*.

potencial [putẽ'sjał] (*pl* **-ais** [-aiʃ]) ■ *adj* potentiel(elle). ■ *nm* potentiel *(m)*.

potente [pu'tẽntə] *adj* puissant(e).

potro ['potru] *nm* poulain *(m)*.

pouco, ca ['poku, -kɐ] ■ *adj* peu de. ■ *adv & pron* peu. ■ *nm* • **um pouco** un peu • **um pouco de** un peu de • **um pouco mais de** un peu plus de • **custar pouco** ne pas coûter cher • **custar pouco a fazer** être facile à faire • **ficar a poucos passos de** être à quelques pas de • **pouco amável/inteligente** peu aimable/intelligent • **daí a pouco** peu après • **daqui a pouco** sous peu • **falta pouco para** c'est bientôt • **há pouco** il y a peu de temps • **a pouco e pouco, pouco a pouco** peu à peu • **por pouco** de peu • **fazer pouco de** se moquer de.

poupa ['popɐ] *nf fam* houpe *(f)*.

poupança [po'pɐ̃sɐ] *nf* épargne *(f)*.
■ **poupanças** *nfpl* économies *(fpl)*.

poupar [po'par] ■ *vt* **1.** économiser **2.** *(dinheiro)* épargner **3.** *(esforço)* ménager. ■ *vi* économiser.

pouquinho [po'kiɲu] *nm* petit peu *(m)* • **só um pouquinho** juste un petit peu • **um pouquinho de** un petit peu de.

pousada [po'zađɐ] *nf* auberge *(f)* • **pousada da juventude** auberge de jeunesse.

pousar [po'zar] ■ *vt* poser. ■ *vi* **1.** *(avião)* atterrir **2.** *(ave)* se poser.

povo ['povu] *nm* peuple *(m)*.

povoação [puvwɐ'sɐ̃u] (*pl* **-ões** [-õiʃ]) *nf* hameau *(m)*.

povoar [pu'vwar] *vt* peupler.

p.p. (*abr écrite de* **páginas**) pp. *(pages)*.

PR (*abr écrite de* **Presidente da República**) président *(m)* de la République.

praça ['prasɐ] *nf* **1.** place *(f)* **2.** *(mercado)* marché *(m)* • **praça de táxis** *(Port)* station *(f)* de taxis • **praça de touros** arènes *(fpl)*.

prado ['pradu] *nm* pré *(m)*.

praga ['pragɐ] *nf* **1.** *(doença)* épidémie *(f)* **2.** *(de insectos)* invasion *(f)* **3.** *(palavrão)* juron *(m)* **4.** *(maldição)* sort *(m)*.

pragmático, ca [prɐg'matiku, -kɐ] *adj* pragmatique.

praia ['prajɐ] *nf* plage *(f)* • **praia para nudistas** plage de nudistes.

prancha ['prɐ̃ʃɐ] *nf* planche *(f)* • **prancha de saltos** plongeoir *(m)* • **prancha de surf** surf *(m)*.

pranto ['prɐ̃ntu] *nm* chagrin *(m)*.

prata ['pratɐ] *nf* argent *(m)* • **de** OU **em prata** en argent.

prateado, da [prɐ'tjadu, -dɐ] *adj* argenté (e).

prateleira [prɐtə'lɐirɐ] *nf* étagère *(f)*.

prática ['pratikɐ] *nf* pratique *(f)* • **na prática** en OU dans la pratique • **pôr algo em prática** mettre qqch en pratique • **ter prática** avoir de l'expérience.

praticante [prɐti'kɐ̃ntə] ■ *adj* pratiquant (e). ■ *nmf* • **é um praticante de judo** il pratique le judo.

praticar [prɐti'kar] ■ *vt* pratiquer. ■ *vi* s'exercer.

praticável [prɐti'kavɛɫ] (*pl* **-eis** [-ɐiʃ]) *adj* **1.** *(acção)* réalisable **2.** *(estrada)* praticable.

prático, ca ['pratiku, -kɐ] *adj* pratique.

prato ['pratu] *nm* **1.** *(louça)* assiette *(f)* **2.** *(refeição)* plat *(m)* • **prato de sopa** *(utensílio)* assiette à soupe • *(comida)* soupe *(f)* • **prato fundo** assiette creuse • **prato raso** OU **chato** assiette plate • **prato da casa** spécialité *(f)* de la maison • **prato do dia** plat du jour • **pôr tudo em pratos limpos** *fam* tirer les choses au clair.
■ **pratos** *nmpl* MUS cymbales *(fpl)*.

praxe ['praʃə] *nf* **1.** *(costume)* coutume *(f)* **2.** *(académica)* traditions *(fpl)* • **ser da praxe** être d'usage.

prazer [prɐ'zer] (*pl* **-es** [-əʃ]) *nm* plaisir *(m)* • **muito prazer!** enchanté ! • **prazer em conhecê-lo!** enchanté de faire votre connaissance ! • **o prazer é (todo) meu!** moi de même ! • **com prazer** avec plaisir • **por prazer** pour le plaisir.

prazo ['prazu] *nm* délai *(m)* • **prazo de validade** date *(f)* limite de validité • **a curto/longo/médio prazo** à court/long/moyen terme.

pré-aviso [prɛɐ'vizu] (*pl* **pré-avisos** [prɛɐ'vizuʃ]) *nm* préavis *(m)*.

precário, ria [prə'karju, -rjɐ] *adj* précaire.

preçário [prə'sarju] *nm* tarif *(m)*.

precaução [prəkau'sɐ̃u] (*pl* **-ões** [-õiʃ]) *nf* précaution *(f)* • **por precaução** par précaution.

precaver-se [prəkɐ'versə] *vp* se prémunir • **precaver-se contra** OU **de** se prémunir contre.

precavido, da [prəkɐ'vidu, -dɐ] *adj* prévoyant(e).

prece ['prɛsə] *nf* prière *(f)*.

precedência [prəsə'dẽsjɐ] *nf* avance *(f)* • **ter precedência sobre** précéder.

precedente [*(Port)* prəsə'dẽtə, *(Br)* prese'dẽntʃi] ■ *adj* précédent(e). ■ *nm* précédent *(m)*.

preceder [prəsə'der] *vt* précéder.

precioso, osa [prə'sjozu, -ɔzɐ] *adj* précieux(euse).

precipício [prəsə'pisju] *nm* précipice *(m)*.

precipitação [prəsəpitɐ'sɐ̃u] (*pl* **-ões** [-õiʃ]) *nf* **1.** *(pressa)* précipitation *(f)* **2.** *(chuva)* précipitations *(fpl)*.

precipitar-se [prəsəpi'tarsə] *vp* se précipiter.

precisamente [prə,sizɐ'mẽntə] *adv* précisément.

precisão [prəsi'zɐ̃u] *nf* précision *(f)* • **com precisão** avec précision.

precisar [prəsi'zar] *vt* préciser.
■ **precisar de** *v + prép* avoir besoin de • **precisar de fazer algo** avoir besoin de faire qqch.

preciso, sa [prə'sizu, -zɐ] *adj* précis(e) • **ser preciso** être précis • **é preciso fazer algo** il faut faire qqch.

preço ['presu] *nm* prix *(m)* • **preço de ocasião** prix promotionnel • **preço reduzido** prix réduit • **a preço de saldo** soldé.

precoce [prə'kɔsə] *adj* **1.** *(criança)* précoce **2.** *(decisão)* prématuré(e).

preconcebido, **da** [prɛkõsə'bidu, -dɐ] *adj* préconçu(e).

preconceito [prəkõ'sɐitu] *nm* préjugé *(m)*.

precursor, **ra** [prəkur'sor, -rɐ] *(mpl* **-es** [-əʃ], *fpl* **-s** [-ʃ]) ■ *nm, f* précurseur *(m)*. ■ *adj* précurseur.

predador, **ra** [prədɐ'dor, -rɐ] *(mpl* **-es** [-əʃ], *fpl* **-s** [-ʃ]) *adj* prédateur(trice).

predecessor, **ra** [prədəsə'sor, -rɐ] *(mpl* **-es** [-əʃ], *fpl* **-s** [-ʃ]) *nm, f* prédécesseur *(m)*.

predileção [predʒile'sɐ̃u] *(pl* **-ões** [-õiʃ]) *nf (Br)* = **predilecção**.

predilecção [prədilɛ'sɐ̃u] *(pl* **-ões** [-õiʃ]) *nf (Port)* prédilection *(f)* • **ter predilecção por** avoir une prédilection pour.

predileções ▻ **predileção**.

predilecto, **ta** [prədi'lɛtu, -tɐ] *adj (Port)* préféré(e).

predileto, **ta** [predʒi'lɛtu, -tɐ] *adj (Br)* = **predilecto**.

prédio ['prɛdju] *nm* bâtiment *(m)* • **prédio de andares** *OU* **de apartamentos** immeuble *(m)*.

predominante [prədumi'nɐ̃ntə] *adj* prédominant(e).

predominar [prədumi'nar] *vi* prédominer.

preencher [priẽ'ʃer] *vt* remplir.

pré-fabricado, **da** [ˌprɛfɐbri'kadu, -dɐ] *adj* préfabriqué(e).

prefácio [prə'fasju] *nm* préface *(f)*.

prefeito, **ta** [pre'fɐitu, -tɐ] ■ *nm, f (Br)* maire *(mf)*. ■ *nm (em colégio)* surveillant(e).

prefeitura [prefɐi'turɐ] *nf (Br)* mairie *(f)*.

preferência [prəfə'rẽsjɐ] *nf* préférence *(f)* • **dar preferência a** donner la préférence à • **ter preferência por** préférer • **de preferência** de préférence.

preferido, **da** [prəfə'ridu, -dɐ] *adj* préféré(e).

preferir [prəfə'rir] *vt* préférer • **preferir fazer algo** préférer faire qqch • **preferir que** préférer que.

prefixo [prə'fiksu] *nm* préfixe *(m)*.

prega ['prɛgɐ] *nf* pli *(m)*.

pregador [prega'do(x)] *(Br)* = **mola**.

pregar[1] [prə'gar] *vt* **1.** *(prego)* clouer **2.** *(botões)* coudre.

pregar[2] [prɛ'gar] *vt* prêcher.

prego ['prɛgu] *nm* clou *(m)* • **prego no pão** *sandwich au bifteck* • **prego no prato** steak *(m)* frites.

preguiça [prə'gisɐ] *nf* paresse *(f)*.

pré-histórico, **ca** [ˌprɛiʃ'tɔriku, -kɐ] *adj* préhistorique.

prejudicar [prəʒudi'kar] *vt* **1.** *(pessoa)* porter préjudice à **2.** *(carreira, relação, saúde)* nuire à.

prejudicial [prəʒudi'sjał] *(pl* **-ais** [-aiʃ]) *adj* • **prejudicial para** nuisible.

prejuízo [prə'ʒwizu] *nm* **1.** *(dano)* dégât *(m)* **2.** *(em negócio)* préjudice *(m)* • **em prejuízo de** au détriment de • **sem prejuízo de** sans préjudice de.

prematuro, **ra** [prəmɐ'turu, -rɐ] *adj* prématuré(e).

premiado, **da** [prə'mjadu, -dɐ] *adj* primé(e).

premiar [prə'mjar] *vt* primer.

prémio ['prɛmju] *nm* **1.** *(Port)* prix *(m)* **2.** *(em seguros)* prime *(f)* • **grande prémio** *(em Fórmula 1)* grand prix.

prêmio ['premju] *nm (Br)* = **prémio**.

premonição [prəmuni'sɐ̃u] *(pl* **-ões** [-õiʃ]) *nf* prémonition *(f)*.

pré-natal [ˌprɛnɐ'tał] *(pl* **-ais** [-aiʃ]) *adj* pour femme enceinte.

prenda ['prẽndɐ] *nf* cadeau *(m)*.

prendado, **da** [prẽn'dadu, -dɐ] *adj* qui a toutes les qualités.

prender [prẽn'der] *vt* **1.** *(pessoa)* arrêter **2.** *(meter na prisão)* emprisonner **3.** *(atar)* attacher.

■ **prender-se** *vp* se prendre.

À PROPOS DE...

prender

Attention, ne pas confondre « prender » avec *prendre*. En portugais, « prender » signifie *incarcérer, attacher*.

prenome [prə'nome] *nm* prénom *(m)*.

prenunciar [prənũ'sjar] *vt* (laisser) présager.

preocupação [priukupɐ'sɐ̃u] (*pl* **-ões** [-õiʃ]) *nf* souci *(m)*.

preocupado, **da** [priuku'pađu, -đɐ] *adj* préoccupé(e).

preocupar [priuku'par] *vt* préoccuper. ■ **preocupar-se** *vp* se faire du souci • **preocupar-se com** se préoccuper de.

pré-pagamento [ˌprɛpɐgɐ'mẽntu] *nm* *paiement à la caisse avant consommation dans certains cafés ou certains bars.*

preparação [prəpɐrɐ'sɐ̃u] (*pl* **-ões** [-õiʃ]) *nf* préparation *(f)*.

preparado, **da** [prəpɐ'rađu, -đɐ] ■ *adj* prêt (e). ■ *nm* préparation *(f)*.

preparar [prəpɐ'rar] *vt* préparer. ■ **preparar-se** *vp* se préparer • **preparar-se para algo** se préparer à qqch.

preposição [prəpuzi'sɐ̃u] (*pl* **-ões** [-õiʃ]) *nf* préposition *(f)*.

prepotente [prəpu'tẽntə] *adj* autoritaire.

presença [prə'zẽsɐ] *nf* présence *(f)* • **na presença de** en présence de • **presença de espírito** présence d'esprit.

presenciar [prəzẽ'sjar] *vt* **1.** *(acontecimento)* assister à **2.** *(crime)* être témoin de.

presente [prə'zẽntə] ■ *adj* présent(e). ■ *nm* **1.** *(prenda)* cadeau *(m)* **2.** GRAMM présent *(m)*.

preservação [prəzərvɐ'sɐ̃u] (*pl* **-ões** [-õiʃ]) *nf* préservation *(f)*.

preservado, **da** [prəzər'vađu, -đɐ] *adj* préservé(e).

preservar [prəzər'var] *vt* préserver.

preservativo [prəzərvɐ'tivu] *nm* préservatif *(m)*.

presidência [prəzi'đẽsjɐ] *nf* présidence *(f)*.

presidente [prəzi'đẽntə] *nmf* **1.** *(de associação)* président *(m)* **2.** *(de empresa)* P-DG *(m)* • **Presidente da Câmara** *(Port)* maire *(m)* • **Presidente da República** président de la République.

presidir [prəzi'đir] *vi* • **presidir a algo** présider à qqch.

presilha [prə'ziʎɐ] *nf* passant *(m)* *(de ceinture)*.

preso, **sa** ['prezu, -zɐ] ■ *pp* ▻ **prender**. ■ *adj* **1.** *(atado)* attaché(e) **2.** *(capturado)* prisonnier(ère) **3.** *(que não se move)* coincé(e). ■ *nm, f* prisonnier *(m)*, -ère *(f)*.

pressa ['prɛsɐ] *nf* hâte *(f)* • **estar com pressa** être pressé • **estar sem pressa** ne pas être pressé • **ter pressa** être pressé • **às pressas** en vitesse.

presságio [prə'saʒju] *nm* présage *(m)*.

pressão [prə'sɐ̃u] (*pl* **-ões** [-õiʃ]) *nf* pression *(f)* • **pressão arterial alta** *(Br)* hypertension *(f)* • **pressão arterial baixa** *(Br)* hypotension *(f)* • **pressão atmosférica** pression atmosphérique • **pressão dos pneus** pression des pneus • **estar sob pressão** être sous pression.

pressentimento [prəsẽnti'mẽntu] *nm* pressentiment *(m)*.

pressentir [prəsẽn'tir] *vt* pressentir.

pressionar [prəsju'nar] *vt* **1.** *(botão)* presser **2.** *(pessoa)* faire pression sur.

pressões [pre'sõjʃ] ▻ **pressão**.

pressupor [prəsu'por] *vt* présupposer.

prestação [prəʃtɐ'sɐ̃u] (*pl* **-ões** [-õiʃ]) *nf* **1.** *(de serviço)* prestation *(f)* **2.** *(de pagamento)* versement *(m)* • **pagar a prestações** payer à crédit.

prestar [prəʃ'tar] ■ *vt* **1.** *(ajuda)* donner **2.** *(serviço, contas)* rendre **3.** *(atenção)* prêter. ■ *vi* servir • **não prestar para nada** *fam* ne servir à rien • **não prestar** *(comida)* *fam* ne pas être bon. ■ **prestar-se a** *vp* + *prép* se prêter à.

prestativo, **va** [prəʃtɐ'tivu, -vɐ] *adj* serviable.

prestes ['prɛʃtəʃ] *adj* • **estar prestes a fazer algo** être sur le point de faire qqch.

prestidigitador, **ra** [prəʃtiđəʒitɐ'đor, -rɐ] (*mpl* **-es** [-əʃ], *fpl* **-s** [-ʃ]) *nm, f* prestidigitateur *(m)*, -trice *(f)*.

prestígio [prəʃ'tiʒju] *nm* prestige *(m)*.

presumir [prəzu'mir] *vt* présumer.

presunçoso, **osa** [prəzũ'sozu, -ɔzɐ] *adj* présomptueux(euse).

presunto [prə'zũntu] *nm* jambon *(m)* cru.

prêt-à-porter [prɛtapox'te] *(Br)* = **pronto-a-vestir**.

pretender [prətẽn'der] *vt* avoir l'intention de • **pretender fazer algo** avoir l'intention de faire qqch.

pretensão [prətẽn'sɐ̃u] (*pl* **-ões** [-õiʃ]) *nf* souhait *(m)*. ■ **pretensões** *nfpl* prétention *(f)*.

pretérito [prə'tɛritu] *nm* passé *(m)* • **pretérito perfeito** *(simples)* passé simple • **pretérito imperfeito** *(simples)* imparfait *(m)*.

pretexto [prə'tɐiʃtu] *nm* prétexte *(m)* • **sob pretexto algum** sous aucun prétexte • **a** *OU* **com o pretexto de** sous prétexte de.

preto, ta ['pretu, -tɐ] ■ *adj* **1.** *(cor)* noir(e) **2.** *péj (de raça negra)* nègre. ■ *nm* noir *(m)*. ■ *nm, f péj* nègre *(m)*, négresse *(f)* • **pôr o preto no branco** mettre noir sur blanc.

prevalecer [prəvɐlə'ser] *vi* prévaloir.

prevenção [prəvẽ'sɐ̃u] (*pl* **-ões** [-õiʃ]) *nf* **1.** *(de doença, acidente)* prévention *(f)* **2.** *(aviso)* avertissement *(m)* • **estar de prevenção** être sur ses gardes • **prevenção rodoviária** prévention routière • **por prevenção** à titre préventif.

prevenido, da [prəvə'niđu, -đɐ] *adj* prévoyant(e) • **estar prevenido** être prévoyant.

prevenir [prəvə'nir] *vt* prévenir • **prevenir alguém de algo** prévenir qqn de qqch.

preventivo, va [prəvẽn'tivu, -vɐ] *adj* préventif(ive).

prever [prə'ver] *vt* prévoir.

previamente [ˌprɛvjɐ'mẽntə] *adv* préalablement.

previdência [*(Br)* previ'dẽnsja] *nf* • **a Previdência Social** la Sécurité sociale. • = **segurança**

prévio, via ['prɛvju, -vjɐ] *adj* préalable.

previsão [prəvi'zɐ̃u] (*pl* **-ões** [-õiʃ]) *nf* **1.** *(de futuro)* prédiction *(f)* **2.** *(conjectura)* prévision *(f)* • **previsão do tempo** prévision du temps.

previsível [prəvi'zivɛɫ] (*pl* **-eis** [-ɐiʃ]) *adj* prévisible.

previsões ▷ **previsão**.

previsto, ta [prə'viʃtu, -tɐ] *adj* prévu(e) • **como previsto** comme prévu.

prezado, da [prə'zađu, -đɐ] *adj* cher (chère) • **prezado...** *(em carta)* Cher....

prima ▷ **primo**.

primária [pri'marjɐ] *nf* primaire *(m)*.

primário, ria [pri'marju, -rjɐ] *adj* primaire.

primavera [primɐ'vɛrɐ] *nf* **1.** primevère *(f)* **2.** *(Br)* = **Primavera**.

Primavera [primɐ'vɛrɐ] *nf (Port)* printemps *(m)*.

primeira [pri'mɐirɐ] *nf* première *(f)* • ▷ **primeiro**.

primeiro, ra [pri'mɐiru, -rɐ] ■ *adj & num* **1.** premier(ère) **2.** *(chegar)* en premier. ■ *adv* d'abord. ■ *nm, f* **1.** • **o primeiro/a primeira da turma** le premier/la première de la classe • **à primeira** du premier coup • **à primeira vista** à première vue • **de primeira** de premier ordre • **em primeiro lugar** d'abord • **primeira classe** ≃ cours *(m)* préparatoire • **primeiros socorros** premiers secours • **primeiro que tudo** avant tout **2.** • **chegar em primeiro** arriver premier • **capítulo primeiro** chapitre premier • **em primeiro lugar** en premier • **no primeiro dia** le premier jour.

primeiro-ministro, primeira-ministra [priˌmɐirumə'niʃtru, priˌmɐirɐmə'niʃtrɐ] *nf* Premier Ministre *(m)*.

primitivo, va [primi'tivu, -vɐ] *adj* primitif (ive).

primo, ma ['primu, -mɐ] *nm, f* cousin *(m)*, -e *(f)*.

primogénito, ta [primu'ʒɛnitu, -tɐ] *nm, f (Port)* aîné *(m)*, -e *(f)*.

primogênito, ta [primo'ʒenitu, -tɐ] *nm, f (Br)* = **primogénito**.

princesa [prĩ'sezɐ] *nf* princesse *(f)*.

principal [prĩsi'paɫ] (*pl* **-ais** [-aiʃ]) *adj* principal(e).

principalmente [prĩsipaɫ'mẽntə] *adv* principalement.

príncipe ['prĩsipə] *nm* prince *(m)*.

principiante [prĩsə'pjẽntə] *nmf* débutant *(m)*, -e *(f)*.

principiar [prĩsə'pjar] ■ *vt* commencer. ■ *vi* débuter.

princípio [prĩ'sipju] *nm* **1.** début *(m)* **2.** *(moral)* principe *(m)* • **partir do princípio** partir du principe • **a princípio** au début • **desde o princípio** depuis le début • **em princípio** en principe • **por princípio** par principe.

prioridade [priuri'đađə] *nf* priorité *(f)* • **prioridade de passagem** priorité.

prisão [pri'zɐ̃u] (*pl* **-ões** [-õiʃ]) *nf* **1.** *(acto)* emprisonnement *(m)* **2.** *(local)* prison *(f)* • **prisão de ventre** constipation *(f)*.

privação [privɐ'sɐ̃u] (*pl* **-ões** [-õiʃ]) *nf* privation *(f)*.
■ **privações** *nfpl* privations *(fpl)*.

privacidade [privɐsi'đađə] *nf* vie *(f)* privée.

privações ▷ **privação**.

privada [pri'vađɐ] *nf (Br)* toilettes *(fpl)*.

privado, **da** [pri'vađu, -đɐ] *adj* privé(e).

privar [pri'var] *vt* ◈ **privar alguém de algo** priver qqn de qqch.
■ **privar-se de** *vp* + *prép* ◈ **privar-se de algo** se priver de qqch.

privativo, **va** [privɐ'tivu, -vɐ] *adj* privatif (ive).

privilegiado, **da** [privəli'ʒjađu, -đɐ] *adj* privilégié(é).

privilegiar [privəli'ʒjar] *vt* privilégier.

privilégio [prəvi'lɛʒju] *nm* privilège *(m)*.

proa ['proɐ] *nf* proue *(f)*.

probabilidade [pruƀɐƀəli'đađə] *nf* probabilité *(f)*.

problema [pru'ƀlemɐ] *nm* problème *(m)* ◈ **ter problemas com** avoir des problèmes avec.

procedente [prusə'dẽntə] *adj* ◈ **procedente de** en provenance de.

proceder [prusə'đer] *vi* procéder ◈ **proceder com** procéder avec.

processador [prusəsɐ'đor] (*pl* **-es** [-əʃ]) *nm* INFORM ◈ **processador de texto** traitement *(m)* de texte.

processamento [prusəsɐ'mẽntu] *nm* INFORM traitement *(m)*.

processar [prusə'sar] *vt* **1.** DR faire un procès à **2.** INFORM traiter.

processo [pru'sɛsu] *nm* **1.** *(sistema)* processus *(m)* **2.** *(método)* procédé *(m)* **3.** DR procès *(m)*.

procissão [prusi'sɐ̃u] (*pl* **-ões** [-õiʃ]) *nf* procession *(f)*.

proclamar [pruklɐ'mar] *vt* proclamer.

procura [prɔ'kurɐ] *nf* **1.** *(busca)* recherche *(f)* **2.** COMM demande *(f)* ◈ **andar à procura de** chercher.

procurador, **ra** [prɔkurɐ'đor, -rɐ] (*mpl* **-es** [-əʃ], *fpl* **-s** [-ʃ]) *nm, f* fondé(e) de pouvoir ◈ **procurador da República** procureur *(m)* *(nf* **procureure**) de la République.

procurar [prɔku'rar] *vt* chercher ◈ **procurar fazer algo** s'efforcer de faire qqch.

prodígio [pru'điʒju] *nm* prodige *(m)*.

produção [pruđu'sɐ̃u] (*pl* **-ões** [-õiʃ]) *nf* production *(f)*.

produtividade [pruđutəvi'đađə] *nf* productivité *(f)*.

produtivo, **va** [pruđu'tivu, -vɐ] *adj* productif(ive).

produto [pru'đutu] *nm* produit *(m)* ◈ **produto alimentar** produit alimentaire ◈ **produto de limpeza** produit ménager ◈ **produto natural** produit naturel.

produtor, **ra** [pruđu'tor, -rɐ] (*mpl* **-es** [-əʃ], *fpl* **-s** [-ʃ]) *nm, f* producteur *(m)*, -trice *(f)*.

produzir [pruđu'zir] *vt* produire.

proeminente [pruimi'nẽntə] *adj* **1.** *(saliente)* proéminent(e) **2.** *(figura)* éminent(e) **3.** *(aspecto)* important(e) **4.** *(papel)* de premier plan.

proeza [pru'ezɐ] *nf* prouesse *(f)*.

profanar [prufɐ'nar] *vt* profaner.

profecia [prufə'siɐ] *nf* prophétie *(f)*.

proferir [prufə'rir] *vt* **1.** proférer **2.** *(sentença)* rendre.

professor, **ra** [prufə'sor, -rɐ] (*mpl* **-es** [-əʃ], *fpl* **-s** [-ʃ]) *nm, f* *(aussi :* **professeure** *nf)* professeur *(mf)*.

profeta [pru'fɛtɐ] *nm* prophète *(m)*.

profetisa [pru'fə'tizɐ] *nf* prophétesse *(f)*.

profiláctico, **ca** [prɔfi'latiku, -kɐ] *adj* prophylactique.

profilático [profi'latiku] *(Br)* = **profiláctico**.

profissão [prufi'sɐ̃u] (*pl* **-ões** [-õiʃ]) *nf* profession *(f)*.

profissional [prufəsju'naɫ] (*pl* **-ais** [-aiʃ]) *adj* & *nmf* professionnel(elle).

profissões ▷ **profissão**.

profundidade [prufũndi'đađə] *nf* profondeur *(f)* ◈ **ter três metros de profundidade** avoir trois mètres de profondeur.

profundo, **da** [pru'fũndu, -dɐ] *adj* profond(e).

prognóstico [prɔg'nɔʃtiku] *nm* pronostic *(m)*.

programa [pru'gremɐ] *nm* **1.** programme *(m)* **2.** *(de televisão, rádio)* émission *(f)*.

programação [prugremɐ'sɐ̃u] (*pl* **-ões** [-õiʃ]) *nf* **1.** *(em televisão, rádio)* programme *(m)* **2.** INFORM programmation *(f)*.

progredir [prugrə'đir] *vi* progresser ◈ **progredir em** progresser en.

progresso [pru'gɾɛsu] *nm* progrès *(m)* • **fazer progressos** faire des progrès.

proibição [pruiƀi'sɐ̃u] (*pl* **-ões** [-õiʃ]) *nf* interdiction *(f)*.

proibido, da [prui'ƀiđu, -đɐ] *adj* interdit(e) • **'proibida a entrada'** 'entrée interdite' • **'é proibido afixar anúncios'** 'défense d'afficher' • **'proibido estacionar'** 'stationnement interdit' • **'proibido fumar'** 'interdiction de fumer' • **'proibido a menores de 18'** 'interdit aux moins de 18 ans'.

proibir [prui'ƀir] *vt* interdire • **proibir alguém de fazer algo** interdire *ou* défendre à qqn de faire qqch.

projeção [proʒe'sɐ̃u] (*pl* **-ões** [-õiʃ]) *nf (Br)* = **projecção**.

projecção [pru'ʒɛsɐ̃u] (*pl* **-ões** [-õiʃ]) *nf (Port)* projection *(f)*.

projeções ▷ **projeção**.

projéctil [pru'ʒɛtił] (*pl* **-teis** [-tɐiʃ]) *nm (Port)* projectile *(m)*.

projecto [pru'ʒɛtu] *nm (Port)* projet *(m)*.

projector [pruʒɛ'tor] (*pl* **-es** [-əʃ]) *nm* projecteur *(m)*.

projétil [pro'ʒɛtʃiu] (*pl* **-teis** [-teiʃ]) *nm (Br)* = **projéctil**.

projeto [pro'ʒɛtu] *nm (Br)* = **projecto**.

projetor [proʒe'tox] (*pl* **-es** [-iʃ]) *nm (Br)* = **projector**.

proliferar [prulifə'rar] *vi* proliférer.

prólogo ['prɔlugu] *nm* prologue *(m)*.

prolongado, da [prulõŋ'gađu, -đɐ] *adj* prolongé(e).

prolongar [prulõŋ'gar] *vt* prolonger.
■ **prolongar-se** *vp* se prolonger.

promessa [pru'mɛsɐ] *nf* promesse *(f)*.

prometer [prumə'ter] *vt* promettre • **prometer algo a alguém** promettre qqch à qqn • **prometer fazer algo** promettre de faire qqch • **prometer que** promettre que.

promíscuo, cua [pru'miʃkwu, -kwɐ] *adj* aux mœurs légères.

promissor, ra [prumi'sor, -rɐ] (*mpl* **-es** [-əʃ], *fpl* **-s** [-ʃ]) *adj* **1.** *(pessoa)* qui promet **2.** *(futuro)* prometteur(euse).

promoção [prumu'sɐ̃u] (*pl* **-ões** [-õiʃ]) *nf* promotion *(f)* • **em promoção** en promotion.

promontório [prumõn'tɔrju] *nm* promontoire *(m)*.

promover [prumu'ver] *vt* promouvoir.

pronome [pru'nomə] *nm* pronom *(m)*.

prontidão [prõntʃi'dɐ̃w] *(Br) nf* • **estar de prontidão** être sur ses gardes.

pronto, ta ['prõntu, -tɐ] ◼ *adj* prêt(e). ◼ *interj* ça y est ! • **a pronto** *(pagamento)* au comptant • **estar pronto** être prêt • **estar pronto a fazer algo** être prêt à faire qqch *(disposé à)* • **estar pronto para fazer algo** être prêt à faire qqch • **pronto, pronto!** *fam* bon, bon !

pronto-a-vestir [ˌprõntwɐvəʃ'tir] *nm inv* **1.** *(vestuário)* prêt-à-porter *(m)* **2.** *(loja)* magasin *(m)* de prêt-à-porter.

pronto-socorro [ˌprõntusu'koʀu] *nm* ≃ SAMU *(m)*.

pronúncia [pru'nũsjɐ] *nf* prononciation *(f)*.

pronunciar [prunũ'sjar] *vt* prononcer.
■ **pronunciar-se** *vp* se prononcer.

propaganda [prupɐ'gɐ̃ndɐ] *nf* **1.** *(de produto)* publicité *(f)* **2.** POLIT propagande *(f)*.

propensão [prupẽ'sɐ̃u] (*pl* **-ões** [-õiʃ]) *nf* propension *(f)*.

propina [pro'pinaʃ] *nf* tarifs *(mpl)*, frais *(mpl)*, droits *(mpl)* universitaires.

propinas [pru'pinɐʃ] *nfpl* droits *(mpl)* d'inscription.

propor [pru'por] *vt* proposer.

proporção [prupur'sɐ̃u] (*pl* **-ões** [-õiʃ]) *nf* proportion *(f)* • **em proporção** en proportion.
■ **proporções** *nfpl* proportions *(fpl)*.

proporcional [prupursju'nał] (*pl* **-ais** [-aiʃ]) *adj* proportionnel(elle) • **proporcional a** proportionnel à.

propósito [pru'pɔzitu] *nm* propos *(m)* • **com o propósito de** dans le but de • **a propósito** à propos • **de propósito** exprès.
■ **propósitos** *nmpl* • **ter propósitos** savoir se tenir.

propriedade [pruprie'đađə] *nf* propriété *(f)* • **'propriedade privada'** 'propriété privée'.

proprietário, ria [pruprie'tarju, -rjɐ] *nm, f* propriétaire *(mf)*.

próprio, pria ['prɔpriu, -priɐ] ◼ *adj* **1.** *(viatura, casa)* personnel(elle) **2.** *(hora, momento)* bon (bonne) **3.** *(característico)* propre. ◼ *nm, f* • **em presença do próprio** en présence de l'intéressé • **próprio para** adapté à • **eu próprio** moi-même • **o próprio presidente** le président lui-même • **é o próprio** c'est lui-même.

prosa ['prɔzɐ] *nf* prose *(f)*.

prospecto [pruʃ'pɛ(k)tu] *nm* prospectus *(m)*.

prosperar [pruʃpə'rar] *vi* prospérer.

prosperidade [pruʃpəri'đađə] *nf* prospérité *(f)*.

prosseguir [prusə'gir] ■ *vt* poursuivre. ■ *vi* continuer • **prosseguir com algo** poursuivre qqch.

prostituta [pruʃti'tutɐ] *nf* prostituée *(f)*.

protagonista [prutɐgu'niʃtɐ] *nmf* **1.** *(em filme, livro)* héros *(m)*, héroïne *(f)* **2.** *(em acontecimento)* protagoniste *(mf)*.

proteção [prote'sɐ̃u] (*pl* **-ões** [-õiʃ]) *nf (Br)* = **protecção**.

protecção [prutɛ'sɐ̃u] (*pl* **-ões** [-õiʃ]) *nf (Port)* protection *(f)*.

proteções *(Br)* = **protecção**.

protector, **ra** [prutɛ'tor, -rɐ] (*mpl* **-es** [-əʃ], *fpl* **-s** [-ʃ]) ■ *nm, f (Port)* protecteur *(m)*, -trice *(f)*. ■ *nm (de sapato)* fer *(m)* • **protector (solar)** crème *(f)* solaire.

proteger [prutə'ʒer] *vt* protéger.

proteína [protɛ'ina] *nf* protéine *(f)*.

proteínas [prɔtɛ'inɐʃ] *nfpl* protéines *(fpl)*.

prótese ['prɔtəzə] *nf* prothèse *(f)* • **prótese dentária** prothèse dentaire.

protestante [prutəʃ'tɐ̃ntə] *adj* & *nmf* protestant(e).

protestar [prutəʃ'tar] *vi* protester • **protestar contra** protester contre.

protesto [pru'tɛʃtu] *nm* protestation *(f)*.

protetor, **ra** [prote'tox, -rɐ] (*mpl* **-es** [-iʃ], *fpl* **-s** [-ʃ]) *nm, f* & *nm (Br)* = **protector**.

protocolo [proto'kɔlu] *nm* **1.** *(ger)* protocole *(m)* **2.** *(registro)* inscription *(f)* **3.** *(recibo)* enregistrement *(m)* **4.** *(setor)* consignation *(f)* • **quebrar o protocolo** rompre le protocole.

protocolo [prɔtɔ'kɔlu] *nm* protocole *(m)*.

protuberância [prutuƀə'rɐ̃sjɐ] *nf* protubérance *(f)*.

prova ['prɔvɐ] *nf* preuve *(f)* • **prova global** examen *(m)* de fin d'année • **à prova de** à l'épreuve de • **dar provas de** faire preuve de • **pôr à prova** mettre à l'épreuve • **prestar provas** passer des examens.

provar [pru'var] *vt* **1.** *(facto)* prouver **2.** *(comida)* goûter **3.** *(roupa)* essayer.

provável [pru'vavɛł] (*pl* **-eis** [-ɐiʃ]) *adj* probable • **pouco provável** peu probable.

provavelmente [*(Port)* pruvavɛł'mẽntə, *(Br)* provovew'ntʃi] *adv* probablement.

provedor, **ra** [prove'do(x), -ra] *nm* fournisseur *(m)* • **provedor de acesso** INFORM fournisseur d'accès à Internet.

proveito [pru'vɐitu] *nm* profit *(m)* • **bom proveito!** bon appétit ! • **em proveito de** au profit de • **tirar proveito de algo** tirer profit de qqch.

proveniente [pruvə'njẽntə] *adj* • **proveniente de** provenant de.

provérbio [pru'vɛrƀju] *nm* proverbe *(m)*.

prover-se [pru'versə] ■ **prover-se de** *vp* + *prép* **1.** *(abastecer-se de)* s'approvisionner en **2.** *(munir-se de)* se munir de.

proveta [pru'vetɐ] *nf* éprouvette *(f)*.

providência [pruvi'đẽsjɐ] *nf* disposition *(f)* • **tomar providências** prendre des dispositions.

providenciar [pruviđẽ'sjar] ■ *vt* trouver. ■ *vi* • **providenciar para que** prendre des dispositions pour que.

província [pru'vĩsjɐ] *nf* province *(f)*.

provisório, **ria** [pruvi'zɔrju, -rjɐ] *adj* provisoire.

provocador, **ra** [pruvukɐ'đor, -rɐ] (*mpl* **-es** [-əʃ], *fpl* **-s** [-ʃ]) *adj* provocateur(trice).

provocante [pruvu'kẽntə] *adj* provocant (e).

provocar [pruvu'kar] *vt* provoquer.

provolone [prɔvɔ'lɔnə] *nm* provolone *(m)*, *fromage italien au lait de vache.*

proximidade [prɔsəmi'đađə] *nf* proximité *(f)*.

■ **proximidades** *nfpl* • **nas proximidades de** près de.

próximo, **ma** ['prɔsimu, -mɐ] ■ *adj* **1.** *(em espaço, tempo, intimidade)* proche **2.** *(seguinte)* prochain(e). ■ *pron* • **o próximo/a próxima** le prochain/la prochaine • **até à próxima!** à la prochaine ! • **nos próximos dias/meses** les jours/les mois prochains • **próximo de** proche de.

Próximo Oriente ['prɔsimuo,rjẽntə] *nm* • **o Próximo Oriente** le Proche-Orient.

proxy ['prɔʃi] (*pl* **-ies**) [-iʃ] *nm* INFORM serveur *(m)* proxy.

prudência [pru'đẽsjɐ] *nf* prudence *(f)*.

prudente [pru'đẽntə] *adj* prudent(e).

prurido [pru'riđu] *nm* démangeaison *(f)*.

P.S. (*abr de* **Post Scriptum**) PS *(m)*.

pseudónimo [pseu'đɔnimu] *nm (Port)* pseudonyme *(m)*.

pseudônimo [pseu'donimu] *nm (Br)* = **pseudónimo**.

psicanálise [psikɐ'nalizə] *nf* psychanalyse *(f)*.

psicanalista [psikɐnɐ'liʃtɐ] *nmf* psychanalyste *(mf)*.

psicologia [psikulu'ʒiɐ] *nf* psychologie *(f)*.

psicológico, ca [psiku'lɔʒiku, -kɐ] *adj* psychologique.

psicólogo, ga [psi'kɔlugu, -gɐ] *nm, f* psychologue *(mf)*.

psiquiatra [psi'kjatrɐ] *nmf* psychiatre *(mf)*.

psiu [psiw] *(Br)* = **chiu**.

PSP *nf* (*abr de* **Polícia de Segurança Pública**) police *(f)*.

puberdade [puƀər'đađə] *nf* puberté *(f)*.

publicação [puƀlikɐ'sɐ̃u] (*pl* **-ões** [-õiʃ]) *nf* publication *(f)*.

publicar [puƀli'kar] *vt* publier.

publicidade [puƀlisi'đađə] *nf* publicité *(f)*.

público, ca ['puƀliku, -kɐ] ◆ *adj* public (ique). ◆ *nm* public *(m)* • **o público em geral** le grand public • **tornar público algo** rendre qqch public • **em público** en public.

pude ['puđə] ▷ **poder**.

pudim [pu'đĩ] (*pl* **-ns** [-ʃ]) *nm* flan *(m)* • **pudim de leite** *pouding au lait concentré* • **pudim flan** flan • **pudim molotov** *gâteau à base de blancs d'œufs battus en neige*.

puf ['pufə] *interj* pff !

pugilismo [puʒi'liʒmu] *nm* boxe *(f)*.

puído, da ['pwiđu, -đɐ] *adj* usé(e).

pular [pu'lar] *vt & vi fam* sauter.

pulga ['puɫgɐ] *nf* puce *(f)* • **ter** ne pas tenir en place.

pulmão [puɫ'mɐ̃u] (*pl* **-ões** [-õiʃ]) *nm* poumon *(m)*.

pulo ['pulu] *nm fam* saut *(m)* • **dar pulos** *fam* sauter • **dar um pulo a** *OU* **até** faire un saut à • **vou a casa num pulo** *fam* je passe chez moi.

pulôver [pu'lɔvɛr] (*pl* **-es** [-əʃ]) *nm* pullover *(m)*.

pulsação [puɫsɐ'sɐ̃u] (*pl* **-ões** [-õiʃ]) *nf* pulsation *(f)*.

pulseira [puɫ'sɐirɐ] *nf* bracelet *(m)*.

pulso ['puɫsu] *nm* **1.** pouls *(m)* **2.** *(punho)* poignet *(m)* • **medir** *OU* **tirar o pulso a alguém** prendre le pouls à qqn.

pulverizar [puɫvəri'zar] *vt* pulvériser.

punha ['puɲɐ] ▷ **pôr**.

punhado [pu'ɲađu] *nm* • **um punhado de** une poignée de.

punhal [pu'ɲaɫ] (*pl* **-ais** [-aiʃ]) *nm* poignard *(m)*.

punho ['puɲu] *nm* **1.** poignet *(m)* **2.** *(mão fechada)* poing *(m)* **3.** *(de arma, faca)* manche *(m)*.

punição [puni'sɐ̃u] (*pl* **-ões** [-õiʃ]) *nf* punition *(f)*.

punir [pu'nir] *vt* punir.

pupila [pu'pilɐ] *nf* pupille *(f)*.

puré [pu'rɛ] *nm (Port)* purée *(f)* • **puré (de batata)** purée (de pommes de terre).

purê [pu're] *nm (Br)* = **puré**.

pureza [pu'rezɐ] *nf* pureté *(f)*.

purgante [pur'gẽntə] *nm* purgatif *(m)*.

purificador, ra [purifikɐ'đor, -rɐ] (*mpl* **-es** [-əʃ], *fpl* **-s** [-ʃ]) ◆ *adj* purificateur(trice). ◆ *nm* • **purificador do ar** désodorisant *(m)*.

purificar [purifi'kar] *vt* purifier.

puritano, na [puri'tɐnu, -nɐ] *adj* puritain (e).

puro, ra ['puru, -rɐ] *adj* pur(e) • **pura lã** pure laine • **a pura verdade** la pure vérité • **pura e simplesmente** purement et simplement.

puro-sangue [,puru'sẽŋgə] *nm inv* pur-sang *(m inv)*.

púrpura ['purpurɐ] *nf* **1.** *(tecido)* pourpre *(f)* **2.** *(cor)* pourpre *(m)*.

pus[1] ['puʃ] *nm* pus *(m)*.

pus[2] ['puʃ] ▷ **pôr**.

puta ['putɐ] *nf vulg* putain *(f)*.

puto ['putu] *nm (Port) fam* gamin *(m)*.

puxador [puʃɐ'đor] (*pl* **-es** [-əʃ]) *nm* poignée *(f)* • **puxador de samba-enredo** *(Br) chanteur qui rappelle aux danseurs de son école de samba les paroles de la samba-thème chantée tout au long du carnaval.*

puxão [pu'ʃɐ̃u] (*pl* **-ões** [-õiʃ]) *nm* • **dar um puxão a algo** tirer qqch.

puxar [pu'ʃar] ◼ *vt* **1.** *(cabelo, cordel)* tirer **2.** *(banco, cadeira)* prendre. ◼ *vi* • **puxar de algo** sortir qqch • **'puxe'** 'tirez' • **puxar o autoclismo** *(Port)* tirer la chasse • **puxar o saco a alguém** *(Br) fam* lécher les bottes à qqn.

À PROPOS DE...

puxar

Attention, ne pas confondre « puxar » avec ***pousser***. En portugais, « puxar » signifie ***tirer***.

puxões [pu'ʃõjʃ] ▷ **puxão**.

q

q, Q [ke] *m* q, Q.

q.b. (*abr écrite de* **quanto baste**) suffisamment.

Q.I. *nm* (*abr écrite de* **quociente de inteligência**) QI *(m) (Quotient intellectuel)*.

quadra ['kwađrɐ] *nf* **1.** *(em poesia)* quatrain *(m)* **2.** *(estação, temporada)* époque *(f)* • **quadra de jogos** *(Br)* aire *(f)* de jeux • **quadra de ténis/squash** *(Br)* terrain *(m)* de tennis/squash.

quadrado, da [kwɐ'đrađu, -đɐ] ■ *adj* carré(e). ■ *nm* carré *(m)*.

quadragésimo, ma [kwɐđrɐ'ʒɛzimu, -mɐ] *num* quarantième.

quadril [kwɐ'đriɫ] (*pl* **-is** [-iʃ]) *nm* hanche *(f)*.

quadro ['kwađru] *nm* tableau *(m)*.

quadro-negro [ˌkwadru'negru] (*pl* **quadros-negros** [ˌkwadruʒ'negruʃ]) *nm (Br)* tableau *(m) (à l'école)*.

quaisquer [kwajʃ'kɛ(x)] ▷ **qualquer**.

qual ['kwaɫ] (*pl* **-ais** [-aiʃ]) *loc*

- **cada qual** chacun (chacune)
- **cada qual por si** chacun pour soi
- **qual nada** OU **quê!** mais non !
- **seja qual for** quel/quelle que soit
- **tal (e) qual** tel quel.

qual *pron*

o/a + qual (pron. rel.)

lequel, laquelle, qui, dont

- **comprou um carro, o qual é muito rápido** il a acheté une voiture qui va très vite
- **é o livro do qual te falei** c'est le livre dont je t'ai parlé
- **o amigo com o qual falava** l'ami auquel je parlais
- **a maior parte dos quais** dont la plupart
- **entre os quais** parmi lesquels/lesquelles.

qual *pron*

- **qual deles?** lequel ?
- **qual é o melhor caminho?** quel est le meilleur chemin ?
- **qual escolheste?** lequel/laquelle as-tu choisi(e) ?

qualidade [kwɐli'đađə] *nf* **1.** qualité *(f)* **2.** *(espécie)* type *(m)* • **na qualidade de** en qualité de, en tant que.

qualificação [kwɐləfikɐ'sɐ̃u] (*pl* **-ões** [-õiʃ]) *nf* qualification *(f)*.

qualificado, da [kwɐləfi'kađu, -đɐ] *adj* qualifié(e).

qualquer [kwaɫ'kɛr] (*pl* **quaisquer** [kwaiʃ'kɛr]) ■ *adj* n'importe quel (n'importe quelle). ■ *pron* n'importe lequel (n'importe laquelle) • **está em qualquer lugar** c'est quelque part • **qualquer um deles** n'importe lequel d'entre eux • **qualquer um** OU **pessoa** n'importe qui • **a qualquer momento** n'importe quand.

quando ['kwɐ̃ndu] ■ *adv* quand. ■ *conj* **1.** *(no momento, época em que)* quand **2.** *(apesar de que)* alors que **3.** *(ao passo que)* tandis que • **de quando em quando** de temps en temps • **desde quando** depuis quand • **quando quer que** quand • **quando mais não seja** au moins • **quando muito** tout au plus.

quanta ['kwnta] ▷ **quanto**.

quantia [kwɐ̃n'tiɐ] *nf* montant *(m)*.

quantidade [kwɐ̃nti'đađə] *nf* quantité *(f)* • **em quantidade** en quantité.

quanto, ta ['kwɐ̃ntu, -tɐ] *adj & pron*

1. DANS DES PHRASES INTERROGATIVES = combien (de)

- **quanto tempo temos de esperar?** combien de temps devons-nous attendre ?
- **quantas vezes aqui vieste?** combien de fois es-tu venu ici ?

- **quantos quer?** combien en voulez-vous ?
- **quanto custam?** combien coûtent-ils ?
- **quanto quer?** combien voulez-vous ?

2. DANS DES PHRASES EXCLAMATIVES = que de
- **quanto dinheiro!** que d'argent !
- **quantos erros!** que d'erreurs !

quanto *pron rel*

1. CONCERNANT UNE PERSONNE
- **tudo quanto ele disse é verdade** tout ce qu'il a dit est vrai
- **come quanto/quantos quiseres** mange tout ce/tous ceux que tu veux
- **agradeceu a todos quantos o ajudaram** il a remercié tous ceux qui l'ont aidé

2. LOCUTIONS ET EXPRESSIONS
- **quanto a** quant à
- **quanto antes** dès que possible, au plus tôt
- **quanto mais** encore moins
- **quantos mais melhor** plus on est, mieux c'est
- **quanto mais não seja** au moins
- **uns quantos** quelques-uns
- **tanto... quanto...** autant… que…
- **tanto... quanto** autant… autant
- **quanto mais... mais** plus…plus.

quarenta [kwɐ'rẽntɐ] *num* quarante.

quarentena [kwɐrẽn'tenɐ] *nf* quarantaine *(f)*.

Quaresma [kwɐ'rɛʒmɐ] *nf* carême *(m)*.

quarta ['kwartɐ] ■ *nf* quatrième *(f)*. ■ *num* ▻ **quarto**.

quarta-feira [ˌkwartɐ'fɐirɐ] (*pl* **quartas-feiras** [ˌkwartɐʃ'fɐirɐʃ]) *nf* mercredi *(m)* • **às quartas-feiras** le mercredi • **até quarta-feira** à mercredi • **ela vem quarta-feira** elle vient mercredi • **esta quarta-feira** mercredi • **hoje é quarta-feira** aujourd'hui nous sommes mercredi • **todas as quartas-feiras** tous les mercredis • **quarta-feira de manhã/à tarde/à noite** mercredi matin/après-midi/soir • **quarta-feira 13 de Junho** (le) mercredi 13 juin • **quarta-feira passada** mercredi dernier • **quarta-feira que vem** mercredi prochain.

quarteirão [kwɐrtɐi'rɐ̃u] (*pl* **-ões** [-õiʃ]) *nm* **1.** *(quantidade)* quart *(m)* de livre **2.** *(área)* pâté *(m)* de maison.

quartel [kwɐr'tɛɫ] (*pl* **-éis** [-ɛiʃ]) *nm* caserne *(f)*.

quarteto [kwɐr'tetu] *nm* **1.** *(em música)* quatuor *(m)* **2.** *(de jazz)* quartette *(m)*.

quarto, ta ['kwartu, -tɐ] ■ *num* quatrième. ■ *nm* **1.** *(divisão de casa)* chambre *(f)* **2.** *(parte)* quart *(m)* **3.** • **o quarto/a quarta** le/la quatrième • **chegar em quarto** arriver quatrième • **capítulo quarto** chapitre quatre • **em quarto lugar** en quatrième • **no quarto dia** le quatrième jour • **quarto de banho** salle *(f)* de bains • *(em restaurante)* toilettes *(fpl)* • **quarto de casal** chambre double • **quarto com duas camas** chambre à deux lits • **quarto de hora** quart d'heure • **quarto de quilo** demie-livre *(f)* • **'quarto para alugar'** 'chambre à louer'.

quartzo ['kwartsu] *nm* quartz *(m)*.

quase ['kwazə] *adv* presque • **quase nada** presque rien • **quase nunca** presque jamais • **quase quase** presque • **ele quase que caía** il a failli tomber • **quase sempre** presque toujours.

quatro ['kwatru] *num* quatre • **às quatro** à quatre heures • **ele tem quatro anos** il a quatre ans • **eles eram quatro** ils étaient quatre • **são quatro horas** il est quatre heures • **quatro de Janeiro** le quatre janvier • **página quatro** page quatre • **trinta e quatro** trente-quatre • **o quatro de copas** le quatre de cœur • **de quatro em quatro dias** tous les quatre jours • **empataram a quatro** (ils ont fait) quatre partout • **quatro a zero** quatre à zéro.

quatrocentos, tas [ˌkwatru'sẽntuʃ, -tɐʃ] *num* quatre cents.

que [kə] *adj inv* & *pron*

1. DANS UNE PHRASE INTERROGATIVE = que, quel, -s *(pl)*, quelle, -s *(pl)*, quoi
- **que dia é hoje?** quel jour sommes-nous ?
- **que horas são?** quelle heure est-il ?
- **mas que belo dia!** mais quelle belle journée !
- **que é isso?** qu'est-ce que c'est que ça ?
- **que (é que) queres?** que veux-tu ?
- **que (é que) vais comer?** que vas-tu manger ?
- **que (é que) dizes a isto?** qu'est-ce que tu en dis ?
- **em que é que estás a pensar?** à quoi penses-tu ?

2. DANS UNE PHRASE EXCLAMATIVE = que, quel, -s *(pl)*, quelle, -s *(pl)*
- **que fome!** quelle faim !
- **que maravilha!** quelle merveille !
- **que bonito!** que c'est beau !
- **que bolo tão bom!** quel bon gâteau !

que *pron rel inv*

que, qui

• **o homem que corre** l'homme qui court

• **o homem que conheci** l'homme que j'ai connu

• **o bolo que comi era óptimo** le gâteau que j'ai mangé était très bon.

que *conj inv*

1. EN USAGE RELATIF

• **confessou que me tinha enganado** il a avoué qu'il m'avait trompé

• **espero que te divirtas** j'espère que tu t'amuses

• **quero que tu o faças** je veux que tu le fasses

• **que sejas feliz!** tous mes vœux de bonheur !

2. ISOLÉ OU EN LOCUTION, « QUE » INTRODUIT DES PROP. SUBORDONNÉES DE CAUSE, TEMPS, BUT, COMPARATIVES, ETC.

• **leva chapéu que está a chover** prends ton parapluie, il pleut

• **há horas que estou à espera** ça fait des heures que j'attends

• **há muito que lá não vou** ça fait longtemps que je n'y vais pas

• **tudo fiz para que fosses feliz** j'ai tout fais pour que tu sois heureux/heureuse

• **pediu-me tanto que acabei por lho dar** il me l'a tellement demandé que j'ai fini par le lui donner

• **é mais caro (do) que o outro** il est plus cher que l'autre

3. « TER QUE » + INFINITIF : EXPRIME L'OBLIGATION

• **tens que arrumar o teu quarto** il faut que tu ranges ta chambre

4. LOCUTIONS ET EXPRESSIONS

• **ao passo que** tandis que

• **mesmo que** même si

• **nem que** même si

• **pois que** puisque, car

• **que nem** comme

• **tão... que** si... que

• **e que mais?** et quoi encore/d'autre ?

quê ['ke] ■ *interj* quoi ! ■ *pron (interrogativo)* quoi. ■ *nm (algo)* • **um quê** quelque chose • **um quê de** un soupçon de • **um não sei quê** quelque chose • **sem quê nem para quê** sans raison • **não tem de quê!** il n'y a pas de quoi !

quebra-cabeças [ˌkɛƀrɐkɐ'ƀesɐʃ] *nm inv* casse-tête *(m inv)*.

quebrado, da [kə'ƀradu, -đɐ] *adj* cassé(e).

quebra-mar [ˌkɛƀrɐ'mar] (*pl* **quebra-mares** [ˌkɛƀrɐ'marəʃ]) *nm* brise-lames *(m inv)*.

quebra-nozes [ˌkɛƀrɐ'nɔzəʃ] *nm inv* casse-noix *(m inv)*.

quebrar [kə'ƀrar] *vt* casser • **quebrar a cara** *(Br) fig* casser la figure • **'quebrar em caso de emergência'** 'briser en cas d'urgence'. ■ **quebrar-se** *vp* se casser.

queda ['kɛđɐ] *nf* chute *(f)* • **ter queda para** *fig* avoir le sens de.

queijada [kɐi'ʒađɐ] *nf tartelette sucrée au fromage.*

queijo ['kɐiʒu] *nm* fromage *(m)* • **queijo curado** fromage affiné • **queijo de cabra** fromage de chèvre • **queijo estepe** *fromage au lait de vache légèrement piquant* • **queijo flamengo** fromage de Hollande • **queijo fresco** fromage frais • **queijo da Ilha** fromage des Açores • **queijo meia-cura** fromage semi-affiné • **queijo de ovelha** fromage de brebis • **queijo prato** fromage à pâte cuite • **queijo ralado** fromage râpé • **queijo saloio** crottin *(m)* • **queijo da Serra** fromage de brebis.

queijo-de-minas [ˌkɐiʒuđə'minɐʃ] *nm fromage maigre typique du Brésil.*

Queima ['kɐimɐ] *nf* • **Queima das Fitas** *fête de fin d'étude célébrée en particulier à Coimbra.*

CULTURE...

Queima das fitas

Le brûlage des rubans est le temps fort des rites auxquels doivent se soumettre les étudiants portugais admis à l'université. Ces rites, dont les principes et les règles sont établis dans le "Código da Praxe" commencent par des épreuves telles que la "Recepção ao Caloiro" (accueil du bizut) et la "Latada" (défilé et baptême des bizuts).
Le brûlage des rubans donne lieu à une grande fête qui atteint son apogée avec le défilé des chars allégoriques, créés et montés par les élèves des différentes facultés.

queimado, da [kɐi'mađu, -đɐ] *adj* **1.** brûlé(e) **2.** *(pelo sol)* bronzé(e).

queimadura [kɐimɐ'đurɐ] *nf* brûlure *(f)* • **queimadura solar** coup *(m)* de soleil.

queimar [kɐi'mar] *vt* **1.** brûler **2.** *(pele)* bronzer.

■ **queimar-se** *vp* **1.** se brûler **2.** *(com sol)* bronzer.

queima-roupa [ˌkɐimɐ'ʀopɐ] *nf* • **à queima-roupa** à bout portant.

queixa ['kɐiʃɐ] *nf* plainte *(f)* • **apresentar queixa** déposer une plainte • **fazer queixa de alguém a alguém** se plaindre de qqn à qqn.

queixar-se [kɐi'ʃarsə] *vp* se plaindre • **queixar-se a alguém** se plaindre à qqn • **queixar-se de** se plaindre de.

queixo ['kɐiʃu] *nm* menton *(m)* • **bater o queixo** *fam* claquer des dents.

queixoso, osa [kɐi'ʃozu, -ɔzɐ] *nm, f* plaignant *(m)*, -e *(f)*.

quem ['kɐ̃i] *pron* qui • **quem diria!** *fam* qui l'aurait dit ! • **quem é?** qui est-ce ? • **quem fala?** qui est à l'appareil ? • **quem me dera...** si seulement... • **quem quer que** quiconque • **seja quem for** qui que ce soit.

quentão [kẽn'tɐ̃u] *nm (Br) eau-de-vie de canne à sucre, servie chaude avec de la cannelle et du gingembre, notamment pendant les fêtes de juin.*

quente ['kẽntə] *adj* chaud(e).

quentinha [kẽ'tʃiɲa] *nf* snack *(m) (emballage alimentaire conservant la chaleur).*

quentões ▻ **quentão**.

queque ['kɛkə] *nm* cake *(m)*.

quer [kɛr] *conj* • **quer... quer...** que... que... • **quem quer que seja** qui que ce soit • **onde quer que seja** où que ce soit • **o que quer que seja** quoi que ce soit.

querer [kə'rer] *vt* vouloir • **como quiser!** comme vous voudrez ! • **por favor, queria...** s'il vous plaît, je voudrais... • **sem querer** sans le faire exprès • **querer muito a alguém** aimer beaucoup qqn • **querer bem a alguém** aimer bien qqn • **querer mal a alguém** en vouloir à qqn • **querer dizer** vouloir dire.

■ **querer-se** *vp* s'aimer • **querer-se muito** s'adorer.

querido, da [kə'riđu, -đɐ] *adj* **1.** chéri(e) **2.** *(em carta)* cher (chère).

quermesse [kex'mɛsi] *nf* kermesse *(f)*.

querosene [kɛrɔ'zɛnə] *nm* kérozène *(m)*.

questão [kəʃ'tɐ̃u] (*pl* **-ões** [-õiʃ]) *nf* **1.** question *(f)* **2.** *(conflito)* histoire *(f)* • **há questão de 2 minutos** il y a tout juste 2 minutes • **fazer questão de (fazer algo)** tenir (à faire qqch) • **pôr algo em questão** mettre qqch en question • **ser uma questão de** être question de • **em questão** en question.

quiabo ['kjađu] *nm (Br)* gombo *(m) (plante potagère tropicale)*.

quiçá [ki'sa] *adv (Br)* peut-être.

quieto, ta ['kjɛtu, -tɐ] *adj* tranquille • **ficar quieto** ne pas bouger.

quietude [kjɛ'tuđə] *nf* quiétude *(f)*.

quilate [ki'latə] *nm* carat *(m)*.

quilo ['kilu] *nm* kilo *(m)* • **ao quilo** au kilo.

quilometragem [kilɔmə'traʒɐ̃i] (*pl* **-ns** [-ʃ]) *nf* kilométrage *(m)*.

quilómetro [ki'lɔmətru] *nm (Port)* kilomètre *(m)*.

quilômetro [ki'lometru] *nm (Br)* = **quilómetro**.

química ['kimikɐ] *nf* chimie *(f)* • ▻ **químico**.

químico, ca ['kimiku, -kɐ] *nm, f* chimiste *(mf)*.

quindim [kĩn'dĩ] (*pl* **-ns** [-ʃ]) *nm (Br) gâteau à la noix de coco.*

quinhão [ki'ɲɐ̃u] (*pl* **-ões** [-õiʃ]) *nm* part *(f)*.

quinhentos, tas [ki'ɲẽntuʃ, -tɐʃ] *num* cinq cents.

quinhões [ki'ɲõjʃ] ▻ **quinhão**.

quinquagésimo, ma [kwĩŋkwɐ'ʒɛzimu, -mɐ] *num* cinquantième.

qüinquagésimo [kwiŋkwa'ʒɛzimu] *(Br)* = **quinquagésimo**.

quinquilharias [kĩŋkiʎɐ'riɐʃ] *nfpl* quincaillerie *(f)*.

quinta ['kĩntɐ] ◼ *nf* ferme *(f)*. ◼ *num* ▻ **quinto**.

quinta-feira [ˌkĩntɐ'fɐirɐ] (*pl* **quintas-feiras** [ˌkĩntɐʃ'fɐirɐʃ]) *nf* jeudi *(m)* • **às quintas-feiras** le jeudi • **até quinta-feira** à jeudi • **ela vem quinta-feira** elle vient jeudi • **esta quinta-feira** jeudi • **hoje é quinta-feira** aujourd'hui nous sommes jeudi • **todas as quintas-feiras** tous les jeudis • **quinta-feira de manhã/à tarde/à noite** jeudi matin/après-midi/soir • **quinta-feira 18 de Outubro** (le) jeudi 18 octobre • **quinta-feira passada** jeudi dernier • **quinta-feira que vem** jeudi prochain.

quintal [kĩn'tał] (*pl* **-ais** [-aiʃ]) *nm* **1.** *(terreno)* jardin *(m)* potager **2.** *(medida)* quintal *(m)*.

quinteto [kĩn'tetu] *nm* **1.** quintette *(m)* **2.** *(de jazz)* quintet *(m)*.

quinto, ta ['kĩntu, -tɐ] *num* **1.** cinquième **2.** • **o quinto/a quinta** le/la cinquième • **chegar em quinto** arriver cinquième • **capítulo quinto** chapitre cinq • **em quinto lugar** en cinquième • **no quinto dia** le cinquième jour • **a quinta parte** le cinquième.

quinze ['kĩzə] *num* quinze • **quinze dias** quinze jours • **ele tem quinze anos** il a quinze ans • **eles eram quinze** ils étaient quinze • **quinze de Janeiro** le quinze janvier • **página quinze** page quinze.

quinzena [kĩ'zenɐ] *nf* quinzaine *(f)*.

quiosque ['kjɔʃkə] *nm* kiosque *(m)*.

quis ['kiʃ] ▷ **querer**.

quisto ['kiʃtu] *nm* kyste *(m)*.

quitanda [ki'tɐ̃ndɐ] *nf (Br)* épicerie *(f)*.

quite ['kitə] *adj* • **estar quite (com alguém)** être quitte (avec qqn).

quitinete ['kitʃinetʃi] *(Br)* = **kitchenette**.

quociente [kwɔ'sjẽntə] *nm* quotient *(m)*.

quota ['kwɔtɐ] *nf* **1.** *(parte)* quota *(m)* **2.** *(de clube)* cotisation *(f)*.

quotidiano, na [kuti'đjɐnu, -nɐ] ■ *adj (Port)* quotidien(enne). ■ *nm* quotidien *(m)*.

rR

r, R [*(Port)* 'ɛʀə, *(Br)* 'ɛxi] *m* r, R.

R® [*(Port)* 'ɛʀə, *(Br)* 'ɛxi] (*abr de* **real**) real *(m)*.

R. (*abr écrite de* **rua**) r *(rue)*.

rã ['ʀɐ̃] *nf* grenouille *(f)*.

rabada [xa'bada] *nf* **1.** *(peixe)* queue *(f)* **2.** *(carne)* culotte *(f)* de bœuf, selle *(f)* de mouton.

rabanada [xaba'nada] *nf (Br)* CULIN pain *(m)* perdu • **rabanada de vento** rafale *(f)* de vent.

rabanadas [ʀɐƀɐ'nađɐʃ] *nfpl* ≃ pain *(m)* perdu.

rabanete [ʀɐƀɐ'netə] *nm* radis *(m)*.

rabeca [ʀɐ'ƀɛkɐ] *nf* rebec *(m)*.

rabicho [ʀɐ'ƀiʃu] *nm* catogan *(m)*.

rabino, na [ʀɐ'ƀinu, -nɐ] ■ *adj* espiègle. ■ *nm* rabbin *(m)*.

rabiscar [ʀɐƀiʃ'kar] *vt* & *vi* griffonner.

rabisco [ʀɐ'ƀiʃku] *nm* griffonnage *(m)*.

rabo ['ʀaƀu] *nm* **1.** queue *(f)* **2.** *fam* derrière *(m)*.

rabo-de-cavalo [ˌxabudʒika'valu] *nm* queue *(f)* de cheval.

rabugento, ta [ʀɐƀu'ʒẽntu, -tɐ] *fam adj* bougon(onne).

raça ['ʀasɐ] *nf* race *(f)* • **de raça** de race.

ração [ʀɐ'sɐ̃u] (*pl* **-ões** [-õiʃ]) *nf* ration *(f)*.

racha ['ʀaʃɐ] *nf* **1.** fente *(f)* **2.** *(em parede, muro)* fissure *(f)*.

rachadura [xaʃa'dura] *(Br)* = **racha**.

rachar [ʀɐ'ʃar] *vt* couper.

raciocínio [ʀɐsju'sinju] *nm* raisonnement *(m)*.

racional [ʀɐsju'nał] (*pl* **-ais** [-aiʃ]) *adj* rationnel(elle).

racismo [ʀa'siʒmu] *nm* racisme *(m)*.

rações [xa'sõjʃ] ⊳ **ração**.

radar [ʀa'đar] (*pl* **-es** [-əʃ]) *nm* radar *(m)*.

radiação [ʀɐđjɐ'sɐ̃u] (*pl* **-ões** [-õiʃ]) *nf* radiation *(f)*.

radiador [ʀađjɐ'đor] (*pl* **-es** [-əʃ]) *nm* radiateur *(m)*.

radiante [ʀɐ'đjẽntə] *adj* radieux(euse).

radical [ʀɐđi'kał] (*pl* **-ais** [-aiʃ]) *adj* radical(e).

rádio ['ʀađju] ■ *nm (telefonia)* radio *(f)*. ■ *nf (emissora)* radio *(f)*.

radioactivo, va [ˌʀađjua'tivu, -vɐ] *adj (Port)* radioactif(ive).

radioativo, va [ˌʀadʒjua'tʃivu, -vɐ] *adj (Br)* = **radioactivo**.

rádio-despertador [ˌʀađjuđəʃpərtɐ'đor] (*pl* **rádio-despertadores** [ˌʀađjuđəʃpərtɐ'đorəʃ]) *nm* radio-réveil *(m)*.

radiodifusão [ˌʀađjuđifu'zɐ̃u] *nf* • **a Radiodifusão Portuguesa** *organisme public de radiodiffusion du Portugal.*

radiografia [ˌʀađjugrɐ'fiɐ] *nf* radiographie *(f)*.

rádio-relógio [ˌxadʒjoxe'lɔʒju] *(Br)* = **rádio-despertador**.

radiotáxi [ˌʀađju'taksi] *nm* radio-taxi *(m)*.

radiotelevisão [ˌʀađjutələvi'zɐ̃u] *nf* • **a Radiotelevisão Portuguesa** *organisme public de télévision du Portugal.*

rafeiro, ra [ʀɐ'fɐiru, -rɐ] *adj (Port) fam (cão)* bâtard(e).

ráfia ['ʀafjɐ] *nf* raphia *(m)*.

rafting ['ʀaftĩŋ] *nm* rafting *(m)*.

ráguebi ['agbi] *nm (Port)* = **rúgbi**.

râguebi ['ʀɐgbi] *nm (Port)* rugby *(m)*.

raia ['ʀajɐ] *nf* raie *(f) (poisson)*.

rainha [ʀɐ'iɲɐ] *nf* reine *(f)*.

raio ['ʀaju] *nm* **1.** rayon *(m)* **2.** *(relâmpago)* foudre *(f)* • **raios X** rayons X.

raiva ['ʀaivɐ] *nf* rage *(f)* • **ter raiva de alguém** haïr qqn.

raivoso, osa [ʀai'vozu, -ɔzɐ] *adj* enragé(e).

raiz [xa'iʃ] (*pl* **-es** [xa'iziʃ]) *nf* **1.** *(ger)* racine *(f)* **2.** *(origem)* racines *(fpl)*, origines *(fpl)* • **cortar o mal pela raiz** *fig* couper le mal à la racine • **criar raízes** *fig* prendre racine, s'enraciner • **raiz quadrada** racine carrée.

rajada [ʀɐ'ʒađɐ] *nf* rafale *(f)*.

ralado, a [*(Port)* ʀɐ'lɐđu, *(Br)* xa'ladu] *adj* râpé(e).

ralador [ʀɐlɐ'đor] (*pl* **-es** [-əʃ]) *nm* râpe *(f)*.

ralar [ʀɐ'lar] *vt* râper.
■ **ralar-se** *vp fam fig* s'en faire • **não me ralo com isso** *fam* je ne m'en fais pas.

ralé [xa'lɛ] *nf* engeance *(f)*.

ralhar [ʀɐ'ʎar] *vi* râler • **ralhar com alguém** gronder qqn.

rali [ʀa'li] *nm* rallye *(m)*.

ralo, la ['ʀalu, -lɐ] ■ *adj* **1.** *(café)* léger(ère) **2.** *(sopa)* liquide. ■ *nm (de banheira, lavatório)* bonde *(f)* • **ter o cabelo ralo** ne pas avoir beaucoup de cheveux.

RAM (*abr de* **Random Access Memory**) *nf* INFORM RAM *(f)*.

rama ['ʀɐmɐ] *nf* branche *(f)*.

ramalhete [xama'ʎetʃi] *(Br)* = **raminho**.

ramificar [ʀɐməfi'kar] *vt* développer.
■ **ramificar-se** *vp* se développer.

raminho [ʀɐ'miɲu] *nm* bouquet *(m)*.

ramo ['ʀɐmu] *nm* branche *(f)* • **mudar de ramo** se reconvertir.

rampa ['ʀɐ̃mpɐ] *nf* rampe *(f)*.

rancho ['ʀɐ̃ʃu] *nm* **1.** *(prato) plat de pois chiches mélangés avec des pâtes et de la viande* **2.** *(de pessoas)* tas *(m)* • **rancho folclórico** groupe *(m)* folklorique.

ranço ['ʀɐ̃su] *nm* rance *(m)*.

rancor [ʀɐ̃ŋ'kor] (*pl* **-es** [-əʃ]) *nm* rancœur *(f)*.

rancoroso, osa [ʀɐ̃ŋku'rozu, -ɔzɐ] *adj* rancunier(ère).

rançoso, osa [ʀɐ̃'sozu, -ɔzɐ] *adj* rance.

ranhura [ʀɐ'ɲurɐ] *nf* **1.** *(em madeira, parede)* rainure *(f)* **2.** *(em telefone público)* fente *(f)* *(pour insérer la monnaie)*.

rapar [ʀɐ'par] *vt* **1.** raser **2.** *(raspar)* racler • **rapar fome/frio** *fam* crever de faim/de froid.

rapariga [ʀɐpɐ'rigɐ] *nf* fille *(f)*.

rapaz [ʀɐ'paʃ] (*pl* **-es** [-zəʃ]) *nm* garçon *(m)*.

rapé [ʀɐ'pɛ] *nm* tabac *(m)* à priser.

rapidez [ʀɐpi'đeʃ] *nf* rapidité *(f)*.

rápido, da ['ʀapiđu, -đɐ] ■ *adj* rapide. ■ *nm* rapide *(m)*. ■ *adv* vite.

raposa [ʀɐ'pozɐ] *nf* renard *(m)* • **apanhar uma raposa** *fam* être recalé *(à un examen)*.

rapsódia [ʀɐp'sɔđjɐ] *nf* rapsodie *(f)*.

raptar [ʀɐp'tar] *vt* enlever.

rapto ['ʀaptu] *nm* enlèvement *(m)*.

raquete [ʀa'kɛtə] *nf* raquette *(f)*.

raquítico, ca [ʀɐ'kitiku, -kɐ] *adj & nm, f* rachitique.

raramente [ˌʀarɐ'mẽntə] *adv* rarement.

rarefeito, ta [ʀɐrə'fɐitu, -tɐ] *adj* raréfié(e).

raridade [ʀɐri'đađə] *nf* rareté *(f)*.

raro, ra ['ʀaru, -rɐ] *adj* **1.** rare **2.** *(pouco espesso)* liquide • **raras vezes** rarement.

rascunhar [ʀɐʃku'ɲar] *vt* griffonner.

rascunho [ʀɐʃ'kuɲu] *nm* brouillon *(m)*.

rasgado, da [ʀɐʒ'gađu, -đɐ] *adj* **1.** *(tecido, folha)* déchiré(e) **2.** *(sorriso)* grand(e).

rasgão [ʀɐʒ'gɐ̃u] (*pl* **-ões** [-õiʃ]) *nm* **1.** *(em tecido, folha)* déchirure *(f)* **2.** *(em pele)* entaille *(f)*.

rasgar [ʀɐʒ'gar] *vt* déchirer.
■ **rasgar-se** *vp* se déchirer.

rasgões [xaʒ'gõjʃ] ▷ **rasgão**.

raso, sa ['ʀazu, -zɐ] *adj* **1.** plat(e) **2.** *(cheio até à borda)* ras(e) **3.** *(superfície)* plan(e).

raspa ['ʀaʃpɐ] *nf* zeste *(m)*.

raspar [ʀɐʃ'par] *vt* râper.

rasteira [ʀɐʃ'tɐirɐ] *nf* croche-pied *(m)* • **passar uma rasteira a alguém** *(Port) fam* faire un croche-pied à qqn.

rasteiro, ra [ʀɐʃ'tɐiru, -rɐ] *adj* rampant(e).

rastejante [ʀɐʃtə'ʒẽntə] *adj* rampant(e).

rastejar [ʀɐʃtə'ʒar] *vi* ramper.

rasto ['ʀaʃtu] *nm* trace *(f)*.

rastro ['xaʃtru] *(Br)* = **rasto**.

ratazana [ʀɐtɐ'zɐnɐ] *nf* rat *(m)*.

raticida [xati'sida] *(Br)* = **mata-ratos**.

rato ['ʀatu] *nm* souris *(f)*.

ravina [ʀɐ'vinɐ] *nf* ravin *(m)*.

razão [ʀɐ'zɐ̃u] (*pl* **-ões** [-õiʃ]) *nf* raison *(f)* • **dar razão a alguém** donner raison à qqn

• **não ter razão de ser** n'avoir aucune raison d'être • **ter razão** avoir raison • **com razão** à raison • **sem razão** sans raison.

À PROPOS DE...

rato

Attention, ne pas confondre « rato » avec *rat*. En portugais, « rato » signifie *souris*.

razoável [*(Port)* ʀɐzu'avɛɫ, *(Br)* xa'zwavew] (*pl* **-eis** [*(Port)* -ejʃ, *(Br)* -ɐiʃ]) *adj* raisonnable.

r/c (*abr écrite de* **rés-do-chão**) RdC *(rez-de-chaussée)*.

RDP *nf* (*abr de* **Radiodifusão Portuguesa**), *organisme public de radiodiffusion du Portugal*.

ré ['ʀɛ] *nf* poupe *(f)* • ▻ **réu**.

reabastecer [*(Port)* ʀjɐbɐʃtə'ser, *(Br)* xjabaʃte'se(x)] *vt* réapprovisionner • **reabastecer gasolina** faire le plein.
■ **reabastecer-se** *vp* se réapprovisionner.

reabrir [*(Port)* ʀjɐ'brir, *(Br)* xea'bri(x)] *vt* rouvrir.

reação [ʀea'sɐ̃u] (*pl* **-ões** [-õiʃ]) *nf (Br)* = **reacção**.

reacção [ʀja'sɐ̃u] (*pl* **-ões** [-õiʃ]) *nf (Port)* réaction *(f)*.

reaccionário, ria [ʀjasju'narju, -rjɐ] *adj (Port)* réactionnaire.

reacções ▻ **reacção**.

reacionário, ria [ʀeasjo'narju, -rjɐ] *adj (Br)* = **reaccionário**.

reações ▻ **reação**.

reagir [ʀjɐ'ʒir] *vi* réagir • **reagir a algo** réagir à qqch.

real ['ʀjaɫ] (*pl* **-ais** [-aiʃ]) ▪ *adj* **1.** *(verdadeiro)* réel(elle) **2.** *(relativo a rei, realeza)* royal(e).
▪ *nm* réal *(m)*.

realçar [ʀjaɫ'sar] *vt* **1.** *(cor, traço)* rehausser **2.** *(facto, ideia)* souligner.

realejo [ʀjɐ'lɐiʒu] *nm* orgue *(m)* de Barbarie.

realeza [ʀjɐ'lezɐ] *nf* royauté *(f)*.

realidade [ʀjɐli'dadə] *nf* réalité *(f)* • **na realidade** en réalité • **realidade virtual** réalité virtuelle.

realista [ʀjɐ'liʃtɐ] *nmf* réaliste *(mf)*.

realização [ʀjɐlizɐ'sɐ̃u] (*pl* **-ões** [-õiʃ]) *nf* réalisation *(f)*.

realizador, ra [ʀjɐlizɐ'dor, -rɐ] (*mpl* **-es** [-əʃ], *fpl* **-s** [-ʃ]) *nm, f* réalisateur *(m)*, -trice *(f)*.

realizar [ʀjɐli'zar] *vt* réaliser.
■ **realizar-se** *vp* **1.** *(espectáculo)* avoir lieu **2.** *(sonho, desejo)* se réaliser.

realmente [ʀjaɫ'mẽntə] *adv* réellement • **ele é realmente estúpido!** *fam* il est vraiment bête !

reanimar [ʀjɐni'mar] *vt* **1.** MÉD réanimer **2.** *(depois de desmaio)* ranimer.

reatar [ʀjɐ'tar] *vt* **1.** *(conversa)* reprendre **2.** *(amizade)* renouer.

reaver [ʀjɐ'ver] *vt* récupérer.

reavivar [ʀjɐvi'var] *vt* **1.** *(memória)* rafraîchir **2.** *(lume)* raviver.

rebaixar [ʀəbai'ʃar] *vt* rabaisser.
■ **rebaixar-se** *vp* se rabaisser.

rebanho [ʀə'bɐɲu] *nm* troupeau *(m)*.

rebelde [ʀə'bɛɫdə] *nmf* rebelle *(mf)*.

rebelião [xebelj'ɑ̃w] *nf* rébellion *(f)*.

rebentar [ʀəbẽn'tar] ▪ *vi* **1.** *(bomba)* sauter **2.** *(balão)* éclater. ▪ *vt* faire sauter • **rebentar com algo** détruire qqch.

rebocador [ʀəbukɐ'dor] (*pl* **-es** [-əʃ]) *nm* remorqueur *(m)*.

rebocar [ʀəbu'kar] *vt* remorquer.

rebolar [ʀəbu'lar] *vi* rouler.
■ **rebolar-se** *vp* se rouler par terre • **rebolar-se a rir** se tordre de rire • **rebolar-se na lama** se rouler dans la boue.

reboque [*(Port)* ʀə'bɔkə, *(Br)* xe'bɔki] *nm* remorque *(f)* • **(serviço de) reboque** (service *(m)* de) dépannage *(m)*.

rebuçado [ʀəbu'sadu] *nm* bonbon *(m)*.

rebuliço [ʀəbu'lisu] *nm* pagaille *(f)*.

recado [ʀə'kadu] *nm* message *(m)* • **dar um recado a alguém** transmettre un message à qqn • **deixar recado** laisser un message.

recaída [ʀəkɐ'idɐ] *nf* rechute *(f)* • **ter uma recaída** faire une rechute.

recair [ʀəkɐ'ir] *vi* • **recair em algo** retomber dans qqch • **recair sobre** retomber sur.

recanto [ʀə'kẽntu] *nm* recoin *(m)*.

recapitular [ʀəkɐpitu'lar] *vt* **1.** récapituler **2.** *(aula)* réviser.

recarregar [rəkɐʀə'gar] *vt* recharger.

recatado, da [ʀəkɐ'tađu, -đɐ] *adj* discret (ète).

recauchutar [ʀəkauʃu'tar] *vt* rechaper.

recear [ʀə'sjar] *vt* craindre.

receber [ʀəsə'ƀer] *vt* & *vi* recevoir.

receio [ʀə'sɐju] *nm* crainte *(f)*.

receita [ʀə'sɐitɐ] *nf* **1.** recette *(f)* **2.** *(de médico)* ordonnance *(f)*.

receitar [ʀəsɐi'tar] *vt* prescrire.

recém-casado, da [ʀəˌsɐ̃ikɐ'zađu, -đɐ] *nm, f* jeune marié *(m)*, jeune mariée *(f)*.

recém-chegado, da [ʀəˌsɐ̃iʃə'gađu, -đɐ] *adj* qui vient d'arriver.

recém-nascido, da [ʀəˌsɐ̃inɐʃ'siđu, -đɐ] *adj* & *nm, f* nouveau-né(e).

recente [ʀə'sẽntə] *adj* récent(e).

receoso, osa [ʀə'sjozu, -ɔzɐ] *adj* craintif (ive).

recepção [ʀəsɛ'sɐ̃u] (*pl* **-ões** [-õiʃ]) *nf* réception *(f)*.

recepcionista [ʀəsɛsju'niʃtɐ] *nmf* réceptionniste *(mf)*.

recepções ▷ **recepção**.

receptivo, va [ʀəsɛ'tivu, -vɐ] *adj* réceptif (ive) • **mostrar-se receptivo a** se montrer réceptif à.

receptor [ʀəsɛ'tor] (*pl* **-es** [-əʃ]) *nm* récepteur *(m)*.

recessão [ʀəsə'sɐ̃u] (*pl* **-ões** [-õiʃ]) *nf* récession *(f)*.

recheado, da [ʀə'ʃjađu, -đɐ] *adj* **1.** *(bolo, bombom)* fourré(e) **2.** *(peru)* farci(e).

rechear [ʀə'ʃjar] *vt* **1.** *(bolo)* fourrer **2.** *(peru)* farcir **3.** *(casa)* équiper.

recheio [ʀə'ʃɐju] *nm* **1.** *(de bolo, pastel)* garniture *(f)* **2.** *(de peru, vegetal, etc)* farce *(f)* **3.** *(de casa)* équipement *(m)* **4.** *(para seguros)* biens *(mpl)* mobiliers.

rechonchudo, da [ʀəʃõ'ʃuđu, -đɐ] *adj* potelé(e).

recibo [ʀə'siƀu] *nm* reçu *(m)*.

reciclagem [ʀəsi'klaʒɐ̃i] *nf* recyclage *(m)*.

reciclar [ʀəsi'klar] *vt* recycler.

reciclável [ʀəsi'klavɛɫ] (*pl* **-eis** [-ɐiʃ]) *adj* recyclable.

recife [ʀə'sifə] *nm* récif *(m)*.

recinto [ʀə'sĩntu] *nm* enceinte *(f)*.

recipiente [ʀəsi'pjẽntə] *nm* récipient *(m)*.

recíproco, ca [ʀə'sipruku, -kɐ] *adj* réciproque.

recital [ʀəsi'taɫ] (*pl* **-ais** [-aiʃ]) *nm* récital *(m)*.

recitar [ʀəsi'tar] ■ *vt* réciter. ■ *vi* réciter un poème.

reclamação [ʀəklɐmɐ'sɐ̃u] (*pl* **-ões** [-õiʃ]) *nf* réclamation *(f)* • **'há livro de reclamações'** *signale qu'un livre est à la disposition des clients pour toute réclamation dans un hôtel, un restaurant ou autre.*

reclamar [ʀəklɐ'mar] *vi* faire une réclamation.

reclame [ʀɛ'klɐmə] *nm* publicité *(f)*.

recobrar [ʀəku'ƀrar] *vt* **1.** *(forças)* reprendre **2.** *(razão)* recouvrer.

recolha [ʀə'koʎɐ] *nf* **1.** récolte *(f)* **2.** *(de lixo, passageiros)* ramassage *(m)*.

recolher [ʀəku'ʎer] *vt* **1.** ramasser **2.** *(informações, dados, dinheiro)* recueillir **3.** *(abrigar)* rentrer.

recolhimento [xekoʎi'mẽntu] *nm* recueillement *(m)*.

recomeçar [ʀəkumə'sar] *vt* recommencer.

recomendação [ʀəkumẽndɐ'sɐ̃u] (*pl* **-ões** [-õiʃ]) *nf* recommandation *(f)*.
■ **recomendações** *nfpl* • **recomendações à sua mãe!** mes respects à votre mère !

recomendar [ʀəkumẽn'dar] *vt* recommander *(conseiller)*.

recomendável [ʀəkumẽn'davɛɫ] (*pl* **-eis** [-ɐiʃ]) *adj* conseillé(e) • **pouco recomendável** déconseillé.

recompensa [ʀəkõm'pẽsɐ] *nf* récompense *(f)*.

recompor [ʀəkõm'por] *vt* arranger.
■ **recompor-se** *vp* se remettre.

reconciliação [ʀəkõsiljɐ'sɐ̃u] (*pl* **-ões** [-õiʃ]) *nf* réconciliation *(f)*.

reconhecer [ʀəkuɲə'ser] *vt* **1.** reconnaître **2.** *(documento, assinatura)* certifier.

reconhecimento [ʀəkuɲəsi'mẽntu] *nm* **1.** reconnaissance *(f)* **2.** *(de documento, assinatura)* certification *(f)*.

reconstituir [ʀəkõʃti'twir] *vt* reconstituer.

recordação [ʀəkurđɐ'sɐ̃u] (*pl* **-ões** [-õiʃ]) *nf* souvenir *(m)*.

recordar [ʀəkur'đar] *vt* rappeler.

■ **recordar-se** *vp* se rappeler, se souvenir • **recordar-se de algo** se rappeler qqch, se souvenir de qqch.

recorrer [ʀəku'ʀer] *vi* faire appel • **recorrer a** avoir recours à.

recortar [ʀəkur'tar] *vt* découper.

recreio [ʀə'krɐju] *nm* **1.** *(tempo)* récréation *(f)* **2.** *(local)* cour *(f)* de récréation.

recriar [ʀəkri'ar] *vt* reconstituer.

recriminar [ʀəkrimi'nar] *vt* reprocher.

recruta [ʀə'krutɐ] ■ *nm* appelé *(m)*. ■ *nf* classes *(fpl)*.

recta ['ʀɛtɐ] *nf* **1.** *(Port) (linha)* droite *(f)* **2.** *(em estrada)* ligne *(f)* droite • **à recta** *(Port)* pile.

rectângulo [ʀɛ'tɐ̃ŋgulu] *nm (Port)* rectangle *(m)*.

recto, **ta** ['ʀɛtu, -tɐ] ■ *adj (Port)* droit(e). ■ *nm* rectum *(m)*.

recuar [ʀə'kwar] *vt* & *vi* reculer.

recuperação [ʀəkupərɐ'sɐ̃u] *nf* récupération *(f)*.

recuperar [ʀəkupə'rar] *vt* récupérer.
■ **recuperar-se** *vp* **1.** *(de choque)* se remettre **2.** *(de doença)* récupérer.

recurso [ʀə'kursu] *nm* **1.** DR appel *(m)* **2.** *(meio)* moyen *(m)* • **em último recurso** en dernier recours.
■ **recursos** *nmpl* ressources *(fpl)*.

recusa [ʀə'kuzɐ] *nf* refus *(m)*.

recusar [*(Port)* ʀəku'zɐr, *(Br)* xeku'za(x)] *vt* refuser.

redacção [rəđa'sɐ̃u] *nf* rédaction *(f)*.

redactor, **ra** [ʀəđa'tor, -rɐ] (*mpl* **-es** [-əʃ], *fpl* **-s** [-ʃ]) *nm, f (Port)* rédacteur *(m)*, -trice *(f)*.

redator, **ra** [ʀeda'tox, -rɐ] (*mpl* **-es** [-iʃ], *fpl* **-s** [-ʃ]) *nm, f (Br)* = **redactor**.

rede ['ʀeđə] *nf* **1.** réseau *(m)* **2.** *(de pesca, cabelo)* filet *(m)* **3.** *(de vedação)* grillage *(m)* **4.** *(para dormir)* hamac *(m)* • **rede de estradas** réseau routier.

rédea ['ʀɛđjɐ] *nf* rêne *(f)*.

redigir [ʀəđi'ʒir] *vt* rédiger.

redobrar [ʀəđu'brar] *vt (esforço, atenção)* redoubler.

redondamente [ʀə,đõndɐ'mẽntə] *adv (enganar-se)* carrément.

redondo, **da** [ʀə'đõndu, -dɐ] *adj* rond(e).

redor [ʀə'đɔr] *nm* • **em** OU **ao redor (de)** autour (de).

redução [ʀəđu'sɐ̃u] (*pl* **-ões** [-õiʃ]) *nf* réduction *(f)*.

redundância [ʀəđũn'dɐ̃sjɐ] *nf* redondance *(f)*.

reduzido, **da** [ʀəđu'ziđu, -đɐ] *adj* réduit(e).

reduzir [ʀəđu'zir] *vt* réduire.

reembolsar [ʀjẽmboł'sar] *vt* rembourser.

reembolso [ʀjẽm'bołsu] *nm* remboursement *(m)*.

reencontro [ʀjẽŋ'kõntru] *nm* retrouvailles *(fpl)*.

refazer [ʀəfɐ'zer] *vt* refaire.
■ **refazer-se** *vp* **1.** *(de susto, acidente)* se remettre **2.** *(recuperar forças)* récupérer.

refeição [ʀəfɐi'sɐ̃u] (*pl* **-ões** [-õiʃ]) *nf* repas *(m)* • **às refeições** pendant les repas • **refeição ligeira** repas léger.

refeitório [ʀəfɐi'tɔrju] *nm* réfectoire *(m)*.

refém [ʀə'fɐ̃i] (*pl* **-ns** [-ʃ]) *nmf* otage *(m)*.

referência [ʀəfə'rẽsjɐ] *nf* référence *(f)* • **fazer referência a** faire référence à.
■ **referências** *nfpl* références *(fpl)*.

referendo [ʀəfə'rẽndu] *nm (Port)* référendum *(m)*.

referente [ʀəfə'rẽntə] *adj* • **referente a** concernant.

referir [ʀəfə'rir] *vt* faire référence à.
■ **referir-se a** *vp* + *prép* se référer à • **no que se refere a** en ce qui concerne.

refinado, **da** [ʀəfi'nađu, -đɐ] *adj* raffiné(e).

refinaria [ʀəfinɐ'riɐ] *nf* raffinerie *(f)*.

reflectir [ʀəflɛ'tir] ■ *vt (Port)* réfléchir, refléter. ■ *vi* réfléchir • **reflectir sobre algo** réfléchir à qqch.
■ **reflectir-se em** *vp* + *prép* se refléter dans.

reflector [ʀəflɛ'tor] (*pl* **-es** [-əʃ]) *nm* catadioptre *(m)*.

refletir [ʀefle'tʃix] *vt* & *vi (Br)* = **reflectir**.

refletor [xefle'to(x)] *(Br)* = **reflector**.

reflexão [ʀəflɛ(k)'sɐ̃u] (*pl* **-ões** [-õiʃ]) *nf* réflexion *(f)*.

reflexo [ʀə'flɛksu] *nm* **1.** reflet *(m)* **2.** *(reacção)* réflexe *(m)*.

reflexões ▷ **reflexão**.

refogado, da [ʀəfu'gađu, -đɐ] ■ *adj* mijoté (e). ■ *nm* **1.** *(molho) sauce à l'oignon et à la tomate* **2.** *(guisado)* ragoût *(m)*.

refogar [ʀəfu'gar] *vt* **1.** faire mijoter **2.** *(cebola)* faire revenir.

reforçado, da [ʀəfur'sađu, -đɐ] *adj* **1.** *(esforço, energia)* accru(e) **2.** *(objecto, substância)* renforcé(e).

reforçar [ʀəfur'sar] *vt* renforcer.

reforma [ʀə'fɔrmɐ] *nf* **1.** *(de pessoa)* retraite *(f)* **2.** *(de sistema)* réforme *(f)* **3.** *(de casa, edifício)* rénovation *(f)*.

reformado, da [ʀəfur'mađu, -đɐ] *nm, f* retraité *(m)*, -e *(f)*.

refractário, ria [ʀəfra'tarju, -rjɐ] *adj (Port)* réfractaire.

refrão [ʀə'frɐ̃u] (*pl* **-ões** [-õiʃ]) *nm* refrain *(m)*.

refratário, ria [ʀefra'tarju, -rjɐ] *adj (Br)* = **refractário**.

refrear [ʀəfri'ar] *vt* refréner.
■ **refrear-se** *vp* se refréner.

refrescante [ʀəfrəʃ'kɐ̃ntə] *adj* rafraîchissant(e).

refrescar [ʀəfrəʃ'kar] *vt* rafraîchir.
■ **refrescar-se** *vp* se rafraîchir • **refrescar as ideias** reprendre ses esprits • **refrescar a memória a alguém** rafraîchir les idées à qqn.

refresco [ʀə'freʃku] *nm* rafraîchissement *(m) (boisson)*.

refrigerante [ʀəfriʒə'rɐ̃ntə] *nm* boisson *(f)* non alcoolisée.

refrões [xe'frõjʃ] ⊳ **refrão**.

refugiado, da [ʀəfu'ʒjađu, -đɐ] *nm, f* réfugié *(m)*, -e *(f)*.

refugiar-se [ʀəfu'ʒjarsə] ■ **refugiar-se em** *vp* + *prép* **1.** *(asilar-se em)* se réfugier à **2.** *(abrigar-se, esconder-se em)* se réfugier dans.

refúgio [ʀə'fuʒju] *nm* refuge *(m)*.

refugo [ʀə'fugu] *nm* rebut *(m)*.

refutar [ʀəfu'tar] *vt* réfuter.

rega ['ʀɛgɐ] *nf* arrosage *(m)*.

regaço [ʀə'gasu] *nm* giron *(m)*.

regador [ʀəgɐ'đor] (*pl* **-es** [-əʃ]) *nm* arrosoir *(m)*.

regalia [xega'lia] *nf* privilège *(m)*, faveur *(f)*.

regalias [ʀəgɐ'liɐʃ] *nfpl* acquis *(mpl)* (sociaux).

regar [ʀə'gar] ■ *vt* arroser. ■ *vi fam* broder.

regata [ʀə'gatɐ] *nf* régate *(f)*.

regenerar-se [ʀəʒənə'rarsə] *vp* s'améliorer.

reger [ʀə'ʒer] *vt (orquestra, banda)* diriger.

região [ʀə'ʒjɐ̃u] (*pl* **-ões** [-õiʃ]) *nf* région *(f)* • **região demarcada** ≃ vin *(m)* de pays.

regime [ʀə'ʒimə] *nm* régime *(m)*.

regiões [xe'ʒjõjʃ] ⊳ **região**.

regional [ʀəʒju'nał] (*pl* **-ais** [-aiʃ]) *adj* régional(e).

registado, da [ʀəʒiʃ'tađu, -đɐ] *adj* recommandé(e).

registar [ʀəʒiʃ'tar] *vt* **1.** *(Port)* enregistrer **2.** *(escrever)* noter **3.** *(criança, morte, casamento)* déclarer **4.** *(carta, encomenda)* envoyer en recommandé.
■ **registar-se** *vp* **1.** *(casar-se)* s'inscrire à l'état civil **2.** *(acontecimento, mudança)* se produire.

registo [ʀə'ʒiʃtu] *nm* **1.** *(Port)* registre *(m)* **2.** *(de nascimento, casamento, morte)* déclaration *(f)* **3.** *(repartição)* bureau *(m)* **4.** *(de carta, encomenda)* envoi *(m)* en recommandé • **Registo Civil** bureau *(m)* de l'état civil • **Registo Predial** ≃ conservation *(f)* des hypothèques.

registrado [xeʒiʃ'tradu] *(Br)* = **registado**.

registrar [ʀeʒiʃ'trax] *vt* & *vp (Br)* = **registar**.

registro [ʀe'ʒiʃtru] *nm (Br)* = **registo**.

regra ['ʀɛgrɐ] *nf* règle *(f)* • **não fugir à regra** ne pas échapper à la règle • **regra geral** en règle générale • **em regra** en règle générale • **por regra** par principe.

regressar [ʀəgrə'sar] *vi* rentrer • **regressar a** rentrer à.

regresso [ʀə'grɛsu] *nm* retour *(m)* • **estar de regresso** être de retour.

régua ['ʀɛgwɐ] *nf* règle *(f) (pour mesurer)*.

regulamento [ʀəgulɐ'mẽntu] *nm* règlement *(m)*.

regular [ʀəgu'lar] (*pl* **-es** [-əʃ]) ■ *adj* **1.** régulier(ère) **2.** *(tamanho, qualidade)* moyen(enne) **3.** *(habitual)* habituel(elle). ■ *vt* **1.** *(regulamentar)* réglementer **2.** *(mecanismo)* régler.

rei ['ʀɐi] *nm* roi *(m)*.

reinado [ʀɐi'nađu] *nm* règne *(m)*.

reinar [ʀɐi'nar] *vi* **1.** régner **2.** *fam* blaguer.

Reino-Unido [ˌʀɐinu'niđu] *nm* • **o Reino-Unido** le Royaume-Uni.

reivindicação [ʀɐivĩndikɐ'sɐ̃u] (*pl* **-ões** [-õiʃ]) *nf* revendication *(f)*.

reivindicar [ʀɐivĩndi'kar] *vt* revendiquer.

rejeição [ʀəʒɐi'sɐ̃u] (*pl* **-ões** [-õiʃ]) *nf* rejet *(m)*.

rejeitar [ʀəʒɐi'tar] *vt* rejeter.

relação [ʀəlɐ'sɐ̃u] (*pl* **-ões** [-õiʃ]) *nf* relation *(f)*, rapport *(m)* • **com** *ou* **em relação a** en ce qui concerne.
■ **relações** *nfpl* relations *(fpl)* sexuelles • **ter relações com alguém** fréquenter qqn • **relações públicas** relations publiques.

relacionar [*(Port)* ʀəlɐsju'ɐr, *(Br)* xelasjo'na(x)] *vt* mettre en rapport.

relâmpago [ʀə'lɐ̃mpɐgu] *nm* éclair *(m)*.

relatar [ʀəlɐ'tar] *vt* **1.** *(jogo de futebol)* commenter **2.** *(acontecimento)* raconter.

relativo, va [ʀəlɐ'tivu, -vɐ] *adj* relatif(ive) • **relativo a** concernant.

relatório [ʀəlɐ'tɔrju] *nm* rapport *(m)*.

relaxado, da [ʀəla'ʃađu, -đɐ] *adj* détendu (e).

relaxante [ʀəla'ʃɐ̃ntə] ◼ *adj* relaxant(e). ◼ *nm* tranquillisant *(m)*.

relaxar [ʀəla'ʃar] *vt* décontracter.
■ **relaxar-se** *vp* se détendre.

relembrar [ʀəlẽm'brar] *vt* rappeler • **relembrar-se de algo** se rappeler qqch.

relevo [ʀə'levu] *nm* **1.** relief *(m)* **2.** *(realce)* importance *(f)* • **dar relevo a algo** mettre qqch en relief.

religião [ʀəli'ʒjɐ̃u] (*pl* **-ões** [-õiʃ]) *nf* religion *(f)*.

relíquia [ʀə'likjɐ] *nf* *(coisa preciosa)* relique *(f)*.

relógio [ʀə'lɔʒju] *nm* **1.** *(de parede)* horloge *(f)* **2.** *(de mesa)* pendule *(f)* **3.** *(de pulso)* montre *(f)* • **relógio de cuco** coucou *(m)* • **relógio de sol** cadran *(m)* solaire.

relojoaria [ʀəluʒwɐ'riɐ] *nf* horlogerie *(f)*.

relutância [ʀəlu'tɐ̃sjɐ] *nf* **1.** *(reticência)* réticence *(f)* **2.** *(oposição)* résistance *(f)*.

reluzente [ʀəlu'zẽntə] *adj* reluisant(e).

relva ['ʀɛɫvɐ] *nf* gazon *(m)*.

relvado [ʀɛɫ'vađu] *nm* pelouse *(f)*.

CULTURE...

religião

Le Portugal est un pays de confession catholique avec une majorité de pratiquants et croyants (85 % sont catholiques). C'est l'une des bases essentielle et incontournable de la culture (l'un des trois piliers : *Fátima, Futebol, Fado*). C'est encore un des rares pays d'Europe où la religion et l'institution catholique exercent encore une forte pression sur la société.

remar [ʀə'mar] *vi* ramer.

rematar [ʀəmɐ'tar] ◼ *vt* conclure. ◼ *vi* *(em futebol)* tirer au but.

remediar [ʀəmə'đjar] *vt* remédier à.

remédio [ʀə'mɛđju] *nm* médicament *(m)* • **não ter remédio** *fig* ne pas avoir de solution.

remendar [ʀəmẽn'dar] *vt* **1.** *(pneu)* réparer **2.** *(peça de vestuário)* raccommoder **3.** *(com remendo)* rapiécer.

remendo [ʀə'mẽndu] *nm* **1.** *(em pneu)* Rustine® *(f)* **2.** *(de peça de vestuário)* pièce *(f)*.

remessa [ʀə'mɛsɐ] *nf* envoi *(m)*.

remetente [ʀəmə'tẽntə] *nmf* expéditeur *(m)*, -trice *(f)*.

remeter [ʀəmə'ter] *vt* **1.** *(expedir)* envoyer **2.** *(dirigir)* adresser **3.** *(fazer referência a)* renvoyer.

remexer [ʀəmə'ʃer] *vt* fouiller dans.

remo ['ʀɛmu] *nm* rame *(f)*.

remoção [ʀəmu'sɐ̃u] (*pl* **-ões** [-õiʃ]) *nf* **1.** retrait *(m)* **2.** *(de feridos)* transport *(m)* **3.** *(de lixo)* enlèvement *(m)* • **remoção de nódoas** détachage *(m)*.

remorso [ʀə'mɔrsu] *nm* remords *(m)*.

remoto [ʀə'mɔtu] *adj* lointain(e).

remover [ʀəmu'ver] *vt* **1.** *(lixo)* enlever **2.** *(feridos)* transporter **3.** *(quisto, pedra)* retirer **4.** *(obstáculo)* surmonter • **remover nódoas** détacher.

remuneração [ʀəmunərɐ'sɐ̃u] (*pl* **-ões** [-õiʃ]) *nf* **1.** *(salário)* rémunération *(f)* **2.** *(paga)* récompense *(f)*.

renascer [ʀənɐʃ'ser] *vi* renaître.

Renascimento [ʀənɐʃsi'mẽntu] *nm* • **o Renascimento** la Renaissance.

renda ['ʀẽndɐ] *nf* **1.** *(Port) (de casa, apartamento)* loyer *(m)* **2.** *(croché)* crochet *(m)* **3.** *(de vestido, blusa, etc)* dentelle *(f)* **4.** *(Br) (rendimento)* revenu *(m)* • **fazer renda** faire du crochet • **renda nacional** *(Br)* revenus *(mpl)* de l'État.

rendimento [*(Port)* ʀẽndimẽntu', *(Br)* xẽndʒi'mʒntu] *nm* revenu *(m)*.

renegar [ʀənə'gar] *vt* renier.

renovação [ʀənuvɐ'sɐ̃u] (*pl* **-ões** [-õiʃ]) *nf* **1.** *(substituição)* renouvellement *(m)* **2.** *(reforma)* rénovation *(f)*.

renovar [ʀənu'var] *vt* **1.** *(consertar)* rénover **2.** *(substituir)* renouveler **3.** *(fortalecer)* se renouveler.

rentabilidade [ʀẽntɐbli'đađə] *nf* rentabilité *(f)*.

rentável [ʀẽn'tavɛł] (*pl* **-eis** [-ɐiʃ]) *adj (lucrativo)* rentable.

renúncia [ʀə'nũsjɐ] *nf* **1.** *(rejeição)* renoncement *(m)* **2.** *(a cargo, pretensão)* renonciation *(f)*.

renunciar [ʀənũ'sjar] *vt* renoncer à.

reparação [ʀəpɐrɐ'sɐ̃u] (*pl* **-ões** [-õiʃ]) *nf* réparation *(f)*.

reparar [ʀəpɐ'rar] *vt* réparer.
■ **reparar em** *v + prép* remarquer.

À PROPOS DE...

reparar
Attention, ne pas confondre « reparar » avec ***réparer***. En portugais, « reparar » signifie ***remarquer***.

repartição [ʀəpɐrti'sɐ̃u] (*pl* **-ões** [-õiʃ]) *nf* **1.** répartition *(f)* **2.** *(local)* service *(m)* • **Repartição de Finanças** centre *(m)* des impôts.

repartir [ʀəpɐr'tir] *vt* répartir • **repartir algo com alguém** partager qqch avec qqn • **repartir algo em algo** répartir qqch en qqch.

repatriar [*(Port)* ʀəpɐtri'ɐr, *(Br)* xepa'trja(x)] *vt* rapatrier.

repelente [ʀəpə'lẽntə] ■ *adj* repoussant(e). ■ *nm* • **repelente (de insectos)** anti-moustiques *(m inv)*.

repente [ʀə'pẽntə] *nm* accès *(m)* • **de repente** soudain.

repentino, na [ʀəpẽn'tinu, -nɐ] *adj* **1.** soudain(e) **2.** *(momentâneo)* bref (brève).

repercussão [ʀəpərku'sɐ̃u] (*pl* **-ões** [-õiʃ]) *nf* répercussion *(f)*.

repertório [ʀəpər'tɔrju] *nm* répertoire *(m)*.

repetição [ʀəpəti'sɐ̃u] (*pl* **-ões** [-õiʃ]) *nf* répétition *(f)*.

repetidamente [ʀəpə,tiđɐ'mẽntə] *adv* à plusieurs reprises.

repetido, da [ʀəpə'tiđu, -đɐ] *adj* répété(e).

repetir [ʀəpə'tir] *vt* **1.** répéter **2.** *(ano escolar, disciplina)* redoubler **3.** *(prato, refeição)* reprendre de.
■ **repetir-se** *vp* se répéter.

replay [ʀi'plɐi] *nm* reprise *(f)* d'une séquence.

replicar [ʀəpli'kar] *vt* • **replicar que** répliquer que.

repolho [ʀə'poʎu] *nm* chou *(m)* pommé.

repor [ʀə'por] *vt* **1.** *(verdade)* rétablir **2.** *(dinheiro)* restituer • **repor algo no lugar** remettre qqch en place.

reportagem [ʀəpur'taʒɐ̃i] (*pl* **-ns** [-ʃ]) *nf* reportage *(m)*.

repórter [ʀə'pɔrtɛr] (*pl* **-es** [-əʃ]) *nmf* reporter *(m)*.

reposteiro [ʀəpuʃ'tɐiru] *nm* rideau *(m)*.

repousar [ʀəpo'zar] *vt & vi* se reposer.

repreender [ʀəpriẽn'der] *vt* rappeler à l'ordre.

represa [ʀə'prezɐ] *nf* écluse *(f)*.

represália [ʀəprə'zaljɐ] *nf* représailles *(fpl)*.

representação [ʀəprəzẽntɐ'sɐ̃u] (*pl* **-ões** [-õiʃ]) *nf* représentation *(f)*.

representante [ʀəprəzẽn'tẽntə] *nmf* représentant *(m)*, -e *(f)* • **representante oficial** représentant officiel.

representar [ʀəprəzẽn'tar] ■ *vt* **1.** représenter **2.** *(espectáculo)* jouer. ■ *vi* jouer.

repressão [ʀəprə'sɐ̃u] (*pl* **-ões** [-õiʃ]) *nf* répression *(f)*.

reprimir [ʀəpri'mir] *vt* réprimer.

reprise [ʀə'prizə] *nf* reprise *(f)*.

reprodução [ʀəpruđu'sɐ̃u] (*pl* **-ões** [-õiʃ]) *nf* reproduction *(f)*.

reproduzir [ʀəpruđu'zir] *vt* **1.** *(evento)* restituer **2.** *(quadro, escultura)* reproduire.
■ **reproduzir-se** *vp* se reproduire.

reprovar [Rəpru'var] *vt* **1.** *(atitude, comportamento)* réprouver **2.** *(lei, projecto)* rejeter **3.** *(aluno)* redoubler.

réptil ['Rɛptiɫ] (*pl* **-teis** [-tɐiʃ]) *nm* reptile *(m)*.

república [Rɛ'puƀlikɐ] *nf* **1.** *(sistema político)* république *(f)* **2.** *(de estudantes)* résidence *(f)*.

República Checa [Rɛ,puƀlikɐ'ʃɛkɐ] *nf* • **a República Checa** la République Tchèque.

República Dominicana [Rɛ,puƀlikɐdumini'kɐnɐ] *nf* • **a República Dominicana** la République Dominicaine.

repudiar [Rəpu'đjar] *vt* rejeter.

repugnância [Rəpug'nɐ̃sjɐ] *nf* répugnance *(f)*.

repugnante [Rəpug'nɐ̃ntə] *adj* **1.** *(asqueroso)* répugnant(e) **2.** *(indigno)* odieux(euse).

repulsa [Rə'puɫsɐ] *nf* répulsion *(f)*.

repulsivo [Rəpuɫ'sivu] *adj* repoussant(e).

reputação [Rəputɐ'sɐ̃u] (*pl* **-ões** [-õiʃ]) *nf* réputation *(f)*.

requeijão [Rəkɐi'ʒɐ̃u] (*pl* **-ões** [-õiʃ]) *nm* fromage *(m)* frais.

requerer [Rəkə'rer] *vt* **1.** *(precisar de)* requérir **2.** *(por requerimento)* solliciter.

requerimento [Rəkəri'mẽntu] *nm* requête *(f)*.

requintado, da [Rəkĩn'tađu, -đɐ] *adj* raffiné(e).

requinte [Rə'kĩntə] *nm* raffinement *(m)*.

requisito [Rəkə'zitu] *nm* condition *(f)* requise.
■ **requisitos** *nmpl* qualités *(fpl)*.

rescindir [Rəʃsĩn'dir] *vt (contrato)* résilier.

rés-do-chão [,Rɛʒdu'ʃɐ̃u] *nm inv* rez-de-chaussée *(m inv)*.

resenha [Rə'zɐɲɐ] *nf (televisiva, de rádio)* compte rendu *(m)* • **fazer uma resenha de algo** passer qqch en revue.

reserva [Rə'zɛrvɐ] *nf* **1.** réserve *(f)* **2.** *(de quarto, lugar, bilhete)* réservation *(f)* **3.** *(de vinho)* millésime *(m)* • **reserva de caça** réserve de chasse • **reserva natural** réserve naturelle.

reservado, da [Rəzər'vađu, -đɐ] *adj* **1.** réservé(e) **2.** *(íntimo)* tranquille.

reservar [Rəzər'var] *vt* réserver.

resfriado [Reʃfri'adu] *nm (Br)* rhume *(m)*.

resgate [Rəʒ'gatə] *nm* rançon *(f)*.

resguardar [Rəʒgwɐr'đar] *vt* protéger.
■ **resguardar-se** *vp* se protéger.

residência [Rəzi'đẽsjɐ] *nf* **1.** *(particular)* résidence *(f)* **2.** *(académica)* ≃ résidence *(f)* universitaire.

residencial [Rəziđẽ'sjaɫ] (*pl* **-ais** [-aiʃ]) *nf* pension *(f)* de famille.

residente [*(Port)* Rəzi'đẽtə, *(Br)* xezi'dẽntʃi] *nmf* & *adj* résident(e).

residir [Rəzi'đir] ■ **residir em** *v + prép* **1.** *(morar em)* résider à OU en **2.** *(consistir em)* résider dans.

resíduo [Rə'ziđwu] *nm* résidu *(m)*.

resignação [Rəzignɐ'sɐ̃u] *nf (paciência)* résignation *(f)*.

resignar-se [Rəzig'narsə] *vp* se résigner.

resina [Rə'zinɐ] *nf* résine *(f)*.

resistência [Rəziʃ'tẽsjɐ] *nf* résistance *(f)*.

resistente [Rəziʃ'tẽntə] *adj* résistant(e).

resistir [Rəziʃ'tir] *vi* résister • **resistir a algo** résister à qqch.

resmungar [Rəʒmũŋ'gar] *vt* & *vi fam* marmonner.

resolução [Rəzulu'sɐ̃u] (*pl* **-ões** [-õiʃ]) *nf* résolution *(f)*.

resolver [Rəzoɫ'ver] *vt* résoudre • **resolver fazer algo** résoudre de faire qqch.
■ **resolver-se** *vp* • **resolver-se a** se résoudre à.

respectivo, va [Rəʃpɛ'tivu, -vɐ] *adj (Port)* respectif(ive).

respeitar [Rəʃpɐi'tar] *vt* respecter.
■ **respeitar a** *v + prép* • **no que respeita a** en ce qui concerne.

respeitável [Rəʃpɐi'tavɛɫ] (*pl* **-eis** [-ɐiʃ]) *adj* respectable.

respeito [Rəʃ'pɐitu] *nm* respect *(m)* • **tudo o que diz respeito a** tout ce qui concerne • **ter respeito por** avoir du respect pour • **a respeito de** OU **com respeito a** en ce qui concerne, au sujet de.

respetivo, va [reʃpe'tʃivu, -vɐ] *adj (Br)* = **respectivo**.

respiração [Rəʃpirɐ'sɐ̃u] *nf* respiration *(f)*.

respirar [Rəʃpi'rar] *vt* & *vi* respirer.

resplandecente [Rəʃplẽndə'sẽntə] *adj* resplendissant(e).

responder [Rəʃpõn'der] ■ *vt* répondre. ■ *vi* **1.** répondre **2.** *(ir a tribunal)* comparaître • **responder a** répondre à • **responder torto** répondre avec insolence.
■ **responder por** *v + prép* répondre de.

responsabilidade [ʀəʃpõsɐƀli'đađə] *nf* responsabilité *(f)* • **responsabilidade civil** responsabilité civile.

responsabilizar [ʀəʃpõsɐƀli'zar] *vt* • **responsabilizar alguém/algo por algo** rendre qqn/qqch responsable de qqch.
■ **responsabilizar-se por** *vp* + *prép* assumer la responsabilité de.

responsável [ʀəʃpõ'savɛɫ] (*pl* **-eis** [-ɐiʃ]) *adj* & *nmf* responsable • **responsável por** responsable de.

resposta [ʀəʃ'pɔʃtɐ] *nf* réponse *(f)*.

resquício [ʀəʃ'kisju] *nm* fond *(m)*.

ressabiado, da [ʀəsɐ'ƀjađu, -đɐ] *adj (Br)* **1.** *(desconfiado)* méfiant(e) **2.** *(ressentido)* déçu (e).

ressaca [ʀə'sakɐ] *nf fam (de bebedeira)* gueule *(f)* de bois.

ressaltar [ʀəsaɫ'tar] ■ *vt* faire ressortir. ■ *vi* ressortir.

ressentimento [ʀəsẽnti'mẽntu] *nm* ressentiment *(m)*.

ressentir-se [ʀəsẽn'tirsə] *vp* se vexer • **ressentir-se de algo** se ressentir de qqch.

ressonar [rəsu'nar] *vt* ronfler.

ressurgimento [ʀəsurʒi'mẽntu] *nm* résurgence *(f)*.

ressuscitar [ʀəsuʃsi'tar] *vt* & *vi* ressusciter.

restabelecer [ʀəʃtɐƀlə'ser] *vt* rétablir.
■ **restabelecer-se** *vp* **1.** *(recuperar saúde)* se rétablir **2.** *(de susto)* se remettre.

restar [ʀəʃ'tar] *vi* rester.

restauração [ʀəʃtaurɐ'sɐ̃u] (*pl* **-ões** [-õiʃ]) *nf* **1.** *(de edifício)* restauration *(f)* **2.** *(de forças, energia)* reprise *(f)*.

restaurante [ʀəʃtau'rɐ̃ntə] *nm* restaurant *(m)* • **restaurante panorâmico** restaurant panoramique.

restaurar [ʀəʃtau'rar] *vt* **1.** *(edifício, regime político)* restaurer **2.** *(ordem)* rétablir.

restinga [ʀəʃ'tĩŋgɐ] *nf* banc *(m)* de sable.

restituir [ʀəʃti'twir] *vt* restituer.

resto ['ʀɛʃtu] *nm* reste *(m)*.
■ **restos** *nmpl* restes *(mpl)* • **restos mortais** dépouille *(f)* mortelle.

resultado [ʀəzuɫ'tađu] *nm* résultat *(m)*.

resultar [ʀəzuɫ'tar] *vi* marcher • **resultar de algo** venir de qqch • **resultar em algo** aboutir à qqch.

resumir [ʀəzu'mir] *vt* résumer.
■ **resumir-se a** *vp* + *prép* se résumer à.

resumo [ʀə'zumu] *nm* résumé *(m)* • **em resumo** en résumé.

reta ['ʀɛtɐ] *nf (Br)* = **recta**.

retaguarda [ˌʀɛtɐ'gwarđɐ] *nf* arrière *(m)* • **na retaguarda** à l'arrière.

retalho [ʀə'taʎu] *nm* coupon *(m)* • **a retalho** au détail.

retaliação [ʀətɐljɐ'sɐ̃u] (*pl* **-ões** [-õiʃ]) *nf* riposte *(f)*.

retaliar [ʀətɐ'ljar] ■ *vt* faire payer. ■ *vi* riposter.

retângulo [ʀe'tɐ̃ŋgulu] *nm (Br)* = **rectângulo**.

retardar [ʀətɐr'đar] *vt* retarder.

reter [ʀə'ter] *vt* **1.** retenir **2.** *(suspeito, criminoso)* arrêter.

reticente [ʀəti'sẽntə] *adj* réticent(e).

retina [ʀə'tinɐ] *nf* rétine *(f)*.

retirada [ʀəti'rađɐ] *nf* **1.** *(debandada)* débandade *(f)* **2.** MIL retraite *(f)*.

retirar [ʀəti'rar] *vt* retirer.
■ **retirar-se** *vp* se retirer • **retirar-se de algo** se retirer de qqch.

reto, ta ['ʀɛtu, -tɐ] *adj* & *nm (Br)* = **recto**.

retorcido, da [ʀətur'siđu, -đɐ] *adj* tordu (e).

retórica [ʀɛ'tɔrikɐ] *nf* rhétorique *(f)*.

retornar [ʀətur'nar] *vi* revenir • **retornar a** retourner à.

retraído, da [ʀətrɐ'iđu, -đɐ] *adj* réservé(e).

retrato [ʀə'tratu] *nm* **1.** *(fotografia)* photographie *(f)* **2.** *(pintura, desenho)* portrait *(m)*.

retrete [ʀə'trɛtə] *nf fam* toilettes *(fpl)*.

retribuir [ʀətri'ƀwir] *vt* rendre.

retroceder [ʀətrusə'đer] *vi* reculer.

retrógrado, da [ʀə'trɔgrɐđu, -đɐ] *adj* rétrograde.

retrosaria [ʀətruzɐ'riɐ] *nf* mercerie *(f)*.

retrovisor [ʀɛtrɔvi'zor] (*pl* **-es** [-əʃ]) *nm* rétroviseur *(m)*.

réu, ré ['ʀɛu, 'ʀɛ] *nm, f* accusé *(m)*, -e *(f)*.

reumatismo [ʀeumɐ'tiʒmu] *nm* rhumatisme *(m)*.

reunião [ʀju'njɐ̃u] (*pl* **-ões** [-õiʃ]) *nf* réunion *(f)*.

reunir [ʀju'nir] *vt* réunir.
■ **reunir-se** *vp* se réunir.

réveillon [ʀɛvɛ'jõ] *nm* réveillon *(m)*.

revelação [Rəvɐlɐ'sɐ̃u] (*pl* **-ões** [-õiʃ]) *nf* **1.** révélation *(f)* **2.** *(de fotografia)* développement *(m)*.

revelar [Rəvə'lar] *vt* **1.** révéler **2.** *(fotografia)* développer.
■ **revelar-se** *vp* se révéler.

revendedor, ra [Rəvẽndə'đor, -rɐ] (*mpl* **-es** [-əʃ], *fpl* **-s** [-ʃ]) *nm, f* revendeur *(m)*, -euse *(f)*.

rever [Rə'ver] *vt* revoir.

reverso [Rə'vɛrsu] *nm* revers *(m)*.

revés [Rə'vɛʃ] (*pl* **-eses** [-ɛzəʃ]) *nm* revers *(m)*.

revestir [Rəvəʃ'tir] *vt* recouvrir.

revezar-se [Rəvə'zarsə] *vp* se relayer.

revirado, da [Rəvi'rađu, -đɐ] *adj* **1.** retourné(e) **2.** *(casa, gaveta)* sens dessus dessous.

reviravolta [Rə,virɐ'vɔłtɐ] *nf* **1.** *(com carro, mota)* demi-tour *(m)* **2.** *(pirueta)* tour *(m)* **3.** *fig (em situação)* revirement *(m)*.

revisão [Rəvi'zɐ̃u] (*pl* **-ões** [-õiʃ]) *nf* révision *(f)*.

revisor, ra [Rəvi'zor, -rɐ] (*mpl* **-es** [-əʃ], *fpl* **-s** [-ʃ]) *nm, f* **1.** *(em transporte público)* contrôleur *(m)*, -euse *(f)* **2.** *(de texto, provas tipográficas)* réviseur *(m)*, -euse *(f)*.

revista [Rə'viʃtɐ] *nf* revue *(f)* • **revista feminina** magazine *(m)* féminin • **revista em quadrinhos** *(Br)* bande dessinée *(f)*.

revolta [Rə'vɔłtɐ] *nf* révolte *(f)*.

revoltar-se [Rəvoł'tarsə] *vp* se révolter • **revoltar-se com algo** se révolter contre qqch.

revolução [Rəvulu'sɐ̃u] (*pl* **-ões** [-õiʃ]) *nf* révolution *(f)*.

revolver [Rəvoł'ver] *vt* remuer.

revólver [Rə'vɔłvɛr] (*pl* **-es** [-əʃ]) *nm* revolver *(m)*.

rezar [Rə'zar] ■ *vi* prier. ■ *vt (missa, oração)* dire.

ri ['Ri] ▷ **rir**.

riacho ['Rjaʃu] *nm* ruisseau *(m)*.

ribeira [Ri'ƀɐirɐ] *nf* rivière *(f)*.

ribeirão [Riƀɐi'rɐ̃u] (*pl* **-ões** [-õiʃ]) *nm* ruisseau *(m)*.

ribeirinho, nha [Riƀɐi'riɲu, -ɲɐ] *adj* de rivière.

ribeiro [Ri'ƀɐiru] *nm* = **ribeira**.

ribeirões ▷ **ribeirão**.

rico, ca ['Riku, -kɐ] *adj* riche • **rico em** riche en.

ricota [Ri'kɔtɐ] *nf* ricotta *(f)*.

ridicularizar [Rəđikulɐri'zar] *vt* ridiculiser.

ridículo, la [Rə'đikulu, -lɐ] ■ *adj* ridicule. ■ *nm* ridicule *(m)*.

rido ['Riđu] *pp* ▷ **rir**.

rifa ['Rifɐ] *nf* **1.** *(sorteio)* tombola *(f)* **2.** *(bilhete)* billet *(m)* de tombola.

rigidez [Riʒi'đeʃ] *nf* **1.** rigidité *(f)* **2.** *(de músculos)* raideur *(f)*.

rigor [Ri'gor] (*pl* **-es** [-əʃ]) *nm* rigueur *(f)*.

rijo, ja ['Riʒu, -ʒɐ] *adj* **1.** dur(e) **2.** *(forte)* vigoureux(euse) **3.** *(material)* rigide.

rim ['Rĩ] (*pl* **-ns** [-ʃ]) *nm* rein *(m)*.
■ **rins** *nmpl* reins *(mpl)*.

rima ['Rimɐ] *nf* **1.** *(de verso)* rime *(f)* **2.** *(de papéis, revistas)* pile *(f)*.
■ **rimas** *nfpl* vers *(mpl)*.

rímel® ['Rimɛł] (*pl* **-eis** [-ɐiʃ]) *nm* mascara *(m)*.

ringue ['Rĩŋgə] *nm* ring *(m)*.

rinoceronte [Rinɔsə'rõntə] *nm* rhinocéros *(m)*.

rinque ['Rĩŋkə] *nm* patinoire *(f)*.

rins [xĩnʃ] ▷ **rim**.

rio ['Rju] ▷ **rir**.

rio ['Rju] *nm* **1.** *(que desagua no mar)* fleuve *(m)* **2.** *(que desagua em rio)* rivière *(f)* • **rio abaixo/acima** en aval/amont.

Rio de Janeiro [,Riuđəʒɐ'nɐiru] *nm* • **o Rio de Janeiro** Rio de Janeiro.

Rio Grande do Norte [,Riugrẽndəđu'nɔrtə] *nm* • **o Rio Grande do Norte** le Rio Grande du Nord.

Rio Grande do Sul [,Riugrẽndəđu'suł] *nm* • **o Rio Grande do Sul** le Rio Grande du Sud.

riqueza [Ri'kezɐ] *nf* richesse *(f)*.

rir ['Rir] *vi* rire • **desatar a rir** éclater de rire • **rir a bandeiras despregadas** *fam* rire à gorge déployée.

ris ['Riʃ] ▷ **rir**.

risada [Ri'zađɐ] *nf* éclat *(m)* de rire.

risca ['Riʃkɐ] *nf* rayure *(f)* • **às riscas** à rayures, rayé(e) • **à risca** à la lettre.

riscar [Riʃ'kar] *vt* **1.** *(frase, folha)* barrer **2.** *(parede, carro, móvel)* rayer.

risco ['ʀiʃku] *nm* **1.** *(traço)* trait *(m)* **2.** *(em cabelo)* raie *(f)* **3.** *(perigo)* risque *(m)* • **correr o risco de** courir le risque de • **pôr em risco** mettre en danger • *(projecto)* compromettre • **risco ao meio/ao lado** raie au milieu/sur le côté • **risco de vida** danger *(m)* de mort.

riso ['ʀizu] *nm* rire *(m)* • **riso amarelo** rire jaune.

risoto [ʀi'zotu] *nm* risotto *(m)*.

ríspido, da ['ʀiʃpiđu, -đɐ] *adj* revêche.

rissol [ʀi'soɫ] (*pl* **-óis** [-ɔiʃ]) *nm* *beignet à la viande ou au poisson.*

rissole ['xisoli] *(Br)* = **rissol**.

ritmo ['ʀitmu] *nm* rythme *(m)*.

ritual [ʀi'twaɫ] (*pl* **-ais** [-aiʃ]) *nm* rituel *(m)*.

riu ['ʀiu] ▻ **rir**.

rival [ʀi'vaɫ] (*pl* **-ais** [-aiʃ]) *nmf* rival *(m)*, -e *(f)*.

rivalidade [ʀivɐli'đađə] *nf* rivalité *(f)*.

R.N. = **Rodoviária Nacional**.

robalo [ru'ƀalu] *nm* bar *(m)*.

robe ['ʀoƀə] *nm* robe *(f)* de chambre.

robertos [ru'ƀɛrtuʃ] *nmpl* marionnettes *(fpl)*.

robô [rɔ'ƀo] *nm* robot *(m)*.

robusto, ta [ʀu'ƀuʃtu, -tɐ] *adj* robuste.

roça ['ʀɔsɐ] *nf (Br)* champ *(m)*.

rocambole [ʀokẽm'bɔli] *nm (Br) gâteau roulé salé ou sucré.*

roçar [ʀu'sar] *vt* effleurer.

rocha ['ʀɔʃɐ] *nf* roche *(f)*.

rochedo [ʀu'ʃeđu] *nm* rocher *(m)*.

rock ['ʀɔkə] *nm* rock *(m)*.

roda ['ʀɔđɐ] *nf* **1.** *(de carro, bicicleta)* roue *(f)* **2.** *(de saia, vestido)* ampleur *(f)* **3.** *(de pessoas)* ronde *(f)* • **andar à roda com algo** tourner qqch • **à roda de** environ • **tenho a cabeça a andar à roda** j'ai la tête qui tourne.

rodada [ʀu'đađɐ] *nf (de bebidas)* tournée *(f)*.

rodagem [ʀu'đaʒẽi] *nf* ▻ **faixa**.

roda-gigante ['ʀɔđɐʒi'g̲ẽntə] (*pl* **rodas-gigantes** ['ʀɔđɐʃʒi'g̲ẽntəʃ]) *nf* la Grande roue.

rodapé [xoda'pɛ] *nm* tour *(m)* de lit, soubassement *(m)*, plinthe *(f)* *(bricolage)* • **nota de rodapé** note *(f)* en bas de page.

rodar [ʀu'đar] ■ *vt* faire tourner. ■ *vi* tourner.

rodeado, da [ʀu'đja'đu, -đɐ] *adj* entouré(e).

rodear [ʀu'đjar] *vt* entourer.
■ **rodear-se de** *vp + prép* s'entourer de.

rodela [ʀu'đɛlɐ] *nf* rondelle *(f)*.

rodízio [ʀo'dizju] *nm restaurant brésilien où les grillades sont servies à volonté.*

rododendro [ʀuđu'đẽndru] *nm* rhododendron *(m)*.

rodopiar [ʀuđu'pjar] *vi* tournoyer.

rodovalho [ʀuđu'vaʎu] *nm* barbue *(f)* *(poisson)*.

rodovia [ʀodo'viɐ] *nf (Br)* autoroute *(f)* • **rodovia com pedágio** autoroute à péage.

rodoviária [ʀɔđɔ'vjarjɐ] *nf* gare *(f)* routière • **Rodoviária Nacional** *société nationale portugaise de transport en autocar.*

roer ['ʀwer] *vt* **1.** *(com dentes)* ronger **2.** *(com atrito)* user.

rojões [ʀu'ʒõiʃ] *nmpl* ≃ rillons *(mpl)*.

rola ['ʀolɐ] *nf* tourterelle *(f)*.

rolar [ʀu'lar] *vi* rouler • **rolar no chão** *(Br)* se rouler par terre • **rolar de rir** *(Br)* se tordre de rire.

roleta [ʀu'letɐ] *nf* roulette *(f)* • **roleta russa** roulette russe.

rolha ['ʀoʎɐ] *nf* bouchon *(m)* • **rolha de cortiça** bouchon en liège • **ficar em cascos de rolha** *fam* être au diable *(lieu)*.

rolo ['ʀolu] *nm* **1.** *(fotográfico)* pellicule *(f)* **2.** *(de cabelo)* bigoudi *(m)* **3.** *(de pintar)* rouleau *(m)* • **rolo da massa** rouleau à pâtisserie.

ROM (*abr de* **Read Only Memory**) *nf* INFORM ROM *(f)*.

romã [ʀu'mɐ̃] *nf* grenade *(f)* *(fruit)*.

romance [ʀu'mɐ̃sə] *nm* roman *(m)* • **romance cor-de-rosa** roman à l'eau de rose • **romance policial** roman policier.

românico [*(Port)* ʀu'mɐ̃niku, *(Br)* xo'maniku] *adj (art)* roman.

romano, na [ʀu'mɐnu, -nɐ] *adj* romain(e).

romântico, ca [ʀu'mɐ̃ntiku, -kɐ] *adj* romantique.

romaria [ʀumɐ'riɐ] *nf* pèlerinage *(m)*.

rombo [*(Port)* rumbɔ, *(Br)* 'xnbu] *nm* **1.** *(estrago)* trou *(m)*, dommage *(m)* **2.** *fig (desfalque)* détournement *(m)* de fonds **3.** *fig (prejuízo) fam* perte *(f)*.

Roménia [ʀu'mɛnjɐ] *nf* • **a Roménia** la Roumanie.

romper [ʀõm'per] *vt* trouer.
■ **romper-se** *vp* se déchirer.
■ **romper com** *v* + *prép* rompre avec.

ronda ['ʀõndɐ] *nf* ronde *(f)* ◆ **fazer a ronda** faire la ronde.

Rondônia [ʀõn'dɔnjɐ] *nm* ◆ **o Rondônia** le Rondônia.

Roraima [ʀu'raimɐ] *nm* ◆ **o Roraima** le Roraima.

rosa ['ʀɔzɐ] *nf* rose *(f)* ◆ **a vida não é um mar de rosas** tout n'est pas rose.

rosário [ʀu'zarju] *nm* rosaire *(m)*.

rosbife [ʀoʒ'bifə] *nm* rosbif *(m)*.

rosca ['ʀoʃkɐ] *nf* **1.** *(de garrafa, tampa, parafuso)* filet *(m)* **2.** CULIN *brioche en forme de couronne*.

rosé [ʀɔ'zɛ] *nm* rosé *(m)*.

roseira [ʀu'zɐirɐ] *nf* rosier *(m)*.

rosmaninho [ʀuʒmɐ'niɲu] *nm* romarin *(m)*.

rosnar [ʀuʒ'nar] *vi* grogner.

rosto ['ʀoʃtu] *nm* visage *(m)*.

rota ['ʀɔtɐ] *nf* route *(f)*.

rotativo, **va** [ʀutɐ'tivu, -vɐ] *adj* rotatif(ive).

roteador, **ra** [rotea'do(x), -ra] *nm* INFORM routeur *(m)*.

roteiro [ʀu'tɐiru] *nm* circuit *(m)*.

rotina [ʀu'tinɐ] *nf* routine *(f)*.

roto, **ta** ['ʀotu, -tɐ] ◼ *pp* ▷ **romper**. ◼ *adj* **1.** *(sapato, roupa)* troué(e) **2.** *(cano)* percé(e).

rótula ['ʀɔtulɐ] *nf* rotule *(f)*.

rotular [ʀutu'lar] *vt* étiqueter.

rótulo ['ʀɔtulu] *nm* étiquette *(f)*.

rotunda [ʀu'tũndɐ] *nf* rond-point *(m)*.

roubar [ʀo'ƀar] *vt* & *vi* voler ◆ **roubar algo a alguém** voler qqch à qqn.

roubo ['ʀoƀu] *nm* vol *(m)*.

rouco, **ca** ['ʀoku, -kɐ] *adj* rauque ◆ **estar rouco** être enroué.

roupa ['ʀopɐ] *nf* **1.** *(vestuário)* vêtement *(m)* **2.** *(de cama)* linge *(m)* ◆ **roupa interior** sous-vêtements *(mpl)*.

roupão [ʀo'pɐ̃u] *(pl* **-ões** [-õiʃ]) *nm* robe *(f)* de chambre.

roupeiro [ʀo'pɐiru] *nm* garde-robe *(f)*, armoire *(f)*.

rouxinol [ʀoʃi'nɔɫ] *(pl* **-óis** [-ɔiʃ]) *nm* rossignol *(m)*.

roxo, **xa** ['ʀoʃu, -ʃɐ] *adj* violet(ette).

R.P. *(abr écrite de* **República Portuguesa**) République *(f)* portugaise, ≃ RF *(f) (République Française)*.

RTP *nf (abr de* **Radiotelevisão Portuguesa**), *organisme public de télévision du Portugal*.

rua ['ʀuɐ] ◼ *nf* rue *(f)*. ◼ *interj* dehors ! ◆ **rua abaixo/acima** en descendant/en montant la rue.

rubéola [ʀu'ƀɛulɐ] *nf* rubéole *(f)*.

rubi [ʀu'ƀi] *nm* rubis *(m)*.

rubor [ʀu'ƀor] *(pl* **-es** [-əʃ]) *nm* rougeur *(f)*.

ruborizar-se [ʀuƀuri'zarsə] *vp* rougir.

rubrica [ʀu'ƀrikɐ] *nf* signature *(f)*.

ruço, **ça** ['ʀusu, -sɐ] *adj* gris(e).

rúcula ['xukula] *nf* roquette *(f) (salade)*.

rude ['ʀuđə] *adj* grossier(ère).

ruela ['ʀwɛlɐ] *nf* ruelle *(f)*.

ruga ['ʀugɐ] *nf* **1.** *(em pele)* ride *(f)* **2.** *(em tecido)* pli *(m)*.

rúgbi ['ʀugbi] *nm (Br)* = **râguebi**.

rugby ['ʀɐgbi] *nm* = **râguebi**.

rugido [ʀu'ʒiđu] *nm* rugissement *(m)*.

rugir [ʀu'ʒir] *vi* rugir.

ruído ['ʀwiđu] *nm* bruit *(m)*.

ruim ['ʀũi] *(pl* **-ns** [-ʃ]) *adj* mauvais(e).

ruínas ['ʀwinɐʃ] *nfpl* ruines *(fpl)*.

ruins [xu'ĩnʃ] ▷ **ruim**.

ruivo, **va** ['ʀuivu, -vɐ] *adj* roux (rousse).

rum ['ʀũ] *nm* rhum *(m)*.

rumar [ʀu'mar] ■ **rumar a** *v* + *prép* mettre le cap sur.

rumba ['ʀũmbɐ] *nf* rumba *(f)*.

rumo ['ʀumu] *nm* **1.** *(direcção)* direction *(f)* **2.** *(de coisas)* tournure *(f)*.

rumor [ʀu'mor] *(pl* **-es** [-əʃ]) *nm (boato)* rumeur *(f)*.

ruptura [ʀup'turɐ] *nf* rupture *(f)*.

rural [ʀu'raɫ] *(pl* **-ais** [-aiʃ]) *adj* rural(e).

rush ['ʀɐʃ] *nm (Br)* heure *(f)* de pointe.

Rússia ['ʀusjɐ] *nf* ◆ **a Rússia** la Russie.

russo, **a** ['ʀusu, -sɐ] ◼ *adj* russe. ◼ *nm, f* Russe *(mf)*. ◼ *nm (língua)* russe *(m)*.

rústico, **ca** ['ʀuʃtiku, -kɐ] *adj* rustique.

S

s, S [*(Port)* 'esə, *(Br)* 'esi] *m* s, S.

S [*(Port)* 'esə, *(Br)* 'esi] (*abr de* **Sud**) S *(sud)*.

S.A. (*abr de* **Sociedade Anónima**) SA *(f)* *(Société Anonyme)*.

sábado ['saƀɐđu] *nm* samedi *(m)* • **aos sábados** le samedi • **até sábado** à samedi • **ela vem sábado** elle vient samedi • **este sábado** samedi • **hoje é sábado** aujourd'hui nous sommes samedi • **todos os sábado** tous les samedis • **sábado de manhã/à tarde/à noite** samedi matin/après-midi/soir • **sábado 13 de Junho** (le) samedi 13 juin • **sábado passado** samedi dernier • **sábado que vem** samedi prochain.

sabão [sɐ'ƀɐ̃u] (*pl* **-ões** [-õiʃ]) *nm* savon *(m)*.

sabedoria [sɐƀəđu'riɐ] *nf* savoir *(m)*.

saber [sɐ'ƀer] ◼ *nm* savoir *(m)*. ◼ *vt* & *vi* savoir • **saber fazer algo** savoir faire qqch • **fazer saber** faire savoir • **não quero saber** je ne veux pas le savoir • **não saber nada** ne rien savoir • **sem saber** sans le savoir • **saber a** avoir un goût de • **saber bem/mal** avoir bon/mauvais goût.
■ **saber de** *v* + *prép* **1.** *(entender de)* s'y connaître en **2.** *(ter conhecimento de)* connaître • **vir a saber de algo** apprendre qqch.

sabiá [sa'bja] *nf* grive *(f)*.

sabões [sa'bõjʃ] ▷ **sabão**.

sabonete [sɐƀu'netə] *nm* savonnette *(f)*.

saboneteira [sɐƀunə'tɐirɐ] *nf* porte-savon *(m)*.

sabor [sɐ'ƀor] (*pl* **-es** [-əʃ]) *nm* **1.** *(gosto)* goût *(m)* **2.** *(aroma)* parfum *(m)*.

saborear [sɐƀu'rjar] *vt* **1.** savourer **2.** *(provar)* déguster.

sabores ▷ **sabor**.

saboroso, a [*(Port)* sɐƀu'rozu, -zɐ, *(Br)* sabo'rozu, -za] *adj* savoureux(euse).

sabotagem [sɐƀu'taʒɐ̃i] (*pl* **-ns** [-ʃ]) *nf* sabotage *(m)*.

sabotar [sɐƀu'tar] *vt* saboter.

sabugueiro [sɐƀu'gɐiru] *nm* sureau *(m)*.

saca ['sakɐ] *nf* sac *(m)*.

sacar [sa'kar] *vt* *(Br)* *fam* piger.

sacarina [sɐkɐ'rinɐ] *nf* saccharine *(f)*.

saca-rolhas [ˌsakɐ'ʀoʎɐʃ] *nm inv* tire-bouchon *(m)*.

sacarose [sɐkɐ'rɔzə] *nf* saccharose *(m)*.

sacerdote [sɐsər'đɔtə] *nm* prêtre *(m)*.

sachê [*(Br)* sa'ʃe] *nm* sachet *(m)*.

sacho ['saʃu] *nm* sarcloir *(m)*.

saciar [sɐ'sjar] *vt* **1.** *(fome)* assouvir **2.** *(sede)* étancher.
■ **saciar-se** *vp* se rassasier.

saco ['saku] *nm* sac *(m)* • **saco de água quente** bouillotte *(f)* • **saco de lixo** sac poubelle • **saco de plástico** sac en plastique • **saco de viagem** sac de voyage.

saco-cama [ˌsaku'kɐmɐ] (*pl* **sacos-cama** [ˌsakuʃ'kɐmɐ]) *nm* sac *(m)* de couchage.

sacola [sɐ'kɔlɐ] *nf* sac *(m)*.

sacra ['sɐkrɐ] *adj* • **arte sacra** art sacré.

sacramento [sɐkrɐ'mẽntu] *nm* sacrement *(m)*.
■ **sacramentos** *nmpl* sacrements *(mpl)*.

sacrificar [sɐkrəfi'kar] *vt* sacrifier.
■ **sacrificar-se** *vp* • **sacrificar-se por alguém** se sacrifier pour qqn.

sacrilégio [sɐkri'lɛʒju] *nm* sacrilège *(m)*.

sacristia [sakrəʃ'tiɐ] *nf* sacristie *(f)*.

sacro, cra ['sakru, -krɐ] *adj* sacré(e).

sacudir [sɐku'đir] *vt* **1.** secouer **2.** *(rabo, cabeça)* remuer.

sádico, ca ['sađiku, -kɐ] *nm, f* sadique *(mf)*.

sadio, dia [sa'điu, -'điɐ] *adj* sain(e).

saem ['saẽm] ▷ **sair**.

safio [sɐ'fiu] *nm* congre *(m)*.

safira [sɐ'firɐ] *nf* saphir *(m)*.

Sagitário [sɐʒi'tarju] *nm* *(Port)* Sagittaire *(m)*.

sagrado, da [sɐ'gradu, -dɐ] *adj* sacré(e).

saguão [sɐ'gwɐ̃u] (*pl* **-ões** [-õiʃ]) *nm* cour *(f)*.

sai ['sai] ▷ **sair**.

saí [sɐ'i] ▷ **sair**.

saia ['sajɐ] *nf* jupe *(f)*.

saia-calça [ˌsajɐ'kałsɐ] (*pl* **saias-calça** [ˌsajɐʃ'kałsɐ]) *nf* jupe-culotte *(f)*.

saída [sɐ'iđɐ] *nf* **1.** *(de lugar)* sortie *(f)* **2.** *(de autocarro, comboio)* départ *(m)* **3.** *(de problema, situação)* issue *(f)* **4.** *(profissional)* débouché *(m)* • **dar uma saída** sortir • **estar de saída** être sur le point de partir • **ter saída** se vendre bien • **'saída de emergência'** 'sortie de secours', 'issue de secours'.

saio ['saju] ▷ **sair**.

sair [sɐ'ir] *vi* **1.** sortir **2.** *(partir)* partir **3.** *(custar)* revenir • **sair de** sortir de.
■ **sair-se** *vp* • **sair-se bem/mal** bien/mal s'en sortir.

saiu [sɐ'iu] ▷ **sair**.

sal ['sał] (*pl* **sais** ['saiʃ]) *nm* sel *(m)* • **sem sal** sans sel • **sal comum** OU **marinho** sel de mer • **sal grosso** gros sel.
■ **sais** *nmpl* **1.** *(de cheirar, banho)* sels *(mpl)* **2.** *(Br) (de fruta)* bicarbonate *(m)*.

sala ['salɐ] *nf* **1.** *(de casa)* salon *(m)* **2.** *(qualquer divisão)* salle *(f)* • **sala de bingo** salle de bingo • **sala de espera** salle d'attente • **sala de estar** salon • **sala de jantar** salle à manger • **sala de jogos** salle de jeux.

salada [sɐ'lađɐ] *nf* salade *(f)* • **salada de alface** salade verte • **salada de feijão-frade** *haricots blancs en salade* • **salada de frutas** salade de fruits • **salada mista** *salade mixte* • **salada russa** salade russe • **salada de tomate** salade de tomates.

saladeira [sɐlɐ'đɐirɐ] *nf* saladier *(m)*.

salamandra [sɐlɐ'mɐ̃ndrɐ] *nf* salamandre *(f)*.

salame [sɐ'lɐmə] *nm* *sorte de saucisson*.

salão [sɐ'lɐ̃u] (*pl* **-ões** [-õiʃ]) *nm* **1.** salon *(m)* **2.** *(de bailes)* salle *(f)* • **salão de beleza** salon de beauté • **salão de chá** salon de thé • **salão de convívio** foyer *(m)* • **salão de festas** salle des fêtes.

salário [sɐ'larju] *nm* salaire *(m)* • **salário mínimo** salaire minimum.

salário-família [saˌlarjufa'miljɐ] (*pl* **salários-família** [saˌlarjuʃfa'miljɐ]) *nm (Br)* allocations *(fpl)* familiales.

saldar [sał'đar] *vt* solder.

saldo ['sałđu] *nm* solde *(m)* • **em saldo** en solde.
■ **saldos** *nmpl* soldes *(mpl)*.

salgadinho [sawga'dʒiɲu] *nm* petits fours *(mpl) (apéritif)*.

salgadinhos [sałgɐ'điɲuʃ] *nmpl* *petits gâteaux salés, olives, chorizo,* **etc**, *servis en apéritif*.

salgado, da [sał'gađu, -đɐ] *adj* salé(e).

salgueiro [sał'gɐiru] *nm* saule *(m)*.

salientar [sɐljẽn'tar] *vt* souligner.
■ **salientar-se** *vp* ressortir.

saliente [sɐ'ljẽntə] *adj* saillant(e).

saliva [sɐ'livɐ] *nf* salive *(f)*.

salmão [sałmɐ̃u] *nm* saumon *(m)* • **salmão fumado** saumon fumé.

salmonela [sałmu'nɛlɐ] *nf* salmonelle *(f)*.

salmonete [sałmu'netə] *nm* rouget *(m)*.

salmoura [sał'morɐ] *nf* saumure *(f)*.

salões [sa'lõjʃ] ▷ **salão**.

saloio [sɐ'loju] *adj m* ▷ **queijo**.

salpicão [sałpi'kɐ̃u] (*pl* **-ões** [-õiʃ]) *nm* **1.** *(enchido) saucisson maigre, de couleur rouge* **2.** *(prato) plat froid à base de poulet, de porc et de jambon coupés en fines lamelles macérées dans la sauce*.

salpicar [sałpi'kar] *vt* **1.** *(com água)* éclabousser **2.** *(com açúcar)* saupoudrer.

salpicar [sałpi'kar] *vt* **1.** *(com água)* éclabousser **2.** *(com açúcar)* saupoudrer.

salpicões *nf* ▷ **salpicão**.

salsa ['sawsa] *nf* persil *(m)* • **salsa picada** persillade *(f)*.

salsicha [sał'siʃɐ] *nf* saucisse *(f)*.

salsicharia [sałsiʃɐ'riɐ] *nf* charcuterie *(f)*.

saltar [sał'tar] *vt* & *vi* sauter • **saltar à vista** OU **aos olhos** sauter aux yeux.

salteado, da [sał'tjađu, -đɐ] *adj* **1.** *(interpolado)* dans le désordre **2.** CULIN sauté(e).

salto ['sałtu] *nm* **1.** saut *(m)* **2.** *(de calçado)* talon *(m)* • **dar um salto a** faire un saut à • **salto alto** talon haut • **salto baixo** OU **raso** talon plat • **salto em altura** saut en hauteur • **salto em comprimento** *(Port)* saut en longueur • **salto mortal** saut périlleux • **salto à vara** *(Port)* saut à la perche.

salutar [sɐlu'tar] (*pl* **-es** [-əʃ]) *adj* salutaire.

salva ['sałvɐ] *nf* **1.** *(planta)* sauge *(f)* **2.** *(bandeja)* plateau *(m)* ◆ **salva de palmas** salve *(f)* d'applaudissements.

salvação [sałvɐ'sɐ̃u] *nf* salut *(m)*.

Salvador [sałvɐ'dor] *nm* ◆ **O Salvador** le Salvador.

salvaguardar [ˌsałvɐɡwɐr'đar] *vt* sauvegarder.

salvamento [sałvɐ'mẽntu] *nm* sauvetage *(m)*.

salvar [*(Port)* sał'var, *(Br)* saw'va(x)] *vt* **1.** sauver ◆ **salvar as aparências** sauver les apparences **2.** *(Br)* INFORM ◆ **salvar um arquivo** sauvegarder un fichier.
■ **salvar-se** *vp* **1.** ◆ **salvar-se de** réchapper de **2.** *(Br)* *(escapar)* s'échapper.

salva-vidas [ˌsałvɐ'viđɐʃ] *nm inv* canot *(m)* de sauvetage.

salvo, va ['sałvu, -vɐ] ■ *pp* ▷ **salvar**. ■ *adj* sauf (sauve). ■ *prép* sauf ◆ **estar a salvo** être en sûreté ◆ **pôr-se a salvo** se sauver ◆ **salvo erro** sauf erreur ◆ **salvo se** sauf si.

samba ['sɐ̃mbɐ] *nm* samba *(f)*.

CULTURE...
Samba
C'est un style musical et une forme de danse populaire du Brésil. La *samba* était une fête religieuse des esclaves noirs. Elle est née d'un mélange entre les rythmes africains et portugais. Il existe plusieurs variétés de sambas comme la *samba-canção* (romantique), la *samba-de-breque* (satirique), le *pagode* (ronde), etc. La *samba-enredo*, des écoles de samba de Rio, raconte une histoire et anime le défilé du carnaval.

samba-canção [ˌsɐ̃mbɐkɐ̃'sɐ̃u] (*pl* **sambas-canções** [ˌsɐ̃mbɐʃkɐ̃'sõiʃ]) *nm* **1.** *(tipo de samba) samba lente et sentimentale* **2.** *(Br) fam (cueca)* caleçon *(m)*.

sambar [sɐ̃m'bar] *vi* danser la samba.

sambista [sɐ̃m'biʃtɐ] *nmf* danseur *(m)*, -euse *(f)* de samba.

sanatório [sɐnɐ'tɔrju] *nm* sanatorium *(m)*.

sanção [sɐ̃'sɐ̃u] (*pl* **-ões** [-õiʃ]) *nf* sanction *(f)*.

sandália [sɐ̃n'dalja] *nf* sandale *(f)*.

sandálias [sɐ̃n'daljɐʃ] *nfpl* sandales *(fpl)*.

sande ['sɐ̃ndə] *nf* = **sandes**.

sandes ['sɐ̃ndəʃ] *nf inv* *(Port)* sandwich *(m)* ◆ **sandes mista** sandwich mixte.

sanduíche [sɐ̃n'dwiʃə] ■ *nf* *(Port)* = **sande**. ■ *nm* *(Br)* = **sande**.

sanfona [sɐ̃'fonɐ] *nf* *(Br)* accordéon *(m)*.

sangrar [sɐ̃ŋ'ɡrar] *vi* saigner.

sangria [sɐ̃ŋ'ɡriɐ] *nf* sangria *(f)*.

sangue ['sɐ̃ŋɡə] *nm* sang *(m)*.

sangue-frio [ˌsɐ̃ŋɡə'friu] *nm* sang-froid *(m inv)*.

sanguessuga [ˌsɐ̃ŋɡə'suɡɐ] *nf* sangsue *(f)*.

sanguíneo [sɐ̃ŋ'ɡ(w)inju] *adj m* ▷ **vaso**.

sanidade [sɐni'đađə] *nf* **1.** *(higiene)* hygiène *(f)* **2.** *(mental)* santé *(f)*.

sanita [sɐ'nitɐ] *nf* cuvette *(f)* *(des W-C)*.

sanitário, ria [sani'tarju, -rja] ■ *adj* sanitaire. ■ *nm* toilettes *(fpl)*, W-C *(mpl)*.

sanitários [sɐni'tarjuʃ] *nmpl* W-C *(mpl)*.

Santa Catarina [ˌsɐ̃ntukɐtɐ'rinɐ] *nm* Santa Catarina.

santinho, a [*(Port)* 'sɐ̃n'tiɲu, *(Br)* sɐ̃n'tʃiɲu] *adj* ◆ **santinho!** à vos souhaits !

Santo, ta ['sɐ̃ntu, -tɐ] *nm, f* saint *(m)*, -e *(f)* ◆ **o Santo Padre** le Saint-Père.

santola [sɐ̃n'tɔlɐ] *nf* araignée *(f)* de mer.

santuário [sɐ̃n'twarju] *nm* sanctuaire *(m)*.

são[1] ['sɐ̃u] ▷ **ser**.

são[2], **sã** ['sɐ̃u, 'sɐ̃] *adj* sain(e) ◆ **são e salvo** sain et sauf.

São [sɐ̃u] *nm* = **Santo**.

São João do Porto [sɐ̃uˌʒwɐ̃udu'portu] *nm* *fête de la Saint-Jean à Porto.*

São Paulo [sɐ̃u'paulu] *n* São Paulo.

São Tomé e Príncipe [sɐ̃utuˌmɛi'prĩsipə] *nm* São Tomé et Príncipe *(m)*.

são-tomense [sɐ̃utu'mẽsə] (*pl* **são-tomenses** [sɐ̃utu'mẽsəʃ]) ■ *adj* de São Tomé et Príncipe. ■ *nmf* habitant *(m)*, -e *(f)* de São Tomé et Príncipe.

sapataria [sɐpɐtɐ'riɐ] *nf* magasin *(m)* de chaussures.

sapateado [sɐpɐ'tjađu] *nm* claquettes *(fpl)*.

sapateira [sɐpɐ'tɐirɐ] *nf* tourteau *(m)* ◆ ▷ **sapateiro**.

sapateiro, ra [sɐpɐ'tɐiru, -rɐ] *nm, f* cordonnier *(m)*, -ère *(f)*.

sapatilha [sapa'tʃiʎa] *nf* SPORT baskets *(fpl)*.

sapatilhas [sɐpɐ'tiʎɐʃ] *nfpl* **1.** *(Port) (ténis)* tennis *(fpl)* **2.** *(Br) (de bailarinos)* chaussons *(mpl)*.

sapato [sɐ'patu] *nm* chaussure *(f)* • **sapatos de salto alto** chaussures à talon.

sapê [sa'pe] *nm (Br)* ≃ chaume *(m)*.

sapo ['sapu] *nm* crapaud *(m)*.

saque ['sake] *nm* **1.** *(de dinheiro)* traite *(f)* **2.** SPORT défaite *(f)* **3.** *(roubo)* pillage *(m)*.

saquinho [sɐ'kiɲu] *nm* • **saquinho de chá** sachet *(m)* de thé.

Saramago (José) *s* José Saramago.

CULTURE...

José Saramago

C'est un écrivain et un journaliste portugais (né en 1922). Il a reçu le prix Nobel de littérature en 1998. Il est membre du Parti communiste portugais depuis 1969 et a participé à la Révolution des œillets qui a mis fin à la dictature au Portugal. Son point de vue sur la religion a créé des polémiques, surtout après la publication de *O evangelho segundo Jesus Cristo* (*L'évangile selon Jésus-Christ*).

sarampo [sɐ'rẽmpu] *nm* rougeole *(f)*.

sarapatel [sɐrɐpɐ'tɛɫ] (*pl* **-éis** [-ɛiʃ]) *(Br) nm plat à base de sang et de foie de porc frits mélangés avec des fruits secs.*

sarar [sɐ'rar] *vt* & *vi* guérir.

sarcasmo [sɐr'kaʒmu] *nm* sarcasme *(m)*.

sarda ['sarđɐ] *nf* tâche *(f)* de rousseur.

sardinha [sɐr'điɲɐ] *nf* **1.** *(peixe)* sardine *(f)* **2.** *(jogo) jeu qui consiste à taper sur les mains de son adversaire avant qu'il ne les retire* • **sardinha assada** sardine grillée.

sardinhada [sɐrđi'ɲađɐ] *nf* sardines *(fpl)* grillées.

sardinheira [sɐrđi'ɲɐirɐ] *nf* géranium *(m)*.

sargento [sɐr'ʒẽntu] *nm* sergent *(m)*.

sarilho [sɐ'riʎu] *nm* **1.** *(situação difícil)* gros ennui *(m)* **2.** *(confusão)* agitation *(f)* • **armar sarilho** *fam* provoquer la bagarre • **estar metido num sarilho** *fam* être dans de beaux draps • **meter-se em sarilhos** *fam* s'attirer des ennuis.

sarja ['sarʒɐ] *nf* serge *(m)*.

sarjeta [sɐr'ʒetɐ] *nf* caniveau *(m)*.

SARL (*abr de* **Sociedade Anónima de Responsabilidade Limitada**) SARL *(f) (Société à Responsabilité Limitée)*.

sarro ['saʀu] *nm* tartre *(m)*.

satélite [sɐ'tɛlitə] *nm* satellite *(m)*.

sátira ['satirɐ] *nf* satire *(f)*.

satisfação [sɐtiʃfɐ'sɐ̃u] (*pl* **-ões** [-õiʃ]) *nf (contentamento)* satisfaction *(f)* • **não dar satisfações a ninguém** ne rendre de comptes à personne • **pedir satisfações a alguém** demander des comptes à qqn.

satisfatório, ria [sɐtiʃfɐ'tɔrju, -rjɐ] *adj* satisfaisant(e).

satisfazer [sɐtiʃfɐ'zer] *vt* & *vi* satisfaire. ■ **satisfazer-se com** *vp* + *prép* se satisfaire de.

satisfeito, ta [sɐtiʃ'fɐitu, -tɐ] *adj* satisfait (e) • **dar-se por satisfeito** s'estimer heureux.

saudação [sauđɐ'sɐ̃u] (*pl* **-ões** [-õiʃ]) *nf* salutation *(f)*.

saudade [sɐu'đađə] *nf* vague *(m)* à l'âme • **tenho saudades da família** la famille me manque • **deixar saudades** regretter • **matar saudades** se rattraper • **morro de saudades da comida da minha mãe** la cuisine de ma mère me manque terriblement.

saudar [sau'đar] *vt* saluer.

saudável [sau'đavɛɫ] (*pl* **-eis** [-ɐiʃ]) *adj* sain (e).

saúde [sɐ'uđə] ■ *nf* santé *(f)*. ■ *interj* tchin(-tchin) !

sauna ['saunɐ] *nf* sauna *(m)*.

saveiro [sa'vɐiru] *nm* bateau *(m)* de pêche.

sável ['savɛɫ] *nm* alose *(f) (poisson)*.

saxofone [saksɔ'fɔnə] *nm* saxophone *(m)*.

scanner [*(Port)* iʃka'ner, *(Br)* 'skɐnɛr] (*pl* [-s]) (*pl* **-es** [-əʃ]) *nm* INFORM scanner *(m)*.

scooter ['skutɛr] (*pl* **-es** [-əʃ]) *nf* scooter *(m)*.

script [iʃkriptji] (*pl* **scripts**) *nm* script *(m)*.

s.d. (*abr écrite de* **sem data**) sans date.

se [sə] *pron pers*

pour **ele, ela, eles, elas, você, vocês**

1. PRONOM PERSONNEL RÉFLÉCHI = se, vous
• **eles perderam-se** ils se sont perdus
• **ele não se enganou** il ne s'est pas trompé

• **onde é que vocês se enganaram?** où est-ce que vous vous êtes trompé(s) ?
2. PRONOM PERSONNEL RÉCIPROQUE = se, vous
• **amam-se** ils s'aiment
• **vocês detestam-se, não detestam?** vous vous détestez, non ?
• **não se gramam** *fam* ils ne peuvent pas se sentir
• **escrevem-se regularmente** ils s'écrivent régulièrement.

se *pron indéf*

1. INDIQUE L'INDÉTERMINATION DU SUJET = on
• **vive-se melhor no campo** on vit mieux à la campagne
• **vocês perderam se** vous vous êtes perdus
2. RENVOIE À UN ÉLÉMENT QUI SUBIT L'ACTION, QUI EST PASSIF (PARCE QU'IL Y A INDÉTERMINATION DE L'AGENT DE L'ACTION) = on
• **'aluga-se quarto'** 'chambre à louer'
• **vendem-se morangos** on vend des fraises.

se *conj*

1. POUR EXPRIMER L'HYPOTHÈSE = si
• **se tiver tempo, escrevo** si j'ai du temps, j'écrirai
• **se estás com fome, come alguma coisa** si tu as faim, mange quelque chose
• **se um é feio, o outro ainda é pior** si l'un est affreux, l'autre est encore pire
• **que tal se tirássemos umas férias?** et si nous prenions des vacances ?
• **se pelo menos não chovesse** si au moins il ne pleuvait pas
• **avisem-me se vierem** prévenez-moi si vous venez
2. DANS UNE PHRASE INTERROGATIVE INDIRECTE = si
• **perguntei-lhe se gostou** je lui ai demandé si ça lui avait plu
• **não sei si sou capaz** je ne sais pas si j'en suis capable/si j'y arriverai.

se *loc*

• **como se** comme si
• **mesmo se** même si
• **si acaso** si par hasard
• **se bem que** bien que
• **se calhar** peut-être
• **se assim for** la cas échéant.

sé ['sɛ] *nf* cathédrale *(f)*.

seara ['sjara] *nf* champ *(m)* cultivé.

search engine *nm* INFORM moteur *(m)* de recherche.

sebe ['sɛƀə] *nf* haie *(f)* • **sebe viva** haie vive.

sebenta [sə'ƀẽntɐ] *nf* **1.** *(Port) (em universidade)* ≃ polycopiés *(mpl)* **2.** *(caderno)* cahier *(m)* de brouillon.

sebento, ta [sə'ƀẽntu, -tɐ] *adj* crasseux (euse).

sebo ['seƀu] *nm* sébum *(m)*.

seca ['sɛkɐ] ■ *nf* sécheresse *(f)*. ■ *nmf fam* • **ele é uma seca** *fam* il est rasoir • **que seca!** *fam* la barbe ! • **ser uma seca** *fam* être rasoir.

secador [səkɐ'đor] (*pl* **-es** [-əʃ]) *nm (de cabelo)* sèche-cheveux *(m inv)*.

seção [se'sɐ̃u] (*pl* **-ões** [-õiʃ]) *nf (Br)* = **secção**.

secar [sə'kar] ■ *vt* faire sécher. ■ *vi* **1.** sécher **2.** *(rio, poço, lago)* assécher • **ficar horas a secar** *(Port) fam* poireauter pendant des heures • **vou secar o cabelo** je vais me sécher les cheveux.

secção [sɛk'sɐ̃u] (*pl* **-ões** [-õiʃ]) *nf* **1.** *(Port) (repartição pública)* service *(m)* **2.** *(de loja)* rayon *(m)* • **a secção de perdidos e achados** les objets trouvés.

seco, ca ['seku, -kɐ] ■ *pp* ⊳ **secar**. ■ *adj* sec (sèche).

secretaria [səkrətɐ'riɐ] *nf* secrétariat *(m)* • **secretaria de Estado** secrétariat d'État.

secretária [səkrə'tarjɐ] *nf* bureau *(m)* • ⊳ **secretário** • **secretária electrônica** *(Br)* répondeur *(m)* automatique.

secretário, ria [səkrə'tarju, -rjɐ] *nm, f* secrétaire *(mf)* • **secretário de Estado** secrétaire d'État.

secreto, ta [sə'krɛtu, -tɐ] *adj* secret(ète).

sectário, ria [sɛk'tarju, -rjɐ] *adj* sectaire.

sector [sɛ'tor] (*pl* **-es** [-əʃ]) *nm* **1.** *(Port) (ramo de actividade)* secteur *(m)* **2.** *(secção de empresa)* service *(m)*.

secular [səku'lar] (*pl* **-es** [-əʃ]) *adj* séculaire.

século ['sɛkulu] *nm* siècle *(m)*.

secundário, ria [səkũn'darju, -rjɐ] *adj* secondaire.

seda ['seđɐ] *nf* soie *(f)*.

sedativo [səđɐ'tivu] *nm* sédatif *(m)*.

sede[1] ['sɛđə] *nf* **1.** *(de empresa)* siège *(m)* social **2.** *(de organização)* siège *(m)*.

sede[2] ['seđə] *nf* soif *(f)* • **matar a sede** étancher sa soif • **ter sede de** avoir soif de.

sedimento [sədi'mẽntu] *nm* sédiment *(m)*.

sedoso, osa [sə'đozu, -ɔzɐ] *adj* soyeux (euse).

sedução [sədu'sɐ̃u] (*pl* **-ões** [-õiʃ]) *nf* séduction *(f)*.

sedutor, ra [sədu'tor, -rɐ] (*mpl* **-es** [-əʃ], *fpl* **-s** [-ʃ]) *adj* séduisant(e).

seduzir [sədu'zir] *vt* séduire.

segmento [sɛg'mẽntu] *nm* segment *(m)*.

segredo [sə'gređu] *nm* secret *(m)*.

segregar [səgrə'gar] *vt* **1.** *(pôr de lado)* mettre à l'écart, isoler **2.** *(secreção)* sécréter. ■ **segregar-se** *vp* s'isoler.

seguida [sə'giđɐ] *nf* • **em** *OU* **de seguida** ensuite.

seguidamente [səˌgiđɐ'mẽntə] *adv* **1.** *(sem interrupção)* d'affilée **2.** *(de seguida)* ensuite.

seguido, da [sə'giđu, -đɐ] *adj* suivi(e) • **seguido de** suivi de.

seguinte [sə'gĩntə] ■ *adj* suivant(e). ■ *nmf* • **o/a seguinte** le suivant/la suivante • **o dia seguinte** le lendemain • **o mês seguinte** le mois d'après.

seguir [sə'gir] ■ *vt* **1.** suivre **2.** *(carreira, profissão)* faire. ■ *vi* continuer • **seguir com algo para a frente** mener qqch à bien • **seguir para** continuer vers • **siga pela esquerda/direita** prenez à gauche/à droite • **a seguir** ensuite.

segunda [sə'gũndɐ] *nf* deuxième *(f)* *(vitesse)*.

segunda-feira [səˌgũndɐ'fɐirɐ] (*pl* **segundas-feiras** [səˌgũndɐʃ'fɐirɐʃ]) *nf* lundi *(m)* • **às segundas-feiras** le lundi • **até segunda-feira** à lundi • **ela vem segunda-feira** elle vient lundi • **esta segunda-feira** lundi • **hoje é segunda-feira** aujourd'hui nous sommes lundi • **todas as segundas-feiras** tous les lundis • **segunda-feira de manhã/à tarde/à noite** lundi matin/après-midi/soir • **segunda-feira 17 de Dezembro** (le) lundi 17 décembre • **segunda-feira passada** lundi dernier • **segunda-feira que vem** lundi prochain.

segundo, da [sə'gũndu, -dɐ] ■ *num* second(e). ■ *nm* seconde *(f)*. ■ *prép* d'après. ■ *adv* **1.** deuxièmement **2.** • **capítulo segundo** chapitre second • **de** *OU* **em segunda mão** d'occasion.

seguramente [səˌgurɐ'mẽntə] *adv* sûrement.

segurança [səgu'rɐ̃sɐ] *nf* **1.** sécurité *(f)* **2.** *(certeza)* assurance *(f)* • **a Segurança Social** la Sécurité sociale • **com segurança** avec assurance • **em segurança** en sécurité.

segurar [səgu'rar] *vt* **1.** *(coisa)* tenir **2.** *(pessoa)* retenir.

seguridade [seˌguri'dadʒi] *(Br)* *nf* • **a Seguridade Social** la Sécurité sociale. • = **segurança**

seguro, ra [sə'guru, -rɐ] ■ *adj* **1.** *(sem riscos, firme)* sûr(e) **2.** *(preso)* attaché(e) **3.** *(a salvo)* en sûreté **4.** *(garantido)* assuré(e). ■ *nm* assurance *(f)* • **estar seguro** *(estar a salvo)* être en sécurité • *(ter certeza)* être sûr • **pôr no seguro** assurer • **ser seguro de si** être sûr de soi • **seguro de doença** *(Port)* assurance maladie • **seguro contra terceiros** assurance au tiers • **seguro contra todos os riscos** assurance tous risques • **seguro de responsabilidade civil** responsabilité civile • **seguro de viagem** assurance voyage • **seguro de vida** assurance vie.

seguro-saúde [seˌgurusa'udi] (*pl* **seguros-saúde** [seˌguruʃsa'udi]) *nm* *(Br)* assurance *(f)* maladie.

sei ['sɐi] ▷ **saber**.

seio ['sɐju] *nm* sein *(m)*.

seis ['sɐiʃ] ■ *adj, pron* & *nm* **1.** six **2.** *(dia)* le six. ■ *nmpl* six. ■ *nfpl* • **às seis** à six heures • **ele tem seis anos** il a six ans • **eles eram seis** ils étaient six • **são seis horas** il est six heures • **seis de Janeiro** le six janvier • **página seis** page six • **trinta e seis** trente-six • **o seis de copas** le six de cœur • **de seis em seis dias** tous les six jours • **empataram a seis** (ils ont fait) six partout • **seis a zero** six à zéro.

seiscentos, tas [sɐiʃ'sẽntuʃ, -tɐʃ] *num* six cents.

seita ['sɐitɐ] *nf* secte *(f)*.

seiva ['sɐivɐ] *nf* sève *(f)*.

seixo ['sɐiʃu] *nm* caillou *(m)*.

sela ['sɛlɐ] *nf* selle *(f)*.

selar [sə'lar] *vt* **1.** seller **2.** *(carta, subscrito)* cacheter.

seleção [sele'sɐ̃u] *nf* *(Br)* = **selecção**.

selecção [səlɛ'sɐ̃u] *nf* *(Port)* **1.** *(escolha)* sélection *(f)* **2.** *(em desporto)* équipe *(f)* nationale.

seleccionar [səlɛsju'nar] *vt (Port)* sélectionner.

selecionar [selesjo'nax] *vt (Br)* = **seleccionar**.

selecto, ta [sə'lɛtu, -tɐ] *adj (Port)* chic *(inv)*.

seleto, ta [se'lɛtu, -tɐ] *adj (Br)* = **selecto**.

self-service [sɛɫf'sɛrvis] *(pl* **self-services** [sɛɫf'sɛrvisəʃ]) *nm* self-service *(m)*.

selim [sə'lĩ] *(pl* **-ns** [-ʃ]) *nm* selle *(f)*.

selo ['selu] *nm* timbre *(m)* • **selo de garantia** label *(m)* (de qualité).

selva ['sɛɫvɐ] *nf* jungle *(f)*.

selvagem [sɛɫ'vaʒɐ̃i] *(pl* **-ns** [-ʃ]) *adj & nmf* sauvage.

sem [sɐ̃i] *prép* sans • **estar sem água/gasolina** ne plus avoir d'eau/d'essence • **estar sem fazer nada** ne rien avoir à faire • **sem que** sans que • **sem mais nem menos** comme ça, sans raison.

sem-abrigo [sɐ̃jɐ'brigu] *nmf inv* sans-abri *(mf inv)*.

semáforo [se'maforu] *nm* feu *(m)* rouge.

semáforos [sə'mafuruʃ] *nmpl* feu *(m)* rouge.

semana [sə'mɐna] *nf* semaine *(f)* • **por semana** par semaine, hebdomadaire • **semana a semana** de semaine en semaine. ■ **Semana santa** *nf* la Semaine Sainte.

semanada [səmɐ'nadɐ] *nf fam* argent *(m)* de poche.

semanal [səmɐ'naɫ] *(pl* **-ais** [-aiʃ]) *adj* hebdomadaire.

semanário [*(Port)* səmɐ'narju, *(Br)* sema'narju] *nm (journal)* hebdomadaire *(m)*.

semblante [sẽm'blɐ̃ntə] *nm* air *(m) (apparence)*.

semear [sə'mjar] *vt* semer.

semelhança [səmə'ʎɐ̃sɐ] *nf* ressemblance *(f)* • **à semelhança de** de la même manière que.

semelhante [səmə'ʎɐ̃ntə] *adj* semblable • **semelhante a** semblable à.

sémen ['sɛmɛn] *nm* sperme *(m)*.

sêmen ['semɛn] *(Br)* = **sémen**.

semente [sə'mẽntə] *nf* graine *(f)*, semence *(f)*.

semestral [səməʃ'traɫ] *(pl* **-ais** [-aiʃ]) *adj* semestriel(elle).

semestre [sə'mɛʃtrə] *nm* semestre *(m)*.

seminário [səmi'narju] *nm* séminaire *(m)*.

sêmola ['semulɐ] *nf* semoule *(f)*.

semolina [səmu'linɐ] *nf* farine *(f)* de semoule.

sempre ['sẽmprə] *adv* **1.** *(o tempo todo)* toujours **2.** *(afinal)* finalement • **o mesmo de sempre** comme d'habitude • **como sempre** comme toujours • **para sempre** pour toujours • **sempre que** chaque fois que.

sempre-viva [ˌsẽmprə'vivɐ] *(pl* **sempre-vivas** [ˌsẽmprə'vivɐʃ]) *nf* immortelle *(f)*.

sem-teto [sẽn'tɛtu] *(Br)* = **sem-abrigo**.

sem-vergonha [sɐ̃ivər'goɲɐ] *nmf inv* sans-gêne *(mf inv)*.

sena ['senɐ] *nf* six *(m) (de carreau, trèfle, pique, cœur)*.

senado [sə'nadu] *nm (no Brasil)* sénat *(m)*.

senão [sə'nɐ̃u] *conj* sinon.

senha ['sɐɲɐ] *nf* ticket *(m)* • **senha de autocarro** ticket de bus • **senha de cantina** ticket de cantine • **senha de saída** contremarque *(f)*.

senhor, ra [sə'ɲor, -rɐ] *(mpl* **-es** [-əʃ], *fpl* **-s** [-ʃ]) *nm, f* monsieur *(m)*, madame *(f)* • **'senhoras'** 'dames'.

senhorio, ria [səɲu'riu, -'riɐ] *nm, f* propriétaire *(mf)*.

senil [sə'niɫ] *(pl* **-is** [-iʃ]) *adj* sénile.

sensação [sẽsɐ'sɐ̃u] *(pl* **-ões** [-õiʃ]) *nf* sensation *(f)* • **causar sensação** faire sensation.

sensacional [sẽsɐsju'naɫ] *(pl* **-ais** [-aiʃ]) *adj* sensationnel(elle).

sensações ▻ **sensação**.

sensato, ta [sẽ'satu, -tɐ] *adj* sensé(e).

sensível [sẽ'sivɛɫ] *(pl* **-eis** [-ɐiʃ]) *adj* sensible.

senso ['sẽsu] *nm* sens *(m)* • **bom senso** bon sens • **senso comum** sens commun • **senso prático** sens pratique.

sensual [sẽ'swaɫ] *(pl* **-ais** [-aiʃ]) *adj* sensuel(elle).

sentado, da [sẽn'tadu, -dɐ] *adj* assis(e).

sentar-se [sẽn'tarsə] *vp* s'asseoir.

sentença [sẽn'tẽsɐ] *nf* sentence *(f)*.

sentido, da [sẽn'tidu, -dɐ] ■ *adj* **1.** *(melindrado)* vexé(e) **2.** *(magoado)* blessé(e). ■ *nm* sens *(m)* • **fazer sentido** avoir un sens • **em certo sentido** dans un sens • **sentido proibido** *(Port)* sens interdit • **sentido único** sens unique.

sentimental [sẽntimẽn'tał] (*pl* **-ais** [-aiʃ]) *adj* sentimental(e).

sentimento [sẽnti'mẽntu] *nm* sentiment *(m)* • **os meus sentimentos!** toutes mes condoléances !

sentinela [sẽnti'nɛlɐ] *nmf* sentinelle *(f)* • **estar de sentinela** faire le guet.

sentir [sẽn'tir] *vt* • **sinto frio** j'ai froid • **sentir raiva** être en colère • **sinto muito!** je suis désolé ! • **sinto falta dele** il me manque • **sentir vontade de fazer algo** avoir envie de faire qqch.

■ **sentir-se** *vp* se sentir • **sinto-me mal** je me sens mal.

separação [səpɐrɐ'sɐ̃u] (*pl* **-ões** [-õiʃ]) *nf* séparation *(f)*.

separadamente [səpɐ'rađɐ'mẽntə] *adv* séparément.

separado, da [səpɐ'rađu, -đɐ] *adj* séparé(e) • **em separado** séparément.

separar [səpɐ'rar] *vt* séparer.

■ **separar-se** *vp* se séparer.

septuagésimo, ma [sɛptwɐ'ʒɛzimu, -mɐ] *num* soixante-dixième.

sepultar [səpuł'tar] *vt* enterrer.

sepultura [səpuł'turɐ] *nf* **1.** *(cova)* sépulture *(f)* **2.** *(túmulo)* tombe *(f)*.

sequência [sə'kwẽsjɐ] *nf (Port)* suite *(f)* • **na sequência de** à la suite de.

seqüência [se'kwẽsjɐ] *nf (Br)* = **sequência**.

sequer [sə'kɛr] *adv* • **nem sequer** même pas • **ele nem sequer protestou** il n'a même pas protesté.

sequestrador, ra [sekweʃtra'dor, -ra] (*mpl* **-res** [-riʃ], *fpl* **-s** [-↓ʃ]) *(Port)*, **seqüestrador, ra** [sekweʃtra'dor, -ra] (*mpl* **-res** [-riʃ], *fpl* **-s** [-↓ʃ]) *(Br)* *nmf* ravisseur *(m)*, -euse *(f)*.

sequestrar [səkəʃ'trar] *vt (Port)* **1.** *(raptar)* enlever **2.** *(fechar)* séquestrer.

seqüestrar [sekweʃ'trax] *vt (Br)* = **sequestrar**.

sequestro [*(Port)* sə'kɛʃtru], **seqüestro** [*(Br)* se'kwɛʃtru] *nm* **1.** *(rapto)* enlèvement *(m)* **2.** *(clausura)* séquestration *(f)* **3.** *(de bens)* séquestre *(m)*.

sequóia [sə'kwɔjɐ] *nf* séquoia *(m)*.

ser ['ser] (*pl* **-es** [-əʃ]) *nm*

être *(m)*
• **o ser humano** l'être humain.

ser *vi*

contrairement à **estar**, **ser** *est employé pour indiquer une caractéristique essentielle, pour situer définitivement qqch dans l'espace ou dans le temps ou pour donner un jugement absolu*

1. « SER » + COMPLÉMENT DE LIEU OU DE TEMPS : SITUE QQCH DANS L'ESPACE OU DANS LE TEMPS
• **é no Porto** c'est à Porto
• **é aqui mesmo** c'est juste ici
• **foi no Inverno** c'était en hiver
• **isso era antigamente** ça c'était autrefois
• **era de manhã** c'était le matin

2. « SER » + ATTRIBUT : DÉFINIT QQUN OU QQCH OU EXPRIME UN JUGEMENT ABSOLU
• **sou médico** je suis médecin
• **sou portuguesa** je suis portuguaise
• **é demasiado longo** c'est trop long
• **são bonitos** ils sont beaux

3. INDIQUE LA DATE ET L'HEURE
• **hoje é sexta** aujourd'hui, on est vendredi
• **que horas são?** quelle heure est-il ?
• **são seis horas** il est six heures
• **é tarde/cedo** il est tard/tôt
• **é de dia/noite** il fait jour/nuit

4. INDIQUE LA POSSESSION
• **este carro é seu?** cette voiture est à vous ?
• **é do Paulo** c'est à Paulo
• **os livros eram meus** les livres étaient à moi

5. INDIQUE LE PRIX
• **quanto é?** c'est combien ?
• **são sessenta euros** soixante euros

6. « SER DE » + NOM GÉOGRAPHIQUE : INDIQUE LA PROVENANCE
• **ele é do Brasil** il est du Brésil
• **este queijo é dos Açores** le fromage vient des Açores

7. « SER DE » + NOM : INDIQUE LA MATIÈRE **=** être en
• **o vestido é de seda** la robe est en soie

8. « SER PARA » : INDIQUE UNE DESTINATION, UN BUT
• **isto não é para comer agora** ce n'est pas pour manger maintenant
• **o filme é para maiores de 12 (anos)** le film est pour les plus de 12 ans.

ser *v aux*

« ser » + participe passé : auxiliaire de la voix passive

1. « É QUE » : EXPRESSION EMPHATIQUE
• **que é que queres?** qu'est-ce que tu me veux ?
• **eu é que sei** c'est moi qui sais.

2. LOCUTIONS ET EXPRESSIONS
◆ **a não ser** sinon
◆ **a não ser que** à moins que
◆ **isto é** c'est-à-dire
◆ **ou seja** c'est-à-dire
◆ **como foi isso?** comment cela est-il arrivé ?
◆ **como quer que seja** quoi qu'il en soit
◆ **seja o que for** quoi que ce soit
◆ **seja como for** de toute façon
◆ **será que...?** est-ce que... ?
◆ **que foi?** qu'y a-t-il ?

serão [sə'rɐ̃u] (*pl* **-ões** [-õiʃ]) *nm* veillée *(f)* ◆ **fazer serão** veiller.

sereia [sə'rɐjɐ] *nf* sirène *(f)*.

serenar [sərə'nar] ■ *vt* apaiser. ■ *vi* **1.** s'apaiser **2.** *(vento)* se calmer.

serenata [sərə'natɐ] *nf (Port)* sérénade *(f)*.

seres = **ser**.

seresta [se'rɛʃtɐ] *nf (Br)* = **serenata**.

Sergipe [sex'ʒipi] *nm* ◆ **o Sergipe** le Sergipe.

seriado [se'rjadu] *nm (Br)* série *(f)* télévisée.

série ['sɛrjə] *nf* **1.** série *(f)* **2.** *(de bilhetes de metro)* carnet *(m)* ◆ **uma série de** une série de.

seriedade [sərje'đađə] *nf* sérieux *(m)*.

seringa [sə'rĩŋgɐ] *nf* seringue *(f)*.

seringueira [sərĩŋ'gɐirɐ] *nf* hévéa *(m)*.

sério, ria ['sɛrju, -rjɐ] ■ *adj* sérieux(euse). ■ *adv* ◆ **a sério?** *fam* sérieusement ? ◆ **a sério!** sérieusement ! ◆ **levar** *OU* **tomar a sério** prendre au sérieux.

sermão [sər'mɐ̃u] (*pl* **-ões** [-õiʃ]) *nm* sermon *(m)*.

serões ▷ **serão**.

seronegativo, va [sɛrɔnəgɐ'tivu, -vɐ] *adj (Port)* séronégatif(ive).

seropositivo, va [sɛrɔpuzi'tivu, -vɐ] *adj (Port)* séropositif(ive).

serpente [sər'pẽntə] *nf* serpent *(m)*.

serpentina [sərpẽn'tinɐ] *nf* serpentin *(m)*.

serra ['sɛʀɐ] *nf* **1.** *(instrumento)* scie *(f)* **2.** *(em geografia)* montagne *(f)*.

serrabulho [səʀɐ'ƀuʎu] *nm plat à base de sang et de viande de porc frits.*

serralheiro [səʀɐ'ʎɐiru] *nm* serrurier *(m)*.

serrar [sə'ʀar] *vt* scier.

serrote [*(Port)* sə'ʀɔtə, *(Br)* se'xɔtʃi] *nm* scie *(f)* à main.

sertã [sər'tɐ̃] *nf (Port)* poêle *(f)*.

sertanejo, ja [sərtɐ'nɐiʒu, -ʒɐ] *adj* du sertão.

sertão [sər'tɐ̃u] *nm* sertão *(m)*.

servente [sər'vẽntə] *nm* apprenti *(m)* maçon.

serventia [sərvẽn'tiɐ] *nf* **1.** *(préstimo)* utilité *(f)* **2.** *(de casa, edifício, terreno)* chemin *(m)* d'accès.

Sérvia ['servjɐ] *nf* ◆ **a Sérvia** la Serbie.

serviço [sər'visu] *nm* **1.** service *(m)* **2.** *(trabalho)* travail *(m)* ◆ **serviço cívico** service civil ◆ **os serviços** les services *(secteur tertiaire)* ◆ **'fora de serviço'** 'hors service' ◆ **'serviço incluído'** 'service compris'.

servidor, ra [sex'vidu, -da] *nmf (funcionário)* fonctionnaire *(m)* ◆ **servidor público** fonctionnaire public.

servidor, ra [sex'vidu, -da] *nm* INFORM serveur *(m)*.

servil [sər'viɫ] (*pl* **-is** [-iʃ]) *adj* servile.

servir [sər'vir] ■ *vt* servir. ■ *vi* **1.** servir **2.** *(roupa, calçado)* aller ◆ **em que posso servi-lo?** en quoi puis-je vous être utile ? ◆ **servir de algo** servir de qqch.
■ **servir-se** *vp* se servir.
■ **servir-se de** *vp* + *prép* se servir de.

servis ▷ **servil**.

sessão [sə'sɐ̃u] (*pl* **-ões** [-õiʃ]) *nf* **1.** séance *(f)* **2.** *(de debate político, científico)* session *(f)*.

sessenta [sə'sẽntɐ] *num* soixante.

sessões [se'sõjʃ] ▷ **sessão**.

sesta ['sɛʃtɐ] *nf* sieste *(f)*.

seta ['sɛtɐ] *nf* flèche *(f)*.

sete ['sɛtə] *num* sept ◆ **às sete** à sept heures ◆ **ele tem sete anos** il a sept ans ◆ **eles eram sete** ils étaient sept ◆ **são sete horas** il est sept heures ◆ **sete de Janeiro** le sept janvier ◆ **página sete** page sept ◆ **trinta e sete** trente-sept ◆ **o sete de copas** le sept de cœur ◆ **de sete em sete dias** tous les sept jours ◆ **empataram a sete** (ils ont fait) sept partout ◆ **sete a zero** sept à zéro.

setecentos, tas [sɛtə'sẽntuʃ, -tɐʃ] *num* sept cents.

setembro [se'tẽmbru] *nm (Br)* = **Setembro**.

Setembro [sə'tẽmbru] *nm (Port)* septembre *(m)* • **durante o mês de Setembro** au mois de septembre • **em Setembro** en septembre • **em meados de Setembro** à la mi-septembre • **este mês de Setembro** le mois de septembre • **no passado/próximo mês de Setembro** en septembre dernier/prochain • **no princípio/final de Setembro** début/fin septembre • **o um de Setembro** le 1er septembre.

setenta [sə'tẽntɐ] *num* soixante-dix.

sétimo, ma ['sɛtimu, -mɐ] *num* **1.** septième **2.** • **o sétimo/a sétima** le/la septième • **chegar em sétimo** arriver septième • **capítulo sétimo** chapitre sept • **em sétimo lugar** en septième • **no sétimo dia** le septième jour • **a sétima parte** le septième.

setor [se'tox] (*pl* **-es** [-iʃ]) *nm (Br)* = **sector**.

seu, sua ['seu, 'suɐ] ■ *adj* **1.** *(dele, dela, de coisa, animal)* son (sa) **2.** *(deles, delas)* leur **3.** *(de você)* votre. ■ *pron* • **o seu/a sua** *(dele, dela)* le sien (la sienne) • *(deles, delas)* le leur (la leur) • **isto é seu?** *(dele)* c'est à lui ? • *(dela)* c'est à elle ? • *(deles, delas)* c'est à eux/à elles ? • *(de você)* c'est à vous ? • **um amigo seu** *(dele, dela)* un de ses amis • *(deles, delas)* un de leurs amis • *(de você)* un de vos amis • **os seus** *(a família de cada um)* les siens. ■ *nm, f* **1.** *péj (forma de tratamento)* espèce *(f)* de • **seu estúpido!** *fam* espèce d'imbécile ! • **seus irresponsáveis!** *fam* bande d'irresponsables ! **2.** *(com malícia)* • **seu malandreco!** *fam* petit vaurien ! • **sua danadinha!** *fam* petite coquine !

severidade [səvəri'đađə] *nf* sévérité *(f)*.

severo, ra [sə'vɛru, -rɐ] *adj* sévère.

sexagésimo, ma [sɛksɐ'ʒɛzimu, -mɐ] *num* soixantième.

sexo ['sɛksu] *nm* sexe *(m)*.

sexta-feira [ˌsɐiʃtɐ'fɐirɐ] (*pl* **sextas-feiras** [ˌsɐiʃtɐʃ'fɐirɐʃ]) *nf* vendredi *(m)* • **às sextas-feiras** le vendredi • **até sexta-feira** à vendredi • **ela vem sexta-feira** elle vient vendredi • **esta sexta-feira** vendredi • **hoje é sexta-feira** aujourd'hui nous sommes vendredi • **todas as sextas-feiras** tous les vendredis • **sexta-feira de manhã/à tarde/à noite** vendredi matin/après-midi/soir • **sexta-feira 13 de Junho** (le) vendredi 13 juin • **sexta-feira passada** vendredi dernier • **sexta-feira que vem** vendredi prochain • **a Sexta-Feira Santa** le vendredi saint.

sexto, ta ['sɐiʃtu, -tɐ] ■ *adj* & *pron* sixième. ■ *nm* sixième *(m)*. ■ *nm, f* • **o sexto/a sexta** le/la sixième • **chegar em sexto** arriver sixième • **capítulo sexto** chapitre six • **em sexto lugar** en sixième • **no sexto dia** le sixième jour • **a sexta parte** le sixième.

sexual [sɛk'swał] (*pl* **-ais** [-aiʃ]) *adj* sexuel (elle).

sexualidade [sekswɐli'đađə] *nf* sexualité *(f)*.

sexy ['sɛksi] *adj* sexy.

s.f.f. (*abr écrite de* **se faz favor**) SVP *(s'il vous plaît)*.

shampô [ʃɐ̃m'po] *nm (Port)* shampooing *(m)*.

shareware [ʃari'wari] (*pl* **-sharewares**) *nm* INFORM logiciel *(m)* contributif.

shopping ['ʃɔpĩŋ] *nm* centre *(m)* commercial.

short ['ʃɔrtʃi] *nm (Br)* short *(m)*.

show ['ʃou] *nm* spectacle *(m)*.

si ['si] *pron*

pronom personnel pour il(s), elle(s), vous, précédés d'une préposition

TOUJOURS : PRÉP. + « SI »

• **ela quer tudo para si** elle veut tout pour elle
• **cada um pensa em si** chacun pense à soi
• **eles tratam por si** ils se débrouillent tout seuls
• **estou a pensar em si** je pense à vous
• **ele está fora de si** il est hors de lui
• **ela ficou fora de si, quando viu a desarrumaçao** elle a été furieuse quand elle a vu le désordre
• **fez tudo por si só** il/elle a tout fait lui/elle-même
• **falar para si** parler tout seul
• **estar fora de si** être hors de soi
• **voltar a si** revenir à soi
• **cheio de si** imbu de sa personne
• **si mesmo** *OU* **próprio** lui-même
• **si mesma** elle-même
• **si mesmos** eux-mêmes.

SIDA ['siđɐ] *nf (Port)* SIDA *(m) (Syndrome d'Immuno Déficience Acquise)*.

siderurgia [si'đərur'ʒiɐ] *nf* sidérurgie *(f)*.

sido ['siđu] *pp* ▷ **ser**.

sidra ['siđrɐ] *nf* cidre *(m)*.

sífilis ['sifəliʃ] *nf* syphilis *(f)*.

sigilo [si'ʒilu] *nm* secret *(m)*.

sigla ['siglɐ] *nf* sigle *(m)*.

significado [signəfi'kađu] *nm* signification *(f)*.

significar [signəfi'kar] *vt* signifier.

significativo, va [signəfikɐ'tivu, -vɐ] *adj* **1.** significatif(ive) **2.** *(quantidade)* important (e).

signo ['signu] *nm* signe *(m)*.

sigo ['sigu] ▷ **seguir**.

sílaba ['silɐbɐ] *nf* syllabe *(f)*.

silenciar [silẽ'sjar] *vt* **1.** *(pessoa)* faire taire **2.** *(detalhe, assunto)* passer sous silence.

silêncio [si'lẽsju] ■ *nm* silence *(m)*. ■ *interj* silence !

silencioso, osa [silẽ'sjozu, -ɔzɐ] *adj* silencieux(euse).

silhueta [si'ʎwetɐ] *nf* silhouette *(f)*.

silicone [sili'kɔnə] *nm* silicone *(m)*.

silva ['siłvɐ] *nf* ronce *(f)*.

silvestre [siɫ'vɛʃtrə] *adj* sauvage.

sim ['sĩ] *adv* oui • **penso que sim** oui, je pense • **pelo sim pelo não** au cas où.

símbolo ['sĩmbulu] *nm* symbole *(m)*.

simetria [simə'triɐ] *nf* symétrie *(f)*.

similar [simi'lar] (*pl* **-es** [-əʃ]) *adj* similaire.

simpatia [sĩmpɐ'tiɐ] *nf* sympathie *(f)*.

simpático, ca [sĩm'patiku, -kɐ] *adj* sympathique.

simpatizante [sĩmpɐti'zɐ̃ntə] *adj* sympathisant(e).

simpatizar [sĩmpɐti'zar] ■ **simpatizar com** *v + prép* trouver sympathique.

simples ['sĩmpləʃ] *adj inv* **1.** simple **2.** *(bebida)* nature • **simples masculina/feminina** *(Br)* simple messieurs/dames.

simplicidade [sĩmpləsi'đađə] *nf* simplicité *(f)*.

simplificar [sĩmpləfi'kar] *vt* simplifier.

simular [simu'lar] *vt* simuler.

simultaneamente [simuɫˌtɐnjɐ'mẽntə] *adv* simultanément.

simultâneo, nea [simuɫ'tɐnju, -njɐ] *adj* simultané(e) • **em simultâneo** en simultané.

sinagoga [sinɐ'gɔgɐ] *nf* synagogue *(f)*.

sinal [si'naɫ] (*pl* **-ais** [-aiʃ]) *nm* **1.** *(símbolo, marca)* signe *(m)* **2.** *(indicação)* signal *(m)* **3.** *(em pele)* grain *(m)* de beauté **4.** *(dinheiro)* acompte *(m)* **5.** *(de trânsito)* panneau *(m)* • **dar sinal de si** reprendre connaissance • *(dar notícias)* donner signe de vie • **em sinal de** en signe de • **nem sinal** aucune nouvelle • **sinal de alarme** signal d'alarme • **sinal horário** carillon *(m)* • **estar a dar sinal de interrompido** *OU* **de ocupado** sonner occupé.

sinalização [sinɐlizɐ'sɐ̃u] *nf* signalisation *(f)*.

sinceridade [sĩsəri'đađə] *nf* sincérité *(f)*.

sincero, ra [sĩ'sɛru, -rɐ] *adj* sincère.

síncope [*(Port)* 'sĩnkupə, *(Br)* 'sĩnkopi] *nf* syncope *(f)*.

sindicato [sĩndi'katu] *nm* syndicat *(m)*.

síndico ['sĩndʒiku] *nm (Br)* syndic *(m)*.

síndrome ['sĩdrumə] *nf* syndrome *(m)*.

sinfonia [sĩfu'niɐ] *nf* symphonie *(f)*.

sinfónica [sĩ'fɔnikɐ] *adj f* ▷ **música**.

sinfônica [sĩ'fonika] *adj f (Br)* = **sinfónica**.

singelo, la [sĩ'ʒɛlu, -lɐ] *adj* simple *(modeste)*.

singular [sĩŋgu'lar] (*pl* **-es** [-əʃ]) ■ *adj* **1.** *(único)* particulier(ère) **2.** *(extraordinário)* singulier(ère) **3.** GRAMM singulier. ■ *nm* singulier *(m)* • **singulares homens/mulheres** *(Port)* simple messieurs/dames.

sino ['sinu] *nm* cloche *(f)*.

sinónimo [si'nɔnimu] *nm (Port)* synonyme *(m)*.

sinônimo [si'nonimu] *nm (Br)* = **sinónimo**.

sintaxe [sĩn'tasə] *nf* syntaxe *(f)*.

síntese ['sĩntəzə] *nf (resumo)* synthèse *(f)*.

sintético, ca [sĩn'tɛtiku, -kɐ] *adj* synthétique.

sintoma [sĩn'tomɐ] *nm* symptôme *(m)*.

sintonizar [sĩntuni'zar] *vt* mettre en phase.

Sintra ['sĩntrɐ] *n* Sintra.

sinuca [si'nukɐ] *nf (Br)* snooker *(m)*, billard *(m)* américain.

sinuoso, osa [si'nwozu, -ɔzɐ] *adj* sinueux (euse).

sirene [si'rɛnə] *nf* sirène *(f)* *(alarme)*.

siri [si'ri] *nm (Br)* petit crabe *(m)*.

Síria ['sirjɐ] *nf* • **a Síria** la Syrie.

sirvo ['sirvu] ▷ **servir**.

sísmico ['siʒmiku] *adj m* ▷ **abalo**.

siso ['sizu] *nm* sagesse *(f)*.

sistema [siʃ'temɐ] *nm* système *(m)* • **sistema métrico** système métrique • **sistema nervoso** système nerveux • **por sistema** par principe.

sistemático, ca [siʃtə'matiku, -kɐ] *adj* systématique.

sisudo, da [si'zuđu, -đɐ] *adj* sérieux(euse).

site [*(Br)* 'sajtji, *(Port)* sajtə] (*pl* **-s** [-ʃ]) *nm* INFORM site *(m)*.

sítio ['sitʃju] *nm* **1.** *(propriedade)* propriété *(f)* agricole **2.** MIL siège *(m)* **3.** endroit *(m)* **4.** *(Br) (chácara)* maison *(f)* de campagne • **estado de sítio** état de siège • **em estado de sítio** en état de siège • **arranjar sítio** trouver de la place.

situação [sitwɐ'sɐ̃u] (*pl* **-ões** [-õiʃ]) *nf* situation *(f)*.

situado, da [si'twađu, -đɐ] *adj* • **bem/mal situado** bien/mal situé • **situado em** situé dans • **situado em Lisboa** situé à Lisbonne • **situado a norte/oeste** situé au nord/à l'ouest.

situar [si'twar] *vt* situer.
■ **situar-se** *vp* se situer.

s/l *ver também* **sobreloja**.

slide [s'laidə] *nm* diapositive *(f)*.

slip ['slipə] *nm (Port)* slip *(m)*.

slogan ['slougɐ̃n] *nm* slogan *(m)*.

smoking ['smokĩŋ] *nm* smoking *(m)*.

snack-bar [snɛk'bar] (*pl* **snack-bares** [snɛk'barəʃ]) *nm* snack-bar *(m)*.

snooker ['snukɛr] *nm (Port)* snooker *(m)*, billard *(m)* américain.

SO (*abr écrite de* **Sudoeste**) S-O *(sud-ouest)*.

só ['sɔ] ■ *adj* seul(e). ■ *adv* seulement • **é só pedir!** il suffit de demander ! • **um só** un seul • **a sós** en tête à tête • **não só... como também...** non seulement... mais aussi... • **só que** seulement.

soalheiro, ra [swɐ'ʎɐiru, -rɐ] *adj* ensoleillé (e).

soalho ['swaʎu] *nm* plancher *(m)*.

soar ['swar] *vt* & *vi* sonner • **soar bem/mal** sonner juste/faux.

sob ['soƀə] *prép* sous.

sobe ['sɔƀə] ▷ **subir**.

soberania [suƀərɐ'niɐ] *nf* souveraineté *(f)*.

soberano, na [suƀə'rɐnu, -nɐ] *adj* souverain(e).

soberbo, ba [su'ƀerƀu, -ƀɐ] *adj* **1.** *(sumptuoso)* superbe **2.** *fam (avaro)* mesquin(e).

sobrado [su'ƀrađu] *nm* plancher *(m)*.

sobrancelha [suƀrɐ̃'sɐʎɐ] *nf* sourcil *(m)*.

sobrar [su'ƀrar] *vi* rester.

sobras ['sɔƀraʃ] *nfpl* restes *(mpl)*.

sobre ['soƀrə] *prép* **1.** *(em cima de, acerca de)* sur **2.** *(por cima de)* au-dessus de.

sobreaviso [suƀriɐ'vizu] *nm* • **estar** *OU* **ficar de sobreaviso** être sur le qui-vive.

sobrecarga [suƀrə'kargɐ] *nf* surcharge *(f)*.

sobrecarregar [suƀrəkɐʀə'gar] *vt* • **sobrecarregar alguém com algo** surcharger qqn de qqch.

sobreiro [su'ƀrɐiru] *nm* chêne-liège *(m)*.

sobreloja [suƀrə'lɔʒɐ] *nf* entresol *(m)*.

sobremesa [suƀrə'mezɐ] *nf* dessert *(m)*.

sobrenatural [ˌsoƀrənɐtu'raɫ] (*pl* **-ais** [-aiʃ]) *adj* surnaturel(elle).

sobrenome [sobri'nomi] *nm (Br)* nom *(m)* de famille.

À PROPOS DE...

sobrenome

Attention, ne pas confondre « sobrenome » avec ***surnom***. En portugais, « sobrenome » signifie ***nom***.

sobrepor [suƀrə'por] *vt* • **sobrepor algo a algo** superposer qqch à qqch • *fig (preferir)* faire passer qqch avant qqch.
■ **sobrepor-se** *vp* se superposer.

sobrescrito [subrəʃ'kritu] *nm* enveloppe *(f)*.

sobressair [suƀrəsɐ'ir] *vi* ressortir.

sobressaltar [suƀrəsaɫ'tar] *vt* faire peur.
■ **sobressaltar-se** *vp* sursauter.

sobressalto [suƀrə'saɫtu] *nm* **1.** *(susto)* sursaut *(m)* **2.** *(inquietação)* inquiétude *(f)*.

sobretaxa [ˌsoƀrə'taʃɐ] *nf* surtaxe *(f)*.

sobretudo [suƀrə'tuđu] ■ *nm* pardessus *(m)*. ■ *adv* surtout.

sobrevivência [suƀrəvi'vẽsjɐ] *nf* **1.** survie *(f)* **2.** *(de tradição)* survivance *(f)*.

sobrevivente [suƀrəvi'vẽntə] *nmf* survivant *(m)*, -e *(f)*.

sobreviver [suƀrəvi'ver] *vi* survivre.

sobriedade [suƀrie'đađə] *nf* sobriété *(f)*.

sobrinho, **nha** [su'ƀriɲu, -ɲɐ] *nm, f* neveu *(m)*, nièce *(f)*.

sóbrio, **bria** ['sɔƀriu, -riɐ] *adj* sobre.

social [su'sjał] *(pl* **-ais** [-aiʃ]) *adj* social(e).

socialismo [susjɐ'liʒmu] *nm* socialisme *(m)*.

socialista [susjɐ'liʃtɐ] *adj* & *nmf* socialiste.

sociedade [susje'đađə] *nf* société *(f)*.

sócio, **cia** ['sɔsju, -sjɐ] *nm, f* associé *(m)*, -e *(f)*.

sociologia [susjulu'ʒiɐ] *nf* sociologie *(f)*.

sociólogo, **ga** [su'sjɔlugu, -gɐ] *nm, f* sociologue *(mf)*.

soco ['soku] *nm fam* coup *(m)* de poing.

socorrer [suku'ʀer] *vt* secourir. ■ **socorrer-se de** *vp + prép (recorrer a)* recourir à.

socorrismo [suku'ʀiʒmu] *nm* secourisme *(m)*.

socorro [su'koʀu] ■ *nm* secours *(m)*. ■ *interj* au secours ! • **pedir socorro** appeler à l'aide.

socos ['sɔkuʃ] *nmpl* sabots *(mpl)*.

soda ['sɔđɐ] *nf* **1.** *(bicarbonato de soda)* soude *(f)* **2.** *(bebida)* soda *(m)*.

sofá [su'fa] *nm* canapé *(m)* • **sofá cama** canapé-lit *(m)*.

sofisticado, **da** [sufiʃti'kađu, -đɐ] *adj* sophistiqué(e).

sofrer [su'frer] ■ *vt* **1.** *(acidente)* être victime de **2.** *(revés)* essuyer **3.** *(abalo, susto, decepção)* avoir **4.** *(perda, humilhação)* subir. ■ *vi* souffrir.

sofrimento [sufri'mẽntu] *nm* souffrance *(f)*.

software [sɔf'twɛrə] *nm* INFORM logiciel *(m)*.

sogro, **sogra** ['sogru, 'sɔgrɐ] *nm, f* beau-père *(m)*, belle-mère *(f)*.

soirée [swa're] *nf* soirée *(f)*.

sóis [sɔjʃ] ▻ **sol**.

soja ['sɔʒɐ] *nf* soja *(m)*.

sol ['sɔł] *(pl* **sóis** ['sɔiʃ]) *nm* **1.** *(astro)* soleil *(m)* **2.** *(em praça de touros) place située du côté de l'arène exposé au soleil.*

sola ['sɔlɐ] *nf* semelle *(f)*.

solar [su'lar] *(pl* **-es** [-əʃ]) ■ *adj* solaire. ■ *nm* manoir *(m)*.

soldado [soł'đađu] *nm* soldat *(m)*.

soldo [*(Port)* 'sołđu, *(Br)* 'sowdu] *nm (argent)* solde *(m)*.

soleira [su'lɐirɐ] *nf* seuil *(m)*.

solene [su'lɛnə] *adj* solennel(elle).

soletrar [sulə'trar] *vt* épeler.

solha ['soʎɐ] *nf* limande *(f)*.

solicitar [sulisi'tar] *vt* solliciter.

solícito, **ta** [su'lisitu, -tɐ] *adj* prévenant(e).

solidão [suli'đɐ̃u] *nf* solitude *(f)*.

solidariedade [suliđɐrje'đađə] *nf* solidarité *(f)*.

solidário, **ria** [suli'đarju, -rjɐ] *adj* solidaire • **ser solidário com** être solidaire de.

sólido, **da** ['sɔliđu, -đɐ] *adj* solide.

solista [su'liʃtɐ] *nmf* soliste *(mf)*.

solitário, **ria** [suli'tarju, -rjɐ] ■ *adj* solitaire. ■ *nm* **1.** *(Port) (para flores)* soliflore *(m)* **2.** *(jóia)* solitaire *(m)*.

solo ['sɔlu] *nm* **1.** sol *(m)* **2.** MUS solo *(m)*.

soltar [soł'tar] *vt* **1.** *(desprender, desatar)* détacher **2.** *(grito, gargalhada)* pousser **3.** *(de prisão)* relâcher **4.** *(de gaiola)* lâcher. ■ **soltar-se** *vp* se détacher.

solteiro, **ra** [soł'tɐiru, -rɐ] *adj* célibataire.

solto, **ta** ['sołtu, -tɐ] ■ *pp* ▻ **soltar**. ■ *adj* **1.** *(livre)* détaché(e) **2.** *(animal)* en liberté **3.** *(sozinho)* à l'unité.

solução [sulu'sɐ̃u] *(pl* **-ões** [-õiʃ]) *nf* solution *(f)*.

soluçar [sulu'sar] *vi* **1.** *(ter soluços)* avoir le hoquet **2.** *(chorar)* sangloter.

solucionar [sulusju'nar] *vt (problema)* résoudre.

soluço [su'lusu] *nm* **1.** *(contracção)* hoquet *(m)* **2.** *(choro)* sanglot *(m)*.

soluções ▻ **solução**.

solúvel [su'luvɛł] *(pl* **-eis** [-ɐiʃ]) *adj* soluble.

som ['sõ] *(pl* **-ns** [-ʃ]) *nm* son *(m)* • **ao som de** au son de.

soma ['somɐ] *nf* somme *(f)*.

somar [su'mar] *vt* additionner.

sombra ['sõmbrɐ] *nf* **1.** *(de pessoa, árvore)* ombre *(f)* **2.** *(cosmético)* ombre *(f)* à paupières • **à** *OU* **na sombra** à l'ombre • **sem sombra de dúvida** sans l'ombre d'un doute.

sombrio, bria [sõm'briu, -'briɐ] *adj* sombre.

somente [sɔ'mẽntə] *adv* seulement.

sonâmbulo, la [su'nɐ̃mbulu, -lɐ] *nm, f* somnambule *(mf)*.

sonda ['sõndɐ] *nf* MÉD sonde *(f)* • **sonda espacial** sonde spatiale.

sondagem [sõn'daʒɐ̃i] (*pl* **-ns** [-ʃ]) *nf* sondage *(m)*.

soneca [su'nɛkɐ] *nf* somme *(m)*.

soneto [su'netu] *nm* sonnet *(m)*.

sonhador, ra [suɲɐ'đor, -rɐ] (*mpl* **-es** [-əʃ], *fpl* **-s** [-ʃ]) *nm, f* rêveur *(m)*, -euse *(f)*.

sonhar [su'ɲar] *vi* rêver • **sonhar acordado** rêver debout • **sonhar com** rêver de.

sonho ['soɲu] *nm* rêve *(m)* • **de sonho** de rêve.

■ **sonhos** *nmpl* **1.** *(em Portugal) beignets servis avec un sirop parfumé au citron et à la cannelle* **2.** *(no Brasil)* ≃ pets-de-nonne *(mpl)*.

sonífero [su'nifəru] *nm* somnifère *(m)*.

sono ['sonu] *nm* sommeil *(m)* • **estar perdido de sono** *fam* tomber de sommeil • **pegar no sono** s'endormir • **ter sono** avoir sommeil • **sono pesado** sommeil profond.

sonolento, ta [sunu'lẽntu, -tɐ] *adj* somnolent(e).

sonoro, ra [su'nɔru, -rɐ] *adj* sonore.

sons [sõʃ] ▷ **som**.

sonso, sa ['sõsu, -sɐ] *adj* sournois(e).

sopa ['sopɐ] *nf* soupe *(f)* • **sopa de hortaliça** *OU* **de legumes** *soupe de légumes* • **sopa de marisco** *velouté de fruits de mer* • **sopa de pedra** soupe à la « pierre », *soupe de haricots, de lard et d'oreille de porc cuite dans une cocotte dans laquelle on a placé une pierre* • **ou sim ou sopas** de deux choses l'une.

soporífero [supu'rifəru] *nm* soporifique *(m)*.

soprar [su'prar] *vt* & *vi* souffler.

soquete [so'kɛtʃi] *(Br)* ■ *nm* douille *(f)*. ■ *nmpl (chaussettes de femme)* socquettes *(fpl)*.

sórdido, da ['sɔrđiđu, -đɐ] *adj* sordide.

soro ['soru] *nm* **1.** MÉD sérum *(m)* **2.** *(de leite)* petit-lait *(m)* • **soro fisiológico** sérum physiologique.

soronegativo, va [soronega'tʃivu, -vɐ] *adj (Br)* = **seronegativo**.

soropositivo, va [soropozi'tʃivu, -vɐ] *adj (Br)* = **seropositivo**.

sorridente [suʀi'đẽntə] *adj* souriant(e).

sorrir [su'ʀir] *vi* sourire.

sorriso [su'ʀizu] *nm* sourire *(m)*.

sorte ['sɔrtə] *nf* **1.** *(acaso, destino)* sort *(m)* **2.** *(fortuna)* chance *(f)* **3.** *(em tourada)* feinte *(f)* • **boa sorte!** bonne chance ! • **dar sorte** porter chance • **estar com sorte** avoir de la chance • **ter sorte** avoir de la chance • **tirar a sorte** gagner • **a sorte grande** le gros lot • **à sorte** au sort • **com sorte** avec de la chance • **por sorte** par chance.

sortear [sur'tjar] *vt* tirer au sort.

sorteio [sur'tɐju] *nm* tirage *(m)* au sort.

sortido, da [sur'tiđu, -đɐ] ■ *adj* assorti(e). ■ *nm* assortiment *(m)*.

sortudo, da [sur'tuđu, -đɐ] *nm, f (Port) fam* veinard *(m)*, -e *(f)*.

sorvete [sor'vetʃi] *nm (Br)* glace *(f)*.

sorveteria [sorvete'riɐ] *nf (Br)* • **ir à sorveteria** aller chez le marchand de glaces.

SOS *nm* (*abr de* **Save our Souls**) SOS *(m)*.

sósia ['sɔzja] *nmf* sosie *(m)*.

sossegado, da [susə'gađu, -đɐ] *adj* calme.

sossego [su'segu] *nm* calme *(m)* • **deixar em sossego** laisser tranquille.

sótão ['sɔtɐ̃u] *nm* grenier *(m)*.

sotaque [su'takə] *nm* accent *(m)*.

sotavento [sɔtɐ'vẽntu] *nm* côté *(m)* sous le vent.

soterrar [sutə'ʀar] *vt* ensevelir.

sou ['so] ▷ **ser**.

soube ['soƀə] ▷ **saber**.

soufflé [su'flɛ] *nm* soufflé *(m)*.

soutien [su'tjɐ̃] *nm (Port)* soutien-gorge *(m)*.

sova ['sɔvɐ] *nf* • **dar uma sova** rouer de coups.

sovaco [su'vaku] *nm* aisselle *(f)*.

sovina [su'vinɐ] *adj* pingre.

sozinho, nha [sɔ'ziɲu, -ɲɐ] *adj* **1.** *(sem companhia, ajuda)* seul(e) **2.** *(falar, rir)* tout seul (toute seule).

spam ['spæm] (*pl* **-s** [-ʃ]) *nm* INFORM spam *(m)*, pourriel *(m) (Québec)*.

spray ['sprɐi] *nm* spray *(m)*.

squash ['skwaʃ] *nm* squash *(m)*.

Sr. (*abr écrite de* **senhor**) M. *(monsieur)*.

Sra. (*abr écrite de* **senhora**) Mme *(madame)*.

stand [ʃ'tẽndə] (*pl* **-es** [-əʃ]) *nm* **1.** *(Port) (de automóveis)* concessionnaire *(m)* **2.** *(em exposições)* stand *(m)*.

stock [ʃ'tɔkə] *nm (Port)* stock *(m)*.

stress ['strɛs] *nm (Port)* stress *(m)*.

sua ['sua] ▷ **seu**.

suar ['swar] *vi* suer.

suástica ['swaʃtikɐ] *nf* croix *(f)* gammée.

suave ['swavə] *adj* **1.** doux (douce) **2.** *(vento, sabor, cheiro, dor)* léger(ère) **3.** *(voz)* suave.

suavidade [swɐvi'đađə] *nf* douceur *(f)*.

suavizar [swɐvi'zar] ■ *vt* **1.** *(pele, sabor)* adoucir **2.** *(dor)* soulager. ■ *vi (vento, chuva)* se calmer.

subalimentação [suƀɐlimẽntɐ'sɐ̃u] *nf* sous-alimentation *(f)*.

subalimentado, da [suƀɐlimẽn'tađu, -đɐ] *adj* sous-alimenté(e).

subalterno, na [suƀał'tɛrnu, -nɐ] *adj & nm, f* subalterne.

subalugar [suƀɐlu'gar] *vt* sous-louer.

subconsciente [suƀkõʃ'sjẽntə] *nm* subconscient *(m)*.

subdesenvolvido, da [suƀdəzẽvoł'viđu, -đɐ] *adj* sous-développé(e).

subdesenvolvimento [suƀdəzẽvołvi'mẽntu] *nm* sous-développement *(m)*.

súbdito, ta ['suƀditu, -tɐ] *nm, f (Port)* sujet *(m)*, sujette *(f)*.

subentendido, da [suƀẽntẽn'điđu, -đɐ] ■ *adj* sous-entendu(e). ■ *nm* sous-entendu *(m)*.

subida [su'ƀiđɐ] *nf* **1.** montée *(f)* **2.** *(de preços)* hausse *(f)*.

subir [su'ƀir] ■ *vt* **1.** *(galgar)* grimper **2.** *(ir para cima, percorrer)* monter **3.** *(escalar)* escalader, gravir **4.** *(aumentar)* augmenter **5.** *(ascender)* remonter **6.** *(voz)* hausser. ■ *vi* **1.** *(ger)* monter **2.** *(ascender) (balão, neblina, fumaça)* monter **3.** *(ascender) (elevador, teleférico)* monter **4.** *(ascender) (em ônibus)* prendre *(le bus)* **5.** • **subir a** monter à • **subir de categoria** passer à l'échelon supérieur • **subir em** *(Br) (em ônibus, avião, trem)* monter dans • **subir para** *(Port) (autocarro, avião)* monter dans • *(Port) (bicicleta, cavalo)* monter sur • **subir por** *(ir por)* prendre par **6.** *(socialmente)* ascension sociale *(f)* **7.** *(aumentar)* augmenter **8.** *fam (embriagar)* se griser • **subir a/até** grimper jusqu'à • **subir em** *(árvore)* grimper • *(telhado, cadeira)* grimper à • **subir por** monter par • **subir à cabeça** *fig* porter/monter à la tête • **subir a** aller jusqu'à • **subir na vida** évoluer dans la vie.

subir [su'ƀir] ■ *vt* **1.** monter **2.** *(rochedo)* escalader **3.** *(montanha)* faire l'ascension de **4.** *(preços, salários)* augmenter **5.** *(estore, persiana)* remonter. ■ *vi* monter.

súbito, ta ['suƀitu, -tɐ] *adj* subit(e) • **de súbito** subitement.

subjectivo, va [suƀʒɛ'tivu, -vɐ] *adj* subjectif(ive).

subjetivo [subʒɛ'tʒivu] *(Br)* = **subjectivo**.

subjugar [suƀʒu'gar] *vt* **1.** subjuguer **2.** *(inimigo)* dominer.
■ **subjugar-se a** *vp + prép* se soumettre à.

subjuntivo [subʒon'tʃivu] *nm (Br)* subjonctif *(m)*.

sublime [su'ƀlimə] *adj* sublime.

sublinhar [suƀli'ɲar] *vt* souligner.

sublocar [sublo'ka(x)] *vt* sous-louer.

submarino [suƀmɐ'rinu] *nm* sous-marin *(m)*.

submergir [suƀmər'ʒir] *vt* submerger.

submeter [suƀmə'ter] *vt* • **submeter algo/alguém a** soumettre qqch/qqn à.
■ **submeter-se a** *vp + prép* se soumettre à.

submisso, a [suƀ'misu, -ɐ] *adj* soumis(e).

subnutrido, da [suƀnu'triđu, -đɐ] *adj* sous-alimenté(e).

subornar [suƀur'nar] *vt* soudoyer.

suborno [su'boxnu] *nm* **1.** *(de testemunhas)* subornation *(f)* **2.** *(de outras pessoas)* captation *(f)*.

subsídio [suƀ'siđju] *nm* **1.** subvention *(f)* **2.** *(de desemprego)* allocation *(f)*.

subsistência [suƀsiʃ'tẽsjɐ] *nf* subsistance *(f)*.

subsistir [suƀsiʃ'tir] *vi* subsister.

subsolo [suƀ'sɔlu] *nm* sous-sol *(m)*.

substância [suƀʃ'tẽsjɐ] *nf* substance *(f)*.

substantivo [suƀʃtẽn'tivu] *nm* substantif *(m)*.

substituir [suƀʃti'twir] *vt* remplacer.

substituto, ta [suƀʃti'tutu, -tɐ] *nm, f* remplaçant *(m)*, -e *(f)*.

subterrâneo, nea [suƀtə'ʀɐnju, -njɐ] *adj* souterrain(e).

subtil [suƀ'tiɫ] (*pl* **-is** [-iʃ]) *adj (Port)* subtil(e).

subtrair [suƀtrɐ'ir] *vt* soustraire.

suburbano, na [suƀur'ƀɐnu, -nɐ] *adj* de banlieue.

subúrbio [su'ƀurƀju] *nm* banlieue *(f)*.

subversivo, va [suƀvər'sivu, -vɐ] *adj* subversif(ive).

sucata [su'katɐ] *nf* ferraille *(f)*.

sucção [suk'sɐ̃w] *nf* succion *(f)*.

suceder [susə'đer] *vi* arriver.
■ **suceder-se** *vp* se succéder.
■ **suceder a** *v* + *prép (em cargo)* succéder à.

sucedido, da [susə'điđu, -đɐ] ■ *adj* survenu(e). ■ *nm* • **o sucedido** ce qui s'est passé • **ser bem/mal sucedido** bien/mal se passer.

sucessão [susə'sɐ̃w] (*pl* **-ões** [-õiʃ]) *nf* **1.** *(de acontecimentos)* suite *(f)* **2.** *(em cargo)* succession *(f)*.

sucessivo, va [susə'sivu, -vɐ] *adj* successif (ive).

sucesso [su'sɛsu] *nm* succès *(m)* • **fazer sucesso** avoir du succès.

sucessões ▷ **sucessão**.

sucinto, ta [su'sĩntu, -tɐ] *adj* succinct(e).

suco ['suku] *nm (Br)* jus *(m)*.

suculento, ta [suku'lẽntu, -tɐ] *adj* succulent(e).

sucumbir [sukũm'bir] *vi* **1.** *(morrer)* succomber **2.** *(desmoronar)* céder • **sucumbir a** *(ceder)* succomber à.

sucursal [sukur'saɫ] (*pl* **-ais** [-aiʃ]) *nf* succursale *(f)*.

sudeste [su'đɛʃtə] *nm* sud-est *(m)* • **no sudeste** dans le sud-est.

Sud-express [suđəʃ'prɛʃ] *nm* • **o Sud-express** *le Sud-express, nom donné au train Paris-Lisbonne.*

súdito ['sudʒitu] *(Br)* = **súbdito**.

sudoeste [su'đwɛʃtə] *nm* sud-ouest *(m)* • **no sudoeste** dans le sud-ouest.

sueca ['swɛkɐ] *nf* ≃ belote *(f)* • ▷ **sueco**.

Suécia ['swɛsjɐ] *nf* • **a Suécia** la Suède.

sueco, ca ['swɛku, -kɐ] ■ *adj* suédois(e). ■ *nm, f* Suédois *(m)*, -e *(f)*. ■ *nm (língua)* suédois *(m)*.

suéter ['swɛtex] (*pl* **-es** [-iʃ]) *nm* & *nf (Br)* pull *(m)*.

suficiente [sufə'sjẽntə] ■ *adj* suffisant(e). ■ *nm* mention *(f)* passable • **tenho água suficiente** j'ai assez d'eau.

sufixo [su'fiksu] *nm* suffixe *(m)*.

suflé [su'flɛ] *nm (Port)* soufflé *(m)*.

suflê [su'fle] *nm (Br)* = **suflé**.

sufocante [sufu'kẽntə] *adj* suffocant(e).

sufocar [sufu'kar] *vt* & *vi* suffoquer.

sugar [su'gar] *vt* sucer.

sugerir [suʒə'rir] *vt* suggérer.

sugestão [suʒəʃ'tɐ̃w] (*pl* **-ões** [-õiʃ]) *nf* suggestion *(f)*.

sugestivo, va [suʒəʃ'tivu, -vɐ] *adj* suggestif (ive).

sugestões ▷ **sugestão**.

Sugos® ['suguʃ] *nmpl* ≃ Sugus *(mpl) (bonbons)*.

Suíça ['swisɐ] *nf* • **a Suíça** la Suisse.

suíças ['swisɐʃ] *nfpl* favoris *(mpl)*, pattes *(fpl)*.

suicidar-se [swisi'đarsə] *vp* se suicider.

suicídio [swi'siđju] *nm* suicide *(m)*.

suíço, ça ['swisu, -sɐ] ■ *adj* suisse. ■ *nm, f* Suisse *(mf)*.

suíte ['switə] *nf* suite *(f)*.

sujar [su'ʒar] *vt* salir.
■ **sujar-se** *vp* se salir.

sujeitar [suʒɐi'tar] *vt* • **sujeitar algo/alguém a algo** soumettre qqch/qqn à qqch.
■ **sujeitar-se a** *vp* + *prép* se soumettre à.

sujeito, ta [su'ʒɐitu, -tɐ] ■ *nm, f fam* type *(m)*, bonne femme *(f)*. ■ *nm* sujet *(m)* • **sujeito a** sujet à • **se continuas assim, estás sujeito a levar uma bofetada** *fam* si tu continues comme ça, tu vas te prendre une gifle • **'sujeito a reboque'** 'passible d'enlèvement'.

sujo, ja ['suʒu, -ʒɐ] *adj* **1.** sale **2.** *(negócio)* malhonnête.

sujidade [suʒi'đađə] *nf* saleté *(f)*.

sul ['suɫ] *nm* sud *(m)* • **a sul** au sud • **a sul de** au sud de • **no sul** dans le sud.

sul-africano, na [suɫɐfri'kɐnu, -nɐ] *adj* sud-africain(e).

sul-americano, na [suɫɐməri'kɐnu, -nɐ] *adj* sud-américain(e).

sulfamida [suɫfɐ'miđɐ] *nf* sulfamide *(m)*.

suma ['sumɐ] *nf* • **em suma** en somme.

sumário, ria [su'marju, -rjɐ] ■ *adj* sommaire. ■ *nm* sommaire *(m)*.

sumo ['sumu] *nm (Port)* jus *(m)* • **sumo de frutas** jus de fruits.

Sumol® [su'mɔɫ] (*pl* **-óis** [-ɔiʃ]) *nf* ≃ Fanta *(m)*.

sundae ['sɐ̃ndei] *nm (Br)* coupe *(f)* glacée.

sunga ['sũŋgɐ] *nf (Br)* slip *(m)* de bain.

suor ['swɔr] (*pl* **-es** [-əʃ]) *nm* sueur *(f)* • **suores frios** sueurs froides.

superar [supə'rar] *vt* **1.** *(obstáculo, dificuldade)* surmonter **2.** *(inimigo, rival)* surpasser.

superficial [supərfə'sjaɫ] (*pl* **-ais** [-aiʃ]) *adj* superficiel(elle).

superfície [supər'fisjə] *nf* **1.** surface *(f)* **2.** *(extensão)* superficie *(f)* • **à superfície** à la surface.

supérfluo, flua [su'pɛrflu, -fluɐ] *adj* superflu(e).

superior [supə'rjor] (*pl* **-es** [-əʃ]) ■ *adj* supérieur(e). ■ *nm* supérieur *(m)* • **piso** OU **andar superior** étage du dessus • **mostrar-se superior** se donner des airs.

superioridade [supərjuri'đađə] *nf* supériorité *(f)*.

superlativo [supərlɐ'tivu] *nm* superlatif *(m)*.

superlotado, da [ˌsupɛrlu'tađu, -đɐ] *adj* **1.** *(sala)* comble **2.** *(metro)* bondé(e).

supermercado [ˌsupɛrmər'kađu] *nm* supermarché *(m)*.

superstição [supərʃti'sɐ̃u] (*pl* **-ões** [-õiʃ]) *nf* superstition *(f)*.

supersticioso, osa [supərʃti'sjozu, -ɔzɐ] *adj* superstitieux(euse).

superstições ▷ **superstição**.

supervisão [supərvi'zɐ̃u] *nf* supervision *(f)*.

supervisionar [supərvizju'nar] *vt* **1.** *(pessoa)* diriger **2.** *(trabalho)* superviser.

suplementar [*(Port)* supləmẽn'tar, *(Br)* suplemẽn'ta(x)] *adj* supplémentaire.

suplemento [suplə'mẽntu] *nm* supplément *(m)*.

suplente [su'plẽntə] ■ *adj* **1.** *(peça)* de rechange **2.** *(pessoa)* suppléant(e). ■ *nmf* remplaçant *(m)*, -e *(f)*.

súplica ['suplikɐ] *nf* supplication *(f)*.

suplicar [supli'kar] *vt* supplier • **suplicar a alguém que faça algo** supplier qqn de faire qqch.

suplício [su'plisju] *nm* supplice *(m)*.

supor [su'por] *vt* supposer.
■ **supor-se** *vp* s'imaginer.

suportar [supur'tar] *vt* supporter.

suporte [su'pɔrtə] *nm* support *(m)*.

suposição [supuzi'sɐ̃u] (*pl* **-ões** [-õiʃ]) *nf* supposition *(f)*.

supositório [supuzi'tɔrju] *nm* suppositoire *(m)*.

suposto, osta [su'poʃtu, -ɔʃtɐ] *adj* **1.** *(hipotético)* supposé(e) **2.** *(alegado)* présumé(e) **3.** *(falso)* prétendu(e) • **é suposto (que)** on suppose (que).

supremo, ma [su'premu, -mɐ] *adj* suprême.
■ **Supremo** *nm* • **o Supremo (Tribunal de Justiça)** ≃ la Cour de cassation.

supressão [suprə'sɐ̃u] (*pl* **-ões** [-õiʃ]) *nf* suppression *(f)*.

suprimir [su'primir] *vt* supprimer.

surdez [sur'đeʃ] *nf* surdité *(f)*.

surdina [sur'đinɐ] *nf* • **em surdina** en sourdine.

surdo, da ['surđu, -đɐ] ■ *adj* sourd(e). ■ *nm, f* sourd *(m)*, -e *(f)* • **fazer-se de surdo** faire la sourde oreille.

surf ['sɐrfə] *nm (Port)* surf *(m)* • **fazer surf** faire du surf.

surfar [sux'fa(x)] *(Br)* = **surf**.

surfe ['suxfi] *nm (Br)* = **surf**.

surfista [sur'fiʃtɐ] *nmf* surfeur *(m)*, -euse *(f)*.

surgir [sur'ʒir] *vi* surgir.

surpreendente [surpriẽn'dẽntə] *adj* surprenant(e).

surpreender [surpriẽn'der] *vt* surprendre.
■ **surpreender-se** *vp* être surpris(e).

surpresa [sur'prezɐ] *nf* surprise *(f)* • **fazer uma surpresa a alguém** faire une surprise à qqn • **de surpresa** par surprise.

surpreso, **sa** [sur'prezu, -zɐ] *adj* surpris(e).

surra [*(Port)* 'suʀa, *(Br)* 'suxa] *nf* raclée *(f)*, rossée *(f)* • **dar uma surra em alguém** *fam* filer une raclée à qqn • **levar uma surra de alguém** *fam* se prendre une raclée.

surtir [*(Port)* sur'tir, *(Br)* sur'ti(x)] *vt* produire, obtenir • **surtir efeito** l'effet désiré *(m)*.

surto ['surtu] *nm* déclaration *(f)*.

susceptível [suʃsɛ'tivɛɫ] (*pl* **-eis** [-ɐiʃ]) *adj* *(Port)* susceptible • **susceptível de** susceptible de.

suscetível [suʃse'tʃivɛu] (*pl* **-eis** [-ɐiʃ]) *adj* *(Br)* = **susceptível**.

suscitar [suʃsi'tar] *vt* susciter.

suspeita [suʃ'pɐitɐ] *nf* soupçon *(m)* • ▷ **suspeito** • **lançar suspeitas sobre alguém** faire peser des soupçons sur qqn.

suspeito, **ta** [suʃ'pɐitu, -tɐ] *adj & nm, f* suspect(e).

suspender [suʃpẽn'der] *vt* **1.** suspendre **2.** *(aluno, trabalhador)* renvoyer.

suspensão [suʃpẽn'sɐ̃u] (*pl* **-ões** [-õiʃ]) *nf* **1.** *(de veículo)* suspension *(f)* **2.** *(de escola)* renvoi *(m)*.

suspense [suʃ'pẽsə] *nm* suspense *(m)*.

suspensões ▷ **suspensão**.

suspensórios [suʃpẽ'sɔrjuʃ] *nmpl* bretelles *(fpl)*.

suspirar [suʃpi'rar] *vi* soupirer • **suspirar por** se languir de.

suspiro [suʃ'piru] *nm* **1.** *(de cansaço, prazer)* soupir *(m)* **2.** *(doce)* meringue *(f)*.

sussurrar [susu'ʀar] *vt & vi* chuchoter.

sussurro [su'suʀu] *nm* chuchotement *(m)*.

sustentar [suʃtẽn'tar] *vt* **1.** soutenir **2.** *(manter)* entretenir **3.** *(alimentar)* nourrir.

suster [suʃ'ter] *vt* retenir.

susto ['suʃtu] *nm* peur *(f)* • **apanhar um susto** avoir peur • **pregar um susto a alguém** *fam* faire peur à qqn.

sutiã [su'tʃjɐ̃] *nm (Br)* = **soutien**.

sutil [su'tʃiu] (*pl* **-is** [-iʃ]) *adj (Br)* = **subtil**.

SW (*abr écrite de* **Sudoeste**) S-O *(sud-ouest)*.

tT

t, T [te] *m (letra)* t, T.

ta [tɐ] = **te + a** • ▷ **te**.

-ta [tɐ] ▷ **te**.

tabacaria [tɐƀɐkɐ'riɐ] *nf* bureau *(m)* de tabac.

tabaco [tɐ'ƀaku] *nm* tabac *(m)*.

tabela [tɐ'ƀɛlɐ] *nf* **1.** tableau *(m)* **2.** *(de horários)* panneau *(m)* horaire **3.** *(de preços)* tarif *(m)* • **à tabela** *fam* pile à l'heure.

taberna [tɐ'ƀɛrnɐ] *nf* bistrot *(m)*.

tablete [ta'ƀlɛtə] *nm* & *nf* • **tablete (de chocolate)** tablette *(f)* (de chocolat).

tabu [ta'ƀu] ◼ *adj* tabou(e). ◼ *nm* tabou *(m)*.

tábua ['taƀwɐ] *nf* planche *(f)* • **tábua de passar a ferro** *(Port)* planche à repasser • **tábua (de passar roupa)** *(Br)* planche à repasser.

tabuleiro [tɐƀu'lɐiru] *nm* **1.** *(para comida)* plateau *(m)* **2.** *(de damas)* damier *(m)* **3.** *(de xadrez)* échiquier *(m)* **4.** *(de ponte)* tablier *(m)*.

tabuleta [tɐƀu'letɐ] *nf* **1.** *(em porta)* plaque *(f)* **2.** *(em estabelecimento)* enseigne *(f)* **3.** *(em estrada)* panneau *(m)*.

tac ['takə] *nm* (*abr de* **Tomografia Axial Computorizada**) scanner *(m)*.

taça ['tasɐ] *nf* **1.** coupe *(f)* **2.** *(de chá)* tasse *(f)*.

À PROPOS DE...

taça

Attention, ne pas confondre « taça » avec *tasse*. En portugais, « taça » signifie *coupe*.

tacada [tɐ'kađɐ] *nf* coup *(m)*.

tacão [tɐ'kɐ̃u] (*pl* **-ões** [-õiʃ]) *nm* talon *(m)*.

tacho ['taʃu] *nm* casserole *(f)*.

taco ['taku] *nm* **1.** *(de bilhar)* queue *(f)* **2.** *(de golfe)* club *(m)* **3.** *(de chão)* latte *(f)*.

tacões ▷ **tacão**.

táctica ['tatikɐ] *nf (Port)* tactique *(f)*.

táctico, ca ['tatiku, -kɐ] *adj (Port)* tactique.

tacto ['tatu] *nm* **1.** *(Port) (sentido)* toucher *(m)* **2.** *fig (cuidado, habilidade)* tact *(m)* • **ter tacto** *fig* avoir du tact.

tagarela [tɐgɐ'rɛlɐ] *adj* & *nmf* bavard(e).

tainha [tɐ'iɲɐ] *nf* mulet *(m) (poisson)*.

tal ['tał] (*pl* **tais** ['taiʃ]) ◼ *adj* tel (telle). ◼ *pron* • **o/a tal** celui-là/celle-là • **que tal?** alors ? • **um tal senhor...** un certain *ou* dénommé... • **que tal um passeio?** que dirais-tu d'une promenade ? • **na rua tal** dans telle rue • **como tal** alors • **para tal** pour cela • **tal coisa** une chose pareille • **tal como** comme • **tal e qual** comme.

tala ['talɐ] *nf* attelle *(f)*.

talão [tɐ'lɐ̃u] (*pl* **-ões** [-õiʃ]) *nm* talon *(m)* • **talão de cheques** *(Br)* carnet *(m)* de chèques.

talco ['tałku] *nm* talc *(m)*.

talento [tɐ'lẽntu] *nm* talent *(m)*.

talhar [tɐ'ʎar] *vt* tailler.
◼ **talhar-se** *vp* cailler.

talharim [tɐʎɐ'rĩ] (*pl* **-ns** [-ʃ]) *nm* tagliatelle *(f)*.

talher [tɐ'ʎɛr] (*pl* **-es** [-əʃ]) *nm* couverts *(mpl)*.

talho ['taʎu] *nm (Port) (açougue)* boucherie *(f)*.

talo ['talu] *nm* **1.** *(de flor)* tige *(f)* **2.** *(de legume)* trognon *(m)*.

talões ▷ **talão**.

talvez [tał'veʃ] *adv* peut-être • **talvez sim, talvez não** peut-être bien que oui, peut-être bien que non.

tamanco [ta'mɐ̃ŋku] *nm* sabot *(m)*.

tamanho, nha [tɐ'mɐɲu, -ɲɐ] ◼ *adj* tel(le). ◼ *nm* taille *(f)*.

tamanho-família [ta,mɐɲufa'miljɐ] *adj inv (Br)* familial(e).

tâmara ['tɐmɐrɐ] *nf* datte *(f)*.

tamarindo [tɐmɐ'rĩndu] *nm* **1.** *(árvore)* tamarinier *(m)* **2.** *(fruto)* tamarin *(m)*.

também [tẽm'bẽi] *adv* aussi • **eu também não gosto disso** je n'aime pas ça non plus.

tambor [tẽm'bor] (*pl* **-es** [-əʃ]) *nm* tambour *(m)*.

tamboril [tẽmbu'riɫ] (*pl* **-is** [-iʃ]) *nm* **1.** *(peixe)* baudroie *(f)* **2.** MUS tambourin *(m)*.

tamborim [tẽmbu'rĩ] (*pl* **-ns** [-ʃ]) *nm* tambourin *(m)*.

tamboris ▷ **tamboril**.

Tamisa ['tɐmizɐ] *nm* • **o Tamisa** la Tamise.

Tâmisa ['tɑ̃miza] *(Br)* = **Tamisa**.

tampa ['tẽmpɐ] *nf* couvercle *(m)*.

tampão [tẽm'pɐ̃u] (*pl* **-ões** [-õiʃ]) *nm* tampon *(m)*.

tampo ['tẽmpu] *nm* **1.** *(de cadeira)* siège *(m)* **2.** *(de mesa)* plateau *(m)* **3.** *(de sanita)* abattant *(m)*.

tampões ▷ **tampão**.

tampouco ['tẽmpoku] *adv* = **tão-pouco**.

tanga ['tẽŋgɐ] *nf* string *(m)*.

tangerina [tẽʒə'rinɐ] *nf* clémentine *(f)*.

tanque ['tẽŋkə] *nm* **1.** réservoir *(m)* **2.** *(para lavar roupa)* lavoir *(m)* **3.** *(para peixes)* bassin *(m)* **4.** *(veículo militar)* tank *(m)*.

tanto, ta ['tẽntu, -tɐ] *adj*

1. INDIQUE UNE GRANDE QUANTITÉ = tant de
• **tanto dinheiro** tant d'argent
• **tanta gente** tant de monde
• **esperei tanto tempo** j'ai attendu si longtemps

2. LOCUTIONS
• **tem tanto dinheiro que não sabe o que lhe fazer** il/elle a tant d'argent qu'il/elle ne sait pas quoi en faire

3. INDIQUE UNE QUANTITÉ INDÉTERMINÉE = tant
• **tantos outros** tant d'autres
• **são umas tantas vezes ao dia** ce sera tant de fois par jour

4. LOCUTIONS
• **de tantos em tantos dias** tous les tels jours
• **eles têm tanta sorte como tu** ils ont autant de chance que toi

5. DANS DES COMPARAISONS
• **tanto... como...** autant de... que...
• **tanto um como o outro** l'un comme l'autre
• **tanto... que...** tellement... que....

tanto *adv inv*

1. INDIQUE UNE GRANDE QUANTITÉ = tant, autant
• **quero-te tanto** je t'aime tant
• **não quero tanto** je n'en veux pas autant

2. LOCUTIONS
• **comi tanto que fiquei mal-disposto** j'ai tellement mangé que je me suis trouvé mal

3. INDIQUE UNE QUANTITÉ INDÉTERMINÉE = tant
• **é tanto por dia** c'est tant par jour

4. LOCUTIONS ET EXPRESSIONS
• **se tanto** tout au plus
• **tanto mais que** d'autant plus que
• **tanto quanto** autant que
• **tanto que** tant et si bien que
• **tanto pior/melhor** tant pis/tant mieux
• **um tanto quanto** un tant soit peu
• **é um tanto caro** c'est un peu cher
• **tanto faz!** c'est du pareil au même !
• **ele sabe tanto como eu** il sait autant que moi
• **tanto se dá** ça m'est égal.

tanto *pron*

1. INDIQUE UNE GRANDE QUANTITÉ = autant
• **ele não tem tantos** il n'en a pas autant
• **havia muita gente ali, aqui não era tanta** là-bas, il y avait du monde, ici il n'y en avait pas autant

2. INDIQUE UNE QUANTITÉ INDÉTERMINÉE
• **quero pêssegos, uns tantos verdes e uns tantos maduros** je veux des pêches, quelques vertes et quelques mûres
• **uns tantos aqui, uns tantos ali** quelques-uns ici, quelques-uns là-bas
• **a tantos do passado mês** le tant du mois dernier
• **suponhamos que vêm tantos** supposons qu'il en vienne tant

3. LOCUTIONS
• **às tantas** tout d'un coup
• **às tantas da noite** tard dans la nuit
• **para tanto** pour cela.

tão [tɐ̃u] *adv* si • **tão... como...** aussi... que... • **tão... que...** si... que....

tão-pouco ['tɐ̃upoku] *adv* non plus.

TAP ['tapə] *nf* (*abr de* **Transportes Aéreos Portugueses**) TAP *(f) compagnie nationale de transports aériens portugaise.*

tapa ['tapɐ] *nm (Br)* claque *(f)*.

tapar [tɐ'par] *vt* **1.** couvrir **2.** *(garrafa, frasco, caixa)* fermer **3.** *(buraco)* boucher **4.** *(boca, ouvidos, nariz)* se boucher.

tapeçaria [tɐpəsɐ'riɐ] *nf* tapisserie *(f)*.

tapete [tɐ'petə] *nm* **1.** tapis *(m)* **2.** *(de estrada)* revêtement *(m)* • **tapete rolante** tapis roulant • **tapete de Arraiolos** *tapis de la région d'Arraiolos*.

tardar [tɐr'đar] *vi* tarder • **tardar a** *OU* **em fazer algo** tarder à faire qqch • **não tardar** ne pas tarder • **o mais tardar** au plus tard.

tarde ['tarđə] ◼ *nf* **1.** *(até às sete)* après-midi *(m ou f)* **2.** *(depois das sete)* soir *(m)*. ◼ *adv* tard • **à tarde** l'après-midi • **boa tarde!** *(até às sete)* bonjour ! • *(depois das sete)* bonsoir ! • **fazer-se tarde** se faire tard • **ser tarde** être tard • **mais tarde** plus tard • **nunca é tarde demais** il n'est jamais trop tard • **tarde e a más horas** à une heure indue.

tardinha [tax'dʒiɲa] *nf* tombée *(f)* du jour.

tardio, **dia** [tɐr'điu, -điɐ] *adj* tardif(ive).

tarefa [tɐ'rɛfɐ] *nf* tâche *(f)*.

tarifa [tɐ'rifɐ] *nf* tarif *(m)*.

tartaruga [tɐrtɐ'rugɐ] *nf* tortue *(f)*.

tarte ['tartə] *nf* tarte *(f)*.

tas [tɐʃ] = **te** + **as** • ▻ **te**.

-tas [tɐʃ] ▻ **te**.

tasca ['taʃkɐ] *nf* bistrot *(m)*.

tática ['tatʃikɐ] *nf (Br)* = **táctica**.

tático, **ca** ['tatʃiku, -kɐ] *adj (Br)* = **táctico**.

tato ['tatu] *nm (Br)* = **tacto**.

tatuagem [tɐ'twaʒẽi] (*pl* **-ns** [-ʃ]) *nf* tatouage *(m)*.

tauromaquia [taurumɐ'kiɐ] *nf* tauromachie *(f)*.

taxa ['taʃɐ] *nf* **1.** *(imposto)* taxe *(f)* **2.** *(percentagem)* taux *(m)* • **taxa de câmbio** taux de change • **taxa de juros** taux d'intérêt.

tax-free [taks'fri] *adj inv* détaxé(e).

táxi ['taksi] *nm* taxi *(m)*.

taxímetro [tak'simətru] *nm* compteur *(m) (de taxi)*.

tchau ['tʃau] *interj* tchao !

te [tə] *(contraction de te + a =* **ta** [tɐ]*, contraction de te + as =* **tas** [tɐʃ]*, contraction de te + o =* **to** [tu]*, contraction de te + os =* **tos** [tuʃ]*)* *pron* te • **lembra-te!** rappelle-toi ! • **a folha? já ta deu?** la feuille ? il te l'a déjà donnée ? • **o livro? já to deu?** le livre ? il te l'a déjà donné ? • **os óculos? já tos dei ou não?** les lunettes ? je te les ai déjà données ou pas ? • **ela deu-to/deu-ta** *(Port)* il te l'a donné(e) • **eu ofereço-tos** *(Port)* je te les offre • **eu tas pago** *(Br)* je te les paye.

tear ['tjar] (*pl* **-es** [-əʃ]) *nm* métier *(m)* à tisser.

teatral [tjɐ'trał] (*pl* **-ais** [-aiʃ]) *adj* théâtral (e).

teatro ['tjatru] *nm* théâtre *(m)* • **teatro de fantoches** théâtre de marionnettes, guignol *(m)* • **teatro de variedades** music-hall *(m)*.

tecelagem [təsə'laʒẽi] (*pl* **-ns** [-ʃ]) *nf* tissage *(m)*.

tecer [tə'ser] *vt* tisser.

tecido [tə'siđu] *nm* tissu *(m)*.

tecla ['tɛklɐ] *nf* touche *(f)*.

teclado [tɛ'klađu] *nm* clavier *(m)*.

teclar ['teklar] ◼ *vt* pianoter sur le clavier. ◼ *vi* INFORM • **teclar (com alguém)** chatter, papoter • **você quer teclar?** voulez-vous chatter ?

técnica ['tɛknikɐ] *nf* technique *(f)* • ▻ **técnico**.

técnico, **ca** ['tɛkniku, -kɐ] ◼ *adj* technique. ◼ *nm, f* technicien *(m)*, -enne *(f)*.

tecnologia [tɛknulu'ʒiɐ] *nf* technologie *(f)* • **Tecnologias Informáticas** technologies de l'information.

tecnológico, **ca** [tɛknu'lɔʒiku, -kɐ] *adj* technologique.

teco-teco [*(Br)* ˌtɛku'tɛku] *nm* avion *(m)* monomoteur.

tecto ['tɛtu] *nm (Port)* plafond *(m)*.

tédio ['tɛđju] *nm* ennui *(m)*.

teia ['tɐjɐ] *nf (de aranha)* toile *(f)*.

teimar ['tɐimar] *vi* s'entêter • **teimar em** s'entêter à.

teimosia [tɐimu'ziɐ] *nf* entêtement *(m)*.

teimoso, **osa** [tɐi'mozu, -ɔzɐ] *adj* têtu(e).

teixo ['tɐiʃu] *nm* if *(m)*.

tejadilho [təʒɐ'điʎu] *nm* toit *(m) (d'une voiture)*.

Tejo ['tɛʒu] *nm* • **o (rio) Tejo** le Tage.

tel. [tel] (*abr écrite de* **telefone**) tél. *(téléphone)*.

tela ['tɛlɐ] *nf* toile *(f)*.

Telecom [tɛlɛ'kõ] *nf compagnie nationale portugaise des télécommunications,* ≃ France Télécom.

telecomandado, da [tələkumẽn'dađu, -đɐ] *adj* télécommandé(e).

telecomunicações [telekomunika'sõjʃ] *nfpl* télécoms *(fpl).*

teleconferência [telekferẽsja] *nf* téléconference *(f).*

teleférico [tələ'fɛriku] *nm* téléphérique *(m).*

telefonar [tələfu'nar] *vi* téléphoner • **telefonar a alguém** téléphoner à qqn • **telefonar para Portugal** téléphoner au Portugal.

telefone [tələ'fɔnə] *nm* téléphone *(m)* • **telefone público** téléphone public.

telefonema [tələfu'nemɐ] *nm* coup *(m)* de téléphone • **fazer um telefonema** passer un coup de téléphone.

telefónico, ca [tələ'fɔniku, -kɐ] *adj (Port)* téléphonique.

telefônico, ca [tele'foniku, -kɐ] *adj (Br)* = **telefónico.**

telefonista [tələfu'niʃtɐ] *nmf* standardiste *(mf).*

telegrafar [tələgrɐ'far] *vt* télégraphier.

telegrama [tələ'gremɐ] *nm* télégramme *(m)* • **telegrama fonado** *(Br)* télégramme téléphoné.

telejornal [ˌtɛlɛʒur'nał] *(pl* **-ais** [-aiʃ]) *nm* journal *(m)* télévisé.

telemóvel [tɛlɛ'mɔvɛl] *(pl* **-eis** [-ɐiʃ]) *nm* téléphone *(m)* mobile.

telenovela [ˌtɛlɛnu'vɛlɐ] *nf* feuilleton *(m)* télévisé.

teleobjectiva [ˌtɛlɛobʒɛ'tivɐ] *nf (Port)* téléobjectif *(m).*

teleobjetiva [ˌtɛlɛobʒɛ'tʃiva] *(Br)* = **teleobjectiva.**

telepatia [tələpɐ'tiɐ] *nf* télépathie *(f).*

telescópio [tələʃ'kɔpju] *nm* télescope *(m).*

telesqui [ˌtɛlɛʃ'ki] *nm* téléski *(m).*

televisão [tələvizɐ̃u] *(pl* **-ões** [-õiʃ]) *nf* télévision *(f)* • **televisão a cores** télévision couleur • **televisão a preto e branco** télévision noir et blanc • **televisão por cabo** télévision par câble • **televisão por satélite** télévision par satellite.

televisor [tələvi'zor] *(pl* **-es** [-əʃ]) *nm* téléviseur *(m).*

telex [tɛ'lɛks] *(pl* **-es** [-əʃ]) *nm* télex *(m).*

telha ['tɐʎɐ] *nf* tuile *(f).*

telhado [tə'ʎađu] *nm* toit *(m).*

telnet [tel'netji] *(pl* **-s** [-ʃ]) *nf* INFORM telnet *(m).*

tem ['tẽm] ▷ **ter.**

têm ['tɐẽm] ▷ **ter.**

tema ['temɐ] *nm* **1.** *(de poesia, texto)* thème *(m)* **2.** *(de discussão)* sujet *(m).*

temer [tə'mer] *vt* craindre • **temer que** craindre que.

temido, da [tə'miđu, -đɐ] *adj* redouté(e).

temível [tə'mivɛł] *(pl* **-eis** [-ɐiʃ]) *adj* redoutable.

temor [tə'mor] *(pl* **-es** [-əʃ]) *nm* crainte *(f).*

temperado, da [tẽmpə'rađu, -đɐ] *adj* **1.** *(comida)* assaisonné(e) **2.** *(clima)* tempéré(e).

temperamento [tẽmpərɐ'mẽntu] *nm* tempérament *(m).*

temperar [tẽmpə'rar] *vt* assaisonner.

temperatura [tẽmpərɐ'turɐ] *nf* température *(f).*

tempero [tẽm'peru] *nm* assaisonnement *(m).*

tempestade [tẽmpəʃ'tađə] *nf* tempête *(f)* • **fazer uma tempestade num copo de água** faire une montagne de qqch.

templo ['tẽmplu] *nm* temple *(m).*

tempo ['tẽmpu] *nm* temps *(m)* • **chegar a tempo de** arriver à temps pour • **ganhar tempo** gagner du temps • **não ter tempo para** ne pas avoir le temps de • **passar o tempo a fazer algo** passer son temps à faire qqch • **por tempo indefinido** OU **indeterminado** pour une durée indéterminée • **poupar tempo** gagner du temps • **recuperar o tempo perdido** rattraper le temps perdu • **é tempo de** il est temps de • **a tempo inteiro** à plein temps • **tempos livres** loisirs *(mpl)* • **antes do tempo** avant terme • **ao mesmo tempo** en même temps • **dentro de pouco tempo** dans peu de temps • **de tempos a tempos** de temps en temps • **nos últimos tempos** ces derniers temps • **por algum tempo** pendant un certain temps • **ao tempo que...** depuis le temps que....

têmpora ['tẽmpurɐ] *nf* tempe *(f).*

temporada [tẽmpu'rađɐ] *nf* saison *(f)* • **passar uma temporada em** passer quelque temps à.

temporal [tẽmpu'rał] (*pl* **-ais** [-aiʃ]) *nm* tempête *(f)*.

temporário, ria [tẽmpu'rarju, -rjɐ] *adj* temporaire.

tencionar [tẽsju'nar] *vt* • **tencionar fazer algo** avoir l'intention de faire qqch.

tenda ['tẽndɐ] *nf* **1.** *(para acampar)* tente *(f)* **2.** *(em mercado)* étal *(m)*.

tendão [tẽn'dɐ̃u] (*pl* **-ões** [-õiʃ]) *nm* tendon *(m)*.

tendência [tẽn'dẽsjɐ] *nf* tendance *(f)* • **ter tendência para** avoir tendance à.

tendões ▷ **tendão**.

tenente [tə'nẽntə] *nmf* lieutenant *(m)*.

tenho ['tɐɲu] ▷ **ter**.

ténis ['tɛniʃ] ◼ *nm inv (Port)* tennis *(m)*. ◼ *nmpl (Port) (sapatos)* tennis *(fpl)* • **ténis de mesa** tennis de table.

tênis ['teniʃ] *nm inv (Br)* = **ténis**.

tenro, ra ['tẽʀu, -ʀɐ] *adj* tendre • **de tenra idade** en bas âge.

tensão [tẽ'sɐ̃u] (*pl* **-ões** [-õiʃ]) *nf* tension *(f)* • **tensão arterial alta/baixa** *(Port)* hypertension *(f)*/hypotension *(f)* artérielle.

tenso, sa ['tẽsu, -sɐ] *adj* tendu(e).

tensões ▷ **tensão**.

tentação [tẽntɐ'sɐ̃u] (*pl* **-ões** [-õiʃ]) *nf* tentation *(f)*.

tentáculo [tẽn'takulu] *nm* tentacule *(f)*.

tentador, ra [tẽntɐ'đor, -rɐ] (*mpl* **-es** [-əʃ], *fpl* **-s** [-ʃ]) *adj* **1.** *(comida, objecto)* tentant(e) **2.** *(pessoa)* tentateur(trice).

tentar [tẽn'tar] ◼ *vt* tenter. ◼ *vi* essayer • **tentar fazer algo** essayer de faire qqch.

tentativa [tẽntɐ'tivɐ] *nf* tentative *(f)* • **à primeira tentativa** du premier coup • **na tentativa de fazer algo** dans le but de faire qqch.

ténue ['tɛnwə] *adj (Port)* **1.** *(cheiro, sabor)* léger(ère) **2.** *(cor)* pâle.

tênue ['tenwi] *adj (Br)* = **ténue**.

teologia [tjulu'ʒiɐ] *nf* théologie *(f)*.

teor ['tjor] *nm* **1.** *(de álcool, gordura, etc)* teneur *(f)* **2.** *(de conversa, filme, livro)* sujet *(m)*.

teoria [tju'riɐ] *nf* théorie *(f)* • **em teoria** en théorie.

teoricamente [ˌtjɔrikɐ'mẽntə] *adv* théoriquement.

tépido, da ['tɛpiđu, -đɐ] *adj* tiède.

ter ['ter] *vt*

1. POUR INDIQUER LA QUANTITÉ
• **a casa tem dois quartos** la maison a deux chambres
• **ela tem os olhos verdes** elle a les yeux verts
• **tenho muito dinheiro** j'ai beaucoup d'argent
• **a sala tem quatro metros de largo** la salle a quatre mètres de large
• **esta caixa apenas tem três bolos** il n'y a que trois gâteaux dans cette boîte
• **esta garrafa tem um litro de água** il y a un litre d'eau dans cette bouteille
• **eles têm muitos problemas económicos** ils ont beaucoup de problèmes financiers

2. POUR INDIQUER L'ÂGE
• **que idade tens?** quel âge as-tu ?
• **tenho dez anos** j'ai dix ans

3. POUR EXPRIMER UNE SENSATION, UN ÉTAT DE SANTÉ
• **tenho dor de dentes/cabeça** j'ai mal aux dents/à la tête
• **ter febre** j'ai de la fièvre
• **ter sarampo/varicela** avoir la rougeole/la varicelle
• **tenho frio/calor** j'ai froid/chaud
• **tenho sede/fome** j'ai soif/faim
• **ter saúde/juízo** être en bonne santé/être prudent

4. POUR EXPRIMER LES SENTIMENTS
• **ter medo** j'ai peur
• **ter amor/ódio a alguém** avoir de l'amour/de la haine pour qqn
• **ter carinho/afeição por alguém** avoir de la tendresse/de l'affection pour qqn

5. POUR INDIQUER UN ÉVÉNEMENT
• **tivemos uma grande discussão** nous avons eu une grande discussion
• **não tenho aulas hoje** je n'ai pas cours aujourd'hui
• **tenho um encontro** j'ai un rendez-vous
• **ele tinha uma reunião, mas não foi** il avait une réunion, mais il n'y est pas allé
• **tens o Samuel à espera** il y a Samuel qui t'attend
• **ela teve uma menina** elle a eu une petite fille
• **têm o carro mal estacionado** votre voiture est mal garée
• **tens alguém à porta** il y a qqn à la porte

6. POUR EXPRIMER UNE OPINION
• **tenho a certeza que está certo** je suis certain que c'est bien
• **tenho a impressão que vai chover** j'ai l'impression qu'il va pleuvoir
• **podes ter a certeza que vou** tu peux être sûr que j'y vais
7. INDIQUE L'OBLIGATION, LE DEVOIR
• **ter de** que *(+ inf)*
• **temos de lá estar às oito** nous devons y être à huit heures
• **tenho muito que fazer** j'ai beaucoup à faire
8. LOCUTIONS ET EXPRESSIONS
• **ir ter a** aller à, mener à, aboutir
• **ir ter com alguém** aller rejoindre qqn
• **não tentro nada com isso** cela ne me regarde pas, je n'ai rien à voir là-dedans
• **ele tinha-se por muito feliz** il s'estimait très heureux
• **todos o têm como por herói** tout le monde le tient pour un héros
• **tes cuidado** faire attention
• **ter mão em si** se dominer.

ter *v aux*

1. POUR FORMER LES TEMPS COMPOSÉS = avoir
• **eles tinham partido o vidro** ils avaient brisé la vitre
• **tinha alugado a casa** il avait loué la maison
• **este mês tem chovido muito** ce mois-ci il a beaucoup plu
2. EXPRIME L'OBLIGATION = devoir
• **ter de** *ou* **que fazer algo** devoir faire qqch.

terabyte [texa'baijtʃi] (*pl* **terabytes**) *nm* INFORM téraoctet *(m)*.

terapeuta [tərɐ'peutɐ] *nmf* thérapeute *(mf)*.

terapêutico, **ca** [tərɐ'peutiku, -kɐ] *adj* thérapeutique.

terapia [tərɐ'piɐ] *nf* thérapie *(f)*.

terça-feira [ˌtersɐ'fɐirɐ] (*pl* **terças-feiras** [ˌtersɐʃ'fɐirɐʃ]) *nf* mardi *(m)* • **Terça-feira de Carnaval** mardi gras • **às terças-feiras** le mardi • **até terça-feira** à mardi • **ela vem terça-feira** elle vient mardi • **esta terça-feira** mardi • **hoje é terça-feira** aujourd'hui nous sommes mardi • **todas as terças-feiras** tous les mardis • **terça-feira de manhã/à tarde/à noite** mardi matin/après-midi/soir • **terça-feira 13 de Julho** (le) mardi 13 juillet • **terça-feira passada** mardi dernier • **terça-feira que vem** mardi prochain.

terceira [tər'sɐirɐ] *nf* troisième *(f)* (vitesse).

terceiro, **ra** [tər'sɐiru, -rɐ] *num* **1.** troisième **2.** • **o terceiro/a terceira** le/la troisième • **chegar em terceiro** arriver troisième • **capítulo terceiro** troisième chapitre • **em terceiro lugar** en troisième • **no terceiro dia** le troisième jour • **a terceira idade** le troisième âge.

terço ['tersu] *nm* **1.** *(parte)* tiers *(m)* **2.** *(rosário)* chapelet *(m)* • **rezar o terço** dire le chapelet.

terçol [*(Port)* ter'sɔł, *(Br)* tex'sɔw] (*pl* **-óis** [ɔiʃ]) *nm* orgelet *(m) (médical)*, *fam* compère-loriot *(m)*.

terebintina [tərəƀĩn'tinɐ] *nf* térébenthine *(f)*.

termas ['tɛrmɐʃ] *nfpl* thermes *(mpl)*.

térmico, **ca** [tex'miku, -ka] *adj* thermique • **garrafa térmica** une thermos.

terminal [tərmi'nał] (*pl* **-ais** [-aiʃ]) ◼ *adj* terminal(e). ◼ *nm* **1.** *(de transportes)* terminus *(m)* **2.** INFORM terminal *(m)* • **terminal rodoviário** gare routière • **terminal ferroviário** gare *(f)* ferroviaire • **terminal aéreo** aérogare *(f)*.

terminar [tərmi'nar] *vt* & *vi* terminer • **terminar por fazer algo** finir par faire qqch • **terminar em algo** se terminer en qqch.

término [*(Port)* 'terminu, *(Br)* 'texminu] *nm* terminus *(m)*.

termo ['termu] *nm* **1.** terme *(m)* **2.** *(recipiente)* Thermos® *(f)* • **pôr termo a** mettre un terme à.
◼ **termos** *nmpl* • **ter termos** savoir se tenir.

termómetro [tər'mɔmətru] *nm (Port)* thermomètre *(m)*.

termômetro [ter'mometru] *nm (Br)* = **termómetro**.

termostato [tɛrmɔʃ'tatu] *nm* thermostat *(m)*.

terno, **na** ['tɛrnu, -nɐ] *adj* tendre.

ternura [tər'nurɐ] *nf* tendresse *(f)*.

terra ['tɛʀɐ] *nf* **1.** terre *(f)*, pays *(m)* **2.** *(localidade)* endroit *(m)* • **a Terra** la Terre • **terra**

a terra terre à terre • **cair por terra** tomber à l'eau • **ficar em terra** rater *(son train, son avion, etc)* • **por terra** par voie terrestre.

terraço [tə'ʀasu] *nm* terrasse *(f)*.

terramoto [təʀɐ'mɔtu] *nm* tremblement *(m)* de terre.

terreiro [tə'ʀɐiru] *nm* terrain *(m)*.

terremoto [texe'mɔtu] *(Br)* = **terramoto**.

terreno, na [tə'ʀenu, -nɐ] ■ *adj* terrestre. ■ *nm* terrain *(m)*.

térreo, ea ['tɛʀju, -jɐ] *adj* **1.** *(andar, piso)* au rez-de-chaussée **2.** *(casa)* de plain-pied.

terrestre [tə'ʀɛʃtrə] ■ *adj* terrestre. ■ *nmf* terrien *(m)*, -enne *(f)*.

terrina [tə'ʀinɐ] *nf* soupière *(f)*.

território [təʀi'tɔrju] *nm* territoire *(m)*.

terrível [tə'ʀivɛɫ] *(pl* **-eis** [-ɐiʃ]) *adj* terrible.

terror [tə'ʀor] *(pl* **-es** [-əʃ]) *nm* terreur *(f)*.

tese ['tɛzə] *nf* thèse *(f)*.

tesoura [tə'zorɐ] *nf* ciseaux *(mpl)* • **tesoura das unhas** ciseaux à ongles.

tesouro [tə'zoru] *nm* trésor *(m)*.

testa ['tɛʃtɐ] *nf* front *(m)*.

testamento [təʃtɐ'mẽntu] *nm* testament *(m)*.

testar [təʃ'tar] *vt* **1.** *(experimentar)* essayer **2.** *(pôr à prova)* tester.

teste ['tɛʃtə] *nm* **1.** *(de máquina, carro)* essai *(m)* **2.** *(de gravidez, selecção)* test *(m)* **3.** SCOL contrôle *(m)* • **teste de alcoolemia** *(Port)* Alcotest® *(m)* • **teste de dosagem alcoólica** *(Br)* Alcotest® • **teste oral** interrogation *(f)* orale.

testemunha [təʃtə'muɲɐ] *nf* témoin *(m)* • **testemunha ocular** témoin oculaire.

testemunho [təʃtə'muɲu] *nm* **1.** DR témoignage *(m)* **2.** SPORT témoin *(m)*.

testículo [təʃ'tikulu] *nm* testicule *(m)*.

testo ['teʃtu] *nm* couvercle *(m)*.

tétano ['tɛtɐnu] *nm* tétanos *(m)*.

tetina [tə'tinɐ] *nf* tétine *(f)*.

teto ['tɛtu] *nm (Br)* = **tecto**.

tétrico, ca ['tɛtriku, -kɐ] *adj* lugubre.

teu, tua ['teu, 'tuɐ] ■ *adj* ton (ta). ■ *pron* • **o teu/a tua** le tien/la tienne • **isto é teu** c'est à toi • **um amigo teu** un de tes amis • **os teus** *(a tua família)* les tiens.

teve ['tevə] ▷ **ter**.

têxtil ['tɐiʃtiɫ] *(pl* **-teis** [-tɐiʃ]) *nm* textile *(m)*.

texto ['tɐiʃtu] *nm* texte *(m)*.

textura [təʃ'turɐ] *nf* texture *(f)*.

texugo [tə'ʃugu] *nm* blaireau *(m) (animal)*.

tez ['teʃ] *nf* teint *(m)*.

ti ['ti] *pron* toi • **ti mesmo** OU **próprio** toi-même.

tia [*(Port)* 'tiɐ, 'tʃia] ▷ **tio**.

tifo [*(Port)* 'tifu, *(Br)* 'tʃifu] *nm* typhus *(m)*.

tigela [ti'ʒɛlɐ] *nf* bol *(m)* • **de meia tigela** *fam fig* minable.

tigelada [tiʒə'lađɐ] *nf* **1.** *(de sopa, doce, etc)* bol *(m)* **2.** *(doce)* ≃ œufs *(mpl)* au lait.

tigre ['tigrə] *nm* tigre *(m)*.

tijolo [ti'ʒolu] *nm* brique *(f)*.

til ['tiɫ] *(pl* **tis** ['tiʃ]) *nm* tilde *(m)*.

tília ['tiljɐ] *nf* tilleul *(m)*.

time ['tʃimi] *nm (Br)* équipe *(f)*.

timidez [timi'đeʃ] *nf* timidité *(f)*.

tímido, da ['timiđu, -đɐ] *adj* timide.

timoneiro [timu'nɐiru] *nm* **1.** *(em barco)* timonier *(m)* **2.** *(em expedição)* capitaine *(m)*.

Timor [ti'mor] *n* Timor *(m)*.

tímpano ['tĩmpɐnu] *nm* tympan *(m)*.

tina ['tinɐ] *nf* baquet *(m)*.

tingido, da [tĩ'ʒiđu, -đɐ] *adj* déteint(e).

tingir [tĩ'ʒir] *vt* teindre.

tinha ['tiɲɐ] ▷ **ter**.

tinir [ti'nir] *vi* **1.** *(sino, campainha)* tinter **2.** *(ouvidos)* bourdonner.

tinta ['tĩntɐ] *nf* **1.** *(para escrever)* encre *(f)* **2.** *(para pintar)* peinture *(f)* **3.** *(para tingir)* teinture *(f)* • **tinta fresca** peinture fraîche • **estar-se nas tintas para** *fam* se ficher pas mal de.

tinteiro [tĩn'tɐiru] *nm* encrier *(m)*.

tinto ['tĩntu] *adj m* ▷ **vinho**.

tintura [tĩn'turɐ] *nf* • **tintura de iodo** teinture *(f)* d'iode.

tinturaria [tĩnturɐ'riɐ] *nf* teinturerie *(f)*.

tio, tia ['tiu, 'tiɐ] *nm, f* oncle *(m)*, tante *(f)*.

típico, ca ['tipiku, -kɐ] *adj* typique • **ser típico de** être typique de.

tipo, pa ['tipu, -pɐ] ■ *nm, f fam (pessoa)* type *(m)*, bonne femme *(f)*. ■ *nm* type *(m)*.

tipografia [tipuɡrɐ'fiɐ] *nf* imprimerie *(f)*.

tíquete [*(Br)* tʃi'ketʃi] *nm* ticket *(m)*.

tiquete-refeição [tʃiˌketʃiʀefei'sɐ̃u] (*pl* **tiquetes-refeição** [tʃiˌketʃiʒʀefei'sɐ̃u]) *nm (Br)* ticket-restaurant *(m)*.

T.I.R. ['tir] *nm* (*abr de* **Transportes Internacionais Rodoviários**) TIR *(Transports Internationaux Routiers)*.

tiracolo [tirɐ'kɔlu] *nm* • **a tiracolo** en bandoulière.

tiragem [ti'raʒɐ̃i] (*pl* **-ns** [-ʃ]) *nf (de jornal, livro, revista)* tirage *(m)*.

tira-manchas [ˌtʃira'mɐ̃ʃɐʃ] *nm inv (Br)* = **tira-nódoas**.

tirania [tirɐ'niɐ] *nf* tyrannie *(f)*.

tira-nódoas [ˌtirɐ'nɔđwɐʃ] *nm inv (Port)* détachant *(m)*.

tirar [ti'rar] *vt* **1.** enlever **2.** *(férias, fotografia)* prendre • **tirar algo a alguém** prendre qqch à qqn • **tirar um curso** faire des études • **tirar nódoas de uma camisa** détacher une chemise • **tirar à sorte** tirer au sort • **tirar a mesa** débarrasser la table.

tirinhas [ti'riɲɐʃ] *nfpl* petites bandes *(fpl)* • **cortar papel às** *OU* **em tirinhas** découper des bandes de papier.

tiritar [tiri'tar] *vi* grelotter.

tiro ['tiru] *nm* **1.** *(de arma)* tir *(m)* **2.** *(disparo)* coup *(m)* de feu • **tiro ao alvo** tir à la cible • **tiro aos pratos e pombos** ball-trap *(m)*.

tiroteio [tiru'tɐju] *nm* fusillade *(f)*.

tis [tʃiʃ] ▷ **til**.

título ['titulu] *nm* titre *(m)*.

tive ['tivə] ▷ **ter**.

T.L.P. *nmpl* (*abr de* **Telefones de Lisboa e Porto**), *ancienne compagnie des téléphones de Lisbonne et de Porto*.

to [tu] = **te** + **o** • ▷ **te**.

-to [tu] ▷ **te**.

toalete [twa'lɛtʃi] ■ *nm* **1.** *(Br) (banheiro)* toilettes *(fpl)* **2.** *(roupa)* tenue *(f)*. ■ *nf* • **fazer a toalete** faire sa toilette.

toalha ['twaʎɐ] *nf* serviette *(f)* • **toalha de banho** serviette de bain • **toalha de mesa** nappe *(f)*.

toalhete [twɐ'ʎetə] *nm* serviette *(f)*.

tobogã [tɔbɔ'ɡɐ̃] *nm* luge *(f)*.

toca ['tɔkɐ] *nf (de coelho, raposa)* terrier *(m)*.

toca-discos [ˌtɔka'dʒiʃkuʃ] *nm inv (Br)* tourne-disque *(m)*.

toca-fitas [ˌtɔka'fitɐʃ] *nm inv (Br)* magnétophone *(m)*.

Tocantins [tokɐ̃n'tĩʃ] *nm* • **o Tocantins** le Tocantins.

tocar [to'kar] ■ *vt (instrumento)* jouer. ■ *vi* **1.** *(campainha, sino, telefone)* sonner **2.** MUS jouer **3.** • **toca a comer!** *fam* allez, mange ! • **toca a trabalhar!** *fam* au travail ! • **quando tocar a minha vez** quand ce sera mon tour • **tocar a rebate** sonner l'alarme • **tocar de leve** effleurer • **tocar a sua vez** être son tour • **tocar na ferida** touché au vif.
■ **tocar em** *v* + *prép* **1.** *(em pessoa, objeto)* toucher qqn/qqch **2.** *(em assunto)* évoquer.
■ **tocar a** *v* + *prép* toucher un sujet • **no que me toca** en ce qui me concerne.
■ **tocar para** *v* + *prép (telefonar)* appeler au téléphone.

tocha ['tɔʃɐ] *nf* torche *(f)*.

toda ▷ **todo**.

todavia [tuđɐ'viɐ] *adv* & *conj* cependant.

todo, da ['tođu, -đɐ] ■ *adj* tout (toute). ■ *nm* tout *(m)* • **em toda a parte** partout • **todas as coisas que** tout ce qui • **toda a gente** *(Port)* tout le monde • **todo o dia/mês** toute la journée/tout le mois • **todos os dias/meses** tous les jours/les mois • **todo o mundo** *(Br)* tout le monde • **todos nós** nous tous • **ao todo** en tout • **de todo** pas du tout • **no todo** dans l'ensemble.
■ **todos, das** *pron pl* tous (toutes).

Todos-os-Santos [ˌtođuzuʃ'sɐ̃ntuʃ] ▷ **dia**.

toldo ['tołđu] *nm* **1.** bâche *(f)* **2.** *(de loja, varanda)* store *(m)*.

tolerância [tulə'rɐ̃sjɐ] *nf* tolérance *(f)*.

tolerar [tulə'rar] *vt* tolérer.

tolice [tu'lisə] *nf fam* bêtise *(f)*.

tolo, la ['tolu, -lɐ] *adj fam* bête.

tom ['tõ] (*pl* **-ns** [-ʃ]) *nm* ton *(m)* • **em tom de** sur le ton de • **ser de bom tom** être de bon ton.

tomada [tu'mađɐ] *nf* prise *(f)* • **tomada de posse** investiture *(f)*.

tomado, a [tu'mađu, -đɐ] *adj* pris(e) • **lugar tomado** place retenue.

tomar [tu'mar] *vt* prendre • **toma!** tiens ! • **vamos tomar um café!** allons prendre un café ! • **vamos tomar um copo!** allons prendre un verre ! • **tomar ar** prendre l'air • **tomar o pequeno-almoço** prendre le petit déjeuner • **tomar posse** entrer en fonction.

tomara [tu'marɐ] *interj* • **tomara eu!** *fam* j'aimerais bien !

tomate [tu'matə] *nm* tomate *(f)* • **tomate pelado** tomate pelée.

tombar [tõm'bar] ■ *vt* renverser. ■ *vi* tomber.

tombo ['tõmbu] *nm fam* chute *(f)* • **dar um tombo** *fam* faire une chute.

tomilho [tu'miʎu] *nm* thym *(m)*.

tonalidade [tunɐli'đađə] *nf* tonalité *(f)*.

tonel [tu'nɛɫ] (*pl* **-éis** [-ɛiʃ]) *nm* tonneau *(m)*.

tonelada [tunə'lađɐ] *nf* tonne *(f)*.

tónica ['tɔnikɐ] *nf (Port)* • **pôr a tónica em** mettre l'accent sur.

tônica ['tonikɐ] *nf (Br)* = **tónica**.

tónico, **ca** ['tɔniku, -kɐ] ■ *adj (Port)* **1.** GRAMM tonique, accentué(e) **2.** *(fortificante)* tonique. ■ *nm (medicamento)* tonifiant *(m)*.

tônico, **ca** ['toniku, -kɐ] *adj* & *nm (Br)* = **tónico**.

toninha [tu'niɲɐ] *nf* marsouin *(m)*.

tons [tõʃ] ▻ **tom**.

tonto, **ta** ['tõntu, -tɐ] *adj* **1.** *(com tonturas)* étourdi(e) **2.** *(tolo) fam* bête.

tontura [tõn'turɐ] *nf* vertige *(m)*.

topázio [tu'pazju] *nm* topaze *(f)*.

tópico ['tɔpiku] *nm* **1.** *(assunto)* sujet *(m)* **2.** *(aspectos)* point *(m)*.

topless [tɔp'lɛs] *adj* topless • **fazer topless** faire du monokini.

topo ['topu] *nm* **1.** *(de montanha)* sommet *(m)* **2.** *(de rua, pilha)* haut *(m)* • **topo de gama** haut de gamme.

toque ['tɔkə] *nm* **1.** *(contacto)* coup *(m)* **2.** *(som)* coup *(m)* de sonnette • **o toque (da campainha)** la sonnette.

toranja [tu'rẽʒɐ] *nf* pamplemousse *(m)*.

tórax ['tɔraks] *nm* thorax *(m)*.

torcedor, **ra** [torse'dox, -rɐ] (*mpl* **-es** [-iʃ], *fpl* **-s** [-ʃ]) *nm, f (Br)* supporter *(m)*, supporteur *(m)*, -trice *(f)*.

torcer [tur'ser] *vt* **1.** *(entortar)* tordre **2.** *(pé, tornozelo)* se tordre **3.** *(espremer)* essorer.
■ **torcer-se** *vp* se tordre.
■ **torcer por** *v* + *prép* soutenir.

torcicolo [tursi'kɔlu] *nm* torticolis *(m)*.

torcida [tur'siđɐ] *nf* **1.** *(pavio)* mèche *(f)* **2.** *(Br) (de futebol)* supporters *(mpl)*.

torcido, **da** [tur'siđu, -đɐ] *adj* **1.** *(torto)* tordu(e) **2.** *(mau)* retors(e).

tordo ['torđu] *nm* grive *(f)*.

tormenta [tur'mẽntɐ] *nf* tourmente *(f)*.

tormento [tur'mẽntu] *nm* **1.** *(sofrimento, dor)* supplice *(m)* **2.** *(desgosto)* tourment *(m)*.

tornado [tur'nađu] *nm* tornade *(f)*.

tornar [tur'nar] *vt* rendre.
■ **tornar-se** *vp* devenir.
■ **tornar a** *v* + *prép* • **tornar a fazer algo** refaire qqch • **tornar a ver** revoir • **tornar a sair** ressortir • **tornar atrás** revenir sur ses pas • **tornar algo em algo** transformer qqch en qqch.

torneio [tur'nɐju] *nm* tournoi *(m)*.

torneira [tur'nɐirɐ] *nf* robinet *(m)*.

torno ['tornu] *nm* • **em torno de** autour de.

tornozelo [turnu'zelu] *nm* cheville *(f)*.

torpedo [tur'peđu] *nm* torpille *(f)*.

torrada [tu'ʀađɐ] *nf* toast *(m)*.

torradeira [tuʀɐ'đɐirɐ] *nf* grille-pain *(m)*.

torrão [tu'ʀɐ̃u] (*pl* **-ões** [-õiʃ]) *nm* motte *(f)* • **torrão de açúcar** morceau *(m)* de sucre.

torrar [tu'ʀar] *vt* griller.

torre ['toʀə] *nf* tour *(f)* • **torre dos Clérigos** *la tour dos Clérigos, à Porto.*

torrente [tu'ʀẽntə] *nf* torrent *(m)*.

torresmos [tu'ʀeʒmuʃ] *nmpl morceaux de lard frits.*

tórrido, **da** ['tɔʀiđu, -đɐ] *adj* torride.

torrões ▻ **torrão**.

torta ['tɔrtɐ] *nf (doce)* gâteau *(m)* roulé.

torto, **torta** ['tortu, 'tɔrtɐ] *adj* tordu(e) • **a torto e a direito** à tort et à travers.

tortura [tur'turɐ] *nf* torture *(f)*.

tos [tuʃ] = **te** + **os** • ▻ **te**.

-tos [tuʃ] ▻ **te**.

tosse ['tɔsə] *nf* toux *(f)* • **tosse convulsa** coqueluche *(f)*.

tossir [tu'sir] *vi* tousser.

tosta ['tɔʃtɐ] *nf* biscotte *(f)* • **tosta mista** croque-monsieur *(m)*.

tostado, **da** [tuʃ'tađu, -đɐ] *adj* grillé(e).

total [tu'tał] (*pl* **-ais** [-aiʃ]) ◼ *adj* total(e). ◼ *nm* total *(m)* • **no total** au total.

totalidade [tutɐli'đađə] *nf* totalité *(f)* • **na totalidade** en entier.

totalmente [tutał'mẽntə] *adv* totalement.

totó [to'tɔ] *(Br)* = **matraquilhos**.

Totobola [ˌtɔtɔ'ƀɔlɐ] *nm (Port)* ≃ loto *(m)* sportif.

Totoloto [ˌtɔtɔ'lotu] *nm (Port)* ≃ loto *(m)*.

touca ['tokɐ] *nf* bonnet *(m)* • **touca de banho** bonnet de bain.

toucador [tokɐ'đor] (*pl* **-es** [-əʃ]) *nm* coiffeuse *(f)*.

toucinho [to'siɲu] *nm* lard *(m)* • **toucinho fumado** poitrine fumée.

toucinho-do-céu [toˌsiɲuđu'sɛu] (*pl* **toucinhos-do-céu** [toˌsiɲuʒdu'sɛu]) *nm crème riche en jaunes d'œufs*.

toupeira [to'pɐirɐ] *nf* taupe *(f)*.

tourada [to'rađɐ] *nf* corrida *(f)*.

toureiro [to'rɐiru] *nm* torero *(m)*.

touro ['toru] *nm* taureau *(m)*.
◼ **Touro** *nm* Taureau *(m)*.

tóxico, **ca** ['tɔksiku, -kɐ] *adj* toxique.

toxina [tok'sina] *nf* toxine *(f)*.

Tr. = **travessa**.

trabalhador, **ra** [trɐƀɐʎɐ'đor, -rɐ] (*mpl* **-es** [-əʃ], *fpl* **-s** [-ʃ]) *adj* & *nm, f* travailleur (euse).

trabalhar [trɐƀɐ'ʎar] *vt* & *vi* travailler.

trabalho [trɐ'ƀaʎu] *nm* travail *(m)* • **trabalho de casa** devoirs *(mpl)* • **trabalhos manuais** travaux manuels • **trabalho de parto** accouchement, travail • **'trabalhos na estrada'** 'travaux'.

traça ['trasɐ] *nf* mite *(f)*.

tração [tra'sɐ̃u] *nf (Br)* = **tracção**.

traçar [trɐ'sar] *vt* tracer.

tracção [tra'sɐ̃u] *nf (Port)* traction *(f)*.

traço ['trasu] *nm* **1.** trait *(m)* **2.** *(vestígio)* trace *(f)*.

tractor [tra'tor] (*pl* **-es** [-əʃ]) *nm (Port)* tracteur *(m)*.

tradição [trɐđi'sɐ̃u] (*pl* **-ões** [-õiʃ]) *nf* tradition *(f)*.

tradicional [trɐđəsju'nał] (*pl* **-ais** [-aiʃ]) *adj* traditionnel(elle).

tradições ▷ **tradição**.

tradução [trɐđu'sɐ̃u] (*pl* **-ões** [-õiʃ]) *nf* traduction *(f)*.

tradutor, **ra** [trɐđu'tor, -rɐ] (*mpl* **-es** [-əʃ], *fpl* **-s** [-ʃ]) *nm, f* traducteur *(m)*, -trice *(f)*.

traduzir [trɐđu'zir] *vt* & *vi* traduire.

tráfego ['trafəgu] *nm* trafic *(m)*.

traficante [trɐfi'kɐ̃ntə] *nmf* trafiquant *(m)*, -e *(f)*.

traficar [trɐfi'kar] *vt* faire du trafic de.

tráfico ['trafiku] *nm* trafic *(m)*.

tragar [*(Br)* tra'ga(x)] *vt* **1.** *(fumaça)* inhaler **2.** *(bebida)* avaler d'une seule gorgée.

tragédia [trɐ'ʒɛđjɐ] *nf* tragédie *(f)*.

trágico, **ca** ['traʒiku, -kɐ] *adj* tragique.

trago ['tragu] ▷ **trazer**.

traição [trai'sɐ̃u] (*pl* **-ões** [-õiʃ]) *nf* trahison *(f)* • **à traição** en traître.

traidor, **ra** [trai'đor, -rɐ] (*mpl* **-es** [-əʃ], *fpl* **-s** [-ʃ]) *nm, f* traître *(m)*, -esse *(f)*.

traineira [trai'nɐirɐ] *nf* chalutier *(m)*.

traje ['traʒə] *nm* costume *(m)* • **traje de luzes** habit *(m)* de lumière • **traje de noite** tenue *(f)* de soirée • **traje típico** costume traditionnel • **trajes menores** dessous *(mpl)*.

trajecto [trɐ'ʒɛtu] *nm (Port)* trajet *(m)*.

trajectória [trɐʒɛ'tɔrjɐ] *nf (Port)* trajectoire *(f)*.

trajeto [tra'ʒɛtu] *nm (Br)* = **trajecto**.

trajetória [traʒe'tɔrjɐ] *nf (Br)* = **trajectória**.

trajo ['traʒu] *nm* habit *(m)*.

tralha ['traʎɐ] *nf fam* bazar *(m)*.

trama ['trɐmɐ] *nf* **1.** *(de fios)* trame *(f)* **2.** *(de livro, filme)* intrigue *(f)*.

tramar [trɐ'mar] *vt* • **tramar algo** *fam* manigancer qqch • **tramar alguém** *fam* rouler qqn.

trâmite ['trɐmitə] *nm* voie *(f)* • **os trâmites legais** la procédure.

trampolim [trɐ̃mpu'lĩ] (*pl* **-ns** [-ʃ]) *nm* tremplin *(m)*.

tranca ['trɐ̃ŋkɐ] *nf* verrou *(m)*.

trança ['trɐ̃sɐ] *nf* tresse *(f)*.

trancar [trɐ̃ŋ'kar] *vt* bien fermer.

tranquilidade [trɐ̃ŋkwili'đađə] *nf (Port)* tranquillité *(f)*.

tranqüilidade [trɐ̃ŋkwili'dadʒi] *nf (Br)* = **tranquilidade**.

tranquilizante [trẽŋkwili'zẽntə] ■ *adj (Port)* rassurant(e). ■ *nm (Port)* tranquillisant *(m)*.

tranqüilizante [trɐ̃ŋkwili'zɐ̃ntʃi] *(Br)* = **tranquilizante**.

tranquilo, **la** [trẽŋ'kwilu, -lɐ] *adj (Port)* tranquille.

tranqüilo [trɐ̃ŋ'kwilu] *(Br)* = **tranquilo**.

transação [trɐ̃za'sɐ̃u] (*pl* **-ões** [-õiʃ]) *nf (Br)* = **transacção**.

transacção [trɐ̃za'sɐ̃u] (*pl* **-ões** [-õiʃ]) *nf (Port)* transaction *(f)*.

transar [trɐ̃'zax] *vt (Br) fam* manigancer. ■ **transar com** *v + prép (Br) fam* coucher avec.

transatlântico, **ca** [trɐ̃zɐt'lɐ̃ntiku, -kɐ] ■ *adj* transatlantique. ■ *nm* transatlantique *(m)*.

transbordar [trɐ̃ʒbur'đar] *vi* déborder • **estar a transbordar** déborder.

transbordo [trɐ̃ʒ'borđu] *nm* correspondance *(f)* • **fazer transbordo** changer.

transe ['trɐ̃zə] *nm* transe *(f)*.

transeunte [trɐ̃'zjũntə] *nmf* passant *(m)*, -e *(f)*.

transferência [trɐ̃ʃfə'rẽsjɐ] *nf* **1.** *(de escola, país)* changement *(m)* **2.** *(de dinheiro)* virement *(m)*.

transferir [trɐ̃ʃfə'rir] *vt* **1.** *(pessoa)* muter **2.** *(dinheiro)* virer.

transformação [trɐ̃ʃfurma'sɐ̃u] *nf* transformation *(f)*.

transformador [trɐ̃ʃfurmɐ'đor] (*pl* **-es** [-əʃ]) *nm* transformateur *(m)*.

transformar [trɐ̃ʃfur'mar] *vt* transformer.

transfusão [trɐ̃ʃfu'zɐ̃u] (*pl* **-ões** [-õiʃ]) *nf* • **transfusão de sangue** transfusion *(f)* sanguine.

transgredir [trɐ̃ʒgrə'đir] *vt* transgresser.

transgressão [trɐ̃ʒgrə'sɐ̃u] (*pl* **-ões** [-õiʃ]) *nf* transgression *(f)*.

transição [trɐ̃zi'sɐ̃u] (*pl* **-ões** [-õiʃ]) *nf* transition *(f)*.

transistor [trɐ̃'ziʃto(x)] *(Br)* = **transístor**.

transístor [trɐ̃'ziʃtɔr] (*pl* **-es** [-əʃ]) *nm* transistor *(m)*.

transitar [trɐ̃zi'tar] *vi* circuler • **transitar para** passer par • **transitar (de ano)** passer (dans la classe supérieure).

transitivo, **va** [trɐ̃zi'tivu, -vɐ] *adj* transitif (ive).

trânsito ['trɐ̃zitu] *nm* circulation *(f)* • **trânsito condicionado** circulation réglementée • **trânsito congestionado** ralentissements *(mpl)* • **trânsito proibido** circulation interdite • **trânsito nos dois sentidos** circulation à double sens.

transmissão [trɐ̃ʒmi'sɐ̃u] (*pl* **-ões** [-õiʃ]) *nf* transmission *(f)*.

transmissor [*(Port)* trɐ̃ʒmisor, *(Br)* trnʒmi'so(x)] *nm* transmetteur *(m)*.

transmitir [trɐ̃ʒmi'tir] ■ *vt* **1.** transmettre **2.** *(suj: rádio, TV)* diffuser. ■ *vi (rádio, TV)* émettre.

transmontano, **na** [trɐ̃ʒmõn'tɐnu, -nɐ] ■ *adj* de (la région de) Trás-os-Montes. ■ *nm, f* habitant *(m)*, -e *(f)* de Trás-os-Montes.

transparência [trɐ̃ʃpɐ'rẽsjɐ] *nf* transparence *(f)*.

transparente [trɐ̃ʃpɐ'rẽntə] *adj* transparent(e).

transpassar [trɐ̃ʃpa'sa(x)] *(Br)* = **trespassar**.

transpiração [trɐ̃ʃpirɐ'sɐ̃u] *nf* transpiration *(f)*.

transpirar [trɐ̃ʃpi'rar] *vi* transpirer.

transplantar [trɐ̃ʃplɐ̃n'tar] *vt* transplanter.

transplante [trɐ̃ʃ'plɐ̃ntə] *nm* **1.** *(de planta, árvore)* transplantation *(f)* **2.** *(de órgão)* greffe *(f)*.

transportar [trɐ̃ʃpur'tar] *vt* transporter.

transporte [trɐ̃ʃ'pɔrtə] *nm* transport *(m)* • **transporte colectivo** transports en commun • **transportes públicos** transports publics.

transtornar [trɐ̃ʃtur'nar] *vt* **1.** *(chocar)* bouleverser **2.** *(incomodar)* déranger **3.** *(reunião, rotina)* perturber.

transtorno [trɐ̃ʃ'tornu] *nm* dérangement *(m)* • **causar transtorno** déranger.

trapalhão, **lhona** [trɐpɐ'ʎɐ̃u, -ʎonɐ] (*mpl* **-ões** [-õiʃ], *fpl* **-s** [-ʃ]) *nm, f fam* souillon *(f)*.

trapézio [trɐ'pɛzju] *nm* trapèze *(m)*.

trapezista [trɐpə'ziʃtɐ] *nmf* trapéziste *(mf)*.

trapo ['trapu] *nm* **1.** *(pano velho)* chiffon *(m)* **2.** *(roupa velha)* fripe *(f)*.

trarei [trɐ'rɐi] ▭ **trazer**.

trás ['traʃ] ■ *interj* patatras ! ■ *prép* & *adv* • **andar para trás** reculer • **deixar para trás** *(local)* quitter • *(pessoa)* dépasser • **por trás de** derrière • **de trás** derrière • **para trás** en arrière.

traseira [trɐ'zɐirɐ] *nf* arrière *(m)*.
■ **traseiras** *nfpl (de casa)* arrière *(m)*.

traseiro, ra [trɐ'zɐiru, -rɐ] ■ *adj* arrière. ■ *nm* derrière *(m) (fesses)*.

Trás-os-Montes [ˌtrazuʒ'mõntəʃ] *n* Trás-os-Montes.

tratado, da [trɐ'tađu, -đɐ] ■ *adj* **1.** traité(e) **2.** *(terreno)* entretenu(e). ■ *nm* traité *(m)*.

tratamento [trɐtɐ'mẽntu] *nm* **1.** traitement *(m)* **2.** *(de terreno)* entretien *(m)*.

tratar [trɐ'tar] *vt* **1.** *(curar)* traiter, soigner **2.** *(desinfectar)* traiter.
■ **tratar de** *v* + *prép* **1.** *(encarregar-se de)* s'occuper de **2.** *(assunto, negócio, tarefa)* traiter.
■ **tratar-se de** *vp* + *prép* s'agir de • **trata-se de** il s'agit de • **tratar alguém bem/mal** bien/mal traiter qqn.

trator [tra'tox] (*pl* **-es** [-iʃ]) *nm (Br)* = **tractor**.

trauma ['traumɐ] *nm* traumatisme *(m)*.

Trav. = **travessa**.

travado, a [*(Port)* trɐ'vađu, -đɐ, *(Br)* tra'vadu, -da] *adj* freiné(e).

travão [trɐ'vɐ̃u] (*pl* **-ões** [-õiʃ]) *nm* frein *(m)* • **travão de mão** frein à main.

travar [trɐ'var] ■ *vt (combate, luta)* livrer. ■ *vi* freiner • **travar o carro/a bicicleta** freiner • **travar conhecimento** faire connaissance.

trave ['travə] *nf* poutre *(f)*.

travessa [trɐ'vɛsɐ] *nf* **1.** *(rua)* passage *(m)* **2.** *(peça de louça)* plat *(m)* **3.** *(para cabelo)* peigne *(m)*.

travessão [trɐvə'sɐ̃u] (*pl* **-ões** [-õiʃ]) *nm* **1.** *(para cabelo)* barrette *(f)* **2.** *(sinal gráfico)* tiret *(m)*.

travesseiro [trɐvə'sɐiru] *nm (almofada)* traversin *(m)*.

travessia [trɐvə'siɐ] *nf* traversée *(f)*.

travesso, a [trɐ'vesu, -ɐ] *adj* **1.** *(criança)* espiègle **2.** *(comportamento)* turbulent(e).

travessões ▷ **travessão**.

travões ▷ **travão**.

traz ['traʃ] ▷ **trazer**.

trazer [trɐ'zer] *vt* **1.** *(vir acompanhado de)* amener **2.** *(carregar)* apporter **3.** *(vestir)* porter **4.** *(problemas)* causer **5.** *(consequências)* avoir • **trazer à memória** rappeler.

trégua ['trɛgwɐ] *nf* trêve *(f)*.

treinador, ra [trɐinɐ'đor, -rɐ] (*mpl* **-es** [-əʃ], *fpl* **-s** [-ʃ]) *nm, f* entraîneur *(m)*, -euse *(f)*.

treinar [trɐi'nar] *vt* **1.** *(desportista)* entraîner **2.** *(língua)* pratiquer.
■ **treinar-se** *vp* s'entraîner.

treino ['trɐinu] *nm* entraînement *(m)*.

trela ['trɛlɐ] *nf* laisse *(f)*.

trem ['trɐ̃i] (*pl* **-ns** [-ʃ]) *nm (Br)* train *(m)* • **trem de aterragem** *(Port)* train d'atterrissage • **trem de cozinha** batterie *(f)* de cuisine • **de trem** *(Br)* en train.

tremendo, da [trə'mẽndu, -dɐ] *adj* **1.** *(horrível)* terrible **2.** *(enorme)* épouvantable **3.** *(formidável)* formidable.

tremer [trə'mer] *vi* trembler.

tremoços [trə'mɔsuʃ] *nmpl* graines *(fpl)* de lupin.

tremor [trə'mor] (*pl* **-es** [-əʃ]) *nm* tremblement *(m)* • **tremor de terra** tremblement de terre.

trémulo, la ['trɛmulu, -lɐ] *adj* **1.** *(Port) (mãos, pernas, voz)* tremblant(e) **2.** *(luz)* vacillant(e).

trêmulo, la ['tremulu, -lɐ] *adj (Br)* = **trémulo**.

trenó [trɛ'nɔ] *nm* **1.** *(grande)* traîneau *(m)* **2.** *(pequeno)* luge *(f)*.

trens ▷ **trem**.

trepadeira [trəpɐ'đɐirɐ] *nf* plante *(f)* grimpante.

trepar [trə'par] ■ *vt* gravir. ■ *vi* grimper • **trepar a** grimper à • **trepar para** grimper sur.

três ['treʃ] *num* trois • **às três** à trois heures • **ele tem três anos** il a trois ans • **eles eram três** ils étaient trois • **são três horas** il est trois heures • **três de Janeiro** le trois janvier • **página três** page trois • **trinta e três** trente-trois • **o três de copas** le trois de cœur • **de três em três dias** tous les trois jours • **empataram a três** (ils ont fait) trois partout • **três a zero** trois à zéro.

trespassar [trəʃpɐ'sar] *vt* **1.** *(loja, estabelecimento)* céder **2.** *(transgredir)* enfreindre • **'trespassa-se'** 'bail à céder'.

tretas ['tretɐʃ] *nfpl fam* balivernes *(fpl)*.

trevas ['trɛvɐʃ] *nfpl* ténèbres *(fpl)*.

trevo ['trevu] *nm* trèfle *(m)*.

treze ['treze] *num* treize • **ele tem treze anos** il a treize ans • **eles eram treze** ils étaient treize • **o treze de Janeiro** le treize janvier • **página treze** page treize.

trezentos, tas [trə'zẽntuʃ, -tɐʃ] *num* trois cents.

triângulo [tri'ɐ̃ŋgulu] *nm* triangle *(m)*.

tribo ['triƀu] *nf* tribu *(f)*.

tribuna [tri'ƀunɐ] *nf (de estádio)* tribune *(f)*.

tribunal [triƀu'nał] (*pl* **-ais** [-aiʃ]) *nm* tribunal *(m)* • **o Supremo Tribunal** la Cour de cassation.

triciclo [tri'siklu] *nm* tricycle *(m)*.

tricô [tri'ko] *nm* tricot *(m)*.

tricotar [triku'tar] *vt* tricoter.

trigésimo, ma [tri'ʒɛzimu, -mɐ] *num* trentième.

trigo ['trigu] *nm* blé *(m)*.

trilha ['triʎɐ] *nf (caminho)* piste *(f)* • **trilha sonora** *(Br)* bande *(f)* sonore.

trilho ['triʎu] *nm* **1.** *(carril)* rail *(m)* **2.** *(caminho)* sentier *(m)*.

trimestral [triməʃ'trał] (*pl* **-ais** [-aiʃ]) *adj* trimestriel(elle).

trimestre [tri'mɛʃtrə] *nm* trimestre *(m)*.

trincar [trĩŋ'kar] *vt (com dentes)* croquer • **trincar a língua** se mordre la langue.

trincha ['trĩʃɐ] *nf (pincel)* pinceau *(m)*.

trincheira [trĩ'ʃɐirɐ] *nf* **1.** *(em praça de touros)* barrière *(f)* **2.** *(escavação)* tranchée *(f)*.

trinco ['trĩŋku] *nm* loquet *(m)* • **fechar ao trinco** fermer.

trinta ['trĩntɐ] *num* trente • **fazer trinta por uma linha** *fam* faire les quatre cents coups.

trio ['triu] *nm* trio *(m)* • **trio elétrico** *(Br)* *véhicule équipé d'une sono qui diffuse de la musique dans les rues pendant le carnaval.*

tripa [tri'pɐ] *nf* boyaux *(mpl)*.
■ **tripas** *nfpl* tripes *(fpl)* • **tripas à moda do Porto** *plat à base de tripes et de haricots blancs.*

tripé [tri'pɛ] *nm* trépied *(m)*.

tripeiro, ra [tri'pɐiru, -rɐ] *nm, f fam surnom donné aux habitants de Porto.*

triplicar [tripli'kar] *vt* tripler.

tripulação [tripulɐ'sɐ̃u] (*pl* **-ões** [-õiʃ]) *nf* équipage *(m)*.

tripular [tripu'lar] *vt* piloter.

triste ['triʃtə] *adj* triste.

tristeza [triʃ'tezɐ] *nf* tristesse *(f)* • **que tristeza!** c'est triste !

triunfar [triũ'far] *vi* triompher.

triunfo [tri'ũfu] *nm* triomphe *(m)*.

trivial [tri'vjał] (*pl* **-ais** [-aiʃ]) *adj* banal(e).

triz ['triʃ] *nm* • **por um triz** *fam* de justesse.

troca ['trɔkɐ] *nf* échange *(m)* • **à troca** en échange • **em troca de** en échange de.

troça ['trɔsa] *(Br) nf* moquerie *(f)*.

trocado, da [tru'kađu, -đɐ] *adj* mauvais(e).
■ **trocados** *nmpl* monnaie *(f)* • **temos os lugares trocados** nous avons inversé nos places • **os livros estão trocados** les livres sont classés dans le désordre.

trocar [tru'kar] *vt* **1.** *(objecto, produto)* échanger **2.** *(dinheiro)* faire la monnaie de **3.** *(ideias)* échanger **4.** *(confundir)* mélanger.
■ **trocar de** *v + prép* changer de.
■ **trocar-se** *vp* se changer • **trocar dinheiro** faire de la monnaie.

troco ['troku] *nm* **1.** monnaie *(f)* **2.** *fig (resposta)* réponse *(f)* • **dar o troco** *(responder)* relever • **a troco de** en échange de.

troço ['trosu] *nm* **1.** *(de estrada)* tronçon *(m)* **2.** *(de lenha)* rondin *(m)* **3.** *(de couve)* trognon *(m)*.

troféu [tru'fɛu] *nm* trophée *(m)*.

tromba ['trõmbɐ] *nf* **1.** *(de elefante)* trompe *(f)* **2.** *(de água)* trombe *(f)* • **estar de trombas** *(Port) fam* faire la gueule.

trombadinha [trõnba'dʒiɲa] *(Br)* = **carteirista**.

trombeta [trõm'betɐ] *nf* clairon *(m)*.

trombone [trõm'bɔnə] *nm* trombone *(m)* • **trombone de varas** trombone à coulisse.

trompa ['trõmpɐ] *nf* cor *(m)*.

trompete [trõm'pɛtə] *nm* trompette *(f)*.

tronco ['trõŋku] *nm* tronc *(m)*.

trono ['tronu] *nm* trône *(m)*.

tropa ['trɔpɐ] ■ *nf* armée *(f)*. ■ *nm (Port)* militaire *(m)* • **ir à tropa** partir à l'armée.

tropeçar [trupə'sar] *vi* trébucher • **tropeçar em algo** trébucher sur qqch.

tropical [trupi'kał] (*pl* **-ais** [-aiʃ]) *adj* tropical(e).

tropicalismo [trɔpikaliʒmu] *nm mouvement musical brésilien de la fin des années 1960.*

trópico ['trɔpiku] *nm* tropique *(m).*

trotar [tru'tar] *vi* trotter.

trotinete [trɔti'nɛtə] *nf* **1.** *(de criança)* trottinette *(f)* **2.** *(pequeno tractor)* motoculteur *(m).*

trouxa ['troʃɐ] *nf* balluchon *(m).*

trouxas-de-ovos [ˌtroʃɐʒ'dɔvuʃ] *nfpl petits gâteaux fourrés à la crème aux œufs.*

trouxe ['trosə] ▻ **trazer**.

trovão [tru'vɐ̃u] (*pl* **-ões** [-õiʃ]) *nm* tonnerre *(m).*

trovejar [truvə'ʒar] *v impers* • **está a trovejar** il tonne.

trovoada [tru'vwađɐ] *nf* orage *(m).*

trovões ▻ **trovão**.

trucidar [trusi'đar] *vt* massacrer.

trufas ['trufɐʃ] *nfpl* truffes *(fpl).*

trunfo ['trũfu] *nm* atout *(m).*

truque ['trukə] *nm* tour *(m).*

trusses ['trusəʃ] *nmpl (Port)* slip *(m).*

truta ['trutɐ] *nf* truite *(f).*

T-shirt [ti'ʃɛrtə] *nf* tee-shirt *(m).*

tu ['tu] *pron (Port) fam* tu • **tu mesmo** OU **próprio** toi-même.

tua ['tua] ▻ **teu**.

tuba ['tuƀɐ] *nf* tuba *(m).*

tubarão [tuƀɐ'rɐ̃u] (*pl* **-ões** [-õiʃ]) *nm* requin *(m).*

tuberculose [tuƀɛrku'lɔzə] *nf* tuberculose *(f).*

tubo ['tuƀu] *nm* **1.** *(cano)* tuyau *(m)* **2.** *(de comprimidos)* tube *(m)* • **tubo de ensaio** tube à essai • **tubo de escape** *(Port)* pot *(m)* d'échappement.

tudo ['tuđu] *pron inv* tout • **estar por tudo** être prêt à tout • **antes de tudo** avant tout • **apesar de tudo** malgré tout • **por tudo e por nada** pour un oui ou pour un non • **dar tudo por tudo** donner le tout pour le tout.

tulipa [tu'lipɐ] *nf (Br)* = **túlipa**.

túlipa ['tulipɐ] *nf (Port)* tulipe *(f).*

tumba ['tũmbɐ] *nf* tombe *(f).*

tumor [tu'mor] (*pl* **-es** [-əʃ]) *nm* tumeur *(f)* • **tumor maligno/benigno** tumeur maligne/bénigne.

túmulo ['tumulu] *nm* tombeau *(m).*

tumulto [tu'mułtu] *nm* **1.** *(alvoroço)* tumulte *(m)* **2.** *(revolta)* trouble *(m).*

tuna ['tunɐ] *nf* • **tuna (académica)** *petit orchestre d'étudiants.*

túnel ['tunɛł] (*pl* **-eis** [-ɐiʃ]) *nm* tunnel *(m).*

túnica ['tunikɐ] *nf* tunique *(f).*

turbina [tur'ƀinɐ] *nf* turbine *(f).*

turbulência [turƀu'lẽnsiɐ] *nf (em voo)* turbulences *(fpl).*

turco, ca ['turku, -kɐ] ◼ *adj* turc (turque). ◼ *nm, f* Turc *(m)*, Turque *(f).* ◼ *nm* **1.** *(língua)* turc *(m)* **2.** *(tecido)* éponge *(f).*

turfe ['tuxfi] *nm* **1.** *(Br) (hipódromo)* hippodrome *(m)* **2.** *(hipismo)* courses *(fpl)* hippiques.

turismo [tu'riʒmu] *nm* tourisme *(m)* • **turismo de habitação** *(Port) tourisme pratiqué chez l'habitant dans des maisons traditionnelles.*

turista [tu'riʃtɐ] *nmf* touriste *(mf).*

turístico, ca [tu'riʃtiku, -kɐ] *adj* **1.** *(local, ementa)* touristique **2.** *(classe)* loisirs.

turma ['turmɐ] *nf* **1.** *(em escola)* classe *(f)* **2.** *(Br) fam (amigos)* bande *(f)* (de copains).

turné ['turnɛ] *nf (Port)* tournée *(f).*

turnê ['tuxnɛ] *nf (Br)* tournée *(f).*

turno ['turnu] *nm* équipe *(f)* • **trabalhar por turnos** faire un roulement • **por seu turno** à son tour.

turquesa [tur'kezɐ] *nf* turquoise *(f).*

Turquia [tur'kiɐ] *nf* • **a Turquia** la Turquie.

tutano [tu'tɐnu] *nm* moelle *(f).*

tutela [tu'tɛlɐ] *nf* tutelle *(f).*

tutor, ra [tu'tor, -rɐ] (*mpl* **-es** [-əʃ], *fpl* **-s** [-ʃ]) *nm, f* tuteur *(m)*, -trice *(f).*

tutu [tu'tu] *nm (Br)* • **tutu à mineira** *pâte de haricots épaissie à la farine de manioc mélangée à de la viande de porc.*

TV [te' ve] *nf* (*abr écrite de* **televisão**) TV *(télévision).*

TVI *nf* (*abr de* **Televisão Independente**) *chaîne de télévision catholique privée au Portugal.*

tweed ['twiđə] *nm* tweed *(m).*

U

u, U [u] *m (letra)* u, U.

Ucal® [u'kał] (*pl* **-ais** [-aiʃ]) *nf boisson chocolatée.*

UE *nf* (*abr de* **União Europeia**) UE *(f) (Union européenne).*

UEM *nf* (*abr de* **União Econômica e Monetária**) UEM *(f) (union économique et monétaire).*

uísque ['wiskə] *nm* whisky *(m).*

uivar [ui'var] *vi* hurler *(chien).*

úlcera ['ułsərɐ] *nf* ulcère *(m).*

ulmeiro [uł'mɐiru] *nm* orme *(m).*

ultimamente [ˌułtimɐ'mẽntə] *adv* dernièrement.

ultimato [ułti'matu] *nm* ultimatum *(m).*

último, ma ['ułtimu, -mɐ] ■ *adj* dernier (ère). ■ *nm, f* ◆ **o último/a última** le dernier/la dernière ◆ **por último** enfin.

ultraleve [ˌułtrɐ'lɛvə] *nm* ULM *(m) (ultra-léger motorisé).*

ultramar [ˌułtrɐ'mar] *nm* ◆ **o ultramar** les pays *(mpl)* d'outre-mer.

ultramarino, na [ˌułtrɐmɐ'rinu, -nɐ] *adj* d'outre-mer.

ultrapassado, da [ˌułtrɐpɐ'sađu, -đɐ] *adj* dépassé(e).

ultrapassagem [ˌułtrɐpɐ'saʒẽi] (*pl* **-ns** [-ʃ]) *nf* dépassement *(m).*

ultrapassar [ˌułtrɐpɐ'sar] *vt* **1.** dépasser **2.** *(carro)* doubler.

ultravioleta [ˌułtrɐvju'letɐ] *adj inv* ultraviolet(ette).

um, uma [ũ, 'umɐ] (*mpl* **uns** [ũʃ], *fpl* **-s** [-ʃ]) *art*

contraction de de + um = **dum** [dũ], *contraction de de + uma =* **duma** ['dumɐ], *contraction de de + umas =* **dumas** [''dumɐʃ], *contraction de de + uns =* **duns** ['dũʃ]

un, une, des
◆ **um homem** un homme
◆ **uma mulher** une femme
◆ **uma mala** une valise
◆ **estavam lá uns amigos teus que eu não contrecia** il y avait des amis à toi que je ne connaissais pas.

um *adj*

1. POUR EXPRIMER UNE DATE INDÉTERMINÉE **=** un, quelques
◆ **um dia voltarei** un jour, je reviendrai

2. POUR EXPRIMER LA QUANTITÉ
◆ **comprei uns livros** j'ai acheté quelques livres
◆ **vou uns dias de férias** je pars quelques jours en vacances

3. AVEC UNE VALEUR EMPHATIQUE **=** un/une de ces
◆ **está cá um frio/calor!** *fam* il fait un de ces froids/une de ces chaleurs !
◆ **estou com uma sede!** *fam* j'ai une de ces soifs !

um *adj pl*

INDIQUE UNE QUANTITÉ APPROXIMATIVE **=** environ
◆ **estavam lá umas cinquenta pessoas** il y avait environ cinquante personnes
◆ **esperei uns dez minutos** j'ai attendu une dizaine de minutes.

um *adj sing*

DANS UNE PHRASE EMPHATIQUE **=** un(e) de ces.

um *pron*

INDEFINIDO **=** un, quelques-uns
◆ **um deles** l'un d'entre eux
◆ **um destes dias** un des ces jours
◆ **uns e outros** les uns et les autres
◆ **só não gosto dum/duma** il n'y en a qu'un/qu'une que je n'aime pas
◆ **nem um nem outro** ni l'un ni l'autre
◆ **uns vieram, outros não** quelques-uns sont venus, d'autres non
◆ **um dos jogadores feriu-se** un des joueurs s'est blessé.

um *num*

un, une
◆ **ele tem um ano** il a un an

• **um de Janeiro** le 1er janvier
• **página um** page une
• **um a zero** un à zéro
• **um a um, um por um** un à un, un par un
• **dá-me um** donne-m'en un
• **quero mais uma** j'en veux encore une
• **trinta e um dias** trente et un jours
• **um litro/metro/quilo** un litre/mètre/kilo
• **um e um são dois** un et un font deux
• **queria um café e dois croissants** je voudrais un café et deux croissants.

umbigo [ũm'bigu] *nm* nombril *(m)*.

umbral [ũm'brał] (*pl* **-ais** [-aiʃ]) *nm* **1.** *(ombreira)* montant *(m)* **2.** *(soleira)* seuil *(m)*.

umidade [umi'dadʒi] *nf (Br)* = **humidade**.

úmido, da ['umidu, -dɐ] *adj (Br)* = **húmido**.

unanimidade [unɐnəmi'đađə] *nf* unanimité *(f)* • **por unanimidade** à l'unanimité.

UNE ['uni] *nf (Br)* (*abr de* **União Nacional de Estudantes**) *syndicat étudiant brésilien*.

Unesco [u'neʃku] *nf* Unesco *(f)*.

unha ['uɲɐ] *nf* ongle *(m)* • **por uma unha negra** *fam* de justesse.

união [u'njɐ̃u] (*pl* **-ões** [-õiʃ]) *nf* union *(f)* • **a União Europeia** l'Union européenne.

CULTURE...

Portugal na União Europeia

Le Portugal est entré dans l'Union européenne le 1er janvier 1986. Son entrée dans l'UE lui a donné un nouveau départ parce qu'il a pu connaître un développement économique important et stabiliser sa démocratie. Les dirigeants politiques du Portugal se sont efforcés de bâtir un pays moderne et européen. Tous ces efforts ont abouti au 1er janvier 2002, à l'intégration du Portugal à la zone euro.

unicamente [ˌunikɐ'mẽntə] *adv* uniquement • **'unicamente para adultos'** 'réservé aux adultes'.

único, ca ['uniku, -kɐ] ■ *adj* **1.** unique **2.** *(um só)* seul(e). ■ *nm, f* • **o único/a única** le seul/la seule.

unidade [uni'đađə] *nf* unité *(f)*.

unido, da [u'niđu, -đɐ] *adj* uni(e) • **eles são muito unidos** ils sont très liés.

unificar [unifi'kar] *vt* unifier.

uniforme [uni'fɔrmə] *adj* & *nm* uniforme.

uniões ▷ **união**.

unir [u'nir] *vt* **1.** unir **2.** *(colar)* joindre.
■ **unir-se** *vp* s'unir • **unir-se contra** s'allier contre.

unissex [uni'sɛks] *adj inv (Br)* = **unissexo**.

unissexo [uni'sɛksu] *adj inv (Port)* unisexe.

unitário, ria [uni'tarju, -rjɐ] *adj* unitaire.

universal [univər'sał] (*pl* **-ais** [-aiʃ]) *adj* universel(elle).

universidade [univərsi'đađə] *nf* université *(f)*.

universo [uni'vɛrsu] *nm* univers *(m)*.

uns [ũnʃ] ▷ **um**.

untar [ũn'tar] *vt* • **untar com óleo** huiler • **untar com manteiga** beurrer.

update ['apdejtji] *nm* INFORM mise *(f)* à jour.

upgrade ['apgrejdji] *nm* INFORM • **fazer um upgrade** augmenter la capacité, mettre à niveau.

upload ['aplodji] *nm* INFORM • **fazer um upload** télécharger.

urânio [u'rɐnju] *nm* uranium *(m)*.

urbano, na [ur'ƀɐnu, -nɐ] *adj* urbain(e).

urgência [ur'ʒẽsjɐ] *nf* urgence *(f)* • **com urgência** d'urgence.
■ **Urgências** *nfpl* urgences *(fpl)*.

urgente [ur'ʒẽntə] *adj* urgent(e).

urgentemente [urˌʒẽntə'mẽntə] *adv* d'urgence.

urina [u'rinɐ] *nf* urine *(f)*.

urinar [*(Port)* uri'nar, *(Br)* uri'na(x)] *vt* uriner.

urinol [uri'nɔł] (*pl* **-óis** [-ɔiʃ]) *nm* urinoir *(m)*.

URL (*abr de* **Universal Resources Locator**) *nf* URL *(f)*.

urna ['urnɐ] *nf (de voto)* urne *(f)*.

urrar [u'ʀar] *vi* hurler.

urso ['ursu] *nm* ours *(m)* • **urso pardo** ours brun • **urso de peluche** OU **pelúcia** ours en peluche • **urso polar** ours polaire.

urticária [urti'karjɐ] *nf* urticaire *(f)*.

urtiga [ur'tigɐ] *nf* ortie *(f)*.

Uruguai [uru'gwai] *nm* • **o Uruguai** l'Uruguay *(m)*.

uruguaiano, a [urugwa'jɐnu, -nɐ] = **uruguaio**.

uruguaio, ia [uru'gwaju, -jɐ], **uruguaiano, na** [urugwa'jɐnu, -nɐ] *adj* uruguayen (enne).
■ **uruguaio, a** *nmf* Uruguyen *(m)*, -enne *(f)*.

urze ['urzə] *nf* bruyère *(f)*.

usado, da [u'zađu, -đɐ] *adj* **1.** *(em segunda mão)* d'occasion **2.** *(método, sistema)* utilisé (e) **3.** *(gasto)* usé(e).

usar [u'zar] *vt* **1.** *(utilizar)* utiliser, se servir de **2.** *(vestir, calçar)* porter.
■ **usar de** *v + prép* faire preuve de.
■ **usar-se** *vp* se porter.

username [uzex'nejmi] (*pl* **usernames**) *nm* INFORM nom *(m)* d'utilisateur.

usina [u'zinɐ] *nf (Br)* usine *(f)* • **usina de açúcar** sucrerie *(f)* • **usina hidroelétrica** centrale *(f)* hydroélectrique • **usina nuclear** centrale nucléaire.

uso ['uzu] *nm* usage *(m)* • **fazer uso de** utiliser • *(de influência, talento)* faire usage de • **para uso próprio** à usage personnel • **'para uso externo'** 'usage externe'.

usual [u'zwał] (*pl* **-ais** [-aiʃ]) *adj* usuel(elle).

usuário [u'zwarju] *(Br)* = **utente**.

usufruir [uzufru'ir] ■ **usufruir de** *v + prép* **1.** *(possuir)* jouir de **2.** *(tirar proveito de)* profiter de.

usurpar [uzur'par] *vt* usurper.

úteis ['utejʃ] ▷ **útil**.

utensílio [utẽ'silju] *nm* ustensile *(m)*.

utente [u'tẽntə] *nmf* usager *(m)*.

útero ['utəru] *nm* utérus *(m)*.

útil ['utił] (*pl* **úteis** ['utɐiʃ]) *adj* **1.** utile **2.** *(dia)* ouvrable.

utilidade [utəli'đađə] *nf* utilité *(f)* • **qual é a utilidade disso?** à quoi ça sert ?

utilização [utəlizɐ'sɐ̃u] (*pl* **-ões** [-õiʃ]) *nf* utilisation *(f)*.

utilizador, ra [utəlizɐ 'dor, -rɐ] *nmf* utilisateur *(m)*, -trice *(f)*.

utilizar [utəli'zar] *vt* utiliser.

utopia [utu'piɐ] *nf* utopie *(f)*.

U.V. (*abr de* **ultravioleta**) UV *(mpl) (ultraviolet)*.

uva ['uvɐ] *nf* grain *(m)* de raisin • **uvas** raisin *(m)*.

V

v, V [ve] *m (letra)* v, V.

vá ['va] ▷ **ir**.

vã [vɐ̃] ▷ **vão**.

vaca ['vakɐ] *nf* **1.** *(animal)* vache *(f)* **2.** *(carne)* bœuf *(m)*.

vacilar [vɐsi'lar] *vi (hesitar)* hésiter.

vacina [vɐ'sinɐ] *nf* vaccin *(m)*.

vacinação [vɐsinɐ'sɐ̃u] *nf* vaccination *(f)*.

vacinado, da [vɐ'sinɐđu, -đɐ] *adj* • **estar vacinado contra** être vacciné contre.

vácuo ['vakwu] *nm* vide *(m)*.

vadio, dia [va'điu, -'điɐ] *adj* **1.** *(pessoa)* vagabond(e) **2.** *(cão)* errant(e).

vaga ['vagɐ] *nf* **1.** *(em emprego)* poste *(m)* vacant **2.** *(onda)* vague *(f)* • **uma vaga de** une vague de.

vagabundo, da [vɐgɐ'ƀũndu, -dɐ] *nm, f* vagabond *(m)*, -e *(f)*.

vaga-lume [ˌvagɐ'lumə] *(pl* **vaga-lumes** [ˌvagɐ'luməʃ]) *nm* ver *(m)* luisant.

vagão [va'gɐ̃u] *(pl* **-ões** [-õiʃ]) *nm* wagon *(m)*.

vagão-cama [vagɐ̃u'kɐmɐ] *(pl* **vagões-cama** [vagõiʃ'kɐmɐ]) *nm (Port)* wagon-lit *(m)*.

vagão-leito [vagɐ̃u'leitu] *(pl* **vagões-leito** [vagõiʒ'leitu]) *nm (Br)* = **vagão-cama**.

vagão-restaurante [vaˌgɐ̃uʀəʃtau'rɐ̃ntə] *(pl* **vagões-restaurante** [vaˌgõiʒʀəʃtau'rɐ̃ntə]) *nm* wagon-restaurant *(m)*.

vagar [vɐ'gar] ■ *vi* se libérer. ■ *nm* • **ter vagar** avoir le temps.

vagaroso, osa [vɐgɐ'rozu, -ɔzɐ] *adj* lent(e).

vagem ['vaʒɐ̃i] *(pl* **-ns** [-ʃ]) *nf* cosse *(f)*.
■ **vagens** *nfpl* pois *(mpl)* gourmands.

vagina [vɐ'ʒinɐ] *nf* vagin *(m)*.

vago, ga ['vagu, -gɐ] *adj* **1.** *(desocupado)* libre **2.** *(indefinido)* vague.

vagões [va'gõjʃ] ▷ **vagão**.

vai ['vai] ▷ **ir**.

vaia ['vaia] *nf* huée *(f)*, moquerie *(f)*, risée *(f)*.

vaidade [vai'đađə] *nf* vanité *(f)*.

vaidoso, osa [vai'đozu, -ɔzɐ] *adj* vaniteux (euse).

vais ['vaiʃ] ▷ **ir**.

vaivém [vai'vɐ̃i] *(pl* **-ns** [-ʃ]) *nm* va-et-vient *(m inv)* • **vaivém espacial** navette *(f)* spatiale.

vala ['valɐ] *nf* **1.** *(de rega)* rigole *(f)* **2.** *(fosso)* fossé *(m)* • **vala comum** fosse *(f)* commune.

vale[1] ['valə] *nm* vallée *(f)* • **vale postal** mandat *(m)* postal.

vale[2] ['valə] ▷ **valer**.

valente [vɐ'lɐ̃ntə] *adj* **1.** *(corajoso)* courageux(euse) **2.** *(forte)* fort(e).

valer [vɐ'ler] ■ *vt* valoir. ■ *vi* être valable • **vale mais...** il vaut mieux... • **a valer** vraiment • **para valer** pour de bon.
■ **valer-se de** *vp + prép* se servir de.

valeta [vɐ'letɐ] *nf* **1.** *(de estrada)* fossé *(m)* **2.** *(de rua)* caniveau *(m)*.

valete [va'lɛtə] *nm* valet *(m)*.

valeu [vɐ'leu] ▷ **valer**.

valho ['vaʎu] ▷ **valer**.

validação [vɐliđɐ'sɐ̃u] *nf (de bilhete)* validation *(f)*.

validade [vɐli'đađə] *nf* validité *(f)*.

validar [vɐli'đar] *vt (bilhete)* valider.

válido, da ['validu, -đɐ] *adj* valable • **válido até...** valable jusqu'à....

valioso, osa [vɐ'ljozu, -ɔzɐ] *adj* • **ser valioso** avoir de la valeur.

valor [vɐ'lor] *(pl* **-es** [-əʃ]) *nm* **1.** valeur *(f)* **2.** *(em exame, teste)* point *(m)* • **dar valor a** apprécier.
■ **valores** *nmpl* **1.** *(bens, acções, etc)* valeurs *(fpl)* **2.** *(de sociedade)* titres *(mpl)*.

valsa ['vałsɐ] *nf* valse *(f)*.

válvula ['vałvulɐ] *nf* **1.** *(de coração)* valvule *(f)* **2.** *(de motor)* soupape *(f)* • **válvula de segurança** soupape de sécurité.

vampiro [vɐ̃m'piru] *nm* vampire *(m)*.

vandalismo [vɐ̃ndɐ'liʒmu] *nm* vandalisme *(m)*.

vândalo, **la** ['vɐ̃ndɐlu, -lɐ] *nm, f* vandale *(mf)*.

vangloriar-se [vɐ̃ŋglu'rjarsə] *vp* se vanter • **vangloriar-se de** se vanter de.

vanguarda [vɐ̃ŋ'gwarđɐ] *nf* avant-garde *(f)* • **estar na vanguarda de** être en tête de.

vantagem [vɐ̃n'taʒɐ̃i] (*pl* **-ns** [-ʃ]) *nf* avantage *(m)* • **que vantagem é que tiras disso?** qu'est-ce que tu y gagnes ?

vantajoso, **osa** [vɐ̃ntɐ'ʒozu, -ɔzɐ] *adj* **1.** *(útil)* bénéfique **2.** *(lucrativo)* avantageux (euse) • **não é vantajoso para mim** ça ne m'arrange pas.

vão[1] ['vɐ̃u] ▷ **ir**.

vão[2], **vã** ['vɐ̃u, 'vɐ̃] ■ *adj* vain(e). ■ *nm* • **vão de escadas** dessous *(m)* d'escalier • **em vão** en vain.

vapor [vɐ'por] (*pl* **-es** [-əʃ]) *nm* **1.** *(de líquido)* vapeur *(f)* **2.** *(tóxico)* émanation *(f)*.

vaporizador [vɐpurizɐ'đor] (*pl* **-es** [-əʃ]) *nm* vaporisateur *(m)*.

vara ['varɐ] *nf (pau)* bâton *(m)* • **vara de pescar** *(Br)* canne *(f)* à pêche.

varal [va'rau] (*pl* **-ais** [-aiʃ]) *nm (Br)* étendoir *(f)* (à linge).

varanda [vɐ'rɐ̃ndɐ] *nf* balcon *(m)*.

varejeira [vɐrə'ʒɐirɐ] *nf* mouche *(f)* bleue.

varejo [va'reiʒu] *nm (Br)* vente *(f)* au détail.

variação [vɐrjɐ'sɐ̃u] (*pl* **-ões** [-õiʃ]) *nf* **1.** *(alteração)* variation *(f)* **2.** *(de preços)* différence *(f)*.

variado, **da** [vɐ'rjađu, -đɐ] *adj* varié(e).

variar [vɐ'rjar] *vt* & *vi* varier • **para variar** pour changer.

varicela [vɐri'sɛlɐ] *nf* varicelle *(f)*.

variedade [vɐrje'đađə] *nf* variété *(f)*.

varinha [vɐ'riɲɐ] *nf* • **varinha de condão** baguette *(f)* magique • **varinha mágica** *(Port)* mixer *(m)*.

varíola [vɐ'riulɐ] *nf* variole *(f)*.

vários, **rias** ['varjuʃ, -rjɐʃ] *adj pl* plusieurs.

variz [vɐ'riʃ] (*pl* **-es** [-zəʃ]) *nf* varice *(f)*.

varredor, **ra** [vɐʀə'đor, -rɐ] (*mpl* **-es** [-əʃ], *fpl* **-s** [-ʃ]) *nm, f (Port)* balayeur *(m)*, -euse *(f)*.

varrer [vɐ'ʀer] *vt* balayer • **varrer algo da memória** chasser qqch de sa mémoire.

vascular [vɐʃku'lar] (*pl* **-es** [-əʃ]) *adj* vasculaire.

vasculhar [vɐʃku'ʎar] *vt* • **vasculhar (em)** fouiller (dans).

vaselina [vɐzə'linɐ] *nf* vaseline *(f)*.

vasilha [vɐ'ziʎɐ] *nf* pot *(m)*.

vaso ['vazu] *nm* **1.** *(para plantas)* pot *(m)* (de fleurs) **2.** *(Br) (jarra)* cruche *(f)* **3.** ANAT vaisseau *(m)* • **vaso sanitário** *(Br)* cuvette *(f)* des W-C • **vaso sanguíneo** vaisseau sanguin.

vassoura [vɐ'sorɐ] *nf* balai *(m)*.

vasto, **ta** ['vaʃtu, -tɐ] *adj* vaste.

vatapá [vata'pa] *nm (Br) crevettes pilées et morceaux de poisson cuits dans de l'huile de palme et du lait de coco.*

Vaticano [vɐti'kɐnu] *nm* • **o Vaticano** le Vatican.

vazio, **zia** [vɐ'ziu, -'ziɐ] ■ *adj* vide. ■ *nm* vide *(m)* • **vazio de** *(sentido)* vide de • *(interesse)* sans.

vê ['ve] ▷ **ver**.

veado ['vjađu] *nm* cerf *(m)*.

vedado, **da** [və'đađu, -đɐ] *adj* **1.** *(edifício)* fermé(e) **2.** *(campo, local)* clôturé(e) **3.** *(recipiente)* étanche **4.** *(interdito)* interdit(e) • **'vedado ao trânsito'** 'interdit à la circulation'.

vedar [və'đar] *vt* **1.** *(edifício)* fermer **2.** *(local)* clôturer **3.** *(buraco)* boucher **4.** *(recipiente)* fermer hermétiquement **5.** *(acesso, passagem)* interdire.

vêem ['veẽm] ▷ **ver**.

vegetação [vəʒətɐ'sɐ̃u] *nf* végétation *(f)*.

vegetal [vəʒə'tał] (*pl* **-ais** [-aiʃ]) *nm* végétal *(m)*.

vegetariano, **na** [vəʒətɐ'rjɐnu, -nɐ] *adj* & *nm, f* végétarien(enne).

veia ['vɐjɐ] *nf* veine *(f)*.

veículo [vɐ'ikulu] *nm* véhicule *(m)* • **'veículo longo'** 'véhicule long'.

veio ['vɐju] ▷ **ver**.

vejo ['vɐiʒu] ▷ **ver**.

vela ['vɛlɐ] *nf* **1.** bougie *(f)* **2.** *(de barco)* voile *(f)*.

veleiro [və'lɐiru] *nm* voilier *(m)*.

velejar [vələ'ʒar] *vi* naviguer.

velhice [vɛ'ʎisə] *nf* vieillesse *(f)*.

velho, **lha** ['vɛʎu, -ʎɐ] *adj* & *nm, f* vieux (vieille).

velocidade [vəlusi'đađə] *nf* vitesse *(f)*.

velocímetro [vəlu'simətru] *nm* compteur *(m)* de vitesse.

velocípede [vəlu'sipəđə] *nm* cycle *(m)* • **velocípede com motor** vélomoteur *(m)*.

velório [və'lɔrju] *nm* veillée *(f)* funèbre.

veloz [və'lɔʃ] (*pl* **-es** [-zəʃ]) *adj* rapide.

veludo [və'luđu] *nm* velours *(m)*.

vem ['vẽm] ▷ **vir**.

vêm ['vẽm] *(Br)* ▷ **vir**.

vencedor, **ra** [vẽsə'đor, -rɐ] (*mpl* **-es** [-əʃ], *fpl* **-s** [-ʃ]) ■ *nm, f* vainqueur *(m)*. ■ *adj* gagnant(e).

vencer [vẽ'ser] ■ *vt* **1.** *(adversário)* vaincre **2.** *(corrida, competição)* remporter **3.** *fig (obstáculo, timidez, problema)* surmonter. ■ *vi* **1.** *(em competição)* gagner **2.** *(prazo de pagamento)* arriver à échéance **3.** *(contrato, documento)* expirer • **deixar-se vencer por** céder à.

vencido, **da** [vẽ'siđu, -đɐ] *adj* vaincu(e) • **dar-se por vencido** s'avouer vaincu.

vencimento [vẽsi'mẽntu] *nm* **1.** *(ordenado)* salaire *(m)* **2.** *(de prazo de pagamento)* échéance *(f)* • **não dar vencimento a** ne pas suivre le rythme.

venda ['vẽndɐ] *nf* **1.** *(de mercadorias)* vente *(f)* **2.** *(mercearia)* épicerie *(f)* **3.** *(para olhos)* bandeau *(m)* • **pôr à venda** mettre en vente • **venda pelo correio** vente par correspondance • **venda por grosso/a retalho** vente en gros/au détail • **venda pelo telefone** télévente *(f)*.

vendaval [vẽndɐ'vaɫ] (*pl* **-ais** [-aiʃ]) *nm* vent *(m)* violent.

vendedor, **ra** [vẽndə'đor, -rɐ] (*mpl* **-es** [-əʃ], *fpl* **-s** [-ʃ]) *nm, f* vendeur *(m)*, -euse *(f)* • **vendedor de jornais** *(Port)* vendeur de journaux.

vender [vẽn'der] *vt* vendre.
■ **vender-se** *vp* • **'vende-se'** 'à vendre' • **vender a prestações** vendre à crédit • **vender a pronto** vendre au comptant.

veneno [və'nenu] *nm* poison *(m)*.

venenoso, **osa** [vənə'nozu, -ɔzɐ] *adj* **1.** *(cogumelo)* vénéneux(euse) **2.** *(serpente)* venimeux(euse).

venéreo, **rea** [və'nɛrju, -rjɐ] *adj* vénérien (enne).

venezianas [vənə'zjɐnɐʃ] *nfpl* persiennes *(fpl)*.

Venezuela [vənə'zwɛlɐ] *nf* • **a Venezuela** le Venezuela.

venezuelano, **na** [vənəzwɛ'lɐnu, -nɐ] *adj* vénézuélien(enne).
■ **venezuelano**, **a** *nm, f* Vénézuélien *(m)*, -enne *(f)*.

venho ['vɐɲu] ▷ **vir**.

vénia ['vɛnjɐ] *nf* révérence *(f)*.

vênia ['venja] *(Br)* = **vénia**.

vens ['vẽʃ] ▷ **vir**.

ventania [vẽntɐ'niɐ] *nf* gros vent *(m)*.

ventar [vẽn'ta(x)] *vi* venter.

ventilação [vẽntilɐ'sɐ̃u] *nf* **1.** ventilation *(f)* **2.** *(saída)* aération *(f)*.

ventilador [vẽntilɐ'đor] (*pl* **-es** [-əʃ]) *nm* ventilateur *(m)*.

ventilar [vẽnti'lar] *vt* ventiler.

vento ['vẽntu] *nm* vent *(m)*.

ventoinha [vẽn'twiɲɐ] *nf (de ventilação)* ventilateur *(m)*.

ventre ['vẽntrə] *nm* ventre *(m)*.

ventrículo [vẽn'trikulu] *nm* ventricule *(m)*.

ventríloquo, **qua** [vẽn'triluku, -kɐ] *nm, f* ventriloque *(mf)*.

ver ['ver] ■ *vt* **1.** voir **2.** *(televisão, filme)* regarder. ■ *vi* voir. ■ *nm* • **a meu ver** à mon avis • **até mais ver!** à la prochaine ! • **a ver vamos** on verra bien • **estar a ver** voir • **não estou a ver o que queres dizer** je ne vois pas ce que tu veux dire • **deixa-me ver...** fais-moi voir... • **fazer ver a alguém que...** faire comprendre à qqn que... • **não ter nada a ver com** n'avoir rien à voir avec.

veracidade [vərɐsi'đađə] *nf* véracité *(f)*.

veraneio [vera'neju] *nm* villégiature *(f)* • **cidade de veraneio** ville *(f)* estivale.

veranista [vərɐ'niʃtɐ] *nmf* estivant *(m)*, -e *(f)*.

verão [ve'rɐ̃u] (*pl* **-ões** [-õiʃ]) *nm (Br)* = **Verão**.

Verão [və'rɐ̃u] (*pl* **-ões** [-õiʃ]) *nm (Port)* été *(m)*.

verba ['vɛrƀɐ] *nf* montant *(m)*, somme *(f)*.

verbal [vər'ƀał] (*pl* **-ais** [-aiʃ]) *adj* verbal(e).

verbo ['vɛrƀu] *nm* verbe *(m)*.

verdade [vər'đađə] *nf* vérité *(f)* • **dizer a verdade** dire la vérité • **a verdade é que** à vrai dire • **de** *OU* **na verdade** à vrai dire.

verdadeiro, ra [vərđɐ'đɐiru, -rɐ] *adj* **1.** *(verídico)* vrai(e) **2.** *(genuíno)* véritable.

verde ['verđə] ■ *adj* vert(e). ■ *nm* vert *(m)*.

verdura [vər'đurɐ] *nf* **1.** *(vegetação)* verdure *(f)* **2.** *(hortaliça)* légumes *(mpl)* verts.

vereda [və'ređɐ] *nf* sentier *(m)*.

veredicto [vərə'điktu] *nm* verdict *(m)*.

verga ['vergɐ] *nf* osier *(m)*.

vergonha [vər'goɲɐ] *nf* **1.** *(timidez)* timidité *(f)* **2.** *(desonra)* honte *(f)* • **ter vergonha** avoir honte • *(ser tímido)* être gêné • **ter vergonha de alguém** avoir honte de qqn • **não ter vergonha na cara** *fam* être sans gêne.

verificação [vərəfikɐ'sɐ̃u] (*pl* **-ões** [-õiʃ]) *nf* vérification *(f)*.

verificar [vərəfi'kar] *vt* **1.** vérifier **2.** *(constatar)* constater.
■ **verificar-se** *vp* **1.** *(realizar-se)* arriver **2.** *(acontecer)* y avoir • **verificou-se um acidente** il y a eu un accident.

verme ['vɛrmə] *nm* ver *(m)*.

vermelho, lha [vər'mɐʎu, -ʎɐ] ■ *adj* rouge. ■ *nm* rouge *(m)*.

vermute [vɛr'mutə] *nm* vermouth *(m)*.

verniz [vər'niʃ] (*pl* **-es** [-zəʃ]) *nm* **1.** *(para madeira)* vernis *(m)* **2.** *(para unhas)* vernis *(m)* à ongles.

verões [ve'rõjʃ] ⊳ **verão**.

Verões [ve'rõjʃ] ⊳ **Verão**.

verosímil [vəru'zimił] (*pl* **-meis** [-mɐiʃ]) *adj* *(Port)* vraisemblable.

verossímil [vero'simiu] (*pl* **-meis** [-meiʃ]) *adj* *(Br)* = **verosímil**.

verruga [və'ʀugɐ] *nf* verrue *(f)*.

versão [vər'sɐ̃u] (*pl* **-ões** [-õiʃ]) *nf* *(de história, acontecimento)* version *(f)*.

versátil [vər'satił] (*pl* **-teis** [-tɐiʃ]) *adj* polyvalent(e).

verso ['vɛrsu] *nm* **1.** *(de poema)* vers *(m)* **2.** *(de folha de papel)* verso *(m)*.

versões [vex'sõjʃ] ⊳ **versão**.

vértebra ['vɛrtəbrɐ] *nf* vertèbre *(f)*.

vertical [vərti'kał] (*pl* **-ais** [-aiʃ]) ■ *adj* vertical(e). ■ *nf* verticale *(f)* • **na vertical** à la verticale.

vértice ['vɛrtisə] *nm* *(de ângulo)* sommet *(m)*.

vertigem [vər'tiʒɐ̃i] (*pl* **-ns** [-ʃ]) *nf* vertige *(m)*.

vesgo, ga ['veʒgu, -gɐ] *adj* • **ser vesgo** loucher.

vesícula [və'zikulɐ] *nf* • **vesícula (biliar)** vésicule *(f)* (biliaire).

vespa ['veʃpɐ] *nf* **1.** *(insecto)* guêpe *(f)* **2.** *(motociclo)* scooter *(m)*.

véspera ['vɛʃpərɐ] *nf* veille *(f)* • **na véspera** la veille • **em vésperas de** à la veille de.

vestiário [vəʃ'tjarju] *nm* vestiaire *(m)*.

vestibular [veʃtibu'lax] *nm* *(Br) concours d'entrée à l'université*.

vestíbulo [vəʃ'tiƀulu] *nm* hall *(m)*.

vestido, da [vəʃ'tiđu, -đɐ] ■ *adj* habillé(e). ■ *nm* robe *(f)* • **vestido de** habillé en.

vestígio [vəʃ'tiʒju] *nm* trace *(f)*.

vestir [vəʃ'tir] *vt* **1.** *(boneco, bebé, criança)* habiller **2.** *(roupa)* porter **3.** *(enfiar)* mettre.
■ **vestir-se** *vp* s'habiller • **vestir-se de** s'habiller en.

vestuário [vəʃ'twarju] *nm* vêtement *(m)*.

veterano, na [vətə'rɐnu, -nɐ] *nm, f* vétéran *(m)*.

veterinário, ria [vətəri'narju, -rjɐ] *nm, f* vétérinaire *(mf)*.

véu ['vɛu] *nm* voile *(m)*.

V.Ex[a] (*abr écrite de* **Vossa Excelência**) Monsieur, Madame *(formule de politesse)*.

V.Ex[a] (*abr écrite de* **Vossa Excelência**) Cher Monsieur/Chère Madame *(formule de politesse à l'écrit)*.

vexame [vɛ'ʃɐmə] *nm* honte *(f)*.

vez ['veʃ] (*pl* **-es** [-zəʃ]) *nf* **1.** *(ocasião)* fois *(f)* **2.** *(turno)* tour *(m)* • **perder a vez** passer son tour • **à vez** à tour de rôle • **às vezes** parfois • **alguma vez hás-de aprender** *fam* tu finiras par apprendre • **de uma só vez** en même temps • *(beber)* d'un trait • **de vez** une fois pour toutes • **de vez em quando** de temps en temps • **mais de uma vez** plusieurs fois • **muitas vezes** souvent • **na** *OU* **em vez de** au lieu de • *(de pessoa)* à la place de • **outra vez** encore • **por vezes** parfois • **poucas vezes** rarement • **era uma vez...** il était une fois....

vi ['vi] ▻ **ver**.

via ['viɐ] *nf* **1.** voie *(f)* **2.** *(documento)* copie *(f)* • **a Via Láctea** la Voie lactée • **por via aérea** par avion • **por via das dúvidas** au cas où • **por via de regra** normalement • **por via nasal** par voie nasale • **por via oral** par voie orale • **segunda via** duplicata *(m)* • **via pública** voie publique • **via rápida** *(em autoestrada)* file *(f)* de gauche • *(estrada)* voie express • **via verde** ≃ télépéage *(m)*.

viaduto [viɐ'đutu] *nm* viaduc *(m)*.

via-férrea [ˌviɐ'fɛʀjɐ] *(pl* **vias-férreas** [ˌviɐʃ'fɛʀjɐʃ]) *nf (Port)* voie *(f)* ferrée.

viagem ['vjaʒẽi] *(pl* **-ns** [-ʃ]) *nf* voyage *(m)* • **boa viagem!** bon voyage ! • **viagem de negócios** voyage d'affaires • **viagem organizada** voyage organisé.

viajante [vjɐ'ʒẽntə] *nmf* voyageur *(m)*, -euse *(f)*.

viajar [vjɐ'ʒar] *vi* voyager • **viajar de** voyager en • **viajar pela França/pelo Japão** voyager en France/au Japon.

viatura [vjɐ'turɐ] *nf* véhicule *(m)*.

viável ['vjavɛł] *(pl* **-eis** [-ɐiʃ]) *adj* **1.** *(transitável)* praticable **2.** *(exequível)* faisable.

víbora ['viƀurɐ] *nf* vipère *(f)*.

vibração [viƀrɐ'sɐ̃u] *(pl* **-ões** [-õiʃ]) *nf* vibration *(f)*.

vibrar [vi'ƀrar] *vi* vibrer.

viciado, da [vi'sjađu, -đɐ] *adj* dépendant (e).

viciar [vi'sjar] *vt* **1.** *(adulterar)* falsifier **2.** *(comunicar vício)* corrompre.
■ **viciar-se em** *vp + prép* être dépendant (e).

vício ['visju] *nm* vice *(m)*.

vida ['viđɐ] *nf* vie *(f)* • **ganhar a vida** gagner sa vie • **perder a vida** perdre la vie • **tirar a vida a alguém** tuer qqn.

videira [vi'đɐirɐ] *nf* vigne *(f)*.

vídeo ['viđju] *nm* **1.** *(aparelho)* magnétoscope *(m)* **2.** *(filme)* film *(m)* vidéo.

videocassete [ˌviđjuka'sɛtə] *nf (Port)* cassette *(f)* vidéo.

videoclipe [ˌviđju'klipə] *nm* vidéo-clip *(m)*.

videoclube [ˌviđju'kluƀə] *nm* vidéoclub *(m)*.

videoconferência ['vidʒjukʃe'rẽsja] *nf* vidéoconférence *(f)*.

videodisco [ˌviđju'điʃku] *nm* vidéodisque *(m)*.

videogame [ˌviđju'gɐimə] *nm* jeu *(m)* vidéo.

videogravador [ˌviđjugrɐvɐ'đor] *(pl* **-es** [-əʃ]) *nm* magnétoscope *(m)*.

vidraça [vi'đrasɐ] *nf* vitre *(f)* • **com vidraça** vitré(e).

vidrão [vi'đrɐ̃u] *(pl* **-ões** [-õiʃ]) *nm (Port)* container *(m) (à verre)*.

vidro ['viđru] *nm* **1.** *(substância)* verre *(m)* **2.** *(vidraça)* carreau *(m)* **3.** *(de carro)* vitre *(f)*.

vidrões [vi'drõi'] ▻ **vidrão**.

vieira ['vjɐirɐ] *nf* coquille *(f)* Saint-Jacques.

viela ['vjɛlɐ] *nf* ruelle *(f)*.

vieste [vi'ɛʃtə] ▻ **vir**.

viga ['vigɐ] *nf* poutre *(f)*.

vigário [vi'garju] *nm* vicaire *(m)*.

vigésimo, ma [vi'ʒɛzimu, -mɐ] *num* vingtième.

vigia [vi'ʒiɐ] ■ *nf* **1.** *(vigilância)* surveillance *(f)* **2.** *(janela)* hublot *(m)*. ■ *nmf* vigile *(m)*.

vigiar [*(Port)* viʒi'ar, *(Br)* vi'ʒja(x)] *vt* surveiller.

vigilância [viʒi'lẽsjɐ] *nf* **1.** *(guarda)* surveillance *(f)* **2.** *(atenção)* vigilance *(f)*.

vigor [vi'gor] *nm* vigueur *(f)* • **em vigor** en vigueur.

vil ['vił] *(pl* **vis** ['viʃ]) *adj* **1.** *(infame)* abominable **2.** *(desprezível)* ignoble.

vila ['vilɐ] *nf* **1.** *(povoação)* petite ville *(f)* **2.** *(habitação)* villa *(f)*.

vilarejo [vilɐ'rɐiʒu] *nm* hameau *(m)*.

vim ['vĩ] ▻ **vir**.

vime ['vimə] *nm* osier *(m)*.

vinagre [vi'nagrə] *nm* vinaigre *(m)*.

vinagreta [vinɐ'gretɐ] *nf* vinaigrette *(f)*.

vinagrete [vina'grɛtʃi] *(Br)* = **vinagreta**.

vinco ['vĩŋku] *nm* pli *(m)*.

vínculo ['viŋkulu] *nm* lien *(m)* • **vínculo empregatício** contrat *(m)* de travail.

vinda ['vĩndɐ] *nf* **1.** *(regresso)* retour *(m)* **2.** *(chegada)* venue *(f)* • **à vinda** au retour.

vindima [vĩn'dimɐ] *nf* vendange *(f)*.

vindo, da ['vĩnđu, -đɐ] *pp* ▻ **vir**.

vingança [vĩŋ'gɐ̃sɐ] *nf* vengeance *(f)*.

vingar [vĩŋ'gar] ■ *vt* venger. ■ *vi (planta)* pousser.
■ **vingar-se** *vp* se venger • **vingar-se de** se venger de.

vingativo, va [vĩŋgɐ'tivu, -vɐ] *adj* rancunier(ère).

vinha[1] ['viɲɐ] *nf* vigne *(f)*.

vinha[2] ['viɲɐ] ▻ **vir**.

vinha-d'alhos [ˌviɲɐ'ðaʎuʃ] *nf* marinade *(f)*.

vinheta [vi'ɲetɐ] *nf* vignette *(f)*.

vinho ['viɲu] *nm* vin *(m)* • **vinho branco/tinto** vin blanc/rouge • **vinho da casa** vin de la maison • **vinho espumante** *OU* **espumoso** vin mousseux • **vinho a martelo** vin frelaté • **vinho de mesa** vin de table • **vinho moscatel** muscat *(m)* • **vinho do Porto** porto *(m)* • **vinho rosé** vin rosé • **vinho verde** *vin blanc ou rouge légèrement pétillant fait alors que le raisin n'a pas atteint sa maturité.*

vinicultor, ra [ˌvinikuɫ'tor, -rɐ] (*mpl* **-es** [-əʃ], *fpl* **-s** [-ʃ]) *nm, f* viticulteur *(m)*, -trice *(f)*.

vinil [vi'niɫ] *nm* vinyle *(m)*.

vintage [vĩn'tɐidʒə] *nm* millésime *(m)*.

vinte ['vĩntə] *num* vingt • **ele tem vinte anos** il a vingt ans • **eles eram vinte** ils étaient vingt • **vinte de Janeiro** le vingt janvier • **página vinte** page vingt.

viola ['vjɔlɐ] *nf* guitare *(f)*.

violação [vjulɐ'sɐ̃u] (*pl* **-ões** [-õiʃ]) *nf* **1.** violation *(f)* **2.** *(estupro)* viol *(m)*.

violão [vju'lɐ̃u] (*pl* **-ões** [-õiʃ]) *nm* guitare *(f)*.

violar [vju'lar] *vt* violer.

violência [vju'lẽsjɐ] *nf* violence *(f)*.

violento, ta [vju'lẽntu, -tɐ] *adj* violent(e).

violeta [vju'letɐ] ■ *nf* violette *(f)*. ■ *adj inv* violet(ette).

violino [vju'linu] *nm* violon *(m)*.

violões ▻ **violão**.

violoncelo [vjulõ'sɛlu] *nm* violoncelle *(m)*.

vir ['vir] *vi*

1. INDIQUER UN MOUVEMENT DE QQN OU QQCH VERS LE LOCUTEUR = venir
• **veio ver-me** il est venu me voir
• **venho agora mesmo de lá** j'en viens à l'instant même
• **foi pena não teres vindo a festa** dommage que tu ne sois pas venu(e) à la fête

2. ARRIVER, VENIR, RENTRER
• **venho amanhã** je viendrai demain
• **veio no comboio das onze** il est arrivé par le train de onze heures
• **veio atrasado/adiantado** il est arrivé en retard/en avance
• **o carro veio não sei de onde** la voiture est arrivée de je ne sais où
• **veio-me uma ideia** il m'est venu une idée

3. INDIQUE QUE QQCH VA SE PRODUIRE DANS LA PÉRIODE DÉSIGNÉE
• **a semana que vem** la semaine prochaine
• **o ano/mês que vem** l'année prochaine/le mois prochain

4. « VIR » + ATTRIBUT = être
• **vem escrito em português** c'est écrit en portugais
• **vinha embalado** c'était emballé
• **vinha todo contente** il était tout content

5. « VIR » + « DE »/« A » POUR INDIQUER UN MOYEN DE TRANSPORT = venir
• **vens de comboio?** tu viens en train ?
• **não venha a pé :** ne venez pas à pied ?

6. « VIR DE », INDIQUE L'ORIGINE
• **este vinho vem de Bordéus** ce vin est de Bordeaux
• **ele vem amanhã** il revient demain
• **hoje, venho mais tarde** aujourd'hui, je rentre plus tard
• **venho de férias na próxima semana** je reviens de vacances la semaine prochaine

7. « VIR A » + INF., INDIQUE QUE QQCH FINIT BIEN PAR ARRIVER
• **vir de fazer algo** venir de faire qqch
• **isso veio a saber-se** cela s'est répandue
• **vim a descobrir que ele me mentira** j'ai découvert qu'il m'avait menti
• **veio a ser o meu médico** il est devenu mon médecin
• **vem a ser a mesma coisa** cela revient au même

8. « VIR DE » + INF., INDIQUE UNE ACTION QUI VIENT DE SE TERMINER
• **que vem a ser isto?** qu'est-ce que c'est que ça ?
• **vir abaixo** s'écrouler
• **vir ao mundo** venir au monde
• **vir a tempo de** arriver à temps pour
• **venha o que vier** quoi qu'il arrive.

virado, **da** [vi'rađu, -đɐ] ■ *adj* **1.** retourné (e) **2.** *(casa)* orienté(e). ■ *nm* • **virado para** tourné vers.

vira-lata [ˌvira'latɐ] (*pl* **vira-latas** [ˌvira'latɐʃ]) *nm (Br)* bâtard *(m) (chien)*.

virar [vi'rar] ■ *vt* **1.** renverser **2.** *(cabeça)* tourner **3.** *(objecto)* retourner **4.** *(Br) (transformar-se em)* devenir. ■ *vi* **1.** *(mudar de direcção)* tourner **2.** *(Br) (mudar)* changer • **virar à direita/esquerda** tourner à droite/gauche • **virar o carro** faire demi-tour.
■ **virar-se** *vp* se retourner • **virar-se contra alguém** se retourner contre qqn • **virar-se para** se tourner vers.

virgem ['virʒɐ̃i] (*pl* **-ns** [-ʃ]) ■ *nf* vierge *(f)*. ■ *adj* vierge.
■ **Virgem** *nf* Vierge *(f)*.

vírgula ['virgulɐ] *nf* virgule *(f)*.

viril [vi'riɫ] (*pl* **-is** [-iʃ]) *adj* viril(e).

virilha [və'riʎɐ] *nf* aine *(f)*.

viris ▷ **viril**.

virose [vi'rɔzə] *nf* maladie *(f)* virale.

virtual [vir'twaɫ] (*pl* **-ais** [-aiʃ]) *adj* virtuel (elle).

virtude [vir'tuđə] *nf* vertu *(f)* • **em virtude de** en vertu de.

vírus ['viruʃ] *nm (inv)* virus *(m)*.

vírus ['viruʃ] *nm inv* INFORM virus *(m)* (informatique) • **vírus de macro** virus *(m)* de macro.

vis [viʃ] ▷ **vil**.

visão [vi'zɐ̃u] (*pl* **-ões** [-õiʃ]) *nf* **1.** *(capacidade de ver)* vue *(f)* **2.** *(ilusão)* vision *(f)*.

visar [vi'zar] *vt* **1.** viser **2.** *(ter em vista)* avoir l'intention de.

vísceras ['viʃsərɐʃ] *nfpl* viscères *(fpl)*.

viscoso, **osa** [viʃ'kozu, -ɔzɐ] *adj* visqueux (euse).

viseira [vi'zɐirɐ] *nf* visière *(f)*.

visibilidade [vəzibli'đađə] *nf* visibilité *(f)*.

visita [və'zitɐ] *nf* visite *(f)* • **fazer uma visita a alguém** rendre visite à qqn • **visita pascal** *visite du prêtre à ses paroissiens pour leur donner la bénédiction pascale*.

visitante [vəzi'tɐ̃ntə] *nmf* visiteur *(m)*, -euse *(f)*.

visitar [vəzi'tar] *vt* **1.** *(pessoa)* rendre visite à **2.** *(local, país)* visiter.

visível [vi'zivɛɫ] (*pl* **-eis** [-ɐiʃ]) *adj* visible.

vislumbrar [viʒlũm'brar] *vt* apercevoir.

visões [vi'zõjʃ] ▷ **visão**.

visor [vi'zor] (*pl* **-es** [-əʃ]) *nm* **1.** viseur *(m)* **2.** INFORM écran *(m)*.

vista ['viʃtɐ] *nf* **1.** vue *(f)* **2.** *(olho)* œil *(m)* • **até à vista!** au revoir ! • **dar nas vistas** *fam* se faire remarquer • **ter algo em vista** avoir qqch en vue.

visto, **ta** ['viʃtu, -tɐ] ■ *pp* ▷ **ver**. ■ *adj* vu (e). ■ *nm* visa *(m)* • **bem visto!** bien vu ! • **só visto!** *fam* il fallait voir ça ! • **pelos vistos** apparemment • **visto que** vu que.

vistoso, **osa** [viʃ'tozu, -ɔzɐ] *adj* voyant(e).

visual [vi'zwaɫ] (*pl* **-ais** [-aiʃ]) *adj* visuel (elle).

vital [vi'taɫ] (*pl* **-ais** [-aiʃ]) *adj* vital(e).

vitamina [vitɐ'minɐ] *nf* vitamine *(f)*.

vitela [vi'tɛlɐ] *nf* **1.** *(animal)* génisse *(f)* **2.** *(carne)* veau *(m)*.

vítima ['vitimɐ] *nf* victime *(f)*.

vitória [vi'tɔrjɐ] *nf* victoire *(f)*.

vitória-régia [viˌtɔrjɐ'ʀɛʒjɐ] (*pl* **vitórias-régias** [viˌtɔrjɐʒ'ʀɛʒjɐʃ]) *nf* nénuphar *(m)* géant.

vitral [vi'traɫ] (*pl* **-ais** [-aiʃ]) *nm* vitrail *(m)*.

vitrina [vi'trinɐ] *nf* vitrine *(f)*.

viu ['viu] ▷ **ver**.

viúvo, **va** ['vjuvu, -vɐ] *nm, f* veuf *(m)*, veuve *(f)*.

vivacidade [vivɐsi'đađə] *nf* vivacité *(f)*.

viveiro [vi'vɐiru] *nm* **1.** *(de plantas)* pépinière *(f)* **2.** *(de trutas)* vivier *(m)*.

vivência [vi'vẽsjɐ] *nf* expérience *(f)*.

vivenda [vi'vẽndɐ] *nf* maison *(f) (individuelle)*.

viver [vi'ver] ■ *vi* **1.** *(ter vida)* vivre **2.** *(habitar)* habiter. ■ *vt* vivre • **viver com alguém** vivre avec qqn • **viver de algo** vivre de qqch • **viver em** vivre à.

víveres ['vivərəʃ] *nmpl* vivres *(mpl)*.

vivo, **va** ['vivu, -vɐ] *adj* **1.** vif (vive) **2.** *(com vida)* vivant(e) • **ao vivo** live.

vizinhança [vəzi'ɲɐ̃sɐ] *nf* voisinage *(m)*.

vizinho, **nha** [və'ziɲu, -ɲɐ] *adj* & *nm, f* voisin(e).

voar ['vwar] *vi* voler.

vocabulário [vukɐbu'larju] *nm* vocabulaire *(m)*.

vocação [vukɐ'sɐ̃u] (*pl* **-ões** [-õiʃ]) *nf* vocation *(f)* • **ter vocação para** avoir la vocation de.

vocalista [vukɐ'liʃtɐ] *nmf* chanteur *(m)*, -euse *(f)* (d'un groupe).

você [vɔ'se] *pron* **1.** *(Br) fam* tu **2.** *(Port) sout* vous.
■ **vocês** *pron pl* vous.

voga ['vɔgɐ] *nf* • **estar em voga** être en vogue.

vogal [vu'gał] (*pl* **-ais** [-aiʃ]) ■ *nf* voyelle *(f)*. ■ *nmf* membre *(m)*.

volante [vu'lẽntə] *nm* volant *(m) (de véhicule)*.

volátil [vu'latił] (*pl* **-teis** [-tɐiʃ]) *adj* **1.** volatil (e) **2.** *fig* versatile.

vôlei ['volei] *nm (Br)* = **voleibol**.

voleibol [ˌvɔlɐi'bɔł] *nm* volley-ball *(m)*.

volta ['vɔłtɐ] *nf* **1.** tour *(m)* **2.** *(regresso)* retour *(m)* **3.** *(mudança)* tournant *(m)* • **dar uma volta** faire un tour • **dar a volta a alguém** faire changer qqn d'avis • **dar a volta a algo** faire le tour de qqch • **estar de volta** être de retour • **volta e meia** *fig* sans arrêt • **a toda a volta** tout autour • **à volta de** à peu près • **por volta de** vers.

voltagem [voł'taʒẽi] *nf* voltage *(m)*.

voltar [voł'tar] ■ *vt* **1.** retourner **2.** *(cabeça, olhos, costas)* tourner. ■ *vi* **1.** *(regressar)* revenir **2.** *(ir de novo)* retourner • **voltar a fazer algo** refaire qqch • **voltar a chover** recommencer à pleuvoir • **voltar atrás** *(retroceder)* revenir sur ses pas • *(no tempo)* revenir en arrière • **voltar para** revenir à • **voltar para casa** rentrer à la maison.
■ **voltar-se** *vp* se retourner • **voltar-se para** se tourner vers.

volume [vu'lumə] *nm* **1.** volume *(m)* **2.** *(embrulho)* paquet *(m)*.

voluntário, ria [vulũn'tarju, -rjɐ] *nm, f* volontaire *(mf)*.

volúpia [vu'lupjɐ] *nf* volupté *(f)*.

vomitado [vumi'tađu] *nm* vomi *(m)*.

vomitar [vumi'tar] *vt & vi* vomir.

vómito ['vɔmitu] *nm (contracção)* vomissement *(m)* • **sentir vómitos** avoir envie de vomir.

vômito ['vomitu] *(Br)* = **vómito**.

vontade [võn'tađə] *nf* **1.** *(desejo)* envie *(f)* **2.** *(determinação)* volonté *(f)* • **pôr-se à vontade** se mettre à l'aise • **ter vontade de fazer algo** avoir envie de faire qqch • **fazer as vontades a alguém** faire les quatre volontés de qqn • **com vontade ou sem ela** que tu le veuilles ou non • **contra a vontade** à contrecœur • **de livre vontade** de plein gré.

voo ['vou] *nm (Port)* vol *(m)* • **voo charter** vol charter • **voo directo** vol direct • **voo doméstico** vol intérieur • **voo fretado** vol affrété • **voo livre** vol libre.

vôo ['vou] *nm (Br)* = **voo**.

voraz [vu'raʃ] (*pl* **-es** [-zəʃ]) *adj* vorace.

vos [vuʃ] *pron (vocês)* vous.

vós ['vɔʃ] *pron sout (você, vocês)* vous • **vós mesmos** *ou* **próprios** vous-mêmes.

vosso, a ['vɔsu, -ɐ] ■ *adj* votre. ■ *pron* • **o vosso/a vossa** le/la vôtre • **isto é vosso** c'est à vous • **um amigo vosso** un de vos amis • **os vossos** *(a vossa família)* les vôtres.

votação [vutɐ'sɐ̃u] (*pl* **-ões** [-õiʃ]) *nf* **1.** *(acto)* vote *(m)* **2.** *(resultado)* scrutin *(m)* • **por votação secreta** à bulletin secret.

votar [vu'tar] *vi* voter • **votar em alguém** voter pour qqn.

voto ['vɔtu] *nm* **1.** *(eleição)* vote *(m)* **2.** *(resultado)* voix *(f)*.
■ **votos** *nmpl* • **votos de** tous mes vœux de bonheur • **fazer votos que** souhaiter que.

vou ['vo] ▷ **ir**.

voz ['vɔʃ] (*pl* **-es** [-zəʃ]) *nf* voix *(f)* • **ter voz activa em algo** avoir son mot à dire sur qqch • **em voz alta/baixa** à voix haute/basse.

v.s.f.f. (*abr écrite de* **vire se faz favor**) TSVP *(tournez s'il vous plaît)*.

vulcão [vuł'kɐ̃u] (*pl* **-ões** [-õiʃ]) *nm* volcan *(m)*.

vulgar [vuł'gar] (*pl* **-es** [-əʃ]) *adj* **1.** *(frequente)* courant(e) **2.** *(comum)* banal(e) **3.** *(grosseiro)* vulgaire.

À PROPOS DE...

vulgar

Attention, ne pas confondre « vulgar » avec ***vulgaire***. En portugais, « vulgar » signifie ***ordinaire***.

vulgaridade [vułgɐri'đađə] *nf* **1.** *(banalidade)* banalité *(f)* **2.** *(grosseria)* vulgarité *(f)*.

vulnerável [vułnə'ravɛł] (*pl* **-eis** [-ɐiʃ]) *adj* vulnérable.

vulto ['vułtu] *nm* **1.** *(figura indistinta)* silhouette *(f)* **2.** *(pessoa importante)* figure *(f)*.

W

w, W [*(Port)* 'dəblju, *(Br)* 'dalju] *m (letra)* w, W.

walkie-talkie [ˌwɔki'tɔki] (*pl* **walkie-talkies** [ˌwɔki'tɔkiʃ]) *nm* talkie-walkie *(m)*.

WC *nm* (*abr de* **water closet**) W-C *(m)*.

web ['uɛb] *nf* INFORM Web *(m)*.

webcam ['uɛbik] (*pl* **webcams**) *nf* INFORM webcam *(f)*.

webmail ['uɛbimejo] (*pl* **webmails**) *nm* INFORM webmail *(m)*.

webmaster [*(Port)* 'uɛbə'mɐstər, *(Br)* 'uɛbimaʃtɛ(x)] (*pl* **-s** [-ʃ]) *nmf* INFORM webmaster *(mf)*.

website ['uɛbisitʃi] *nm* INFORM website *(m)*.

windsurf [wĩnd'sɐrfə, *(Port)*], **windsurfe** [wĩnd'suxfi, *(Br)*] *nm* planche *(f)* à voile ◈ **fazer windsurf** faire de la planche à voile.

windsurfista [wĩndsux'fiʃta] *nmf* windsurfeur *(m)*, -euse *(f)*.

WWW (*abr de* **World Wide Web**) *nf* WWW *(m)*.

X

x, X [ʃiʃ] *m (letra)* x, X.

xadrez [ʃɐ'đreʃ] *nm* **1.** *(jogo)* échecs *(mpl)* **2.** *fam (cadeia)* taule *(f)* ◈ **de xadrez** à carreaux.

xaile ['ʃailə] *nm* châle *(m)*.

xale ['ʃalə] *nm* = **xaile**.

xampu [ʃẽm'pu] *nm (Br)* = **champô**.

xarope [ʃɐ'rɔpə] *nm* sirop *(m)* ◈ **xarope para a tosse** sirop pour la toux.

xenofobia [ʃɛnɔfu'ƀiɐ] *nf* xénophobie *(f)*.

xenófobo, ba [ʃə'nɔfuƀu, -ƀɐ] *nm, f* xénophobe *(mf)*.

xeque-mate [ˌʃɛkə'matə] (*pl* **xeque-mates** [ˌʃɛkə'matəʃ]) *nm* échec *(m)* et mat.

xerez [ʃə'reʃ] *nm* xérès *(m)*.

xerocar [ʃero'kax] *vt (Br)* photocopier.

xerox® [ʃɛ'rɔks] *nm inv* **1.** *(Br) (fotocópia)* photocopie *(f)* **2.** *(máquina)* photocopieuse *(f)*.

xícara ['ʃikɐrɐ] *nf* tasse *(f)*.

xicrinha [*(Br)* ʃi'kriɲa] *nf* petite tasse *(f)*.

xilofone [ʃilɔ'fɔnə] *nm* xylophone *(m)*.

xilografia [ʃilɔɡrɐ'fiɐ] *nf* xylographie *(f)*.

xingar [ʃĩŋ'gax] *vt (Br)* insulter.

xinxim [ʃĩ'ʃĩ] (*pl* **-ns** [-ʃ]) *nm (Br) poulet à l'huile de palme et à la noix de cajou pilée.*

xisto ['ʃiʃtu] *nm* schiste *(m)*.

xixi ['ʃiʃi] *nm fam* pipi *(m)* ◈ **fazer xixi** *fam* faire pipi.

Z

z, Z [ze] *m (letra)* z, Z.

zagueiro [za'geiru] *nm (Br) (em futebol)* arrière *(m)*.

Zaire ['zairə] *nm* • **o Zaire** le Zaïre.

zanga ['zẽŋgɐ] *nf fam* brouille *(f)*.

zangado, da [zẽŋ'gađu, -đɐ] *adj* fâché(e).

zangão ['zɐ̃ŋgɐ̃w] (*pl* **-ões** [-õjʃ]) *nm fam* bougon *(m)*, fainéant *(m)*.

zângão ['zẽŋgẽu] (*pl* **-ões** [-õiʃ]) *nm* bourdon *(m)*.

zangar [zẽŋ'gar] *vt* énerver.
■ **zangar-se** *vp* se fâcher.

zangões [zɐ̃ŋ'gõjʃ] ▷ **zangão**.

zângões ▷ **zângão**.

zapping ['zɐpĩ] *nm* • **fazer zapping** zapper.

zaragata [zɐrɐ'gatɐ] *nf* bagarre *(f)*.

zaragatoa [zɐrɐgɐ'toɐ] *nf* stick *(m)*.

zarpar [zɐr'par] *vi* lever l'ancre.

zebra ['zeƀrɐ] *nf* zèbre *(m)*.

zelador, ra [zela'dox, -rɐ] (*pl* **-es** [-iʃ], *fpl* **-s** [-ʃ]) *nm, f (Br) (de edifício)* concierge *(mf)*.

zelar [zə'lar] ■ **zelar por** *v + prép* veiller à.

zelo ['zelu] *nm* **1.** *(dedicação)* soin *(m)* **2.** *(com pessoa)* égard *(m)*.

zeloso, osa [zə'lozu, -ɔzɐ] *adj* appliqué(e).

zero ['zɛru] *num* zéro • ▷ **seis** • **partir do zero** recommencer à zéro • **ser um zero à esquerda** *fam* être nul • **estão seis graus abaixo de zero** il fait moins six.

ziguezague [zig'zagə] *nm* zigzag *(m)* • **andar aos ziguezagues** zigzaguer.

zinco ['zĩŋku] *nm* zinc *(m)*.

zipar [zi'par] *vt* INFORM zipper.

zíper ['zipex] (*pl* **-es** [-iʃ]) *nm (Br)* fermeture *(f)* Éclair®.

Zodíaco [zu'điɐku] *nm* zodiaque *(m)*.

zoeira ['zwɐirɐ] *nf* bourdonnement *(m)*.

zombar [zõm'bar] *vi* se moquer • **zombar de** se moquer de.

zona ['zonɐ] *nf* **1.** zone *(f)* **2.** MÉD zona *(m)* • **zona comercial** zone commerçante • **zona pedestre** zone piétonne.

zonzo, za ['zõzu, -zɐ] *adj* étourdi(e).

zoo ['zu] *nm (Port)* zoo *(m)*.

zôo ['zu] *nm (Br)* = **zoo**.

zoologia [zulu'ʒiɐ] *nf* zoologie *(f)*.

zoológico [zu'lɔʒiku] *adj m* ▷ **jardim**.

zumbido [zũm'biđu] *nm* bourdonnement *(m)*.

zumbir [zũm'bir] *vi* bourdonner.

zunzum [zũ'zũ] (*pl* **-ns** [-ʃ]) *nm fig* cancan *(m)*.

zurrar [zu'ʀar] *vi* braire.

Achevé d'imprimer en décembre 2016 par Grafica Veneta SpA (Italie)
Dépôt légal : avril 2012 - 316248/03
N° de projet : 11034994 - Janvier 2017

Le calcul

8 + 2 = 10
oito mais dois dá dez

9 – 3 = 6
nove menos três dá seis

7 x 3 = 21
sete vezes três dá vinte e um

20 ÷ 4 = 5
vinte dividido por quatro dá cinco

√9 = 3
a raíz quadrada de nove é três

5^2 = 25
cinco elevado ao quadrado dá vinte e cinco

Le pourcentage

10 %
Dez por cento.

O desemprego aumentou de 0.2%.
Le chômage a augmenté de 0,2 %.

75% dos estudantes têm um computador.
75 % des étudiants ont un ordinateur.

Le poids

milligramme	**mg**	*miligrama*
gramme	**g**	*grama*
hectogramme	**hg**	*hectograma*
kilo(gramme)	**kg**	*quilo(grama)*
quintal	**q**	*quintal*
tonne	**t**	*tonelada*

La superficie

centimètre carré	**cm^2**	*centímetro quadrado*
mètre carré	**m^2**	*metro quadrado*
kilomètre carré	**km^2**	*quilómetro quadrado*
hectare (= 10 000m^2)	**ha**	*hectare*

La longueur

millimètre	**mm**	*milímetro*
centimètre	**cm**	*centímetro*
mètre	**m**	*metro*
kilomètre	**km**	*quilómetro*